《第三次全国国土调查成果系列丛书》之一

中国国土资源利用

中华人民共和国自然资源部
国务院第三次全国国土调查领导小组办公室 编

中国地图出版社
·北京·

图书在版编目（CIP）数据

中国国土资源利用 / 中华人民共和国自然资源部，国务院第三次全国国土调查领导小组办公室编著．-- 北京：中国地图出版社，2023.6
ISBN 978-7-5204-3454-6

Ⅰ．①中… Ⅱ．①中… ②国… Ⅲ．①国土资源－土地利用－中国 Ⅳ．① F129.9

中国国家版本馆 CIP 数据核字（2023）第 105180 号

责任编辑　侯兆疆　　责任校对　郭晓丰　　装帧设计　风尚境界

社　址	北京市白纸坊西街3号	邮政编码	100054
电　话	010-83543980	网　址	www.sinomaps.com
印　刷	北京地大彩印有限公司	经　销	新华书店
成品规格	210mm×285mm	印　张	39.75
开　本	16开	字　数	1090千字
版　次	2023年6月北京第1版	印　次	2023年6月北京第1次印刷
定　价	298.00元		

书　号　ISBN 978-7-5204-3454-6
审 图 号　GS京（2023）1272号

本书中中国国界线系按照中国地图出版社1989年出版的1：400万《中华人民共和国地形图》绘制。

《第三次全国国土调查成果系列丛书》
编　委　会

《中国国土资源利用》
主要编写人员

主　　编　高延利　朱留华　苗前军

执行主编　张晓玲

副 主 编　曾　珏　白晓飞　田志强　左玉强　戴建旺

编　　委（按姓氏笔画排序）

于昊辰　王　学　王　鹏（山西）　王　静　王庆日
王庆宾　王荣彬　王柏源　王晓莉　田立瑛　白羽萍
吕　晓　刘　莉　刘顺喜　闫紫艳　江　明　汤怀志
李　龙　李　琪　李秀彬　杨冀红　吴洪涛　邱孟龙
何　禾　何超英　汪秀莲　沈佳萍　张　嘉　张小桐
张定祥　张衍毓　张蕾娜　陈宇琛　陈姜全　陈瑜琦
武廷海　范延平　欧阳安蛟　季宏伟　赵雲泰
胡其玉　姜开勤　姜　栋　姚　丽　袁承程　耿　冲
顾鹏程　柴志春　徐　飞　郭　艳　唐程杰　谈明洪
梁　耘　韩文静　程　锋　赖巧萍　解　琳　漆信贤
戴　劲

序

第三次全国国土调查（以下简称“三调”）是我国近年来开展的一次重大国情国力调查，也是 2018 年党和国家机构改革后统一开展的自然资源基础调查。在党中央、国务院正确领导下，在各级政府统一组织和相关部门密切配合下，全国 21.9 万名调查人员先后参与，历时 3 年全面完成了调查任务。“三调”全面采用优于 1 米分辨率的卫星遥感影像制作调查底图，广泛应用移动互联网、云计算、无人机等新技术，创新运用“互联网 + 调查”机制，全流程严格实行质量管控，以 2019 年 12 月 31 日为标准时点，汇集了 2.95 亿个调查图斑，全面掌握了全国陆地国土的利用现状等情况，建立了国家、省、市、县四级调查数据库，并在“三调”基础上持续开展年度国土变更调查，为新时代提升自然资源管理能力和治理水平奠定了坚实基础。

2021 年，中共中央政治局会议、中共中央政治局常委会会议、国务院常务会议、国务院第三次全国国土调查领导小组会议分别听取了“三调”主要情况汇报，对“三调”工作和“三调”成果给予了充分肯定，认为“三调”方法是科学的、数据是扎实的、成效是明显的，成果真实性通过了严格核查检验。中共中央政治局会议强调，要坚持最严格的耕地保护制度，优化调整农村用地布局，确定各地耕地保有量和永久基本农田保护任务，规范耕地占补平衡，确保可以长期稳定利用的耕地总量不再减少。要压实地方各级党委和政府责任，实行党政同责，从严查处各类违法违规占用耕地或改变耕地用途的行为，遏制耕地“非农化”、严格管控“非粮化”，对在耕地保护方面有令不行、有禁不止、失职渎职的，要严肃追究责任。要坚持系统观念，加强顶层规划，因地制宜，统筹生态建设。要坚持节约集约，合理确定新增建设用地规模，提高土地开发利用效率。要继续推动城乡存量建设用地开发利用，完善政府引导市场参与的城镇低效用地再开发政策体系。要强化土地使用标准和节约集约用地评价，大力推广节地模式。要加强调查成果共享应用，在此基础上做好国土空间规划，调整并进一步明确生态保护红线、环境质量底线、资源利用上线。要深入开展资源国情宣传教育，推动全社会牢固树立资源节约利用意识。

“三调”成果得到了广泛应用，有力支撑了各级政府科学决策，对合理利用和有效保护自然资源，促进经济社会全面协调可持续发展，发挥了重要的基础性作用。一是为党中央、国务院相关决策部署提供了基本依据。中央领导同志在听取“三调”主要情况汇报时要求，要准确分析“三调”数据，深入揭示影响我国高质量发展和涉及国家安全的重大关键问题。针对“三调”数据反映的情况，党中央、国务院在进一步加强耕地保护、统筹生态建设、节约集约用地等方面作出了一系列重大决策部署。二是为进一步完善土地管理制度发挥了重要作用。自然资源部会同相关部门采取了系列举措，进一步完善土地管理制度。在耕地保护方面，修订《土地管理法实施条例》，明确耕地保护优先序，将“耕地保护法”列入立法工作计划。建立耕地保护“两平衡一冻结”制度，严控耕地转为非农建设用地，不断改进和规范耕地占补平衡；严格控制耕地转为其他农用地，稳妥实施耕地“进出平衡”；对违法违规占用耕地从事非农业建设的，在储备库中冻结相应的补充耕地指标。制定党委和政府落实粮食安全和耕地保护责任制考核办法，按照划定的永久基本农田和耕地保护红线，逐级签订耕地保护的“军令状”，确保守牢18亿亩耕地红线。强化耕地保护执法督察，重点监督耕地“非农化”和耕地转为其他农用地发生的地类转变等。在生态建设方面，根据耕地保护优先序，优化生态保护红线划定工作；进一步完善政策措施，巩固退耕还林还草成果；科学确定造林绿化空间，要求绿化任务落地上图，带位置上报、带图斑下达。在节约集约利用方面，从规划源头抓起，严控城镇扩张边界；以更大力度推动存量建设用地盘活利用，深化城镇“增存挂钩”机制，推动城乡建设用地增减挂钩；加强开发园区土地集约利用状况评价，鼓励地上地下空间立体开发；全面修订各行各业用地标准，提升节约集约利用水平。三是为国土空间规划和国土空间用途管制提供了统一“底版”。坚持国土空间唯一性，按照“统一底图、统一标准、统一规划、统一平台”要求，以“三调”基础上形成的2020年度国土变更调查成果为规划基数和统一底图，编制完成我国首部全国国土空间规划纲要，划定永久基本农田保护红线、生态保护红线、城镇开发边界（以下简称“三区三线”），建立全国国土空间规划“一张图”，同步推进省、市、县、乡国土空间总体规划，协同推进农业、城乡建设、能源、交通、水利、文物保护等各类专项规划编制实施，健全“五级三类”国土空间规划体系，实现真正意义上的“多规合一”，彻底解决过去各种规划底图不一，多规冲突，数、线、区分离等突出问题。坚持地类唯一性，明确以全国国土空间规划“一张图”和“三区三线”为依据、以“三调”及年度国土变更调查成果为基础，落实国土空间统一用途管制；以“三调”为基础的最新年度国土变更调查现状地类为基准，开展建设项目规划选址和用地用海审批，严格耕地用途管制和“两平衡一冻结”考核；基于“三调”和年度国土变更调查工作，建立统一规范的森林草原湿地调查监测制度；基于“三调”和年度国土变更调查成果，明确林地草地湿地管理边界。四是为推进自然资源管理数字化转型提供了基础条件。在“三调”及其年度国土变更调查成果为统一底图的基础上，构建了国土空间基础信息平台，集成国土空间规划、用地用海审批、规划实施监管等自然资源管理数据，形成图数一致、坐标统一、三维立体的国土空间数字化底版，实现对相关自然资源管理数据的动态感知、统一管理、空间分析、三维展示、共享服务等，有力促进了自然资源管理的数字化转型。

“三调”成果应用领域和应用范围正在逐步扩大，应用前景越来越广阔，应用效果正在持续显现，为推动国家治理体系建设和治理能力现代化提供了有力支撑。为充分发挥“三调”成果效用，特别是总结“三调”在思想认识、工作组织、工作机制、工作态度、工作作风等方面的成功经验、成功做法，自然资源部、国务院第三次全国国土调查领导小组办公室组织编撰了《第三次全国国土调查成果系列丛书》，通过图片、数据、文字资料等多种形式，全面总结和展示“三调”成果。

党的二十大擘画了全面建设社会主义现代化国家，向第二个百年奋斗目标进军，以中国式现代化推进中华民族伟大复兴的宏伟蓝图。自然资源系统广大干部职工要深刻把握党的二十大对自然资源工作作出的重大部署和重要要求，积极践行习近平生态文明思想，立足“严守资源安全底线、优化国土空间格局、促进绿色低碳发展、维护资源资产权益”的工作定位，大力弘扬“求真务实、科学严谨、开拓创新、攻坚克难、团结协作、无私奉献”的“三调”精神，以更强的责任感、使命感和紧迫感，齐心协力，不断开创自然资源管理工作新局面，为建设人与自然和谐共生的现代化、促进经济社会持续健康发展提供有力支撑和保障。自然资源调查监测评价是自然资源管理工作的重要基础，我们要深入学习贯彻落实党中央精神，找准自然资源调查监测新的历史定位，强化使命担当，加强改革创新，加快健全完善自然资源统一调查监测评价体系，着力推进以年度国土变更调查为核心的自然资源调查监测工作，深化自然资源专项调查监测，大力推进调查成果共享应用，不断提升支撑服务能力，为促进自然资源事业高质量发展、推进自然资源治理体系和治理能力现代化作出更大贡献。

自然资源部党组书记、部长

国家自然资源总督察

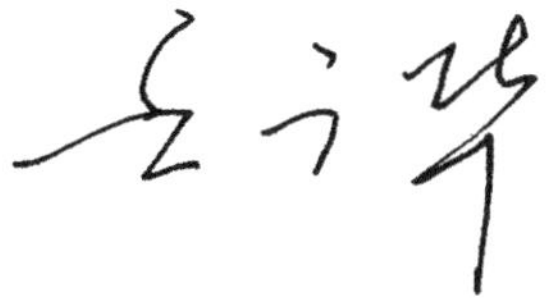

二〇二三年五月二十五日

目　录

第一篇

背景篇

国土资源是指一个国家或地区的自然资源和人文资源在特定地理空间范围内的综合体，它涵盖了土地资源、气候资源、水资源、森林资源等自然资源，以及人类社会活动等人文资源。作为国家发展和社会进步的基础，国土资源的合理利用是维护生态平衡和促进可持续发展的重要支撑。

为了科学认识我国国土资源的利用特点，首先需要深入了解各资源要素的基本特征，因为这些特征深刻影响着国土资源的利用方式和利用强度。自然要素是资源要素的基础，对资源的存在、分布和可利用性具有重要影响；经济社会要素与国土资源的相互作用对于制定合理、可持续的国土资源利用策略至关重要。

本篇通过对我国主要自然要素，包括地貌、气候、水文、土壤和植被进行分析，揭示了各自然要素对国土资源利用的影响。同时，阐述了我国人口、经济发展水平、交通运输条件和科技进步等经济社会要素与国土资源利用之间的关系。通过回顾和分析过去十年（2009—2019 年）我国国土资源利用情况、自然和经济社会条件以及科技发展水平，可以更加客观、准确地了解我国国土资源利用的基本状况，并洞悉未来国土资源利用的发展趋势。这些分析为合理、可持续地利用国土资源，以及促进国家可持续发展目标的实现提供了科学依据。

第 1 章　国土资源禀赋

我国幅员辽阔，地形复杂，自然地理环境呈现地带性与非地带性交错的地域分异规律，不同地区地貌、气候、水文、土壤、植被等自然要素存在显著差异，这些要素对国土资源利用产生重要影响，形成了特有的资源禀赋。

1.1　地　貌

我国地貌类型多样，不同的地貌具有不同的海拔高度和地势起伏特征，其国土资源利用类型和结构存在明显不同。地貌还通过对区域水热条件的再分配，间接影响着国土资源利用。

1.1.1　地貌总体特征

全国地形以山地为主，海拔自西向东逐渐降低，呈现西高东低的总体轮廓。纵横交错的山系构成了地貌轮廓的基本骨架，控制着山地、丘陵、盆地和平原等地貌类型的空间分布格局。总的说来，我国地貌类型具有高地多、低地少，山岳多、平原少的特点（表 1.1）。

表 1.1　我国主要地貌类型占全国陆地面积的比例

地貌类型	山地	高原	盆地	平原	丘陵
比例（%）	33.00	26.00	19.00	12.00	10.00

数据来源：《中国统计年鉴—2008》。

我国地势主要由三级阶梯构成：第一级阶梯为青藏高原，平均海拔在 4000 米以上。高原内部分布着几条近乎东西向的山脉，山脊线海拔大都在 6000 米以上，各山脉之间则形成了一些地势缓和的宽浅洼地和湖盆，以及大片沼泽地。第二级阶梯位于青藏高原与大兴安岭—太行山—巫山—雪峰山之间，其中包括内蒙古高原、黄土高原、云贵高原和塔里木盆地、准噶尔盆地和四川盆地等，海拔多在 1000～2000 米。第三级阶梯为第二级阶梯以东至浅海大陆架的区域，主要包括海拔 200 米以下的东北平原、华北平原和长江中下游平原，海拔数百米的江南地区诸多丘陵、盆地，以及海拔 500～1000 米的辽东丘陵、山东丘陵、东南沿海丘陵和两广丘陵等。其中，东北平原、华北平原和长江中下游平原是我国的三大平原，土壤肥沃，是我国最重要的农耕区。

我国地势较高且山地分布广泛（图 1.1）。国家 1∶100 万数字高程模型数据库显示，海拔 4000 米以上的陆地面积占全国陆地总面积的 20.01%，海拔 2000～4000 米的占 12.08%，海拔 1000～2000 米的占 24.41%，海拔 500～1000 米的占 16.07%，海拔 200～500 米和海拔 200 米以下的分别占 11.73% 和 15.70%（表 1.2）。我国的山脉在空间分布上按一定的方向呈有规律的排列，且表现出一定的区域性。其中，近东西向的山脉主要有三列，最北部是天山—阴山，中间是昆仑山—秦岭，最南是南岭。这些山脉都是我国重要的地理分界线，例如西部的昆仑山、天山是青藏高原、塔里木盆地、准噶尔盆地之间的天然分界线；中部的秦岭是区分我国南方和北方的重要自然地理界线，也是黄河与长江水系的分水岭；南岭则是长江与珠江水系的分水岭。东北—西南走向的山脉大多分布在东部，自西向东可分为三列：西列为大兴安岭、太行山、吕梁山、巫山、武陵山、雪峰山等，即第二级地势阶梯的东部界线；东列北起长白山，经辽东、山东丘陵山地，向南延伸至浙闽粤沿海山地；外列主要是指台湾山脉。西北—东南走向的山脉分布于西部，包括阿尔泰山、祁连山和喜马拉雅山。南北走向山脉则集中在中部，自北向南主要是贺兰山、六盘山及横断山脉等。

表 1.2　我国陆地面积按海拔高度的分布比例

海拔高度（m）	<200	200～500	500～1000	1000～2000	2000～4000	4000～6000	≥6000
比例（%）	15.70	11.73	16.07	24.41	12.08	19.88	0.13

数据来源：《中国统计年鉴—2011》。

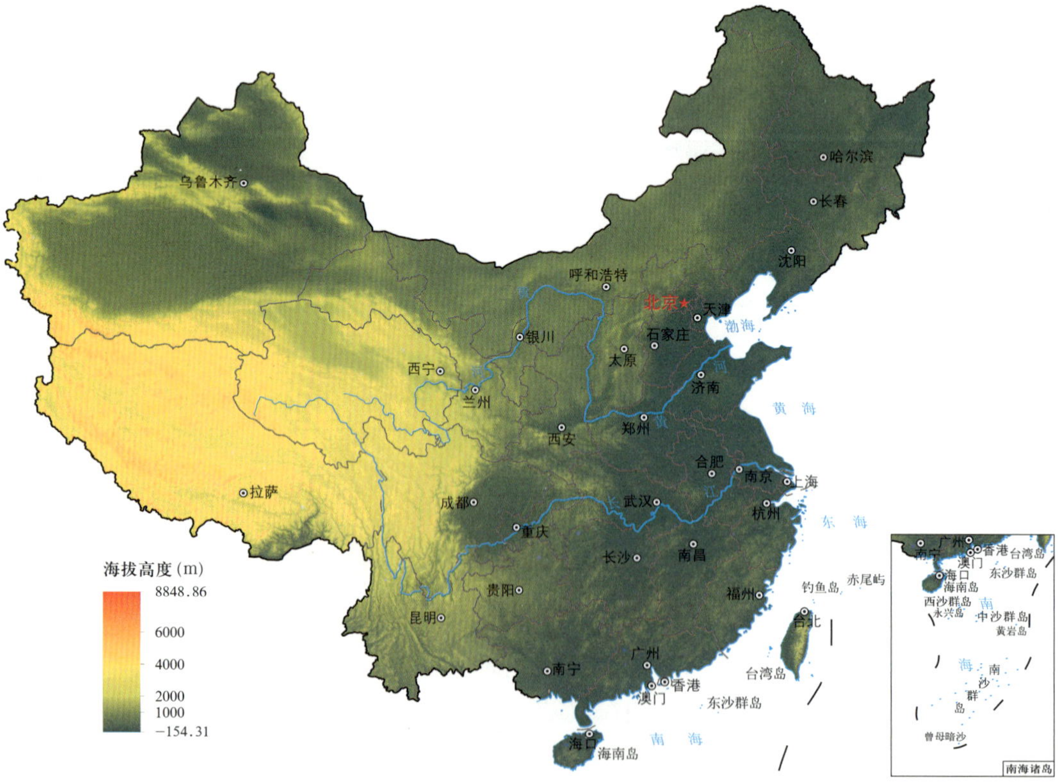

图 1.1　我国海拔高度空间分布
（来源于 SRTM 数据）

1.1.2　地貌与国土资源利用

宏观地貌格局对我国境内大气环流、地面水分分布等产生了重要的影响，进而对国土资源特性的形成及开发利用产生影响。同时，青藏高原的存在使得气候的地域差异更加显著，独特的高原季风现象加强了由海陆分布引起的东北季风和西南季风，进而增加了东部地区降水，但也抑制了西部地区南北暖冷气流的交换，加剧了西北地区的干旱程度，制约着我国农业的发展和耕地的利用。

另外，错综复杂分布的山脉影响着局部地区自然地理环境的形成。近东西走向的山脉，如秦岭和南岭，其高耸的地势对冬季西伯利亚冷空气发挥了阻挡作用，使得山脉南北两侧的温度和降水差异显著；东北—西南走向的山脉，如大兴安岭、太行山、巫山、武陵山、雪峰山等，则能够阻挡来自太平洋暖湿气流的深入，使西北内陆更为干旱。从西向东逐级下降的大陆斜面，对我国水系分布起着重要的作用。长江和黄河自西向东流入太平洋，在入海处形成大面积的三角洲平原，是我国农业发达和人口集聚的区域。

总体来说，我国自西向东逐级下降且多山的地貌特征，影响了纬度地带性和海陆地带性因素所形成的气候和水文要素的空间分布规律，增加了我国自然条件的多样性，使得我国国土资源开发利用状况呈现出明显的地域差异。

1.1.2.1　主要地貌要素与国土资源利用

海拔、地势起伏和地面坡度是与国土资源利用关系最为密切的地貌要素。其中，海拔是划分地貌基本类型的一个重要指标。一般海拔每升高 100 米，气温下降 0.5～0.6℃。随着海拔升高，积温减少，生长期缩短，自然环境呈现明显的垂直地带分异，对用地类型、作物组合和耕作制度等都产生一定的影响，宜根据不同海拔的水热条件差异因地制宜布局，分别安排农林牧等不同的产业或品种。地势起伏和坡度也对农业生产产生较大影响。一般来说，地势起伏越小，坡度越缓，越有利于耕地集中连片，以及农田水利化和农业机械化的实现；而地势起伏较大、坡度较陡的地区则需要修筑梯田以便于耕作。海拔、地势起伏和坡度对城镇空间布局和基础设施建设的影响也很显著。城镇主要建筑场地都要求排水防涝及防洪条件好且地势平坦的土地，避免高填、深挖，以减少土石方、建筑物基础、防护工程等的工作量。2016 年发布的《城乡建设用地竖向规划规范》（CJJ 83—2016）显示，城镇中心区自然坡度宜小于 20°，居住用地宜小于 25°，工业、物流用地则宜小于 15°。

1.1.2.2　不同地貌类型与国土资源利用

不同的地貌类型，其海拔、地势起伏和坡度等地貌要素特征存在显著差异，国土资源利用类型与结构也有着明显不同。

1）山地分布及其对国土资源利用的影响

以海拔 1500 米、3500 米、5500 米为界限，可将我国的山地分成低海拔山地、中海拔山地、高海拔山地和极高海拔山地四类（图 1.2）。不同海拔的山地面积及其比例见表 1.3。从空间上看，极高海拔山地位于喜马拉雅山北部沿线，特别是藏北高原的西南部地区。整个青藏高原除柴达木盆地外，均属于极高海拔山地和高海拔山地。中海拔山地主要分布在我国第二、第三级阶梯交界区域，主要包括贵州大部分地区，此外，在呼伦贝尔部分地区、长白山沿线及福建大部分地区也有分布。低海拔山地分布较少，仅在四川盆地北部、呼伦贝尔高原北部，以及南方地区有少量分布。

表 1.3　我国山地面积分类统计

山地类型	海拔高度（m）	比例（%）
低海拔山地	<1500	17.30
中海拔山地	1500～3500	41.93
高海拔山地	3500～5500	20.53
极高海拔山地	≥5500	20.24

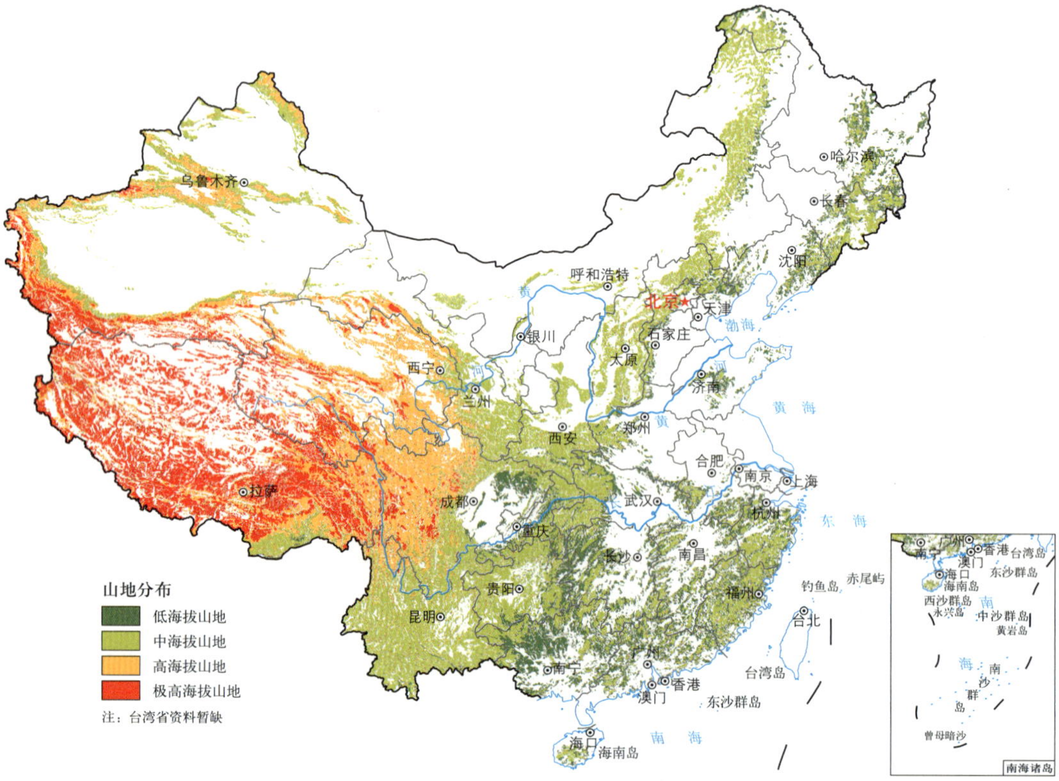

图 1.2　我国山地地貌分布格局

多数山地，特别是青藏高原和云贵川地区，海拔高度变化大，地势起伏也较大，不同海拔高度的山地在气候、土壤及植被分布方面均呈现一定差异，从而形成国土资源利用的垂直空间异质性。以横断山区为例，耕地集中分布在海拔 3500 米以下，随着海拔的增加，比例逐渐减小；林地主要分布在海拔 4500 米以下，随着海拔增加呈现先增加后减少趋势；草地则在各海拔高度均有分布（戴尔阜 等，2018）。在我国快速城镇化进程中，部分山地人口增加，社会经济活动趋于频繁，城乡建设用地也有所扩张。然而，山地地势陡峭，土壤贫瘠，并且多受水土流失、石漠化、地震、滑坡、泥石流等自然灾害影响，国土资源开发利用受到较大限制。特别是农业方面，基础设施不足且适用农机有限，机械化推广困难，农业种植收益相对低下，水田变旱地和撂荒等耕地边际化或粗放化利用现象频发。因此，宜控制山地开发，适度限制生产生活活动，合理规划生态、生产和生活空间以及布局，根据不同海拔的光温水热土差异因地制宜安排农林牧等不同产业。

2）丘陵分布及其对国土资源利用的影响

我国丘陵海拔比山地低，地势虽有起伏但较和缓，国土资源利用类型和方式介于山地和平原之间。以海拔 1500 米、3500 米、5500 米为界限，可将我国的丘陵分成低海拔丘陵、中海拔丘陵、高海拔丘陵和极高海拔丘陵四类（图 1.3）。不同海拔的丘陵面积及其比例见表 1.4。南方丘陵区相对高差多在 100～200 米以下，对农业耕作限制较小，往往成为重要的农业区。如四川盆地丘陵、两湖丘陵、苏皖丘陵和东南沿海丘陵等多数区域的农田修筑为梯田，成为水稻的重要产区。北方丘陵区的农田潜力在于发展林果业。由于有一定的地势起伏和坡度，加之海拔不高，水热条件限制小，丘陵相比平原排水防涝和通风透光性更好，因而更适宜发展林果业。我国主要经济林木和果树，如茶叶、油茶、油桐、核桃、樱桃、柑橘、橙子、苹果等大都分布在丘陵地区。如黄土高原丘陵沟壑区光照足、土层厚，具有发展林果业的独特优势，多集中连片种植苹果树，已成为我国最大的苹果优势产区（张聪颖　等，2018）。

表 1.4　我国丘陵面积分类统计

山地类型	海拔高度（m）	比例（%）
低海拔丘陵	<1500	37.49
中海拔丘陵	1500～3500	49.64
高海拔丘陵	3500～5500	6.96
极高海拔丘陵	≥5500	5.91

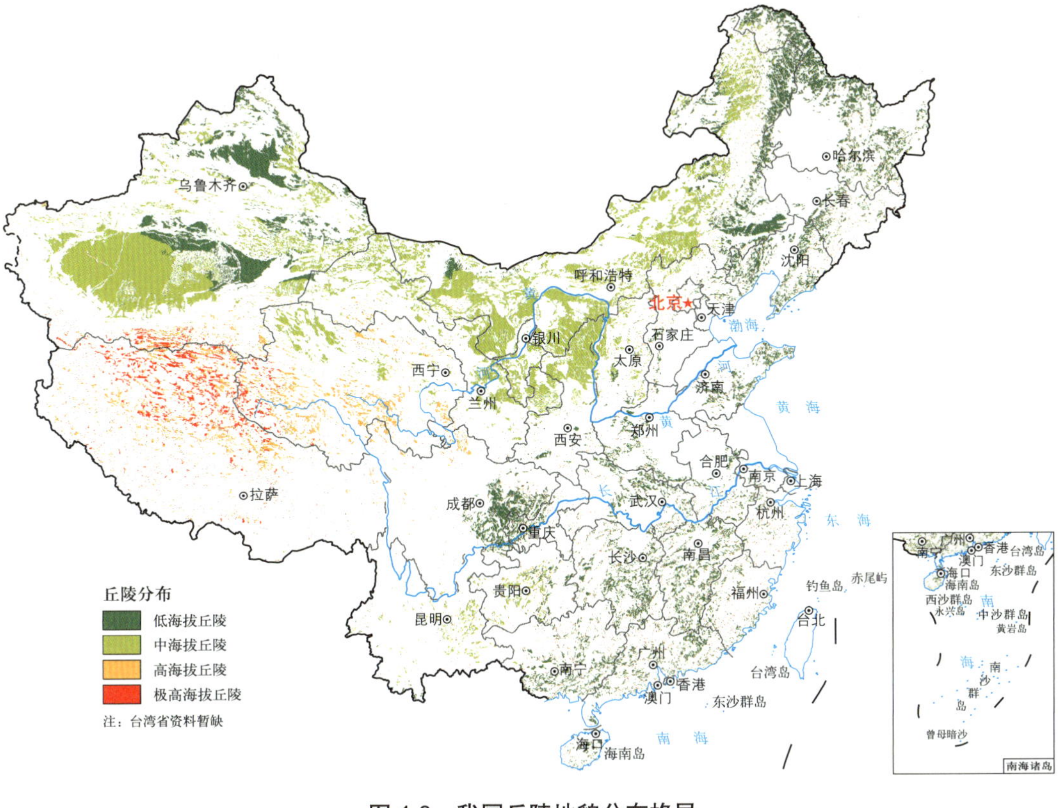

图 1.3　我国丘陵地貌分布格局

3）平原分布及其对国土资源利用的影响

我国平原包括山区内的山间平原以及高原上的平原地带。以海拔 1500 米、3500 米和 5500 米为界，可将我国的平原分成低海拔平原、中海拔平原、高海拔平原和极高海拔平原四类（图 1.4）。不同海拔的平原面积及其比例见表 1.5。高海拔平原和极高海拔平原主要分布在青藏高原的北部、中部及西部地区；中海拔平原多分布在西北地区，如塔里木盆地边缘及甘肃西北部地区，内蒙古中西部靠近阿拉善高原边缘地区，以及柴达木盆地附近；低海拔平原面积最大，主要分布在华北地区、东北地区、内蒙古北部地区，以及长江中下游地区、北疆及塔里木盆地东部地区。东北平原、华北平原和长江中下游平原都是低海拔平原。

表 1.5　我国平原面积分类统计

山地类型	海拔高度（m）	比例（%）
低海拔平原	<1500	51.39
中海拔平原	1500～3500	30.84
高海拔平原	3500～5500	13.52
极高海拔平原	≥5500	4.25

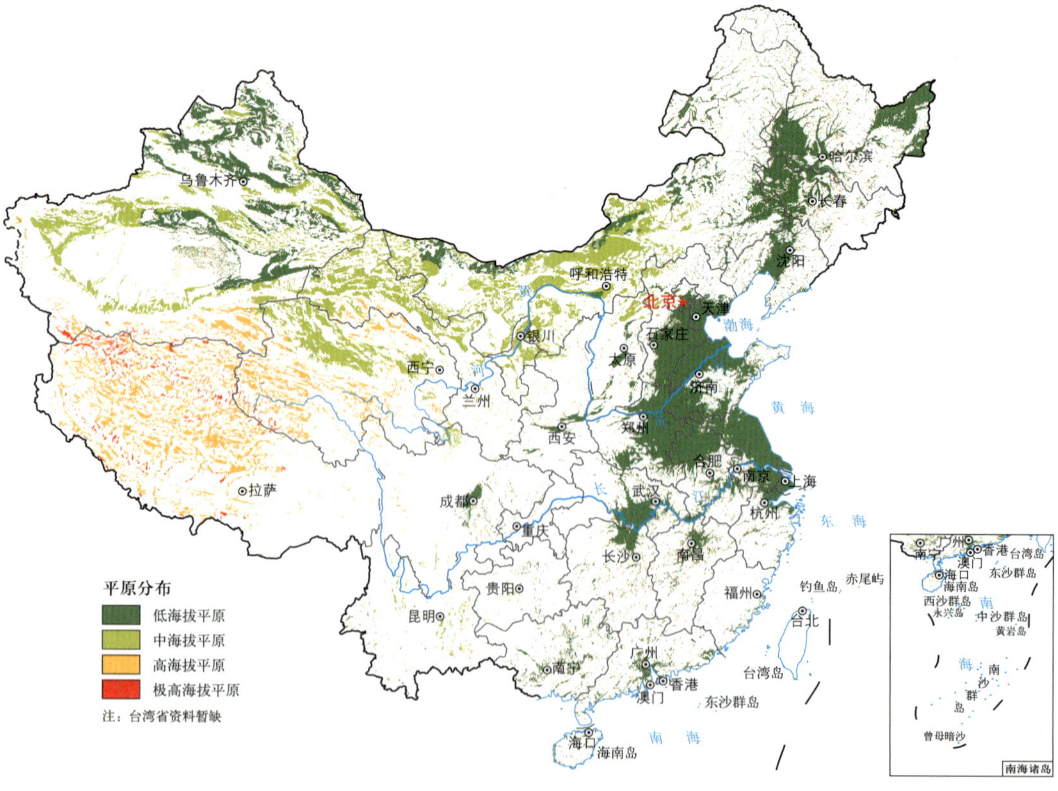

图 1.4　我国平原地貌分布格局

平原一般地势平坦开阔，土层深厚，土壤肥沃，农业机械化水平高，易实行耕地集中连片规模经营，对城镇建设的限制也较小，为城镇扩张提供了较为广阔的空间。然而，不同类别的平原对国土资源利用的影响存在差异。山麓地带的扇形平原由于山地供给水源而具备较为丰富的地表和地下水资源，同时坡度较小，地面排水条件良好，非常适宜农业发展，农业集约化水平往往较高。河流冲积平原和湖积平原一般地势低平，土壤肥沃，虽也适宜农业发展和城镇建设，但易发生洪涝灾害，部分低洼地区也易遭受盐碱化威胁。滨海平原相较其他平原类型，容易受海水倒灌影响，更易发生土壤盐碱化。气候变化背景下，滨海平原还面临海平面上升威胁，对水利设施建设有着更高要求。

1.1.2.3　不同地貌类型的国土资源利用结构及变化

依据 2012 年的《中国县域统计年鉴》，我国县级行政单元可划分为山区县、丘陵县和平原县三类。对于同时存在多种不同地貌类型的县级行政单元，以面积占比最大的地貌类型作为其地貌分类类型。全国范围内，山区县数量占比最多，为 43.21%，主要分布在青藏高原、西南地区、东北地区东部以及广东和福建境内；丘陵县数量占比为 25.53%，主要分布在四川盆地、辽东半岛、山东半岛、江南丘陵、内蒙古高原、陕北黄土丘陵、广西以及海南北部；平原县数量占比为 31.26%，主要分布在东北平原、华北平原、长江中下游平原、新疆以及内蒙古中西部。

不同地貌类型县的国土资源利用方式存在明显差异。平原县耕地占比较高，在 19% 左右。丘陵县林地和草地占比较高，各约 30%；耕地占比在 20% 左右，与平原县近似。山区县是林地、草地和湿地占比最高的区域，也是耕地、城镇村及工矿用地和水域占比最低的区域，其园地和其他用地占比则介于平原县和丘陵县之间（表 1.6）。

表 1.6　我国不同地貌类型县的国土资源利用结构　　单位：%

2009 年									
县域类型	耕地	园地	林地	草地	城镇村及工矿用地	交通运输用地	水域	湿地	其他用地
平原县	18.69	1.20	8.49	21.59	3.57	1.19	4.71	1.78	38.80
丘陵县	19.61	1.89	28.58	30.02	3.21	1.09	3.05	1.91	10.65
山区县	8.24	1.50	36.64	35.81	1.32	0.52	2.89	2.54	10.54
全国	14.29	1.56	26.61	29.53	2.88	0.95	3.64	2.26	18.28
2019 年									
县域类型	耕地	园地	林地	草地	城镇村及工矿用地	交通运输用地	水域	湿地	其他用地
平原县	19.06	1.60	10.82	22.19	4.54	1.09	5.02	1.69	34.00
丘陵县	19.04	2.55	32.43	26.81	3.98	1.21	3.20	2.20	8.58
山区县	7.05	2.11	40.44	33.14	1.83	0.70	3.03	2.95	8.74
全国	13.49	2.13	29.97	27.91	3.72	1.01	3.83	2.48	15.47

注：表中部分合计数与各分项数之和在尾数上存在差异，系四舍五入所致。本书其他图表中如有类似差异皆属于此种情况。2009 年为第二次全国土地调查数据，2019 年为第三次全国国土调查数据。

近十年间，不同地貌类型国土资源利用方式的改变既存在一致性，也存在一定差异。快速城镇化、农业供给侧结构性改革和精准扶贫等的推动，使各地貌类型县城镇村及工矿用地和园地呈显著扩张趋势，占比有所提高。受农业结构调整和退耕还林（草）等政策影响，山区县和丘陵县的耕地占比有所下降，平原县的则相对稳定。

1.2 气 候

气候对国土资源形成、发展和演化的影响显著，特别是对自然植被类型、土地利用结构、种植制度和作物分布特征有着十分重要的影响。本节介绍了我国气候的分异规律，即各气候带内气候特征和气候资源的分布情况。并基于第三次全国国土调查数据，划分熟制区，探究气候对国土资源利用的影响，以期为国土资源保护与合理利用提供科学参考。

1.2.1 气候条件总体特征

我国幅员辽阔，地貌类型多样，加之跨纬度较广，距海洋远近不同，因而气候特征差别巨大，形成了不同的气候类型。东部属季风气候，西北部属大陆性气候，青藏高原属高原气候。

1.2.1.1 气候特征

我国大部分地区四季分明，仅华南地区长夏无冬，大兴安岭、小兴安岭、青藏高原和天山山地长冬无夏，藏北高原西部全年皆冬，云南中部地区四季如春。

1）气温特征

气温空间差异（图 1.5）。在我国，气温在不同季节呈现出不同的空间差异特征。1 月的 0℃等温线穿过了淮河—秦岭—青藏高原东南边缘，此线以北（包括东北、华北、西北及青藏高原）的冬季平均气温为 0℃以下；此线以南的冬季平均气温则为 0℃以上。冬季南方温暖，而北方寒冷，南北气温差别大是中国冬季气温分布的主要特征。7 月等温线大部分地区夏季平均气温为 20℃以上，南方许多地区为 28℃以上；除青藏高原等地势高的地区外，我国普遍高温，南北气温差别不大，是我国夏季气温分布的主要特征。

气温年较差和日较差。由于我国同时被季风性气候和大陆性气候影响，温度年较差较世界同纬度地区大，北方地区大于南方地区，西部地区大于东部地区。在东北地区年较差高达 40℃，内蒙古、新疆一带为 30℃以上，黄河流域为 25～30℃，长江流域为 20～25℃，珠江流域为 15～20℃。气温日较差北方大于南方，内陆大于沿海，华南地区日较差约为 7℃，长江流域约为 8℃，秦岭—淮河以北为 10℃以上，东北地区大部约为 12℃，西北地区和青藏高原约为 15℃。

2）降水特征

受东南和西南季风的影响，我国的年降水量从东南沿海向西北内陆递减。各地区差别很大，大致是沿海多于内陆，南方多于北方，山区多于平原，山地的暖湿空气迎风坡多于背风坡。

我国 800 毫米等降水量线大致在淮河—秦岭—青藏高原东南边缘一线（图 1.6）；400 毫米等降水量线大致在大兴安岭—张家口—兰州—拉萨—喜马拉雅山东南端一线。长江中下游及其以南大部地区、云南西南部等地降水量普遍为 1200～2000 毫米；东北、华北、西北地区东南部、黄淮、江淮大部、江汉北部及内蒙古东北部、青海南部、西藏东部、四川大部、云南大部等地降水量为 400～1200 毫米；内蒙

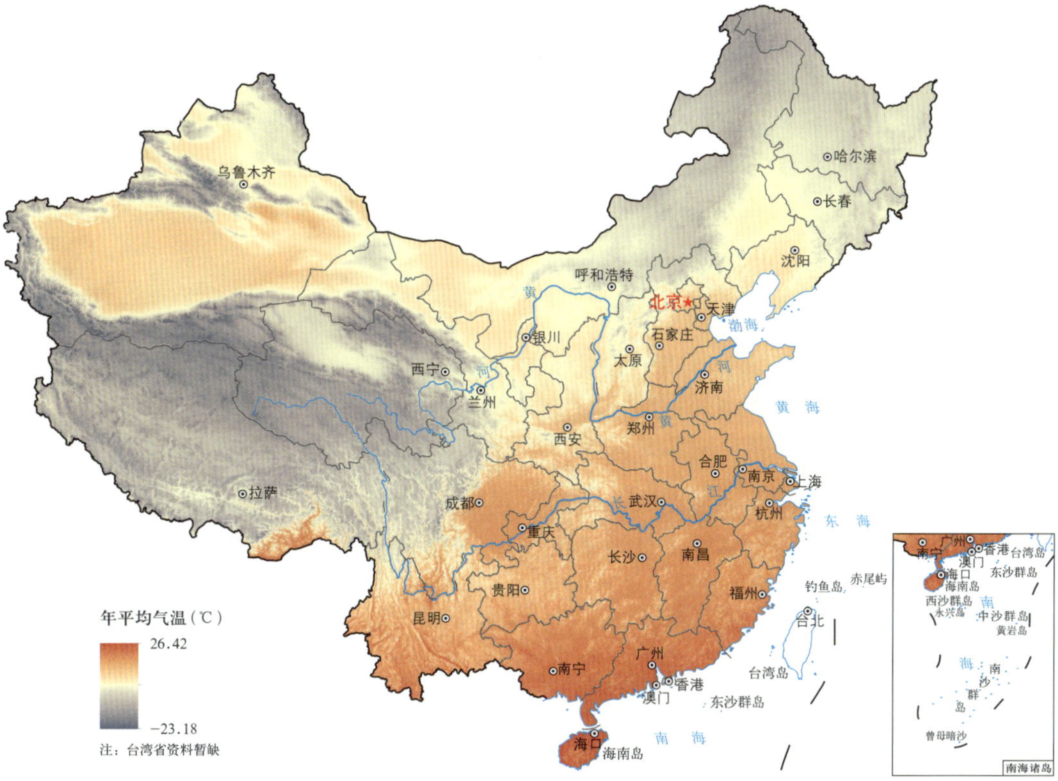

图 1.5 我国年平均气温空间分布
（来源于中国气象要素年度空间插值数据集）

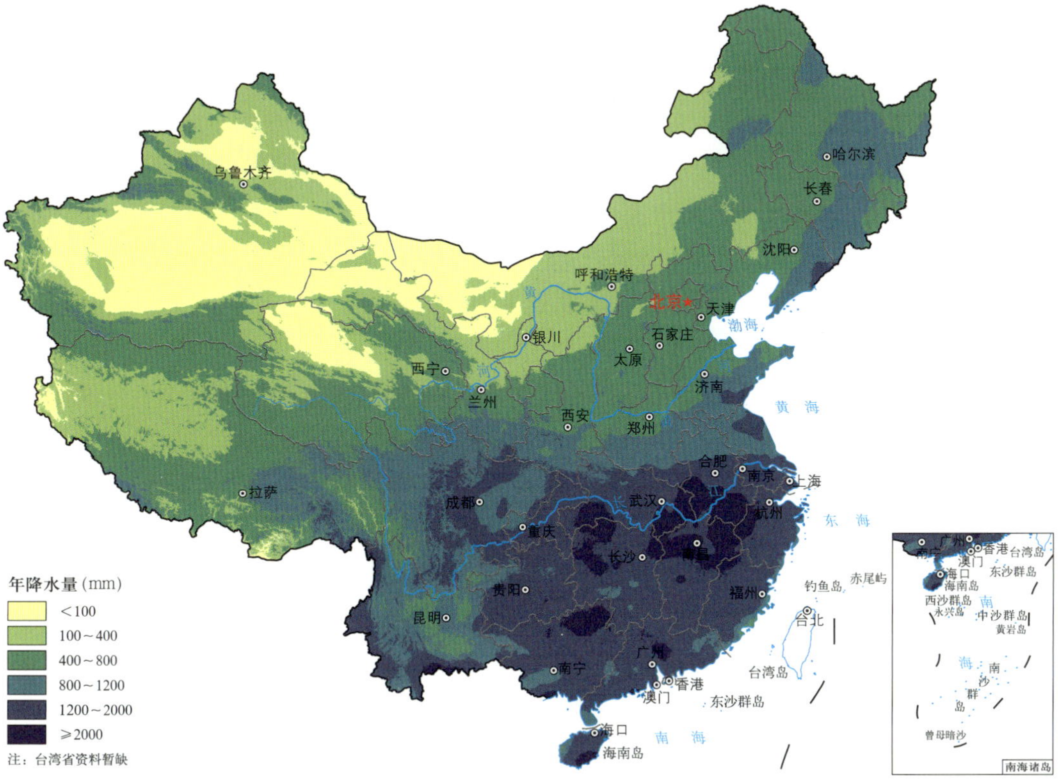

图 1.6 我国年降水量空间分布
（来源于中国气象要素年度空间插值数据集）

古中部、宁夏大部、甘肃中部、青海中部、西藏中部、新疆北部等地降水量为 100～400 毫米；新疆中南部、青海西北部、甘肃西部、内蒙古西部、西藏西部等地降水量不足 100 毫米。

降水量的时间变化包括季节变化和年际变化两个方面。我国降水的季节分配特征是：南方雨季开始早，结束晚，雨季长，集中在 5—10 月；北方雨季开始晚，结束早，雨季短，集中在 7、8 月。我国大多数地区降水量年际变化较大，一般是多雨区年际变化较小，少雨区年际变化较大；沿海地区年际变化较小，内陆地区年际变化较大，且以内陆盆地年际变化最大。

1.2.1.2 气候资源

气候资源是指人类生产和生活中可利用的气候条件，以及大气中可被利用的物质和能量，是自然资源的组成部分，主要包括光能、热量和水分资源等。我国气候资源基本特征是：太阳辐射资源丰富，光合生产潜力高；热量带多，亚热带和温带面积大，大部分地区热量资源丰富，但季节性变化大；水分资源空间分布不均衡，气候要素的年际波动大，气候灾害频繁；雨热基本同季，夏季光、热、水共济，农业的气候生产潜力较大；气候类型多样，且被季风气候显著影响，为生物多样性和特色农业提供了有利的自然资源基础。

1）光能资源

我国光能资源的空间分布，通常是西部多、东部少；时间差异表现为夏季多、冬季少，受各地天气情况影响而有很大变化。我国东北、华北、黄淮东部、西南中西部、西北大部及内蒙古、西藏大部等地日照时数一般在 2000 小时以上；黄淮西部、江淮、江汉北部和东部、江南东北部、华南东部及甘肃南部等地日照时数为 1500～2000 小时，江南大部及贵州、四川东部、重庆、广西等地日照时数不足 1500 小时。

2）热量资源

热量资源是影响农业土地利用的重要因素，对一个地区的植被类型和农业生产有重要影响。我国热量资源空间上由南向北递减，表现出明显的南北地域差异和季节差异。全国平均≥10℃活动积温（作物生长季积温）为 4700℃，黄淮中南部、长江中下游、华南北部和西南东部等地积温为 5000～7000℃，华南中南部及云南南部超过 7000℃，青藏高原大部及内蒙古东北部局地不足 2000℃，全国其余大部地区为 2000～5000℃。我国无霜期大致与日平均气温≥10℃的时期相当，有明显的地域差异，随纬度和海拔的增加而缩短，最低值在西藏的高原地区，无霜期不足 50 天。

3）水分资源

我国沿秦岭—淮河至西藏雅鲁藏布江河谷地区一线可将全国划分为两大部分：东南地区为湿润地区，水分丰盈；西北地区为干旱地区，水分亏缺。我国最大湿润区在东南沿海地区和海南岛东部，湿润度大于 2.0，全年水分盈余 400～600 毫米；最干旱地区为新疆沙漠地区，湿润度为 0.1～0.2，全年水分亏缺 300～800 毫米。

在全球气候变化背景下，1900—2019 年我国平均年降水量无明显趋势性变化，但存在显著的 20～30 年尺度的年代际振荡。1961—2019 年，我国平均年降水量呈微弱的增加趋势，且年代际变化特征明显，1961—1979 年无明显趋势性变化，1980—2000 年和 2012—2019 年以偏多为主，2001—2011 年总体偏少，2012 年以来呈增加趋势。我国东北、西北、西藏大部年降水量呈现较强的增加趋势，而自东北南部和华北部分地区到西南一带的年降水量呈现减少趋势。近 30 年西北地区中西部气候出现向暖湿转型的趋势，但由于西北地区降水量基数小以及蒸发量大，干旱气候的格局未发生根本改变（巢清尘 等，2023）。

1.2.2　气候条件与国土资源利用

1.2.2.1　气候带与国土资源利用

根据郑景云等（2013）提出的气候区划方法，即在遵循“地带性与非地带性相结合、发生同一性与区域气候特征相对一致性相结合、综合性和主导因素相结合、自上而下和自下而上相结合、空间分布连续性与取大去小”五个原则的基础上，可将我国气候分为五个温度带和一个特殊的青藏高原区。不同的温度带内热量不同，生长期长短不一，植被类型、耕作制度和作物种类也有明显差别。

1）寒温带

寒温带包括大兴安岭北部地区，年平均气温 -4.0℃，降水量 440 毫米，≥10℃持续日数不足 100 天，≥10℃积温小于 1600℃。植被类型主要为寒温带针叶林，由于热量资源不足，要采取一定的增温措施才能保证作物成熟。

2）中温带

中温带面积广阔，其北界从东北地区向西延伸至新疆西部国境线，南界自辽宁丹东北部，经由沈阳—彰武—赤峰南—张家口北—大同南—子长—西峰南—通渭—渭源—岷县一线，折向西北，沿青藏高原东缘山地祁连山北、疏勒河东向北至博格达山—天山南侧向西至边境，包括东北大部分地区、河北北部、山西北部、陕西西北部、新疆北部、内蒙古大部分地区、甘肃、宁夏全部地区。

湿润区包括小兴安岭与长白山；半湿润区包括三江平原及其以南山地、松辽平原和大兴安岭中部；半干旱区包括西辽河平原、大兴安岭南部、呼伦贝尔平原、内蒙古高原东部与东河套、黄土高原西部、阿尔泰山与塔城盆地和伊犁盆地；干旱区包括内蒙古高原西部、阿拉善及河西走廊和准噶尔盆地。区域内年平均气温 2～8℃，降水量 150～620 毫米，≥10℃持续日数为 100～170 天，≥10℃积温为 1600～3400℃，日照时数为 2400～3400 小时。湿润和半湿润区植被类型主要为针叶阔叶混交林和草甸草原，半干旱区植被类型主要为干草原，干旱区植被类型主要为荒漠草原和荒漠。种植制度为一年一熟，主要农作物为春麦、玉米、亚麻、大豆、甜菜等。

3）暖温带

暖温带包括淮河—秦岭—青藏高原北缘一线以北，主要包括华北平原、山西高原和黄土高原部分地区，以及新疆南部地区。其中，湿润和半湿润区包括辽东胶东山地丘陵、华北山地丘陵、华北平原、鲁中山地丘陵、晋中陕北甘东高原丘陵和黄土高原南部；半干旱区包括晋中陕北甘东高原丘陵与太行山地；干旱区位于塔里木盆地与吐鲁番盆地。区域内年平均温度为 8～13℃，年内降水量为 400～750 毫米，局部地区可达 1000 毫米；≥10℃持续日数为 171～220 天，≥10℃积温为 3400～4500℃，日照时数为 2400～3200 小时。湿润和半湿润区植被类型主要为温带阔叶林，半干旱区植被类型以落叶阔叶林和灌木林为主，干旱区植被类型主要为荒漠植被。种植制度为一年一熟至两年三熟，主要农作物为冬麦、玉米、棉花、花生、大豆、高粱、谷子和马铃薯等。

4）亚热带

亚热带包括北亚热带、中亚热带和南亚热带。北亚热带包括秦岭—淮河一线以南，浙闽山地北部—长江中游平原南缘—宜昌—广元—绵阳西—都江堰—青藏高原东线一带以北。该地区年平均气温为 14～17℃，≥10℃积温为 4500～5000℃，年日照时数为 1400～2200 小时，年降水量为 800～1500 毫米。植被类型为常绿阔叶林和落叶阔叶林，经济林为竹、茶，主要农作物是水稻。

中亚热带包括北亚热带以南至南岭以北的江南丘陵、四川盆地、云贵高原及横断山脉南段等地区。

年平均气温多为 12～19℃，≥10℃积温为 5000～6000℃，≥10℃天数为 240～285 天，年日照时数为 1200～2000 小时，降水量为 800～1800 毫米。植被类型为常绿阔叶林，种植柑橘、油茶，主要农作物是水稻。

南亚热带包括云南省南部及南岭以南的地区和台湾北部地区。年平均气温为 28～29℃，全年≥ 10℃持续天数在 285 天以上，≥10℃积温为 6000～8000℃，全年日照时数为 1800～2200 小时。年降水量为 1100～2200 毫米，易受台风影响。植被类型主要为热带季雨林，种植双季稻及甘蔗、香蕉、龙眼、荔枝等热带经济作物。

5）热带

热带包括边缘热带、中热带和赤道热带。边缘热带包括台湾岛南部、雷州半岛、海南岛中北部、云南南部边缘的瑞丽江、怒江、澜沧江、元江等河谷山地。该地区终年日平均气温在 10℃以上，年平均气温为 21～24℃，≥10℃积温高达 8000～9000℃，年日照时数为 2000～2400 小时，降水量为 1400～2400 毫米。该地区水分热量资源充足，植被类型为热带季雨林，种植双季稻、冬季菜和橡胶等作物。

中热带包括海南岛西南端和东、中、西沙诸群岛。中热带热量充足，降水丰沛，季节差异不明显，年平均气温大于 24℃，降水量为 1500～2100 毫米，日照时数为 2200～2600 小时。

赤道热带包括南沙群岛，全年高温高湿，最冷月平均气温也在 24℃以上，气温年较差小，年降水量为 1500～2100 毫米，年内分配均匀，日照时数在 2600 小时左右。植被类型为热带雨林，全年可种植喜温作物和热作水果。

6）高原气候带

高原气候带包括青藏高原部分地区。其中，高原亚寒带包括果洛那曲丘状高原、青南高原宽谷、羌塘高原湖盆和昆仑高山高原；高原温带包括横断山脉东、南部，横断山脉中、北部，青东祁连山地，藏南山地，柴达木盆地，昆仑山北翼和阿里山地；高原亚热带包括川西藏东高山深谷。该区域海拔多在 3000 米以上，空气稀薄，日照充足，年日照时数可达到 3200 小时；年平均气温为 0～11℃，且气温日较差大，降水区域变化明显。主要植物为高寒草原和高寒林甸，其北部地区柴达木盆地、青海中北部地区可发展灌溉农业，种植喜凉的春小麦、马铃薯和青稞等作物。

1.2.2.2 气候条件与农作物熟制

《中国耕作制度区划》（刘巽浩 等，1987）按照自然条件与社会经济条件的差异、作物种类与熟制的不同，将我国耕作制度分为 3 个熟制带、12 个一级区，体现了耕作制度的区域差异性特征。如今，由于气候变化和技术进步以及主体功能区规划等国家相关区划调整等原因，又进行了新一轮耕作制度区划。陈阜等（2021）在前人研究基础上，按照主要作物生长发育所需积温及热量条件，将全国划为一熟区、二熟区和三熟区三个熟制带。在考虑熟制与作物类型情况下，综合考虑自然地理与行政区位、地貌、水旱作条件、主要作物类型等因素，进一步将全国划分为 11 个耕作制度一级区（表 1.7）。

表 1.7　我国耕作制度区划

熟制带	耕作制度一级区
一熟区	1. 东北平原丘陵半湿润喜温作物一熟区
	2. 长城沿线内蒙古高原半干旱温凉作物一熟区
	3. 甘新绿洲喜温作物一熟区
	4. 青藏高原喜凉作物一熟区
	5. 黄土高原易旱喜温作物一熟二熟区
二熟区	6. 黄淮海平原丘陵灌溉农作二熟区
	7. 西南山地丘陵旱地水田二熟区
	8. 四川盆地水田旱地二熟区
三熟区	9. 长江中下游平原丘陵水田旱地三熟二熟区
	10. 江南丘陵山地水田旱地三熟区
	11. 华南丘陵平原水田旱地三熟区

1）一熟区

本区包括五个一级区，为东北平原丘陵半湿润喜温作物一熟区（1 区）、长城沿线内蒙古高原半干旱温凉作物一熟区（2 区）、甘新绿洲喜温作物一熟区（3 区）、青藏高原喜凉作物一熟区（4 区）、黄土高原易旱喜温作物一熟二熟区（5 区）。该区内各分区的耕地面积，以及耕地中水田、旱地和有效灌溉面积的比例如表 1.8 所示。

表 1.8　一熟区基本情况

熟区	耕地面积（10^4 hm^2）	水田（%）	旱地（%）	有效灌溉区域（%）
1	2945.90	17.40	82.60	31.20
2	1717.20	5.00	95.00	42.10
3	888.70	0.60	99.40	72.20
4	172.50	2.10	97.90	34.20
5	1844.40	0.70	99.30	35.40

注：耕地面积比例为该区域耕地面积占该区域国土面积的百分比，水田和旱地的比例为其占该区域耕地面积百分比，数据来源于《中国耕作制度发展与新区划》，下同。

1 区包括大兴安岭、三江平原、东北地区东部山地、松辽平原和辽东胶东山地丘陵，其北界抵中俄边境，东南与朝鲜相接。该区是我国重要的粮食基地，以玉米带著称。该区每年≥10℃积温为 1614～4061℃，作物以喜温的杂粮（玉米、水稻、大豆、高粱、谷子）为主，一年一熟，复种指数为 97.6%，旱作为主。

2 区包括内蒙古高原、松辽平原西南部和黄土高原，长城横贯其中。该区海拔 300~1500 米区内中低高原相间。全区共有耕地面积 1717.20 万公顷，主要以旱地为主（占 95.00%），耕作比较粗放，投入少，广种薄收，粮食单产极低。该区每年≥10℃积温为 1734～4071℃，种植制度为一年一熟，复种指数为 90.9%，北部是喜凉作物带，主要为春小麦与杂粮等；南部是喜温作物带，玉米、谷糜、高粱占总播种面积半数。

3 区主体为新疆地区与河西走廊地区，包括阿拉善及河西走廊、准噶尔盆地、阿尔泰山与塔城盆地、伊犁盆地、塔里木盆地与吐鲁番盆地。全区耕地面积 888.70 万公顷，农区呈点片状分布于荒漠半荒漠的绿洲中，除少数沿山的耕地外，均实行灌溉。夏季较温暖，大部地区适合种植喜温作物，以棉花、小麦为主，玉米为辅，蔬菜、甜菜、油料、果用瓜的比例不断增长。该区每年≥10℃积温为 138～5689℃，以一年一熟为主，复种指数为 86.6%，但许多地区具有发展复种的条件。

4 区位于我国西部，以青藏高原为主体，耕地极少，仅有 172.50 万公顷。耕作制基本上是以牧为主、牧农并重。土地利用率极低，多轮歇地，投入少，耕地主要分布于河谷地带，农牧交错，旱作与灌溉并重。该区每年≥10℃积温为 32～4918℃，以一年一熟为主，复种指数为 67.5%；海拔差异显著影响了作物布局，一般 4300 米以上为作物上限地区，多早熟青稞、燕麦、豌豆、油菜、荞麦、芜菁；3500～4000 米处以春播的青稞、小麦、油菜为主；3000～3500 米处冬季较温和，种植冬小麦，但仍以青稞、春小麦为主；2700 米以下，出现喜温的玉米和水稻。

5 区地处晋南关中盆地和晋中陕北甘东高原丘陵，包括秦岭以北、长城以南、太行山以西、乌鞘岭以东在内的区域。全区耕地面积 1844.40 万公顷，主要以旱地为主，耕地分布于河谷山间盆地和黄土高原的塬、梁、峁地上及豫西丘陵山地地带。粮食作物以喜温作物为主，喜温的玉米、谷糜、高粱大致占总播种面积的一半。经济作物少，主要为油料作物，有胡麻、向日葵、油菜等。该区每年≥10℃积温为 1013～5103℃，本区以一年一熟为主，在南部或低海拔地区可一年二熟，复种指数为 123.3%。

2）二熟区

本区包括三个一级区，为黄淮海平原丘陵灌溉农作二熟区（6 区）、西南山地丘陵旱地水田二熟区（7 区）和四川盆地水田旱地二熟区（8 区）。该区内各分区的耕地面积，以及耕地中水田、旱地和有效灌溉面积的比例如表 1.9 所示。

表 1.9　二熟区基本情况

熟区	耕地面积（10^4 hm^2）	水田（%）	旱地（%）	有效灌溉区域（%）
6	3024.80	6.10	93.90	72.50
7	1610.60	30.90	69.10	30.90
8	1280.30	38.40	61.60	37.60

6 区位于我国东部，东达黄海、渤海，西至太行山—伏牛山，北以长城为界，南至淮河。该区以华北平原为主体，共有耕地面积 3024.80 万公顷，是我国主要的农区之一。该区以灌溉农业为主，每年≥10℃积温为 2412～5174℃，主要的熟制是一年两熟，复种指数为 169.6%，高投入、高产出、较高效益是该地区农业生产的主要特征。该区主要的作物为冬小麦、夏玉米，占本区总播种面积的 66.7%。该区的花生产量占全国的 53.5%，蔬菜、大豆等作物在全国生产中也占有重要地位。

7 区地处我国西南，北起秦岭南麓，南至西双版纳北界，西接青藏高原，东至巫山、武陵山，主要包括汉中盆地和云贵高原。全区耕地面积 161.60 万公顷，耕地主要分布于海拔 500～2000 米处的平坝、川地以及丘陵山区坡地上，耕作制的特点是农林牧混合。农作物以粮食作物为主，主要是玉米和薯类，其次是水稻和小麦；经济作物以蔬菜、油料作物、烟草最为重要。该区每年≥10℃积温为 2824～7819℃，属典型一年两熟，但在高寒山区为一年一熟，复种指数为 129.8%。

8 区包括四川盆地底部和周边低山丘陵。全区耕地面积 1280.30 万公顷，耕地中 17.2% 分布在成都平原，82.8% 分布在川中丘陵地带。该区水田、旱地占比相当，其中成都平原水旱并重，平原外围的川中丘陵低山则以旱地为主。粮食作物占总播种面积的 70.7%，以水稻、小麦、玉米、薯类四大作物为主，其次有大豆、杂豆、高粱等；经济作物以蔬菜、油料作物为主，其中油菜占比较大。该区每年≥10℃积温为 949～6332℃，本区多数实行一年两熟制，复种指数为 115.9%。

3）三熟区

本区包括 3 个一级区，为长江中下游平原丘陵水田旱地三熟二熟区（9 区）、江南丘陵山地水田旱地三熟区（10 区）和华南丘陵平原水田旱地三熟区（11 区）。该区内各分区的耕地面积，以及耕地中水田、旱地和有效灌溉面积的比例如表 1.10 所示。

表 1.10　三熟区基本情况

熟区	耕地面积（10^4 hm^2）	水田（%）	旱地（%）	有效灌溉区域（%）
9	2584.70	74.00	26.00	63.80
10	670.80	65.20	34.80	51.20
11	1094.60	45.30	54.70	46.90

9 区包括淮南与长江中下游的江汉平原、洞庭湖平原、鄱阳湖平原、皖中平原、太湖平原、长江三角洲、杭嘉湖平原、大别山区、宁镇丘陵等。全区总耕地面积 2584.70 万公顷，耕地大多分布于海拔 200 米以下，少数在 200～400 米。该区每年≥10℃积温为 2674～6802℃，长江中下游平原为二三熟农作区，复种指数为 168.9%；由于气候变化，北界平均向北移动，西界也向西推进。水稻占总播种面积的 42.7%，长江以北为一季晚稻或中稻，向南则双季稻占优势。冬季种植的作物主要是油菜和蔬菜，另有少量大麦、蚕豆；经济作物中，棉麻类、油菜较多。

10 区位于我国东南部，以江南与南岭山地为主体，也包括罗霄山脉、雪峰山等。全区耕地面积共 670.80 万公顷，山区丘陵以林地为主，耕地以水田为主。该区每年≥10℃积温为 3948～7943℃，熟制的分布受地势的影响，复种指数为 175.5%，300 米以下低处为水田双季稻三熟制或双季稻；500～700 米处是水田双季稻与单季稻混合区；700～1000 米处水田减少，旱地增多，水田种单季稻，旱地为二熟一熟区。该区内粮食作物占总播种面积的 47.9%，以水稻为主，双季稻约占水稻种植面积的 80%；旱粮较少，主要是丘陵旱地上的甘薯、玉米、豆类和水田中的小麦、油菜。该区的经济作物主要有油菜、烤烟、甘蔗和黄红麻类。

11 区位于我国最南部，包括粤桂闽丘陵平原、滇中山地丘陵、琼雷山地丘陵以及琼南低地与东沙、中沙、西沙诸岛等地区。该区粮食作物占总播种面积的 53.5%，其中水稻占粮食作物的 63.0%，双季稻占绝对优势。其次为甘薯和少量玉米、豆类。经济作物较多，以甘蔗、花生、油菜为主，是我国主要的甘蔗产区。该区每年≥10℃积温为5167～9899℃，复种指数可达240%左右，平原水田95%以上是双季稻，冬季除冬闲外，可以种喜温作物，组成三熟制，旱地主要二熟，复种指数为123.6%。

1.2.2.3 气候条件变化与国土资源利用

1）极端天气事件

气候变化导致的极端天气事件增加对我国国土资源利用的影响是复杂的，不同的极端天气事件会对各种资源产生不同的影响。干旱和洪涝对我国的农业生产和生态系统产生了重大影响。受到干旱的影响，粮食产量下降，农民收入减少。植被死亡，生态系统退化。洪涝会使农田受损，粮食产量下降，农民收入减少。洪涝还可能影响交通，阻碍物资运输和人员流动。同时，城市规划不当也会导致城市内部的洪涝时有发生，造成城市基础设施受损和人员伤亡等问题。

1961—2019年，我国区域极端高温日数显著增多，热浪频率增大，平均暖昼日数平均每10年增加5.7天。1961年以来，我国日—夜复合型极端高温事件频次显著增多、持续时间显著延长、覆盖面积显著增大，影响面积每10年平均扩大约76.40万平方千米。1961—2019年，我国平均冷夜日数平均每10年减少8.2天，1998年以来，冷夜日数较常年持续偏少。华北中南部及四川中部等地区暴雨呈减少趋势，而江南和华南大部分地区暴雨呈现显著的增加趋势。极端少雨天气增多，特别是伴随高温热浪而快速发展的“骤旱”事件剧增。西北太平洋和南海生成台风个数呈减少趋势，但在我国登陆的台风个数则有微弱的增多趋势，台风强度有所增强。

据国家气候中心气象灾害资料库统计，近30年（1991—2020年）气象灾害平均每年给我国带来3039人死亡（含失踪）和2584亿元的直接经济损失。受益于防灾减灾救灾能力的提升，由气象灾害导致的死亡人口呈现减少趋势，2020年死亡失踪人口为552人。然而在经济高速发展的背景下，由气象灾害导致的直接经济损失不断攀升，特别是2010年以来损失显著增加，2020年直接经济损失达3681亿元。分灾种来看，暴雨洪涝、强对流天气和台风是导致人员伤亡的主要原因，分别占总人员伤亡数的61%、25%和13%。在直接经济损失方面，暴雨洪涝所占比例最高，为45%；其次是干旱和台风，分别占19%；强对流天气和低温冷冻雪灾分别占9%（孙劭，2021）。

2）种植带北移

过去60年间，我国气候变化总体特征是气温上升，“种植带北移”现象多区域多作物发生，因为气候变暖和技术进步带来的一系列因素使得北方地区逐渐成为更有利于农业生产的地区。2011—2020年≥0℃、≥10℃积温分布特征较1961—1970年变化明显，整体呈上升趋势。相比1961—1970年，2011—2020年≥0℃积温为6000～7000℃的区域面积增加了21.1万平方千米，东北大部分地区≥0℃积温高于3000℃；≥10℃积温在6000℃以上的区域面积增加了19.7万平方千米，北方地区以内蒙古和东北地区积温变化较大，其中积温为3000～4000℃的区域面积增加了30.1万平方千米（和骅芸 等，2023）。在1981—2010年间，大兴安岭西北部和伊春中北部因无霜期过短或生长季积温过低无法种植大豆，黑龙江其他大部地区因热量条件和水分条件不足均处于基本适宜种植大豆状态。在1991—2020年间，大豆种植适宜区或较适宜区有明显扩大趋势，目前除大兴安岭的呼中和漠河无法种植大豆，其他区域均可种植。基本适宜区域主要集中于大兴安岭、黑河及伊春北部，松嫩平原中东部和三江平原北部等地非常适宜种植大豆。我国冬小麦的安全种植北界已由长城沿线向北扩展了1～2个纬度（100～200千米），华北地区小麦已由冬性向半冬性转变。冬小麦“北移”涉及的区域以西北小麦作区为主，但因为经济效益等原因，其中很多省份冬小麦乃至小麦面积不增反减，比如陕西、甘肃、山西等，但新疆的小麦特别是冬小麦面积却一直保持增长势头，成为黄淮、江淮之外为数不多的小麦面积增长省份之一。

3）冻土层融化

造成冻土层融化的主要原因是气候变化和人类活动。随着全球气温升高，中国冻土区的温度也在不断上升，导致冻土层融化。此外，大规模的城市化和农业开发，也会改变土地利用方式，加速冻土层融化。位于多年冻土层之上的活动层呈加快增厚特点，多年冻土退化明显，1981—2019 年青藏公路沿线活动层平均每 10 年增厚 19.6 厘米。冻土层融化对当地环境和经济产生了有利和不利的影响。冻土层融化后，地下水分会上升到表层，为植物生长提供水分，从而促进了当地的植被生长，也促进了生态系统的恢复和生物多样性的增加；部分地区的土地变得适合农业开发和建设，提高了当地的经济效益。冻土层融化后，土壤变得松软，容易发生沉降，给建筑物和基础设施带来潜在威胁；冻土层融化也会释放出大量的温室气体，加速全球气候变化，从而影响全球的生态环境；冻土层融化会导致土地变得干燥，使得原本适合草原生长的地区变得不适合，出现土地退化和草原退化。冻土层融化对我国冻土区的影响是复杂的，需要采取有效的措施，以应对不利影响并最大限度地发挥有利条件。2001—2015 年昆仑山区及各区域雪线高程呈波浪式上升的趋势，昆仑山东、中、西段雪线高程的倾向率分别为每 10 年 80 米、131 米和 155 米，昆仑山东段雪线高程变化最为稳定，其次是昆仑山中段，最不稳定的则是昆仑山西段（张连成 等，2019）。

4）海平面上升

受全球气候变暖、极地冰川融化、上层海水受热膨胀等因素影响，全球海平面持续升高。我国近海平均海平面上升速率为 3.65 毫米 / 年；沿海地区海平面自 1993 年以来加速上升，上升速率由 1993 年的 3.65 毫米 / 年，增加到 2016 年的 5.03 毫米 / 年（张成卓 等，2021）。2012—2019 年我国沿海海平面均处于近 40 年来的高位。2021 年我国沿海海平面为 1980 年以来最高。受地面沉降等因素影响，相对海平面的上升将会加剧。《中国地下水资源与环境调查》显示，在长江三角洲地区，最近 30 余年累计沉降超过 200 毫米的面积近 1 万平方千米。随着海平面上升和地面沉降的双重作用，海水顶托作用加强，导致城市排水能力下降，内涝风险明显加大。同时，海平面上升还会抬高风暴潮的增水水位，增加沿海城市风暴潮灾害的发生频率和破坏强度。海平面上升后，天文潮平均高、低潮位上升，未来 100 年，平均潮位上升 0.5～0.8 米（王芬 等，2022）。

1.3 水文及水资源

水资源对国土资源利用的影响巨大。受自然地理条件的影响，我国水土资源分布不均衡，大部分国土干旱缺水，有些地方在干旱的同时还洪涝频发。随着经济发展和人口增长，工农业和生活用水量不断增加，加剧了水资源的短缺，部分地区出现用水效率低的问题和严重的水污染问题（张利平 等，2009）。

1.3.1 水文及水资源总体特征

1.3.1.1 水资源量

我国水资源总量丰富，居世界第 6 位，在世界主要国家中仅次于巴西、俄罗斯、加拿大、美国和印度尼西亚。《中国水资源公报（2021）》显示，2021 年我国水资源总量为 29638.20 亿立方米。其中，地表水资源量为 28310.50 亿立方米，地下水资源量为 8195.70 亿立方米，地下水与地表水资源不重复量为 1327.70 亿立方米。全国水资源总量占降水总量 45.30%，平均单位面积产水量为每平方千米 1.30 万立方米。

1.3.1.2 水质情况

近年来，我国积极推进水污染防治工作，水质状况总体向好。《2021 中国生态环境状况公报》显示，2021 年我国地表水监测的 3632 个国考断面中，Ⅰ～Ⅲ类水质断面（点位）占 84.90%，达到 2021 年水质目标要求。长江、黄河、珠江、松花江、淮河、海河、辽河、东南诸河、西北诸河、西南诸河等十个水资源一级区的 3117 个国考断面中，Ⅰ～Ⅲ类水质断面占 87.00%，其中，长江流域、西北诸河、西南诸河、东南诸河和珠江流域水质为优，黄河流域、辽河流域和淮河流域水质良好。开展水质监测的 210 个重要湖泊（水库）中，Ⅰ～Ⅲ类水质湖泊（水库）占 72.90%。开展营养状态监测的 209 个重要湖泊（水库）中，贫营养状态湖泊（水库）占 10.50%，中营养状态占 62.20%，轻度富营养状态占 23.00%，中度富营养状态占 4.30%。2021 年我国地下水环境质量监测的 1900 个考核点位中，Ⅰ～Ⅳ类水质点位占 79.4%，主要超标指标为硫酸盐、氯化物和钠。

1.3.1.3 水资源时空分布特征

我国水资源空间分布不均，南方水资源丰富，而北方水资源短缺。《中国水资源公报（2021）》显示，2021 年南方地区水资源量占总量的 74.83%，北方水资源量仅占总量的 25.17%。水资源一级区的水资源总量见表 1.11。虽然我国水资源南北分布不均，但随着我国水库等级不断升高，保灌能力逐渐增强，北方地区相对短缺的水资源得到了较为充分的利用，其中西北诸河区、海河区和淮河区的水资源利用率达到 40% 以上，较南方地区更高（表 1.12），这对于保障国民经济发展、提高农业生产能力发挥了重要作用。

表 1.11 2021 年水资源一级区水资源总量

水资源一级区	降水量（mm）	地表水资源量（10^8 m^3）	地下水资源量（10^8 m^3）	地下水与地表水资源不重复量（10^8 m^3）	水资源总量（10^8 m^3）
全国	691.60	28310.50	8195.70	1327.70	29638.20
北方 6 区	405.70	6273.10	2928.60	1187.00	7460.10
南方 4 区	1197.20	22037.40	5267.10	140.70	22178.10
松花江区	633.30	2043.30	582.70	278.80	2322.00
辽河区	725.90	584.80	231.40	112.30	697.10
海河区	838.50	473.20	405.20	261.50	734.80
黄河区	555.00	860.00	461.80	141.00	1000.90
淮河区	1059.30	1064.40	503.00	289.30	1353.70
长江区	1152.80	11079.00	2624.80	107.10	11186.20
东南诸河区	1748.30	1981.00	464.10	16.20	1997.20
珠江区	1371.10	3625.70	888.70	17.00	3643.00
西南诸河区	1036.00	5351.80	1289.50	0.00	5351.80
西北诸河区	172.60	1247.50	744.40	104.10	1351.60

注：此表根据《中国水资源公报（2021）》整理。

表 1.12　2021 年水资源一级区水资源利用率

水资源一级区	供水总量（10^8 m^3）	用水总量（10^8 m^3）	水资源总量（10^8 m^3）	水资源利用率（%）
全国	5920.20	5920.20	29638.20	19.97
北方 6 区	2652.00	2652.00	7460.10	35.55
南方 4 区	3268.20	3269.20	22178.10	14.74
松花江区	459.80	459.80	2322.00	19.80
辽河区	187.00	187.00	697.10	26.83
海河区	365.80	365.80	734.80	49.78
黄河区	389.30	389.30	1000.90	38.89
淮河区	580.80	580.80	1353.70	42.90
长江区	2072.50	2072.50	11186.20	18.53
东南诸河区	296.60	296.60	1997.20	14.85
珠江区	790.50	790.50	3643.00	21.70
西南诸河区	108.60	108.60	5351.80	2.03
西北诸河区	669.30	669.30	1351.60	49.52

注：此表根据《中国水资源公报（2021）》整理。

我国水资源年内、年际变化显著。从水资源的年际变化情况看，相较于 1953—2021 年水资源总量年平均值 27612 亿立方米，1990—1999 年偏多 4.20%，2000—2009 年偏少 3.60%，2010—2019 年偏多 3.1%，而 2020 年、2021 年两年平均偏多 10.90%。具体来说，南方四区较其多年水资源总量年平均值 22383 亿立方米来看，1990—1999 年偏多 5.10%，2000—2009 年偏少 3.0%，2010—2019 年偏多 2.70%，而 2020 年、2021 年两年平均偏多 5.30%；北方 6 区较其多年水资源总量年平均值 5220 亿立方米来看，1990—1999 年接近多年平均值，2000—2009 年偏少 6.30%，2010—2019 年偏多 4.50%，而 2020 年、2021 年两年平均偏多 35.10%。从水资源的年内变化情况看，我国大部分地区处于东亚季风气候区，淮河及长江上游干流以北、云贵高原以西的广大地区，除新疆大部、青海北部外，多年平均最大降水量出现在 6—9 月；江西大部、湖南东部、福建西部及南岭一带出现在 3—6 月；西藏的西南边境一带及海南岛东部出现在 7—10 月；集中降雨的四个月的累计降水量占全年降水总量的 70% 以上。

1.3.2　水文及水资源与国土资源利用

1.3.2.1　河流与国土资源利用

河流水面指天然形成或人工开挖河流常水位岸线之间的水面，不包括被堤坝拦截后形成的水库区段水面。据第三次全国国土调查，全国河流水面总面积 880.78 万公顷，占水域总面积的 24.30%，在水域面积中的比重占第一位。

各省（区、市）中，以新疆最多（137.02 万公顷），其次为江苏（62.31 万公顷）、四川（54.67 万公顷）、黑龙江（52.81 万公顷）、西藏（45.31 万公顷）、青海（43.47 万公顷）等；较少的是海南（4.20 万公顷）、宁夏（3.17 万公顷）、天津（2.54 万公顷）、北京（1.86 万公顷）等，河流水面面积在 5 万公顷以下。

我国七大河流流域国土资源利用情况如下：

（1）辽河流域。地跨河北、内蒙古、吉林、辽宁四省（区）。该流域洪水频繁，平均7～8年发生一次较大的洪水，平均2～3年发生一次一般的洪水。该流域是我国水资源贫乏地区之一，特别是中下游地区，水资源短缺更为严重。该流域开发较晚，1949年后建设了一批水利工程，全流域蓄水发电工程有红山水库、二龙山大型水库等。

（2）黄河流域。地跨青海、四川、甘肃、宁夏、内蒙古、陕西、山西、河南、山东9省（区）。该流域上中游黄土高原水土流失严重，下游自孟津以下因“善淤”，形成地上河；筑堤后则“善决，善徙”。针对其特性，该流域兴水利十分注意水沙并用：用水有供水、灌溉、通航，用沙有浑水淤灌和放淤等。该流域减轻水害的关键在于上中游防止水土流失，下游防止洪水为灾。

（3）长江流域。地跨西藏、青海、云南、四川、重庆、湖南、湖北、江西、安徽、江苏、上海11省（区、市）。该流域洪、涝、旱、冰雹等自然灾害频繁。为解决该流域洪灾问题，我国修建了荆江分洪工程（1949年）、分蓄洪工程（1954年）、丹江口水利枢纽工程（1958年）、葛洲坝水利枢纽工程（1971年）、三峡水利枢纽工程（1994年）、河道裁弯（荆江和川江）和疏浚工程等水利工程，构建了防洪预警系统，在上游大力植树、造林、种草，保持水土。2000年以来，该流域大力实施退耕还林、还草、还湖工程，加强中小河流治理和小型水库除险加固。

（4）淮河流域。地跨湖北、河南、安徽、江苏、山东5省。该流域日照时间长，光热资源充足，气候温和，主要作物有小麦、水稻、玉米、薯类、大豆、棉花和油菜，是我国重要的商品粮棉油基地。工业以煤炭、电力工业及农副产品为原料的食品、轻纺工业为主。交通发达，京沪、京九、京广三条南北铁路大动脉从本流域东、中、西部通过，欧亚大陆桥—陇海铁路横贯流域北部。

（5）海河流域。地跨北京、天津、河北、山西、山东、河南、辽宁、内蒙古8省（区、市）。该流域水患频繁，中华人民共和国建立后实施了“根治海河工程”，在一定程度上水患得到治理。但由于大批水利工程的建设和上游山西地区的煤炭开采活动，海河流域诸河下游只有滦河水系常年有水。同时，地下水超采行为也日益严重。

（6）珠江流域。地跨云南、贵州、广西、广东、湖南、江西6省（区）。该流域洪、涝、旱灾害频繁，易涝地区主要有珠江下游及三角洲、西江沿岸和浔江沿岸，其中80%已得到初步治理。由于地理位置、资源、环境的限制和历史原因，流域内区域经济发展极不平衡，上游地区经济发展缓慢，下游珠江三角洲地区经济发达；人口分布极不平衡，西部人口密度小，东部人口密度大。

（7）松花江流域。地跨吉林、黑龙江2省。该流域洪水包括春汛和夏汛两种，春汛洪水与初春河流开江时的凌汛洪水时间基本上相同，约发生在每年的4—5月份，凌汛洪水经常出现冰坝。该流域水能资源丰富，以松花江干流、嫩江、牡丹江较为集中。该流域规划建21级水电站，共装机415.04万千瓦，平均年发电量合计为91.55亿千瓦时，已建1万千瓦以上水电站八座，总装机容量338.81万千瓦，年发电量56.69千瓦时。

1.3.2.2 湖泊与国土资源利用

湖泊水面是指天然形成的积水区常水位岸线所围成的水面。据第三次全国国土调查，全国湖泊水面总面积846.48万公顷，占水域总面积的23.30%，在水域中的比重占第二位。

各省（区、市）中，以西藏（337.29万公顷）、青海（150.48万公顷）占前两位；湖泊水面面积在30万公顷以上的有新疆、江苏、内蒙古、江西、安徽等5省（区）；面积在10万～30万公顷的有黑龙江、湖北、湖南、山东、云南 5 省；其余 19 省（区、市）的湖泊面积在 10 万公顷以下。

《中国水资源公报（2021）》数据显示，2021 年有监测的 73 个湖泊年末蓄水总量为 1464.80 亿立方米，比年初蓄水总量增加 12.00 亿立方米。其中，洪泽湖、南四湖、青海湖蓄水量分别增加 5.90 亿立方米、5.20 亿立方米、3.20 亿立方米；鄱阳湖、查干湖分别减少 1.10 亿立方米。水面面积在 200 平方千米以上有监测的湖泊蓄水量见表 1.13。我国湖泊水面的利用程度差异悬殊。东部平原湖区人口集中，开发历史悠久，不少湖泊具有调节河川径流、发电、灌溉、繁衍水生动植物及航运等多种功能，太湖、鄱阳湖、洞庭湖及巢湖等湖区已成为我国重要的农业及渔业基地。青藏高原及蒙新高原的湖泊，除少数湖泊已用于发展水产和提取盐、天然碱、芒硝及硼、锂、钾等稀有元素外，多数湖泊尚处于未被开发利用的自然状态。

表 1.13　2021 年水面面积 200 平方千米以上有监测湖泊蓄水量

湖泊	省级行政区	蓄水量（10^8 m^3）		
		年初	年末	蓄水变量
查干湖	吉林	8.90	7.90	−1.10
太湖	江苏、浙江	44.60	44.60	0.00
洪泽湖	江苏	30.60	36.50	5.90
高邮湖	江苏	9.80	9.10	−0.70
骆马湖	江苏	8.50	9.60	1.10
巢湖	安徽	26.10	27.50	1.50
华阳河湖泊群	安徽	11.80	12.00	0.20
鄱阳湖	江西	9.50	8.40	−1.10
南四湖上级湖	山东、江苏	10.10	13.00	2.80
南四湖下级湖		5.80	8.10	2.40
洪湖	湖北	5.40	5.20	−0.20
梁子湖	湖北	8.40	10.40	1.90
洞庭湖	湖南	6.60	6.50	−0.10
滇池	云南	14.60	15.00	0.30
洱海	云南	28.10	27.50	−0.60
抚仙湖	云南	201.80	201.10	−0.70
青海湖（咸水湖）	青海	896.00	899.20	3.20

注：此表根据《中国水资源公报（2021）》整理。

1.3.2.3　水库与国土资源利用

水库水面指人工拦截汇集而成的总设计库容≥10 万立方米的水库正常蓄水位岸线所围成的水面。据第三次全国国土调查，全国水库水面总面积 336.84 万公顷，占水域总面积的 9.30%，在水域中的比重居第六位。

中华人民共和国水利部相关数据显示，截至2020年，全国已建成各类水库98566座，水库总库容9306亿立方米。其中有大型水库774座，总库容7410亿立方米；中型水库4098座，总库容1179亿立方米。各省（区、市）水库水面面积超过20万公顷的仅有湖北（24.26万公顷）、新疆（22.78万公顷）、江西（20.05万公顷）；水库水面面积在10万～20万公顷的有广东、黑龙江、广西、湖南、云南、河南、四川、山东、吉林、浙江、安徽、辽宁、重庆等13省（区）；剩下15个省（区、市）的水库水面面积在10万公顷以下。

水库水面主要用于径流调节，改变自然水资源分配过程，以满足防洪、发电、灌溉、航运、供水、改善环境、养殖等需要，具有巨大的经济、社会和环境效益。兴建水库会带来一系列自然情势的变化，应当在水库工程规划与设计中予以认真研究、妥善处理，以减小其不利影响。一般从以下几方面给予考虑：水库淤积，水流进入水库后流速减慢，泥沙随即沉积，从而引起回水抬高与库容减少；水库水量损失，包括水库蒸发与水库渗漏，如水量损失过大，应在规划设计中考虑采取必要的措施；水库水质变化，包括水温变化及富营养化等问题；对水库诱发地震，应加强监测；水库塌岸和浸没；水库对当地气候的影响等。

1.3.2.4 坑塘与国土资源利用

坑塘水面指人工开挖或天然形成的蓄水量＜10万立方米的坑塘常水位岸线所围成的水面。据第三次全国国土调查，全国坑塘水面总面积641.86万公顷，占水域总面积的17.7%，在水域中的比重居第三位。

坑塘水面主要分布于我国东部的中南区和华东区，这两大区的坑塘水面面积占全国坑塘水面总面积的75.2%；华北区、东北区、西南区和西北区的坑塘水面面积仅占24.8%。各省（区、市）中，坑塘水面面积在50万公顷以上的有湖北省（85.83万公顷）、江苏（76.39万公顷）、广东（68.29万公顷）、安徽（59.55万公顷）；宁夏、陕西、上海、贵州、甘肃、山西、西藏、北京、青海等9省（区、市）的坑塘水面面积不足5万公顷。

坑塘分为天然坑塘、人工坑塘和半人工坑塘三种。天然坑塘是由天然水坑、水潭、山塘、泡子等自然形成的水面。人工坑塘一般是专为养鱼修建的。半人工坑塘是拦截溪河、湖泊或沟渠交汇的积水地区建坝而成的水面。

1.3.2.5 冰川及常年积雪与国土资源利用

冰川及常年积雪指表层被冰雪常年覆盖的土地。据第三次全国国土调查结果显示，全国冰川及常年积雪总面积约490.87万公顷，占水域总面积的13.5%，在水域中的比重居第四位。

我国的冰川及常年积雪集中在西北、西南两个大区，其大体范围南起云南的玉龙雪山、北至新疆的阿尔泰山、西抵帕米尔高原、东达阿尼玛卿山。按行政辖区看，冰川及常年积雪集中分布于新疆、西藏、青海、甘肃、四川和云南六个省（区）的高山、高原地区。面积最多的是新疆（222.42万公顷）、西藏（207.15万公顷），其次是青海（42.33万公顷）、甘肃（10.06万公顷）；面积较少的是四川（4.59万公顷）和云南（4.31万公顷），其余各省（区、市）没有冰川及常年积雪的分布。

冰川及常年积雪是固体水库，它们以固态形式存储大量的优质淡水资源。冰川及常年积雪在消融期形成的融水径流，具有重要利用价值，是新疆、西藏、青海、甘肃等省（区）绿洲农业、山区农场、工业生产与生活用水的主要来源。冰川及常年积雪消融期一般在5—9月，其中，6—8月融水径流量占整个消融期融水径流量的90%。由于冰川及常年积雪消融期与雨季同期，其融水加大了河川径流在夏季的集中程度。

1.3.2.6　地下水资源及其时空分布与国土资源利用

我国地下水资源空间分布不均，南方地区地下水资源丰富，北方地区则相对较少，其中，平原地区的地下水资源模数一般高于山区。我国北方平原地区地下水资源对工农业生产和城镇供水有重要的意义。以华北平原为例，华北平原是我国小麦、玉米等粮食作物的主产区，20 世纪 70 年代以来，由于人口数量增加、机井灌溉发展以及城市化进程推进等原因，加之地表水资源严重匮乏，地下水资源成为该地区维系工农业生产和城市建设的命脉。但长期大规模超采地下水资源是一种不可持续的、危害严重的水资源利用方式，导致华北平原形成了巨大的地下水漏斗，引发了诸如地面裂缝、沉降等一系列生态地质环境问题（赵勇 等，2023）。

《中国水资源公报（2009—2021）》显示，辽河区、松花江区、海河区、黄河区、西北诸河区及淮河区（北方 6 区）的地下水资源开采量较高，长江区（含太湖流域）、东南诸河区、珠江区及西南诸河区（南方 4 区）的地下水资源开采量较低。近年来，我国地下水源供水量有持续减少的趋势，南方 4 区较北方 6 区下降速度快（图 1.7），地下水源供水量占供水总量的比例不断降低（2021 年全国地下水源供水量为 853.80 亿立方米，占供水总量的 14.50%），地下水位逐渐上升，地下水水源中深层承压水供水量不断减少（2021 年我国深层承压水供水量仅占地下水源供水量的 3.0%）。

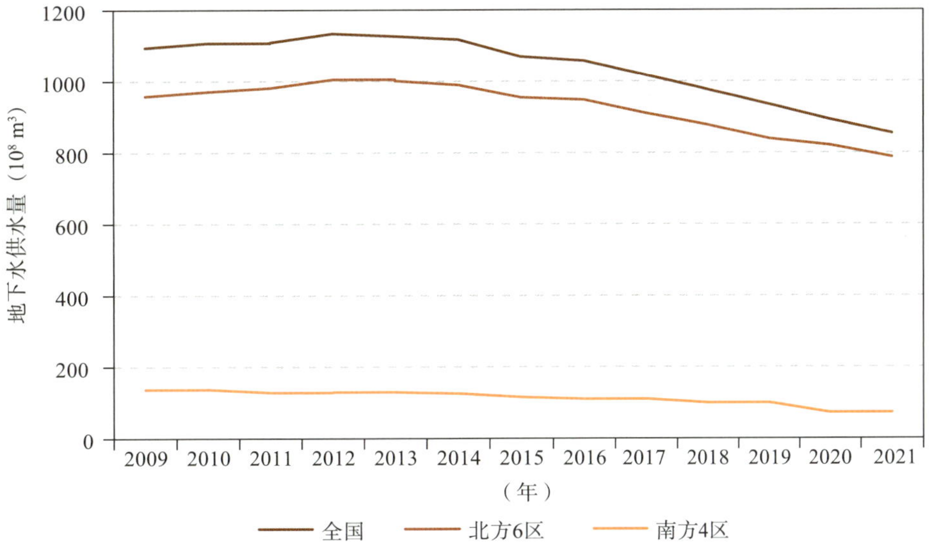

图 1.7　2009—2021 年全国、北方 6 区、南方 4 区地下水供水量变化

1.3.2.7　调水工程与国土资源利用

调水工程是优化水资源配置战略格局以及提高水利保障能力的重要途径。我国面临水资源短缺和时空分布不均的现状，兴修水利工程对水资源进行跨流域调配是破解这一局面的有效举措。据不完全统计，中华人民共和国成立以来我国已建或在建的引调水工程 137 项，其中包括已建工程 110 项，在建工程 27 项（高媛媛 等，2018）。

南水北调工程是继长江三峡工程之后我国实施的又一重大水利工程。其建设和完成为我国水资源的优化配置打下了坚实的工程基础，对我国社会经济的可持续发展将起到重要的支撑作用。南水北调研究自 20 世纪 50 年代开始，总体布局被设计为三条调水线路，即西线工程、中线工程和东线工程，分别从长江上、中、下游调水，以适应西北、华北各地发展需要。通过三条调水线路与长江、黄河、淮河和海河四大江河的联系，逐步构成以“四横三纵”为主体的我国大水网（汪易森 等，2005）。

其中，东、中两线已分别于2013年和2014年通水运行。中线干线工程自丹江口水库引水，向河南、河北、北京、天津自流输水，规划多年平均调水量95.0亿立方米，对应口门供水量85.4亿立方米。截至2022年10月下旬，中线工程累计向北方调水总量超过516.0亿立方米，其中向北方干涸的河流生态补水近90.0亿立方米，产生了巨大的社会、经济、生态环境综合效益。东线一期工程起点为长江下游的扬州江都，从江都水利枢纽抽引长江水，沿京杭大运河及与其平行的运西河道提水北送，利用洪泽湖、骆马湖、南四湖、东平湖作为沿线主要调蓄湖泊，将江水运送至东平湖，出东平湖后一路向北，在位山附近经隧洞穿过黄河自流到德州，并为向天津应急供水创造条件；另一路向东通过胶东输水干线，经济南输水到烟台、威海，进入威海市米山水库。东线一期工程采用无坝取水，为半扬水、半自流的输水方式，输水主干线全长1466.6千米。东线一期工程是在江苏原江水北调工程基础上改扩建而成的。国务院相关报告显示，南水北调东线一期工程多年平均抽江水量为87.7亿立方米。除了南水北调工程，我国已修建了数十座大型跨流域调水工程，已建成并发挥作用的包括引滦入津、引滦入唐、引黄济青、引黄入晋、引大入秦、引松入长、东深供水、引碧入连等。

（1）调水工程对农地利用具有重要影响。调水工程的实施有效缓解了受水区和调水沿线区耕地分布与水资源供应不匹配的问题，保障了粮食稳定有序生产，促进了农业高质高效发展。以宁夏引黄灌溉调水工程为例，党的十八大以来，宁夏加快推进青铜峡灌区续建配套与节水改造，率先在全国开展现代化灌区建设，大力实施用水计量设施的测控一体化改造，推进田间高效节灌，加快信息化工程建设，推进用水管理与农业生产管理服务深度融合，灌区灌溉条件大为改善，农业用水效率和效益显著提升，灌区粮食总产量达到179万吨，人均占有量达到475千克。

（2）调水工程对城镇建设具有重要影响。调水工程的实施有效缓解了水资源短缺对受水区/调水沿线区城市化发展的制约，促进经济结构的战略性调整，拉动经济增长，加快城市化进程（何越人，2018）。以南水北调中线工程为例，该工程缓解了华北地区水资源危机，为北京、天津及河南、河北沿线城市生活、工业生产增加供水64亿立方米，农业增加供水30亿立方米；同时也为1970年代以来常年处于干涸状态的永定河（山峡段）补充了足够的水源，有效地缓解了永定河（山峡段）流域缺水的局面（邓中婷 等，2023）。

（3）调水工程有利于沿线地区建设现代化生态新城。调水工程的实施有效缓解了水资源短缺对城市环境和面貌的负面影响，推动生态宜居、环境友好的现代化生态新城建设。2010—2022年，兰州新区通过河湖连通人工水系，将引大入秦工程的水留在新区，累计完成造林绿化1.33万公顷，建成区绿化覆盖面积7200万平方米，绿地率达36%；建成高效节水高标准农田0.47万公顷，实施生态修复0.8万公顷，建成了以新型灌区和生态环境秀美著称的国家级新区。

1.4　土　壤

土壤是植物生长的基础，也是国土资源的重要组成要素。我国土壤种类繁多，不同类型土壤的理化性质和肥力差异显著，直接影响甚至决定着国土资源的利用类型和特征。人类的国土资源利用过程也会对土壤产生多方面的影响，进而对其自身的可持续性产生一定的抑制或促进作用。

1.4.1　土壤总体特征

土壤的形成和演化受自然因素和人为因素的影响。我国的地形、气候、土壤母质和植被等的空间分布复杂多样，不同土壤类型在空间上的组合呈现出明显的水平、垂直和水平—垂直复合等地域分布规律。图 1.8 为我国不同土壤类型分布情况。

图 1.8　我国土壤类型空间分布

（全国土壤普查办公室，1995）

与气候状况相对应，我国土壤的分布既具有沿纬度方向变化，也具有沿经度方向变化的特征。其中，我国东部地区土壤多发育于各种森林植被下，具有湿润和半湿润土壤水分状况，分布大体沿纬度方向变化，由南向北依次出现的土壤组合为湿润铁铝土 - 湿润富铁土、湿润富铁土 - 湿润铁铝土、湿润富铁土 - 常湿淋溶土、湿润淋溶土 - 水耕人为土、湿润淋溶土 - 潮湿雏形土、冷凉淋溶土 - 湿润暗沃土、寒冻雏形土 - 正常灰土。在东部和西部中间的过渡地带，土壤发育于以草原为主的植被下，水分状况为半干旱和半湿润，分布呈现由西南向东北的变化，依次是干润淋溶土－干润雏形土、黄土干润新成土－干润淋溶土、干润暗沃土－干润砂质新成土。西部内陆地区的土壤水分状况为干旱和半干旱类型，主要组合大致随纬度而变化，由南向北依次为：寒性干旱土－永冻寒冻雏形土、正常干旱土－干旱正常盐成土、正常干旱土－干旱砂质新成土。

我国山地面积广阔，土壤类型多样。随着海拔和生物气候的变化，山地土壤分布遵循垂直地带性规律，并形成一系列的垂直带谱。山地垂直带谱的结构因所处水平地带不同而呈现空间差异，也受山地高度、坡向等因素的影响而呈现不同的变化规律。一般来说，我国东部山地的土壤垂直带谱由南向北从繁变简，层次减少，同样的土壤类型在垂直带谱中的分布高度和分布上限都呈现随纬度增加而降低的趋势。从东向西，随着距海远近不同和干旱程度的增加，山地垂直带谱的结构趋于简化，同样土壤类型的分布高度逐渐增加。坡向对垂直带谱的组成影响也很明显，特别是在湿润和半湿润、干旱和半干旱过渡地带，如呈东西走向、作为暖温带—亚热带分界线的秦岭，其南坡和北坡的基带土壤类型分别为湿润淋溶土和简育干润淋溶土，作为主要建谱土壤的简育湿润淋溶土分布下限北坡高于南坡。

青藏高原是我国独特的自然地理单元，其土壤分布呈现水平—垂直复合分布的特点。高原面上的土壤组合呈现明显的水平地带性规律，从东南向西北依次为草毡寒冻雏形土－沃寒冻雏形土、简育干润雏形土－暗沃土、简育寒冻雏形土－寒性干旱土、石膏寒性干旱土－冻寒雏形土等。高原面上的中低山脉土壤垂直带谱不明显，高山和极高山出现较为简单的土壤垂直带谱，大多不超过 3～4 个土壤垂直带。高原内部深切河谷的土壤则形成负向垂直带谱，即以高原水平地带的土壤为基带，向下呈现有规律的分布。如雅鲁藏布江在曲水大拐弯段附近的海拔由 4000 米左右下降到 1500 米左右，从高原面到谷底的土壤负向垂直带谱依次为有机滞水常湿雏形土－沃冷凉湿润雏形土－白暗脊寒冻雏形土－育湿润淋溶土/雏形土－质湿润淋溶土/雏形土－质常湿淋溶土/雏形土（龚子同 等，2007）。

受局部地域自然因素和人为耕作影响，土壤在其水平分布规律的基础上还会出现变异，呈现不同土壤类型镶嵌分布的复杂变化规律。如华北平原虽以淡色潮湿雏形土为主，但从太行山麓至海滨，随着地形和水文条件的变化，依次分布简育干润淋溶土与雏形土、淡色潮湿雏形土与潮湿正常盐成土，同时还有斑状分布的弱盐和钠质土壤。

1.4.2 土壤与国土资源利用

不同类型的土壤主要通过厚度、盐渍化程度、有机质含量、酸碱度等影响国土资源利用。

1.4.2.1 有效土层厚度与国土资源利用

有效土层厚度是指能够为作物提供扎根立地条件的土壤层和松散的母质层厚度之和，直接反映土壤的发育程度，与土壤肥力密切相关。有效土层越厚，保蓄养分、水分以及抗旱的能力越强，越有利于植物扎根生长，而薄层土壤保蓄养分、水分以及抗旱的能力较弱，不适宜深根性植物的生长。一般认为，有效土层厚度在 20 厘米以上为宜农地的临界指标，30 厘米为宜林地的临界指标。

我国土壤的有效土层厚度总体呈现东部地区大于西部地区，北部地区大于南部地区的空间分布特征。松辽丘陵、冀北山地、黄土高原、华北平原、内蒙古高原和山东丘陵的土壤有效土层厚度较厚，而西藏、青海、新疆、云贵高原以及四川盆地部分地区的则较薄（王绍强 等，2001）。东北平原、华北平原等有效土层足够厚的平原区，对国土资源利用的限制小，往往发展成为优质农田的集中分布区。土层较厚的山区，如山东丘陵，能够修建田面较宽的宽幅梯田，降低耕作难度。而土层较薄地区，如云贵山区，即便修建梯田，田面也较窄，耕地质量往往也较差。

国土资源的合理开发利用有助于土层厚度的增加，但过度放牧、过度农垦等，则极有可能造成土壤侵蚀，土层厚度减小。如第二次土壤普查数据显示，受不合理开垦利用方式和水土流失等因素影响，随着开垦年限的增加，东北黑土层厚度正逐渐变薄，亟需推行免耕、少耕等保护性耕作措施。

1.4.2.2　土壤质地与国土资源利用

土壤质地指土壤中颗粒级别的百分比。一般把土壤质地分为砂质、壤质和黏质三大类。土壤质地显著影响土壤的物理性质和工程性质及蓄水保肥能力，对国土资源开发利用有重要影响。大致上是东北地区以壤土—黏壤土为主，华北黄淮海地区和黄土高原以壤土为主，西北以砂土为主，南方以黏土为主。

砂质土壤的颗粒较大，通透性好，但保水能力较差，主要分布在沙漠、荒漠和海滨等地区。我国砂质土壤主要分布在塔克拉玛干、古尔班通古特、腾格里、乌兰布和、库布齐、巴丹吉林、毛乌素、科尔沁等沙漠或沙地。上述沙漠或沙地，也是干旱区、半干旱区或半湿润区分布面积最大的砂质荒漠化土地。在这些地区，由于水分和养分供应不足，植物难以生存和生长。因此，砂质土壤通常不适合耕作和农业生产，但可以利用其进行沙地林业和旅游业的开发。在沙地林业方面，可以种植一些适应性强的灌木或其他树种，如柳树、胡杨等。

壤质土壤主要分布在河流冲积平原和黄土高原及受黄土降尘影响地区。壤质土壤颗粒中等，富含有机质和养分，适合农业生产。此外，壤质土壤还具有良好的保水性和透气性，适宜栽培农作物和果树。但是，随着城市化和工业化的发展，壤质土壤面临着一些问题，如土地荒漠化、土壤污染等。因此，保护和合理利用壤质土壤显得尤为重要。在农业生产方面，可以采用农业轮作和使用有机肥料等方法，以提高土壤的肥力和生产能力。

黏质土壤主要分布在南方红色风化壳、云贵高原石灰岩山区和玄武岩分布地区，特别是平原河流的背河洼地。黏质土壤颗粒较小，黏性较强，保水能力较好，但透气性较差。这种土壤适宜种植水稻、棉花、甘蔗等作物，但种植时需要进行排水和通风处理，以免土壤过于潮湿导致作物病虫害的发生。此外，在利用黏质土壤时还需要注意防止土地沉降和土层退化等问题。为了保护黏质土壤的生产能力，可以采用水稻—鱼—猪、水稻—鸭—鱼等多种组合种养方式，促进土地的合理利用和生态环境的保护。

1.4.2.3　土壤盐渍化与国土资源利用

土壤盐渍化是可溶性盐分在土壤中积聚，导致土壤呈现不良特性和质量下降的过程。当土壤中可溶性盐分主要为中性盐时，称之为盐土；而当土壤中含有大量碱性可溶性盐，pH 值超过 9.5 时，称之为碱土。土壤盐渍化本身是干旱地区和滨海地区土壤变化的一个自然过程，但不合理灌溉等人类活动也能形成次生盐渍化。盐渍化土壤可溶性盐分含量高，土壤溶液的渗透压大，影响植物对水分的吸收，对植物生长具有抑制作用。耐盐植物，如高粱、棉花、甜菜、油菜、刺槐、柳树、泡桐树等，在盐渍化土壤中尚可以生存，但不耐盐植物，如小麦、马铃薯、谷子等农作物，则很难存活。

我国土壤盐渍化问题突出，盐渍化土壤面积广阔，除滨海半湿润地区以外，盐渍化土壤在沿淮河—秦岭—巴颜喀拉山—唐古拉山—喜马拉雅山一线以北的半干旱、干旱和荒漠地区都有分布（孙洪烈，2011）。我国盐渍化土地中的 15% 左右为耕地，这是我国最主要的中低产田类型之一。近几十年来，我国改造了北方大面积的盐渍化耕地，对保障国家粮食安全、端牢我国饭碗意义重大。如在华北平原，通过引淡淋盐、井灌井排、覆盖等措施，进行土体脱盐并控制耕作层盐分含量，同时营造防护林带、推行果—椿—棉间作等农业生物措施，巩固水盐调节效果，实现了大面积盐渍化耕地的改良与治理。

除土地改良，我国还培育了多项盐渍化土地治理新模式，包括发展盐渍化土地特色种业、建设现代特色产业园区、推行绿肥种植等。如山东省农科院选育的高耐盐水稻“鲁盐稻 69”、鲜食甘薯新品种“济薯 26”、甜高粱“济甜杂 2 号”等，已成为盐碱地种植结构调整和农民致富增收的重要作物品种；天津市静海区探索了盐渍化土地种植新模式，在“轮作休耕”期间种植二月兰等冬绿肥，生态效益明显；目前，海水稻已在全国规模化产业化大面积推广，全国平均亩产达到了 450 千克。总体而言，我国盐渍化土地治理理念正从单一的治理盐渍化土地适应植物转变为选育耐盐碱植物适应盐渍化土地和综合治理盐渍化土地。然而，盐渍化土地治理仍是世界难题，应持续开展盐渍化土地资源潜力评估、动态监测评价、技术研发推广等工作，推动盐渍化土地综合利用。

1.4.2.4 土壤有机质含量与国土资源利用

土壤有机质是土壤的重要组成部分，包括土壤中的微生物及动植物残体在不同分解、合成阶段的各种产物，主要是各种形式的含碳有机化合物。土壤有机质是植物所需各种养分的源泉，能改善土壤的结构、通气性、渗透性、吸附性和缓冲性等物理性质。因而，土壤有机质含量被认为是土壤肥力高低的综合表征指标。

我国各地的水热条件和土壤类型不同，土壤中微生物和动植物残体的数量、组成成分及其分解速度存在差异，土壤有机质含量也呈现较大的空间异质性。根据我国 913 个国家级耕地长期定位监测点数据，我国农耕区耕层土壤有机质含量平均值为 22.4～24.8 克 / 千克，其中，长江中游土壤有机质含量最高，平均值约为 31.3 克 / 千克，其次为华南、长三角、东北和西北地区，平均值均高于 25 克 / 千克，华北平原和西南地区最低，平均值均不足 20 克 / 千克（李冬初 等，2020）。

一般而言，土壤有机质含量越高，土壤肥力越好，开垦的耕地质量就越高，粮食生产能力也越强。反过来，土地管理方式也会影响土壤有机质含量，如肥料投入、秸秆还田以及施用绿肥等有助于土壤有机质累积。比较测土施肥数据、国家级耕地监测数据与第二次土壤普查数据发现，近 30 年我国农田土壤有机质含量增加了 4.85 克 / 千克，其中水田土壤有机质含量显著高于旱地（杨帆 等，2017）。除耕地外，合理的林地和草地管理方式，也有助于维持和提高土壤有机质含量。然而，土壤有机质易淋失，若不注意土地养护，也可能出现土壤有机质含量降低的现象。如根据长期监测数据，东北黑土区除出现耕层变薄，还同时存在有机质含量下降问题，其中，黑土开垦 40 年有机质下降 1/2 左右，开垦 70～80 年有机质下降 2/3，进入稳定利用期后下降相对缓慢，每 10 年下降 0.6～1.4 克 / 千克。

土地利用类型变化也往往造成土壤有机质变化。如退耕还林 /（草）均有利于土壤有机质含量升高，林地转草地则会导致土壤有机质含量降低；周期性的水旱轮作有利于土壤有机质的累积，但水改旱则会加速土壤有机质的分解，使得土壤有机质含量下降。化肥可以提高作物的生长速度和产量，但过量使用会导致土壤酸化、水源污染和生态环境破坏等。使用化肥也会影响土壤中微生物的种群和功能，从而对作物质量和营养价值产生影响。因此，为了减少化肥对健康和环境的影响，需要采取一些措施来减少化肥的使用量并提高农业的精准性。精准农业是利用先进的技术手段，如卫星遥感、无人机和传感器等，对农田进行精细化管理，从而提高农业生产效率和农产品品质。通过精准施肥、精准浇水、精准除草等措施，可以减少化肥的使用量，并且在保证作物产量的同时提高营养价值。此外，土地利用类型变化后，土壤有机质组分包括不同团聚体、不同密度有机质、不同颗粒和不同化学组分也会随之改变。

1.4.2.5 土壤酸碱度与国土资源利用

土壤酸碱度是土壤的基本特性，对土壤中微生物的活动、有机质的合成与分解、氮磷等营养元素的迁移与释放、微量元素的有效性等都有深刻的影响，也是影响土壤肥力的重要因素。pH 值是反映土壤酸碱程度的主要指标。根据土壤 pH 值的高低可将所有土壤分为酸性土壤（<6.5）、中性土壤（6.5～7.5）和碱性土壤（>7.5）三大类。

我国土壤 pH 值由北向南逐渐减小，土壤大致呈“南酸北碱”的特征。长江以北地区的土壤多呈中性或碱性，土壤 pH 最高值出现在吉林、内蒙古和华北地区的盐渍化土壤区，pH 值高达 10.5；长江以南地区的土壤多呈酸性，最低值出现在台湾、广东和贵州的部分山区，土壤 pH 值低至 3.6～3.8（熊毅和李庆逵，1987）。图 1.9 是我国土壤酸碱度分布情况。

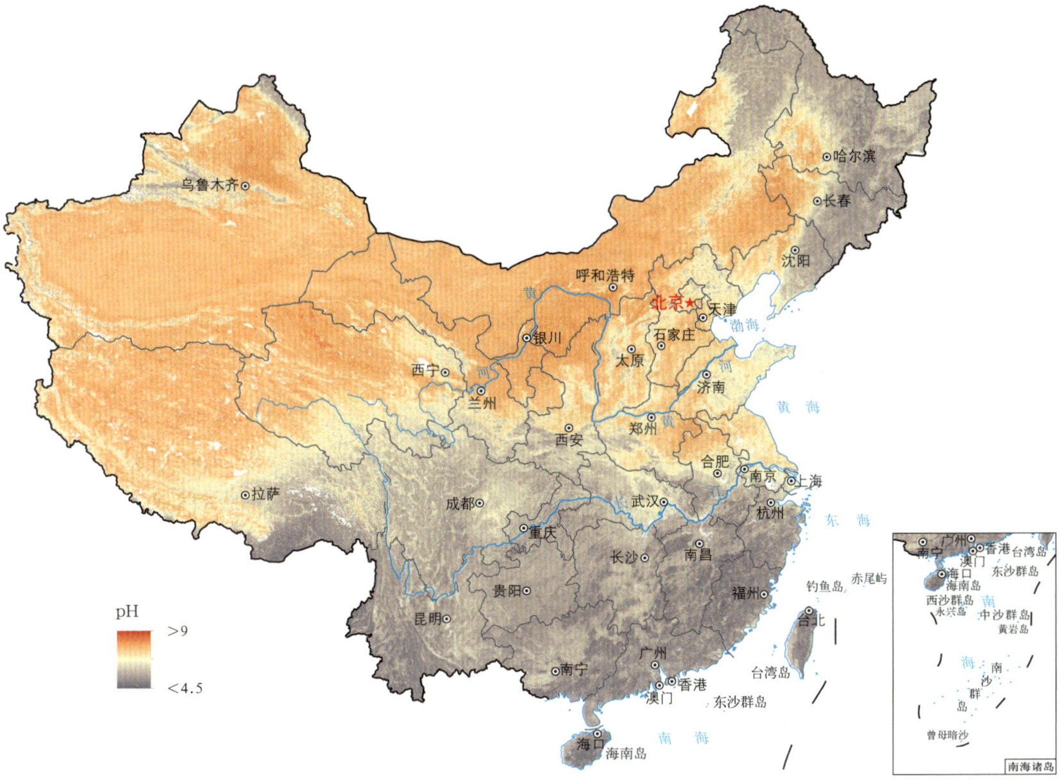

图 1.9 我国土壤酸碱度空间分布

（来源于 OpenLandMap Soil pH in H2O 数据）

不同植物对土壤酸碱度的适宜性存在很大不同。一般来说，农作物生长的良好土壤环境条件一般要求土壤 pH 值在 6.0～8.0 左右，土壤 pH 值过高或过低都会降低土壤养分的有效性，不利于作物生长发育。具体来说，小米、玉米、水稻、花生、豆类等适宜在 pH 值 6.2～6.9 的中性土壤生存，荞麦、马铃薯、油菜等在 pH 值 5.5～6.0 的弱酸性土壤中也能生存，棉花、甜菜、高粱等则更耐盐碱，pH 值大于 7.5 的碱性土壤也是适宜的。根据 913 个国家级耕地长期定位监测点数据，我国西北地区和华北平原农耕区耕层土壤 pH 均值最高，在 8.0 左右，西南、东北地区和长江三角洲的次之，在 6.0～7.0，长江中游和华南地区最低，均值在 5.5～6.0（李冬初 等，2020）。园地、林地和草地等利用时也应充分考虑不同植物对土壤酸碱度的耐受性。如酸性土壤可种植马尾松、板栗等，碱性土壤可种植苜蓿、草木樨、紫穗槐等。

考虑到土壤酸碱性极易受耕作施肥等人为因素的影响，可采取不同措施分别对酸性土壤和碱性土壤进行改良和利用。如在酸性土壤中增施石灰，以中和土壤酸度，提高土壤养分的有效性，同时选用有机肥和碳铵、钙镁磷肥等碱性肥料，减轻酸性土壤对作物的不良影响；在碱性土壤中，硼、锰、钼、锌、铁等微量元素的有效性有所降低，应选用磷酸钙、硫酸铵等肥料作基肥或追施，以减轻碱性土壤的危害。然而，对于 pH 值大于 9.5 的过碱性土壤和 pH 值低于 4.0 的过酸性土壤，因改良成本太大，不适宜开垦为耕地。海水稻是一种能够在高盐碱环境下生长的水稻品种，可以在盐碱化土地上种植，还可以改善盐碱土的土壤结构，增加土壤有机质含量，提高土壤肥力。通过海水稻的生长，土壤中的盐分得到有效去除，水分得到充分利用，避免了土壤表面盐分积累导致的土地硬化。同时，海水稻种植还能有效减少土壤中有毒物质的含量，改善土地环境，提高土地的利用价值和生产力。

1.5 植 被

植被是覆盖地表的植物群落的总称。植被是地球表面生命活力强的重要生态系统之一，影响国土资源利用。植被的整体状况可以体现国家的生态本底，认识植被的特征和分布是生态恢复、生态建设以及国土资源利用的重要基础。

1.5.1 植被总体特征

植被是人类赖以生存、不可替代的物质资源和生活资料，它的重要性不言而喻。植被为各种动物提供了食物来源和栖息地，同时也是构成陆地生态系统的主体，在维持和改善人类生存环境方面具有不可替代的作用。比如，植被可以减缓温室效应、防止水土流失、涵养水源等。地形、气候等自然环境条件影响植被的生长、发育和分布，以 400 毫米等降水量线为界，我国东半部为湿润、半湿润区，植被类型主要是森林；西半部为内陆干旱、半干旱区，植被类型基本是草原和荒漠。分界线附近地区为森林草原过渡带。图 1.10 为我国植被总体分布情况。

1.5.2 植被与国土资源利用

地球表面的土地基本上覆盖着植被，因此植被类型通常就是一种土地利用类型，它包括乔木林地、灌木林地、草地、湿地等。植被作为一种生态系统，它与国土资源利用相互影响。土地利用必须尽可能考虑现状植被类型，以保持土地生态系统的稳定性。

1.5.2.1 森林植被与国土资源利用

我国森林植被的分布受热量条件影响，东半部植被带自北向南依次为 6 个温度带：寒温带针叶林带、温带针叶和落叶阔叶混交林带、暖温带落叶阔叶林带、北亚热带常绿阔叶和落叶阔叶林带、中亚热带常绿阔叶林带、南亚热带及热带季雨林带和雨林带。此外，由于高山和高原的存在，植被变化也呈现出垂直带立体分布的特征。我国西半部森林植被分为 2 个区：高山针叶林和山地针叶林。我国各森林植被分布的情况如下：

（1）寒温带针叶林主要分布在北纬 49°21′ 以北的大兴安岭北部及其支脉伊勒呼里山的山地，是我国目前天然林的主要保护区。该区域以兴安落叶松为绝对优势树种并伴有低温植物分布，如偃松、岳桦、高山桧、岩高兰、林奈草等。林缘及宽谷地区发育沼泽化灌丛和灌丛化沼泽，如丛桦、笃斯、苔草等。河滩地多分布沼泽群落，如塔头苔草、小叶章等，在宽河滩有朝鲜柳、香杨等分布。

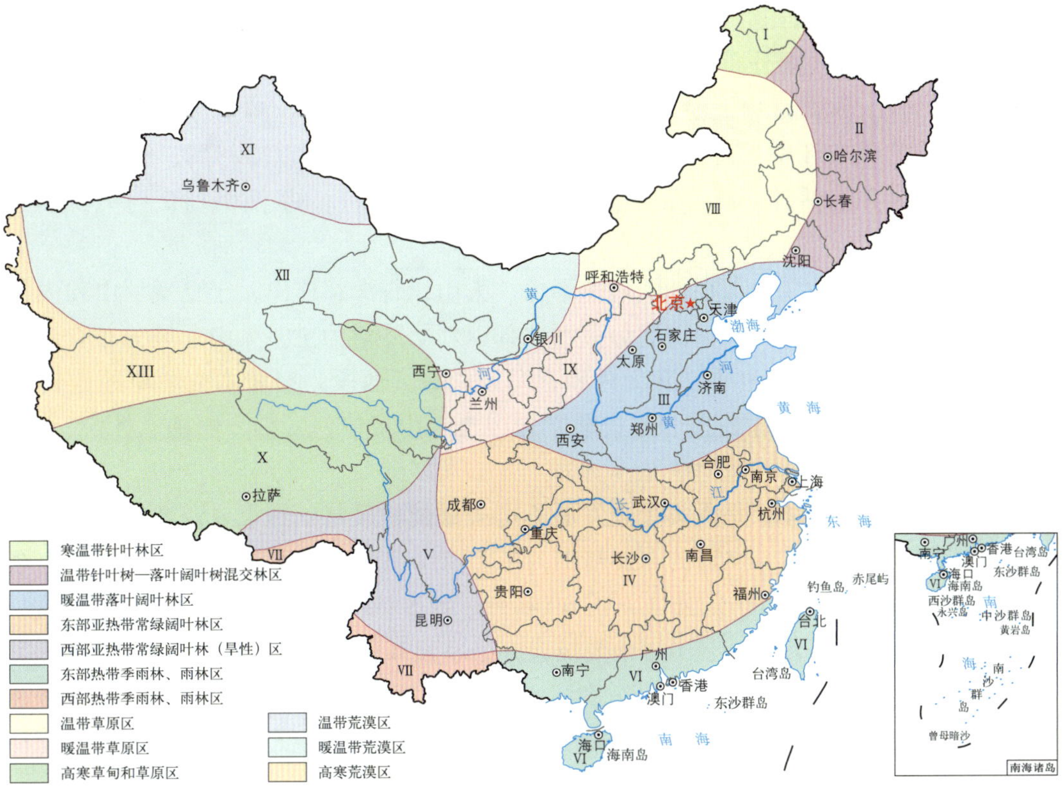

图 1.10　我国植被分布情况

（中国科学院植物研究所，2007）

（2）中温带针叶和落叶阔叶混交林主要分布在小兴安岭、张广才岭、完达山和长白山等山地，曾是我国主要用材林基地。该区域以红松为主的温带针叶、落叶阔叶混交林为主要建群种。针叶树种有红松、臭冷杉、鱼鳞云杉、长白落叶松、兴安落叶松、红皮云杉等；阔叶树种由北向东南递增，常见蒙古栎、岳桦、山杨、大青杨、水曲柳、核桃楸、紫椴、黄檗、色木、臭椿、泡桐、槭、椴、榆等。

（3）暖温带落叶阔叶林分布在东起辽东及山东半岛，西至黄土高原，南端到秦岭—淮河以北，北至华北地区。该区域森林稀少，以次生林为主，多属中幼林，主要树种为栎类、油松、侧柏、山杨、槭等。

（4）北亚热带常绿阔叶和落叶阔叶林主要分布在秦岭—淮河以南，长江中游和汉江上中游两侧的山地丘陵。该区域以马尾松为主的次生林、杉木人工林为主，用材树种包括栎、椴、楠、槠、槭、楝、马尾松、柳杉、杉木、梧桐等。

（5）中亚热带常绿阔叶林主要分布在南岭以北的江南山地丘陵，河谷平原和四川盆地及周围桂中、黔南、黔东南山地，以及云贵高原和西藏南部等地。该区域以壳斗科树种为主，有栲、槠、栎属，还有水青冈、鹅耳枥、木荷、枫香、楠、樟、槭、椴、桦、檫、马尾松、杉木、柏木、云南松、柳杉及竹子等。

（6）南亚热带、热带季雨林和雨林主要分布在我国最南部，包括台湾、广东、广西、云南、西藏和海南等省（区）的南部。该区域以热带季雨林和雨林为主，有毛荔枝、毛麻栎、山黄麻、厚皮树、红木荷、麻楝、木棉、楹树、枫香等。用材树种有野荔枝、陆均松、鸡毛松、红豆杉、子京、母生、青梅、坡垒、红木等。经济林有金鸡纳、橡胶、竹子、椰子、胡椒、槟榔、肉桂、咖啡、可可等。果树有芒果、杨桃、黄皮、番木瓜、番石榴、菠萝等。

（7）青藏区高山针叶林主要分布在甘南的洮河、白龙江流域山地，川西岷江中上游、大渡河中上游流域山地，以及金沙江、雅砻江中上游流域山地，滇西北金沙江中游、澜沧江、怒江中上游的高山峡谷、西藏东南部的雅鲁藏布江中下游及其各支流的峡谷山地。该区域以冷杉属、云杉属为优势树种的暗针叶林为主，其他树种包括各种松、红豆杉、铁杉、粗榧、杨树、栲、樟、栎、桦、椴、槭、白蜡、榉等。

（8）蒙新区山地针叶林主要分布在新疆阿尔泰山、天山，青海祁连山，宁夏贺兰山和内蒙古阴山等地。阿尔泰山林区东南部以新疆落叶松占优势，西北部以新疆冷杉为主。天山北坡分布有森林，而南坡只分布少量针叶林。祁连山东段为油松混交林和青海云杉林，西段为半灌木荒漠草原。贺兰山和阴山以天然混交林为主，主要树种为蒙古椴、蒙古桑、青冈栎、山黄榆、云杉、侧柏、杜松、山杨、山柳、桦等。

森林是陆地生态系统的主体，是人类社会发展不可或缺的物质基础和重要资源。丰富的森林资源是生态良好的重要标志，是经济社会发展的重要基础，是美丽中国建设的重要内容。2019 年，全国林地面积 2.84 亿公顷，其中乔木林地 1.97 亿公顷，占 69.46%；灌木林地 0.59 亿公顷，占 20.63%。此外，我国人工造林面积长期居于世界首位。全国绿化委员会办公室发布的《2020 年中国国土绿化状况公报》显示，2020 年我国造林总面积为 677 万公顷。“三北”防护林工程、“退耕还林”工程、“京津沙源治理”工程、“塞罕坝、库布齐沙漠绿化”等工程的实施以及国家级森林公园的生态保护是我国森林面积增加的主要因素。

第九次全国森林资源清查结果显示，我国森林覆盖率低于全球平均水平的 30.70%，特别是人均森林面积不足世界人均水平的 1/3，人均森林蓄积量为世界人均水平的 1/6。我国森林资源存在总量不足、质量不高、分布不均等问题，由于自然条件的限制，适合乔木林生长的面积仅为国土面积的 50% 左右，且大多数森林质量偏低。加强森林资源保护和生态修复，提高森林质量，对于国土资源的合理利用至关重要。在干旱和半干旱地区的生态保护和修复工作中，科学布局和优化乔灌草的结构比例非常重要，这对我国生态保护和经济建设具有重要意义。

1.5.2.2 草原与国土资源利用

我国草原具有丰富的植被生态类型和草原景观类型，拥有大量闻名世界的优质牧草野生种和伴生种。从我国各类土地资源看，草地资源面积占国土面积的 28%，约为耕地面积的 2.1 倍。不同的草原自然地理条件差别较大，这使得草地的生产力有较大差异。大兴安岭、燕山、恒山、吕梁山、秦岭到青藏高原东麓一线，将我国分为西北和东南两部分。西北为干旱和半干旱地带，是草地的主要分布区。草地集中分布在内蒙古、冀北、晋西北、陕北、甘肃、川西北、滇西北、西藏、青海和新疆，这也是我国的牧区。东南部属湿润、半湿润地带，为森林地带，也是农作物主要种植区。暖温带湿润、半湿润气候条件下有暖性草丛类和灌草丛类草地，亚热带和热带地区湿热气候条件下有热性草丛类和灌草丛类草地，但基本是以次生的多年生草本植物为主体，间混生有少量乔木和灌木的草地类型。

（1）温性草甸草原分布在我国温带半湿润地区（由草原向森林的过渡地区），集中分布于东北松嫩平原和内蒙古东部大兴安岭东西两侧及南端的丘陵平原上，在新疆阿尔泰山和伊犁地区也有分布。温性草甸草原地区属半湿润气候，植物种类组成丰富，多年生丛生禾草和根茎禾草占优势；土壤为黑钙土、暗栗钙土及草甸土，土壤腐殖质含量一般在 2% 以上，比较肥沃。因雨热同期，土壤肥沃，所以温性草甸草原在我国大部分已经被开垦，特别是在东部地区。当前，剩余的温性草甸草原是我国最好的天然草地之一。相比其他草地，该类型草原的生产力更佳，平均产干草 1465 千克 / 公顷，同时也有较强的载畜能力，达到 0.79 公顷 / 羊单位（王雪松 等，2023）。

（2）温性草原分布在温带半干旱地区，集中分布于内蒙古呼伦贝尔高平原西部到锡林郭勒高平原的大部分地区，以及相连的阴山北麓察哈尔丘陵区、大兴安岭南部低山丘陵到西辽河平原。在狼山、贺兰山、龙首山、祁连山、昆仑山、天山、阿尔泰山等山地垂直带上有分布。在青藏高原的雅鲁藏布江中游及其支流的河谷和藏南盆地也有分布。温性草原区的绝对优势种为典型旱生的多年生丛生禾草，代表性草地型有大针茅草地、克氏针茅草地，其次是根茎型的羊草草地，在沙地上发育形成以褐沙蒿为优势种的代表草地型；土壤以栗钙土为主。温性草原区草地生产力中等，平均产干草 470～810 千克 / 公顷，1.5～2.5 公顷 / 羊单位。目前，温性草原区已经成为农牧交错区，有相当一部分已被开垦。然而，西部淡栗钙土区由于产量不稳定和开垦后的严重风蚀和沙漠化等问题，鲜有开垦。

（3）温性荒漠草原分布在温带干旱地区，集中分布于内蒙古中西部高平原、宁夏北部、甘肃中部、新疆全境山地及西藏南部山地部分地段。温性荒漠草原区以多年生旱生、丛生小禾草为主，并有一定数量旱生、强旱生小半灌木、灌木参与组成的草地类型；土壤质地粗、含盐分，有机质含量低，在 1% 以下。温性荒漠草原的丰富度、草群高度、覆盖度及生物量均低于温性草原类。草群植被覆盖度为 15%～35%，平均产干草 455 千克 / 公顷，为 2.5～3.0 公顷 / 羊单位。由于温性荒漠草原区降水量较少，难以进行灌溉，该地区更适合进行放牧。

（4）高寒草甸草原分布在高山（高原）亚寒带、寒带半湿润、半干旱地区，集中分布于我国的西藏、青海和甘肃境内。高寒草甸草原优势种是由耐寒的旱中生或中旱生草本植物组成的草地类型，代表性草地型有丝颖针茅、穗状寒生针茅和窄果苔草草地；土壤有薄且松的草毡层和淡色腐殖质层，有机质含量为 3% 左右，土壤质地以砾石质和砂砾质为主，黏粒少。草群植被覆盖度为 30%～50%，平均产干草 2681 千克 / 公顷，载畜能力低，为 3.55 公顷 / 羊单位。由于气候寒冷，高寒草甸草原更适合进行放牧活动（马凯凯 等，2022）。

（5）高寒草原分布在高山和青藏高原寒冷干旱区，集中分布在羌塘高原、青南高原西部、藏南高原。在青藏高原北部和北疆海拔 3000～4500 米、阿尔泰山海拔 2400 米以上、西藏中西部海拔 4300～5000 米的范围内有垂直分布。高寒草原草地类型为由抗旱耐寒的多年生草本植物或小灌木为主，代表性草地型有固沙草草地、紫花针茅草地、青藏苔草草地，藏沙蒿草地；土壤土层薄，砾质化，有机质含量低，为 0.5%～1.7%。草群植被覆盖度为 20%～30%，牧草生育期短且生物产量偏低，平均产干草 284 千克 / 公顷，为 3.44 公顷 / 羊单位。高寒草原因气候寒冷，只适宜放牧，是我国高寒地区居民的牧场。

（6）高寒荒漠草原分布在高原（高山）亚寒带、寒带寒冷干旱区，集中分布于西藏、新疆和甘肃境内，在帕米尔高原分布于海拔 3800～4000 米的山地半阴坡和半阳坡，在昆仑山分布于海拔 4500～5300 米的高原湖盆外缘、山间谷地、洪积扇、高原面及高山山地。高寒荒漠草原气候寒冷、干旱、风大，草地类型由强旱生多年生草本和小半灌木组成，是高寒草原向高寒荒漠的过渡类型，代表性草地型有具垫状驼绒藜的紫花针茅草地、具变色锦鸡儿的紫花针茅草地和具垫状驼绒藜的青藏苔草草地；土壤质地粗疏，多为砂砾质、粗砾质或壤质，表层有薄孔状结皮和弱腐殖质层。草地植物组成简单，覆盖度为 10%～30%，草地生产力很低，平均产干草 195 千克 / 公顷，为 6.10 公顷 / 羊单位。高寒荒漠草原因气候寒冷，只适宜放牧，也是我国高寒地区居民的牧场（胡志强 等，2022）。

当前，草原不再仅仅是用于放牧的场所，它在国民经济和生态环境中具有重要的地位和作用，是不可替代的重要战略资源。草原作为一种重要的植被类型，具有阻止沙漠蔓延的天然屏障功能，对于生态保护具有重要作用。此外，草原还可以发展草原旅游等娱乐产业，也是野生动物的栖息地以及动植物基因库。因此，改善草原生态环境、促进草原生态良性循环，对于维护国家生态安全、实现经济社会和生态环境的协调发展具有重要意义。

1.5.2.3 湿地植被与国土资源利用

湿地与森林、海洋并称为全球三大生态系统。2019 年联合国政府间气候变化专门委员会报告显示，全球湿地生态系统只占陆地总面积的 4%～6%，但其储存了陆地碳储量的 12%～24%。《中国湿地研究报告》显示，2020 年中国湿地面积约为 4120 万公顷，涵盖了《湿地公约》定义的所有湿地类型，具有分布广、区域差异大的特点，从寒温带到热带、从平原到高原山区都有分布。我国湿地具有明显的区域分布特点：东部地区河流湿地多，东北部地区沼泽湿地多，西部干旱区湿地明显减少，长江中下游地区和青藏高原湖泊湿地多，青藏高原和西北部干旱地区又多为咸水湖和盐湖。湿地的植被主要是沼泽植被和沼泽化草甸植被。由于我国已经开垦了不少湿地，经过农田水利建设，大多数湿地已成为高产稳产田。为了凝聚珍爱湿地的共识，降低人类活动对湿地生态的干扰和破坏，守住湿地的生态安全边界，需要拥有强烈意愿并付出实际行动，促进各类湿地的保护、修复、管理以及合理可持续利用。

（1）沼泽植被生长在土壤过湿或常年积水条件下，优势植被类型为多年生沼生植物，属隐域性植被。土壤主要为沼泽土、泥炭沼泽土和盐化沼泽土，土壤上层积水深度一般为 20～80 厘米。沼泽植被以草本为主，区系组成较复杂，主要由莎草科、禾本科、蔷薇科、菊科、杜鹃花科等种类组成，代表性植物有小叶章、薹草、芦苇、荆三棱、四角刻叶菱、荇菜、黑藻、碱蓬、垂穗披碱草、华扁穗草、高山嵩草、水蓼、南荻、菰等。按组成植被优势种的生活型可分为草本沼泽、泥炭沼泽和木本沼泽。我国沼泽植被以草本沼泽为主，泥炭沼泽很少，木本沼泽稀少。草本沼泽集中分布于青藏高原的若尔盖和东北三江平原。泥炭沼泽和木本沼泽主要在山区。在东部湿润热带地区，人口稠密，开发历史悠久，许多沼泽已被改造利用，如江汉平原、洞庭湖平原等，已由过去的水乡泽国成为如今的鱼米之乡。而寒冷的东北地区及青藏高原，由于开发历史短，仍有成片沼泽分布。沼泽在调节水文、稳定气候、净化污水、维护生物多样性等方面具有难以替代的生态价值。

（2）沼泽化草甸生长在土壤湿润或地下水丰富的生境条件下，优势植被类型以湿、中生多年生草本植物为主，属隐域性草地类型，是沼泽向草甸的过渡类型。凡有地表径流汇集的低洼地、水泛地、河漫滩、湖泊周围、滨海滩涂等常有沼泽化草甸，多呈斑块状、条带状或环状零散分布。沼泽化草甸土壤深厚，有机质含量较高，比沼泽更易被开垦。我国东北地区、辽河下游平原、黄淮海平原的许多沼泽化草甸已被开发殆尽，目前沼泽化草甸主要分布在三江平原和松嫩平原。沼泽化草甸的植物种类相对贫乏，代表性种类为喜湿的莎草科植物。草群覆盖度为 90%～100%，产草量高，草质好，受各类家畜喜食。

湿地不仅为人类提供食物、原料和水资源，在维持生态平衡、补充地下水、防止土壤侵蚀、保持生物多样性、涵养水源、蓄洪防旱、护岸保堤、固碳释氧、调节气候等方面也起着非常重要的作用。因此，科学保护、合理利用湿地资源对于我国国土资源的发展具有重大意义。

参考文献

巢清尘，李柔珂，崔童，等，2023. 中国气候变化科学认识进展及未来展望——中国《第四次气候变化国家评估报告 · 第一部分》解读 [J]. 中国人口 · 资源与环境，33（1）：74-79.
陈阜，等，2021. 中国耕作制度发展与新区划 [M]. 北京：中国农业出版社 .
戴尔阜，王亚慧，马良，等，2018. 中国典型山地土地利用变化与资源生态效应 [J]. 自然杂志，40（1）：33-40.
邓中婷，张伟琪，韩洁，等，2023. 永定河（山峡段）补水成效分析 [J]. 四川环境，42（1）：55-61.
高媛媛，姚建文，陈桂芳，等，2018. 我国调水工程的现状与展望 [J]. 中国水利（4）：49-51.
龚子同，张甘霖，陈志诚，等，2007. 土壤发生与系统分类 [M]. 北京：科学出版社 .
何越人，2018. 浅析跨流域调水工程中的生态环境影响 [J]. 四川水泥（4）：111.
和骅芸，胡琦，唐书玥，等，2023. 基于站点数据分析中国大陆区域喜凉 / 温作物界限温度的时空演变 [J]. 中国农业气象，44（2）：85-95.
胡志强，宋孝玉，覃琳，等，2022. 高寒荒漠草原季节性放牧管理优化模拟研究 [J]. 中国农业科学，55（19）：3862-3874.
李冬初，黄晶，马常宝，等，2020. 中国农耕区土壤有机质含量及其与酸碱度和容重关系 [J]. 水土保持学报，34（6）：252-258.
刘巽浩，韩湘玲，等，1987. 中国耕作制度区划 [M]. 北京：北京农业大学出版社 .
马凯凯，徐长林，李颖，等，2022. 高寒草甸冷季牧场不同休牧期对土壤种子库的影响 [J]. 草地学报，30（8）：2100-2107.
孙洪烈，2011. 中国生态环境问题与对策 [M]. 北京：科学出版社 .
孙劭，2021. 我国极端天气气候事件发生规律、特点及影响 [J]. 中国减灾，402（15）：10-17.
汪易森，杨元月，2005. 中国南水北调工程 [J]. 人民长江（7）：2-5+71.
王芬，谭亚，刘士诚，2023. 海平面上升对长江江阴以下河段风暴潮增水影响 [J]. 水利水运工程学报：1-13.
王绍强，朱松丽，周成虎，2001. 中国土壤土层厚度的空间变异性特征 [J]. 地理研究，20（2）：161-169.
王雪松，季燕，贺晶，等，2023. 放牧和土壤水分对温性草甸草原群落结构及植被碳库的影响 [J]. 中国草地学报，45（1）：33-42.
熊毅，李庆逵，1987. 中国土壤（第二版）[M]. 北京：科学出版社 .
徐新良，2022. 中国气象要素年度空间插值数据集 [DS]. 资源环境科学数据注册与出版系统（http://www.resdc.cn/DOI）. DOI:10.12078/2022082501.
杨帆，徐洋，崔勇，等，2017. 近 30 年中国农田耕层土壤有机质含量变化 [J]. 土壤学报，54（5）：1047-1056.
张成卓，郭景松，曹小群，等，2021. 1993—2016 年中国近海海平面时空变化趋势 [J]. 海洋科学进展，39（2）：187-196.
张聪颖，畅倩，霍学喜，2018. 中国苹果生产区域变迁分析 [J]. 经济地理，38（8）：141-151.
张利平，夏军，胡志芳，2009. 中国水资源状况与水资源安全问题分析 [J]. 长江流域资源与环境，18（2）：116-120.
张连成，胡列群，李帅，等，2019. 基于 RS 的昆仑山区夏季雪线高程变化及其影响因素分析 [J]. 冰川冻土，41（3）：546-553.
赵勇，陆垂裕，何鑫，等，2023. 华北地区地下水超采治理十问——地下水，河湖复苏下的涌动 [J]. 中国水利（4）：19-25.
郑景云，卞娟娟，葛全胜，等，2013.1981—2010 年中国气候区划 [J]. 科学通报，58（30）：3088-1099.

第 2 章　经济社会条件

改革开放以来，我国经济持续高速增长，经济总量得到提升，人口、经济发展水平、交通运输条件等经济社会因素东西、南北差异巨大，从不同方面综合影响了国土资源的开发与利用。

2.1　人　口

在国土资源开发和利用中，人口变化会对区域国土资源开发和利用产生显著影响。一个区域的人口变化，既和这个区域人口的自然增长有关，又受到人口迁移引起的机械增长的影响。

2.1.1　人口现状特征

2010—2020 年这十年间，我国人口在数量、性别和年龄结构、地区分布、受教育程度等方面都产生了明显变化，其中人口数量持续增长，人口素质稳步提升，性别结构有所改善，年龄构成中少儿和老龄人口比例增加，人口受教育程度显著提高，人口流动和聚集的趋势明显，城市化进程不断加快。

2.1.1.1　人口数量及其变化

1）人口总数平稳增长但增速减缓

当前，我国人口规模仍在增长，但增速在逐渐放缓。第七次全国人口普查（以下简称为“七普”）数据显示，我国人口（我国大陆 31 个省、自治区、直辖市和现役军人人口，不包括居住在 31 个省、自治区、直辖市的港澳台居民和外籍人员）共计 14.12 亿。与 2010 年相比，过去十年我国人口总数增加了 7260 万人，年均增长率为 0.53%，比上一个十年的 0.57% 略低（陆杰华　等，2021）。尽管增速有所下降，但并未改变我国人口基数大的基本国情。

2）家庭户数增长，户均人口缩减

“七普”数据显示，2020 年我国共有 4.94 亿个家庭户，较 2010 年的 4.02 亿个家庭户增加了 9264 万个，增长 23.10%，平均每年增长 2.08%。随着我国家庭户数量的快速增长，家庭规模在不断缩减，大家庭所占比例不断减少。“七普”数据表明，1 人家庭户和 2 人家庭户在家庭户总数中的比重有所提高，尤其是 1 人家庭户的比重涨幅明显，3 人家庭户的比重显著下降，4 人家庭户的比重小幅上升，5 人及以上的家庭户比重相对较小，并且有下降的趋势。家庭数量的结构变动，使我国户均人口规模不断减小。2010 年，全国平均家庭户规模为 3.10 人；到 2020 年，全国平均家庭户规模减少到 2.62 人，下降 0.48 人。根据相关研究预测，到 2025 年前后，我国的家庭户总数将达到 5 亿，户均人口规模将保持在 2.50 人左右（傅崇辉　等，2021）。

3）生育率偏低，人口出生率下降

目前，我国生育率水平偏低，“七普”数据显示，2020 年我国育龄女性总和生育率只有 1.30，且育龄女性人口数量在不断减少。《中国人口和就业统计年鉴—2021》数据显示，2010 年，15～49 岁年龄段的女性人数达到 3.80 亿，到 2020 年下降为 3.22 亿人，较 2010 年减少了约 5749 万人。调查显示，我国的生育年龄和生育意愿均呈现与生育率相同的变化趋势。1990 年到 2017 年，我国育龄女性的平均生育年龄从 23.40 岁上升到 26.80 岁，并且随着计划生育等政策的推行生育年龄不断上升（陆杰华 等，2021）。此外，国家统计局的资料显示，目前我国年轻人愿意生育的子女数量为 1.80，比日本、韩国等低生育率国家的 2.50～2.60 还要低。

与低生育率相关联的是我国人口出生率的下降。据统计，2010 年我国人口出生率为 11.90‰，2020 年降至 8.52‰。随着城乡居民医疗条件和生活水平的提高，人口死亡率也略有降低，2020 年我国人口死亡率为 7.07‰，与 2010 年的 7.11‰基本持平但略有下降，同时居民平均预期寿命提升至 77.93 岁。

4）劳动力规模下降

我国的劳动力数量在过去十年里呈下降趋势。国家统计局数据显示，十年间，我国 15～64 岁劳动年龄人口从 9.41 亿人减少为 9.09 亿人，但仍保持较高水平。受到人口老龄化和二孩政策的影响，15～24 岁和 25～34 岁年龄段的劳动力数量下滑，而 55～64 岁的劳动力数量增加，表明我国劳动力逐渐向老龄化方向转变。同时，随着工业化和城市化的快速发展，农村劳动力向城市转移的趋势更加明显，农村劳动力数量逐渐减少，2020 年底，我国农民工总量为 2.86 亿人。然而，随着我国劳动力受教育水平不断提高，大学生及熟练工人供需矛盾等问题凸显，大学生就业问题严峻，熟练工人数量不足、技能结构不合理也成为制约就业的因素之一。

2.1.1.2 人口结构及其变化

1）出生性别比下降，性别结构问题依然存在

从“七普”统计数据来看，我国出生人口性别比呈下降趋势。就出生人口而言，2020 年出生人口性别比为 111.30，低于 2010 年的 118.10；就总人口而言，2020 年我国总人口性别比为 105.07，略低于第六次全国人口普查的 105.20，这表明我国性别比得到有效控制，但仍未完全解决。

2）少儿人口比重上升，老龄化呈加速态势

在年龄构成方面，我国少儿人口的比重略有上升，但人口老龄化的趋势仍存在。我国人口结构在 2010—2020 年呈现出“M”形的发展态势，即先上升后下降再上升。“七普”数据显示，2020 年我国 0～14 岁少儿的总人口数较 2010 年提高 1.35%，说明我国一系列的生育政策已经取得了明显的成效。但 15～59 岁劳动人口的规模与比重仍在持续下滑，与 2010 年相比降低 6.79 个百分点。同时，1950—1958 年，新中国出现了首个“婴儿潮”，这一时期出生的人口到 2010—2018 年时进入老龄化阶段，全国 60 岁以上的人口达到了 2.64 亿，占比 18.70%，比 2010 年增加了 5.44%。据《世界人口展望 2019》预测，我国 65 岁以上的老年人在 2050 年前后比例将会达到 26.10%，高于全球平均水平 10 个百分点。

表 2.1 我国 2020 年我国人口年龄构成

年龄	人口数（亿人）	比重（%）
总计	14.12	100.00
0～14 岁	2.53	17.92
15～59 岁	8.95	63.38

续表

年龄	人口数（亿人）	比重（%）
60 岁及以上	2.64	18.70
其中：65 岁及以上	1.91	13.50

数据来源：《第七次全国人口普查公报》。

2.1.1.3 人口分布及其变化

1）流动人口规模增大

我国流动人口数量增加，流动规模扩大，高流动性特征更加显著。“七普”数据显示，2020 年我国人口居住地和户籍地出现了明显不一致现象，人户分离的户数达到 4.93 亿。2020 年，我国流动人口数为 3.76 亿人，占全国总人口的 1/4，较 2010 年增加了 1.54 亿人，增长 69.75%。从流动距离来看，省内流动人口规模为 2.51 亿人，较 2010 年的 1.27 亿人增加了近 1.24 亿人（陆杰华 等，2021）。

2）城乡流动人口占比增加，城镇化率大幅提高

城乡流动人口构成了我国流动人口的主体。“七普”数据显示，2020 年全国流动人口中，农村流动人口为 2.49 亿（朱荟 等，2021），较 2010 年增长 1.06 亿人，体现了我国城乡流动人口规模持续增长的特征。目前我国的城市化水平仍处于快速发展时期，增长速度也在逐年上升。到 2020 年，我国城市人口达到 9.02 亿人，占全国总人口的 63.89%。与 2010 年相比，城市人口新增 2.36 亿人，占比提高了 14.21%。根据有关研究预测，2035 年我国城镇化率将达 70%～75%（高春亮 等，2013），未来我国城市人口增长尚有潜力。

3）东西部地区人口占比上升，人口流动指向性明显

“七普”统计结果表明，我国 31 个省（区、市）中，人口超过 1 亿的省份有 2 个，人口在 5000 万至 1 亿之间的省份有 9 个，人口在 1000 万至 5000 万之间的省份有 17 个，人口在 1000 万以下的省份有 3 个。其中，排名前五的省份合计人口占全国总人口的 35.09%。从区域分布来看，东部地区人口最为密集，人口数为 5.64 亿人，较 2010 年增加了 2.15%；中部地区人口为 3.65 亿人，占比 25.83%；西部地区人口为 3.83 亿人，较 2010 年增加了 0.22%；东北地区人口较少，为 0.99 亿人，占比仅 6.98%。

人口进一步流向超大、特大城市。以超大城市为例，2020 年我国城镇常住人口超过 1000 万的超大城市有 7 个，分别是上海、北京、深圳、重庆、广州、成都和天津。近几年，随着国家逐步放宽对城镇落户的限制，政府深化户籍制度改革，加之新兴产业对劳动力的需求增加，超大城市就业机会远超其他中等城市和小城市，其带动周边城市协同发展形成的京津冀城市群、长三角城市群、粤港澳大湾区和成渝城市群等经济领先地区不断吸引大量流动人口，人口空间聚集性更加显著（毛蒋兴 等，2022）。

4）劳动力东部聚集

改革开放以来，东部地区是我国经济发展的主要区域，也是劳动力的主要聚集地。但是在过去十年里，我国中西部地区开始崛起，吸引了大量的劳动力和投资，这一趋势也导致了人口的流动和劳动力的重新分布。与此同时，我国劳动力结构也在不断变化。改革开放初期，我国劳动力主要从事第一、二产业，随着我国经济快速发展，第三产业（如服务业和高科技产业）对劳动力的需求不断增加，引起了劳动力的产业间转移。

2.1.1.4　人口素质及其变化

1）文盲率降至低水平

与人口老龄化加剧和劳动年龄人口下降相比，我国的人口素质也在持续改善。“七普”数据显示，我国文盲率从2010年的4.08%下降到2020年的2.67%。据第二次人口普查数据显示，1964年中国有2.33亿的文盲人口，文盲率为33.58%，高于小学受教育人口比例28.33%。随着国家对人口教育的重视程度提高，全国的文盲率在第三次人口普查中下降到22.81%，已低于小学受教育人口比例35.24%，实现了人口素质结构的首次升级和转变，即从“文盲率高于小学受教育人口比例”到“文盲率低于小学受教育人口比例”。到1990年第四次人口普查时，我国文盲率降为15.88%，其后每十年我国文盲人口和文盲率几乎减少一半（侯佳伟，2021）。随着义务教育的逐步普及，现阶段文盲人口主要是老年人口，新生少儿人口普遍都能受到九年义务教育，文盲人口规模和比例逐渐下降。

2）受教育年限不断上升

我国人口的受教育程度也在逐步提升。据“七普”统计，我国15岁及以上人口的平均受教育年限由2010年的9.08年增至2020年的9.91年；16～59岁劳动年龄人口的平均受教育年限也由9.67年增至10.75年。受教育年限显著提高，为我国经济发展带来了更多高科技人才，助力产业结构快速转型。

2.1.2　人口对国土资源利用的影响

2.1.2.1　人口数量对国土资源利用的影响

土地资源是人类赖以生存和发展的物质基础，是农业生产的基本生产资料。人类的生产生活离不开对土地资源的利用。人类生存所需食物的88%都来自耕地上种植的作物，10%来自草原和牧区，仅有2%来自海洋，可见土地资源为人类能源供给发挥了巨大作用。目前，全球人类可耕种的土地面积约为30亿公顷，然而有限的耕地资源却依旧在减少。随着人口的不断增加、城乡建设用地持续扩张和大量铁路、公路等交通线路的开通，每年建设占用的耕地大约有1000万公顷，但人口对粮食的需求仍在增加，人地矛盾逐渐加剧。为了满足人口对粮食的需求、提高粮食产量，又不得不投入过量的化肥和农药，这可能会影响耕地质量，同时耕地资源紧张又导致人类不得不开垦新的耕地。

我国是人口大国，人地矛盾的问题更加突出。随着人口的增加，虽然每年开垦一定数量的耕地，但人均耕地面积并未增加，《中国统计年鉴》资料显示，1996年我国人均耕地面积为0.11公顷/人，2019年下降为0.09公顷/人，随着人口越来越多，每单位耕地需要供养的人口数也相应增加。我国耕地数量近十年来也呈现下降的趋势，但下降速度低于上一个十年。虽然我国人口自然增长率已经下降到不足1%，但人口数量仍在以每年800万～1000万的速度增长，每年出生的新生儿也在1000万至2000万间。由此可见，我国在未来很长一段时间内，人口数量增加与国土资源紧缺的矛盾仍会加剧。

2.1.2.2　人口分布对国土资源利用的影响

“胡焕庸线”确定了我国东密西疏的人口分布基本格局，而两侧自然地理环境的差异决定了这一格局的长期稳定性。我国人口主要分布在“胡焕庸线”东侧，“胡焕庸线”西侧人口稀少；东部人口密度最高可超过1000人/平方千米，西部则低至50人/平方千米，东西差异相当悬殊。这种巨大的人口分布差异对国土资源的开发利用、经济发展产生了重要影响。根据2020年“七普”各省（区、市）人口数据和我国行政区划矢量数据计算各省（区、市）人口密度，基于其区域差异，大致可以将我国划分为四类地区：

1）人口稠密地区

人口密度在600人/平方千米以上的地区包括上海、北京、天津、江苏、广东、山东、浙江和河南。上述8省（市）土地面积占全国土地面积的7.86%，而人口却占全国总人口的38.11%，平均人口密度高达1124人/平方千米。大部分地区地处黄淮海平原和长江下游平原，人口稠密，耕地开发程度高，垦殖率高达40%～60%以上，复种指数150%～200%，土地利用集约化程度高，土地生产率高。城市密集，工业、交通发达，非农业用地比重相对较大，是我国经济最发达地区，但人多地少，人地矛盾突出。

2）人口较稠密地区

人口密度介于200～600人/平方千米的地区包括安徽、河北、重庆、福建、湖南、湖北、海南、辽宁、江西、山西、贵州和广西。上述12省（区、市）土地面积占全国土地面积的19.53%，人口占全国总人口的39.35%，平均人口密度308人/平方千米左右。本区辽宁位于东北地区，山西和河北位于华北地区，其他省份则分布在华中、华南、西南及东南沿海地区，丘陵山区多，平原耕地分布少。由于人口比较稠密，水热条件优越，人们除经营以水田为主的农业外，还经营亚热带经济林果，土地利用率较高，复种指数达200%～250%，农作物一年两熟，是我国土地综合开发利用程度较高的地区。

3）人口较稀疏地区

人口密度介于100～200人/平方千米的地区包括陕西、四川、宁夏、吉林和云南。上述5省（区）土地面积占全国土地面积的13.93%，人口占全国总人口的14.30%，平均人口密度为150人/平方千米左右，略高于全国人口密度（149人/平方千米）。本区既有四川盆地、关中平原以及东北平原，也有丘陵山地和高原，在自然和经济上处于我国由东向西的过渡地带。

4）人口稀少地区

人口密度小于100人/平方千米的地区包括黑龙江、甘肃、内蒙古、新疆、青海和西藏。上述6省（区）土地面积占全国土地面积的58.68%，人口仅占全国总人口的8.24%，平均人口密度仅30人/平方千米，其中黑龙江、甘肃和内蒙古人口密度为50人/平方千米，其余人口密度仅为9人/平方千米，其中新疆16人/平方千米、青海9人/平方千米、西藏3人/平方千米。本区地广人稀，自然条件较差，交通困难，劳动力匮乏。除面积较少的平原灌溉农区外，大部分为草原、沙漠、戈壁和荒漠，是我国土地开发利用难度大、利用程度低的地区。

2.1.2.3 人口迁移对国土资源利用的影响

改革开放以来，我国人口流动规模大。可以通过人口流动的变化趋势来判断未来的人口分布格局，这些人口的空间变化会导致未来国土空间利用出现区域不均衡。例如，人口流入过多的地区对土地的需求旺盛，土地资源利用紧张，而人口流出过多的地区大量土地被闲置，这直接影响到未来国土资源的利用。

从人口城乡流动来看，随着我国城镇化率已经达到60%以上，农村人口向城市迁移，城市人口数量增速明显提高，城市新增用地需求刚性增长。从人口城市间流动来看，人口从小城市向超大城市和特大城市流动的趋势也十分明显。在过去的十年里，我国大多数省会城市的人口增长率明显高于其他城市。除去行政区划变动导致市辖区人口增加的因素，省会城市获得土地利用指标的机会和数量远高于辖区内其他城市，因此省会城市获得的发展机会和就业机会远高于其他城市，使得更多的劳动力人口涌入以省会城市为主的超大、特大城市。与此同时，人才的流入对这些城市的经济发展起到推动作用，从而源源不断地吸引更多的人口流入。因此，未来人口向超大、特大城市集中的趋势会更加明显。

2.2　经济发展水平

经济因素是决定国土资源开发利用的基本条件。产业结构变化、国民收入变化和不同区域经济发展等在内的经济因素的变化，将对国土资源开发利用的方向、结构、规模、布局和效益产生直接影响。

2.2.1　经济发展总体特征

2.2.1.1　产业结构及其变化特征

国内生产总值（GDP）是衡量一个国家经济发展水平的主要指标，其总量和内涵都是对一个国家经济发展水平的重要评估。GDP 总量是指一个国家在一定时期内创造的总价值，它的增长意味着一个国家的经济在这一时期内得到了增长，从而提高了国家的经济实力和国际竞争力。GDP 内涵是指 GDP 中所包含的各个产业、部门和领域的贡献度和质量。为确保经济增长的质量和可持续性，不仅需要关注 GDP 总量，更要关注 GDP 内涵。

据统计，2020 年，我国 GDP 为 101.60 万亿元，按可比价格计，较 2010 年增加了 93.70%。其中，第一产业增加值 7.78 万亿元，第二产业增加值 38.43 万亿元，第三产业增加值 55.40 万亿元，分别较 2010 年增加了 44.06%、87.84%、108.72%。近十年来，我国产业结构呈现出第三产业高速发展、第二产业和第一产业占比下降的态势（图 2.1），一、二、三产业结构占比从高到低由“二、三、一”逐渐变化为“三、二、一”。

第三产业占比是衡量一个国家发展水平和发达程度的重要标志。2010 年到 2020 年，我国第三产业发展迅速，其占 GDP 的比例已超过一半，这十年，我国产业结构重心正在从工业主导向服务业主导转变。人力资源和社会保障部发布的《2020 年度人力资源和社会保障事业发展统计公报》显示，2020 年全国就业人员 75064 万人，其中城镇就业人员 46271 万人。全国就业人员中，第一产业就业人员占 23.6%，第二产业就业人员占 28.7%，第三产业就业人员占 47.7%。

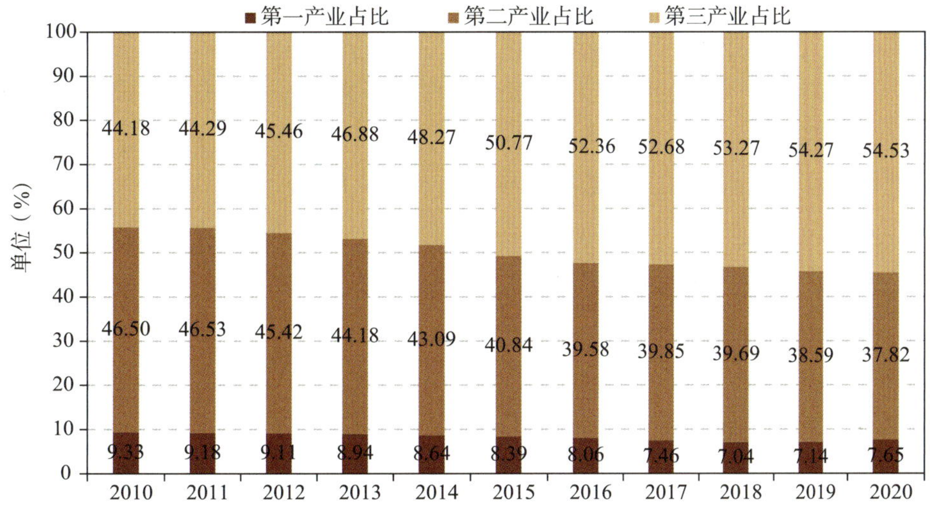

图 2.1　2010—2020 年三次产业增加值占国内生产总值比重

第三产业对就业的拉动作用要远超第一、二产业。据测算，每投资100万元可提供的就业岗位：重工业是400个，轻工业是700个，第三产业是1000个。随着经济的发展，我国服务业对GDP贡献的比重逐渐增加，相应地服务业从业人员数量也在不断增长。随着教育事业的发展和普及，我国人民的受教育程度日益提高，职业技能和专业知识得到了大幅提升，从业人员能力和素质逐步提高。随着市场激烈竞争和经济的快速发展，企业需要采用更先进的生产技术和管理方式，提高劳动生产率，降低成本，并实现可持续发展。这也促使了劳动密集型产业向资本密集型、技术密集型和知识密集型产业转型。

我国在全球经济中发挥着重要的作用，产业链和供应链也在全球范围内占据着重要地位。随着我国经济的不断发展和转型，产业链和供应链也在不断变化和完善。通过优化产业链和供应链结构，加强不同环节之间的协调和合作，能够促进企业加快产业升级和技术转型，提高产品质量和生产效率。完善供应链和产业链对接机制，可以避免单一产业或企业因为某种因素而造成整个系统的瘫痪，降低风险传导。同时，在全球化背景下，稳定的供应链和产业链也有利于降低国际市场波动对我国经济的影响。例如，在新冠疫情期间，我国科技企业通过本土完善的供应链和产业链，更快地恢复生产线，为全球人类抗疫作出了重要贡献。优化供应链和产业链结构，推广绿色、低碳、循环经济等可持续发展理念，在提高经济效益的同时保护环境和维护社会公共利益。因此，我国产业链和供应链的优化与完善对于提升经济韧性和可持续发展具有十分重要的意义。

2.2.1.2 经济发展及其变化特征

国民收入是指一个国家在一定时期内，居民从各种经济活动中所获取的全部可支配收入的总和。国民收入主要包括工资和薪金收入、自营收入、财产性收入、国有企业和非国有企业的经营盈余、净税收入、资本收益和其他收入。国民收入是一个国家经济繁荣程度的重要指标之一，通常来说，国民收入越高，反映了一个国家经济发展水平越高，居民生活质量越好。

自2000年以来，我国经济一直在快速发展，国民收入和家庭财富都有了显著的增长。《中国统计年鉴》数据显示，2020年我国的国民收入为100.88万亿元，比2010年增长了1.46个百分点，反映了我国经济实力得到了极大提升。与此同时，我国家庭财富也在不断增长。国家统计局的数据显示，2010年城镇居民人均可支配收入为1.91万元，而到了2020年，这一数字已经达到了4.38万元，增长近1.29倍，增长幅度十分惊人。这十年中，财产性收入也成为了家庭收入的重要组成部分。据统计，2020年我国城镇居民人均财产性收入为4626.50元，比2010年的520.33元增加近7.89倍，城乡居民收入得到增加，人民生活水平也得到了提高。虽然近十年人均国民总收入增速比前十年有所下降，增长率也逐步下降，但经济发展仍保持在中高水平（图2.2）。在科学技术的推动下，我国社会平均生产效率得以提高，庞大的人口带来的广阔消费市场，内需在国民总收入中已占相当大的比例。

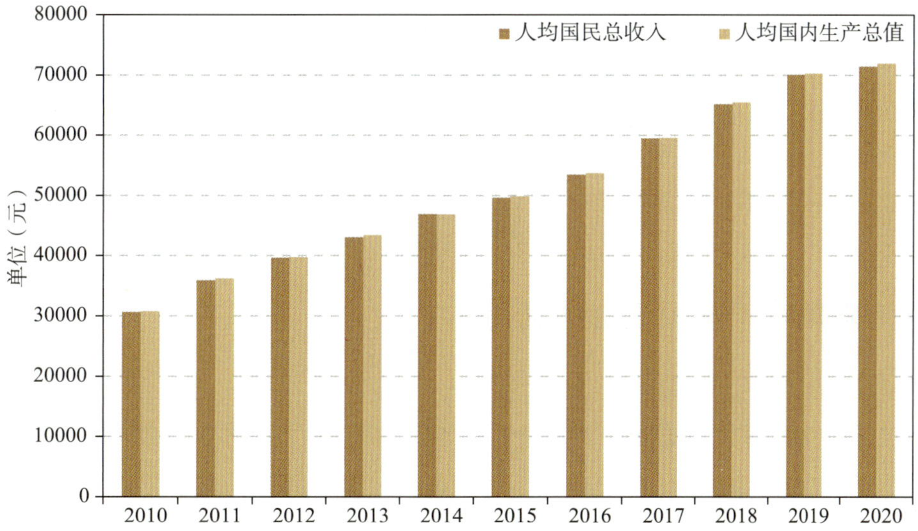

图 2.2　2010—2020 年人均国民总收入和人均国内生产总值

在经济增长中，投资是一个重要的驱动力。通过投资，企业可以扩大生产规模、提高生产效率，创造更多的财富和就业机会。同时，投资也可以促进技术进步和创新，推动产业升级和结构调整，提高全社会的生产力和竞争力。商务部发布的数据显示，2010 年至 2020 年全国实际使用外资总额由 1147.3 亿美元增加到 1493.4 亿美元，表明我国外资投入总量逐渐增长。同时，投资方式朝着多样化方向前进，2020 年全年新设外商投资企业 38578 家，此外，还有越来越多的外资通过收购、合资、租赁等方式进入我国市场。2020 年，我国中西部地区实际使用外资金额达到 168.3 亿美元，占比 11.3%，已经成为外资流入的新兴中心，而东部地区仍然占据了外资总量的大部分份额。2020 年，我国最大的外资来源国是新加坡，其次是英属维尔京群岛、韩国、日本、开曼群岛和荷兰，与此同时，来自中东、非洲和南美洲等地的外资也在不断增加。外资对我国经济的贡献不断增加。2020 年，外商投资规模以上工业企业实现营业收入 24.18 万亿元人民币，同比增长 0.9%；实现利润 1.82 万亿元人民币，同比增长 7.0%。资本和投资的关系是相互依存的，没有足够的资本积累，投资就难以实现；而没有投资，资本就无法实现增值。因此，资本和投资是经济发展中不可或缺的两个方面。目前，全球经济增长的动力和耐力仍然保持较好的状态，各国政府和企业积极推动投资，加强技术创新和产业升级，为经济增长注入新的活力和动力，同时，各国也在加强国际合作，推动全球经济的可持续增长和发展。

2.2.1.3　经济发展的区域差异

按照东部、中部、西部和东北部划分，从国民经济占比来看，经济最发达的是东部地区的 10 个省（市），2020 年该地区经济总量占比 51.93%，达到我国国民经济总量的一半以上，比 2010 年占比 53.09% 略有下降；其次是中部的 8 个省（区），经济总量占比从 2010 年的 19.70% 增加到 2020 年的 25.86%；西部地区和东北地区经济发展相对落后，2020 年经济总量分别占同期全国经济总量的 17.16% 和 5.05%，比 2010 年的 18.63% 和 8.58% 有所下降。

城市群是我国经济增长的重要引擎，最大的城市群主要包括珠江三角洲、长江三角洲、京津冀城市群。其中珠江三角洲位于我国南部，包括广州、深圳、香港和澳门等城市。珠江三角洲地区拥有优越的地理位置和天然资源，是我国改革开放以来最早开放的地区之一，该地区拥有完善的交通网络和现代化的产业体系，是我国重要的制造业和电子信息产业基地。长江三角洲位于我国东部，包括上海、南京、杭州和苏州等城市，拥有完善的基础设施和现代化的产业体系，同时也是我国经济中心和金融中心。京津冀城市群位于我国北部，包括北京、天津和河北省的一些城市，是我国政治和文化中心，也是我国经济中心和科技创新中心之一。随着我国经济的快速发展和城市化进程的加速，城市群的影响力和作用将不断扩大，在促进区域经济发展、推进城市化进程、提高人民生活水平等方面具有重要作用。其在各自区域内集聚了大量资本、技术、人才和市场需求，成为推动经济增长和创新发展的重要引擎。同时，城市群之间也有良好合作和协同发展，形成了区域间互补和联动的格局，促进了我国经济的均衡发展。

2.2.2 经济发展水平与国土资源利用

2.2.2.1 产业结构与国土资源利用

产业结构和国土资源利用密切相关，两者之间相互影响。其中，第一产业与第二产业在人类的生活与生产中占有举足轻重的地位，与土地资源利用紧密相关；而随着社会经济不断发展和进步，第三产业的崛起也成为影响国土资源利用的重要组成部分。

第一产业指农业、林业、牧业、渔业等生产领域，在国土资源利用方面，第一产业主要利用土地、水资源、气候和自然环境等资源，用于农业生产。农业是国民经济的支柱产业，农业的稳步发展对维护国家政治稳定和社会经济发展起着至关重要的作用。同时，农业产品的价格水平也在一定程度上影响着各个产业的市场价格。如果农产品价格无序上涨，会导致工资和农业产品的价格循环上涨，使发展中国家的低工资成本优势下降，导致现有贸易往来体系发生变化，给发展中国家的经济发展带来负面影响。因此，我国在经济快速发展的同时，始终强调农业在国民经济中的地位，同时也十分注重耕地的保护和利用。尽管随着城市化和工业化的发展，农业占 GDP 的比重逐渐下降，但人口数量庞大，对粮食安全的需求并未减少，农业生产仍需要大量土地。

第二产业指制造业、建筑业等工业领域，是国民经济中的支柱产业之一。在国土资源利用中，第二产业主要利用能源、矿产、水力等资源，用于制造业和建筑业生产，对于提高国家经济实力、人民生活水平和促进社会进步有重要意义。制造业是第二产业中最重要的部分之一，它在国民经济中占据着重要的地位。制造业的发展可以促进技术进步和创新，提高产品质量和降低生产成本，从而提高企业竞争力和市场占有率。此外，制造业的发展还可以带动相关产业的发展，形成产业链和产业集群，促进区域经济发展。制造业和建筑业都需要占用大量土地，包括用于生产、储存、运输等方面的土地。同时，随着城市化进程的加快和经济结构的转型，第二产业对土地利用方式的影响也越来越显著，如工业园区、科技园区等新型产业用地模式的出现。因此，在合理规划土地利用方面，需要充分考虑第二产业的需求和发展趋势，实现产业和土地的良性互动。

近年来，包括商贸、金融、交通、信息、文化、教育、卫生、社会服务等在内的第三产业的蓬勃发展，也直接或间接地关系到国土资源的开发利用水平。三产主要利用人力资源、信息资源等，发展服务业。服务业的发展可以带动国土资源的合理利用，例如，旅游业可以促进地方经济发展，提高当地居民的生活水平，同时也可以保护当地的生态环境。金融业可以为企业提供融资渠道，促进经济发展，同时也可以为环保等领域提供资金支持。教育和医疗行业可以提高人民的素质和健康水平，从而提高劳动力素质和生产力水平。商业运营模式的变化也会影响对土地要素的投入，例如互联网通信的兴起促使更多的商业活动由线下转为线上，对土地要素的依赖性逐渐减弱。随着人们生活水平的提高，对休闲娱乐的需求也逐步上升，越来越多的相关企业涌入市场，开发商将更多目光投放到服务业去实现盈利目标，各大品牌的奶茶店、咖啡店、影院等纷纷涌现，增加了商业服务业的用地需求。因此，产业结构的改变促使用地结构发生改变，从而成为影响我国国土资源利用的又一重要因素。

在现代化经济中，第三产业的比重越来越大，可以提供更多增值服务，创造更多就业机会。同时，随着经济的发展和城市化进程的加速，国土资源的利用也越来越多样化和复杂化，需要更加科学合理的规划和管理。因此，在国土资源利用方面，需要加强对各个产业的协调和规划，避免资源过度集中或浪费，实现资源的高效利用和可持续发展。同时，也需要加强对环境的保护和治理，确保国土资源的可持续利用。

2.2.2.2　国民收入变化与国土资源利用

国民收入的变化会引起人们住房需求的改变。从国民收入总量来看，假定国民收入分配比例不变，在排除了通货膨胀因素以后，国民收入的增长与房地产业的发展一般呈现正相关的关系。因为国民收入的增长既能反映在一般消费者购买力的增长上，也能反映在社会投资水平和可供投资的资源数量的增加上。在住宅支出占消费者收入比例不变的情况下，一般消费者购买力增加的同时，也表现为对房地产商品支出的增加。另一方面，国民收入的增加也可能使得对工业房地产、办公楼宇等的投资增加。

国民收入的变化会引起交通方式的改变。出行距离和活动空间与社会资源、就业机会、生活便利性等多方面紧密相联，出行方式与居民可支配收入有很大联系。随着社会生活水平的提高，居民中长距离出行面临着日益增加的交通压力，高收入群体和中等收入群体的出行距离变长、活动范围变大。消费能力进一步增强，消费升级步伐加快，城乡居民主要耐用消费品拥有量不断增多，其中汽车在居民家庭中日渐普及。2020 年，全国居民平均每百户家用汽车拥有量为 37.10 辆，较 2010 年的 13.10 辆上升了 24 辆，而汽车的普及意味着城市中交通用地的需求增加。随着城市化进程的快速推进，居民的出行方式逐渐由步行、自行车转变为电动车和汽车，城市交通用地范围也在逐渐扩张。出行方式的改变导致了交通用地配置的变化，从而对国土资源利用产生影响。

国民收入变化会增加人们对旅游的需求，从而影响国土资源的配置。随着社会经济的发展，人们的物质生活需求逐渐得到满足，对旅游等更高层次的消费追求越来越强烈，在这一因素的作用下，我国的旅游消费总额逐步提升，国内居民的人均旅游消费水平也在不断提高。国内旅游业服务设施和配套设施日趋完善，各地政府都把旅游业作为重要的产业发展方向，国内旅游消费的结构也在逐步向发达国家的旅游消费结构靠拢。居民收入水平在国内旅游消费中起着关键作用，收入水平的高低直接决定消费水平和需求的满足程度。随着我国国民收入的增加，人们对旅游消费的需求也逐渐变大，促进了旅游业的蓬勃兴起，增加了旅游用地利用规模。

2.3　交通运输条件

交通运输是我国国土资源开发利用的一个重要影响因素。在现代社会和经济发展进程中，一方面交通运输是各地区之间的相互作用及各种人流、物流和信息流的通道，另一方面它在一定程度上改变了各个位置点的地理区位条件，促进了国土资源的开发和利用。

2.3.1　交通基本情况

2.3.1.1　铁路

铁路是我国的关键基础设施和重大民生工程，是综合交通运输体系的骨干和主要交通方式之一，是国民经济发展的重要保障，在我国经济社会发展中的地位和作用至关重要。近年来，我国铁路发展成效显著，在促进经济社会发展、保障和改善民生、支撑国家重大战略实施、增强我国综合实力和国际影响力等方面发挥了重要作用。铁路网是由相互联结的铁路干线、支线、联络线和铁路枢纽构成的网络系统。目前我国已形成了全国以北京为中心、各省以省会为中心伸展线路的铁路网骨架，连接着许多不同规模的铁路枢纽，我国铁路网骨架的主要干线，分为南北铁路干线和东西铁路干线（图 2.3）。

我国主要的南北普速铁路干线有 6 条。其中，京沪线北起北京，南达上海，纵贯北京、天津、河北、山东、安徽、江苏和上海 7 省（市），跨越海河、黄河、淮河和长江四大水系，是我国东部沿海地区的南北交通大动脉，所经地区人口稠密、工农业发达，人员和物资交流频繁。京广线北起北京，南至广州，纵贯我国中部，经过河北、河南、湖北、湖南、广东等省，跨越海河、黄河、淮河、长江、珠江五大流域，连接华北平原、长江中下游平原、珠江三角洲。京哈线起于北京，经天津、河北、辽宁、吉林、黑龙江等省（市），终点在东北北部最大城市哈尔滨，是东北通往首都和全国各地的一条铁路干线。京九线北起北京，经天津、河北、山东、河南、安徽、湖北、江西、广东，南至香港九龙，跨越 9 省（区、市），是我国铁路建设史上规模最大、投资最多，一次建成里程最长的铁路干线，对促进港澳地区稳定繁荣具有十分重要的意义。北同蒲—太焦—焦柳线北起大同，南到柳州，是一条与京广线平行的南北向的交通大动脉。宝成—成昆线，起于陕西宝鸡，穿秦岭山地，达“天府之国”成都，是联系关中与川内、西北与西南的重要干线，后北起成都，南至“春城”昆明，是我国西南的又一重要干线。

图 2.3　2020 年我国铁路空间分布

（来源于高德地图数据）

我国主要的东西普速铁路干线有 3 条。其中，京秦—京包—包兰—兰青—青藏线是我国北部地区一条重要的东西向铁路干线。东起秦皇岛，经丰润到北京的铁路线为京秦线；从北京向西经张家口、大同、集宁、呼和浩特到达包头的铁路线为京包线；从包头向西经银川到兰州的铁路为包兰线；自兰州到西宁的铁路线为兰青线；从西宁经格尔木到拉萨的铁路为青藏线。陇海—兰新线，陇海线东起黄海之滨的连云港，西止于黄土高原的兰州，连通江苏、安徽、河南、陕西、甘肃五省。兰新线起自兰州，向西经张掖、酒泉、嘉峪关、吐鲁番、乌鲁木齐、昌吉、石河子、乌苏、博乐至阿拉山口。陇海—兰新线横贯我国中部地带，把经济发达的东部沿海地区与西北边疆地区连接起来，是一条具有重要经济、政治、国防意义的铁路干线。沪杭线—浙赣线—湘黔线—贵昆线东起东海之滨的上海，西到云贵高原的昆明，贯通上海、浙江、江西、湖南、贵州和云南 5 省（市），这条铁路线对加强华东、中南和西南地区的经济联系具有重要作用。

进入 21 世纪，我国大力建设高速铁路，逐步形成高速铁路网。截至 2020 年底，我国高速铁路运营里程达 3.79 万千米，运营质量继续提升，平均延误时间和投诉率均有所下降。同时，在新冠肺炎疫情防控期间，各项运营措施得到落实，确保了列车运行的安全和顺畅，在技术创新方面不断取得新突破。未来我国高速铁路的发展规划也在逐步清晰化。2016 年，我国出台的《中长期铁路网规划》明确提出构建“八纵八横”高速铁路主通道。“八纵”通道包括沿海通道、京沪通道、京港（台）通道、京哈—京港澳通道、呼南通道、京昆通道、包（银）海通道、兰（西）广通道。“八横”通道包括绥满通道、京兰通道、青银通道、陆桥通道、沿江通道、沪昆通道、厦渝通道、广昆通道。“八纵八横”规划总里程约 4.56 万千米，目前已建设完成近七成。因中西部山区线路建设难度大，如西宁至成都高铁、渝昆高铁云南段、西渝高铁、重庆至黔江高铁等，工期需要 5～6 年，预计到 2026 年左右“八纵八横”通道将基本建成。

总体来看，我国铁路线分布不平衡的特征较为突出，具体表现为东部地区铁路线密集，纵横交错，且等级较高，多为复线、电气化铁路，且最近几年兴建高铁线并被大量投入使用，里程数、运营速度和在建里程均走在世界前列。因东部地区地势平坦，兴建铁路成本较低，且人口稠密，工商业发达，铁路发展动力强劲，加之国家政策鼓励，大规模固定投资效果显著。而西部地区铁路线则相对稀疏，受到区域内自然环境恶劣的影响，西部地区人口稀少，经济规模比较小，铁路建设难度较大。

2.3.1.2　公路

公路交通是覆盖范围最广、服务人口最多、使用最广泛的交通运输方式。根据公路在公路网中的地位，我国公路分为国道、省道、县道和乡道。国家公路网包括国家高速公路网和普通国道网，是公路网中最高层次的路网，具有全国性和区域性政治、经济、国防意义，是国家综合立体交通网的基础和主骨架的重要组成部分。公路交通作为交通运输体系的重要组成部分，在当今国民经济发展中正发挥着越来越重要的作用，它以强大的通行能力、快捷的运行速度、灵活的运行方式等特性，极大地提高了运输能力并丰富了运输内容，成为一个国家或地区经济和社会发展水平的重要标志之一。

《国家公路网规划（2013—2030 年）》显示，我国国家公路网规划总规模约 46.1 万千米，由国家高速公路网和普通国道网组成，其中国家高速公路约 16.2 万千米（含远景展望线约 0.8 万千米），普通国道约 29.9 万千米。国家公路网规划数据显示，国家高速公路网由 7 条首都放射线、11 条北南纵线、18 条东西横线，以及 6 条地区环线、12 条都市圈环线、30 条城市绕城环线、31 条并行线、163 条联络线组成；普通国道网由 12 条首都放射线、47 条北南纵线、60 条东西横线，以及 182 条联络线组成。截至 2021 年底，国家高速公路已建成 12.4 万千米，基本覆盖地级行政中心；普通国道通车里程达到 25.8

万千米，基本覆盖县级及以上行政区和常年开通的边境口岸。国家高速公路在建约 1 万千米、待建约 2.8 万千米，分别占 6% 和 17%。普通国道目前已建成一级公路约 5.9 万千米、二级公路约 15.6 万千米、三级公路约 4.7 万千米、四级公路约 2.2 万千米、等外及无路路段约 1.5 万千米，二级及以上公路占比约为 72%，三级和四级公路占比约为 23%，等外及无路路段占比约为 5%。

从目前我国公路网分布可以看出，我国公路的分布特点是经济发达地区公路密度大，经济欠发达地区公路密度小（图 2.4）。整体呈现出东部多，西部少；平原、盆地多，山地、高原少；农业地区多，林牧业地区少的分布特征。由于我国人口地区分布东多西少，特别是西部地区经济发展较为滞后，人口密度相对较小，对交通条件的需求较低，因此西部地区公路网线虽然远少于东部地区，但也符合人口分布的实际情况。从目前的高速公路、国道覆盖情况看，我国东部发达地区，已经初步形成了高速公路网、国道路网，但我国中西部，虽然近几年加快了建设步伐，但是仍然存在道路阻塞、交通不畅的情况，没有形成与其他运输方式良好衔接的公路网格局。

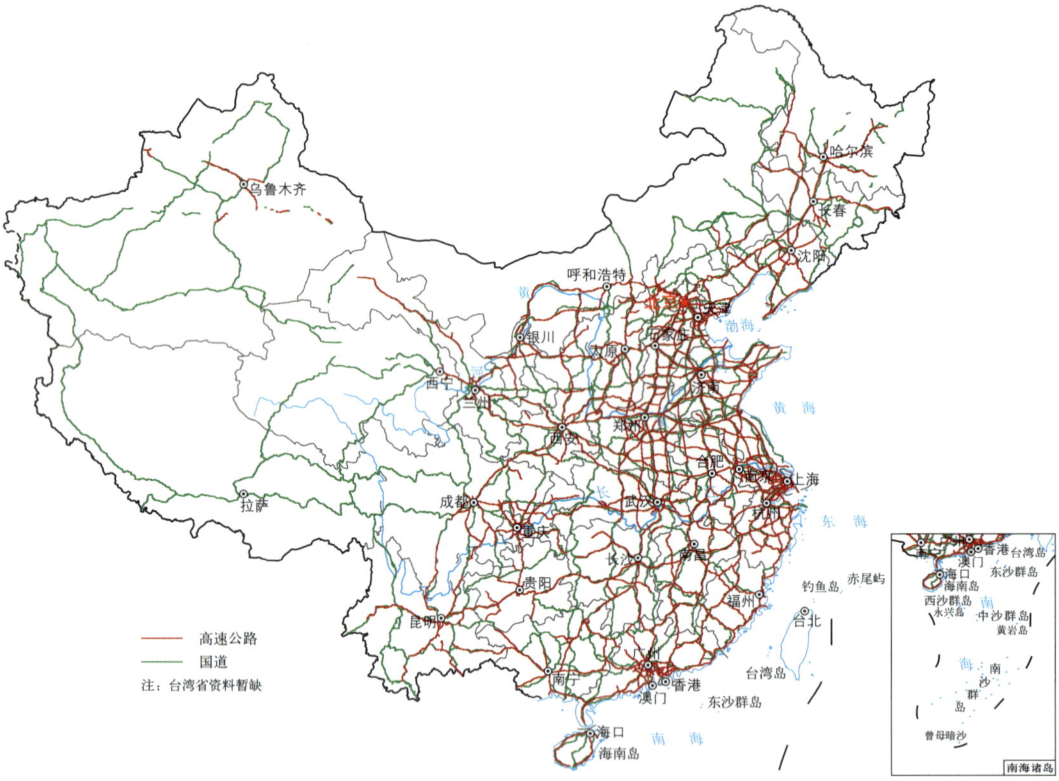

图 2.4　2020 年我国公路空间分布
（来源于高德地图数据）

2.3.1.3　水路

我国水路交通主要由内河航道和港口两部分构成。内河水运是综合运输体系和水资源综合利用的重要组成部分，是实现经济社会可持续发展的重要战略资源。近年来，内河航道、港口设施建设取得了显著成效，内河水运货运量持续增长，运输船舶大型化、标准化趋势明显，水运市场日趋活跃，内河水运进入了快速发展时期。目前，全国形成了以长江、珠江、京杭运河、淮河、黑龙江和松辽水系为主体的内河水运布局，内河水运的服务腹地得到了延伸和扩展，服务质量显著提升，促进了流域经济社会的持续、快速发展。

交通运输行业发展统计公报显示，2020 年，我国内河航道通航里程 12.77 万千米，占河流总长的 29.00%，主要分布在长江、珠江和淮河水系，分别占 50.69%、13.14% 和 13.68%。其中等级航道里程 6.73 万千米，占总里程比重的 52.70%。三级及以上航道里程 1.44 万千米，占总里程比重的 11.28%。经过多年的建设与发展，长江干线已成为世界上水运最为繁忙和运量最大的河流，西江航运干线已成为沟通西南与粤港澳地区的重要纽带，京杭运河已成为我国“北煤南运”的水上运输大动脉，长江三角洲、珠江三角洲航道网已成为区域综合运输体系的重要组成部分。

我国河港为数众多，大部分河港集中分布在长江及其以南各省区，尤以长江中下游的河港数为最多，若以省份为单位，则以江苏省为最多。根据不同地区的经济发展状况及特点、区域内港口现状及港口间运输关系和主要货类运输的经济合理性，将全国沿海港口划分为环渤海、长江三角洲、东南沿海、珠江三角洲和西南沿海五个港口群体，强化群体内综合性、大型港口的主体作用，形成煤炭、石油、铁矿石、集装箱、粮食、商品汽车、陆岛滚装和旅客运输等八个运输系统的布局。

总体而言，我国水路网分布特点主要有以下几个方面。首先，主要航道干线呈纬向分布。由于我国地形整体呈现西高东低的分布趋势，因此受高程的影响，除京杭人工运河外，长江、珠江、淮河和黑龙江等各主要内河航道干线均呈纬向分布。这一分布特点，与我国资源和经济的分布格局在空间上有较好的呼应关系，因而也具有很大的发展潜力。其次，受水系分布及其水文特征的影响，我国内河航道和港口主要密布于南方各省份。根据《中国交通年鉴—2021》统计数据，我国航道里程在 2000 千米以上的省区共有 15 个，大部分分布于长江及其以南地区，这 15 个省份的航道合计里程为 11.79 万千米，已占全国航道总里程的 92.32%。在上述省份中，以江苏省的航道里程为最长，达 2.44 万千米，占全国总里程的 19.09%，其次为广东、湖南和四川 3 省，其里程都在 1 万千米以上。再从航道密度看，平均每万平方千米国土拥有 1 千米以上航道的省份共有 15 个，其中除黑龙江省，也都分布在长江及其以南地区。它们又以江苏的密度为最大（23.76 千米 / 万平方千米），其次为上海（20.52 千米 / 万平方千米）和浙江（9.29 千米 / 万平方千米）。最后，通航条件较好的航道集中于“三江两河”水系。可通航百吨以上船舶的内河航道大部分都集中分布在长江、珠江、黑龙江、淮河和京杭运河五大水系（简称“三江两河”水系）之中，其合计里程近 3 万千米，占全国该类航道总里程的 80% 以上，其中仅长江水系的这类航道里程长度就已占到全国相应总里程数的 42%。“三江两河”水系的货运量和货物周转量，也都分别占全国内河水运相应总量的 80% 以上。其中也以长江水系所占的比重为最大，其次为珠江水系和京杭运河。

2.3.1.4　民航

在现代综合交通运输体系中，航空运输以安全、快捷、通达、舒适的独特优势，不仅确立了独立的产业地位，而且成为国家战略性先导性产业，是区域经济发展和产业升级的驱动力。航空运输是随着社会、经济繁荣和技术进步发展起来的，它在现代社会的政治、经济生活中占据着重要地位，发挥着十分重要的作用。现如今，航空运输发展已成为衡量一个地区经济是否发达和对外开放程度的重要标志，在经济全球化背景下，航空运输不再仅仅是一种交通运输方式，而且还成为区域经济融入全球经济的最佳通道。

我国国内民航航线主要分布于胡焕庸线以东，其中又以北京、上海、广州的三角地带最为密集。总体来看，航线密度由东向西逐渐减小。航线大多以城市对为主，以大、中城市为辐射中心为辅。国内主要航线多呈南北向分布，在此基础上，又有部分航线从沿海向内陆延伸，呈东西向分布。2020 年民航机场生产统计公报数据显示，我国境内民用运输机场（不含港澳台地区）共有 241 个，其中定期航班通航机场 240 个，定期航班通航城市（或地区）237 个。2021 年全国 31 个省（区、市）中，有两个省份实现了市市通机场，分别是贵州和内蒙古；有 7 个省份拥有 10 座或以上机场，以西部地区为主；28 个城市（地区 / 州 / 盟）拥有 2 座或以上机场，同样大部分都位于西部。

从省份分布来看，全国机场数量较多的为新疆、内蒙古、四川、云南、黑龙江、贵州和山东，它们都拥有 10 座及以上民用机场，新疆更是以 22 座的数量高居全国之首。这些省份大多位于地域辽阔的中西部，自然地理条件相对较差，城市与城市之间距离较远，气候与地质条件较差，地面交通修建难度较高又极易受阻，因此用航空来代替地面交通。其中，新疆、四川、云南等省份旅游资源极其丰富，机场的修建成为旅游业发展的必然趋势，带动了当地旅游业的发展。这 7 个省（区）中，山东是唯一一个东部省份。山东之后，全国经济最强的两大省份——广东和江苏都拥有 9 座机场，同样高居全国前列，但江苏的机场密度要高于广东，仅次于直辖市上海、北京。

我国新建的机场和支线机场正在快速发展。自 2019 年北京大兴国际机场开通以来，中国新建和扩建的机场数量不断增加，建设速度也非常快。中国民航局发布的《"十四五"民用航空发展规划》提出，到 2025 年，旅客运输量将达到 9.3 亿人次，未来 3 年进入增长期，新建扩建 140 个机场。这些新机场多数采用现代化设计和技术，设施齐全、服务优质，能够满足不断增长的航空需求。新机场的布局更加合理，既考虑到了城市规划和环保要求，也考虑到了航空运营的需要。例如，北京大兴国际机场的建设，有效缓解了首都北京的航空压力，提升了北京的国际航空枢纽地位。另外，我国的支线机场数量也在不断增加，这些机场主要服务于当地的小型城市和乡村地区，它们的建设和运营成本比较低，同时也能够提升当地的经济发展。相比之下，支线机场的航班数量和航线网络相对有限，这主要是因为这些机场的客流量较小，航空公司的投入和飞行计划都会受到影响。总的来说，我国新机场的建设和支线机场的发展都是为了满足不断增长的航空需求和促进当地经济的发展，在未来，这些机场的建设和发展将继续受到政府的重视和支持。

2.3.1.5 能源管线

过去十年间，我国大力推进了能源管线建设，形成了以天然气和原油为主的能源管线运输体系。国家能源局的数据显示，截至 2020 年底，全国天然气管道累计长度已达到 11 万千米，其中新增的天然气管道长度约为 4700 千米，新建管道主要分布在中西部地区，而在东部地区主要进行的是管道更新和技术升级，新增管道长度相对较少。我国能源管线分布具有以下特征：一是天然气管线布局广泛。我国的天然气管线主要集中在东部沿海地区和北方地区，涵盖了主要城市和工业区。其中，西气东输管道是我国最长的天然气管道，从新疆西部到达上海和广东，贯穿全国。此外，中俄东线天然气管道也已建成，将俄罗斯天然气输送至我国东北地区。二是原油管道主要分布在东北和华北地区。我国的原油管道主要从外海港口进口，运输到东北和华北地区的炼油厂和储油设施。此外，我国还建有中缅原油管道，将缅甸原油输送至云南和广西地区。三是能源管线建设逐渐向西部和南部地区延伸。近年来，我国能源管线建设逐渐延伸，以满足当地的能源需求。例如，我国已建成南方天然气管道，将天然气输送至广西、广东、福建等省份，同时还在建设中缅天然气管道，将缅甸天然气输送至云南。

总体而言，我国能源管线的分布主要以天然气为主，东部沿海地区和北方地区是主要管线布局区域，而近年来，西部和南部地区管线建设也在逐步推进。这些管线的建设和运营，一方面将实现我国地区气源供应多元化，增强资源供应基础；另一方面，新建管线通过与已有管线相互连接，将有利于形成区域性联网供气的格局，实现更大范围的资源优化配置，为我国能源安全和经济发展作出重要贡献。

2.3.2　交通发展与国土资源利用

我国交通条件的变化经历了从改革开放初期以自行车为主要交通工具，到 20 世纪 90 年代以公共汽电车为主的发展。在 21 世纪初，我国提出了公共交通优先发展的战略，城市交通进入了统筹协调、综合发展的新阶段。现今，我国交通条件发生了翻天覆地的变化，高铁的普及开辟了新的交通模式，改变了传统铁路低效的局面，人民出行效率有了质的飞跃。与此同时，城市公共交通客运量从改革开放初期仅有的 132 亿人次增至 2020 年的 872 亿人次。近年来，城市公共汽电车车辆数与运营里程持续增长，轨道交通高速发展，传统出租汽车数量稳中略降，互联网出行新业态涌现。具体来说，近十年我国交通条件主要变化如下：

多层次铁路网基本形成。截至 2020 年底，全国铁路运营营业总里程规模居世界第二，其中高速铁路位居世界第一。以高速铁路为骨架、以城际铁路为补充的快速客运网络初步建成，横跨东西、纵贯南北的大能力通道逐步形成，物流设施同步完善，逐步实现了货物运输直达化、快捷化、重载化。铁路建设在一定程度上改变了沿线区域的土地利用方式，铁路枢纽和车站周边的商业、旅游、服务等行业快速发展，形成了新的城市景观和功能。

广覆盖公路网基本建立。国省干线公路网络不断完善，连接了全国县级及以上行政区，县道、乡道通达 99% 以上的乡镇和建制村。路网技术结构的不断优化，公路基础设施的快速发展，大幅提高了公路通行能力和运输效率，促进了经济社会持续健康发展。公路的建设发展促进了城市化和工业化进程，改变了区域经济和社会结构，同时也提高了物流效率和生产力水平。

干支衔接水运网初步形成。截至 2020 年底，全国港口拥有生产性码头泊位 2.21 万个，其中万吨级及以上泊位 2592 个，煤炭、原油、金属矿石、集装箱等专业化泊位达 1371 个，港口大型化、深水化、专业化、自动化水平进一步提升。长江、西江、京杭运河等航道通航条件不断改善，初步建成了以“两横一纵两网十八线”为主体的内河航道体系。

民用机场体系基本成形。基本形成了以北京、上海、广州等国际枢纽机场为中心，省会城市和重点城市区域枢纽机场为骨干，以及其他干、支线机场相互配合的格局。空管设施建设不断加强，2020 年保障飞机起降达到 754 万架次。通用机场加快发展，机场轨道交通和机场快速通道加快建设，机场与其他交通运输方式的衔接更加紧密，吸引了更多外来投资和人才，推动了当地服务业和旅游业的发展，形成了新的城市和产业空间布局。

交通的发展与国土资源利用相互作用、相互影响。土地是城市社会经济活动的载体，各种性质的土地利用在空间上的分离形成了交通流，各类用地之间的交通流构成了复杂的城市交通网络。一方面，国土资源利用是产生城市交通的源泉，决定了城市交通的发生、吸引与方式选择，从宏观上规定了城市交通需求及其结构模式。国土资源利用情况的改变也会对交通系统提出新的需求，使其不断完善，引起交通设施、出行方式结构和交通密度特征的改变。另一方面，交通改变了城市 /（地区）的可达性，而可达性对土地利用的属性、结构、形态、强度和布局具有决定性作用。无论是交通条件还是国土资源利用的某个环节发生变化，二者都要随之进行新的调整和改变，最终实现交通条件与国土资源利用相互协调，共同促进社会和谐进步。

城市道路交通基础设施的建设需要占用大量土地，对城市道路交通用地进行合理规划，提高城市道路交通用地的集约化程度，对国土资源开发利用具有重要意义。东部一些发达地区，已经逐步形成了相对成熟的运输体系，这些地区也是率先出现交通运输建设与发展受制于土地资源的地区，例如沿海的广东、山东、浙江、江苏等省份均出现交通用地紧张的情况，导致了许多东部沿海省份的交通建设规划受阻。交通运输作为占用国土资源最多的行业之一，在今后的发展中，交通用地的短缺和对交通基础设施需求的矛盾将会越来越突出。据第三次全国国土调查资料显示，全国建设用地总量有 4090 万公顷，比第二次全国土地调查时增加 853 万公顷，增长了 26.39%，其中交通运输用地 953 万公顷，占建设用地总量的 23.33%。虽然国家在国土资源分配方面对交通建设给予了大力扶持，但根据公路、铁路等交通建设的中长期发展规划和建设用地指标来看，新增交通用地指标与交通用地需求之间还存在很大差距。

只有在使用价值与稀缺性并存的情况下，资源的市场价值才会体现出来。毫无疑问，交通用地有着十分重要的使用价值。当前，随着我国交通建设的快速发展，对国土资源的需求与国土资源的稀缺形成了鲜明的对比，交通用地的稀缺性更加显著。国土资源限制是目前乃至今后我国交通发展的主要瓶颈，必须妥善处理好交通条件变化与国土资源开发利用的关系，以最少的资源和环境成本满足经济社会对交通运输较快增长的多样化需求，从而实现未来我国交通发展的国土资源优化配置。

参考文献

傅崇辉，傅愈，伍丽群，等，2021. 中国家庭户规模结构变动及其对居民消费的影响 [J]. 人口研究，45（1）：98-113.

高春亮，魏后凯，2013. 中国城镇化趋势预测研究 [J]. 当代经济科学，35（4）：85-90，127.

侯佳伟，2021. 从七次全国人口普查看我国人口发展新特点及新趋势 [J]. 学术论坛，44（5）：1-14.

陆杰华，林嘉琪，2021. 中国人口新国情的特征、影响及应对方略——基于“七普”数据分析 [J]. 中国特色社会主义研究（3）：57-67，2.

毛蒋兴，蒋玉欣，2022.“七普”视角下我国人口结构转变与国土空间规划应对 [J]. 规划师，38（5）：5-13.

第 3 章　科学技术发展水平

国土资源是人类生存与发展的重要基础资源。然而，我国自然资源禀赋有限，国土资源消耗过快，人地矛盾日益加深，必须增强土地科技原始创新能力，激发创新主体活力，推进土地科技创新跨越式发展。新时代的科技创新使得资源数据采集更为精准化、资源监测更为智能化，推动资源共享与交换便捷化，改变了资源管理决策方式。在土地、森林和水资源等领域，科技发展提供了更多的工具和数据支持，使得管理者能够更加全面、精准地掌握所管理区域的情况，从而制定更有效的管理策略。因此，构建并完善国家土地科技创新体系、加快面向世界先进水平的土地科技创新步伐，才能破解国家国土资源安全问题。

3.1　科技进步与国土资源利用

一个国家的科技发展水平和应用程度，直接影响国土资源开发利用的广度和深度。事实证明，现代科学技术的发展可以在很大程度上提高国土资源利用效率。随着科技的不断进步，许多新技术被应用到国土资源利用和管理中，使得资源开发利用更加精细、合理。

3.1.1　科技进步与农业生产

我国耕地面积约占全球的 7%。作为一个人口众多的国家，我国需要充足的粮食来养活全球约 20% 的人口。因此，在有限的耕地上生产足够的粮食对于保障我国粮食安全、实现可持续发展至关重要。科学技术的进步大大提高了作物的产量和质量，让农业生产更加科学化、智能化，如数字农业和精准农业等，同时实现了对土地和水资源的精细利用，降低了资源浪费率。

（1）生产技术的进步提高了农业生产效率、资源利用率和劳动生产率。我国生产技术快速发展，逐步呈现系统化、自动化、智能化等特点。提高了农业生产效率和质量：为农业提供先进的信息技术支持，如大数据、云计算、物联网、智能制造等，使得农业生产过程更加智能化、自动化和数字化；通过有效地整合资源、提高生产效率，实现规模化、标准化、智能化的农业生产，提高农产品品质和安全性。推动了农业绿色发展：优化农业生产过程，减少化肥、农药的使用以及污染物的排放，降低农业对环境的污染，促进农业向绿色、可持续发展方向转型升级。

生产技术的创新提高了机械化水平和劳动生产率，加快推进农业迈向现代化。过去十年，我国农业机械化取得了显著成绩。农业农村部公布的报告显示，2010 年我国主要农作物耕种收综合机械化率为 53.4%，而 2020 年则突破至 70.0%。过去十年里，我国农业机械化经历了从快速发展到稳定发展的飞跃，完成了环节机械化向全程全面高效机械化的转型升级。在农业装备研发环节，我国同国际先进水平差距逐渐缩小，农机工业制造能力与产品在国际上的竞争力得到显著提高，农业生产进入了机械化主导的新阶段。随着人工智能技术的发展，农机智能化成为新的发展特点。随着北斗应用的加快推进，自动驾驶拖拉机、无人插秧机、无人地面植保机、无人联合收割机等智能化设备得到了广泛应用。与此同时，我国农机装备制造迈入大国行列，农机制造能力和水平不断提高，突破了日韩垄断的高速插秧机制造技术，改变了采棉机主要依赖进口的被动局面，实现并加快应用高速移栽蔬菜钵苗、精准饲喂畜禽、智能化养殖等技术，农机研发规模居世界第一。

农业自动化、智能化设备的出现，包括农业无人车、农业无人机、智能节水灌溉等设备的推广应用，提高了农业生产效率和资源利用率。农业无人车因其体积较小，可实现精准植保、高效播撒、智能割草、农资运输、防疫消杀等多种操作。农业无人机可以搭配大容量智能药肥箱，通过空中避障、地形探测等操作，精准高效地完成施肥、除虫等多项农事活动。现代农业生产工具的应用不仅降低了人力依赖度，还使农业走向精准化。以农业无人机为例，依据设定好的航线进行精准化作业，不仅降低了漏耕与漏种比例，提高了土地利用率，减少了资源浪费，还可全天候连续作业，提高了农业机械效率。亿欧智库的数据显示，仅2019年我国通过农业无人机精准作业使农药使用量减少了20%，农药利用率提高了30%。此外，智能节水灌溉技术的推广和应用，也大大提高了农业生态效率。与传统农业灌溉相比，高效智能节水灌溉技术实现了水资源、土地资源和劳动力等要素结构的有效配置，有利于节水、节肥、省时和省工，而且可在一定程度上减少土壤养分流失，防止农药挥发，抑制病虫害，有利于降低农业生产的环境成本。

（2）生物技术的进步提高了土地产出率。生物技术是通过利用动植物的特定基因，实现在更少的土地上种植更多的作物，尤其是可以在环境恶劣的土地上生产作物。当前，我国耕地后备资源不断减少，开发利用耕地后备资源的重要性凸显。随着生物技术的进步，我国在植物遗传改良中的应用现状主要包括抗逆作物育种、品质改良育种和固氮育种等。其中，培育具有抗盐碱特性的农作物，通过秸秆还田提高土壤有机质来改良盐碱土，是保障我国粮食安全非常经济有效且可持续的手段。央视网的数据显示，目前我国约1000万公顷盐碱地具有开发利用的潜力。我国改良盐碱地的主要方法包括大水洗碱的盐碱地种稻方法和施用脱硫石膏等化学物料的化学改良方法，以及埋设暗管等工程措施和大量施用有机肥等改良方法。但这些改良方法成本高、投放物料量大、改良效果不佳。而生物技术的进步（比如育种技术）可以在一定程度上实现盐碱地资源的可持续以及规模化的开发利用，同时还可以减少农药的使用。中国科学报公布的资料显示，我国从2010年秋开始通过杂交、选育、提纯、复壮等工作研发抗盐碱玉米新品种，经由海南岛的南繁基地以及黑龙江大庆、泰康、双城等地历时7年培育，已初步培育出几十余种适合不同积温带的种质材料，而且大部分都表现出了较强的抗盐碱能力（戴扬，2022）。我国还配套研发出适用于盐碱地改良的专用肥剂，使用盐碱地专用肥并结合抗盐碱玉米种植，不仅有效改良了大规模的盐碱地，还具备成本低、环境友好等优势，使得辽阔的低产土地发挥出了极大的开发利用价值（钟伟 等，2022）。此外，耐盐碱的"海水稻"品种也已从科研试验阶段发展到产业化、规模化推广。截至2021年底，全国"海水稻"种植面积达到6万公顷，覆盖全国四大类典型盐碱地。

（3）绿色高效技术模式推动农业向绿色、可持续发展方向转型升级。我国加快推广应用化肥农药减量增效的绿色高效技术模式，如测土配方施肥、水肥一体化、机械深施、有机肥替代等节肥技术，以及生态调控、物理防治、生物防治和精准施药等节药技术，有效提高农业生产的效率和质量，降低生产成本。农业农村部公布的数据显示，2020年我国水稻、小麦、玉米三大粮食作物化肥利用率为40.2%，比2015年提高5个百分点；农药利用率达到40.6%，比2015年提高4个百分点。此外，我国还开展了绿色技术创新和示范推广。比如，通过果菜茶有机肥替代化肥、测土配方施肥、病虫害统防统治、稻渔综合种养等绿色技术和模式，着重提升农业绿色发展的质量效益和竞争力。依托绿色高效技术，我国逐渐形成现代农业绿色发展模式。

现代科学技术的进步提高了我国农业土地资源利用效率、维持了生态系统动态平衡。未来，我国仍应继续加强对该类技术的研究，促进技术进步和创新，使其更好地应用于农业种植，充分利用耕地资源，提高产品质量，实现我国农业可持续发展。

3.1.2 科技进步与建设用地利用

现代城市建设需要大量的信息和通信技术支持，这些技术可以帮助城市规划更加科学、合理，从而实现城市内部国土资源的精细化利用。

在交通运输领域，科学技术进步可以提高交通用地的利用效率。例如，在智慧交通系统中，通过传感器、监控设备和大数据分析等技术，可以实时监控路况、交通拥堵情况，为驾车者提供更加精准的导航指引，降低交通事故发生率，并提高道路通行效率。科学技术的创新，也有助于降低交通运输领域的能耗和污染；科学技术的进步也推动了交通运输领域的创新发展，例如，超级高铁、无人驾驶汽车等交通技术的应用，将会在未来改变人们的出行方式，并对城市规划和资源配置带来深远影响。

在房地产领域，科学技术进步可以提供更加精细化、先进的土地开发和规划方案，如通过地理信息系统（GIS）技术分析城市土地类型、用途和利用效率等信息，制定出更科学合理的城市土地利用规划。同时，传感器、物联网、人工智能等新型技术的应用，可以实现对土地资源更为精确、即时地监测和管理。此外，借助数据分析和智能算法，可以实现房屋供需匹配及房价合理评估，降低房地产资源的浪费，从而促进城市用地的高效利用。

3.1.3 科技进步与能源装备

科学技术进步推动了绿色能源的发展。绿色能源主要指利用可再生资源，如太阳能、风能、水能等，进行发电或生产热能的能源，相比传统化石能源，具有零排放、可持续等优势。使用绿色能源可以减少化石燃料的消耗，降低碳排放，减缓气候变化的影响。与此同时，在自动化控制技术和设备的普及下，能源利用率又得到进一步提升。

过去十年，我国坚持开发利用绿色能源，绿色已成为经济迈向高质量发展最亮丽的底色。国家能源局发布的数据显示，到 2010 年底我国绿色能源开发利用规模为 3.0 亿吨标准煤；到 2020 年底，我国绿色能源开发利用规模高达 6.8 亿吨标准煤，相当于替代煤炭近 10.0 亿吨，也相当于减少了二氧化碳排放量约 17.9 亿吨。国际能源署发布的 2020 年可再生能源报告显示，截至 2020 年底，我国可再生能源累计装机容量达 9.34 亿千瓦，占全球可再生能源总装机规模的 1/3，而在 2010 年我国可再生能源累计装机容量仅为 2.50 亿千瓦。尤其是我国风电、光伏占全球风电、光伏新增装机容量的一半以上，成为全球可再生能源发展的中坚力量。

绿色能源正潜移默化地影响我国国土资源利用。《中国能源发展报告—2020》显示，2010—2019 年底我国累计新增和改造建设的新能源用地面积达到 111.3 万公顷。以西北地区为例，将光伏设备植入沙漠，延伸出光、林、草、牧等多种业态，在沙漠上为国家和地方创造了财富，促进了经济发展。同时，沙漠地区的恶劣环境也得到了有效治理，光伏发电不仅发展了零碳能源，创造了较高的经济效益，还逐渐把沙漠转化为绿洲（陈阿江 等，2022）。当前，光伏发展的社会环境已发生翻天覆地的变化。光伏发电布局持续优化，新增装机向东中部转移明显，产品结构持续优化，高效组件比例明显提高。国家能源局发布的 2020 年全国电力工业统计数据显示，2020 年底我国光伏发电累计装机容量达到了 2.53 亿千瓦。

光伏发电提升了资源利用率，提高了生产效率，推动了农业绿色发展。以我国西北地区农业发展为例，干旱缺水是限制该区域农业发展的主要因素。根据自然条件因地制宜开发太阳能提水灌溉系统，为农业生产灌溉注入了清洁、绿色的能源动力。目前，光伏产业也逐渐应用于光伏大棚、太阳能杀虫灯和光伏植物生长灯等生产环节。光伏产业作为一种新型、有效、保护生态环境和高效率利用能源的综合生产模式，结合物联网技术，极大推动了农业生产自动化的进步。以光伏大棚为例，生产自动化操作系统主要有光伏供电系统、微机处理中心以及无线网络等。自动化光伏农业基于绿色无害的光伏技术，结合新兴物联网监测与处理技术，不仅能够改善农业生产环境，还对农作物生长的实时数据进行了精准化把控。在我国碳达峰、碳中和目标的要求下，太阳能光伏技术在农业产业中的推广应用将会极大提高我国土地利用效率，实现绿色可持续发展（谢婉钰　等，2022）。

然而，绿色能源用地的扩张也会对国土资源利用产生一定的负面影响。以光伏、风力发电为例，由于光伏板和风力涡轮机的间距有要求，绿色能源占用的土地可能会破坏动植物的栖息地、导致生态景观碎片化，从而对生物多样性和生态系统服务产生负面影响。因此，在推动绿色能源发展时，需要全面考虑各种因素，充分利用好国土资源，确保经济、社会和生态效益的协调统一。

3.2　科技进步与国土资源管理

过去十年间，科技进步对国土资源管理产生了深远的影响。各种新技术的引入和应用，特别是遥感技术、人工智能、大数据和无人机技术等，为国土资源管理提供了更加精确的数据支持和决策依据。这些技术可以从全局和细节两个角度，来监测、分析和评估土地利用变化、资源分布情况、环境污染、生态状况等。科技手段的应用，可以更好地优化土地资源配置，制定合理的环境保护政策和土地利用规划，促进可持续发展。同时，这些技术的不断更新和升级，也为国土资源管理提供了更广阔的发展空间和技术支撑，使之成为国土资源管理领域不可或缺的重要组成部分。

3.2.1　科技进步与国土资源监测

国土资源监测为了掌握国土资源变化情况，实现调查数据的持续更新。科技进步对国土资源监测产生了深远的影响，主要表现在以下几个方面：

（1）科技进步促进了国土资源监测技术进步。例如，卫星遥感、无人机、航空摄影等技术，可以实现对大范围区域的高精度监测和图像获取；激光雷达、地球物理探测、遥感成像等技术，可以实现对地下资源的非接触式探测和分析。自 2012 年起，国产卫星数据全面应用于我国国土（土地）调查、林地变更调查、森林资源清查、湿地调查和荒漠化监测，而且主要数据已实现年度更新。过去十年，我国陆地遥感卫星实现了从寿命短到续航长、从平面到立体、从两米分辨率到亚米分辨率这三个方面的重要突破，同时实现了从可见光到高光谱、激光、雷达、热红外等多传感器的跨越，已经形成一套较完整的型谱。截至 2019 年，我国基本建成了多传感器、多分辨率、多尺度稳定运行的陆地遥感卫星观测网。就空间分辨率而言，我国陆地观测卫星实现了高、中、低分辨率全覆盖，最高分辨率为 0.5 米。就时间分辨率而言，我国现有亚米级高分辨率卫星（5 颗）可对全球范围内任意区域每天观测 2 次，高分四号卫星则能够每天实时观测我国及周边地区。另外，数字地形模型技术可以实现对地表特征的高精度建模和分析；遥感图像去噪、辐射校正等技术可以消除图像干扰和误差，提高监测数据的精度和可靠性。截至2019年底，我国自然资源主管部门全面采用优于1米分辨率的卫星遥感影像，完成了第三次全国国土调查。

（2）科技进步促进了国土资源监测日益全面。在遥感卫星技术的支持下，我国完成了基础测绘数据更新，包括全国1∶25万和1∶5万地形图更新。在国土利用动态遥感监测方面，我国实现了土地利用状况快速宏观监测，完成了全国范围1∶10万和1∶5万土地利用图。在城市遥感应用方面，通过高分辨率卫星遥感技术观测，可以动态跟踪城市扩张、对违章建筑和设施动态监测等，进行实时掌握和管理。在农业遥感应用方面，通过多光谱卫星遥感技术对农作物进行分类、监测农作物长势、统计播种面积、监测非法作物等，依据监测结果还可以进行全国农业区划数据库遥感制图。在水资源调查方面，可以动态监测水域面积变化、统计水量变化、对水系及地表水体的分布范围进行动态分析等。在生态环境领域，卫星遥感可以对水资源、森林资源、草地资源等进行动态遥感监测。在重大灾害方面，卫星遥感可以动态监测洪涝灾害、评估预警和火灾、调查监测矿山环境和地质灾害等。

（3）科技进步促进了海量国土资源数据的处理和分析能力提升。高性能计算机和云计算等技术的应用大幅提升了数据分析和处理速度。采用云计算技术开发的"智慧城市"系统可以实时监控城市交通流量、污染物排放等数据，并对城市的交通和环境状况进行预测和优化；四川的"数字地震"系统通过云计算技术实现了地震监测、分析和预警等功能；山东的"数字海洋"系统通过云计算技术实现了对海洋生态环境、渔业资源等数据的实时监测和分析。云计算、大数据分析等技术可以对大规模数据进行有效处理，提取出有价值的信息；机器学习、人工智能等技术可以对数据进行自动分类和预测，提高数据处理效率和准确性。

（4）科技进步促进了海量数据应用。随着互联网、物联网和大数据技术的快速发展，人们可以采集、存储和处理更多的数据，这为国土资源数据的应用提供了更加全面、准确和实时的数据基础。利用大规模数据存储和分析技术，可以集成多源数据进行综合分析和提供决策支持；利用虚拟现实技术、人机交互技术等手段，可以实现对国土资源数据的可视化显示和交互式操作。

总之，科技进步对国土资源监测产生了深远的影响，使得监测手段更加先进，监测范围更加全面，提高了监测精度和可靠性，促进了数据处理和应用的创新和发展，加速推动国土资源监测走向全面、系统和一体化。未来，科技将继续在国土资源监测领域发挥重要作用，为国土资源管理和保护注入新的活力和动力。

3.2.2　科技进步与国土资源配置

国土资源配置是指合理安排和分配国土资源的行为，科技进步对国土资源配置产生了深远的影响，主要表现在以下几个方面：

（1）科技进步使得对资源的数字化管理成为可能。科技进步实现了数字化管理，数字化管理可以将数据自动化处理，有效提高管理效率并降低管理成本，使得管理流程更加规范化、透明化和便捷化，有助于减少管理中的人为失误和纠错成本。例如，利用物联网技术可以通过传感器等设备实时采集环境、土壤、水质等数据，避免了传统手工采集方式的不足之处，采集到的数据可以直接被保存在云端数据库中，并进行统计和分析，从而更加全面、准确地了解资源状况，同时传感器、执行器等设备还可以自动控制资源的使用和管理，使得资源管理更加智能和高效。

（2）科技进步为实现资源信息的共享提供了技术基础。利用互联网、区块链等技术可以实现资源信息的共享和交互，提高资源配置的透明度和公正性；利用人工智能、机器学习等技术可以实现对资源需求和供给的智能分析和匹配，提高资源配置的效率和精度。以陆地卫星数据产品共享服务为例，我国基本实现自然资源部内国土、测绘、海洋、地矿、林草数据影像贯通，推进31个省（区、市）和新疆生产建设兵团的自然资源省级卫星应用技术中心建设。《自然资源部卫星遥感应用报告（2020年）》显示，2020年全年累计向2000个用户推送数据，陆地卫星数据推送超过173万余景，海洋卫星数据推送超过274万余个，数据量达到1.6 PB。

（3）科技进步可以为国土资源管理提供科学的决策支持。借助大数据分析、人工智能等技术，可以通过对海量数据的分析和建模实现对资源需求和供给的智能预测和优化，为决策提供科学依据。例如，通过机器学习算法对历史数据进行分析，可以预测土地利用变化趋势并制定更合理的土地利用政策。同时，虚拟现实（VR）、数字孪生等技术也可以帮助决策者更加直观地了解和模拟资源配置情况，从而制定更加科学的决策方案。例如，虚拟现实技术可以将地形数据转换成立体模型呈现在VR环境中，使得管理者能够更直观地了解地形特征、水流走向、山势分布等信息，有助于制定更合理的土地规划和资源利用方案。

总之，科技进步有效提高了国土资源配置，推动实现了资源数字化管理和共享交换，为决策提供了科学支持。未来，随着科技的不断发展，将会有更多新技术应用于国土资源管理领域，为促进国土资源的合理开发和利用注入新的动力和活力。

参考文献

陈阿江，李万伟，马超群，2022. 寓治于产：双碳背景下的沙漠开发与治理 [J]. 云南社会科学，250（6）：157-167.
戴扬，2022. 高标准建设国家南繁科研育种基地开创南繁种业技术 CRO 服务模式发展 [J]. 今日海南，286（5）：59-61.
谢婉钰，赵迪斐，杨绍金，2022. 传统农业与新能源融合催生绿色发展新模式 [J]. 能源研究与利用，203（1）：37-41.
钟伟，张国峰，梁颖超，等，2022. 一种苏打盐碱地种植专用肥的研究 [J]. 当代化工，51（3）：740-743.

第二篇

基础篇

土地，是生存之本，发展之源。全面查清土地资源的现状，对贯彻“十分珍惜、合理利用土地和切实保护耕地”的基本国策，加强土地资源的规划、管理、保护和合理利用具有非常重要的意义。第三次全国国土调查，是国务院根据《中华人民共和国土地管理法》《土地调查条例》有关规定部署的一项重大国情国力调查，是全面查实查清国土资源的重要手段。2017 年 10 月，国务院启动第三次全国土地调查工作。2018 年自然资源部组建后，为全面支撑新时代自然资源管理、更科学有效推进生态文明建设，经国务院同意，自然资源部将“第三次全国土地调查”改为“第三次全国国土调查”。2018 年 9 月，国务院统一部署开展第三次全国国土调查（以下简称“三调”），以 2019 年 12 月 31 日为标准时点汇总数据。“三调”全面采用优于 1 米分辨率的卫星遥感影像制作调查底图，广泛应用移动互联网、云计算、无人机等新技术，创新运用“互联网 + 调查”机制，全流程严格实行质量管控，历时 3 年，21.9 万调查人员先后参与，汇集了 2.95 亿个调查图斑数据，全面查清了全国国土利用状况，取得了全面、翔实、准确的国土利用现状资料。

本篇详细介绍截至 2019 年底全国国土利用现状及分布特征，分析 2009—2019 年间全国国土利用变化总体情况，并依次从耕地、园地、林地、草地、湿地、城镇村及工矿用地、交通运输用地、水域及水利设施用地等逐地类分析各类土地数量、结构与分布，分析和探究 2009—2019 年国土利用变化特征及变化原因等。

第 4 章　国土资源利用总体状况

全面查清土地利用状况，掌握真实准确的土地基础数据是满足生态文明建设、空间规划编制、供给侧结构性改革、宏观调控、自然资源管理体制改革和统一确权登记、国土空间用途管制、国土空间生态修复、空间治理能力现代化和国土空间规划体系建设等各项工作的需要。本章主要通过概述“三调”分类，重点介绍“二调”和“三调”两次调查分类系统差异，分析全国国土利用现状及分布特征，掌握2009—2019 年间全国国土利用变化情况。

4.1　土地利用现状分类体系

土地利用现状分类是土地调查的基础。本节主要概述2017 年土地利用现状分类和第三次全国国土调查工作分类体系，比较“二调”和“三调”两次调查工作分类的差异。

4.1.1　2017 年版《土地利用现状分类》

2017 年 11 月 1 日,《土地利用现状分类》(GB/T 21010—2017)(以下简称“2017 版国标分类”)发布实施。2017 版国标分类是在《土地利用现状分类》(GB/T 21010—2007)(以下简称“2007 版国标分类”)基础上，不打破 12 个一级类的设定，对二级地类进行了细化，并对部分地类的含义进一步修改完善。两版国标分类变化主要涉及湿地分类、城市建设用地相关分类、新产业新业态相关分类以及其他土地分类含义四个方面。

（1）与湿地分类进行衔接。土地利用现状分类是全覆盖且不重不漏的分类体系。基于自然资源管理和生态文明建设需要，2017 版国标分类修订中，对土地分类二级地类进行了细化，将原“有林地”拆分为“乔木林地”“竹林地”“红树林地”和“森林沼泽”；将原“灌木林地”拆分为“灌木林地”和“灌丛沼泽”；将原“天然牧草地”拆分为“天然牧草地”和“沼泽草地”；从“采矿用地”中将“盐田”分离出来并增设为二级地类，达到能够通过统计获得湿地数据，实现了湿地在土地分类体系中的充分融入和独立完整的归类统计。

（2）与住建部门分类标准进行衔接。对土地利用现状分类中涉及城市建设用地分类内容，主要依据《城市用地分类与规划建设用地标准》(GB 50137—2011)，在 2007 版国标分类基础上，作进一步细化，但不对用地等级划分。将原“批发零售用地”细分为“零售商业用地”和“批发市场用地”；将原“住宿餐饮用地”细分为“餐饮用地”和“旅馆用地”；将原“科教用地”细分为“教育用地”和“科研用地”；将原“医卫慈善用地”细分为“医疗卫生用地”和“社会福利用地”；将原“文体娱乐用地”细分为“文化设施用地”和“体育用地”；将原“铁路用地”细分为“铁路用地”和“轨道交通用地”；将原“街巷用地”细分为“城镇村道路用地”和“交通服务场站用地”。通过对 2007 版国标分类细化，与《城市用地分类与规划建设用地标准》（GB 50137—2011）基本建立了“一对一”或“多对一”的对应关系，使城市规划用途在土地供应和登记环节，有了明确的土地分类对应，使2017版国标分类标准与《城市用地分类与规划建设用地标准》（GB 50137—2011）基本做到了衔接。

（3）针对新产业新业态用地对相关土地分类含义进行修订。对于物流业、养老业等新产业、新业态的土地分类，根据出台的相关政策和用地特点的分析，对相关土地分类含义进行了补充、细化和完善。

（4）其他修订。在适用范围、地类编码方式、地类含义完善、地类名称调整等方面进行了修改完善。将原“裸地”细分为“裸土地”和“裸岩石砾地”；增设了“橡胶园”和“娱乐用地”。根据近年来原国土资源部、原农业部印发的有关农村道路、设施农用地认定的文件要求，及通过调研了解的各方面对现有土地分类的意见，对“农村道路”“设施农用地”含义进行了补充、修改和完善。

4.1.2 第三次全国国土调查工作分类

2018年，国务院机构改革组建了自然资源部。自然资源部整合了原国土资源部、国家发展改革委、水利部、农业部、林业局等八大部委对水、草原、森林、湿地及海洋等自然资源的确权登记管理等方面的职责，明确“两统一”职责，对土地调查内容提出了新的要求。为满足山水林田湖草沙系统治理、推进“多规合一”及机构改革的要求，立足支撑生态文明建设、服务自然资源统一管理，落实最严格的耕地保护制度、最严格的节约用地制度，切实保障国家粮食安全，2018年8月20日，国务院办公厅印发《关于调整成立国务院第三次全国国土调查领导小组的通知》（国办函〔2018〕53号），同意将“第三次全国土地调查”调整为“第三次全国国土调查”，同年11月，第三次全国国土调查领导小组办公室（以下简称“全国三调办”）印发《第三次全国国土调查实施方案》，将“土地调查”调整为“国土调查”，为查清各类国土资源在空间上的分布和边界，支撑自然资源管理和生态文明建设提供“统一底图、统一底数、统一底版”。

为了适应新要求，考虑保密管理和调查精度等原因，全国三调办在2017版国标分类基础上又进一步增设、细化、合并了一些分类，形成《第三次全国国土调查工作分类》（以下简称“三调”工作分类）。“三调”工作分类统一了陆海分界、明晰了林草分类标准、细化了城镇建设用地分类，并将“湿地”列为一级地类。“三调”工作分类作为“三调”分类基础和调查依据，发挥着重要基础性作用。“三调”工作分类与2017版国标分类相比，有以下内容不同。

（1）增设地类。将2017版国标分类中“附录B 湿地归类表”中的“红树林地”“森林沼泽”“灌丛沼泽”“沼泽草地”“盐田”“沿海滩涂”“内陆滩涂”和“沼泽地”等8个二级地类一并调整为“湿地”一级地类下的二级地类，并按照各地类不重不漏的原则，相应调整了“林地”“草地”“水域”等一级地类和有关二级地类的含义；增加了可调整地类“高教用地”“广场用地”“养殖坑塘”和干渠等细化地类。调整后一级地类由原来12个增加到13个。

（2）部分地类名称调整。将一级地类“园地”地类名称调整为“种植园用地”；将“商服用地”地类名称调整为“商业服务业用地”，“工矿仓储用地”地类名称调整为“工矿用地”。将二级地类“仓储用地”地类名称调整为“物流仓储用地”，包括物流企业用于仓储、配送、转运等经营性用地，并从“工矿用地”调整到“商业服务业用地”，而工业企业自留自用的仓库占地仍归类为“工业用地”。

（3）部分地类合并和细化。基于相关管理的要求，将特殊用地的军事设施用地、使领馆用地、监教场所用地、宗教用地、殡葬用地、风景名胜设施用地二级地类进行了归并，按“特殊用地”一级地类调查；同时，对部分城镇村庄内部建设用地二级地类进行了归并，对“工业用地”进行了细化。

“三调”工作分类包括一级地类 13 个、二级地类 56 个，此外还对部分二级地类细化了三级地类，详见表 4.1。沿用“二调”土地利用现状“土地两级分类，编码统一排列”的地类编码方式，其中一级地类的编码方式不变，以两位阿拉伯数字表示；二级地类的编码方式由“二调”时的三位阿拉伯数字变成四位阿拉伯数字，其中前两位表示隶属的一级地类，后两位表示二级地类在该地类中的编码。

表 4.1　第三次全国国土调查工作分类和编码

一级地类		二级地类		含义
编码	名称	编码	名称	
00	湿地			指红树林地，天然的或人工的，永久的或间歇性的沼泽地、泥炭地，盐田，滩涂等
		0303	红树林地	沿海生长红树植物的林地
		0304	森林沼泽	以乔木森林植物为优势群落的淡水沼泽
		0306	灌丛沼泽	以灌丛植物为优势群落的淡水沼泽
		0402	沼泽草地	指以天然草本植物为主的沼泽化的低地草甸、高寒草甸
		0603	盐田	指用于生产盐的土地，包括晒盐场所、盐池及附属设施用地
		1105	沿海滩涂	指沿海大潮高潮位与低潮位之间的潮浸地带。包括海岛的沿海滩涂。不包括已利用的滩涂
		1106	内陆滩涂	指河流、湖泊常水位至洪水位间的滩地；时令湖、河洪水位以下的滩地；水库、坑塘的正常蓄水位与洪水位间的滩地。包括海岛的内陆滩地。不包括已利用的滩地
		1108	沼泽地	指经常积水或渍水，一般生长湿生植物的土地。包括草本沼泽、苔藓沼泽、内陆盐沼等。不包括森林沼泽、灌丛沼泽和沼泽草地
01	耕地			指种植农作物的土地，包括熟地，新开发、复垦、整理地、休闲地（含轮歇地、休耕地）；以种植农作物（含蔬菜）为主，间有零星果树、桑树或其他树木的土地；平均每年能保证收获一季的已垦滩地和海涂。耕地中包括南方宽度＜ 1.0 m，北方宽度＜ 2.0 m 固定的沟、渠、路和地坎（埂）；临时种植药材、草皮、花卉、苗木等的耕地，临时种植果树、茶树和林木且耕作层未破坏的耕地，以及其他临时改变用途的耕地
		0101	水田	指用于种植水稻、莲藕等水生农作物的耕地。包括实行水生、旱生农作物轮种的耕地
		0102	水浇地	指有水源保证和灌溉设施，在一般年景能正常灌溉，种植旱生农作物（含蔬菜）的耕地。包括种植蔬菜的非工厂化的大棚用地
		0103	旱地	指无灌溉设施，主要靠天然降水种植旱生农作物的耕地。包括没有灌溉设施，仅靠引洪淤灌的耕地

续表

一级地类		二级地类		含义
编码	名称	编码	名称	
02	种植园用地			指种植以采集果、叶、根、茎、汁等为主的集约经营的多年生木本和草本作物，覆盖度大于 50% 或每亩株数大于合理株数 70% 的土地。包括用于育苗的土地
		0201	果园	指种植果树的园地
		0202	茶园	指种植茶树的园地
		0203	橡胶园	指种植橡胶树的园地
		0204	其他园地	指种植桑树、可可、咖啡、油棕、胡椒、药材等其他多年生作物的园地
03	林地			指生长乔木、竹类、灌木的土地。包括迹地。不包括沿海生长红树林的土地、森林沼泽、灌丛沼泽，城镇、村庄范围内的绿化林木用地，铁路、公路征地范围内的林木，以及河流、沟渠的护堤林
		0301	乔木林地	指乔木郁闭度≥0.2 的林地。不包括森林沼泽
		0302	竹林地	指生长竹类植物，郁闭度≥0.2 的林地
		0305	灌木林地	指灌木覆盖度≥40% 的林地。不包括灌丛沼泽
		0307	其他林地	包括疏林地（树木郁闭度≥0.1、＜0.2 的林地）、未成林地、迹地、苗圃等林地
04	草地			指生长草本植物为主的土地。不包括沼泽草地
		0401	天然牧草地	指以天然草本植物为主，用于放牧或割草的草地。包括实施禁牧措施的草地。不包括沼泽草地
		0403	人工牧草地	指人工种植牧草的草地
		0404	其他草地	指树木郁闭度＜0.1，表层为土质，不用于放牧的草地
05	商业服务业用地			指主要用于商业、服务业的土地
		05 H1	商业服务业设施用地	指主要用于零售、批发、餐饮、旅馆、商务金融、娱乐及其他商服的土地
		0508	物流仓储用地	指用于物资储备、中转、配送等场所的用地。包括物流仓储设施、配送中心、转运中心等
06	工矿用地			指主要用于工业、采矿等生产的土地。不包括盐田
		0601	工业用地	指工业生产、产品加工制造、机械和设备修理，及直接为工业生产等服务的附属设施用地
		0602	采矿用地	指采矿、采石、采砂（沙）场，砖瓦窑等地面生产用地，排土（石）及尾矿堆放地。不包括盐田
07	住宅用地			指主要用于人们生活居住的房基地及其附属设施的土地
		0701	城镇住宅用地	指城镇用于生活居住的各类房屋用地及其附属设施用地，不含配套的商业服务设施等用地
		0702	农村宅基地	指农村用于生活居住的宅基地
08	公共管理与公共服务用地			指用于机关团体、新闻出版、科教文卫、公用设施等的土地
		08 H1	机关团体新闻出版用地	指用于党政机关、社会团体、群众自治组织，广播电台、电视台、电影厂、报社、杂志社、通讯社、出版社等的用地

续表

一级地类		二级地类		含义
编码	名称	编码	名称	
08	公共管理与公共服务用地	08 H2	科教文卫用地	指用于各类教育，独立的科研、勘察、研发、设计、检验检测、技术推广、环境评估与监测、科普等科研事业单位，医疗、保健、卫生、防疫、康复和急救设施，为社会提供福利和慈善服务的设施，图书、展览等公共文化活动设施，体育场馆和体育训练基地等用地及其附属设施用地
		08 H2 A	高教用地	指高等院校及其附属设施用地
		0809	公用设施用地	指用于城乡基础设施的用地。包括供水、排水、污水处理、供电、供热、供气、邮政、电信、消防、环卫、公用设施维修等用地
		0810	公园与绿地	指城镇、村庄范围内的公园、动物园、植物园、街心花园、广场和用于休憩、美化环境及防护的绿化用地
		0810 A	广场用地	指城镇、村庄范围内的广场用地
09	特殊用地			指用于军事设施、涉外、宗教、监教、殡葬、风景名胜等的土地
10	交通运输用地			指用于运输通行的地面线路、场站等的土地。包括民用机场、汽车客货运场站、港口、码头、地面运输管道和各种道路以及轨道交通用地
		1001	铁路用地	指用于铁道线路及场站的用地。包括征地范围内的路堤、路堑、道沟、桥梁、林木等用地
		1002	轨道交通用地	指用于轻轨、现代有轨电车、单轨等轨道交通用地，以及场站的用地
		1003	公路用地	指用于国道、省道、县道和乡道的用地。包括征地范围内的路堤、路堑、道沟、桥梁、汽车停靠站、林木及直接为其服务的附属用地
		1004	城镇村道路用地	指城镇、村庄范围内公用道路及行道树用地。包括快速路、主干路、次干路、支路、专用人行道和非机动车道，及其交叉口等
		1005	交通服务场站用地	指城镇、村庄范围内交通服务设施用地。包括公交枢纽及其附属设施用地、公路长途客运站、公共交通场站、公共停车场（含设有充电桩的停车场）、停车楼、教练场等用地。不包括交通指挥中心、交通队用地
		1006	农村道路	在农村范围内，南方宽度≥1.0 m、≤8.0 m，北方宽度≥2.0 m、≤8.0 m，用于村间、田间交通运输，并在国家公路网络体系之外，以服务于农村农业生产为主要用途的道路（含机耕道）
		1007	机场用地	指用于民用机场、军民合用机场的用地
		1008	港口码头用地	指用于人工修建的客运、货运、捕捞及工程、工作船舶停靠的场所及其附属建筑物的用地。不包括常水位以下部分
		1009	管道运输用地	指用于运输煤炭、矿石、石油、天然气等管道及其相应附属设施的地上部分用地
11	水域及水利设施用地			指陆地水域，沟渠、水工建筑物等用地。不包括滞洪区
		1101	河流水面	指天然形成或人工开挖河流常水位岸线之间的水面。不包括被堤坝拦截后形成的水库区段水面
		1102	湖泊水面	指天然形成的积水区常水位岸线所围成的水面
		1103	水库水面	指人工拦截汇集而成的总设计库容≥10 万 m^3 的水库正常蓄水位岸线所围成的水面

续表

<table>
<tr><th colspan="2">一级地类</th><th colspan="2">二级地类</th><th rowspan="2" colspan="3">含义</th></tr>
<tr><th>编码</th><th>名称</th><th>编码</th><th>名称</th></tr>
<tr><td rowspan="6">11</td><td rowspan="6">水域及水利设施用地</td><td rowspan="2">1104</td><td rowspan="2">坑塘水面</td><td colspan="3">指人工开挖或天然形成的蓄水量<10 万 m^3 的坑塘常水位岸线所围成的水面</td></tr>
<tr><td>1104 A</td><td>养殖坑塘</td><td>指人工开挖或天然形成的用于水产养殖的水面及相应附属设施用地</td></tr>
<tr><td rowspan="2">1107</td><td rowspan="2">沟渠</td><td colspan="3">指人工修建，南方宽度≥1.0 m、北方宽度≥2.0 m 用于引、排、灌的渠道，包括渠槽、渠堤、护路林及小型泵站</td></tr>
<tr><td>1107 A</td><td>干渠</td><td>指除农田水利用地以外的人工修建的沟渠</td></tr>
<tr><td>1109</td><td>水工建筑用地</td><td colspan="3">指人工修建的闸、坝、堤路林、水电厂房、扬水站等常水位岸线以上的建（构）筑物用地</td></tr>
<tr><td>1110</td><td>冰川及永久积雪</td><td colspan="3">指表层被冰雪常年覆盖的土地</td></tr>
<tr><td rowspan="8">12</td><td rowspan="8">其他土地</td><td></td><td></td><td colspan="3">指上述地类以外的其他类型的土地</td></tr>
<tr><td>1201</td><td>空闲地</td><td colspan="3">指城镇、村庄、工矿范围内尚未使用的土地。包括尚未确定用途的土地</td></tr>
<tr><td>1202</td><td>设施农用地</td><td colspan="3">指直接用于经营性畜禽养殖生产设施及附属设施用地；直接用于作物栽培或水产养殖等农产品生产的设施及附属设施用地；直接用于设施农业项目辅助生产的设施用地；晾晒场、粮食果品烘干设施、粮食和农资临时存放场所、大型农机具临时存放场所等规模化粮食生产所必需的配套设施用地</td></tr>
<tr><td>1203</td><td>田坎</td><td colspan="3">指梯田及梯状坡地耕地中，主要用于拦蓄水和护坡，南方宽度≥1.0 m、北方宽度≥2.0 m 的地坎</td></tr>
<tr><td>1204</td><td>盐碱地</td><td colspan="3">指表层盐碱聚集，生长天然耐盐植物的土地</td></tr>
<tr><td>1205</td><td>沙地</td><td colspan="3">指表层为沙覆盖、基本无植被的土地。不包括滩涂中的沙地</td></tr>
<tr><td>1206</td><td>裸土地</td><td colspan="3">指表层为土质，基本无植被覆盖的土地</td></tr>
<tr><td>1207</td><td>裸岩石砾地</td><td colspan="3">指表层为岩石或石砾，其覆盖面积≥70% 的土地</td></tr>
</table>

4.1.3 “三调”工作分类补充规定

为满足自然资源管理工作需要，全面掌握耕地利用状况，2019 年 4 月，全国三调办印发《国务院第三次全国国土调查领导小组办公室关于调整第三次全国国土调查有关内容与要求的补充通知》（国土调查办发〔2019〕7 号），对耕地的调查和标注要求进行了调整。将《第三次全国国土调查实施方案》（国土调查办发〔2018〕18 号）、《第三次全国国土调查技术规程》（TD/T 1055—2019）原规定调查为耕地，并标注为“临时种植园木”“临时种植林木”“临时坑塘”“观赏园艺”“速生林木”和“绿化草地”的地块，不再按耕地调查，而按实地现状调查地类。具体调整为：对原标注为“临时种植园木”“临时种植林木”和“临时坑塘”的地块，分别细化调查为“果园”“茶园”“其他园地”“乔木林地”“灌木林地”“其他林地”“坑塘水面”等地类，标注“即可恢复”属性，即清理后即可直接恢复耕种。对其他“二调”时的耕地及其后的新增耕地，而实地为园地、林地、草地及坑塘水面的，按现状调查地类，标注“工程恢复”属性，即清理后仍需要采取工程措施才能恢复耕种。

4.1.4 “二调”与“三调”两次调查工作分类差异

“二调”基于 2007 版国标分类，由于当时土地利用现状调查主比例尺为 1∶10000，一般将城乡居民点作为整个地块调查，未对城镇村等用地内部进行细化调查；“三调”以 1∶5000 为调查主比例尺，基于城乡一体化的“三调”工作分类，开展了农村土地利用现状调查和城镇村内部细化调查，因此，两次调查的工作分类系统有一定的区别。

4.1.4.1　一级地类变化

“三调”从国情出发，基于自然资源管理和生态文明建设需要，以及社会公众的一般认知，考虑湿地与林地、草地、水域等的生态功能有较大差异，综合大多数专家意见，“三调”工作分类将湿地调整为与耕地、园地、林地、草地、水域等并列的一级地类。从“二调”分类中的“林地”“草地”“水域及水利设施用地”中拆分出“红树林地”“森林沼泽”“灌丛沼泽”“沼泽草地”“沿海滩涂”“内陆滩涂”“沼泽地”“盐田”等 8 个二级地类归入“湿地”一级地类。按照各地类不重不漏的原则，相应调整了“林地”“草地”“水域及水利设施用地”等一级地类和有关二级地类的含义。

此外，将“商服用地”地类名称调整为“商业服务业用地”，将“工矿仓储用地”地类名称调整为“工矿用地”。

4.1.4.2　二级地类变化

为凸显土地利用现状分类对生态文明建设的基础支撑作用，考虑自然资源管理的需求，兼顾农业、林草、住建、交通、水利等相关部门需求，“三调”工作分类继承了 2017 年版国标分类对 2007 年版国标分类中部分二级地类的拆分。其中：

依据《湿地分类》（GB/T 24708—2009），将“有林地”拆分为“乔木林地”“竹林地”“红树林地”和“森林沼泽”，将“灌木林地”拆分为“灌木林地”和“灌丛沼泽”，将“天然牧草地”拆分为“天然牧草地”和“沼泽草地”。

依据《林地分类》（LY/T 1812—2009），将“其他园地”拆分为“橡胶园”和“其他园地”。

依据《耕地后备资源调查与评价技术规程》（TD/T 1007—2003），将“裸地”拆分为“裸土地”和“裸岩石砾地”。

依据《城市用地分类与规划建设用地标准》（GB 50137—2011），将“街巷用地”拆分为“城镇村道路用地”和“交通服务场站用地”，将铁路用地拆分为铁路用地和轨道交通用地。

为满足集约、节约评价，分类管理及落实耕地保有量目标责任制等需求，还对“科教文卫用地”“公园与绿地”“坑塘水面”“沟渠”等部分二级地类进行了细化。

两次调查工作分类差异比对详见表 4.2。

表 4.2　两次调查工作分类差异比对

“三调”工作分类				“二调”工作分类			
一级地类		二级地类		二级地类		一级地类	
编码	名称	编码	名称	编码	名称	编码	名称
00	湿地	0303	红树林地	031	有林地	03	林地
		0304	森林沼泽				
		0306	灌丛沼泽	032	灌木林地		
		0402	沼泽草地	041	天然牧草地	04	草地

续表

“三调”工作分类				“二调”工作分类			
一级地类		二级地类		二级地类		一级地类	
编码	名称	编码	名称	编码	名称	编码	名称
00	湿地	0603	盐田	201 202 203 204	城市 建制镇 村庄 采矿用地	20	城镇村及工矿用地
		1105	沿海滩涂	115	沿海滩涂	11	水域及水利设施用地
		1106	内陆滩涂	116	内陆滩涂		
		1108	沼泽地	125	沼泽地	12	其他土地
01	耕地	0101	水田	101	水田	01	耕地
		0102	水浇地	102	水浇地		
		0103	旱地	103	旱地		
02	种植园用地	0201	果园	021	果园	02	园地
		0202	茶园	022	茶园		
		0203	橡胶园	023	其他园地		
		0204	其他园地				
03	林地	0301	乔木林地	031	有林地	03	林地
		0302	竹林地				
		0305	灌木林地	032	灌木林地		
		0307	其他林地	033	其他林地		
04	草地	0401	天然牧草地	041	天然牧草地	04	草地
		0403	人工牧草地	042	人工牧草地		
		0404	其他草地	043	其他草地		
05	商业服务业用地	05 H1	商业服务业设施用地	201 202 203 204 205	城市 建制镇 村庄 采矿用地 风景名胜及特殊用地	20	城镇村及工矿用地
		508	物流仓储用地				
06	工矿用地	601	工业用地				
		602	采矿用地				
07	住宅用地	701	城镇住宅用地				
		702	农村宅基地				
08	公共管理与公共服务用地	08 H1	机关团体新闻出版用地				
		08 H2	科教文卫用地				
		809	公用设施用地				
		810	公园与绿地				
09	特殊用地						

续表

<table>
<tr><th colspan="4">“三调”工作分类</th><th colspan="4">“二调”工作分类</th></tr>
<tr><th colspan="2">一级地类</th><th colspan="2">二级地类</th><th colspan="2">二级地类</th><th colspan="2">一级地类</th></tr>
<tr><th>编码</th><th>名称</th><th>编码</th><th>名称</th><th>编码</th><th>名称</th><th>编码</th><th>名称</th></tr>
<tr><td rowspan="9">10</td><td rowspan="9">交通运输用地</td><td>1001</td><td>铁路用地</td><td rowspan="2">101</td><td rowspan="2">铁路用地</td><td rowspan="3">10</td><td rowspan="3">交通运输用地</td></tr>
<tr><td>1002</td><td>轨道交通用地</td></tr>
<tr><td>1003</td><td>公路用地</td><td>102</td><td>公路用地</td></tr>
<tr><td>1004</td><td>城镇村道路用地</td><td rowspan="2">201
202
203</td><td rowspan="2">城市
建制镇
村庄</td><td rowspan="2">20</td><td rowspan="2">城镇村及工矿用地</td></tr>
<tr><td>1005</td><td>交通服务场站用地</td></tr>
<tr><td>1006</td><td>农村道路</td><td>104</td><td>农村道路</td><td rowspan="4">10</td><td rowspan="4">交通运输用地</td></tr>
<tr><td>1007</td><td>机场用地</td><td>105</td><td>机场用地</td></tr>
<tr><td>1008</td><td>港口码头用地</td><td>106</td><td>港口码头用地</td></tr>
<tr><td>1009</td><td>管道运输用地</td><td>107</td><td>管道运输用地</td></tr>
<tr><td rowspan="7">11</td><td rowspan="7">水域及水利设施用地</td><td>1101</td><td>河流水面</td><td>101</td><td>河流水面</td><td rowspan="7">11</td><td rowspan="7">水域及水利设施用地</td></tr>
<tr><td>1102</td><td>湖泊水面</td><td>102</td><td>湖泊水面</td></tr>
<tr><td>1103</td><td>水库水面</td><td>103</td><td>水库水面</td></tr>
<tr><td>1104</td><td>坑塘水面</td><td>104</td><td>坑塘水面</td></tr>
<tr><td>1107</td><td>沟渠</td><td>107</td><td>沟渠</td></tr>
<tr><td>1109</td><td>水工建筑用地</td><td>108</td><td>水工建筑用地</td></tr>
<tr><td>1110</td><td>冰川及永久积雪</td><td>109</td><td>冰川及永久积雪</td></tr>
<tr><td rowspan="7">12</td><td rowspan="7">其他土地</td><td>1201</td><td>空闲地</td><td>201
202
203
204</td><td>城市
建制镇
村庄
采矿用地</td><td>20</td><td>城镇村及工矿用地</td></tr>
<tr><td>1202</td><td>设施农用地</td><td>122</td><td>设施农用地</td><td rowspan="6">12</td><td rowspan="6">其他</td></tr>
<tr><td>1203</td><td>田坎</td><td>123</td><td>田坎</td></tr>
<tr><td>1204</td><td>盐碱地</td><td>124</td><td>盐碱地</td></tr>
<tr><td>1205</td><td>沙地</td><td>126</td><td>沙地</td></tr>
<tr><td>1206</td><td>裸土地</td><td rowspan="2">127</td><td rowspan="2">裸地</td></tr>
<tr><td>1207</td><td>裸岩石砾地</td></tr>
</table>

需要说明的是，本书中国土资源现状及变化分析未包括“其他土地”一级地类。为了与“二调”数据同口径比较，将城乡居民点内部地类进行了归并统计，对“三调”工作分类中“商业服务业用地”“工矿用地”“住宅用地”“公共管理与公共服务用地”和“特殊用地”各级类，“盐田”“城镇村道路用地”“交通服务场站用地”和“空闲地”二级地类，以及城镇村居民点范围内的其他各类用地按“城镇村及工矿用地”中的“城市”“建制镇”“村庄”“盐田及采矿用地”“特殊用地”等作为 5 个二级地类进行归并。详见表 4.3。此外，在数据汇总统计阶段，为了与“二调”数据同口径比较，保持与“第

三次全国国土调查主要数据公报”分类表述的一致性，本书中将“盐田”纳入“工矿用地”二级地类进行统计，并将“种植园用地”表述调整为“园地”表述。本书所指建设用地包括“城镇村及工矿用地”“交通运输用地（不含农村道路）”“水工建筑用地”。

表 4.3　本书中的“城镇村及工矿用地”

<table>
<tr><th colspan="2">一级</th><th colspan="2">二级</th><th colspan="3" rowspan="2">含义</th></tr>
<tr><th>编码</th><th>名称</th><th>编码</th><th>名称</th></tr>
<tr><td rowspan="9">20</td><td rowspan="9">城镇村及工矿用地</td><td></td><td></td><td colspan="3">指城乡居民点、独立居民点以及居民点以外的工矿、国防、名胜古迹等企事业单位用地。包括其内部交通、绿化用地</td></tr>
<tr><td rowspan="2">201</td><td rowspan="2">城市</td><td colspan="3">即城市居民点，指市区政府、县级市政府所在地（镇级）辖区内的，以及与城市连片的商业服务业、住宅、工业、机关、学校等用地。包括其所属的，不与其连片的开发区、新区等建成区，及城市居民点范围内的其他各类用地</td></tr>
<tr><td>201 A</td><td>城市独立工业用地</td><td>城市辖区内独立的工业用地</td></tr>
<tr><td rowspan="2">202</td><td rowspan="2">建制镇</td><td colspan="3">即建制镇居民点，指建制镇辖区内的商业服务业、住宅、工业、学校等用地。包括其所属的，不与其连片的开发区、新区等建成区，及建制镇居民点范围内的其他各类用地。不包括乡政府所在地</td></tr>
<tr><td>202 A</td><td>建制镇独立工业用地</td><td>建制镇辖区内独立的工业用地</td></tr>
<tr><td rowspan="2">203</td><td rowspan="2">村庄</td><td colspan="3">即农村居民点，指乡村所属的商业服务业、住宅、工业、学校等用地。包括农村居民点范围内的其他各类用地</td></tr>
<tr><td>203 A</td><td>村庄独立工业用地</td><td>村庄所属独立的工业用地</td></tr>
<tr><td>204</td><td>盐田及采矿用地</td><td colspan="3">指城镇村用地以外采矿、采石、采砂（沙）场，盐田、砖瓦窑等地面生产用地及尾矿堆放地</td></tr>
<tr><td>205</td><td>特殊用地</td><td colspan="3">指城镇村用地以外用于军事设施、涉外、宗教、监教、殡葬、风景名胜等的土地</td></tr>
</table>

注：对工作分类中 05、06、07、08、09 各级类，0603、1004、1005、1201 二级地类，以及城镇村居民点范围内的其他各类用地按本表进行归并。

4.2　国土资源利用现状

本节根据“三调”结果，分析国土利用现状数据及分布，并应用土地利用类型的分布密度来分析各类土地在全国的分布状况。

4.2.1　国土利用现状数量及分布

“三调”结果显示，2019 年全国耕地为 12786.19 万公顷，园地为 2017.16 万公顷，林地为 28412.59 万公顷，草地为 26453.01 万公顷，湿地为 2346.93 万公顷，城镇村及工矿用地为 3530.64 万公顷，交通运输用地为 955.31 万公顷，水域及水利设施用地为 3628.79 万公顷。“三调”全国及各省（区、市）土地利用现状一级地类、二级地类面积统计情况见表 4.4 和表 4.5。

表 4.4　全国及各省（区、市）土地利用现状一级地类面积情况　　单位：10^4 hm^2

行政辖区	耕地	园地	林地	草地	湿地	城镇村及工矿用地	交通运输用地	水域及水利设施用地
全国	12786.19	2017.16	28412.59	26453.01	2346.93	3530.64	955.31	3628.79
北京	9.35	12.63	96.76	1.45	0.31	31.36	4.93	6.17
天津	32.96	3.69	14.83	1.50	3.27	33.22	4.53	23.73
河北	603.42	100.59	642.53	194.73	14.27	210.29	40.71	57.11
山西	386.95	64.09	609.57	310.51	5.44	101.76	26.98	17.31
内蒙古	1149.65	4.72	2436.00	5417.19	380.94	149.33	79.94	106.18
辽宁	518.21	52.79	601.57	48.72	28.64	131.62	30.89	69.16
吉林	749.85	7.65	875.9	67.47	23.03	85.09	26.46	59.81
黑龙江	1719.54	6.24	2162.32	118.57	350.10	116.44	54.43	168.64
上海	16.20	1.51	8.18	1.32	7.27	28.95	3.41	19.13
江苏	408.97	23.03	78.70	9.36	41.64	209.73	36.51	250.34
浙江	129.05	76.03	609.36	6.35	16.52	114.68	24.69	70.25
安徽	554.69	37.27	409.15	4.79	4.77	175.57	30.55	172.85
福建	93.20	91.84	881.14	7.49	18.86	70.49	21.75	37.31
江西	272.16	57.24	1041.37	8.87	2.87	110.36	34.98	128.96
山东	646.19	126.24	260.53	23.52	24.62	280.65	44.64	132.54
河南	751.41	42.78	439.63	25.70	3.91	244.95	38.17	85.07
湖北	476.86	48.70	928.01	8.94	6.12	141.15	32.99	198.37
湖南	362.92	88.61	1271.71	14.05	23.61	163.03	36.48	125.85
广东	190.19	132.48	1079.25	23.85	17.89	176.38	32.74	134.23
广西	330.76	167.02	1609.52	27.62	12.72	97.99	35.23	74.90
海南	48.69	121.77	117.41	1.71	12.12	24.31	5.89	18.31
重庆	187.02	28.06	468.90	2.36	1.50	63.77	15.58	27.17
四川	522.72	120.32	2541.96	968.78	123.08	184.12	47.39	105.32
贵州	347.26	56.81	1121.01	18.83	0.71	77.25	33.10	25.54
云南	539.55	257.22	2496.90	132.29	3.98	107.37	52.64	60.85
西藏	44.21	1.19	1789.61	8006.50	430.25	16.23	16.66	593.04
陕西	293.43	121.40	1247.60	221.03	4.87	91.78	30.26	27.33
甘肃	520.95	42.86	796.28	1430.71	118.56	85.26	33.12	40.94
青海	56.42	6.23	460.36	3947.08	510.12	36.78	14.05	244.66
宁夏	119.54	9.15	95.26	203.10	2.49	29.71	9.40	16.87
新疆	703.86	107.01	1221.25	5198.60	152.45	141.00	56.19	530.85

表 4.5　全国国土利用现状一级、二级地类结构

编码	土地利用类型	面积		占一级类型比例（%）
		10^4 hm^2	万亩	
01	耕地小计	12786.19	191792.79	100.00
0101	水田	3139.20	47087.97	24.55
0102	水浇地	3211.48	48172.21	25.12
0103	旱地	6435.51	96532.61	50.33
02	园地小计	2017.16	30257.33	100.00
0201	果园	1303.13	19546.88	64.60
0202	茶园	168.47	2527.05	8.35
0203	橡胶园	151.43	2271.48	7.51
0204	其他园地	394.13	5911.93	19.54
03	林地小计	28412.59	426188.82	100.00
0301	乔木林地	19735.16	296027.43	69.46
0302	竹林地	701.97	10529.53	2.47
0305	灌木林地	5862.61	87939.19	20.63
0307	其他林地	2112.84	31692.67	7.44
04	草地小计	26453.01	396795.21	100.00
0401	天然牧草地	21317.21	319758.21	80.58
0403	人工牧草地	58.06	870.97	0.22
0404	其他草地	5077.74	76166.03	19.20
00	湿地小计	2346.93	35203.99	100.00
0303	红树林地	2.71	40.60	0.12
0304	森林沼泽	220.78	3311.75	9.41
0306	灌丛沼泽	75.51	1132.62	3.22
0402	沼泽草地	1114.41	16716.22	47.48
1105	沿海滩涂	151.23	2268.50	6.44
1106	内陆滩涂	588.61	8829.16	25.08
1108	沼泽地	193.68	2905.15	8.25
20	城镇村及工矿用地小计	3530.64	52959.53	100.00
201	城市用地	522.19	7832.78	14.79
202	建制镇用地	512.93	7693.96	14.53
203	村庄用地	2193.56	32903.46	62.13

续表

编码	土地利用类型	面积		占一级类型比例（%）
		10^4 hm^2	万亩	
204	采矿用地	244.24	3663.66	6.92
205	风景名胜及特殊用地	57.71	865.68	1.63
10	交通运输用地小计	955.31	14329.61	100.00
1001	铁路用地	56.68	850.16	5.93
1002	轨道交通用地	1.77	26.52	0.19
1003	公路用地	402.96	6044.47	42.18
1006	农村道路	476.50	7147.56	49.88
1007	机场用地	9.63	144.41	1.01
1008	港口码头用地	7.04	105.64	0.74
1009	管道运输用地	0.72	10.85	0.08
11	水域及水利设施用地小计	3628.79	54431.78	100.00
1101	河流水面	880.78	13211.75	24.27
1102	湖泊水面	846.48	12697.16	23.33
1103	水库水面	336.84	5052.55	9.28
1104	坑塘水面	641.86	9627.86	17.69
1107	沟渠	351.75	5276.27	9.69
1109	水工建筑用地	80.21	1203.19	2.21
1110	冰川及永久积雪	490.87	7362.99	13.53

4.2.2　土地利用类型的分布密度与面积比例

各类土地在全国的分布状况，可以用土地利用类型的分布密度来表示。土地利用类型分布密度，是指某省（区、市）的各类土地相对于全国该类土地的相对聚集程度，也称区位指数。通过区位指数，可以分析某类土地在省际的分布密度差异。其计算公式为

$$Q=\frac{d_i}{\sum_{i=1}^{n} d_i}\div\frac{D_i}{\sum_{i=1}^{n} D_i}$$

式中，Q 为土地利用类型分布密度（区位指数）；d_i 为省（区、市）第 i 种土地的面积；n 为土地利用类型的种类数；D_i 为全国第 i 种土地的面积。

上式可以简化为

$$Q=\frac{\text{某种土地在该省（区、市）所占比例}}{\text{某种土地在全国所占比例}}$$

如果$Q>1$，说明该类土地占该省（区、市）国土总面积的比例高于全国同类土地占全国国土调查总面积的比例，则该类土地的分布密度高于全国同类土地的密度；如果$Q<1$，说明该类土地占该省（区、市）国土总面积的比例低于全国同类土地占全国国土调查总面积的比例，则该种土地的分布密度低于全国同类土地的密度。

2019年各省（区、市）土地利用一级分类面积占全国土地利用一级分类面积的比例见表4.6。从表4.6可以看出，各类用地在各省（区、市）的分布密度存在较大差异。耕地的分布密度以河南（3.363）最高，其次是山东（3.030），以西藏（0.027）最低；园地以海南（16.297）最高，以西藏（0.005）最低；林地以福建（2.370）最高，其次是广西（2.259），以青海（0.220）最低；草地以西藏（2.387）最高，以重庆（0.010）最低；湿地以上海（3.409）最高，以贵州（0.016）最低；城镇村及工矿用地以上海（9.021）最高，以西藏（0.036）最低；交通运输用地以上海（3.933）最高，以西藏（0.137）最低；水域及水利设施用地以江苏（6.145）最高，以内蒙古（0.246）最低。

表4.6 2019年各省（区、市）土地利用类型分布密度（区位指数）

行政辖区	耕地	园地	林地	草地	湿地	城镇村及工矿用地	交通运输用地	水域及水利设施用地
全国	1	1	1	1	1	1	1	1
北京	0.423	3.617	1.968	0.032	0.077	5.133	2.981	0.982
天津	2.033	1.444	0.412	0.045	1.100	7.423	3.740	5.159
河北	2.372	2.506	1.136	0.370	0.306	2.993	2.142	0.791
山西	1.831	1.922	1.298	0.710	0.140	1.743	1.709	0.289
内蒙古	0.756	0.020	0.721	1.722	1.365	0.356	0.704	0.246
辽宁	2.584	1.668	1.350	0.117	0.778	2.377	2.062	1.215
吉林	2.908	0.188	1.528	0.126	0.486	1.195	1.373	0.817
黑龙江	2.708	0.062	1.533	0.090	3.004	0.664	1.147	0.936
上海	1.394	0.822	0.317	0.055	3.409	9.021	3.933	5.801
江苏	2.849	1.017	0.247	0.032	1.580	5.291	3.404	6.145
浙江	0.905	3.379	1.923	0.022	0.631	2.912	2.317	1.735
安徽	2.934	1.250	0.974	0.012	0.138	3.364	2.163	3.222
福建	0.557	3.480	2.370	0.022	0.614	1.526	1.740	0.786
江西	1.209	1.611	2.081	0.019	0.069	1.775	2.079	2.018
山东	3.030	3.752	0.550	0.053	0.629	4.766	2.802	2.190
河南	3.363	1.213	0.885	0.056	0.095	3.970	2.286	1.341
湖北	1.901	1.231	1.665	0.017	0.133	2.038	1.761	2.787
湖南	1.270	1.966	2.003	0.024	0.450	2.066	1.709	1.552
广东	0.784	3.463	2.003	0.048	0.402	2.634	1.807	1.950

续表

行政辖区	耕地	园地	林地	草地	湿地	城镇村及工矿用地	交通运输用地	水域及水利设施用地
广西	1.032	3.303	2.259	0.042	0.216	1.107	1.471	0.823
海南	1.028	16.297	1.116	0.017	1.394	1.859	1.666	1.362
重庆	1.683	1.601	1.899	0.010	0.074	2.079	1.877	0.862
四川	0.797	1.163	1.745	0.714	1.023	1.017	0.967	0.566
贵州	1.462	1.516	2.124	0.038	0.016	1.178	1.865	0.379
云南	1.044	3.154	2.174	0.124	0.042	0.752	1.363	0.415
西藏	0.027	0.005	0.497	2.387	1.445	0.036	0.137	1.289
陕西	1.058	2.774	2.024	0.385	0.096	1.198	1.460	0.347
甘肃	0.907	0.473	0.624	1.204	1.124	0.537	0.772	0.251
青海	0.060	0.042	0.220	2.030	2.958	0.142	0.200	0.917
宁夏	1.708	0.829	0.612	1.402	0.194	1.537	1.798	0.849
新疆	0.320	0.308	0.250	1.142	0.377	0.232	0.342	0.850

各一级地类分布密度（区位指数）分别见图 4.1—图 4.8。

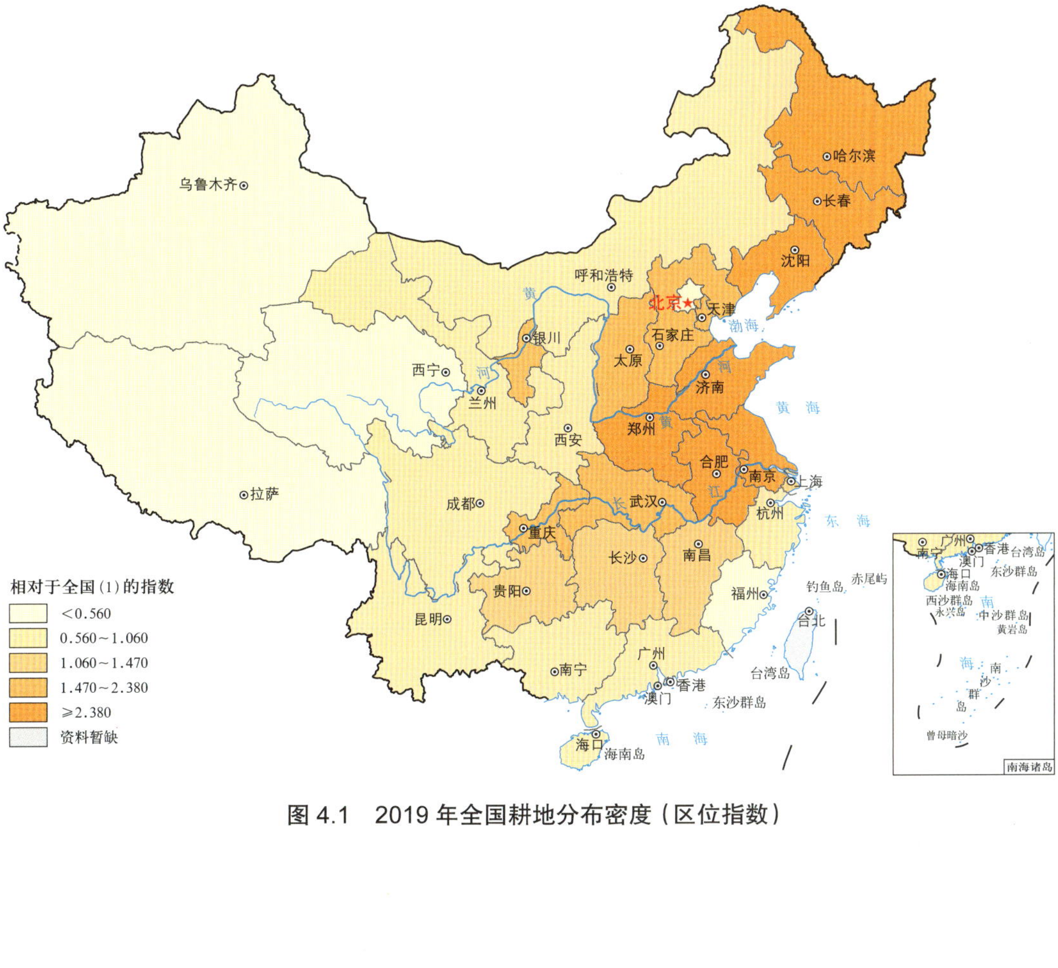

图 4.1　2019 年全国耕地分布密度（区位指数）

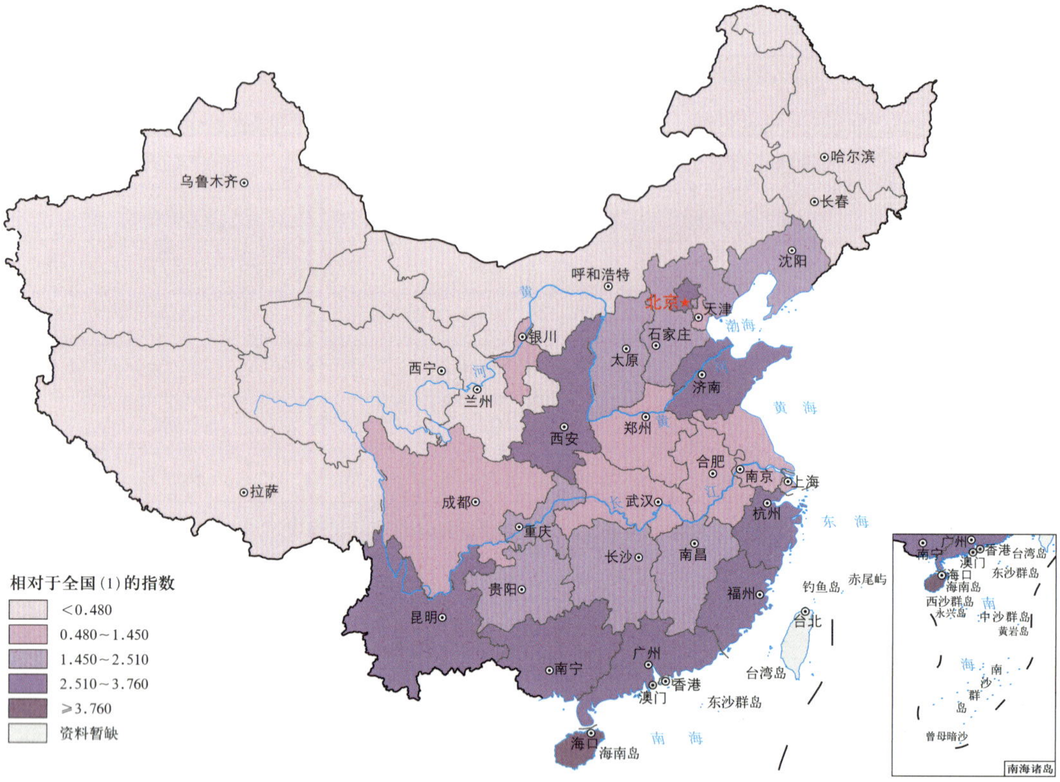

图 4.2　2019 年全国园地分布密度（区位指数）

图 4.3　2019 年全国林地分布密度（区位指数）

图 4.4　2019 年全国草地分布密度（区位指数）

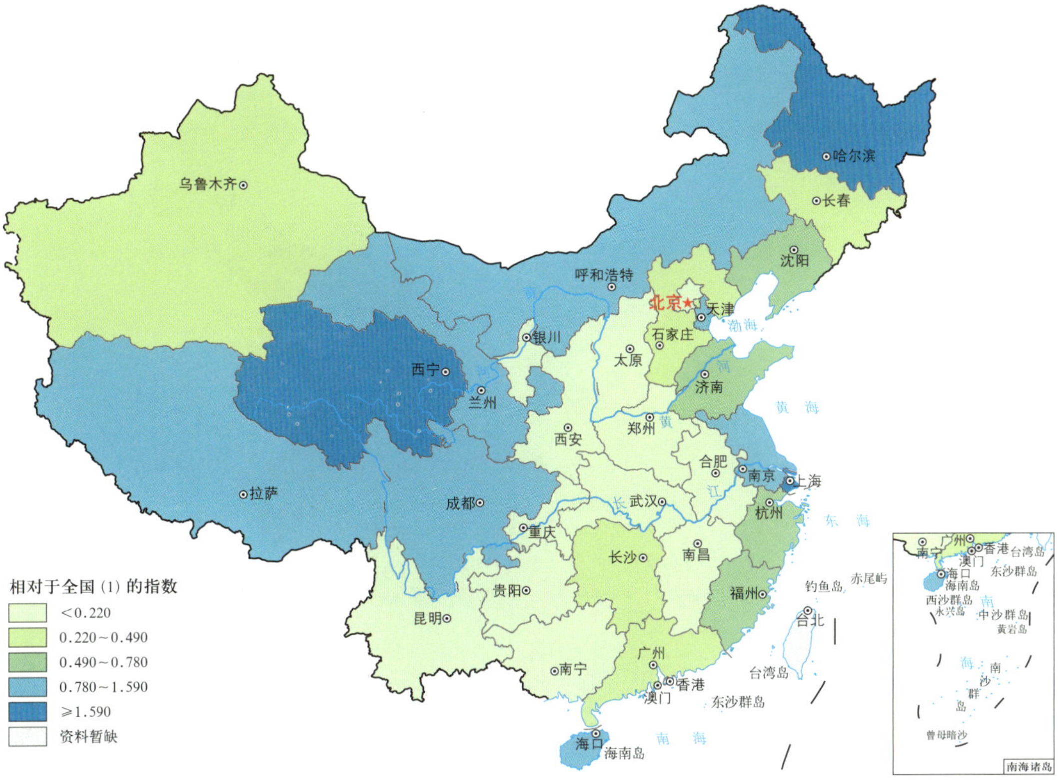

图 4.5　2019 年全国湿地分布密度（区位指数）

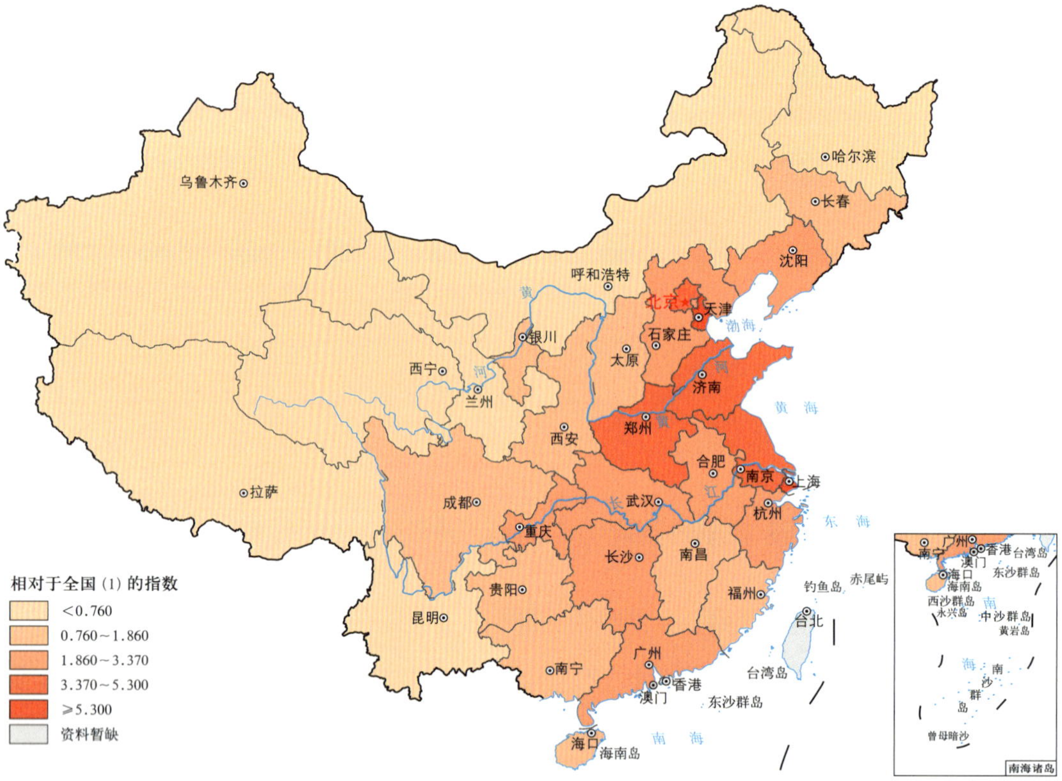

图 4.6　2019 年全国城镇村及工矿用地分布密度（区位指数）

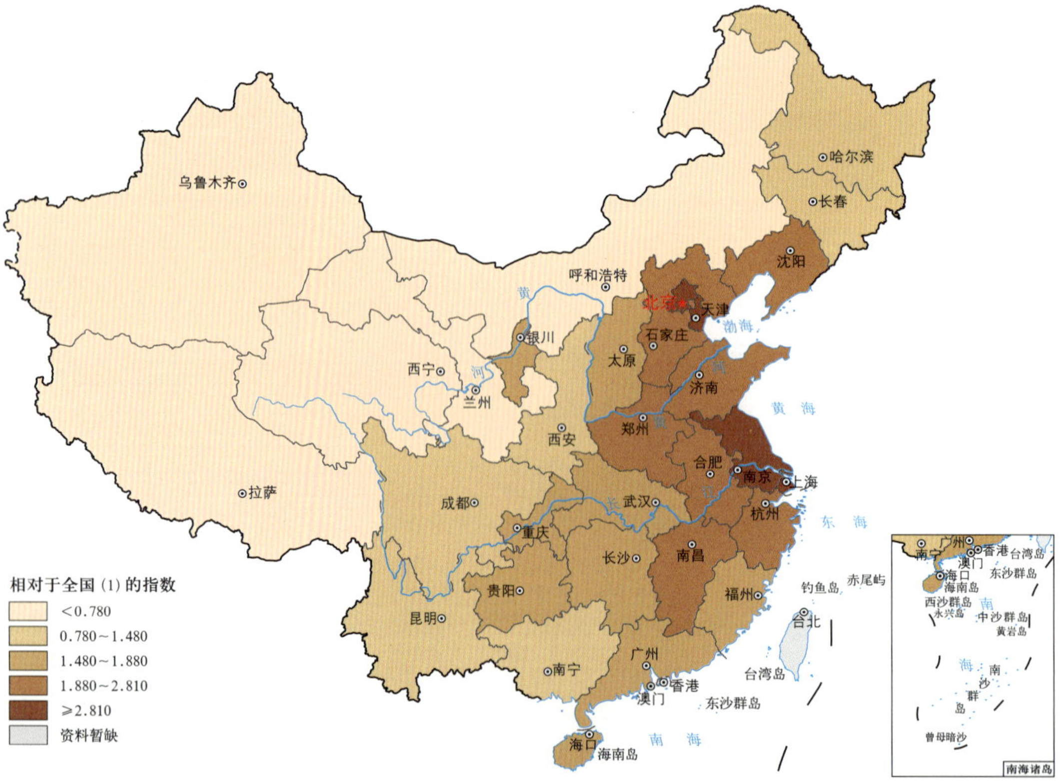

图 4.7　2019 年全国交通运输用地分布密度（区位指数）

图 4.8　2019 年全国水域及水利设施用地分布密度（区位指数）

4.3　国土资源变化特征

2009—2019 年，从数量变化看，全国耕地净减少 752.50 万公顷，减幅为 5.6%；园地净增加 535.95 万公顷，增幅为 36.2%；林地净增加 3196.82 万公顷，增幅为 12.7%；草地净减少 1527.51 万公顷，减幅为 5.5%；城镇村及工矿用地净增加 656.70 万公顷，增幅为 22.9%；交通运输用地净增加 161.30 万公顷，增幅为 20.3%；水域及水利设施用地净增加 177.31 万公顷，增幅为 5.1%。

2009—2019 年全国国土利用一级地类面积净变化情况见表 4.7。

表 4.7　2009—2019 年全国及各省（区、市）国土利用一级地类面积净变化情况　单位：10^4 hm^2

行政辖区	耕地	园地	林地	草地	城镇村及工矿用地	交通运输用地	水域及水利设施用地
全国	−752.50	535.95	3196.82	−1527.51	656.70	161.30	177.31
北京	−13.35	−1.53	22.45	−7.03	2.89	0.48	−0.07
天津	−11.76	0.53	9.17	0.08	2.65	0.50	−0.43
河北	−52.72	13.29	179.34	−85.63	35.04	1.47	−5.41

续表

行政辖区	耕地	园地	林地	草地	城镇村及工矿用地	交通运输用地	水域及水利设施用地
山西	−19.82	22.55	122.30	−101.34	18.20	2.10	2.19
内蒙古	238.55	−0.92	297.09	−393.28	27.55	27.10	1.54
辽宁	14.02	5.01	38.04	−61.05	8.61	−1.43	5.00
吉林	46.80	0.84	−7.99	−0.94	3.84	−3.93	−2.67
黑龙江	125.10	1.71	−47.84	−61.43	−0.74	−3.40	7.76
上海	−2.78	−0.29	3.12	1.16	3.37	−0.61	−3.76
江苏	−52.33	−9.04	52.30	4.94	33.98	−4.62	−3.88
浙江	−69.62	13.13	40.63	−4.03	25.78	3.42	7.31
安徽	−36.03	1.65	31.07	−3.29	20.42	−0.01	−0.25
福建	−40.98	10.32	43.20	−15.45	15.08	4.51	2.58
江西	−36.77	23.80	−0.89	−21.47	24.99	14.17	12.88
山东	−120.65	51.51	107.03	−23.90	59.21	−14.00	−0.28
河南	−67.81	19.67	88.94	−42.29	39.71	−4.73	3.96
湖北	−55.53	−1.02	61.52	−20.46	24.77	6.35	3.49
湖南	−50.59	19.90	42.43	−34.98	39.56	8.48	−6.38
广东	−63.04	−3.64	66.21	−12.10	28.71	5.62	0.34
广西	−112.30	56.74	275.23	−84.92	15.50	8.94	0.97
海南	−24.30	27.43	−3.50	−1.98	0.87	0.22	3.27
重庆	−56.83	0.30	89.73	−31.08	13.03	5.15	1.27
四川	−149.30	43.68	323.81	−199.91	41.77	16.11	9.15
贵州	−109.00	41.03	220.14	−144.30	31.85	18.23	2.20
云南	−84.84	91.85	189.99	−170.39	31.33	18.39	−1.60
西藏	−0.09	1.04	186.67	−272.48	6.96	9.89	36.10
陕西	−106.33	36.39	124.42	−67.80	20.02	6.84	2.59
甘肃	−20.09	16.62	187.50	56.26	15.48	9.48	−14.43
青海	−2.38	5.63	105.89	79.35	16.52	7.07	33.70
宁夏	−9.26	3.85	17.90	−9.33	6.92	2.50	2.61
新疆	191.53	43.93	330.92	201.55	42.82	17.00	77.57

第 5 章　耕　地

耕地是粮食生产的命根子，是中华民族永续发展的根基。近年来，随着工业化、城镇化发展，耕地面临一系列挑战。万物土中生。地之不存，粮将焉附？本章主要通过分析 2019 年“三调”耕地利用现状与分布，探究 2009—2019 年耕地变化特征，掌握耕地流出与流入状况，并分析其变化原因，从而为国家实施严格耕地保护提供基础支撑。

5.1　耕地利用现状

耕地指利用地表耕作层种植农作物为主，每年种植一季及以上（含以一年一季以上的耕种方式种植多年生作物）的土地，包括熟地，新开发、复垦、整理地，休闲地（含轮歇地、休耕地），以及间有零星果树、桑树或其他树木的耕地，包括宽度 < 1.0 米固定的沟、渠、路和地坎（埂），以及直接利用地表耕作层种植的温室、大棚、地膜等保温、保湿设施用地。耕地可细分为水田、水浇地和旱地三个土地利用二级地类型。

本节主要基于 2019 年“三调”的土地利用现状数据，对耕地利用现状进行分析，概述耕地总体数量和分布情况，并分析耕地的组成结构。

5.1.1　耕地面积、构成与分布

5.1.1.1　全国耕地的面积及构成

截至 2019 年 12 月 31 日，全国耕地总面积为 12786.19 万公顷，在全国土地一级分类中的比例居第四位。其中，水田为 3139.20 万公顷，占全国耕地总面积的 24.55%；水浇地为 3211.48 万公顷，占全国耕地总面积的 25.12%；旱地为 6435.51 万公顷，占全国耕地总面积的 50.33%。2019 年全国耕地面积结构见图 5.1。

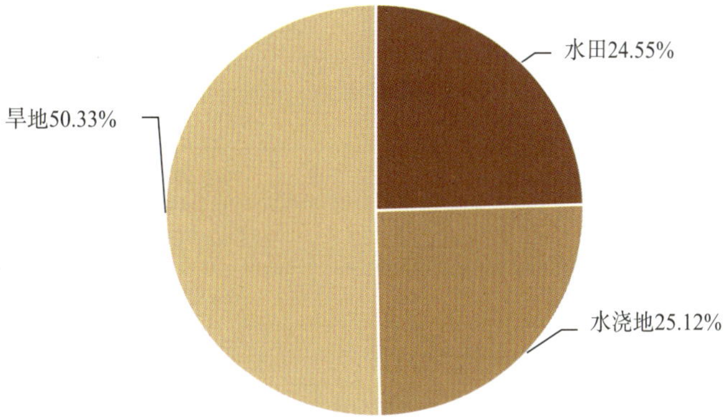

图 5.1　2019 年全国耕地结构

5.1.1.2　耕地分布情况

从各省（区、市）来看，耕地面积在1000万公顷以上的只有黑龙江和内蒙古两省份；耕地面积在500万～1000万公顷的有河北、辽宁、吉林、安徽、山东、河南、四川、云南、甘肃、新疆10个省（区）；耕地面积在100万～500万公顷的有山西、江苏、浙江、江西、湖北、湖南、广东、广西、重庆、贵州、陕西、宁夏12个省（区、市）；耕地面积小于100万公顷的有北京、天津、上海、福建、海南、西藏、青海7个省（区、市）。2019年全国各省（区、市）耕地面积统计情况见表5.1、图5.2。

表 5.1　2019 年全国及各省（区、市）耕地面积情况

行政辖区	耕地总面积（10^4 hm^2）	占全国耕地面积比例（%）	水田（10^4 hm^2）	水浇地（10^4 hm^2）	旱地（10^4 hm^2）
全国	12786.19	100.00	3139.20	3211.48	6435.51
北京	9.35	0.07	0.06	7.66	1.64
天津	32.96	0.26	6.95	25.77	0.23
河北	603.42	4.72	9.71	387.17	206.53
山西	386.95	3.03	0.50	104.78	281.67
内蒙古	1149.65	8.99	15.86	550.91	582.88
辽宁	518.21	4.05	65.01	19.50	433.71
吉林	749.85	5.86	98.19	4.04	647.62
黑龙江	1719.54	13.44	480.88	7.25	1231.42
上海	16.20	0.13	12.16	4.04	0.00
江苏	408.97	3.20	283.20	74.87	50.91
浙江	129.05	1.01	106.28	0.00	22.76
安徽	554.69	4.33	269.38	22.69	262.61
福建	93.20	0.73	79.05	3.18	10.96
江西	272.16	2.13	227.05	0.41	44.70
山东	646.19	5.05	9.48	467.42	169.28
河南	751.41	5.87	68.19	459.13	224.08
湖北	476.86	3.72	254.66	37.53	184.67
湖南	362.92	2.83	302.54	0.13	60.25
广东	190.19	1.49	137.42	16.40	36.38
广西	330.76	2.58	162.79	0.80	167.18
海南	48.69	0.38	30.95	0.39	17.36
重庆	187.02	1.46	70.40	0.12	116.49
四川	522.72	4.08	226.36	5.73	290.62

续表

行政辖区	耕地总面积（10^4 hm^2）	占全国耕地比例（%）	水田（10^4 hm^2）	水浇地（10^4 hm^2）	旱地（10^4 hm^2）
贵州	347.26	2.71	88.39	0.46	258.42
云南	539.55	4.21	99.14	17.87	422.54
西藏	44.21	0.35	0.14	31.77	12.30
陕西	293.43	2.29	12.62	84.39	196.43
甘肃	520.95	4.07	0.42	145.53	375.00
青海	56.42	0.44	0.00	17.71	38.71
宁夏	119.54	0.93	15.41	38.15	65.99
新疆	703.86	5.49	6.01	675.68	22.17

从耕地二级地类来看，全国耕地呈现以旱地为主，水田和水浇地面积大致相等，其中旱地面积约为水田、水浇地的两倍。湖北、海南、广东、浙江、江西、湖南、江苏、福建、上海、安徽 10 个省（市）水田占比高，而水浇地和旱地比重相对较小；甘肃、山西、内蒙古、陕西、宁夏、青海 6 个省（区）旱地占比高，水浇地次之，水田占比较低；西藏、北京、河北、山东、新疆、河南、天津 7 个省（区、市）水浇地占比高，旱地次之，水田占比较低；辽宁、吉林、云南、贵州、黑龙江、重庆、四川、广西 8 个省（区、市）旱地占比高，水田次之，水浇地占比低。

图 5.2　2019 年全国耕地分布情况

“三调”按照坡度≤2°、2°～6°、6°～15°、15°～25°、＞25° 五个级别对耕地坡度进行调查。全国坡度 2° 及以下的耕地占耕地总面积的 61.94%，坡度 2°～6° 的耕地占全国耕地总面积的 15.32%，坡度 6°～15° 的耕地占耕地总面积的 13.40%，坡度 15°～25° 的耕地占耕地总面积的 6.04%，坡度 25° 以上的耕地占耕地总面积的 3.30%（表 5.2）。

各省（区、市）耕地面积中，坡度 2° 及以下的耕地面积占 80% 以上的有上海、天津、新疆、江苏、安徽、北京、河北、河南和山东 9 个省（区、市）；坡度在 2°～6° 的耕地面积占 20% 以上的有内蒙古、海南、福建、湖南、江西、辽宁、西藏和广西 8 个省（区）；坡度在 6°～15° 的耕地面积占 20% 以上的有四川、重庆、贵州、青海、云南、福建、甘肃、西藏、湖南、山西和陕西 11 个省（区、市）；坡度在 15°～25° 的耕地面积占 20% 以上的有甘肃、贵州、云南和重庆 4 个省（市）；坡度 25° 以上的耕地面积占 10% 以上的有云南、重庆、贵州、陕西和山西 5 个省（市）。

表 5.2　2019 年全国及各省（区、市）耕地坡度分级面积情况　　单位：10^4 hm^2

行政辖区	耕地总面积	≤2° 耕地面积	2°～6° 耕地面积	6°～15° 耕地面积	15°～25° 耕地面积	＞25° 耕地面积
全国	12786.19	7919.03	1959.32	1712.64	772.68	422.52
北京	9.35	8.02	0.78	0.51	0.04	0.00
天津	32.96	32.86	0.05	0.04	0.00	0.00
河北	603.42	511.95	43.16	41.93	5.53	0.84
山西	386.95	179.73	41.60	83.70	37.72	44.20
内蒙古	1149.65	724.54	325.18	96.79	2.77	0.37
辽宁	518.21	323.39	118.57	71.79	4.33	0.13
吉林	749.85	549.78	117.82	76.98	5.11	0.16
黑龙江	1719.54	1302.16	335.22	78.00	4.09	0.07
上海	16.20	16.19	0.00	0.01	0.00	0.00
江苏	408.97	375.77	29.74	3.36	0.07	0.03
浙江	129.05	79.88	14.70	15.25	15.18	4.03
安徽	554.69	483.90	48.34	17.45	3.81	1.20
福建	93.20	32.39	23.12	24.51	8.78	4.40
江西	272.16	171.46	62.39	32.30	4.63	1.38
山东	646.19	533.25	66.57	42.04	4.18	0.15
河南	751.41	632.44	65.27	44.10	8.69	0.90
湖北	476.86	281.73	82.55	69.80	31.75	11.03
湖南	362.92	159.36	86.52	83.15	26.09	7.81
广东	190.19	139.46	29.76	16.80	2.69	1.48
广西	330.76	176.18	69.76	52.48	16.66	15.69

续表

行政辖区	耕地总面积	≤2° 耕地面积	2°～6° 耕地面积	6°～15° 耕地面积	15°～25° 耕地面积	＞25° 耕地面积
海南	48.69	33.28	12.11	3.07	0.21	0.02
重庆	187.02	10.14	26.65	77.03	40.17	33.03
四川	522.72	72.57	85.15	227.98	91.41	45.62
贵州	347.26	14.54	37.34	141.38	95.53	58.47
云南	539.55	60.55	63.77	167.75	146.89	100.59
西藏	44.21	17.66	9.79	10.59	4.62	1.54
陕西	293.43	108.28	39.52	59.19	40.74	45.70
甘肃	520.95	146.77	57.07	125.67	149.21	42.24
青海	56.42	18.95	9.21	18.67	8.93	0.66
宁夏	119.54	60.73	21.86	23.74	12.45	0.76
新疆	703.86	661.14	35.73	6.55	0.41	0.02

人口“七普”结果显示，我国2020年人口为140977.87万人，同年全国耕地面积为12744.86万公顷，人均耕地面积为0.09公顷（1.35亩），不足世界人均耕地面积（0.26公顷）的一半。全国人均耕地面积存在明显的区域差异，如表5.3和图5.3所示，在地域上呈现“北多南少、西多东少”的格局。其中黑龙江、内蒙古、吉林、新疆、甘肃、宁夏、辽宁、西藏、云南、山西和青海11个省（区）人均耕地均高于0.10公顷，而其他20个省（区、市）人均耕地面积不足0.10公顷。2020年全国及各省（区、市）人均耕地统计情况见表5.4、图5.3。

表 5.3　2020 年全国及各省（区、市）人均耕地情况

行政辖区	耕地面积（10^4 hm^2）	“七普”人口（万人）	人均耕地面积（hm^2）	人均耕地面积（亩）
全国	12744.86	140977.87	0.09	1.35
北京	9.36	2189.31	0.00	0.06
天津	32.85	1386.60	0.02	0.36
河北	601.13	7461.02	0.08	1.21
山西	386.17	3491.56	0.11	1.66
内蒙古	1149.83	2404.92	0.48	7.17
辽宁	516.80	4259.14	0.12	1.82
吉林	746.67	2407.35	0.31	4.65
黑龙江	1718.01	3185.01	0.54	8.09
上海	16.05	2487.09	0.01	0.10

续表

行政辖区	耕地面积（10^4 hm^2）	"七普"人口（万人）	人均耕地面积（hm^2）	人均耕地面积（亩）
江苏	407.58	8474.80	0.05	0.72
浙江	128.10	6456.76	0.02	0.30
安徽	552.02	6102.72	0.09	1.36
福建	92.66	4154.01	0.02	0.33
江西	271.18	4518.86	0.06	0.90
山东	640.95	10152.75	0.06	0.95
河南	748.86	9936.55	0.08	1.13
湖北	475.49	5775.26	0.08	1.23
湖南	362.14	6644.49	0.05	0.82
广东	189.87	12601.25	0.02	0.23
广西	328.59	5012.68	0.07	0.98
海南	48.69	1008.12	0.05	0.72
重庆	186.61	3205.42	0.06	0.87
四川	518.17	8367.49	0.06	0.93
贵州	341.50	3856.21	0.09	1.33
云南	537.83	4720.93	0.11	1.71
西藏	44.11	364.81	0.12	1.81
陕西	293.10	3952.90	0.07	1.11
甘肃	519.94	2501.98	0.21	3.12
青海	56.50	592.40	0.10	1.43
宁夏	119.83	720.27	0.17	2.50
新疆	704.23	2585.23	0.27	4.09

从不同地貌类型区县耕地分布来看（表 5.4），平原县耕地面积居首，丘陵县次之，山区县最少。山区县和丘陵县耕地以旱地为主，占比分别为 67.96% 和 58.44%，平原县耕地以水浇地为主，占平原县耕地总面积达 44.87%。

图 5.3　2020 年全国人均耕地分布情况

表 5.4　2019 年不同地貌类型县耕地情况　　单位：10^4 hm^2

地貌类型县	耕地总面积	水田	水浇地	旱地
山区县	2963.59	731.72	217.83	2014.04
丘陵县	3765.58	1039.05	525.78	2200.76
平原县	4842.33	1011.13	2172.78	1658.42

注：山区县、丘陵县、平原县名单来源于 2012 年版《中国县（市）社会经济统计年鉴》，其中丘陵县（区、市）535 个，山区县（区、市）897 个，平原县（区、市）649 个。

从不同气候区来看（表 5.5），全国耕地主要集中在中温带区、亚热带区和暖温带区，分别占全国耕地总面积的 36.44%、34.15% 和 26.94%。中温带区主要为旱地，占比为 62.24%；亚热带区主要为水田和旱地，占比分别为 51.69% 和 43.45%；暖温带区耕地主要为水浇地和旱地，占比分别为 52.94% 和 42.44%。

表 5.5　2019 年不同气候区耕地面积情况　　单位：10^4 hm^2

气候区名称		耕地总面积	水田	水浇地	旱地
中温带区合计		4659.42	654.13	1105.30	2899.99
Ⅱ中温带	A 湿润地区	2148.69	485.63	9.95	1653.10

续表

气候区名称		耕地总面积	水田	水浇地	旱地
Ⅱ中温带	B 半湿润地区	932.89	143.40	60.48	729.01
Ⅱ中温带	C 半干旱地区	900.88	6.52	432.31	462.05
Ⅱ中温带	D 干旱地区	676.96	18.58	602.56	55.83
暖温带区合计		3444.72	159.46	1823.49	1461.78
Ⅲ暖温带	A 湿润地区	111.87	8.80	15.29	87.78
Ⅲ暖温带	B 半湿润地区	2571.67	147.44	1428.13	996.10
Ⅲ暖温带	C 半干旱地区	442.83	0.57	64.44	377.82
Ⅲ暖温带	D 干旱地区	318.34	2.65	315.63	0.07
亚热带区合计		4366.10	2256.90	211.99	1897.22
Ⅳ北亚热带	A 湿润地区	1581.73	873.83	173.15	534.75
Ⅴ中亚热带	A 湿润地区	2218.89	1126.43	21.33	1071.14
Ⅵ南亚热带	A 湿润地区	565.48	256.64	17.51	291.33
热带及中热带区合计		147.39	68.03	6.59	72.77
Ⅶ边缘热带	A 湿润地区	143.79	65.13	6.55	72.11
Ⅷ中热带	A 湿润地区	3.59	2.90	0.04	0.66
Ⅸ赤道热带	A 湿润地区	0.00	0.00	0.00	0.00
高原温带、亚寒带及寒温带区合计		168.56	0.69	64.12	103.75
HII 高原温带	AB 湿润、半湿润地区	34.20	0.37	6.55	27.27
HII 高原温带	C 半干旱地区	92.69	0.00	37.99	54.70
HII 高原温带	D 干旱地区	9.65	0.06	9.59	0.01
HI 高原亚寒带	B 半湿润地区	6.61	0.00	0.07	6.54
HI 高原亚寒带	C 半干旱地区	1.73	0.00	1.68	0.05
HI 高原亚寒带	D 干旱地区	2.95	0.25	2.69	0.00
Ⅰ寒温带	A 湿润地区	20.73	0.00	5.54	15.19

5.1.2 耕地二级地类面积与分布

5.1.2.1 水田

水田是指用于种植水稻、莲藕等水生农作物的耕地，包括实行水生、旱生农作物轮种的耕地。截至 2019 年 12 月 31 日，全国水田面积为 3139.20 万公顷，占耕地总面积的 24.55%，在耕地的二级地类中居第三位。

水田在全国分布广泛又相对集中，除青海外，各省（区、市）均有分布。2019 年全国水田分布及各省（区、市）水田面积统计情况见表 5.6、图 5.4。

表 5.6　2019 年全国及各省（区、市）水田面积情况

行政辖区	耕地总面积（10^4 hm^2）	水田面积（10^4 hm^2）	占全国水田面积比例（%）	占该辖区耕地总面积比例（%）
全国	12786.19	3139.20	100.00	24.55
北京	9.35	0.06	0.00	0.59
天津	32.96	6.95	0.22	21.10
河北	603.42	9.71	0.31	1.61
山西	386.95	0.50	0.02	0.13
内蒙古	1149.65	15.86	0.51	1.38
辽宁	518.21	65.01	2.07	12.54
吉林	749.85	98.19	3.13	13.09
黑龙江	1719.54	480.88	15.32	27.97
上海	16.20	12.16	0.39	75.08
江苏	408.97	283.20	9.02	69.25
浙江	129.05	106.28	3.39	82.36
安徽	554.69	269.38	8.58	48.56
福建	93.20	79.05	2.52	84.82
江西	272.16	227.05	7.23	83.42
山东	646.19	9.48	0.30	1.47
河南	751.41	68.19	2.17	9.08
湖北	476.86	254.66	8.11	53.40
湖南	362.92	302.54	9.64	83.36
广东	190.19	137.42	4.38	72.25
广西	330.76	162.79	5.19	49.22
海南	48.69	30.95	0.99	63.55
重庆	187.02	70.40	2.24	37.65
四川	522.72	226.36	7.21	43.31
贵州	347.26	88.39	2.82	25.45
云南	539.55	99.14	3.16	18.37
西藏	44.21	0.14	0.00	0.32
陕西	293.43	12.62	0.40	4.30

续表

行政辖区	耕地总面积（10^4 hm^2）	水田面积（10^4 hm^2）	占全国水田面积比例（%）	占该辖区耕地总面积比例（%）
甘肃	520.95	0.42	0.01	0.08
青海	56.42	0.00	0.00	0.00
宁夏	119.54	15.41	0.49	12.89
新疆	703.86	6.01	0.19	0.85

图 5.4　2019 年全国水田分布情况

从各省（区、市）分布情况看，水田主要集中在长江流域及以南的江苏、浙江、安徽、福建、江西、湖北、湖南、广东、广西、重庆、四川、贵州、云南，以及东北的黑龙江、吉林、辽宁和中部的河南等 17 个省（区、市），总面积为 3018.93 万公顷，占全国水田面积的 96.17%。

从水田占耕地面积比例来看，比例在 60% 以上的有福建、江西、湖南、浙江、上海、广东、江苏、海南 8 个省（市）；在 30%～60% 的有湖北、广西、安徽、四川、重庆 5 个省（区、市）；在 10%～30% 的有黑龙江、贵州、天津、云南、吉林、宁夏、辽宁 7 个省（区、市）；小于 10% 的有河南、陕西、河北、山东、内蒙古、新疆、北京、西藏、山西、甘肃、青海 11 个省（区、市）。

5.1.2.2　水浇地

水浇地是指有水源保证和灌溉设施，在一般年景能正常灌溉，种植旱生农作物的耕地，包括种植蔬菜等的非工厂化的大棚用地。截至 2019 年 12 月 31 日，全国水浇地面积为 3211.48 万公顷，占耕地总面积的25.12%，在耕地二级地类中居第二。

水浇地主要分布在中国北方干旱而又有水资源可利用的各省（区、市）。从各省（区、市）分布情况看，新疆、内蒙古、山东、河南、河北、甘肃、山西、陕西、江苏、宁夏、湖北、西藏12省（区）面积相对较大，均超过30万公顷；其余18个省（区、市）面积均小于30万公顷。此外，浙江无水浇地。2019年全国及各省（区、市）水浇地面积统计情况见表5.7、图5.5。

表5.7　2019年全国及各省（区、市）水浇地面积情况

行政辖区	耕地总面积（10^4 hm^2）	水浇地面积（10^4 hm^2）	占全国水浇地面积比例（%）	占该辖区耕地总面积比例（%）
全国	12786.19	3211.48	100.00	25.12
北京	9.35	7.66	0.24	81.93
天津	32.96	25.77	0.80	78.20
河北	603.42	387.17	12.06	64.16
山西	386.95	104.78	3.26	27.08
内蒙古	1149.65	550.91	17.15	47.92
辽宁	518.21	19.50	0.61	3.76
吉林	749.85	4.04	0.13	0.54
黑龙江	1719.54	7.25	0.23	0.42
上海	16.20	4.04	0.13	24.92
江苏	408.97	74.87	2.33	18.31
浙江	129.05	0.00	0.00	0.00
安徽	554.69	22.69	0.71	4.09
福建	93.20	3.18	0.10	3.42
江西	272.16	0.41	0.01	0.15
山东	646.19	467.42	14.55	72.34
河南	751.41	459.13	14.30	61.10
湖北	476.86	37.53	1.17	7.87
湖南	362.92	0.13	0.00	0.04
广东	190.19	16.40	0.51	8.62
广西	330.76	0.80	0.02	0.24
海南	48.69	0.39	0.01	0.79
重庆	187.02	0.12	0.00	0.07
四川	522.72	5.73	0.18	1.10

续表

行政辖区	耕地总面积（10^4 hm^2）	水浇地面积（10^4 hm^2）	占全国水浇地面积比例（%）	占该辖区耕地总面积比例（%）
贵州	347.26	0.46	0.01	0.13
云南	539.55	17.87	0.56	3.31
西藏	44.21	31.77	0.99	71.86
陕西	293.43	84.39	2.63	28.76
甘肃	520.95	145.53	4.53	27.94
青海	56.42	17.71	0.55	31.39
宁夏	119.54	38.15	1.19	31.91
新疆	703.86	675.68	21.04	96.00

图 5.5　2019 年全国水浇地分布情况

从水浇地占耕地面积的比例来看，新疆最高，第二到第七位分别为北京、天津、山东、西藏、河北、河南，其余 24 个省（区、市）占比均低于 50%。

5.1.2.3　旱地

旱地是指无灌溉设施，主要靠天然降水种植旱生农作物的耕地，包括没有灌溉设施，仅靠引洪淤灌的耕地。截至 2019 年 12 月 31 日，全国旱地面积为 6435.51 万公顷，占总耕地面积的 50.3%，在耕地二级地类中居首位。

各省（区、市）的旱地，以黑龙江最多，面积为 1231.42 万公顷；面积在 300 万～700 万公顷的有吉林、内蒙古、辽宁、云南、甘肃 5 个省（区）；面积在 100 万～300 万公顷的有四川、山西、安徽、贵州、河南、河北、陕西、湖北、山东、广西和重庆 11 个省（区、市）；其余 14 个省（区、市）面积低于 100 万公顷。全国旱地分布及各省（区、市）旱地面积统计情况见表 5.8、图 5.6。

表 5.8 2019 年全国及各省（区、市）旱地面积情况

行政辖区	耕地总面积（10^4 hm^2）	旱地面积（10^4 hm^2）	占全国旱地面积比例（%）	占该辖区耕地总面积比例（%）
全国	12786.19	6435.51	100.00	50.33
北京	9.35	1.64	0.03	17.48
天津	32.96	0.23	0.00	0.70
河北	603.42	206.53	3.21	34.23
山西	386.95	281.67	4.38	72.79
内蒙古	1149.65	582.88	9.06	50.70
辽宁	518.21	433.71	6.74	83.69
吉林	749.85	647.62	10.06	86.37
黑龙江	1719.54	1231.42	19.13	71.61
上海	16.20	0.00	0.00	0.01
江苏	408.97	50.91	0.79	12.45
浙江	129.05	22.76	0.35	17.64
安徽	554.69	262.61	4.08	47.34
福建	93.20	10.96	0.17	11.76
江西	272.16	44.70	0.69	16.42
山东	646.19	169.28	2.63	26.20
河南	751.41	224.08	3.48	29.82
湖北	476.86	184.67	2.87	38.73
湖南	362.92	60.25	0.94	16.60
广东	190.19	36.38	0.57	19.13
广西	330.76	167.18	2.60	50.54
海南	48.69	17.36	0.27	35.65
重庆	187.02	116.49	1.81	62.29
四川	522.72	290.62	4.52	55.60

续表

行政辖区	耕地总面积（10^4 hm^2）	旱地面积（10^4 hm^2）	占全国旱地面积比例（%）	占该辖区耕地总面积比例（%）
贵州	347.26	258.42	4.02	74.42
云南	539.55	422.54	6.57	78.31
西藏	44.21	12.30	0.19	27.82
陕西	293.43	196.43	3.05	66.94
甘肃	520.95	375.00	5.83	71.98
青海	56.42	38.71	0.60	68.61
宁夏	119.54	65.99	1.03	55.20
新疆	703.86	22.17	0.34	3.15

图 5.6　2019 年全国旱地分布情况

从旱地占耕地面积比例来看，吉林、辽宁两省旱地占本省耕地比均超过 80%；占比在 50%～80% 的有云南、贵州、山西、甘肃、黑龙江、青海、陕西、重庆、四川、宁夏、内蒙古、广西 12 个省（区、市）；占比在 10%～50% 的有安徽、湖北、海南、河北、河南、西藏、山东、广东、浙江、北京、湖南、江西、江苏、福建 14 个省（区、市）；新疆、天津、上海占比不足 10%。

5.2 耕地变化特征

本节主要将2019年“三调”的土地利用现状数据与2009年“二调”数据进行对比，从耕地面积和耕地结构研究耕地数量变化特征。此外，需要说明的是，耕地转变为其他地类情况，简称为耕地流出，而其他地类转变为耕地，则称为耕地流入。

2009—2019年全国耕地变化呈现大进大出的特征。全国耕地流入2143.30万公顷，流出2895.80万公顷，净减少752.50万公顷。其中，水田流入680.80万公顷，流出840.98万公顷，净减少160.18万公顷；水浇地流入954.97万公顷，流出551.84万公顷，净增加403.13万公顷；旱地流入1308.09万公顷，流出2303.54万公顷，净减少995.45万公顷。

5.2.1 耕地面积变化

5.2.1.1 不同省份耕地面积变化情况

从各省（区、市）耕地变化情况来看，2009—2019年，除黑龙江、吉林、辽宁、内蒙古、新疆5个省（区）耕地总量净增加外，其余各省（区、市）耕地面积均出现不同程度的净减少，其中四川、山东、广西、贵州、陕西净减少面积超过100万公顷。2009—2019年全国及各省（区、市）耕地及二级地类变化统计情况见表5.9。

表5.9 2009—2019年全国及各省（区、市）耕地及二级地类变化情况

行政辖区	2009年耕地面积（10^4 hm^2）	2019年耕地面积（10^4 hm^2）	耕地面积变化（10^4 hm^2）	耕地变化率（%）	水田面积变化（10^4 hm^2）	水浇地面积变化（10^4 hm^2）	旱地面积变化（10^4 hm^2）
全国	13538.69	12786.19	−752.50	−5.56	−160.18	403.13	−995.45
北京	22.70	9.35	−13.35	−58.80	−0.17	−9.52	−3.66
天津	44.72	32.96	−11.76	−26.30	5.52	−8.83	−8.45
河北	656.14	603.42	−52.72	−8.04	0.73	−5.22	−48.24
山西	406.77	386.95	−19.82	−4.87	0.37	−2.99	−17.19
内蒙古	911.10	1149.65	238.55	26.18	7.16	271.96	−40.57
辽宁	504.20	518.21	14.02	2.78	−3.64	1.37	16.28
吉林	703.05	749.85	46.80	6.66	16.62	−1.88	32.06
黑龙江	1594.45	1719.54	125.10	7.85	235.09	3.51	−113.51
上海	18.98	16.20	−2.78	−14.64	−0.80	−1.39	−0.58
江苏	461.30	408.97	−52.33	−11.34	9.10	27.68	−89.11
浙江	198.67	129.05	−69.62	−35.05	−46.93	0.00	−22.70

续表

行政辖区	2009 年耕地面积（10^4 hm^2）	2019 年耕地面积（10^4 hm^2）	耕地面积变化（10^4 hm^2）	耕地变化率（%）	水田面积变化（10^4 hm^2）	水浇地面积变化（10^4 hm^2）	旱地面积变化（10^4 hm^2）
安徽	590.72	554.69	-36.03	-6.10	-22.07	-1.95	-12.01
福建	134.18	93.20	-40.98	-30.54	-33.05	-1.65	-6.28
江西	308.93	272.16	-36.77	-11.90	-24.02	-1.39	-11.36
山东	766.84	646.19	-120.65	-15.73	-0.10	-52.03	-68.52
河南	819.21	751.41	-67.81	-8.28	-7.71	-2.12	-57.98
湖北	532.38	476.86	-55.53	-10.43	-17.17	-13.10	-25.26
湖南	413.51	362.92	-50.59	-12.23	-27.76	-0.17	-22.65
广东	253.23	190.19	-63.04	-24.89	-30.53	5.04	-37.55
广西	443.06	330.76	-112.30	-25.35	-34.93	0.41	-77.78
海南	72.99	48.69	-24.30	-33.29	-8.55	0.34	-16.09
重庆	243.84	187.02	-56.83	-23.30	-27.25	0.03	-29.61
四川	672.01	522.72	-149.30	-22.22	-52.32	-6.27	-90.71
贵州	456.26	347.26	-109.00	-23.89	-40.15	-0.75	-68.10
云南	624.40	539.55	-84.84	-13.59	-45.68	12.20	-51.37
西藏	44.30	44.21	-0.09	-0.20	-4.01	5.11	-1.19
陕西	399.76	293.43	-106.33	-26.60	-3.90	-22.83	-79.60
甘肃	541.04	520.95	-20.09	-3.71	-0.25	10.60	-30.44
青海	58.80	56.42	-2.38	-4.05	0.00	-0.87	-1.51
宁夏	128.81	119.54	-9.26	-7.19	-4.01	7.50	-12.76
新疆	512.33	703.86	191.53	37.38	0.22	190.33	0.97

从二级地类变化来看，秦岭—淮河以北的大部分省（区、市）水田都净增加，其中黑龙江水田净增加 235.09 万公顷，居全国首位。水田净减少主要集中在长江流域及以南的各省份，其中四川、浙江、云南、贵州、广西、福建、广东、湖南、重庆、江西、安徽和湖北 12 个省（区、市）水田净减少量均超过 10 万公顷。

内蒙古和新疆是水浇地净增加最明显的地区，均超过 100 万公顷。此外，江苏、云南、甘肃、宁夏、西藏、广东、黑龙江、辽宁、广西、海南和重庆 11 个省（区、市）水浇地也呈现净增加状态；其余 17 个省（区、市）水浇地面积则出现不同程度的净减少，其中山东水浇地以 52.03 万公顷净减少量居首。

各省份旱地净减少较明显，除吉林、辽宁和新疆净增加外，其余 28 个省（区、市）均出现不同程度的净减少，其中黑龙江、四川、江苏、陕西、广西、山东、贵州、河南和云南等省（区）减少均超过 50 万公顷。

5.2.1.2　人均耕地面积变化情况

2010—2020 年全国耕地面积从 13526.82 万公顷减少至 12744.86 万公顷，减少 781.96 万公顷，人口从 133281.09 万人增加至 140977.87 万人，增加 7896.78 万人。耕地的减少和人口的增加导致其人均耕地面积从 1.51 亩降至 1.35 亩①。从各省（区、市）人均耕地分布来看，仅黑龙江、内蒙古、吉林、新疆、辽宁等 5 个省（区）人均耕地增加，其中黑龙江和内蒙古人均耕地增加较多，分别为 1.85 亩、1.64 亩。人均耕地减少量最大的地区主要是华南、西南、西北地区各省（区、市），其中贵州、宁夏、海南人均耕地减少面积超过 0.5 亩。2010—2020 年全国及各省（区、市）人均耕地面积变化统计情况见表 5.10。

表 5.10　2010—2020 年全国及各省（区、市）人均耕地面积变化情况　　单位：亩

行政辖区	耕地	水田	水浇地	旱地
全国	−0.16	−0.04	0.03	−0.15
北京	−0.11	0.00	−0.08	−0.03
天津	−0.16	0.06	−0.12	−0.10
河北	−0.16	0.00	−0.04	−0.12
山西	−0.05	0.00	0.00	−0.05
内蒙古	1.64	0.05	1.75	−0.16
辽宁	0.09	−0.01	0.01	0.09
吉林	0.82	0.16	−0.01	0.66
黑龙江	1.85	1.30	0.02	0.53
上海	−0.03	−0.01	−0.01	0.00
江苏	−0.15	−0.02	0.04	−0.18
浙江	−0.25	−0.17	0.00	−0.07
安徽	−0.13	−0.07	−0.01	−0.05
福建	−0.21	−0.17	−0.01	−0.03
江西	−0.14	−0.09	0.00	−0.04
山东	−0.25	0.00	−0.13	−0.12
河南	−0.17	−0.02	−0.04	−0.11
湖北	−0.16	−0.05	−0.04	−0.07
湖南	−0.13	−0.07	0.00	−0.06
广东	−0.14	−0.08	0.00	−0.07
广西	−0.46	−0.16	0.00	−0.30
海南	−0.54	−0.22	0.01	−0.32
重庆	−0.40	−0.18	0.00	−0.22

①　1 亩 =1/15 公顷 ≈666.7 平方米。

续表

行政辖区	耕地	水田	水浇地	旱地
四川	-0.32	-0.12	-0.01	-0.20
贵州	-0.64	-0.21	0.00	-0.43
云南	-0.33	-0.16	0.04	-0.21
西藏	-0.40	-0.20	-0.03	-0.17
陕西	-0.49	-0.02	-0.11	-0.36
甘肃	-0.05	0.00	0.09	-0.13
青海	-0.14	0.00	-0.04	-0.09
宁夏	-0.57	-0.14	0.07	-0.50
新疆	0.56	0.00	0.59	-0.02

2010—2020 年，全国人均水田和旱地面积分别减少 0.04 亩、0.15 亩，水浇地增加 0.03 亩。人均水田面积增加出现在北方的黑龙江、吉林、天津、内蒙古 4 个省（区、市），其中黑龙江增加 1.30 亩，居全国首位；而西南、华东及华南各省（区、市）人均水田减少面积最大。人均水浇地增加主要集中在内蒙古以及除陕西外的西北各省（区），其中内蒙古增加面积最大，达 1.75 亩；山东、天津和陕西则是人均水浇地减少面积最大的 3 个省（市）。对于人均旱地而言，全国仅东北三省增加，其余地区均减少，其中华南、西南及西北地区各省（区、市）减少面积最大。

5.2.1.3 不同坡度耕地面积变化情况

2009—2019 年，从不同坡度级耕地变化上来看（表 5.11），全国除坡度≤2° 的平原耕地之外，其他坡度级别的耕地均出现不同程度的减少。其中坡度 6°～15° 范围内的耕地减少面积最大，为 310.51 万公顷；坡度 15°～25°、2°～6°、＞25° 范围内耕地减少量分别为 290.52 万公顷、200.75 万公顷、122.40 万公顷。坡度≤2° 的耕地增加在新疆、内蒙古、山西、黑龙江、吉林、江西、广西、湖南、甘肃、辽宁、重庆和湖北 12 个省（区、市）；其余 19 个省（区、市）耕地面积则出现不同程度的减少，其中河南、山东、江苏减少量超过 60 万公顷。坡度 2°～6° 的耕地除内蒙古、黑龙江、江苏、甘肃、河南等 10 个省（区、市）增加外，其余 20 个省（区、市）面积均出现不同程度的减少。坡度 6°～15° 的耕地中内蒙古、辽宁、吉林、西藏、江苏、安徽、新疆、黑龙江、天津、上海 10 个省（区、市）面积增加，其余 21 个省（区、市）面积均减少。坡度 15°～25° 的耕地仅西藏、青海、内蒙古、江苏、新疆 5 个省（区、市）面积增加，其余 24 个省份面积均减少。坡度大于 25° 的耕地中，云南、山西、湖南、甘肃、安徽、宁夏、内蒙古、河北、青海、江苏 10 省（区、市）面积增加，19 个省（区、市）面积减少，上海无坡度大于 25° 的耕地。

水田的增加主要是以坡度≤2° 为主，其发生在黑龙江、江西、湖南等 15 个省（区、市），其中黑龙江增加面积最大，达 233.05 万公顷；坡度 2°～15° 范围内是水田减少最多的坡度区域，总减少量达 311.77 万公顷，其主要分布在长江流域及以南的各省（区、市）。水浇地则是除坡度＞25° 略微减少外，其余级别均增加，且主要以坡度≤2° 为主，其中新疆和内蒙古坡度≤2° 的水浇地增加面积最大，而减少则主要发生在山东、陕西和湖北等省份。旱地作为耕地中减少面积最大的二级地类，在各级坡度中均减少，其中坡度≤2° 的旱地减少面积最大，其中黑龙江、江苏、内蒙古、河南是该坡度级旱地减少面积最大的省（区），均超过 50 万公顷，坡度＞2° 的旱地减少主要分布在四川、广西、陕西、山西和贵州等省份，其减少面积均超过 50 万公顷。2009—2019 年不同坡度级耕地面积变化情况见表 5.11、图 5.7—图 5.9。

表 5.11 2009—2019 年全国及各省（区、市）不同坡度级耕地面积变化情况 单位：10^4 hm^2

行政辖区	类型	合计	≤2°	2°～6°	6°～15°	15°～25°	＞25°
全国	耕地	−752.50	171.68	−200.75	−310.51	−290.52	−122.40
	水田	−160.18	277.57	−141.30	−170.47	−95.03	−30.96
	水浇地	403.13	367.81	30.86	4.07	0.53	−0.15
	旱地	−995.45	−473.70	−90.31	−144.12	−196.03	−91.29
北京	耕地	−13.35	−12.22	−0.39	−0.56	−0.12	−0.06
	水田	−0.17	−0.17	0.00	0.00	0.00	0.00
	水浇地	−9.52	−9.67	0.09	0.06	0.00	−0.01
	旱地	−3.66	−2.38	−0.49	−0.63	−0.12	−0.05
天津	耕地	−11.76	−11.86	0.05	0.04	0.00	0.00
	水田	5.52	5.51	0.01	0.00	0.00	0.00
	水浇地	−8.83	−9.13	0.24	0.06	0.00	0.00
	旱地	−8.45	−8.24	0.00	0.00	0.00	0.00
河北	耕地	−52.72	−30.91	−19.33	−2.50	−0.21	0.24
	水田	0.73	2.95	−2.19	−0.01	−0.01	0.00
	水浇地	−5.22	−4.79	−0.89	0.08	0.29	0.09
	旱地	−48.24	−29.07	−16.25	−2.58	−0.50	0.15
山西	耕地	−19.82	88.85	−94.72	−20.48	−3.03	9.56
	水田	0.37	0.41	−0.04	0.00	0.00	0.00
	水浇地	−2.99	32.63	−35.46	0.07	0.11	−0.34
	旱地	−17.19	55.82	−59.22	−20.56	−3.14	9.90
内蒙古	耕地	238.55	157.70	62.15	18.23	0.18	0.30
	水田	7.16	7.10	0.04	0.01	0.00	0.00
	水浇地	271.96	229.07	39.99	2.85	0.02	0.03
	旱地	−40.57	−78.47	22.12	15.36	0.16	0.27
辽宁	耕地	14.02	4.51	−3.21	14.01	−0.81	−0.48
	水田	−3.64	−1.05	−2.33	−0.24	−0.01	−0.01
	水浇地	1.37	1.18	0.14	0.05	0.00	0.00
	旱地	16.28	4.37	−1.02	14.20	−0.79	−0.47

续表

行政辖区	类型	合计	≤2°	2°～6°	6°～15°	15°～25°	＞25°
吉林	耕地	46.80	44.22	-0.73	3.70	-0.24	-0.14
	水田	16.62	20.42	-3.38	-0.40	-0.02	0.00
	水浇地	-1.88	-1.80	-0.06	-0.02	0.00	0.00
	旱地	32.06	25.60	2.69	4.12	-0.22	-0.14
黑龙江	耕地	125.10	80.75	44.82	0.26	-0.69	-0.05
	水田	235.09	233.05	1.74	0.28	0.01	0.00
	水浇地	3.51	3.54	-0.02	-0.01	0.00	0.00
	旱地	-113.51	-155.84	43.09	-0.01	-0.71	-0.05
上海	耕地	-2.78	-2.79	0.00	0.01	0.00	0.00
	水田	-0.80	-0.80	0.00	0.00	0.00	0.00
	水浇地	-1.39	-1.41	0.00	0.01	0.00	0.00
	旱地	-0.58	-0.58	0.00	0.00	0.00	0.00
江苏	耕地	-52.33	-85.53	29.74	3.36	0.07	0.03
	水田	9.10	-1.78	10.39	0.47	0.01	0.01
	水浇地	27.68	13.19	13.08	1.39	0.02	0.00
	旱地	-89.11	-96.94	6.26	1.51	0.04	0.02
浙江	耕地	-69.62	-35.32	-8.81	-11.91	-11.29	-2.29
	水田	-46.93	-29.38	-6.50	-6.50	-4.55	0.00
	水浇地	0.00	0.00	0.00	0.00	0.00	0.00
	旱地	-22.70	-5.95	-2.33	-5.41	-6.74	-2.28
安徽	耕地	-36.03	-11.01	-26.03	1.42	-0.73	0.34
	水田	-22.07	7.58	-28.38	-0.77	-0.66	0.16
	水浇地	-1.95	-3.29	1.21	0.13	0.00	0.00
	旱地	-12.01	-15.31	1.12	2.06	-0.08	0.18
福建	耕地	-40.98	-5.61	-5.29	-9.16	-12.42	-8.51
	水田	-33.05	-3.25	-3.85	-7.25	-10.76	-7.94
	水浇地	-1.65	-0.66	-0.26	-0.22	-0.44	-0.07
	旱地	-6.28	-1.69	-1.17	-1.69	-1.22	-0.51
江西	耕地	-36.77	30.11	-9.37	-43.26	-11.97	-2.28
	水田	-24.02	32.42	-7.11	-37.13	-10.30	-1.90
	水浇地	-1.39	-0.87	-0.22	-0.25	-0.04	-0.01
	旱地	-11.36	-1.44	-2.05	-5.87	-1.62	-0.38

续表

行政辖区	类型	合计	≤2°	2°～6°	6°～15°	15°～25°	＞25°
山东	耕地	−120.65	−76.50	−24.41	−11.55	−6.57	−1.63
	水田	−0.10	−0.10	−0.01	0.00	0.00	0.00
	水浇地	−52.03	−52.21	0.91	−0.65	−0.06	−0.02
	旱地	−68.52	−24.19	−25.31	−10.90	−6.50	−1.62
河南	耕地	−67.81	−66.50	8.06	−5.15	−3.56	−0.66
	水田	−7.71	−14.14	7.43	−0.68	−0.29	−0.02
	水浇地	−2.12	−1.55	−0.86	0.28	0.00	0.00
	旱地	−57.98	−50.81	1.49	−4.75	−3.27	−0.64
湖北	耕地	−55.53	0.30	−17.22	−3.47	−15.44	−19.69
	水田	−17.17	13.74	−14.51	−6.34	−6.03	−4.02
	水浇地	−13.10	−11.26	−1.03	−0.58	−0.13	−0.09
	旱地	−25.26	−2.18	−1.67	3.45	−9.27	−15.59
湖南	耕地	−50.59	11.16	−21.78	−32.95	−10.69	3.67
	水田	−27.76	21.65	−17.35	−26.48	−8.34	2.76
	水浇地	−0.17	−0.09	−0.04	−0.02	−0.01	0.00
	旱地	−22.65	−10.39	−4.39	−6.44	−2.34	0.91
广东	耕地	−63.04	−11.49	−10.83	−23.64	−6.72	−10.35
	水田	−30.53	4.34	−10.83	−13.96	−3.34	−6.74
	水浇地	5.04	2.95	1.55	0.56	−0.01	0.00
	旱地	−37.55	−18.79	−1.56	−10.24	−3.37	−3.61
广西	耕地	−112.30	15.37	−59.47	−46.06	−14.10	−8.04
	水田	−34.93	17.60	−35.39	−13.67	−3.40	−0.06
	水浇地	0.41	0.32	0.08	0.01	0.00	0.00
	旱地	−77.78	−2.54	−24.16	−32.40	−10.69	−7.99
海南	耕地	−24.30	−15.46	−7.25	−1.33	−0.21	−0.05
	水田	−8.55	−8.06	−0.71	0.25	−0.01	−0.02
	水浇地	0.34	0.31	0.02	0.00	0.00	0.00
	旱地	−16.09	−7.71	−6.57	−1.58	−0.20	−0.04
重庆	耕地	−56.83	2.21	−2.71	−5.93	−28.35	−22.04
	水田	−27.25	1.54	−4.33	−12.27	−8.39	−3.80
	水浇地	0.03	0.02	0.02	0.00	0.00	0.00
	旱地	−29.61	0.64	1.60	6.34	−19.96	−18.23

续表

行政辖区	类型	合计	≤2°	2°～6°	6°～15°	15°～25°	＞25°
四川	耕地	-149.30	-0.23	-25.44	-70.70	-49.33	-3.59
	水田	-52.32	4.60	-13.54	-26.23	-14.98	-2.17
	水浇地	-6.27	-3.15	-1.52	-1.09	-0.33	-0.17
	旱地	-90.71	-1.67	-10.38	-43.38	-34.02	-1.25
贵州	耕地	-109.00	-19.02	-16.46	-18.08	-36.49	-18.96
	水田	-40.15	-7.11	-7.42	-12.57	-9.77	-3.27
	水浇地	-0.75	-0.03	-0.22	-0.37	-0.11	-0.02
	旱地	-68.10	-11.88	-8.82	-5.14	-26.60	-15.67
云南	耕地	-84.84	-32.04	-6.18	-13.65	-42.82	9.84
	水田	-45.68	-21.98	-1.18	-6.23	-13.18	-3.11
	水浇地	12.20	6.49	2.62	1.81	0.80	0.48
	旱地	-51.37	-16.56	-7.62	-9.23	-30.44	12.47
西藏	耕地	-0.09	-7.85	3.37	3.66	1.48	-0.75
	水田	-4.01	-2.77	-0.52	-0.32	-0.29	-0.10
	水浇地	5.11	-0.72	3.44	2.12	0.42	-0.16
	旱地	-1.19	-4.35	0.45	1.86	1.35	-0.50
陕西	耕地	-106.33	-25.84	-11.64	-11.17	-9.50	-48.17
	水田	-3.90	-0.96	-1.10	-0.41	-0.69	-0.73
	水浇地	-22.83	-19.37	-2.91	-0.83	0.03	0.24
	旱地	-79.60	-5.51	-7.64	-9.93	-8.85	-47.68
甘肃	耕地	-20.09	4.82	9.68	-13.29	-22.32	1.01
	水田	-0.25	-0.31	0.03	0.02	0.00	0.00
	水浇地	10.60	7.41	4.04	-0.86	0.06	-0.06
	旱地	-30.44	-2.28	5.60	-12.45	-22.38	1.07
青海	耕地	-2.38	-0.72	-0.20	-2.13	0.51	0.16
	水田	0.00	0.00	0.00	0.00	0.00	0.00
	水浇地	-0.87	-0.42	0.04	-0.44	-0.04	-0.01
	旱地	-1.51	-0.30	-0.25	-1.69	0.55	0.17
宁夏	耕地	-9.26	-1.02	5.55	-8.94	-5.15	0.30
	水田	-4.01	-3.99	-0.02	0.00	0.00	0.00
	水浇地	7.50	6.10	1.40	0.00	0.00	0.00
	旱地	-12.76	-3.13	4.16	-8.94	-5.16	0.30

续表

行政辖区	类型	合计	≤2°	2°～6°	6°～15°	15°～25°	＞25°
新疆	耕地	191.53	183.60	7.30	0.70	0.01	−0.09
	水田	0.22	0.51	−0.25	−0.03	0.00	0.00
	水浇地	190.33	185.02	5.48	−0.06	−0.04	−0.05
	旱地	0.97	−1.93	2.08	0.80	0.06	−0.04

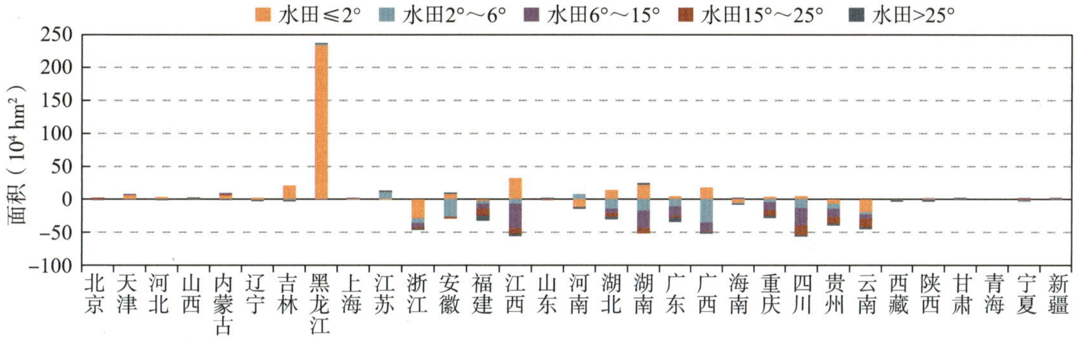

图 5.7　2009—2019 年各省（区、市）不同坡度级水田面积变化情况

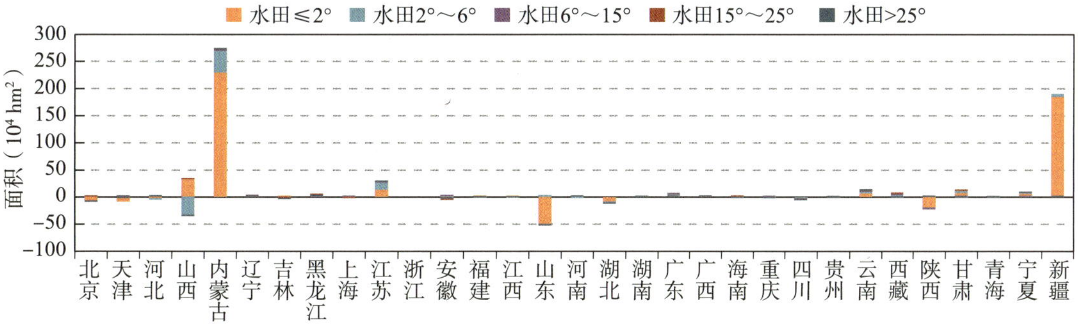

图 5.8　2009—2019 年各省（区、市）不同坡度级水浇地面积变化情况

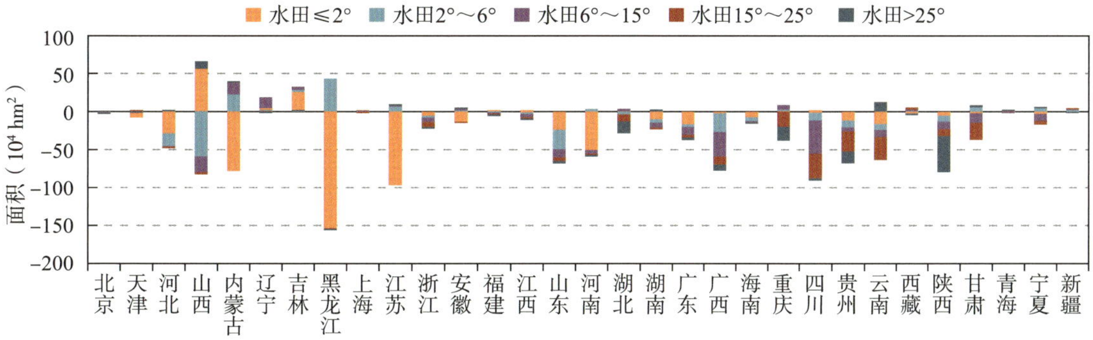

图 5.9　2009—2019 年各省（区、市）不同坡度级旱地面积变化情况

5.2.1.4　不同地貌区耕地面积变化情况

从地形地貌上来看，除平原县耕地增加之外，山区县和丘陵县耕地均出现较大面积减少。其中山

区县耕地减少量最大，达 501.65 万公顷。水田和耕地总体变化情况类似，平原县增加 129.11 万公顷，而山区县水田减少面积较大，丘陵县次之。全国山区县、丘陵县和平原县水浇地面积出现不同程度的增加，其中平原县和丘陵县水浇地增加面积较大，分别为 243.77 万公顷、176.31 万公顷。相较于水田和水浇地而言，全国各地貌区的旱地均出现较大面积减少。2009—2019 年不同地貌类型县耕地面积变化统计情况见表 5.12。

表 5.12　2009—2019 年不同地貌类型县耕地面积变化情况　单位：10^4 hm^2

地貌类型县	合计	水田	水浇地	旱地
山区县	-501.65	-197.92	21.63	-325.35
丘陵县	-115.07	-26.26	176.31	-265.12
平原县	95.62	129.11	243.77	-277.26

5.2.1.5　不同气候区耕地面积变化情况

中国东西跨经度宽，南北跨纬度广，各地所受辐射热量各不相同。2009—2019 年，从不同气候区耕地变化情况来看，中温带区耕地面积增加，达 533.94 万公顷，其中水田和水浇地增加明显，分别为 251.01 万公顷、400.36 万公顷，而旱地减少 117.43 万公顷。暖温带区和亚热带区耕地面积减少最大，分别为 297.27 万公顷、954.33 万公顷。暖温带区旱地减少面积较大而水田面积略有增加，旱地减少 287.21 万公顷。亚热带区水田和旱地减少面积均居各气候区首位，分别减少 417.463 万公顷和 556.82 万公顷。2009—2019 年不同气候区耕地面积变化统计情况见表 5.13。

表 5.13　2009—2019 年不同气候区耕地面积变化情况　单位：10^4 hm^2

气候区名称		合计	水田	水浇地	旱地
温度带名称	干湿区名称				
中温带区合计		533.94	251.01	400.36	-117.43
Ⅱ中温带	A 湿润地区	111.66	183.78	3.93	-76.05
Ⅱ中温带	B 半湿润地区	116.73	70.47	34.42	11.85
Ⅱ中温带	C 半干旱地区	168.15	0.59	216.00	-48.44
Ⅱ中温带	D 干旱地区	137.40	-3.82	146.01	-4.80
暖温带区合计		-297.27	23.64	-33.70	-287.21
Ⅲ暖温带	A 湿润地区	-21.23	-0.47	-0.99	-19.77
Ⅲ暖温带	B 半湿润地区	-334.24	24.24	-133.25	-225.23
Ⅲ暖温带	C 半干旱地区	-35.99	-0.18	6.43	-42.24
Ⅲ暖温带	D 干旱地区	94.18	0.05	94.11	0.02
亚热带区合计		-954.33	-417.46	19.95	-556.82

续表

气候区名称		合计	水田	水浇地	旱地
温度带名称	干湿区名称				
Ⅳ北亚热带	A 湿润地区	−213.74	−64.59	17.25	−166.41
Ⅴ中亚热带	A 湿润地区	−561.38	−277.59	0.71	−284.50
Ⅵ南亚热带	A 湿润地区	−179.20	−75.28	1.99	−105.91
热带及中热带区合计		−40.24	−17.25	5.57	−28.56
Ⅶ边缘热带	A 湿润地区	−38.97	−16.49	5.54	−28.02
Ⅷ中热带	A 湿润地区	−1.27	−0.76	0.03	−0.54
IX 赤道热带	A 湿润地区	0.00	0.00	0.00	0.00
高原温带、亚寒带及寒温带区合计		5.40	−0.11	10.95	−5.43
HII 高原温带	AB 湿润、半湿润地区	0.99	−0.10	0.80	0.29
HII 高原温带	C 半干旱地区	0.38	0.00	2.19	−1.80
HII 高原温带	D 干旱地区	2.47	−0.02	2.52	−0.03
HI 高原亚寒带	B 半湿润地区	0.60	0.00	−0.06	0.65
HI 高原亚寒带	C 半干旱地区	−0.06	0.00	0.01	−0.08
HI 高原亚寒带	D 干旱地区	0.04	0.00	0.04	0.00
I 寒温带	A 湿润地区	0.98	0.00	5.44	−4.46

5.2.2　耕地结构变化

5.2.2.1　耕地流出情况

2009—2019 年全国耕地流出 2895.80 万公顷。其中，四川、云南、贵州 3 个省流出耕地面积超过 200 万公顷。从其面积占比来看，流出耕地占 2019 年耕地面积超过 30% 的有 15 个省（区、市），其中北京、浙江、海南、贵州、福建和陕西流出耕地占比超过 50%。2009—2019 年全国及各省（区、市）耕地流出统计情况见表 5.14、图 5.10。

耕地流向林地的面积最大，为 1412.12 万公顷，其中贵州、四川、云南等 10 个省（区、市）面积超过 50 万公顷，其余 21 个省（区、市）面积在 50 万公顷以下。从二级地类上来看，水田流向林地面积为 246.09 万公顷，其中湖南、四川、贵州 3 个省超过 20 万公顷；水浇地流向林地面积为 195.40 万公顷，其中山东、河北、河南面积超过 20 万公顷；旱地是耕地流向林地面积最大的二级地类，面积达 970.63 万公顷，其中贵州、云南、四川流出面积超过 90 公顷。

耕地流向园地总面积为 617.08 万公顷，其中云南、山东及陕西等 13 个省（区、市）耕地流向园地面积超过 20 万公顷，其余 18 个省（区、市）面积在 20 万公顷以下。从二级地类上来看，水田流向园地面积为 150.51 万公顷，其中广西、四川等 6 个省（区）面积超过 10 万公顷；水浇地流向园地面积为

138.56 万公顷，其中新疆、陕西等 6 个省（区）面积超过 10 万公顷；旱地流向园地面积为 328.01 万公顷，其中云南、山东等 12 个省（区）面积超过 10 万公顷。

耕地流向建设用地总面积为 438.86 万公顷，其中河南、山东和四川等 18 个省（区）耕地流向林地面积超过 10 万公顷，其余 13 个省（区、市）面积在 10 万公顷以下。从二级地类上来看，水田流向建设用地面积为 136.80 万公顷，其中四川、湖南等 7 个省（区）面积超过 10 万公顷；水浇地流向建设用地面积为 119.33 万公顷，其中河南、山东、河北和新疆 4 个省（区）面积超过 10 万公顷；旱地流向建设用地面积为 182.73 万公顷，其中四川、贵州等 6 个省（区）面积超过 10 万公顷。

耕地流向水域及水利设施用地、草地、湿地，及设施农用地和田坎等其他土地共计 427.74 万公顷，其中甘肃、内蒙古、江苏和四川等 20 个省（区、市）面积超过 10 万公顷，甘肃和内蒙古等北方省份以草地为主，而江苏、湖北及四川等南方省份则是以水域和其他土地为主。从二级地类上来看，水田流向这些地类面积为 159.59 万公顷，主要集中在长江流域沿线的各省份，其中江苏、湖南、安徽、湖北、江西、四川、浙江 7 省面积超过 10 万公顷；水浇地流向这些地类面积相对较小，仅 52.55 万公顷，其中山东超过 10.24 万公顷；旱地流向这些地类的面积为 215.58 万公顷，其中甘肃、内蒙古、黑龙江、云南、陕西、宁夏、贵州、四川 8 个省（区）面积超过 10 万公顷。

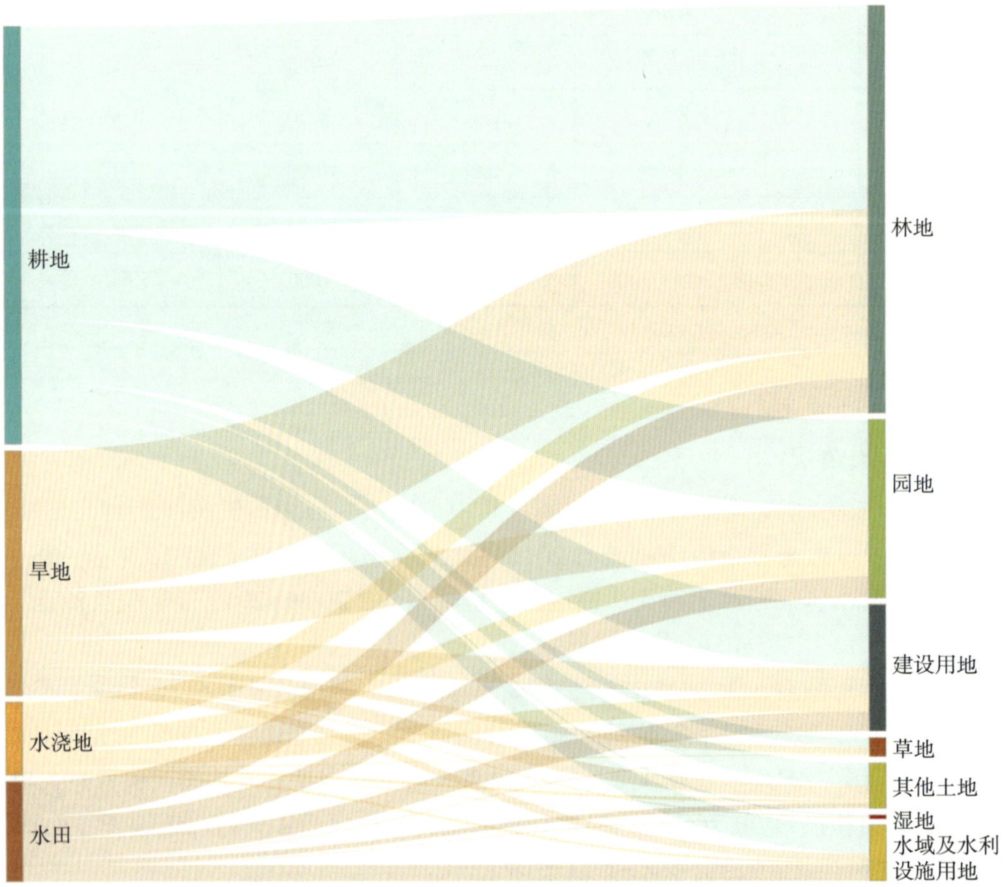

图 5.10　2009—2019 年全国耕地面积流出情况

表 5.14 2009—2019 年全国及各省（区、市）耕地流出情况 单位：10^4 hm^2

行政辖区	类型	合计	园地	林地	草地	湿地	建设用地	水域及水利设施用地	其他土地
全国	耕地	2895.80	617.08	1412.12	64.85	13.14	438.86	192.84	156.91
	水田	692.99	150.51	246.09	5.01	1.68	136.80	114.83	38.07
	水浇地	505.85	138.56	195.40	7.47	2.21	119.33	20.16	22.71
	旱地	1696.90	328.01	970.63	52.36	9.24	182.73	57.85	96.13
北京	耕地	14.72	2.41	9.88	0.15	0.01	1.80	0.21	0.27
	水田	0.15	0.01	0.11	0.00	0.00	0.03	0.01	0.00
	水浇地	11.11	1.47	7.79	0.15	0.00	1.39	0.13	0.18
	旱地	3.46	0.93	1.98	0.01	0.00	0.39	0.06	0.09
天津	耕地	14.23	1.45	8.08	0.12	0.06	2.70	1.52	0.29
	水田	0.09	0.01	0.03	0.00	0.00	0.02	0.03	0.00
	水浇地	10.64	0.90	5.93	0.11	0.06	2.25	1.18	0.22
	旱地	3.51	0.54	2.12	0.01	0.00	0.44	0.32	0.07
河北	耕地	131.14	25.66	69.30	0.95	0.24	25.67	2.75	6.58
	水田	1.31	0.08	0.57	0.00	0.01	0.25	0.32	0.07
	水浇地	77.21	13.89	41.62	0.25	0.09	17.15	1.01	3.20
	旱地	52.63	11.69	27.10	0.70	0.14	8.27	1.42	3.31
山西	耕地	84.92	26.98	35.18	4.51	0.35	12.41	1.26	4.23
	水田	0.03	0.00	0.01	0.00	0.00	0.01	0.01	0.00
	水浇地	22.66	11.91	4.92	0.07	0.13	4.46	0.46	0.70
	旱地	62.23	15.06	30.25	4.44	0.21	7.94	0.80	3.52
内蒙古	耕地	84.24	1.74	48.32	10.24	1.46	8.62	2.96	10.90
	水田	0.39	0.01	0.15	0.02	0.03	0.07	0.10	0.01
	水浇地	18.76	0.79	9.55	1.31	0.39	3.65	1.39	1.69
	旱地	65.09	0.95	38.63	8.91	1.04	4.89	1.46	9.20
辽宁	耕地	53.20	13.27	20.89	0.74	2.21	9.65	4.10	2.33
	水田	4.41	0.30	0.78	0.02	0.19	1.75	1.20	0.18
	水浇地	2.40	0.77	0.42	0.02	0.01	0.88	0.08	0.23
	旱地	46.38	12.21	19.69	0.70	2.01	7.02	2.83	1.92
吉林	耕地	53.12	2.79	34.65	0.27	0.95	7.69	5.08	1.68
	水田	3.43	0.15	0.99	0.03	0.11	1.00	1.03	0.12
	水浇地	0.81	0.10	0.15	0.00	0.00	0.49	0.02	0.05
	旱地	48.87	2.55	33.51	0.25	0.84	6.19	4.03	1.51

续表

行政辖区	类型	合计	园地	林地	草地	湿地	建设用地	水域及水利设施用地	其他土地
黑龙江	耕地	73.52	2.01	44.08	2.03	3.40	8.24	11.53	2.23
	水田	4.77	0.03	1.90	0.04	0.29	0.82	1.55	0.14
	水浇地	0.88	0.06	0.22	0.00	0.00	0.55	0.02	0.04
	旱地	67.87	1.92	41.96	1.99	3.11	6.87	9.96	2.05
上海	耕地	6.37	0.67	2.83	0.12	0.03	1.85	0.71	0.16
	水田	3.81	0.46	1.77	0.08	0.03	0.89	0.47	0.10
	水浇地	2.23	0.19	0.88	0.03	0.00	0.90	0.18	0.05
	旱地	0.33	0.02	0.18	0.00	0.00	0.05	0.06	0.01
江苏	耕地	98.94	12.09	33.62	1.08	0.04	28.02	20.69	3.39
	水田	49.58	4.87	13.85	0.83	0.01	13.84	14.89	1.30
	水浇地	8.97	1.14	3.23	0.02	0.00	2.87	1.35	0.36
	旱地	40.39	6.08	16.54	0.22	0.02	11.31	4.46	1.74
浙江	耕地	86.19	25.78	31.22	0.12	0.04	16.10	10.74	2.20
	水田	58.11	18.71	15.72	0.09	0.02	12.65	9.31	1.61
	水浇地	0.00	0.00	0.00	0.00	0.00	0.00	0.00	0.00
	旱地	28.07	7.07	15.49	0.02	0.01	3.45	1.43	0.59
安徽	耕地	86.71	7.41	33.80	0.10	0.13	23.23	17.40	4.63
	水田	45.12	3.12	15.74	0.06	0.06	10.92	13.22	2.00
	水浇地	3.37	0.28	0.85	0.00	0.00	1.65	0.36	0.22
	旱地	38.21	4.01	17.22	0.04	0.07	10.66	3.82	2.41
福建	耕地	52.14	16.47	19.75	0.07	0.03	8.56	4.50	2.75
	水田	41.75	13.84	15.74	0.05	0.02	5.69	4.15	2.25
	水浇地	2.21	0.75	0.48	0.00	0.00	0.77	0.11	0.09
	旱地	8.19	1.88	3.53	0.02	0.01	2.10	0.24	0.42
江西	耕地	67.89	7.59	29.81	0.17	0.08	14.66	10.59	4.99
	水田	46.64	5.01	18.00	0.12	0.04	10.38	9.01	4.07
	水浇地	0.67	0.05	0.20	0.00	0.00	0.28	0.09	0.04
	旱地	20.58	2.52	11.61	0.05	0.04	3.99	1.49	0.88
山东	耕地	192.13	55.31	85.66	0.21	0.15	33.68	7.43	9.69
	水田	2.11	0.21	0.77	0.00	0.00	0.59	0.40	0.13
	水浇地	99.99	17.03	49.27	0.06	0.11	23.45	4.90	5.17
	旱地	90.03	38.06	35.61	0.15	0.04	9.65	2.13	4.39

续表

行政辖区	类型	合计	园地	林地	草地	湿地	建设用地	水域及水利设施用地	其他土地
河南	耕地	144.61	22.38	67.72	0.34	0.19	36.09	9.63	8.27
	水田	12.91	0.99	5.33	0.01	0.02	2.16	3.30	1.10
	水浇地	70.61	11.76	28.47	0.05	0.10	23.73	2.92	3.58
	旱地	61.09	9.63	33.92	0.28	0.07	10.20	3.41	3.58
湖北	耕地	118.60	11.44	60.34	0.11	0.12	22.71	19.83	4.05
	水田	44.34	4.57	14.10	0.04	0.03	10.43	13.28	1.89
	水浇地	10.32	0.76	2.80	0.00	0.03	3.83	2.63	0.28
	旱地	63.93	6.12	43.43	0.06	0.06	8.45	3.92	1.89
湖南	耕地	109.91	11.73	60.66	0.44	0.13	18.98	12.29	5.69
	水田	71.98	8.05	34.24	0.37	0.10	13.90	10.74	4.57
	水浇地	0.17	0.01	0.05	0.00	0.00	0.09	0.01	0.00
	旱地	37.77	3.67	26.37	0.06	0.04	4.98	1.54	1.11
广东	耕地	92.09	29.68	39.72	0.24	0.09	10.57	9.39	2.40
	水田	47.78	16.08	17.08	0.14	0.05	6.20	7.00	1.23
	水浇地	5.34	1.81	0.89	0.05	0.01	1.78	0.62	0.19
	旱地	38.97	11.79	21.75	0.05	0.04	2.59	1.77	0.99
广西	耕地	155.14	51.80	78.24	0.21	0.04	13.18	6.15	5.52
	水田	48.70	23.58	12.60	0.10	0.02	6.04	4.15	2.21
	水浇地	0.19	0.04	0.03	0.00	0.00	0.10	0.01	0.00
	旱地	106.26	28.18	65.61	0.12	0.02	7.04	1.98	3.30
海南	耕地	32.40	19.40	9.17	0.02	0.05	1.76	1.65	0.35
	水田	10.31	5.35	2.88	0.01	0.02	0.74	1.15	0.15
	水浇地	0.03	0.02	0.01	0.00	0.00	0.00	0.00	0.00
	旱地	22.06	14.04	6.28	0.01	0.03	1.02	0.49	0.20
重庆	耕地	90.39	13.05	59.58	0.09	0.08	9.48	4.59	3.52
	水田	24.89	5.12	9.88	0.03	0.02	4.54	3.63	1.67
	水浇地	0.02	0.00	0.00	0.00	0.00	0.01	0.00	0.00
	旱地	65.48	7.93	49.70	0.06	0.06	4.93	0.96	1.85
四川	耕地	232.58	49.31	127.48	1.02	0.33	32.28	11.58	10.57
	水田	74.85	21.05	27.09	0.10	0.07	14.48	8.47	3.60
	水浇地	7.73	2.50	3.09	0.09	0.02	1.62	0.22	0.18
	旱地	149.99	25.76	97.30	0.83	0.24	16.18	2.90	6.78

续表

行政辖区	类型	合计	园地	林地	草地	湿地	建设用地	水域及水利设施用地	其他土地
贵州	耕地	200.52	26.20	130.96	0.48	0.06	23.89	3.75	15.17
	水田	43.63	6.50	20.16	0.07	0.03	9.46	2.51	4.90
	水浇地	0.48	0.14	0.16	0.00	0.00	0.13	0.01	0.04
	旱地	156.41	19.56	110.64	0.41	0.04	14.30	1.24	10.22
云南	耕地	225.03	55.62	122.66	1.12	0.46	21.71	6.10	17.36
	水田	38.59	10.73	12.53	0.07	0.30	7.20	3.51	4.26
	水浇地	2.12	0.50	0.47	0.00	0.02	0.90	0.09	0.13
	旱地	184.31	44.39	109.66	1.05	0.14	13.61	2.50	12.97
西藏	耕地	14.74	0.22	6.50	4.58	0.47	1.62	0.45	0.90
	水田	4.08	0.02	1.09	2.70	0.09	0.09	0.06	0.03
	水浇地	4.45	0.13	1.69	0.31	0.28	1.17	0.27	0.61
	旱地	6.21	0.07	3.73	1.57	0.10	0.37	0.12	0.26
陕西	耕地	161.18	54.86	73.79	9.03	0.65	15.43	2.87	4.55
	水田	4.85	0.65	1.93	0.01	0.04	1.38	0.50	0.32
	水浇地	39.29	19.57	10.56	0.18	0.29	7.20	0.69	0.81
	旱地	117.04	34.65	61.30	8.84	0.33	6.85	1.67	3.41
甘肃	耕地	99.33	20.11	39.96	12.68	0.67	11.33	0.78	13.79
	水田	0.12	0.02	0.01	0.00	0.01	0.06	0.02	0.01
	水浇地	16.55	4.99	4.03	1.19	0.22	4.58	0.26	1.28
	旱地	82.66	15.10	35.92	11.49	0.44	6.69	0.51	12.50
青海	耕地	11.73	1.50	4.92	1.52	0.08	2.41	0.16	1.13
	水田	0.00	0.00	0.00	0.00	0.00	0.00	0.00	0.00
	水浇地	5.79	1.49	1.80	0.29	0.04	1.68	0.08	0.42
	旱地	5.94	0.01	3.11	1.23	0.05	0.73	0.09	0.71
宁夏	耕地	29.73	3.78	8.32	7.94	0.08	3.70	1.22	4.69
	水田	3.34	0.52	0.92	0.02	0.02	1.02	0.76	0.09
	水浇地	5.19	1.76	1.33	0.09	0.03	1.34	0.24	0.40
	旱地	21.20	1.50	6.07	7.83	0.03	1.35	0.22	4.20
新疆	耕地	78.37	44.36	15.04	4.17	0.43	10.84	0.92	2.62
	水田	0.92	0.46	0.13	0.01	0.03	0.20	0.06	0.03
	水浇地	75.66	43.78	14.49	3.19	0.38	10.45	0.82	2.55
	旱地	1.79	0.11	0.42	0.97	0.01	0.19	0.04	0.04

5.2.2.2 耕地流入情况

2009—2019 年全国耕地流入 2143.30 万公顷，占 2019 年耕地的 16.76%。其中，内蒙古、新疆、黑龙江、云南 4 个省（区）流入面积超过 100 万公顷。从其面积占比来看，流入耕地占 2019 年耕地总面积比例超过 20% 的有 6 个省（区、市），分别是新疆、西藏、内蒙古、贵州、云南、上海，其中新疆的占比达 38.35%。2009—2019 年全国及各省（区、市）新增耕地来源统计情况见表 5.15、图 5.11。

林地是流入耕地最大来源地类，流入面积为 666.78 万公顷，其中内蒙古、黑龙江、云南及贵州 4 个省（区）面积超过 50 万公顷，其余 27 个省（区、市）面积均在 50 万公顷以下。从二级地类上来看，林地流入水田面积为 77.76 万公顷，其中湖南和黑龙江面积超过 10 万公顷；林地流入水浇地面积为 118.76 万公顷，其中内蒙古、新疆、山东和河南 4 个省（区）面积超过 10 万公顷；林地流入旱地面积为 470.26 万公顷，其中云南、黑龙江、内蒙古等 14 个省（区、市）面积超过 10 万公顷。

草地是流入耕地第二大来源地类，流入面积为 637.56 万公顷，其中内蒙古、新疆和黑龙江 3 个省（区）面积超过 50 万公顷，其余 28 个省（区、市）面积均在 50 万公顷以下。从二级地类上来看，草地流入水田面积为 40.54 万公顷，全国仅黑龙江面积超过 10 万公顷；草地流入水浇地面积为 250.71 万公顷，其中新疆和内蒙古面积超过 50 万公顷；草地流入旱地面积为 346.31 万公顷，其中内蒙古、新疆等 10 个省（区、市）面积超过 10 万公顷。

园地流入耕地总面积为 195.36 万公顷，其中新疆、河北和湖南等 8 个省（区）面积超过 10 万公顷，其余 23 个省（区、市）面积均低于 10 万公顷。从二级地类上来看，园地流入水田面积为 28.92 万公顷，其中仅湖南、江苏和广东等 9 个省（区）面积超过 1 万公顷；园地流入水浇地面积为 59.92 万公顷，其中新疆、河北超过 10 万公顷；园地流入旱地面积为 106.51 万公顷，其中云南、四川和陕西等 9 个省（区）面积超过 5 万公顷。

湿地、水域及水利设施用地和其他土地流入耕地面积总量也相对较大，达 578.02 万公顷，其中新疆、黑龙江、内蒙古、河南和山东 5 个省（区）面积超过 30 万公顷，而其余 26 个省（区、市）面积均低于 30 万公顷。从二级地类上来看，这些地类流入水田面积为 160.35 万公顷，其中黑龙江、江苏等 6 个省（区）面积超过 10 万公顷；流入水浇地面积为 204.60 万公顷，其中新疆、内蒙古等 6 个省（区）面积超过 10 万公顷；流入旱地面积为 213.08 万公顷，其中黑龙江、吉林和云南等 8 个省（区）面积超过 10 万公顷。

建设用地流入耕地总面积为 65.57 万公顷，其中安徽、江苏、湖北和黑龙江 4 个省份面积超过 5 万公顷，其余 27 个省（区、市）面积低于 5 万公顷。从二级地类上来看，建设用地流入水田面积为 12.33 万公顷，其中江苏、安徽、湖北和湖南 4 个省份面积超过 1 万公顷；建设用地流入水浇地面积为 17.50 万公顷，其中山东、河南和江苏等 7 个省（区）面积超过 1 万公顷；建设用地流入旱地面积为 35.74 万公顷，其中安徽、黑龙江和湖北等 13 个省（区）面积超过 1 万公顷。

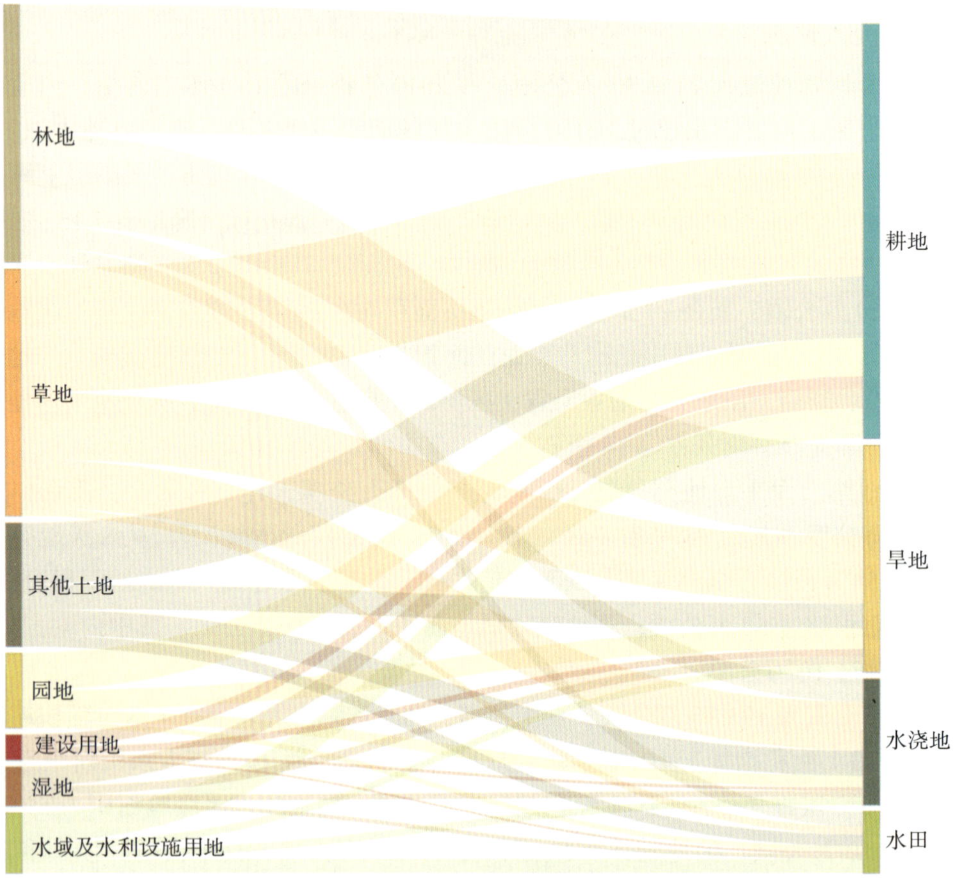

图 5.11　2009—2019 年全国耕地面积流入情况

表 5.15　2009—2019 年全国及各省（区、市）耕地流入情况　　单位：10^4 hm^2

行政辖区	类型	合计	园地	林地	草地	湿地	建设用地	水域及水利设施用地	其他土地
全国	耕地	2143.30	195.36	666.78	637.56	101.26	65.57	156.92	319.84
	水田	319.91	28.92	77.76	40.54	24.11	12.33	75.07	61.17
	水浇地	651.48	59.92	118.76	250.71	31.89	17.50	41.42	131.29
	旱地	1171.91	106.51	470.26	346.31	45.27	35.74	40.43	127.38
北京	耕地	1.37	0.68	0.35	0.07	0.01	0.09	0.05	0.13
	水田	0.00	0.00	0.00	0.00	0.00	0.00	0.00	0.00
	水浇地	1.01	0.47	0.27	0.05	0.01	0.08	0.04	0.09
	旱地	0.36	0.20	0.08	0.02	0.00	0.02	0.01	0.03
天津	耕地	2.47	0.47	0.22	0.36	0.05	0.25	0.88	0.25
	水田	0.62	0.01	0.03	0.08	0.02	0.06	0.40	0.01
	水浇地	1.81	0.43	0.19	0.27	0.03	0.18	0.48	0.23
	旱地	0.05	0.03	0.00	0.00	0.00	0.00	0.00	0.00

续表

行政辖区	类型	合计	园地	林地	草地	湿地	建设用地	水域及水利设施用地	其他土地
河北	耕地	78.42	18.18	16.92	15.55	4.69	2.46	6.69	13.93
	水田	1.45	0.02	0.03	0.08	0.48	0.04	0.65	0.16
	水浇地	37.79	10.68	6.17	6.25	2.74	1.60	4.14	6.22
	旱地	39.18	7.48	10.72	9.23	1.47	0.83	1.91	7.54
山西	耕地	65.10	7.68	13.27	23.73	3.29	1.76	1.83	13.53
	水田	0.37	0.00	0.00	0.00	0.32	0.00	0.04	0.01
	水浇地	14.60	3.35	1.50	1.67	1.33	0.59	0.99	5.18
	旱地	50.13	4.33	11.76	22.07	1.65	1.17	0.80	8.35
内蒙古	耕地	322.79	1.60	87.38	193.20	12.66	2.53	5.40	20.02
	水田	2.51	0.00	0.39	1.37	0.25	0.05	0.24	0.21
	水浇地	155.10	0.96	38.65	84.34	10.35	1.73	3.74	15.34
	旱地	165.17	0.63	48.34	107.49	2.06	0.76	1.42	4.48
辽宁	耕地	67.21	8.99	30.34	13.60	2.44	3.06	4.65	4.13
	水田	3.43	0.03	0.56	0.42	0.75	0.22	1.16	0.29
	水浇地	1.50	0.25	0.44	0.15	0.02	0.18	0.14	0.33
	旱地	62.29	8.71	29.35	13.03	1.67	2.67	3.35	3.51
吉林	耕地	99.92	1.60	45.44	21.02	2.70	3.10	7.85	18.22
	水田	16.35	0.02	1.54	5.14	0.72	0.33	2.99	5.61
	水浇地	0.25	0.01	0.08	0.04	0.00	0.03	0.01	0.06
	旱地	83.32	1.57	43.82	15.84	1.98	2.73	4.84	12.54
黑龙江	耕地	198.62	2.37	75.09	54.32	37.80	5.27	14.23	9.54
	水田	54.21	0.14	10.96	17.03	10.52	0.94	10.67	3.96
	水浇地	0.76	0.02	0.14	0.15	0.01	0.09	0.04	0.31
	旱地	143.65	2.22	63.99	37.15	27.26	4.24	3.52	5.28
上海	耕地	3.59	0.55	0.70	0.03	0.25	0.27	1.65	0.14
	水田	2.55	0.36	0.42	0.02	0.23	0.12	1.33	0.07
	水浇地	1.04	0.19	0.28	0.01	0.02	0.15	0.32	0.07
	旱地	0.00	0.00	0.00	0.00	0.00	0.00	0.00	0.00
江苏	耕地	46.61	8.48	2.45	0.68	4.16	6.15	16.87	7.82
	水田	27.01	4.11	1.00	0.22	3.05	2.46	11.47	4.70
	水浇地	12.30	2.22	0.68	0.24	0.61	2.44	4.15	1.96
	旱地	7.30	2.15	0.77	0.23	0.50	1.25	1.25	1.16

续表

行政辖区	类型	合计	园地	林地	草地	湿地	建设用地	水域及水利设施用地	其他土地
浙江	耕地	16.56	5.69	3.70	0.56	1.23	1.06	3.13	1.20
	水田	9.61	2.97	1.55	0.30	0.84	0.49	2.53	0.93
	水浇地	0.00	0.00	0.00	0.00	0.00	0.00	0.00	0.00
	旱地	6.96	2.72	2.14	0.26	0.38	0.57	0.60	0.28
安徽	耕地	50.68	3.84	12.94	1.67	4.09	7.78	13.31	7.06
	水田	21.21	0.81	3.83	0.42	1.79	2.00	8.09	4.27
	水浇地	1.56	0.03	0.56	0.03	0.24	0.26	0.34	0.10
	旱地	27.92	3.01	8.56	1.22	2.06	5.52	4.88	2.68
福建	耕地	11.16	1.29	3.48	1.23	0.16	0.25	1.72	3.02
	水田	8.63	0.70	2.81	0.88	0.11	0.09	1.43	2.60
	水浇地	0.41	0.11	0.09	0.02	0.01	0.03	0.07	0.09
	旱地	2.12	0.48	0.57	0.33	0.04	0.13	0.22	0.34
江西	耕地	31.12	2.49	11.63	4.81	1.20	1.33	4.07	5.59
	水田	20.31	1.09	6.89	2.59	0.97	0.53	3.34	4.90
	水浇地	0.02	0.00	0.00	0.00	0.00	0.00	0.01	0.00
	旱地	10.79	1.40	4.74	2.22	0.23	0.79	0.73	0.68
山东	耕地	71.48	12.99	18.78	4.97	1.32	3.99	6.09	23.34
	水田	1.59	0.01	0.17	0.46	0.01	0.03	0.31	0.60
	水浇地	42.65	6.59	13.73	1.63	1.23	3.08	4.39	12.00
	旱地	27.24	6.38	4.89	2.89	0.08	0.88	1.39	10.73
河南	耕地	76.81	5.00	23.46	11.64	11.72	4.95	7.68	12.35
	水田	5.49	0.17	1.44	0.86	0.39	0.51	1.46	0.67
	水浇地	41.16	2.83	13.54	1.22	9.36	3.02	4.36	6.84
	旱地	30.15	2.00	8.48	9.57	1.98	1.42	1.86	4.83
湖北	耕地	63.07	7.24	24.22	4.54	2.86	5.77	12.34	6.10
	水田	21.07	1.45	5.40	0.89	0.38	1.51	8.34	3.10
	水浇地	5.11	0.46	0.99	0.06	1.03	1.27	0.97	0.35
	旱地	36.89	5.33	17.83	3.59	1.45	2.99	3.04	2.66
湖南	耕地	59.33	13.38	21.14	5.57	1.69	2.51	9.15	5.88
	水田	35.72	6.64	11.02	2.54	1.35	1.16	7.99	5.03
	水浇地	0.04	0.03	0.00	0.00	0.00	0.00	0.00	0.00
	旱地	23.57	6.72	10.12	3.03	0.34	1.35	1.15	0.85

续表

行政辖区	类型	合计	园地	林地	草地	湿地	建设用地	水域及水利设施用地	其他土地
广东	耕地	29.05	11.08	7.68	2.12	0.24	0.88	3.53	3.52
	水田	12.33	3.10	3.11	0.81	0.12	0.26	2.43	2.49
	水浇地	6.57	3.06	1.20	0.56	0.08	0.38	0.83	0.45
	旱地	10.16	4.92	3.37	0.75	0.04	0.23	0.26	0.58
广西	耕地	42.85	7.04	13.70	5.00	0.14	2.32	3.41	11.23
	水田	13.18	1.59	3.80	0.98	0.04	0.40	1.91	4.47
	水浇地	0.13	0.03	0.03	0.01	0.00	0.02	0.02	0.02
	旱地	29.54	5.42	9.88	4.01	0.10	1.90	1.48	6.74
海南	耕地	8.10	3.52	3.13	0.51	0.06	0.34	0.37	0.17
	水田	1.58	0.64	0.50	0.08	0.01	0.08	0.24	0.02
	水浇地	0.22	0.05	0.08	0.02	0.00	0.04	0.01	0.02
	旱地	6.30	2.83	2.55	0.41	0.04	0.22	0.12	0.13
重庆	耕地	33.56	4.99	15.07	2.87	0.07	0.68	1.89	7.99
	水田	7.70	0.62	2.32	0.24	0.01	0.06	0.85	3.60
	水浇地	0.01	0.00	0.00	0.00	0.00	0.00	0.00	0.00
	旱地	25.85	4.37	12.75	2.62	0.06	0.61	1.04	4.39
四川	耕地	83.28	11.67	36.32	12.04	0.74	2.36	5.91	14.23
	水田	21.60	1.87	7.17	0.38	0.16	0.47	3.59	7.96
	水浇地	1.06	0.23	0.12	0.09	0.06	0.27	0.15	0.14
	旱地	60.62	9.57	29.02	11.57	0.53	1.62	2.17	6.14
贵州	耕地	91.52	2.16	50.01	19.03	0.19	1.47	2.02	16.65
	水田	15.00	0.33	7.75	3.01	0.09	0.24	1.01	2.57
	水浇地	0.04	0.00	0.01	0.01	0.00	0.00	0.00	0.02
	旱地	76.48	1.83	42.24	16.01	0.09	1.23	1.01	14.06
云南	耕地	140.18	12.18	73.76	29.14	0.78	1.42	4.18	18.73
	水田	11.54	1.70	4.24	1.11	0.37	0.19	1.79	2.13
	水浇地	3.25	0.77	0.68	0.82	0.08	0.12	0.39	0.38
	旱地	125.40	9.71	68.83	27.21	0.32	1.11	1.99	16.22
西藏	耕地	14.65	0.02	2.78	10.79	0.39	0.09	0.20	0.37
	水田	0.06	0.00	0.02	0.04	0.00	0.00	0.00	0.00
	水浇地	8.61	0.02	1.32	6.39	0.34	0.07	0.14	0.32
	旱地	5.98	0.00	1.44	4.36	0.04	0.02	0.06	0.05

续表

行政辖区	类型	合计	园地	林地	草地	湿地	建设用地	水域及水利设施用地	其他土地
陕西	耕地	54.85	13.20	20.21	13.95	0.85	1.29	1.94	3.42
	水田	1.67	0.25	0.63	0.07	0.21	0.03	0.32	0.15
	水浇地	13.53	4.08	2.97	3.65	0.32	0.39	0.67	1.45
	旱地	39.65	8.86	16.61	10.23	0.32	0.86	0.94	1.82
甘肃	耕地	79.24	4.91	16.26	34.21	0.89	0.76	2.19	20.02
	水田	0.03	0.00	0.00	0.00	0.00	0.00	0.01	0.01
	水浇地	24.42	1.40	1.95	8.08	0.39	0.26	1.90	10.45
	旱地	54.79	3.51	14.31	26.13	0.50	0.50	0.28	9.56
青海	耕地	9.35	0.03	1.21	6.22	0.08	0.08	0.50	1.22
	水田	0.00	0.00	0.00	0.00	0.00	0.00	0.00	0.00
	水浇地	4.75	0.03	0.47	3.38	0.07	0.03	0.47	0.30
	旱地	4.59	0.00	0.74	2.84	0.01	0.04	0.03	0.93
宁夏	耕地	20.47	2.00	2.76	9.97	1.32	0.25	0.81	3.35
	水田	2.01	0.21	0.09	0.08	0.79	0.07	0.35	0.42
	水浇地	8.72	1.72	0.82	2.90	0.48	0.15	0.44	2.21
	旱地	9.74	0.08	1.86	6.99	0.04	0.04	0.02	0.72
新疆	耕地	269.90	20.00	32.39	134.17	3.19	1.07	12.39	66.68
	水田	1.10	0.08	0.10	0.45	0.11	0.00	0.14	0.22
	水浇地	263.08	19.89	31.80	128.71	3.06	1.04	12.22	66.36
	旱地	5.72	0.03	0.50	5.01	0.02	0.03	0.03	0.11

5.2.2.3 耕地内部二级地类转换情况

全国耕地内部二级地类转换主要集中在水田流向旱地、旱地流向水田和水浇地上。全国水田流向旱地面积为 119.58 万公顷，其中面积超过 10 万公顷的有贵州、云南、重庆、吉林、四川 5 个省（市），其余 26 个省（区、市）面积低于 10 万公顷。

全国旱地流向水田面积为 331.33 万公顷，其中黑龙江超过 100 万公顷，面积在 10 万～100 万公顷的有江苏、吉林、四川、湖南 4 省，其余 26 省（区、市）面积低于 10 万公顷。

全国旱地流向水浇地面积为 275.46 万公顷，其中内蒙古（140.09 万公顷）超过 100 万公顷，面积在 10 万～100 万公顷的有河北、河南和江苏 3 个省，其余 27 个省（区、市）面积低于 10 万公顷。2009—2019 年各省（区、市）耕地内部转换统计情况见表 5.16。

表5.16 2009—2019年全国及各省（区、市）耕地内部转换情况 单位：10^4 hm^2

行政辖区	水田		水浇地		旱地	
	水浇地	旱地	水田	旱地	水田	水浇地
全国	28.41	119.58	29.51	16.86	331.33	275.46
北京	0.03	0.00	0.01	0.02	0.00	0.57
天津	0.04	0.00	4.98	0.01	0.04	4.95
河北	0.99	0.27	1.21	0.99	0.63	35.42
山西	0.03	0.01	0.04	0.50	0.02	5.59
内蒙古	1.58	0.23	3.89	2.16	2.95	140.09
辽宁	1.16	7.38	0.26	3.54	5.63	4.91
吉林	0.07	14.94	0.08	2.25	18.63	0.94
黑龙江	0.24	5.45	0.14	0.93	191.21	4.46
上海	0.98	0.00	1.34	0.00	0.09	0.16
江苏	4.69	0.57	3.69	0.04	33.25	23.39
浙江	0.00	0.36	0.00	0.00	1.89	0.00
安徽	0.36	2.45	0.55	0.61	4.11	0.67
福建	0.05	0.24	0.04	0.03	0.32	0.17
江西	0.02	4.10	0.35	0.41	6.07	0.00
山东	0.76	0.00	0.58	0.35	0.60	5.49
河南	1.47	0.82	0.24	0.42	1.75	26.53
湖北	1.29	9.52	8.80	0.91	8.11	0.54
湖南	0.01	3.01	0.03	0.03	11.49	0.00
广东	0.64	1.23	0.53	0.04	6.26	3.74
广西	0.16	2.27	0.00	0.02	3.02	0.32
海南	0.04	0.45	0.00	0.00	0.67	0.11
重庆	0.05	16.41	0.00	0.01	6.39	0.01
四川	0.73	10.27	0.41	0.22	11.54	0.29
贵州	0.24	21.12	0.13	0.49	9.70	0.07
云南	8.21	16.76	0.28	0.59	6.07	3.73
西藏	0.00	0.01	0.00	0.25	0.02	1.19
陕西	0.34	1.68	0.45	1.52	0.86	4.55

续表

行政辖区	水田		水浇地		旱地	
	水浇地	旱地	水田	旱地	水田	水浇地
甘肃	0.22	0.02	0.08	0.14	0.00	2.72
青海	0.00	0.00	0.00	0.14	0.00	0.31
宁夏	3.01	0.01	0.34	0.14	0.00	1.44
新疆	1.02	0.00	1.07	0.11	0.00	3.07

5.3 耕地面积变化原因分析

2009—2019年，全国耕地面积净减少752.50万公顷，耕地变化原因涉及农业结构调整、建设用地占用、退耕还林和耕地保护政策，以及调查技术和标准变化等各个方面。

5.3.1 退耕还林和绿化造林

退耕还林、耕地绿化造林等是耕地减少主要原因：一是受退耕还林、绿化造林等政策因素的影响，例如：退耕还林还草、三北防护林建设、京津风沙源治理工程等工程措施的实施尽管对推进生态建设起到促进作用，但也客观上加大了耕地的流出规模。二是受经济利益的影响，农民自发在耕地上种植速生林，以获取较高的政府补偿和经济效益，进而导致大量耕地转为林地。三是部分地区由于劳动力成本上升、非农转移和耕地经济生产能力下降等原因，导致耕地撂荒现象严重，在气候、降水、温度等自然因素的影响下发生植被演替现象，进而导致耕地自然演化为林地。

5.3.2 农业产业结构调整

近年来，随着农产品供求结构的改变以及居民膳食结构的改变，农业产业结构调整步伐逐渐加快。对于经济发展较快的东部和南部地区，伴随着农业产业结构调整，大量耕地转为设施农用地、渔业养殖水面、园地、苗圃等高收益用途的地类。2009—2019年，617.08万公顷耕地转为园地，1412.12万公顷耕地转为林地，20.78万公顷耕地转为坑塘。农业产业结构调整导致耕地数量减少，部分地区出现耕地的“非农化”和“非粮化”现象。与此同时，内蒙古、辽宁、黑龙江和新疆等地可开垦为耕地的土地面积较多，通过进行农业结构调整有效增加了耕地面积。

5.3.3 建设占用

随着工业化、城镇化的不断推进，城市发展建设和工业园区建设形成对土地资源的占用和消耗，大城市的“虹吸效应”导致耕地“非农化”面积扩大，城市周边大量优质耕地资源被城市建设用地占用。与此同时，大都市郊区和东南沿海地区农村第二、三产业发展对建设用地需求也在不断增长，耕地和农村建设用地的用途差异带来的经济价值差异显性化，驱动大量优质耕地资源被建设占用。2009—2019年，有 3.50 万公顷耕地转为商服仓储用地，11.63 万公顷耕地转为工业用地，5.16 万公顷耕地转为城镇住宅用地，37.84 万公顷耕地转为农村居民点用地。

5.3.4 耕地保护政策

近年来，随着高标准农田建设、永久基本农田保护、耕地占补平衡等各项耕地保护政策的实施，有效实现了对耕地数量和质量的保护。一方面，这些耕地保护政策有效增加了耕地面积，2009—2019 年，全国耕地流入 2143.30 万公顷，占 2019 年耕地面积的 16.76%。这些用地一部分通过土地整治工程的实施，由林地、草地、种植园地、湿地调整而来，另一部分则是通过土地复垦的手段，将原“二调”城镇村及工矿用地范围内的村庄用地复垦为耕地，在稳定耕地数量上发挥了一定作用。另一方面，这些耕地保护政策进一步实现了耕地内部结构的调整。特别是国家近年来积极推行的“旱改水”政策，不仅能够提升耕地的整体生产力，同时还能够缓解耕地占补平衡压力，2009—2019 年，全国旱地流向水田面积为 331.33 万公顷，全国旱地流向水浇地面积为 275.46 万公顷。

5.3.5 调查技术提升

“三调”在遥感、卫星定位和地理信息系统等常规调查技术基础上，进一步整合了移动互联网、云计算、无人机等新技术。“二调”时主要采用 2 米分辨率的影像，“三调”采用优于 1 米分辨率的卫星遥感数据。对于耕地等农用地图斑的最小上图面积标准，从“二调”时的 600 平方米提高到 400 平方米，“三调”查清并汇集的调查图斑数达 2.95 亿个，比“二调”时的 1.45 亿个增加了一倍多。随着调查技术手段的不断升级完善，对耕地调查的精确度也不断提高，因此耕地面积与“二调”相比变化明显。

第 6 章　园　地

园地是用于栽培多年生经济作物和果木的土地，是除耕地之外，人们获取食物的重要土地来源之一。一般来说，园地的集约化经营程度和单位面积效益都比较高，是农民增产增收的重要来源。因此，掌握园地的利用现状与分布，了解其变化特征，分析其变化原因具有重要意义。本章主要通过分析 2019 年园地利用现状与分布，探究 2009—2019 年园地变化特征，掌握园地流出与流入状况，并分析其变化原因。

6.1　园地利用现状

园地指种植以采集果、叶、根、茎、汁等为主的集约经营的多年生木本和草本作物，覆盖度大于 50% 或每亩株数大于合理株数 70% 的土地，包括用于育苗的土地。园地可细分为果园、茶园、橡胶园和其他园地这 4 个二级土地利用类型。

本节主要基于“三调”土地利用现状数据，分析园地利用现状与组成结构，并掌握果园、茶园、橡胶园和其他园地的数量和分布情况。

6.1.1　园地面积、构成与分布

6.1.1.1　园地的面积及构成

截至 2019 年 12 月 31 日，全国共有园地面积 2017.16 万公顷，在全国土地一级分类中的比例居第七位。其中，果园为 1303.13 万公顷，占全国园地总面积的 64.60%；茶园为 168.47 万公顷，占全国园地总面积的 8.35%；橡胶园为 151.43 万公顷，占全国园地总面积的 7.51%；其他园地为 394.13 万公顷，占全国园地总面积的 19.54%。2019 年全国园地结构见图 6.1。由图 6.1 可知，全国园地以果园为主，其次为其他园地，茶园和橡胶园占比较小。

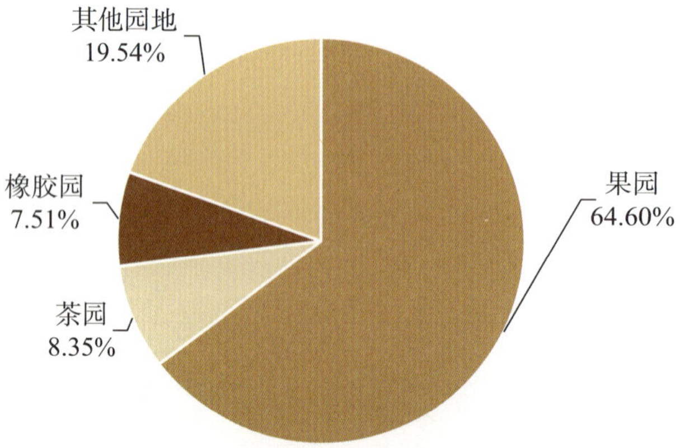

图 6.1　2019 年全国园地结构

6.1.1.2　园地分布情况

从各省（区、市）来看，全国园地面积大于 100 万公顷的有云南、广西、广东、山东、海南、陕西、四川、新疆和河北 9 个省（区）；面积在 10 万～100 万公顷的有福建、湖南、浙江、山西、江西、贵州、辽宁、湖北、甘肃、河南、安徽、重庆、江苏和北京 14 个省（区、市）；其余 8 个省（区、市）面积小于 10 万公顷。2019 年全国及各省（区、市）园地面积和分布情况见图 6.2、表 6.1。

图 6.2　2019 年全国园地分布情况

表 6.1　2019 年全国及各省（区、市）园地面积情况

行政辖区	园地总面积（10^4 hm^2）	占全国园地面积比例（%）	果园（10^4 hm^2）	茶园（10^4 hm^2）	橡胶园（10^4 hm^2）	其他园地（10^4 hm^2）
全国	2017.16	100.00	1303.13	168.47	151.43	394.13
北京	12.63	0.63	12.37	0.00	0.00	0.26
天津	3.69	0.18	3.67	0.00	0.00	0.02
河北	100.59	4.99	97.48	0.00	0.00	3.10
山西	64.09	3.18	55.38	0.00	0.00	8.71
内蒙古	4.72	0.23	4.33	0.00	0.00	0.40
辽宁	52.79	2.62	50.91	0.00	0.00	1.87
吉林	7.65	0.38	4.07	0.00	0.00	3.57

续表

行政辖区	园地总面积（10^4 hm^2）	占全国园地面积比例（%）	果园（10^4 hm^2）	茶园（10^4 hm^2）	橡胶园（10^4 hm^2）	其他园地（10^4 hm^2）
黑龙江	6.24	0.31	2.76	0.00	0.00	3.48
上海	1.51	0.07	1.39	0.00	0.00	0.12
江苏	23.03	1.14	12.45	1.98	0.00	8.60
浙江	76.03	3.77	37.33	17.11	0.00	21.59
安徽	37.27	1.85	15.62	15.36	0.00	6.29
福建	91.84	4.55	54.81	25.02	0.00	12.01
江西	57.24	2.84	36.28	3.25	0.00	17.71
山东	126.24	6.26	112.91	1.30	0.00	12.03
河南	42.78	2.12	32.59	3.57	0.00	6.62
湖北	48.70	2.41	31.84	11.68	0.00	5.18
湖南	88.61	4.39	40.58	5.29	0.00	42.73
广东	132.48	6.57	104.54	4.69	4.55	18.69
广西	167.02	8.28	116.33	3.10	0.05	47.55
海南	121.77	6.04	15.86	0.20	72.40	33.32
重庆	28.06	1.39	16.45	1.04	0.00	10.57
四川	120.32	5.96	79.68	13.21	0.00	27.42
贵州	56.81	2.82	35.72	11.20	0.00	9.89
云南	257.22	12.75	98.38	47.32	74.43	37.08
西藏	1.19	0.06	0.76	0.11	0.00	0.32
陕西	121.40	6.02	91.70	2.67	0.00	27.03
甘肃	42.86	2.12	27.24	0.36	0.00	15.26
青海	6.23	0.31	0.39	0.00	0.00	5.84
宁夏	9.15	0.45	6.83	0.00	0.00	2.32
新疆	107.01	5.31	102.47	0.00	0.00	4.54

从不同地貌类型县园地分布来看（表 6.2），园地主要分布在山区县，全国山区县园地面积为 891.10 万公顷，其次为丘陵县和平原县。全国各种地貌类型县范围内的园地以果园为主，占比均高于 50%，其中丘陵县和平原县果园占比高于 70%。

表 6.2 2019 年不同地貌类型县园地情况 单位：10^4 hm^2

地貌类型县	合计	果园	茶园	橡胶园	其他园地
山区县	891.10	481.93	128.02	97.39	183.77
丘陵县	503.49	365.45	20.02	23.80	94.22
平原县	404.24	294.24	9.50	26.49	74.00

果、茶、橡胶以及其他经济作物种植受气候影响较大。不同地区热量和辐射量不同，种植的主要经济作物也各不相同。从气候上来看，园地对热量和积温要求较高，全国园地主要分布在暖温带及以南的亚热带、中热带和热带区，温带区的湿润和半湿润地区次之。其中，亚热带区园地面积最大，占全国园地的 53.11%。除温带区和热带区等气候相对偏冷或偏热的地区之外，其他温度带园地均以果园为主，同时，茶园主要分布在亚热带区，橡胶园则仅分布于亚热带区南部及热带区，而其他园地则与果园的分布趋势类似。“三调”不同气候区园地面积统计情况见表 6.3。

表 6.3 2019 年不同气候区园地面积情况 单位：10^4 hm^2

气候带		合计	果园	茶园	橡胶园	其他园地
中温带区合计		64.22	49.11	0.00	0.00	15.10
Ⅱ中温带	A 湿润地区	23.83	15.29	0.00	0.00	8.54
Ⅱ中温带	B 半湿润地区	7.69	7.50	0.00	0.00	0.19
Ⅱ中温带	C 半干旱地区	8.87	8.39	0.00	0.00	0.48
Ⅱ中温带	D 干旱地区	23.83	17.94	0.00	0.00	5.89
暖温带区合计		622.35	557.62	1.37	0.00	63.37
Ⅲ暖温带	A 湿润地区	62.09	60.87	0.20	0.00	1.02
Ⅲ暖温带	B 半湿润地区	420.92	366.16	1.17	0.00	53.60
Ⅲ暖温带	C 半干旱地区	44.99	39.35	0.00	0.00	5.64
Ⅲ暖温带	D 干旱地区	94.35	91.24	0.00	0.00	3.10
亚热带区合计		1071.31	642.06	148.91	10.96	269.37
Ⅳ北亚热带	A 湿润地区	138.09	63.57	30.31	0.00	44.20
Ⅴ中亚热带	A 湿润地区	620.81	364.94	82.33	0.01	173.53
Ⅵ南亚热带	A 湿润地区	312.41	213.55	36.27	10.95	51.64
热带及中热带区合计		245.14	47.46	18.11	140.47	39.11
Ⅶ边缘热带	A 湿润地区	234.20	43.52	18.09	136.82	35.77
Ⅷ中热带	A 湿润地区	10.94	3.93	0.02	3.65	3.34

续表

气候带		合计	果园	茶园	橡胶园	其他园地
IX 赤道热带	A 湿润地区	0.00	0.00	0.00	0.00	0.00
高原温带、亚寒带及寒温带区合计		14.14	6.88	0.08	0.00	7.18
HII 高原温带	AB 湿润、半湿润地区	5.13	3.88	0.08	0.00	1.17
HII 高原温带	C 半干旱地区	0.81	0.52	0.00	0.00	0.29
HII 高原温带	D 干旱地区	4.39	0.14	0.00	0.00	4.26
HI 高原亚寒带	B 半湿润地区	0.05	0.00	0.00	0.00	0.05
HI 高原亚寒带	C 半干旱地区	1.39	0.00	0.00	0.00	1.39
HI 高原亚寒带	D 干旱地区	2.34	2.34	0.00	0.00	0.00
I 寒温带	A 湿润地区	0.03	0.00	0.00	0.00	0.03

6.1.2　园地二级地类面积与分布

6.1.2.1　果园

果园是指种植果树的园地。截至 2019 年 12 月 31 日，全国果园总面积为 1303.13 万公顷，占园地总面积的 64.60%，在园地中居主导地位。

从各省（区、市）来看，广西、山东、广东和新疆 4 个省（区）果园面积超过 100 万公顷；面积在 50 万～100 万公顷的有云南、河北、陕西、四川、山西、福建和辽宁 7 个省；面积在 10 万～50 万公顷的有湖南、浙江、江西、贵州、河南、湖北、甘肃、重庆、海南、安徽、江苏和北京 12 个省（市）；其余 8 个省（区、市）面积均在 10 万公顷以下。

从果园占园地总面积的比例来看，果园占比排名前七位的分别为天津、北京、河北、辽宁、新疆、上海、内蒙古，均超过 90%；其余 24 个省（区、市）面积低于 90%。2019 年全国及各省（区、市）果园统计情况见表 6.4、图 6.3。

表 6.4　2019 年全国及各省（区、市）果园面积情况

行政辖区	园地总面积（10^4 hm^2）	果园面积（10^4 hm^2）	占全国果园面积比例（%）	占该辖区园地总面积比例（%）
全国	2017.16	1303.13	100.00	64.60
北京	12.63	12.37	0.95	97.93
天津	3.69	3.67	0.28	99.46
河北	100.59	97.48	7.48	96.92
山西	64.09	55.38	4.25	86.40

续表

行政辖区	园地总面积（10^4 hm^2）	果园面积（10^4 hm^2）	占全国果园面积比例（%）	占该辖区园地总面积比例（%）
内蒙古	4.72	4.33	0.33	91.62
辽宁	52.79	50.91	3.91	96.45
吉林	7.65	4.07	0.31	53.26
黑龙江	6.24	2.76	0.21	44.21
上海	1.51	1.39	0.11	92.01
江苏	23.03	12.45	0.96	54.07
浙江	76.03	37.33	2.86	49.09
安徽	37.27	15.62	1.20	41.91
福建	91.84	54.81	4.21	59.68
江西	57.24	36.28	2.78	63.39
山东	126.24	112.91	8.66	89.44
河南	42.78	32.59	2.50	76.19
湖北	48.70	31.84	2.44	65.37
湖南	88.61	40.58	3.11	45.80
广东	132.48	104.54	8.02	78.91
广西	167.02	116.33	8.93	69.65
海南	121.77	15.86	1.22	13.02
重庆	28.06	16.45	1.26	58.62
四川	120.32	79.68	6.11	66.23
贵州	56.81	35.72	2.74	62.88
云南	257.22	98.38	7.55	38.25
西藏	1.19	0.76	0.06	64.02
陕西	121.40	91.70	7.04	75.53
甘肃	42.86	27.24	2.09	63.56
青海	6.23	0.39	0.03	6.29
宁夏	9.15	6.83	0.52	74.66
新疆	107.01	102.47	7.86	95.76

图 6.3　2019 年全国果园分布情况

6.1.2.2　茶园

茶园指种植茶树的园地。2019 年全国茶园总面积为 168.47 万公顷，占园地总面积的 8.35%，在园地二级地类中居第三位。

分省份来看，全国仅 19 个省（区、市）分布有茶园。全国仅云南、福建两省面积大于 20 万公顷；面积在 10 万～20 万公顷的有浙江、安徽、四川、湖北和贵州 5 个省；面积在 1 万～10 万公顷的有湖南、广东、河南、江西、广西、陕西、江苏、山东和重庆 9 个省（区、市）；其余 15 省（区、市）面积不足 1 万公顷。

从茶园占各省（区、市）园地面积的比例来看，云南、福建、浙江、安徽、四川、湖北、贵州 7 个省比例大于 10%，其余 24 个省（区、市）占比不足 10%。2019 年全国及各省（区、市）茶园面积统计情况见表 6.5、图 6.4。

表 6.5　2019 年全国及各省（区、市）茶园情况

行政辖区	园地总面积（10^4 hm^2）	茶园面积（10^4 hm^2）	占全国茶园面积比例（%）	占该辖区园地总面积比例（%）
全国	2017.16	168.47	100.00	8.35
北京	12.63	0.00	0.00	0.00
天津	3.69	0.00	0.00	0.00

续表

行政辖区	园地总面积（10^4 hm^2）	茶园面积（10^4 hm^2）	占全国茶园面积比例（%）	占该辖区园地总面积比例（%）
河北	100.59	0.00	0.00	0.00
山西	64.09	0.00	0.00	0.00
内蒙古	4.72	0.00	0.00	0.00
辽宁	52.79	0.00	0.00	0.00
吉林	7.65	0.00	0.00	0.00
黑龙江	6.24	0.00	0.00	0.00
上海	1.51	0.00	0.00	0.09
江苏	23.03	1.98	1.17	8.59
浙江	76.03	17.11	10.16	22.51
安徽	37.27	15.36	9.12	41.21
福建	91.84	25.02	14.85	27.24
江西	57.24	3.25	1.93	5.68
山东	126.24	1.30	0.77	1.03
河南	42.78	3.57	2.12	8.33
湖北	48.70	11.68	6.93	23.98
湖南	88.61	5.29	3.14	5.97
广东	132.48	4.69	2.78	3.54
广西	167.02	3.10	1.84	1.86
海南	121.77	0.20	0.12	0.16
重庆	28.06	1.04	0.62	3.72
四川	120.32	13.21	7.84	10.98
贵州	56.81	11.20	6.65	19.71
云南	257.22	47.32	28.09	18.40
西藏	1.19	0.11	0.07	9.51
陕西	121.40	2.67	1.58	2.20
甘肃	42.86	0.36	0.21	0.84
青海	6.23	0.00	0.00	0.00
宁夏	9.15	0.00	0.00	0.00
新疆	107.01	0.00	0.00	0.00

图 6.4 2019 年全国茶园分布情况

6.1.2.3 橡胶园

橡胶园是指种植橡胶树的园地。2019 年全国橡胶园总面积为 151.43 万公顷，占园地总面积的 7.51%，在园地二级地类中居第四位。

全国仅 4 个省（区）分布橡胶园，其中云南（74.43 万公顷）和海南（72.40 万公顷）两省的橡胶园面积共占全国橡胶园的 96.96%。此外广东、广西两省份的橡胶园面积共 4.60 万公顷，仅占 3.04%。

从橡胶园面积占各省（区、市）园地面积的比例来看，海南、云南、广东、广西分别为 59.45%、28.94%、3.44% 和 0.03%。2019 年全国及各省（区、市）橡胶园面积统计情况见表 6.6、图 6.5。

表 6.6 2019 年全国及各省（区、市）橡胶园情况

行政辖区	园地总面积（10^4 hm²）	橡胶园面积（10^4 hm²）	占全国橡胶园面积比例（%）	占该辖区园地总面积比例（%）
全国	2017.16	151.43	100.00	7.51
广东	132.48	4.55	3.01	3.44
广西	167.02	0.05	0.03	0.03
海南	121.77	72.40	47.81	59.45
云南	257.22	74.43	49.15	28.94

图 6.5 2019 年全国橡胶园分布情况

6.1.2.4 其他园地

其他园地指种植桑树、可可、咖啡、油棕、胡椒、药材等其他多年生作物的园地。2019 年全国其他园地总面积为 394.13 万公顷，占园地总面积的 19.54%，在园地二级地类中居第二位。

分省份来看，全国广西、湖南、云南、海南、四川、陕西、浙江 7 个省（区）面积超过 20 万公顷；面积在10万~20万公顷的有广东、江西、甘肃、山东、福建和重庆6个省（市）；其余18个省（区、市）面积低于 10 万公顷。

从其他园地占各省（区、市）园地面积的比例来看，青海居首占 93.71%。占比 20%~90% 的有黑龙江、湖南、吉林、重庆、江苏、甘肃、江西、广西、浙江、海南、西藏、宁夏、四川和陕西 14 个省（区、市）；其余 16 个省（区、市）占比低于 20%。2019 年全国及各省（区、市）其他园地面积统计情况见表 6.7、图 6.6。

表 6.7 2019 年全国及各省（区、市）其他园地情况

行政辖区	园地总面积（10^4 hm^2）	其他园地面积（10^4 hm^2）	占全国其他园地面积比例（%）	占该辖区园地总面积比例（%）
全国	2017.16	394.13	100.00	19.54
北京	12.63	0.26	0.07	2.07
天津	3.69	0.02	0.01	0.54

续表

行政辖区	园地总面积（10^4 hm^2）	其他园地面积（10^4 hm^2）	占全国其他园地面积比例（%）	占该辖区园地总面积比例（%）
河北	100.59	3.10	0.79	3.08
山西	64.09	8.71	2.21	13.60
内蒙古	4.72	0.40	0.10	8.38
辽宁	52.79	1.87	0.48	3.55
吉林	7.65	3.57	0.91	46.74
黑龙江	6.24	3.48	0.88	55.79
上海	1.51	0.12	0.03	7.89
江苏	23.03	8.60	2.18	37.34
浙江	76.03	21.59	5.48	28.40
安徽	37.27	6.29	1.60	16.88
福建	91.84	12.01	3.05	13.08
江西	57.24	17.71	4.49	30.94
山东	126.24	12.03	3.05	9.53
河南	42.78	6.62	1.68	15.48
湖北	48.70	5.18	1.31	10.64
湖南	88.61	42.73	10.84	48.23
广东	132.48	18.69	4.74	14.11
广西	167.02	47.55	12.06	28.47
海南	121.77	33.32	8.45	27.36
重庆	28.06	10.57	2.68	37.67
四川	120.32	27.42	6.96	22.79
贵州	56.81	9.89	2.51	17.41
云南	257.22	37.08	9.41	14.42
西藏	1.19	0.32	0.08	26.47
陕西	121.40	27.03	6.86	22.27
甘肃	42.86	15.26	3.87	35.60
青海	6.23	5.84	1.48	93.71
宁夏	9.15	2.32	0.59	25.34
新疆	107.01	4.54	1.15	4.24

图 6.6 2019 年全国其他园地分布情况

6.2 园地变化特征

本节主要将 2019 年“三调”的土地利用现状数据与 2009 年“二调”数据进行对比，对园地变化情况进行分析。此外，需要说明的是，园地转变为其他地类，称为园地流出，而其他地类转变为园地，则称为园地流入。2009—2019 年十年间，全国园地流入 1190.18 万公顷，流出 654.23 万公顷，净增加 535.95 万公顷。其中果园净增加 382.24 万公顷，橡胶园净增加 43.65 万公顷，茶园净增加 22.14 万公顷，其他园地净增加 87.92 万公顷。

6.2.1 园地面积变化

6.2.1.1 不同省份园地面积变化情况

从各省份园地变化情况来看，2009—2019 年除江苏、广东、北京、湖北、内蒙古和上海 6 个省（区、市）面积减少外，其余各省（区、市）面积均出现不同程度的增加。园地面积增加主要出现在西南、西北和华北及华南地区各省（区、市），其中云南、广西、山东、新疆、四川、贵州和陕西 7 个省（区）面积超过 30 万公顷；其余 18 个省（区、市）增加面积低于 30 万公顷。2009—2019 全国及各省（区、市）园地面积变化统计情况见表 6.8。

表 6.8　2009—2019 年全国及各省（区、市）园地变化情况

行政辖区	2009 年园地面积（10^4 hm^2）	2019 年园地面积（10^4 hm^2）	园地面积变化（10^4 hm^2）	园地变化率（%）	果园面积变化（10^4 hm^2）	茶园面积变化（10^4 hm^2）	橡胶园面积变化（10^4 hm^2）	其他园地面积变化（10^4 hm^2）
全国	1481.20	2017.16	535.95	36.18	382.24	22.14	43.65	87.92
北京	14.16	12.63	−1.53	−10.83	−1.68	0.00	0.00	0.15
天津	3.16	3.69	0.53	16.69	0.52	0.00	0.00	0.01
河北	87.30	100.59	13.29	15.22	22.75	0.00	0.00	−9.47
山西	41.54	64.09	22.55	54.29	25.91	−0.02	0.00	−3.34
内蒙古	5.64	4.72	−0.92	−16.24	−0.52	0.00	0.00	−0.40
辽宁	47.78	52.79	5.01	10.49	4.48	0.00	0.00	0.53
吉林	6.81	7.65	0.84	12.36	0.41	0.00	0.00	0.43
黑龙江	4.52	6.24	1.71	37.88	−0.41	0.00	0.00	2.12
上海	1.80	1.51	−0.29	−16.25	−0.36	0.00	0.00	0.07
江苏	32.07	23.03	−9.04	−28.18	5.45	−0.15	0.00	−14.34
浙江	62.90	76.03	13.13	20.87	3.87	0.70	0.00	8.56
安徽	35.62	37.27	1.65	4.63	1.02	0.43	0.00	0.20
福建	81.52	91.84	10.32	12.66	0.33	5.76	0.00	4.24
江西	33.44	57.24	23.80	71.16	9.60	0.96	0.00	13.23
山东	74.73	126.24	51.51	68.93	45.52	0.61	0.00	5.38
河南	23.10	42.78	19.67	85.15	16.34	0.75	0.00	2.58
湖北	49.72	48.70	−1.02	−2.05	−1.94	1.37	0.00	−0.45
湖南	68.71	88.61	19.90	28.95	−2.96	−1.82	0.00	24.68
广东	136.11	132.48	−3.64	−2.67	−10.10	1.70	1.91	2.84
广西	110.29	167.02	56.74	51.45	50.27	−3.18	0.01	9.65
海南	94.34	121.77	27.43	29.08	2.16	0.08	24.25	0.94
重庆	27.76	28.06	0.30	1.09	−0.01	−0.40	0.00	0.71
四川	76.64	120.32	43.68	56.99	35.49	3.23	0.00	4.96
贵州	15.78	56.81	41.03	260.00	27.81	6.61	0.00	6.61
云南	165.37	257.22	91.85	55.54	68.43	5.10	17.48	0.84
西藏	0.15	1.19	1.04	691.74	0.63	0.10	0.00	0.31
陕西	85.01	121.40	36.39	42.80	20.94	0.74	0.00	14.71

续表

行政辖区	2009 年园地面积（10^4 hm^2）	2019 年园地面积（10^4 hm^2）	园地面积变化（10^4 hm^2）	园地变化率（%）	果园面积变化（10^4 hm^2）	茶园面积变化（10^4 hm^2）	橡胶园面积变化（10^4 hm^2）	其他园地面积变化（10^4 hm^2）
甘肃	26.24	42.86	16.62	63.35	11.37	–0.44	0.00	5.68
青海	0.61	6.23	5.63	925.02	0.19	0.00	0.00	5.43
宁夏	5.30	9.15	3.85	72.71	3.94	0.00	0.00	–0.09
新疆	63.08	107.01	43.93	69.65	42.78	0.00	0.00	1.15

从二级地类上来看，果园增加面积最大，达 382.24 万公顷，占园地总增加量的 71.32%。果园中广东省减少面积超过 10 万公顷，重庆、黑龙江等 7 个省（区、市）减少面积均不足 3 万公顷。其余 23 个省（区、市）果园面积出现不同程度的增加，其中云南、广西、山东、新疆地区果园面积增加量超过 40 万公顷，这些省份也是我国水果主要生产大省。全国茶园增加量较少，仅增加 22.14 万公顷，且主要发生在云南、贵州、四川及福建等多山且气候湿润的省份。橡胶园因其高热量的生长条件，仅在我国南方地区分布，十年间增加 43.65 万公顷，且主要集中在海南和云南两省。其他园地作为种植包含除果、茶、橡胶外的其他经济作物的土地利用类型，在不同地区种植的作物各不相同，十年间增加 87.92 万公顷，除江苏、河北等 6 个省（区）面积减少外，其余 25 个省（区、市）面积均增加，其中湖南、陕西、江西增加面积超过 10 万公顷。

6.2.1.2 不同地貌区园地面积变化情况

从不同地形地貌园地变化分析（表 6.9），山区县、丘陵县和平原县园地及其二级地类均出现不同程度的增加，其中山区县、丘陵县、平原县净增加面积分别为 257.85 万公顷、130.46 万公顷、100.69 万公顷，相较 2009 年而言分别增长 33.17%、34.97%、40.72%。不同地貌类型县园地面积变化统计情况见表 6.9。

表 6.9 2009—2019 年不同地貌类型县园地变化情况 单位：10^4 hm^2

地貌类型县	合计	果园	茶园	橡胶园	其他园地
山区县	257.85	179.15	17.87	25.38	35.46
丘陵县	130.46	91.95	2.07	8.37	28.07
平原县	100.69	80.53	0.44	8.83	10.89

6.2.1.3 不同气候区园地面积变化情况

从不同气候区园地变化情况来看，中温带半干旱和半湿润地区园地面积稍有减少，其他各气候区种植园则出现不同程度的增加，其中主要集中在暖温带区和亚热带区，这十年间分别增加 191.91 万公顷、286.41 万公顷，且主要以果园增加为主，分别占增加面积的 94.82% 和 60.37%。茶园和橡胶园的种植地区相对固定，其中茶园增加主要在亚热带湿润地区，橡胶园增加则主要分布在热带和南亚热带地区。其他园地则是亚热带区增加面积最大，而边缘热带湿润地区面积减少较多。2009—2019 年不同气候区园地面积变化统计情况见表 6.10。

表 6.10　2009—2019 年不同气候区园地变化情况　　单位：10^4 hm^2

气候区名称		合计	果园	茶园	橡胶园	其他园地
中温带区合计		11.22	8.78	0.00	0.00	2.43
Ⅱ中温带	A 湿润地区	4.28	1.08	0.00	0.00	3.20
Ⅱ中温带	B 半湿润地区	−0.31	−0.17	0.00	0.00	−0.14
Ⅱ中温带	C 半干旱地区	−0.74	0.00	0.00	0.00	−0.74
Ⅱ中温带	D 干旱地区	7.98	7.87	0.00	0.00	0.11
暖温带区合计		191.91	181.96	0.59	0.00	9.35
Ⅲ暖温带	A 湿润地区	19.32	18.71	0.08	0.00	0.53
Ⅲ暖温带	B 半湿润地区	121.52	114.87	0.52	0.00	6.14
Ⅲ暖温带	C 半干旱地区	11.34	10.77	0.00	0.00	0.56
Ⅲ暖温带	D 干旱地区	39.74	37.61	0.00	0.00	2.13
亚热带区合计		286.41	172.89	21.05	5.14	87.32
Ⅳ北亚热带	A 湿润地区	7.20	7.57	2.05	0.00	−2.42
Ⅴ中亚热带	A 湿润地区	218.77	128.14	12.51	0.01	78.11
Ⅵ南亚热带	A 湿润地区	60.44	37.19	6.49	5.13	11.64
热带及中热带区合计		37.43	14.41	0.49	38.51	−15.98
Ⅶ边缘热带	A 湿润地区	36.41	13.68	0.50	37.81	−15.59
Ⅷ中热带	A 湿润地区	1.02	0.73	−0.01	0.70	−0.40
Ⅸ 赤道热带	A 湿润地区	0.00	0.00	0.00	0.00	0.00
高原温带、亚寒带及寒温带区合计		8.99	4.19	0.00	0.00	4.80
HII 高原温带	AB 湿润、半湿润地区	1.44	2.21	0.00	0.00	−0.77
HII 高原温带	C 半干旱地区	0.58	0.30	0.00	0.00	0.27
HII 高原温带	D 干旱地区	3.98	0.04	0.00	0.00	3.95
HI 高原亚寒带	B 半湿润地区	0.04	0.00	0.00	0.00	0.05
HI 高原亚寒带	C 半干旱地区	1.30	0.00	0.00	0.00	1.30
HI 高原亚寒带	D 干旱地区	1.61	1.64	0.00	0.00	−0.03
Ⅰ寒温带	A 湿润地区	0.03	0.00	0.00	0.00	0.03

6.2.2 园地结构变化

6.2.2.1 园地流出情况

2009—2019年全国园地流出654.23万公顷，其中广东、云南、广西、湖南、四川、陕西、河北、福建和山东9个省（区）流出面积超过30万公顷。从其面积占比来看，流出园地占2009年园地总面积超过30%的有13个省（区、市），其中内蒙古流出园地占比超过80%。2009—2019年全国及各省（区、市）园地流出情况统计见图6.7、表6.11。

林地是园地流出面积最大的地类，园地流向林地总面积为332.84万公顷，其中广东、广西、云南、福建和湖南5个省（区）面积超过20万公顷，其余26个省（区、市）面积在20万公顷以下。从二级地类上来看，果园流向林地面积为181.92万公顷，其中广东、广西、福建和湖南4个省（区）面积超过10万公顷，其余27个省（区、市）面积不足10万公顷；茶园流向林地面积为48.64万公顷，其中仅云南（13.01万公顷）超过10万公顷，其余30个省（区、市）面积低于10万公顷；其他园地流向林地面积为102.28万公顷，其中广西和云南两省（区）面积超过10万公顷，其余29个省（区、市）低于10万公顷。

园地流向耕地的面积相对较大，达195.36万公顷，其中新疆、河北、湖南、陕西、山东、云南、四川和广东8个省（区）面积超过10万公顷，其余23个省（区、市）面积在10万公顷以下。从二级地类上来看，果园流向耕地面积为138.99万公顷，其中新疆、河北、陕西和山东4个省（区）面积超过

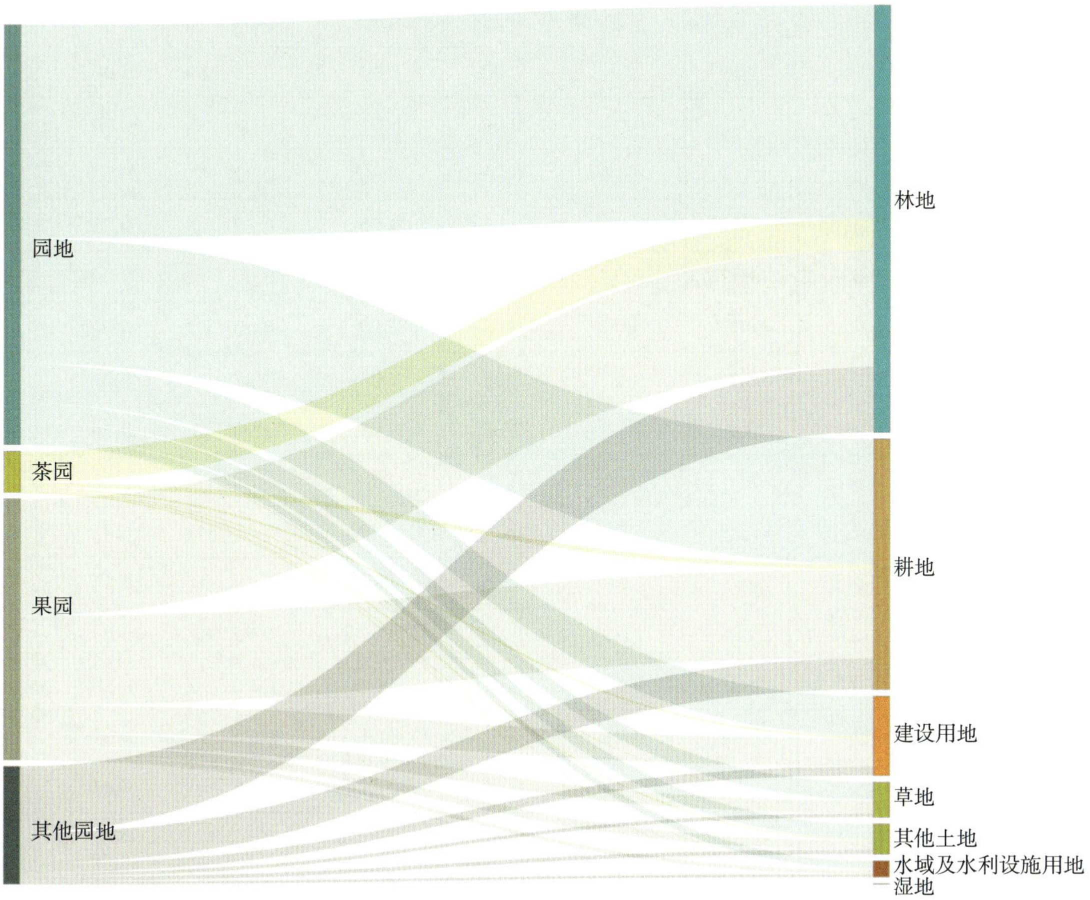

图6.7 2009—2019年全国园地面积流出情况

10万公顷，其余27个省（区、市）面积低于10万公顷；茶园流向耕地面积为8.12万公顷，其中仅云南面积超过1万公顷；其他园地流向林地面积为48.25万公顷，其中江苏、湖南、四川、云南、广东、海南、山东、浙江、重庆、广西、新疆、山西、甘肃、河北和宁夏15个省（区、市）面积超过1万公顷。

此外，全国有61.99万公顷园地流向建设用地，其中广东、江苏和四川是面积最大的3个省。此外，全国园地流向草地、水域及水利设施用地、湿地及设施农用地等其他土地总面积为64.03万公顷，占园地流出总面积的9.79%。

表6.11　2009—2019年全国及各省（区、市）园地流出地类情况　单位：10^4 hm^2

行政辖区	类型	合计	耕地	林地	草地	湿地	建设用地	水域及水利设施用地	其他土地
全国	园地	654.23	195.36	332.84	27.32	0.53	61.99	12.65	23.53
	果园	406.87	138.99	181.92	20.06	0.27	44.09	7.41	14.13
	茶园	64.50	8.12	48.64	1.11	0.02	3.56	0.59	2.46
	其他园地	182.86	48.25	102.28	6.16	0.24	14.34	4.65	6.95
北京	园地	5.55	0.68	3.78	0.25	0.00	0.66	0.07	0.11
	果园	5.47	0.65	3.74	0.25	0.00	0.65	0.07	0.11
	茶园	0.00	0.00	0.00	0.00	0.00	0.00	0.00	0.00
	其他园地	0.09	0.02	0.04	0.00	0.00	0.02	0.00	0.00
天津	园地	1.21	0.47	0.38	0.07	0.00	0.22	0.05	0.02
	果园	1.21	0.47	0.38	0.07	0.00	0.22	0.05	0.02
	茶园	0.00	0.00	0.00	0.00	0.00	0.00	0.00	0.00
	其他园地	0.00	0.00	0.00	0.00	0.00	0.00	0.00	0.00
河北	园地	34.76	18.18	9.66	2.32	0.03	3.22	0.23	1.13
	果园	31.04	17.03	7.86	2.07	0.01	2.90	0.19	0.97
	茶园	0.00	0.00	0.00	0.00	0.00	0.00	0.00	0.00
	其他园地	3.72	1.15	1.79	0.25	0.02	0.32	0.03	0.16
山西	园地	13.65	7.68	2.60	1.40	0.02	1.19	0.06	0.71
	果园	10.10	6.24	1.68	0.79	0.01	0.93	0.03	0.44
	茶园	0.02	0.00	0.01	0.01	0.00	0.00	0.00	0.00
	其他园地	3.54	1.44	0.91	0.61	0.01	0.26	0.03	0.27
内蒙古	园地	4.90	1.60	2.34	0.66	0.01	0.15	0.04	0.11
	果园	4.13	1.21	2.14	0.52	0.01	0.14	0.02	0.09
	茶园	0.00	0.00	0.00	0.00	0.00	0.00	0.00	0.00
	其他园地	0.77	0.39	0.19	0.14	0.00	0.02	0.01	0.02

续表

行政辖区	类型	合计	耕地	林地	草地	湿地	建设用地	水域及水利设施用地	其他土地
辽宁	园地	21.30	8.99	9.89	0.82	0.01	1.19	0.16	0.25
	果园	20.24	8.78	9.08	0.80	0.01	1.17	0.15	0.24
	茶园	0.00	0.00	0.00	0.00	0.00	0.00	0.00	0.00
	其他园地	1.07	0.21	0.81	0.01	0.00	0.02	0.01	0.01
吉林	园地	5.17	1.60	3.22	0.13	0.01	0.15	0.02	0.03
	果园	2.39	1.18	0.97	0.08	0.00	0.13	0.01	0.02
	茶园	0.00	0.00	0.00	0.00	0.00	0.00	0.00	0.00
	其他园地	2.79	0.42	2.26	0.05	0.01	0.03	0.01	0.01
黑龙江	园地	3.55	2.37	0.89	0.08	0.03	0.10	0.03	0.04
	果园	2.36	1.60	0.57	0.06	0.00	0.09	0.02	0.02
	茶园	0.00	0.00	0.00	0.00	0.00	0.00	0.00	0.00
	其他园地	1.18	0.78	0.31	0.02	0.03	0.02	0.01	0.01
上海	园地	1.17	0.55	0.32	0.08	0.00	0.14	0.05	0.02
	果园	1.12	0.54	0.31	0.08	0.00	0.13	0.05	0.01
	茶园	0.00	0.00	0.00	0.00	0.00	0.00	0.00	0.00
	其他园地	0.05	0.02	0.02	0.00	0.00	0.00	0.00	0.00
江苏	园地	24.16	8.48	9.42	0.78	0.00	4.30	0.87	0.31
	果园	3.54	1.62	1.06	0.14	0.00	0.57	0.10	0.05
	茶园	0.88	0.10	0.56	0.06	0.00	0.12	0.03	0.01
	其他园地	19.74	6.76	7.80	0.58	0.00	3.61	0.73	0.25
浙江	园地	26.58	5.69	14.86	0.53	0.01	3.75	0.93	0.80
	果园	13.11	3.15	6.97	0.32	0.01	1.89	0.30	0.48
	茶园	6.37	0.78	4.74	0.09	0.00	0.49	0.05	0.21
	其他园地	7.10	1.75	3.14	0.12	0.00	1.38	0.58	0.11
安徽	园地	16.07	3.84	10.17	0.23	0.01	1.22	0.20	0.40
	果园	5.64	2.31	2.42	0.08	0.00	0.60	0.09	0.15
	茶园	6.94	0.55	5.83	0.05	0.00	0.32	0.07	0.11
	其他园地	3.49	0.98	1.92	0.11	0.00	0.30	0.04	0.14
福建	园地	32.08	1.29	25.91	0.73	0.01	3.10	0.34	0.70
	果园	22.38	0.90	17.56	0.54	0.01	2.56	0.27	0.54
	茶园	5.79	0.22	4.94	0.14	0.00	0.33	0.03	0.12
	其他园地	3.92	0.17	3.41	0.05	0.00	0.20	0.03	0.05

续表

行政辖区	类型	合计	耕地	林地	草地	湿地	建设用地	水域及水利设施用地	其他土地
江西	园地	13.93	2.49	8.67	0.42	0.01	1.51	0.38	0.45
	果园	9.82	1.45	6.34	0.26	0.00	1.17	0.27	0.32
	茶园	1.12	0.11	0.82	0.04	0.00	0.11	0.02	0.03
	其他园地	2.98	0.94	1.51	0.12	0.01	0.23	0.08	0.09
山东	园地	31.37	12.99	11.30	1.00	0.01	3.86	0.52	1.69
	果园	27.03	10.91	9.76	0.90	0.01	3.48	0.46	1.50
	茶园	0.20	0.07	0.07	0.01	0.00	0.04	0.00	0.01
	其他园地	4.15	2.01	1.47	0.09	0.00	0.34	0.06	0.18
河南	园地	12.60	5.00	5.17	0.35	0.01	1.46	0.18	0.44
	果园	9.01	4.27	2.80	0.23	0.00	1.23	0.11	0.36
	茶园	1.06	0.13	0.81	0.02	0.00	0.04	0.03	0.02
	其他园地	2.54	0.60	1.55	0.09	0.00	0.18	0.04	0.07
湖北	园地	23.47	7.24	11.76	0.42	0.01	2.67	0.65	0.72
	果园	15.00	5.42	6.14	0.31	0.01	2.11	0.54	0.48
	茶园	4.64	0.82	3.20	0.06	0.00	0.36	0.06	0.14
	其他园地	3.82	0.99	2.43	0.05	0.00	0.20	0.05	0.11
湖南	园地	41.96	13.38	21.24	0.54	0.03	3.82	1.00	1.94
	果园	22.76	6.45	11.82	0.25	0.02	2.66	0.50	1.08
	茶园	5.09	0.68	3.78	0.03	0.00	0.37	0.06	0.16
	其他园地	14.11	6.25	5.64	0.26	0.01	0.79	0.44	0.71
广东	园地	68.33	11.08	42.57	4.03	0.04	6.46	2.66	1.49
	果园	56.06	7.70	36.02	3.36	0.03	5.52	2.27	1.15
	茶园	1.37	0.10	1.07	0.06	0.00	0.10	0.03	0.02
	其他园地	10.90	3.28	5.48	0.61	0.01	0.84	0.37	0.32
广西	园地	50.35	7.04	37.87	0.75	0.01	3.03	0.47	1.18
	果园	27.08	5.13	17.73	0.55	0.01	2.49	0.36	0.81
	茶园	2.79	0.19	2.45	0.02	0.00	0.07	0.01	0.05
	其他园地	20.48	1.72	17.69	0.18	0.00	0.47	0.09	0.32
海南	园地	17.62	3.52	10.84	0.33	0.04	1.71	0.78	0.41
	果园	3.58	1.30	1.49	0.10	0.01	0.50	0.12	0.06
	茶园	0.02	0.00	0.02	0.00	0.00	0.00	0.00	0.00
	其他园地	14.02	2.21	9.33	0.23	0.03	1.21	0.66	0.35

续表

行政辖区	类型	合计	耕地	林地	草地	湿地	建设用地	水域及水利设施用地	其他土地
重庆	园地	19.51	4.99	11.70	0.13	0.01	1.33	0.20	1.14
	果园	11.11	3.14	6.25	0.07	0.01	0.79	0.13	0.71
	茶园	0.93	0.12	0.74	0.00	0.00	0.02	0.00	0.04
	其他园地	7.48	1.74	4.71	0.06	0.01	0.51	0.06	0.39
四川	园地	40.94	11.67	19.96	1.52	0.05	4.37	0.81	2.56
	果园	20.14	6.25	8.48	0.62	0.02	3.07	0.45	1.25
	茶园	4.58	0.48	3.61	0.05	0.00	0.26	0.04	0.14
	其他园地	16.22	4.95	7.87	0.84	0.03	1.05	0.32	1.17
贵州	园地	10.87	2.16	7.01	0.14	0.00	0.94	0.05	0.56
	果园	5.49	1.24	3.15	0.07	0.00	0.67	0.03	0.33
	茶园	2.63	0.63	1.61	0.04	0.00	0.19	0.01	0.14
	其他园地	2.75	0.30	2.25	0.02	0.00	0.08	0.01	0.09
云南	园地	55.70	12.18	31.98	1.69	0.07	4.00	1.50	4.28
	果园	14.84	4.87	5.66	0.62	0.02	1.78	0.55	1.35
	茶园	18.36	2.90	13.01	0.40	0.00	0.70	0.13	1.22
	其他园地	22.50	4.42	13.31	0.67	0.05	1.52	0.83	1.71
西藏	园地	0.09	0.02	0.03	0.01	0.00	0.01	0.00	0.00
	果园	0.08	0.02	0.03	0.01	0.00	0.01	0.00	0.00
	茶园	0.01	0.01	0.00	0.00	0.00	0.00	0.00	0.00
	其他园地	0.00	0.00	0.00	0.00	0.00	0.00	0.00	0.00
陕西	园地	35.78	13.20	12.76	6.07	0.03	2.80	0.16	0.77
	果园	28.83	12.20	7.75	5.64	0.02	2.46	0.11	0.66
	茶园	1.11	0.18	0.84	0.02	0.00	0.03	0.01	0.03
	其他园地	5.84	0.81	4.17	0.42	0.01	0.31	0.04	0.08
甘肃	园地	11.43	4.91	3.95	0.74	0.05	1.18	0.04	0.56
	果园	6.94	3.46	1.69	0.41	0.04	0.97	0.03	0.35
	茶园	0.60	0.04	0.53	0.00	0.00	0.01	0.00	0.01
	其他园地	3.89	1.40	1.73	0.32	0.01	0.20	0.02	0.20
青海	园地	0.17	0.03	0.04	0.02	0.00	0.04	0.01	0.02
	果园	0.10	0.02	0.02	0.01	0.00	0.03	0.01	0.00
	茶园	0.00	0.00	0.00	0.00	0.00	0.00	0.00	0.00
	其他园地	0.06	0.01	0.02	0.01	0.00	0.01	0.00	0.01

续表

行政辖区	类型	合计	耕地	林地	草地	湿地	建设用地	水域及水利设施用地	其他土地
宁夏	园地	3.11	2.00	0.40	0.25	0.00	0.30	0.09	0.08
	果园	1.60	0.93	0.28	0.16	0.00	0.18	0.02	0.04
	茶园	0.00	0.00	0.00	0.00	0.00	0.00	0.00	0.00
	其他园地	1.51	1.07	0.13	0.09	0.00	0.11	0.07	0.04
新疆	园地	26.82	20.00	2.17	0.82	0.03	3.10	0.10	0.61
	果园	24.67	18.55	1.79	0.68	0.02	2.99	0.09	0.53
	茶园	0.00	0.00	0.00	0.00	0.00	0.00	0.00	0.00
	其他园地	2.15	1.45	0.38	0.13	0.01	0.10	0.01	0.07

6.2.2.2 园地流入情况

2009—2019 年全国园地流入 1190.18 万公顷，占 2019 年园地总面积为 59%。从其面积占比来看，流入园地占 2019 年园地总面积比例超过 90% 的有 3 个省（区），分别是西藏、青海和贵州。2009—2019 年全国及各省（区、市）新增耕地来源情况统计见图 6.8、表 6.12。

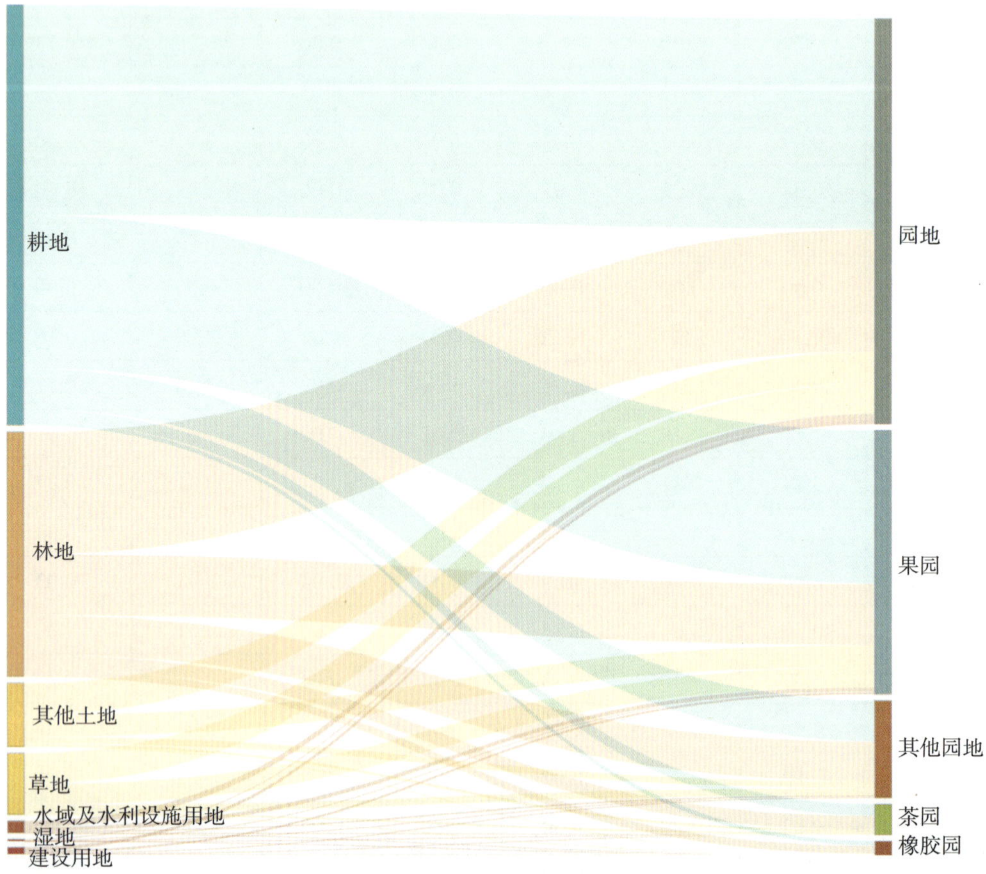

图 6.8　2009—2019 年全国园地面积流入情况

表 6.12 2009—2019 年全国及各省（区、市）园地流入地类情况　　单位：10^4 hm^2

行政辖区	类型	合计	耕地	林地	草地	湿地	建设用地	水域及水利设施用地	其他土地
全国	园地	1190.18	617.08	358.87	89.62	2.57	9.79	17.9	94.2
	果园	774.35	449.84	178.5	61.16	1.74	6.25	12.37	64.46
	茶园	90.47	34.10	41.49	5.78	0.08	0.41	0.72	7.88
	橡胶园	40.77	13.34	23.11	1.07	0.02	0.39	0.58	2.25
	其他园地	284.59	119.79	115.74	21.61	0.72	2.74	4.29	19.69
北京	园地	4.02	2.41	1.17	0.16	0.03	0.06	0.05	0.14
	果园	3.82	2.25	1.15	0.16	0.03	0.05	0.04	0.13
	茶园	0.00	0.00	0.00	0.00	0.00	0.00	0.00	0.00
	橡胶园	0.00	0.00	0.00	0.00	0.00	0.00	0.00	0.00
	其他园地	0.20	0.15	0.02	0.01	0.00	0.00	0.00	0.01
天津	园地	1.74	1.45	0.19	0.02	0.00	0.02	0.04	0.03
	果园	1.72	1.44	0.19	0.02	0.00	0.02	0.04	0.03
	茶园	0.00	0.00	0.00	0.00	0.00	0.00	0.00	0.00
天津	橡胶园	0.00	0.00	0.00	0.00	0.00	0.00	0.00	0.00
	其他园地	0.02	0.02	0.00	0.00	0.00	0.00	0.00	0.00
河北	园地	48.05	25.66	10.74	7.40	0.19	0.39	0.50	3.17
	果园	46.59	24.95	10.37	7.12	0.18	0.38	0.49	3.10
	茶园	0.00	0.00	0.00	0.00	0.00	0.00	0.00	0.00
	橡胶园	0.00	0.00	0.00	0.00	0.00	0.00	0.00	0.00
	其他园地	1.46	0.71	0.37	0.28	0.01	0.01	0.01	0.07
山西	园地	36.20	26.98	2.47	3.16	0.12	0.25	0.10	3.13
	果园	31.60	24.06	2.07	2.38	0.11	0.21	0.10	2.67
	茶园	0.00	0.00	0.00	0.00	0.00	0.00	0.00	0.00
	橡胶园	0.00	0.00	0.00	0.00	0.00	0.00	0.00	0.00
	其他园地	4.60	2.91	0.39	0.77	0.01	0.03	0.01	0.46
内蒙古	园地	3.99	1.74	1.13	0.89	0.01	0.05	0.02	0.14
	果园	3.60	1.62	1.10	0.70	0.01	0.05	0.01	0.11
	茶园	0.00	0.00	0.00	0.00	0.00	0.00	0.00	0.00
	橡胶园	0.00	0.00	0.00	0.00	0.00	0.00	0.00	0.00
	其他园地	0.39	0.13	0.03	0.19	0.00	0.00	0.00	0.03

续表

行政辖区	类型	合计	耕地	林地	草地	湿地	建设用地	水域及水利设施用地	其他土地
辽宁	园地	26.31	13.27	9.24	2.86	0.04	0.29	0.21	0.40
	果园	24.67	12.36	8.63	2.81	0.03	0.28	0.20	0.37
	茶园	0.00	0.00	0.00	0.00	0.00	0.00	0.00	0.00
	橡胶园	0.00	0.00	0.00	0.00	0.00	0.00	0.00	0.00
	其他园地	1.64	0.92	0.61	0.06	0.00	0.01	0.01	0.03
吉林	园地	6.01	2.79	2.93	0.15	0.02	0.05	0.04	0.04
	果园	2.75	1.50	1.11	0.06	0.00	0.03	0.02	0.03
	茶园	0.00	0.00	0.00	0.00	0.00	0.00	0.00	0.00
	橡胶园	0.00	0.00	0.00	0.00	0.00	0.00	0.00	0.00
	其他园地	3.27	1.29	1.82	0.09	0.01	0.02	0.02	0.01
黑龙江	园地	5.26	2.01	2.67	0.25	0.23	0.04	0.02	0.05
	果园	1.96	1.31	0.48	0.07	0.01	0.03	0.01	0.04
	茶园	0.00	0.00	0.00	0.00	0.00	0.00	0.00	0.00
	橡胶园	0.00	0.00	0.00	0.00	0.00	0.00	0.00	0.00
	其他园地	3.30	0.69	2.19	0.18	0.21	0.01	0.00	0.01
上海	园地	0.87	0.67	0.09	0.00	0.00	0.02	0.07	0.02
	果园	0.76	0.59	0.07	0.00	0.00	0.01	0.07	0.01
	茶园	0.00	0.00	0.00	0.00	0.00	0.00	0.00	0.00
	橡胶园	0.00	0.00	0.00	0.00	0.00	0.00	0.00	0.00
	其他园地	0.11	0.08	0.02	0.00	0.00	0.00	0.01	0.01
江苏	园地	15.12	12.09	0.56	0.17	0.18	0.61	0.96	0.53
	果园	8.34	7.04	0.24	0.08	0.10	0.17	0.40	0.31
	茶园	0.67	0.35	0.18	0.06	0.00	0.02	0.02	0.04
	橡胶园	0.00	0.00	0.00	0.00	0.00	0.00	0.00	0.00
	其他园地	6.12	4.70	0.14	0.04	0.08	0.42	0.55	0.18
浙江	园地	39.71	25.78	10.22	0.47	0.04	0.24	0.87	2.08
	果园	17.86	11.91	4.47	0.20	0.02	0.09	0.35	0.82
	茶园	7.65	3.94	2.89	0.10	0.00	0.03	0.07	0.62
	橡胶园	0.00	0.00	0.00	0.00	0.00	0.00	0.00	0.00
	其他园地	14.20	9.93	2.86	0.17	0.02	0.12	0.45	0.65

续表

行政辖区	类型	合计	耕地	林地	草地	湿地	建设用地	水域及水利设施用地	其他土地
安徽	园地	17.72	7.41	8.59	0.32	0.06	0.30	0.42	0.62
	果园	6.89	3.89	2.22	0.14	0.03	0.13	0.19	0.28
	茶园	7.05	1.42	5.12	0.10	0.01	0.07	0.11	0.21
	橡胶园	0.00	0.00	0.00	0.00	0.00	0.00	0.00	0.00
	其他园地	3.78	2.10	1.25	0.07	0.02	0.10	0.12	0.12
福建	园地	42.40	16.47	18.24	2.65	0.08	0.26	0.66	4.04
	果园	24.07	10.36	9.14	1.40	0.05	0.18	0.48	2.46
	茶园	11.50	4.34	4.91	0.93	0.01	0.03	0.10	1.19
	橡胶园	0.00	0.00	0.00	0.00	0.00	0.00	0.00	0.00
	其他园地	6.83	1.78	4.19	0.32	0.02	0.05	0.08	0.39
江西	园地	37.73	7.59	26.07	2.44	0.05	0.28	0.45	0.85
	果园	19.89	4.70	13.08	1.12	0.02	0.17	0.31	0.50
	茶园	2.14	0.38	1.53	0.13	0.01	0.01	0.02	0.05
	橡胶园	0.00	0.00	0.00	0.00	0.00	0.00	0.00	0.00
	其他园地	15.69	2.51	11.46	1.19	0.02	0.11	0.12	0.30
山东	园地	82.88	55.31	7.51	5.49	0.06	0.66	1.17	12.68
	果园	72.68	49.19	6.50	4.22	0.05	0.61	1.09	11.04
	茶园	0.79	0.57	0.05	0.02	0.00	0.01	0.01	0.13
	橡胶园	0.00	0.00	0.00	0.00	0.00	0.00	0.00	0.00
	其他园地	9.41	5.55	0.96	1.26	0.01	0.05	0.07	1.51
河南	园地	32.28	22.38	4.87	1.96	0.50	0.35	0.36	1.86
	果园	25.64	18.95	2.88	1.39	0.43	0.30	0.27	1.43
	茶园	1.71	0.41	1.04	0.13	0.04	0.01	0.04	0.05
	橡胶园	0.00	0.00	0.00	0.00	0.00	0.00	0.00	0.00
	其他园地	4.92	3.02	0.94	0.44	0.04	0.04	0.05	0.38
湖北	园地	22.45	11.44	7.94	0.97	0.04	0.38	0.65	1.02
	果园	13.35	6.58	4.83	0.64	0.03	0.25	0.47	0.56
	茶园	5.85	3.27	1.92	0.14	0.00	0.08	0.10	0.35
	橡胶园	0.00	0.00	0.00	0.00	0.00	0.00	0.00	0.00
	其他园地	3.25	1.60	1.19	0.19	0.01	0.05	0.09	0.11

续表

行政辖区	类型	合计	耕地	林地	草地	湿地	建设用地	水域及水利设施用地	其他土地
湖南	园地	61.86	11.73	43.36	3.42	0.10	0.45	0.79	2.01
	果园	20.24	7.88	9.14	1.45	0.07	0.21	0.46	1.03
	茶园	3.39	1.13	1.80	0.18	0.01	0.02	0.04	0.21
	橡胶园	0.00	0.00	0.00	0.00	0.00	0.00	0.00	0.00
	其他园地	38.22	2.71	32.42	1.79	0.02	0.22	0.29	0.77
广东	园地	64.69	29.68	26.20	2.65	0.16	0.88	2.79	2.34
	果园	47.66	22.79	18.59	1.97	0.12	0.61	1.80	1.78
	茶园	2.95	0.48	2.21	0.15	0.00	0.01	0.03	0.07
	橡胶园	1.06	0.18	0.78	0.02	0.00	0.01	0.02	0.05
	其他园地	13.03	6.23	4.62	0.51	0.04	0.24	0.94	0.44
广西	园地	107.09	51.80	42.26	6.15	0.06	0.89	1.24	4.68
	果园	76.19	42.89	23.52	4.56	0.05	0.70	1.07	3.41
	茶园	1.60	0.47	0.80	0.14	0.00	0.02	0.01	0.15
	橡胶园	0.01	0.00	0.01	0.00	0.00	0.00	0.00	0.00
	其他园地	29.30	8.44	17.94	1.45	0.01	0.17	0.16	1.12
海南	园地	45.05	19.40	22.11	1.00	0.05	0.96	0.69	0.83
	果园	5.99	2.43	2.87	0.35	0.01	0.17	0.08	0.09
	茶园	0.05	0.01	0.04	0.00	0.00	0.00	0.00	0.00
	橡胶园	23.12	9.78	11.87	0.27	0.01	0.26	0.30	0.64
	其他园地	15.89	7.19	7.34	0.38	0.03	0.53	0.32	0.11
重庆	园地	19.82	13.05	3.22	0.60	0.01	0.08	0.20	2.65
	果园	11.23	7.38	1.83	0.37	0.00	0.04	0.13	1.47
	茶园	0.56	0.27	0.19	0.03	0.00	0.00	0.00	0.06
	橡胶园	0.00	0.00	0.00	0.00	0.00	0.00	0.00	0.00
	其他园地	8.03	5.40	1.20	0.20	0.00	0.04	0.07	1.12
四川	园地	84.62	49.31	19.77	4.69	0.08	0.62	1.43	8.71
	果园	54.92	33.61	11.21	2.73	0.05	0.44	1.04	5.84
	茶园	8.00	4.33	2.76	0.05	0.00	0.03	0.08	0.74
	橡胶园	0.00	0.00	0.00	0.00	0.00	0.00	0.00	0.00
	其他园地	21.70	11.37	5.80	1.91	0.03	0.15	0.31	2.12

续表

行政辖区	类型	合计	耕地	林地	草地	湿地	建设用地	水域及水利设施用地	其他土地
贵州	园地	51.90	26.20	13.25	5.71	0.02	0.28	0.23	6.22
	果园	33.30	18.02	7.53	3.17	0.01	0.19	0.16	4.21
	茶园	9.28	4.02	2.78	1.46	0.00	0.02	0.01	0.98
	橡胶园	0.00	0.00	0.00	0.00	0.00	0.00	0.00	0.00
	其他园地	9.31	4.16	2.94	1.07	0.00	0.06	0.05	1.03
云南	园地	147.55	55.62	58.71	13.55	0.10	0.63	0.98	17.95
	果园	76.43	32.10	25.31	8.07	0.07	0.35	0.51	10.01
	茶园	25.18	7.59	12.47	2.09	0.00	0.05	0.07	2.90
	橡胶园	16.58	3.38	10.46	0.78	0.01	0.13	0.26	1.57
	其他园地	29.37	12.54	10.48	2.60	0.02	0.10	0.15	3.48
西藏	园地	1.13	0.22	0.54	0.34	0.01	0.01	0.00	0.02
	果园	0.71	0.12	0.33	0.24	0.01	0.00	0.00	0.02
	茶园	0.10	0.02	0.06	0.02	0.00	0.00	0.00	0.00
	橡胶园	0.00	0.00	0.00	0.00	0.00	0.00	0.00	0.00
	其他园地	0.32	0.08	0.15	0.08	0.00	0.00	0.00	0.01
陕西	园地	72.17	54.86	7.52	5.99	0.08	0.40	0.37	2.93
	果园	51.25	39.90	4.47	4.47	0.05	0.26	0.24	1.86
	茶园	1.84	1.02	0.66	0.02	0.00	0.00	0.02	0.12
	橡胶园	0.00	0.00	0.00	0.00	0.00	0.00	0.00	0.00
	其他园地	19.07	13.95	2.39	1.49	0.04	0.13	0.11	0.96
甘肃	园地	28.05	20.11	1.84	2.57	0.07	0.06	0.22	3.17
	果园	17.98	13.91	1.14	0.99	0.05	0.04	0.11	1.75
	茶园	0.16	0.07	0.06	0.01	0.00	0.00	0.00	0.01
	橡胶园	0.00	0.00	0.00	0.00	0.00	0.00	0.00	0.00
	其他园地	9.91	6.13	0.64	1.57	0.02	0.02	0.11	1.41
青海	园地	5.79	1.50	0.92	1.81	0.02	0.02	0.13	1.39
	果园	0.30	0.21	0.02	0.03	0.00	0.00	0.01	0.02
	茶园	0.00	0.00	0.00	0.00	0.00	0.00	0.00	0.00
	橡胶园	0.00	0.00	0.00	0.00	0.00	0.00	0.00	0.00
	其他园地	5.50	1.29	0.90	1.78	0.02	0.01	0.12	1.37

续表

行政辖区	类型	合计	耕地	林地	草地	湿地	建设用地	水域及水利设施用地	其他土地
宁夏	园地	6.97	3.78	0.47	2.13	0.02	0.04	0.09	0.44
	果园	4.97	2.53	0.36	1.61	0.01	0.03	0.09	0.35
	茶园	0.00	0.00	0.00	0.00	0.00	0.00	0.00	0.00
	橡胶园	0.00	0.00	0.00	0.00	0.00	0.00	0.00	0.00
	其他园地	2.00	1.25	0.11	0.52	0.01	0.01	0.01	0.09
新疆	园地	70.75	44.36	4.07	9.64	0.13	0.23	2.20	10.13
	果园	66.99	43.39	3.70	8.67	0.13	0.22	2.15	8.73
	茶园	0.00	0.00	0.00	0.00	0.00	0.00	0.00	0.00
	橡胶园	0.00	0.00	0.00	0.00	0.00	0.00	0.00	0.00
	其他园地	3.76	0.96	0.36	0.97	0.01	0.01	0.05	1.40

耕地是流入园地的主要地类，全国新增园地中，来源于耕地的面积为617.08万公顷，其中云南、山东、陕西、广西、四川及新疆6个省（区）面积超过40万公顷，显著高于全国其他省（区、市）。从二级地类上来看，全国耕地流向果园的面积为449.84万公顷，其中山东、新疆、广西、陕西、四川、云南6个省（区）面积超过30万公顷；耕地流向茶园面积为34.10万公顷，其中云南、福建、四川、贵州、浙江、湖北、安徽、湖南和陕西9个省面积超过1万公顷；耕地流向橡胶园的面积为13.34万公顷，在其分布的5个省份中，海南和云南面积分别为9.78万公顷和3.38万公顷，其余3个省（区）面积不足1万公顷；耕地流向其他园地的面积为119.79万公顷，其中陕西、云南和四川面积超过10万公顷。

林地是流入园地的第二大的地类，面积为358.87万公顷，其中云南、湖南、广西、广东、江西、海南、四川、福建、贵州和河北、浙江11个省（区）面积超过10万公顷。从二级地类上来看，全国林地流向果园面积为178.53万公顷，其中云南、广西、广东、江西、四川和河北6个省（区）面积超过10万公顷；全国林地流向茶园面积为41.49万公顷，其中云南面积超过10万公顷；全国林地流向橡胶园面积23.11万公顷，在其分布的5个省份中，仅海南和云南2个省面积超过10万公顷；全国林地流向其他园地面积为115.74万公顷，其中湖南、广西、江西和云南4个省（区）面积超过10万公顷。

草地、建设用地、湿地、水域及水利设施用地、其他土地流向园地面积总计214.08万公顷，其中云南、新疆、山东、四川、广西、贵州和河北7个省（区）面积超过10万公顷。从二级地类上来看，这些地类流向果园面积145.98万公顷，其中新疆、云南、山东、河北和四川5个省（区）面积超过10万公顷；这些地类流向茶园面积为14.87万公顷，其中云南、贵州和福建3个省面积超过1万公顷；这些地类流向橡胶园面积较小，仅4.31万公顷，其中除海南和云南外，其余3个省（区）面积均低于1万公顷；这些地类流向其他园地面积为49.05万公顷，其中云南、四川和青海等17个省（区、市）面积超过1万公顷。

6.3 园地变化原因分析

园地的增长是市场主导和政策引导等多重因素共同作用的结果，是在土地资源有限、目标和需求多元的情况下，保供与增收、生产与生态、粮食与果树等经济作物争地等方面矛盾的集中体现。2009—2019年，全国园地增加535.95万公顷，并以果园增加最为显著。园地变化的原因涉及自然地理条件、居民饮食结构变化、重大生态工程实施以及城镇化和工业化发展等各个方面。

6.3.1 居民饮食结构变化

随着我国经济的发展、人民生活水平的日益提高，城乡居民食物消费需求更加多元，逐步从吃饱向吃好、吃健康转变，对水果、茶叶等的需求量也日益增加。在此基础上，受市场需求和种植比较效益的影响，承包农户和新型经营主体在农业结构调整中，更倾向于占用耕地种植乔木林、灌木林等种植效益更高的水果、茶叶等。2009—2019年，耕地和林地是园地流入的主要地类。这说明居民饮食结构变化而引起的城乡居民食物消费需求多元化和农业产业结构调整是园地变化的基本原因。

6.3.2 耕地保护政策

随着耕地占补平衡等各项耕地保护政策的实施，大量低效园地被调整为耕地，成为补充耕地的重要手段。2009—2019年，园地转向耕地面积达195.36万公顷。其中，河北、湖南、山东、四川等粮食主产区省份内园地转为耕地的面积超过10万公顷。因此，以耕地占补平衡为主的耕地保护政策促使园地转为耕地，进而造成园地的减少。

6.3.3 非农建设占用

城镇化和工业化的快速发展对居住用地、生产建设用地、公共设施用地、基础设施用地等建设用地的需求不断增加，加之农用地转为建设用地能产生高额的土地增值收益，这势必会造成建设用地对园地的大量占用。2009—2019年，建设用地占用园地面积为61.99万公顷，其中广东、江苏和四川是占用园地面积最大的3个省份，这些地区人口密集，城市化和工业化发展迅速，人地矛盾突出，建设用地占用园地现象明显。

6.3.4 分类标准的调整

随着“三调”分类标准的不断更新和细化，将油茶等木本油料林、橡胶等工业原料林、核桃等干果经济林，由园地调整为林地。分类标准的调整，导致大量园地转为林地，例如：广东、广西、云南、福建和湖南等南方省份园地转为林地的面积超过20万公顷。

第 7 章　林　地

林地是人类赖以生存发展的根基，是国家重要的自然资源和战略资源，是实现“双碳”目标的重要载体。了解林地现状、加强林地保护、提高林地利用效率，对发展现代林业、保障国土生态安全、建设生态文明和应对全球气候变化具有重要意义。本章通过概述林地的利用现状与分布，分析林地面积变化特征，并进一步探究其变化原因，为林地的保护和合理利用提供科学参考。

7.1　林地利用现状

本节主要基于 2019 年“三调”的土地利用现状数据，对林地利用现状进行分析，概述林地总体数量和分布情况，并分析林地的组成结构。

7.1.1　林地面积、构成与分布

7.1.1.1　林地的面积及构成

截至 2019 年 12 月 31 日，全国林地总面积为 28412.59 万公顷，在全国土地一级分类面积中居第一位。其中，乔木林地面积为 19735.16 万公顷，占全国林地总面积的 69.46%；竹林地面积为 701.97 万公顷，占全国林地总面积的 2.47%；灌木林地面积为 5862.61 万公顷，占全国林地总面积的 20.63%；其他林地面积为 2112.84 万公顷，占全国林地总面积的 7.44%。2019 年全国林地面积结构见图 7.1。

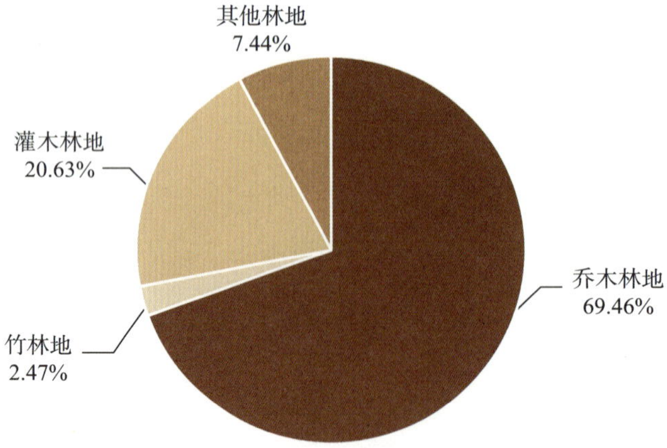

图 7.1　2019 年全国林地结构

7.1.1.2 林地分布情况

从各省（区、市）来看，林地面积在 2000 万公顷以上的有四川、云南、内蒙古、黑龙江 4 个省（区）。林地面积为 1000 万～2000 万公顷的有西藏、广西、湖南、陕西、新疆、贵州、广东、江西 8 个省（区），其余 19 个省（区、市）的林地面积在 1000 万公顷以下。2019 年全国各省（区、市）林地面积情况统计及分布情况如表 7.1、图 7.2 所示。

表 7.1 2019 年全国及各省（区、市）林地面积情况

行政辖区	林地总面积（10^4 hm^2）	占全国林地面积比例（%）	乔木林地（10^4 hm^2）	竹林地（10^4 hm^2）	灌木林地（10^4 hm^2）	其他林地（10^4 hm^2）
全国	28412.59	100.00	19735.16	701.97	5862.61	2112.84
北京	96.76	0.34	55.74	0.00	37.01	4.02
天津	14.83	0.05	3.17	0.00	1.28	10.38
河北	642.53	2.26	268.85	0.00	198.83	174.85
山西	609.57	2.15	303.24	0.03	173.46	132.84
内蒙古	2436.00	8.57	1503.22	0.00	764.91	167.87
辽宁	601.57	2.12	451.63	0.00	80.77	69.17
吉林	875.90	3.08	838.12	0.00	4.24	33.54
黑龙江	2162.32	7.61	2100.44	0.00	17.73	44.15
上海	8.18	0.03	2.40	0.22	0.00	5.56
江苏	78.70	0.28	25.22	2.62	0.84	50.03
浙江	609.36	2.14	459.04	90.63	23.19	36.49
安徽	409.15	1.44	315.94	35.81	8.60	48.80
福建	881.14	3.10	675.65	121.27	6.86	77.35
江西	1041.37	3.67	803.41	117.71	19.65	100.61
山东	260.53	0.92	133.95	0.06	6.70	119.83
河南	439.63	1.55	285.64	0.93	66.01	87.05
湖北	928.01	3.27	756.84	5.96	88.65	76.56
湖南	1271.71	4.48	956.84	123.09	58.04	133.73
广东	1079.25	3.80	973.86	53.26	14.04	38.10
广西	1609.52	5.66	1096.53	38.55	361.22	113.23
海南	117.41	0.41	101.65	0.74	9.43	5.60
重庆	468.90	1.65	357.66	19.16	88.23	3.85
四川	2541.96	8.95	1701.24	58.46	707.24	75.01

续表

行政辖区	林地总面积（10^4 hm^2）	占全国林地面积比例（%）	乔木林地（10^4 hm^2）	竹林地（10^4 hm^2）	灌木林地（10^4 hm^2）	其他林地（10^4 hm^2）
贵州	1121.01	3.95	736.67	17.36	327.55	39.43
云南	2496.90	8.79	2118.02	15.40	289.17	74.31
西藏	1789.61	6.30	972.78	0.03	807.82	8.99
陕西	1247.60	4.39	935.67	0.68	185.15	126.11
甘肃	796.28	2.80	425.96	0.01	281.84	88.48
青海	460.36	1.62	67.45	0.00	369.40	23.51
宁夏	95.26	0.34	21.91	0.00	51.85	21.50
新疆	1221.25	4.30	286.43	0.00	812.93	121.89

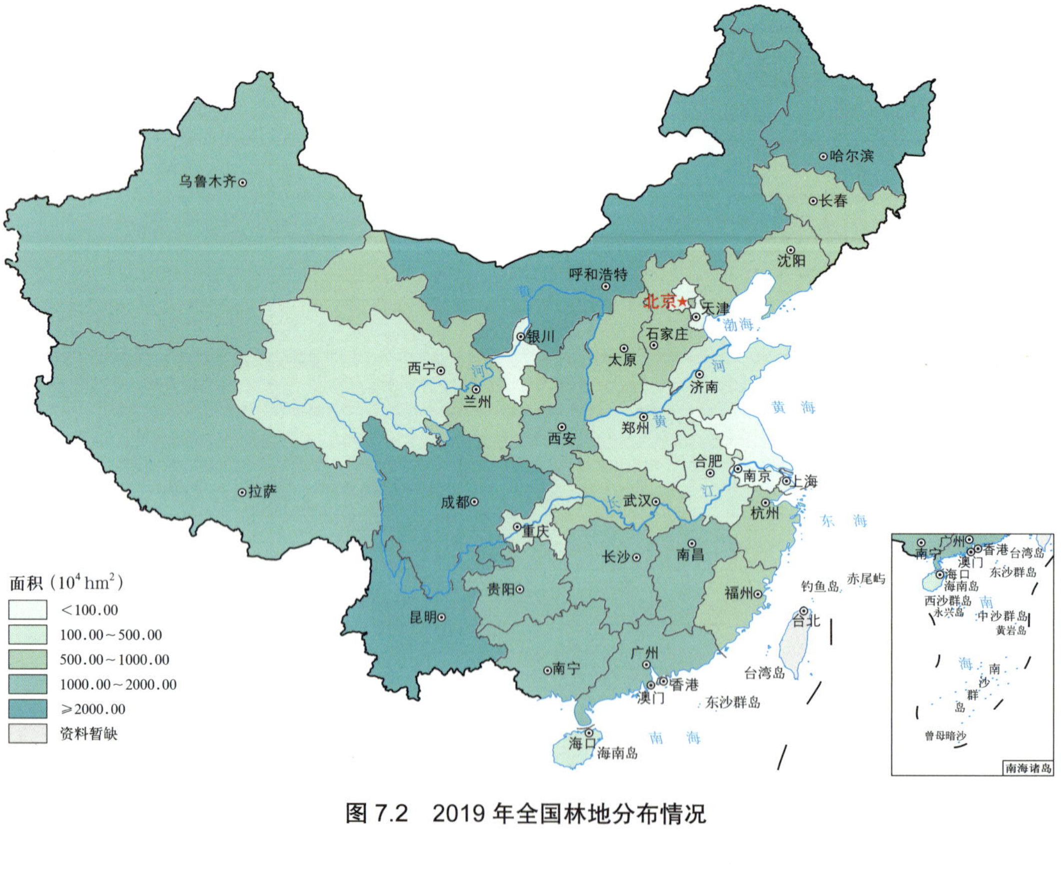

图 7.2　2019 年全国林地分布情况

按照林地所在区域的地面坡度，可将其分为 5 个坡度级。≤2° 的为Ⅰ级，2°～6° 的为Ⅱ级，6°～15° 的为Ⅲ级，15°～25° 的为Ⅳ级，＞25° 的为Ⅴ级。从全国来看，坡度等级为Ⅴ级的林地最多，坡度等级为Ⅱ级的林地最少。其中，在Ⅴ级坡度范围内，林地面积为 17092.03 万公顷，占全国林地总面积的 59.75%；分布在Ⅱ级范围内的林地仅有 1811.24 万公顷，占全国林地总面积的 6.33%。

各省（区、市）林地面积中，坡度≤2° 的林地主要位于河北、黑龙江、内蒙古、山东、甘肃、新疆6省（区），其面积均超过 100 万公顷，总面积占全国该坡度级林地的 76.24%；坡度化 2°～6° 的林地中内蒙古、吉林、黑龙江和新疆4省（区）面积均超过 100 万公顷，总面积占全国该坡度级林地的 71.71%；坡度在 6°～15° 的林地主要分布在内蒙古、吉林、黑龙江、湖南、四川、云南6省（区），总面积占全国该坡度级林地的 75.28%；坡度在 15°～25° 的林地主要分布在内蒙古、吉林、辽宁、黑龙江、江西、湖北、湖南、广西、四川、贵州、云南、西藏 12 省（区），总面积占全国该坡度级林地的 72.60%；坡度＞25° 的林地主要分布在广西、四川、云南、西藏和陕西5省（区），总面积占全国该坡度级林地的 47.76%。2019 年全国各省（区、市）林地坡度分级情况统计见表 7.2。

表 7.2　2019 年全国及各省（区、市）林地坡度分级情况

行政辖区	林地总面积（10^4 hm^2）	≤2° 林地占林地总面积比例（%）	2°～6° 林地占林地总面积比例（%）	6°～15° 林地占林地总面积比例（%）	15°～25° 林地占林地总面积比例（%）	＞25° 林地占林地总面积比例（%）
全国	28412.59	8.27	6.33	14.37	11.27	59.75
北京	96.76	18.89	1.45	2.28	3.87	73.51
天津	14.83	72.97	4.09	2.95	3.53	16.47
河北	642.53	27.08	3.27	5.75	12.75	51.15
山西	609.57	3.87	3.38	5.14	12.18	75.43
内蒙古	2436.00	20.61	15.42	52.35	7.65	3.97
辽宁	601.57	5.78	3.33	14.09	33.52	43.28
吉林	875.90	9.16	11.39	39.10	33.64	6.72
黑龙江	2162.32	9.95	32.22	49.57	8.06	0.19
上海	8.18	97.49	0.72	1.53	0.21	0.06
江苏	78.70	46.19	23.16	16.48	8.69	5.49
浙江	609.36	1.85	0.86	2.18	8.70	86.41
安徽	409.15	5.02	8.64	12.37	9.43	64.54
福建	881.14	0.31	0.46	2.13	5.72	91.39
江西	1041.37	1.38	3.67	8.54	9.98	76.43
山东	260.53	38.62	11.83	15.71	14.78	19.07
河南	439.63	15.96	4.48	11.31	20.05	48.19
湖北	928.01	2.00	1.99	8.16	17.50	70.35
湖南	1271.71	0.93	1.99	11.46	15.05	70.58
广东	1079.25	2.00	3.27	5.28	6.32	83.13
广西	1609.52	1.10	1.74	5.09	10.36	81.71
海南	117.41	9.86	18.84	7.98	9.80	53.52

续表

行政辖区	林地总面积（10^4 hm^2）	≤2° 林地占林地总面积比例（%）	2°～6° 林地占林地总面积比例（%）	6°～15° 林地占林地总面积比例（%）	15°～25° 林地占林地总面积比例（%）	＞25° 林地占林地总面积比例（%）
重庆	468.90	0.17	0.47	4.15	10.76	84.45
四川	2541.96	0.52	0.64	5.38	10.69	82.77
贵州	1121.01	0.08	0.30	3.90	12.12	83.60
云南	2496.90	0.14	0.42	4.55	12.37	82.51
西藏	1789.61	1.35	1.13	3.48	7.27	86.77
陕西	1247.60	2.07	3.19	3.90	2.72	88.13
甘肃	796.28	13.46	5.19	3.16	11.07	67.12
青海	460.36	12.14	1.78	8.03	21.58	56.48
宁夏	95.26	16.26	19.09	17.25	23.51	23.89
新疆	1221.25	56.83	10.13	7.95	5.09	20.00

7.1.2 林地二级地类面积与分布

7.1.2.1 乔木林地

乔木林地是指乔木郁闭度≥0.2 的林地，不包括森林沼泽。全国乔木林地面积为 19735.16 万公顷，占全国林地总面积的 69.46%，在林地二级地类中居第一位。

从各省（区、市）分布来看，云南、黑龙江、四川、内蒙古和广西 5 省（区）的乔木林地面积超过 1000 万公顷；面积为 500 万～1000 万公顷的有广东、西藏、湖南、陕西、吉林、江西、湖北、贵州和福建 9 省（区）；面积为 200万～500 万公顷的有河北、山西、辽宁、安徽、浙江、河南、重庆、甘肃和新疆 9 省（区）；面积为 100万～200 万公顷的有海南和山东 2 省；其余 6 省（区、市）面积均在 100 万公顷以下。

从各省（区、市）乔木林地面积占该省（区、市）林地总面积的比例来看，占比超过 90% 的省有 3 个，分别是黑龙江、吉林、广东；占比超过为 80%～90% 的省有 3 个，分别是海南、云南、湖北；占比为 70%～80% 以上的省（市）有 8 个，分别是安徽、江西、福建、重庆、浙江、湖南、辽宁、陕西；其余省（区、市）乔木林地面积占比均低于 70%。2019 年全国各省（区、市）乔木林地情况统计及分布情况见表 7.3、图 7.3。

表 7.3　2019 年全国及各省（区、市）乔木林地情况

行政辖区	林地总面积（10^4 hm^2）	乔木林地面积（10^4 hm^2）	占全国乔木林地面积比例（%）	占该辖区林地总面积比例（%）
全国	28412.59	19735.16	100.00	69.46
北京	96.76	55.74	0.28	57.61
天津	14.83	3.17	0.02	21.38

续表

行政辖区	林地总面积（10^4 hm^2）	乔木林地面积（10^4 hm^2）	占全国乔木林地面积比例（%）	占该辖区林地总面积比例（%）
河北	642.53	268.85	1.36	41.84
山西	609.57	303.24	1.54	49.75
内蒙古	2436.00	1503.22	7.62	61.71
辽宁	601.57	451.63	2.29	75.08
吉林	875.90	838.12	4.25	95.69
黑龙江	2162.32	2100.44	10.64	97.14
上海	8.18	2.40	0.01	29.34
江苏	78.70	25.22	0.13	32.05
浙江	609.36	459.04	2.33	75.33
安徽	409.15	315.94	1.60	77.22
福建	881.14	675.65	3.42	76.68
江西	1041.37	803.41	4.07	77.15
山东	260.53	133.95	0.68	51.41
河南	439.63	285.64	1.45	64.97
湖北	928.01	756.84	3.83	81.56
湖南	1271.71	956.84	4.85	75.24
广东	1079.25	973.86	4.93	90.23
广西	1609.52	1096.53	5.56	68.13
海南	117.41	101.65	0.52	86.58
重庆	468.90	357.66	1.81	76.28
四川	2541.96	1701.24	8.62	66.93
贵州	1121.01	736.67	3.73	65.71
云南	2496.90	2118.02	10.73	84.83
西藏	1789.61	972.78	4.93	54.36
陕西	1247.60	935.67	4.74	75.00
甘肃	796.28	425.96	2.16	53.49
青海	460.36	67.45	0.34	14.65
宁夏	95.26	21.91	0.11	23.00
新疆	1221.25	286.43	1.45	23.45

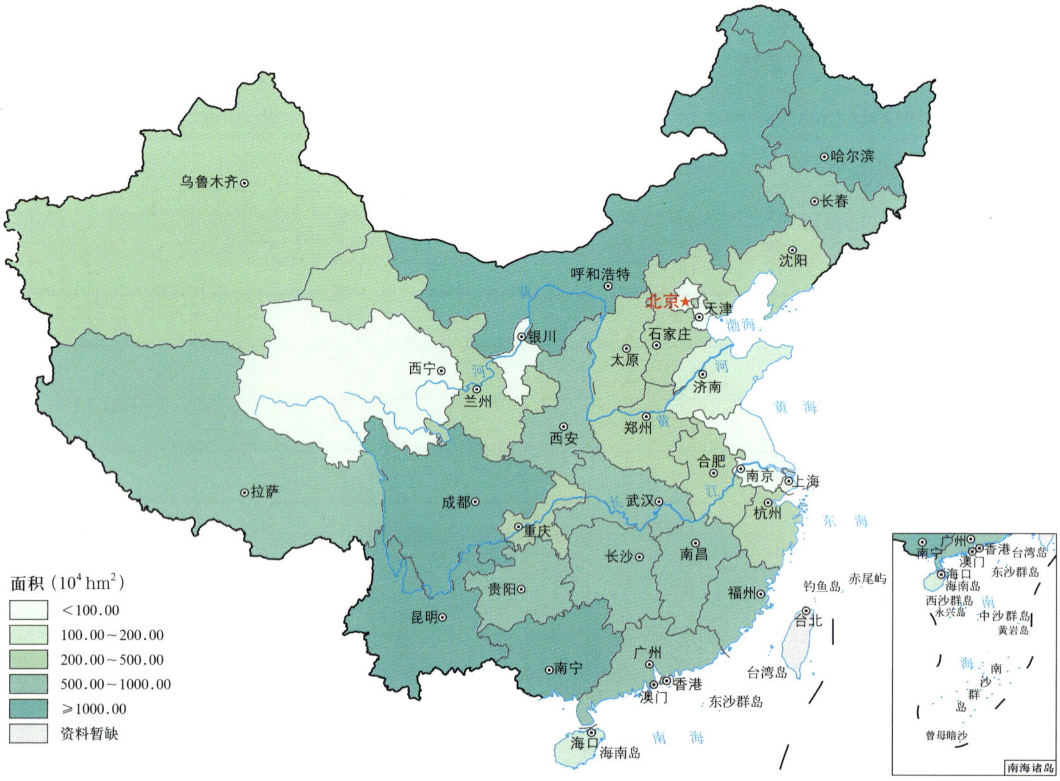

图 7.3　2019 年全国乔木林地分布情况

7.1.2.2　竹林地

竹林地是指生长竹类植物郁闭度≥0.2 的林地。2019 年全国竹林地面积为 701.97 万公顷，占全国林地总面积的 2.47%，在林地二级地类中居第四位。

从各省（区、市）竹林地的面积来看，湖南、福建和江西 3 省面积在 100 万公顷以上；面积为 50万～100 万公顷的省份有 3 个，分别是浙江、四川和广东；安徽和广西 2 省（区）面积为 20万～50 万公顷；重庆、云南和贵州 3 省（市）面积为 10万～20 万公顷，其余 20 个省（区、市）的面积均小于 10 万公顷。

从各省（区、市）竹林地面积占该省（区、市）林地总面积的比例来看，占比超过 10% 的省份有 3 个，分别是浙江、福建和江西；其余省（区、市）竹林地面积占比均低于 10%。2019 年全国各省（区、市）竹林地情况统计及分布情况见表 7.4、图 7.4。

表 7.4　2019 年全国及各省（区、市）竹林地情况

行政辖区	林地总面积（10^4 hm^2）	竹林地面积（10^4 hm^2）	占全国竹林地面积比例（%）	占该辖区林地总面积比例（%）
全国	28412.59	701.97	100.00	2.47
北京	96.76	0.00	0.00	0.00
天津	14.83	0.00	0.00	0.00

续表

行政辖区	林地总面积（10^4 hm^2）	竹林地面积（10^4 hm^2）	占全国竹林地面积比例（%）	占该辖区林地总面积比例（%）
河北	642.53	0.00	0.00	0.00
山西	609.57	0.03	0.00	0.00
内蒙古	2436.00	0.00	0.00	0.00
辽宁	601.57	0.00	0.00	0.00
吉林	875.90	0.00	0.00	0.00
黑龙江	2162.32	0.00	0.00	0.00
上海	8.18	0.22	0.03	2.64
江苏	78.70	2.62	0.37	3.32
浙江	609.36	90.63	12.91	14.87
安徽	409.15	35.81	5.10	8.75
福建	881.14	121.27	17.28	13.76
江西	1041.37	117.71	16.77	11.30
山东	260.53	0.06	0.01	0.02
河南	439.63	0.93	0.13	0.21
湖北	928.01	5.96	0.85	0.64
湖南	1271.71	123.09	17.53	9.68
广东	1079.25	53.26	7.59	4.93
广西	1609.52	38.55	5.49	2.40
海南	117.41	0.74	0.11	0.63
重庆	468.90	19.16	2.73	4.09
四川	2541.96	58.46	8.33	2.30
贵州	1121.01	17.36	2.47	1.55
云南	2496.90	15.40	2.19	0.62
西藏	1789.61	0.03	0.00	0.00
陕西	1247.60	0.68	0.10	0.05
甘肃	796.28	0.01	0.00	0.00
青海	460.36	0.00	0.00	0.00
宁夏	95.26	0.00	0.00	0.00
新疆	1221.25	0.00	0.00	0.00

图 7.4　2019 年全国竹林地分布情况

7.1.2.3　灌木林地

灌木林地是指灌木覆盖度≥40% 的林地，不包括灌丛沼泽。2019 年全国灌木林地面积为 5862.61 万公顷，占全国林地总面积的 20.63%，在林地二级地类中居第二位。

从各省（区、市）灌木林地的面积来看，新疆、西藏、内蒙古和四川 4 个省（区）面积超过 500 万公顷；广西、甘肃、云南、贵州和青海 5 个省（区）面积为 200万～500 万公顷；山西、河北和陕西 3 个省面积为 100万～200 万公顷；辽宁、河南、湖南、湖北、重庆、宁夏 6 个省（区、市）面积为 50万～100 万公顷；其余 13 个省（市）面积为 50 万公顷以下。

从各省灌木林地面积占该省（区、市）林地总面积比例来看，占比超过 50% 的省（区）有 3 个，分别为青海、新疆和宁夏；占比为 30%～50% 的省（区、市）有 5 个，分别是西藏、北京、甘肃、内蒙古和河北；其余省（区、市）灌木林地占比均低于 30%。2019 年全国各省（区、市）灌木林地情况统计及分布情况见表 7.5、图 7.5。

表 7.5　2019 年全国及各省（区、市）灌木林地情况

行政辖区	林地总面积（10^4 hm^2）	灌木林地面积（10^4 hm^2）	占全国灌木林地面积比例（%）	占该辖区林地总面积比例（%）
全国	28412.59	5862.61	100.00	20.63
北京	96.76	37.01	0.63	38.25
天津	14.83	1.28	0.02	8.63

续表

行政辖区	林地总面积（10^4 hm^2）	灌木林地面积（10^4 hm^2）	占全国灌木林地面积比例（%）	占该辖区林地总面积比例（%）
河北	642.53	198.83	3.39	30.94
山西	609.57	173.46	2.96	28.46
内蒙古	2436.00	764.91	13.05	31.40
辽宁	601.57	80.77	1.38	13.43
吉林	875.90	4.24	0.07	0.48
黑龙江	2162.32	17.73	0.30	0.82
上海	8.18	0.00	0.00	0.00
江苏	78.70	0.84	0.01	1.07
浙江	609.36	23.19	0.40	3.81
安徽	409.15	8.60	0.15	2.10
福建	881.14	6.86	0.12	0.78
江西	1041.37	19.65	0.34	1.89
山东	260.53	6.70	0.11	2.57
河南	439.63	66.01	1.13	15.01
湖北	928.01	88.65	1.51	9.55
湖南	1271.71	58.04	0.99	4.56
广东	1079.25	14.04	0.24	1.30
广西	1609.52	361.22	6.16	22.44
海南	117.41	9.43	0.16	8.03
重庆	468.90	88.23	1.50	18.82
四川	2541.96	707.24	12.06	27.82
贵州	1121.01	327.55	5.59	29.22
云南	2496.90	289.17	4.93	11.58
西藏	1789.61	807.82	13.78	45.14
陕西	1247.60	185.15	3.16	14.84
甘肃	796.28	281.84	4.81	35.39
青海	460.36	369.40	6.30	80.24
宁夏	95.26	51.85	0.88	54.43
新疆	1221.25	812.93	13.87	66.57

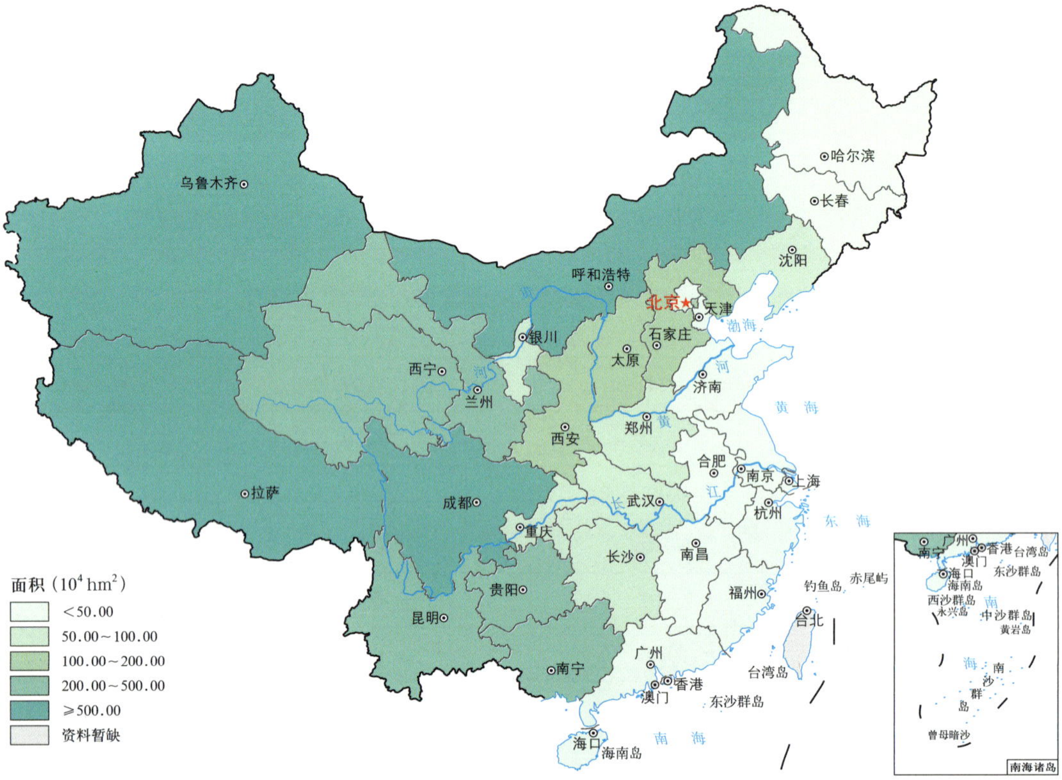

图 7.5　2019 年全国灌木林地分布情况

7.1.2.4　其他林地

其他林地包括疏林地（树木郁闭度≥0.1 且＜0.2 的林地）、未成林地、迹地、苗圃等林地。2019 年全国其他林地面积为 2112.84 万公顷，占全国林地总面积的 7.44%，在林地二级地类中居第三位。

从各省（区、市）其他林地的面积来看，河北、内蒙古、湖南、山西、陕西、新疆、山东、广西和江西 9 省（区）面积超过 100 万公顷；江苏、辽宁、云南、四川、湖北、福建、河南、甘肃 8 个省面积为 50万～100 万公顷；宁夏、青海、吉林、浙江、广东、贵州、黑龙江、安徽 8 个省（区）面积为 20万～50 万公顷；天津面积为 10万～20 万公顷；其余 5 省（区、市）面积均在 10 万公顷及以下。

从各省（区、市）其他林地面积占该省（区、市）林地总面积的比例来看，占比超过 50% 的省（市）有 3 个，分别为天津、上海和江苏；其余省（区、市）其他林地面积占比均低于 50%。2019 年全国各省（区、市）其他林地情况统计和分布情况见表 7.6、图 7.6。

表 7.6　2019 年全国及各省（区、市）其他林地情况

行政辖区	林地总面积（10^4 hm^2）	其他林地面积（10^4 hm^2）	占全国其他林地面积比例（%）	占该辖区林地总面积比例（%）
全国	28412.59	2112.84	100.00	7.44
北京	96.76	4.02	0.19	4.15
天津	14.83	10.38	0.49	69.99

续表

行政辖区	林地总面积（10^4 hm^2）	其他林地面积（10^4 hm^2）	占全国其他林地面积比例（%）	占该辖区林地总面积比例（%）
河北	642.53	174.85	8.28	27.21
山西	609.57	132.84	6.29	21.79
内蒙古	2436.00	167.87	7.95	6.89
辽宁	601.57	69.17	3.27	11.50
吉林	875.90	33.54	1.59	3.83
黑龙江	2162.32	44.15	2.09	2.04
上海	8.18	5.56	0.26	67.97
江苏	78.70	50.03	2.37	63.57
浙江	609.36	36.49	1.73	5.99
安徽	409.15	48.80	2.31	11.93
福建	881.14	77.35	3.66	8.78
江西	1041.37	100.61	4.76	9.66
山东	260.53	119.83	5.67	45.99
河南	439.63	87.05	4.12	19.80
湖北	928.01	76.56	3.62	8.25
湖南	1271.71	133.73	6.33	10.52
广东	1079.25	38.10	1.80	3.53
广西	1609.52	113.23	5.36	7.04
海南	117.41	5.60	0.27	4.77
重庆	468.90	3.85	0.18	0.82
四川	2541.96	75.01	3.55	2.95
贵州	1121.01	39.43	1.87	3.52
云南	2496.90	74.31	3.52	2.98
西藏	1789.61	8.99	0.43	0.50
陕西	1247.60	126.11	5.97	10.11
甘肃	796.28	88.48	4.19	11.11
青海	460.36	23.51	1.11	5.11
宁夏	95.26	21.50	1.02	22.57
新疆	1221.25	121.89	5.77	9.98

图 7.6 2019 年全国其他林地分布情况

7.2 林地变化特征

本节主要将 2019 年“三调”的土地利用现状数据与 2009 年“二调”数据进行对比，对林地变化情况进行分析，概述林地面积净变化、其他地类转变为林地情况（以下简称“流入”）以及林地转变为其他地类情况（以下简称“流出”）。

2009—2019 年，全国林地流入 5089.46 万公顷，全国林地流出 1892.95 万公顷，净增加 3196.51 万公顷。其中，有林地①流入 1965.18 万公顷，流出 1043.78 万公顷，净增加 921.40 万公顷；灌木林地流入 2247.06 万公顷，流出 446.33 万公顷，净增加 1800.73 万公顷；其他林地流入 877.21 万公顷，流出 402.84 万公顷，净增加 474.37 万公顷。

7.2.1 林地净变化

7.2.1.1 不同省（区、市）林地面积变化情况

从 2009—2019 年各省（区、市）林地变化情况来看，4 个省林地面积有所减少，分别是黑龙江、江西、吉林和海南，相应减少了 47.85 万公顷、0.89 万公顷、8 万公顷、3.51 万公顷。其余省（区、市）

① “二调”中竹林地并非二级地类，而是有林地的一部分，分析 2009—2019 年全国各省（区、市）林地面积变化时，将 2019 年的竹林地与乔木林地合并为有林地进行计算。下同。

林地面积均有所增加，其中 5 个省（区）林地增加面积超过 200 万公顷，分别是新疆、四川、内蒙古、广西、贵州。

从 2009—2019 年各省（区、市）有林地面积的变化来看，4 个省的有林地面积减少，其中黑龙江有林地减少面积最多，为 38.37 万公顷，其余 3 个省的有林地面积减少量较少，均在 10 万公顷以内。在有林地面积增加的省（区、市）中，增加超过 100 万公顷的省（区）有 3 个，分别为广西、四川和云南。

从 2009—2019 年各省（区、市）灌木林地面积的变化来看，4 个省（市）的灌木林地面积减少，其中黑龙江灌木林地减少面积最多，为 5.83 万公顷；其次为吉林，为 1.94 万公顷；江苏和天津的灌木林地面积减少量较少，均在 1 万公顷以内。在灌木林地面积增加的省（区、市）中，增加超过 200 万公顷的为新疆和内蒙古；灌木林地增加面积为 100万～200 万公顷的省（区）有 6 个，分别是四川、西藏、广西、甘肃、贵州、青海。

从 2009—2019 年各省（区、市）其他林地面积的变化来看，有 10 个省（区、市）的其他林地面积减少，其中内蒙古其他林地减少面积最多，为 26.50 万公顷，其余 9 个省（区、市）的其他林地面积减少量较少，均在 10 万公顷以内。在其他林地面积增加的省（区、市）中，超过 60 万公顷的省有 2 个，分别是山东和河北；其他林地增加面积为 40万～60 万公顷的省有 4 个，分别是河南、陕西、江苏、山西。

2009—2019 年全国各省（区、市）林地变化情况见表 7.7。

表 7.7　2009—2019 年全国及各省（区、市）林地变化情况　　单位：10^4 hm^2

行政辖区	变化面积				行政辖区	变化面积			
	合计	有林地	灌木林地	其他林地		合计	有林地	灌木林地	其他林地
全国	3196.51	921.40	1800.73	474.37	河南	88.94	25.68	13.55	49.70
北京	22.38	15.35	7.11	–0.08	湖北	61.52	32.37	10.41	18.74
天津	9.17	0.65	–0.03	8.54	湖南	42.43	5.30	12.62	24.51
河北	179.34	37.87	77.56	63.91	广东	66.20	64.64	4.19	–2.63
山西	122.30	33.41	46.42	42.46	广西	275.18	125.97	144.06	5.14
内蒙古	297.09	25.71	297.87	–26.50	海南	–3.51	–3.53	1.40	–1.38
辽宁	38.04	0.30	21.35	16.39	重庆	89.73	58.77	32.34	–1.38
吉林	–8.00	–4.91	–1.94	–1.15	四川	323.81	116.05	196.34	11.42
黑龙江	–47.85	–38.37	–5.83	–3.65	贵州	220.14	98.99	118.65	2.50
上海	3.12	0.03	0.00	3.08	云南	189.91	110.03	84.59	–4.71
江苏	52.30	7.91	–0.15	44.54	西藏	186.67	11.84	175.64	–0.81
浙江	40.62	20.77	4.99	14.86	陕西	124.42	58.47	16.76	49.19
安徽	31.07	9.80	0.93	20.34	甘肃	187.50	30.44	133.57	23.49
福建	43.19	32.99	1.70	8.50	青海	105.89	4.01	108.04	–6.15
江西	–0.89	–7.52	4.26	2.37	宁夏	17.90	1.75	13.55	2.59
山东	107.01	32.14	1.83	73.03	新疆	330.92	14.48	278.95	37.49

7.2.1.2 不同坡度级林地面积变化情况

从不同坡度级林地变化上来看，全国＞25° 区域的林地面积增加最多，为 1921.56 万公顷，其后依次是 15°～25° 的区域（481.06 万公顷）、≤2° 的区域（431.3 万公顷）、6°～15° 的区域（254.46 万公顷）和 2°～6° 的区域（194.73 万公顷）。其中，乔木林＞25° 的区域增加最为广泛，灌木林在＞25° 的范围增加也较为广泛，而其他林地在＞25° 的区域呈减小的态势。从各省（区、市）来看，其变化情况各异，且在二级地类中也没有较强的规律性，具体请参见图 7.7—图 7.10。

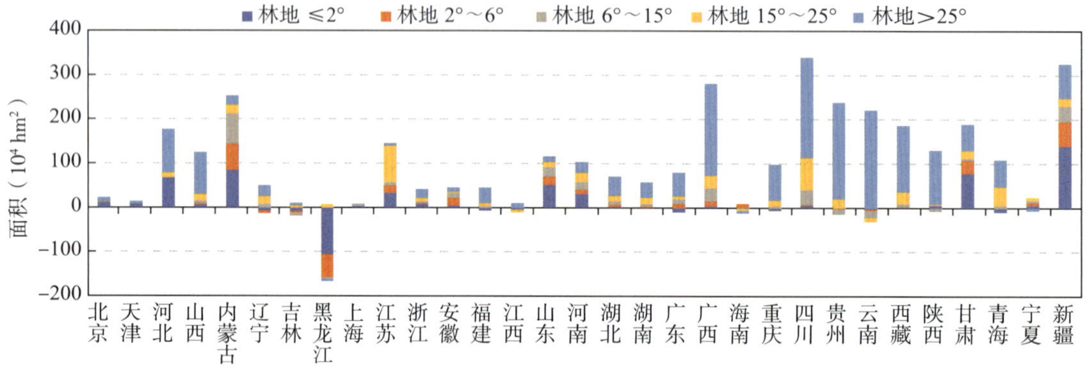

图 7.7　2009—2019 年各省（区、市）不同坡度级林地面积变化情况

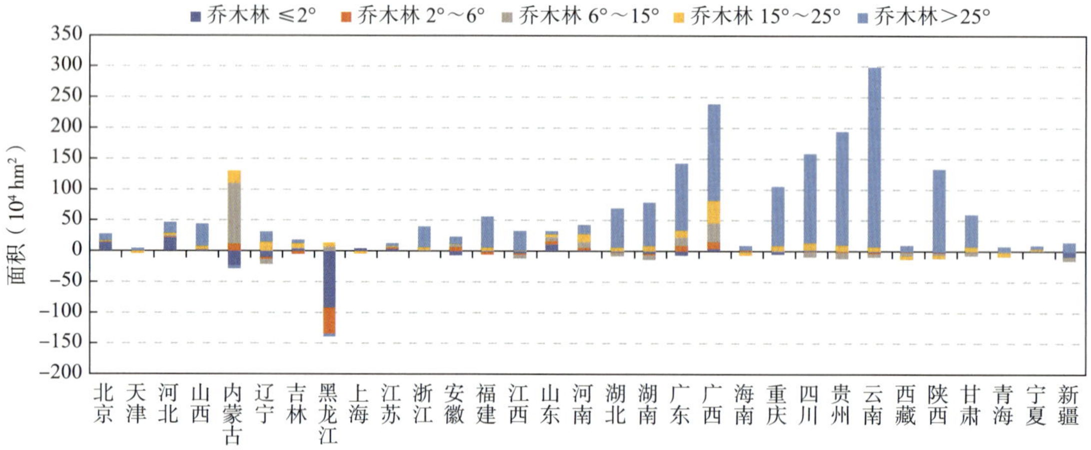

图 7.8　2009—2019 年各省（区、市）不同坡度级乔木林地面积变化情况

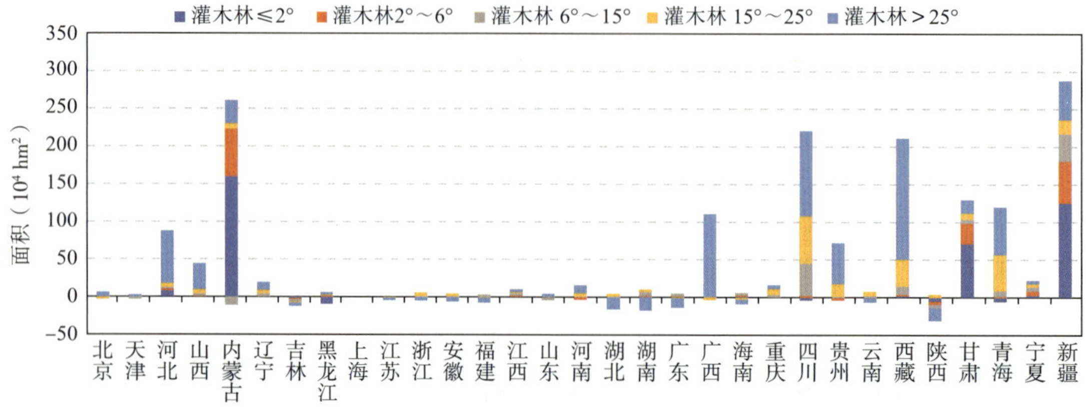

图 7.9　2009—2019 年各省（区、市）不同坡度级灌木林地面积变化情况

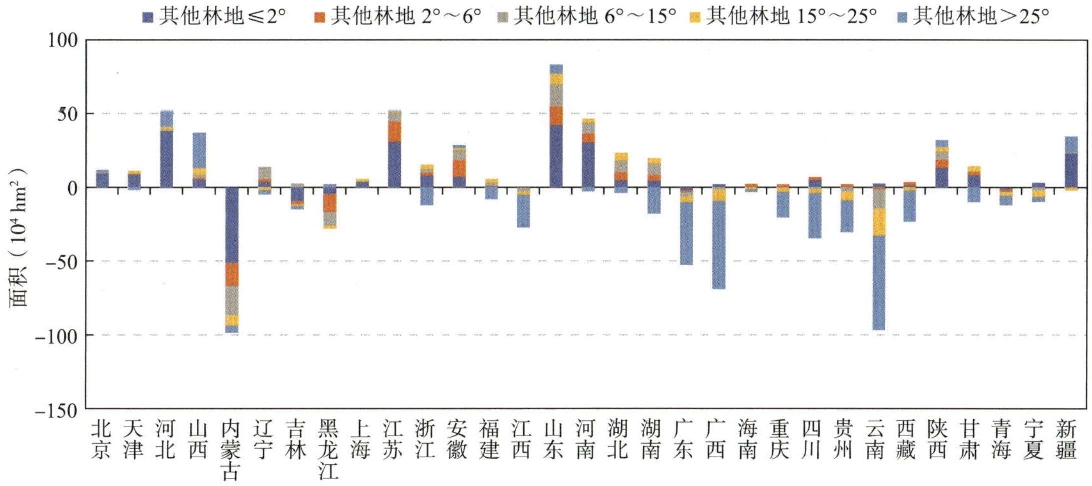

图 7.10　2009—2019 年各省（区、市）不同坡度级其他林地面积变化情况

7.2.1.3　不同地貌区林地面积变化情况

从地貌来看，山区县林地面积增加了 1605.10 万公顷，丘陵县增加了 769.29 万公顷，平原县增加了 590.42 万公顷。

从二级地类看，面积增加最多的是山区县的有林地，为 1133.83 万公顷，其次是山区县的灌木林地。面积减少的是山区县的其他林地（减少 287.21 万公顷）、丘陵县的其他林地（减少 25.84 万公顷）。2009—2019 年不同地貌类型县林地变化情况见表 7.8。

表 7.8　2009—2019 年不同地貌类型县林地变化情况　　单位：10^4 hm^2

地貌类型县	林地	有林地	灌木林地	其他林地
山区县	1605.10	1133.83	758.49	−287.21
丘陵县	769.29	416.03	379.11	−25.84
平原县	590.42	104.20	355.36	130.86

7.2.1.4　不同气候区林地面积变化情况

从气候来看，我国林地变化面积主要分布在暖温带和亚热带，其中暖温带林地面积总增加量为 651.65 万公顷，亚热带为 557.93 万公顷，高原温带、亚寒带及寒温带共增加 341.06 万公顷，中温带则增加 271.73 万公顷（表 7.9）。从二级地类来看，大多林地的二级地类面积增加，而其他林地在中温带、亚热带以及高原温带、亚寒带及寒温带的面积显著减少。此外，有林地在高原温带、亚寒带及寒温带的面积也显著降低。

表 7.9　2009—2019 年不同气候区林地变化情况　　单位：10^4 hm^2

气候区名称		林地	有林地	灌木林地	其他林地
中温带区合计		271.73	39.30	352.27	−119.84
Ⅱ中温带	A 湿润地区	−37.25	17.77	−15.95	−39.07
Ⅱ中温带	B 半湿润地区	−110.12	9.64	−68.09	−51.67
Ⅱ中温带	C 半干旱地区	−21.51	4.17	16.40	−42.08
Ⅱ中温带	D 干旱地区	440.61	7.72	419.91	12.98
暖温带区合计		651.65	248.01	350.07	53.57
Ⅲ暖温带	A 湿润地区	14.77	1.56	−0.97	14.18
Ⅲ暖温带	B 半湿润地区	390.45	213.90	154.22	22.33
Ⅲ暖温带	C 半干旱地区	65.07	35.73	28.37	0.97
Ⅲ暖温带	D 干旱地区	181.36	−3.18	168.45	16.09
亚热带区合计		557.93	548.10	33.88	−24.05
Ⅳ北亚热带	A 湿润地区	216.78	188.90	−64.97	92.85
Ⅴ中亚热带	A 湿润地区	0.00	2.61	−2.61	0.00
Ⅵ南亚热带	A 湿润地区	341.15	356.59	101.46	−116.9
热带及中热带区合计		−143.88	74.27	−4.71	−213.44
Ⅶ边缘热带	A 湿润地区	−80.33	42.90	−16.51	−106.72
Ⅷ中热带	A 湿润地区	−63.55	31.37	11.8	−106.72
IX 赤道热带	A 湿润地区	0.00	0.00	0.00	0.00
高原温带、亚寒带及寒温带区合计		341.06	−22.90	416.79	−52.83
HII 高原温带	AB 湿润、半湿润地区	239.04	−20.58	288.86	−29.24
HII 高原温带	C 半干旱地区	86.07	−0.60	93.97	−7.3
HII 高原温带	D 干旱地区	13.33	−1.12	9.99	4.46
HI 高原亚寒带	B 半湿润地区	11.75	2.76	14.75	−5.76
HI 高原亚寒带	C 半干旱地区	9.31	0.29	9.44	−0.42
HI 高原亚寒带	D 干旱地区	0.25	0.12	−0.01	0.14
Ⅰ寒温带	A 湿润地区	−18.69	−3.77	−0.21	−14.71

7.2.2　林地结构变化

7.2.2.1　林地流出情况

2009—2019 年，全国林地流出 1892.95 万公顷，其中内蒙古、云南、四川、黑龙江和新疆 5 个省（区）林地流出面积超过 100 万公顷，是全国林地流出面积最大的 5 个省（区），流出总面积占全国林地总流出面积的 44.81%。从各省（区、市）林地流出面积占其 2009 年林地总面积的比例上来看，普遍不高，其中上海、青海、山东是流出面积占比最高的省（市），占比均超过 10%。

耕地是林地流出的最大地类，为 666.78 万公顷。31 个省（区、市）中，有 20 个省（区、市）林地流出至耕地的面积超过 10 万公顷，其中面积最大的是内蒙古，流出面积为 87.38 万公顷。从二级地类来看，有林地流出至耕地的面积为 404.26 万公顷，其中黑龙江、云南、吉林、内蒙古、四川和贵州 6 个省（区）流出面积超过 20 万公顷；灌木林地流出至耕地的面积为 109.81 万公顷，其中内蒙古、贵州、新疆、云南和安徽 5 个省（区）流出面积超过 10 万公顷；其他林地流出至耕地的面积为 152.72 万公顷，其中流出面积超过 10 万公顷的省（区）为内蒙古、云南、吉林。

园地是林地流出的第二大地类，为 358.87 万公顷。31 个省（区、市）中，有 11 个省（区）林地流出至园地的面积超过 10 万公顷，其中面积最大的省是云南，流出面积为 58.71 万公顷。从二级地类来看，有林地流出至园地的面积为 257.98 万公顷，其中云南、湖南、广西、广东和江西的面积超过 20 万公顷；灌木林地流出至园地的面积为 40.25 万公顷，其中面积超过 5 万公顷的省（区）为云南和广西；其他林地流出至园地的面积为 60.64 万公顷，其中面积超过 5 万公顷的省（区）为广西、云南和江西、湖南。

林地流出至建设用地、水域及水利设施用地的面积为 326 万公顷。31 个省（区、市）中，有 15 个省（区）的林地流出至建设用地、水域及水利设施用地的面积超过 10 万公顷，其中面积最大的省是湖南，流出面积为 26.27 万公顷。从二级地类上来看，有林地流出至建设用地、水域及水利设施用地的面积为 216.93 万公顷，其中面积超过 15 万公顷的省为四川、湖南、云南和福建；灌木林地流出至建设用地、水域及水利设施用地的面积为 51.95 万公顷，其中面积超过 5 万公顷的为内蒙古和新疆；其他林地流出至建设、交通、水域及水利设施用地的面积为 57.13 万公顷，其中面积超过 5 万公顷的省为山东和江西。

2009—2019 年全国各省（区、市）林地流出地类情况见图 7.11、表 7.10。

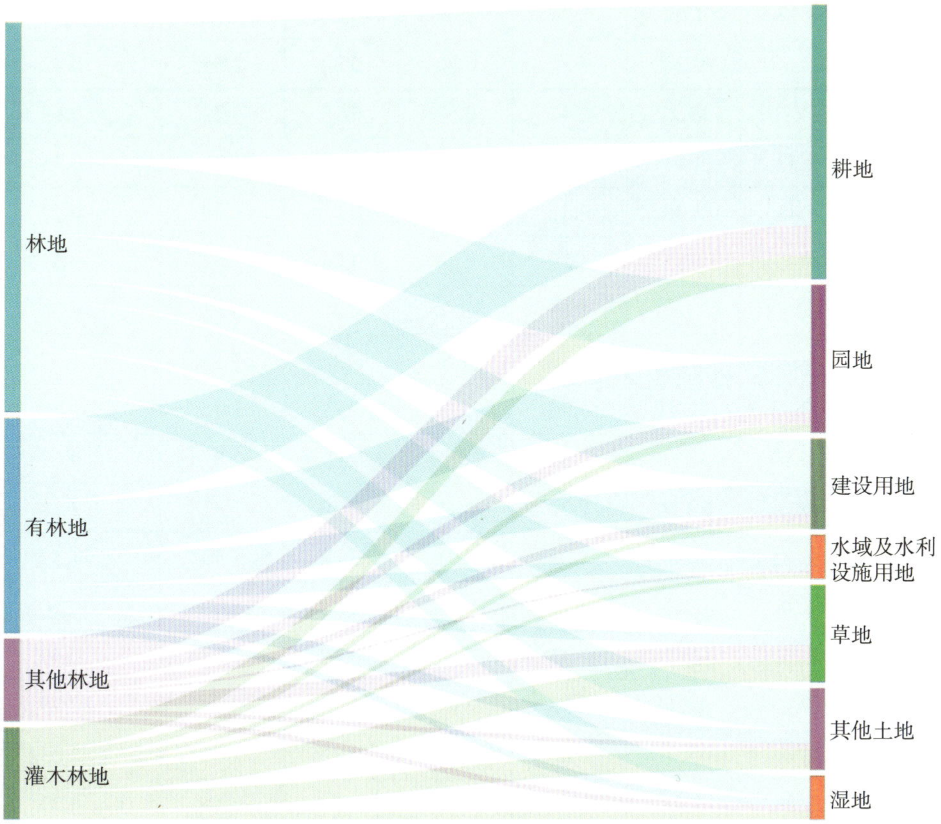

图 7.11 2009—2019 年全国林地面积流出情况

表 7.10　2009—2019 年全国及各省（区、市）林地流出地类情况　　单位：10^4 hm^2

行政辖区	类型	合计	耕地	园地	草地	湿地	建设用地	水域及水利设施用地	其他土地
全国	林地	1892.95	666.78	358.87	236.65	107.11	219.53	106.47	197.53
	有林地	1043.78	404.26	257.98	55.14	39.11	147.24	69.68	70.38
	灌木林地	446.33	109.81	40.25	108.33	36.70	28.92	23.02	99.28
	其他林地	402.84	152.72	60.64	73.18	31.30	43.36	13.77	27.87
北京	林地	3.39	0.35	1.17	0.10	0.00	1.39	0.25	0.13
	有林地	1.36	0.13	0.47	0.01	0.00	0.59	0.12	0.04
	灌木林地	0.63	0.02	0.34	0.00	0.00	0.17	0.04	0.05
	其他林地	1.40	0.19	0.37	0.09	0.00	0.62	0.08	0.04
天津	林地	0.99	0.22	0.19	0.01	0.00	0.37	0.16	0.04
	有林地	0.40	0.10	0.08	0.01	0.00	0.12	0.08	0.01
	灌木林地	0.11	0.00	0.06	0.00	0.00	0.03	0.00	0.00
	其他林地	0.48	0.12	0.05	0.00	0.00	0.22	0.07	0.02
河北	林地	45.81	16.92	10.74	8.81	0.48	6.05	1.11	1.69
	有林地	16.11	6.63	4.43	0.93	0.12	2.81	0.57	0.62
	灌木林地	5.37	1.07	2.20	0.98	0.06	0.69	0.13	0.23
	其他林地	24.33	9.22	4.11	6.89	0.30	2.55	0.42	0.84
山西	林地	24.11	13.27	2.47	0.57	0.18	4.72	0.69	2.23
	有林地	8.32	4.43	0.80	0.06	0.11	1.90	0.35	0.67
	灌木林地	5.48	2.98	0.37	0.05	0.03	1.29	0.17	0.58
	其他林地	10.31	5.85	1.29	0.46	0.04	1.52	0.17	0.98
内蒙古	林地	232.84	87.38	1.13	72.74	41.92	9.91	3.70	16.05
	有林地	64.40	31.85	0.49	11.82	13.01	3.15	1.72	2.37
	灌木林地	83.24	21.93	0.25	32.79	12.72	3.90	1.30	10.34
	其他林地	85.20	33.60	0.39	28.14	16.20	2.87	0.69	3.34
辽宁	林地	48.29	30.34	9.24	0.47	0.39	5.03	2.18	0.64
	有林地	32.31	20.62	5.61	0.31	0.28	3.49	1.59	0.41
	灌木林地	4.96	2.11	2.19	0.05	0.01	0.44	0.10	0.07
	其他林地	11.02	7.62	1.45	0.11	0.10	1.08	0.49	0.16
吉林	林地	57.47	45.44	2.93	1.35	1.74	2.78	2.75	0.48
	有林地	41.46	33.01	2.46	0.58	0.79	2.09	2.23	0.31
	灌木林地	3.13	2.03	0.13	0.26	0.29	0.15	0.23	0.04
	其他林地	12.89	10.40	0.34	0.52	0.66	0.55	0.29	0.13

续表

行政辖区	类型	合计	耕地	园地	草地	湿地	建设用地	水域及水利设施用地	其他土地
黑龙江	林地	128.09	75.09	2.67	4.67	32.59	5.03	6.95	1.10
	有林地	96.66	62.01	2.42	3.95	17.35	4.35	5.65	0.92
	灌木林地	9.72	4.01	0.04	0.42	4.11	0.24	0.84	0.06
	其他林地	21.71	9.06	0.20	0.30	11.13	0.44	0.46	0.11
上海	林地	1.80	0.70	0.09	0.21	0.01	0.63	0.16	0.01
	有林地	0.94	0.34	0.03	0.14	0.00	0.32	0.10	0.00
	灌木林地	0.00	0.00	0.00	0.00	0.00	0.00	0.00	0.00
	其他林地	0.87	0.36	0.06	0.07	0.00	0.31	0.06	0.01
江苏	林地	5.71	2.45	0.56	0.12	0.02	1.76	0.66	0.14
	有林地	3.76	1.86	0.37	0.09	0.00	0.93	0.42	0.08
	灌木林地	0.29	0.03	0.08	0.02	0.00	0.13	0.02	0.01
	其他林地	1.66	0.55	0.10	0.01	0.01	0.70	0.22	0.05
浙江	林地	21.58	3.70	10.22	0.03	0.08	5.20	1.34	1.01
	有林地	17.92	3.07	8.46	0.02	0.04	4.37	1.14	0.81
	灌木林地	1.08	0.17	0.52	0.00	0.01	0.23	0.08	0.06
	其他林地	2.57	0.46	1.24	0.00	0.03	0.59	0.12	0.14
安徽	林地	32.30	12.94	8.59	0.22	0.13	6.52	2.62	1.28
	有林地	26.64	10.58	7.34	0.17	0.09	5.31	2.14	1.01
	灌木林地	0.82	0.16	0.30	0.04	0.00	0.23	0.05	0.03
	其他林地	4.84	2.21	0.95	0.01	0.03	0.98	0.43	0.23
福建	林地	31.99	3.48	18.24	0.03	0.10	6.28	2.18	1.67
	有林地	24.84	2.76	13.91	0.01	0.05	5.02	1.83	1.26
	灌木林地	1.92	0.23	0.97	0.03	0.04	0.39	0.17	0.12
	其他林地	5.22	0.49	3.37	0.00	0.01	0.88	0.18	0.29
江西	林地	63.95	11.63	26.07	0.09	0.06	18.31	5.15	2.64
	有林地	47.51	7.75	20.16	0.02	0.03	13.97	3.74	1.83
	灌木林地	1.45	0.32	0.49	0.00	0.00	0.41	0.16	0.06
	其他林地	14.99	3.56	5.42	0.07	0.03	3.91	1.26	0.75
山东	林地	41.82	18.78	7.51	0.27	0.70	9.05	3.23	2.27
	有林地	23.82	10.93	4.62	0.14	0.04	4.76	2.00	1.32
	灌木林地	1.58	0.11	0.45	0.07	0.62	0.09	0.12	0.11
	其他林地	16.42	7.74	2.45	0.06	0.03	4.20	1.12	0.84

续表

行政辖区	类型	合计	耕地	园地	草地	湿地	建设用地	水域及水利设施用地	其他土地
河南	林地	41.85	23.46	4.87	0.44	0.21	8.22	2.75	1.92
	有林地	32.37	18.85	3.59	0.19	0.17	6.10	2.13	1.33
	灌木林地	2.47	0.88	0.43	0.18	0.00	0.61	0.18	0.19
	其他林地	7.01	3.73	0.85	0.07	0.03	1.49	0.44	0.40
湖北	林地	49.93	24.22	7.94	0.14	0.13	10.52	4.74	2.24
	有林地	35.08	16.28	6.09	0.09	0.08	7.92	3.07	1.54
	灌木林地	4.48	2.03	0.70	0.00	0.01	0.95	0.55	0.23
	其他林地	10.38	5.90	1.15	0.04	0.05	1.65	1.12	0.46
湖南	林地	96.54	21.14	43.36	1.23	0.62	21.56	4.71	3.92
	有林地	72.80	14.30	34.16	0.57	0.53	16.89	3.69	2.65
	灌木林地	5.27	1.30	2.18	0.20	0.01	1.04	0.29	0.26
	其他林地	18.47	5.54	7.02	0.46	0.08	3.63	0.73	1.01
广东	林地	54.83	7.68	26.20	1.86	0.32	11.67	5.31	1.81
	有林地	44.57	6.32	21.70	1.04	0.23	9.26	4.56	1.47
	灌木林地	1.65	0.25	0.74	0.11	0.04	0.34	0.12	0.07
	其他林地	8.60	1.11	3.76	0.71	0.04	2.07	0.63	0.27
广西	林地	73.29	13.70	42.26	0.06	0.24	10.90	3.64	2.48
	有林地	47.02	8.07	27.13	0.01	0.19	7.29	2.79	1.54
	灌木林地	12.24	2.89	6.70	0.02	0.02	1.71	0.40	0.50
	其他林地	14.03	2.75	8.43	0.04	0.03	1.90	0.45	0.44
海南	林地	28.58	3.13	22.11	0.14	0.15	1.61	1.24	0.20
	有林地	20.71	2.11	16.22	0.10	0.10	1.14	0.88	0.15
	灌木林地	4.21	0.39	3.40	0.00	0.02	0.23	0.16	0.01
	其他林地	3.66	0.64	2.48	0.03	0.02	0.24	0.21	0.04
重庆	林地	27.57	15.07	3.22	0.05	0.08	4.63	1.46	3.06
	有林地	19.80	10.71	2.31	0.02	0.05	3.58	1.01	2.13
	灌木林地	4.20	2.33	0.49	0.00	0.02	0.53	0.33	0.50
	其他林地	3.57	2.03	0.43	0.03	0.01	0.52	0.11	0.43
四川	林地	147.20	36.32	19.77	29.78	4.40	14.60	13.70	28.62
	有林地	89.17	28.11	14.92	12.89	0.50	11.70	9.48	11.58
	灌木林地	41.15	3.27	2.55	11.25	3.72	1.48	3.46	15.42
	其他林地	16.88	4.94	2.30	5.64	0.18	1.43	0.77	1.62

续表

行政辖区	类型	合计	耕地	园地	草地	湿地	建设用地	水域及水利设施用地	其他土地
贵州	林地	95.17	50.01	13.25	0.07	0.05	14.86	2.98	13.96
	有林地	52.48	26.23	7.77	0.01	0.02	9.36	1.71	7.38
	灌木林地	31.32	17.63	3.91	0.00	0.02	3.79	1.05	4.92
	其他林地	11.38	6.15	1.57	0.07	0.01	1.71	0.22	1.65
云南	林地	193.70	73.76	58.71	4.57	0.45	17.14	8.67	30.39
	有林地	128.27	45.94	45.11	0.62	0.27	11.34	6.26	18.73
	灌木林地	34.81	15.53	7.46	0.28	0.12	2.53	1.60	7.27
	其他林地	30.62	12.29	6.14	3.67	0.06	3.26	0.80	4.39
西藏	林地	58.27	2.78	0.54	19.49	3.22	2.94	7.10	22.20
	有林地	16.47	0.89	0.27	4.09	1.14	1.33	3.98	4.77
	灌木林地	37.48	1.64	0.18	12.64	1.89	1.26	2.93	16.93
	其他林地	4.31	0.24	0.09	2.76	0.19	0.34	0.19	0.49
陕西	林地	54.20	20.21	7.52	12.02	0.21	8.00	3.22	3.01
	有林地	22.27	10.67	3.23	1.26	0.11	3.42	2.14	1.44
	灌木林地	21.22	5.87	1.62	8.83	0.07	2.98	0.73	1.12
	其他林地	10.71	3.67	2.67	1.93	0.03	1.6	0.35	0.46
甘肃	林地	49.16	16.26	1.84	18.60	3.17	2.33	1.44	5.52
	有林地	16.90	7.30	0.89	5.00	0.64	1.17	0.53	1.37
	灌木林地	17.26	2.74	0.22	8.09	2.25	0.38	0.72	2.87
	其他林地	14.99	6.22	0.73	5.50	0.28	0.78	0.18	1.29
青海	林地	62.96	1.21	0.92	26.23	5.43	1.03	1.56	26.59
	有林地	3.64	0.30	0.04	2.07	0.19	0.30	0.30	0.44
	灌木林地	46.29	0.30	0.47	14.85	5.14	0.40	1.12	24.02
	其他林地	13.03	0.62	0.42	9.31	0.10	0.32	0.13	2.13
宁夏	林地	9.97	2.76	0.47	4.51	0.09	0.99	0.30	0.84
	有林地	1.61	0.49	0.10	0.52	0.04	0.27	0.11	0.08
	灌木林地	2.52	1.10	0.13	0.46	0.03	0.31	0.10	0.39
	其他林地	5.84	1.17	0.23	3.54	0.02	0.42	0.09	0.37
新疆	林地	109.60	32.39	4.07	27.77	9.94	5.51	10.55	19.38
	有林地	34.18	11.64	2.78	8.41	2.92	2.96	3.37	2.10
	灌木林地	59.97	16.48	0.67	16.71	5.43	1.97	5.90	12.80
	其他林地	15.45	4.27	0.61	2.65	1.59	0.57	1.28	4.48

7.2.2.2　林地流入情况

2009—2019年，全国林地流入的总面积为5089.46万公顷，占2019年林地总面积的17.91%。从林地流入面积来看，内蒙古、四川、新疆、云南、广西和贵州6省（区）面积超过300万公顷，6省（区）林地流入面积占全国林地流入总面积的48.90%。

从来源地类来看，最主要的林地流入来源为草地（42%），流入面积为2125.89万公顷。其中内蒙古、四川和新疆3省（区）流入面积超过200万公顷，甘肃、云南、贵州、青海和西藏5省（区）面积为100万～200万公顷，其他省（区、市）流入面积均在100万公顷以下。从二级地类上来看，全国草地流入乔木林地的面积为529.79万公顷，其中内蒙古和云南2省（区）流入面积超过50万公顷。草地流入竹林地的面积为6.86万公顷，其中31省（区、市）流入面积均低于1万公顷。草地流入灌木林地的面积为1353.47万公顷，其中内蒙古、四川、西藏、青海和新疆5省（区）流入面积超过100万公顷。草地流入其他林地的面积为235.77万公顷，其中河北、山西、内蒙古、陕西和新疆5省（区）流入面积超过20万公顷。

耕地是流入林地的第二大地类，全国由耕地流入林地的总面积为1412.12万公顷，其中贵州、四川、云南3省的流入面积大于100万公顷；河北、山东、河南、湖北、湖南、广西、重庆和陕西8省（区、市）的面积为50万～100万公顷。从二级地类来看，耕地流入乔木林地的面积为753.02万公顷，其中广西、四川、贵州和云南4省（区）流入面积超过50万公顷。耕地流入竹林地的面积为38.27万公顷，其中四川流入面积超过10万公顷。耕地流入灌木林地的面积为215.56万公顷，其中贵州和云南2省流入面积超过20万公顷。耕地流入其他林地的面积为405.28万公顷，其中河北、江苏、山东、河南、湖南和陕西6省流入面积超过20万公顷。

其他土地是流入林地的第三大地类，全国由其他土地流入林地的总面积为918.54万公顷。新疆和广西流入面积大于100万公顷。内蒙古、云南、四川、甘肃和贵州5省（区）流入面积为50.01万～100万公顷。从二级地类上来看，其他土地流入乔木林地的面积为223.36万公顷，其中广西、四川、贵州和云南4省（区）面积超过20万公顷，四川流入面积超过1万公顷，其余省（区、市）面积均低于1万公顷。其他土地流入灌木林地的面积为592.30万公顷，其中广西和新疆流入面积超过100万公顷，内蒙古和甘肃2省（区）面积为50万～100万公顷。其他土地流入其他林地的面积为94.49万公顷，新疆流入面积超过10万公顷，河北、山东、湖南、云南和甘肃5省流入面积为5万～10万公顷。

园地、湿地、水域及水利设施用地、城镇村及工矿用地流入林地的面积为632.90万公顷，其中河北、黑龙江、江苏、安徽、福建、山东、湖北、湖南、广东、广西、四川、云南12省（区）面积超过20万公顷。从二级地类上来看，这些地类流入乔木林地的面积为375.09万公顷，其中黑龙江、福建、广东、广西、四川和云南6省（区）流入面积超过20万公顷；这些地类流入竹林地的面积为30.40万公顷，其中福建和广东2省流入面积超过5万公顷；这些地类流入灌木林地的面积为85.72万公顷，其中四川、云南和新疆3省（区）流入面积超过5万公顷；这些地类流入其他林地的面积为141.68万公顷，其中河北、江苏、山东3省流入面积超过10万公顷。

2009—2019年全国各省（区、市）林地流入来源地类情况见图7.12、表7.11。

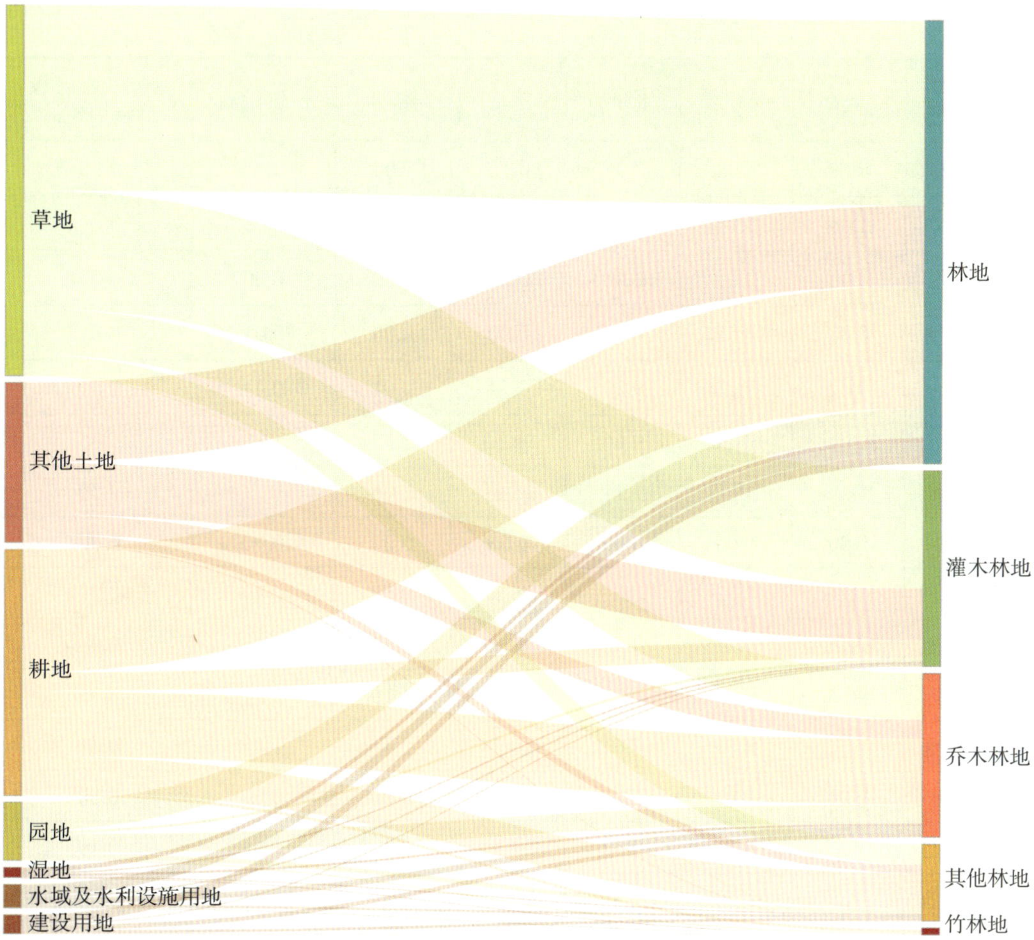

图 7.12　2009—2019 年全国林地面积流入情况

表 7.11　2009—2019 年全国及各省（区、市）林地流入地类情况　　单位：10^4 hm^2

行政辖区	类型	合计	耕地	园地	草地	湿地	建设用地	水域及水利设施用地	其他土地
全国	林地	5089.46	1412.12	332.84	2125.89	57.56	109.09	133.40	918.54
	乔木林地	1881.26	753.02	218.64	529.79	27.71	54.52	74.22	223.36
	竹林地	83.92	38.27	19.39	6.86	0.60	4.83	5.58	8.39
	灌木林地	2247.06	215.56	33.63	1353.47	17.01	13.68	21.41	592.30
	其他林地	877.21	405.28	61.18	235.77	12.25	36.06	32.19	94.49
北京	林地	25.77	9.88	3.78	7.52	0.57	1.47	0.84	1.71
	乔木林地	16.71	8.93	2.76	2.08	0.48	1.10	0.72	0.64
	竹林地	0.00	0.00	0.00	0.00	0.00	0.00	0.00	0.00
	灌木林地	7.73	0.16	0.82	5.42	0.03	0.26	0.04	1.00
	其他林地	1.32	0.79	0.20	0.03	0.06	0.10	0.08	0.06

续表

行政辖区	类型	合计	耕地	园地	草地	湿地	建设用地	水域及水利设施用地	其他土地
天津	林地	10.16	8.08	0.38	0.16	0.04	0.47	0.95	0.07
	乔木林地	1.06	0.85	0.05	0.01	0.01	0.05	0.09	0.01
	竹林地	0.00	0.00	0.00	0.00	0.00	0.00	0.00	0.00
	灌木林地	0.08	0.01	0.04	0.00	0.00	0.01	0.01	0.01
	其他林地	9.02	7.23	0.29	0.14	0.04	0.41	0.85	0.05
河北	林地	225.15	69.30	9.66	96.53	2.37	5.20	5.75	36.35
	乔木林地	53.98	22.45	3.11	15.61	1.06	1.71	2.50	7.53
	竹林地	0.00	0.00	0.00	0.00	0.00	0.00	0.00	0.00
	灌木林地	82.93	2.75	2.04	56.58	0.18	0.79	0.27	20.33
	其他林地	88.24	44.10	4.50	24.33	1.13	2.70	2.99	8.49
山西	林地	146.41	35.18	2.60	89.46	1.10	3.27	0.95	13.85
	乔木林地	41.72	8.53	0.61	26.98	0.44	1.19	0.41	3.57
	竹林地	0.01	0.00	0.00	0.00	0.00	0.00	0.00	0.00
	灌木林地	51.90	9.52	0.62	34.86	0.20	0.65	0.19	5.87
	其他林地	52.78	17.13	1.38	27.61	0.47	1.43	0.36	4.40
内蒙古	林地	529.92	48.32	2.34	373.97	5.76	4.08	3.25	92.21
	乔木林地	90.11	20.32	0.63	57.67	2.84	2.05	2.06	4.55
	竹林地	0.00	0.00	0.00	0.00	0.00	0.00	0.00	0.00
	灌木林地	381.11	13.59	0.83	279.51	2.06	0.73	0.68	83.70
	其他林地	58.70	14.41	0.88	36.79	0.86	1.30	0.51	3.96
辽宁	林地	86.33	20.89	9.89	45.86	0.95	5.07	2.91	0.76
	乔木林地	32.61	9.62	4.89	13.18	0.49	2.55	1.58	0.31
	竹林地	0.00	0.00	0.00	0.00	0.00	0.00	0.00	0.00
	灌木林地	26.31	1.92	2.09	21.35	0.05	0.53	0.21	0.17
	其他林地	27.41	9.35	2.91	11.33	0.41	1.99	1.13	0.28
吉林	林地	49.46	34.65	3.22	2.26	0.89	4.37	3.16	0.92
	乔木林地	36.54	24.73	2.25	1.84	0.68	3.76	2.57	0.71
	竹林地	0.00	0.00	0.00	0.00	0.00	0.00	0.00	0.00
	灌木林地	1.18	0.68	0.09	0.08	0.05	0.08	0.16	0.03
	其他林地	11.74	9.24	0.89	0.34	0.16	0.52	0.43	0.17

续表

行政辖区	类型	合计	耕地	园地	草地	湿地	建设用地	水域及水利设施用地	其他十地
黑龙江	林地	80.24	44.08	0.89	7.03	15.54	5.82	5.21	1.68
	乔木林地	58.29	31.16	0.55	4.84	12.45	4.18	3.94	1.15
	竹林地	0.00	0.00	0.00	0.00	0.00	0.00	0.00	0.00
	灌木林地	3.90	1.38	0.02	0.70	1.03	0.14	0.49	0.13
	其他林地	18.06	11.54	0.31	1.48	2.06	1.49	0.78	0.40
上海	林地	4.92	2.83	0.32	0.00	0.15	0.73	0.83	0.07
	乔木林地	0.91	0.59	0.09	0.00	0.01	0.09	0.12	0.01
	竹林地	0.05	0.04	0.00	0.00	0.00	0.00	0.01	0.00
	灌木林地	0.00	0.00	0.00	0.00	0.00	0.00	0.00	0.00
	其他林地	3.95	2.20	0.23	0.00	0.13	0.63	0.70	0.06
江苏	林地	58.01	33.62	9.42	1.42	1.01	5.13	5.92	1.49
	乔木林地	11.17	4.98	2.63	0.45	0.33	1.16	1.30	0.33
	竹林地	0.50	0.19	0.20	0.03	0.00	0.03	0.04	0.00
	灌木林地	0.14	0.04	0.03	0.00	0.00	0.05	0.01	0.01
	其他林地	46.20	28.40	6.55	0.94	0.67	3.89	4.58	1.15
浙江	林地	62.19	31.22	14.86	6.12	0.36	1.83	1.91	5.89
	乔木林地	29.46	12.80	7.87	3.97	0.13	0.53	0.87	3.29
	竹林地	9.24	4.17	3.58	0.37	0.02	0.30	0.22	0.58
	灌木林地	6.06	3.06	0.87	1.00	0.02	0.14	0.11	0.87
	其他林地	17.43	11.19	2.53	0.78	0.19	0.87	0.72	1.14
安徽	林地	63.37	33.80	10.17	3.01	1.37	4.85	5.85	4.32
	乔木林地	33.20	15.65	7.02	1.64	0.90	2.33	3.43	2.23
	竹林地	3.23	1.13	1.38	0.09	0.03	0.22	0.21	0.17
	灌木林地	1.75	0.74	0.32	0.19	0.03	0.19	0.13	0.16
	其他林地	25.18	16.28	1.44	1.09	0.41	2.10	2.09	1.77
福建	林地	75.17	19.75	25.91	12.92	0.40	3.15	3.03	10.02
	乔木林地	47.62	11.27	17.69	8.35	0.18	1.85	1.94	6.34
	竹林地	10.21	2.75	4.55	0.92	0.08	0.64	0.46	0.82
	灌木林地	3.62	1.60	0.45	0.45	0.05	0.14	0.21	0.71
	其他林地	13.72	4.13	3.22	3.20	0.09	0.52	0.42	2.15

续表

行政辖区	类型	合计	耕地	园地	草地	湿地	建设用地	水域及水利设施用地	其他土地
江西	林地	63.06	29.81	8.67	11.83	0.69	3.42	3.97	4.67
	乔木林地	36.18	16.48	5.54	7.09	0.31	1.68	2.38	2.70
	竹林地	3.81	1.79	0.42	0.56	0.04	0.39	0.37	0.24
	灌木林地	5.71	3.12	0.52	0.91	0.09	0.33	0.36	0.39
	其他林地	17.37	8.42	2.19	3.27	0.24	1.02	0.87	1.35
山东	林地	148.83	85.66	11.30	18.54	0.56	7.21	8.62	16.93
	乔木林地	55.93	33.24	4.83	5.84	0.21	2.01	3.33	6.48
	竹林地	0.03	0.02	0.00	0.00	0.00	0.00	0.00	0.00
	灌木林地	3.41	0.61	0.31	1.76	0.00	0.04	0.03	0.65
	其他林地	89.46	51.78	6.16	10.94	0.35	5.16	5.26	9.80
河南	林地	130.79	67.72	5.17	28.93	3.31	5.16	5.46	15.04
	乔木林地	57.72	28.81	3.19	12.57	2.01	2.24	3.47	5.43
	竹林地	0.33	0.16	0.05	0.05	0.01	0.02	0.03	0.02
	灌木林地	16.02	2.69	0.34	6.31	0.09	0.30	0.23	6.05
	其他林地	56.71	36.06	1.58	9.99	1.20	2.60	1.74	3.54
湖北	林地	111.45	60.34	11.76	15.21	1.97	5.38	6.51	10.29
	乔木林地	66.62	36.64	7.85	8.33	1.04	2.75	4.03	5.99
	竹林地	0.83	0.41	0.08	0.11	0.00	0.13	0.05	0.05
	灌木林地	14.89	7.63	1.55	2.93	0.03	0.53	0.48	1.73
	其他林地	29.12	15.65	2.29	3.84	0.90	1.96	1.94	2.53
湖南	林地	138.97	60.66	21.24	25.68	0.78	4.94	7.01	18.66
	乔木林地	71.32	30.67	12.37	13.36	0.38	2.10	4.04	8.41
	竹林地	6.77	2.99	1.12	0.87	0.02	0.61	0.46	0.70
	灌木林地	17.89	6.85	2.05	3.88	0.09	0.72	0.65	3.66
	其他林地	42.98	20.14	5.70	7.58	0.29	1.51	1.86	5.90
广东	林地	121.03	39.72	42.57	16.54	0.79	6.43	6.03	8.95
	乔木林地	97.51	31.41	36.60	13.34	0.45	4.98	3.60	7.13
	竹林地	11.71	4.44	3.13	0.99	0.22	0.65	1.79	0.48
	灌木林地	5.84	1.92	1.07	1.29	0.09	0.45	0.39	0.63
	其他林地	5.98	1.95	1.77	0.91	0.04	0.35	0.25	0.70

续表

行政辖区	类型	合计	耕地	园地	草地	湿地	建设用地	水域及水利设施用地	其他土地
广西	林地	348.47	78.24	37.87	78.06	0.68	6.01	4.29	143.32
	乔木林地	167.70	61.75	31.08	46.31	0.31	3.76	2.58	21.90
	竹林地	5.30	1.23	1.09	0.78	0.10	0.54	0.74	0.82
	灌木林地	156.31	9.11	2.51	24.16	0.25	1.25	0.76	118.26
	其他林地	19.17	6.14	3.19	6.81	0.02	0.45	0.21	2.34
海南	林地	25.07	9.17	10.84	1.06	0.24	2.36	1.04	0.35
	乔木林地	16.72	5.79	7.80	0.75	0.12	1.46	0.56	0.24
	竹林地	0.46	0.10	0.30	0.00	0.00	0.02	0.03	0.00
	灌木林地	5.61	2.46	1.90	0.24	0.09	0.54	0.34	0.04
	其他林地	2.27	0.81	0.84	0.07	0.03	0.35	0.11	0.07
重庆	林地	117.30	59.58	11.70	26.82	0.10	1.56	2.57	14.97
	乔木林地	72.35	36.39	7.40	17.00	0.05	0.76	1.58	9.16
	竹林地	6.23	3.69	0.88	0.37	0.01	0.18	0.27	0.83
	灌木林地	36.54	18.18	3.16	9.22	0.03	0.58	0.69	4.69
	其他林地	2.18	1.32	0.26	0.24	0.00	0.04	0.03	0.29
四川	林地	471.01	127.48	19.96	228.94	1.40	5.12	12.93	75.18
	乔木林地	188.53	87.18	13.60	45.72	0.28	2.67	7.85	31.24
	竹林地	16.69	10.83	1.67	0.46	0.05	0.70	0.68	2.29
	灌木林地	237.49	17.98	2.80	172.62	0.98	1.09	3.61	38.41
	其他林地	28.30	11.50	1.88	10.14	0.09	0.65	0.79	3.25
贵州	林地	315.31	130.96	7.01	112.14	0.17	2.18	3.10	59.75
	乔木林地	148.24	65.15	3.98	53.19	0.06	0.96	1.69	23.22
	竹林地	3.22	1.75	0.13	0.58	0.01	0.11	0.08	0.56
	灌木林地	149.97	58.18	2.36	53.71	0.10	0.94	1.21	33.49
	其他林地	13.88	5.88	0.55	4.67	0.02	0.17	0.12	2.48
云南	林地	383.61	122.66	31.98	129.96	0.46	4.59	11.00	82.97
	乔木林地	233.19	82.99	25.44	70.00	0.24	2.92	8.16	43.45
	竹林地	5.11	2.44	0.78	0.66	0.01	0.26	0.15	0.81
	灌木林地	119.39	27.21	3.72	51.95	0.16	0.98	2.42	32.96
	其他林地	25.91	10.02	2.04	7.34	0.05	0.44	0.27	5.75

续表

行政辖区	类型	合计	耕地	园地	草地	湿地	建设用地	水域及水利设施用地	其他土地
西藏	林地	244.94	6.50	0.03	194.47	3.26	0.23	5.79	34.65
	乔木林地	28.31	3.19	0.01	15.35	0.78	0.08	3.20	5.69
	竹林地	0.01	0.00	0.00	0.00	0.00	0.00	0.00	0.00
	灌木林地	213.12	2.82	0.02	177.28	1.81	0.11	2.52	28.56
	其他林地	3.51	0.50	0.00	1.84	0.67	0.03	0.08	0.39
陕西	林地	178.62	73.79	12.76	75.05	0.55	3.23	3.20	10.04
	乔木林地	80.55	35.40	5.25	32.02	0.21	1.18	2.05	4.44
	竹林地	0.19	0.13	0.01	0.01	0.00	0.01	0.01	0.01
	灌木林地	37.97	10.06	2.14	21.38	0.09	0.51	0.42	3.36
	其他林地	59.90	28.21	5.36	21.63	0.24	1.52	0.71	2.23
甘肃	林地	236.66	39.96	3.95	116.19	2.41	1.68	1.42	71.04
	乔木林地	47.34	16.58	2.06	23.55	0.35	0.77	0.53	3.51
	竹林地	0.00	0.00	0.00	0.00	0.00	0.00	0.00	0.00
	灌木林地	150.84	5.97	0.68	81.24	1.73	0.33	0.55	60.32
	其他林地	38.48	17.41	1.21	11.40	0.33	0.58	0.34	7.21
青海	林地	168.86	4.92	0.04	146.11	3.60	0.27	1.16	12.76
	乔木林地	7.65	0.81	0.02	5.85	0.08	0.09	0.30	0.50
	竹林地	0.00	0.00	0.00	0.00	0.00	0.00	0.00	0.00
	灌木林地	154.33	0.70	0.00	138.41	3.46	0.09	0.75	10.91
	其他林地	6.88	3.40	0.02	1.85	0.07	0.10	0.10	1.35
宁夏	林地	27.86	8.32	0.40	14.15	0.34	0.64	0.42	3.59
	乔木林地	3.36	1.24	0.13	1.19	0.09	0.29	0.10	0.32
	竹林地	0.00	0.00	0.00	0.00	0.00	0.00	0.00	0.00
	灌木林地	16.07	2.30	0.04	11.44	0.04	0.08	0.03	2.14
	其他林地	8.43	4.78	0.23	1.51	0.21	0.27	0.29	1.14
新疆	林地	440.52	15.04	2.17	239.97	5.75	3.25	8.31	166.03
	乔木林地	48.66	7.42	1.35	21.71	0.76	1.27	3.25	12.89
	竹林地	0.00	0.00	0.00	0.00	0.00	0.00	0.00	0.00
	灌木林地	338.92	2.31	0.26	194.59	4.17	1.09	3.46	133.05
	其他林地	52.94	5.30	0.56	23.67	0.82	0.89	1.60	20.09

7.3 林地变化原因分析

7.3.1 重大造林生态修复工程实施

退耕还林工程、“三北”防护林工程、天然林保护工程、京津风沙源治理工程等一系列重大造林生态修复工程的实施是林地面积总量增加的主要原因。2009—2019年，林地面积净增加3045.79万公顷，其中，流入林地的草地面积达2125.89万公顷，占林地总流入面积的42%；流入林地的耕地面积达1412.12万公顷，占林地总流入面积的28%。重大造林工程重点区域的生态脆弱省份林地面积增加尤其明显，如新疆、广西、内蒙古，林地流入面积分别达440.52万公顷、348.47万公顷、529.92万公顷。此外，“三北”防护林工程、京津风沙源治理工程等的实施还导致了其他土地大量转化为林地，2009—2019年，918.54万公顷其他土地流入林地。

7.3.2 农业开垦

林地开垦为耕地是林地流出的主要原因（尤其是东北地区、西南地区），2009—2019年，林地流出至耕地的面积达666.78万公顷，其中，内蒙古、黑龙江是林地流出为耕地面积最大的2个省（区），流出面积分别为87.38万公顷、75.09万公顷；西南地区地形较为复杂，多山地丘陵，陡坡地（坡度大于25°）的毁林开荒是这些区域林地退化的关键因素，云南、贵州、四川的陡坡地毁林开荒面积分别为21.51万公顷、13.66万公顷、7.73万公顷。此外，受到经济利益驱使，大量林地被开垦为园地。2009—2019年，共有358.87万公顷林地流出至园地，是林地流出的第二大去向。

7.3.3 建设占用

建设用地的占用是林地向城镇村及工矿、交通、水域及水利设施用地流出的主要原因。随着城市化进程的加速，城市人口不断增加，城市用地的需求也在不断扩大。在城市扩张的过程中，林地被用来建设住宅、商业设施、道路、桥梁、水库和水利设施等，从而导致林地的减少和破坏。2009—2019年，全国375万公顷林地流出至城镇村及工矿、交通、水域及水利设施用地，是林地流出的第三大去向。其中，四川、湖南、云南和江西林地流出至城镇村及工矿用地、交通用地、水域及水利设施用地等地类的面积较高，分别为28.30万公顷、26.27万公顷、25.81万公顷、23.46万公顷。

第 8 章　草　地

草地是发展畜牧业的重要资源和基地，是我国牧区、半牧区人民赖以生存的生产资料。草地具有保护环境、防风固沙、改善土壤、调节气候、涵养水源、净化空气、美化环境、保护生物多样性等功能，是陆地生态系统的重要组成部分。有效保护和合理开发利用草地资源，有利于改善牧区、半牧区的生态环境，促进经济的繁荣与发展。本章在分析 2019 年全国草地利用现状与分布的基础上，探究了 2009—2019 年草地面积变化特征，并揭示其变化原因，以期为草地的保护利用提供科学决策基础。

8.1　草地利用现状

草地指以生长草本植物为主的土地，可细分为天然牧草地、人工牧草地和其他草地三个土地利用二级地类，不包括沼泽草地。本节主要基于“三调”土地利用现状数据，分析 2019 年全国草地利用现状与组成结构，并掌握天然牧草地、人工牧草地和其他草地的数量与分布情况。

8.1.1　草地面积、构成与分布

8.1.1.1　草地的面积及构成

截至 2019 年 12 月 31 日，全国草地面积为 26453 万公顷，在全国土地一级分类面积中居第二位。其中天然牧草地面积为 21317.21 万公顷，占全国草地总面积的 80.59%；人工牧草地面积为 58.06 万公顷，占全国草地总面积的 0.22%；其他草地面积为 5077.74 万公顷，占全国草地总面积的 19.20%。2019 年全国草地结构见图 8.1。

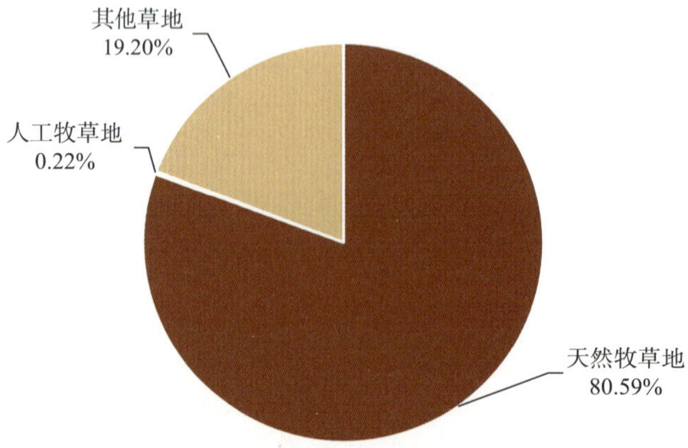

图 8.1　2019 年全国草地结构

8.1.1.2　草地分布情况

分省（区、市）来看，西藏、内蒙古、新疆、青海、甘肃 5 省（区）草地面积超过 1000 万公顷，面积为 100 万～1000 万公顷的有四川、山西、陕西、宁夏、河北、云南和黑龙江 7 省（区）；其余 19 省（区、市）面积低于 100 万公顷。

从草地二级地类结构上来看，除各省（区、市）人工牧草地均较少之外，天然牧草地和其他草地的比例均表现出明显的空间差异性，青海、西藏、四川、陕西、内蒙古、宁夏和新疆 7 省（区）天然牧草地比例明显高于人工牧草地和其他草地；其余 24 省（区、市）草地总量相对较小，部分地区仅存在少量牧草地，导致其他草地比例较大。2019 年全国各省（区、市）草地情况统计及分布情况见表 8.1、图 8.2。

表 8.1　2019 年全国及各省（区、市）草地情况

行政辖区	草地总面积（10^4 hm^2）	占全国草地面积比例（%）	天然牧草地（10^4 hm^2）	人工牧草地（10^4 hm^2）	其他草地（10^4 hm^2）
全国	26453.01	100.00	21317.21	58.06	5077.74
北京	1.45	0.01	0.00	0.00	1.45
天津	1.50	0.01	0.00	0.00	1.50
河北	194.73	0.74	42.00	1.10	151.63
山西	310.51	1.17	0.67	0.48	309.36
内蒙古	5417.19	20.48	4792.15	12.72	612.33
辽宁	48.72	0.18	5.86	0.07	42.80
吉林	67.47	0.26	16.54	1.11	49.82
黑龙江	118.57	0.45	56.89	1.73	59.96
上海	1.32	0.00	0.00	0.00	1.32
江苏	9.36	0.04	0.00	0.00	9.36
浙江	6.35	0.02	0.00	0.00	6.35
安徽	4.79	0.02	0.00	0.01	4.78
福建	7.49	0.03	0.00	0.00	7.48
江西	8.87	0.03	0.02	0.00	8.85
山东	23.52	0.09	0.00	0.00	23.52
河南	25.70	0.10	0.00	0.00	25.70
湖北	8.94	0.03	0.01	0.02	8.91
湖南	14.05	0.05	1.44	0.38	12.22
广东	23.85	0.09	0.00	0.04	23.81
广西	27.62	0.10	0.38	0.05	27.20

续表

行政辖区	草地总面积（10^4 hm^2）	占全国草地面积比例（%）	天然牧草地（10^4 hm^2）	人工牧草地（10^4 hm^2）	其他草地（10^4 hm^2）
海南	1.71	0.01	0.04	0.10	1.58
重庆	2.36	0.01	0.40	0.03	1.93
四川	968.78	3.66	943.49	5.77	19.53
贵州	18.83	0.07	1.21	0.13	17.50
云南	132.29	0.50	12.25	0.87	119.17
西藏	8006.50	30.27	6866.93	4.53	1135.04
陕西	221.03	0.84	149.21	1.51	70.31
甘肃	1430.71	5.41	656.62	2.49	771.60
青海	3947.08	14.92	3666.39	8.91	271.78
宁夏	203.10	0.77	144.94	1.10	57.07
新疆	5198.60	19.65	3959.81	14.91	1223.88

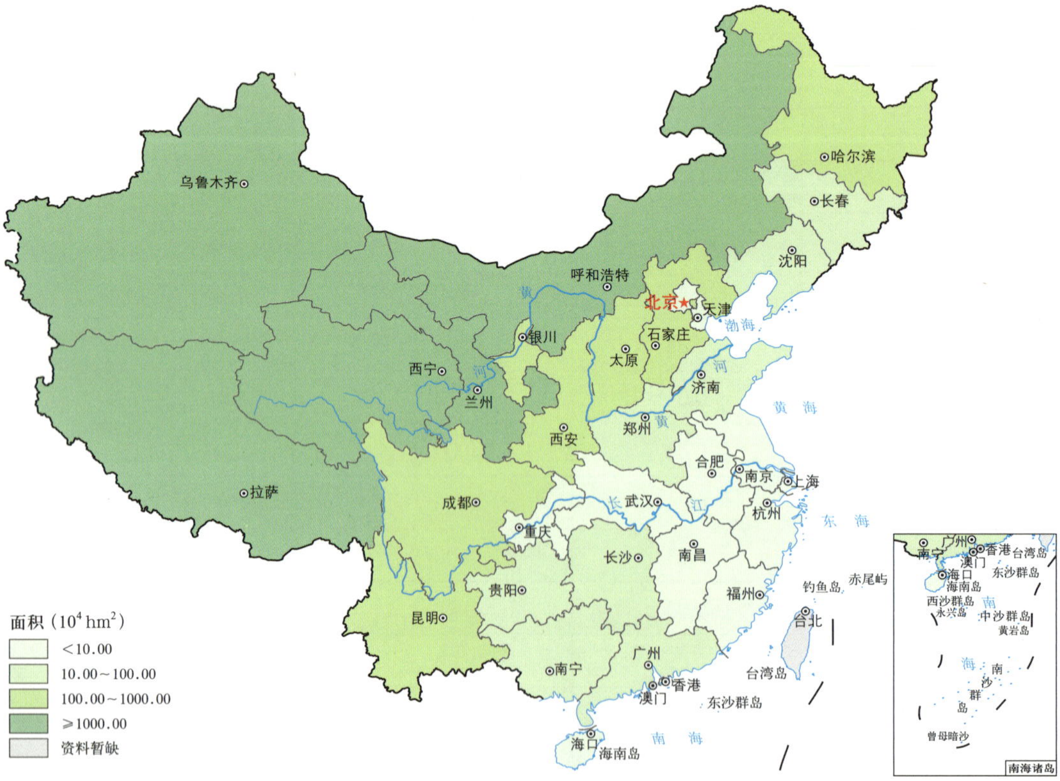

图 8.2　2019 年全国草地分布情况

从地貌类型来看（表 8.2），全国草地主要分布于山区，全国山区县草地总面积为 13961.12 万公顷，其次为平原丘、陵地区。各地貌区的草地主要以天然牧草地为主，其占比远高于人工牧草地和其他草地。

表 8.2　2019 年不同地貌类型县草地情况　　单位：10^4 hm^2

地貌类型县	合计	天然牧草地	人工牧草地	其他草地
山区县	13961.12	12270.15	24.50	1666.48
丘陵县	5261.62	4352.14	12.42	897.06
平原县	5633.77	3960.98	19.59	1653.20

从气候区来看（表 8.3），我国草地主要为温带和高寒的草原、草甸草原和荒漠草原，主要分布在气温较低的中温带和暖温带的干旱与半干旱地区，以及高原温带、高原亚寒带地区，总面积占全国草地面积的 91.77%，且以天然牧草地为主。天然牧草地、人工牧草地和其他草地分布基本相同，均主要分布于气温较低的高原温带、高原亚寒带地区或北方中温带和暖温带的干旱与半干旱地区。在这些气候区内天然牧草地的比例较高，是最主要的二级地类。

表 8.3　2019 年不同气候区草地情况　　单位：10^4 hm^2

气候区名称		草地	天然牧草地	人工牧草地	其他草地
中温带区合计		9109.80	7641.12	31.32	1437.36
Ⅱ中温带	A 湿润地区	75.26	24.84	0.59	49.83
Ⅱ中温带	B 半湿润地区	493.32	403.27	3.81	86.23
Ⅱ中温带	C 半干旱地区	3426.72	3162.98	10.22	253.51
Ⅱ中温带	D 干旱地区	5114.51	4050.02	16.70	1047.79
暖温带区合计		3477.19	1669.66	5.75	1801.78
Ⅲ暖温带	A 湿润地区	10.01	0.00	0.00	10.00
Ⅲ暖温带	B 半湿润地区	497.64	44.39	0.56	452.69
Ⅲ暖温带	C 半干旱地区	616.17	229.11	2.91	384.15
Ⅲ暖温带	D 干旱地区	2353.37	1396.16	2.29	954.93
亚热带区合计		438.12	122.53	6.95	308.63
Ⅳ北亚热带	A 湿润地区	39.31	2.06	0.07	37.19
Ⅴ中亚热带	A 湿润地区	340.19	120.39	6.71	213.10
Ⅵ南亚热带	A 湿润地区	58.62	0.09	0.18	58.35
热带及中热带区合计		9.47	0.20	0.14	9.13
Ⅶ边缘热带	A 湿润地区	9.37	0.20	0.13	9.04
Ⅷ中热带	A 湿润地区	0.08	0.00	0.01	0.08
Ⅸ 赤道热带	A 湿润地区	0.01	0.00	0.00	0.01
高原温带、高原亚寒带及寒温带区合计		13418.43	11883.70	13.90	1520.83

续表

气候区名称		草地	天然牧草地	人工牧草地	其他草地
HII 高原温带	AB 湿润、半湿润地区	1155.91	1045.77	1.08	109.05
HII 高原温带	C 半干旱地区	2003.45	1890.26	9.42	103.77
HII 高原温带	D 干旱地区	1783.95	1452.21	0.71	331.03
HI 高原亚寒带	B 半湿润地区	1901.21	1826.94	0.96	73.31
HI 高原亚寒带	C 半干旱地区	6477.32	5587.58	1.70	888.04
HI 高原亚寒带	D 干旱地区	59.40	54.12	0.02	5.26
I 寒温带	A 湿润地区	37.20	26.81	0.02	10.37

8.1.2 草地二级地类面积与分布

8.1.2.1 天然牧草地

天然牧草地指以天然草本植物为主、用于放牧或割草的草地，包括实施禁牧措施的草地，不包括沼泽草地。2019 年全国天然牧草地面积为 21317.21 万公顷，占全国草地总面积的 80.59%，在草地的二级地类中排名第一位。

从各省（区、市）分布来看，天然牧草地主要集中在西部各省（区），其中西藏、内蒙古、新疆、青海 4 省（区）面积超过 1000 万公顷；面积为 100 万～1000 万公顷的有四川、甘肃、陕西、宁夏 4 省（区）；面积为 1 万～100 万公顷的有黑龙江、河北、吉林、云南、辽宁、湖南、贵州 7 省；其余 16 省（区、市）天然牧草地面积不足 1 万公顷。

从各省（区、市）天然牧草地面积占该省（区、市）草地总面积的比例来看，占比最高的地区主要分布在西部各省（区），其中四川、青海、内蒙古、西藏 4 省（区）占比均超过 80%；占比为 20%～80% 的有新疆、宁夏、陕西、黑龙江、甘肃、吉林和河北 7 省（区）；其余 20 省（区、市）占比均低于 20%。2019 年全国各省（区、市）天然牧草地情况统计和分布情况见表 8.4、图 8.3。

表 8.4 2019 年全国及各省（区、市）天然牧草地情况

行政辖区	草地总面积（10^4 hm^2）	天然牧草地面积（10^4 hm^2）	占全国天然牧草地面积比例（%）	占该辖区草地总面积比例（%）
全国	26453.01	21317.21	100.00	80.59
北京	1.45	0.00	0.00	0.00
天津	1.50	0.00	0.00	0.00
河北	194.73	42.00	0.20	21.57
山西	310.51	0.67	0.00	0.21
内蒙古	5417.19	4792.15	22.48	88.46

续表

行政辖区	草地总面积（10^4 hm^2）	天然牧草地面积（10^4 hm^2）	占全国天然牧草地面积比例（%）	占该辖区草地总面积比例（%）
辽宁	48.72	5.86	0.03	12.02
吉林	67.47	16.54	0.08	24.52
黑龙江	118.57	56.89	0.27	47.97
上海	1.32	0.00	0.00	0.00
江苏	9.36	0.00	0.00	0.00
浙江	6.35	0.00	0.00	0.00
安徽	4.79	0.00	0.00	0.00
福建	7.49	0.00	0.00	0.06
江西	8.87	0.02	0.00	0.19
山东	23.52	0.00	0.00	0.00
河南	25.70	0.00	0.00	0.00
湖北	8.94	0.01	0.00	0.14
湖南	14.05	1.44	0.01	10.28
广东	23.85	0.00	0.00	0.01
广西	27.62	0.38	0.00	1.37
海南	1.71	0.04	0.00	2.09
重庆	2.36	0.40	0.00	16.78
四川	968.78	943.49	4.43	97.39
贵州	18.83	1.21	0.01	6.40
云南	132.29	12.25	0.06	9.26
西藏	8006.50	6866.93	32.21	85.77
陕西	221.03	149.21	0.70	67.50
甘肃	1430.71	656.62	3.08	45.89
青海	3947.08	3666.39	17.20	92.89
宁夏	203.10	144.94	0.68	71.36
新疆	5198.60	3959.81	18.58	76.17

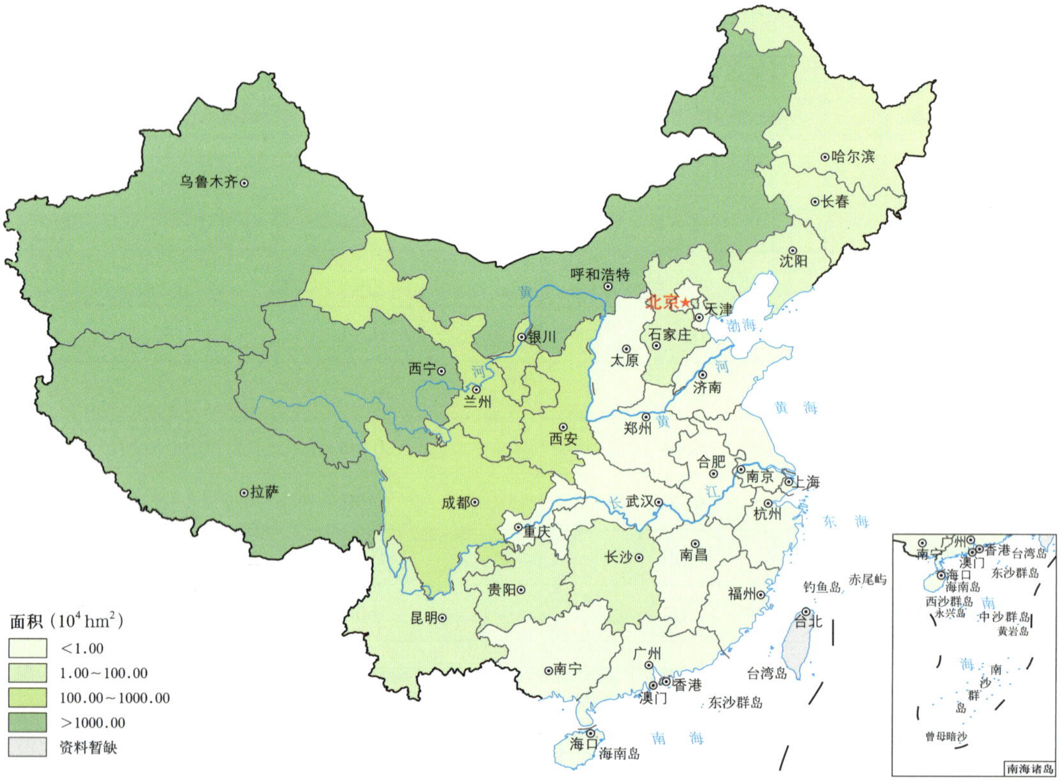

图 8.3　2019 年全国天然牧草地分布情况

8.1.2.2　人工牧草地

人工牧草地指人工种植牧草的草地。2019 年全国人工牧草地面积仅 58.06 万公顷，占全国草地总面积的 0.22%，在草地的二级地类中排名第三位。

从各省（区、市）分布来看，全国仅新疆和内蒙古的人工牧草地面积超过 10 万公顷，面积为 1 万～10 万公顷的有青海、四川、西藏、甘肃、黑龙江、陕西、吉林、河北和宁夏 9 省（区），其余 20 省（区、市）面积不足 1 万公顷。

从各省（区、市）人工牧草地面积占该省（区、市）草地面积比例来看，全国各省（区、市）人工牧草地占比均较低，占比最高的海南仅为 5.58%；占比为 1%～5% 的省（市）有湖南、吉林、黑龙江、重庆，其余 26 个省（区、市）占比均在 1% 以下。2019 年全国各省（区、市）人工牧草地情况统计和分布情况见表 8.5、图 8.4。

表 8.5　2019 年全国及各省（区、市）人工牧草地情况

行政辖区	草地总面积（10^4 hm^2）	人工牧草地面积（10^4 hm^2）	占全国人工牧草地面积比例（%）	占该辖区草地总面积比例（%）
全国	26453.01	58.06	100.00	0.22
北京	1.45	0.00	0.00	0.01
天津	1.50	0.00	0.00	0.00

续表

行政辖区	草地总面积（10^4 hm^2）	人工牧草地面积（10^4 hm^2）	占全国人工牧草地面积比例（%）	占该辖区草地总面积比例（%）
河北	194.73	1.10	1.89	0.56
山西	310.51	0.48	0.83	0.15
内蒙古	5417.19	12.72	21.90	0.23
辽宁	48.72	0.07	0.12	0.14
吉林	67.47	1.11	1.92	1.65
黑龙江	118.57	1.73	2.97	1.46
上海	1.32	0.00	0.00	0.00
江苏	9.36	0.00	0.00	0.00
浙江	6.35	0.00	0.00	0.00
安徽	4.79	0.01	0.02	0.25
福建	7.49	0.00	0.01	0.04
江西	8.87	0.00	0.01	0.03
山东	23.52	0.00	0.00	0.00
河南	25.70	0.00	0.00	0.01
湖北	8.94	0.02	0.03	0.21
湖南	14.05	0.38	0.66	2.73
广东	23.85	0.04	0.06	0.15
广西	27.62	0.05	0.08	0.17
海南	1.71	0.10	0.16	5.58
重庆	2.36	0.03	0.06	1.41
四川	968.78	5.77	9.94	0.60
贵州	18.83	0.13	0.22	0.67
云南	132.29	0.87	1.50	0.66
西藏	8006.50	4.53	7.81	0.06
陕西	221.03	1.51	2.60	0.68
甘肃	1430.71	2.49	4.29	0.17
青海	3947.08	8.91	15.35	0.23
宁夏	203.10	1.10	1.89	0.54
新疆	5198.60	14.91	25.68	0.29

图 8.4　2019 年全国人工牧草地分布情况

8.1.2.3　其他草地

其他草地指树木郁闭度 < 0.1、表层为土质且不用于放牧的草地。2019 年全国其他草地面积为 5077.74 万公顷，占全国草地总面积的 19.20%，在草地的二级地类中排名第二位。

从各省（区、市）分布来看，新疆和西藏的其他草地面积超过 1000 万公顷，面积为 100 万～1000万公顷的有甘肃、内蒙古、山西、青海、河北和云南 6 省（区），其余各省（区、市）面积不足 100 万公顷。

从各省（区、市）其他草地面积占该省（区、市）草地总面积比例来看，占比超过 90% 的有山东、浙江、天津、上海、江苏、河南、北京、福建、广东、江西、安徽、湖北、山西、广西、贵州、海南和云南 17 省（区、市）；占比为 20%～90% 的有辽宁、湖南、重庆、河北、吉林、甘肃、黑龙江、陕西、宁夏和新疆 10 省（区、市），西藏、内蒙古、青海和四川占比低于 20%。2019 年全国及各省（区、市）其他草地情况统计和分布情况见表 8.6、图 8.5。

表 8.6　2019 年全国及各省（区、市）其他草地情况

行政辖区	草地总面积（10^4 hm²）	其他草地面积（10^4 hm²）	占全国其他草地面积比例（%）	占该辖区草地总面积比例（%）
全国	26453.01	5077.74	100.00	19.20
北京	1.45	1.45	0.03	99.99

续表

行政辖区	草地总面积（10^4 hm^2）	其他草地面积（10^4 hm^2）	占全国其他草地面积比例（%）	占该辖区草地总面积比例（%）
天津	1.50	1.50	0.03	100.00
河北	194.73	151.63	2.99	77.87
山西	310.51	309.36	6.09	99.63
内蒙古	5417.19	612.33	12.06	11.30
辽宁	48.72	42.80	0.84	87.84
吉林	67.47	49.82	0.98	73.83
黑龙江	118.57	59.96	1.18	50.57
上海	1.32	1.32	0.03	100.00
江苏	9.36	9.36	0.18	100.00
浙江	6.35	6.35	0.13	100.00
安徽	4.79	4.78	0.09	99.75
福建	7.49	7.48	0.15	99.90
江西	8.87	8.85	0.17	99.78
山东	23.52	23.52	0.46	100.00
河南	25.70	25.70	0.51	99.99
湖北	8.94	8.91	0.18	99.64
湖南	14.05	12.22	0.24	86.99
广东	23.85	23.81	0.47	99.83
广西	27.62	27.20	0.54	98.47
海南	1.71	1.58	0.03	92.33
重庆	2.36	1.93	0.04	81.81
四川	968.78	19.53	0.38	2.02
贵州	18.83	17.50	0.34	92.93
云南	132.29	119.17	2.35	90.08
西藏	8006.50	1135.04	22.35	14.18
陕西	221.03	70.31	1.38	31.81
甘肃	1430.71	771.60	15.20	53.93
青海	3947.08	271.78	5.35	6.89
宁夏	203.10	57.07	1.12	28.10
新疆	5198.60	1223.88	24.10	23.54

图 8.5　2019 年全国其他草地分布情况

8.2　草地变化特征

本节主要将 2019 年“三调”的土地利用现状数据与 2009 年“二调”数据进行对比，对草地变化情况进行分析，概述草地数量净变化、其他地类转变为草地情况（以下简称“流入”）、草地转变为其他地类情况（以下简称“流出”）以及标注恢复属性的草地数量情况。

2009—2019 年全国草地变化总体呈轻微减少趋势，但是流入流出频繁。全国草地流入 2969.13 万公顷，流出 4496.64 万公顷，净减少 1527.51 万公顷。其中，天然牧草地流入 2352.81 万公顷，流出 2070.10 万公顷，净增加 282.71 万公顷；人工牧草地流入 21.37 万公顷，流出 250.24 万公顷，净减少 228.87 万公顷；其他草地流入 1541.91 万公顷，流出 3223.26 万公顷，净减少 1681.35 万公顷。

8.2.1　草地面积变化

8.2.1.1　不同省（区、市）草地面积变化情况

从各省（区、市）草地变化情况来看，2009—2019 年，除新疆、青海、甘肃、江苏、上海和天津 6 省（区、市）草地面积增加外，其余各省（区、市）面积均出现不同程度的减少，其中内蒙古、西藏、四川、云南、贵州和山西 6 省（区）减少面积超过 100 万公顷；其余 19 省（区、市）减少面积小于 100 万公顷。

从二级地类变化来看，天然牧草地面积增加 282.71 万公顷，其中新疆和甘肃增加面积超过 100 万公顷；人工牧草地面积减少 128.87 万公顷，其中内蒙古和新疆减少面积最大，超过 20 万公顷；全国其他草地面积减少 1681.35 万公顷，其中内蒙古、西藏、新疆、云南、贵州和四川 6 省（区）面积减少超过 100 万公顷。2009—2019 年全国各省（区、市）草地变化情况见表 8.7。

表 8.7 2009—2019 年全国及各省（区、市）草地变化情况

行政辖区	2009 年草地面积（10^4 hm^2）	2019 年草地面积（10^4 hm^2）	草地面积变化（10^4 hm^2）	草地面积变化率（%）	天然牧草地面积变化（10^4 hm^2）	人工牧草地面积变化（10^4 hm^2）	其他草地面积变化（10^4 hm^2）
全国	27980.53	26453.01	−1527.51	−5.46	282.71	−128.87	−1681.35
北京	8.48	1.45	−7.03	−82.94	0.00	−0.02	−7.01
天津	1.42	1.50	0.08	5.88	0.00	0.00	0.08
河北	280.35	194.73	−85.63	−30.54	8.58	−5.03	−89.18
山西	411.86	310.51	−101.34	−24.61	−0.98	−1.29	−99.08
内蒙古	5810.47	5417.19	−393.28	−6.77	18.73	−75.40	−336.61
辽宁	109.77	48.72	−61.05	−55.62	5.83	−0.23	−66.65
吉林	68.42	67.47	−0.94	−1.38	−3.10	−2.68	4.84
黑龙江	180.00	118.57	−61.43	−34.13	−23.13	−1.90	−36.40
上海	0.16	1.32	1.16	704.05	0.00	0.00	1.16
江苏	4.42	9.36	4.94	111.63	0.00	0.00	4.94
浙江	10.38	6.35	−4.03	−38.81	−0.04	0.00	−3.99
安徽	8.08	4.79	−3.29	−40.70	−0.02	0.01	−3.28
福建	22.94	7.49	−15.45	−67.34	−0.01	−0.01	−15.43
江西	30.34	8.87	−21.47	−70.77	−0.03	−0.02	−21.42
山东	47.42	23.52	−23.90	−50.40	−0.07	−0.52	−23.30
河南	67.99	25.70	−42.29	−62.20	−0.02	−0.01	−42.26
湖北	29.40	8.94	−20.46	−69.60	−0.15	−0.02	−20.29
湖南	49.03	14.05	−34.98	−71.34	0.61	−0.23	−35.36
广东	35.95	23.85	−12.10	−33.66	−0.20	0.00	−11.91
广西	112.53	27.62	−84.92	−75.46	−0.13	0.02	−84.81
海南	3.69	1.71	−1.98	−53.61	0.03	−0.48	−1.52
重庆	33.44	2.36	−31.08	−92.93	−4.12	0.00	−26.95
四川	1168.70	968.78	−199.91	−17.11	−87.23	−5.34	−107.34
贵州	163.13	18.83	−144.30	−88.46	−5.78	−0.42	−138.10
云南	302.68	132.29	−170.39	−56.29	−1.63	0.10	−168.85

续表

行政辖区	2009 年草地面积（10^4 hm^2）	2019 年草地面积（10^4 hm^2）	草地面积变化（10^4 hm^2）	草地面积变化率（%）	天然牧草地面积变化（10^4 hm^2）	人工牧草地面积变化（10^4 hm^2）	其他草地面积变化（10^4 hm^2）
西藏	8278.98	8006.50	-272.48	-3.29	-46.44	1.79	-227.83
陕西	288.83	221.03	-67.80	-23.47	-65.13	-4.39	1.73
甘肃	1374.45	1430.71	56.26	4.09	118.41	-4.91	-57.24
青海	3867.74	3947.08	79.35	2.05	-62.90	-0.93	143.17
宁夏	212.43	203.10	-9.33	-4.39	-2.33	-2.51	-4.49
新疆	4997.05	5198.60	201.55	4.03	433.95	-24.42	-207.98

8.2.1.2 不同地貌区草地面积变化情况

从不同地貌类型县的草地变化可以发现，全国除平原县外，丘陵县和山区县草地面积出现不同程度的减少。2009—2019 年不同地貌类型县草地变化情况见表 8.8。

表 8.8 2009—2019 年不同地貌类型县草地变化情况　　单位：10^4 hm^2

地貌类型县	总量	天然牧草地	人工牧草地	其他草地
山区县	-1129.10	-75.69	-16.72	-1036.69
丘陵县	-632.79	0.27	-63.99	-569.07
平原县	156.90	339.51	-43.45	-139.16

8.2.1.3 不同气候区草地面积变化情况

从不同气候区草地变化来看，除中温带、暖温带、高原温带及高原亚寒带的干旱地区草地出现少量增加之外，其余地区草地均出现不同程度的减少，其中亚热带地区草地减少面积最大，为 609.79 万公顷。2009—2019 年不同气候区草地变化情况见表 8.9。

表 8.9 2009—2019 年不同气候区草地变化情况　　单位：10^4 hm^2

气候区名称		草地	天然牧草地	人工牧草地	其他草地
中温带区合计		-396.95	108.93	-109.37	-396.51
Ⅱ中温带	A 湿润地区	-78.44	-18.43	-0.89	-59.12
Ⅱ中温带	B 半湿润地区	-81.64	-37.24	-22.88	-21.52
Ⅱ中温带	C 半干旱地区	-279.41	-66.21	-56.42	-156.78
Ⅱ中温带	D 干旱地区	42.54	230.82	-29.18	-159.09
暖温带区合计		-273.59	227.92	-13.42	-488.09
Ⅲ暖温带	A 湿润地区	-7.60	0.00	-0.01	-7.59

续表

气候区名称		草地	天然牧草地	人工牧草地	其他草地
Ⅲ暖温带	B 半湿润地区	-314.37	-16.08	-1.60	-296.68
Ⅲ暖温带	C 半干旱地区	-40.21	-30.50	-9.49	-0.21
Ⅲ暖温带	D 干旱地区	88.59	274.51	-2.32	-183.61
亚热带区合计		-609.79	10.15	-4.38	-615.57
Ⅳ北亚热带	A 湿润地区	-56.73	-6.04	0.01	-50.70
Ⅴ中亚热带	A 湿润地区	-451.91	16.53	-4.32	-464.13
Ⅵ南亚热带	A 湿润地区	-101.15	-0.34	-0.07	-100.74
热带及中热带区合计		-19.04	-0.09	-0.49	-18.46
Ⅶ边缘热带	A 湿润地区	-18.90	-0.09	-0.46	-18.35
Ⅷ中热带	A 湿润地区	-0.14	0.00	-0.02	-0.12
Ⅸ 赤道热带	A 湿润地区	0.00	0.00	0.00	0.00
高原温带、亚寒带及寒温带区合计		-228.14	-64.21	-1.21	-162.72
HII 高原温带	AB 湿润、半湿润地区	-223.32	-115.72	-0.72	-106.89
HII 高原温带	C 半干旱地区	-122.17	-100.20	-0.24	-21.73
HII 高原温带	D 干旱地区	206.73	104.72	-0.55	102.56
HI 高原亚寒带	B 半湿润地区	-118.35	-100.78	-0.18	-17.39
HI 高原亚寒带	C 半干旱地区	-18.78	84.21	0.70	-103.69
HI 高原亚寒带	D 干旱地区	51.83	48.36	-0.03	3.51
Ⅰ寒温带	A 湿润地区	-4.08	15.21	-0.19	-19.10

8.2.2 草地结构变化

8.2.2.1 草地流出情况

2009—2019 年，全国草地流出 4496.64 万公顷，其中内蒙古、新疆、西藏、青海、甘肃及四川草地流出面积超过 300 万公顷，是全国草地流出面积最大的 6 个省（区），流出总面积占全国草地总流出面积的 70.72%。从面积占比来看，上海、北京、重庆及贵州是流出占比最高的省份，占比均超过 90%，流出的草地以其他草地为主。

草地流向林地的面积最大，达 2125.89 万公顷，其中内蒙古、新疆、四川、西藏、青海、云南、甘肃和贵州 8 省（区）面积超过 100 万公顷，其余 23 省（区、市）面积低于 100 万公顷。从二级地类来看，天然牧草地流向林地的面积为 1002.51 万公顷，其中内蒙古、四川、西藏、新疆和青海 5 省（区）面积超过 100 万公顷；人工牧草地流向林地的面积为 19.38 万公顷，其中内蒙古、河北、新疆、四川和甘肃 5 省（区）面积超过 1 万公顷；其他草地流向林地的面积为 1104 万公顷，其中云南、贵州和内蒙古 3 省（区）面积超过 100 万公顷。

草地流向其他土地的面积为 945.95 万公顷，其中内蒙古、新疆、西藏、青海及甘肃面积超过 100 万公顷；面积为 10 万～100 万公顷的有四川和云南 2 省；其余 24 省（区、市）面积低于 10 万公顷。从二级地类来看，天然牧草地流向其他土地的面积为 387.74 万公顷，其中西藏、青海、内蒙古、新疆和四川 5 省（区）面积大于 10 万公顷；人工牧草地流向其他土地的面积为 5.16 万公顷，其中仅内蒙古面积超过 1 万公顷；其他草地流向其他土地的面积为 553.05 万公顷，其中新疆、内蒙古和甘肃 3 省（区）面积超过 100 万公顷。

草地流向耕地的面积为 637.56 万公顷，其中新疆和内蒙古面积超过 100 万公顷，其余 29 省（区、市）面积均低于 100 万公顷。从二级地类来看，天然牧草地流向耕地的面积为 184.90 万公顷，其中内蒙古、新疆和黑龙江 3 省（区）面积超过 10 万公顷；人工牧草地流向耕地面积为 86.41 万公顷，其中内蒙古和新疆面积超过 10 万公顷；其他草地流向耕地的面积为 366.25 万公顷，其中新疆、内蒙古、黑龙江、云南、甘肃、山西、贵州、吉林、辽宁、河北和河南 11 省（区）超过 10 万公顷。

此外，草地流向园地、湿地、建设用地和水域及水利设施用地的面积为 787.24 万公顷，其中天然牧草地流出面积最大，达 436.35 万公顷，占比 55.43%。西藏、新疆、内蒙古和青海 4 省（区）草地流向园地、湿地、建设用地和水域及水利设施用地的面积超过 100 万公顷。2009—2019 年全国各省（区、市）草地流出地类情况见图 8.6、表 8.10。

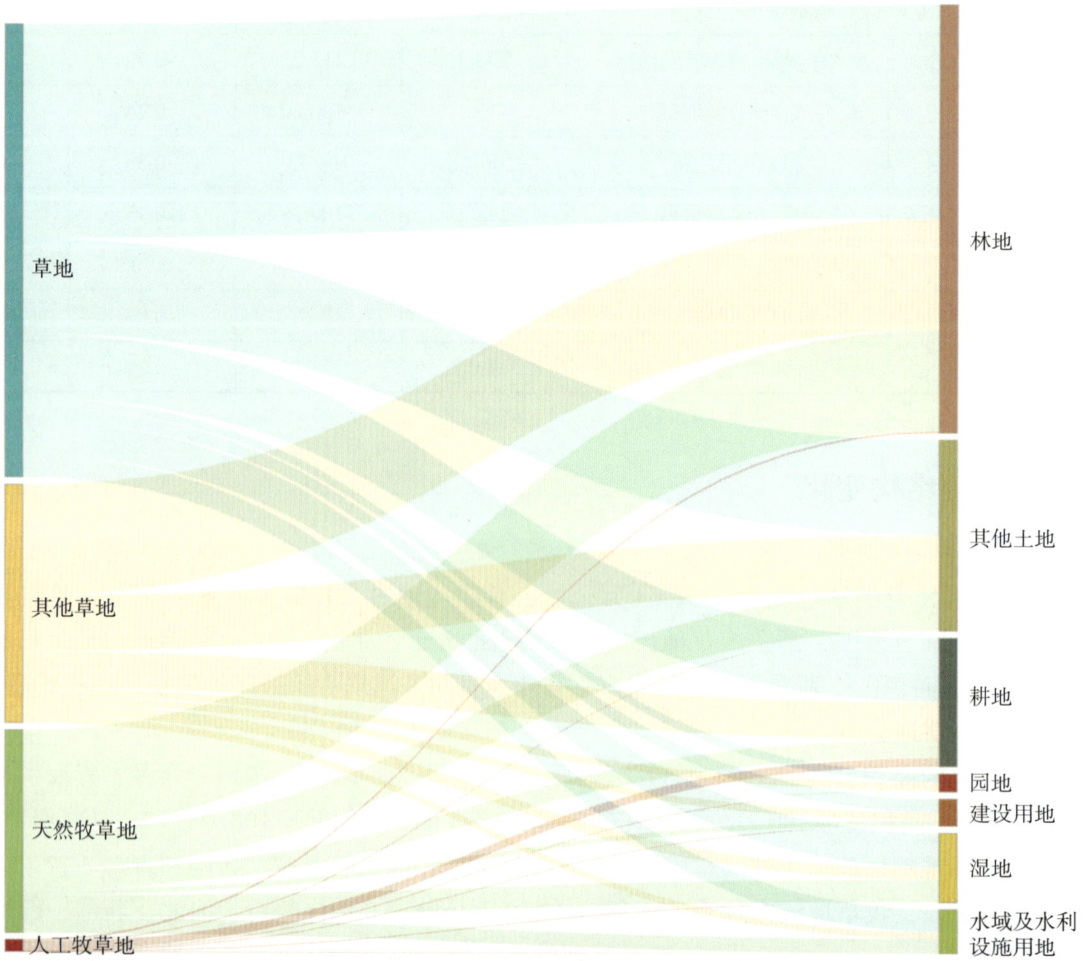

图 8.6　2009—2019 年全国草地面积流出情况

表 8.10 2009—2019 年全国及各省（区、市）草地流出地类情况 单位：10^4 hm^2

行政辖区	类型	合计	耕地	园地	林地	湿地	建设用地	水域及水利设施用地	其他土地
全国	草地	4496.64	637.56	89.62	2125.89	342.02	135.79	219.81	945.95
	天然牧草地	2011.50	184.90	9.77	1002.51	223.86	55.11	147.61	387.74
	人工牧草地	118.82	86.41	2.27	19.38	2.23	2.19	1.18	5.16
	其他草地	2366.32	366.25	77.58	1104.01	115.93	78.48	71.02	553.05
北京	草地	8.12	0.07	0.16	7.52	0.00	0.28	0.05	0.05
	天然牧草地	0.00	0.00	0.00	0.00	0.00	0.00	0.00	0.00
	人工牧草地	0.02	0.01	0.00	0.01	0.00	0.00	0.00	0.00
	其他草地	8.10	0.06	0.16	7.52	0.00	0.28	0.05	0.05
天津	草地	1.20	0.36	0.02	0.16	0.03	0.42	0.21	0.02
	天然牧草地	0.00	0.00	0.00	0.00	0.00	0.00	0.00	0.00
	人工牧草地	0.00	0.00	0.00	0.00	0.00	0.00	0.00	0.00
	其他草地	1.20	0.36	0.02	0.16	0.03	0.42	0.21	0.02
河北	草地	130.65	15.55	7.40	96.53	0.62	6.57	1.39	2.59
	天然牧草地	4.91	1.84	0.01	2.31	0.12	0.23	0.13	0.28
	人工牧草地	3.25	1.22	0.01	1.84	0.05	0.04	0.02	0.07
	其他草地	122.49	12.49	7.39	92.38	0.46	6.29	1.25	2.24
山西	草地	129.87	23.73	3.16	89.46	0.25	6.82	1.23	5.22
	天然牧草地	1.05	0.02	0.00	1.01	0.00	0.01	0.00	0.01
	人工牧草地	1.14	0.35	0.04	0.66	0.00	0.06	0.01	0.04
	其他草地	127.67	23.37	3.12	87.79	0.25	6.75	1.22	5.17
内蒙古	草地	904.16	193.20	0.89	373.97	75.01	31.52	11.58	217.99
	天然牧草地	500.04	104.00	0.41	259.82	38.46	20.92	8.46	67.96
	人工牧草地	63.88	49.95	0.13	9.65	0.99	0.73	0.23	2.21
	其他草地	340.24	39.25	0.35	104.50	35.56	9.86	2.89	147.82
辽宁	草地	68.63	13.60	2.86	45.86	0.46	2.95	1.95	0.95
	天然牧草地	0.02	0.01	0.00	0.01	0.00	0.00	0.00	0.00
	人工牧草地	0.30	0.26	0.00	0.02	0.00	0.00	0.01	0.00
	其他草地	68.31	13.33	2.86	45.83	0.46	2.94	1.94	0.94
吉林	草地	33.19	21.02	0.15	2.26	3.73	0.81	2.32	2.91
	天然牧草地	5.92	3.54	0.00	0.22	0.16	0.11	0.34	1.54
	人工牧草地	2.02	1.05	0.00	0.07	0.09	0.02	0.12	0.67
	其他草地	25.26	16.42	0.15	1.96	3.48	0.68	1.85	0.71

续表

行政辖区	类型	合计	耕地	园地	林地	湿地	建设用地	水域及水利设施用地	其他土地
黑龙江	草地	102.89	54.32	0.25	7.03	25.49	1.81	8.33	5.67
	天然牧草地	29.08	15.67	0.01	2.33	2.88	0.54	3.45	4.19
	人工牧草地	1.03	0.48	0.00	0.09	0.16	0.02	0.11	0.17
	其他草地	72.78	38.17	0.24	4.61	22.44	1.25	4.77	1.30
上海	草地	0.23	0.03	0.00	0.00	0.00	0.18	0.01	0.00
	天然牧草地	0.00	0.00	0.00	0.00	0.00	0.00	0.00	0.00
	人工牧草地	0.00	0.00	0.00	0.00	0.00	0.00	0.00	0.00
	其他草地	0.23	0.03	0.00	0.00	0.00	0.18	0.01	0.00
江苏	草地	3.62	0.68	0.17	1.42	0.05	0.89	0.30	0.09
	天然牧草地	0.00	0.00	0.00	0.00	0.00	0.00	0.00	0.00
	人工牧草地	0.00	0.00	0.00	0.00	0.00	0.00	0.00	0.00
	其他草地	3.61	0.68	0.17	1.42	0.05	0.89	0.30	0.09
浙江	草地	8.48	0.56	0.47	6.12	0.03	1.00	0.12	0.19
	天然牧草地	0.03	0.00	0.00	0.03	0.00	0.00	0.00	0.00
	人工牧草地	0.00	0.00	0.00	0.00	0.00	0.00	0.00	0.00
	其他草地	8.45	0.56	0.47	6.09	0.03	1.00	0.12	0.19
安徽	草地	6.14	1.67	0.32	3.01	0.01	0.56	0.32	0.26
	天然牧草地	0.02	0.00	0.00	0.01	0.00	0.01	0.00	0.00
	人工牧草地	0.00	0.00	0.00	0.00	0.00	0.00	0.00	0.00
	其他草地	6.12	1.66	0.32	3.00	0.01	0.55	0.31	0.26
福建	草地	18.28	1.23	2.65	12.92	0.03	0.65	0.29	0.51
	天然牧草地	0.01	0.00	0.00	0.01	0.00	0.00	0.00	0.00
	人工牧草地	0.01	0.00	0.00	0.00	0.00	0.00	0.00	0.00
	其他草地	18.26	1.23	2.64	12.91	0.03	0.65	0.29	0.51
江西	草地	23.84	4.81	2.44	11.83	0.11	2.13	1.63	0.89
	天然牧草地	0.03	0.01	0.00	0.02	0.00	0.00	0.00	0.00
	人工牧草地	0.02	0.00	0.00	0.01	0.00	0.00	0.00	0.00
	其他草地	23.79	4.80	2.44	11.80	0.11	2.13	1.63	0.89
山东	草地	35.54	4.97	5.49	18.54	0.04	3.49	1.51	1.49
	天然牧草地	0.07	0.06	0.00	0.00	0.00	0.00	0.01	0.00
	人工牧草地	0.52	0.40	0.00	0.02	0.00	0.01	0.05	0.03
	其他草地	34.95	4.51	5.49	18.52	0.04	3.48	1.45	1.46

续表

行政辖区	类型	合计	耕地	园地	林地	湿地	建设用地	水域及水利设施用地	其他土地
河南	草地	48.20	11.64	1.96	28.93	0.06	2.74	0.71	2.16
	天然牧草地	0.02	0.00	0.00	0.01	0.00	0.01	0.00	0.00
	人工牧草地	0.02	0.00	0.00	0.00	0.00	0.00	0.00	0.00
	其他草地	48.17	11.64	1.96	28.91	0.06	2.73	0.71	2.16
湖北	草地	22.96	4.54	0.97	15.21	0.03	1.01	0.60	0.61
	天然牧草地	0.15	0.01	0.00	0.13	0.00	0.00	0.00	0.00
	人工牧草地	0.03	0.01	0.00	0.02	0.00	0.00	0.00	0.00
	其他草地	22.77	4.51	0.97	15.05	0.03	1.00	0.59	0.61
湖南	草地	38.79	5.57	3.42	25.68	0.15	1.87	0.72	1.37
	天然牧草地	0.18	0.01	0.00	0.15	0.00	0.00	0.00	0.01
	人工牧草地	0.25	0.05	0.00	0.17	0.00	0.00	0.00	0.02
	其他草地	38.37	5.50	3.42	25.36	0.15	1.86	0.72	1.35
广东	草地	26.41	2.12	2.65	16.54	0.06	3.72	1.02	0.31
	天然牧草地	0.19	0.00	0.00	0.17	0.00	0.00	0.00	0.00
	人工牧草地	0.03	0.00	0.01	0.01	0.00	0.01	0.01	0.00
	其他草地	26.20	2.12	2.63	16.36	0.06	3.71	1.01	0.31
广西	草地	93.04	5.00	6.15	78.06	0.07	1.62	0.95	1.18
	天然牧草地	0.22	0.02	0.02	0.15	0.00	0.01	0.01	0.01
	人工牧草地	0.02	0.00	0.00	0.00	0.00	0.00	0.00	0.00
	其他草地	92.80	4.98	6.13	77.91	0.07	1.61	0.94	1.17
海南	草地	3.07	0.51	1.00	1.06	0.03	0.27	0.16	0.03
	天然牧草地	0.00	0.00	0.00	0.00	0.00	0.00	0.00	0.00
	人工牧草地	0.55	0.21	0.26	0.05	0.00	0.01	0.01	0.01
	其他草地	2.52	0.29	0.74	1.01	0.03	0.26	0.15	0.03
重庆	草地	31.62	2.87	0.60	26.82	0.03	0.33	0.20	0.77
	天然牧草地	4.15	0.15	0.07	3.86	0.00	0.02	0.01	0.05
	人工牧草地	0.03	0.00	0.00	0.02	0.00	0.00	0.00	0.00
	其他草地	27.44	2.71	0.53	22.94	0.03	0.31	0.19	0.72
四川	草地	314.98	12.04	4.69	228.94	10.37	3.20	9.18	46.55
	天然牧草地	231.17	2.20	0.50	169.91	10.12	1.78	7.61	39.06
	人工牧草地	5.10	2.33	0.37	1.41	0.09	0.20	0.11	0.58
	其他草地	78.72	7.52	3.83	57.62	0.16	1.22	1.46	6.91

续表

行政辖区	类型	合计	耕地	园地	林地	湿地	建设用地	水域及水利设施用地	其他土地
贵州	草地	147.17	19.03	5.71	112.14	0.03	3.11	0.69	6.47
	天然牧草地	5.94	0.61	0.17	4.80	0.00	0.12	0.03	0.21
	人工牧草地	0.42	0.13	0.02	0.20	0.00	0.04	0.00	0.03
	其他草地	140.81	18.28	5.52	107.15	0.03	2.94	0.66	6.23
云南	草地	196.92	29.14	13.55	129.96	0.26	3.66	2.20	18.15
	天然牧草地	3.70	0.36	0.07	2.65	0.02	0.15	0.18	0.26
	人工牧草地	0.33	0.09	0.02	0.14	0.00	0.04	0.00	0.03
	其他草地	192.90	28.68	13.45	127.17	0.25	3.47	2.01	17.86
西藏	草地	530.06	10.79	0.34	194.47	124.08	8.17	56.23	135.98
	天然牧草地	430.67	8.51	0.24	163.58	110.55	7.63	38.93	101.22
	人工牧草地	0.88	0.23	0.01	0.08	0.45	0.05	0.03	0.03
	其他草地	98.52	2.05	0.08	30.82	13.08	0.49	17.27	34.73
陕西	草地	102.93	13.95	5.99	75.05	0.24	3.57	1.68	2.45
	天然牧草地	68.06	7.36	3.70	51.63	0.16	2.26	1.29	1.65
	人工牧草地	2.38	0.99	0.24	0.98	0.00	0.07	0.01	0.09
	其他草地	32.49	5.59	2.06	22.45	0.08	1.24	0.38	0.70
甘肃	草地	327.22	34.21	2.57	116.19	25.88	5.66	6.22	136.49
	天然牧草地	71.31	6.55	0.11	44.53	7.32	1.18	3.73	7.89
	人工牧草地	4.55	2.74	0.13	1.17	0.02	0.08	0.02	0.39
	其他草地	251.36	24.92	2.33	70.49	18.54	4.40	2.47	128.21
青海	草地	369.43	6.22	1.81	146.11	51.57	7.57	40.92	115.24
	天然牧草地	335.96	3.20	1.28	141.36	44.75	7.05	40.01	98.30
	人工牧草地	2.42	0.87	0.23	0.85	0.25	0.09	0.07	0.06
	其他草地	31.06	2.15	0.30	3.89	6.56	0.43	0.84	16.88
宁夏	草地	34.73	9.97	2.13	14.15	0.38	3.97	1.03	3.11
	天然牧草地	20.08	4.71	1.09	10.02	0.08	2.06	0.51	1.60
	人工牧草地	2.21	1.35	0.08	0.46	0.00	0.07	0.04	0.22
	其他草地	12.44	3.91	0.96	3.67	0.29	1.84	0.48	1.29
新疆	草地	734.24	134.17	9.64	239.97	22.91	25.24	66.07	236.24
	天然牧草地	298.52	26.04	2.07	143.79	9.23	11.00	42.90	63.49
	人工牧草地	27.42	23.65	0.74	1.45	0.12	0.63	0.33	0.50
	其他草地	408.30	84.48	6.84	94.73	13.55	13.61	22.84	172.25

8.2.2.2 草地流入情况

2009—2019 年全国草地流入 2969.13 万公顷，其中新疆、内蒙古、青海、甘肃、西藏和四川 6 省（区）流入面积超过 100 万公顷，占全国草地流入总量的 89.31%。

以盐碱地、沙地和裸地为主的其他土地是流入草地最大的地类，面积为 2315.40 万公顷，占流入草地总面积的 77.98%。其中新疆、青海、内蒙古、甘肃和西藏 5 省（区）流入面积超过 100 万公顷。全国其他土地流入天然牧草地 1068.12 万公顷，其中新疆、青海、内蒙古和西藏 4 省（区）流入面积超过 100 万公顷；其他土地流入其他草地 1245.88 万公顷，其中新疆、内蒙古、甘肃和青海 4 省（区）流入面积超过 100 万公顷；其他土地流入人工牧草地面积较小，全国仅 1.41 万公顷。

林地、湿地、水域及水利设施用地流入草地面积也相对较大，总面积为 512.61 万公顷，占流入草地总面积的 17.26%，其中内蒙古、新疆、西藏、青海和四川 5 省（区）流入面积最大，均超过 50 万公顷。这三类用地流入天然牧草地 368.25 万公顷，其中内蒙古、新疆、西藏、四川、青海和甘肃 6 省（区）流入面积超过 10 万公顷；流入其他草地 142.54 万公顷，其中内蒙古、甘肃、西藏、新疆和黑龙江 5 省（区）流入面积超过 10 万公顷；流入人工牧草地面积较小，仅 1.82 万公顷。

耕地、园地和建设用地流入草地的面积分别为 64.85 万公顷、27.32 万公顷和 48.94 万公顷。耕地流入草地面积超过 10 万公顷的有甘肃和内蒙古；园地流入草地中，陕西面积最大，为 6.07 万公顷；建设用地流入草地中，内蒙古居首。耕地、园地和建设用地流入天然牧草地面积分别为 24.06 万公顷、5.30 万公顷和 7.62 万公顷，其中居首的分别为宁夏、陕西和内蒙古；流入人工牧草地面积分别为 1.43 万公顷、0.22 万公顷和 0.14 万公顷，其中内蒙古耕地和园地流入人工牧草地面积均居首，新疆耕地和园地流入人工牧草地面积均居第二位。2009—2019 年全国各省（区、市）草地流入来源情况见表 8.11、图 8.7。

表 8.11　2009—2019 年全国及各省（区、市）草地流入地类情况　　单位：10^4 hm^2

行政辖区	类型	合计	耕地	园地	林地	湿地	建设用地	水域及水利设施用地	其他土地
全国	草地	2969.13	64.85	27.32	236.65	142.21	48.94	133.75	2315.40
	天然牧草地	1473.36	24.06	5.30	181.68	106.23	7.62	80.34	1068.12
	人工牧草地	5.02	1.43	0.22	1.31	0.30	0.14	0.21	1.41
	其他草地	1490.76	39.36	21.80	53.66	35.68	41.18	53.20	1245.88
北京	草地	1.09	0.15	0.25	0.10	0.02	0.28	0.13	0.15
	天然牧草地	0.00	0.00	0.00	0.00	0.00	0.00	0.00	0.00
	人工牧草地	0.00	0.00	0.00	0.00	0.00	0.00	0.00	0.00
	其他草地	1.09	0.15	0.25	0.10	0.02	0.28	0.13	0.15
天津	草地	1.29	0.12	0.07	0.01	0.17	0.35	0.45	0.12
	天然牧草地	0.00	0.00	0.00	0.00	0.00	0.00	0.00	0.00
	人工牧草地	0.00	0.00	0.00	0.00	0.00	0.00	0.00	0.00
	其他草地	1.29	0.12	0.07	0.01	0.17	0.35	0.45	0.12

续表

行政辖区	类型	合计	耕地	园地	林地	湿地	建设用地	水域及水利设施用地	其他土地
河北	草地	45.03	0.95	2.32	8.81	2.12	2.41	1.81	26.61
	天然牧草地	7.86	0.29	0.06	6.70	0.11	0.06	0.21	0.44
	人工牧草地	0.05	0.04	0.00	0.00	0.00	0.00	0.00	0.00
	其他草地	37.11	0.61	2.27	2.11	2.01	2.35	1.59	26.18
山西	草地	28.53	4.51	1.40	0.57	1.53	1.82	0.52	18.19
	天然牧草地	0.05	0.01	0.00	0.04	0.00	0.00	0.00	0.00
	人工牧草地	0.03	0.00	0.00	0.01	0.00	0.00	0.00	0.01
	其他草地	28.44	4.50	1.40	0.52	1.52	1.82	0.51	18.18
内蒙古	草地	511.97	10.24	0.66	72.74	33.65	8.21	8.63	377.85
	天然牧草地	241.46	4.85	0.14	59.81	27.93	3.55	5.81	139.36
	人工牧草地	1.27	0.65	0.06	0.09	0.06	0.01	0.01	0.39
	其他草地	269.24	4.73	0.46	12.84	5.66	4.65	2.81	238.09
辽宁	草地	7.57	0.74	0.82	0.47	0.85	2.13	1.62	0.95
	天然牧草地	0.50	0.04	0.03	0.33	0.01	0.02	0.03	0.05
	人工牧草地	0.03	0.02	0.00	0.01	0.00	0.00	0.00	0.00
	其他草地	7.05	0.68	0.79	0.14	0.84	2.11	1.59	0.91
吉林	草地	32.25	0.27	0.13	1.35	0.84	1.02	1.97	26.67
	天然牧草地	1.29	0.08	0.01	0.27	0.08	0.04	0.17	0.65
	人工牧草地	0.07	0.03	0.00	0.01	0.01	0.00	0.01	0.01
	其他草地	30.89	0.17	0.12	1.07	0.76	0.97	1.80	26.01
黑龙江	草地	41.47	2.03	0.08	4.67	7.31	4.48	3.12	19.78
	天然牧草地	4.35	0.09	0.01	0.18	1.64	0.24	0.75	1.44
	人工牧草地	0.12	0.01	0.00	0.00	0.02	0.02	0.04	0.03
	其他草地	37.00	1.93	0.08	4.49	5.66	4.22	2.32	18.31
上海	草地	1.38	0.12	0.08	0.21	0.14	0.46	0.30	0.07
	天然牧草地	0.00	0.00	0.00	0.00	0.00	0.00	0.00	0.00
	人工牧草地	0.00	0.00	0.00	0.00	0.00	0.00	0.00	0.00
	其他草地	1.38	0.12	0.08	0.21	0.14	0.46	0.30	0.07
江苏	草地	8.53	1.08	0.78	0.12	0.86	2.42	2.21	1.07
	天然牧草地	0.00	0.00	0.00	0.00	0.00	0.00	0.00	0.00
	人工牧草地	0.00	0.00	0.00	0.00	0.00	0.00	0.00	0.00
	其他草地	8.53	1.08	0.78	0.12	0.86	2.42	2.21	1.07

续表

行政辖区	类型	合计	耕地	园地	林地	湿地	建设用地	水域及水利设施用地	其他土地
浙江	草地	4.45	0.12	0.53	0.03	1.58	0.79	0.67	0.75
	天然牧草地	0.00	0.00	0.00	0.00	0.00	0.00	0.00	0.00
	人工牧草地	0.00	0.00	0.00	0.00	0.00	0.00	0.00	0.00
	其他草地	4.45	0.12	0.53	0.03	1.58	0.79	0.67	0.75
安徽	草地	2.85	0.10	0.23	0.22	0.18	0.87	0.53	0.72
	天然牧草地	0.00	0.00	0.00	0.00	0.00	0.00	0.00	0.00
	人工牧草地	0.00	0.00	0.00	0.00	0.00	0.00	0.00	0.00
	其他草地	2.85	0.10	0.23	0.22	0.18	0.87	0.53	0.72
福建	草地	2.83	0.07	0.73	0.03	0.24	0.59	0.48	0.68
	天然牧草地	0.00	0.00	0.00	0.00	0.00	0.00	0.00	0.00
	人工牧草地	0.00	0.00	0.00	0.00	0.00	0.00	0.00	0.00
	其他草地	2.83	0.07	0.73	0.03	0.24	0.59	0.48	0.68
江西	草地	2.37	0.17	0.42	0.09	0.25	0.63	0.56	0.24
	天然牧草地	0.00	0.00	0.00	0.00	0.00	0.00	0.00	0.00
	人工牧草地	0.00	0.00	0.00	0.00	0.00	0.00	0.00	0.00
	其他草地	2.36	0.17	0.42	0.09	0.25	0.63	0.56	0.24
山东	草地	11.58	0.21	1.00	0.27	0.17	2.10	1.06	6.76
	天然牧草地	0.00	0.00	0.00	0.00	0.00	0.00	0.00	0.00
	人工牧草地	0.00	0.00	0.00	0.00	0.00	0.00	0.00	0.00
	其他草地	11.58	0.21	1.00	0.27	0.17	2.10	1.06	6.76
河南	草地	5.91	0.34	0.35	0.44	0.32	0.75	0.52	3.20
	天然牧草地	0.00	0.00	0.00	0.00	0.00	0.00	0.00	0.00
	人工牧草地	0.00	0.00	0.00	0.00	0.00	0.00	0.00	0.00
	其他草地	5.91	0.34	0.35	0.44	0.32	0.75	0.52	3.20
湖北	草地	2.50	0.11	0.42	0.14	0.09	0.61	0.62	0.51
	天然牧草地	0.01	0.00	0.00	0.00	0.00	0.00	0.00	0.00
	人工牧草地	0.02	0.00	0.00	0.01	0.00	0.00	0.00	0.00
	其他草地	2.48	0.10	0.42	0.12	0.09	0.61	0.62	0.51

续表

行政辖区	类型	合计	耕地	园地	林地	湿地	建设用地	水域及水利设施用地	其他土地
湖南	草地	3.81	0.44	0.54	1.23	0.07	0.40	0.28	0.84
	天然牧草地	0.67	0.00	0.01	0.53	0.00	0.00	0.00	0.12
	人工牧草地	0.03	0.00	0.00	0.02	0.00	0.00	0.00	0.00
	其他草地	3.11	0.44	0.53	0.67	0.07	0.40	0.28	0.72
广东	草地	14.31	0.24	4.03	1.86	0.56	2.21	3.45	1.97
	天然牧草地	0.00	0.00	0.00	0.00	0.00	0.00	0.00	0.00
	人工牧草地	0.03	0.00	0.00	0.02	0.00	0.00	0.00	0.00
	其他草地	14.28	0.23	4.03	1.84	0.56	2.21	3.45	1.97
广西	草地	8.12	0.21	0.75	0.06	0.18	1.29	0.67	4.95
	天然牧草地	0.02	0.00	0.00	0.01	0.00	0.00	0.00	0.00
	人工牧草地	0.03	0.00	0.01	0.01	0.00	0.00	0.00	0.00
	其他草地	8.08	0.21	0.74	0.04	0.18	1.29	0.67	4.95
海南	草地	1.10	0.02	0.33	0.14	0.07	0.38	0.10	0.07
	天然牧草地	0.03	0.00	0.01	0.01	0.00	0.00	0.00	0.00
	人工牧草地	0.06	0.00	0.04	0.02	0.00	0.00	0.00	0.00
	其他草地	1.00	0.02	0.28	0.10	0.07	0.38	0.09	0.07
重庆	草地	0.54	0.09	0.13	0.05	0.01	0.16	0.06	0.05
	天然牧草地	0.02	0.02	0.00	0.00	0.00	0.00	0.00	0.00
	人工牧草地	0.01	0.00	0.00	0.01	0.00	0.00	0.00	0.00
	其他草地	0.51	0.07	0.13	0.04	0.01	0.16	0.06	0.05
四川	草地	115.07	1.02	1.52	29.78	24.70	1.13	4.33	52.59
	天然牧草地	110.16	0.74	0.75	28.80	24.56	0.31	3.78	51.21
	人工牧草地	0.47	0.02	0.01	0.29	0.01	0.02	0.05	0.07
	其他草地	4.44	0.26	0.75	0.69	0.14	0.79	0.50	1.31
贵州	草地	2.87	0.48	0.14	0.07	0.04	0.21	0.15	1.77
	天然牧草地	0.11	0.05	0.00	0.01	0.00	0.00	0.00	0.04
	人工牧草地	0.04	0.02	0.00	0.00	0.00	0.00	0.00	0.01
	其他草地	2.72	0.40	0.13	0.06	0.04	0.21	0.15	1.72

续表

行政辖区	类型	合计	耕地	园地	林地	湿地	建设用地	水域及水利设施用地	其他土地
云南	草地	26.53	1.12	1.69	4.57	0.23	1.16	2.94	14.82
	天然牧草地	1.05	0.14	0.01	0.07	0.02	0.01	0.03	0.77
	人工牧草地	0.15	0.05	0.02	0.07	0.00	0.00	0.00	0.02
	其他草地	25.33	0.93	1.67	4.44	0.21	1.15	2.91	14.03
西藏	草地	257.53	4.58	0.01	19.49	27.73	0.40	31.41	173.91
	天然牧草地	181.40	0.71	0.01	16.79	24.26	0.23	19.71	119.69
	人工牧草地	0.52	0.02	0.00	0.24	0.15	0.02	0.03	0.07
	其他草地	75.61	3.86	0.00	2.47	3.32	0.15	11.67	54.15
陕西	草地	35.13	9.03	6.07	12.02	0.40	1.52	0.90	5.18
	天然牧草地	12.49	1.30	3.81	5.97	0.11	0.39	0.50	0.42
	人工牧草地	0.04	0.02	0.01	0.00	0.00	0.00	0.00	0.01
	其他草地	22.59	7.71	2.26	6.05	0.28	1.13	0.40	4.76
甘肃	草地	383.48	12.68	0.74	18.60	7.07	2.35	9.36	332.69
	天然牧草地	118.79	6.46	0.06	11.48	1.50	0.47	2.60	96.22
	人工牧草地	0.47	0.09	0.00	0.09	0.00	0.00	0.00	0.28
	其他草地	264.21	6.13	0.67	7.02	5.56	1.88	6.76	236.18
青海	草地	448.14	1.52	0.02	26.23	22.27	0.61	10.42	387.05
	天然牧草地	246.48	1.32	0.02	24.64	21.50	0.34	10.21	188.45
	人工牧草地	0.17	0.03	0.00	0.10	0.01	0.01	0.02	0.02
	其他草地	201.48	0.18	0.01	1.50	0.76	0.26	0.19	198.58
宁夏	草地	25.40	7.94	0.25	4.51	0.16	0.89	0.36	11.29
	天然牧草地	12.84	6.54	0.10	3.24	0.02	0.26	0.05	2.63
	人工牧草地	0.25	0.15	0.00	0.04	0.00	0.00	0.00	0.05
	其他草地	12.31	1.25	0.14	1.23	0.14	0.63	0.31	8.61
新疆	草地	935.50	4.17	0.82	27.77	8.42	6.31	44.13	843.89
	天然牧草地	533.77	1.41	0.29	22.80	4.50	1.70	36.46	466.62
	人工牧草地	1.15	0.28	0.05	0.28	0.04	0.04	0.04	0.42
	其他草地	400.58	2.48	0.48	4.69	3.88	4.58	7.62	376.85

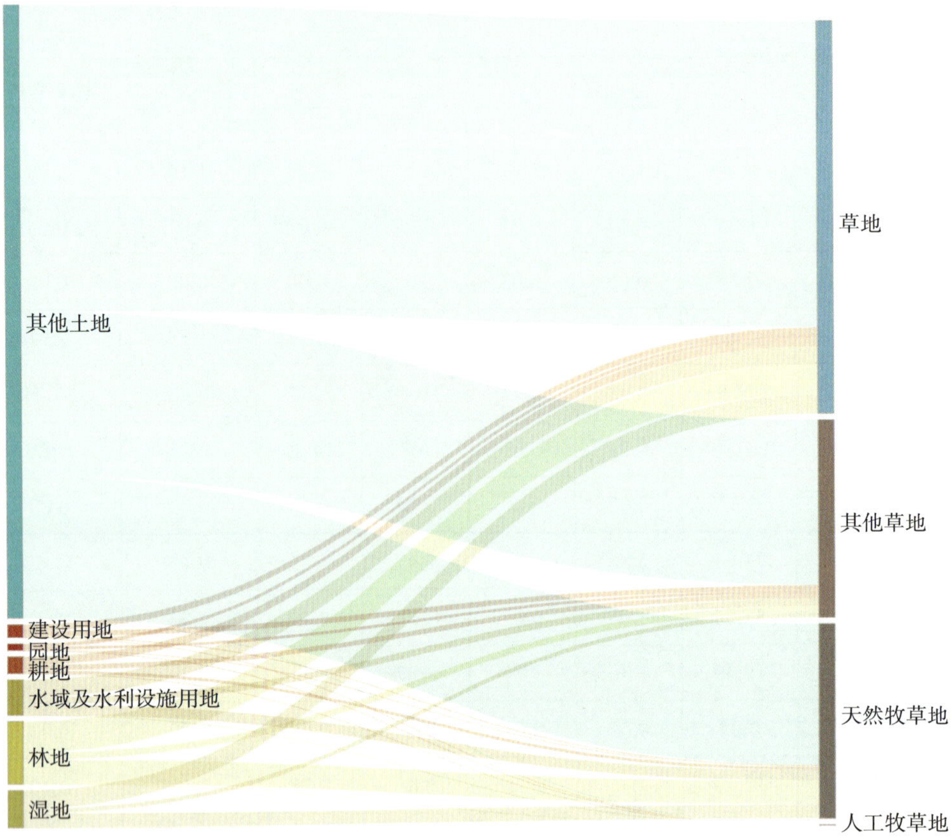

图 8.7　2009—2019 年全国草地面积流入情况

8.3　草地变化原因分析

2009—2019 年全国草地面积减少了 1527.51 万公顷，主要表现为天然牧草地的微量增加和人工牧草地、其他草地的减少，尤其是其他草地的大量流出。草地变化原因涉及气候变化、农业开垦、过度放牧、重大草地保护和生态修复项目的实施等各个方面。

8.3.1　气候变化

气候变化是影响草地分布和变化的主要自然驱动因素，尤其是气温和降水，可能导致草地与其他土地之间的频繁转换，也是草地与耕地、湿地、水域等其他地类转换的重要前提。如气候变暖、冻土消融时，大量湿地转为草地，草地面积增加。而干旱性气候则加重草地侵蚀，加剧草地退化程度，如位于干旱和半干旱区的内蒙古、新疆、西藏、四川、青海和甘肃等地的草地流出面积均超过 300 万公顷，流出面积占全国草地总流出量的 70.72%，是全国草地流出面积最大的几个省（区），这些地区春季和夏季气候条件呈干旱化，平均气温上升与降水量下降均较显著，进而促使当地干旱面积扩大，草地退化现象严重。

8.3.2 农业开垦

随着农业生产活动的变化、农业内部结构调整加快，生态与生产争地现象日益凸显。2009—2019年，全国草地流出为耕地的面积为637.56万公顷，其中新疆和内蒙古草地转为耕地的面积超过100万公顷。这些地区草地空间被种植业经济活动大量侵占，且被开垦的草地中多数是高植被覆盖草地，长期农业开垦致使草地生态系统日趋恶化，草地退化严重。由此可见，农业开垦是草地转为耕地的重要因素，也是造成草地退化的关键原因之一。

8.3.3 不合理利用

过度放牧是导致草地退化的另一重要因素，尤其是处于干旱、半干旱区的草地，超载放牧使得产草量下降，从而引起草地退化。此外，我国牧区及半牧区地带矿产品较为丰富，作为非农经济活动的草原矿产业的不合理开发与利用，导致了严重的生态环境问题，对草地退化产生了重要影响。2009—2019年，草地退化为以沙地、裸土地为主的其他土地的面积为945.95万公顷，其中内蒙古、新疆、西藏、青海及甘肃面积超过100万公顷。

8.3.4 草地保护项目实施

随着生态保护力度的加大，重大草地保护项目的实施是草地面积变化的重要原因。国家一直注重对生态环境的保护和治理，特别是通过加强人类活动的管理，控制生态用地的开发和利用，以减少对天然草地的破坏。2009—2019年，天然牧草地增加了282.71万公顷，增加幅度为1.34%，这表明近年来国家生态保护力度不断加强，成效显著。此外，伴随着退牧还草工程、草原生态保护补奖政策等草地保护项目的实施，促使了耕地和其他土地向草地的转化，有效补充了草地面积。

8.3.5 造林生态修复工程实施

在我国内蒙古、新疆、西藏、青海、甘肃等北方省（区），存在大量草地流入林地的现象，其主要原因在于当地“三北”防护林工程、天然林保护工程、退耕还林工程、封山育林和京津风沙源治理工程等造林生态修复工程的实施，造成大量草地流入林地。2009—2019年，林地是草地流出面积最大的地类，面积达2125.89万公顷，其中内蒙古、新疆、四川、西藏、青海、云南、甘肃和贵州8省（区）面积超过100万公顷。

第 9 章　湿　地

湿地是重要的自然生态系统，发挥着涵养水源、调节气候、改善环境、维护生物多样性等生态功能，被誉为“地球之肾”。湿地是维护国家生态安全的重要基础，与人类生存发展息息相关。我国湿地分布广，类型多，区域差异显著。本章主要基于 2019 年“三调”数据，对湿地利用现状进行分析，概述湿地总体数量和分布情况，并分析湿地的组成结构及面积变化特征。

9.1　湿地利用现状

本节主要基于“三调”数据，分析 2019 年全国湿地利用现状与组成结构，并掌握红树林地、森林沼泽、灌丛沼泽、沼泽草地、沿海滩涂、内陆滩涂和沼泽地七个二级地类的数量和分布情况。

9.1.1　湿地面积、构成与分布

9.1.1.1　全国湿地的面积及构成

截至 2019 年 12 月 31 日，全国湿地总面积为 2346.93 万公顷，在全国土地一级分类面积中居第六位。湿地是“三调”新增的一级地类，包括七个二级地类。其中，红树林地面积为 2.71 万公顷，占全国湿地总面积的 0.12%；森林沼泽面积为 220.78 万公顷，占全国湿地总面积的 9.41%；灌丛沼泽面积为 75.51 万公顷，占全国湿地总面积的 3.22%；沼泽草地面积为 1114.41 万公顷，占全国湿地总面积的 47.48%；沿海滩涂面积为 151.23 万公顷，占全国湿地总面积的 6.44%；内陆滩涂面积为 588.61 万公顷，占全国湿地总面积的 25.08%；沼泽地面积 193.68 万公顷，占全国湿地总面积的 8.25%。2019 年全国湿地面积结构见图 9.1。

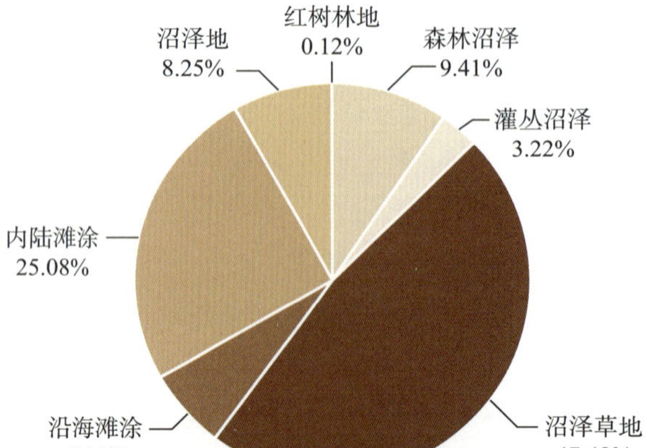

图 9.1　2019 年全国湿地结构

9.1.1.2 湿地分布情况

从各省（区、市）来看，湿地面积在 100 万公顷以上的有青海、西藏、内蒙古、黑龙江、新疆、四川、甘肃 7 个省（区），占全国湿地总面积的 88%；湿地面积为 10 万～100 万公顷的有江苏、辽宁、山东、湖南、吉林、福建、广东、浙江、河北、广西、海南 12 个省（区）；10 万公顷以下的有上海、湖北、山西、陕西、安徽、云南、河南、天津、江西、宁夏、重庆、贵州和北京 13 个省（区、市）。

从湿地二级地类来看，红树林地集中分布在广东、广西、海南；森林沼泽主要分布在黑龙江和内蒙古；灌丛沼泽主要分布在内蒙古、黑龙江、新疆、四川、甘肃；沼泽草地主要集中在青海、西藏、内蒙古、黑龙江；沿海滩涂在江苏、山东、福建分布较多；内陆滩涂广泛分布于全国各地，其中西藏、青海、内蒙古面积较大；沼泽地在西藏、新疆、黑龙江、四川、内蒙古、青海面积较大。2019 年全国各省（区、市）湿地面积情况统计和分布情况见表 9.1、图 9.2。

表 9.1 2019 年全国及各省（区、市）湿地面积情况 单位：10^4 hm^2

行政辖区	湿地面积	红树林地面积	森林沼泽面积	灌丛沼泽面积	沼泽草地面积	沿海滩涂面积	内陆滩涂面积	沼泽地面积
全国	2346.93	2.71	220.78	75.51	1114.41	151.23	588.61	193.68
北京	0.31	0.00	0.01	0.00	0.04	0.00	0.24	0.02
天津	3.27	0.00	0.00	0.00	0.00	1.68	0.99	0.60
河北	14.27	0.00	0.01	0.11	1.74	6.30	5.37	0.75
山西	5.44	0.00	0.00	0.09	0.04	0.00	5.24	0.08
内蒙古	380.94	0.00	70.17	21.48	183.66	0.00	93.81	11.81
辽宁	28.64	0.00	0.00	0.00	0.38	13.81	8.67	5.78
吉林	23.03	0.00	3.06	0.68	6.04	0.00	8.85	4.41
黑龙江	350.10	0.00	140.81	19.55	142.34	0.00	18.49	28.91
上海	7.27	0.00	0.03	0.00	0.00	3.08	4.16	0.00
江苏	41.64	0.00	0.00	0.00	0.00	38.39	3.18	0.07
浙江	16.52	0.01	0.00	0.00	0.00	15.43	1.08	0.00
安徽	4.77	0.00	0.00	0.01	0.00	0.00	4.74	0.02
福建	18.86	0.12	0.00	0.00	0.00	17.46	1.28	0.00
江西	2.87	0.00	0.00	0.00	0.00	0.00	2.86	0.01
山东	24.62	0.00	0.00	0.00	0.00	20.04	4.58	0.01
河南	3.91	0.00	0.02	0.00	0.15	0.00	3.72	0.03
湖北	6.12	0.00	0.00	0.00	0.00	0.00	5.81	0.31
湖南	23.61	0.00	2.90	0.02	0.10	0.00	20.60	0.00
广东	17.89	1.06	0.02	0.01	0.01	14.90	1.87	0.02
广西	12.72	0.94	0.00	0.00	0.02	9.57	2.17	0.01

续表

行政辖区	湿地面积	红树林地面积	森林沼泽面积	灌丛沼泽面积	沼泽草地面积	沿海滩涂面积	内陆滩涂面积	沼泽地面积
海南	12.12	0.57	0.00	0.01	0.01	10.58	0.95	0.00
重庆	1.50	0.00	0.00	0.00	0.01	0.00	1.49	0.00
四川	123.08	0.00	0.00	8.79	91.28	0.00	6.26	16.75
贵州	0.71	0.00	0.00	0.00	0.01	0.00	0.66	0.04
云南	3.98	0.00	0.08	0.02	0.40	0.00	3.29	0.19
西藏	430.25	0.00	0.08	4.18	183.87	0.00	168.02	74.10
陕西	4.87	0.00	0.00	0.03	0.03	0.00	4.61	0.20
甘肃	118.56	0.00	0.15	8.02	73.82	0.00	30.01	6.56
青海	510.12	0.00	0.00	0.00	396.57	0.00	104.12	9.42
宁夏	2.49	0.00	0.00	0.04	0.05	0.00	1.59	0.81
新疆	152.45	0.00	3.43	12.46	33.86	0.00	69.91	32.79

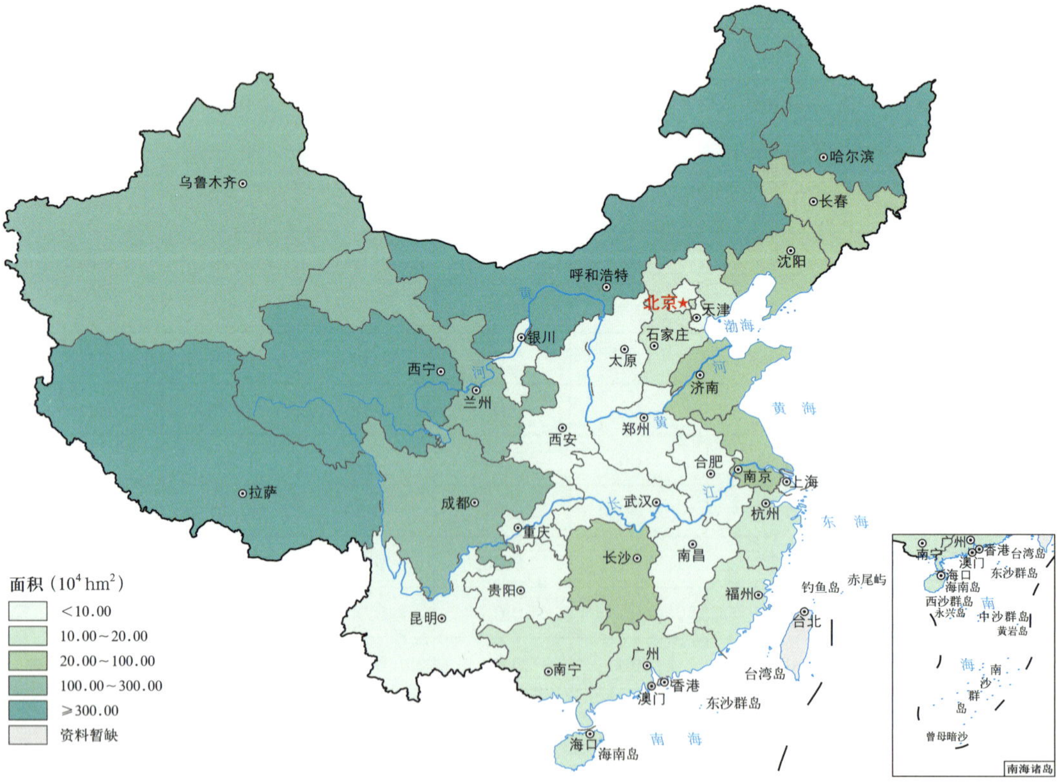

图 9.2　2019 年全国湿地分布情况

9.1.2 湿地二级地类面积与分布

9.1.2.1 红树林地

红树林地是指沿海生长红树植物的土地。2019 年全国红树林地面积为 2.71 万公顷，占湿地总面积的 0.12%，在湿地二级地类中居第七位。

从各省（区、市）分布看，红树林地集中分布在广东、广西、海南 3 个省（区），面积分别为 1.06 万公顷、0.94 万公顷、0.57 万公顷，占全国红树林地总面积的 94.83%。另外，在福建、浙江也有分布。其余 26 个省（区、市）无红树林地。

从各省（区、市）红树林地面积占该省（区、市）湿地总面积比例来看，占 5% 以上的有广西、广东、海南 3 个省（区），占 1% 以下的有福建、浙江 2 个省。2019 年全国各省（区、市）红树林地情况统计和分布情况见表 9.2、图 9.3。

表 9.2 2019 年全国及各省（区、市）红树林地情况

行政辖区	湿地总面积（10^4 hm^2）	红树林地面积（10^4 hm^2）	占全国红树林地面积比例（%）	占该辖区湿地总面积比例（%）
全国	2346.93	2.71	100.00	0.12
北京	0.31	0.00	0.00	0.00
天津	3.27	0.00	0.00	0.00
河北	14.27	0.00	0.00	0.00
山西	5.44	0.00	0.00	0.00
内蒙古	380.94	0.00	0.00	0.00
辽宁	28.64	0.00	0.00	0.00
吉林	23.03	0.00	0.00	0.00
黑龙江	350.10	0.00	0.00	0.00
上海	7.27	0.00	0.00	0.00
江苏	41.64	0.00	0.00	0.00
浙江	16.52	0.01	0.37	0.06
安徽	4.77	0.00	0.00	0.00
福建	18.86	0.12	4.43	0.64
江西	2.87	0.00	0.00	0.00
山东	24.62	0.00	0.00	0.00
河南	3.91	0.00	0.00	0.00
湖北	6.12	0.00	0.00	0.00
湖南	23.61	0.00	0.00	0.00
广东	17.89	1.06	39.11	5.93
广西	12.72	0.94	34.69	7.39

续表

行政辖区	湿地总面积（10^4 hm^2）	红树林地面积（10^4 hm^2）	占全国红树林地面积比例（%）	占该辖区湿地总面积比例（%）
海南	12.12	0.57	21.03	4.70
重庆	1.50	0.00	0.00	0.00
四川	123.08	0.00	0.00	0.00
贵州	0.71	0.00	0.00	0.00
云南	3.98	0.00	0.00	0.00
西藏	430.25	0.00	0.00	0.00
陕西	4.87	0.00	0.00	0.00
甘肃	118.56	0.00	0.00	0.00
青海	510.12	0.00	0.00	0.00
宁夏	2.49	0.00	0.00	0.00
新疆	152.45	0.00	0.00	0.00

图 9.3　2019 年全国红树林地分布情况

9.1.2.2　森林沼泽

森林沼泽是指以乔木森林植物为优势群落的淡水沼泽。2019 年全国森林沼泽面积为 220.78 万公顷，占湿地总面积的 9.41%，在湿地二级地类中居第三位。

各省（区）的森林沼泽，以黑龙江和内蒙古面积最大，分别为 140.81 万公顷和 70.17 万公顷，合计占全国森林沼泽总量的 95.56%。新疆、吉林、湖南 3 个省（区）森林沼泽有少量分布，面积分别为 3.43 万公顷、3.06 万公顷、2.90 万公顷；甘肃、云南、西藏、上海、河南、广东、北京和河北 8 个省（区、市）仅有零星分布，合计 0.40 万公顷。其他 18 个省（区、市）无森林沼泽分布。

从各省（区、市）森林沼泽面积占该省（区、市）湿地总面积比例来看，10% 以上的有黑龙江、内蒙古、吉林、湖南 4 个省（区），1% 以下的有北京、新疆、云南、河南、上海、甘肃、广东、河北、西藏 9 个省（区、市），2019 年全国各省（区、市）。2019 年全国各省（区、市）森林沼泽情况统计和分布情况见表 9.3、图 9.4。

表 9.3 2019 年全国及各省（区、市）森林沼泽情况

行政辖区	湿地总面积（10^4 hm^2）	森林沼泽面积（10^4 hm^2）	占全国森林沼泽面积比例（%）	占该辖区湿地总面积比例（%）
全国	2346.93	220.78	100.00	9.41
北京	0.31	0.01	0.00	3.23
天津	3.27	0.00	0.00	0.00
河北	14.27	0.01	0.00	0.07
山西	5.44	0.00	0.00	0.00
内蒙古	380.94	70.17	31.78	18.42
辽宁	28.64	0.00	0.00	0.00
吉林	23.03	3.06	1.39	13.29
黑龙江	350.10	140.81	63.78	40.22
上海	7.27	0.03	0.01	0.41
江苏	41.64	0.00	0.00	0.00
浙江	16.52	0.00	0.00	0.00
安徽	4.77	0.00	0.00	0.00
福建	18.86	0.00	0.00	0.00
江西	2.87	0.00	0.00	0.00
山东	24.62	0.00	0.00	0.00
河南	3.91	0.02	0.01	0.51
湖北	6.12	0.00	0.00	0.00
湖南	23.61	2.90	1.31	12.28
广东	17.89	0.02	0.01	0.11
广西	12.72	0.00	0.00	0.00
海南	12.12	0.00	0.00	0.00

续表

行政辖区	湿地总面积（10^4 hm^2）	森林沼泽面积（10^4 hm^2）	占全国森林沼泽面积比例（%）	占该辖区湿地总面积比例（%）
重庆	1.50	0.00	0.00	0.00
四川	123.08	0.00	0.00	0.00
贵州	0.71	0.00	0.00	0.00
云南	3.98	0.08	0.04	2.01
西藏	430.25	0.08	0.04	0.02
陕西	4.87	0.00	0.00	0.00
甘肃	118.56	0.15	0.07	0.13
青海	510.12	0.00	0.00	0.00
宁夏	2.49	0.00	0.00	0.00
新疆	152.45	3.43	1.55	2.25

图 9.4　2019 年全国森林沼泽分布情况

9.1.2.3　灌丛沼泽

灌丛沼泽是指以灌丛植物为优势群落的淡水沼泽。2019 年全国灌丛沼泽面积为 75.51 万公顷，占湿地总面积的 3.22%，在湿地二级地类中居第六位。

从各省（区、市）分布看，灌丛沼泽面积较大的有内蒙古、黑龙江、新疆、四川、甘肃，占全国总量的 93.10%。其中，10 万公顷以上的省（区）有内蒙古、黑龙江、新疆，1 万～10 万公顷有四川、甘肃、西藏 3 个省（区），1 万公顷以下的有吉林、河北、山西、宁夏、陕西、湖南、云南、安徽、广东、海南 10 个省（区），其他 15 个省（区、市）无灌丛沼泽分布。

从各省（区、市）灌丛沼泽面积占该省（区、市）湿地总面积比例来看，5% 以上的有新疆、四川、甘肃、内蒙古、黑龙江 5 个省（区），1%～5% 的有吉林、山西、宁夏 3 个省（区），1% 以下的有西藏、河北、陕西、云南、安徽、湖南、海南和广东 8 个省（区）。2019 年全国各省（区、市）灌丛沼泽情况统计和分布情况见表 9.4、图 9.5。

表 9.4 2019 年全国及各省（区、市）灌丛沼泽情况

行政辖区	湿地总面积（10^4 hm^2）	灌丛沼泽面积（10^4 hm^2）	占全国灌丛沼泽面积比例（%）	占该辖区湿地总面积比例（%）
全国	2346.93	75.51	100.00	3.22
北京	0.31	0.00	0.00	0.00
天津	3.27	0.00	0.00	0.00
河北	14.27	0.11	0.15	0.77
山西	5.44	0.09	0.12	1.65
内蒙古	380.94	21.48	28.45	5.64
辽宁	28.64	0.00	0.00	0.00
吉林	23.03	0.68	0.90	2.95
黑龙江	350.1	19.55	25.89	5.58
上海	7.27	0.00	0.00	0.00
江苏	41.64	0.00	0.00	0.00
浙江	16.52	0.00	0.00	0.00
安徽	4.77	0.01	0.01	0.21
福建	18.86	0.00	0.00	0.00
江西	2.87	0.00	0.00	0.00
山东	24.62	0.00	0.00	0.00
河南	3.91	0.00	0.00	0.00
湖北	6.12	0.00	0.00	0.00
湖南	23.61	0.02	0.03	0.08
广东	17.89	0.01	0.01	0.06
广西	12.72	0.00	0.00	0.00
海南	12.12	0.01	0.01	0.08
重庆	1.50	0.00	0.00	0.00

续表

行政辖区	湿地总面积（10^4 hm^2）	灌丛沼泽面积（10^4 hm^2）	占全国灌丛沼泽面积比例（%）	占该辖区湿地总面积比例（%）
四川	123.08	8.79	11.64	7.14
贵州	0.71	0.00	0.00	0.00
云南	3.98	0.02	0.03	0.50
西藏	430.25	4.18	5.54	0.97
陕西	4.87	0.03	0.04	0.62
甘肃	118.56	8.02	10.62	6.76
青海	510.12	0.00	0.00	0.00
宁夏	2.49	0.04	0.05	1.61
新疆	152.45	12.46	16.50	8.17

图 9.5　2019 年全国灌丛沼泽分布情况

9.1.2.4　沼泽草地

沼泽草地是指以天然草本植物为主的沼泽化的低地草甸、高寒草甸。2019 年全国沼泽草地面积为 1114.41 万公顷，占全国湿地总面积的 47.48%，在湿地二级地类中居第一位。

从各省（区、市）分布看，沼泽草地面积在 100 万以上的有青海、西藏、内蒙古、黑龙江 4 个省（区），1 万～100 万公顷的四川、甘肃、新疆、吉林、河北 5 个省（区），1 万公顷以下的有云南、辽宁、河南、湖南、宁夏、北京、山西、陕西、广西、广东、海南、重庆、贵州 13 个省（区、市），其余 8 个省（市）无沼泽草地分布。

从各省（区、市）沼泽草地面积占湿地总面积比例来看，占 50% 以上的有青海、四川、甘肃 3 个省，10%～50% 的有内蒙古、西藏、黑龙江、吉林、新疆、北京、河北、云南 8 个省（区、市），10% 以下的有河南、宁夏、贵州、辽宁、山西、重庆、陕西、湖南、广西、海南、广东 11 个省（区、市）。2019 年全国各省（区、市）沼泽草地情况统计和分布情况见表 9.5、图 9.6。

表 9.5　2019 年全国及各省（区、市）沼泽草地情况

行政辖区	湿地总面积（10^4 hm^2）	沼泽草地面积（10^4 hm^2）	占全国沼泽草地面积比例（%）	占该辖区湿地总面积比例（%）
全国	2346.93	1114.41	100.00	47.48
北京	0.31	0.04	0.00	12.90
天津	3.27	0.00	0.00	0.00
河北	14.27	1.74	0.16	12.19
山西	5.44	0.04	0.00	0.74
内蒙古	380.94	183.66	16.48	48.21
辽宁	28.64	0.38	0.03	1.33
吉林	23.03	6.04	0.54	26.23
黑龙江	350.1	142.34	12.77	40.66
上海	7.27	0.00	0.00	0.00
江苏	41.64	0.00	0.00	0.00
浙江	16.52	0.00	0.00	0.00
安徽	4.77	0.00	0.00	0.00
福建	18.86	0.00	0.00	0.00
江西	2.87	0.00	0.00	0.00
山东	24.62	0.00	0.00	0.00
河南	3.91	0.15	0.01	3.84
湖北	6.12	0.00	0.00	0.00
湖南	23.61	0.10	0.01	0.42
广东	17.89	0.01	0.00	0.06
广西	12.72	0.02	0.00	0.16
海南	12.12	0.01	0.00	0.08

续表

行政辖区	湿地总面积（10^4 hm^2）	沼泽草地面积（10^4 hm^2）	占全国沼泽草地面积比例（%）	占该辖区湿地总面积比例（%）
重庆	1.50	0.01	0.00	0.67
四川	123.08	91.28	8.19	74.16
贵州	0.71	0.01	0.00	1.41
云南	3.98	0.40	0.04	10.05
西藏	430.25	183.87	16.50	42.74
陕西	4.87	0.03	0.00	0.62
甘肃	118.56	73.82	6.62	62.26
青海	510.12	396.57	35.59	77.74
宁夏	2.49	0.05	0.00	2.01
新疆	152.45	33.86	3.04	22.21

图 9.6　2019 年全国沼泽草地分布情况

9.1.2.5　沿海滩涂

沿海滩涂是指沿海大潮高潮位与低潮位之间的潮浸地带，包括海岛的沿海滩涂，不包括已利用的滩涂。2019年全国沿海滩涂面积为151.23万公顷，占全国湿地总面积的6.44%，在湿地二级地类中居第五位。

从各省（区、市）分布情况看，海滩涂面积在20万公顷以上的有江苏、山东、福建3个省，10万～20万公顷的有浙江、广东、辽宁、海南、广西5个省（区），10万公顷以下的有河北、上海、天津3个省（市），其余20个省（区、市）无沿海滩涂分布。

从各省（区、市）沿海滩涂面积占该省（区、市）湿地总面积比例来看，90%以上的有浙江、福建、江苏3个省，70%～90%的有海南、广东、山东和广西4个省（区）；70%以下的有天津、辽宁、河北、上海4个省（市）。2019年全国各省（区、市）沿海滩涂情况统计和分布情况见表9.6、图9.7。

表9.6　2019年全国及各省（区、市）沿海滩涂情况

行政辖区	湿地总面积（10^4 hm^2）	沿海滩涂面积（10^4 hm^2）	占全国沿海滩涂面积比例（%）	占该辖区湿地总面积比例（%）
全国	2346.93	151.23	100.00	6.44
北京	0.31	0.00	0.00	0.00
天津	3.27	1.68	1.11	51.38
河北	14.27	6.30	4.17	44.15
山西	5.44	0.00	0.00	0.00
内蒙古	380.94	0.00	0.00	0.00
辽宁	28.64	13.81	9.13	48.22
吉林	23.03	0.00	0.00	0.00
黑龙江	350.10	0.00	0.00	0.00
上海	7.27	3.08	2.04	42.37
江苏	41.64	38.39	25.39	92.20
浙江	16.52	15.43	10.20	93.40
安徽	4.77	0.00	0.00	0.00
福建	18.86	17.46	11.55	92.58
江西	2.87	0.00	0.00	0.00
山东	24.62	20.04	13.25	81.40
河南	3.91	0.00	0.00	0.00
湖北	6.12	0.00	0.00	0.00
湖南	23.61	0.00	0.00	0.00
广东	17.89	14.9	9.85	83.29
广西	12.72	9.57	6.33	75.24
海南	12.12	10.58	7.00	87.29
重庆	1.50	0.00	0.00	0.00
四川	123.08	0.00	0.00	0.00

续表

行政辖区	湿地总面积（10^4 hm^2）	沿海滩涂面积（10^4 hm^2）	占全国沿海滩涂面积比例（%）	占该辖区湿地总面积比例（%）
贵州	0.71	0.00	0.00	0.00
云南	3.98	0.00	0.00	0.00
西藏	430.25	0.00	0.00	0.00
陕西	4.87	0.00	0.00	0.00
甘肃	118.56	0.00	0.00	0.00
青海	510.12	0.00	0.00	0.00
宁夏	2.49	0.00	0.00	0.00
新疆	152.45	0.00	0.00	0.00

图 9.7　2019 年全国沿海滩涂分布情况

9.1.2.6　内陆滩涂

内陆滩涂是指河流、湖泊常水位至洪水位间的滩地；时令湖、河洪水位以下的滩地；水库、坑塘的正常蓄水位与洪水位间的滩地；包括海岛的内陆滩地，不包括已利用的滩地。2019 年全国内陆滩涂面积为 588.61 万公顷，占全国湿地总面积的 25.08%，在湿地二级地类中居第二位。

从各省（区、市）分布情况看，内陆滩涂广泛分布于全国各地，面积在90万公顷以上的有西藏、青海、内蒙古3个省（区），10万～90万公顷的有新疆、甘肃、湖南、黑龙江4个省（区），10万公顷以下的有吉林、辽宁、四川、湖北、河北、山西、安徽、陕西、山东、上海、河南、云南、江苏、江西、广西、广东、宁夏、重庆、福建、浙江、天津、海南、贵州、北京24个省（区、市）。

从各省（区、市）内陆滩涂面积占该省（区、市）湿地总面积比例来看，90%以上的有江西、安徽、重庆、山西、河南、湖北、陕西、贵州8个省（市），50%～90%的有湖南、云南、北京、宁夏、上海5个省（区、市），30%～50%的有西藏、吉林、河北、天津、辽宁、新疆6个省（区、市），10%～30%的有甘肃、内蒙古、青海、山东、广西、广东6个省（区），10%以下的有海南、江苏、福建、浙江、黑龙江和四川6个省。2019年全国各省（区、市）内陆滩涂情况统计和分布情况见表9.7、图9.8。

表9.7　2019年全国及各省（区、市）内陆滩涂面积情况

行政辖区	湿地总面积（10^4 hm^2）	内陆滩涂面积（10^4 hm^2）	占全国内陆滩涂面积比例（%）	占该辖区湿地总面积比例（%）
全国	2346.93	588.61	100.00	25.08
北京	0.31	0.24	0.04	77.42
天津	3.27	0.99	0.17	30.28
河北	14.27	5.37	0.91	37.63
山西	5.44	5.24	0.89	96.32
内蒙古	380.94	93.81	15.94	24.63
辽宁	28.64	8.67	1.47	30.27
吉林	23.03	8.85	1.50	38.43
黑龙江	350.10	18.49	3.14	5.28
上海	7.27	4.16	0.71	57.22
江苏	41.64	3.18	0.54	7.64
浙江	16.52	1.08	0.18	6.54
安徽	4.77	4.74	0.81	99.37
福建	18.86	1.28	0.22	6.79
江西	2.87	2.86	0.49	99.65
山东	24.62	4.58	0.78	18.60
河南	3.91	3.72	0.63	95.14
湖北	6.12	5.81	0.99	94.93
湖南	23.61	20.6	3.50	87.25
广东	17.89	1.87	0.32	10.45

续表

行政辖区	湿地总面积（10^4 hm^2）	内陆滩涂面积（10^4 hm^2）	占全国内陆滩涂面积比例（%）	占该辖区湿地总面积比例（%）
广西	12.72	2.17	0.37	17.06
海南	12.12	0.95	0.16	7.84
重庆	1.50	1.49	0.25	99.33
四川	123.08	6.26	1.06	5.09
贵州	0.71	0.66	0.11	92.96
云南	3.98	3.29	0.56	82.66
西藏	430.25	168.02	28.55	39.05
陕西	4.87	4.61	0.78	94.66
甘肃	118.56	30.01	5.10	25.31
青海	510.12	104.12	17.69	20.41
宁夏	2.49	1.59	0.27	63.86
新疆	152.45	69.91	11.88	45.86

图 9.8　2019 年全国内陆滩涂分布情况

9.1.2.7　沼泽地

沼泽地是指经常积水或渍水、一般生长湿生植物的土地，包括草本沼泽、苔藓沼泽、内陆盐沼等，不包括森林沼泽、灌丛沼泽和沼泽草地。2019 年全国沼泽地面积为 193.68 万公顷，占全国湿地总面积的 8.25%，在湿地二级地类中居第四位。

从各省（区、市）分布情况看，沼泽地面积在 30 万公顷以上的只有西藏和新疆 2 个自治区，10 万～30 万公顷的有黑龙江、四川、内蒙古 3 个省（区），1 万～10 万公顷的有青海、甘肃、辽宁、吉林 4 个省，1 万公顷以下的有宁夏、河北、天津、湖北、陕西、云南、山西、江苏、贵州、河南、北京、安徽、广东、江西、山东、广西 16 个省（区、市），其余 6 个省（市）无沼泽地分布。

从各省（区、市）沼泽地面积占该省（区、市）湿地总面积比例来看，20% 以上的有宁夏、新疆、辽宁 3 个省（区），10%～20% 的有吉林、天津、西藏、四川 4 个省（区、市），5%～10% 的有黑龙江、北京、贵州、甘肃、河北、湖北 6 个省（市）；1%～5% 的有云南、陕西、内蒙古、青海、山西 5 个省（区），1% 以下的有河南、安徽、江西、江苏、广东、广西、山东 7 个省（区）。2019 年全国各省（区、市）沼泽地情况统计和情况分布见表 9.8、图 9.9。

表 9.8　2019 年全国及各省（区、市）沼泽地情况

行政辖区	湿地总面积（10^4 hm^2）	沼泽地面积（10^4 hm^2）	占全国沼泽地面积比例（%）	占该辖区湿地总面积比例（%）
全国	2346.93	193.68	100.00	8.25
北京	0.31	0.02	0.01	6.45
天津	3.27	0.60	0.31	18.35
河北	14.27	0.75	0.39	5.26
山西	5.44	0.08	0.04	1.47
内蒙古	380.94	11.81	6.10	3.10
辽宁	28.64	5.78	2.98	20.18
吉林	23.03	4.41	2.28	19.15
黑龙江	350.10	28.91	14.93	8.26
上海	7.27	0.00	0.00	0.00
江苏	41.64	0.07	0.04	0.17
浙江	16.52	0.00	0.00	0.00
安徽	4.77	0.02	0.01	0.42
福建	18.86	0.00	0.00	0.00
江西	2.87	0.01	0.01	0.35
山东	24.62	0.01	0.01	0.04
河南	3.91	0.03	0.02	0.77
湖北	6.12	0.31	0.16	5.07

续表

行政辖区	湿地总面积（10^4 hm^2）	沼泽地面积（10^4 hm^2）	占全国沼泽地面积比例（%）	占该辖区湿地总面积比例（%）
湖南	23.61	0.00	0.00	0.00
广东	17.89	0.02	0.01	0.11
广西	12.72	0.01	0.01	0.08
海南	12.12	0.00	0.00	0.00
重庆	1.50	0.00	0.00	0.00
四川	123.08	16.75	8.65	13.61
贵州	0.71	0.04	0.02	5.63
云南	3.98	0.19	0.10	4.77
西藏	430.25	74.10	38.26	17.22
陕西	4.87	0.20	0.10	4.11
甘肃	118.56	6.56	3.39	5.53
青海	510.12	9.42	4.86	1.85
宁夏	2.49	0.81	0.42	32.53
新疆	152.45	32.79	16.93	21.51

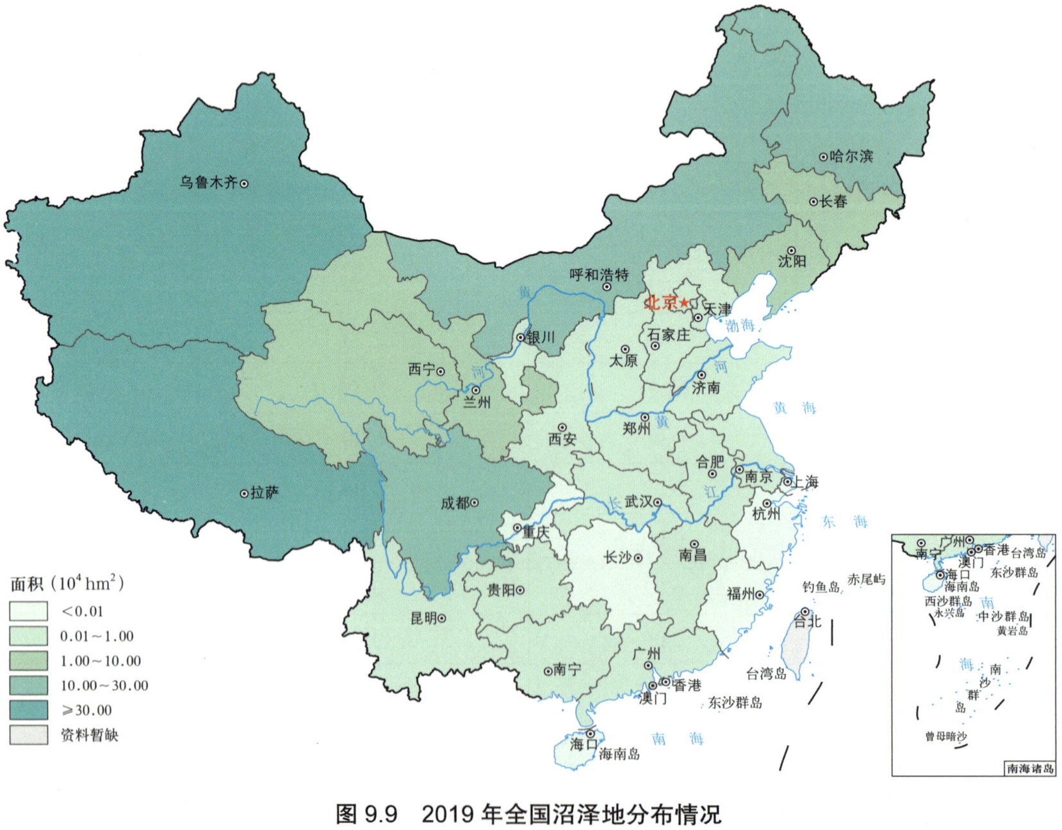

图 9.9　2019 年全国沼泽地分布情况

9.2 湿地面积变化特征①

本节主要将2019年“三调”的土地利用现状数据与2009年“二调”数据进行对比，对湿地变化情况进行分析，概述湿地数量净变化情况。

2009—2019年全国湿地变化总体呈总量减少，沿海滩涂、内陆滩涂、沼泽地均减少，沼泽地减少最多、内陆滩涂和沿海滩涂次之等特征。

从各省（区、市）湿地变化情况来看，2009—2019年全国湿地面积减少254.57万公顷。其中，减少50万公顷以上的有黑龙江、内蒙古、四川3个省（区），10万～50万公顷的有河南、河北、江苏3个省；减少1万～10万公顷的有山西、江西、安徽、湖北、浙江、山东、广东、辽宁、福建、宁夏、陕西、海南、北京、天津、云南、广西、贵州、湖南18个省（区、市）。2009—2019年，湿地面积增加的只有甘肃、吉林、重庆、上海、青海、新疆、西藏7个省（区、市），其中西藏增加最多，达到100.40万公顷。

从二级地类变化来看，2009—2019年全国沿海滩涂面积减少22.78万公顷，浙江、江苏、河北、辽宁、广东、天津、海南、山东、福建、上海10个省（市）均有不同程度减少，只有广西增加了1.05万公顷。

2009—2019年全国内陆滩涂面积减少53.39万公顷，其中减少10万公顷以上的有黑龙江、河南、内蒙古和河北4个省（区），减少5万～10万公顷的有江苏、山西、江西、安徽、湖北和辽宁6个省；减少5万公顷以下的有山东、广东、浙江、宁夏、广西、陕西、北京、福建、云南、四川、贵州、海南、天津、湖南和吉林15个省（区、市）；内陆滩涂面积增加的有重庆、上海、甘肃、新疆、西藏、青海6个省（区、市），其中青海、西藏分别增加33.27万公顷和30.83万公顷。

2009—2019年全国沼泽地面积减少178.40万公顷。其中，减少10万公顷以上的有黑龙江、内蒙古、四川、青海、甘肃5个省（区），减少量在10万公顷以下的有新疆、河北、陕西、河南、江苏、安徽、湖南、山西、湖北、云南、江西、广东、宁夏和广西14个省（区）；山东、北京、天津、吉林、辽宁和西藏有不同程度的增加，其中西藏沼泽地面积增加69.57万公顷，辽宁增加4.91万公顷。

2009—2019年全国各省（区、市）湿地变化统计情况见表9.9。

表9.9 2009—2019年全国及各省（区、市）湿地变化情况

行政辖区	2009年湿地面积（10^4 hm^2）	2019年湿地面积（10^4 hm^2）	湿地面积变化（10^4 hm^2）	湿地变化率（%）	沿海滩涂面积变化（10^4 hm^2）	内陆滩涂面积变化（10^4 hm^2）	沼泽地面积变化（10^4 hm^2）
全国	1188.09	933.52	−254.57	−21.43%	−22.78	−53.39	−178.40
北京	1.78	0.26	−1.52	−85.37%	0.00	−1.53	0.01
天津	4.68	3.27	−1.41	−30.20%	−1.39	−0.22	0.20
河北	27.00	12.42	−14.58	−54%	−3.48	−10.80	−0.31

① 本节所述湿地变化仅包括沿海滩涂、内陆滩涂和沼泽地三个二级地类。

续表

行政辖区	2009 年湿地面积（10^4 hm^2）	2019 年湿地面积（10^4 hm^2）	湿地面积变化（10^4 hm^2）	湿地变化率（%）	沿海滩涂面积变化（10^4 hm^2）	内陆滩涂面积变化（10^4 hm^2）	沼泽地面积变化（10^4 hm^2）
山西	14.52	5.32	−9.20	−63.37%	0.00	−9.05	−0.15
内蒙古	181.86	105.62	−76.24	−41.92%	0.00	−11.62	−64.62
辽宁	32.78	28.26	−4.52	−13.79%	−3.25	−6.17	4.91
吉林	12.92	13.26	0.34	2.64%	0.00	−0.13	0.47
黑龙江	176.32	47.4	−128.92	−73.12%	0.00	−39.22	−89.70
上海	4.42	7.24	2.82	63.88%	−0.60	3.43	0.00
江苏	54.95	41.64	−13.31	−24.23%	−4.00	−9.10	−0.22
浙江	23.01	16.51	−6.50	−28.25%	−4.38	−2.12	0.00
安徽	13.03	4.76	−8.27	−63.46%	0.00	−8.10	−0.17
福建	21.36	18.74	−2.62	−12.25%	−1.22	−1.40	0.00
江西	11.36	2.87	−8.49	−74.74%	0.00	−8.42	−0.07
山东	30.91	24.63	−6.28	−20.33%	−1.34	−4.96	0.01
河南	24.57	3.75	−20.82	−84.74%	0.00	−20.59	−0.22
湖北	13.39	6.12	−7.27	−54.29%	0.00	−7.13	−0.14
湖南	20.92	20.6	−0.32	−1.51%	0.00	−0.16	−0.16
广东	21.96	16.79	−5.17	−23.56%	−2.79	−2.31	−0.07
广西	12.49	11.75	−0.74	−5.93%	1.05	−1.75	−0.03
海南	13.28	11.53	−1.75	−13.20%	−1.37	−0.38	0.00
重庆	0.92	1.49	0.57	62.43%	0.00	0.57	0.00
四川	74.38	23.01	−51.37	−69.07%	0.00	−0.66	−50.72
贵州	1.15	0.7	−0.45	−39.27%	0.00	−0.45	0.00
云南	4.89	3.48	−1.41	−28.82%	0.00	−1.30	−0.11
西藏	141.72	242.12	100.40	70.84%	0.00	30.83	69.57
陕西	6.68	4.81	−1.87	−27.97%	0.00	−1.63	−0.24
甘肃	36.42	36.57	0.15	0.41%	0.00	10.47	−10.32
青海	108.40	113.54	5.14	4.74%	0.00	33.27	−28.13
宁夏	4.31	2.4	−1.91	−44.36%	0.00	−1.88	−0.03
新疆	91.70	102.7	11.00	11.99%	0.00	19.12	−8.12

第 10 章　城镇村及工矿用地

城镇村及工矿用地是人类生活生产的主要空间，是我国各类要素资源和经济社会活动的聚集地。合理开发和集约利用城镇村及工矿用地，对于提高经济社会发展的用地保障能力，推进现代化经济体系建设具有重要意义。本章主要通过分析 2019 年“三调”城镇村及工矿用地的利用现状与分布，总结 2009—2019 年城镇村及工矿用地的变化特征，并分析其变化原因，为优化和加强建设用地管理提供基础支撑。

10.1　城镇村及工矿用地利用现状

本节主要基于 2019 年“三调”的土地利用现状数据，对城镇村及工矿用地利用现状进行分析，概述城镇村及工矿用地总体数量和分布情况，并分析城镇村及工矿用地的组成结构。

10.1.1　城镇村及工矿用地面积、构成与分布

10.1.1.1　城镇村及工矿用地的面积及构成

截至 2019 年 12 月 31 日，全国城镇村及工矿用地面积为 3530.64 万公顷，占建设用地总面积的 86.33%，在土地利用一级分类中所占比例居第五位。其中，城市用地 522.19 万公顷，占全国城镇村及工矿用地的 14.79%；建制镇用地 512.93 万公顷，占 14.53%；村庄用地 2193.56 万公顷，占 62.13%；采矿用地 244.24 万公顷，占 6.92%；风景名胜及特殊用地 57.71 万公顷，占 1.63%。2019 年全国城镇村及工矿用地结构见图 10.1。

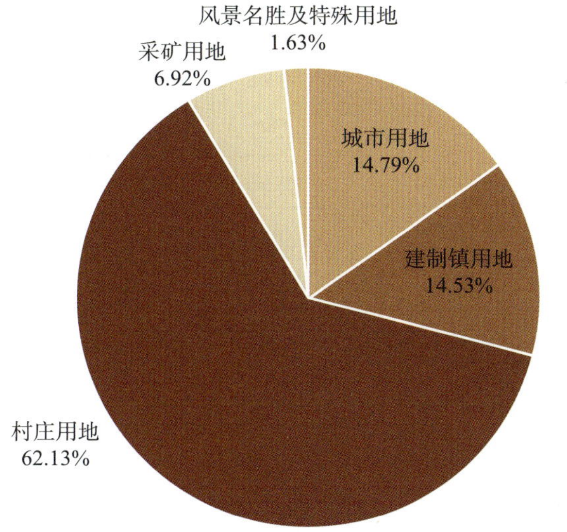

图 10.1　2019 年全国城镇村及工矿用地结构

10.1.1.2 城镇村及工矿用地分布情况

从各省（区、市）来看，城镇村及工矿用地面积在200万公顷以上的有4个，分别为山东、河南、河北、江苏；面积在150万～200万公顷的有4个，分别为四川、广东、安徽、湖南；面积在100万～150万公顷的有9个，分别为内蒙古、湖北、新疆、辽宁、黑龙江、浙江、江西、云南、山西；面积在50万～100万公顷的有7个，分别为广西、陕西、甘肃、吉林、贵州、福建、重庆；面积在50万公顷以下的有7个，分别为青海、天津、北京、宁夏、上海、海南、西藏。2019年全国各省（区、市）城镇村及工矿用地面积见表10.1、图10.2。

表10.1 2019年全国及各省（区、市）城镇及工矿用地面积情况

行政辖区	城镇村及工矿用地总面积（10^4 hm^2）	占全国城镇村及工矿用地面积比例（%）	城市用地（10^4 hm^2）	建制镇用地（10^4 hm^2）	村庄用地（10^4 hm^2）	采矿用地（10^4 hm^2）	风景名胜及特殊用地（10^4 hm^2）
全国	3530.64	1.00	522.19	512.93	2193.56	244.24	57.71
北京	31.36	0.01	13.49	3.84	12.45	0.21	1.38
天津	33.22	0.01	12.25	7.99	8.95	3.40	0.63
河北	210.29	0.06	18.15	29.66	139.79	19.19	3.50
山西	101.76	0.03	10.82	10.69	65.32	13.26	1.67
内蒙古	149.33	0.04	12.17	20.42	83.99	30.07	2.67
辽宁	131.62	0.04	24.49	12.32	78.87	13.50	2.43
吉林	85.09	0.02	12.56	7.36	61.02	2.82	1.33
黑龙江	116.44	0.03	16.17	12.46	79.83	6.60	1.38
上海	28.95	0.01	11.94	10.05	6.74	0.00	0.22
江苏	209.73	0.06	46.36	44.78	110.38	5.53	2.67
浙江	114.68	0.03	25.66	26.60	57.83	2.61	1.98
安徽	175.57	0.05	18.82	24.61	125.72	4.33	2.09
福建	70.49	0.02	10.95	13.88	40.40	3.20	2.06
江西	110.36	0.03	12.87	18.38	71.14	6.28	1.69
山东	280.65	0.08	50.52	39.20	159.40	27.33	4.19
河南	244.95	0.07	26.31	32.86	176.54	6.79	2.45
湖北	141.15	0.04	22.72	17.68	94.28	4.47	2.01
湖南	163.03	0.05	19.48	18.59	118.56	4.82	1.58
广东	176.38	0.05	45.11	44.72	80.79	4.08	1.67
广西	97.99	0.03	13.01	13.92	64.81	4.96	1.30
海南	24.31	0.01	3.56	6.04	12.82	0.86	1.04
重庆	63.77	0.02	12.82	5.83	43.30	1.43	0.39

续表

行政辖区	城镇村及工矿用地总面积（10^4 hm^2）	占全国城镇村及工矿用地面积比例（%）	城市用地（10^4 hm^2）	建制镇用地（10^4 hm^2）	村庄用地（10^4 hm^2）	采矿用地（10^4 hm^2）	风景名胜及特殊用地（10^4 hm^2）
四川	184.12	0.05	20.99	20.79	136.55	4.51	1.29
贵州	77.25	0.02	6.96	10.77	53.51	4.98	1.04
云南	107.37	0.03	9.93	11.99	74.80	8.60	2.05
西藏	16.23	0.00	1.62	1.51	9.50	2.96	0.64
陕西	91.78	0.03	13.67	11.85	58.63	5.76	1.87
甘肃	85.26	0.02	7.43	9.10	60.73	6.14	1.85
青海	36.78	0.01	2.15	3.81	11.51	18.51	0.80
宁夏	29.71	0.01	4.52	4.54	17.39	2.17	1.09
新疆	141.00	0.04	14.70	16.68	78.01	24.87	6.75

按城镇村及工矿用地占各省（区、市）行政区面积的比例计算，上海最高，比例在 10% 以上的有上海、天津、江苏、北京、山东、河南、安徽、河北、浙江；比例在 5%～10% 的有广东、辽宁、重庆、湖南、湖北、海南、江西、山西、宁夏、福建；比例在 2%～5% 的有陕西、吉林、贵州、广西、四川、云南、黑龙江、甘肃；比例在 2% 以下的有内蒙古、新疆、青海、西藏。

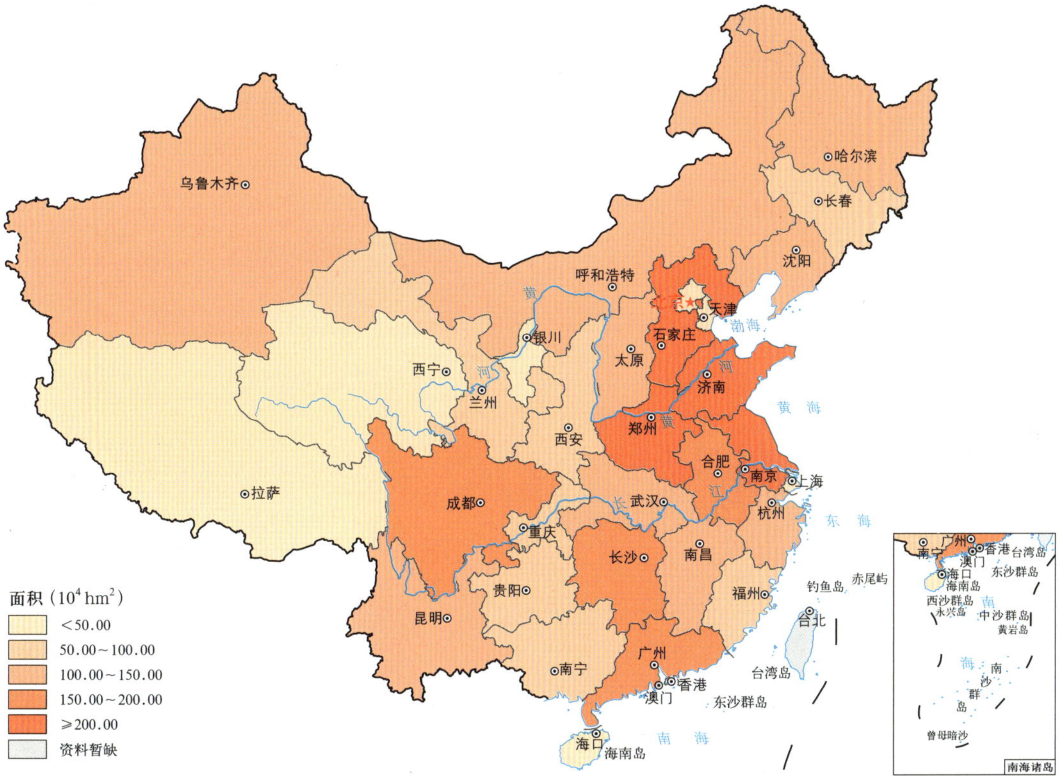

图 10.2　2019 年全国城镇村及工矿用地分布情况

2019 年全国人均城镇村及工矿用地面积为 252.51 平方米，其中人均城市用地 37.79 平方米、人均建制镇用地 37.75 平方米、人均村庄用地 154.62 平方米、人均采矿用地 17.97 平方米、人均风景名胜及特殊用地 4.38 平方米。人均村庄用地面积远大于人均城市用地面积、人均建制镇用地面积（图 10.3）。

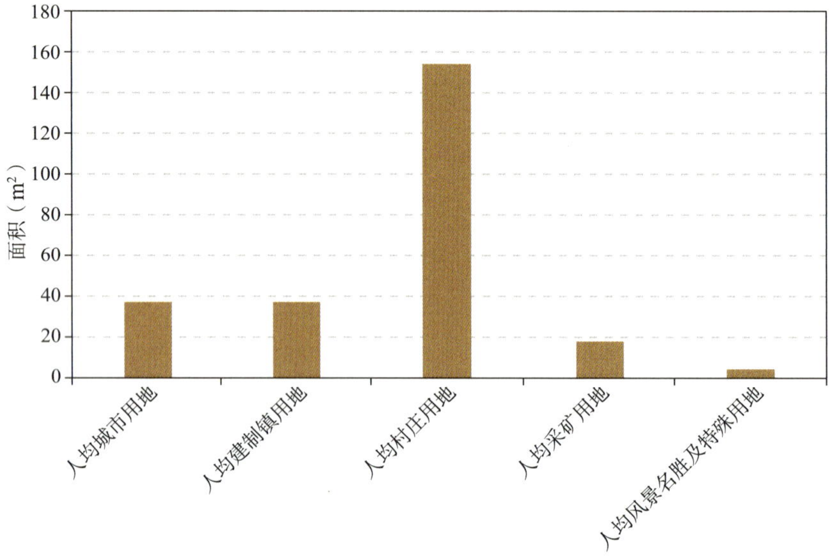

图 10.3　2019 年全国人均城镇村及工矿用地情况

各省份人均城镇村及工矿用地面积差异较大，东北和西部省份相对较高，东部省份相对较低。人均城镇村及工矿用地面积超过 400 平方米的省份有 5 个，分别为内蒙古、青海、新疆、西藏、宁夏；人均城镇村及工矿用地面积在 300～400 平方米的省份有 4 个，分别为黑龙江、吉林、甘肃、辽宁；人均城镇村及工矿用地面积在 200～300 平方米的有 16 个，分别为山西、安徽、河北、山东、江苏、河南、湖南、湖北、江西、海南、天津、陕西、云南、四川、贵州、重庆；人均城镇村及工矿用地面积小于 200 平方米的有 6 个，分别为广西、浙江、福建、广东、北京、上海。2019 年全国各省（区、市）人均城镇村及工矿用地面积见图 10.4。

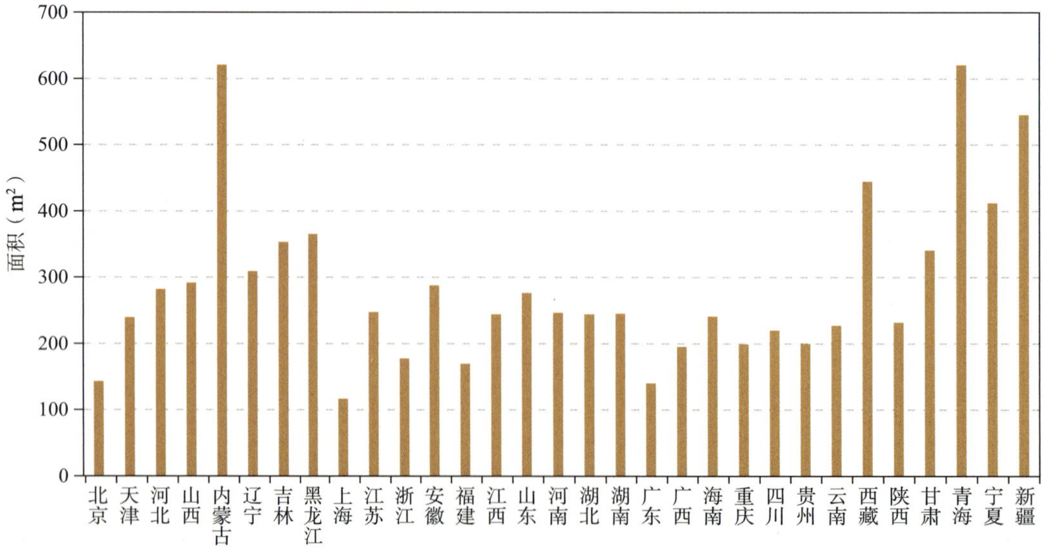

图 10.4　2019 年各省（区、市）人均城镇村及工矿用地情况

10.1.2 城镇村及工矿用地二级地类面积与分布

10.1.2.1 城市用地

城市用地即城市居民点以及与城市连片的区政府、县级市政府所在地（镇级）辖区内的商业服务业、住宅、工业、机关、学校等用地，包括其所属的、不与其连片的开发区、新区等建成区，以及城市居民点范围内的其他各类用地（含城中村）。截至 2019 年 12 月 31 日，全国城市用地面积为 522.19 万公顷，占城镇村及工矿用地面积的 14.79%，在城镇村及工矿用地二级分类中所占比例居第二位。

城市用地在各省（区、市）的分布不均衡，山东、江苏、广东位居前三；城市用地面积在 20 万～30 万公顷的有 5 个，分别为河南、浙江、辽宁、湖北、四川；城市用地面积在 10 万～20 万公顷的有 16 个；小于 10 万公顷的省份有 7 个；城市用地面积处于后三位的分别为海南、青海、西藏（表 10.2，图 10.5）。此外，城市用地面积占各省（区、市）城镇村及工矿用地面积的比例最大的是北京（43.02%），位于中位数的是黑龙江（13.89%），最低的是青海（5.85%）。2019 年全国各省（区、市）城市用地面积统计见表 10.2、图 10.5。

表 10.2 2019 年全国及各省（区、市）城市用地面积情况

行政辖区	城镇村及工矿用地总面积（10^4 hm^2）	城市用地面积（10^4 hm^2）	占全国城市用地面积比例（%）	占该辖区城镇村及工矿用地总面积比例（%）
全国	3530.64	522.19	100.00	14.79
北京	31.36	13.49	2.58	43.02
天津	33.22	12.25	2.35	36.88
河北	210.29	18.15	3.48	8.63
山西	101.76	10.82	2.07	10.63
内蒙古	149.33	12.17	2.33	8.15
辽宁	131.62	24.49	4.69	18.61
吉林	85.09	12.56	2.41	14.76
黑龙江	116.44	16.17	3.10	13.89
上海	28.95	11.94	2.29	41.24
江苏	209.73	46.36	8.88	22.10
浙江	114.68	25.66	4.91	22.38
安徽	175.57	18.82	3.60	10.72
福建	70.49	10.95	2.10	15.53
江西	110.36	12.87	2.46	11.66
山东	280.65	50.52	9.67	18.00
河南	244.95	26.31	5.04	10.74
湖北	141.15	22.72	4.35	16.10
湖南	163.03	19.48	3.73	11.95

续表

行政辖区	城镇村及工矿用地总面积（10^4 hm^2）	城市用地面积（10^4 hm^2）	占全国城市用地面积比例（%）	占该辖区城镇村及工矿用地总面积比例（%）
广东	176.38	45.11	8.64	25.58
广西	97.99	13.01	2.49	13.28
海南	24.31	3.56	0.68	14.64
重庆	63.77	12.82	2.46	20.10
四川	184.12	20.99	4.02	11.40
贵州	77.25	6.96	1.33	9.01
云南	107.37	9.93	1.90	9.25
西藏	16.23	1.62	0.31	9.98
陕西	91.78	13.67	2.62	14.89
甘肃	85.26	7.43	1.42	8.71
青海	36.78	2.15	0.41	5.85
宁夏	29.71	4.52	0.87	15.21
新疆	141.00	14.70	2.82	10.43

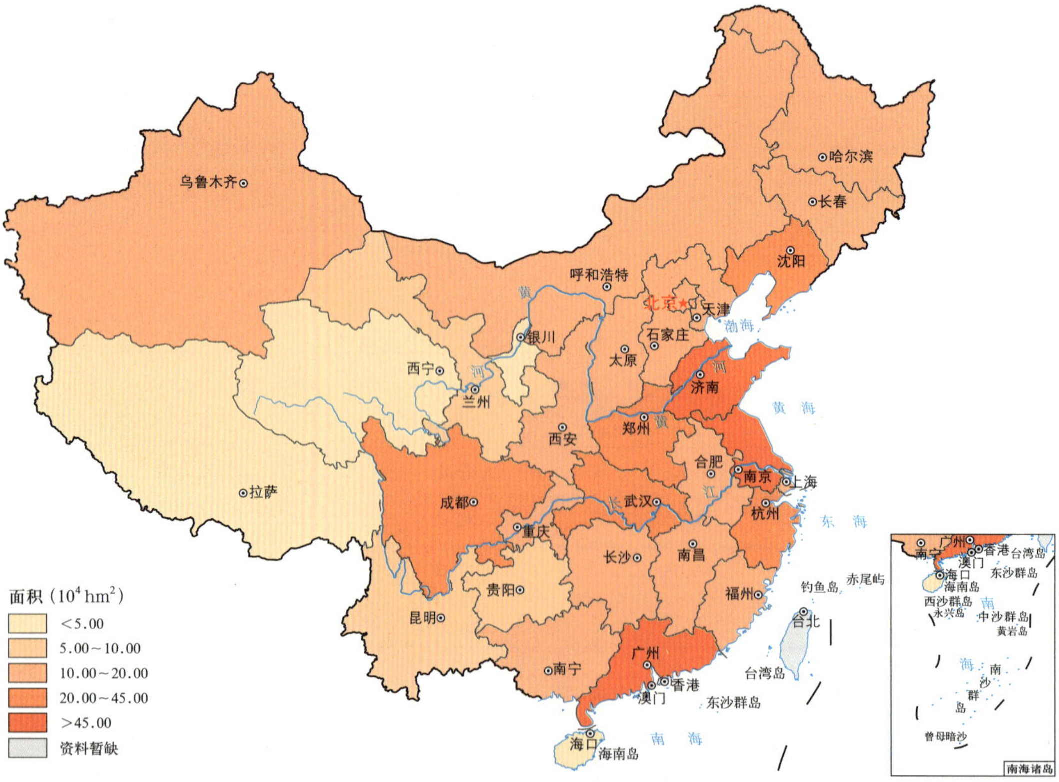

图 10.5　2019 年全国城市用地分布情况

10.1.2.2　建制镇用地

建制镇用地即建制镇居民点，指建制镇辖区内的商业服务业、住宅、工业、学校等用地，包括其所属的、不与其连片的开发区、新区等建成区，以及建制镇居民点范围内的其他各类用地（含城中村），不包括乡政府所在地。截至 2019 年 12 月 31 日，全国建制镇用地面积为 512.93 万公顷，占全国城镇村及工矿用地面积的 14.53%，在城镇村及工矿用地二级分类中所占比例居第三位。

各省（区、市）中，建制镇用地面积大于 30 万公顷的有 4 个，分别为江苏、广东、山东、河南；建制镇用地面积在 20 万～30 万公顷的有 5 个，分别为河北、浙江、安徽、四川、内蒙古；建制镇用地面积在 10 万～20 万公顷的有 13 个；小于 10 万公顷的有 9 个；处于后三位的分别是北京、青海、西藏（表 10.3，图 10.6）。此外，建制镇用地面积占各省（区、市）城镇村及工矿用地面积的比例最大的是上海（34.72%），位于中位数的是河南（13.41%），最小的是吉林（8.65%）。2019 年全国各省（区、市）建制镇用地面积见表 10.3、图 10.6。

表 10.3　2019 年全国及各省（区、市）建制镇用地面积情况

行政辖区	城镇村及工矿用地总面积（10^4 hm^2）	建制镇用地面积（10^4 hm^2）	占全国建制镇用地面积比例（%）	占该辖区城镇村及工矿用地总面积比例（%）
全国	3530.64	512.93	100.00	14.53
北京	31.36	3.84	0.75	12.24
天津	33.22	7.99	1.56	24.05
河北	210.29	29.66	5.78	14.10
山西	101.76	10.69	2.08	10.51
内蒙古	149.33	20.42	3.98	13.67
辽宁	131.62	12.32	2.40	9.36
吉林	85.09	7.36	1.43	8.65
黑龙江	116.44	12.46	2.43	10.70
上海	28.95	10.05	1.96	34.72
江苏	209.73	44.78	8.73	21.35
浙江	114.68	26.6	5.19	23.19
安徽	175.57	24.61	4.80	14.02
福建	70.49	13.88	2.71	19.69
江西	110.36	18.38	3.58	16.65
山东	280.65	39.20	7.64	13.97
河南	244.95	32.86	6.41	13.41
湖北	141.15	17.68	3.45	12.53
湖南	163.03	18.59	3.62	11.40

续表

行政辖区	城镇村及工矿用地总面积（10^4 hm^2）	建制镇用地面积（10^4 hm^2）	占全国建制镇用地面积比例（%）	占该辖区城镇村及工矿用地总面积比例（%）
广东	176.38	44.72	8.72	25.35
广西	97.99	13.92	2.71	14.21
海南	24.31	6.04	1.18	24.85
重庆	63.77	5.83	1.14	9.14
四川	184.12	20.79	4.05	11.29
贵州	77.25	10.77	2.10	13.94
云南	107.37	11.99	2.34	11.17
西藏	16.23	1.51	0.29	9.30
陕西	91.78	11.85	2.31	12.91
甘肃	85.26	9.10	1.77	10.67
青海	36.78	3.81	0.74	10.36
宁夏	29.71	4.54	0.89	15.28
新疆	141.00	16.68	3.25	11.83

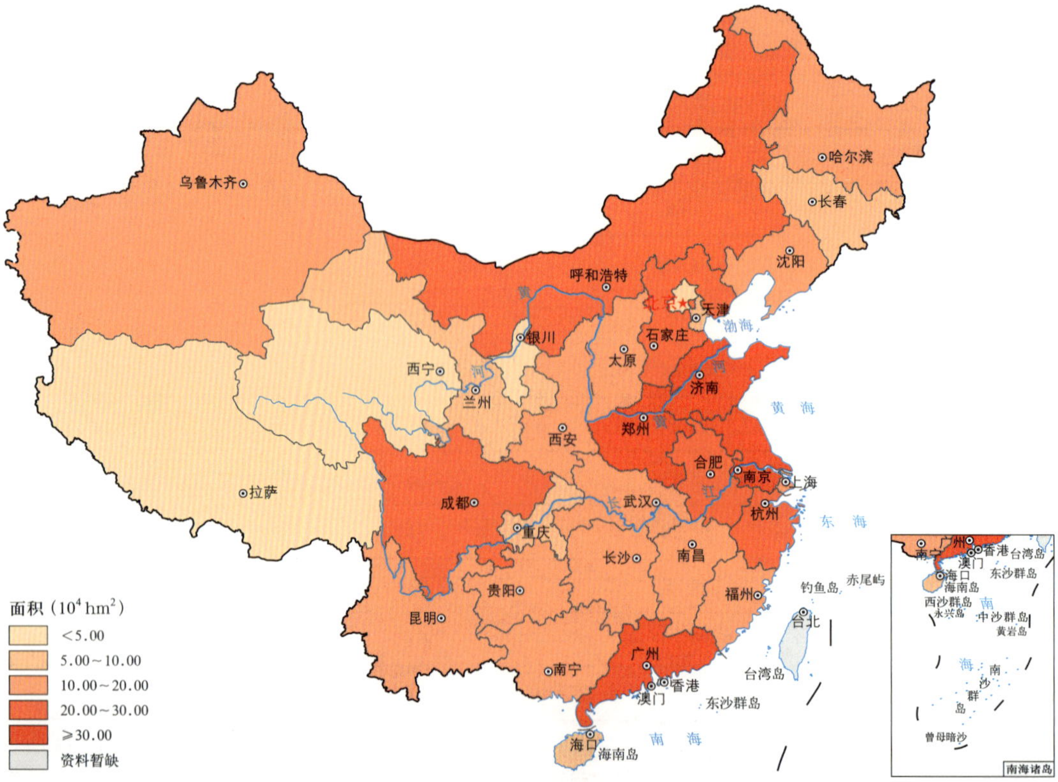

图 10.6　2019 年全国建制镇用地分布情况

10.1.2.3　村庄

村庄用地即农村居民点，指乡村所属的商业服务业、住宅、工业、学校等用地，包括农村居民点范围内的其他各类用地。截至 2019 年 12 月 31 日，全国村庄用地面积为 2193.56 万公顷，占全国城镇村及工矿用地面积的 62.13%，在城镇村及工矿用地二级分类中所占比例最高。

各省（区、市）中，村庄用地面积大于 150 万公顷的有 2 个，分别为河南、山东；村庄用地面积处于 100 万～150 万公顷的有 5 个，分别为河北、四川、安徽、湖南、江苏；村庄用地面积在 50 万～100 万公顷的有 15 个；小于 50 万公顷的有 9 个；处于后三位的分别为西藏、天津、上海（表 10.4，图 10.7）。此外，村庄用地面积占各省（区、市）城镇村及工矿用地面积的比例最大的是四川（74.16%），位于中位数的是陕西（63.88%），最小的是上海（23.28%）。2019 年全国各省（区、市）村庄用地面积见表 10.4、图 10.7。

表 10.4　2019 年全国及各省（区、市）村庄用地面积情况

行政辖区	城镇村及工矿用地总面积（10^4 hm^2）	村庄用地面积（10^4 hm^2）	占全国村庄用地面积比例（%）	占该辖区城镇村及工矿用地总面积比例（%）
全国	3530.64	2193.56	100.00	62.13
北京	31.36	12.45	0.57	39.70
天津	33.22	8.95	0.41	26.94
河北	210.29	139.79	6.37	66.47
山西	101.76	65.32	2.98	64.19
内蒙古	149.33	83.99	3.83	56.24
辽宁	131.62	78.87	3.60	59.92
吉林	85.09	61.02	2.78	71.71
黑龙江	116.44	79.83	3.64	68.56
上海	28.95	6.74	0.31	23.28
江苏	209.73	110.38	5.03	52.63
浙江	114.68	57.83	2.64	50.43
安徽	175.57	125.72	5.73	71.61
福建	70.49	40.40	1.84	57.31
江西	110.36	71.14	3.24	64.46
山东	280.65	159.40	7.27	56.80
河南	244.95	176.54	8.05	72.07
湖北	141.15	94.28	4.30	66.79
湖南	163.03	118.56	5.40	72.72
广东	176.38	80.79	3.68	45.80
广西	97.99	64.81	2.95	66.14

续表

行政辖区	城镇村及工矿用地总面积（10^4 hm^2）	村庄用地面积（10^4 hm^2）	占全国村庄用地面积比例（%）	占该辖区城镇村及工矿用地总面积比例（%）
海南	24.31	12.82	0.58	52.74
重庆	63.77	43.30	1.97	67.90
四川	184.12	136.55	6.23	74.16
贵州	77.25	53.51	2.44	69.27
云南	107.37	74.80	3.41	69.67
西藏	16.23	9.50	0.43	58.53
陕西	91.78	58.63	2.67	63.88
甘肃	85.26	60.73	2.77	71.23
青海	36.78	11.51	0.52	31.29
宁夏	29.71	17.39	0.79	58.53
新疆	141.00	78.01	3.56	55.33

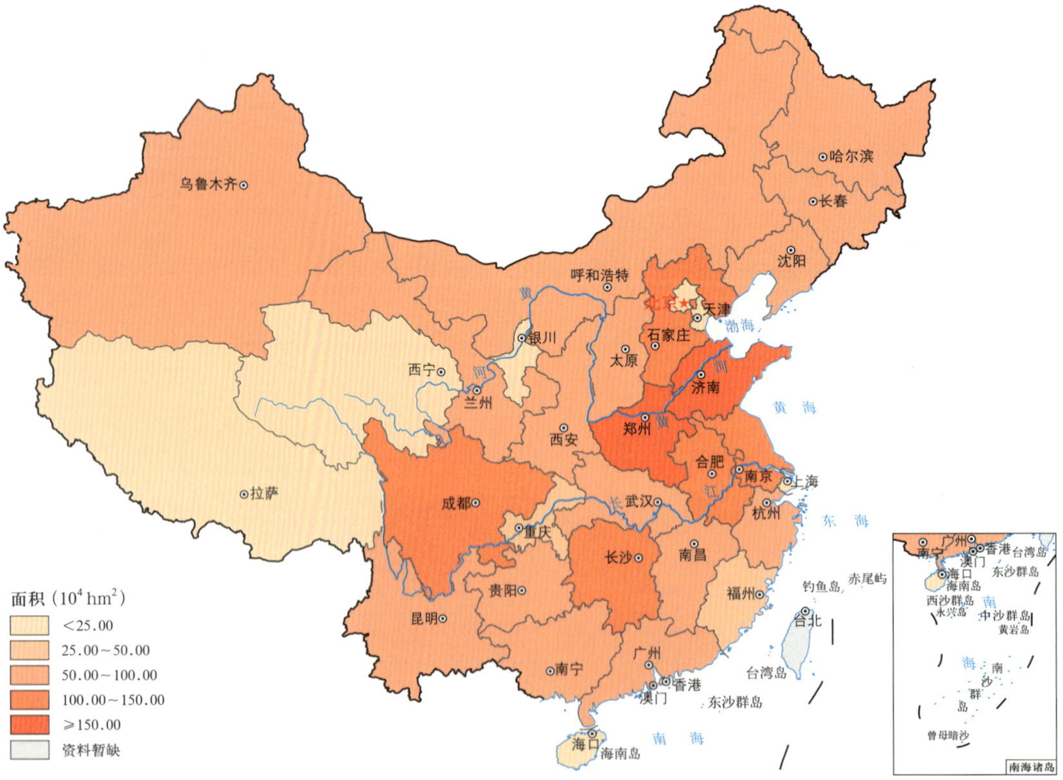

图 10.7　2019 年全国村庄用地分布情况

10.1.2.4　采矿用地

采矿用地是指采矿、采石、采砂（沙）场用地，以及盐田、砖瓦窑等地面生产用地及尾矿堆放地。

截至 2019 年 12 月 31 日，全国采矿用地面积为 244.24 万公顷，占全国城镇村及工矿用地面积的 6.92%，在城镇村及工矿用地二级分类中所占比例居第四位。

各省（区、市）中，采矿用地面积大于 20 万公顷的有 3 个，分别为内蒙古、山东、新疆；采矿用地面积在 10 万～20 万公顷的有 4 个，分别为河北、青海、辽宁、山西；采矿用地面积在 5 万～10 万公顷的有 7 个；小于 5 万公顷的有 17 个；处于后三位的分别是海南、北京、上海（表 10.5，图 10.8）。此外，采矿用地面积占各省（区、市）城镇村及工矿用地面积的比例最大的是青海（50.33%），位于中位数的是黑龙江（5.67%），最小的是上海（0.002%）。2019 年全国各省（区、市）采矿用地面积见表 10.5、图 10.8。

表 10.5　2019 年全国及各省（区、市）采矿用地面积情况

行政辖区	城镇村及工矿用地总面积（10^4 hm^2）	采矿用地面积（10^4 hm^2）	占全国采矿用地面积比例（%）	占该辖区城镇村及工矿用地总面积比例（%）
全国	3530.64	244.24	100.00	6.92
北京	31.36	0.21	0.09	0.67
天津	33.22	3.40	1.39	10.23
河北	210.29	19.19	7.86	9.13
山西	101.76	13.26	5.43	13.03
内蒙古	149.33	30.07	12.31	20.14
辽宁	131.62	13.50	5.53	10.26
吉林	85.09	2.82	1.15	3.31
黑龙江	116.44	6.60	2.70	5.67
上海	28.95	0.00	0.00	0.00
江苏	209.73	5.53	2.26	2.64
浙江	114.68	2.61	1.07	2.28
安徽	175.57	4.33	1.77	2.47
福建	70.49	3.20	1.31	4.54
江西	110.36	6.28	2.57	5.69
山东	280.65	27.33	11.19	9.74
河南	244.95	6.79	2.78	2.77
湖北	141.15	4.47	1.83	3.17
湖南	163.03	4.82	1.97	2.96
广东	176.38	4.08	1.67	2.31
广西	97.99	4.96	2.03	5.06
海南	24.31	0.86	0.35	3.54
重庆	63.77	1.43	0.59	2.24

续表

行政辖区	城镇村及工矿用地总面积（10^4 hm^2）	采矿用地面积（10^4 hm^2）	占全国采矿用地面积比例（%）	占该辖区城镇村及工矿用地总面积比例（%）
四川	184.12	4.51	1.85	2.45
贵州	77.25	4.98	2.04	6.45
云南	107.37	8.60	3.52	8.01
西藏	16.23	2.96	1.21	18.24
陕西	91.78	5.76	2.36	6.28
甘肃	85.26	6.14	2.51	7.20
青海	36.78	18.51	7.58	50.33
宁夏	29.71	2.17	0.89	7.30
新疆	141.00	24.87	10.18	17.64

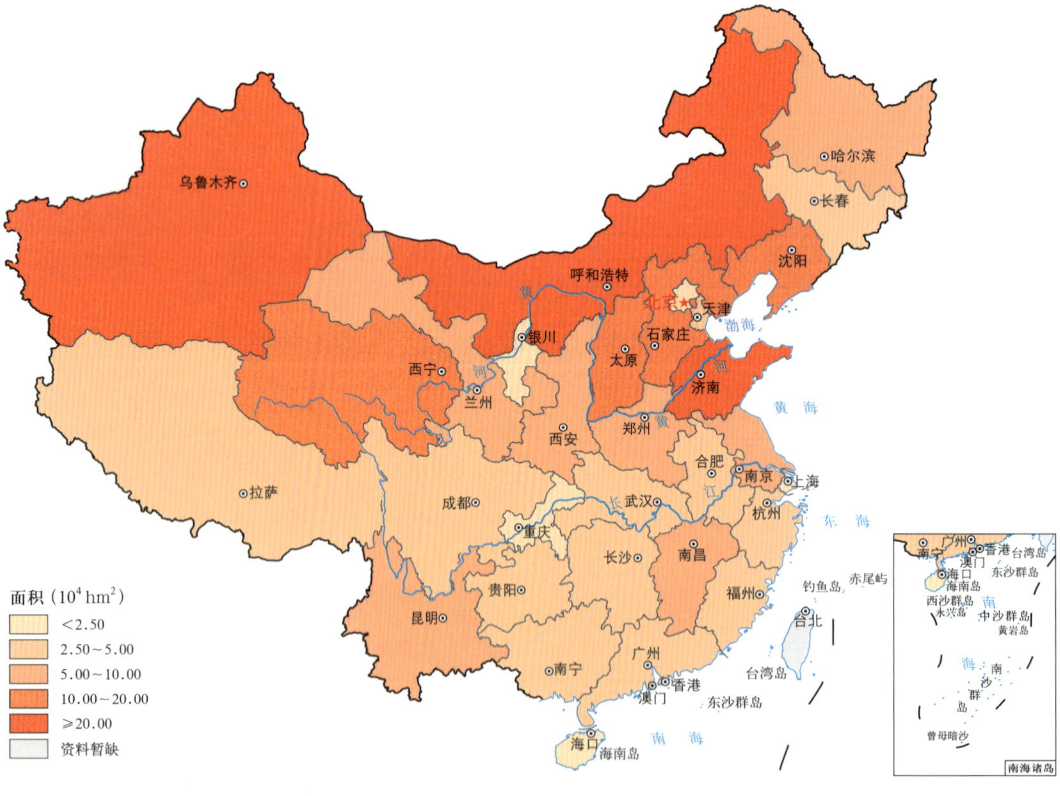

图 10.8　2019 年全国采矿用地分布情况

10.1.2.5　风景名胜及特殊用地

风景名胜及特殊用地是指城镇村及工矿用地中用于军事设施、涉外、宗教、监教、殡葬等的土地，以及风景名胜（包括名胜古迹、旅游景点、革命遗址等）景点及管理机构的建筑用地。截至 2019 年 12 月 31 日，全国风景名胜及特殊用地面积为 57.71 万公顷，占全国城镇村及工矿用地面积的 1.63%，在城镇村及工矿用地二级分类中所占比例最低。

各省（区、市）中，风景名胜及特殊用地面积大于 3 万公顷的有 3 个，分别为新疆、山东、河北；风景名胜及特殊用地面积在 2 万～3 万公顷的有 8 个，分别为内蒙古、江苏、河南、辽宁、安徽、福建、云南、湖北；风景名胜及特殊用地面积在 1 万～2 万公顷的有 15 个；小于 1 万公顷的有 5 个；处于后三位的分别是天津、重庆、上海（表 10.6，图 10.9）。此外，风景名胜及特殊用地面积占各省（区、市）城镇村及工矿用地面积的比例最大的是新疆（4.97%），位于中位数的是山西（1.64%），最小的是重庆（0.61%）。2019 年全国各省（区、市）风景名胜及特殊用地面积见表 10.6、图 10.9。

表 10.6　2019 年全国及各省（区、市）风景名胜及特殊用地面积情况

行政辖区	城镇村及工矿用地总面积（10^4 hm^2）	风景名胜及特殊用地面积（10^4 hm^2）	占全国风景名胜及特殊用地面积比例（%）	占该辖区城镇村及工矿用地总面积比例（%）
全国	3530.64	57.71	100.00	1.63
北京	31.36	1.38	2.39	4.40
天津	33.22	0.63	1.09	1.90
河北	210.29	3.50	6.06	1.66
山西	101.76	1.67	2.89	1.64
内蒙古	149.33	2.67	4.63	1.79
辽宁	131.62	2.43	4.21	1.85
吉林	85.09	1.33	2.30	1.56
黑龙江	116.44	1.38	2.39	1.19
上海	28.95	0.22	0.38	0.76
江苏	209.73	2.67	4.63	1.27
浙江	114.68	1.98	3.43	1.73
安徽	175.57	2.09	3.62	1.19
福建	70.49	2.06	3.57	2.92
江西	110.36	1.69	2.93	1.53
山东	280.65	4.19	7.26	1.49
河南	244.95	2.45	4.25	1.00
湖北	141.15	2.01	3.48	1.42
湖南	163.03	1.58	2.74	0.97
广东	176.38	1.67	2.89	0.95
广西	97.99	1.30	2.25	1.33
海南	24.31	1.04	1.80	4.28
重庆	63.77	0.39	0.68	0.61
四川	184.12	1.29	2.24	0.70
贵州	77.25	1.04	1.80	1.35

续表

行政辖区	城镇村及工矿用地总面积（10^4 hm^2）	风景名胜及特殊用地面积（10^4 hm^2）	占全国风景名胜及特殊用地面积比例（%）	占该辖区城镇村及工矿用地总面积比例（%）
云南	107.37	2.05	3.55	1.91
西藏	16.23	0.64	1.11	3.94
陕西	91.78	1.87	3.24	2.04
甘肃	85.26	1.85	3.21	2.17
青海	36.78	0.80	1.39	2.18
宁夏	29.71	1.09	1.89	3.67
新疆	141.00	6.75	11.70	4.79

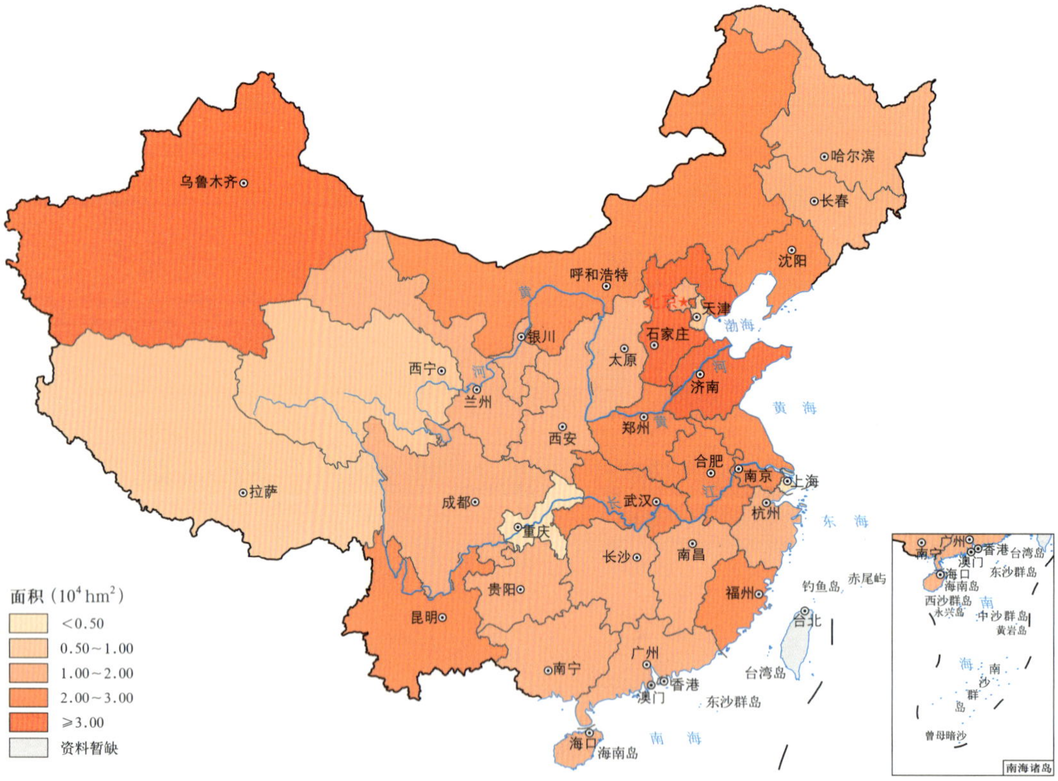

图 10.9　2019 年全国风景名胜及特殊用地分布情况

10.2　城镇村及工矿用地变化特征

本节主要将 2019 年“三调”的土地利用现状数据与 2009 年“二调”数据进行对比，从城镇村及工矿用地的面积和结构分析城镇村及工矿用地数量变化特征。此外，需要说明的是，其他地类转变为城镇村及工矿用地，称为城镇村及工矿用地流入，而城镇村及工矿用地转变为其他地类情况，则称为城镇村及工矿用地流出。

2009—2019 年，城镇村及工矿用地净增加 656.73 万公顷，人均城镇村及工矿用地面积增加了 38 平方米。新增城镇村及工矿用地的主要来源为耕地、林地和草地；城镇村及工矿用地主要流向林地、耕地、草地和交通运输用地。

10.2.1　城镇村及工矿用地面积变化

10.2.1.1　城镇村及工矿用地面积变化

2009—2019 年，全国城镇村及工矿用地面积从 2873.91 万公顷增加到 3530.64 万公顷，净增加 656.73 万公顷，增长幅度为 22.85%。

从各省（区、市）变化情况看，全国除黑龙江（净减少 0.20 万公顷）外，其余省份城镇村及工矿用地面积均有增加。城镇村及工矿用地净增面积大于 35 万公顷的为山东、新疆、四川、河南、湖南、河北；净增面积在 25 万～35 万公顷的为江苏、贵州、云南、广东、内蒙古、浙江；净增面积在 15 万～25 万公顷的为江西、湖北、安徽、陕西、山西、青海、广西、甘肃、福建；净增面积小于 15 万公顷的为重庆、辽宁、西藏、宁夏、吉林、上海、北京、天津、海南。2009—2019 年全国各省（区、市）城镇村及工矿用地变化见表 10.7、图 10.10。

从各省（区、市）变化幅度看，黑龙江城镇村及工矿用地净减少 0.17%，其余各省（区、市）中，城镇村及工矿用地面积增长幅度大于 40% 的为青海、西藏、贵州、新疆、云南，增长幅度处于 20%～40% 的为湖南、宁夏、四川、江西、浙江、陕西、福建、山东、重庆、甘肃、内蒙古、山西、湖北，增长幅度小于 20.00% 的为河北、广东、河南、江苏、广西、上海、安徽、北京、天津、辽宁、吉林、海南。

表 10.7　2009—2019 年全国及各省（区、市）城镇村及工矿用地面积变化情况

行政辖区	2009 年城镇村及工矿用地面积（10^4 hm^2）	2019 年城镇村及工矿用地面积（10^4 hm^2）	城镇村及工矿用地面积变化（10^4 hm^2）	城镇村及工矿用地面积变化率（%）
全国	2873.91	3530.64	656.73	22.85
北京	28.48	31.36	2.88	10.11
天津	30.57	33.22	2.65	8.67
河北	175.25	210.29	35.04	19.99
山西	83.54	101.76	18.22	21.81
内蒙古	122.31	149.33	27.02	22.09
辽宁	123.01	131.62	8.61	7.00
吉林	81.27	85.09	3.82	4.70
黑龙江	116.64	116.44	–0.20	–0.17
上海	25.57	28.95	3.38	13.22
江苏	175.74	209.73	33.99	19.34
浙江	88.91	114.68	25.77	28.98
安徽	155.15	175.57	20.42	13.16

续表

行政辖区	2009 年城镇村及工矿用地面积（10^4 hm^2）	2019 年城镇村及工矿用地面积（10^4 hm^2）	城镇村及工矿用地面积变化（10^4 hm^2）	城镇村及工矿用地面积变化率（%）
福建	55.41	70.49	15.08	27.22
江西	85.37	110.36	24.99	29.27
山东	221.44	280.65	59.21	26.74
河南	205.24	244.95	39.71	19.35
湖北	116.36	141.15	24.79	21.30
湖南	123.46	163.03	39.57	32.05
广东	147.68	176.38	28.70	19.43
广西	82.50	97.99	15.49	18.78
海南	23.41	24.31	0.90	3.84
重庆	50.74	63.77	13.03	25.68
四川	142.36	184.12	41.76	29.33
贵州	45.39	77.25	31.86	70.19
云南	76.05	107.37	31.32	41.18
西藏	9.26	16.23	6.97	75.27
陕西	71.76	91.78	20.02	27.90
甘肃	69.79	85.26	15.47	22.17
青海	20.26	36.78	16.52	81.54
宁夏	22.79	29.71	6.92	30.36
新疆	98.17	141.00	42.83	43.63

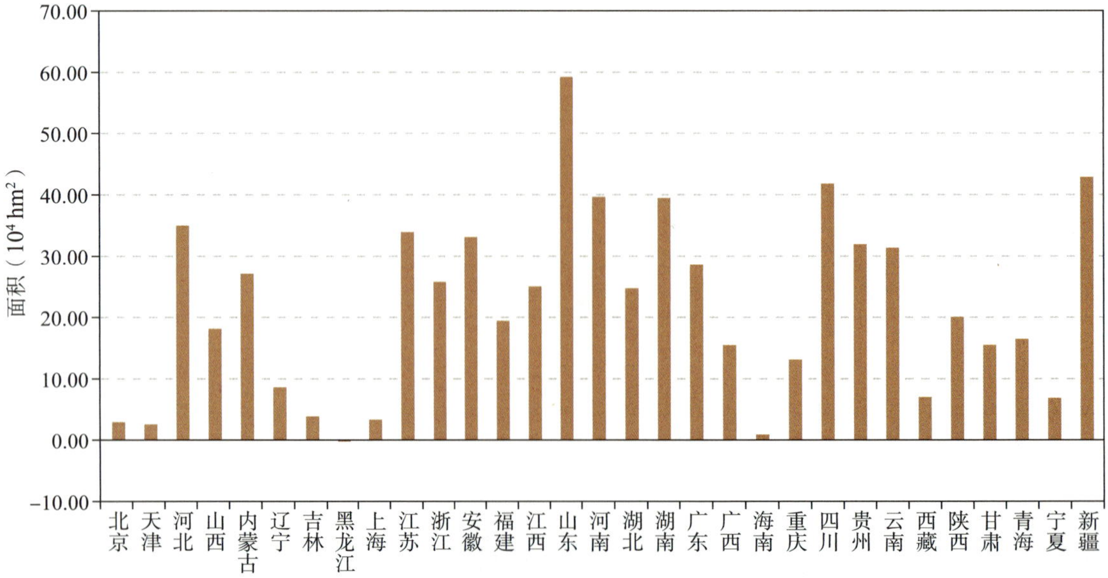

图 10.10　2009—2019 年各省（区、市）城镇村及工矿用地面积变化情况

全国人均城镇村及工矿用地面积从 2010 年的 214.51 平方米增加到 2020 年的 252.51 平方米，增加 38 平方米。人均城镇村及工矿用地面积增量大于 100 平方米的，包括青海（264.59 平方米）、西藏（150.26 平方米）、内蒙古（135.15 平方米）、新疆（107.29 平方米）；增量在 50～100 平方米的，包括贵州（72.42 平方米）、甘肃（71.61 平方米）、云南（64.96 平方米）、黑龙江（61.95 平方米）、山西（59.79 平方米）、湖南（59.10 平方米）、吉林（59.00 平方米）、江西（54.69 平方米）、宁夏（53.54 平方米）；增量小于 50 平方米的，包括山东（47.65 平方米）、四川（45.81 平方米）、湖北（43.14 平方米）、陕西（42.05 平方米）、河北（40.22 平方米）、辽宁（33.05 平方米）、河南（29.87 平方米）、安徽（29.27 平方米）、江苏（26.01 平方米）、重庆（24.42 平方米）、福建（21.01 平方米）、广西（20.30 平方米）、浙江（15.69 平方米）、上海（5.31 平方米）、天津（3.56 平方米）；人均城镇村及工矿用地面积减少的，包括广东（0.05 平方米）、北京（4.30 平方米）、海南（25.46 平方米）。2010—2020 年全国各省（区、市）人均城镇村及工矿用地变化见图 10.11。

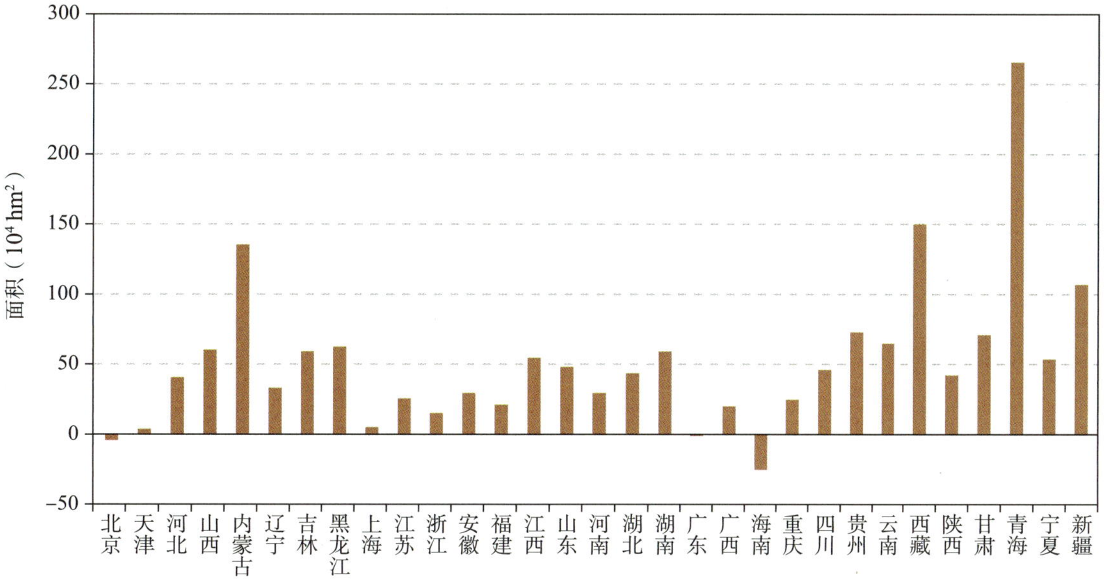

图 10.11　2010—2020 年各省（区、市）人均城镇村及工矿用地面积变化情况

10.2.1.2　城镇村及工矿用地二级地类变化

1）城市用地

2009—2019 年，全国城市用地面积由 352.76 万公顷增加到 522.19 万公顷，净增加 169.43 万公顷。从各省（区、市）变化情况看，城市用地净增面积大于 10 万公顷的，包括江苏、山东、广东；城市用地净增面积在 7 万～10 万公顷的，包括浙江、湖南、河南、湖北；城市用地净增在 4 万～7 万公顷的，包括四川、上海、新疆、陕西、重庆、安徽、江西、河北、广西、云南、辽宁；城市用地净增面积小于 4 万公顷的，包括贵州、北京、福建、甘肃、山西、吉林、天津、宁夏、海南、黑龙江、西藏、青海、内蒙古。2009—2019 年全国各省（区、市）城市用地面积变化见表 10.8、图 10.12。

从各省（区、市）变化幅度看，城市用地增长幅度大于 100% 的，包括西藏、贵州、上海；城市用地增长幅度处于 50%～100% 的，包括江苏、云南、湖南、重庆、陕西、新疆、青海、海南、江西、湖北、广东、浙江、广西；城市用地增长幅度小于 50% 的，包括河南、山东、宁夏、四川、甘肃、安徽、河北、福建、北京、山西、辽宁、吉林、天津、黑龙江、内蒙古。

表 10.8　2009—2019 年全国及各省（区、市）城市用地面积变化情况

行政辖区	2009 年城市用地面积（10^4 hm^2）	2019 年城市用地面积（10^4 hm^2）	城市用地面积变化（10^4 hm^2）	城市用地面积为化率（%）
全国	352.76	522.19	169.43	48.03
北京	10.58	13.49	2.91	27.50
天津	10.66	12.25	1.59	14.92
河北	13.26	18.15	4.89	36.88
山西	8.72	10.82	2.10	24.08
内蒙古	13.50	12.17	-1.33	-9.85
辽宁	20.49	24.49	4.00	19.52
吉林	10.88	12.56	1.68	15.44
黑龙江	15.07	16.17	1.10	7.30
上海	5.34	11.94	6.60	123.60
江苏	24.78	46.36	21.58	87.09
浙江	16.61	25.66	9.05	54.49
安徽	13.20	18.82	5.62	42.58
福建	8.56	10.95	2.39	27.92
江西	7.85	12.87	5.02	63.95
山东	34.10	50.52	16.42	48.15
河南	17.65	26.31	8.66	49.07
湖北	14.14	22.72	8.58	60.68
湖南	10.78	19.48	8.70	80.71
广东	29.08	45.11	16.03	55.12
广西	8.49	13.01	4.52	53.24
海南	2.16	3.56	1.40	64.81
重庆	7.14	12.82	5.68	79.55
四川	14.33	20.99	6.66	46.48
贵州	3.39	6.96	3.57	105.31
云南	5.48	9.93	4.45	81.20
西藏	0.67	1.62	0.95	141.79
陕西	7.80	13.67	5.87	75.26
甘肃	5.21	7.43	2.22	42.61
青海	1.27	2.15	0.88	69.29

续表

行政辖区	2009 年城市用地面积（10^4 hm^2）	2019 年城市用地面积（10^4 hm^2）	城市用地面积变化（10^4 hm^2）	城市用地面积为化率（%）
宁夏	3.06	4.52	1.46	47.71
新疆	8.51	14.70	6.19	72.74

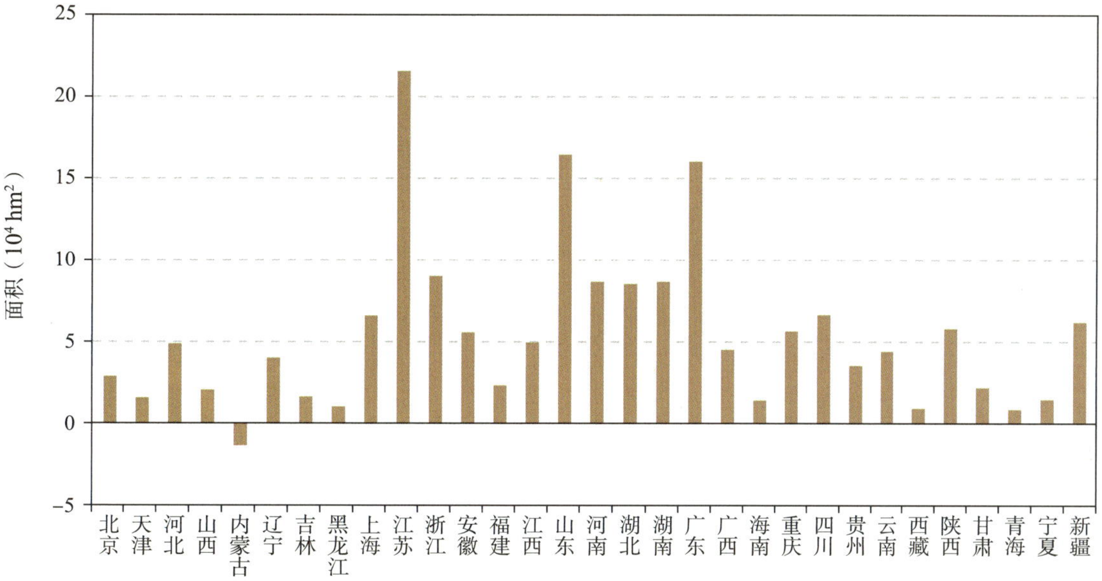

图 10.12　2009—2019 年各省（区、市）城市用地面积变化情况

2）建制镇用地

2009—2019 年，全国建制镇用地面积由 372.28 万公顷增加到 512.93 万公顷，净增加 140.65 万公顷。从各省（区、市）变化情况看，建制镇用地净增面积大于 10 万公顷的，包括广东、山东、河南、江苏、河北；建制镇用地净增面积在 7 万～10 万公顷的，包括浙江、湖南、新疆；建制镇用地净增面积在 4 万～7 万公顷的，包括安徽、江西、贵州、福建、天津、湖北；建制镇用地净增面积小于 4 万公顷的，包括甘肃、云南、内蒙古、四川、广西、辽宁、陕西、宁夏、青海、山西、海南、重庆、西藏、黑龙江、吉林、北京、上海。2009—2019 年各省（区、市）建制镇面积变化见表 10.9、图 10.13。

从各省（区、市）变化幅度看，建制镇用地增长幅度大于 100% 的，包括天津、贵州；建制镇用地增长幅度处于 50%～100% 的，包括新疆、湖南、甘肃、河南、河北、宁夏、广东、福建、青海；建制镇用地增长幅度小于 50% 的，包括江西、山东、浙江、云南、安徽、江苏、湖北、辽宁、陕西、广西、海南、内蒙古、四川、西藏、山西、重庆、黑龙江、吉林、上海、北京。

表 10.9　2009—2019 年全国及各省（区、市）建制镇用地面积变化情况

行政辖区	2009 年建制镇用地面积（10^4 hm^2）	2019 年建制镇用地面积（10^4 hm^2）	建制镇用地面积变化（10^4 hm^2）	建制镇用地面积变化率（%）
全国	372.28	512.93	140.65	37.78
北京	4.70	3.84	−0.86	−18.30

续表

行政辖区	2009 年建制镇用地面积（10^4 hm^2）	2019 年建制镇用地面积（10^4 hm^2）	建制镇用地面积变化（10^4 hm^2）	建制镇用地面积变化率（%）
天津	3.29	7.99	4.70	142.86
河北	18.64	29.66	11.02	59.12
山西	9.44	10.69	1.25	13.24
内蒙古	17.52	20.42	2.90	16.55
辽宁	9.95	12.32	2.37	23.82
吉林	7.85	7.36	−0.49	−6.24
黑龙江	12.89	12.46	−0.43	−3.34
上海	11.80	10.05	−1.75	−14.83
江苏	32.51	44.78	12.27	37.74
浙江	18.70	26.60	7.90	42.25
安徽	17.70	24.61	6.91	39.04
福建	9.13	13.88	4.75	52.03
江西	12.27	18.38	6.11	49.80
山东	26.44	39.20	12.76	48.26
河南	20.54	32.86	12.32	59.98
湖北	13.26	17.68	4.42	33.33
湖南	11.05	18.59	7.54	68.24
广东	29.22	44.72	15.50	53.05
广西	11.46	13.92	2.46	21.47
海南	5.02	6.04	1.02	20.32
重庆	5.49	5.83	0.34	6.19
四川	18.22	20.79	2.57	14.11
贵州	5.20	10.77	5.57	107.12
云南	8.53	11.99	3.46	40.56
西藏	1.33	1.51	0.18	13.53
陕西	9.70	11.85	2.15	22.16
甘肃	5.59	9.10	3.51	62.79
青海	2.54	3.81	1.27	50.00
宁夏	2.88	4.54	1.66	57.64
新疆	9.44	16.68	7.24	76.69

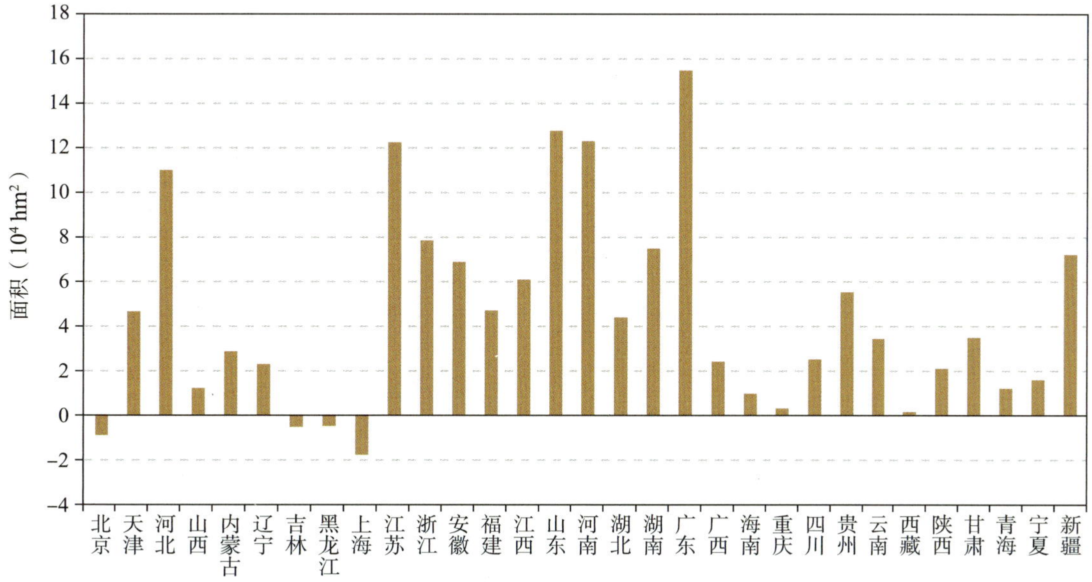

图 10.13　2009—2019 年各省（区、市）建制镇用地面积变化情况

3）村庄用地

2009—2019 年，全国村庄用地面积由 1847.28 万公顷增加到 2193.56 万公顷，净增加 346.28 万公顷。从各省（区、市）变化情况看，村庄用地净增面积大于 30 万公顷的，包括四川；村庄用地净增面积在 20 万～30 万公顷的，包括山东、湖南、云南、河南、河北、新疆、贵州；村庄用地净增面积在 10 万～20 万公顷的，包括江西、陕西、湖北、山西、安徽、甘肃、浙江；村庄用地净增面积小于 10 万公顷的，包括内蒙古、广西、福建、江苏、重庆、辽宁、黑龙江、青海、吉林、西藏、宁夏、广东、北京、海南、上海、天津。2009—2019 年全国各省（区、市）村庄用地面积变化见表 10.10、图 10.14。

从各省（区、市）变化幅度看，村庄用地增长幅度大于 30% 的，包括贵州、青海、西藏、云南、新疆、四川；村庄用地增长幅度处于 10%～30% 的，包括湖南、江西、陕西、福建、宁夏、浙江、甘肃、山西、重庆、河北、山东、广西、河南、湖北、内蒙古、北京；村庄用地增长幅度小于 10% 的，包括安徽、海南、辽宁、江苏、吉林、黑龙江、广东、上海、天津。

表 10.10　2009—2019 年全国及各省（区、市）村庄用地面积变化情况

行政辖区	2009 年村庄用地面积（10^4 hm^2）	2019 年村庄用地面积（10^4 hm^2）	村庄用地面积变化（10^4 hm^2）	村庄用地面积变化率（%）
全国	1847.28	2193.56	346.28	18.75
北京	11.15	12.45	1.30	11.66
天津	11.56	8.95	−2.61	−22.58
河北	117.40	139.79	22.39	19.07
山西	54.00	65.32	11.32	20.96
内蒙古	74.16	83.99	9.83	13.26

续表

行政辖区	2009 年村庄用地面积（10^4 hm^2）	2019 年村庄用地面积（10^4 hm^2）	村庄用地面积变化（10^4 hm^2）	村庄用地面积变化率（%）
辽宁	73.33	78.87	5.54	7.55
吉林	56.92	61.02	4.10	7.20
黑龙江	75.01	79.83	4.82	6.43
上海	8.12	6.74	−1.38	−17.00
江苏	102.77	110.38	7.61	7.40
浙江	47.42	57.83	10.41	21.95
安徽	114.84	125.72	10.88	9.47
福建	32.12	40.40	8.28	25.78
江西	56.10	71.14	15.04	26.81
山东	133.87	159.4	25.53	19.07
河南	153.97	176.54	22.57	14.66
湖北	82.37	94.28	11.91	14.46
湖南	93.18	118.56	25.38	27.24
广东	78.83	80.79	1.96	2.49
广西	55.30	64.81	9.51	17.20
海南	11.89	12.82	0.93	7.82
重庆	36.25	43.30	7.05	19.45
四川	102.97	136.55	33.58	32.61
贵州	32.80	53.51	20.71	63.14
云南	50.98	74.80	23.82	46.72
西藏	5.96	9.5	3.54	59.40
陕西	46.53	58.63	12.10	26.00
甘肃	49.93	60.73	10.80	21.63
青海	7.14	11.51	4.37	61.20
宁夏	13.94	17.39	3.45	24.75
新疆	56.45	78.01	21.56	38.19

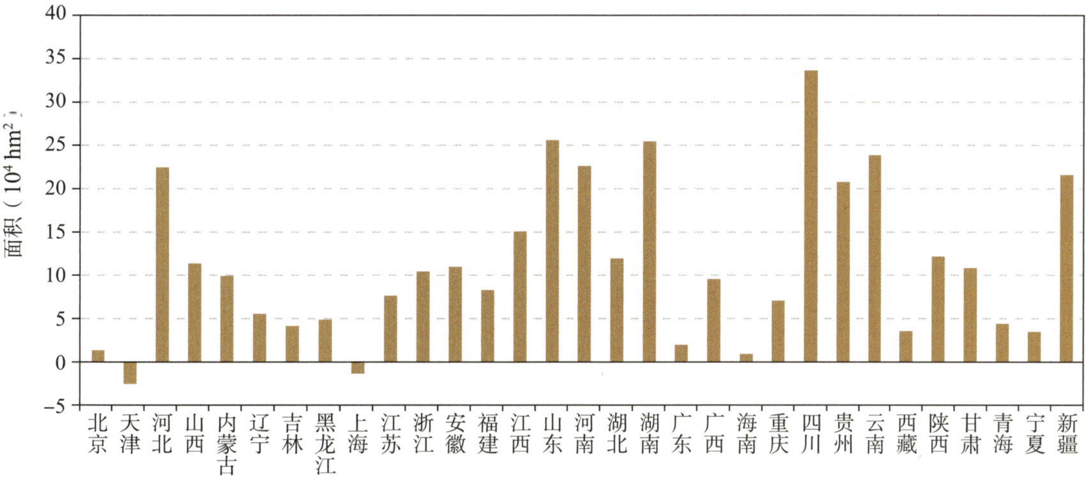

图 10.14　2009—2019 年各省（区、市）村庄用地面积变化情况

4）采矿用地

2009—2019 年，全国采矿用地面积由 225.45 万公顷增加到 244.24 万公顷，净增加 18.79 万公顷。从各省（区、市）变化情况看，采矿用地净增面积大于 4 万公顷的，包括内蒙古、青海、新疆、山东、山西；采矿用地净增面积在 2 万～4 万公顷的，包括西藏；采矿用地净增面积在 0 万～2 万公顷的，包括贵州、甘肃、宁夏、广西、陕西、湖北、重庆；采矿用地面积减少的，包括福建、上海、海南、云南、四川、北京、江西、湖南、吉林、天津、浙江、广东、安徽、辽宁、河北、河南、黑龙江、江苏。2009—2019 年全国各省（区、市）采矿用地面积变化见表 10.11、图 10.15。

从各省（区、市）变化幅度看，采矿用地增长幅度大于 50% 的，包括西藏、青海、内蒙古、贵州、山西；采矿用地增长幅度处于 0%～50% 的，包括甘肃、新疆、山东、宁夏、重庆、广西、陕西、湖北；采矿用地增长幅度小于 0% 的，包括福建、云南、四川、河北、江西、辽宁、湖南、海南、天津、吉林、广东、河南、浙江、安徽、黑龙江、江苏、北京、上海。

表 10.11　2009—2019 年全国及各省（区、市）采矿用地面积变化情况

行政辖区	2009 年采矿用地面积（10^4 hm^2）	2019 年采矿用地面积（10^4 hm^2）	采矿用地面积变化（10^4 hm^2）	采矿用地面积变化率（%）
全国	225.45	244.24	18.79	8.33
北京	0.85	0.21	−0.64	−75.29
天津	4.48	3.40	−1.08	−24.11
河北	21.65	19.19	−2.46	−11.36
山西	8.77	13.26	4.49	51.20
内蒙古	14.27	30.07	15.80	110.72
辽宁	15.86	13.5	−2.36	−14.88
吉林	3.83	2.82	−1.01	−26.37
黑龙江	10.69	6.60	−4.09	−38.26

续表

行政辖区	2009 年采矿用地面积（10^4 hm^2）	2019 年采矿用地面积（10^4 hm^2）	采矿用地面积变化（10^4 hm^2）	采矿用地面积变化率（%）
上海	0.03	0.00	−0.03	−100.00
江苏	12.28	5.53	−6.75	−54.97
浙江	3.85	2.61	−1.24	−32.21
安徽	6.47	4.33	−2.14	−33.08
福建	3.21	3.20	−0.01	−0.31
江西	7.18	6.28	−0.90	−12.53
山东	22.43	27.33	4.90	21.85
河南	10.00	6.79	−3.21	−32.10
湖北	4.43	4.47	0.04	0.90
湖南	5.82	4.82	−1.00	−17.18
广东	5.55	4.08	−1.47	−26.49
广西	4.89	4.96	0.07	1.43
海南	1.10	0.86	−0.24	−21.82
重庆	1.40	1.43	0.03	2.14
四川	4.97	4.51	−0.46	−9.26
贵州	3.03	4.98	1.95	64.36
云南	8.90	8.60	−0.30	−3.37
西藏	0.84	2.96	2.12	252.38
陕西	5.70	5.76	0.06	1.05
甘肃	4.23	6.14	1.91	45.15
青海	8.69	18.51	9.82	113.00
宁夏	1.83	2.17	0.34	18.58
新疆	18.20	24.87	6.67	36.65

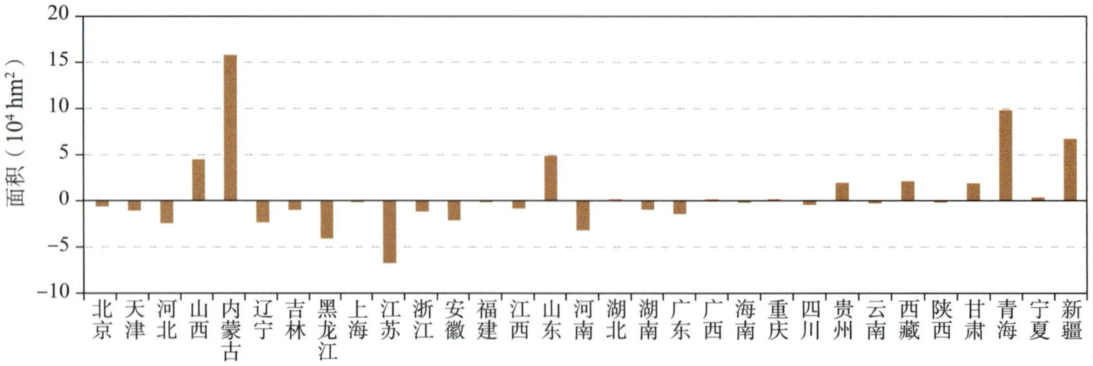

图 10.15　2009—2019 年各省（区、市）采矿用地面积变化情况

5）风景名胜及特殊用地

2009—2019 年，全国风景名胜及特殊用地面积由 76.14 万公顷减少到 57.71 万公顷，净减少 18.43 万公顷。从各省（区、市）变化情况看，风景名胜及特殊用地增加面积大于 0.5 万公顷的，包括新疆；风景名胜及特殊用地增加面积在 0 万～0.5 万公顷的，包括西藏、青海、北京、贵州、天津、宁夏；风景名胜及特殊用地增加面积在 –0.5 万公顷～0 万公顷的，包括上海、重庆、云南、湖北、陕西、内蒙古、江西、福建、浙江、山东、吉林；风景名胜及特殊用地增加面积小于 –0.5 万公顷的，包括四川、河南、江苏、河北、安徽、山西、辽宁、湖南、广西、黑龙江、海南、甘肃、广东。2009—2019 年全国各省（区、市）风景名胜及特殊用地面积变化见表 10.12、图 10.16。

从各省（区、市）变化幅度看，风景名胜及特殊用地增长幅度大于 10% 的，包括西藏、青海、新疆、北京；风景名胜及特殊用地增长幅度处于 0%～10% 的，包括天津、贵州、宁夏；风景名胜及特殊用地增长幅度小于 0% 的，包括云南、内蒙古、湖北、陕西、山东、福建、江西、浙江、重庆、河北、河南、上海、江苏、吉林、辽宁、安徽、四川、山西、湖南、广西、黑龙江、甘肃、广东、海南。

表 10.12　2009—2019 年全国及各省（区、市）风景名胜及特殊用地面积变化情况

行政辖区	2009 年风景名胜及特殊用地面积（10^4hm^2）	2019 年风景名胜及特殊用地面积（$10^4\ hm^2$）	风景名胜及特殊用地面积变化（$10^4\ hm^2$）	风景名胜及特殊用地面积变化率（%）
全国	76.14	57.71	–18.43	–24.21
北京	1.20	1.38	0.18	15.00
天津	0.58	0.63	0.05	8.62
河北	4.30	3.50	–0.80	–18.60
山西	2.61	1.67	–0.94	–36.02
内蒙古	2.86	2.67	–0.19	–6.64
辽宁	3.38	2.43	–0.95	–28.11
吉林	1.79	1.33	–0.46	–25.70
黑龙江	2.98	1.38	–1.60	–53.69
上海	0.28	0.22	–0.06	–21.43
江苏	3.40	2.67	–0.73	–21.47
浙江	2.33	1.98	–0.35	–15.02
安徽	2.94	2.09	–0.85	–28.91
福建	2.39	2.06	–0.33	–13.81
江西	1.97	1.69	–0.28	–14.21
山东	4.60	4.19	–0.41	–8.91
河南	3.08	2.45	–0.63	–20.45
湖北	2.16	2.01	–0.15	–6.94
湖南	2.63	1.58	–1.05	–39.92

续表

行政辖区	2009 年风景名胜及特殊用地面积（10^4hm^2）	2019 年风景名胜及特殊用地面积（10^4 hm^2）	风景名胜及特殊用地面积变化（10^4 hm^2）	风景名胜及特殊用地面积变化率（%）
广东	5.00	1.67	−3.33	−66.60
广西	2.36	1.30	−1.06	−44.92
海南	3.24	1.04	−2.20	−67.90
重庆	0.46	0.39	−0.07	−15.22
四川	1.87	1.29	−0.58	−31.02
贵州	0.97	1.04	0.07	7.22
云南	2.16	2.05	−0.11	−5.09
西藏	0.46	0.64	0.18	39.13
陕西	2.03	1.87	−0.16	−7.88
甘肃	4.83	1.85	−2.98	−61.70
青海	0.62	0.80	0.18	29.03
宁夏	1.08	1.09	0.01	0.93
新疆	5.57	6.75	1.18	21.18

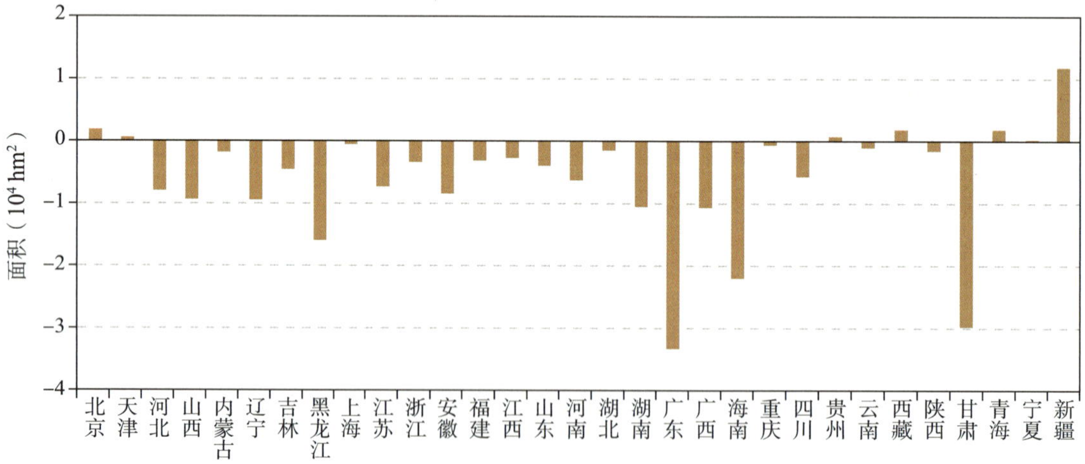

图 10.16　2009—2019 年各省（区、市）风景名胜及特殊用地面积变化情况

10.2.2　城镇村及工矿用地结构变化

10.2.2.1　城镇村及工矿用地流入情况

2009—2019 年全国城镇村及工矿用地流入地类来源为：由湿地（沿海滩涂、内陆滩涂、沼泽地）流入 14.11 万公顷，耕地流入 359.48 万公顷，园地流入 52.69 万公顷，林地流入 155.44 万公顷，草地流入 103.41 万公顷，交通运输用地流入 73.28 万公顷，水域及水利设施用地流入 69.15 万公顷。2009—2019

年全国各省（区、市）城镇村及工矿用地流入情况见表 10.13、图 10.17。

表 10.13　2009—2019 年全国及各省（区、市）城镇村及工矿用地流入地类情况　　单位：10^4 hm^2

行政辖区	耕地	园地	林地	草地	湿地	交通运输用地	水域及水利设施用地
全国	359.48	52.69	155.44	103.41	14.11	73.28	69.15
北京	1.38	0.55	1.20	0.24	0.06	0.75	0.48
天津	2.25	0.18	0.34	0.38	0.33	0.51	1.56
河北	21.13	2.85	5.42	6.06	1.14	3.44	2.36
山西	9.52	0.93	3.87	5.82	0.36	1.58	1.19
内蒙古	6.19	0.13	5.71	24.38	1.04	1.07	0.82
辽宁	8.22	1.09	4.49	2.74	0.55	2.35	1.58
吉林	5.70	0.13	1.88	0.63	0.09	1.09	0.45
黑龙江	5.71	0.09	2.68	1.32	0.29	1.32	0.82
上海	1.64	0.12	0.58	0.18	0.08	1.48	1.09
江苏	23.43	3.78	1.64	0.83	0.92	8.32	9.79
浙江	12.96	3.19	3.66	0.93	1.25	4.27	3.26
安徽	19.49	1.07	5.55	0.49	0.16	3.57	4.10
福建	6.69	2.40	4.17	0.52	0.53	1.91	1.44
江西	11.52	1.22	11.82	1.76	0.18	2.21	2.50
山东	27.81	3.41	8.68	3.28	3.73	7.42	8.48
河南	30.66	1.29	7.56	2.47	0.49	4.68	2.76
湖北	18.72	2.29	8.20	0.88	0.21	2.74	5.02
湖南	16.94	3.47	15.71	1.66	0.22	4.41	3.85
广东	8.38	5.28	8.35	3.34	0.28	4.18	5.82
广西	10.70	2.60	6.96	1.31	0.12	1.73	1.41
海南	1.34	1.36	1.41	0.25	0.14	0.33	0.18
重庆	8.10	1.13	3.48	0.27	0.03	1.03	0.61
四川	27.01	3.83	10.07	2.03	0.37	3.27	1.92
贵州	19.04	0.75	9.35	2.28	0.03	1.44	0.41
云南	17.37	3.05	9.41	2.65	0.17	1.89	0.91
西藏	1.28	0.01	1.19	3.73	0.32	0.16	0.75
陕西	12.67	2.36	5.54	2.89	0.19	1.83	0.57

续表

行政辖区	耕地	园地	林地	草地	湿地	交通运输用地	水域及水利设施用地
甘肃	9.52	1.04	1.61	4.18	0.32	1.18	0.39
青海	2.02	0.04	0.75	4.62	0.11	0.31	2.30
宁夏	3.04	0.26	0.64	3.29	0.05	0.48	0.43
新疆	9.05	2.82	3.53	18.02	0.32	2.36	1.92

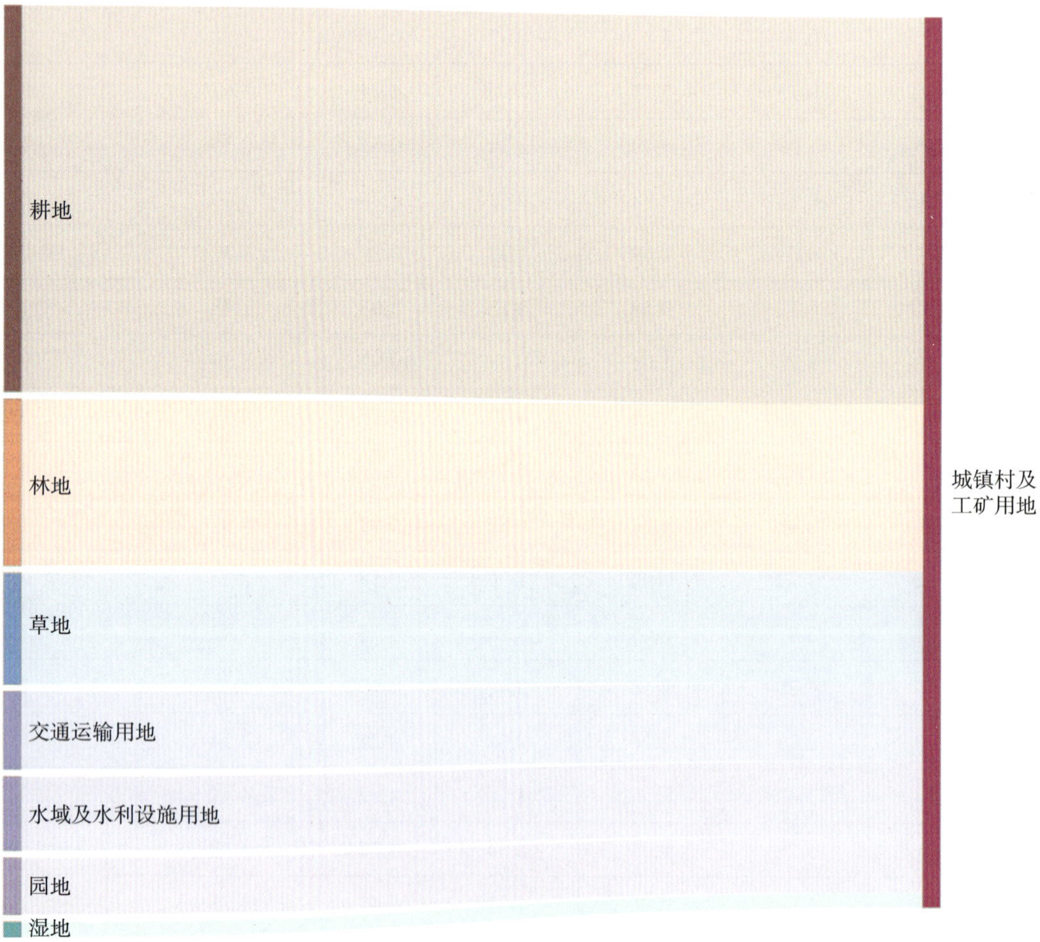

图 10.17　2009—2019 年全国城镇村及工矿用地面积流入情况

10.2.2.2　城镇村及工矿用地流出情况

2009—2019 年全国城镇村及工矿用地流出地类去向为：流向湿地 2.27 万公顷，流向耕地 54.59 万公顷，流向园地 8.31 万公顷，流向林地 70.40 万公顷，流向草地 44.73 万公顷，流向交通运输用地 43.42 万公顷，流向水域及水利设施用地 25.59 万公顷。2009—2019 年全国及各省（区、市）城镇村及工矿用地流出情况见表 10.14、图 10.18。

表 10.14　2009—2019 年全国及各省（区、市）城镇村及工矿用地流出地类情况　　单位：10^4 hm^2

行政辖区	耕地	园地	林地	草地	湿地	交通运输用地	水域及水利设施用地
全国	54.59	8.31	70.40	44.73	2.27	43.42	25.59
北京	0.08	0.05	1.19	0.26	0.00	0.55	0.13
天津	0.23	0.02	0.30	0.35	0.05	0.68	1.14
河北	1.85	0.32	3.00	2.28	0.04	2.11	1.32
山西	1.67	0.23	1.92	1.75	0.03	1.47	0.27
内蒙古	2.05	0.04	2.33	7.47	0.42	2.14	0.78
辽宁	2.66	0.26	3.35	1.97	0.19	2.07	2.61
吉林	2.30	0.04	1.39	0.87	0.05	1.38	0.44
黑龙江	3.70	0.04	2.55	3.87	0.20	2.04	1.10
上海	0.25	0.01	0.61	0.43	0.01	0.43	0.16
江苏	4.35	0.40	3.12	2.11	0.05	2.26	3.23
浙江	0.97	0.21	1.14	0.72	0.02	1.44	0.48
安徽	6.07	0.24	3.89	0.79	0.03	1.96	1.58
福建	0.20	0.20	1.91	0.53	0.02	1.25	0.51
江西	1.14	0.26	2.97	0.57	0.02	1.59	0.60
山东	2.76	0.55	2.86	2.00	0.10	2.15	2.25
河南	4.46	0.29	2.98	0.71	0.02	2.26	1.01
湖北	5.32	0.36	4.77	0.56	0.02	1.86	1.46
湖南	2.29	0.40	4.14	0.39	0.03	1.42	0.48
广东	0.74	0.72	4.48	1.98	0.17	2.27	1.46
广西	2.25	0.82	4.78	1.25	0.03	1.12	0.89
海南	0.34	0.87	1.99	0.37	0.07	0.36	0.33
重庆	0.65	0.07	1.04	0.15	0.02	0.92	0.17
四川	2.27	0.56	3.61	1.01	0.10	2.47	0.75
贵州	1.45	0.22	1.79	0.20	0.00	1.22	0.13
云南	1.35	0.48	2.99	1.06	0.01	1.43	0.27
西藏	0.09	0.00	0.19	0.38	0.15	0.19	0.04
陕西	1.23	0.36	2.09	1.45	0.05	1.17	0.26
甘肃	0.69	0.05	0.85	2.21	0.12	0.91	0.12

续表

行政辖区	耕地	园地	林地	草地	湿地	交通运输用地	水域及水利设施用地
青海	0.07	0.01	0.16	0.54	0.17	0.28	0.07
宁夏	0.22	0.03	0.41	0.84	0.03	0.31	0.15
新疆	0.90	0.20	1.63	5.64	0.07	1.72	1.39

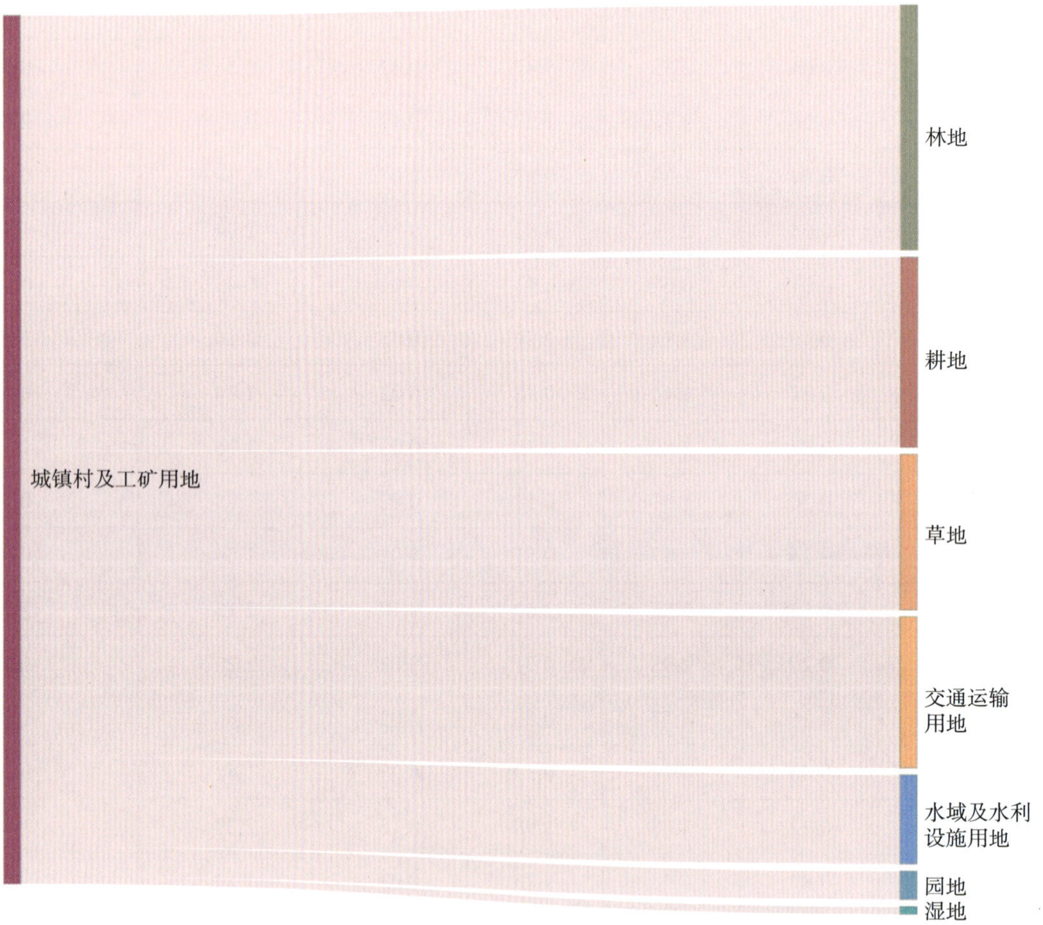

图 10.18　2009—2019 年全国城镇村及工矿用地面积流出情况

10.3　城镇村及工矿用地变化原因分析

2009—2019 年，全国城镇村及工矿用地面积增加了 656.73 万公顷，主要表现为村庄用地、城市用地、建制镇用地的增加，其变化主要涉及宏观经济社会发展、快速城镇化与非农业人口总量增加、城乡建设用地增减挂钩等政策行为、矿产资源开发等因素。

10.3.1　宏观经济社会发展

2009—2019 年，我国宏观经济社会实现了跨越式发展，国内生产总值从 2009 年的 34.85 万亿元提升至 98.65 万亿元。随着经济社会发展水平的不断提高，人民对美好生活的追求日益提升，带动了城镇村用地规模总体增加。根据相关统计结果，2009—2019 年全国城镇村用地面积扩大 656.73 万公顷，增幅 22.85%。

10.3.2　快速城镇化与非农业人口总量增加

2009—2019 年，我国人口城镇化率从 46.59% 增加至 60.60%。城镇化水平的快速增长意味着非农业人口的持续增加，引起对城镇建设用地需求的增长。城镇人口增加会扩大城镇住宅、工业、商业等生产生活用地及公共基础设施用地的需求，城镇用地随之扩张，特别是对高度城市化地区，人口增加对城镇建设用地扩展的影响尤其明显。此外，在这十年内很多城市进行过行政区划调整，对建制镇面积及建设用地内部二级地类结构变动产生了直接影响。

10.3.3　城乡建设用地增减挂钩等政策行为

随着城乡建设用地增减挂钩政策的实施，各地积极开展农村闲置、废弃及危房旧房的整理复垦等工作，有效减少了村庄用地规模，优化了城乡建设用地布局。根据有关数据显示，自 2008 年以来，各地累计批准实施挂钩项目规模约 130 万公顷，在促进耕地保护、节约集约用地、推动农村发展、助力脱贫攻坚等方面成效明显。

10.3.4　矿产资源开发

矿产资源是经济社会发展的重要物质基础，矿产资源开发事关国计民生和国家安全。2009—2019 年，全国采矿用地面积增加了 148.31 万公顷。在稳增长的背景下，我国一些主要矿产对外依存度比较高，新能源、新材料矿产的需求也在快速增长。为确保能源资源的产业链和供应链稳定安全，各地加强了国内矿产资源开发和增储上产，这是采矿用地面积增加的主要原因。

第 11 章　交通运输用地

交通运输是经济社会发展的纽带，被喻为国民经济“大动脉”。交通运输用地是交通设施的空间载体，科学高效利用交通运输用地对于提高综合交通运输网络效率、进一步畅通国民经济“大动脉”至关重要。本章主要通过分析 2019 年“三调”交通运输用地的利用现状与分布，总结 2009—2019 年交通运输用地的变化特征，并分析其变化原因，为做好交通运输用地保障提供基础支撑。

11.1　交通运输用地利用现状

本节主要基于 2019 年“三调”的土地利用现状数据，对交通运输用地利用现状进行分析，概述交通运输用地数量、分布及结构。

11.1.1　交通运输用地面积、构成及分布

11.1.1.1　全国交通运输用地面积及构成

截至 2019 年 12 月 31 日，全国交通运输用地面积为 955.30 万公顷，占建设用地总面积的 11.7%。其中，铁路用地 56.68 万公顷，占全国交通运输用地的 5.93%；轨道交通用地 1.77 万公顷，占 0.19%；公路用地 402.96 万公顷，占 42.18%；机场用地 9.63 万公顷，占 1.01%；港口码头用地 7.04 万公顷，占 0.74%；管道运输用地 0.72 万公顷，占 0.08%；农村道路 476.50 万公顷，占 49.88%。2019 年全国交通运输用地结构见图 11.1。

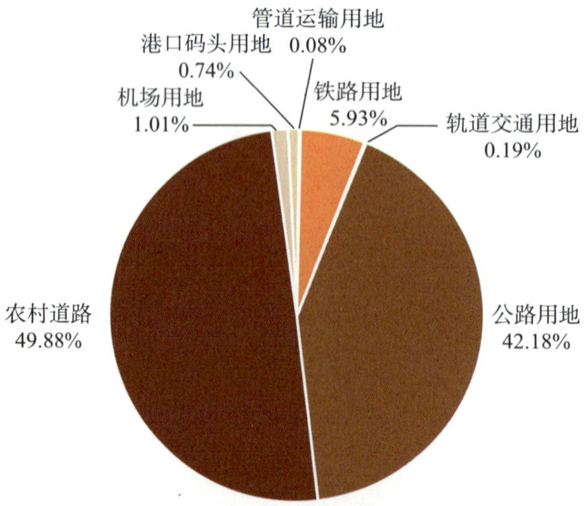

图 11.1　2019 年全国交通运输用地结构

11.1.1.2　交通运输用地分布情况

各省（区、市）中，交通运输用地面积大于 50 万公顷的，包括内蒙古、新疆、黑龙江、云南；40 万～50 万公顷的，包括四川、山东、河北；30 万～40 万公顷的，包括河南、江苏、湖南、广西、江西、甘肃、贵州、湖北、广东、辽宁、安徽、陕西；20 万～30 万公顷的，包括山西、吉林、浙江、福建；小于 20 万公顷的，包括西藏、重庆、青海、宁夏、海南、北京、天津、上海。2019 年全国各省（区、市）交通运输用地面积见表 11.1、图 11.2。

表 11.1　2019 年全国及各省（区、市）交通运输用地面积情况

行政辖区	交通运输用地总面积（10^4 hm^2）	占全国交通运输用地比例（%）	铁路用地（10^4 hm^2）	轨道交通用地（10^4 hm^2）	公路用地（10^4 hm^2）	农村道路（10^4 hm^2）	机场用地（10^4 hm^2）	港口码头用地（10^4 hm^2）	管道运输用地（10^4 hm^2）
全国	955.30	100.00	56.68	1.77	402.96	476.50	9.63	7.04	0.72
北京	4.93	0.52	0.54	0.12	2.88	1.01	0.38	0.00	0.00
天津	4.52	0.47	0.53	0.08	2.52	1.00	0.12	0.26	0.01
河北	40.71	4.26	3.21	0.01	18.31	18.34	0.31	0.52	0.01
山西	26.98	2.82	2.58	0.00	12.80	11.39	0.19	0.00	0.02
内蒙古	79.93	8.37	6.45	0.01	24.05	48.96	0.42	0.00	0.04
辽宁	30.90	3.23	2.81	0.07	12.42	14.06	0.38	1.14	0.02
吉林	26.46	2.77	1.86	0.02	10.30	14.11	0.14	0.00	0.03
黑龙江	54.43	5.70	3.66	0.01	16.28	34.14	0.28	0.02	0.04
上海	3.41	0.36	0.19	0.12	1.49	1.14	0.35	0.12	0.00
江苏	36.52	3.82	1.67	0.22	19.32	14.05	0.33	0.89	0.04
浙江	24.69	2.58	1.07	0.18	13.55	8.95	0.31	0.62	0.01
安徽	30.54	3.20	1.96	0.02	12.83	15.38	0.17	0.17	0.01
福建	21.77	2.28	1.12	0.07	12.53	7.41	0.28	0.35	0.01
江西	34.98	3.66	1.88	0.01	14.08	18.76	0.19	0.05	0.01
山东	44.65	4.67	2.99	0.07	22.12	17.78	0.50	1.17	0.02
河南	38.18	4.00	2.33	0.07	17.69	17.84	0.20	0.03	0.02
湖北	32.99	3.45	1.91	0.09	14.60	15.78	0.39	0.21	0.01
湖南	36.48	3.82	1.92	0.03	12.68	21.55	0.25	0.04	0.01
广东	32.74	3.43	1.50	0.22	20.13	9.65	0.49	0.71	0.04
广西	35.23	3.69	1.88	0.03	14.32	18.37	0.23	0.39	0.01
海南	5.90	0.62	0.31	0.00	2.22	3.01	0.22	0.14	0.00

续表

行政辖区	交通运输用地总面积（10^4 hm^2）	占全国交通运输用地比例（%）	铁路用地（10^4 hm^2）	轨道交通用地（10^4 hm^2）	公路用地（10^4 hm^2）	农村道路（10^4 hm^2）	机场用地（10^4 hm^2）	港口码头用地（10^4 hm^2）	管道运输用地（10^4 hm^2）
重庆	15.58	1.63	0.75	0.08	5.75	8.50	0.33	0.16	0.01
四川	47.38	4.96	1.59	0.09	21.19	23.63	0.82	0.04	0.02
贵州	33.09	3.46	1.05	0.03	14.07	17.63	0.28	0.01	0.02
云南	52.65	5.51	1.19	0.04	19.82	31.15	0.40	0.02	0.03
西藏	16.65	1.74	0.49	0.00	8.73	7.23	0.20	0.00	0.00
陕西	30.27	3.17	1.91	0.06	11.09	16.90	0.27	0.00	0.04
甘肃	33.12	3.47	1.72	0.01	9.86	21.23	0.26	0.00	0.04
青海	14.06	1.47	1.11	0.00	6.51	6.23	0.20	0.00	0.01
宁夏	9.41	0.99	0.87	0.00	3.69	4.74	0.10	0.00	0.01
新疆	56.20	5.88	3.62	0.01	25.12	26.59	0.67	0.00	0.19

图 11.2　2019 年全国交通运输用地分布情况

11.1.2　交通运输用地二级地类面积及分布

11.1.2.1　铁路用地

铁路用地是指用于铁道线路及场站的用地，包括征地范围内的路堤、路堑、道沟、桥梁、林木等用地。截至 2019 年 12 月 31 日，全国铁路用地面积为 56.68 万公顷，占全国交通运输用地面积的 5.93%，在交通运输用地二级分类中的占比居第三位。

各省（区、市）中，铁路用地面积超过 3 万公顷的，包括内蒙古、黑龙江、新疆、河北；2 万～3 万公顷的，包括山东、辽宁、山西、河南；1 万～2 万公顷的，包括安徽、湖南、湖北、陕西、江西、广西、吉林、甘肃、江苏、四川、广东、云南、福建、青海、浙江、贵州；小于 1 万公顷的，包括宁夏、重庆、北京、天津、西藏、海南、上海。2019 年全国各省（区、市）铁路用地面积见表 11.2、图 11.3。

表 11.2　2019 年全国及各省（区、市）铁路用地面积情况

行政辖区	交通运输用地总面积（10^4 hm^2）	铁路用地面积（10^4 hm^2）	占全国铁路用地面积比例（%）	占该辖区交通运输用地总面积比例（%）
全国	955.30	56.68	100.00	5.93
北京	4.93	0.54	0.95	10.95
天津	4.52	0.53	0.94	11.73
河北	40.71	3.21	5.66	7.89
山西	26.98	2.58	4.55	9.56
内蒙古	79.93	6.45	11.38	8.07
辽宁	30.90	2.81	4.96	9.09
吉林	26.46	1.86	3.28	7.03
黑龙江	54.43	3.66	6.46	6.72
上海	3.41	0.19	0.34	5.57
江苏	36.52	1.67	2.95	4.57
浙江	24.69	1.07	1.89	4.33
安徽	30.54	1.96	3.46	6.42
福建	21.77	1.12	1.98	5.14
江西	34.98	1.88	3.32	5.37
山东	44.65	2.99	5.28	6.70
河南	38.18	2.33	4.11	6.10
湖北	32.99	1.91	3.37	5.79
湖南	36.48	1.92	3.39	5.26
广东	32.74	1.50	2.65	4.58
广西	35.23	1.88	3.32	5.34

续表

行政辖区	交通运输用地总面积（10^4 hm^2）	铁路用地面积（10^4 hm^2）	占全国铁路用地面积比例（%）	占该辖区交通运输用地总面积比例（%）
海南	5.90	0.31	0.55	5.25
重庆	15.58	0.75	1.32	4.81
四川	47.38	1.59	2.81	3.36
贵州	33.09	1.05	1.85	3.17
云南	52.65	1.19	2.10	2.26
西藏	16.65	0.49	0.86	2.94
陕西	30.27	1.91	3.37	6.31
甘肃	33.12	1.72	3.03	5.19
青海	14.06	1.11	1.96	7.89
宁夏	9.41	0.87	1.53	9.25
新疆	56.20	3.62	6.39	6.44

从铁路用地占各省（区、市）交通运输用地的比例看，各省（区、市）之间差异相对较小。各省（区、市）中，占比超 10% 的有天津、北京，占比位于 5%～10% 的有 21 个，另有 8 个省（区、市）占比小于 5%。

图 11.3　2019 年全国铁路用地分布情况

从铁路用地占各省（区、市）面积比例看，占比超过 0.20% 的为天津（0.44%）、北京（0.33%）、上海（0.22%）；占比在 0.1%～0.2% 的为山东（0.19%）、辽宁（0.19%）、河北（0.17%）、宁夏（0.17%）、山西（0.16%）、江苏（0.16%）、河南（0.14%）、安徽（0.14%）、江西（0.11%）、湖北（0.10%）、浙江（0.10%）、吉林（0.10%）；占比小于 0.1% 的有 16 个，多数位于西部地区。

11.1.2.2　轨道交通用地

轨道交通用地是指用于轻轨、现代有轨电车、单轨等轨道交通以及场站的用地。截至 2019 年 12 月 31 日，全国轨道交通用地面积为 1.77 万公顷，占全国交通运输用地总面积的 0.19%，在交通运输用地二级分类中的占比居第六位。

各省（区、市）中，轨道交通用地面积超过 0.10 万公顷的，包括江苏、广东、浙江、上海、北京；0.05 万～0.10 万公顷的，包括湖北、四川、天津、重庆、山东、河南、福建、辽宁、陕西；小于 0.05 万公顷的，包括云南、湖南、广西、贵州、吉林、安徽、河北、内蒙古、黑龙江、江西、甘肃、新疆；青海、海南、山西、宁夏、西藏没有轨道交通用地。2019 年全国各省（区、市）轨道交通用地面积见表 11.3、图 11.4。

表 11.3　2019 年全国及各省（区、市）轨道交通用地面积情况

行政辖区	交通运输用地总面积（10^4 hm^2）	轨道交通用地面积（10^4 hm^2）	占全国轨道交通用地面积比例（%）	占该辖区交通运输用地总面积比例（%）
全国	955.30	1.77	100.00	0.19
北京	4.93	0.12	6.78	2.43
天津	4.52	0.08	4.52	1.77
河北	40.71	0.01	0.56	0.02
山西	26.98	0.00	0.00	0.00
内蒙古	79.93	0.01	0.56	0.01
辽宁	30.90	0.07	3.95	0.23
吉林	26.46	0.02	1.13	0.08
黑龙江	54.43	0.01	0.56	0.02
上海	3.41	0.12	6.78	3.52
江苏	36.52	0.22	12.43	0.60
浙江	24.69	0.18	10.17	0.73
安徽	30.54	0.02	1.13	0.07
福建	21.77	0.07	3.95	0.32
江西	34.98	0.01	0.56	0.03
山东	44.65	0.07	3.95	0.16
河南	38.18	0.07	3.95	0.18
湖北	32.99	0.09	5.08	0.27
湖南	36.48	0.03	1.69	0.08

续表

行政辖区	交通运输用地总面积（10^4 hm^2）	轨道交通用地面积（10^4 hm^2）	占全国轨道交通用地面积比例（%）	占该辖区交通运输用地总面积比例（%）
广东	32.74	0.22	12.43	0.67
广西	35.23	0.03	1.69	0.09
海南	5.90	0.00	0.00	0.00
重庆	15.58	0.08	4.52	0.51
四川	47.38	0.09	5.08	0.19
贵州	33.09	0.03	1.69	0.09
云南	52.65	0.04	2.26	0.08
西藏	16.65	0.00	0.00	0.00
陕西	30.27	0.06	3.39	0.20
甘肃	33.12	0.01	0.56	0.03
青海	14.06	0.00	0.00	0.00
宁夏	9.41	0.00	0.00	0.00
新疆	56.20	0.01	0.56	0.02

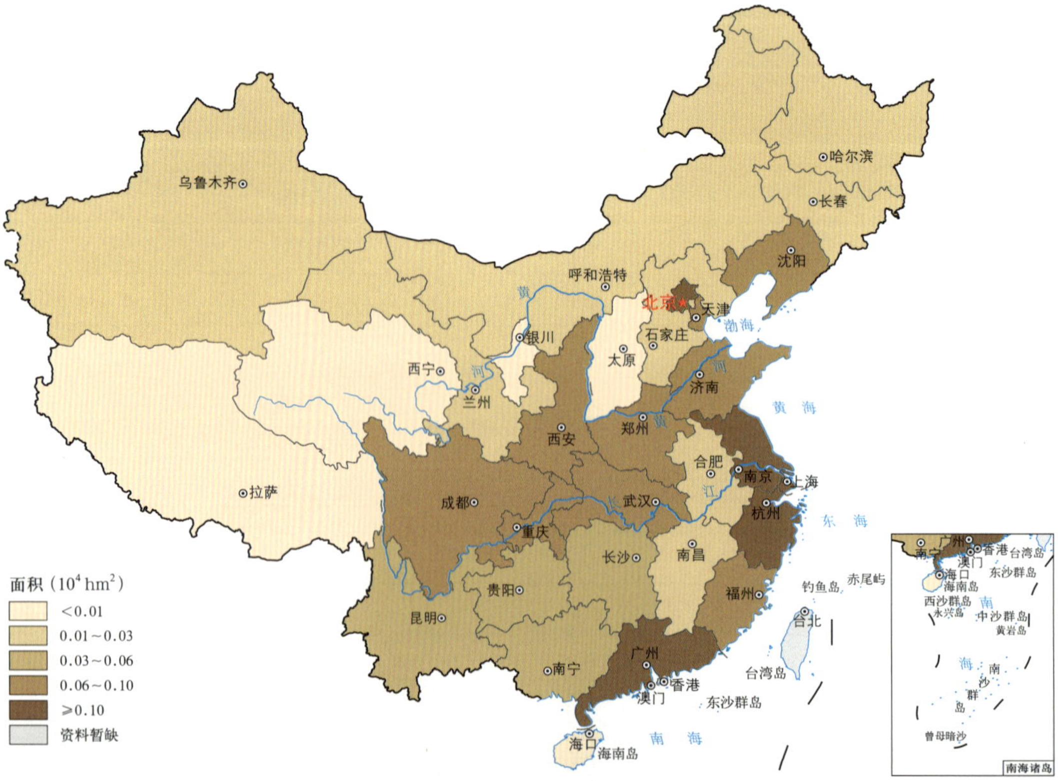

图 11.4　2019 年全国轨道交通用地分布情况

从轨道交通用地占各省（区、市）交通运输用地面积比例看，占比超过 1% 的为上海（3.52%）、北京（2.43%）、天津（1.77%）；占比在 0.5%～1% 的为浙江（0.73%）、广东（0.67%）、江苏（0.60%）、重庆（0.51%）；其余 24 个省（区、市）占比均不足 0.5%。

11.1.2.3　公路用地

公路用地是指用于国道、省道、县道和乡道的用地，包括征地范围内的路堤、路堑、道沟、桥梁、汽车停靠站、林木及直接为其服务的附属用地。截至 2019 年 12 月 31 日，全国公路用地面积为 402.96 万公顷，占全国交通运输用地总面积的 42.18%，在交通运输用地二级分类中的比例居第二位。

各省（区、市）中，公路用地面积超过 20 万公顷的，包括新疆、内蒙古、山东、四川、广东；15 万～20 万公顷的，包括云南、江苏、河北、河南、黑龙江；10 万～15 万公顷的，包括湖北、广西、江西、贵州、浙江、安徽、山西、湖南、福建、辽宁、陕西、吉林；5 万～10 万公顷的省份为甘肃、西藏、青海、重庆；小于 5 万公顷的，包括宁夏、北京、天津、海南、上海。2019 年全国各省（区、市）公路用地面积见表 11.4、图 11.5。

表 11.4　2019 年全国及各省（区、市）公路用地面积情况

行政辖区	交通运输用地总面积（10^4 hm^2）	公路用地面积（10^4 hm^2）	占全国公路用地面积比例（%）	占该辖区交通运输用地总面积比例（%）
全国	955.30	402.96	100.00	42.18
北京	4.93	2.88	0.71	58.42
天津	4.52	2.52	0.63	55.75
河北	40.71	18.31	4.54	44.98
山西	26.98	12.8	3.18	47.44
内蒙古	79.93	24.05	5.97	30.09
辽宁	30.90	12.42	3.08	40.19
吉林	26.46	10.3	2.56	38.93
黑龙江	54.43	16.28	4.04	29.91
上海	3.41	1.49	0.37	43.70
江苏	36.52	19.32	4.79	52.90
浙江	24.69	13.55	3.36	54.88
安徽	30.54	12.83	3.18	42.01
福建	21.77	12.53	3.11	57.56
江西	34.98	14.08	3.49	40.25
山东	44.65	22.12	5.49	49.54
河南	38.18	17.69	4.39	46.33
湖北	32.99	14.6	3.62	44.26
湖南	36.48	12.68	3.15	34.76

续表

行政辖区	交通运输用地总面积（10^4 hm^2）	公路用地面积（10^4 hm^2）	占全国公路用地面积比例（%）	占该辖区交通运输用地总面积比例（%）
广东	32.74	20.13	5.00	61.48
广西	35.23	14.32	3.55	40.65
海南	5.90	2.22	0.55	37.63
重庆	15.58	5.75	1.43	36.91
四川	47.38	21.19	5.26	44.72
贵州	33.09	14.07	3.49	42.52
云南	52.65	19.82	4.92	37.64
西藏	16.65	8.73	2.17	52.43
陕西	30.27	11.09	2.75	36.64
甘肃	33.12	9.86	2.45	29.77
青海	14.06	6.51	1.62	46.30
宁夏	9.41	3.69	0.92	39.21
新疆	56.20	25.12	6.23	44.70

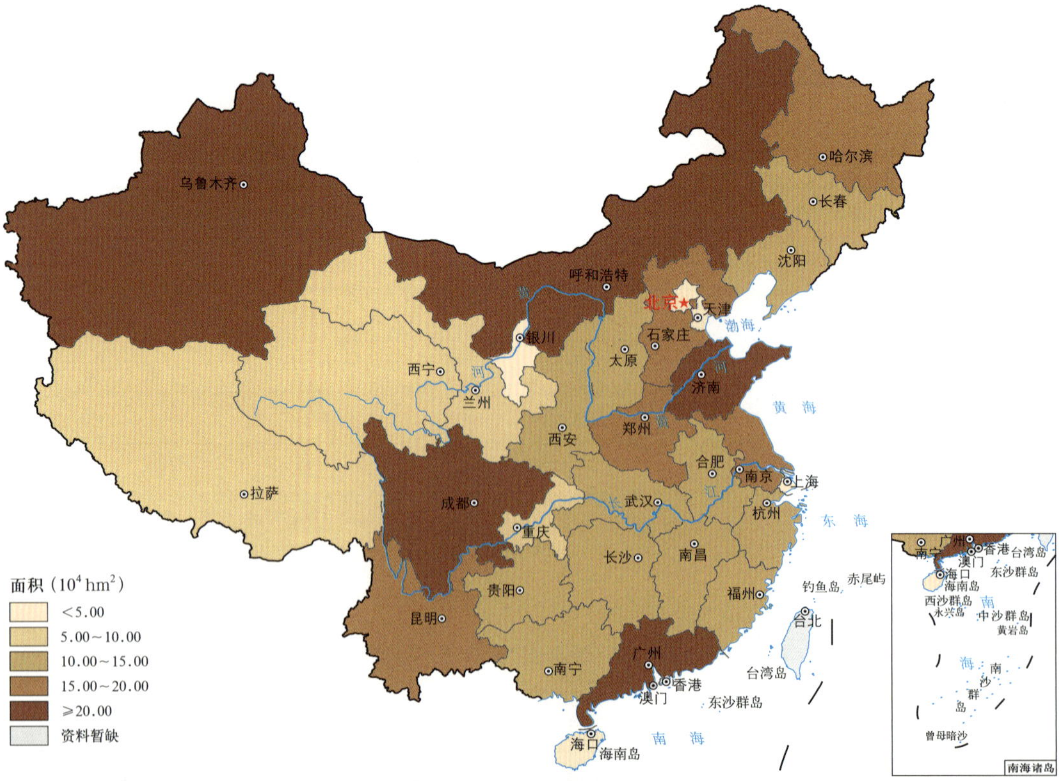

图 11.5　2019 年全国公路用地分布情况

从公路用地面积占该省（区、市）交通运输用地面积的比例看，各省（区、市）中，占比超过 50% 的，包括广东、北京、福建、天津、浙江、江苏、西藏；处于 45%～50% 的，包括山东、山西、河南、青海；处于 40%～45% 的有 10 个，多数位于中部地区；小于 40% 的有 10 个。

从公路用地面积占各省份行政区面积比例看，各省（区、市）中，占比超过 1.5% 的，包括天津（2.1%）、江苏（1.82%）、上海（1.79%）、北京（1.75%）；处于 1%～1.5% 的，包括山东（1.4%）、浙江（1.28%）、广东（1.12%）、河南（1.07%）、福建（1.01%）；处于 0.5%～1% 的有 15 个；小于 0.5% 的有 7 个。

11.1.2.4　农村道路

农村道路是指在农村范围内，南方宽度大于等于 1 米、小于等于 8 米，北方宽度大于等于 2 米、小于等于 8 米，用于村间、田间交通运输，并在国家公路网体系之外，以服务农业生产为主要用途的道路（含机耕道）。截至 2019 年 12 月 31 日，全国农村道路面积为 476.50 万公顷，占全国交通运输用地总面积的 49.88%，在交通运输用地二级分类中的比例居首位。

各省（区、市）中，农村道路面积超过 30 万公顷的，包括内蒙古、黑龙江、云南；20 万～30 万公顷的，包括新疆、四川、湖南、甘肃；10 万～20 万公顷的，包括江西、广西、河北、河南、山东、贵州、陕西、湖北、安徽、吉林、江苏、辽宁、山西；5 万～10 万公顷的，包括广东、浙江、重庆、福建、西藏、青海；小于 5 万公顷的，包括宁夏、海南、上海、北京、天津。2019 年全国各省（区、市）农村道路面积见表 11.5、图 11.6。

表 11.5　2019 年全国及各省（区、市）农村道路面积情况

行政辖区	交通运输用地总面积（10^4 hm^2）	农村道路面积（10^4 hm^2）	占全国农村道路面积比例（%）	占该辖区交通运输用地总面积比例（%）
全国	955.30	476.50	100.00	49.88
北京	4.93	1.01	0.21	20.49
天津	4.52	1.00	0.21	22.12
河北	40.71	18.34	3.85	45.05
山西	26.98	11.39	2.39	42.22
内蒙古	79.93	48.96	10.27	61.25
辽宁	30.90	14.06	2.95	45.50
吉林	26.46	14.11	2.96	53.33
黑龙江	54.43	34.14	7.16	62.72
上海	3.41	1.14	0.24	33.43
江苏	36.52	14.05	2.95	38.47
浙江	24.69	8.95	1.88	36.25
安徽	30.54	15.38	3.23	50.36

续表

行政辖区	交通运输用地总面积（10^4 hm^2）	农村道路面积（10^4 hm^2）	占全国农村道路面积比例（%）	占该辖区交通运输用地总面积比例（%）
福建	21.77	7.41	1.56	34.04
江西	34.98	18.76	3.94	53.63
山东	44.65	17.78	3.73	39.82
河南	38.18	17.84	3.74	46.73
湖北	32.99	15.78	3.31	47.83
湖南	36.48	21.55	4.52	59.07
广东	32.74	9.65	2.03	29.47
广西	35.23	18.37	3.86	52.14
海南	5.90	3.01	0.63	51.02
重庆	15.58	8.50	1.78	54.56
四川	47.38	23.63	4.96	49.87
贵州	33.09	17.63	3.70	53.28
云南	52.65	31.15	6.54	59.16
西藏	16.65	7.23	1.52	43.42
陕西	30.27	16.90	3.55	55.83
甘肃	33.12	21.23	4.46	64.10
青海	14.06	6.23	1.31	44.31
宁夏	9.41	4.74	0.99	50.37
新疆	56.20	26.59	5.58	47.31

从农村道路面积占该省（区、市）交通运输用地面积比例看，各省（区、市）中，占比超过 60% 的，包括甘肃、黑龙江、内蒙古；处于 50%～60% 的，包括云南、湖南、陕西、重庆、江西、吉林、贵州、广西、海南、宁夏、安徽；处于 40%～50% 的省份有 9 个，多数分布在中部地区；处于 30%～40% 的有 5 个；小于 30% 的有 3 个。

从农村道路面积占各省（区、市）行政区面积比例看，各省（区、市）中，占比超过 1% 的包括上海（1.37%）、江苏（1.33%）、江西（1.12%）、山东（1.12%）、安徽（1.1%）、河南（1.08%）、重庆（1.03%）、湖南（1.01%）、贵州（1.00%）；处于 0.5%～1% 的有 17 个；小于 0.50% 的有 5 个。

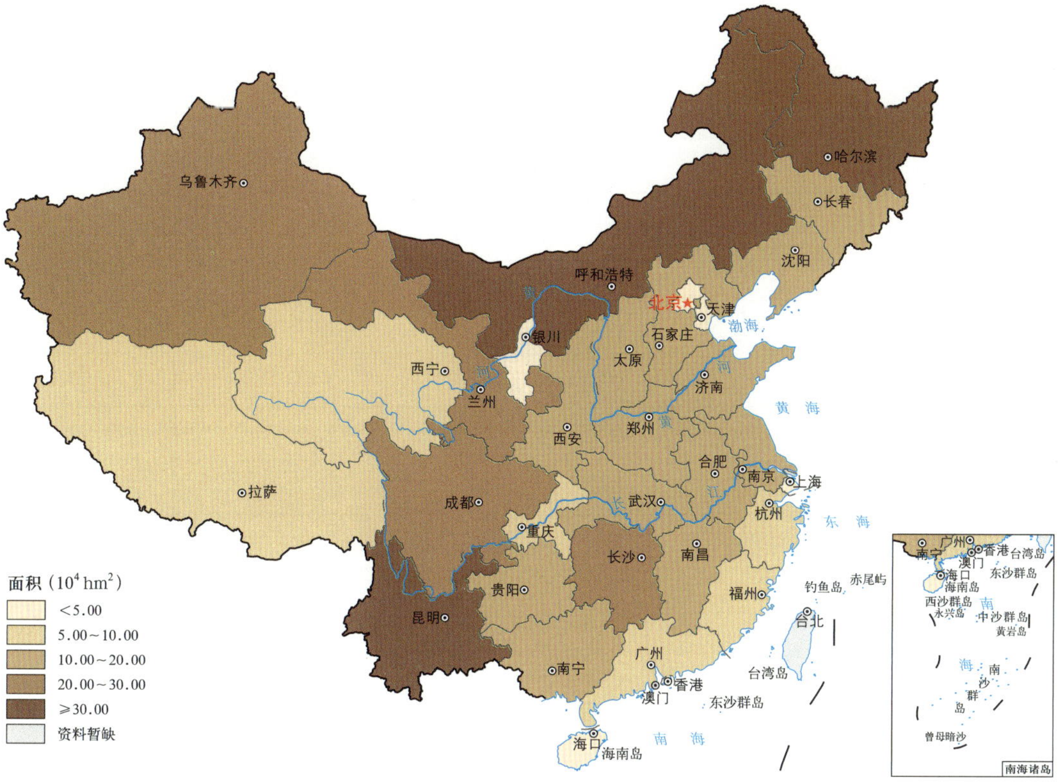

图 11.6　2019 年全国农村道路分布情况

11.1.2.5　机场用地

机场用地是指用于民用机场、军民合用机场的用地。截至 2019 年 12 月 31 日，全国机场用地面积为 9.63 万公顷，占全国交通运输用地总面积的 1.01%，在交通运输用地二级分类中的比例居第四位。

各省（区、市）中，机场用地面积超过 0.40 万公顷的，包括四川、新疆、山东、广东、内蒙古；0.25 万～0.40 万公顷的，包括云南、湖北、北京、辽宁、上海、江苏、重庆、河北、浙江、黑龙江、福建、贵州、陕西、甘肃、湖南；小于 0.25 万公顷的，包括广西、海南、河南、西藏、青海、山西、江西、安徽、吉林、天津、宁夏。2019 年全国各省（区、市）机场用地面积见表 11.6、图 11.7。

表 11.6　2019 年全国及各省（区、市）机场用地面积情况

行政辖区	交通运输用地总面积（10^4 hm^2）	机场用地面积（10^4 hm^2）	占全国机场用地面积比例（%）	占该辖区交通运输用地总面积比例（%）
全国	955.30	9.63	100.00	1.01
北京	4.93	0.38	3.95	7.71
天津	4.52	0.12	1.25	2.65
河北	40.71	0.31	3.22	0.76
山西	26.98	0.19	1.97	0.70
内蒙古	79.93	0.42	4.36	0.53

续表

行政辖区	交通运输用地总面积（10^4 hm^2）	机场用地面积（10^4 hm^2）	占全国机场用地面积比例（%）	占该辖区交通运输用地总面积比例（%）
辽宁	30.90	0.38	3.95	1.23
吉林	26.46	0.14	1.45	0.53
黑龙江	54.43	0.28	2.91	0.51
上海	3.41	0.35	3.63	10.26
江苏	36.52	0.33	3.43	0.90
浙江	24.69	0.31	3.22	1.26
安徽	30.54	0.17	1.77	0.56
福建	21.77	0.28	2.91	1.29
江西	34.98	0.19	1.97	0.54
山东	44.65	0.50	5.19	1.12
河南	38.18	0.20	2.08	0.52
湖北	32.99	0.39	4.05	1.18
湖南	36.48	0.25	2.60	0.69
广东	32.74	0.49	5.09	1.50
广西	35.23	0.23	2.39	0.65
海南	5.90	0.22	2.28	3.73
重庆	15.58	0.33	3.43	2.12
四川	47.38	0.82	8.52	1.73
贵州	33.09	0.28	2.91	0.85
云南	52.65	0.40	4.15	0.76
西藏	16.65	0.20	2.08	1.20
陕西	30.27	0.27	2.80	0.89
甘肃	33.12	0.26	2.70	0.79
青海	14.06	0.20	2.08	1.42
宁夏	9.41	0.10	1.04	1.06
新疆	56.20	0.67	6.96	1.19

从机场用地面积占该省（区、市）交通运输用地面积比例看，占比超过 5.00% 的为上海、北京；处于 2%～5% 的为海南、天津、重庆；处于 1%～2% 的有 11 个；其余 15 个占比均为 0.5%～1%。

从机场用地面积占各省（区、市）面积比例看，仅上海（0.42%）、北京（0.23%）、天津（0.10%）

三个直辖市比例高于 0.1%。

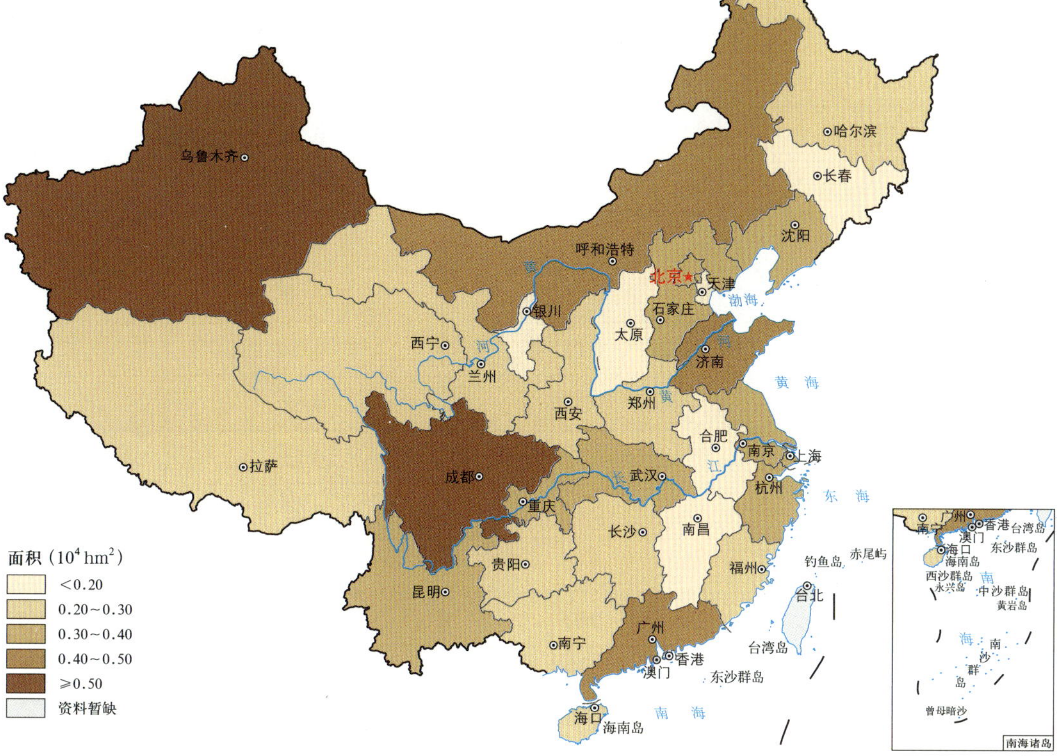

图 11.7　2019 年全国机场用地分布情况

11.1.2.6　港口码头用地

港口码头用地是指用于人工修建的客运、货运、捕捞及工程、工作船舶停靠的场所及其附属建筑物的用地，不包括常水位以下部分。截至 2019 年 12 月 31 日，全国港口码头用地面积为 7.04 万公顷，占全国交通运输用地总面积的 0.74%，在交通运输用地二级分类中的比例居第五位。

各省（区、市）中，港口码头用地面积超过 1 万公顷的为山东、辽宁；0.5 万～1 万公顷的，包括江苏、广东、浙江、河北；0.5 万公顷以下的，包括广西、福建、天津、湖北、安徽、重庆、海南、上海、江西、湖南、四川、河南、黑龙江、云南、贵州；北京、山西、内蒙古、吉林、西藏、陕西、甘肃、青海、宁夏、新疆均无港口码头用地。2019 年全国各省（区、市）港口码头用地面积见表 11.7、图 11.8。

表 11.7　2019 年全国及各省（区、市）港口码头用地面积情况

行政辖区	交通运输用地总面积（10^4 hm²）	港口码头用地面积（10^4 hm²）	占全国港口码头用地面积比例（%）	占该辖区交通运输用地总面积比例（%）
全国	955.30	7.04	1.00	0.74
北京	4.93	0.00	0.00	0.00
天津	4.52	0.26	0.04	5.75

续表

行政辖区	交通运输用地总面积（10^4 hm^2）	港口码头用地面积（10^4 hm^2）	占全国港口码头用地面积比例（%）	占该辖区交通运输用地总面积比例（%）
河北	40.71	0.52	0.07	1.28
山西	26.98	0.00	0.00	0.00
内蒙古	79.93	0.00	0.00	0.00
辽宁	30.90	1.14	0.16	3.69
吉林	26.46	0.00	0.00	0.00
黑龙江	54.43	0.02	0.00	0.04
上海	3.41	0.12	0.02	3.52
江苏	36.52	0.89	0.13	2.44
浙江	24.69	0.62	0.09	2.51
安徽	30.54	0.17	0.02	0.56
福建	21.77	0.35	0.05	1.61
江西	34.98	0.05	0.01	0.14
山东	44.65	1.17	0.17	2.62
河南	38.18	0.03	0.00	0.08
湖北	32.99	0.21	0.03	0.64
湖南	36.48	0.04	0.01	0.11
广东	32.74	0.71	0.10	2.17
广西	35.23	0.39	0.06	1.11
海南	5.90	0.14	0.02	2.37
重庆	15.58	0.16	0.02	1.03
四川	47.38	0.04	0.01	0.08
贵州	33.09	0.01	0.00	0.03
云南	52.65	0.02	0.00	0.04
西藏	16.65	0.00	0.00	0.00
陕西	30.27	0.00	0.00	0.00
甘肃	33.12	0.00	0.00	0.00
青海	14.06	0.00	0.00	0.00
宁夏	9.41	0.00	0.00	0.00
新疆	56.20	0.00	0.00	0.00

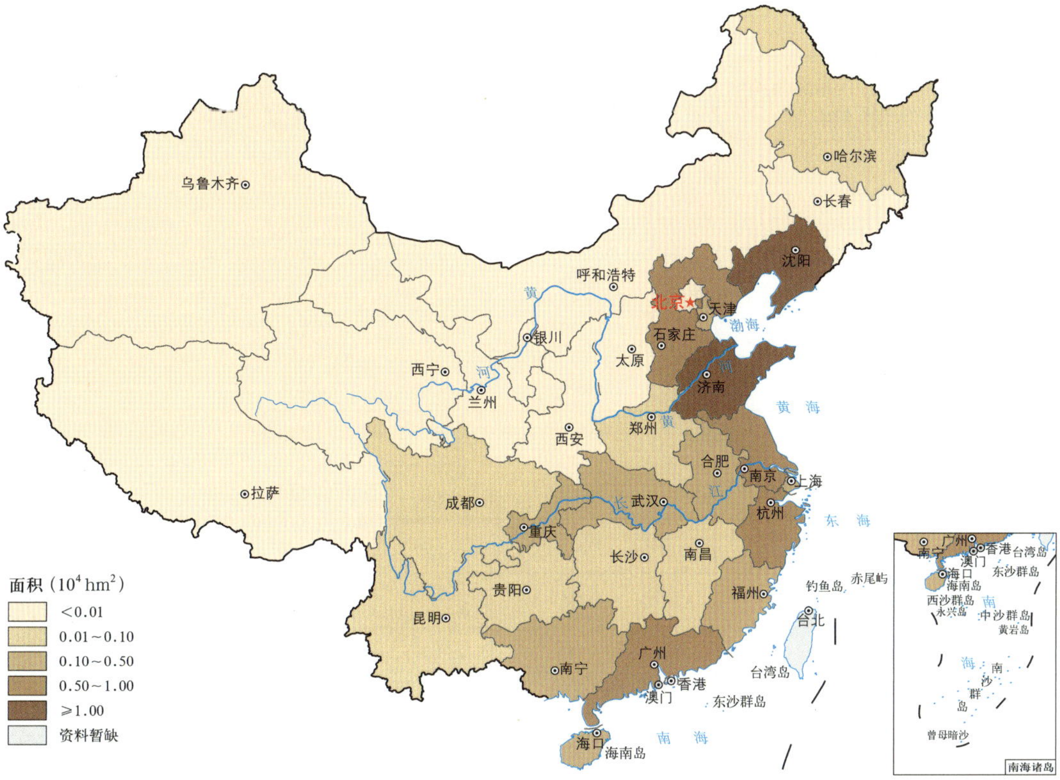

图 11.8　2019 年全国港口码头用地分布情况

11.1.2.7　管道运输用地

管道运输用地是指用于运输煤炭、矿石、石油和天然气的管道及其相应附属设施的地上部分用地。截至 2019 年 12 月 31 日，全国管道运输用地面积为 0.72 万公顷，占全国交通运输用地总面积的 0.08%，在交通运输用地二级分类中的比例居末位。

各省（区、市）中，管道运输用地面积最多的是新疆，其余省（区、市）均不足 0.05 万公顷，北京、上海、海南、西藏均无管道运输用地。2019 年全国各省（区、市）管道运输用地面积见表 11.8、图 11.9。

表 11.8　2019 年全国及各省（区、市）管道运输用地面积情况

行政辖区	交通运输用地总面积（10^4 hm^2）	管道运输用地面积（10^4 hm^2）	占全国管道运输用地面积比例（%）	占该辖区交通运输用地总面积比例（%）
全国	955.30	0.72	100.00	0.08
北京	4.93	0.00	0.00	0.00
天津	4.52	0.01	1.39	0.22
河北	40.71	0.01	1.39	0.02
山西	26.98	0.02	2.78	0.07
内蒙古	79.93	0.04	5.56	0.05

续表

行政辖区	交通运输用地总面积（10^4 hm^2）	管道运输用地面积（10^4 hm^2）	占全国管道运输用地面积比例（%）	占该辖区交通运输用地总面积比例（%）
辽宁	30.90	0.02	2.78	0.06
吉林	26.46	0.03	4.17	0.11
黑龙江	54.43	0.04	5.56	0.07
上海	3.41	0.00	0.00	0.00
江苏	36.52	0.04	5.56	0.11
浙江	24.69	0.01	1.39	0.04
安徽	30.54	0.01	1.39	0.03
福建	21.77	0.01	1.39	0.05
江西	34.98	0.01	1.39	0.03
山东	44.65	0.02	2.78	0.04
河南	38.18	0.02	2.78	0.05
湖北	32.99	0.01	1.39	0.03
湖南	36.48	0.01	1.39	0.03
广东	32.74	0.04	5.56	0.12
广西	35.23	0.01	1.39	0.03
海南	5.90	0.00	0.00	0.00
重庆	15.58	0.01	1.39	0.06
四川	47.38	0.02	2.78	0.04
贵州	33.09	0.02	2.78	0.06
云南	52.65	0.03	4.17	0.06
西藏	16.65	0.00	0.00	0.00
陕西	30.27	0.04	5.56	0.13
甘肃	33.12	0.04	5.56	0.12
青海	14.06	0.01	1.39	0.07
宁夏	9.41	0.01	1.39	0.11
新疆	56.20	0.19	26.39	0.34

图 11.9　2019 年全国管道运输用地分布情况

11.2　交通运输用地变化特征

本节主要将 2019 年“三调”的土地利用现状数据与 2009 年“二调”数据进行对比，从交通运输用地的面积和结构研究交通运输用地数量变化特征。此外，需要说明的是，其他地类转变为交通运输用地，称为交通运输用地流入，而交通运输用地转变为其他地类情况，则称为交通运输用地流出。

2009—2019 年，交通运输用地净增加 161.11 万公顷。全国交通运输用地流入面积为 354.28 万公顷，新增交通运输用地的主要来源为耕地、林地和草地；全国交通运输用地流出面积为 193.17 万公顷，主要流向城镇村及工矿用地、耕地和林地。

11.2.1　交通运输用地净变化

2009—2019 年，全国交通运输用地面积净增加 161.11 万公顷，增长幅度为 20.29%。从各省（区、市）变化情况看，交通运输用地净增加面积大于 10 万公顷的，包括内蒙古、云南、贵州、新疆、四川、江西；净增加面积在 5 万～10 万公顷的，包括西藏、甘肃、广西、湖南、青海、陕西、湖北、广东、重庆；净增加面积小于 5 万公顷的，包括福建、浙江、宁夏、山西、河北、北京、天津、海南。交通运输用地面积净减少的，包括山东、河南、江苏、吉林、黑龙江、辽宁、上海、安徽。各省（区、市）交通运输用地变化见图 11.10、表 11.9。

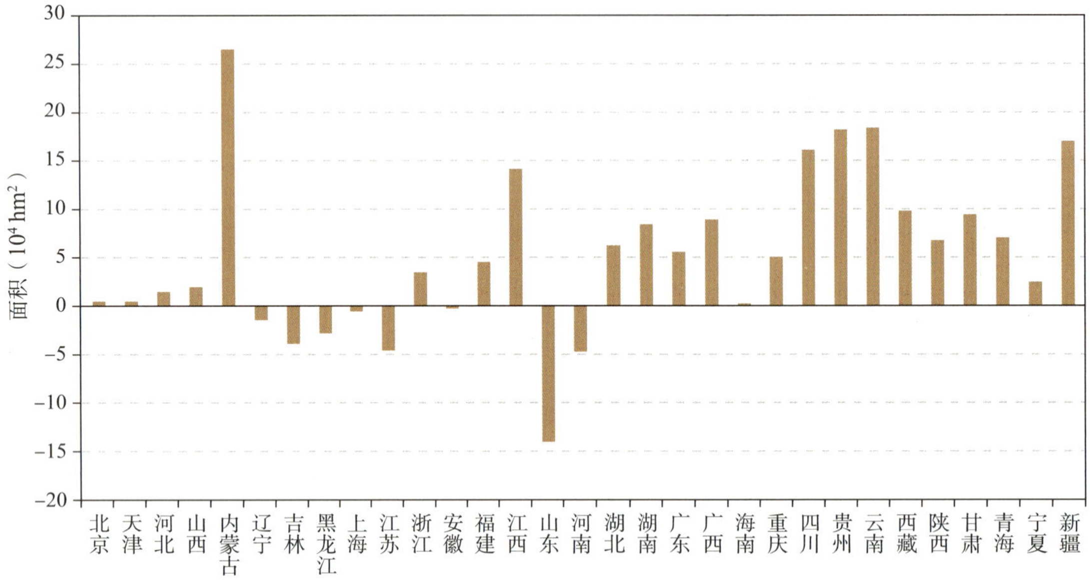

图 11.10　2009—2019 年各省（区、市）交通运输用地面积变化情况

从各省（区、市）变化幅度看，交通运输用地增长幅度大于 100% 的省（区、市）为西藏、贵州、青海；增长幅度处于 50%～100% 的，包括江西、云南、四川；增长幅度处于 0%～50% 的，包括内蒙古、重庆、新疆、甘肃、宁夏、广西、湖南、陕西、福建、湖北、广东、浙江、天津、北京、山西、海南、河北。交通运输用地面积净减少的为山东、上海、吉林、江苏、河南、黑龙江、辽宁、安徽。

表 11.9　2009—2019 年全国及各省（区、市）交通运输用地面积变化情况

行政辖区	2009 年交通运输用地面积（10^4 hm^2）	2019 年交通运输用地面积（10^4 hm^2）	交通运输用地面积变化（10^4 hm^2）	交通运输用地面积化比率（%）
全国	794.19	955.30	161.11	20.29
北京	4.44	4.93	0.49	10.95
天津	4.04	4.52	0.48	12.01
河北	39.25	40.71	1.46	3.71
山西	24.95	26.98	2.03	8.15
内蒙古	53.35	79.93	26.58	49.81
辽宁	32.32	30.90	−1.42	−4.40
吉林	30.38	26.46	−3.92	−12.91
黑龙江	57.30	54.43	−2.87	−5.01
上海	4.02	3.41	−0.61	−15.08
江苏	41.14	36.52	−4.62	−11.22
浙江	21.27	24.69	3.42	16.10
安徽	30.56	30.54	−0.02	−0.07

续表

行政辖区	2009 年交通运输用地面积（10^4 hm²）	2019 年交通运输用地面积（10^4 hm²）	交通运输用地面积变化（10^4 hm²）	交通运输用地面积化比率（%）
福建	17.24	21.77	4.53	26.25
江西	20.83	34.98	14.15	67.97
山东	58.64	44.65	-13.99	-23.86
河南	42.91	38.18	-4.73	-11.01
湖北	26.67	32.99	6.32	23.70
湖南	28.01	36.48	8.47	30.26
广东	27.13	32.74	5.61	20.68
广西	26.29	35.23	8.94	34.03
海南	5.64	5.90	0.26	4.70
重庆	10.43	15.58	5.15	49.34
四川	31.29	47.38	16.09	51.40
贵州	14.86	33.09	18.23	122.64
云南	34.27	52.65	18.38	53.65
西藏	6.77	16.65	9.88	145.84
陕西	23.44	30.27	6.83	29.16
甘肃	23.64	33.12	9.48	40.09
青海	6.99	14.06	7.07	101.26
宁夏	6.91	9.41	2.50	36.13
新疆	39.19	56.20	17.01	43.41

11.2.2　交通运输用地结构变化

11.2.2.1　交通运输用地流入情况

2009—2019 年，全国交通运输用地流入面积为 354.28 万公顷。从交通运输用地的地类来源看，湿地流入 6.81 万公顷，占全部流入面积的 1.92%；耕地流入 107.25 万公顷，占全部流入面积的 30.27%；园地流入 12.30 万公顷，占全部流入面积的 3.47%；林地流入 64.29 万公顷，占全部流入面积的 18.15%；草地流入 64.68 万公顷，占全部流入面积的 18.26%；城镇村及工矿用地流入 43.40 万公顷，占全部流入面积的 12.25%；水域及水利设施用地流入 19.99 万公顷，占全部流入面积的 5.64%；其他土地流入 35.56 万公顷，占全部流入面积的 10.04%。

从流入“三调”交通运输用地的地类构成看，铁路用地面积 25.10 万公顷，占全部流入面积的 7.08%；轨道交通用地面积 1.63 万公顷，占全部流入面积的 0.46%；公路用地面积 178.30 万公顷，占全部流入面积的 50.33%；农村道路面积 138.30 万公顷，占全部流入面积的 39.04%；机场用地面积 5.28 万公顷，占全部流入面积的 1.49%；港口码头用地面积 5.13 万公顷，占全部流入面积的 1.45%；管道运输用地面积 0.54 万公顷，占全部流入面积的 0.15%。2009—2019 年全国各省（区、市）交通运输用地流入情况见图 11.11、表 11.10。

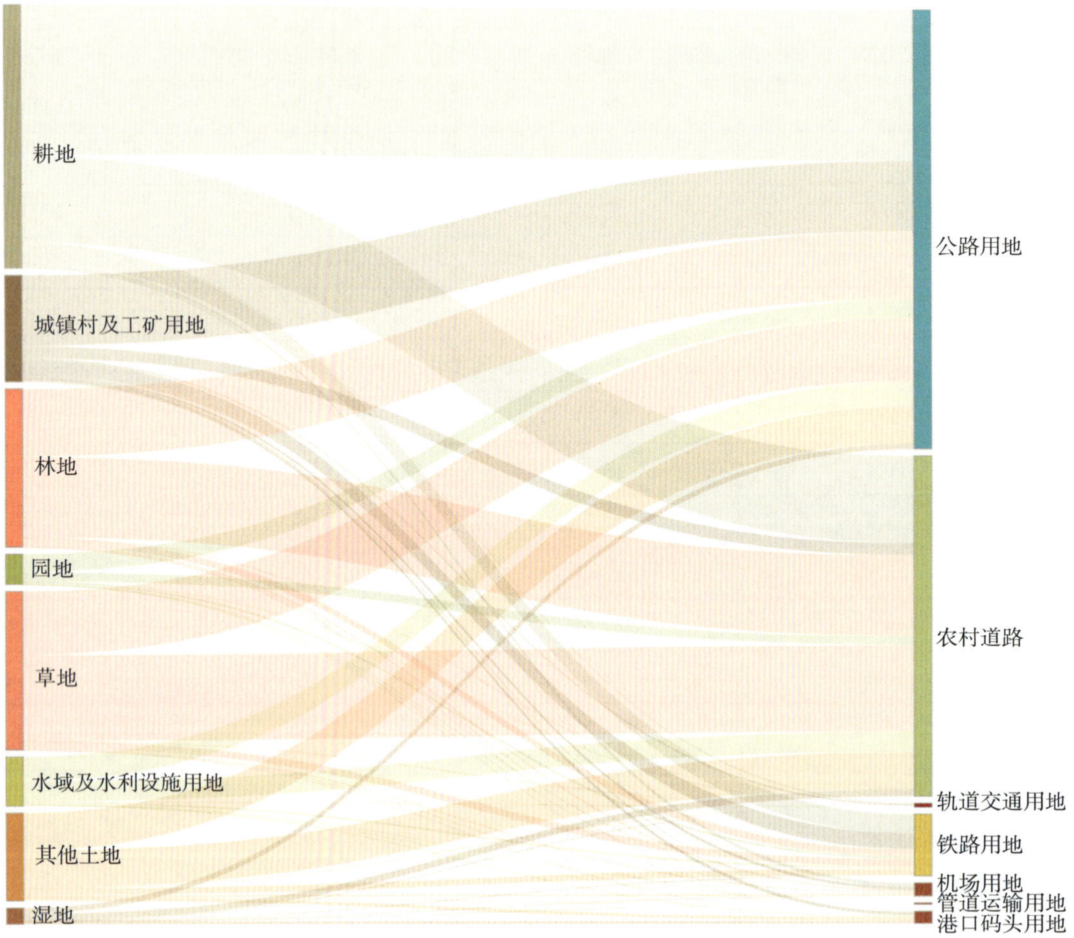

图 11.11　2009—2019 年全国交通运输用地面积流入情况

表 11.10　2009—2019 年全国交通运输用地流入地类情况　　单位：10^4 hm^2

全国	铁路用地	轨道交通用地	公路用地	农村道路	机场用地	港口码头用地	管道运输用地	流入来源合计
湿地	0.22	0.01	2.38	2.87	0.18	1.14	0.01	6.81
耕地	7.90	0.51	61.33	35.50	1.59	0.30	0.12	107.25
园地	0.92	0.10	7.32	3.75	0.16	0.04	0.01	12.30
林地	3.06	0.09	27.50	32.76	0.69	0.10	0.09	64.29
草地	3.05	0.03	25.93	35.05	0.47	0.05	0.10	64.68
城镇村及工矿用地	6.32	0.62	28.73	4.91	1.26	1.46	0.10	43.40

续表

全国	铁路用（10^4 hm^2）	轨道交通用地（10^4 hm^2）	公路用地（10^4 hm^2）	农村道路（10^4 hm^2）	机场用地（10^4 hm^2）	港口码头用地（10^4 hm^2）	管道运输用地（10^4 hm^2）	流入来源合计（10^4 hm^2）
水域及水利设施用地	0.85	0.13	9.90	8.31	0.27	0.51	0.02	19.99
其他土地	2.78	0.14	15.21	15.15	0.66	1.53	0.09	35.56
流向地类合计	25.10	1.63	178.30	138.30	5.28	5.13	0.54	354.28

11.2.2.2 交通运输用地流出情况

2009—2019 年全国交通运输用地流出面积为 193.16 万公顷。从交通运输用地流出的地类去向看，流向湿地 2.68 万公顷，占全部流出面积的 1.39%；流向耕地 44.88 万公顷，占全部流出面积的 23.23%；流向园地 9.83 万公顷，占全部流出面积的 5.09%；流向林地 38.68 万公顷，占全部流出面积的 20.02%；流向草地 4.50 万公顷，占全部流出面积的 2.33%；流向城镇村及工矿用地 73.29 万公顷，占全部流出面积的 37.94%；流向水域及水利设施用地 14.83 万公顷，占全部流出面积的 7.68%；流向其他土地 4.47 万公顷，占全部流出面积的 2.31%。2009—2019 年全国交通运输用地流出情况见表 11.11、图 11.12。

从交通运输用地流出的地类构成看，由铁路用地流出 7.80 万公顷，占全部流出面积的 4.04%；由公路用地流出 51.26 万公顷，占全部流出面积的 26.54%；由农村道路流出 130.91 万公顷，占全部流出面积的 67.77%；由机场用地流出 1.22 万公顷，占全部流出面积的 0.63%；由港口码头用地流出 1.35 万公顷，占全部流出面积的 0.70%；由管道运输用地流出 0.62 万公顷，占全部流出面积的 0.32%。

表 11.11　2009—2019 年全国交通运输用地流出地类情况　　单位：10^4 hm^2

全国	湿地	耕地	园地	林地	草地	城镇村及工矿用地	水域及水利设施用地	其他土地	流出合计
铁路用地	0.15	0.98	0.20	2.93	0.84	2.11	0.31	0.28	7.80
公路用地	0.44	0.51	0.61	8.12	0.76	38.01	1.95	0.86	51.26
农村道路	1.97	43.11	8.96	27.30	2.33	31.84	12.35	3.05	130.91
机场用地	0.02	0.11	0.03	0.15	0.22	0.55	0.03	0.11	1.22
港口码头用地	0.09	0.05	0.02	0.11	0.18	0.71	0.17	0.02	1.35
管道运输用地	0.01	0.12	0.01	0.07	0.17	0.07	0.02	0.15	0.62
流向地类合计	2.68	44.88	9.83	38.68	4.50	73.29	14.83	4.47	193.16

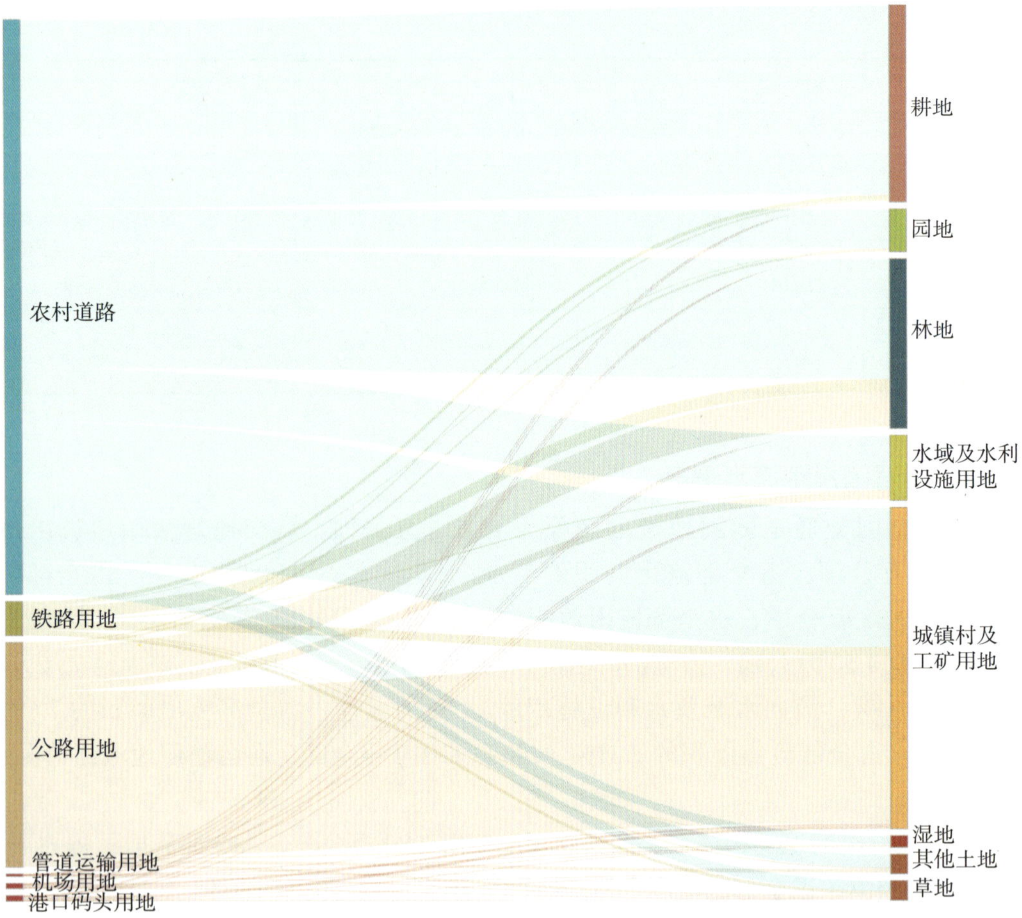

图 11.12　2009—2019 年全国交通运输用地面积流出情况

11.3　交通运输用地变化原因分析

2009—2019 年，全国交通运输用地面积增加了 161.11 万公顷，主要表现为公路用地和铁路用地的增加，其变化主要涉及国家重大交通战略实施、经济增长与产业结构变动、人口结构变动与消费需求升级等因素。

11.3.1　国家重大交通战略实施

交通运输是国民经济中的基础性、先导性、战略性产业，是重要的服务性行业和现代化经济体系的重要组成部分。2009—2019 年，在“一带一路”倡议和交通强国等国家重大战略指引下，我国交通基础设施建设不断完善。“十三五”时期，我国“十纵十横”综合运输大通道基本贯通，高速铁路运营里程翻一番，高速公路对 20 万以上人口城市覆盖率超过 98%，民用运输机场覆盖 92% 左右的地级市，超大特大城市轨道交通网络建设加快，综合交通运输体系建设取得了历史性成就。调查结果显示，2009—2019 年全国交通基础设施用地面积增加 161.11 万公顷，增幅达到 20.29%，占全国建设用地增加总面积的 22.93%。

11.3.2　经济增长与产业结构变动

交通基础设施建设是一切经济和社会活动的载体，为经济社会高质量发展提供坚实基础和有力保障。2009—2019 年，经济社会的快速发展增加了交通基础设施建设的需求。从交通固定资产投资来看，十年间，在全国固定资产投资中约有 10% 投入了交通基础设施建设，与同期全国交通运输用地增长对比，平均每投资 1 亿元带动 4.23 公顷交通运输用地的增长。此外，经济增长伴随着三次产业结构变动。十年内，随着我国产业结构的不断调整和转型升级，交通运输用地结构不断发生变化。物流业、高端制造业、新能源制造业等新兴产业对交通模式及配送效率有着更高的要求，引起了面向现代化服务的交通基础设施结构优化。

11.3.3　人口结构变动与消费需求升级

交通运输是构建新发展格局的重要支撑和服务人民美好生活、促进共同富裕的坚实保障。2009—2019 年，我国人口总量的增加引起交通需求总量的上涨。在快速城镇化背景下，人口自然结构、社会结构、地域结构变化会引起公共交通服务需求的变动，进而影响交通运输用地的结构和分布。此外，随着社会经济的持续增长，人们消费升级步伐加快，新业态发展迅速，以跨城通勤、商务出行及旅游为代表的跨区域交通需求日益增多，对跨区域交通基础设施的高效、便捷衔接提出了更高要求，深刻影响着交通运输用地结构变动和空间布局。

第 12 章　水域及水利设施用地

水是生存之本、文明之源。水域是承载水体的土地。合理开发、保护水域空间，对生态文明建设、水资源安全保障、国民经济可持续发展具有重要意义。本章根据“三调”数据成果，分析水域及水利设施用地现状，揭示水域及水利设施用地变化特征，为优化和加强水域及水利设施用地管理提供基础支撑。

12.1　水域及水利设施用地利用现状

本节主要基于 2019 年“三调”的土地利用现状数据，对水域及水利设施用地的利用现状进行分析，概述水域及水利设施用地总体数量和分布情况，并分析水域及水利设施用地的组成结构。

12.1.1　水域及水利设施用地面积、构成及分布

12.1.1.1　水域及水利设施用地面积及构成

水域及水利设施用地是指陆地水域、沟渠、水工建筑物等用地，不包括滞洪区，具体包括河流水面、湖泊水面、水库、坑塘、沟渠、冰川及常年积雪、水工建筑用地。

根据“三调”成果显示，截至 2019 年 12 月 31 日，全国水域及水利设施用地总面积为 3628.79 万公顷。其中，河流水面 880.78 万公顷，占 24.27%，湖泊水面 846.48 万公顷，占 23.33%，水库水面 336.84 万公顷，占 9.28%，坑塘水面 641.86 万公顷，占 17.69%，沟渠 351.75 万公顷，占 9.69%，水工建筑用地 80.21 万公顷，占 2.21%，冰川及常年积雪 490.87 万公顷，占 13.53%。2019 年全国水域及水利设施用地结构见图 12.1。

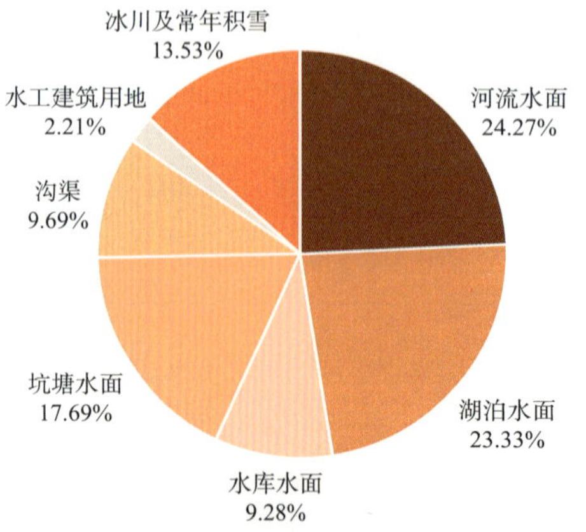

图 12.1　2019 年全国水域及水利设施用地结构

12.1.1.2　水域及水利设施用地分布情况

从各省（区、市）来看，2019 年水域及水利设施用地面积在 200 万公顷以上的有西藏、新疆、江苏、青海 4 个省（区）；150 万～200 万公顷的有湖北、安徽、黑龙江 3 个省；100 万～150 万公顷的有广东、山东、江西、湖南、内蒙古、四川 5 个省（区）；50 万～100 万公顷的有河南、广西、浙江、辽宁、云南、吉林、河北 7 个省（区）；甘肃、福建、陕西、重庆、贵州、天津、上海、海南、山西、宁夏和北京 11 个省（区、市）水域及水利设施用地小于 50 万公顷。2019 年全国各省（区、市）城镇村及工矿用地面积见表 12.1、图 12.2。

表 12.1　2019 年全国及各省（区、市）水域及水利设施用地面积情况　　单位：10^4 hm^2

行政辖区	水域及水利设施用地总面积	河流水面	湖泊水面	水库水面	坑塘水面	沟渠	水工建筑用地	冰川及常年积雪
全国	3628.79	880.78	846.48	336.84	641.86	351.75	80.21	490.87
北京	6.17	1.86	0.00	2.13	0.84	0.83	0.51	0.00
天津	23.73	2.54	0.00	3.67	8.26	7.87	1.38	0.00
河北	57.11	17.90	2.49	6.88	13.23	13.13	3.48	0.00
山西	17.31	9.76	0.36	3.56	1.07	1.93	0.63	0.00
内蒙古	106.18	30.65	39.65	7.11	13.34	13.64	1.78	0.00
辽宁	69.16	25.81	0.03	10.60	21.17	9.25	2.29	0.00
吉林	59.81	18.44	5.39	14.88	12.41	6.87	1.82	0.00
黑龙江	168.64	52.81	27.63	19.37	26.30	38.11	4.42	0.00
上海	19.13	14.47	0.59	0.56	2.30	0.92	0.29	0.00
江苏	250.34	62.31	57.20	4.45	76.39	38.94	11.05	0.00
浙江	70.25	30.35	0.82	13.41	21.36	1.84	2.47	0.00
安徽	172.85	29.62	33.66	11.41	59.55	29.50	9.11	0.00
福建	37.31	15.86	0.07	7.36	11.26	1.91	0.86	0.00
江西	128.96	25.80	36.74	20.05	28.18	14.95	3.23	0.00
山东	132.54	26.28	11.98	15.49	35.07	34.85	8.87	0.00
河南	85.07	24.45	0.23	16.91	20.74	18.50	4.24	0.00
湖北	198.37	36.11	26.29	24.26	85.83	19.29	6.60	0.00
湖南	125.85	32.22	13.32	18.79	45.40	12.82	3.30	0.00
广东	134.23	33.33	0.14	19.67	68.29	9.73	3.07	0.00
广西	74.90	26.52	0.01	19.21	21.42	6.80	0.94	0.00
海南	18.31	4.20	0.05	5.44	7.11	1.18	0.33	0.00
重庆	27.17	8.48	0.00	10.56	7.20	0.53	0.39	0.00

续表

行政辖区	水域及水利设施用地总面积	河流水面	湖泊水面	水库水面	坑塘水面	沟渠	水工建筑用地	冰川及常年积雪
四川	105.32	54.67	3.52	16.29	21.02	3.92	1.31	4.59
贵州	25.54	14.06	0.24	7.89	2.06	0.85	0.44	0.00
云南	60.85	19.72	10.85	17.48	5.68	1.66	1.15	4.31
西藏	593.04	45.31	337.29	1.23	1.01	0.72	0.33	207.15
陕西	27.33	17.81	0.43	3.46	2.40	1.84	1.39	0.00
甘肃	40.94	15.76	1.67	3.71	1.16	7.66	0.92	10.06
青海	244.66	43.47	150.48	7.29	0.23	0.61	0.25	42.33
宁夏	16.87	3.17	1.17	0.94	2.98	8.26	0.34	0.00
新疆	530.85	137.02	84.17	22.78	18.58	42.84	3.03	222.42

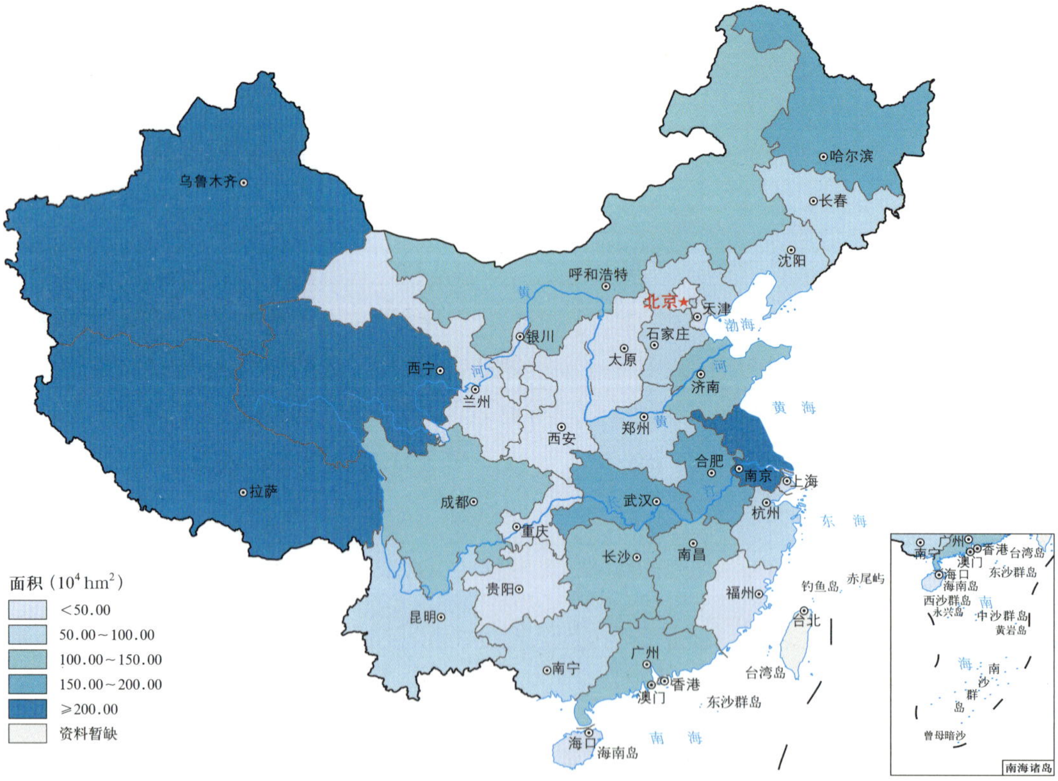

图 12.2　2019 年全国水域及水利设施用地分布情况

12.1.2　水域用地二级地类面积及分布

12.1.2.1　河流水面

河流水面是指天然形成或人工开挖河流常水位岸线之间的水面，不包括被堤坝拦截后形成的水库区段水面。我国河流水面面积为 880.78 万公顷。

从各省（区、市）分布情况看，面积在 100 万公顷以上的只有新疆，面积为 137.02 万公顷；40 万～100 万公顷的有江苏、四川、黑龙江、西藏、青海 5 个省（区）；20 万～40 万公顷的有湖北、广东、湖南、内蒙古、浙江、安徽、广西、山东、辽宁、江西、河南 11 个省（区）；10 万～20 万公顷的有云南、吉林、河北、陕西、福建、甘肃、上海、贵州 8 个省（市）；10 万公顷以下的有山西、重庆、海南、宁夏、天津和北京 6 个省（区、市）。

从占全国河流水面面积比例看，新疆（137.02 万公顷）、江苏（62.31 万公顷）、四川（54.67 万公顷）、黑龙江（52.81 万公顷）、西藏（45.31 万公顷）、青海（43.47 万公顷）6 个省（区）的河流水面较多，合计占 44.92%。从河流水面占该省（区、市）水域及水利设施用地总面积比例来看，50% 以上的有上海、陕西、山西、贵州和四川 5 个省（市）；30%～50% 的有浙江、福建、甘肃、辽宁、广西、云南、河北、黑龙江、重庆、吉林、北京 11 个省（区、市）；20%～30% 的有内蒙古、河南、新疆、湖南、江苏、广东、海南、江西 8 个省（区）；20% 以下的有山东、宁夏、湖北、青海、安徽、天津、西藏 7 个省（区、市）。2019 年全国各省（区、市）河流水面面积见表 12.2、图 12.3。

表 12.2　2019 年全国及各省（区、市）河流水面面积情况

行政辖区	水域及水利设施用地总面积（10^4 hm^2）	河流水面面积（10^4 hm^2）	占全国河流水面面积比例（%）	占该辖区水域及水利设施用地总面积比例（%）
全国	3628.79	880.78	100.00	24.27
北京	6.17	1.86	0.21	30.15
天津	23.73	2.54	0.29	10.70
河北	57.11	17.90	2.03	31.34
山西	17.31	9.76	1.11	56.38
内蒙古	106.18	30.65	3.48	28.87
辽宁	69.16	25.81	2.93	37.32
吉林	59.81	18.44	2.09	30.83
黑龙江	168.64	52.81	6.00	31.32
上海	19.13	14.47	1.64	75.64
江苏	250.34	62.31	7.07	24.89
浙江	70.25	30.35	3.45	43.20
安徽	172.85	29.62	3.36	17.14
福建	37.31	15.86	1.80	42.51
江西	128.96	25.80	2.93	20.01
山东	132.54	26.28	2.98	19.83
河南	85.07	24.45	2.78	28.74
湖北	198.37	36.11	4.10	18.20
湖南	125.85	32.22	3.66	25.60

续表

行政辖区	水域及水利设施用地总面积（10^4 hm^2）	河流水面面积（10^4 hm^2）	占全国河流水面面积比例（%）	占该辖区水域及水利设施用地总面积比例（%）
广东	134.23	33.33	3.78	24.83
广西	74.90	26.52	3.01	35.41
海南	18.31	4.20	0.48	22.94
重庆	27.17	8.48	0.96	31.21
四川	105.32	54.67	6.21	51.91
贵州	25.54	14.06	1.60	55.05
云南	60.85	19.72	2.24	32.41
西藏	593.04	45.31	5.14	7.64
陕西	27.33	17.81	2.02	65.17
甘肃	40.94	15.76	1.79	38.50
青海	244.66	43.47	4.94	17.77
宁夏	16.87	3.17	0.36	18.79
新疆	530.85	137.02	15.56	25.81

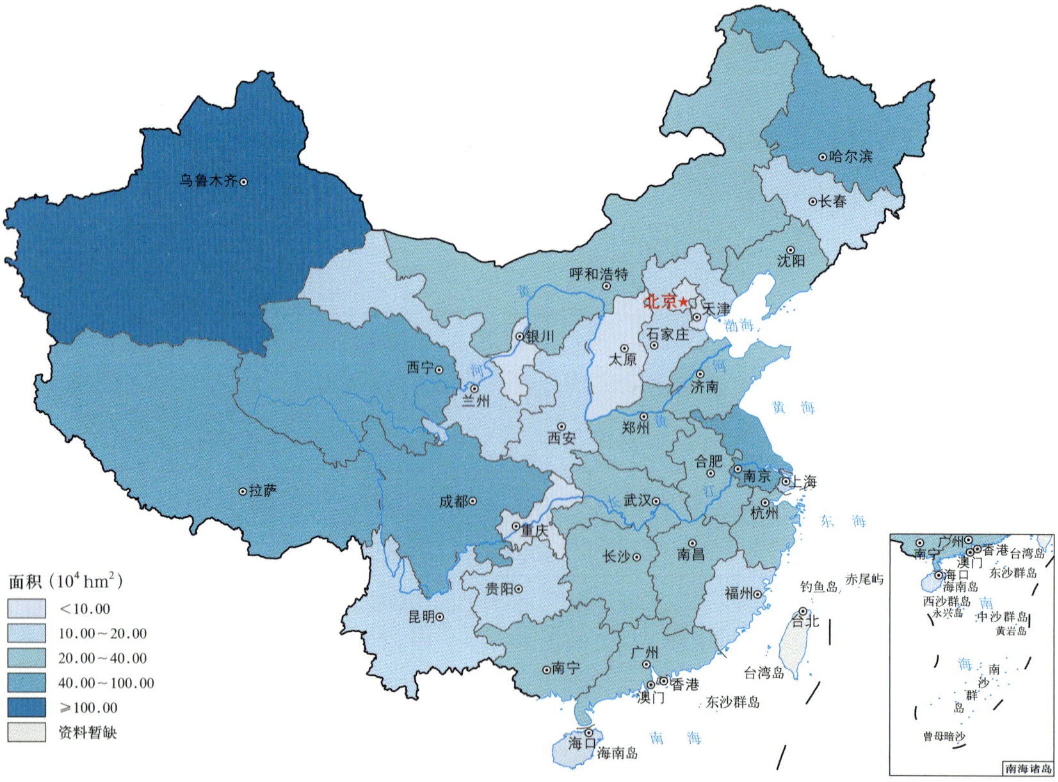

图 12.3　2019 年全国河流水面分布情况

12.1.2.2　湖泊水面

湖泊水面指天然形成的积水区常水位岸线所围成的水面。我国湖泊水面面积为 846.48 万公顷。

从各省（区、市）分布情况看，面积在 100 万公顷以上的有西藏、青海 2 个省（区）；50 万～100 万公顷的有新疆、江苏 2 个省（区）；10 万～50 万公顷的有内蒙古、江西、安徽、黑龙江、湖北、湖南、山东和云南 8 个省（区）；1 万～10 万公顷的有吉林、四川、河北、甘肃和宁夏 5 个省（区）；1 万公顷以下的浙江、上海、陕西、山西、贵州、河南、广东、福建、海南、辽宁、广西、北京、天津、重庆 14 个省（区、市）。

从各省（区、市）湖泊水面面积占全国湖泊水面面积比例来看，西藏（337.29 万公顷）、青海（150.48 万公顷）、新疆（84.17 万公顷）、江苏（57.20 万公顷）、内蒙古（39.65 万公顷）、江西（36.74 万公顷）、安徽（33.66 万公顷）、黑龙江（27.63 万公顷）和湖北（26.29 万公顷）等省（区）的湖泊水面较多，合计占全国的 93.70%。从湖泊水面面积占该省（区、市）水域及水利设施用地总面积比例来看，4% 以上的有西藏和青海，1% 以上的有新疆、江苏、内蒙古和江西，其他 25 个省（区、市）在 1% 以下。2019 年全国各省（区、市）湖泊水面面积见表 12.3、图 12.4。

表 12.3　2019 年全国及各省（区、市）湖泊水面面积情况

行政辖区	水域及水利设施用地总面积（10^4 hm^2）	湖泊水面面积（10^4 hm^2）	占全国湖泊水面面积比例（%）	占该辖区水域及水利设施用地总面积比例（%）
全国	3628.79	846.48	100.00	23.33
北京	6.17	0.00	0.00	0.00
天津	23.73	0.00	0.00	0.00
河北	57.11	2.49	0.29	0.07
山西	17.31	0.36	0.04	0.01
内蒙古	106.18	39.65	4.68	1.09
辽宁	69.16	0.03	0.00	0.00
吉林	59.81	5.39	0.64	0.15
黑龙江	168.64	27.63	3.26	0.76
上海	19.13	0.59	0.07	0.02
江苏	250.34	57.20	6.76	1.58
浙江	70.25	0.82	0.10	0.02
安徽	172.85	33.66	3.98	0.93
福建	37.31	0.07	0.01	0.00
江西	128.96	36.74	4.34	1.01
山东	132.54	11.98	1.42	0.33
河南	85.07	0.23	0.03	0.01
湖北	198.37	26.29	3.11	0.72
湖南	125.85	13.32	1.57	0.37
广东	134.23	0.14	0.02	0.00

续表

行政辖区	水域及水利设施用地总面积（10^4 hm^2）	湖泊水面面积（10^4 hm^2）	占全国湖泊水面面积比例（%）	占该辖区水域及水利设施用地总面积比例（%）
广西	74.90	0.01	0.00	0.00
海南	18.31	0.05	0.01	0.00
重庆	27.17	0.00	0.00	0.00
四川	105.32	3.52	0.42	0.10
贵州	25.54	0.24	0.03	0.01
云南	60.85	10.85	1.28	0.30
西藏	593.04	337.29	39.85	9.29
陕西	27.33	0.43	0.05	0.01
甘肃	40.94	1.67	0.20	0.05
青海	244.66	150.48	17.78	4.15
宁夏	16.87	1.17	0.14	0.03
新疆	530.85	84.17	9.94	2.32

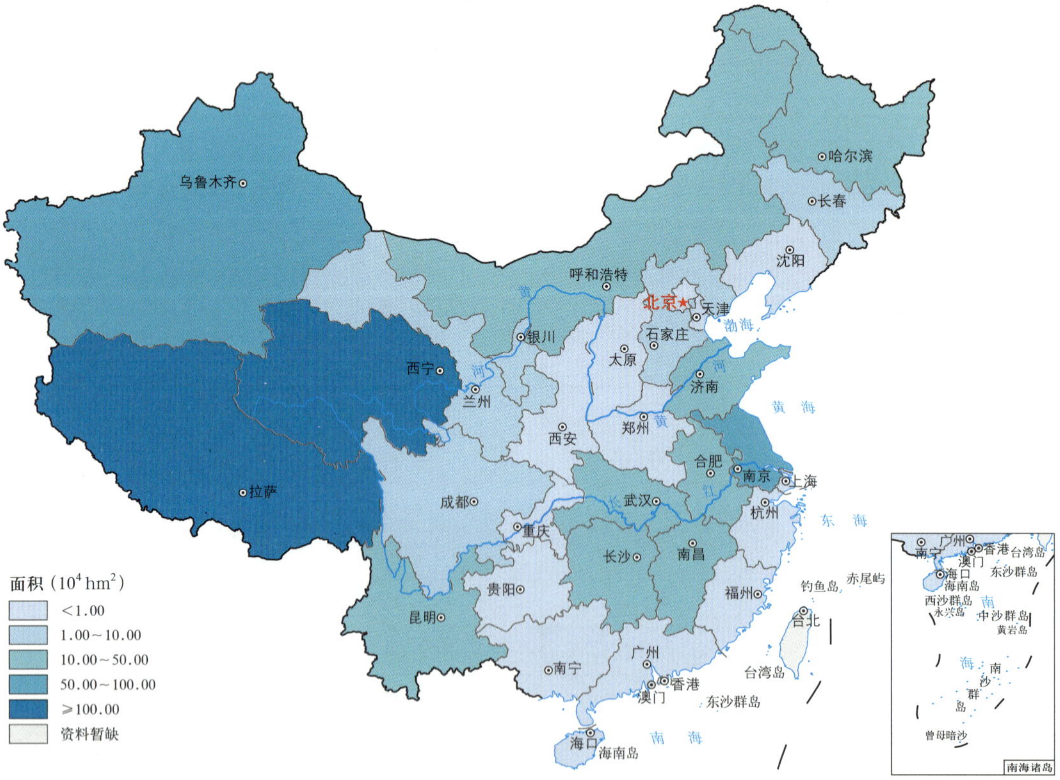

图 12.4　2019 年全国湖泊水面分布情况

12.1.2.3　水库水面

水库水面指人工拦截汇集而成的总设计库容大于等于10 万立方米的水库正常蓄水位岸线所围成的水

面。我国水库水面面积为 336.84 万公顷。

从各省（区、市）分布情况看，面积在 20 万以上的有湖北、新疆、江西 3 个省（区）；15 万～20 万公顷的有广东、黑龙江、广西、湖南、云南、河南、四川、山东 8 个省（区）；10 万～15 万公顷的有吉林、浙江、安徽、辽宁和重庆 5 个省（市）；5 万～10 万公顷的有贵州、福建、青海、内蒙古、河北、海南 6 个省（区）；5 万公顷以下的有江苏、甘肃、天津、山西、陕西、北京、西藏、宁夏和上海 9 个省（区、市）。

从占全国水库水面面积比例来看，湖北（24.26 万公顷）、新疆（22.78 万公顷）、江西（20.05 万公顷）、广东（19.67 万公顷）、黑龙江（19.37 万公顷）、广西（19.21 万公顷）、湖南（18.79 万公顷）、云南（17.48 万公顷）、河南（16.91 万公顷）和四川（16.29 万公顷）水库水面较多，合计占全国总量的 57.83%。

从水库水面占该省（区、市）水域及水利设施用地总面积比例来看，0.5% 以上的有湖北、新疆、江西、广东、黑龙江、广西和湖南；0.4%～0.5% 的有云南、河南、四川、山东、吉林；0.2%～0.4% 的有浙江、安徽、辽宁、重庆、贵州、福建、青海、内蒙古；0.2% 以下的有河北、海南、江苏、甘肃、天津、山西、陕西、北京、西藏、宁夏和上海。2019 年全国各省（区、市）水库水面面积见表 12.4、图 12.5。

表 12.4　2019 年全国及各省（区、市）水库水面面积情况

行政辖区	水域及水利设施用地总面积（10^4 hm^2）	水库水面面积（10^4 hm^2）	占全国水库水面面积比例（%）	占该辖区水域及水利设施用地总面积比例（%）
全国	3628.79	336.84	100.00	9.28
北京	6.17	2.13	0.63	0.06
天津	23.73	3.67	1.09	0.10
河北	57.11	6.88	2.04	0.19
山西	17.31	3.56	1.06	0.10
内蒙古	106.18	7.11	2.11	0.20
辽宁	69.16	10.60	3.15	0.29
吉林	59.81	14.88	4.42	0.41
黑龙江	168.64	19.37	5.75	0.53
上海	19.13	0.56	0.17	0.02
江苏	250.34	4.45	1.32	0.12
浙江	70.25	13.41	3.98	0.37
安徽	172.85	11.41	3.39	0.31
福建	37.31	7.36	2.19	0.20
江西	128.96	20.05	5.95	0.55
山东	132.54	15.49	4.60	0.43
河南	85.07	16.91	5.02	0.47
湖北	198.37	24.26	7.20	0.67

续表

行政辖区	水域及水利设施用地总面积（10^4 hm^2）	水库水面面积（10^4 hm^2）	占全国水库水面面积比例（%）	占该辖区水域及水利设施用地总面积比例（%）
湖南	125.85	18.79	5.58	0.52
广东	134.23	19.67	5.84	0.54
广西	74.90	19.21	5.70	0.53
海南	18.31	5.44	1.62	0.15
重庆	27.17	10.56	3.14	0.29
四川	105.32	16.29	4.84	0.45
贵州	25.54	7.89	2.34	0.22
云南	60.85	17.48	5.19	0.48
西藏	593.04	1.23	0.37	0.03
陕西	27.33	3.46	1.03	0.10
甘肃	40.94	3.71	1.10	0.10
青海	244.66	7.29	2.16	0.20
宁夏	16.87	0.94	0.28	0.03
新疆	530.85	22.78	6.76	0.63

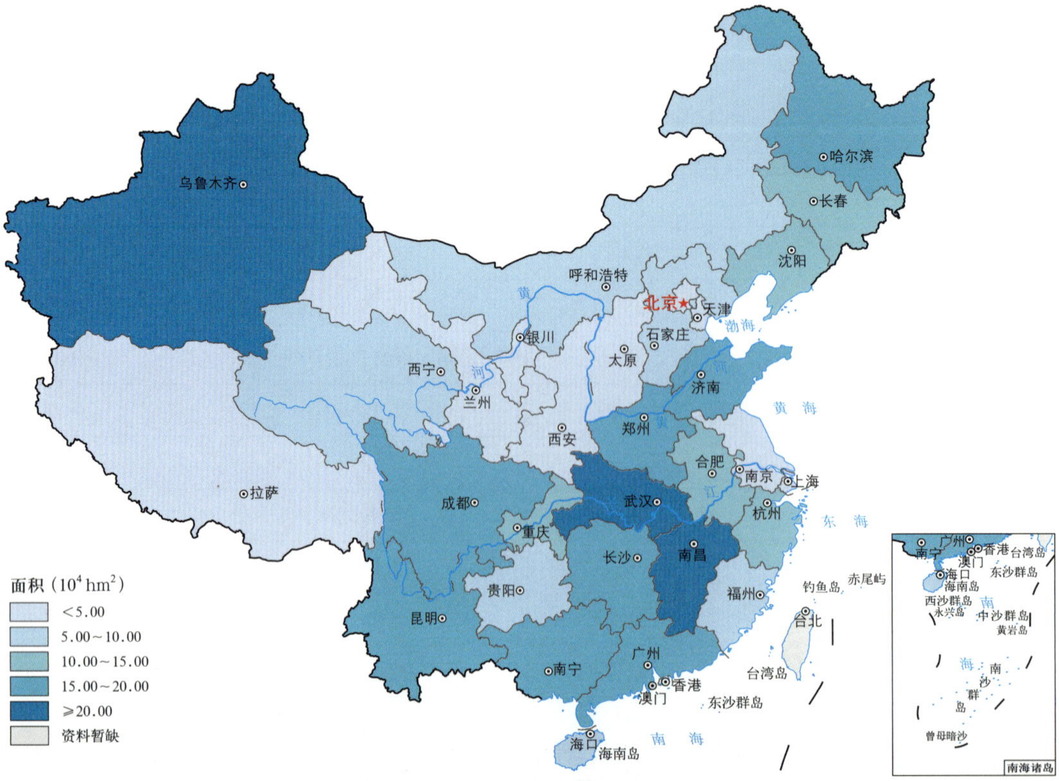

图 12.5　2019 年全国水库水面分布情况

12.1.2.4 坑塘水面

坑塘水面指人工开挖或天然形成的蓄水量小于10万立方米的坑塘常水位岸线所围成的水面。我国坑塘水面面积为 641.86 万公顷。

从各省（区、市）分布情况看，面积在 50 万公顷以上的有湖北、江苏、广东、安徽 4 个省；25 万～50 万公顷的有湖南、山东、江西、黑龙江 4 个省；15 万～25 万公顷的有广西、浙江、辽宁、四川、河南和新疆 6 个省（区）；10 万～15 万公顷的有内蒙古、河北、吉林、福建 4 个省（区）；10 万公顷以下的有天津、重庆、海南、云南、宁夏、陕西、上海、贵州、甘肃、山西、西藏、北京、青海 13 个省（区、市）。

从各省（区、市）占全国坑塘水面面积比例看，湖北（85.83 万公顷）、江苏（76.39 万公顷）、广东（68.29 万公顷）、安徽（59.55 万公顷）、湖南（45.40 万公顷）和山东（35.07 万公顷）占比较大，合计占全国的 57.72%。

从坑塘水面占该省（区、市）水域及水利设施用地总面积比例来看，1% 以上的有湖北、江苏、广东、安徽、湖南；0.5%～1% 的有山东、江西、黑龙江、广西、浙江、辽宁、四川、河南和新疆；其他省份在 0.5% 以下。2019 年全国各省（区、市）坑塘水面面积见表 12.5、图 12.6。

表 12.5 2019 年全国及各省（区、市）坑塘水面面积情况

行政辖区	水域及水利设施用地总面积（10^4 hm^2）	坑塘水面面积（10^4 hm^2）	占全国坑塘水面面积比例（%）	占该辖区水域及水利设施用地总面积比例（%）
全国	3628.79	641.86	100.00	17.69
北京	6.17	0.84	0.13	0.02
天津	23.73	8.26	1.29	0.23
河北	57.11	13.23	2.06	0.36
山西	17.31	1.07	0.17	0.03
内蒙古	106.18	13.34	2.08	0.37
辽宁	69.16	21.17	3.30	0.58
吉林	59.81	12.41	1.93	0.34
黑龙江	168.64	26.30	4.10	0.72
上海	19.13	2.30	0.36	0.06
江苏	250.34	76.39	11.90	2.11
浙江	70.25	21.36	3.33	0.59
安徽	172.85	59.55	9.28	1.64
福建	37.31	11.26	1.75	0.31
江西	128.96	28.18	4.39	0.78
山东	132.54	35.07	5.46	0.97
河南	85.07	20.74	3.23	0.57

续表

行政辖区	水域及水利设施用地总面积（10^4 hm^2）	坑塘水面面积（10^4 hm^2）	占全国坑塘水面面积比例（%）	占该辖区水域及水利设施用地总面积比例（%）
湖北	198.37	85.83	13.37	2.37
湖南	125.85	45.40	7.07	1.25
广东	134.23	68.29	10.64	1.88
广西	74.90	21.42	3.34	0.59
海南	18.31	7.11	1.11	0.20
重庆	27.17	7.20	1.12	0.20
四川	105.32	21.02	3.27	0.58
贵州	25.54	2.06	0.32	0.06
云南	60.85	5.68	0.88	0.16
西藏	593.04	1.01	0.16	0.03
陕西	27.33	2.40	0.37	0.07
甘肃	40.94	1.16	0.18	0.03
青海	244.66	0.23	0.04	0.01
宁夏	16.87	2.98	0.46	0.08
新疆	530.85	18.58	2.89	0.51

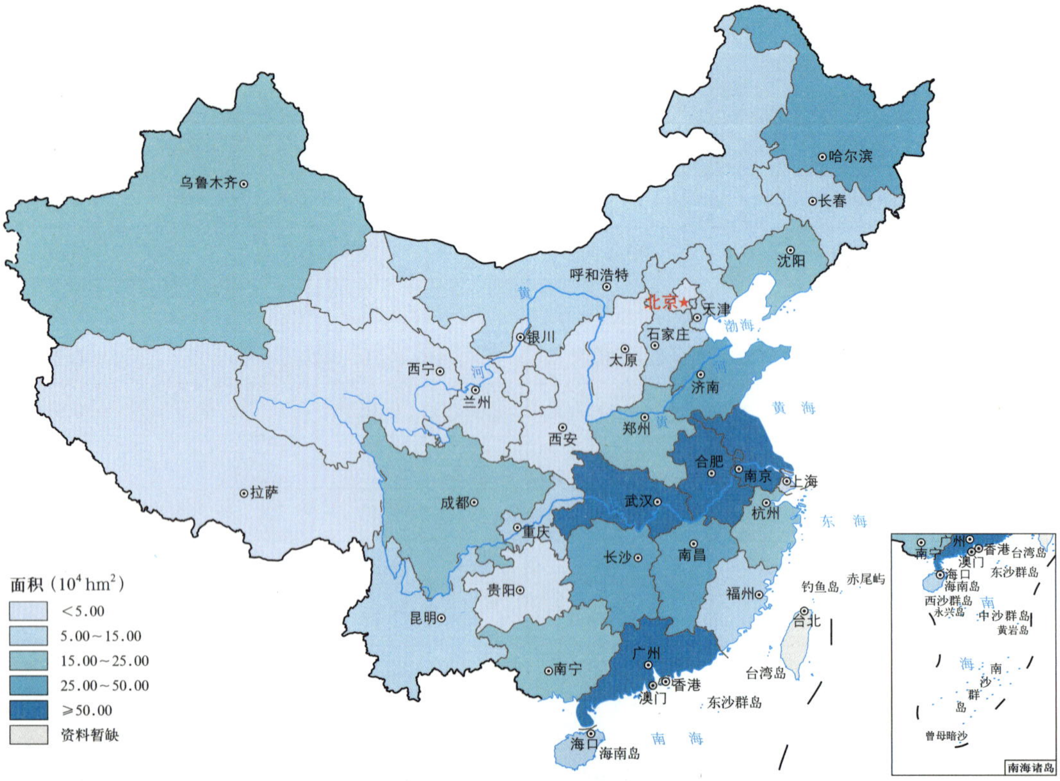

图 12.6　2019 年全国坑塘水面分布情况

12.1.2.5 沟渠

沟渠指人工修建的，南方宽度大于等于1.0 米、北方宽度大于等于2.0 米，用于引、排、灌的渠道，包括渠槽、渠堤、护堤林及小型泵站。全国沟渠总面积为 351.75 万公顷。

从各省（区、市）分布情况看，面积在 30 万公顷以上的有新疆、江苏、黑龙江、山东 4 个省（区）；15 万～30 万公顷的有安徽、湖北、河南 3 个省；10 万～15 万公顷的有江西、内蒙古、河北、湖南 4 个省（区）；5 万～10 万公顷的有广东、辽宁、宁夏、天津、甘肃、吉林、广西 7 个省（区、市）；5 万公顷以下的有四川、山西、福建、浙江、陕西、云南、海南、上海、贵州、北京、西藏、青海、重庆 13 个省（区、市）。

从占全国沟渠面积比例看，新疆、江苏、黑龙江、山东、安徽 5 个省（区）的面积合计占全国的 52.38%。从沟渠占该省水域及水利设施用地总面积比例来看，1% 以上的有新疆、江苏、黑龙江 3 个省（区）；0.3%～1% 的有山东、安徽、湖北、河南、江西、内蒙古、河北、湖南 8 个省（区）；其他均在 0.3% 以下。2019 年全国各省（区、市）沟渠面积见表 12.6、图 12.7。

表 12.6 2019 年全国及各省（区、市）沟渠面积情况

行政辖区	水域及水利设施用地总面积（10^4 hm^2）	沟渠面积（10^4 hm^2）	占全国沟渠面积比例（%）	占该辖区水域及水利设施用地总面积比例（%）
全国	3628.79	351.75	100.00	9.69
北京	6.17	0.83	0.24	0.02
天津	23.73	7.87	2.24	0.22
河北	57.11	13.13	3.73	0.36
山西	17.31	1.93	0.55	0.05
内蒙古	106.18	13.64	3.88	0.38
辽宁	69.16	9.25	2.63	0.25
吉林	59.81	6.87	1.95	0.19
黑龙江	168.64	38.11	10.83	1.05
上海	19.13	0.92	0.26	0.03
江苏	250.34	38.94	11.07	1.07
浙江	70.25	1.84	0.52	0.05
安徽	172.85	29.50	8.39	0.81
福建	37.31	1.91	0.54	0.05
江西	128.96	14.95	4.25	0.41
山东	132.54	34.85	9.91	0.96
河南	85.07	18.50	5.26	0.51
湖北	198.37	19.29	5.48	0.53

续表

行政辖区	水域及水利设施用地总面积（10^4 hm^2）	沟渠面积（10^4 hm^2）	占全国沟渠面积比例（%）	占该辖区水域及水利设施用地总面积比例（%）
湖南	125.85	12.82	3.64	0.35
广东	134.23	9.73	2.77	0.27
广西	74.90	6.80	1.93	0.19
海南	18.31	1.18	0.34	0.03
重庆	27.17	0.53	0.15	0.01
四川	105.32	3.92	1.11	0.11
贵州	25.54	0.85	0.24	0.02
云南	60.85	1.66	0.47	0.05
西藏	593.04	0.72	0.20	0.02
陕西	27.33	1.84	0.52	0.05
甘肃	40.94	7.66	2.18	0.21
青海	244.66	0.61	0.17	0.02
宁夏	16.87	8.26	2.35	0.23
新疆	530.85	42.84	12.18	1.18

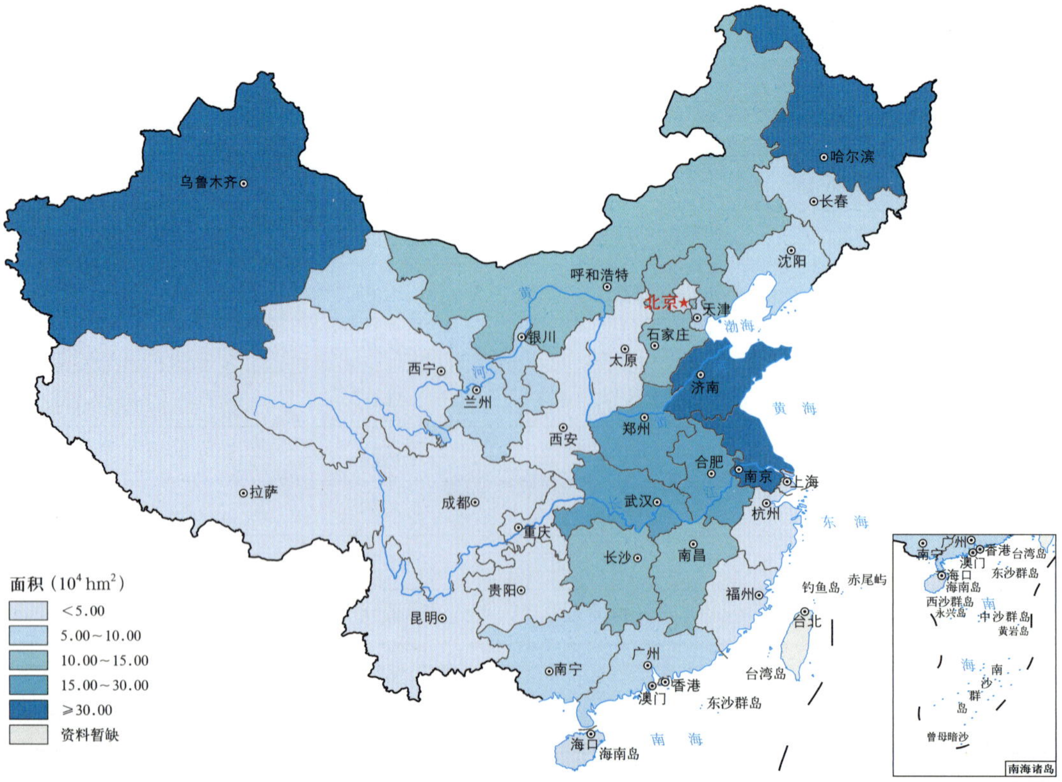

图 12.7　2019 年全国沟渠分布情况

12.1.2.6　水工建筑用地

水工建筑用地是指人工修建的闸、坝、堤路林、水电厂房、扬水站等常水位岸线以上的建（构）筑物用地。

截至 2019 年 12 月 31 日，全国水工建筑用地面积为 80.21 万公顷，占全国建设用地总面积的 1.96%。从水工建筑用地面积看，各省（区、市）中，水工建筑用地面积大于 6 万公顷的，包括江苏、安徽、山东、湖北；水工建筑用地面积在 3 万～6 万公顷的，包括黑龙江、河南、河北、湖南、江西、广东、新疆；水工建筑用地面积 1 万～3 万公顷的，包括浙江、辽宁、吉林、内蒙古、陕西、天津、四川、云南 8 个省（区、市）；小于 1 万公顷的，包括广西、甘肃、福建、山西、北京、贵州、重庆、宁夏、海南、西藏、上海、青海 12 个省（区、市）。

从占该省（区、市）水域及水利设施用地总面积比例来看，0.1% 以上的有江苏、安徽、山东、湖北、黑龙江、河南和河北 7 个省份；其他 24 个省（区、市）均小于 0.1%。2019 年全国各省（区、市）水工建筑用地面积见表 12.7、图 12.8。

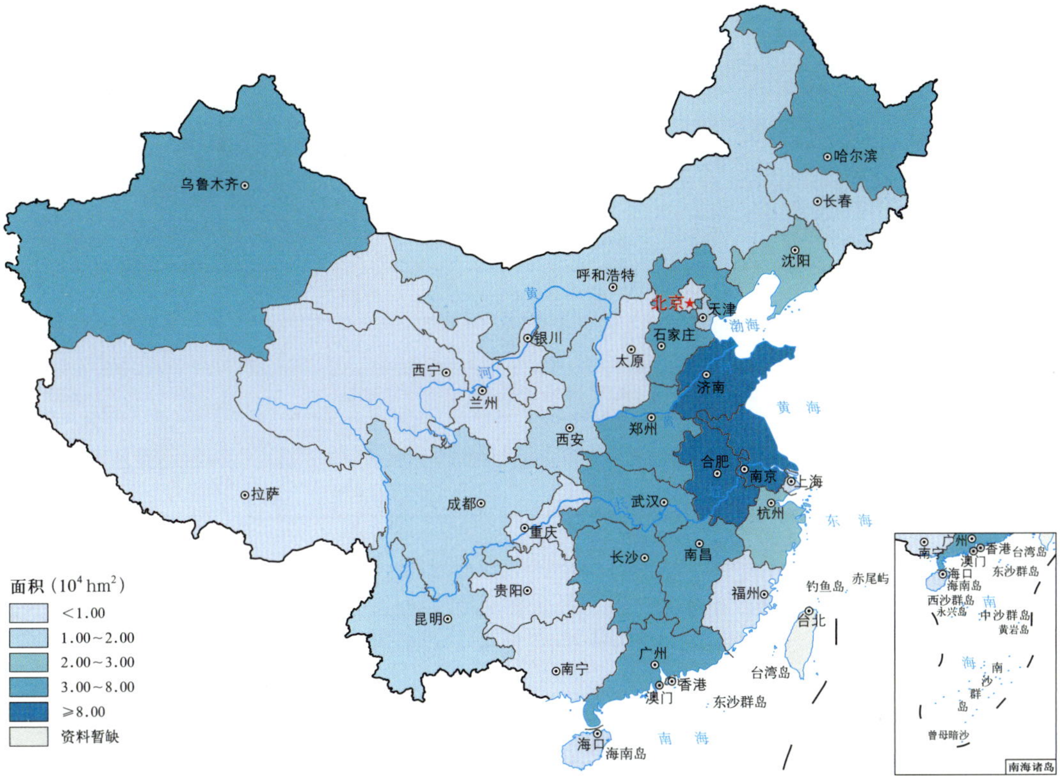

图 12.8　2019 年全国水工建筑用地分布情况

表 12.7　2019 年全国及各省（区、市）水工建筑用地面积情况

行政辖区	水域及水利设施用地总面积（10^4 hm^2）	水工建筑用地面积（10^4 hm^2）	占全国水工建筑用地面积比例（%）	占该辖区水域及水利设施用地总面积比例（%）
全国	3628.79	80.21	100.00	2.21
北京	6.17	0.51	0.64	0.01
天津	23.73	1.38	1.72	0.04

续表

行政辖区	水域及水利设施用地总面积（10^4 hm^2）	水工建筑用地面积（10^4 hm^2）	占全国水工建筑用地面积比例（%）	占该辖区水域及水利设施用地总面积比例（%）
河北	57.11	3.48	4.34	0.10
山西	17.31	0.63	0.79	0.02
内蒙古	106.18	1.78	2.22	0.05
辽宁	69.16	2.29	2.86	0.06
吉林	59.81	1.82	2.27	0.05
黑龙江	168.64	4.42	5.51	0.12
上海	19.13	0.29	0.36	0.01
江苏	250.34	11.05	13.78	0.30
浙江	70.25	2.47	3.08	0.07
安徽	172.85	9.11	11.36	0.25
福建	37.31	0.86	1.07	0.02
江西	128.96	3.23	4.03	0.09
山东	132.54	8.87	11.06	0.24
河南	85.07	4.24	5.29	0.12
湖北	198.37	6.60	8.23	0.18
湖南	125.85	3.30	4.11	0.09
广东	134.23	3.07	3.83	0.08
广西	74.90	0.94	1.17	0.03
海南	18.31	0.33	0.41	0.01
重庆	27.17	0.39	0.49	0.01
四川	105.32	1.31	1.63	0.04
贵州	25.54	0.44	0.55	0.01
云南	60.85	1.15	1.43	0.03
西藏	593.04	0.33	0.41	0.01
陕西	27.33	1.39	1.73	0.04
甘肃	40.94	0.92	1.15	0.03
青海	244.66	0.25	0.31	0.01
宁夏	16.87	0.34	0.42	0.01
新疆	530.85	3.03	3.78	0.08

12.1.2.7　冰川及常年积雪

冰川及常年积雪指表层被冰雪常年覆盖的土地。全国冰川及常年积雪总面积为 490.87 万公顷。

从各省（区、市）分布情况看，冰川及常年积雪分布在新疆、西藏、青海、甘肃、四川、云南 6 个省（区），其他 25 个省（区、市）为 0 万公顷。其中，新疆和西藏面积最大，分别为 222.42 万公顷和 207.15 万公顷，分别占全国冰川及常年积雪总面积的 45.31% 和 42.20%，合计占全国冰川及常年积雪总面积的 87.51%。

从冰川及常年积雪占该省（区、市）水域及水利设施用地总面积比例来看，新疆为 6.13%，西藏为 5.71%，青海为 1.17%，甘肃、四川、云南在 0.3% 以下。2019 年全国各省（区、市）冰川及常年积雪面积见表 12.8、图 12.9。

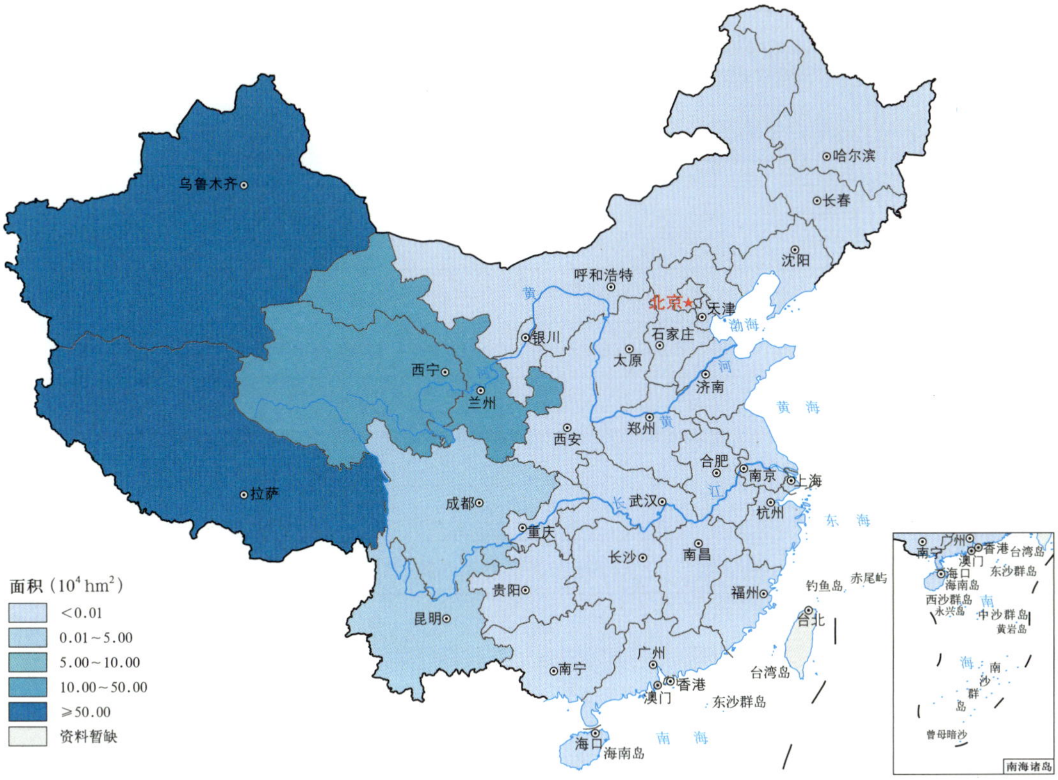

图 12.9　2019 年全国冰川及永久积雪分布情况

表 12.8　2019 年全国及各省（区、市）冰川及常年积雪面积情况

行政辖区	水域及水利设施用地总面积（10^4 hm^2）	冰川及常年积雪面积（10^4 hm^2）	占全国冰川及常年积雪面积比例（%）	占该辖区水域及水利设施用地总面积比例（%）
全国	3628.79	490.87	100.00	13.53
北京	6.17	0.00	0.00	0.00
天津	23.73	0.00	0.00	0.00
河北	57.11	0.00	0.00	0.00
山西	17.31	0.00	0.00	0.00
内蒙古	106.18	0.00	0.00	0.00

续表

行政辖区	水域及水利设施用地总面积（10^4 hm^2）	冰川及常年积雪面积（10^4 hm^2）	占全国冰川及常年积雪面积比例（%）	占该辖区水域及水利设施用地总面积比例（%）
辽宁	69.16	0.00	0.00	0.00
吉林	59.81	0.00	0.00	0.00
黑龙江	168.64	0.00	0.00	0.00
上海	19.13	0.00	0.00	0.00
江苏	250.34	0.00	0.00	0.00
浙江	70.25	0.00	0.00	0.00
安徽	172.85	0.00	0.00	0.00
福建	37.31	0.00	0.00	0.00
江西	128.96	0.00	0.00	0.00
山东	132.54	0.00	0.00	0.00
河南	85.07	0.00	0.00	0.00
湖北	198.37	0.00	0.00	0.00
湖南	125.85	0.00	0.00	0.00
广东	134.23	0.00	0.00	0.00
广西	74.90	0.00	0.00	0.00
海南	18.31	0.00	0.00	0.00
重庆	27.17	0.00	0.00	0.00
四川	105.32	4.59	0.94	0.13
贵州	25.54	0.00	0.00	0.00
云南	60.85	4.31	0.88	0.12
西藏	593.04	207.15	42.20	5.71
陕西	27.33	0.00	0.00	0.00
甘肃	40.94	10.06	2.05	0.28
青海	244.66	42.33	8.62	1.17
宁夏	16.87	0.00	0.00	0.00
新疆	530.85	222.42	45.31	6.13

12.2　水域及水利设施用地变化特征

本节主要将 2019 年“三调”的土地利用现状数据与 2009 年“二调”数据进行对比，从水域及水利设施用地的面积和结构研究水域及水利设施用地数量变化特征。此外，需要说明的是，其他地类转变为水域及水利设施用地，称为水域及水利设施用地流入，而水域及水利设施用地转变为其他地类情况，则称为水域及水利设施用地流出。

2009—2019 年，水域及水利设施用地净增加 175.77 万公顷。全国水域及水利设施用地流入面积为 733.12 万公顷，新增水域及水利设施用地的主要来源为草地、耕地和湿地；全国水域及水利设施用地流出面积为 654.42 万公顷，主要流向耕地、草地和林地。

12.2.1　水域及水利设施用地面积变化

2009—2019 年，全国水域及水利设施用地面积从 3453.02 万公顷增加到 3628.79 万公顷，净增加 175.77 万公顷，增长幅度为 5.09%。

从各省（区、市）变化情况看，全国水域及水利设施用地增加的省（区、市）有 20 个，减少的省（区、市）有 11 个。其中，水域及水利设施用地净增面积大于 10 万公顷的，包括新疆、西藏、青海、江西 4 个省（区）；5 万～10 万公顷的，包括四川、黑龙江、浙江 3 个省；净增加小于 5 万公顷的有辽宁、河南、湖北、海南、宁夏、陕西、福建、贵州、山西、重庆、广西、内蒙古、广东 13 个省（区、市）。净减少最多的是甘肃，减少 14.44 万公顷，减少 1 万～10 万公顷的有湖南、河北、上海、江苏、吉林、云南 6 个省（市）；减少 1 万公顷以下的有天津、山东、安徽、北京 4 个省（市）。2019 年全国各省（区、市）水域及水利设施用地面积变化见图 12.10、表 12.9。

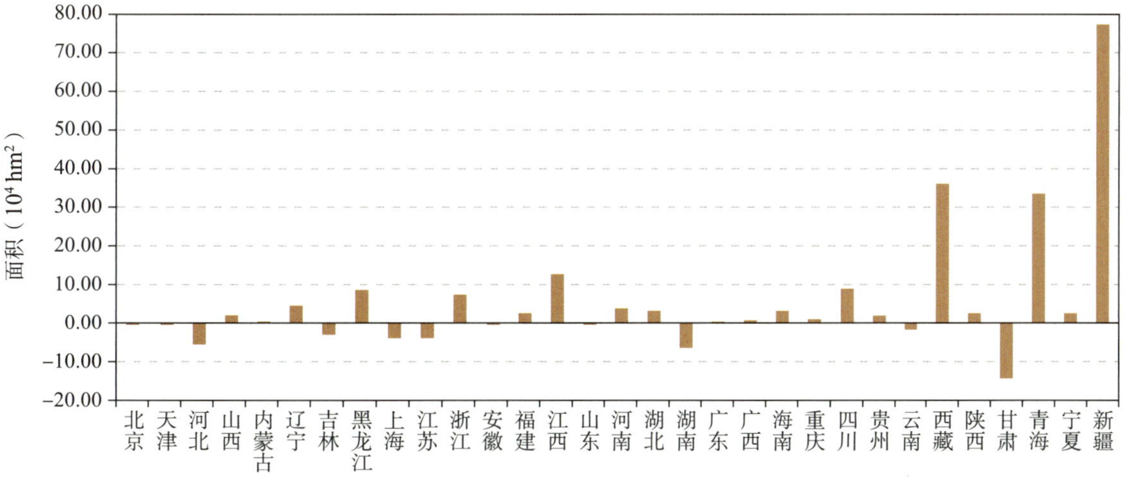

图 12.10　2009—2019 年各省（区、市）水域及水利设施用地面积变化情况

表 12.9　2009—2019 年全国及各省（区、市）水域及水利设施用地面积变化情况

行政辖区	2009 年水域及水利设施用地面积（10^4 hm^2）	2019 年水域及水利设施用地面积（10^4 hm^2）	水域及水利设施用地面积变化（10^4 hm^2）	水域及水利设施面积变化率（%）
全国	3453.02	3628.79	175.77	5.09
北京	6.26	6.17	–0.09	–1.37
天津	24.19	23.73	–0.46	–1.89
河北	62.52	57.11	–5.41	–8.65
山西	15.14	17.31	2.17	14.34
内蒙古	105.73	106.18	0.45	0.42
辽宁	64.48	69.16	4.68	7.26
吉林	62.64	59.81	–2.83	–4.52
黑龙江	160.06	168.64	8.58	5.36
上海	23.07	19.13	–3.94	–17.10
江苏	254.24	250.34	–3.90	–1.53
浙江	62.96	70.25	7.29	11.58
安徽	173.10	172.85	–0.25	–0.15
福建	34.76	37.31	2.55	7.34
江西	116.09	128.96	12.87	11.09
山东	132.83	132.54	–0.29	–0.22
河南	81.12	85.07	3.95	4.87
湖北	194.91	198.37	3.46	1.77
湖南	132.23	125.85	–6.38	–4.82
广东	134.04	134.23	0.19	0.14
广西	74.00	74.90	0.90	1.21
海南	15.05	18.31	3.26	21.65
重庆	25.90	27.17	1.27	4.90
四川	96.18	105.32	9.14	9.51
贵州	23.34	25.54	2.20	9.41
云南	62.47	60.85	–1.62	–2.59
西藏	556.94	593.04	36.10	6.48
陕西	24.75	27.33	2.58	10.44
甘肃	55.38	40.94	–14.44	–26.08

续表

行政辖区	2009 年水域及水利设施用地面积（10^4 hm^2）	2019 年水域及水利设施用地面积（10^4 hm^2）	水域及水利设施用地面积变化（10^4 hm^2）	水域及水利设施面积变化率（%）
青海	210.96	244.66	33.70	15.97
宁夏	14.26	16.87	2.61	18.34
新疆	453.42	530.85	77.43	17.08

12.2.2　水域及水利设施用地结构变化

12.2.2.1　水域及水利设施用地流入情况

2009—2019 年，从水域及水利设施用地的地类来源看，湿地（沿海滩涂、内陆滩涂、沼泽地）流入 149.80 万公顷；耕地流入 200.46 万公顷；园地流入 13.39 万公顷；林地流入 106.47 万公顷；草地流入 222.56 万公顷；交通运输用地流入 14.83 万公顷；城镇村及工矿用地流入 25.59 万公顷。上述地类合计流入水域及水利设施用地的面积为 733.10 万公顷。2009—2019 年全国各省（区、市）水域及水利设施用地流入情况见图 12.11、表 12.10。

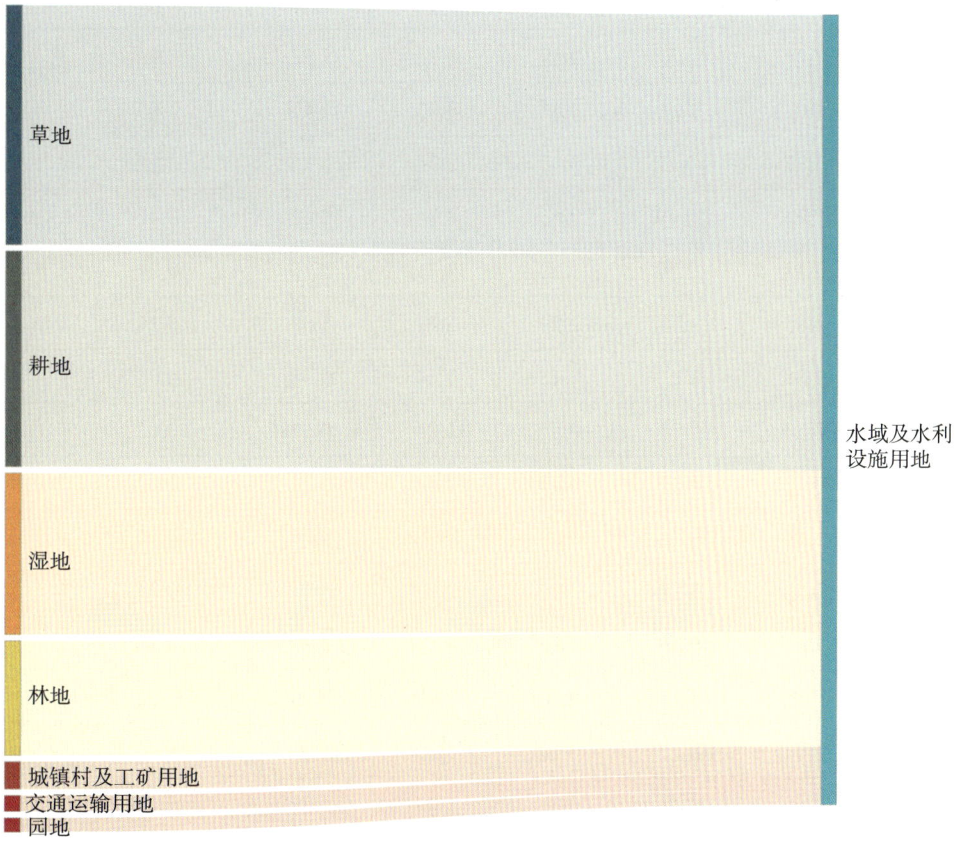

图 12.11　2009—2019 年全国水域及水利设施用地面积流入情况

表 12.10　2009—2019 年全国及各省（区、市）水域及水利设施用地流入地类情况　　单位：10^4 hm^2

行政辖区	合计	湿地	耕地	园地	林地	草地	交通运输用地	城镇村及工矿用地
北京	1.68	0.88	0.25	0.08	0.25	0.05	0.05	0.13
天津	4.23	0.71	1.60	0.06	0.16	0.22	0.35	1.14
河北	13.20	5.37	3.22	0.25	1.11	1.44	0.49	1.32
山西	8.03	4.16	1.35	0.07	0.69	1.28	0.22	0.27
内蒙古	33.15	13.31	3.18	0.04	3.70	11.93	0.22	0.78
辽宁	18.05	6.08	4.24	0.16	2.18	2.01	0.76	2.61
吉林	13.40	2.18	5.35	0.03	2.75	2.38	0.27	0.44
黑龙江	41.66	11.52	12.14	0.03	6.95	8.66	1.26	1.10
上海	1.54	0.40	0.73	0.05	0.16	0.01	0.03	0.16
江苏	34.63	6.47	21.20	1.04	0.66	0.34	1.70	3.23
浙江	17.95	3.77	11.03	1.01	1.34	0.14	0.20	0.48
安徽	27.98	3.91	18.04	0.23	2.62	0.34	1.25	1.58
福建	10.80	2.78	4.60	0.36	2.18	0.30	0.07	0.51
江西	26.14	7.31	10.87	0.39	5.15	1.72	0.09	0.60
山东	23.73	4.02	8.47	0.58	3.23	1.57	3.62	2.25
河南	22.87	5.77	10.23	0.19	2.75	0.76	2.15	1.01
湖北	31.76	3.67	20.19	0.66	4.74	0.62	0.41	1.46
湖南	22.84	3.13	12.50	1.02	4.71	0.76	0.24	0.48
广东	25.11	4.85	9.54	2.74	5.31	1.08	0.14	1.46
广西	14.18	1.88	6.27	0.48	3.64	0.98	0.05	0.89
海南	5.03	0.74	1.71	0.82	1.24	0.17	0.03	0.33
重庆	7.18	0.42	4.68	0.21	1.46	0.20	0.02	0.17
四川	40.24	3.76	11.79	0.84	13.70	9.24	0.16	0.75
贵州	8.33	0.53	3.88	0.06	2.98	0.72	0.04	0.13
云南	20.89	1.65	6.31	1.54	8.67	2.30	0.16	0.27
西藏	76.09	12.11	0.47	0.00	7.10	56.34	0.02	0.04
陕西	11.32	2.51	3.21	0.19	3.22	1.78	0.16	0.26
甘肃	12.69	3.62	0.92	0.06	1.44	6.39	0.14	0.12
青海	54.42	11.57	0.18	0.01	1.56	41.00	0.02	0.07
宁夏	4.14	1.09	1.25	0.09	0.30	1.10	0.16	0.15

续表

行政辖区	合计	湿地	耕地	园地	林地	草地	交通运输用地	城镇村及工矿用地
新疆	99.84	19.61	1.09	0.12	10.55	66.75	0.34	1.39
全国	733.10	149.80	200.46	13.39	106.47	222.56	14.83	25.59

12.2.2.2　水域及水利设施用地流出情况

2009—2019 年，从水域及水利设施用地的地类去向看，流向湿地 111.40 万公顷，流向耕地 166.13 万公顷，流向园地 18.58 万公顷，流向林地 133.40 万公顷，流向草地 135.77 万公顷，流向交通运输用地 20.00 万公顷，流向城镇村及工矿用地 69.15 万公顷。水域及水利设施用地合计流向上述地类 654.42 万公顷。2009—2019 年全国各省（区、市）水域及水利设施用地流出情况见图 12.12、表 12.11。

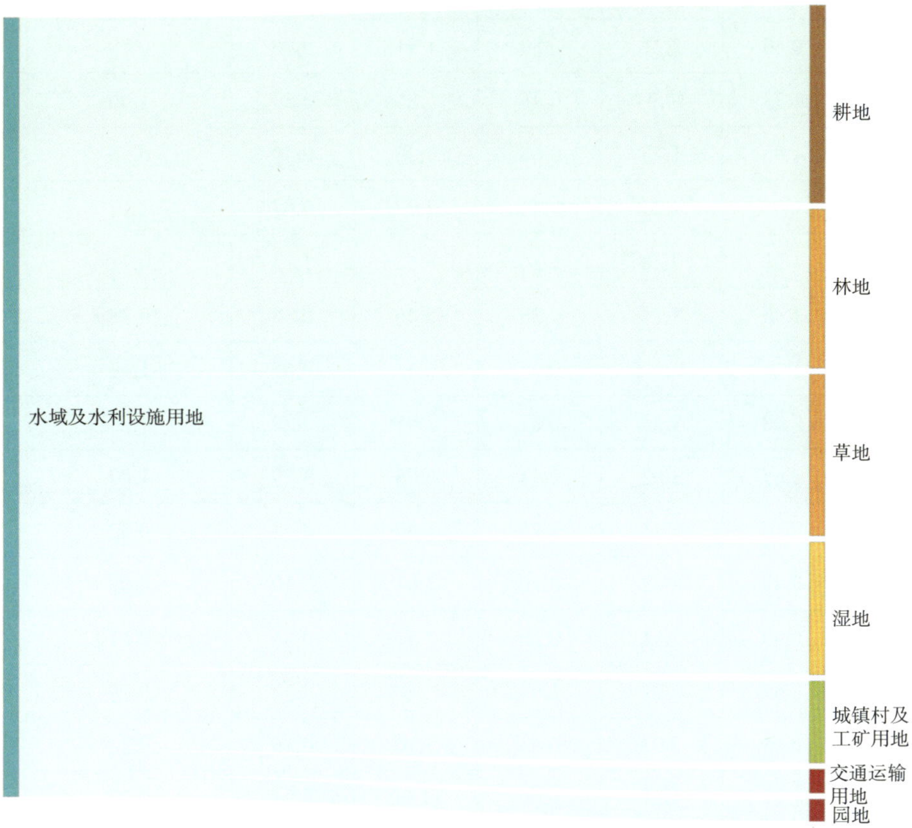

图 12.12　2009—2019 年全国水域及水利设施用地面积流出情况

表 12.11　2009—2019 年全国及各省（区、市）水域及水利设施用地流出地类情况　　单位：10^4 hm^2

行政辖区	合计	湿地	耕地	园地	林地	草地	交通运输用地	城镇村及工矿用地
全国	654.42	111.40	166.13	18.58	133.40	135.77	20.00	69.15
北京	1.78	0.10	0.06	0.05	0.84	0.14	0.11	0.48
天津	4.63	0.46	0.90	0.04	0.95	0.45	0.27	1.56

续表

行政辖区	合计	湿地	耕地	园地	林地	草地	交通运输用地	城镇村及工矿用地
河北	20.24	1.61	7.24	0.54	5.75	1.88	0.86	2.36
山西	6.05	1.15	1.90	0.11	0.95	0.56	0.19	1.19
内蒙古	35.50	15.78	5.77	0.02	3.25	8.82	1.04	0.82
辽宁	14.51	2.99	4.85	0.22	2.91	1.66	0.29	1.58
吉林	18.64	4.31	8.42	0.04	3.16	2.04	0.22	0.45
黑龙江	36.45	10.91	15.39	0.02	5.21	3.40	0.72	0.82
上海	5.91	1.78	1.65	0.07	0.83	0.31	0.18	1.09
江苏	41.07	1.07	18.54	1.09	5.92	2.35	2.31	9.79
浙江	11.15	0.40	3.21	0.89	1.91	0.70	0.78	3.26
安徽	28.37	1.38	14.94	0.46	5.85	0.59	1.06	4.10
福建	8.99	1.06	1.75	0.68	3.03	0.50	0.53	1.44
江西	14.02	1.06	4.25	0.46	3.97	0.62	1.17	2.50
山东	28.55	1.07	7.28	1.26	8.62	1.13	0.71	8.48
河南	19.08	1.46	8.11	0.38	5.46	0.54	0.38	2.76
湖北	28.46	1.41	12.78	0.67	6.51	0.65	1.43	5.02
湖南	29.80	7.48	9.33	0.81	7.01	0.29	1.03	3.85
广东	25.52	1.65	3.62	2.91	6.03	3.59	1.89	5.82
广西	13.69	2.10	3.44	1.25	4.29	0.68	0.52	1.41
海南	2.96	0.49	0.37	0.70	1.04	0.10	0.07	0.18
重庆	6.51	0.99	1.91	0.20	2.57	0.06	0.17	0.61
四川	30.98	3.55	5.97	1.45	12.93	4.37	0.79	1.92
贵州	6.59	0.45	2.03	0.23	3.10	0.16	0.22	0.41
云南	21.58	1.12	4.21	1.00	11.00	2.96	0.37	0.91
西藏	54.86	16.59	0.20	0.01	5.79	31.42	0.10	0.75
陕西	9.01	1.70	1.99	0.38	3.20	0.93	0.24	0.57
甘肃	18.38	4.48	2.22	0.23	1.42	9.41	0.24	0.39
青海	24.72	10.05	0.50	0.13	1.16	10.44	0.13	2.30
宁夏	2.74	0.39	0.83	0.10	0.42	0.39	0.18	0.43
新疆	83.68	12.36	12.47	2.21	8.31	44.63	1.79	1.92

12.3　水域及水利设施用地变化原因分析

2009—2019 年，全国水域及水利设施用地面积从 3453.02 万公顷增加到 3628.79 万公顷，净增加 175.77 万公顷，增长幅度为 5.09%。其中，湖泊水面、河流水面、坑塘水面、水库水面、水工建筑用地增加，沟渠和冰川及常年积雪面积减少。全球气候变化、经济社会发展对水资源需求持续增长和国家重要水利工程实施是影响水域及水利设施用地变化的重要原因。

12.3.1　全球气候变化

随着近些年全球气候变暖，一些冰川逐渐融化，2009—2019 年，全国冰川及常年积雪面积由 552.84 万公顷减少到 490.87 万公顷，减少了 61.97 万公顷，减幅为 11.21%。另外，随着气候变化，在高海拔地区和西北地区，降水较以往也有所增多。2009—2019 年，全国河流水面面积净增加 79.06 万公顷，全国湖泊水面面积净增加 80.61 万公顷，新疆、西藏、青海等西部地区河湖水面增多。我国西北地区的降水量增加，暖湿带北扩，400 毫米降水线北移，一方面有利于植被恢复、生态建设和农业生产，同时，暖湿化气候在短时间内导致大量降水产生，会增加洪涝灾害、地质灾害、雪崩等自然灾害风险，原有生态系统也会受到影响，应积极研究西北地区气候变化条件下的国土空间应对策略。

12.3.2　经济社会发展对水资源需求持续增长

经济社会发展、城镇化、工业化推进都需要水资源的支撑。农业用水、工业用水、生活与生态用水需求不断加大，水资源约束持续增强。我国城市缺水问题突出，水资源存在缺口。2009—2019 年，上海的水域及水利设施用地减少 3.94 万公顷，减幅达 17.10%。另外，农业缺水的压力增大，地下水过度开采和地下水漏斗问题突出。2009—2019 年，河北的水域及水利设施用地面积减少 5.41 万公顷；内蒙古的河流水面面积减少 7.56 万公顷，减幅达 19.79%；湖南的河流水面面积减少 6.15 万公顷，减幅 6.03%，湖泊水面面积减少 4.37 万公顷，减幅 24.70%。这均与城镇化、工农业生产中的水资源高需求有关。因此，应进一步开源节流并举，提高水资源利用效率，合理保护水域空间。

12.3.3　国家重要水利工程实施

我国水利基础设施建设是水域及水利设施用地变化的重要原因。为解决西南地区水利基础设施落后的问题，国家着力推动西南地区水利基础设施建设工程。2009—2019 年，重庆、云南、西藏、贵州的水库水面面积增幅较大；同时，西藏、贵州和青海的水工建筑用地面积增幅也较大。

第三篇

战略篇

国土是生态文明建设的重要载体。改革开放以来，工业化、城镇化进程快速推进，国土资源在保障经济社会发展空间需求的同时，耕地数量减少、质量退化，生态空间被侵占，资源粗放利用等资源环境问题日益突出，对国家粮食安全、生态安全、经济安全等造成隐患。未来，我们还将面对全球气候变化、全球化、人口变化、科技进步等诸多因素带来的机遇和挑战，迫切需要妥善处理发展与保护的关系，实现国土资源的安全、高效和可持续利用，促进人与自然和谐共生的现代化建设。

本篇梳理总结了党的十八大以来，党中央、国务院关于国土资源利用的新举措新要求，分析提炼了国土资源利用与管理的主要成效，研究了国土资源利用与管理面临的资源环境紧约束等系列挑战，同时，结合未来发展面临的新形势新要求，研究制定了国土资源可持续利用的总体目标和思路，提出了促进国土资源可持续利用的对策与建议。

第 13 章　国土资源利用与管理的成效与挑战

党的十八大以来，以习近平同志为核心的党中央，统筹发展和安全，深入实施区域重大战略、区域协调发展战略、主体功能区战略、新型城镇化战略等，着力推进人与自然和谐共生的现代化建设，国土空间开发保护工作取得了世人瞩目的历史性成就。进入新时代，面对自然资源约束趋紧、生态环境压力加大等挑战，迫切需要转变传统的国土资源利用方式，促进形成国土空间开发保护新格局，支撑保障高质量发展。

13.1　十八大以来国土资源利用的新要求

党的十八大和十八届三中全会将“优化国土空间开发格局”“全面促进资源节约”“加大自然生态系统和环境保护力度”“加强生态文明制度建设”确定为生态文明建设的重要任务。十多年来，国土资源（自然资源）系统统筹自然资源开发利用保护的制度设计，不断推动生态文明建设。

生态文明制度建设的顶层设计初步形成。2012 年，党的十八大报告提出，要大力推进生态文明建设，将生态文明建设摆在了“五位一体”的高度。坚持节约资源和保护环境的基本国策，坚持节约优先、保护优先、自然恢复为主的方针，着力推进绿色发展、循环发展、低碳发展，形成节约资源和保护环境的空间格局、产业结构、生产方式、生活方式。优化国土空间开发格局，全面促进资源节约，加大自然生态系统和环境保护力度，加强生态文明制度建设。2013 年，十八届三中全会明确，要围绕建设美丽中国深化生态文明体制改革，加快建立生态文明制度，健全国土空间开发、资源节约利用、生态环境保护的体制机制，推动形成人与自然和谐发展现代化建设新格局。2014 年，《国家新型城镇化规划（2014—2020 年）》要求建立国土空间开发保护制度。建立空间规划体系，坚定不移实施主体功能区制度，划定生态保护红线，严格按照主体功能区定位推动发展，加快完善城镇化地区、农产品主产区、重点生态功能区空间开发管控制度，建立资源环境承载能力监测预警机制。中央经济工作会议中再次强调了关于空间规划改革的要求，明确要加快规划体制改革，健全空间规划体系，积极推进市县“多规合一”。2015 年，十八届五中全会提出，要推动区域协调发展，塑造要素有序自由流动、主体功能约束有效、基本公共服务均等、资源环境可承载的区域协调发展新格局。构建科学合理的城市化格局、农业发展格局、生态安全格局、自然岸线格局，推动建立绿色低碳循环发展产业体系。加快建设主体功能区，发挥主体功能区作为国土空间开发保护基础制度的作用。《生态文明体制改革总体方案》进一步明确了生态文明体制改革的总体设计，构建起由自然资源资产产权制度、国土空间开发保护制度、空间规划体系、资源总量管理和全面节约制度、资源有偿使用和生态补偿制度、环境治理体系、环境治理和生态保护市场体系、生态文明绩效评价考核和责任追究制度等八项制度构成的产权清晰、多元参与、激励约束并重、系统完整的生态文明制度体系，推进生态文明领域国家治理体系和治理能力现代化，努力走向社会主义生态文明新时代。2016 年,《中共中央 国务院关于进一步加强城市规划建设管理工作的若干意见》要求，加强空间开发管制，划定城市开发边界，根据资源禀赋和环境承载能力，引导调控城市规模，优化城市空间布局和形态功能，确定城市建设约束性指标。按照严控增量、盘活存量、优化结构的思路，逐步调整城市用地结构，把保护基本农田放在优先地位，保证生态用地，合理安排建设用地，推动城市集约发展。改革完善城市规划管理体制，加强城市总体规划和土地利用总体规划的衔接，推进两图合一。2016 年,《中华人民共和国国民经济和社会发展第十三个五年规划纲要》明确，以市县级行政区为单元，建立由空间规划、用途管制、差异化绩效考核等构成的空间治理体系。建立国家空间规划体系，以主体功能区规划为基础统筹各类空间性规划，推进“多规合一”。完善国土空间开发许可制度。建立资源环境承载能力监测预警机制，对接近或达到警戒线的地区实行限制性措施。

生态文明制度建设不断深化。党的十九大明确，完成生态保护红线、永久基本农田、城镇开发边界三条控制线划定工作。必须坚持节约优先、保护优先、自然恢复为主的方针，形成节约资源和保护环境的空间格局、产业结构、生产方式、生活方式，构建国土空间开发保护制度，完善主体功能区配套政策，建立以国家公园为主体的自然保护地体系。2018 年，十九届三中全会决定组建自然资源部，对自然资源开发利用和保护进行监管，建立空间规划体系并监督实施，履行全民所有各类自然资源资产所有者职责，统一调查和确权登记，建立自然资源有偿使用制度，负责测绘和地质勘查行业管理等。2019 年,《中共中央 国务院关于建立国土空间规划体系并监督实施的若干意见》提出，建立国土空间规划体系并监督实施，将主体功能区规划、土地利用规划、城乡规划等空间规划融合为统一的国土空间规划，实现“多规合一”，强化国土空间规划对各专项规划的指导约束作用。这标志着国土空间规划的“四梁八柱”基本形成。同年，中共中央办公厅、国务院办公厅印发的《关于在国土空间规划中统筹划定落实三条控制线的指导意见》要求，结合国土空间规划编制，完成三条控制线划定和落地，协调解决矛盾冲突，纳入全国统一、多规合一的国土空间基础信息平台，形成一张底图，实现部门信息共享，实行严格管控。到 2035 年，通过加强国土空间规划实施管理，严守三条控制线，引导形成科学适度有序的国土空间布局体系。2020 年，十九届五中全会要求，优化国土空间布局，推进区域协调发展和新型城镇化。坚持实施区域重大战略、区域协调发展战略、主体功能区战略，健全区域协调发展体制机制，完善新型城镇化战略，构建高质量发展的国土空间布局和支撑体系。要构建国土空间开发保护新格局，推动区域协调发展，推进以人为核心的新型城镇化。2020 年,《中共中央关于制定国民经济和社会发展第十四个五年规划和二〇三五年远景目标的建议》明确，把乡村建设摆在社会主义现代化建设的重要位置，优化生产生活生态空间，持续改善村容村貌和人居环境，建设美丽宜居乡村。要求发展壮大城市群和都市圈，分类引导大中小城市发展方向和建设重点，形成疏密有致、分工协作、功能完善的城镇化空间格局。立足资源环境承载能力，发挥各地区比较优势，促进各类要素合理流动和高效集聚，推动形成主体功能明显、优势互补、高质量发展的国土空间开发保护新格局。聚焦实现战略目标和提升引领带动能力，推动区域重大战略取得新的突破性进展，促进区域间融合互动、融通补充。同年,《全国重要生态系统保护和修复重大工程总体规划（2021—2035 年）》提出，到 2035 年，通过大力实施重要生态系统保护和修复重大工程，全面加强生态保护和修复工作，全国森林、草原、荒漠、河湖、湿地、海洋等自然生态系统状况实现根本好转，生态系统质量明显改善，生态服务功能显著提高，生态稳定性明显增强，自然生态系统基本实现良性循环，国家生态安全屏障体系基本建成，优质生态产品供给能力基本满足人民群众需求，人与自然和谐共生的美丽画卷基本绘就。2021 年，中央一号文件要求，统筹布局生态、农业、城镇等功能空间，科学划定各类空间管控边界，严格实行土地用途管制。积极有序推进“多规合一”实用性村庄规划编制，对有条件、有需求的村庄尽快实现村庄规划全覆盖。2022 年，党的二十大明确，深入实施区域协调发展战略、区域重大战略、主体功能区战略、新型城镇化战略，优化重大生产力布局，构建优势互补、高质量发展的区域经济布局和国土空间体系。推动西部大开发形成新格局，推动东北全面振兴取得新突破，促进中部地区加快崛起，鼓励东部地区加快推进现代化。支持革命老区、民族地区加快发展，加强边疆地区建设，推进兴边富民、稳边固边。推进京津冀协同发展、长江经济带发展、长三角一体化发展，推动黄河流域生态保护和高质量发展。高标准、高质量建设雄安新区，推动成渝地区双城经济圈建设。健全主体功能区制度，优化国土空间发展格局。推进以人为核心的新型城镇化，加快农业转移人口市民化。以城市群、都市圈为依托构建大中小城市协调发展格局，推进以县城为重要载体的城镇化建设。坚持人民城市人民建、人民城市为人民，提高城市规划、建设、治理水平，加快转变超大特大城市发展方式，实施城市更新行动，加强城市基础设施建设，打造宜居、韧性、智慧城市。发展海洋经济，保护海洋生态环境，加快建设海洋强国。

13.2　国土资源利用与管理的成效

伴随国家深入推动生态文明体制改革，自然资源事业发展取得历史性成就，发生了历史性变革，有力促进了人与自然和谐共生的现代化建设。

13.2.1　国土资源制度体系不断健全，国土空间治理能力现代化水平明显提升

党的十八大以来，自然资源系统时刻牢记习近平总书记“推动绿色发展，建设生态文明，重在建章立制”“把生态文明建设纳入制度化、法治化轨道”的嘱托，沿着党中央顶层设计的路径，立足“两统一”职责（统一行使全民所有自然资源资产所有者职责，统一行使所有国土空间用途管制和生态保护修复职责），陆续出台了一系列重要文件，构建了一批重大制度，支撑了相关法律法规的修订完善，有力推动了生态文明制度“四梁八柱”的建立。

（1）将产权制度贯穿自然资源源头保护、过程节约和末端修复的全过程，取得了积极成效。一是建立自然资源统一调查监测评价制度。在开展第三次全国国土调查的同时，紧紧围绕土地、矿产、森林、草原、水、湿地、海域海岛七类资源，系统重构自然资源调查监测的任务和工作内容，创新研究调查业务体系，统筹设计调查工作的组织实施方式，形成了自然资源调查监测体系构建的顶层设计。二是扎实推进自然资源统一确权登记。2017 年以来，一边在重点生态区域开展试点，通过 12 个省份 32 个区域的试点工作，基本明确了自然资源统一确权登记的程序、方法、技术路线，形成了《自然资源统一确权登记暂行办法》，要求对水流、森林、山岭、草原、荒地、滩涂、海域、无居民海岛以及探明储量的矿产资源等自然资源的所有权和所有自然生态空间统一进行确权登记。一边不断巩固和提升不动产统一登记成果，从建立健全统一的地籍测绘工作机制、权属争议调处、信息平台建设应用、专项确权登记四方面为自然资源统一确权登记提供支撑保障。三是稳步推进全民所有自然资源资产所有权委托代理机制试点。2021 年 6 月，自然资源部全面启动全民所有自然资源资产所有权委托代理机制试点，明确了“主张所有、行使权利、履行义务、承担责任、落实权益”的职责内容，针对土地、矿产、海洋、森林、草原、湿地、水七类自然资源资产和国家公园这一特定自然生态空间，在国家、省、市三个层面同步开展试点，找问题、试路径、累经验。

（2）系统推进重点领域制度建设，以自然资源领域“整体智治”为生态文明建设立柱架梁。一是国土空间规划和用途统筹协调管控制度不断健全。从深化“多规合一”改革到构建“五级三类四体系”的新时代国土空间规划体系，从加快编制五级国土空间规划到统筹划定“三区三线”，通过试点找准问题、汲取经验，稳妥化解各类山水林田湖草矛盾冲突。从制定《国土空间规划城市体检评估规程》到发布《国土空间调查、规划、用途管制用地用海分类指南（试行）》、研究修订《自然生态空间用途管制办法（试行）》，再到不断规范耕地占补平衡、建立耕地“进出平衡”制度，覆盖全域全类型、全面“严起来”的国土空间用途管控制度正在形成，自然资源全生命周期管理也逐步在全国多地成为现实。这些都为加快构建主体功能明显、优势互补、高质量发展的国土空间开发保护新格局奠定了重要基础。二是全面建立资源高效利用制度。自然资源部按照《国务院关于全民所有自然资源资产有偿使用制度改革的指导意见》，不断完善国有土地、矿产、森林、草原、海域海岛等有偿使用制度，探索推行“标准地”出让制度，建立建设用地“增存挂钩”机制，完善建设用地使用权转让、出租、抵押二级市场，实行“项目跟着规划走，指标跟着项目走”，全方位促进土地要素市场化配置。同时，试点推进矿业权竞争性出让、“净矿”出让，鼓励地方加强协调联动探索推进用地用林用海审批一体化。三是健全国土空间生态保护修复制度。自然资源部联合相关部委推出了《全国重要生态系统保护和修复重大工程总体规划（2021—2035年）》《海岸带保护修复工程工作方案》《山水林田湖草生态保护修复工程指南（试行）》，以期凝聚合力为优化生态格局、筑牢生态屏障提供指南。与此同时，完善绿色矿山建设标准规范，印发《绿色矿山评价指标》。健全海洋生态保护修复制度，发布《红树林保护修复专项行动计划（2020—2025年）》，亮出“史上最严围填海管控措施”，完善围填海管控制度，出台《全国海洋生态预警监测总体方案（2021—2025年）》，推进海洋生态系统趋势性监测调查。探索国土空间生态保护修复市场化路径，出台政策鼓励社会资本参与生态保护修复。四是加快构建以国家公园为主体的自然保护地体系。三江源、大熊猫、东北虎豹、海南热带雨林、武夷山等第一批国家公园设立，国家公园体制不断健全。中办、国办印发《天然林保护修复制度方案》《关于加强草原保护修复的若干意见》，统筹推进林草生态治理，森林草原休养生息制度得以进一步完善。五是严明生态环境保护责任制度。自然资源部组织试点编制自然资源资产负债表，探索支撑开展领导干部自然资源资产离任审计，不断完善生态环境公益诉讼制度，持续创新自然资源治理体系。

（3）坚持“立改废释”并举，着力构建完备的法律体系。一是一系列涉及自然资源的重要法律法规陆续施行。新修订的《中华人民共和国海洋环境保护法》于2017年11月5日起施行；新修订的《中华人民共和国土地管理法》于2020年1月1日起施行；新修订的《中华人民共和国森林法》于2020年7月1日起施行；新修订的《中华人民共和国土地管理法实施条例》于2021年9月1日起施行；《中华人民共和国湿地保护法》于2022年6月1日起施行。这些法律法规的实施，为山水林田湖草沙系统保护修复提供了法治保障，也推动着自然资源领域的诸多改革由试点走向全面铺开。二是国土空间开发保护和生态修复领域立法修法进程快速推进。2020年12月26日，我国第一部针对一个流域的专门法律——《中华人民共和国长江保护法》获审议通过，并于2021年3月1日起施行。黄河保护法的立法工作正加快推进。耕地、矿产、草原、自然保护地、野生动物保护、国土空间规划、国家公园等方面的立法修法工作也在快速推进。三是全面清理不合时宜的规章、规范性文件及证明事项。针对部分自然资源管理规章规范性文件认定标准不统一、数量偏多、同类事项反复发文、内容相互冲突、管理手段与实践脱节、管理职责已调整划出等突出问题，自然资源部对现行有效的规章、规范性文件进行了全面清理，废止和宣布失效规范性文件近200件。同时，按照“没有法律法规规定的证明事项一律取消”的清理原则，取消了一批证明事项。这样一场“刀刃向内”的自我革命，既是深化改革、推陈出新的积极探索，也是构建服务型政府、为企业和群众解难纾困的主动应答。

13.2.2　严守耕地和永久基本农田保护红线，有效维护国家粮食安全

耕地是粮食生产的命根子。从“二调”到“三调”的成果数据显示，耕地总面积虽然变化不大，但在国土空间上呈现南减北增等趋势，需要高度重视耕地保护各项要求。保持耕地特别是永久基本农田面积基本稳定、质量提升和布局优化，是夯实国家粮食安全的重要基础。

（1）不断完善耕地保护的法律制度体系。我国耕地保护制度的历史演变经历了意识觉醒期（1949—1977 年）、概念深化期（1978—2003 年）、制度发展期（2004—2011 年）、转型完善期（2012 年至今）四个时期，当前我国不断完善耕地保护法律法规，修订实施《土地管理法》《土地管理法实施条例》，颁布实施《黑土地保护法》。党中央、国务院印发了《关于加强耕地保护和改进占补平衡的意见》，国务院印发文件，就坚决制止耕地“非农化”、防止耕地“非粮化”作出专门部署。

（2）优先划定耕地和永久基本农田保护红线。对耕地尤其是永久基本农田实行特殊保护，在《全国国土空间规划纲要（2021—2035 年）》编制和“三区三线”划定中，将耕地保有量和永久基本农田保护任务足额带位置分解下达，优先划定、应划尽划、应保尽保。

（3）严控耕地转为非农建设用地，加强改进占补平衡。全面实行非农建设占用耕地先补后占，强调占一补一、占优补优、占水田补水田。严格管控跨省补充耕地，严格补充耕地核实认定，确保补充耕地真实可靠。

（4）严控耕地转为其他农用地，实行进出平衡。针对国土“三调”反映出的问题，明确要求对耕地转为林地、草地、园地等其他农用地的，必须在年度内补足数量相等、质量相当的可长期稳定利用耕地。

（5）严肃耕地保护督察执法。强化国家自然资源督察对省级政府履行耕地保护责任的监督检查，对发现的问题持续督促整改；运用卫星遥感技术执法，及时发现、严肃查处违法违规问题，公开通报典型案例。加强自然资源调查监测和各项监管，借助“国土调查云”全力服务和支撑自然资源重点专项工作。通过一系列切实有效措施，实现了国务院确定的 2020 年耕地保有量 18.65 亿亩的目标。耕地减少的势头得到初步的遏制，2021 年全国耕地总量实现净增加 120 万亩，2022 年全国耕地总量实现净增加 130 万亩。

13.2.3　科学划定生态保护红线，保障国家生态安全屏障

随着城镇化、工业化的快速发展，我国资源约束趋紧、环境污染严重、生态系统退化，可持续发展面临严峻挑战。划定生态保护红线，对维护国家生态安全、保障人民生产生活条件、增强国家可持续发展能力具有重大现实意义和深远历史影响。

（1）落实最严格的生态环境保护制度，科学划定生态保护红线。党中央、国务院高度重视生态保护和修复工作，将生态文明建设纳入了“五位一体”总体布局、新时代基本方略、新发展理念和三大攻坚战中。全国生态保护红线不低于 315 万平方千米，其中陆域生态保护红线不低于 300 万平方千米，占陆域国土面积的 30% 以上，包括整合优化以后的自然保护地，自然保护地外的生态功能极重要、生态极脆弱的区域，目前基本没有人类活动、具有潜在重要生态价值的战略留白区；海洋生态保护红线不低于 15 万平方千米。保护红线集中分布于青藏高原、天山山脉、内蒙古高原、大小兴安岭、秦岭、南岭以及

黄河流域、长江流域、海岸带等国家重要生态安全屏障和生物多样性保护优先区域；涵盖了大部分天然林、草地、湿地等典型的陆地自然生态系统以及红树林、珊瑚礁、海草床等典型的海洋自然生态系统。生态保护红线划定坚持保护优先、自然恢复为主，坚持应划尽划、应保尽保，保持自然生态系统完整性和生态廊道连通性，全面提升自然生态系统稳定性和生态服务功能，筑牢生态安全屏障。

（2）建立自然保护地体系。初步建立了以国家公园为主体，由国家公园、自然保护区、自然公园构成的自然保护地体系，建立了自然保护地分类分区管控制度。建立国家公园空间布局方案，正式设立了三江源、大熊猫、东北虎、海南热带雨林、武夷山等五个国家公园，把自然生态系统中最重要、自然景观最独特、自然遗产最精华、生物多样性最富集的区域划入国家公园。融合优化自然保护区，将具有生态、观赏、文化和科学价值的森林、草原、湿地、海洋、沙漠、冰川等自然生态系统、自然遗迹和自然景观区域划入自然公园。

（3）实施山水林田湖草沙一体化保护和修复。制定出台《全国重要生态系统保护和修复重大工程总体规划（2021—2035年）》，围绕“三区四带”国家生态安全屏障，以国家重点生态功能区、生态保护红线、自然保护地等为重点，持续推进山水林田湖草沙一体化保护和系统治理，实施生态保护和修复重大工程，提升生态系统多样性、稳定性、持续性。江河湖泊生态系统质量明显改善，沙化土地重点治理区实现由“沙进人退”到“绿进沙退”转变。

（4）生态系统质量稳步提升。在全面加强生态保护的基础上，不断加大生态修复力度，持续推进大规模国土绿化、湿地与河湖保护修复、防沙治沙、水土保持、生物多样性保护、土地综合整治、海洋生态修复等重点生态工程，推动天然林保护、国土绿化，加强水土流失和荒漠化治理，取得了显著成效。2009—2019年，林地、草地、湿地、河流水面、湖泊水面等面积增加超过1700万公顷。2012—2021年，全国森林覆盖率由21.63%提高到24.02%，我国成为世界上森林资源增长最多的国家。1999—2019年，全国荒漠化和沙化土地面积连续20年实现“双缩减”。2012—2021年，全国地表水优良水体比例由61.6%提高到84.9%，显著改善了河湖和湿地生态状况。

（5）海洋生态保护修复取得了积极进展。海洋生态保护和修复取得积极成效。陆续开展了沿海防护林、滨海湿地修复、红树林保护、岸线整治修复、海岛保护、海湾综合整治等工作，局部海域生态环境得到改善，红树林、珊瑚礁、海草床、盐沼等典型生境退化趋势得到初步遏制，近岸海域生态状况总体呈现趋稳向好态势。除国家重大项目外，全面禁止新增围填海，严格管控新增用岛活动。全国设立海洋自然保护地145个，面积达到791万公顷，累计实施蓝色海湾、海岸带保护修复等各类工程项目143个，整治修复岸线1500千米、滨海湿地3万公顷、海堤生态化建设72千米。

（6）生物多样性保护有效加强。通过稳步推进国家公园体制试点，持续实施自然保护区建设、濒危野生动植物抢救性保护等工程，生物多样性保护步伐加快，生物多样性保护取得积极成效。发布陆生野生动物“三有”名录和重要栖息地名录，大熊猫、朱鹮、亚洲象、藏羚羊等濒危物种种群数量稳中有升。实施长江流域重点水域10年禁渔，恢复流域水生态和生物多样性。成功举办《生物多样性公约》第十五次缔约方大会第一阶段会议，发布《昆明宣言》，设立昆明生物多样性基金，支持发展中国家生物多样性保护。积极推动联合国2030年可持续发展议程框架下的海洋领域可持续发展目标落实。

13.2.4 合理确定城镇开发边界，为经济社会发展提供用地和空间保障

在确保耕地和永久基本农田划足划实、生态保护红线应划尽划的前提下，基于自然地理格局和城市发展规律，结合当地实际划定城镇开发边界，引导促进城镇空间结构和功能布局优化，避免城镇开发边

界碎片化，为城市未来发展留有合理的弹性空间，推进土地节约集约利用，促进经济社会绿色转型。

（1）守住自然生态安全边界。城镇开发边界不得侵占和破坏山水林田湖草沙的自然空间格局。将资源环境承载能力和国土空间开发适宜性评价（简称“双评价”）结果作为划定城镇开发边界的重要基础。避让地质灾害风险区、蓄滞洪区等不适宜建设区域。根据水资源约束底线和利用上限，引导人口、产业和用地的合理规模和布局。

（2）“三调”的现状城镇集中建成区应划入城镇开发边界。涉及长期稳定利用耕地的，以“开天窗”的形式予以标注，不计入城镇开发边界面积。发挥好城市周边重要生态功能空间和永久基本农田对城市“摊大饼”式扩张的阻隔作用。重视区域协调发展，促进形成多中心、网络化、组团式空间布局。

（3）城镇开发边界由一条或多条连续闭合的包络线组成。边界划定应充分利用河流、山川、交通基础设施等自然地理和地物边界，形态尽可能完整，便于识别、便于管理。对于近五年来城镇常住人口规模减小的、存在大量批而未建或闲置土地的市、县（区），预留的弹性空间应从严控制。

13.2.5　节约集约用地成效明显

党的十八大以来，我国节约集约用地制度更加完善，机制更加健全，包括“规划管控、计划调节、标准控制、市场配置、政策激励、监测监管、考核评价、共同责任”八个方面。2012—2021 年，全国单位 GDP 建设用地使用面积下降了 40.85%。

（1）加强规划管控。编制实施“多规合一”的国土空间规划，优化空间格局，统筹各类各业用地需求，从源头上强化节约集约导向，促进绿色低碳发展，科学划定城镇开发边界，倒逼城镇集约发展。

（2）严格节地评价。加强各类建设项目节约用地评价，严格执行用地定额标准。加强开发区用地审核和评价监测，2012—2020 年，全国国家级开发区综合容积率由 0.83 提升至 1，工业用地地均投资强度提升了约 60%。

（3）强化激励约束。在用途管制、容积率调整、价格调节等方面采取激励政策，促进城镇低效用地再开发，推动存量用地盘活利用，从 2018 年开始，建立建设用地增量安排与存量盘活挂钩（“增存挂钩”）机制，四年来，全国消化批而未供土地 91 万公顷、处置闲置土地 29 万公顷。目前，全国建设用地供应总量中，盘活利用存量部分占四分之一，部分地方达到一半。

（4）注重示范引领。近年来，推出 3 批次 46 项节地技术和节地模式，评选出 3 批次 427 个国土资源节约集约模范县（市）、24 个模范地级市。从今年开始，启动覆盖土地、矿产、海洋资源的自然资源节约集约示范县（市）创建活动。

13.2.6　山水林田湖草沙系统修复取得重要进展

开展山水林田湖草沙一体化保护和修复，是推动生态文明建设、实现人与自然和谐共生的重要抓手和现实路径。按照加强系统治理、综合治理、源头治理和依法治理的原则，推动生态保护和修复。

（1）坚持源头治理。在全国国土空间规划纲要中统筹划定了生态保护红线，把国家生态功能极重要、敏感地区全部纳入生态保护红线，建立了国家“三区四带”生态安全屏障格局，在整个国土空间上进行统筹安排，加强源头治理。

（2）坚持系统治理。落实山水林田湖草沙是生命共同体的理念，考虑生态系统的整体性，对区域、流域开展系统治理。“十三五”以来，重点在“三区四带”部署实施了 44 个山水林田湖草沙的系统保护修复工程，完成修复治理面积 200 多万公顷。同时，在京津冀、长江经济带、黄河流域等国家区域重大战略地区开展矿山生态保护修复，修复面积达到28万公顷。此外，深入开展蓝色海湾整治行动、海岸带保护修复、红树林保护修复等专项行动，共修复海岸线1500千米、滨海湿地3万公顷等。

（3）坚持综合治理。建立生态保护修复新机制，出台鼓励和支持社会资本参与生态保护修复的政策，创新激励机制、政策和投融资模式，吸引社会资本参与。统筹推进自然资源资产产权制度改革，促进生态产品价值的实现，调动全社会积极性推动生态环境的综合治理。

（4）坚持依法治理。形成生态保护修复法治建设新局面。开展国土空间开发保护法、国土空间规划法、自然保护地法、国家公园法以及涉及土地、森林、草原、湿地、耕地、矿产等领域的法律法规制度修订，为生态保护修复提供有力的法律支撑。

13.3　国土资源利用与管理的挑战

与贯彻新发展理念、构建新发展格局、推动高质量发展和全面建设社会主义现代化国家的要求相比，我国国土空间开发保护还存在一些突出问题。

13.3.1　自然资源约束趋紧

我国环境容量有限，生态系统脆弱，独特的地理环境加剧了地区间的不平衡。局部地区污染重、风险高的生态环境状况还没有根本扭转。耕地总量减少，质量总体不高，南减北增趋势加剧，耕地后备资源匮乏。部分地区和城市水资源约束趋紧。局部地区存在森林生态系统不稳定、草场退化、水土流失等突出问题。在保障粮食安全和生态安全的前提下，可供开发建设的潜在空间极为有限。资源粗放利用问题仍然突出。

（1）资源质量和功能问题较为突出。2019年，中国耕地总面积约1.28亿公顷，比十年前总量减少了0.07亿公顷。全国乔木纯林面积达10447万公顷，占乔木林的比例为58.1%，较高的占比会导致森林生态系统不稳定，全国乔木林质量指数为0.62，整体仍处于中等水平。草原生态系统整体仍较脆弱，中度和重度退化面积仍占1/3以上。部分河道、湿地、湖泊生态功能降低或丧失。全国沙化土地面积达1.72亿公顷，水土流失面积达2.74亿公顷，形势依然严峻。红树林面积与20世纪50年代相比减少了40%，珊瑚礁覆盖率下降、海草床盖度降低等问题较为突出，自然岸线缩减的现象依然普遍，防灾减灾功能退化，近岸海域生态系统整体形势不容乐观。

（2）资源粗放利用问题仍然存在。国土空间过度开发、无序开发，以及粗放利用，造成资源利用效率偏低。2019年度全国开发区土地集约利用监测统计结果表明，中国土地整体集约利用水平、土地管理绩效仍有较大提升空间。此外，陆海国土开发整体统筹水平较低，陆海资源配置、空间功能布局、基础设施建设、环境整治、灾害防治等协调不够。当前我国人均资源不足的基本国情尚未改变。2019年，我国耕地保有量居世界第三位，但人均耕地面积不足0.1公顷，不到世界平均水平的40%；我国人均水资源量为2048立方米，约为世界平均水平的1/4，且时空分布极不平衡；油气、铁、铜等大宗矿产人均储量远低于世界平均水平，对外依存度高；人均森林面积仅为世界平均水平的1/5。城乡建设仍以外延扩张的发展模式为主，2018年全国人均城镇工矿建设用地146平方米、人均农村居民点用地317平方米，超过国家标准上限。

13.3.2 生态环境压力加大

总体上看，我国生态环境质量持续好转，但成效并不稳固，生态文明建设处于压力叠加、负重前行的关键期。受资源禀赋、历史原因和发展阶段等限制，自然生态系统总体较为脆弱、生态承载力和环境容量较低、优质资源产品供给能力不足现象尚未得到根本扭转，生态方面历史欠账多、问题积累多、现实矛盾多。

（1）生态安全基础尚不牢固。北方防沙带、东北森林带的重要生态空间被侵占。过度农垦、放牧导致部分草原生态系统失衡。江河源区水源涵养功能不稳定，黄河、海河、辽河等流域水资源开发利用率较高，生态水量不足。华北、东北、西北等地区存在地下水超采问题。部分河湖、近岸海域污染问题突出，海岸带保护和利用矛盾突出。部分重要生态安全空间被侵蚀，重要物种栖息地碎片化，局部地区生态功能退化较严重，生物多样性下降趋势尚未得到有效遏制。

（2）生态保护和修复系统性不足。生态承载力和环境容量不足，经济发展带来的生态保护压力逐渐增大，部分地区重发展、轻保护所积累的矛盾愈加凸显。同时，在重点生态工程实施过程中，落实落地还不到位，也影响了治理工程整体效益的发挥。我国在生态方面历史欠账多、问题积累多、现实矛盾多，一些地区生态环境承载力已经达到或接近上限，且面临“旧账”未还又欠“新账”的问题，生态保护修复任务十分艰巨，既是攻坚战，也是持久战。当前关于山水林田湖草沙作为生命共同体的内在机理和规律认识不够，与落实整体保护、系统修复、综合治理的理念和要求还有很大差距。权责对等的管理体制和协调联动机制尚未建立，统筹生态保护修复面临较大压力和阻力。部分重点生态工程建设目标、建设内容和治理措施相对单一，部门间衔接协作和信息共享不够顺畅，一些建设项目还存在拼盘、拼凑问题，以及忽视水资源、土壤、光热、原生物种等自然禀赋的现象，区域生态系统服务功能整体提升成效不明显。

（3）多元化投入机制不健全。生态保护和修复工作具有明显的公益性、外部性，受盈利能力低、项目风险高等因素影响，加之市场化投入机制、生态保护补偿机制仍不够完善，缺乏激励社会资本投入生态保护修复的有效政策和措施，生态产品价值实现缺乏有效途径，社会资本参与生态保护修复的收益和政策预期不稳定，社会资本投入意愿不强。目前，工程建设仍主要以政府投入为主，投资渠道较为单一，资金投入整体不足。同时，生态工程建设的重点区域多为老、少、边、穷地区，这些地区自有财力不足，不同程度地存在“等、靠、要”思想。

（4）科技支撑能力不强。生态保护和修复标准体系建设、新技术推广、科研成果转化等方面较为欠缺，理论研究与工程实践在一定程度上存在脱节现象，关键技术和措施的系统性和长效性不足。科技服务平台和服务体系不健全，生态保护和修复产业仍处于培育阶段。支撑生态保护和修复的调查能力、监测能力、评价能力、预警能力等能力不足，部门间信息共享机制尚未建立。

13.3.3 粮食安全保障需求上升

随着生活水平的提升，居民食物消费结构发生重要变化，人均口粮消费需求下降，肉蛋奶、蔬菜、水果等食物消费需求上升。要树立大食物观，在确保粮食安全的基础上，保障肉蛋奶、蔬菜、水果等各类食物的有效供给。

（1）粮食安全结构性调整需求日益突出。“大食物观”是在粮食安全战略基础上拓展形成的食物安全战略，是与“粮食观”相对应的一种食物安全观念，也是在粮食安全战略基础上拓展升级形成的食物安全战略，具有更丰富的内涵。从聚焦粮食安全到在粮食安全基础上树立大食物观，是党中央根据我国基本国情、居民食物结构变化以及全球食物安全形势等作出的重大战略部署。大食物观意味着要增加食物保供种类，构建品种结构更加丰富多样的食物供给体系，多途径开发食物来源。从总量上看，我国粮食供需基本平衡，但结构性过剩与短缺的矛盾日益突出，其中稻谷、小麦自给率为103%，玉米为118%，薯类杂粮为91%，大豆只有15%。粮食供需结构性失衡的原因在于粮食品种结构不合理，优质口粮和饲料用粮供不应求。一方面，我国粮食产量总体稳定增长，但随着健康饮食需求的升级，国民对口粮的要求从数量向质量转变。稻谷、小麦等口粮供大于求，但优良品种较少，难以满足国内市场需求，一些质量较差的品种则形成积压，经营者种植收益因此受到影响。另一方面，我国粮食需求增长的矛盾主要体现在诸如大豆、玉米等饲料用粮的显著增长上，这类粮食增产幅度远小于需求增长幅度。2020年我国累计进口大豆10033万吨，累计进口玉米1130万吨。大豆产需缺口持续扩大，在较长的一段时间内都将存在对外依存度高的问题。结构性产需不平衡造成了“产量多、进口多、库存多”并存的局面。小麦、稻谷、玉米等国内生产充足的品种，由于国内产品缺乏品质与价格优势，仍需从国外大量进口。要满足居民食物消费结构升级的需要、更有力地保障我国食物供给安全以及更快地实现新时期国家粮食安全战略，就必须从品种与质量两个层面确保我国粮食供需结构性平衡。

（2）绿色型生产成为保障粮食可持续安全的迫切要求。一是维系粮食生产的耕地和水资源保障难度增大。工业化、城镇化不断挤占农业生产用地，据《全国土地整治规划（2016—2020年）》，“十三五”期间因生态退耕、农业结构调整、建设占用等原因耕地面积减少了约7000万公顷，高等级优质耕地仅占耕地总面积的21.95%。联合国粮农组织全球水资源统计数据表明，我国水资源压力较大或极大的灌溉农田所占比例在60%以上，是全球人均水资源最贫乏的国家之一。二是资源要素使用粗放、转化利用效率低。目前我国化肥、农药投入量较大，但实际利用率仍然偏低，与欧美发达国家相比还有很大的差距。三是农业面源污染及重金属污染加剧，中重度污染耕地面积较大。从媒体曝光来看，部分地区污染耕地、问题耕地时有发生。保障粮食可持续安全，迫切需要转变粮食生产方式，提高资源利用效率，探索绿色型可持续粮食生产方式。

13.3.4 国土空间利用质量有待提升

（1）区域和城乡发展不平衡问题仍然突出。区域经济分化明显，全国经济重心进一步南移。城市群、都市圈和中心城市之间网络联结存在薄弱点。城乡融合发展水平较低，边疆地区稳边固边功能亟待加强。文化和自然资源整体保护不够，国土空间多样性特色展现不足。国土开发强度、利用方式等与资源环境承载能力不平衡。国土空间过度利用与质量不高问题突出，尽管目前中国整体国土开发强度低于美国（8.6%）、日本（28%）等发达国家，远未达到开发强度的警戒线（30%）和国际宜居标准（20%），但考虑到我国特殊的自然地理国情，大部分区域并不适宜工业化、城镇化发展，可开发利用的国土空间十分有限，如何在有限的空间上承载高质量发展的需求，是未来国土空间可持续利用需要解决的重要问题。

（2）国土空间结构与布局有待优化。一方面，城镇生产、生活、生态空间布局结构与资源环境承载能力、人民群众需求不匹配，空间安全韧性有待增强。生态、农业、城镇等三类主体功能空间之间的关系及边界有待进一步厘清。随着城乡建设用地不断扩张，生态空间和农业空间受到持续挤压而不断萎缩，城镇、农业、生态空间矛盾加剧；优质耕地分布与城镇化地区高度重叠，如长三角、长江中游、中原、成渝、哈长等城市群地区也是农产品主产区，城镇化与农业发展功能空间重合，耕地保护压力持续增大，空间开发政策面临艰难抉择。另一方面，国土空间布局的系统顶层设计和统筹有待进一步优化。国土空间布局安排中未充分尊重和支持生态空间、农业空间占主导的地区发展权利，使得以人均 GDP、基本公共服务均等化为主要表征的区域差距绝对值在不断扩大，无法充分支撑国家区域协调发展战略目标的实现。

（3）国土空间品质有待提升。当前我国森林覆盖率、森林蓄积量、单位国土面积基础设施比例等均处于较低水平，人均占有森林面积、人均森林蓄积量分别仅相当于世界平均水平的 1/5 和 1/8，与人民群众美好生活需求和美丽中国目标尚有较大差距。虽受制于部分客观因素，但与过去重速度轻质量的工业化、城镇化进程有很大关系。城市拥挤拥堵、农村人居环境脏乱差，城乡差距问题依旧突出。城乡居民收入、基础设施和公共服务水平差距大，越是偏远落后地区的城乡差距问题越突出。粗放扩张的城镇化带来产业支撑不足、城市承载能力减弱、环境污染加剧等问题；同时，农业面源污染、农村垃圾污水等环境问题也日益凸显。基础设施建设重复与不足并存，短板明显。部分地区基础设施建设超前，闲置和浪费严重；中西部偏远地区基础设施建设相对滞后，医疗卫生、教育培训、环保等公共服务和应急保障基础设施缺失。

（4）都市圈和城市群仍然较为缺乏国际竞争力。主要体现为在连通全球城市、吸引人才、科技创新、服务功能等方面与国际领先水平有较大差距，区域发展带动能力不足。少数大城市中心城区功能过度集聚、空间无序蔓延，一些中小城市和小城镇基础设施和公共服务水平低、发展后劲不足。城市群、都市圈、中心城市之间交通联结有待增强，中西部地区缺少畅通的对外开放通道，共建“一带一路”的门户枢纽功能有待加强。

13.3.5　国土空间治理体系有待完善

顶层设计不完善、分类不科学、空间布局不合理、产权不清晰、管理体制不顺畅、法律法规不健全等问题，制约了我国国土空间治理体系和治理能力现代化。

（1）国土空间规划的矛盾冲突依然存在，统筹协调各类空间需求的制度、标准不够完善。需要进一步理顺国土空间规划与国家发展规划、国家级专项规划、区域规划的关系，明确国土空间规划体系在国家统一规划体系建设中的定位和作用。进一步深化五级三类国土空间规划编制体系设置并作出适度优化，完善各级各类国土空间规划的定位与主要内容。充分继承并发挥主体功能区战略与制度在空间治理中的基础性作用，将主体功能区战略贯穿于国土空间规划编制实施全过程。加快推进地方各级国土空间规划编制，通过国土空间结构和空间战略布局的优化，进一步强化国土空间规划对其他规划在空间安排上的统领作用。

（2）国土空间治理的法律工具有待补充。我国尚无专门的国土空间及其治理的法律法规，已有的土地管理法等相关法律法规远不足以支撑国土空间治理的目标和要求。主体功能区制度有待健全，“多规合一”的国土空间规划法律法规和政策标准建设滞后。国土空间治理相关立法工作有待按照立、改、废、释相关要求修改完善，并尽快将所有关于空间管治的政策和规划纳入法律框架。加快制定实施适应国土空间治理体系要求的资源、财税、产业、生态、环境、人口等关键政策，基于系统性、协同性与精准性、操作性要求，推动形成系统、科学、高效国土空间政策体系。

（3）国土空间治理的标准体系尚未形成。空间分类体系及其标准化、空间数据采集加工及其标准化等方面普遍存在标准不统一的问题，影响了国土空间治理的问题诊断、目标设定、动态跟踪、成效判断等能力。国土空间治理的标准体系建设包含健全统一、科学、实用的国土空间分类、数据标准、技术标准及其他标准体系，推动相关部门在技术标准上的统一。

13.3.6 统筹发展与安全的战略需求

统筹发展和安全是新时代的重要命题，是推动实施国家重大战略的基本前提，是引领国土空间规划未来发展的重要驱动力。中共十九届五中全会提出“统筹发展和安全”的战略目标，明确要求“把安全发展贯穿国家发展各领域和全过程”，要求“防范和化解影响我国现代化进程的各种风险，筑牢国家安全屏障”。国土空间兼具一国自然资源环境载体和人类社会发展支撑的双重属性，为经济社会发展提供必要的资源要素支撑，其安全水平直接影响国家稳定底线和发展上限。如何提高国土空间发展韧性、国土空间安全水平和支撑能力，是国土资源利用在新时代背景下必须回答的重要问题。

高质量发展为国土资源利用和管理指明新方向。我国已转向高质量发展阶段，制度优势显著，治理效能提升，经济长期向好，物质基础雄厚，人力资源丰富，市场空间广阔，发展韧性强劲，社会大局稳定，继续发展具有多方面优势和条件，同时我国发展不平衡不充分问题仍然突出，重点领域关键环节改革任务仍然艰巨，创新能力不适应高质量发展要求，农业基础还不稳固，城乡区域发展和收入分配差距较大，生态环保任重道远，民生保障存在短板，社会治理还有弱项。中国发展正处于重要战略机遇期，区域间自然资源本底和国土空间开发利用保护模式与水平存在巨大差异，给国土资源利用与管理带来了更大的挑战。我国经济转向高质量发展阶段，要求改变规模驱动、粗放利用的空间开发模式，深化空间供给侧结构性改革，注重存量空间资源盘活利用，助力优化农业、生态、城镇空间和公共服务、基础设施布局，促进资源要素在区域和城乡之间合理配置，提升空间功能品质，更好支撑高质量发展。

参考文献

谷玮，王梦婧，吴次芳，等，2022. 统筹发展与安全战略下的国土空间规划：范式、学理和实践逻辑的反思与回应 [J]. 中国土地科学，36(6)：11-20.
牛善栋，方斌，2019. 中国耕地保护制度 70 年：历史嬗变、现实探源及路径优化 [J]. 中国土地科学，33(10)：1-12.
吴次芳，2019. 国土空间规划 [M]. 北京：地质出版社 .
严金明，夏方舟，2022. 新征程中的国土空间格局优化 [M]. 北京：中国人民大学出版社 .

第 14 章　国土资源利用面临的新形势

当前，我国已进入“十四五”时期，新的发展阶段将面临新的挑战和机遇。同样在新时期，全面提高国土资源利用效率也面临着国土资源开发与保护矛盾日益突出的严峻挑战，以及国土资源利用进入高质量发展阶段、存量发展阶段、城乡融合发展阶段以及资产显化发展阶段的新机遇。

14.1　人口变化对国土资源利用提出了新需求

人口结构和流动趋势的变化，势必对中国未来的国土空间利用产生深远的影响。经济发展促使人口消费结构和生育观念的转变，人口的空间变化状况，直接影响到未来国土资源利用空间的配置方式。新的发展阶段，老龄化、个人化、家庭小型化、品牌化与旅游休闲消费提高等社会特征将影响国土空间的供给与生产。城乡人口格局的改变，也将对城乡国土空间的利用方式、利用结构等产生显著影响。

14.1.1　人口总量和结构的变化趋势

我国人口总量经历了快速增长的阶段后，已逐步趋于稳定，老龄人口与子女分离的居住现象以及生育率降低，使得家庭小型化特征更为明显。人口空间分布以及空间流动情况使得不同地区的国土资源需求产生差异，人口流入地区的国土需求极为旺盛，国土空间规划需要结合不同地区的需求变化来调整国土空间各类资源的配置。

（1）人口总量即将达到峰值，逐步进入下行通道。根据国家卫健委中国人口与发展中心的多情景模拟研究，不同的预测方案显示，我国总人口达到峰值的时间分别为 2025 年、2027 年和 2030 年。虽然人口达峰的具体时间尚不确定，但在未来可以预见的时间内，我国总人口将结束自新中国成立以来持续快速增长、惯性增长的态势，并逐渐进入下行通道。到 21 世纪中叶以后，人口年龄结构逐步趋向稳定。

（2）家庭小型化趋势明显，家庭户数将有所增加。经济社会发展、科技进步和人们观念转变等多种因素影响下，我国家庭结构发生明显变化，家庭规模不断缩减。全国平均家庭户规模从 2003 年的 3.39 人，下降到 2020 年的 3 人以下。虽然全国人口增长率长期处于低位，但由于平均家庭户规模不断缩减，家庭数量在一定时期内仍保持持续增长。预计 2040 年，中国家庭户数量将超过 5 亿，到 2050 年仍将保持在 5 亿户左右的规模。

（3）省际人口分布不均，城市群、都市圈和县城成为城镇人口的主要载体。第七次全国人口普查结果显示，东部地区人口占 39.93%，中部地区占 25.83%，西部地区占 27.12%，东北地区占 6.98%。与 2010 年第六次全国人口普查数据相比，东部地区人口所占比重上升 2.15 个百分点，中部地区下降 0.79 个百分点，西部地区上升 0.22 个百分点，东北地区下降 1.20 个百分点。“胡焕庸线”以东集聚了全国约 91% 的人口总量，形成了我国人口分布的基本格局。东部地区人口集聚逐步减缓，中部外流趋势减缓，西部地区 2010 年后开始呈现占比基本平稳、小幅增加趋势，东北地区人口外流加速。超大城市中心城区人口密度过高，人口进一步向城市群集聚的趋势明显。2000—2020 年，总人口增量的约 2/3 集中在城市群地区，城市群、都市圈将成为未来城镇化的主要载体；我国 20 万人以下的小城市与小城镇，集聚了约 1/2 的城镇人口，其中县级单元聚集了全国约 1/2 的新增城镇人口，县城成为城镇化的重要承载地。

（4）流动人口总体相对稳定，区域性增长差异显著。根据第五次和第六次全国人口普查数据，以及国家卫健委流动人口动态监测数据，我国东部地区流动人口占全国流动人口的比重均为 2/3，同时，各大城市群的流动人口均较快增长。其中，珠三角和长三角城市群中心城市、一般城市和外围县市的流动人口增长速度大体相当；京津冀、长江中游和成渝城市群流动人口增长速度则呈现出从中心城市、一般城市到外围县市逐渐下降的态势。

（5）乡村人口持续减少，人口外流趋于稳定。伴随人口城镇化进程，未来乡村人口仍将延续向城镇的转移过程，流动人口总量将趋于稳定。从空间分布上看，乡村人口外流由跨省份流出逐步向省域内中心城市、邻近城镇集聚转变。未来较长时期内，我国仍将保持西北稀疏、东南密集的人口分布格局。

14.1.2　人口消费需求结构的变化趋势

我国人口的消费需求可划分为三个阶段。一是从 1978 年至 2000 年。社会产出主要满足人们在计划经济时期被长期压抑的基本生活需求，恩格尔系数高，居民消费占 GDP 比重较高。全国的城镇化水平较低，大量人口在农村，农田单位产出低，需要大量的耕地。二是从 2000 年至 2012 年。投资拉动经济高速增长，耐用消费品开始量产并在全国普及，居民生活水平提高，服务性消费兴起。工业化城镇化快速推进，经济高速增长的同时，土地城镇化进程快于人口城镇化，城市土地粗放利用，生态环境污染破坏。三是 2012 年至今。以人民美好生活需要为主导。大量新兴消费品出现，私家车逐渐普及，消费的品牌化倾向日益明显，旅游消费需求提高，消费需求从追求数量到质量。小规模家庭成为社会消费主体。旅游消费的兴起对乡村空间品质的要求更高，对生态空间的保护日益严格。

14.1.3　人口变化对国土资源的新需求

（1）保障经济社会发展的空间需求，预留规划城镇建设空间。伴随人口城镇化进程，到 2035 年仍有约 1.5 亿～2.0 亿人口由农村转向城镇，以及大量城镇人口在城镇之间的相互转移，因此产业发展、城镇建设、基础设施配套等不可避免需要新增建设空间，需要在国土空间布局中给予合理保障。

（2）推动集约高效可持续的城镇化发展道路。我国国土空间既面临满足众多人口需求的客观国情，又面临自然资源本底不优的现实困境。在人口总量基本稳定的背景下，人口素质、结构、分布及家庭规模、生活方式、消费模式等因素对国土空间利用的影响更加突出。国土空间规划的编制要充分考虑人口因素及人的发展的需要，结合时空分布等因素，采取优化开发的策略，找到环境保护、粮食安全、建设用地节约集约利用和人的基本需求之间的平衡，实现可持续发展。

（3）加强产业空间的供给保障。人口城镇化的快速推进，意味着新增就业岗位的巨大需求。国土空间规划需要落实就业优先战略，以产业发展为基础，以就业岗位增加为主线，保障城镇就业所需的配套服务设施用地，推进城镇化健康发展。在区域层面，落实供给侧结构性改革需求，适应供应链产业链布局特点、产业发展阶段特征等，支撑参与国际化竞争的优势产业集群。在城市层面，盘活整合现有产业空间，合理保障实体经济的用地需求。在乡村层面，利用存量建设用地，加大对农村一二三产业融合发展的用地保障。为适应城乡居民的旅游、休闲、娱乐等活动需求提前谋篇布局，迎合居民的个性化、极简化、休闲化的高品质生活。加快乡村地区的文化、旅游、休闲等设施建设，提高整体服务水平，调整乡村地区的业态，适当增加文旅、休闲消费、特色精品农业等空间用地需求，满足新时代城乡居民的新需求。

（4）促进人民生活方便舒适，完善公共服务设施体系。围绕人民对美好生活的向往，以便捷舒服的15分钟生活圈为载体，合规布局教育、医疗卫生、文化体育、商业服务、金融邮电、市政公用、行政管理等公共服务和基础设施，体现城市本土特色风貌，实现城市的合理均衡发展，加强人们之间的社会交往联系，营造低碳、健康的生活方式和便利、共享的空间品质。以高质量的公共服务为抓手，统筹优化国土空间产业布局和人口分布，建设宜业宜居、富有特色、充满活力的现代城市与美丽乡村。在满足基本公共服务设施需求的同时，提供更多高品质、个性化的公共服务需求，以更好地满足人民对美好生活的需求，让百姓有更多的获得感、幸福感、满足感。以高品质生活为核心，调整区域和城市空间结构，打造高品质生活空间，使“城市让人们生活更美好”落到实处。加大特色消费性空间布局，满足富足社会的多元多层次需求。

14.2　气候变化对国土资源利用提出了新挑战

气候变暖已经对地球表面造成了显而易见的影响，如快速增长的全球平均气温导致许多地区接连出现的破纪录高温，改变了降水分布格局，消融了大量的永久积雪和冰川，引起了海平面的快速上升。这些变化正从不同方面给地球生态系统和人类经济社会带来日益严重的影响。

14.2.1　气候变化的不确定性

在气候变化的大背景下，温度和降水的变化对不同农业区域的布局以及水土流失的防护治理均有重要指示意义。此外，频繁发生的极端气候事件对农村和城市区域的基础设施甚至人民群众生命财产安全均可引起重大影响。

（1）气温变化。工业革命以来，全球陆地表面平均气温的上升速率是全球平均地表（包括陆地与海洋）气温上升速率的近2倍。1909年以来（1909—2011年）我国气候变暖速率高于全球平均值。

（2）降水量变化。近100年和近60年我国平均年降水量均未见显著的趋势性变化，但年代际变率较大，且具有明显的区域分布差异。20世纪初期和30—50年代年降水量偏多，20世纪20年代和60—80年代偏少，近20年降水呈增加趋势。20世纪90年代以来，我国年降水量年际变异性增大。从降水空间变化来看，年降水量减少的区域呈东北—西南走向，包括东北地区、华北及黄淮平原、华中地区和西南地区。年降水量增加的区域包括华南、东南和长江下游地区。我国西部干旱和半干旱地区近30年变湿，降水呈持续增加趋势。

（3）极端气候事件。伴随着显著的地表升温，过去几十年发生了许多极端天气气候事件。1950年以来，我国各种类型极端高温事件的频率和强度都有所增加，很大程度上可能与人类活动导致的温室气体排放量的增加有关。同一时期内，我国的平均极端最低气温呈明显上升趋势，与低温相关的极端事件强度和发生频率明显减弱。区域持续性高温事件发生强度和频次较多的地区主要位于我国西北（西北西部和内蒙古西部）和东南地区（黄淮南部、江淮、江汉、江南和华南南部等地），而东北和西南地区较少发生。

（4）海平面变化。1993 年以来全球海平面显著上升，每年平均升高 3.1 毫米，年加速度为 0.1 毫米。近年来我国沿海海平面呈波动上升趋势，每年平均上升 3.3 毫米，高于同期全球平均水平。若温升 1.5℃，叠加百年一遇高潮位时，在不考虑堤防防护的情况下，我国长二角、环渤海和珠二角地区将面临较大风险。海平面上升将淹没滨海低地和低海拔岛礁，造成红树林、珊瑚礁、海草床等滨海湿地生态系统破坏，加剧滨海地区洪涝和风暴潮等海洋灾害。

14.2.2　气候变化对国土资源利用的影响

气候变化已成为当今世界及今后相当长时期内人类共同面临的巨大挑战，我国国土空间治理亟须大规模、系统性、长期性、创新性的转变，构筑全方位、系统性的安全防线，以把握应对气候变化的主动权。

（1）对粮食安全的影响存在不确定性。一方面，气候变暖使农业热量资源增加，利于种植制度调整，中晚熟作物播种面积增加，东北地区种植边界北扩，华北地区可向高纬度、高海拔地区适当扩大种植面积。另一方面，气候变化导致部分作物单产和品质降低、耕地质量下降、肥料和用水成本增加、农业灾害加重。研究表明地球表面温度每升高 1℃，玉米、小麦和水稻的全球产量损失预计将增加 10%～25%。如果到2100年，全球温升2℃，每年玉米、小麦和水稻的减产幅度可能分别达到10%、12%和 17%。

（2）可能造成我国生物多样性下降，土地退化和荒漠化风险加剧。气候变化将导致我国植被带和生物群区向北和更高海拔地区移动，北方落叶林将大幅度减少，草原分布东移，并导致草原植被生产力显著降低，草原退化和荒漠化风险加剧，生态系统稳定性和生物多样性降低。例如，我国大熊猫等珍稀濒危动植物栖息地逐步向“北”迁移和向“上”即向高海拔地区转移，水生生物向“深”水区迁移和向更加“广”的栖息空间和生态廊道转移，生物多样性保护难度加大。

（3）高温热浪、强降水、重污染天气等风险形势更加严峻。气候变化导致越来越多的城市将面对更加频繁的高温热浪、强降水等极端天气事件，城市热岛效应和密集的人口经济加剧灾害风险。近年来，很多城市历史同期最高温和强降水纪录正被一一打破，城市内涝灾害频发，人员伤亡时有发生，灾害损失大。

（4）青藏高原暖湿化趋势加剧。青藏高原是全球气候变暖最强烈的区域，增温速率最大，自 20 世纪 90 年代以来我国冰川呈现出全面、加速退缩的趋势。雪线上升、冰川退缩短期内为青藏高原及周边提供了大量水资源，短期内可以使得部分区域河、湖、湿地面积增加，但长此以往，将导致主要江河源头冰雪来水减少。

（5）极端天气频发。全球气候不稳定性加剧，各地极端天气气候事件趋多增强。未来，全球变暖趋势仍将持续，极端天气气候事件发生频次和强度可能继续增加，气候变化影响和风险也会持续扩大，对自然环境、生态系统、人类生活、社会生产带来持久的影响。

（6）韧性城市建设有望成为应对气候变化的新途径。韧性城市建设可以通过城市规划、基础设施建设和维护、体制机制优化等多重手段，提高城市对气候变化的抵御能力，使城市可以基于自然的解决方案应对极端气候。城市的应对气候变化行动可以降低气候变化物理风险和转型风险对城市经济社会系统的影响，增强城市适应气候变化的能力，提高城市的韧性水平。从发展路径来看，气候变化物理风险和转型风险对城市产业结构以及经济发展将带来不同程度的影响，建设韧性城市是缓解多重影响的重要手段，也是实现应对气候变化和可持续发展双重目标的创新途径。

14.3　国际形势变化对国土资源利用带来了新压力

当前世界面临的不稳定性不确定性突出，人类面临许多共同挑战，这是在新时期我国国土资源利用必须面对的重大考验。

14.3.1　当今世界正经历百年未有之大变局

新一轮科技革命和产业变革深入发展，国际力量对比深刻调整，和平与发展仍然是时代主题，人类命运共同体理念深入人心，同时国际环境日趋复杂，不稳定性不确定性明显增加，新冠肺炎疫情影响广泛深远，经济全球化遭遇逆流，世界进入动荡变革期，单边主义、保护主义、霸权主义对世界和平与发展构成威胁。

（1）逆全球化有所抬头。经济全球化是指以市场经济为基础，以先进科技和生产力为手段，以发达国家为主导，以最大利润和经济效益为目标，通过分工、贸易、投资、跨国公司和要素流动等，实现各国市场分工与协作，相互融合的过程。经济全球化虽然带来了贸易和资本上的跨境联合，但国际上的政治不确定性仍然存在。国际社会的“黑天鹅事件”不断增加，俄乌战争仍在持续，英国脱欧公投、欧洲各国右翼势力在国内支持率不断提升、西班牙加泰罗尼亚独立公投等各类政治事件层出不穷。世界经济陷入低迷期，全球能源供需版图深刻变革，国际经济政治格局复杂多变。

（2）新型全球关系正在逐步形成。无论是新兴经济体还是传统发达国家，全球贸易更加深入与世界经济相互联系，世界各国总贸易额占全球 GDP 比重已经上升至约 60%。国家、产业和资本都相互联系，无论是影响经济发展的运输量（集装箱吞吐量），还是影响国家的人口分布和 GDP 发展，总体的增长指数都在近 40 年维持着总体平稳的增长趋势。这种稳定的趋势也说明了世界各国相互依赖的程度在现阶段仍在继续升高，全球化仍是世界各国共同发展的主旋律。

（3）实体经济将成为全球化竞争合作的重要领域。全球化背景下，实体经济已成为各个国家合作竞争的主要领域。发达国家制造业曾出现向外转移的空心化，表现为零部件制造、加工组装转移到发展中国家。但近年来，发达国家开始推动升级版的工业化，如美国出台《美国制造业促进法案》，德国实施“工业 4.0”战略，日本推行扩张性财政政策和量化宽松货币政策等，加大对制造业等实体经济支持。这就要求国土空间布局安排时，一方面保障高端产业的空间需求，另一方面做好实体经济转型升级过程的梯度转移，特别是中西部地区对实体经济的承接能力，不断强化我国实体经济的发展基础。

（4）逐步形成双循环新发展格局。面对世界百年未有之大变局，以习近平同志为核心的党中央结合中国具体国情，审时度势提出“双循环”新发展格局。这是一项主动战略选择，具有历史必然性，符合中国经济长期发展规律，而非简单受限于当前美国对华战略挤压与新冠肺炎疫情的负面冲击。同时，“双循环”不只是一个理想的静态目标，更是中国在着力推动高质量发展过程中需要保持和精进的一种状态。这有利于增进中国与世界经济的理念互动、政策互动、制度互动，并在互动中持续塑造国际经济合作共赢的优势，为中国深入参与全球经济治理发挥引领功效。

（5）“一带一路”合作倡议将持续深化拓展。共建“一带一路”是习近平总书记深刻思考人类前途命运以及中国和世界发展大势，为推动中国和世界合作共赢、共同发展作出的重大决策。我国始终支持经济全球化，坚定实施对外开放基本国策，今后将继续促进贸易和投资自由化便利化，维护全球产业链供应链顺畅稳定，推进高质量共建“一带一路”。着力推动规则、规制、管理、标准等制度型开放，持续打造市场化、法治化、国际化营商环境，发挥超大市场优势和内需潜力，为各国合作提供更多机遇，为世界经济复苏和增长注入更多动力。

14.3.2　全球化对国土资源利用与国土空间布局的影响

全球经济和政治正处在深度调整过程中，新一轮科技革命和产业变革蓄势待发，全球治理体系深刻变革，发展中国家群体力量持续增强，国际力量对比逐步趋向平衡。我国国土资源利用与国土空间开发正在由被动应对向主动响应和积极主导转变。

（1）人口、产业、经济向沿海地区集聚特征明显。海运依靠廉价的物流成本，成为现代贸易的主要载体。沿海地区依托海运、陆运、空运的多式联运优势，使得全球产业布局向海港等集聚。统计数据显示，全球货物 80%～90% 通过海运完成。与此同时，沿海人口所占的比重不断增加。全球沿海 100 千米范围内居住了世界人口的 42%，200 千米范围内居住了世界人口的 53%。改革开放以来，我国人口向沿海集聚的速度远高于世界的平均水平。

（2）重要区域、城市的比较优势和规模效益更加明显。巨型区域和超大城市成为世界各国人口和经济的核心承载区，是全球化合作竞争的主战场。历经数十年发展，这些区域和城市在政治、科技、金融、文化等方面拥有强大竞争力，基本形成了世界级产业集群，具有显著的规模优势和较高的市场份额，拥有世界级的龙头企业和品牌产品，掌握世界领先的核心产业技术和创新能力，形成区域内部专业化分工和协同发展网络等，在全球资源配置能力方面具有较大话语权。因此，世界主要经济体都在国家规划中将布局全球城市作为重要任务之一。我国也基本形成了“两横三纵”的城镇化格局，经济和人口向大城市及城市群集聚的趋势比较明显，长三角、珠三角等地区已初步走上高质量发展轨道。北京、上海、广州、深圳等特大城市发展优势不断增强，杭州、南京、武汉、郑州、成都、西安等大城市发展势头较好，形成推动高质量发展的区域增长极。

（3）乡村发展迎来新的机遇。在新型城镇化战略、城乡融合发展的推动下，我国乡村发展也迈上了新的台阶。在主要城市群、都市圈的乡村地区，依托高度城镇化的功能外溢，乡村进一步强化农业、文化等空间功能，吸引城市资本、人才、资源的流入。一些生态功能强的乡村依托更加严格的管控政策，进一步提升生态服务功能，创造更多优质生态产品，实现“生态产业化、产业生态化”。一些偏远的乡村、渔村，依托新型信息基础设施建设，进一步拉近了与市场的距离，弥补了传统发展模式的短板，得到了新的发展机会。

参考文献

王伟，武占云，李广宇，等，2023. 气候变化与国土空间治理的变革性适应研究 [J]. 规划师，39(02)：11-20.

严金明，董立宽，2022. 全面提高国土资源利用效率：战略背景、理论支撑与路径选择 [J]. 公共管理与政策评论，11(01)：120-130.

第 15 章　国土资源可持续利用的战略与对策建议

立足第二个百年奋斗目标和中华民族伟大复兴的中国梦，围绕 2035 年基本实现社会主义现代化的目标，针对国土空间开发保护中的问题和挑战，明确新时期国土空间开发保护的指导思想和基本策略，统筹推进各项目标任务，提出新时期国土资源利用的战略重点及其对策建议。

15.1　总体思路

面对国际国内形势变化和经济社会发展的新趋势新要求，必须坚持底线思维、系统思维，全面贯彻落实党的二十大精神，坚持习近平生态文明思想和生态文明理念，促进国土资源可持续利用。

15.1.1　指导思想

坚持以习近平新时代中国特色社会主义思想为指导，统筹推进“五位一体”总体布局，协调推进“四个全面”战略布局，认真落实党中央、国务院决策部署，立足新发展阶段，完整、准确、全面贯彻新发展理念，构建新发展格局，推动高质量发展。牢固树立绿水青山就是金山银山理念，坚持节约优先、保护优先、自然恢复为主的方针，统筹保护与发展，统筹保障能源资源和自然生态安全，强化科学布局、整体保护、系统修复、综合治理、高效利用，着力全面提高自然资源利用效率，着力提升生态系统质量和稳定性，着力增强国家重大战略实施和项目建设支撑能力，夯实自然资源治理现代化的制度和工作基础，为推动经济社会发展全面绿色转型、建设人与自然和谐共生的现代化筑牢根基。

15.1.2　基本原则

（1）坚持安全底线。自然资源的保护和利用事关国家全局安全，必须统筹发展，严守 18 亿亩耕地红线，确保能源资源安全可控，守住自然生态安全边界，维护国土、深海、极地、生物等领域安全，夯实永续发展的安全基础。

（2）坚持高效利用。从资源利用源头抓起，建立促进自然资源高效利用的健全激励约束机制，全面提高资源开发利用效率，避免对资源的过度开发、粗放利用和对生态环境的破坏。

（3）坚持生态优先。坚持尊重自然、顺应自然、保护自然，以保障自然生态系统休养生息为基础，增值自然资本，厚植生态产品价值，积极探索绿水青山向金山银山转化，提供更多优质生态产品，不断满足人民日益增长的优美生态环境需要。

（4）坚持系统观念。贯彻人与自然生命共同体理念，坚持以人为本，尊重自然规律、经济规律和社会发展规律，统筹山水林田湖草沙自然生态各要素，增强生态系统保护整体性；统筹保护与发展，实现生态经济社会效益相统一。

（5）坚持改革创新。坚持创新驱动，推进自然资源保护、利用和治理方式根本转变，坚持用最严格制度和最严密法治保护自然生态，推动有效市场和有为政府更好结合，巩固深化自然资源重点领域和关键环节改革。

15.2 新时期国土资源利用战略目标

15.2.1 基本策略

以全面支撑“构建新发展格局、推动高质量发展”为目标，立足我国国土资源基本国情，提升国土资源利用效率，优化国土空间格局，提高国土资源对经济社会发展的支撑保障能力。

15.2.2 严守资源安全底线

（1）牢牢守住18亿亩耕地红线，确保国家粮食安全。一是稳住总量。落实党中央、国务院印发的《全国国土空间规划纲要（2021—2035）》，明确18.65亿亩耕地和15.46亿亩永久基本农田保护目标任务，保持到2035年不变。在省、市、县三级国土空间规划过程中，将上述目标逐级分解下达，落实到图斑和地块。二是优化布局。通过采取耕地经济奖惩的措施，促使南方部分省份有序恢复一部分流失的优质耕地，有效遏制北粮南运这种势头进一步加剧。三是落实地方党委政府主体责任。耕地保护是各级党委政府的主体责任，通过签订耕地保护责任书、实行年度考核等方式落实党政同责，终身追责。

此外，把握好耕地保护的三个环节。一是严格管理耕地流入流出。不论是建设占用耕地，还是农业结构调整占用耕地，都必须严格管控。确实需要占用的，建设占用的必须落实“占补平衡”，农业结构调整占用的要做到进出平衡。二是盘活存量建设用地。要从源头上减少对耕地的占用，唯一的出路就是节约集约用地、盘活存量用地。采取“增存挂钩”，鼓励开发利用地下空间，提升单位面积的投入产出水平，用存量换增量、用地下换地上、用资金技术换空间，促进节约集约用地大幅度提升。三是严格对违法违规占用耕地的执法督察。以“零容忍”的态度严肃查处违法建设占用耕地的行为。

（2）严守生态安全底线，构建国家生态安全屏障。一是坚持保护优先，加快建设以国家公园为主体的自然保护地体系。在三江源、大熊猫、东北虎豹、海南热带雨林、武夷山等五个国家公园的基础上，按照国家公园的布局方案，继续推进黄河口、秦岭、若尔盖、羌塘、亚洲象等新一批国家公园的设立。同时，加快推进国家公园法的立法，修订自然保护区条例、风景名胜区条例，为自然保护地保护提供法律制度保障。二是坚持系统治理，继续部署一批新的生态保护修复重大工程。进一步在青藏高原、长江、黄河等重要生态功能区部署一批山水工程、生态保护修复重大项目。继续实施好海岸线、海岸带的保护和修复，重点解决滨海湿地退化、海岸线退缩、外来物种入侵等重大问题。大力推进历史遗留废弃矿山生态保护修复示范工程等。三是坚持因地制宜，科学开展大规模国土绿化行动。进一步提升我国生态系统功能，提升生态系统多样性、稳定性和持续性。确定造林种草空间并纳入国土空间规划统筹安排，实行造林绿化任务带图斑下达。要充分考虑区域水资源承载能力，坚持以水而定、量水而行，宜绿则绿、宜荒则荒，科学恢复林草植被，实施沙化土地封禁保护等。实施巩固提升生态系统碳汇能力专项行动，有效发挥森林、草原、湿地、海洋、土壤、冻土的固碳作用。

（3）加强矿产勘查，保障国家资源能源安全。一是全面启动新一轮的找矿突破战略行动。重点围绕紧缺和战略性矿产，加强国内的勘查开发，巩固和新增一批战略性矿产资源的接续基地，从而真正实现增储上产。二是进一步完善吸引社会资本投入矿产勘查开发的相关政策。通过加大政策供给，进一步营造良好的市场环境，鼓励或者吸引社会资本能够投入到找矿行动。立足我国共生矿伴生矿比较多的资源特点，进一步取消探矿权矿种的限制，同时，放开探矿权的二级市场，允许探矿权流转。进一步调整矿业权出让收益的征收方式，既保证国家的资源资产权益不受损失，也有效降低企业的负担，更加繁荣矿业市场。三是强化矿产勘查的科技支撑。进一步向地球深部进军，加快启动科技创新的重大专项，解决基础研究问题，创新找矿理论，实现找矿重大突破。在技术和装备方面，突破“卡脖子”限制，推动高精尖的勘查开发装备的国产化。四是巩固传统化石能源生产空间的同时，积极拓展清洁能源。提升陕北等 14 个大型煤炭基地和国家规划矿区优质产能，优化建设蒙西等五大煤炭供应保障基地。合理利用戈壁、荒漠等未利用空间，规模化布局大型风电、光伏基地，增强清洁能源供给。

15.2.3　优化国土空间格局

始终将党中央精神、国家立场作为工作方向的根本遵循，贯彻落实党中央推进“多规合一”改革的重大决策部署，全面做好国土空间规划体系建设。不断改进规划工作，确保规划能用、管用、好用。

（1）明确国土空间开发保护新目标。立足新发展阶段、贯彻新发展理念、构建新发展格局，推动高质量发展，国土空间开发保护活动必须坚持以人民为中心，坚持底线思维，落实最严格的耕地保护制度、生态环境保护制度、节约集约用地制度。落实习近平总书记关于国土空间开发保护的系列重要指示精神，控制城市开发强度，划定水体保护线、绿地系统线、基础设施建设控制线、历史文化保护线、永久基本农田、生态保护红线和城市开发边界，推动城市发展由外延扩张式向内涵提升式转变，把统筹发展和安全、生态文明建设、高质量发展等要求，全面贯穿到规划全过程。

（2）完善国土空间规划体系。建立国土空间规划体系并监督实施是党中央作出的重大决策部署。深入落实《全国国土空间规划纲要（2021—2035 年）》，全面推进各级各类国土空间规划编制，推进长江经济带、黄河流域、成渝双城经济圈、海岸带等重点区域、流域的国土空间专项规划编制工作，指导地方同步开展省、市、县等层级的规划编制工作。规划编制要坚持以资源环境承载能力和国土空间开发适宜性评价为基础，科学有序统筹布局农业、生态、城镇等功能空间，识别国土空间开发保护问题短板，聚焦空间问题，提出空间解决方案。

（3）健全国土空间开发保护的制度和标准。加快推动《国土空间开发保护法》《国土空间规划法》等立法工作，指导各地制定出台国土空间规划编制实施管理条例等，不断完善法律制度体系。同时，在目前已发布的《国土空间调查、规划、用途管制用地用海分类指南（试行）》《城区范围确定规程（TD/T 1064—2021）》《国土空间规划“一张图”实施监督信息系统技术规范（GB/T 39912—2021）》等基础性标准规范的基础上，不断深化推进国土空间规划领域的技术标准研发工作，为有序推进国土空间规划提供技术规范。

（4）提升国土空间治理能力。按照“统一底图、统一标准、统一规划、统一平台”的要求，以信息化推进国家治理体系和治理能力现代化。积极利用信息化手段广泛获取信息、分析监测、辅助科学决策，建立全国统一的国土空间基础信息平台，形成国土空间规划“一张图”。以第三次全国国土调查成果数据为基础，融合调查、规划、用途管制和规划许可、不动产确权登记、执法监督全过程，形成覆盖数据收集、规划编制、规划实施、规划实施体检评估、监测监督等全过程、各环节的全生命周期的空间治理系统。

15.2.4 促进绿色低碳发展

自然资源是人类活动的物质基础，国土空间是各类行为的空间载体，碳达峰、碳中和与自然资源管理息息相关。推进国土低碳利用，控制开发强度，不仅有助于实现主体功能区战略，也有助于降低碳排放产生的不利影响。

（1）优化资源要素保障方式，增强保障绿色低碳发展的能力。坚持“项目跟着规划走、要素跟着项目走”，规范重大项目用地清单，以国土空间规划和真实有效的项目落地作为配置土地计划依据。完善“增存挂钩”机制，按照“基础指标＋盘活指标”方式下达土地计划。深化资源要素市场化配置改革，健全城乡统一的建设用地市场，探索建立建设用地指标跨区域交易机制。科学合理制定围填海管控规则，保障国家重大项目及行业、民生用海用岛。发挥测绘地理信息作为新型生产要素、新型基础设施的作用，加快实景三维中国、智慧城市时空大数据平台建设，推动时空大数据与自然资源管理深度融合，实现以数据换资源，以数据换空间，更好地服务数字中国建设，赋能绿色低碳发展。

（2）不断提高自然资源利用水平，激发绿色低碳发展的活力。实行最严格的节约集约用地制度，扩大城镇低效用地再开发试点，推动土地开发用存量换增量，用地下换地上，用资金、技术换空间。完善土地节约集约利用评价制度，推广应用节地技术、节地模式和示范县（市）经验。以城市更新为抓手，深化工业用地配置改革，建立政府与不同权利主体的利益分享机制，推动城市内涵集约发展。以全域土地综合整治为抓手，提高农村资源环境承载力，破解乡村产业用地难题，延长土地整治产业链、价值链和生态链，促进农村一二三产业融合发展，保障农村新产业新业态发展的空间需求，激发乡村振兴活力。推动矿产资源绿色勘查和绿色矿山建设，探索建立低效利用海域退出机制，促进建设项目节约集约使用林地和草地。

（3）坚持整体保护系统修复综合治理，释放绿色低碳发展的潜力。严格生态保护红线监管，扎实推进以国家公园为主体的自然保护地体系建设。健全国土空间生态修复规划体系，完善生态修复技术和标准规范体系。聚焦国家重点生态功能区、生态保护红线、自然保护地等重点区域，加快实施“双重工程”，科学开展国土绿化行动，推进实施山水工程、废弃矿山生态修复、海洋生态保护修复工程。建立源头保护和全过程全链条修复治理相结合的机制，制定生态修复治理与自然资源再开发再利用相结合的政策，健全多元化市场化激励机制。实施生态系统碳汇能力巩固提升专项行动，开展地质碳汇国情调查。创新生态保护补偿和生态产品价值实现机制，促进生态产业化和产业生态化，实现自然资源资产资本的循环利用和保值增值。

15.2.5 维护资源资产权益

自然资源资产产权制度是市场经济运行的基本制度之一，涉及国家、集体、企业、个人等重大财产利益。我国自然资源资产产权制度还不健全，一些深层次问题还没有完全破题，资源资产产权价值显化不够。自然资源系统必须充分发挥市场在资源配置中的决定性作用，更好发挥政府作用的要求，不断完善自然资源资产产权制度，强化产权保护和市场监管，保障好国家和集体的所有者权益，实现好、维护好、发展好公民法人的合法权益。

（1）明确自然资源资产产权主体。明确国务院授权国务院自然资源主管部门具体代表统一行使全民所有自然资源资产所有者职责。研究建立国务院自然资源主管部门行使全民所有自然资源资产所有权的资源清单和管理体制。完善全民所有自然资源资产收益管理制度，合理调整中央和地方收益分配比例和支出结构。推进农村集体所有的自然资源资产所有权确权，依法落实农村集体经济组织特别法人地位，明确农村集体所有自然资源资产由农村集体经济组织代表集体行使所有权。明确自然资源资产“归谁有”“归谁管”和“归谁用”，才能让国家、集体、企业、个人等各类产权主体的合法权益在自然资源保护、开发、利用的协调平衡中得到实现、维护和发展，才能建成一个高效有序运转的自然资源资产大市场。

（2）健全自然资源资产产权体系。适应自然资源多种属性以及国民经济和社会发展需求，与国土空间规划和用途管制相衔接，推动自然资源资产所有权与使用权分离，加快构建分类科学的自然资源资产产权体系，创新自然资源资产全民所有权和集体所有权的实现形式。落实承包土地所有权、承包权、经营权“三权分置”，开展经营权入股、抵押。探索宅基地所有权、资格权、使用权“三权分置”。加快推进建设用地地上、地表和地下分别设立使用权，促进空间合理开发利用。探索研究油气探采合一权利制度，加强探矿权、采矿权授予与相关规划的衔接。加快完善海域使用权出让、转让、抵押、出租、作价出资（入股）等权能。构建无居民海岛产权体系，试点探索无居民海岛使用权转让、出租等权能。丰富不同门类自然资源资产权利，加快推进建设用地使用权、海域使用权分层设立，完善国有农用地、未利用地产权设置及处置配置规则，持续完善产业用地政策体系等，着力创新自然资源资产全民所有权和集体所有权的实现形式，逐步建立分类科学、权利明晰、权能丰富的自然资源资产产权体系。

（3）开展自然资源统一调查监测评价和确权登记。加快研究制定统一的自然资源分类标准，建立自然资源统一调查监测评价制度，统一组织实施全国自然资源调查，掌握重要自然资源的数量、质量、分布、权属、保护和开发利用状况。研究建立自然资源资产核算评价制度，开展实物量统计，探索价值量核算，编制自然资源资产负债表。建立自然资源动态监测制度，及时跟踪掌握各类自然资源变化情况。建立统一权威的自然资源调查监测评价信息发布和共享机制。重点推进国家公园等各类自然保护地、重点国有林区、湿地、大江大河重要生态空间确权登记工作，将全民所有自然资源资产所有权代表行使主体登记为国务院自然资源主管部门，划清各类自然资源资产所有权、使用权的边界。切实做好自然资源和不动产统一确权登记，提升不动产登记规范化便利化水平，做好房地一体的宅基地确权登记、农村承包经营权变更登记、土地经营权确权登记，推动自然资源统一确权登记法治化、规范化、标准化、信息化，让权益得保护、交易享安全。

（4）健全自然资源资产监管体系。发挥人大、行政、司法、审计和社会监督作用，创新管理方式方法，形成监管合力，实现对自然资源资产开发利用和保护的全程动态有效监管。推动开展自然资源资产管理综合评价，加强自然资源督察机构对国有自然资源资产的监督，强化对地方政府代理履行所有者职责情况的评价考核和监督，落实领导干部离任审计要求，国务院自然资源主管部门按照要求定期向国务院报告国有自然资源资产报告。各级政府按要求向本级人大常委会报告国有自然资源资产情况，接受权力机关监督等。

15.3　战略重点

以划定“三区三线”底线为基础，以构建国土空间开发保护新格局为目标，不断优化国土空间格局和国土资源配置，强化资源节约集约利用，促进生产空间集约高效、生活空间宜居适度、生态空间山清水秀。

15.3.1 以“三区三线”为核心，夯实国土空间永续发展的安全基础

立足资源环境承载能力，发挥各地区比较优势，统筹划定落实“三区三线”（“三区”指农业空间、生态空间、城镇空间，“三线”指耕地和永久基本农田、生态保护红线、城镇开发边界），提升国土空间安全发展能力。

按照耕地和永久基本农田、生态保护红线、城镇开发边界的优先序统筹划定落实三条控制线。以三条控制线分别围合的空间作为重点管控区域，在国土空间管控指标约束下，统筹优化农业、生态、城镇等各类空间布局。

优先划定耕地和永久基本农田。按照应划尽划、应保尽保，优先确定耕地保护目标，将可以长期稳定利用耕地优先划入永久基本农田实行特殊保护。保持关系国家粮食安全的重要农产品主产区基本稳定，局部地区优化水土关系，促进耕地可持续利用。

科学划定生态保护红线。将整合优化后的自然保护地，生态功能极重要、生态极脆弱区域，以及目前基本没有人类活动、具有潜在重要生态价值的生态空间划入生态保护红线。以生态保护红线围合的空间为核心，整体保护和合理利用森林、草原、湿地、河流、湖泊、滩涂、岸线、海洋、荒地、荒漠、戈壁、冰川、高山冻原等自然生态空间，提升生态系统质量和稳定性，提供优质生态产品。

合理划定城镇开发边界。在优先划定耕地和永久基本农田、生态保护红线的基础上，避让自然灾害高风险区域，结合人口变化趋势和存量建设用地状况，合理划定城镇开发边界，管控城镇建设用地总量，引导形成集约紧凑的城镇空间格局。集中建设区重点保障生产生活生态和安全空间需求，弹性发展区重点应对城镇发展的不确定性，有条件的城镇加强特别用途区管控。促进城镇空间与农业空间、生态空间有机融合，充分发挥农业、生态等资源的景观价值和文化价值，引导城镇空间合理布局。

15.3.2 强化耕地保护和质量提升

（1）严格落实耕地和永久基本农田保护任务。依托地方各级国土空间规划成果，将《全国国土空间规划纲要（2021—2035年）》确定的18.65亿亩耕地保有量和15.46亿亩永久基本农田保护面积逐级分解下达，依托国土空间规划“一张图”，确保耕地和永久基本农田落地上图，为开展耕地保护目标考核、签订粮食安全和耕地保护责任书等提供支撑。

（2）稳定提升耕地质量。全面完成耕地资源质量调查，加强耕地质量等级评价，精细化评价耕地质量单元，明确不同自然地理区域的耕地资源质量转换关系。在第三次全国土壤普查工作中开展耕地土壤调查，摸清土壤类型、理化条件和生态性状，开展作物生长障碍因素和土壤健康状况评价，促进耕地土壤生产、生态功能提升。以永久基本农田为基础开展高标准农田建设，逐步将永久基本农田全部建成高标准农田。加强不同区域的耕地质量治理。对东北黑土地地区，加强区域生态环境协同保护，逐步恢复地力。加强盐碱地治理、酸化耕地治理，重点提升污染耕地安全利用水平。

（3）加强对耕地“非农化”“非粮化”管控。坚持遏制耕地“非农化”，严格管控耕地“非粮化”，严格落实永久基本农田特殊保护制度。永久基本农田不得转为林地、草地、园地等其他农用地及农业设施建设用地。严禁占用永久基本农田发展林果业和挖塘养鱼；严禁占用永久基本农田种植苗木、草皮等用于绿化装饰以及其他破坏耕作层的植物；严禁占用永久基本农田挖湖造景、建设绿化带；严禁新增占用永久基本农田建设畜禽养殖设施、水产养殖设施和破坏耕作层的种植业设施。严格管控一般耕地转为其他农用地。考虑到今后生态退耕还要占用一部分耕地，自然灾害损毁还会导致部分耕地不能恢复，河

湖水面自然扩大造成耕地永久淹没等因素，不可避免会造成现有耕地减少。为守住 18 亿亩耕地红线，确保可以长期稳定利用的耕地不再减少，有必要根据本级政府承担的耕地保有量目标，对耕地转为其他农用地及农业设施建设用地实行年度“进出平衡”，即除国家安排的生态退耕、自然灾害损毁难以复耕、河湖水面自然扩大造成耕地永久淹没外，耕地转为林地、草地、园地等其他农用地及农业设施建设用地的，应当通过统筹林地、草地、园地等其他农用地及农业设施建设用地整治为耕地等方式，补足同等数量、质量的可以长期稳定利用的耕地。“进出平衡”首先在县域范围内落实，县域范围内无法落实的，在市域范围内落实；市域范围内仍无法落实的，在省域范围内统筹落实。

（4）严格落实耕地占补平衡制度。农业建设占用耕地，必须严格落实先补后占和占一补一、占优补优、占水田补水田，积极拓宽补充耕地途径，补充可以长期稳定利用的耕地。一是在符合生态保护要求的前提下，通过组织实施土地整理复垦开发及高标准农田建设等，经过验收能长期稳定利用的新增耕地可用于占补平衡。二是积极支持在可以垦造耕地的荒山荒坡上种植果树、林木，发展林果业，同时，将在平原地区中原地类为耕地上种植果树、植树造林的地块，逐步退出，恢复耕地属性。其中，第二次全国土地调查不是耕地的，新增耕地可用于占补平衡。三是除少数特殊紧急的国家重点项目并经自然资源部同意外，一律不得以先占后补承诺方式落实耕地占补平衡责任。经同意以承诺方式落实耕地占补平衡的，必须按期兑现承诺。到期未兑现承诺的，直接从补充耕地储备库中扣减。四是垦造的林地、园地等非耕地不得作为补充耕地用于占补平衡。城乡建设用地增减挂钩实施中，必须做到复垦补充耕地与新建占用耕地数量相等、质量相当。五是对违法违规占用耕地从事非农业建设，先冻结储备库中违法用地所在地的补充耕地指标，拆除复耕后解除冻结；经查处后，符合条件可以补办用地手续的，直接扣减储备库内同等数量、质量的补充耕地指标，用于占补平衡。六是县域范围内难以落实耕地占补平衡的，省级自然资源主管部门要加大补充耕地指标省域内统筹力度，保障重点建设项目及时落地。国家建立统一的补充耕地监管平台，严格补充耕地监管。所有补充耕地项目和跨区域指标交易全部纳入监管平台，实行所有补充耕地项目报部备案并逐项目复核，实施补充耕地立项、验收、管护等全程监管，并主动公开补充耕地信息，接受社会监督。

（5）实行耕地保护党政同责。按照党中央、国务院部署，要逐级签订耕地保护与粮食安全责任书，层层落实耕地保护责任。将耕地和永久基本农田保护任务带位置分解下达，实行严格考核、重大问题一票否决、终身追责。综合运用卫片执法、立案查处、挂牌督办、公开通报等方式，加大对违法占用耕地特别是永久基本农田重大典型案件的查处和督办力度，督促责任主体履责到位。同时，健全内外联动、协作配合机制，形成执法合力共同推动耕地保护党政同责。尤其是加强与司法机关、纪检监察部门的协作配合，完善行政执法与刑事司法衔接机制、行政监督与纪检监察监督贯通协调工作机制等，推动各级党委和政府落实耕地保护责任。

15.3.3 提升生态系统稳定性

（1）严守生态保护红线。一是规范管控对生态功能不造成破坏的有限人为活动。生态保护红线是国土空间规划中的重要管控边界，生态保护红线内自然保护地核心保护区外，禁止开发性、生产性建设活动，在符合法律法规的前提下，仅允许八种对生态功能不造成破坏的有限人为活动。生态保护红线内自然保护区、风景名胜区、饮用水水源保护区等区域，依照法律法规执行。二是加强有限人为活动管理。上述生态保护红线管控范围内有限人为活动，涉及新增建设用地、用海用岛审批的，在报批农用地转用、土地征收、海域使用权、无居民海岛开发利用时，附省级人民政府出具的符合生态保护红线内允许有限人为活动的认定意见；不涉及新增建设用地、用海用岛审批的，按有关规定进行管理，无明确规定的由省级人民政府制定具体监管办法。上述活动涉及自然保护地的，应征求林业和草原主管部门或自然保护地管理机构意见。三是有序处理历史遗留问题。生态保护红线经国务院批准后，对需逐步有序退出的矿业权等，由省级人民政府按照尊重历史、实事求是的原则，结合实际制定退出计划，明确时序安排、补偿安置、生态修复等要求，确保生态安全和社会稳定。鼓励有条件的地方通过租赁、置换、赎买等方式，对人工商品林实行统一管护，并将重要生态区位的人工商品林按规定逐步转为公益林。零星分布的已有水电、风电、光伏、海洋能设施，按照相关法律法规规定进行管理，严禁扩大现有规模与范围，项目到期后由建设单位负责做好生态修复。

（2）构建自然保护地体系。一是明确自然保护地功能定位。自然保护地是由各级政府依法划定或确认，对重要的自然生态系统、自然遗迹、自然景观及其所承载的自然资源、生态功能和文化价值实施长期保护的陆域或海域。二是科学划定自然保护地类型。按照自然生态系统原真性、整体性、系统性及其内在规律，依据管理目标与效能并借鉴国际经验，将自然保护地按生态价值和保护强度高低依次分为国家公园、自然保护区、自然公园。三是制定自然保护地分类划定标准，对现有的自然保护区、风景名胜区、地质公园、森林公园、海洋公园、湿地公园、冰川公园、草原公园、沙漠公园、草原风景区、水产种质资源保护区、野生植物原生境保护区（点）、自然保护小区、野生动物重要栖息地等各类自然保护地开展综合评价，按照保护区域的自然属性、生态价值和管理目标进行梳理调整和归类，逐步形成以国家公园为主体、自然保护区为基础、各类自然公园为补充的自然保护地分类系统。四是确立国家公园主体地位。做好顶层设计，科学合理确定国家公园建设数量和规模，在总结国家公园体制试点经验基础上，制定设立标准和程序，划建国家公园。确立国家公园在维护国家生态安全关键区域中的首要地位，确保国家公园在保护最珍贵、最重要生物多样性集中分布区中的主导地位，确定国家公园保护价值和生态功能在全国自然保护地体系中的主体地位。国家公园建立后，在相同区域一律不再保留或设立其他自然保护地类型。五是整合交叉重叠的自然保护地。以保持生态系统完整性为原则，遵从保护面积不减少、保护强度不降低、保护性质不改变的总体要求，整合各类自然保护地，解决自然保护地区域交叉、空间重叠的问题，将符合条件的优先整合设立国家公园，其他各类自然保护地按照同级别保护强度优先、不同级别低级别服从高级别的原则进行整合，做到一个保护地、一套机构、一块牌子。

（3）高质量建设国家公园。一是坚持生态保护第一、国家代表性、全民公益性的国家公园理念，实现自然生态系统的原真性、完整性保护，维护国家生态安全，为建设美丽中国和人与自然和谐共生的现代化筑牢生态根基。到 2025 年，基本建立统一规范高效的管理体制。到 2035 年，基本完成国家公园空间布局建设任务，基本建成全世界最大的国家公园体系。二是将我国自然生态系统最重要、自然景观最独特、自然遗产最精华、生物多样性最富集的区域纳入国家公园体系。三是在全国自然保护地体系规划研究等基础上，综合考虑我国自然生态地理格局和生态功能格局，突出青藏高原、长江流域、黄河流域重点生态区位和生物多样性、典型景观分布，以国家代表性、生态重要性、管理可行性为统一尺度，充分衔接国家重大战略和重大生态工程。四是国家公园建设覆盖我国森林、草原、湿地、荒漠等自然生态系统，以及自然景观、自然遗产、生物多样性等最富集区域。通过特许经营、志愿服务、生态管护公益性岗位等形式吸纳原住居民、社会公众，直接加入国家公园的保护建设管理，共享国家公园带来的生态福祉。

（4）加强自然生态系统保护。大力实施重要生态系统保护和修复重大工程，全面加强生态保护和修复工作，全国森林、草原、荒漠、河湖、湿地、海洋等自然生态系统状况实现根本好转，生态系统质量明显改善，生态服务功能显著提高，生态稳定性明显增强，自然生态系统基本实现良性循环，国家生态安全屏障体系基本建成，优质生态产品供给能力基本满足人民群众需求，人与自然和谐共生的美丽画卷基本绘就。森林覆盖率达到 26%，森林蓄积量达到 210 亿立方米，天然林面积保有量稳定在 2 亿公顷左右；新增水土流失综合治理面积 5640 万公顷，75% 以上的可治理沙化土地得到治理；海洋生态恶化的状况得到全面扭转，大陆自然海岸线保有率不低于 35%；以国家公园为主体的自然保护地占陆域国土面积 18% 以上，濒危野生动植物及其栖息地得到全面保护。

（5）加强生物多样性保护。一是到 2025 年，持续推进生物多样性保护优先区域和国家战略区域的本底调查与评估，构建国家生物多样性监测网络和相对稳定的生物多样性保护空间格局。国家重点保护野生动植物物种数保护率达到 77%，92% 的陆地生态系统类型得到有效保护，长江水生生物完整性指数有所改善，生物遗传资源收集保藏量保持在世界前列，初步形成生物多样性可持续利用机制，基本建立生物多样性保护相关政策、法规、制度、标准和监测体系。到 2035 年，生物多样性保护政策、法规、制度、标准和监测体系全面完善，形成统一有序的全国生物多样性保护空间格局，全国森林、草原、荒漠、河湖、湿地、海洋等自然生态系统状况实现根本好转。典型生态系统、国家重点保护野生动植物物种、濒危野生动植物及其栖息地得到全面保护，长江水生生物完整性指数显著改善，生物遗传资源获取与惠益分享、可持续利用机制全面建立，保护生物多样性成为公民自觉行动，形成生物多样性保护推动绿色发展和人与自然和谐共生的良好局面，努力建设美丽中国。二是加快完善生物多样性保护政策法规。加快生物多样性保护法治建设。健全生物多样性保护和监管制度，研究起草生物多样性相关传统知识保护条例，制定完善外来入侵物种名录和管理办法。将生物多样性保护纳入各地区、各有关领域中长期规划。制定新时期国家生物多样性保护战略与行动计划，编制生物多样性保护重大工程十年规划。制定和完善生物多样性保护相关政策制度。健全自然保护地生态保护补偿制度，完善生态环境损害赔偿制度，健全生物多样性损害鉴定评估方法和工作机制等。三是持续优化生物多样性保护空间格局。落实就地保护体系。在国土空间规划中统筹划定生态保护红线，优化调整自然保护地，加强对生物多样性保护优先区域的保护监管，明确重点生态功能区生物多样性保护和管控政策。推进重要生态系统保护和修复。完善生物多样性迁地保护体系。优化建设动植物园、濒危植物扩繁和迁地保护中心、野生动物收容救护中心和保育救助站、种质资源库（场、区、圃）、微生物菌种保藏中心等各级各类抢救性迁地保护设施，填补重要区域和重要物种保护空缺，完善生物资源迁地保存繁育体系。四是构建完备的生物多样性保护监测体系。持续推进生物多样性调查监测。完善生物多样性保护与监测信息云平台。加大生态系统和重点生物类群监测设备研制和设施建设力度，加快卫星遥感和无人机航空遥感技术应用，探索人工智能应用，推动生物多样性监测现代化。完善生物多样性评估体系。

（6）提升生态系统碳汇能力。坚持系统观念，推进山水林田湖草沙一体化保护和修复，提高生态系统质量和稳定性，提升生态系统碳汇增量。一是巩固生态系统固碳作用。结合国土空间规划编制和实施，构建有利于碳达峰、碳中和的国土空间开发保护格局。严守生态保护红线，严控生态空间占用，建立以国家公园为主体的自然保护地体系，稳定现有森林、草原、湿地、海洋、土壤、冻土、岩溶等固碳作用。严格执行土地使用标准，加强节约集约用地评价，推广节地技术和节地模式。二是提升生态系统碳汇能力。实施生态保护修复重大工程。深入推进大规模国土绿化行动，巩固退耕还林还草成果，扩大林草资源总量。强化森林资源保护，实施森林质量精准提升工程，提高森林质量和稳定性。加强草原生态保护修复，提高草原综合植被盖度。加强河湖、湿地保护修复。整体推进海洋生态系统保护和修复，提升红树林、海草床、盐沼等固碳能力。加强退化土地修复治理，开展荒漠化、石漠化、水土流失综合治理，实施历史遗留矿山生态修复工程。三是加强生态系统碳汇基础支撑。依托和拓展自然资源调查监测体系，利用好国家林草生态综合监测评价成果，建立生态系统碳汇监测核算体系，开展森林、草原、湿地、海洋、土壤、冻土、岩溶等碳汇本底调查、碳储量评估、潜力分析，实施生态保护修复碳汇成效监测评估。加强陆地和海洋生态系统碳汇基础理论、基础方法、前沿颠覆性技术研究。建立健全能够体现碳汇价值的生态保护补偿机制，研究制定碳汇项目参与全国碳排放权交易相关规则。四是推进农业农村减排固碳。大力发展绿色低碳循环农业，推进农光互补、“光伏 + 设施农业”、“海上风电 + 海洋牧场”等低碳农业模式。研发应用增汇型农业技术。开展耕地质量提升行动，实施国家黑土地保护工程，提升土壤有机碳储量。合理控制化肥、农药、地膜使用量，实施化肥农药减量替代计划，加强农作物秸秆综合利用和畜禽粪污资源化利用。

15.3.4 提升自然灾害防治能力

（1）聚焦“隐患在哪里”和“结构是什么”，开展调查评价，掌握隐患风险底数。一是加强地质灾害隐患综合遥感识别。充分利用基于星载、航空、地面的空天地一体化多源立体观测体系，开展多方法、分层次、多尺度综合遥感动态调查，全面开展地质灾害易发区隐患识别和地面验证，进一步掌握地质灾害隐患底数及动态变化情况，为地质灾害综合信息平台提供地质灾害隐患动态变化信息。二是继续开展 1∶5 万地质灾害风险调查。继续部署开展 1423 个县（区、市）1∶5 万地质灾害风险调查，及时核查综合遥感调查发现的地质灾害隐患，开展年度地质灾害动态排查，更新地质灾害数据库。开展重点省份地面沉降调查及易发性分区研究，开展县域及重点地区地质灾害风险评价与区划，提出地质灾害风险防范对策建议。编制国家、省、市、县地质灾害易发性评价图、风险区划图和防治区划图。深入推进地质灾害调查成果运用，为地质灾害综合信息平台提供地质灾害隐患基础数据，为国土空间规划编制提供依据。三是开展 1∶1 万地质灾害调查。针对人口聚集区、重点移民城镇、公共基础设施区等部署开展 1∶1 万地质灾害调查，加强地质灾害成灾机理研究，掌握地质灾害隐患和潜在致灾体的结构特征、稳定性变化趋势、威胁范围和风险等级。在地面沉降易发区、地下水超采区、特大城市区和重大线性工程区，持续开展地面沉降与地裂缝调查，掌握区域地面沉降现状及变化趋势，查明重点地区地下水、地热、油气等地下流体资源开采以及建筑荷载、软土固结等因素对地面沉降产生和发展的影响。继续开展重点地区地面塌陷调查，掌握地面塌陷现状及变化趋势。

（2）聚焦地质灾害“什么时候发生”，完善监测预警体系，提高预警能力。一是提升地质灾害气象风险预警预报精度。深化全国地质灾害气象风险预警预报，进一步推进国家、省、市、县四级地质灾害气象风险预警预报网络建设，提升地质灾害易发区级、县级地质灾害气象风险预警预报能力。加密预警频次，提升预警精准度和时效性。结合地质灾害综合信息平台基础数据，及时发布不同条件下区域地质灾害风险等级。二是提升地质灾害群测群防能力。充分发挥地质灾害防治“第一道防线”作用，继续保持地质灾害隐患点群测群防全覆盖。持续提升地质灾害群测群防管理和技术水平，进一步完善工作机制，完善网格化管理模式。加强群测群防员遴选，强化监测设备配备和技术培训，提高识灾、观测、辨灾、处置、自救、互救等能力，健全完善群测群防资金保障机制和成功避险奖励机制。结合地质灾害综合信息平台基础数据，及时研判地质灾害隐患点变化趋势。三是提高普适型地质灾害监测预警设备布设覆盖面。基于物联网及现代传感器技术，持续攻关研发低功耗、低成本、适应复杂环境、能够反映地质灾害变化特征及影响因素的普适型监测仪器。加强普适型地质灾害监测点网建设，进一步完善地质灾害专业监测预警网络。结合地质灾害综合信息平台基础数据和实时监测数据，研发分区域分类型地质灾害预警预报、危险性预测等模型，及时掌握地质灾害隐患点动态，及时发送预警预报信息，并采取相应防范措施。

（3）稳步推进地质灾害工程治理，提升工程标准。一是对威胁县城、集镇、学校、景区、重要基础设施、重要水库库区、人口聚集区等，且难以实施避险搬迁的地质灾害隐患点，或稳定性差、风险等级高、不宜避险搬迁的地质灾害隐患点，根据宜治则治、因地制宜、轻重缓急原则开展工程治理，科学设计防范措施，提高重点地区和重点部位防御工程标准。二是对调查发现的风险高、险情紧迫、治理措施相对简单的地质灾害隐患点，采取投入少、工期短、见效快的工程治理措施，组织排危除险。加强对建成一定年限以上治理工程的复查，对受损或防治能力降低的地质灾害治理工程，及时采取清淤、加固、维修、修缮等措施进行维护，确保防治工程的长期安全运行。综合利用地下水人工回灌、实施深基坑降排水管控、增加地下水替代水源等措施，治理地面沉降。三是创新和发展适用于强烈内外动力作用下的工程防灾减灾设计理论，研发黄土地质灾害防治、大型泥石流沟治理、大型滑坡排水抗滑组合技术、高位崩塌新型刚柔组合技术、水位消落区劣化岩体生态治理技术等。

（4）提升海洋灾害防治能力。一是在观测业务方面，做好顶层设计，加快推进全球海洋立体观测网建设。优化观测布局，整合观测、监测、调查业务，形成三位一体业务布局。从观测手段、观测要素、质量控制等方面入手，进一步强化海洋观测业务化管理。推进海洋观测数据共享、提升数据服务水平，加强地方、部门相关行业管理，开展海洋观测能力和资源普查，实现充分整合。二是在预报业务方面，加快推进应急预案的修订，重新梳理预报机构和业务体系，综合考虑行政区域管理特点，构建上下联动、分工明确的预报业务体系。充分利用数值预报、云平台、人工智能等信息化技术，开展海洋智能网格化预报业务系统、“海上丝绸之路”海洋环境保障系统建设，探索开展海洋生态预警服务，提升预警报服务效能。三是在减灾业务方面，继续做好风暴潮、海啸、海冰等自然灾害防治，同时，推进生态减灾工作，选取赤潮、绿潮多发区试点开展防治，充分发挥红树林、柽柳、芦苇、海草床等生态系统防潮御浪、固堤护岸的能力。指导沿海各地继续开展海洋灾害风险评估和重点防御区划定，推动风险隐患排查和治理。加强防灾减灾成果信息化应用，将沿海高风险地区的本底信息、观测数据、预警预判信息等实时集成在一个系统中。加大宣传教育力度，普及防灾减灾知识，积极参与国际治理。四是在生态监测与科学调查方面，优化海洋生态监测预警顶层设计和体系布局，建立技术标准体系。强化志愿船、遥感等装备和手段的运用，在监测、观测、调查各项工作中融合发展。

（5）积极推进灾害避险搬迁。一是对不宜采用工程措施治理的、受地质灾害威胁严重且成灾风险较高的居民点或乡镇驻地及县城区，结合生态功能区人口转移、工程建设和乡村振兴等政策，尊重群众意愿，充分考虑“搬得出、稳得住、能致富”的要求，开展主动避让、避险搬迁，及时化解地质灾害风险。二是按照宜搬则搬、轻重缓急原则，对成灾风险较高的地质灾害隐患点，优先安排避险搬迁。

（6）强化数据信息建设，提升智慧防灾水平。一是动态完善地质灾害风险数据库。以现有历史地质灾害调查数据库、实景三维中国建设成果和地质灾害综合遥感识别、风险调查、精细调查、风险区划、实时监测、预警处置、综合治理等数据为基础，依托国家数据共享交换平台，建强国家、省、市、县四级统一的地质灾害风险数据库，系统记录地质灾害隐患点和风险区空间分布、发育特征、坡体变形、承灾体、动态风险、灾情险情处置、工程治理、避险搬迁等信息。深入推进国家、省、市、县四级地质灾害风险数据库互联互通和动态更新，与同级国土空间规划“一张图”系统做好衔接，推动跨行业、跨部门、跨领域地质灾害防治大数据共享，建实全国地质灾害数据中心。二是提升地质灾害风险防控信息服务水平。利用人工智能、移动互联、区块链、大数据等技术，动态汇聚海量地质灾害风险数据和基础地质信息，及时、科学监管地质灾害隐患点，加强地质灾害风险动态精准评价，有效、精准管控地质灾害风险区，健全完善各级地质灾害综合信息平台。建设完善地质灾害监测预警模型，增强模型在不同地区的适用性，实现智能分析、科学预测，提高预警精度和准确度，推动调查监测成果在全国国土空间规划实时监测网络中的应用；提高地质灾害防治项目管理的规范化、标准化和信息化水平，实现对项目建档立卡和全过程监管；加强大数据挖掘分析和应用提升，强化地质灾害防治成果在防灾减灾和国土空间规划中的应用，精准服务政府管理、科学研究和社会公众。

15.3.5 增强国家重大战略的支撑保障能力

为贯彻落实党中央关于疫情要防住、经济要稳住、发展要安全的决策部署和国务院扎实稳住经济一揽子政策措施的要求，在严格落实耕地保护制度、节约集约用地制度和生态环境保护制度，守住法律底线和资源安全红线的前提下，切实做好建设项目用地用海保障，推进有效投资重要项目尽快形成实物工作量，促进经济社会平稳健康发展。

（1）健全国家重大项目空间保障制度。一是强化国土空间规划引领约束。明确建设项目用地用海审查的规划依据。在国土空间规划批复前，经依法批准的土地利用总体规划、城乡规划、海洋功能区划继续执行，作为建设项目用地用海审查的规划依据。超出土地利用总体规划、城乡规划、海洋功能区划的建设项目，应衔接“三区三线”等国土空间规划管控要求，并将项目用地用海布局及规模统筹纳入在编的国土空间规划及“一张图”（近期申报用地时由项目所在地县级以上人民政府附图承诺），可采用预支规划规模的方式保障用地；涉及报国务院批准用海的项目，应由项目所在地省级人民政府附图承诺纳入在编的国土空间规划及“一张图”。用好“三区三线”划定成果。“三区三线”划定成果经批准并纳入国土空间规划“一张图”后，作为建设项目用地用海组卷报批的依据。建设项目涉及生态保护红线，属于允许有限人为活动的，新增建设用地在农用地转用、土地征收和用海审批时附省级人民政府符合允许有限人为活动的意见；国家重大项目确需占用生态保护红线的，省级人民政府提出农用地转用、土地征收和用海审批申请时，同时附省级人民政府出具的不可避让论证意见，报国务院批准。国家重大项目新增填海造地确需在生态保护红线内实施的，省级人民政府同步编制生态保护红线调整方案并纳入国土空间规划“一张图”，调整方案随项目用海申请一并报国务院批准。二是强化用地计划指标保障。实行计划指标重点保障。对纳入国家重大项目清单、国家军事设施重大项目清单的项目用地，以及纳入省级人民政府重大项目清单的能源、交通、水利、军事设施、产业单独选址项目用地，由部直接配置计划指标。继续实施增存挂钩。对未纳入重大项目清单的单独选址项目用地和城镇村批次用地，使用以当年存量土地处置规模为基础核算的计划指标。当季指标不足的，可预支使用，年底以省为单位统一核算。当年指标不足的，可结转使用前三年度节余指标。三是简化建设项目规划用地审批。缩小用地预审范围，简化用地预审审查，支持国家重大项目先行用地，分期分段办理农用地转用和土地征收，规范调整用地审批，落实临时用地政策，简化规划许可申请材料与程序，积极推进建设项目“多测合一”改革。四是明确建设项目占用耕地和永久基本农田相关政策。严格限定占用永久基本农田的重大建设项目范围：党中央、国务院明确支持的重大建设项目；按《关于梳理国家重大项目清单加大建设用地保障力度的通知》（发改投资〔2020〕688号）要求，列入需中央加大用地保障力度清单的项目；中央军委及其有关部门批准的军事国防类项目；纳入国家级规划的机场、铁路、公路、水运、能源、水利项目；省级公路网规划的省级高速公路和连接原深度贫困地区直接为该地区服务的省级公路项目；原深度贫困地区、集中连片特困地区、国家扶贫开发工作重点县省级以下基础设施、民生发展等项目。允许国家重大项目以承诺方式落实耕地占补平衡。对党中央、国务院以及国务院推进有效投资重要项目工作协调机制确定的国家重大建设项目，允许以承诺方式落实耕地占补平衡。省级人民政府应当明确兑现承诺的期限和落实补充耕地方式。兑现承诺期限原则上不超过 2 年，到期未兑现承诺的，部直接从补充耕地储备库中扣减指标。扩大补充耕地来源。支持各地结合农业结构调整，将平原地区非耕地逐步恢复为耕地，其中“二调”不是耕地的，新增耕地可以用于占补平衡。统筹落实永久基本农田补划。建设项目经依法批准占用永久基本农田的，在永久基本农田储备区耕地中补划；储备区中难以补足的，在县域范围内其他优质耕地中补划；县域范围内无法补足的，可在市域范围内补划；市域范围内无法补足的，可在省域范围内补划。优先将完成高标准农田建设的耕地补划为永久基本农田。五是优化土地供应。积极推行“标准地”供应。按照供地即可开工的原则，推行产业用地“标准地”出让机制。在土地供应前，由地方政府或依法设立的开发区（园区）和新区的管理机构统一开展地质灾害、压覆矿产、环境影响、水土保持、洪水影响、文物考古等评估和普查。土地用途、规划条件和相关控制指标应通过出让公告公开发布，并纳入土地出让合同。优化重大基础设施项目划拨供地程序。在国土空间规划确定的城市和村庄、集镇建设用地范围外的能源、交通、水利等重大基础设施项目，土地征收和农用地转用经批准实施后，直接核发国有土地使用权划拨决定书。六是优化用海用岛审批。先行开展项目用海用岛论证材料技术审查。为加快审批，对暂不具备受理条件的项目，先行开展用海用岛论证和专家评审等技术审查工作。优化海底电缆管道铺设施工和项目用海审批程序。报国务院审批的海底电缆管道项目，海底电缆管道铺设施工申请，可与项目用海申请一并提交审查。路由调查勘测申请审批仍按原规定执行。项目用海与填海项目竣工海域使用验收一并审查。对利用已填成陆历史遗留围填海、无新增围填海的项目，可在提交海域使用申请材料时一并提交竣工验收测量报告，海域使用论证报告与竣工验收测量报告合并审查。在项目用海批准并全额缴纳海域使用金后，对填海竣工验收申请直接下达批复。精简技术评估报告。报国务院审批的海底电缆管道项目，海底电缆管道路由调查勘测报告与海域使用论证报告合并编制。选址位于集中连片的已填成陆历史遗留围填海区域的项目，均属于省级人民政府审批权限的，地方可结合实际，实行打捆整体论证。允许临时用海续期。因疫情、自然灾害等特殊原因导致临时用海活动无法按期开展的，经批准，允许相关临时用海活动续期一次。简化项目用岛审批。对助航导航、测量、气象观测、海洋监测和地震监测等公益设施用岛，可简化无居民海岛开发利用具体方案和项目论证报告。

（2）合理保障乡村振兴空间需求。一是明确农村一二三产业融合发展用地范围。农村一二三产业融合发展用地是以农业农村资源为依托，拓展农业农村功能，延伸产业链条，涵盖农产品生产、加工、流通、就地消费等环节，用于农产品加工流通、农村休闲观光旅游、电子商务等混合融合的产业用地，土地用途可确定为工业用地、商业用地、物流仓储用地等。二是引导农村产业在县域范围内统筹布局。把县域作为城乡融合发展的重要切入点，科学编制国土空间规划，因地制宜合理安排建设用地规模、结构和布局及配套公共服务设施、基础设施，有效保障农村产业融合发展用地需要。规模较大、工业化程度高、分散布局配套设施成本高的产业项目要进产业园区；具有一定规模的农产品加工要向县城或有条件的乡镇城镇开发边界内集聚；直接服务种植养殖业的农产品加工、电子商务、仓储保鲜冷链、产地低温直销配送等产业，原则上应集中在行政村村庄建设边界内；利用农村本地资源开展农产品初加工、发展休闲观光旅游等必须的配套设施建设，可在不占用永久基本农田和生态保护红线、不突破国土空间规划建设用地指标等约束条件、不破坏生态环境和乡村风貌的前提下，在村庄建设边界外安排少量建设用地，实行比例和面积控制，并依法办理农用地转用审批和供地手续。具体用地准入条件、退出条件等由各省（区、市）制定，并可根据休闲观光等产业的业态特点和地方实际探索供地新方式。三是拓展集体建设用地使用途径。农村集体经济组织兴办企业或者与其他单位、个人以土地使用权入股、联营等形式共同举办企业的，可以依据《土地管理法》第六十条规定使用规划确定的建设用地。单位或者个人也可以按照国家统一部署，通过集体经营性建设用地入市的渠道，以出让、出租等方式使用集体建设用地。四是大力盘活农村存量建设用地。在充分尊重农民意愿的前提下，可依据国土空间规划，以乡镇或村为单位开展全域土地综合整治，盘活农村存量建设用地，腾挪空间用于支持农村产业融合发展和乡村振兴。探索在农民集体依法妥善处理原有用地相关权利人的利益关系后，将符合规划的存量集体建设用地，按照农村集体经营性建设用地入市。在符合国土空间规划前提下，鼓励对依法登记的宅基地等农村建设用地进行复合利用，发展乡村民宿、农产品初加工、电子商务等农村产业。五是保障设施农业发展用地。支持现代农业发展，农业生产中直接用于作物种植和畜禽水产养殖的设施用地，可按照《关于设施农业用地管理有关问题的通知》（自然资规〔2019〕4号）要求使用。对于作物种植和畜禽水产养殖设施建设对耕地耕作层造成破坏的，应认定为农业设施建设用地并加强管理。农村产业融合发展所需建设用地不符合设施农业用地要求的，应依法办理农用地转用审批手续。六是优化用地审批和规划许可流程。在村庄建设边界外，具备必要的基础设施条件、使用规划预留建设用地指标的农村产业融合发展项目，在不占用永久基本农田、严守生态保护红线、不破坏历史风貌和影响自然环境安全的前提下，可暂不作规划调整；市县要优先安排农村产业融合发展新增建设用地计划，不足的由省（区、市）统筹解决；办理用地审批手续时，可不办理用地预审与选址意见书；除依法应当以招标拍卖挂牌等方式公开出让的土地外，可将建设用地批准和规划许可手续合并办理，核发规划许可证书，并申请办理不动产登记。七是强化用地监管。落实最严格的耕地保护制度，坚决制止耕地“非农化”行为，严禁违规占用耕地进行农村产业建设，防止耕地“非粮化”，不得造成耕地污染。农村产业融合发展用地不得用于商品住宅、别墅、酒店、公寓等房地产开发，不得擅自改变用途或分割转让转租。各级自然资源主管部门要将农村产业融合发展用地情况纳入国土空间基础信息平台和国土空间规划“一张图”进行动态监管，并结合国土变更调查进行年度评估。各省（区、市）要结合实际制订实施细则。

（3）加大脱贫地区自然资源政策保障。一是科学推进村庄规划编制管理。顺应乡村发展规律，根据乡村人口变化、区位条件和发展优势，通盘考虑土地利用、产业发展、居民点布局、人居环境整治、生态保护和历史文化传承，在县级国土空间总体规划中统筹城镇和村庄布局，科学确定村庄分类，加快推进有条件有需求的村庄编制“多规合一”实用性村庄规划。依据村庄类型，分类引导村庄规划编制的内容和深度，可以多个行政村为单元联合编制，实现资源高效配置、空间高效融合。编制村庄规划要落实上位规划确定的各类管控边界、约束性指标等管控要求，坚持村民主体地位，尊重村民意愿，反映村民诉求，合理安排村庄用地布局。二是加强建设用地计划指标保障。每个脱贫县每年安排新增建设用地计划指标40公顷，专项用于巩固拓展脱贫攻坚成果和乡村振兴用地需要，不得挪用；原深度贫困地区新增建设用地计划指标不足的，由所在省份协调解决。三是完善耕地保护措施。按照《自然资源部 农业农村部 国家林业和草原局关于严格耕地用途管制有关问题的通知》（自然资发〔2021〕166号）要求，改进和规范建设占用耕地占补平衡制度，耕地转为其他农用地及农业设施建设用地实行年度“进出平衡”。严格控制新增农村道路、畜禽养殖设施、水产养殖设施和破坏耕作层的种植业设施等农业设施建设用地使用一般耕地。过渡期内，继续执行跨省域补充耕地国家统筹政策，补充耕地指标优先考虑耕地保护成效突出的革命老区、民族地区、边疆地区和脱贫地区。鼓励支持脱贫地区光伏项目在戈壁、荒漠等地区建设，不得新增占用耕地建设光伏项目。四是延续建设占用永久基本农田预审政策。2024年1月2日前，原深度贫困地区、集中连片特困地区、国家扶贫开发工作重点县省级以下基础设施、易地扶贫搬迁、民生发展等建设项目，确实难以避让永久基本农田的，可纳入重大建设项目范围，由省级自然资源主管部门办理用地预审，并按照规定办理农用地转用和土地征收。五是优化完善增减挂钩节余指标跨省域调剂政策。按照《自然资源部 财政部 国家乡村振兴局关于印发〈巩固拓展脱贫攻坚成果同乡村振兴有效衔接过渡期内城乡建设用地增减挂钩节余指标跨省域调剂管理办法〉的通知》（自然资发〔2021〕178 号），支持原“三区三州”及其他深度贫困县、国家乡村振兴重点帮扶县所在省份，优先按照东西部协作和对口支援关系开展增减挂钩节余指标跨省域调剂。对其他脱贫地区继续实施城乡建设用地增减挂钩节余指标省域内交易政策。同时，工矿废弃地复垦利用政策已到期，政策到期后不再新增项目，但符合条件的工矿废弃地可纳入增减挂钩实施。六是优化工业项目用地指标控制。国家乡村振兴重点帮扶县、原深度贫困地区按规划新批准的工业项目，过渡期内，其建设用地控制指标可不受相应地区行业投资强度控制指标约束。七是推动城镇低效用地再开发。继续支持脱贫地区依据国土空间规划开展城镇低效用地再开发。在城镇开发边界内编制或修编详细规划，优化存量空间结构；在保障安全和节约集约的原则基础上，因地制宜制定地方规划用地标准，引导土地混合开发和空间集约复合利用，推动城镇有机更新。不再开展历史遗留工矿废弃地复垦利用、低丘缓坡开发利用试点。八是盘活利用集体建设用地。按照《自然资源部 国家发展改革委 农业农村部关于保障和规范农村一二三产业融合发展用地的通知》（自然资发〔2021〕16 号）要求，农村集体经济组织兴办企业或者与其他单位、个人以土地使用权入股、联营等形式共同举办企业的，可以依据《土地管理法》第六十条规定使用规划确定的建设用地；单位或者个人也可按照国家统一部署，通过集体经营性建设用地入市的渠道，以出让、出租等方式使用集体建设用地；在充分尊重农民意愿的前提下，可依据国土空间规划，以乡镇或村为单位开展全域土地综合整治，盘活农村存量建设用地，腾挪空间用于支持农村产业融合发展和乡村振兴；在符合国土空间规划和用途管制要求、确保安全的前提下，鼓励对依法登记的宅基地等农村建设用地进行复合利用，发展乡村民宿、农产品初加工、电子商务等农村产业。九是加强矿产资源开发利用。在生态保护红线之外，加大地质找矿力度，选择有市场前景、有资源潜力的资源富集区开展前期调查勘查，统筹安排矿产资源开发利用的指标、项目、技术、资金等，在同等条件下，向国家乡村振兴重点帮扶县、原深度贫困地区倾斜支持。十是加大地质灾害防治力度。加大地质灾害防治投入，对脱贫地区上报的符合条件的特大型地质灾害治理项目予以重点支持。加强山体崩塌、滑坡、泥石流等地质灾害防治，抓好灾害易发区的监测预警、搬迁避让和工程治理等措施的落实，建立健全脱贫地区地质灾害防治体系。十一是搞好地质信息服务。引导和鼓励各类市场主体、地勘单位等积极开展原深度贫困地区现有地质资料的二次开发，深入挖掘地质资料潜力，继续开展地质资料专题服务和定制服务。积极实施原深度贫困地区地质调查，进一步摸清地质资源优势；继续加强原深度贫困地区土地质量地球化学调查，助力特色农业发展；继续加强原深度贫困地区地下水综合调查，助力解决饮水用水难题。

（4）不断提升节约集约用地水平。一是全面修订各行业用地定额标准，强化重大建设项目生成阶段节约集约用地的刚性约束。二是鼓励优化产业用地供应方式。鼓励采用长期租赁、先租后让、弹性年期供应等方式供应产业用地。优化工业用地出让年期，完善弹性出让年期制度。支持产业用地实行“标准地”出让，提高配置效率。支持不同产业用地类型合理转换，完善土地用途变更、整合、置换等政策。探索增加混合产业用地供给。支持建立工业企业产出效益评价机制，加强土地精细化管理和节约集约利用。三是推动以市场化方式盘活存量用地。鼓励试点地区探索通过建设用地节约集约利用状况详细评价等方式，细化完善城镇低效用地认定标准，鼓励通过依法协商收回、协议置换、费用奖惩等措施，推动城镇低效用地腾退出清。推进国有企事业单位存量用地盘活利用，鼓励市场主体通过建设用地整理等方式促进城镇低效用地再开发。规范和完善土地二级市场，完善建设用地使用权转让、出租、抵押制度，支持通过土地预告登记实现建设用地使用权转让。探索地上地下空间综合利用的创新举措。四是建立健全城乡统一的建设用地市场。在坚决守住土地公有制性质不改变、耕地红线不突破、农民利益不受损三条底线的前提下，支持试点地区结合新一轮农村宅基地制度改革试点，探索宅基地所有权、资格权、使用权分置实现形式。在依法自愿有偿的前提下，允许将存量集体建设用地依据规划改变用途入市交易。在企业上市合规性审核标准中，对集体经营性建设用地与国有建设用地给予同权对待。支持建立健全农村产权流转市场体系。

15.3.6 提升自然资源治理能力

（1）加快构建自然资源调查监测评价体系。一是坚持目标导向。以服务生态文明建设和支撑自然资源管理为目标，从科学性和系统性入手，遵循自然资源演替规律和生态系统内在机理，对地表、地上和地下的各类自然资源科学组织，分层分类进行管理。在地表覆盖的基础上，叠加各类管理信息，形成真实反映自然资源利用状况的准确数据，满足自然资源管理的需要。二是强化问题导向。首先针对存在的自然资源调查监测数出多门的问题，对各项调查监测进行统一规划和顶层设计；其次是解决自然资源统一调查和专业管理的关系，如海岸带、滨海湿地和沿海滩涂，在不同部门管理中采用不同名称，实际范围上存在交叉，就需要统一开展调查；再次是解决自然资源在同一区位重叠的问题，设置了自然资源立体时空模型来进行描述和表达；最后是解决统一的顶层标准问题，确保自然资源调查在顶层掌控、不重不漏。三是突出结果导向。注重调查制度、方法与技术手段的综合运用，集成现代遥感、测绘等高技术手段，突出调查成果的信息化表达和综合展示，保证成果真实准确可靠。在工作组织上，按照“总—分—总”方式组织实施，即总体组织上要坚持统一的总体设计和规划等“六个统一”，对各级、各专业的调查监测工作，分工实施，最后成果要总归口，进行统一汇交和集成，形成完整的调查监测结果。四是加强信息化支撑体系建设。建设互联互通、安全高效的自然资源“一张网”，实现包括涉密内网、业务网、互联网和应急通信网在内的网络联通，保障自然资源部门内部各单位横向、各级自然资源管理部门纵向，以及与其他政府部门、社会公众间数据持续、稳定地汇聚、分发、交换与传输，为自然资源调查监测成果共享与应用提供分类的网络通路。建立自然资源三维立体“一张图”，形成包括地下资源层、地表基质层、地表覆盖层、业务管理层在内的自然资源三维立体“一张图”，建立统一的国土空间基础信息平台，利用互联网（电子政务外网）为社会公众提供调查监测成果数据服务。

（2）加强地质调查。一是聚焦战略性矿产统筹谋划调查工作。新一轮找矿突破战略行动重点突出我国紧缺战略性矿产，以重要含油气盆地和重点成矿区带为重点，根据地质工作程度区分基础调查区、重点调查区、重点勘查区、重要矿山深部等“四区”，分类施策实施勘查找矿。在区域上，油气资源将按照“稳定东部、强化中部、加快西部、拓展海域”的思路进行部署；固体矿产将在东部攻深找盲、稳定资源供应，在西部重点突破、新增资源基地。在矿种上，将着重加大油气、铀、铁、铜、铝、锂、钴、镍等紧缺战略性矿产国内找矿力度，加大氦气、铟等共伴生矿产资源综合回收利用。二是中央地方企业联动构建新机制。按照“深化改革激发活力、科技创新提质增效、市场主体找矿突破”原则，构建上下贯通、高效协同的中央、地方、企业协调联动新机制。推动新一轮找矿突破战略行动，既要政府主动提供勘查区块，又要调动矿业权人加大勘查力度提交资源储量。完善鼓励矿产勘查开采的政策措施，加大区块出让力度，引导鼓励各类投资主体进入矿产勘查开采领域，激发市场活力，大幅增加商业性矿产勘查和开发的经济体量。同时，积极配合修订矿业权出让收益征收管理办法，重点解决企业负担过重问题。三是以科技创新推进绿色勘查。研究完善绿色勘查开发、矿产地储备管理要求。统筹协调战略性矿产找矿部署与国土空间规划布局，推动生态保护红线内、自然保护地内战略性矿产勘查开采差别化管理政策实施。推进《绿色地质勘查工作规范》的贯彻实施，创新并推广应用一批适用于绿色勘查的新技术、新方法、新设备、新工艺，落实地勘单位和矿业企业主体责任，最大限度降低地质找矿对生态环境的扰动。不断完善绿色勘查标准规范体系，鼓励地勘单位和矿业企业持续加强科技创新，提高绿色勘查水平。着重解决战略性矿产资源勘查和利用中的“卡脖子”科技问题，从理论、方法、技术、装备上建成矿产资源勘查和综合利用的科技创新链条，为找矿行动提供科技支撑。

（3）提升海洋观测能力。一是做好责任海域海洋观测预报监管。自然资源部各海区局（以下简称海区局）和沿海省、自治区、直辖市自然资源（海洋）主管部门要明确法律法规赋予的职责，摸清责任海域海洋观测预报活动开展情况，加强对在我国领域和我国管辖的其他海域内开展海洋观测预报活动的单位和个人的监管。海区局要加强对近岸海域外海洋观测预报活动的监管，以及对地方自然资源（海洋）主管部门监管职责落实情况的监督。沿海省、自治区、直辖市自然资源（海洋）主管部门要加强对近岸海域内海洋观测预报活动的监管。二是明确海洋观测预报监管事项。海区局和沿海省、自治区、直辖市自然资源（海洋）主管部门要通过海洋观测预报活动监管，引导社会力量规范有序开展海洋观测活动，切实提高我国海洋观测预报水平，推动我国海洋防灾减灾事业迈向新台阶。三是创新海洋观测预报监管方式。海区局和沿海省、自治区、直辖市自然资源（海洋）主管部门要认真落实党中央、国务院关于“双随机、一公开”监管的决策部署，创新海洋观测预报监管方式，构建权责明确、公平公正、公开透明、简约高效的事中事后监管体系，提升监管效能。建立监管平台，组织资料汇交，开展年度排查，实施专项检查，完善社会监督。四是落实海洋观测预报监管保障措施。海区局和沿海省、自治区、直辖市自然资源（海洋）主管部门要为海洋观测预报活动监管工作提供必要的财政经费保障，加强组织领导，明确分工任务，切实做到责任到人。强化监管人员队伍和装备建设，提升监管工作人员业务技能与政策理解水平，大力打造“一专多能”的监管人员队伍。

（4）增强测绘服务能力。大力推进实景三维中国建设，形成国家新型基础设施建设体系的有力支撑，为数字中国提供统一的空间定位框架和分析基础。到 2025 年，5 米格网的地形级实景三维实现对全国陆地及主要岛屿覆盖，5 厘米分辨率的城市级实景三维初步实现对地级以上城市覆盖，国家和省市县多级实景三维在线与离线相结合的服务系统初步建成，地级以上城市初步形成数字空间与现实空间实时关联互通能力，为数字中国、数字政府和数字经济提供三维空间定位框架和分析基础，50% 以上的政府决策、生产调度和生活规划可通过线上实景三维空间完成。到 2035 年，优于 2 米格网的地形级实景三维实现对全国陆地及主要岛屿必要覆盖，优于 5 厘米分辨率的城市级实景三维实现对地级以上城市和有条件的县级城市覆盖，国家和省市县多级实景三维在线系统实现泛在服务，地级以上城市和有条件的县级城市实现数字空间与现实空间实时关联互通，服务数字中国、数字政府和数字经济的能力进一步增强，80% 以上的政府决策、生产调度和生活规划可通过线上实景三维空间完成。一是实施地形级实景三维建设。国家层面完成 10 米和 5 米格网数字高程模型（DEM）、数字表面模型（DSM）制作，覆盖全国陆地及主要岛屿，并以 3 年为周期进行时序化采集与表达；2 米和优于 1 米分辨率数字正射影像（DOM）制作，覆盖全国陆地及主要岛屿，并以季度和年度为周期进行时序化采集与表达；基于上述工作及已有成果完成基础地理实体数据制作，覆盖全国陆地及主要岛屿。地方层面完成优于 2 米格网 DEM、DSM 制作，覆盖省级行政区域，并以 3 年为周期进行时序化采集与表达；优于 0.5 米分辨率 DOM 制作，覆盖重点区域，按需进行时序化采集与表达；基于上述工作及已有成果完成基础地理实体数据制作，覆盖省级行政区域；近岸海域10米以浅DEM制作，覆盖沿海省份。二是实施城市级实景三维建设。国家层面完成整合省级行政区域基础地理实体数据，形成全国基础地理实体数据，覆盖全国陆地及主要岛屿。地方层面完成获取优于5厘米分辨率的倾斜摄影影像、激光点云等数据，基于上述工作及已有成果完成基础地理实体数据制作，覆盖省级行政区域，根据地方实际确定周期进行时序化采集与表达。三是实施部件级实景三维建设。鼓励社会力量积极参与，通过需求牵引、多元投入、市场化运作的方式，开展部件级实景三维建设。四是实施物联感知数据接入与融合。国家和地方层面完成物联感知数据接入与融合能力建设，支撑物联感知数据实时接入及空间化，采用空间身份编码等方式实现其与基础地理实体数据的语义信息关联。五是实施在线系统与支撑环境建设。全国构建统一的基于云架构、兼顾结构化和非结构化数据特征、分版运行的国家和省市县实景三维数据库，实现"分布存储、逻辑集中、互联互通"。国家和省市县分级、分节点构建适用本级需求的管理系统，并依托不同网络环境（互联网、政务网和涉密网等），为智慧城市时空大数据平台、地理信息公共服务平台及国土空间基础信息平台等提供适用版本的实景三维数据支撑，并为数字孪生、城市信息模型（CIM）等应用提供统一的数字空间底座，实现实景三维中国泛在服务。

15.3.7 加强自然资源科技创新

认真贯彻落实党的二十大关于"集聚力量进行原创性引领性科技攻关，坚决打赢关键核心技术攻坚战，加快实施一批具有战略性全局性前瞻性的国家重大科技项目"等要求，推进深地探测、深海极地探测、深空对地观测等原创性引领性重大科技项目攻关。围绕自然资源主体业务技术体系构建，强化自然资源业务与科技创新融通发展，积极组织有关研发单位，争取国家重点研发计划等科研项目支持，加强急需关键技术研发，以及基础理论、科技战略研究与标准化建设；加强对自然资源领域科技创新的统筹谋划，探索建立部重点科技项目清单制，支撑自然资源管理与业务发展。

（1）强化"三深"科技攻关。一是加快推动深地领域重大项目启动实施。落实习近平总书记关于"向地球深部进军"的重要指示精神和对山东省地矿局第六地质大队回信精神，协同相关部门，加快推动相关重大项目实施。面向国家战略需求和紧迫科技问题，将核心任务聚焦到为新一轮找矿突破战略行动提供科技支撑，组织好优势科研力量，开展深部结构与组成探测、大陆成矿系统理论等科学问题研究，研发大深度、高精度、快速立体矿产资源探测技术与装备，开展战略性矿产资源勘查示范。创新深地科学，建立深地探测和矿产资源精细勘查技术装备体系，形成多尺度智能化成矿预测方法技术体系，提升战略性矿产资源勘查开采技术能力，为国家能源资源安全提供技术支持。二是推动深海极地探测重大项目工程。推动深海领域相关重大项目深化论证完善，并参与应用示范，强化企业的创新主体作用和最终用户的需求导向，探索建立产学研深度融合的重大项目组织实施机制。建造天然气水合物钻采船（大洋钻探船）。开展深海和极地探测关键技术与装备研发，突破深海科学考察、探测作业、资源开发装备技术和极地探测监测、保护与利用装备技术，支撑蛟龙探海二期、雪龙探极二期工程，提升深海极地新疆域的认识、保护和利用能力。三是加强深空对地观测系统建设应用。持续完善陆海遥感卫星"骨干网"，开展民用空间基础设施工程建设，推进卫星工程和地面系统陆海统筹发展，到"十四五"末，发射8颗陆海观测卫星，推进10颗卫星立项研制。提升卫星遥感技术应用能力，落实好《自然资源省级卫星应用技术中心建设技术导引》，开展省级卫星应用中心建设评估，构建部省贯通、能力协同的卫星应用技术体系，充分发挥卫星遥感对自然资源工作的"效率倍增器"作用。

（2）加强自然资源科技供给。一是强化国土空间规划体系建设技术支撑。研究国土空间规划实施监测网络构建、人口流失地区国土空间优化、国土空间文化遗产保护、重点区域和重点领域国土空间规划体检评估等关键技术，研发安全风险评估、感知体验评估等国土空间规划定期评估和动态监测预警的数字化模型、算法和标准等，支撑多尺度、跨区域、多要素、数字化、网络化、智能化规划实施联动监测、多维评估、协同预警、智慧决策，创新区域 / 流域一体化、城乡协调、陆海统筹、地上地下国土空间协同开发与复合利用模式，强化国土空间规划执法督察智慧技术支撑。研究建立健全统一的全域、全要素国土空间用途管制制度，建设统一的全国国土空间用途管制监管系统，支撑自然资源资产产权制度、自然资源要素市场化配置与监管、国土空间用途管制制度等自然资源领域重大改革。二是强化粮食、能源资源安全保障技术支撑。研发土地资源节约集约和可持续利用技术，加强耕地保护信息化技术手段的运用，构建耕地和永久基本农田监测监管系统，强化永久基本农田全过程监督管理的技术支撑。开展钾盐、铜、锂、钴、镍等紧缺战略性矿产资源成矿规律和勘查开发技术研究，突破战略性矿产分析测试技术和战略性矿产资源安全预警决策支持技术。强化耕地保护、矿产资源勘查开采等方面执法督察的技术支撑。开展深海矿产资源勘探开发、海洋可再生能源规模化利用、海水淡化与综合利用、海洋生物与基因资源开发利用、林草资源培养与高效利用等关键技术攻关，研发油气资源高效勘探、天然气水合物勘查开采、地热能勘探开发、地下水资源高效开发利用与管控等关键技术，支撑自然资源节约集约利用，助推发展方式绿色转型。三是强化国土空间生态保护修复技术支撑。开展山水林田湖草沙冰系统治理、主要林草品种精准高效育种与定向培育等关键技术研究，研发生物多样性保护与安全利用、国家生态安全辨识、森林、草原、湿地、荒漠生态系统稳定与功能提升、脆弱生态区生态保护修复、生态修复监测评估预警、生态系统固碳增汇、珍稀濒危野生动植物保护与精准保育、以国家公园为主体的自然保护地体系建设、矿山生态修复等关键技术及规模化示范，形成生态服务能力增强、优质生态产品供给、绿色发展一体化技术体系和模式，提升生态系统多样性、稳定性、持续性，为实现人与自然和谐共生的现代化提供支撑。强化生态修复项目资金申报、管理、使用、绩效监控等监督管理的技术支撑。四是强化灾害监测预警防治技术支撑。抓紧组织开展国产陆探卫星在地质灾害防治中的应用实验，针对性编制卫星在轨任务，尽快形成支撑能力。研发海洋、地质、生物、林草、气象等重大自然灾害的风险监测预警、隐患识别、应急救援保障等关键技术与装备，发展地勘、测绘等野外作业安全保障技术装备，提升重大自然灾害与公共安全风险防控能力和应急测绘保障能力。五是强化一体化调查监测、智能化测绘与地理信息安全技术支撑。构建“天空地网”一体化自然资源调查监测技术体系，实现空天地协同的变化统一发现和跨层级、多场景的精准推送，有效支撑自然资源核心监测监管业务。开展耕地保护监测技术、林草资源监测技术研发。开展海洋立体观测技术研发，发展智能化、精细化的自主海洋预警预报技术，支撑海洋权益维护。大力推进新型基础测绘理论研究、关键核心技术攻关和重大装备研发，积极引导测绘技术与新一代信息技术的融合创新，构建智能化测绘技术体系。加快推进实景三维中国技术体系建设，研究实景三维中国信息模型、超大范围地理实体自动化高效建模、地理实体编码与管理分析、质量智能检测等关键技术。研发新一代地理信息公共服务平台和公众版测绘成果相关技术，促进测绘地理信息全业务链条基础软件和应用软件的国产化，提升智能化测绘、知识化服务、自主化装备的技术能力水平，推进测绘高新技术在自然资源领域的广泛应用。开展地理信息安全防控技术和基础软件研发，增强时空信息基础设施和数据要素的安全保障能力。六是强化基础理论与科技战略研究。加强统一行使全民所有自然资源资产所有者职责基础理论、生态系统稳定性维持机制、脆弱生态系统修复机理、优异种质挖掘与目标性状分子调控等基础研究。建立课题选题、课题实施、成果应用的工作机制和“顾问组 + 专家组”的工作组织，强化从业务发展、工程实践、科学前沿、交叉学科方向凝练重大科技问题，开展科技战略研究，遴选支持一批帅才型科学家，以十年磨一剑精神，持之以恒加强研究，推动重大基础性、原创性的科学理论成果产出，夯实自然资源科学理论支撑。七是强化自然资源标准化建设。落实《国家标准化发展纲要》《质量强国建设纲要》《计量发展规划（2021—2035 年）》《建立健全碳达峰碳中和标准计量体系实施方案》等部署，推动标准化、计量和检验检测等质量基础设施建设。有序推动《自然资源标准体系》实施应用，推进重点领域标准研究和制修订，严格落实进度和质量要求，在标准中体现绿色发展和节约集约要求，优化标准化管理流程，推动标准与科技创新互动发展。加强计量测试技术研究和应用，强化关键标准物质研制与应用。完善自然资源检验检测技术体系，加强自然资源评审组建设，开展检验检测机构能力验证工作，强化事中事后监管，继续与市场监管总局联合开展“双随机、一公开”监督检查，推动检验检测技术力量参与部相关业务工作，高标准支撑自然资源事业规范化发展。

（3）打造战略科技力量和高水平科技人才队伍。一是统筹推进国家级和部级科技创新平台建设，创建国家级科技创新平台。按照需求导向、创建结合，强强联合、体制创新，全球视野、能力提升的原则，推进国家级科技创新平台重组、创建、培育。积极参与海洋、林草领域国家实验室建设。在全国重点实验室体系重组工作框架下，推动卫星海洋环境动力学、林木遗传育种等重点实验室重组为全国重点实验室。建设自然资源部深地科学与探测技术实验室，矿产资源勘查评价、极地科学、海洋生物遗传资源、生态保护修复、珍稀濒危野生动植物等部门重点实验室，推动创建全国重点实验室。推动海水利用、测绘工程等国家级平台完成重组。建实建强天然气水合物勘查开发等国家工程研究中心，以及土地、海洋、测绘、地矿、林草等领域国家野外科学观测研究站。各科技创新平台要进一步强化国家需求导向，找准定位；对标科技部“五问”建设要求，加强保障力度；联合部系统优势力量，产学研融通发展。二是完善部科技创新平台。重点在部急需紧缺的国土空间规划、生态保护修复等领域，以及地质矿产勘查、地质灾害防治、遥感与测绘技术、自然资源信息应用服务、自然资源开发利用、地理信息安全等领域，加快统筹部署建设部重点实验室、工程技术创新中心和野外科学观测研究站。建立滚动进入与退出机制，加强对创新平台的评估优化，实现“能进能出”，“十四五”末创新平台总数控制在 400 个左右。在调查监测、新型基础测绘和实景三维中国建设、国土空间规划、生态保护修复、地质灾害防治等领域探索建立部级科技创新平台联盟，开展联合攻关，强化学术交流。三是建设科技资源共享服务平台。落实《自然资源部办公厅关于进一步加强自然资源科学数据管理与共享工作的通知》，建优海洋、极地、林草国家级科学数据中心，建立自然资源部科学数据共享服务中心，以及国土空间规划、土地、地质矿产、海洋、测绘地理信息、极地、深地探测等领域部科学数据中心，建立科学数据目录，推动数据汇交和开放共享。推进深海基因库、标本样品馆、大数据中心“三大平台”建设等。四是建设科技试验和成果转化服务平台。定期发布节地技术与节地模式推荐目录，建立覆盖调查、评估、研制与发布全流程的技术体系和工作平台。推进国家海洋综合试验场建设及高效运行，启动极地试验场建设。推进天津临港海水淡化与综合利用示范基地建设，建强海洋药物和生物制品产业公共服务平台，推动在生物医药、功能食品、环保制剂、智能采收机械、新材料等领域实现一批新成果转化及产品化。五是加强科普平台建设。落实《关于新时代进一步加强科学技术普及工作的意见》，出台《“十四五”自然资源科学技术普及实施方案》。稳步扩大科普基地数量，“十四五”末达到 100 个左右，新命名一批国家自然资源科普基地，完善钓鱼岛数字博物馆，建立南海数字博物馆，开展国家南极博物馆前期论证工作。加强科研基地和科普工作融合，完善成效评价机制，提升科研基地科普服务能力。

（4）统筹实施高层次科技人才工程。一是着力造就一批高水平领军人才。在自然资源领域持续培育和引进具有全球视野和战略眼光的高端人才，在国家重大科技任务担纲领衔者和自然资源重大工程首席专家中发现和培养战略科学家，鼓励和支持他们申请评选两院院士和国家级科技创新人才。二是大力培养青年科技人才。大胆起用青年科学家，逐步提高青年科技人才担纲研究式调查项目和担任首席专家的比例。支持研发单位探索对优秀青年科技人才设立青年科学家、特别研究等岗位。继续给予部高层次科技创新人才工程青年科技人才研发激励。三是探索培育复合型科技人才。加快培养自然资源综合管理科技人才、既熟悉业务又懂新技术开发应用的新型科技人才、熟悉自然资源科技创新创业的中青年管理人才、专业化实验支撑和科研辅助人才队伍和以科技推广员、乡土专家为代表的科技成果推广人才队伍。

（5）完善科技奖励机制。推动有关学会整合设立自然资源科学技术奖，组建自然资源科学技术奖励委员会。出台自然资源科学技术奖章程，尽快完成奖项备案等工作，开展第一届评奖工作。通过整合奖项，进一步规范自然资源领域有关社会力量办奖，充分发挥设奖学会作用，不断提升奖项的权威性和影响力，以高质量奖项强化对自然资源领域青年科技人才培养激励，提升自然资源领域科技创新效能，更好发挥引领带动作用。落实对取得具有重大国际影响力的科学发现、重大原创性的科技发明、重大经济价值科技成果的主要完成人和科技创新团队奖励的规定。

第四篇

区域篇

我国疆域辽阔，不同地域之间差异显著，客观上要求通过划分不同的区域，因地制宜指导不同区域的国土资源利用；同时，各区域之间在资源共享、市场互通、设施互联、环境共保等方面关联密切，需要充分发挥各区域的比较优势、促进区域之间的合理分工与协作，统筹协调各区域的国土资源利用。改革开放以来，我国已初步形成东部率先发展、西部大开发、中部崛起和东北振兴的四大区域经济发展格局。据此，国家统计局于 2011 年将全国划分为东部、中部、西部、东北四大区域，其目的是为揭示我国不同区域的经济社会发展差异，制定差别化的区域发展政策提供依据。

党的十八大以来，我国深入实施区域重大战略和区域协调发展战略，推动形成优势互补高质量发展的区域经济布局。《中华人民共和国国民经济和社会发展第十四个五年规划和 2035 年远景目标纲要》强调，进一步加快推动京津冀协同发展，全面推动长江经济带发展，积极稳妥推进粤港澳大湾区建设，提升长三角一体化发展水平，扎实推进黄河流域生态保护和高质量发展。

据此，本篇以区域为对象开展国土资源利用分析，共分两章。第 16、17 章分别为我国四大区域和五大重大战略区的国土资源利用分析。全篇均以第三次全国国土调查汇总数据为主要依据，分区阐述国土资源利用的基本状况、国土资源变化特征与挑战，提出国土资源高效可持续利用的主要建议，为制定差别化的国土资源利用政策、因地制宜开展各区的国土资源利用工作提供参考依据。

第 16 章　四大区域的国土资源利用

根据经济和社会发展状况的区域差异，国家统计局于 2011 年将我国划分为东部、中部、西部、东北共四大区域。其中，东部地区包括北京、天津、河北、山东、江苏、浙江、上海、福建、广东和海南 10 个省（市）；中部区域包括山西、河南、湖南、湖北、安徽和江西 6 个省；西部区域包括内蒙古、广西、重庆、四川、贵州、云南、西藏、陕西、甘肃、青海、宁夏和新疆 12 个省（区、市），东北区域包括辽宁、吉林和黑龙江 3 个省。

经过分区汇总，四大区域国土资源利用的基本状况见表 16.1，农业与农村发展概况见表 16.2，城镇村及工矿用地见表 16.3，生态用地见表 16.4，耕地坡度分级见表 16.5。时间除特别注明外，均以 2019 年计（下同）。

表 16.1　2019 年全国四大区域的基本状况

项目		单位	东部地区	中部地区	西部地区	东北地区	全国
土地	主要地类面积①	10^4 hm^2	9233.77	10128.10	52695.59	8073.14	80130.60
水资源	水资源总量②	10^8 m^3	5627.30	5569.40	15570.90	2273.50	29041.10
	水资源占全国比例	%	19.38	19.18	53.61	7.83	100.00
	人均水资源量③	m^3	998.25	1527.14	4067.08	2307.77	2059.97
社会经济状况	人口总量④	万人	56371.71	36469.44	38285.23	9851.49	140977.87
	人口占全国比例	%	39.98	25.87	27.16	6.99	100.00
	地区生产总值（GDP）⑤	亿元	422672.18	174429.30	160922.36	47959.78	805983.62
	地区生产总值占全国比例	%	52.44	21.64	19.97	5.95	100.00
	人均地区生产总值⑥	元 / 人	74979.48	47828.90	42032.49	48682.74	57170.93
产业结构	第一产业增加值⑦	亿元	19739.25	14348.15	17530.85	6496.10	58114.35
	第一产业增加值占全国比例	%	33.97	24.69	30.16	11.18	100.00
	第一产业增加值占地区生产总值比例	%	4.67	8.23	10.89	13.55	7.21
	第二产业增加值⑧	亿元	163385.43	72563.74	60745.59	16408.87	313103.63
	第二产业增加值占全国比例	%	52.18	23.18	19.40	5.24	100.00

续表

项目		单位	东部地区	中部地区	西部地区	东北地区	全国
产业结构	第二产业增加值占地区生产总值比例	%	38.66	41.60	37.75	34.21	38.85
	第三产业增加值⑨	亿元	239547.55	87517.34	82645.92	25054.80	434765.61
	第三产业增加值占全国比例	%	55.10	20.13	19.01	5.76	100.00
	第三产业增加值占地区生产总值比例	%	56.67	50.17	51.36	52.24	53.94
城镇化率⑩		%	70.76	59.00	57.27	67.71	63.89
土地利用结构	耕地面积	10^4 hm^2	2178.21	2804.99	4815.38	2987.61	12786.19
	园地面积	10^4 hm^2	689.80	338.69	922.00	66.67	2017.16
	林地面积	10^4 hm^2	3788.70	4699.44	16284.65	3639.80	28412.59
	草地面积	10^4 hm^2	271.28	372.86	25574.10	234.77	26453.01
	湿地面积	10^4 hm^2	156.78	46.73	1741.65	401.77	2346.93
	交通运输用地面积⑪	10^4 hm^2	219.81	200.16	423.56	111.78	955.31
	水域与水利设施用地面积	10^4 hm^2	749.12	728.40	1853.66	297.61	3628.79
	城镇村及工矿用地面积	10^4 hm^2	1180.06	936.83	1080.60	333.15	3530.64
	建设用地面积⑫	10^4 hm^2	1349.85	1063.39	1285.26	391.15	4089.65
	人均建设用地面积⑬	m^2	239.46	291.58	335.71	397.05	290.09

注：

① 主要地类面积为耕地、园地、林地、草地、湿地、城镇村及工矿用地、交通运输用地、水域及水利设施用地和湿地的总面积，不包括其他土地。

② 水资源总量来源于《中国统计年鉴（2020）》。

③ 人均水资源量 =2020 年的水资源总量 /2020 年的第七次全国人口普查数据。

④ 人口总量来源于 2020 年的第七次全国人口普查数据。

⑤ 地区生产总值为以 2009 年为基期计算得到的地区生产总值（按不变价计），从而剔除价格变化因素的影响，参考国家统计局对不同基期分段的不变价国内生产总值的计算方法，计算公式为：地区生产总值 =2009 年地区生产总值 × $\prod_{i=2010}^{2019}$生产总值指数，数据来源于《中国统计年鉴》。

⑥ 人均 GDP= 地区生产总值（按不变价计）/2020 年的第七次全国人口普查数据。

⑦⑧⑨ 为依据 2019 年第一、二、三产业增加值占 2019 年国内生产总值的比重，对 2019 年国内生产总值（按不变价计）进行分配，得到第一、二、三产业增加值（按不变价计），数据来源于《中国统计年鉴》。

⑩ 根据 2020 年的第七次全国人口普查数据计算，即城镇化率 = 城镇人口 / 总人口 ×100%。

⑪ 交通运输用地面积为铁路用地、轨道交通用地、公路用地、农村道路、机场用地、港口码头用地、管道运输用地、水工建筑用地面积之和。

⑫ 建设用地面积为交通及水利基础设施用地（交通基础设施用地与水工建筑用地之和）与城镇村及工矿用地面积之和。

⑬ 人均建设用地面积 = 建设用地面积 /2020 年的第七次全国人口普查数据。

表 16.2　2019 年全国四大区域的农业与农村发展概况

项目	单位	东部地区	中部地区	西部地区	东北地区	全国
乡村人口①	万人	16485.60	14951.20	16360.73	3181.23	50978.76
乡村第一产业从业人数②	万人	274.31	287.84	407.86	108.93	1078.94
有效灌溉面积③	10^4 hm^2	1911.00	1961.04	2024.20	971.62	6867.86
耕地灌溉率	%	87.73	69.91	42.04	32.52	53.71
人均耕地面积④	hm^2	0.04	0.08	0.13	0.30	0.09
农作物播种面积⑤	10^4 hm^2	3590.12	4848.02	5644.51	2510.42	16593.07
占全国比例	%	21.64	29.21	34.02	15.13	100.00
粮食播种面积⑥	10^4 hm^2	2489.98	3403.78	3365.42	2347.18	11606.36
占全国比例	%	21.45	29.33	29.00	20.22	100.00
粮食总产量⑦	10^4 t	15622.15	19968.43	16982.85	13810.89	66384.32
占全国比例	%	23.53	30.08	25.58	20.81	100.00
人均粮食⑧	kg	277.13	547.54	443.59	1401.91	470.88
化肥施用量⑨	10^4 t	1459.57	1691.62	1662.15	590.24	5403.58
占全国比例	%	27.01	31.31	30.76	10.92	100.00
农业机械总动力⑩	10^4 kW	30386.02	31983.22	28022.31	12366.71	102758.26
占全国比例	%	29.57	31.12	27.27	12.04	100.00
农林牧渔业总产值⑪	亿元	30141.37	23604.18	24181.45	9339.47	87266.47
农业总产值⑫	亿元	14784.32	12469.13	14250.90	4725.20	46229.55
林业总产值⑬	亿元	1312.74	1165.67	1180.55	273.55	3932.51
牧业总产值⑭	亿元	6713.82	6529.77	7038.31	3358.00	23639.90
渔业总产值⑮	亿元	5464.24	1909.53	767.01	654.31	8795.09

注：

①② 人口数据来源于 2020 年的第七次全国人口普查数据。

③⑤⑥⑦⑨⑩ 数据来源于《中国统计年鉴（2020）》。

④⑧ 人均资源数据 =2020 年的相关资源总量 /2020 年的第七次全国人口普查数据。

⑪ 为以 2009 年为基期计算得到的农林牧渔业总产值（按不变价计），从而剔除价格变化因素的影响，参考国家统计局对不同基期分段的不变价国内生产总值的计算方法，计算公式为：农林牧渔业总产值 =2009 年农林牧渔业总产值 × $\prod_{i=2010}^{2019}$农林牧渔业总产值指数，数据来源于《中国统计年鉴》。

⑫⑬⑭⑮ 为依据 2019 年农、林、牧、渔业总产值占 2019 年农林牧渔业总产值的比重，对 2019 年农林牧渔业总产值（按不变价计）进行分配，得到农、林、牧、渔业总产值（按不变价计），数据来源于《中国统计年鉴》。

表 16.3　2019 年全国四大区域的城镇村及工矿用地

项目	单位	东部地区	中部地区	西部地区	东北地区	全国
城市用地面积	10^4 hm^2	238.00	111.01	119.96	53.22	522.19
占城市用地总面积比例	%	45.58	21.26	22.97	10.19	100.00
建制镇面积	10^4 hm^2	226.76	122.80	131.23	32.14	512.93
占建制镇用地总面积比例	%	44.21	23.94	25.58	6.27	100.00
村庄用地面积	10^4 hm^2	629.55	651.56	692.73	219.72	2193.56
占村庄用地总面积比例	%	28.70	29.70	31.58	10.02	100.00
乡村人口人均村庄用地面积 ①	m^2	381.88	435.79	423.41	690.67	430.29
城镇用地面积合计	10^4 hm^2	464.76	233.82	251.18	85.36	1035.12
占城镇总面积比例	%	44.90	22.59	24.26	8.25	100.00
城镇人口人均城镇用地面积 ②	m^2	116.52	108.66	114.56	127.97	115.01
城镇村用地面积合计	10^4 hm^2	1094.30	885.38	943.91	305.09	3228.68
占城镇村用地总面积比例	%	33.89	27.42	29.24	9.45	100.00
人均城镇村用地面积	m^2	194.12	242.77	246.55	309.69	229.02
采矿用地面积	10^4 hm^2	66.41	39.95	114.96	22.92	244.24
人均城镇与采矿用地面积 ③	m^2	94.23	75.07	95.63	109.91	90.75
风景名胜及特殊用地面积	10^4 hm^2	19.35	11.49	21.73	5.14	57.71
城镇村及工矿用地面积	10^4 hm^2	1180.06	936.83	1080.60	333.15	3530.64
人均城镇村及工矿用地面积 ④	m^2	290.34	256.88	282.25	338.17	250.44
建设用地二、三产业增加值 ⑤	万元 /hm^2	298.50	150.54	111.57	106.00	182.87

注：
①②③④ 人均资源数据 =2020 年的相关资源总量 /2020 年第七次全国人口普查数据。
⑤ 建设用地二、三产业增加值 = 二、三产业增加值（按不变价计）/ 建设用地面积。

表 16.4　2019 年全国四大区域的生态用地

项目	单位	东部地区	中部地区	西部地区	东北地区	全国
生态用地面积合计 ①	10^4 hm^2	4956.50	5833.95	51463.64	4571.77	66825.86
湿地面积	10^4 hm^2	156.78	46.73	1741.65	401.77	2346.93
占生态用地总面积比例	%	3.16	0.80	3.38	8.79	3.51
林地面积	10^4 hm^2	3788.70	4699.44	16284.65	3639.80	28412.59
占生态用地总面积比例	%	76.44	80.55	31.64	79.61	42.52
林地变化量	10^4 hm^2	519.80	345.36	2349.16	−17.82	3196.50

续表

项目	单位	东部地区	中部地区	西部地区	东北地区	全国
林地动态度②	%	1.59	0.79	1.69	−0.05	1.27
草地面积	10^4 hm^2	271.28	372.86	25574.10	234.77	26453.01
占生态用地总面积比例	%	5.47	6.39	49.69	5.14	39.58
草地变化量	10^4 hm^2	−144.51	−223.84	−1037.09	−123.70	−1529.13
草地动态度③	%	−3.48	−3.75	−0.39	−3.45	−0.55
公园与绿地面积	10^4 hm^2	17.52	10.18	12.05	3.36	43.11
占生态用地总面积比例	%	0.35	0.17	0.02	0.07	0.06
公园与绿地变化量	10^4 hm^2	9.38	6.26	6.06	1.28	22.98
公园与绿地动态度④	%	9.50	13.02	9.58	5.85	9.91
水域面积⑤	10^4 hm^2	716.82	701.29	1841.39	289.08	3548.58
占生态用地总面积比例	%	14.46	12.02	3.58	6.32	5.31
水域变化量	10^4 hm^2	−1.83	15.43	146.70	9.53	169.83
水域动态度⑥	%	−0.03	0.23	0.87	0.34	0.50
其他生态用地面积	10^4 hm^2	5.40	3.45	6009.80	2.99	6021.64
占生态用地总面积比例	%	0.11	0.06	11.68	0.07	9.01
其他生态用地变化量	10^4 hm^2	−129.96	−77.96	−3228.15	−70.16	−3506.23
其他生态用地动态度	%	−9.34	−9.47	−3.24	−13.08	−3.41

注：
① 生态用地包括湿地、林地、草地、公园与绿地、水域面积和其他生态用地（沙地、裸土地等）。
②③④⑥ 各一级类生态用地动态度指某一时间段某种土地利用类型的数量变化速度，此处为 2009—2019 年间的数量变化情况。
⑤ 水域包括河流水面、湖泊水面、水库水面、坑塘水面、沟渠、冰川及永久积雪，不包括水工建筑用地。

表 16.5　2019 年全国四大区域的耕地坡度分级

坡度		单位	东部地区	中部地区	西部地区	东北地区	全国
耕地面积合计		10^4 hm^2	2178.22	2804.99	4815.37	2987.60	12786.18
2° 以下耕地	面积	10^4 hm^2	1763.05	1908.61	2072.04	2175.33	7919.03
	比例	%	80.94	68.04	43.03	72.81	61.94
2°～6° 耕地	面积	10^4 hm^2	220.01	386.67	781.03	571.61	1959.32
	比例	%	10.10	13.79	16.22	19.13	15.32
6°～15° 耕地	面积	10^4 hm^2	147.52	330.50	1007.82	226.77	1712.61
	比例	%	6.77	11.78	20.93	7.59	13.39

续表

坡度		单位	东部地区	中部地区	西部地区	东北地区	全国
15°～25° 耕地	面积	10^4 hm^2	36.69	112.69	609.79	13.53	772.70
	比例	%	1.69	4.02	12.66	0.45	6.04
25° 以上耕地	面积	10^4 hm^2	10.95	66.52	344.69	0.36	422.52
	比例	%	0.50	2.37	7.16	0.01	3.31

16.1 东部地区

东部地区位于我国大陆东缘，太平洋西岸，包括北京、天津、河北、上海、江苏、浙江、福建、山东、广东和海南 10 个省（市）。该区域是我国国土空间开发程度最高、经济最发达的地区，拥有京津冀、长三角、珠三角、山东半岛、粤闽浙沿海、北部湾等多个国家级城市群，也是我国人口、资本、技术等要素集聚程度最高的区域，具备良好的发展基础。2019 年东部地区国土资源利用现状及其构成见表 16.6。

表 16.6　2019 年东部地区国土资源利用现状及其构成

类型	面积（10^4 hm^2）	比例（%）	类型	面积（10^4 hm^2）	比例（%）
主要地类面积[①]	9233.77	100	灌木林地	298.18	3.23
1. 耕地	2178.21	23.59	其他林地	522.21	5.66
水田	675.25	7.31	4. 草地	271.28	2.94
水浇地	986.90	10.69	天然牧草地	42.04	0.46
旱地	516.05	5.59	人工牧草地	1.23	0.01
2. 园地	689.80	7.47	其他草地	228.01	2.47
果园	452.81	4.90	5. 城镇村及工矿用地	1180.06	12.78
茶园	50.30	0.54	城市	237.99	2.58
橡胶园	76.95	0.83	建制镇	226.76	2.46
其他园地	109.74	1.19	村庄	629.55	6.82
3. 林地	3788.70	41.03	采矿用地	66.41	0.72
乔木林地	2699.52	29.24	风景名胜及特殊用地	19.35	0.21
竹林地	268.80	2.91	6. 交通运输用地	219.81	2.38

① 该面积为耕地、种植园用地、林地、草地、城镇村及工矿用地、交通运输用地、水域与水利设施用地和湿地的总面积。

续表

类型	面积（10^4 hm^2）	比例（%）	类型	面积（10^4 hm^2）	比例（%）
铁路用地	13.13	0.14	沟渠	111.18	1.20
轨道交通用地	1.09	0.01	水工建筑用地	32.30	0.35
公路用地	115.07	1.25	冰川及永久积雪	0	0.00
农村道路	82.33	0.89	8. 湿地	156.78	1.70
机场用地	3.28	0.04	红树林地	1.77	0.02
港口码头用地	4.76	0.05	森林沼泽	0.07	0.00
管道运输用地	0.15	0.00	灌丛沼泽	0.14	0.00
7. 水域与水利设施用地	749.12	8.11	沼泽草地	1.79	0.02
河流水面	209.11	2.26	沿海滩涂	127.86	1.38
湖泊水面	73.33	0.79	内陆滩涂	23.70	0.26
水库水面	79.07	0.86	沼泽地	1.46	0.02
坑塘水面	244.12	2.64			

东部地区主要地类面积 9233.77 万公顷。其中，耕地 2178.21 万公顷，占全国耕地总面积的 17.04%；农作物播种面积占全国农作物总播种面积的21.64%；粮食播种面积占全国粮食总播种面积的21.45%；粮食产量 15622.15 万吨，占全国粮食总产量的 23.53%。水资源量 5627.30 亿立方米，占全国水资源总量的 19.38%；人均水资源量 998.25 立方米，约为全国平均水平的 1/2。建设用地（交通及水利基础设施用地与城镇村及工矿用地面积之和）1349.85 万公顷，人均建设用地 239.46 立方米。生态用地 4956.50 万公顷，占全国生态用地总面积的 7.42%。

东部地区人口 56371.71 万，占全国总人口的 39.98%；城镇化率为 70.76%，高于其他三大区域和全国平均水平；人口密度 613.18 人 / 平方千米，是全国平均水平的 4.19 倍。地区生产总值（GDP，按不变价计）422672.18 亿元，占全国总量的 52.44%；经济密度为 4597.56 万元 / 平方千米，是全国平均水平的 5.50 倍；人均地区生产总值 74979.48 元，是全国人均水平的 1.31 倍。其中第一产业增加值 19739.25 亿元，第二产业增加值 163385.43 亿元，第三产业增加值 239547.55 亿元，分别占全国总值的 33.97%、52.18%、55.10%，其中第二、三产业均超过全国总量的一半。农林牧渔总产值 30141.37 万元，其中农、林、牧、渔总产值依次占东部地区总值的 49.05%、4.36%、22.27%、18.13%，呈现以农业为主、牧渔为辅的结构特征。

综上所述，东部地区承载了全国 39.98% 的人口，以占全国 17.04% 的耕地①、33.01% 的建设用地②、19.38% 的水资源量，生产了全国 23.53% 的粮食，产出了全国 52.44% 的 GDP。

① 东部地区耕地面积占全国耕地面积的比例。
② 东部地区建设用地面积占全国建设用地面积的比例，其中建设用地为交通及水利基础设施用地与城镇村及工矿用地之和。

16.1.1 国土资源利用基本状况

16.1.1.1 光热水基本同季，土地利用条件较为优越

东部地区跨纬度较大，热量条件差异明显，中温带、暖温带、亚热带和热带均有所涉及。干湿分区主要为半湿润区和湿润区。东部地区是典型的季风气候区，自北向南主要的气候类型有温带季风气候、亚热带季风气候和热带季风气候。风向、降水、气温等随季节有明显的变化和更替，夏季受海洋季风影响显著，大部分地区气候湿润、雨热同期，冬季盛行来自亚欧大陆内部的偏北风，大部分地区寒冷干燥。该区域≥10℃积温为3500～9000℃，年日照时数1800～2600小时，无霜期175～350天，年降水量400～2000毫米。

东部地区的多数山岭海拔不超过2000米，绝大部分海拔在1000米以下，其中大部分在500米以下。除部分丘陵山地外，该区域主要由黄淮海平原、长江下游平原、珠江三角洲平原和沿海丘陵平原组成，土地利用条件较为优越。土壤类型以潮土、褐土、水稻土、棕壤、黄壤、红壤、赤红壤为主。东部地区适合多种作物种植，由北向南农作物熟制可由一年一熟到一年三熟。大部分地区满足农作物一年两熟至三熟制的要求，水稻、小麦、玉米、棉花、油菜、大豆、甘薯、花生是主要栽培作物。多数地区农作物可一年二熟，双季稻种植普遍，农作物生长季节（4—10月）的太阳辐射量、有效积温和降雨量均占各自年总量的70%～85%，光热水基本同季，利于喜温作物生长，光温生产潜力大。

16.1.1.2 耕地资源禀赋优良，农业生产基础较好

东部地区可耕地绝大部分已辟为农田，土地垦殖率[①]23.69%。耕地2178.22万公顷，占全国耕地面积的17.04%；人均耕地面积较低，仅0.04公顷。园地689.80万公顷，占全国园地总面积的34.75%，其中果园分布广泛（452.81万公顷），呈现以果园为主，各类园地有序发展的格局。草地较少，仅271.28万公顷，占全国草地面积的1.03%，主要为其他草地。总体呈现以耕地与园地为主体的农业土地利用格局。

从耕地结构看，以水浇地为主，水田次之，旱地最少，依次占东部地区耕地面积的45.31%、31.00%、23.69%，分别占全国水浇地、水田、旱地面积的30.73%、21.52%、8.02%。

从耕地条件看，东部地区耕地大多较为平坦，耕作条件较好，80.94%的耕地坡度在2°以下；耕地总体质量好，耕地灌溉率达87.73%，在四大区域中居于首位。

从种植结构看，粮食种植面积1340.99万公顷，占耕地面积的61.56%；粮食与非粮食作物轮作及林粮间作面积571.26万公顷，占耕地面积的26.23%；其他种植非粮食作物、未耕种、休耕的耕地面积265.97万公顷，占耕地面积的12.21%。

从耕地分布看，耕地主要聚集在华北平原及长江中下游平原地区，以山东、河北、江苏为主要分布区（表16.7）。耕地利用类型南北分异明显，旱地集中分布于淮河以北，水田集中分布于淮河以南。

表16.7 2019年东部地区各省（市）耕地面积

省（市）	耕地面积（10^4 hm^2）				占全国耕地比例（%）
	合计	水田	水浇地	旱地	
北京	9.35	0.06	7.66	1.64	0.07
天津	32.96	6.95	25.77	0.23	0.26

① 东部地区耕地面积占东部地区行政区面积的比重。

续表

省（市）	耕地面积（10^4 hm^2）				占全国耕地比例（%）
	合计	水田	水浇地	旱地	
河北	603.42	9.71	387.17	206.53	4.72
上海	16.20	12.16	4.04	0.00	0.13
江苏	408.97	283.20	74.87	50.91	3.20
浙江	129.05	106.28	0.00	22.76	1.01
福建	93.20	79.05	3.18	10.96	0.73
山东	646.19	9.48	467.42	169.28	5.05
广东	190.19	137.42	16.40	36.38	1.49
海南	48.69	30.95	0.39	17.36	0.38
东部地区	2178.22	675.26	986.90	516.05	17.04

16.1.1.3　城镇化发展水平高，国土空间开发强度大

东部地区作为我国人口集中、城镇密集、交通发达、对外开放程度高、高度城市化的区域，有建设用地[①]1349.85万公顷，占全国建设用地面积的33.01%。国土开发强度[②]14.68%，在四大区域中居于首位。

从建设用地结构看，城市用地 238.00 万公顷，占东部地区建设用地面积的 17.63%；建制镇用地 226.76 万公顷，占 16.80%；村庄用地 629.55 万公顷，占 46.64%；采矿用地 66.41 万公顷，占 4.92%；风景名胜及特殊用地 19.35 万公顷，占 1.43%；交通及水利基础设施用地 169.81 万公顷，占 12.58%。城市用地、建制镇用地比重均超过全国平均水平（12.77%、12.54%），村庄用地比重低于全国平均水平（53.64%）。建设用地结构相对均衡（表 16.8、表 16.9）。

从建设用地分布看，建设用地主要分布在沿海和平原地区，总体上呈现城市用地高度集聚、建制镇用地适度集中、村庄用地广泛分散的特点。多数城市用地分布在山区与平原交界处、沿海狭小的平坦地带。村庄用地则广泛分布在平原地区。在城市规模上，超大、特大城市多为集中分布，各省（市）城市用地多集中在省会城市和计划单列市，北方城市的建设用地规模普遍大于南方城市。

从建设用地人口承载规模看，城镇用地人口承载规模低于全国，但村庄用地人口承载规模高于全国。城镇用地人口承载规模为 8582 人 / 平方千米，比全国城镇用地人口承载规模低 102 人 / 平方千米。村庄用地人口承载规模为 2619 人 / 平方千米，比全国村庄用地人口承载水平高 297 人 / 平方千米。

表 16.8　2019 年东部地区各省（市）城镇村及工矿面积　　单位：10^4 hm^2

省（市）	城镇村及工矿合计	城市	建制镇	村庄	采矿用地	风景名胜及特殊用地
北京	31.37	13.49	3.84	12.45	0.21	1.38
天津	33.22	12.25	7.99	8.95	3.40	0.63

① 交通及水利基础设施用地与城镇村及工矿用地之和。
② 东部地区建设用地面积占东部地区行政区面积的比重。

续表

省（市）	城镇村及工矿合计	城市	建制镇	村庄	采矿用地	风景名胜及特殊用地
河北	210.29	18.15	29.66	139.79	19.19	3.50
上海	28.95	11.94	10.05	6.74	0.00	0.22
江苏	209.72	46.36	44.78	110.38	5.53	2.67
浙江	114.68	25.66	26.6	57.83	2.61	1.98
福建	70.49	10.95	13.88	40.40	3.20	2.06
山东	280.64	50.52	39.2	159.4	27.33	4.19
广东	176.37	45.11	44.72	80.79	4.08	1.67
海南	24.32	3.56	6.04	12.82	0.86	1.04
东部地区	1180.05	237.99	226.76	629.55	66.41	19.34

表 16.9　2019 年东部地区各省（市）交通及水利基础设施用地面积　　单位：10^4 hm^2

省（市）	交通及水利基础设施用地合计	铁路用地	轨道交通用地	公路用地	机场用地	港口码头用地	管道运输用地	水工建筑用地
北京	4.43	0.54	0.12	2.88	0.38	0.00	0.00	0.51
天津	4.90	0.53	0.08	2.52	0.12	0.26	0.01	1.38
河北	25.85	3.21	0.01	18.31	0.31	0.52	0.01	3.48
上海	2.56	0.19	0.12	1.49	0.35	0.12	0.00	0.29
江苏	33.52	1.67	0.22	19.32	0.33	0.89	0.04	11.05
浙江	18.21	1.07	0.18	13.55	0.31	0.62	0.01	2.47
福建	15.22	1.12	0.07	12.53	0.28	0.35	0.01	0.86
山东	35.74	2.99	0.07	22.12	0.50	1.17	0.02	8.87
广东	26.16	1.50	0.22	20.13	0.49	0.71	0.04	3.07
海南	3.22	0.31	0.00	2.22	0.22	0.14	0.00	0.33
东部地区	169.81	13.13	1.09	115.07	3.29	4.78	0.14	32.31

16.1.1.4　生态用地占比较低，呈现南多北少分布格局

东部地区水土资源丰富，自然区位条件优越，由于城镇化和工业化的同步快速推进，导致生态环境承载的压力日益增大。东部地区生态用地 4956.50 万公顷，占全国生态用地面积的 7.42%，仅高于东北地区。

从生态用地结构看，林地 3788.70 万公顷，占生态用地的比例最高，为 76.44%；水域 716.82 万公顷，占生态用地的 14.46%；草地 271.28 万公顷，占生态用地的 5.47%；湿地 156.78 万公顷，占生态用地

平，土地利用结构呈现城镇化中期的特征，城镇用地占比较小、村庄用地占比较高，产城、产村融合不足。

从建设用地分布来看，长江经济带横跨我国地理三大阶梯，资源、环境、交通、产业基础等发展条件差异较大，地区间发展差距明显，上、中、下游建设用地面积大致呈 3∶3∶4 的比例。其中，上游和中游城市用地和建制镇用地面积相当，合计占长江经济带全域城市用地的近一半，下游地区占剩下的二分之一。村庄用地分布差距不大，上中下游各占三分之一左右。采矿用地和交通基础设施用地均以上游较多，水利设施用地主要集中在长江经济带下游（表 17.3 和表 17.4）。

从建设用地人口承载规模来看，长江经济带城镇用地人口承载规模和村庄用地人口承载规模均高于全国。尤其是中、下游地区单位建设用地人口承载规模均高于全国水平（3448 人 / 平方千米），分别为 3558 人 / 平方千米、3872 人 / 平方千米。其中，上海的建设用地人口承载规模（7893 人 / 平方千米）是全国建设用地人口承载规模的两倍之多。

表 17.3　2019 年长江经济带各省（市）城镇村及工矿面积　单位：$10^4\,hm^2$

省（市）	合计	城市	建制镇	村庄	采矿用地	风景名胜及特殊用地
上海	28.95	11.94	10.05	6.74	0.00	0.22
江苏	209.73	46.36	44.78	110.38	5.53	2.67
浙江	114.68	25.66	26.60	57.83	2.61	1.98
安徽	175.57	18.82	24.61	125.72	4.33	2.09
江西	110.36	12.87	18.38	71.14	6.28	1.69
湖北	141.15	22.72	17.68	94.28	4.47	2.01
湖南	163.03	19.48	18.59	118.56	4.82	1.58
重庆	63.77	12.82	5.83	43.30	1.43	0.39
四川	184.12	20.99	20.79	136.55	4.51	1.29
贵州	77.25	6.96	10.77	53.51	4.98	1.04
云南	107.37	9.93	11.99	74.80	8.60	2.05
长江经济带	1376.00	208.56	210.06	892.82	47.56	17.00

表 17.4　2019 年长江经济带各省（市）交通及水利基础设施用地面积　单位：$10^4\,hm^2$

省（市）	合计	铁路用地	轨道交通用地	公路用地	机场用地	港口码头用地	管道运输用地	水工建筑用地
上海	2.56	0.19	0.12	1.49	0.35	0.12	0.00	0.29
江苏	33.51	1.67	0.22	19.32	0.33	0.89	0.04	11.05
浙江	18.22	1.07	0.18	13.55	0.31	0.62	0.01	2.47
安徽	24.28	1.96	0.02	12.83	0.17	0.17	0.01	9.11

续表

省（市）	合计	铁路用地	轨道交通用地	公路用地	机场用地	港口码头用地	管道运输用地	水工建筑用地
江西	19.45	1.88	0.01	14.08	0.19	0.05	0.01	3.23
湖北	23.81	1.91	0.09	14.60	0.39	0.21	0.01	6.60
湖南	18.23	1.92	0.03	12.68	0.25	0.04	0.01	3.30
重庆	7.47	0.75	0.08	5.75	0.33	0.16	0.01	0.39
四川	25.06	1.59	0.09	21.19	0.82	0.04	0.02	1.31
贵州	15.90	1.05	0.03	14.07	0.28	0.01	0.02	0.44
云南	22.63	1.19	0.04	19.82	0.40	0.02	0.03	1.15
长江经济带	211.12	15.19	0.92	149.40	3.81	2.32	0.16	39.33

17.1.1.4 生态用地分布广泛，上游地区生态优势明显

长江经济带林地、草地、湿地、湖泊等分布广泛，生态用地 13565.89 万公顷，占全国生态用地面积的 20.30%。生态用地面积占比虽然低于全国平均水平，但全国 41.18% 公园与绿地和 38.63% 的林地位于长江经济带，水域用地占全国水域面积的 32.28%。

从生态用地结构来看，长江经济带林地占比最高（10975.25 万公顷），占比 80.90%；其次为草地（1175.95 万公顷），占生态用地的比例 8.67%；随后为水域（1145.32 万公顷），占比 8.44%；再者为湿地（232.07 万公顷），占比 1.71%；其他生态用地 19.56 万公顷，占比 0.14%；公园与绿地面积占比最少（17.76 万公顷），占比 0.13%。

从分布特征来看，长江经济带生态用地主要分布于上游，共 8118.40 万公顷，占长江经济带生态用地总面积的 59.84%；中游和下游的生态用地分别占长江经济带生态用地总面积的 27.65% 和 12.51%（表 17.5）。其中，湿地（55.70%）、林地（60.40%）、草地（95.44%）以及其他生态用地面积（92.79%）主要分布在上游；公园与绿地面积近 1/2 分布在下游，中游和上游面积大致相当，合占长江经济带公园与绿地面积的一半；水域用地面积主要分布在中游和下游，分别占长江经济带水域面积的 38.42% 和 42.75%。

表 17.5　2019 年长江经济带各省（市）生态用地面积　单位：10^4 hm^2

省（市）	合计	湿地	林地	草地	公园与绿地	水域	其他生态用地
上海	36.84	7.27	8.18	1.32	1.22	18.85	0.00
江苏	373.09	41.64	78.70	9.36	4.08	239.29	0.01
浙江	702.15	16.52	609.36	6.35	1.92	67.78	0.22
安徽	584.60	4.77	409.15	4.79	1.96	163.74	0.19
江西	1180.65	2.87	1041.37	8.87	1.45	125.73	0.37
湖北	1136.74	6.12	928.01	8.94	1.62	191.77	0.27

续表

省（市）	合计	湿地	林地	草地	公园与绿地	水域	其他生态用地
湖南	1433.42	23.61	1271.71	14.05	1.16	122.55	0.35
重庆	500.60	1.50	468.90	2.36	0.96	26.78	0.09
四川	3755.74	123.08	2541.96	968.78	1.87	104.02	16.04
贵州	1166.36	0.71	1121.01	18.83	0.54	25.11	0.16
云南	2695.70	3.98	2496.90	132.29	0.98	59.70	1.86
长江经济带	13565.89	232.07	10975.25	1175.94	17.76	1145.32	19.56

17.1.2　国土资源变化特征与挑战

17.1.2.1　耕地呈净减少态势，占补平衡压力较大

2009—2019 年长江经济带耕地呈净减少态势。耕地净减少 703.44 万公顷，占全国耕地净减少面积的 93.51%。净减少的耕地中有 20.20% 坡度在 2° 以下，有 57.16% 净减少耕地为缓坡耕地。

从耕地结构看，旱地净减少最多，共 423.40 万公顷，占长江经济带耕地净减少面积的 60.19%，占全国旱地净减少面积的 42.54%；其次是水田，净减少 294.94 万公顷，占长江经济带耕地净减少面积的 41.93%，占全国水田净减少面积的 65.41%；而长江经济带水浇地有所增加，占全国水浇地净增加面积的 3.70%。

从空间分布看，耕地净减少面积主要集中在上游，占长江经济带耕地净减少面积的 56.85%，中游和下游耕地净减少面积大致相当。其中，上游净减少的耕地最多的是旱地，共 239.77 万公顷，是中游旱地净减少面积的 4 倍，是下游的两倍；中游净减少的耕地主要为旱地和水田；下游的旱地净减少面积是水田净减少面积的两倍（表 17.6）。

总体来看，长江经济带作为我国粮食生产核心区，如此的耕地减少态势使得区域耕地占补平衡面临较大压力：一是，快速的城镇化和工业化导致耕地资源被大量占用；同时，为积极响应退耕还林、还湖、还草的号召，生态退耕工程导致耕地大量减少。二是，耕地区域性问题愈加凸显，占补平衡压力大。长江经济带下游土地垦殖系数高、开发强度大、开发强度高，非农建设占用耕地和农业结构调整导致耕地减少，耕地保护压力大；中游作为粮食主产区，耕地变化与下游地区大同小异，但减少相对缓慢；上游作为生态功能区，虽耕地体量大，但耕地资源本底条件偏低，加之生态退耕工程建设和灾害毁坏等因素，对落实“数量 - 质量 - 生态”三位一体的耕地占补平衡战略形成了较大挑战。

表 17.6　2009—2019 年长江经济带各省（市）耕地面积变化情况　　单位：10^4 hm^2

省（市）	净变化合计	水田	水浇地	旱地
上海	−2.78	−0.80	−1.39	−0.58
江苏	−52.32	9.10	27.68	−89.11
浙江	−69.62	−46.92	0.00	−22.70
安徽	−36.01	−22.06	−1.95	−12.00

续表

省（市）	净变化合计	水田	水浇地	旱地
江西	-36.75	-24.01	-1.39	-11.35
湖北	-55.45	-17.11	-13.09	-25.24
湖南	-50.58	-27.76	-0.17	-22.65
重庆	-56.82	-27.25	0.03	-29.60
四川	-149.28	-52.31	-6.27	-90.70
贵州	-108.99	-40.14	-0.75	-68.10
云南	-84.83	-45.67	12.20	-51.36
长江经济带	-703.44	-294.94	14.90	-423.40

17.1.2.2 建设用地持续扩张，城乡间失调与区域间失衡并存

2009—2019 年，长江经济带建设用地净增加 362.13 万公顷，占全国建设用地净增加面积的 40.75%，建设用地净增加幅度 29.76%，高于全国平均水平（27.77%）。

从类型结构看，长江经济带建设用地各二级地类变化均呈增长态势，但增长数量和幅度差异显著。2009—2019 年城镇村及工矿用地净增加 290.90 万公顷。其中，城市用地净增加 85.51 万公顷，增长幅度 69.49%，占 23.61%；建制镇用地净增加 55.34 万公顷，增长幅度 35.77%，占 15.28%；村庄用地净增加 165.01 万公顷，增幅 22.67%，占 45.57%。同期，交通基础设施用地净增加 71.01 万公顷，增幅 70.46%，占 19.61%；水工建筑用地净增加 0.22 万公顷，增长幅度 0.56%，占 0.06%；采矿用地净减少 10.80 万公顷，减幅 18.50%；风景名胜及特殊用地净减少 4.16 万公顷，减少幅度 32.39%。

从空间分布看，长江经济带建设用地净增加面积从上游到下游依次变小。但分类来看差异较大，其中，城市用地和建制镇用地净增加面积从上游到下游依次变大，且将近 1/2 的净增加都集中在下游；村庄用地和交通基础设施用地净增加主要在上游；采矿用地仅上游增加，中游和下游都在减少；风景名胜及特殊用地上中下游地区都在减少，尤以下游减少更多；水利基础设施用地呈上游增加、中游基本稳定、下游减少的态势（表 17.7、表 17.8 和表 17.9）。

总体来看，长江经济带建设用地增长较快，但增长数量和幅度存在显著差异，并且具有一定的区域性。一是，长江经济带建设用地在空间上总体上呈现东高西低的空间分布格局，区域结构差异明显，建设用地持续扩张，城乡结构不协调。二是，长江经济带上、中、下游社会经济发展水平差距较大，同时各区域土地利用政策供给差别较大，资源、技术等要素在不同行政区域之间流动不通畅，影响了长江经济带土地利用效率的总体水平，需要采取措施加强和优化建设用地管理。

表 17.7 2009—2019 年长江经济带各省（市）城镇村及工矿变化情况 单位：10^4 hm^2

省（市）	净变化合计	城市用地	建制镇用地	村庄用地	采矿用地	风景名胜及特殊用地
上海	3.38	6.60	-1.75	-1.38	-0.03	-0.06
江苏	33.98	21.58	12.27	7.61	-6.75	-0.73

续表

省（市）	净变化合计	城市用地	建制镇用地	村庄用地	采矿用地	风景名胜及特殊用地
浙江	25.77	9.05	7.9	10.41	-1.24	-0.35
安徽	20.42	5.62	6.91	10.88	-2.14	-0.85
江西	24.99	5.02	6.11	15.04	-0.90	-0.28
湖北	24.80	8.58	4.42	11.91	0.04	-0.15
湖南	39.57	8.70	7.54	25.38	-1.00	-1.05
重庆	13.03	5.68	0.34	7.05	0.03	-0.07
四川	41.77	6.66	2.57	33.58	-0.46	-0.58
贵州	31.87	3.57	5.57	20.71	1.95	0.07
云南	31.32	4.45	3.46	23.82	-0.30	-0.11
长江经济带	290.90	85.51	55.34	165.01	-10.80	-4.16

表 17.8　2009—2019 年长江经济带各省（市）交通及水利基础设施用地变化情况　　单位：10^4 hm^2

省（市）	净变化合计	铁路用地	轨道交通用地	公路用地	机场用地	港口码头用地	管道运输用地	水工建筑用地
上海	-0.15	-0.05	0.12	-0.31	0.07	-0.06	0.00	0.08
江苏	2.65	0.71	0.22	2.62	0.08	0.34	0.03	-1.35
浙江	4.84	0.43	0.18	3.03	0.16	0.21	0.01	0.82
安徽	3.66	0.49	0.02	3.90	0.04	0.08	0.00	-0.87
江西	8.83	0.89	0.01	7.67	0.05	0.04	0.01	0.16
湖北	8.10	0.68	0.09	7.09	0.25	0.16	0.01	-0.18
湖南	3.97	0.52	0.03	3.17	0.14	0.03	0.01	0.07
重庆	2.86	0.33	0.08	1.90	0.22	0.13	0.01	0.19
四川	13.31	0.67	0.09	11.6	0.42	0.03	0.01	0.49
贵州	10.15	0.51	0.03	9.12	0.16	0.01	0.02	0.30
云南	13.01	0.63	0.04	11.87	-0.06	0.00	0.02	0.51
长江经济带	71.23	5.81	0.91	61.66	1.53	0.97	0.13	0.22

表 17.9　2009—2019 年长江经济带各省（市）建设用地变化情况

省（市）	净变化合计（10^4 hm^2）	建设用地净增加幅度（10^4 hm^2）	占全国建设用地净增加面积的比例（%）	占长江经济带建设用地净增加面积比例（%）
上海	3.23	11.47	0.36	0.89
江苏	36.63	17.86	4.12	10.12

续表

省（市）	净变化合计（10^4 hm^2）	建设用地净增加幅度（10^4 hm^2）	占全国建设用地净增加面积的比例（%）	占长江经济带建设用地净增加面积比例（%）
浙江	30.61	30.14	3.44	8.45
安徽	24.08	13.83	2.71	6.65
江西	33.82	35.44	3.81	9.34
湖北	32.90	24.96	3.70	9.09
湖南	43.54	32.10	4.90	12.02
重庆	15.89	28.78	1.79	4.39
四川	55.08	36.01	6.20	15.21
贵州	42.02	81.92	4.73	11.60
云南	44.33	51.87	4.99	12.24
长江经济带	362.13	29.76	40.75	100.00

17.1.2.3 生态用地总量增加结构失衡，区域绿色转型面临挑战

2009—2019 年，长江经济带生态用地净增加 199.47 万公顷，占全国生态用地净增加面积的 6.41%。

从类型结构看，林地、公园与绿地和水域表现为净增加，林地净增加最多。草地和其他生态用地表现为净减少，其中草地净减少最多。

从空间分布看，长江经济带上中下游都有所增加，但净增加面积主要分布在下游，占长江经济带生态用地净增加面积的 61.53%；中游生态用地增长较为缓慢，2009—2019 年仅增加了 13.85 万公顷；上游生态用地净增加为 62.88 万公顷，占长江经济带生态用地净增加面积的 31.52%。具体来讲，78.16% 的林地净增加面积分布于上游；公园与绿地面积净增加面积有一多半分布于下游，中游与上游大致相当；水域仅下游减少，中游和上游都有所增加；上游草地退化严重，净减少面积占长江经济带草地净减少面积的 87.44%；同样，其他生态用地减少量也主要集中分布在上游，占 87.38%（表 17.10）。

总体来看，受益于长江流域防护林体系建设工程的积极影响，以及云贵川地区退耕还林的显著成效，长江经济带林地面积呈净增加态势。但与此同时，随着城市化进程不断推进，区域资源环境压力仍不容忽视。一是，地区生态系统相对脆弱，过度放牧、水土流失和土壤侵蚀等因素干扰，草地等生态用地出现退化趋势，不合理的土地开发利用造成草地退化沙化问题持续增长，水土流失日益加剧。二是，围湖造田等行为导致湖泊面积减少，水生态系统平衡遭到破坏。农业、工业、城镇化等沿江生态环境保护的重点领域面临突出资源环境问题，区域绿色转型发展面临挑战。

表 17.10　2009—2019 年长江经济带各省（市）生态用地变化情况　　单位：10^4 hm^2

省（市）	净变化合计	林地	草地	公园与绿地	水域	其他生态用地
上海	0.11	3.12	1.15	0.37	−4.40	−0.13
江苏	56.03	52.30	4.93	2.65	−2.57	−1.28

续表

省（市）	净变化合计	林地	草地	公园与绿地	水域	其他生态用地
浙江	40.83	40.62	-4.24	1.15	6.27	-2.97
安徽	25.77	31.07	-3.29	1.16	0.62	-3.79
江西	-11.53	-0.89	-21.47	0.75	12.72	-2.64
湖北	37.82	61.52	-20.46	0.88	3.67	-7.79
湖南	-12.44	42.43	-34.98	0.72	-6.45	-14.16
重庆	56.94	89.73	-31.08	0.45	1.07	-3.23
四川	28.60	323.81	-199.91	0.90	8.67	-104.87
贵州	31.23	220.14	-144.30	0.40	1.90	-46.91
云南	-53.89	189.91	-170.39	0.49	-2.12	-71.78
长江经济带	199.47	1053.76	-624.04	9.92	19.38	-259.55

注：由于"二调"与"三调"湿地口径不同，不具有可比性，此处生态用地变化合计不包含湿地。

17.1.3 国土资源利用建议

《中华人民共和国国民经济和社会发展第十四个五年规划和 2035 年远景目标纲要》提出了全面推动长江经济带发展。长江经济带要坚持生态优先、绿色发展和共抓大保护、不搞大开发，协同推动生态环境保护和经济发展，打造人与自然和谐共生的美丽中国样板。持续推进生态环境突出问题整改，推动长江全流域按单元精细化分区管控，实施城镇污水垃圾处理、工业污染治理、农业面源污染治理、船舶污染治理、尾矿库污染治理等工程。深入开展绿色发展示范，推进赤水河流域生态环境保护。实施长江十年禁渔。围绕建设长江大动脉，整体设计综合交通运输体系，疏解三峡枢纽瓶颈制约，加快沿江高铁和货运铁路建设。发挥产业协同联动整体优势，构建绿色产业体系。保护好长江经济带的文物和文化遗产。

推动长江经济带发展，是党中央、国务院立足新发展阶段、贯彻新发展理念，科学谋划中国经济新棋局，作出的既利当前又惠长远的重大决策部署。长江经济带是生态文明建设的先行示范带、引领全国转型发展的创新驱动带、具有全球影响力的内河经济带、东中西互动合作的协调发展带。针对长江经济带国土资源利用的挑战，主要有以下建议。

17.1.3.1 严守耕地保护红线，推进"数量—质量—生态"三位一体保护

一是，统筹规划，加强区域间联动合作治理。长江经济带作为一个有机整体，各省（市）之间应加强上下联动和平行互动，突破行政区划固有思维，整合资源形成区域优势互补和分工合作意识。经济发达的下游地区可以利用发展优势为中上游耕地生态优越区提供技术支持和生态补偿，以提高耕地生态系统服务供给能力和质量，而上中游地区可以依靠优越的耕地生态优势为下游地区降低耕地生态成本，达到平衡各方利益目的，贯彻落实新发展理念，形成区域互助共赢的局面。

二是，结合流域资源环境与经济社会发展条件，通过差异化耕地保护措施牢牢守住耕地保护红线。为推动耕地"数量 - 质量 - 生态"三位一体保护，一方面要因地制宜发展农业，充分发挥各地比较优势。另一方面应结合耕地利用的区域特征探索上中下游差异化耕地保护措施：上游应以生态保护机制和

生态产业扶持政策为主，减少人类扰动，有序开展退耕还林还草；中游应重点优化农业产业结构和完善生产布局，对标高标准基本农田建设，形成规模化经济，挖掘耕地资源潜力；下游应管控城乡建设耕地流转，推进新型农业发展，延伸耕地产业链。

17.1.3.2 优化土地要素配置，探索流域建设用地差别化利用

一是，打破行政壁垒，推动区域土地要素有序流动和合理配置。应以长江经济带为整体，统筹东中西部城市土地利用布局，避免重复建设，同时可以突破行政区域界限，发挥下游区域的土地、劳动力、资本、技术、数据等资源优势，形成下游带中游、中游带上游的土地利用效率提升格局，促进劳动力的自由流动与高效配置，为区域可持续发展奠定坚实基础。

二是，多措并举，探索流域建设用地差别化利用管理策略。在长江经济带下游沿海区域，重点发展区城市应注重经济发展与生态环境相协调，以建设用地减量化促进经济高质量发展为目标，严格控制建设用地总量，优化城市建设用地结构，进一步加大地下空间综合开发，支持环境友好型产业和创新技术产业发展，打造高质量发展示范区；中游在控制建设用地扩张的同时，应合理增加建设用地，大力挖掘存量建设用地潜力，实现建设用地集约利用优化管理；上游区域应结合当地经济发展现状，适当增加建设用地指标，推动农村存量建设用地盘活利用，提高单位建设用地产出。

17.1.3.3 上中下游统筹联动，推动流域生态大保护

一是，加强上游生态带动。进一步推进退耕还林还草和天然林资源保护二期工程，治理水土流失，合理载畜放牧，全面停止天然林商业性采伐。开展具有针对性的草地整治保护，保障长江上游草地的数量和质量都有所提升。继续实施围栏封育、补播改良等退牧还草措施，加强“三化”草原治理，强化草原火灾、生物灾害和寒潮冰雪灾害防控。在上游重庆、四川、贵州、云南四省市开展公益林建设，加强国家级公益林和地方级公益林管护，全面实行国有天然林管护补助政策，对自愿停止商业性采伐的集体和个人给予停伐奖励补助资金。加强新造林地管理和中幼龄林抚育，优化森林结构，提高森林覆盖率和质量。

二是，加强中游生态支撑。加强草地保护和合理利用，推进草地禁牧休牧轮牧，实现草畜平衡，促进草地休养生息；整体推进森林生态系统保护，建设防护林体系工程；加大河湖、湿地生态保护与修复，改善草地退化，湿地减少带来的影响，且进一步延续林地良好保护趋势。

三是，推动下游生态崛起。加强河湖、湿地保护，严禁围垦湖泊。组织开展长江下游河湖生态调查、健康评估，加强重点湖库生态安全体系建设。继续实施退田还湖还湿，采取水量调度、湖滨带生态修复、生态补水、河湖水系连通、重要生境修复等措施，修复湖泊、湿地生态系统。通过退耕还湿、河岸带水生态保护与修复、湿地植被恢复、有害生物防控等措施，实施湿地综合治理，提高湿地生态功能。

17.1.3.4 优化流域国土空间格局，全面推动长江经济带协同发展

按照长江经济带功能定位和生态优先、流域互动、集约发展的总体思路，调整优化城乡生态、生活、生产空间格局。统筹“一轴、两翼、三极、多点”开发，即以长江黄金水道为依托，发挥上海、武汉、重庆的核心作用和沿江主要城镇的节点功能，构建沿江绿色发展轴；沿长江主轴线向南北两侧腹地延伸拓展，提升南北两翼支撑力；以长三角城市群、长江中游城市群、成渝城市群为主体，发挥辐射带动作用，打造长江经济带三大增长极；对三大城市群以外地级城市，以资源环境承载力为基础，完善城市功能，促进优势产业发展。把保护和修复长江生态环境摆在首要位置，划定生态保护红线和水资源开发利用红线，加快建成上中下游相协调、人与自然相和谐的绿色生态廊道，全面推动长江经济带发展。

16.2.1　国土资源利用基本状况

16.2.1.1　光水热资源丰富，适宜农作物生长

中部区域跨越我国南北界线，光热降水等自然资源较为丰富，但区域内南北差异较大。山西和河南两省主要为中温带和暖温带大陆性季风气候，湖南、湖北、安徽和江西四省大体为北亚热带和中亚热带大陆性季风湿润气候，雨热基本同期。尽管存在较大的南北差异，但区域内多数地区的光热与降水资源相对丰富。全区≥10℃积温在 4000～6200℃，年日照时数 1300～2300 小时，无霜期 120～300 天，年降水量 530～1600 毫米，由北向南逐渐增多。

降水的季节变化、年际变化较大。充足的光照条件和较丰富的热量资源，为喜温和喜阳性作物的种植提供了适宜的气候条件，适于多种作物种植。土壤以黄绵土、褐土、潮土、黄棕壤、棕壤、红壤、黄壤、水稻土等为主。由北向南农作物熟制可由一年一熟到一年三熟，主要作物包括小麦、玉米、水稻、油菜、棉花，多数地区农作物可一年二熟。全年降水 80% 以上集中在作物的主要生长季节，有利于作物生长，但夏季多发暴雨，冬春干旱少雨，旱涝灾害较为频繁，且易受寒潮影响，冬小麦、油菜等作物易遭严重冻害。

16.2.1.2　耕地利用条件尚好，粮食生产优势明显

中部地区土地垦殖率①为 26.97%，是全国平均土地垦殖率的 2.03 倍，利用条件尚好。区域内各省份土地垦殖率均超过全国平均水平。但由于区域内人口分布较为密集，人均耕地面积较少，仅 0.08 公顷，低于全国平均水平（0.091 公顷）。

从耕地结构来看，以水田为主，旱地次之，水浇地最少，依次占中部地区的 40.01%、37.72%、22.27%，分别占全国水田、旱地、水浇地面积的 35.77%、16.44%、19.45%。

从耕地条件来看，中部地区耕地大多较为平坦，耕作条件较好，68.04% 的耕地坡度在 2° 以下；耕地总体质量较好，耕地灌溉率达 69.91%，在四大区域中位居第二。

从种植结构来看，区域内粮食种植面积 1340.99 万公顷，占比为 65.54%；粮食与非粮食作物轮作及林粮间作耕地 421.94 万公顷，占比为 20.62%；其他种植非粮食作物、未耕种、休耕的耕地总面积为 283.10 万公顷，占比为 13.84%。

从分布特征来看（表 16.17），耕地主要分布在河南和安徽。耕地利用类型南北差异明显，旱地集中分布于淮河以北，水田集中分布于淮河以南。

表 16.17　2019 年中部地区各省区耕地面积

各省	耕地面积（10^4 hm^2）				占全国耕地比例（%）
	合计	水田	水浇地	旱地	
山西	386.95	0.50	104.78	281.67	3.03
安徽	554.69	269.38	22.69	262.61	4.33
江西	272.16	227.05	0.41	44.70	2.13
河南	751.41	68.19	459.13	224.08	5.87
湖北	476.86	254.66	37.53	184.67	3.72

① 中部地区耕地面积占中部地区行政区面积的比重。

续表

各省	耕地面积（10^4 hm^2）				占全国耕地比例（%）
	合计	水田	水浇地	旱地	
湖南	362.92	302.54	0.13	60.25	2.83
中部地区	2804.99	1122.33	624.68	1057.98	21.91

16.2.1.3 国土开发强度一般，交通运输枢纽地位稳固

中部地区是承接东西与南北的交通要道，分布有多个重要的交通枢纽，是国家综合运输网络的中心区域和重要的能源、原材料基地，在中国经济社会发展全局中占有重要地位。现已初步形成长江中游城市群、中原城市群、皖江城市带、合肥都市圈和太原都市圈，有武汉、郑州、株洲、怀化、鹰潭、襄阳等铁路枢纽城市，以及武汉、郑州、长沙、太原、南昌、合肥、大同、开封、株洲等大中城市。此外，“十四五”期间，也将着力建设以“襄＋随神”、“宜荆荆恩”、郑州、洛阳为代表的城市圈，建设岳阳、衡阳、大同、长治、临汾等五个省域副中心城市，打造重要先进制造业基地、提高关键领域自主创新能力、建设内陆地区开放高地、巩固生态绿色发展格局，推动中部地区加快崛起。

从建设用地结构看，中部地区城市用地 111.01 万公顷，占中部地区建设用地面积的 10.44%；建制镇用地 122.80 万公顷，占 11.55%；村庄用地 651.56 万公顷，占 61.27%；采矿用地 39.95 万公顷，占 3.76%；风景名胜及特殊用地 11.49 万公顷，占 1.08%；交通及水利基础设施用地 126.56 万公顷，占 11.90%。城市用地、建制镇用地比重均低于全国平均水平（12.77%、12.54%），村庄用地比重高于全国平均水平（53.64%）。总体来看，中部地区城市用地和建制镇用地占比较低，但村庄用地占比较高，与东部地区建设用地结构完全相反，反映出两大区域在城镇化、工业化水平方面的差异（表 16.18、表 16.19）。

从建设用地分布看，中部地区各省份的城市用地基本集中在各省会城市，且省会城市的城市用地占各省城市用地面积比例均超过 20%。城市用地在省内各城市间分布不均衡，极化发展水平较高。中部地区作为交通枢纽，其城镇布局受到交通区位影响，各地级市城镇用地布局多呈现出沿陆地及水上交通干线分布的特征，且交通干线交通节点地区的城镇用地规模普遍较大。而村庄布局则主要受农业生产条件影响，主要分布在黄淮海平原、南部丘陵间的平坦地带，分布较为分散。

从建设用地人口承载规模看，中部地区城镇用地人口承载规模高于全国，但村庄用地人口承载规模略低于全国。根据“三调”和“七普”成果，中部地区城镇用地人口承载规模为 9203 人 / 平方千米，比全国城镇用地人口承载规模高出 519 人平方千米；村庄用地人口承载规模为 2295 人 / 平方千米，比全国村庄用地人口承载规模低 27 人 / 平方千米。总体上看，中部地区城镇人口承载规模较高，但村庄人口承载规模偏低。

表 16.18　2019 年中部地区各省城镇村及工矿面积　　单位：10^4 hm^2

各省	城镇村及工矿合计	城市用地	建制镇用地	村庄用地	采矿用地	风景名胜及特殊用地
山西	101.76	10.82	10.69	65.32	13.26	1.67
安徽	175.57	18.82	24.61	125.72	4.33	2.09

续表

各省	城镇村及工矿合计	城市用地	建制镇用地	村庄用地	采矿用地	风景名胜及特殊用地
江西	110.36	12.87	18.38	71.14	6.28	1.69
河南	244.95	26.31	32.86	176.54	6.79	2.45
湖北	141.16	22.72	17.68	94.28	4.47	2.01
湖南	163.03	19.48	18.59	118.56	4.82	1.58
中部地区	936.83	111.01	122.80	651.56	39.95	11.49

表 16.19　2019 年中部地区各省交通及水利基础设施用地面积　　单位：10^4 hm^2

各省	交通及水利基础设施用地合计	铁路用地	轨道交通用地	公路用地	机场用地	港口码头用地	管道运输用地	水工建筑用地
山西	16.22	2.58	0.00	12.80	0.19	0.00	0.02	0.63
安徽	24.27	1.96	0.02	12.83	0.17	0.17	0.01	9.11
江西	19.45	1.88	0.01	14.08	0.19	0.05	0.01	3.23
河南	24.58	2.33	0.07	17.69	0.20	0.03	0.02	4.24
湖北	23.81	1.91	0.09	14.60	0.39	0.21	0.01	6.60
湖南	18.23	1.92	0.03	12.68	0.25	0.04	0.01	3.30
中部地区	126.56	12.58	0.22	84.68	1.39	0.50	0.08	27.11

16.2.1.4　生态用地面积较小，林地资源相对丰富

中部区域生态用地面积 5833.95 万公顷，占全国生态用地面积的 8.63%。

从生态用地结构看，中部地区林地 4699.44 万公顷，占生态用地的比例最高，为 80.55%；水域 701.29 万公顷，占生态用地的 12.02%；草地 372.86 万公顷，占生态用地的 6.39%；湿地 46.73 万公顷，占生态用地的 0.80%；公园与绿地 10.18 万公顷，占生态用地的 0.17%；其他生态用地面积 3.45 万公顷，占生态用地的 0.06%。总体而言，中部地区生态用地以林地和水域为主。

从生态用地分布看，中部地区生态用地主要分布于湖南、江西、湖北。生态用地分布南北分异明显，湿地集中分布在湖南，林地主要分布在淮河以南，草地集中分布在山西，水域集中分布在淮河以南（表 16.20）。

表 16.20　2019 年中部地区各省生态用地面积　　单位：10^4 hm^2

各省	湿地	林地	草地	公园与绿地	水域	其他生态用地
山西	5.44	609.57	310.51	1.07	16.68	2.00
安徽	4.77	409.15	4.79	1.96	163.74	0.19
江西	2.87	1041.37	8.87	1.45	125.73	0.37

续表

各省	湿地	林地	草地	公园与绿地	水域	其他生态用地
河南	3.91	439.63	25.7	2.92	80.83	0.28
湖北	6.12	928.01	8.94	1.62	191.77	0.27
湖南	23.61	1271.71	14.05	1.16	122.55	0.35
中部地区	46.73	4699.44	372.86	10.18	701.29	3.45

16.2.2 国土资源变化特征与挑战

16.2.2.1 耕地流出面积大，耕地保护面临诸多困境

2009—2019 年，中部地区耕地大面积流出，耕地面积和人均耕地面积均有所降低。2009—2019 年，中部地区耕地流入面积为 346.11 万公顷，流出面积为 612.64 万公顷，耕地面积净减少 266.53 万公顷。

从类型结构看，旱地净减少面积最多，为 146.45 万公顷，占中部地区耕地净减少面积的 54.94%，占全国旱地净减少面积的 14.71%；其次为水田，净减少面积为 98.36 万公顷，占中部地区耕地净减少面积的 36.90%；水浇地净减少面积最少，为 21.72 万公顷，占中部地区耕地净减少面积的 8.15%。

从空间分布看，中部地区耕地流出面积最大的是河南，最小的是山西，淮河以南地区耕地流出面积大于淮河以北（表 16.21）。

总体来看，中部地区经济社会发展取得显著成就，其粮食生产基地、能源原材料基地、现代装备制造及高技术产业基地和综合交通运输枢纽地位日益巩固。与此同时，中部地区耕地面积大量流出，导致耕地供需矛盾日益凸显，受生态退耕、撂荒和建设用地占用影响，耕地保护面临诸多困境，为中部地区进一步提高粮食产量、巩固全国粮食生产基地地位带来了巨大挑战。

表 16.21　2009—2019 年中部地区各省耕地面积变化情况　　单位：10^4 hm^2

各省	面积变化			
	耕地	水田	水浇地	旱地
山西	−19.81	0.37	−2.99	−17.19
安徽	−36.03	−22.07	−1.95	−12.01
江西	−36.77	−24.02	−1.39	−11.36
河南	−67.81	−7.71	−2.12	−57.98
湖北	−55.53	−17.17	−13.10	−25.26
湖南	−50.58	−27.76	−0.17	−22.65
中部地区	−266.53	−98.36	−21.72	−146.45

16.2.2.2 建设用地增幅较大，区域内部发展不均衡

2009—2019 年，中部地区建设用地面积净增加 207.41 万公顷，增幅为 24.23%，低于 26.51% 的全国平均增幅。

从类型结构看，建设用地结构变化显著，其中城市用地、建制镇用地、村庄用地、交通基础设施用地、水利设施用地均呈增加趋势，其中村庄用地面积增加最多，占净增加面积的 57.90%；建制镇用地次之，占 22.99%。采矿用地和风景名胜及特殊用地面积有所减少。风景名胜及特殊用地面积减少幅度最大（表 16.22、表 16.23）。

从空间分布看，中部地区增加的建设用地主要分布在淮河以南，且主要集中在省会城市及周边地级市，城市用地和建制镇用地面积增长幅度显著低于村庄用地。

总体来看，中部地区作为我国新一轮工业化、城镇化、信息化和农业现代化的重点区域，是支撑我国经济保持中高速增长的重要区域，在全国区域发展格局中占有举足轻重的战略地位。中部地区的全面崛起，推动了中部地区建设用地面积显著增加，提高了中部地区建设用地的增长幅度。但是，中部地区建设用地分布不均衡的现实，造成了中部地区市县高质量发展受限的难题。城镇用地面积净增加值和增加幅度虽然较大，但是净增加面积最大的是村庄用地，城市用地增加面积大多发生在省会城市，增长幅度最大的是公路用地，经济增长相对较快的地区交通用地密度变化较大，造成建设用地结构发生巨大变化。建设用地分布与发展的内部不均衡性，导致区域内市县发展空间受限，给中部地区内部均衡发展、市县高质量发展带来了挑战。

表 16.22　2009—2019 年中部地区各省城镇村及工矿用地变化情况　　单位：10^4 hm^2

各省	净变化合计	城市用地	建制镇用地	村庄用地	采矿用地	风景名胜及特殊用地
山西	18.22	2.10	1.25	11.32	4.49	−0.94
安徽	20.42	5.62	6.91	10.88	−2.14	−0.85
江西	24.99	5.02	6.11	15.04	−0.90	−0.28
河南	39.71	8.66	12.32	22.57	−3.21	−0.63
湖北	24.80	8.58	4.42	11.91	0.04	−0.15
湖南	39.57	8.70	7.54	25.38	−1.00	−1.05
中部地区	167.71	38.68	38.55	97.10	−2.72	−3.90

表 16.23　2009—2019 年中部地区各省交通及水利基础设施用地变化情况　　单位：10^4 hm^2

各省	净变化合计	铁路用地	轨道交通用地	公路用地	机场用地	港口码头用地	管道运输用地	水工建筑用地
山西	7.98	1.03	0.00	6.7	0.11	0.00	0.01	0.13
安徽	3.66	0.49	0.02	3.9	0.04	0.08	0.00	−0.87
江西	8.83	0.89	0.01	7.67	0.05	0.04	0.01	0.16
河南	7.16	0.57	0.07	5.24	0.10	0.03	0.01	1.14
湖北	8.10	0.68	0.09	7.09	0.25	0.16	0.01	−0.18
湖南	3.97	0.52	0.03	3.17	0.14	0.03	0.01	0.07
中部地区	39.70	4.18	0.22	33.77	0.69	0.34	0.05	0.45

16.2.2.3 生态用地整体呈净增长态势，但布局较为分散

2009—2019 年，中部地区生态用地面积净增加 66.5 万公顷。

从类型结构看，林地净增加面积最大，为 345.36 万公顷，草地净减少 223.84 万公顷；其他二级地类中，公园与绿地、水域面积增加，其他生态用地面积减少（表 16.24）。

从空间分布看，中部地区生态用地分布较为分散，主要分布在湖北、河南、安徽。林地主要分布在山西、河南；水域主要分布在江西。

总体来看，中部地区受到退耕还林、“三北”防护林建设等生态工程的推进，区域生态用地呈现净增长态势。但与此同时，由于城镇化发展速度快，人地关系紧张，造成部分省份生态用地减少。中部地区部分省份（如山西）地处黄土高原生态环境脆弱带，水土流失、土壤侵蚀等自然灾害造成部分生态资源退化趋势明显，无疑给中部地区生态用地利用与保护带来了严峻挑战。

表 16.24 2009—2019 年中部地区各省生态用地变化情况 单位：10^4 hm^2

各省	生态用地合计	林地	草地	公园与绿地	水域	其他生态用地
山西	−4.68	122.3	−101.34	0.41	2.06	−28.11
安徽	25.77	31.07	−3.29	1.16	0.62	−3.79
江西	−11.53	−0.89	−21.47	0.75	12.72	−2.64
河南	31.58	88.94	−42.29	1.45	2.82	−19.34
湖北	37.82	61.52	−20.46	0.88	3.67	−7.79
湖南	−12.44	42.43	−34.98	0.72	−6.45	−14.16
中部地区	66.5	345.36	−223.84	5.37	15.44	−75.83

注：由于“二调”与“三调”湿地口径不同，不具可比性，此处生态用地合计变化不包含“湿地”。

16.2.3 国土资源利用建议

《中华人民共和国国民经济和社会发展第十四个五年规划和 2035 年远景目标纲要》提出了开创中部地区崛起新局面的总体战略，明确了积极支持该区全面崛起的总体构想。相关内容包括：着力打造重要先进制造业基地，提高关键领域自主创新能力，建设内陆地区开放高地，巩固生态绿色发展格局，推动中部地区加快崛起。做大做强先进制造业，在长江、京广、陇海、京九等沿线建设一批中高端产业集群，积极承接新兴产业布局和转移。推动长江中游城市群协同发展，加快武汉、长株潭都市圈建设，打造全国重要增长极。夯实粮食生产基础，不断提高农业综合效益和竞争力，加快发展现代农业。加强生态环境共保联治，着力构筑生态安全屏障。支持淮河、汉江生态经济带上下游合作联动发展。

中部地区不仅是我国传统粮食油料主产区，也是国家能源原材料基地、现代装备制造及高技术产业基地和综合交通枢纽。经过十年的经济发展，中部地区依据区域发展总体战略和主体功能区战略，经济持续增长，城镇化程度加快，中部地区着力提高土地资源集约利用程度和土地利用效率，稳步提升粮食生产能力，保障能源原材料基地、现代装备制造及高技术产业基地和综合交通枢纽建设用地，满足城市群、城市带和城市圈发展过程中的用地需求。未来，中部地区应紧密结合国家主体功能区定位和国家发展总体战略要求，进一步发挥区位优势和资源要素优势，通过国土资源的统筹规划和合理配置开创中部地区崛起新局面。

16.2.3.1　加大耕地整治与耕地保护力度，稳固传统粮食油料主产区地位

一是，加大耕地整治力度，加强优质耕地的保护和建设。加强对工矿废弃地复垦和土地整理，提高土地利用效率；积极推进耕地平整工程、农田水利工程和田间道路工程，对优质耕地进行保护，大力推进优质耕地建设。通过耕地平整使耕地资源满足规模化经营要求，实现农业机械化与现代化耕作的作业要求。农田水利设施设置、田间道路布局应在满足灌溉和农产品运输的前提下少占土地，尽量做到保护农田、改善生态环境。

二是，严格实施耕地用途管制，加强耕地保护力度。耕地是农业生产最基础的资源，为巩固中部地区作为我国传统粮食油料主产区地位，应进一步严格实施耕地用途管制，确保永久基本农田用于粮食生产；严格管控一般耕地转为其他农用地；严格控制城乡居民点建设占用耕地；严格控制城镇化、工业化的发展对优质耕地的利用，并采取先进手段强化监督。

三是，优化耕地内部结构，确保耕地数量、质量双安全。中部地区要增加对耕地的投入，通过农业结构调整，将部分园地、林地调整为水浇地，或通过开发整理工程将部分荒草地、内陆滩涂改造为旱地，同时将种植条件下降的水田及缺少灌溉条件的水浇地转化为旱地，通过不断优化调整，减少耕地流出。同时，积极利用信息技术和遥感监测技术核实粮食主产区耕地资源信息，实现耕地资源信息共享，引导相关部门担负起主体责任，采取有效措施，强化耕地利用动态变更监测，确保耕地保护责任目标全面落实。

16.2.3.2　优化都市群与城市圈用地结构，实现区域内部均衡发展

一是，优化中部地区建设用地结构，提升城市群和都市圈发展速度。建设用地结构是否合理不仅关系着区域经济发展水平与速度，而且直接限制都市群和城市圈的协调发展。中部地区省会城市发展迅速，集聚效应明显，应适当控制省会城市建设用地规模，调整建设用地结构，强化建设用地管控，加大对城市群和都市圈的支持力度，用地政策向都市群和城市圈适当倾斜，合理引导城市群、都市圈快速发展，促进中部地区高质量发展，逐步形成合理的区域建设用地布局，实现区域内部均衡发展。

二是，调整优化建设用地结构，加快市县产业结构转型。在保证中部地区工业化发展刚性用地需求的前提下，合理调整建设用地结构，保障能源原材料基地、现代装备制造及高技术产业基地建设，支撑中部地区崛起。进一步优化交通基础设施建设，带动交通枢纽沿线市县经济的发展。积极推进市县产业结构转型，实施城镇更新改造，提高公共服务水平和交通设施水平，吸纳新兴产业，支持民生发展，提高中部地区建设用地经济产出。

16.2.3.3　推动生态用地综合整治，实现区域经济发展绿色崛起

一是，注重生态用地保护与管理。生态用地具有调节、维持和保障生态环境的功能，对区域经济社会的发展具有重要意义。草地减少是中部地区过去十年面临的突出问题，应严格落实国务院办公厅《关于加强草原保护修复的若干意见》政策措施，以推动生态用地综合整治和自然恢复为导向，加强生态用地保护与管理的刚性约束，建立健全草地动态监测与评价体系，提高草地资源的规范化管理水平，建立完善国土、林业、环保、住建、农业等部门的协同治理机制。

二是，转变土地利用方式，构建生态用地保护体系。坚持节约资源和保护环境的根本目标，坚持节约优先、保护优先、自然恢复为主的主要原则，转变传统土地利用方式。健全土地生态保护和修复制度体系，建立生态环境保护目标责任体系，完善生态环境监测和评价制度，土地利用与生态保护并重，实现土地的永续利用。

三是，制定差异化的土地生态管理措施，减少人为活动对生态用地的破坏。将合理利用和节约土

地、保护生态环境明确作为土地利用主体的根本义务，严格限制土地利用主体为获取经济利益采取报复性方式利用土地；完善土地生态损害赔偿和严重破坏土地生态环境的法律责任，按照“谁破坏、谁补偿”原则，明确由损害生态的责任人承担生态修复责任，促使土地利用人认真履行土地绿色利用义务；积极推动生态用地“占补平衡”，探索建立生态用地占补平衡新机制。

16.2.3.4 统筹国土空间绿色开发利用，开创中部地区崛起新局面

一是，立足国家战略定位与布局，进一步统筹优化中部地区国土空间开发利用新格局。中部地区承东启西，连南接北，对于国家高质量发展和生态环境的保护具有重要意义。中部地区应面向国家战略定位，结合区位优势与资源优势，以国土资源为基础，促进其与其他要素的整合与配置，统筹国土空间开发、利用与保护，实现区域经济发展、耕地保护、生态文明建设的协同发展，稳固中部地区战略定位，以国土空间要素支撑中部地区崛起。

二是，构筑生态安全屏障，以绿色发展为抓手开创中部地区崛起新局面。中部地区应继续牢固树立绿水青山就是金山银山理念，将碳达峰、碳中和纳入生态文明建设整体布局，站在人与自然和谐共生的高度谋划发展。应加快土地利用绿色转型，改变土地粗放利用和过度扩张等生态问题，以及依赖高能耗高排放产业的发展模式，大幅提高经济绿色化程度。以国家重点生态功能区、生态保护红线、国家级自然保护地等为重点，加快推进中部地区的黄河重点生态区、长江重点生态区等生态建设，构筑生态安全屏障，以绿色发展为抓手开创中部地区崛起新局面，建设绿色发展的美丽中部。

16.3 西部地区

西部地区位于东亚大陆西部，包括内蒙古、广西、重庆、四川、贵州、云南、西藏、陕西、甘肃、青海、宁夏和新疆共 12 个省（区、市），拥有成渝、关中平原、北部湾、黔中、滇中、呼包鄂榆、兰州—西宁、宁夏沿黄、天山北坡等国家级城市群。近年来，该区域凭借能源资源禀赋等优势有了较大发展，经济社会发展取得历史性成就，扩展了国家发展的战略回旋空间。但该区域同时也是我国经济欠发达、需要加强开发的地区，发展不平衡不充分问题依然突出，维护民族团结、社会稳定、国家安全任务依然繁重。2019 年西部地区国土资源利用现状及其构成见表 16.25。

表 16.25 2019 年西部地区国土资源利用现状及其构成

类型	面积（10^4 hm^2）	比例（%）	类型	面积（10^4 hm^2）	比例（%）
主要地类面积①	52695.59	100.00	2. 园地	922.00	1.75
1. 耕地	4815.38	9.14	果园	580.29	1.10
水田	697.54	1.32	茶园	79.02	0.15
水浇地	1569.11	2.98	橡胶园	74.48	0.14
旱地	2548.72	4.84	其他园地	188.21	0.36

① 该面积为耕地、种植园用地、林地、草地、城镇村及工矿用地、交通运输用地、水域与水利设施用地和湿地的总面积。

续表

类型	面积（10^4 hm^2）	比例（%）	类型	面积（10^4 hm^2）	比例（%）
3. 林地	16284.65	30.90	机场用地	4.16	0.01
乔木林地	10223.53	19.40	港口码头用地	0.62	0.00
竹林地	149.65	0.28	管道运输用地	0.40	0.00
灌木林地	5047.29	9.58	7. 水域与水利设施用地	1853.66	3.52
其他林地	864.18	1.64	河流水面	416.65	0.79
4. 草地	25574.10	48.53	湖泊水面	629.49	1.19
天然牧草地	21193.75	40.22	水库水面	117.95	0.22
人工牧草地	53.02	0.10	坑塘水面	97.09	0.18
其他草地	4327.33	8.21	沟渠	89.35	0.17
5. 城镇村及工矿用地	1080.60	2.05	水工建筑用地	12.27	0.02
城市	119.96	0.23	冰川及永久积雪	490.87	0.93
建制镇	131.22	0.25	8. 湿地	1741.65	3.31
村庄	692.73	1.31	红树林地	0.94	0.00
采矿用地	114.96	0.22	森林沼泽	73.93	0.14
风景名胜及特殊用地	21.73	0.04	灌丛沼泽	55.02	0.10
6. 交通运输用地	423.56	0.80	沼泽草地	963.57	1.83
铁路用地	22.63	0.04	沿海滩涂	9.57	0.02
轨道交通用地	0.36	0.00	内陆滩涂	485.93	0.92
公路用地	164.21	0.31	沼泽地	152.68	0.29
农村道路	231.17	0.44			

西部地区主要地类面积 52695.59 万公顷。其中，耕地 4815.38 万公顷，占全国耕地总面积的 37.66%；农作物播种面积占全国农作物总播种面积的 34.02%；粮食播种面积占全国粮食总播种面积的 29.00%；粮食产量 16982.85 万吨，占全国粮食总产量的 25.58%。水资源量 15570.90 亿立方米，占全国水资源总量的 53.62%，人均水资源量 4067.08 立方米，约是全国平均水平的 1.97 倍。

西部地区人口 38285.23 万，占全国总人口的 27.16 %；城镇化率 57.27%，低于全国平均水平；人口密度 55.66 人 / 平方千米，仅为全国平均水平的 41.29%。GDP（按不变价计）为 160922.36 亿元，占全国总量的 19.97%；经济密度 233.97 万元 / 平方千米，仅为全国平均水平的 27.98%。人均 GDP 为 42032.49 元，仅为全国人均水平的 73.52%。其中，第一产业增加值 17530.85 亿元，第二产业增加值 60745.59 亿元，第三产业增加值 82645.92 亿元，分别占全国总值的 30.16%、19.40%、19.01%，呈现第一产业比例高，第二、第三产业比例低的特征。农林牧渔业总产值 24181.45 万元，其中农、林、牧、渔业总产值依次占比 58.93%、4.88%、29.11%、3.17%，呈现以农牧业为主的结构特征。

总体而言，西部地区承载规模不高，仅承载了全国 27.16% 的人口；资源相对丰富，但产出水平低下，以占全国 37.66% 的耕地面积①和 53.62% 的水资源量，仅生产了占全国 25.58% 的粮食，产出了占全国 19.97% 的 GDP。

16.3.1 国土资源利用基本状况

16.3.1.1 普遍干旱缺水，光热条件充足

西部地区远离海洋，深居内陆，中温带、暖温带、亚热带和热带均有所涉及，干湿分区包括了半湿润区、半干旱区和干旱区。具体气候类型包括从亚热带半湿润、半干旱气候，暖温带、中温带半湿润、半干旱气候到高原温带、高原亚寒带、高原寒带气候等。总体具有北部相对寒冷干燥、南部较为温暖湿润的特点。大部分地区≥10℃积温为 1500～6500℃，年日照时数为 2000～3200 小时，无霜期 100～330 天，年降水量 100～1400 毫米。

西部地区水资源绝对量大（15570.90 亿立方米），占全国水资源总量的 53.62%；人均水资源量 4067.08 立方米，几乎为全国平均水平的 2 倍，但多数水资源埋藏于地下暗河。西部地区气候干旱、蒸发量大、降水较少，尤其是西北地区，水分条件不能充分满足农作物的生长需求，发展人工灌溉成为农业生产的基础条件。相较于其他区域，西部地区光照充足、太阳辐射强，气温日较差大，农作物的热量利用有效性较高，有利于光合产物积累。这种独特的水土光热条件不仅孕育了许多宝贵的生物资源，还使得该区域拥有了重要的生态系统服务功能。在全球气候变暖背景下，西部地区农林生态在“温水双增”趋势下，无论农业生产种植带或是植被分异带都呈现较明显的北移迹象。

16.3.1.2 耕地绝对量大、质量不高，结构和区域差异显著

西部地区耕地绝对量大，但质量较差，土地垦殖率②7.00%，不足全国平均水平的 60%。区域内耕地 4815.38 万公顷，占全国总耕地面积的 37.66%；人均耕地面积 0.126 公顷，高于全国平均水平。园地 922.00 万公顷，占全国园地总面积的 45.71%。呈现以果园为主（约 580.29 万公顷）、各类园地有序发展的格局。区域内草地 25574.10 万公顷，占全国草地面积的 96.68%，以天然牧草地为主。总体来看，西部地区呈现以草地与耕地为主的土地利用格局。

从耕地结构看，以旱地为主，水浇地次之，水田最少的格局，依次占西部地区的 52.93%、32.59%、14.48%，分别占全国旱地、水浇地、水田面积的 48.90%、39.60%、22.22%。

从耕地条件看，2° 以下的平坦耕地仅占全部耕地的 43.03%，6° 以下的耕地合计仅占全部耕地的 59.25%；近 1/5 的耕作坡度大于 15°，还有 7.16% 的耕地坡度大于 25°。

从种植结构看，粮食种植面积 2468.37 万公顷，占比 51.26%；粮食与非粮食作物轮作及林粮间作耕地 1291.32 万公顷，占比 26.82%；用于种植蔬菜、棉花、油料、糖类等非粮食作物、休耕及未耕的耕地 1055.69 万公顷，占比 21.92%。

从耕地分布看，耕地主要集聚在内蒙古、新疆、云南、四川、甘肃等地（表 16.26）。不同耕地和园地结构的南北差异显著，水浇地集中分布于西北地区，水田集中分布于西南地区，旱地在各个地区均有分布。

---

① 西部地区耕地面积占全国耕地面积的比重。
② 西部地区耕地面积占西部地区行政区面积的比重。

表 16.26　2019 年西部地区各省（区、市）耕地面积

省（区、市）	耕地面积（10^4 hm^2）				占全国耕地比例（%）
	合计	水田	水浇地	旱地	
内蒙古	1149.65	15.86	550.91	582.88	8.99
广西	330.76	162.79	0.80	167.18	2.58
重庆	187.02	70.40	0.12	116.49	1.46
四川	522.72	226.36	5.73	290.62	4.08
贵州	347.26	88.39	0.46	258.42	2.71
云南	539.55	99.14	17.87	422.54	4.21
西藏	44.21	0.14	31.77	12.30	0.35
陕西	293.43	12.62	84.39	196.43	2.29
甘肃	520.95	0.42	145.53	375.00	4.07
青海	56.42	0.00	17.71	38.71	0.44
宁夏	119.54	15.41	38.15	65.99	0.93
新疆	703.86	6.01	675.68	22.17	5.49
西部地区	4815.37	697.54	1569.12	2548.73	17.04

16.3.1.3　国土空间开发强度低，交通与采矿用地比重高

随着西部大开发新格局的深入推进，西部地区经济增长步伐明显加快，能源矿产资源丰富，扩大内需潜力巨大，是拓展我国高质量发展的重要战略回旋空间。西部地区建设用地①1285.26 万公顷，约占全国的 31.43%。但整体国土开发强度②低下（1.87%），仅为全国平均水平的 44.04%。

从建设用地结构看，西部地区城市用地 119.96 万公顷，占全部建设用地的 9.33%；建制镇用地和村庄用地分别为 131.23 万公顷和 692.73 万公顷，分别占全部建设用地的 10.21% 和 53.90%。此外，随着国家能源重心向西部转移，该区域采矿用地 114.96 万公顷，几乎是全国采矿用地的一半，占西部地区建设用地的 8.94%；而交通基础设施用地 192.41 万公顷，占该区域全部建设用地的 14.98%。总体来看，采矿用地、村庄用地、交通基础设施用地比重较高，城镇用地比重较低，是西部地区建设用地结构的重要特征。

从建设用地分布看，西部地区建设用地主要分布在盆地和山地间的平坦地区，总体上呈现城市用地高度集聚、建制镇环城分布、村庄用地广泛分散的特点；在城市规模上，多数建设用地高度集中于省会城市，尤其是城市用地（表 16.27、表 16.28）。

从建设用地人口承载规模看，人口承载规模 8686 人 / 平方千米，仅比全国城镇用地人口承载规模高出 2 人 / 平方千米。村庄用地人口承载规模为 2355 人 / 平方千米，比全国村庄用地人口承载规模高出 33 人 / 平方千米。总体上看，西部地区城镇用地和村庄用地的人口承载规模均高于全国平均水平。

① 交通及水利基础设施用地与城镇村及工矿用地之和。
② 西部地区建设用地面积占西部地区行政区面积的比重。

表 16.27　2019 年西部地区各省（区、市）城镇村及工矿用地面积统计情况　单位：10^4 hm^2

省（区、市）	城镇村及工矿合计	城市用地	建制镇用地	村庄用地	采矿用地	风景名胜及特殊用地
内蒙古	149.32	12.17	20.42	83.99	30.07	2.67
广西	98.00	13.01	13.92	64.81	4.96	1.30
重庆	63.77	12.82	5.83	43.30	1.43	0.39
四川	184.13	20.99	20.79	136.55	4.51	1.29
贵州	77.26	6.96	10.77	53.51	4.98	1.04
云南	107.37	9.93	11.99	74.80	8.60	2.05
西藏	16.23	1.62	1.51	9.50	2.96	0.64
陕西	91.78	13.67	11.85	58.63	5.76	1.87
甘肃	85.25	7.43	9.10	60.73	6.14	1.85
青海	36.78	2.15	3.81	11.51	18.51	0.80
宁夏	29.71	4.52	4.54	17.39	2.17	1.09
新疆	141.01	14.70	16.68	78.01	24.87	6.75
西部地区	1080.60	119.96	131.23	692.73	114.96	21.74

表 16.28　2019 年西部地区各省（区、市）交通及水利基础设施用地面积　单位：10^4 hm^2

省（区、市）	交通及水利基础设施用地合计	铁路用地	轨道交通用地	公路用地	机场用地	港口码头用地	管道运输用地	水工建筑用地
内蒙古	32.75	6.45	0.01	24.05	0.42	0.00	0.04	1.78
广西	17.80	1.88	0.03	14.32	0.23	0.39	0.01	0.94
重庆	7.47	0.75	0.08	5.75	0.33	0.16	0.01	0.39
四川	25.06	1.59	0.09	21.19	0.82	0.04	0.02	1.31
贵州	15.90	1.05	0.03	14.07	0.28	0.01	0.02	0.44
云南	22.65	1.19	0.04	19.82	0.40	0.02	0.03	1.15
西藏	9.75	0.49	0.00	8.73	0.20	0.00	0.00	0.33
陕西	14.76	1.91	0.06	11.09	0.27	0.00	0.04	1.39
甘肃	12.81	1.72	0.01	9.86	0.26	0.00	0.04	0.92
青海	8.08	1.11	0.00	6.51	0.20	0.00	0.01	0.25
宁夏	5.01	0.87	0.00	3.69	0.10	0.00	0.01	0.34
新疆	32.64	3.62	0.01	25.12	0.67	0.00	0.19	3.03
西部地区	204.68	22.63	0.36	164.20	4.18	0.62	0.42	12.27

16.3.1.4　大致呈现南林北草格局，生态类型丰富但极度脆弱

西部地区森林、土地、湖泊、草地、湿地、沙漠等广泛分布，但总体较为脆弱，生态承载力和环境容量不足，经济发展带来的生态保护压力依然较大。2019 年西部地区生态用地 51463.64 万公顷，占全国生态用地总面积的 77.01%。

从生态用地结构看，西部地区草地 25574.10 万公顷，占生态用地面积的 49.69%；林地 16284.65 万公顷，占生态用地面积的 31.64%；湿地 1741.65 万公顷，占生态用地面积的 3.38%；水域 1841.39 万公顷，占生态用地面积的 3.58%；其他生态用地 6009.80 万公顷，占生态用地面积的 11.68%；公园与绿地面积较小，仅占生态面积的 0.02%。总体而言，西部地区生态用地以草地和林地为主。

从生态用地分布看，西部地区生态用地主要分布于新疆、西藏等，具有鲜明的横向南北差异与纵向海拔差异（表 16.29），水域和湿地集中分布于青海、西藏，林地主要分布于四川、云南、内蒙古等，草地、其他生态用地主要分布于西藏、内蒙古、新疆、青海等，公园绿地主要分布于内蒙古、四川、新疆等。

表 16.29　2019 年西部地区各省（区、市）生态用地面积统计情况　　单位：10^4 hm^2

省（区、市）	湿地	林地	草地	公园与绿地	水域	其他生态用地
内蒙古	380.94	2436.00	5417.19	2.31	104.39	841.64
广西	12.72	1609.52	27.62	0.90	73.96	0.32
重庆	1.50	468.90	2.36	0.96	26.78	0.09
四川	123.08	2541.96	968.78	1.87	104.02	16.04
贵州	0.71	1121.01	18.83	0.54	25.11	0.16
云南	3.98	2496.9	132.29	0.98	59.70	1.86
西藏	430.25	1789.61	8006.5	0.10	592.71	82.01
陕西	4.87	1247.60	221.03	1.00	25.94	1.51
甘肃	118.56	796.28	1430.71	0.86	40.02	205.72
青海	510.12	460.36	3947.08	0.34	244.41	989.93
宁夏	2.49	95.26	203.10	0.76	16.53	21.18
新疆	152.45	1221.25	5198.60	1.45	527.82	3849.25
西部地区	1741.65	16284.65	25574.10	12.05	1841.39	6009.80

16.3.2　国土资源变化特征与挑战

16.3.2.1　旱地和水田流出面积大，西南地区耕地保护压力较大

2009—2019 年，西部地区耕地流入 1162.64 万公顷，流出 1382.98 万公顷，净减少 220.34 万公顷；人均耕地面积净减少 0.014 公顷。

从空间分布看，四川、广西、贵州、陕西耕地总减少面积均超过 100 万公顷（表 16.30）；贵州、宁夏人均耕地面积净减少量大，仅内蒙古和新疆的人均耕地面积呈增加状态。

从耕地结构看，由于撂荒、生态退耕、开垦为水田或水浇地，旱地净减少最多，占全国旱地净减少面积的48.49%；水田净减少205.12万公顷，占全国水田净减少面积1.28倍；水浇地净增加467.42万公顷，与全国变化趋势基本一致。

从耕地条件看，耕地减少普遍集中于坡度较大的地区，而水浇地增加普遍在坡度较小的地区。≤2° 的耕地增加主要集中在新疆、内蒙古、广西、重庆；15°～25° 和 6°～15° 的耕地减少最多，以云贵川地区尤为明显。

总体来看，西部地区耕地流出整体较大，旱地和水田减少态势不容乐观，但水浇地增幅较为明显，西南地区耕地净减少大于西北地区。

该区域在保障传统主粮供应的同时，在肉类、蔬果、蛋奶等重要农产品供给方面发挥了重大作用。囿于气候条件、地形地貌等自然因素约束，加之西部大开发推进中大规模建设扰动，土地供需矛盾逐渐显化，结构性和区域性问题愈加凸显，耕地利用与保护仍面临较大压力和挑战：一方面，随着退耕还林还草实施，大量坡度较大或不适于耕种的土地被安排退耕，耕地净减少趋势加快，尤其是西南地区。另一方面，尽管水浇地具有一定增幅，但旱地和水田减少量大，已成为该地区耕地资源变化不容忽视的重要挑战。

表 16.30　2009—2019 年西部地区各省（区、市）耕地面积变化情况　　单位：10^4 hm^2

省（区、市）	耕地	水田	水浇地	旱地
内蒙古	238.55	7.16	271.96	−40.57
广西	−112.30	−34.93	0.41	−77.78
重庆	−56.83	−27.25	0.03	−29.61
四川	−149.30	−52.32	−6.27	−90.71
贵州	−109.00	−40.15	−0.75	−68.10
云南	−84.84	−45.68	12.20	−51.37
西藏	−0.09	−4.01	5.11	−1.19
陕西	−106.33	−3.90	−22.83	−79.60
甘肃	−20.09	−0.25	10.60	−30.44
青海	−2.38	0.00	−0.87	−1.51
宁夏	−9.26	−4.01	7.50	−12.76
新疆	191.53	0.22	190.33	0.97
西部地区	−220.34	−205.12	467.42	−482.67

16.3.2.2　建设用地增长较快，空间发展不平衡

2009—2019 年，西部地区建设用地净增加 375.09 万公顷，增幅为 41.21%，高于 26.51% 的全国平

均增幅。

从类型结构看，建设用地增加最多的是村庄用地，占整个建设用地净增加面积的 42.74%；交通基础设施用地次之，增幅高达 111.46%，净增面积占全国交通用地净增面积的一半有余。此外，城市用地、采矿用地、建制镇用地净增加数量也较大。

从空间分布看，在全国采矿用地普遍下降的背景下，西部地区除四川和云南外，其余省（区、市）采矿用地均呈现不同程度的增长，并以内蒙古、青海、新疆净增长最多，分别为 15.80 万公顷、9.82 万公顷、6.67 万公顷，见表 16.31 和表 16.32。

总体来看，西部地区建设用地增长分布极不均衡，城市用地集聚规模远小于中、东部地区，交通基础设施通达程度仍然不足。由于乡村常住人口大量流出和村庄用地增长幅度较大之间的逆向变化，农村用地人口承载力大幅下降。随着西部大开发持续推进，该区域村庄、交通基础设施、城市、采矿等建设用地大幅扩张，存在较大挑战：其一，随着国家能源重心西移，西部矿产资源开发面临的问题是更为脆弱的生态环境和更为稀缺的水资源约束，如果在开发过程中不注重遏制土地退化和开展生态保护修复工作，将带来比中、东部更为严重的后果。其二，区域间建设用地及相关国土资源要素配置的不平衡、不充分问题仍然突出，城乡公共服务均等化水平差距明显，村庄内部低效、闲置现象比较普遍，致使能源、能耗产业过于分散，重复建设、资源浪费、低效利用等问题对资源环境产生较大威胁。其三，由于区域间与城乡间的不平衡，优质资源普遍向省会（或自治区首府）高度集聚，极易使得资源开发活动突破区域资源环境承载力，由此构成西部地区开发建设过程中对生态环境的重要威胁。

表 16.31 2009—2019 年西部地区各省（区、市）城镇村及工矿用地变化情况 单位：10^4 hm^2

各省（区、市）	净变化合计	城市用地	建制镇用地	村庄用地	采矿用地	风景名胜及特殊用地
内蒙古	27.01	−1.33	2.90	9.83	15.80	−0.19
广西	15.50	4.52	2.46	9.51	0.07	−1.06
重庆	13.03	5.68	0.34	7.05	0.03	−0.07
四川	41.77	6.66	2.57	33.58	−0.46	−0.58
贵州	31.87	3.57	5.57	20.71	1.95	0.07
云南	31.32	4.45	3.46	23.82	−0.30	−0.11
西藏	6.97	0.95	0.18	3.54	2.12	0.18
陕西	20.02	5.87	2.15	12.10	0.06	−0.16
甘肃	15.46	2.22	3.51	10.80	1.91	−2.98
青海	16.52	0.88	1.27	4.37	9.82	0.18
宁夏	6.92	1.46	1.66	3.45	0.34	0.01
新疆	42.84	6.19	7.24	21.56	6.67	1.18
西部地区	375.09	41.12	33.31	160.32	38.01	−3.53

表 16.32　2009—2019 年西部地区各省（区、市）交通及水利基础设施用地变化情况　单位：10^4 hm^2

各省（区、市）	交通及水利基础设施用地合计	铁路用地	轨道交通用地	公路用地	机场用地	港口码头用地	管道运输用地	水工建筑用地
内蒙古	14.01	1.54	0.01	12.15	0.15	0.00	−0.06	0.22
广西	6.43	0.40	0.03	5.39	0.09	0.28	0.01	0.23
重庆	2.86	0.33	0.08	1.90	0.22	0.13	0.01	0.19
四川	13.31	0.67	0.09	11.60	0.42	0.03	0.01	0.49
贵州	10.15	0.51	0.03	9.12	0.16	0.01	0.02	0.30
云南	13.01	0.63	0.04	11.87	−0.06	0.00	0.02	0.51
西藏	6.34	0.31	0.00	5.68	0.09	0.00	0.00	0.26
陕西	5.90	0.73	0.06	4.30	0.10	0.00	−0.03	0.74
甘肃	6.63	0.89	0.01	4.98	0.14	0.00	0.02	0.59
青海	4.68	0.56	0.00	3.89	0.13	0.00	−0.06	0.16
宁夏	1.92	0.28	0.00	1.55	0.03	0.00	0.00	0.06
新疆	20.65	2.32	0.01	17.58	0.11	0.00	−0.09	0.72
西部地区	105.89	9.17	0.36	90.01	1.58	0.45	−0.15	4.47

16.3.2.3　生态用地总量略有减少，土地退化问题依然严峻

2009—2019 年，西部地区生态用地[①]净减少 1410.83 万公顷，两极分化趋势较为明显，土地退化问题依然严峻。

从类型结构看，林地净增加 2349.16 万公顷，水域增加 146.70 万公顷，公园与绿地净增加 6.06 万公顷。同时，其他生态用地净减少最多（2875.66 万公顷），且草地减少数量较大（1037.09 万公顷）。整体而言，西部地区生态用地总量略有减少，且呈现两极分化的趋势，林地普遍增加，草地和其他生态用地锐减。

从空间分布看，西部地区生态用地变化趋势具有显著的南北地理空间差异，整体呈现为西北地区普遍净减少，如新疆、甘肃等；西南地区稍有增加，如重庆（表 16.33）。此外，不同地区的主要变化类型差异较大。水域净增加最多的区域均位于青藏高原；林地净增加较多的地区较为普遍，西北和西南均有分布；除新疆、甘肃、青海外，其余省（区、市）草地均发生了不同程度的减少。

总体来看，受益于“三北”防护林建设、天然林保护、退耕还林、矿山生态修复等生态工程的实施与推进，西部地区林地面积增加，但生态用地仍面临较大挑战与威胁。其一，随着人口增加和经济发展，水资源已成为制约西部地区经济社会发展及生态环境改善的最大约束。其中，西北地区是全球干旱缺水最严重的地区之一，但社会总用水量猛增，大量挤占了生态环境用水，造成河湖干涸，地下水位下降；西南地区水资源虽然丰富，但开发利用困难，工程性、结构性缺水严重。其二，生态问题具有明显区域差异，治理难度大。西北地区气候干旱、植被稀疏、生态脆弱，环境本底先天不足，在矿业开发、城镇建设、农业生产等多种人类活动干扰下，土地退化问题依然严峻。青藏高原生态屏障区超过 70% 的

① 由于湿地统计口径不同，生态用地变化不包括“湿地”这一类型。

17.2　黄河流域

黄河发源于青藏高原巴颜喀拉山北麓，呈“几”字形流经青海、四川、甘肃、宁夏、内蒙古、山西、陕西、河南、山东 9 省（区），全长 5464 千米，是我国第二长河。

参考《黄河流域生态保护和高质量发展规划纲要》相关部署，本研究的黄河流域范围包括黄河干支流流经青海、四川、甘肃、宁夏、内蒙古、山西、陕西、河南、山东 9 省（区）的相关地级行政区，具体涵盖四川省阿坝藏族羌族自治州、甘孜藏族自治州和内蒙古自治区呼和浩特市、包头市、乌海市、鄂尔多斯市、巴彦淖尔市、乌兰察布市、阿拉善盟以及其余 7 省（区）的所有地级行政区，共计 90 个地级行政单元。

黄河流域横跨我国三大地理阶梯，既是中国重要的生态屏障，也是人口活动和经济发展的重要区域，是中国经济社会发展和生态环境保护问题比较突出的典型区域，在国家发展大局和社会主义现代化建设全局中具有举足轻重的战略地位。近年来，黄河流域凭借农牧业基础、能源资源禀赋等优势取得了一定发展，经济建设取得较大成就。生态环境持续明显向好，国土绿化水平和水源涵养能力持续提升，山水林田湖草沙保护修复加快推进，水土流失治理成效显著。但黄河流域生态本底差，水资源短缺，水土流失严重，资源环境承载能力弱，发展不平衡不充分问题尤为突出，巩固脱贫攻坚任务依然艰巨，协调水沙关系，缓解水资源供需矛盾，保障黄河安澜，防范和化解生态安全风险任务依然繁重。黄河流域国土资源利用现状及其构成见表 17.11。

表 17.11　2019 年黄河流域国土资源利用现状及其构成

类型	面积（10^4 hm^2）	比例（%）	类型	面积（10^4 hm^2）	比例（%）
主要地类面积①	21154.87	100.00	乔木林地	2755.98	13.03
1. 耕地	3138.89	14.84	竹林地	1.72	0.01
水田	106.91	0.51	灌木林地	2150.4	10.17
水浇地	1550.52	7.33	其他林地	661.08	3.12
旱地	1481.46	7.00	4. 草地	9405.27	44.46
2. 种植园地	417.65	1.97	天然牧草地	7362.43	34.8
果园	331.08	1.57	人工牧草地	18.22	0.09
茶园	7.92	0.04	其他草地	2024.61	9.57
橡胶园	0.00	0.00	5. 湿地	812.51	3.84
其他园地	78.65	0.37	红树林地	0.00	0.00
3. 林地	5569.18	26.33	森林沼泽	0.18	0.00

① 该面积为耕地、种植园用地、林地、草地、城镇村及工矿用地、交通运输用地、水域与水利设施用地和湿地的总面积。

续表

类型	面积（10^4 hm^2）	比例（%）	类型	面积（10^4 hm^2）	比例（%）
灌丛沼泽	16.4	0.08	公路用地	99.06	0.46
沼泽草地	563.27	2.66	农村道路	117.71	0.56
沿海滩涂	20.04	0.09	机场用地	2.12	0.01
内陆滩涂	170.77	0.81	港口码头用地	1.18	0.01
沼泽地	41.85	0.20	管道运输用地	0.12	0.00
6. 城镇村及工矿用地	946.96	4.48	8. 水域及水利设施用地	629.20	2.97
城市	121.82	0.58	河流水面	170.14	0.80
建制镇	123.38	0.58	湖泊水面	178.58	0.84
村庄	585.88	2.77	水库水面	52.20	0.25
采矿用地	100.08	0.47	坑塘水面	69.33	0.33
风景名胜及特殊用地	15.77	0.07	沟渠	85.16	0.40
7. 交通运输用地	235.21	1.11	水工建筑用地	17.72	0.08
铁路用地	16.95	0.08	冰川及永久积雪	56.06	0.27
轨道交通用地	0.22	0.00			

黄河流域主要地类面积21154.87万公顷。其中，耕地3138.89万公顷，占全国耕地总面积的24.55%；农作物播种面积占全国农作物总播种面积的25.14%；粮食播种面积占全国粮食总播种面积的26.27%；粮食产量17200.71万吨，占全国粮食总产量的25.91%。水资源量3694.01亿立方米，占全国水资源总量的12.72%；人均水资源量1127.07立方米，约为全国平均水平的1/2。

该区域人口32705.99万，占全国总人口的23.41%；城镇化率为57.60%，低于全国平均水平；人口密度153.67人/平方千米，是全国平均水平的1.05倍。GDP（按不变价计）为152357.06亿元，占全国总量的18.90%；经济密度720.20万元/平方千米，仅为全国平均水平的86.12%；人均GDP为46583.84元，约为全国人均水平的81.48%。其中第一产业增加值12709.16亿元，第二产业增加值63757.19亿元，第三产业增加值75890.71亿元，分别占全国总值的21.87%，20.36%和17.46%，呈现第一产业比例高，第二、三产业比例低的特征。农林牧副渔总产值27595.30亿元，其中农、林、牧、渔总产值依次占比58.39%、2.31%、27.00%、5.75%，呈现以农牧业为主的结构特征。

总体而言，黄河流域承载规模不高，仅承载了全国23.41%的人口；资源相对丰富，但产出水平低下，以全国24.55%的耕地面积和12.72%的水资源量，仅生产了占全国25.91%的粮食，产出了全国18.90%的GDP。

17.2.1 国土资源利用基本状况

17.2.1.1 气候过渡特征显著，光温水空间差异明显

黄河流域地处中纬度地带，横跨我国三大地势阶梯，地理范围跨度大。该流域东临海洋，西居内

陆，受大气环流、下垫面地形地貌等因素的影响，气候差异显著，流域内气候类型包括温带季风气候、温带大陆性气候和高原山地气候。黄河流域中下游地区主要属于温带季风气候，冬冷夏热，四季分明；河源地区属高原山地气候，冬长夏短；其余河段属温带大陆性气候，风大沙多，干旱少雨。流域气候要素的年、季变化大，且过渡性特征明显，主要表现为气候、土壤、水文、植被、地形等自然条件具有自东向西、由南向北的过渡性特征。太阳辐射作为自然地理环境重要的能量基础，在地球表面呈现东西延伸、南北更替的地域分异，致使黄河流域自暖温带到中温带的纬度地带性分异，海陆位置差异导致黄河流域自沿海向内陆的干湿度地带性分异。流域内气候分区界线处往往表现为具有一定宽度的过渡地带，气候差异具有渐变性。

黄河流域幅员辽阔，山脉众多，东西海拔高低悬殊，地貌类型差异显著。流域内不同地区的光、温、水等地理要素空间组合差异明显。黄河流域日照条件充足，全年日照时数一般达 2000～3300 小时；全年日照百分率大多为 50%～75%，仅次于日照最充足的柴达木盆地。黄河流域太阳辐射较为充足，太阳总辐射量为 110～160 千卡 / 平方厘米 · 年，仅次于西南地区。黄河流域≥10℃积温空间差异显著，流域多数地区日平均气温≥10℃持续期为 130～220 天，年积温达 3000～4000℃；金堤河、大汶河流域日平均气温≥10℃持续期为 210～220 天，年积温约 4500℃。黄河流域降水集中、分布不均、年际变化大。流域多年平均降水量为 446 毫米，降水主要集中于夏秋季节。流域大部分地区年降水量为 200～650 毫米，中上游南部和下游地区降水量多于 650 毫米。受地形影响较大的秦岭北麓，降水量一般可达 700～1000 毫米；深居内陆的宁夏、内蒙古部分地区，降水量不足 150 毫米。

17.2.1.2　林地和草地相对丰富，但生态环境脆弱

黄河流域林地和草地资源相对丰富，但生态脆弱。流域内林地 5569.18 万公顷，占全国林地总面积的 26.05%；草地 9405.27 万公顷，占全国草地总面积的 44.32%。总体来看，黄河流域林地和草地比例较高。整个流域生态脆弱区分布广、类型多，上游的高原冰川、草原草甸和三江源、祁连山，中游的黄土高原，下游的黄河三角洲等极易发生退化，恢复难度极大且过程缓慢。流域内水土匹配错位严重，水资源短缺，水土流失严重。黄河上中游大部分地区位于 400 毫米等降水量线以西，气候干旱少雨，多年平均降水量 446 毫米，仅为长江流域的 40%；水资源总量仅为全国平均水平的 12.72%；水资源开发利用率高达 80%，远超 40% 的生态警戒线。流域内民生发展不足，对土地的依赖程度较高，人地矛盾突出。

黄河流域林地、草地、湿地、湖泊等生态用地分布广泛，但总体较为脆弱，水土流失严重，资源环境承载力弱，人类生活与经济发展带来的生态保护压力依然较大。2019 年黄河流域生态用地 18425.08 万公顷，占全国生态用地总面积的 27.57%。

从生态用地结构看，呈现以草地和林地为主，其他生态用地次之，湿地和水域较少，公园与绿地最少的格局，依次占黄河流域生态用地面积的 58.13%、34.16%、10.94%、4.41%、3.32%、0.06%。其中，草地、林地分别占全国草地、林地面积的 44.32%、26.05%。

从生态用地分布看，黄河流域生态用地主要分布于青海、内蒙古、甘肃等地（表 17.12）。草地集中分布于青海、内蒙古；林地主要分布于陕西、四川；湿地主要分布于青海、四川、甘肃；水域主要分布于青海、山东；其他生态用地主要分布于青海、内蒙古；公园与绿地主要分布于河南、山东、内蒙古等。

表 17.12 2019 年黄河流域各省（区）生态用地面积 单位：10^4 hm^2

省（区）	湿地	林地	草地	公园与绿地	水域	其他生态用地
青海	510.12	460.37	3947.07	0.34	244.42	989.92
四川	119.58	1126.45	873.95	0.04	25.86	11.37
甘肃	116.25	783.84	1421.5	0.87	39.85	205.7
宁夏	2.50	95.26	203.09	0.75	16.53	21.18
内蒙古	25.21	556.76	2378.98	1.58	38.84	783.42
山西	5.43	609.57	310.52	1.06	16.68	2.00
陕西	4.87	1247.61	221.05	1.01	25.94	1.50
河南	3.90	428.83	25.60	2.90	79.73	0.24
山东	24.65	260.49	23.51	2.22	123.63	0.53
黄河流域	812.51	5569.18	9405.27	10.77	611.48	2015.86

17.2.1.3 耕地和牧草地绝对量大、质量较差，结构和区域差异显著

黄河流域耕地和牧草地绝对量大，但质量较差，土地垦殖率 14.84%，占全国平均水平的 93.00%。区域内耕地 3138.89 万公顷，占全国耕地总面积的 25.37%；种植园地 417.65 万公顷，占全国种植园地总面积的 2.00%；林地 5569.18 万公顷，占全国林地总面积的 26.05%；草地 9405.27 万公顷，占全国草地总面积的 44.32%，以天然牧草地为主。总体来看，黄河流域呈现以耕地、林地、草地为主的土地利用格局。

从耕地结构和分布看，黄河流域呈现以水浇地为主、旱地次之、水田最少的格局，依次占黄河流域耕地面积的 49.40%、47.20%、3.40%，分别占全国水浇地、旱地、水田面积的 48.28%、23.02%、3.40%。耕地主要分布于河南、山东、甘肃、山西、内蒙古等地（表 17.13），水浇地集中分布于山东、河南、内蒙古、甘肃等省（区），水田主要分布于河南、宁夏、陕西等省（区），旱地分布较为广泛，主要集聚于甘肃、山西、河南、陕西、山东等地。

从牧草地结构和分布看，黄河流域以天然牧草地为主，人工牧草地较少，依次占黄河流域牧草地面积的 99.75%、0.25%，分别占全国天然牧草地、人工牧草地面积的 34.54%、31.38%。牧草地主要分布于青海、内蒙古、四川、甘肃等省（区）（表 17.14）。天然牧草地集中分布于青海、内蒙古、四川、青海等省（区），人工牧草地主要分布于青海、内蒙古、甘肃等省（区）。

表 17.13 2019 年黄河流域各省（区）耕地面积及其构成

省（区）	耕地（10^4 hm^2）				占全国耕地比例（%）	占黄河流域耕地面积比例（%）
	合计	水田	水浇地	旱地		
青海	56.42	0.00	17.71	38.71	0.45	1.80
四川	15.29	0.03	0.73	14.53	0.12	0.49
甘肃	516.52	0.42	144.44	371.66	4.04	16.45

续表

省（区）	耕地（10^4 hm^2）				占全国耕地比例（%）	占黄河流域耕地面积比例（%）
	合计	水田	水浇地	旱地		
宁夏	119.53	15.40	38.15	65.98	0.94	3.81
内蒙古	356.40	0.26	235.21	120.93	2.79	11.35
山西	386.93	0.50	104.78	281.65	3.03	12.33
陕西	293.46	12.63	84.40	196.43	2.30	9.35
河南	748.16	68.18	457.68	222.30	5.85	23.84
山东	646.18	9.49	467.42	169.27	5.05	20.59
黄河流域	3138.89	106.91	1550.52	1481.46	24.57	100.00

表 17.14　2019 年黄河流域各省（区）牧草地面积及其构成

省（区）	牧草地（10^4 hm^2）			占全国牧草地比例（%）	占黄河流域总面积比例（%）
	合计	天然牧草地	人工牧草地		
青海	3675.3	3666.4	8.92	17.20	17.27
四川	867.04	866.81	0.24	4.06	4.07
甘肃	651.04	648.60	2.46	3.03	2.83
宁夏	146.04	144.94	1.09	0.68	0.68
内蒙古	1889.35	1885.80	3.55	8.84	8.86
山西	1.13	0.67	0.46	0.00	0.00
陕西	150.72	149.21	1.50	0.71	0.71
河南	0.00	0.00	0.00	0.00	0.00
山东	0.00	0.00	0.00	0.00	0.00
黄河流域	7380.62	7362.43	18.22	34.52	34.42

17.2.1.4　城镇化发展水平相对较低，建设用地结构空间差异明显

随着黄河流域生态保护和高质量发展的深入实施以及生态文明建设的全面推进，黄河治理和流域经济社会发展加快，加之能源矿产资源富集的先天优势，黄河流域扩大内需潜力巨大，是我国高质量发展的重要实验区。黄河流域建设用地 1084.33 万公顷，占全国建设用地总面积的 26.51%，城镇化率为 56.08%。受地理条件制约，建设用地结构和比例差异显著。

从建设用地结构看（表 17.15 和表 17.16），黄河流域城市用地 121.82 万公顷，占建设用地总面积的 11.23%；建制镇用地 123.38 万公顷，占建设用地总面积的 11.38%；村庄用地 585.88 万公顷，占建设用地总面积的 54.03%；由于黄河流域能源资源富集，随着国家能源中心向西部转移，黄河流域采矿用地

100.08 万公顷，占全国采矿用地总面积的 40.98%，占黄河流域建设用地总面积的 9.23%；交通及水利基础设施用地 137.37 万公顷，占建设用地总面积的 12.67%；风景名胜及特殊用地 15.77 万公顷，占建设用地总面积的 1.45%。总体来看，村庄用地、采矿用地、交通与水利设施用地比重较高，城镇用地比重较低，尤其是黄河上游地区城镇用地比重极低。

从建设用地分布看，黄河流域建设用地主要分布沿黄平原和河谷盆地等地势平坦地区，总体呈现城市用地高度集聚、建制镇环城分布、村庄用地广泛分散的特点。城市规模方面，大多数建设用地高度集中在省会城市和重要资源城市，尤其是城市用地集聚分布于中下游地区的中心城市和城市群。

从建设用地人口承载规模看，黄河流域城镇用地人口承载规模为 8012 人 / 平方千米，比全国城镇用地人口承载规模低 672 人 / 平方千米。村庄用地人口承载规模为 2226 人 / 平方千米，比全国村庄用地人口承载规模低 56 人 / 平方千米。总体来看，黄河流域城镇用地和村庄用地的人口承载规模均低于全部平均水平，上中下游人口承载规模差异显著。

表 17.15　2019 年黄河流域各省（区）城镇村及工矿用地面积　　单位：10^4 hm^2

省（区）	城镇村及工矿合计	城市用地	建制镇用地	村庄用地	采矿用地	风景名胜及特殊用地
青海	36.78	2.14	3.81	11.51	18.51	0.80
四川	6.62	0.05	1.00	4.77	0.53	0.27
甘肃	85.22	7.43	9.08	60.71	6.13	1.85
宁夏	29.72	4.53	4.54	17.40	2.17	1.09
内蒙古	71.67	6.85	10.65	32.85	19.71	1.61
山西	101.76	10.83	10.69	65.33	13.25	1.67
陕西	91.78	13.67	11.85	58.63	5.76	1.86
河南	242.78	25.82	32.57	175.29	6.67	2.44
山东	280.63	50.50	39.19	159.39	27.35	4.18
黄河流域	946.96	121.82	123.38	585.88	100.08	15.77

表 17.16　2019 年黄河流域各省（区）交通及水利基础设施用地面积　　单位：10^4 hm^2

省（区）	交通及水利基础设施用地合计	铁路用地	轨道交通用地	公路用地	机场用地	港口码头用地	管道运输用地	水工建筑用地
青海	8.07	1.11	0.00	6.51	0.19	0.00	0.01	0.25
四川	3.14	0.04	0.00	2.79	0.15	0.00	0.00	0.15
甘肃	14.93	2.46	0.01	11.15	0.33	0.00	0.04	0.95
宁夏	5.01	0.88	0.00	3.70	0.10	0.00	0.00	0.34
内蒙古	15.23	2.58	0.01	11.50	0.19	0.00	0.02	0.93
山西	16.23	2.58	0.00	12.80	0.19	0.00	0.01	0.63

续表

省（区）	交通及水利基础设施用地合计	铁路用地	轨道交通用地	公路用地	机场用地	港口码头用地	管道运输用地	水工建筑用地
陕西	14.77	1.91	0.06	11.08	0.26	0.00	0.03	1.38
河南	24.26	2.37	0.07	17.43	0.21	0.02	0.01	4.22
山东	35.73	3.02	0.07	22.10	0.50	1.16	0.00	8.87
黄河流域	137.37	16.95	0.22	99.06	2.12	1.18	0.12	17.72

17.2.2　国土资源变化特征与挑战

17.2.2.1　生态用地总量略有减少，水土空间错配明显，生态保护修复压力较大

2009—2019 年，黄河流域生态用地净减少 352.78 万公顷，两极分化趋势明显，土地荒漠化与水土流失问题依然严峻，生态环境脆弱。

从类型结构看，林地净增加 1125.91 万公顷，水域增加 37.61 万公顷，公园与绿地净增加 4.98 万公顷。同时，其他生态用地净减少最多（1191.26 万公顷），且草地减少数量较大（330.02 万公顷）。整体而言，黄河流域生态用地总量略有减少，且呈现两极分化的趋势，林地普遍增加，草地和其他生态用地锐减。

从空间分布看，黄河流域生态用变化空间差异显著，整体呈现上中游地区普遍净减少，如内蒙古、甘肃、青海、四川；下游地区普遍净增加，如山东、河南（表 17.17）。此外，不同地区的主要变化类型差异显著。受益于防护林工程等政策影响，林地净增加较多省（区）较为普遍，黄河上、中、下游地区均有分布；除青海、甘肃外，其余省（区）草地均发生不同程度的净减少；水域净增加主要分布于青海、内蒙古、四川等省（区）；公园与绿地净增加在各省（区）均有分布。

总体来看，黄河流域生态本底脆弱，水资源短缺，土地荒漠化与水土流失严重，生态用地面临严重挑战与威胁。一是，随着人口增加、旱作农业与经济发展，水土匹配空间错位严重，水资源短缺已成为黄河流域经济社会发展及生态保护修复的最大约束。黄河上中游大部分地区气候干旱少雨，水资源短缺，生态退化严重，但超载放牧、过度资源开发、过度旅游等人为活动对生态系统的影响和破坏不断增强，草地退化严重，生产生活用水量持续增加，大量挤占生态用水，地下水位持续下降。中游黄土高原地区受自然因素和人类活动干扰，水土流失严重。二是，黄河下游属地上悬河，防洪安全与但生态环境综合整治难度较大。黄河下游人口密集，农业生产与经济发展水平较高，围垦养殖、港口航运等开发活动导致水环境污染，破坏了生态平衡，影响湿地生态保护修复与生物多样性保护。生态保护与人口经济发展的不协调成为下游地区生态问题频发的主要原因。

表 17.17　2009—2019 年黄河流域各省（区）生态用地变化情况　　单位：10^4 hm^2

省（区）	生态用地	林地	草地	公园与绿地	水域	其他生态用地
青海	−65.39	105.89	79.35	0.19	33.54	−284.36
四川	−58.09	165.38	−133.9	0.03	3.77	−93.37

续表

省（区）	生态用地	林地	草地	公园与绿地	水域	其他生态用地
甘肃	−186.06	186.89	57.66	0.48	−14.85	−416.24
宁夏	−3.06	17.9	−9.34	0.33	2.54	−14.49
内蒙古	−191.16	209.02	−88.86	0.59	6.06	−317.97
山西	−4.73	122.30	−101.36	0.40	2.05	−28.12
陕西	51.90	124.43	−67.8	0.54	1.86	−7.13
河南	30.63	87.08	−41.86	1.44	2.92	−18.95
山东	73.18	107.02	−23.91	0.98	−0.28	−10.63
黄河流域	−352.78	1125.91	−330.02	4.98	37.61	−1191.26

注：由于“二调”与“三调”湿地口径不同，不具有可比性，此处生态用地合计变化不包含湿地。

17.2.2.2　耕地减少较快，后备耕地资源不足，占补平衡压力凸显

2009—2019 年，黄河流域耕地净减少 327.03 万公顷，占全国耕地净减少面积的 38.67%。

从耕地结构来看，由于撂荒、生态退耕以及旱地开垦水浇地等原因，黄河流域旱地净减少最多，占全国旱地净减少面积的 26.14%；水田净减少 15.33 万公顷，占全国水田净减少面积的 0.10%；水浇地净增加 9.35 万公顷。

从空间分布来看，黄河中下游耕地净减少较多，如山东、陕西、河南等地，耕地净增加集中发生于内蒙古境内（表 17.18）。旱地净减少主要分布于陕西、山东、河南、山西、甘肃等地。水浇地净减少主要分布于中下游地区，如山东、陕西等地；其中水净增加集中分布于上游内蒙古、甘肃、宁夏等省（区）。除山西、内蒙古外，其余省（区）水田均发生不同程度的减少。

总体来看，黄河流域耕地流出以旱地为主，中下游地区耕地净减少大于上游地区。黄河流域是我国重要的农产品主产区和畜牧业生产基地，在粮食、肉类、蔬果等重要农牧产品供给方面发挥了重要作用。受地形地貌、气候条件、水文特征等自然因素的制约，加之生态文明建设战略实施过程中的生态工程建设，导致耕地供需矛盾突出，耕地占补平衡压力日益凸显。耕地利用与保护仍面临较大压力和挑战：一是，随着生态文明建设战略的实施以及退耕还林还草政策的推行，大量坡耕地实施生态退耕，加之农业结构调整，耕地净减少趋势加快，尤其是黄河中上游地区。二是，黄河流域横跨青藏高原、内蒙古高原、黄土高原、华北平原等四大地貌单元，耕地后备资源质量较低且供给紧张，耕地占补平衡压力大。

表 17.18　2009—2019 年黄河流域各省（区）耕地面积变化情况　　单位：10^4 hm^2

省（区）	耕地净变化合计	水田	水浇地	旱地
青海	−38.52	0.00	−14.37	−24.15
四川	−2.60	−0.04	−0.43	−2.13
甘肃	−20.11	−0.25	10.36	−30.22
宁夏	−9.25	−4.00	7.51	−12.76

从空间格局看，建设用地增长总体集中在省会城市和辽中南地区城市，其中超过 80% 的城市用地增量、超过 50% 的建制镇增量都集中在 3 个省会城市和 4 个辽中南地区城市。

总体来看，东北地区国土开发强度增幅较小，除省会城市、计划单列市和资源型地市外，越往北的地区，建设用地总规模越小，开发强度也越低。该区域产业结构偏重，要素流动不畅，人口大量外流，城市收缩明显，国土空间品质和建设用地利用效率比较低下，为推动区域高质量发展带来了巨大挑战。一方面，东北地区人口流失、经济下行、资源型经济萎缩等问题严重影响建设开发活动，导致建设用地结构变化呈现出开发强度降低、城乡用地结构低端化等特征。另一方面，城乡资源要素配置不平衡导致乡村就业机会减少，村庄空心化和老龄化问题加剧，建设用地变化与人口变化不协调，城乡差距进一步凸显。

表 16.40　2009—2019 年东北地区各省城镇村及工矿用地变化情况　　单位：10^4 hm^2

省	净变化合计	城市用地	建制镇用地	村庄用地	采矿用地	风景名胜及特殊用地
辽宁	8.60	4.00	2.37	5.54	-2.36	-0.95
吉林	3.82	1.68	-0.49	4.10	-1.01	-0.46
黑龙江	-0.20	1.10	-0.43	4.82	-4.09	-1.60
东北地区	12.22	6.78	1.45	14.46	-7.46	-3.01

表 16.41　2009—2019 年东北地区各省交通及水利基础设施用地变化情况　　单位：10^4 hm^2

省	净变化合计	铁路用地	轨道交通用地	公路用地	机场用地	港口码头用地	管道运输用地	水工建筑用地
辽宁	3.60	0.42	0.07	2.17	0.28	0.64	0.01	0.01
吉林	4.07	-0.31	0.02	4.64	0.09	0.00	-0.03	-0.34
黑龙江	5.78	-0.07	0.01	6.48	0.11	0.01	-0.04	-0.72
东北地区	13.45	0.04	0.10	13.29	0.48	0.65	-0.06	-1.05

16.4.2.3　生态资源保护整体向好，但林地、草地略有减少

2009—2019 年，东北地区生态用地[①]净减少 137.62 万公顷，林地、草地流失较多。

从类型结构看，草地净减少最多，为 123.42 万公顷，林地净减少 17.79 万公顷，其他生态用地净减少 8.75 万公顷，水域及水利设施用地、公园与绿地呈增加态势，其中水域及水利设施用地增加最多，为 11.16 万公顷，公园与绿地净增加 1.18 万公顷。

从空间分布看，东北地区北部大小兴安岭及平原地区林地、草地流出较多，东北地区西部农牧交错区草地有显著减少，受退耕还林、“三北”防护林建设等生态工程的积极影响，东北地区西部林地面积有所增加。

总体来看，东北地区生态用地面临严峻挑战：一方面，近年来大量的工、农、城聚集开发对林草地资源和其他生态用地的占用日益加大，导致生态用地显著减少。东北地区林地资源相对丰富，但因耕地开垦、过量采伐和森林灾害等原因，一直呈减少趋势。同时东北地区干旱、少雨、大风等天气对草地造

① 由于湿地统计口径不同，生态用地变化不包括“湿地”这一类型。

成一定程度的干扰，使得自然植被难以恢复，草地生态系统结构和服务功能的退化加剧，草地沙化退化面积的增长速度加快，草地减少较显著。另一方面，随着国土空间开发利用强度的不断加大，东北地区生态环境保护仍然面临较大压力，水土流失、土地质量退化、水系面源污染等生态问题凸显，加剧了东北地区的生态脆弱性，给东北地区生态安全带来了严峻挑战。

表 16.42　2009—2019 年东北地区各省生态用地变化情况　　单位：10^4 hm^2

省	生态用地合计	林地	草地	公园与绿地	水域及水利设施用地	其他生态用地
辽宁	−18.89	38.04	−61.05	0.61	5.00	−1.49
吉林	−12.13	−7.99	−0.94	0.28	−2.32	−1.16
黑龙江	−106.60	−47.84	−61.43	0.29	8.48	−6.10
东北地区	−137.62	−17.79	−123.42	1.18	11.16	−8.75

注：由于“二调”与“三调”湿地口径不同，不具有可比性，此处生态用地合计变化不包含“湿地”。

16.4.3　国土资源利用建议

《中华人民共和国国民经济和社会发展第十四个五年规划和 2035 年远景目标纲要》提出了推动东北振兴取得新突破的总体战略，相关内容包括：从维护国家国防、粮食、生态、能源、产业安全的战略高度，加强政策统筹，实现重点突破。加快转变政府职能，深化国有企业改革攻坚，着力优化营商环境，大力发展民营经济。打造辽宁沿海经济带，建设长吉图开发开放先导区，提升哈尔滨对俄合作开放能级。加快发展现代农业，打造保障国家粮食安全的“压舱石”。加大生态资源保护力度，筑牢祖国北疆生态安全屏障。改造提升装备制造等传统优势产业，培育发展新兴产业，大力发展寒地冰雪、生态旅游等特色产业，打造具有国际影响力的冰雪旅游带，形成新的均衡发展产业结构和竞争优势。实施更具吸引力的人才集聚措施。深化与东部地区对口合作。具体建议如下：

16.4.3.1　以黑土地保护为核心，加强耕地质量与农业现代化建设

一是，着力加强黑土耕地保护，筑牢粮食安全底线。黑土资源是东北地区农业发展的根基。应进一步加大相关政策法律等落实力度，多措并举推广保护性耕作方式，加强黑土地利用与保护的监测预警，降低黑土区土壤侵蚀率，提升土壤有机质含量，并在确保粮食生产安全和稳定的基础上，合理协调农业生产与生态保护，确保水土资源平衡，实现黑土地的可持续利用。

二是，积极调整农业生产结构，开展农业供给侧结构性改革。充分考虑黑土区土壤条件、作物品种、生产水平等因素，优化作物适应性和种植结构。积极应对全球气候变化可能带来的极端和不确定事件，如干旱和低温冷害等灾害。同时利用气候变化对东北地区农业生产可能产生的有利影响，如热量条件改善带来的作物生长季延长、种植区域扩大等，适时调整种植布局，制定相应应对策略。

三是，加强农田基础设施建设，端牢中国饭碗。东北地区应进一步改善农业基础设施，加强土壤改良、灌溉设施，整治细碎耕地，推进机械化和集约化作业，充分发挥东北地区耕地资源禀赋和地形优势。加强东北地区永久基本农田建设，以确保粮食安全和农产品质量安全为目标，运用行政、法律、经济多元手段，加强耕地数量、质量、生态“三位一体”保护，构建保护有力、集约高效、监管严格的永久基本农田特殊保护新格局。

16.4.3.2　调整建设用地结构，促进产业结构转型升级和城乡融合发展

一是，积极推进产业结构调整、优化产业布局，合理引导土地利用方式，注重城市发展内涵，带动新型城镇化发展与建设用地高效利用的耦合协调发展。充分发挥哈长城市群和辽中南城市群的带动作用，不断增强城市群的集聚和辐射功能，推动东北地区经济效能提升，促进区域一体化发展。同时提升东北地区交通运输等基础设施建设，加快区域间资源流动和要素配置，使区位优势和资源优势能够充分发挥，提高建设用地利用效率，提升城乡建设用地人口承载水平和建设用地经济承载水平，助推东北振兴。

二是，在严格控制建设用地总量的基础上，坚持节约集约利用土地，从源头上控制建设用地粗放利用，同时积极盘活城乡存量建设用地，缓解建设用地供需矛盾。重点针对东北老工业基地和资源枯竭型城市的闲置和低效用地，开展清理处置工作，推进工矿废弃地退出复垦和生态修复，同时适当释放建设用地存量空间，进一步保障先进装备、精品钢材、石化、汽车、农副产品深加工、高新技术、能源等产业发展并加强基础设施建设用地，促进阜新、大庆、伊春、辽源、盘锦等资源型城市转型发展和沈阳、长春、鞍山、本溪等老工业城市调整改造。

三是，针对东北地区面临的人口外流、空心村等突出问题，结合乡村振兴战略，利用全域土地综合整治等工程项目，深入推进农用地整理、建设用地整理和乡村生态保护修复，优化生产、生活、生态空间格局。多措并举促进耕地保护和土地集约节约利用，有效改善城乡人居环境，盘活低效闲置土地，降低用地成本，推动乡村产业发展、提高公共服务水平，创造乡村就业机会，吸引人才回流。同时充分发挥东北地区现代农业发展优势，支持县城和部分基础条件好、发展潜力大的建制镇，促进县域经济发展和乡村振兴。

16.4.3.3　强化生态保护修复，巩固东北生态保护屏障

一是，科学部署国土空间生态保护修复工程，加强生态脆弱区系统治理。东北地区目前主要面临水土流失、湿地退化、土壤盐碱化等突出问题，且多发生在生态脆弱地区，为生态用地保护和可持续利用带来严峻挑战。基于此，东北地区应开展生态脆弱区系统治理，加大林草培育力度，严格执行退耕还林还草政策，发挥林草地的生态功能，加强水土流失治理；针对农田增施有机肥，提高土壤肥力，兴修水利，建设节水灌溉工程，通过生物、技术和工程措施治理水土流失，改善农田生态环境。不断加强湿地的恢复与保护，继续实施生态治碱工程、建设生态草工程，建设生态保护屏障。

二是，坚持保护优先、自然恢复为主，推进天然林保护工程，构建以森林为主体，以河流湿地、农田、城乡聚落等为网络的生态网络体系，提高森林生态系统功能。黑龙江省和吉林省需要加快建立现代化的森林资源保护经营制度和监管体系，优化形成大小兴安岭、长白山等五个区域生态保育及保护修复工程，逐步构建“三生两原”的区域总体布局。在草地保护方面，东北地区需通过落实各项草原保护制度、推进草原保护修复政策深入落实、实施退牧还草工程、盐碱地生态治理等重点项目，不断加大草原保护建设力度，推进大数据、3S 等技术手段引入草原建设和管理，持续推进“互联网 +”草原管理，实现草原管理监测数字化。

三是，加强湿地保护，优化配置与调度水资源，提高区域生态环境质量。面对东北地区日益严峻的湿地保护形势，应以自然恢复为主，通过种植湿地植被等人工措施，增加湿地面积，改善退化湿地生态环境。严格控制湿地地下水开采，使湿地水文变化控制在其阈值范围内。通过节约水资源、实施跨流域调水等措施满足湿地生态环境需水量，恢复退化湿地的植被及湿地生态系统的结构与功能。恢复修复具

有重要意义的湿地生态系统完整性，丰富区域生物多样性，保证区域生态安全。开展自然资源保护地体系建设，通过评估调整纳入生态保护红线，立足东北地区自然资源禀赋，加强国家公园、自然资源保护区、自然公园等建设，完善生态功能分区，实现精细化管控。

16.4.3.4 大力优化国土空间格局，加快推动东北全面振兴

一是，立足新发展阶段，统筹融合多要素，大力优化国土空间格局。东北地区是我国重要的工业和农业基地，维护国家国防安全、粮食安全、生态安全、能源安全、产业安全的战略地位十分重要，关乎国家发展大局。东北地区要立足新发展阶段，完整、准确、全面贯彻新发展理念，坚定不移推动高质量发展。要统筹发展和安全，从形成优势互补、高质量发展的区域经济布局大局出发，以国土资源为核心，促进其与其他经济要素的融合和配置，提高国土资源利用效率，统筹协调东北地区城镇发展、耕地保护与生态安全，构建有机互动和有效协同的国土空间新格局。

二是，推动规划赋能，提高国土资源支持服务东北全面振兴的能力。加强规划创新、推动土地制度改革，以国土空间规划赋能高质量发展，助力构建高质量发展的区域动力系统。协同落实区域重大战略、区域协调发展战略与主体功能区战略，努力将地缘优势转化为经济优势；以创新为引领，打造引领经济发展区域动力源，推动资源型地区转型发展和老工业城市调整改造，巩固国家粮食安全“压舱石”地位，筑牢祖国北疆生态安全屏障。

第 17 章　重大战略区域国土资源利用

党的十八大以来，我国深入实施区域重大战略和区域协调发展战略，推动形成优势互补高质量发展的区域经济布局。党的二十大报告在部署“促进区域协调发展”时提出：“深入实施区域协调发展战略、区域重大战略、主体功能区战略、新型城镇化战略，优化重大生产力布局，构建优势互补、高质量发展的区域经济布局和国土空间体系。”作为国家发展战略体系的有机组成部分，国家重大区域发展战略不断深化发展，有力支撑了我国现代化经济体系建设，为构建以国内大循环为主体、国内国际双循环相互促进的新发展格局提供了有力保障。

目前，重大区域发展战略已成为推动国家发展和实现宏伟战略目标的重要力量，战略功能作用正逐渐凸显。为了进一步支持服务长江经济带生态优先绿色发展、黄河流域生态保护和高质量发展、京津冀协同发展、粤港澳大湾区重大合作平台建设、长三角一体化发展，本章对上述五个国家重大战略区域的国土资源利用现状、变化特征进行专题分析，尝试发现国土资源利用中的问题与挑战，为未来优化国土资源利用提出建议。

17.1　长江经济带

长江经济带是以长江为轴线、以流域为基底、以长三角城市群、长江中游城市群及成渝城市群为支撑的宏观协作经济带，横跨我国东中西三大区域，覆盖上海、江苏、浙江、安徽、江西、湖北、湖南、重庆、四川、贵州、云南 11 个省（市）。按上、中、下游划分，上游区域包括重庆、四川、贵州、云南 4 省（市），中游区域包括江西、湖北、湖南 3 省，下游区域包括上海、江苏、浙江、安徽 4 省（市）。长江经济带是我国的经济重心，是我国综合实力最强、战略支撑作用最大的区域之一，与沿海经济带共同构成我国经济发展的黄金走廊。长江经济带国土资源利用现状及其构成见表 17.1。

表 17.1　长江经济带国土资源利用现状及其构成

类型	面积（10^4 hm^2）	比例（%）	类型	面积（10^4 hm^2）	比例（%）
主要地类面积①	19904.42	100.00	水浇地	163.85	0.82
1. 耕地	3817.40	19.18	旱地	1713.98	8.61
水田	1939.57	9.74	2. 园地	794.79	3.99

① 该面积为耕地、种植园用地、林地、草地、城镇村及工矿用地、交通运输用地、水域与水利设施用地和湿地的总面积。

续表

类型	面积（10^4 hm^2）	比例（%）	类型	面积（10^4 hm^2）	比例（%）
果园	405.72	2.04	城市	208.56	1.05
茶园	127.45	0.64	建制镇	210.06	1.06
橡胶园	74.43	0.37	村庄	892.82	4.49
其他园地	187.19	0.94	采矿用地	47.56	0.24
3. 林地	10975.25	55.14	风景名胜及特殊用地	17.00	0.09
乔木林地	8233.28	41.36	7. 交通运输用地	348.32	1.75
竹林地	486.42	2.44	铁路用地	15.19	0.08
灌木林地	1611.17	8.09	轨道交通用地	0.92	0.00
其他林地	644.38	3.24	公路用地	149.40	0.75
4. 草地	1175.95	5.91	农村道路	176.53	0.89
天然牧草地	958.81	4.82	机场用地	3.81	0.02
人工牧草地	7.22	0.04	港口码头用地	2.32	0.01
其他草地	209.92	1.05	管道运输用地	0.16	0.00
5. 湿地	232.08	1.17	8. 水域及水利设施用地	1184.63	5.95
红树林地	0.01	0.00	河流水面	327.83	1.65
森林沼泽	3.02	0.02	湖泊水面	183.23	0.92
灌丛沼泽	8.84	0.04	水库水面	145.16	0.73
沼泽草地	91.80	0.46	坑塘水面	354.98	1.78
沿海滩涂	56.90	0.29	沟渠	125.21	0.63
内陆滩涂	54.12	0.27	水工建筑用地	39.33	0.20
沼泽地	17.39	0.09	冰川及永久积雪	8.91	0.04
6. 城镇村及工矿用地	1376.00	6.91			

长江经济带主要地类面积 19904.42 万公顷。耕地 3817.40 万公顷，占全国耕地总面积的 29.86%；农作物播种面积占全国农作物总播种面积的 39.42%；粮食播种面积占全国粮食总播种面积的 36.02%；粮食产量 23800.43 万吨，占全国粮食总产量的 35.85%。建设用地 1587.12 万公顷，占全国建设用地总面积的 38.81%；人均建设用地 261.86 平方米。生态用地 13565.89 万公顷，占全国生态用地总面积的 20.30%。水资源量 12802.80 亿立方米，占全国水资源总量的 44.09%；人均水资源量 2112.32 立方米，高于全国平均水平。

该区域人口 60610.02 万，占全国总人口的 42.99%；人口密度 304.51 人 / 平方千米，是全国平均水平的 1.73 倍。该区域的城镇化率为 63.22%；GDP 总量（按不变价计）457805.17 亿元，占全国总量的

46.20%；经济密度 2300.02 万元 / 平方千米，是全国平均水平的 1.86 倍；人均 GDP 为 75532.92 元，是全国人均水平的 1.07 倍。其中第一产业增加值 30603.68 亿元，第二产业增加值 182341.80 亿元，第三产业增加值 244859.69 亿元，分别占全国总值的 43.43%，47.22% 和 45.83%。

总体而言，该区域以全国 29.86% 的耕地，38.81% 的建设用地，44.09% 的水资源量，生产了全国 35.85% 的粮食，产出了全国 46.20% 的 GDP，生活着全国 42.99% 的人口。

17.1.1　国土资源利用基本状况

17.1.1.1　地势上西高东低，光热水土资源丰富

长江经济带跨经度较大，地势上呈三个阶梯，西高东低，地貌复杂多样，含有高原、山地、丘陵、平原等地貌类型。区域生态系统类型多样，其中川西河谷森林生态系统、南方亚热带常绿阔叶林森林生态系统、长江中下游湿地生态系统等是具有全球重大意义的生物多样性优先保护区。长江经济带多以亚热带季风气候为主，气候温暖湿润，四季分明，年积温高，农作物生长期长，许多地区雨热同期，农业生产所需的光、热、水、土条件优越。受季风气候影响，长江经济带降水量呈现较为明显的“西北低东南高”的空间分布格局。主要适合种植水稻、棉花、油菜籽、芝麻、蚕丝、麻类、茶叶、烟草、水果等经济作物。

长江经济带蕴藏极其丰富的水资源，是中华民族战略水源地。区域内河流水系较为发达，具有重要的水土保持和蓄洪功能，是生态安全屏障区，通航里程居世界之首。沙江岷江上游及“三江并流”、丹江口库区、嘉陵江上游、武陵山、新安江和湘资沅上游等地区是国家水土流失重点预防区，金沙江下游、嘉陵江及沱江中下游、三峡库区、湘资沅中游、乌江赤水河上中游等地区是国家水土流失重点治理区，贵州等西南喀斯特地区是世界三大石漠化地区之一。长江流域山水林田湖浑然一体，具有强大的洪水调蓄、净化环境功能。与此同时，长江经济带上游覆盖有一定体积的冰雪，可视作是固体水库。

17.1.1.2　农业土地资源丰富，耕地质量具有明显的区域差异

以长江黄金水道为依托建立的长江经济带横跨中国东中西三大区域，以全国 29.86% 的耕地承载全国 43.73% 农业人口，自然资源丰富，农耕历史悠久，拥有得天独厚的农业生产条件，是我国粮食生产核心区和现代化农业发展优势区。四川、湖北、湖南、江西、安徽、江苏为长江经济带的 6 个粮食主产省份。长江经济带土壤类型以红壤、水稻土、紫色土、黄壤为主。可耕地绝大部分已辟为农田，土地垦殖率为 19.18%，是全国平均土地垦殖率（13.49%）的 1.42 倍，区域内 70% 的省份的土地垦殖率超过全国平均水平。

长江经济带有耕地 3817.40 万公顷，占全国耕地总面积的 29.86%；园地 794.79 万公顷，占全国园地总面积的 39.40%；林地 10975.25 万公顷，占全国林地面积的 38.63%；草地 1175.95 万公顷，占全国草地面积的 4.45%。总体来看，长江经济带呈现以耕地与林地为主体的农业土地利用格局。

从耕地结构来看，长江经济带耕地呈现水田和旱地大致相当，水浇地数量少的特征。其中，水田占全国水田面积的比例为 61.79%，水浇地占全国水浇地面积的比例为 5.10%，旱地占全国旱地面积的比例为 26.63%。

从耕地条件来看，长江经济带区域内仅有 59.29% 的耕地坡度小于 6°，低于全国平均水平（77.26%），缓坡耕地（坡度在 6°～25° 的耕地）和陡坡耕地（坡度 > 25° 的耕地）则远高于全国水平。

从分布特征来看，长江经济带 41.82% 的耕地分布在上游，中游与下游的耕地大致相当（表 17.2）。

从二级地类来看，优质耕地分布区域差异显著。水田与水浇地主要分布在中游和下游地区，分别占长江经济带水田和水浇地总面积的39.1%和36.74%，而上游水田和水浇地占比仅有24.16%。旱地主要分布于上游，占长江经济带旱地面积的63.48%。

表 17.2　2019 年长江经济带各省（市）耕地面积

省（市）	耕地面积（10^4 hm^2）				占全国耕地比例（%）
	合计	水田	水浇地	旱地	
上海	16.20	12.16	4.04	0.00	0.13
江苏	408.97	283.20	74.87	50.91	3.20
浙江	129.05	106.28	0.00	22.76	1.01
安徽	554.69	269.38	22.69	262.61	4.34
江西	272.16	227.05	0.41	44.70	2.13
湖北	476.86	254.66	37.53	184.67	3.73
湖南	362.92	302.54	0.13	60.25	2.84
重庆	187.02	70.40	0.12	116.49	1.46
四川	522.72	226.36	5.73	290.62	4.09
贵州	347.26	88.39	0.46	258.42	2.72
云南	539.55	99.14	17.87	422.54	4.22
长江经济带	3817.40	1939.57	163.85	1713.98	29.86

17.1.1.3　中下游国土开发强度与承载水平较高，城乡和区域间差距显著

长江经济带是我国社会经济快速发展的重要地区。长江经济带依托长江，充分发挥上海、武汉、重庆的核心辐射作用，促进长江三角洲城市群、长江中游城市群和成渝城市群的发展，进而推动长江经济带的整体发展。

长江经济带建设用地（交通及水利基础设施用地与城镇村及工矿用地之和）1587.12 万公顷，占全国建设用地面积的 38.81%；总体国土开发强度为 7.97%，其中上游国土开发强度低于全国水平（5.10%），中游、下游的国土开发强度分别是全国国土开发强度的 1.67 和 3.32 倍。城镇化率 63.22%，低于全国平均水平（63.84%）。其中，城镇村及工矿用地 1376.00 万公顷，占长江经济带建设用地总面积的 86.70%，占全国城镇村及工矿用地面积的 38.97%；交通及水利基础设施用地 211.12 万公顷，占长江经济带建设用地面积的 13.30%，占全国交通及水利基础设施用地面积的 37.77%。

从建设用地结构来看，长江经济带城市用地 208.56 万公顷，占长江经济带建设用地面积的 13.14%；建制镇用地 210.06 万公顷，占 13.24%；村庄用地 892.82 万公顷，占 56.25%；采矿用地 47.56 万公顷，占 3.00%；风景名胜及特殊用地 17.00 万公顷，占 1.07%；交通基础设施用地 171.80 万公顷，占 10.82%；水利设施用地 39.33 万公顷，占 2.48%。城市用地、建制镇用地以及村庄用地比重均超过全国平均水

平，土地利用结构呈现城镇化中期的特征，城镇用地占比较小、村庄用地占比较高，产城、产村融合不足。

从建设用地分布来看，长江经济带横跨我国地理三大阶梯，资源、环境、交通、产业基础等发展条件差异较大，地区间发展差距明显，上、中、下游建设用地面积大致呈 3∶3∶4 的比例。其中，上游和中游城市用地和建制镇用地面积相当，合计占长江经济带全域城市用地的近一半，下游地区占剩下的二分之一。村庄用地分布差距不大，上中下游各占三分之一左右。采矿用地和交通基础设施用地均以上游较多，水利设施用地主要集中在长江经济带下游（表 17.3 和表 17.4）。

从建设用地人口承载规模来看，长江经济带城镇用地人口承载规模和村庄用地人口承载规模均高于全国。尤其是中、下游地区单位建设用地人口承载规模均高于全国水平（3448 人 / 平方千米），分别为 3558 人 / 平方千米、3872 人 / 平方千米。其中，上海的建设用地人口承载规模（7893 人 / 平方千米）是全国建设用地人口承载规模的两倍之多。

表 17.3　2019 年长江经济带各省（市）城镇村及工矿面积　　单位：$10^4 hm^2$

省（市）	合计	城市	建制镇	村庄	采矿用地	风景名胜及特殊用地
上海	28.95	11.94	10.05	6.74	0.00	0.22
江苏	209.73	46.36	44.78	110.38	5.53	2.67
浙江	114.68	25.66	26.60	57.83	2.61	1.98
安徽	175.57	18.82	24.61	125.72	4.33	2.09
江西	110.36	12.87	18.38	71.14	6.28	1.69
湖北	141.15	22.72	17.68	94.28	4.47	2.01
湖南	163.03	19.48	18.59	118.56	4.82	1.58
重庆	63.77	12.82	5.83	43.30	1.43	0.39
四川	184.12	20.99	20.79	136.55	4.51	1.29
贵州	77.25	6.96	10.77	53.51	4.98	1.04
云南	107.37	9.93	11.99	74.80	8.60	2.05
长江经济带	1376.00	208.56	210.06	892.82	47.56	17.00

表 17.4　2019 年长江经济带各省（市）交通及水利基础设施用地面积　　单位：$10^4 hm^2$

省（市）	合计	铁路用地	轨道交通用地	公路用地	机场用地	港口码头用地	管道运输用地	水工建筑用地
上海	2.56	0.19	0.12	1.49	0.35	0.12	0.00	0.29
江苏	33.51	1.67	0.22	19.32	0.33	0.89	0.04	11.05
浙江	18.22	1.07	0.18	13.55	0.31	0.62	0.01	2.47
安徽	24.28	1.96	0.02	12.83	0.17	0.17	0.01	9.11

续表

省（市）	合计	铁路用地	轨道交通用地	公路用地	机场用地	港口码头用地	管道运输用地	水工建筑用地
江西	19.45	1.88	0.01	14.08	0.19	0.05	0.01	3.23
湖北	23.81	1.91	0.09	14.60	0.39	0.21	0.01	6.60
湖南	18.23	1.92	0.03	12.68	0.25	0.04	0.01	3.30
重庆	7.47	0.75	0.08	5.75	0.33	0.16	0.01	0.39
四川	25.06	1.59	0.09	21.19	0.82	0.04	0.02	1.31
贵州	15.90	1.05	0.03	14.07	0.28	0.01	0.02	0.44
云南	22.63	1.19	0.04	19.82	0.40	0.02	0.03	1.15
长江经济带	211.12	15.19	0.92	149.40	3.81	2.32	0.16	39.33

17.1.1.4　生态用地分布广泛，上游地区生态优势明显

长江经济带林地、草地、湿地、湖泊等分布广泛，生态用地 13565.89 万公顷，占全国生态用地面积的 20.30%。生态用地面积占比虽然低于全国平均水平，但全国 41.18% 公园与绿地和 38.63% 的林地位于长江经济带，水域用地占全国水域面积的 32.28%。

从生态用地结构来看，长江经济带林地占比最高（10975.25 万公顷），占比 80.90%；其次为草地（1175.95 万公顷），占生态用地的比例 8.67%；随后为水域（1145.32 万公顷），占比 8.44%；再者为湿地（232.07万公顷），占比1.71%；其他生态用地19.56万公顷，占比0.14%；公园与绿地面积占比最少（17.76 万公顷），占比 0.13%。

从分布特征来看，长江经济带生态用地主要分布于上游，共 8118.40 万公顷，占长江经济带生态用地总面积的 59.84%；中游和下游的生态用地分别占长江经济带生态用地总面积的 27.65% 和 12.51%（表 17.5）。其中，湿地（55.70%）、林地（60.40%）、草地（95.44%）以及其他生态用地面积（92.79%）主要分布在上游；公园与绿地面积近 1/2 分布在下游，中游和上游面积大致相当，合占长江经济带公园与绿地面积的一半；水域用地面积主要分布在中游和下游，分别占长江经济带水域面积的 38.42% 和 42.75%。

表 17.5　2019 年长江经济带各省（市）生态用地面积　　单位：10^4 hm^2

省（市）	合计	湿地	林地	草地	公园与绿地	水域	其他生态用地
上海	36.84	7.27	8.18	1.32	1.22	18.85	0.00
江苏	373.09	41.64	78.70	9.36	4.08	239.29	0.01
浙江	702.15	16.52	609.36	6.35	1.92	67.78	0.22
安徽	584.60	4.77	409.15	4.79	1.96	163.74	0.19
江西	1180.65	2.87	1041.37	8.87	1.45	125.73	0.37
湖北	1136.74	6.12	928.01	8.94	1.62	191.77	0.27

续表

省（市）	合计	湿地	林地	草地	公园与绿地	水域	其他生态用地
湖南	1433.42	23.61	1271.71	14.05	1.16	122.55	0.35
重庆	500.60	1.50	468.90	2.36	0.96	26.78	0.09
四川	3755.74	123.08	2541.96	968.78	1.87	104.02	16.04
贵州	1166.36	0.71	1121.01	18.83	0.54	25.11	0.16
云南	2695.70	3.98	2496.90	132.29	0.98	59.70	1.86
长江经济带	13565.89	232.07	10975.25	1175.94	17.76	1145.32	19.56

17.1.2　国土资源变化特征与挑战

17.1.2.1　耕地呈净减少态势，占补平衡压力较大

2009—2019 年长江经济带耕地呈净减少态势。耕地净减少 703.44 万公顷，占全国耕地净减少面积的 93.51%。净减少的耕地中有 20.20% 坡度在 2° 以下，有 57.16% 净减少耕地为缓坡耕地。

从耕地结构看，旱地净减少最多，共 423.40 万公顷，占长江经济带耕地净减少面积的 60.19%，占全国旱地净减少面积的 42.54%；其次是水田，净减少 294.94 万公顷，占长江经济带耕地净减少面积的 41.93%，占全国水田净减少面积的 65.41%；而长江经济带水浇地有所增加，占全国水浇地净增加面积的 3.70%。

从空间分布看，耕地净减少面积主要集中在上游，占长江经济带耕地净减少面积的 56.85%，中游和下游耕地净减少面积大致相当。其中，上游净减少的耕地最多的是旱地，共 239.77 万公顷，是中游旱地净减少面积的 4 倍，是下游的两倍；中游净减少的耕地主要为旱地和水田；下游的旱地净减少面积是水田净减少面积的两倍（表 17.6）。

总体来看，长江经济带作为我国粮食生产核心区，如此的耕地减少态势使得区域耕地占补平衡面临较大压力：一是，快速的城镇化和工业化导致耕地资源被大量占用；同时，为积极响应退耕还林、还湖、还草的号召，生态退耕工程导致耕地大量减少。二是，耕地区域性问题愈加凸显，占补平衡压力大。长江经济带下游土地垦殖系数高、开发强度大、开发强度高，非农建设占用耕地和农业结构调整导致耕地减少，耕地保护压力大；中游作为粮食主产区，耕地变化与下游地区大同小异，但减少相对缓慢；上游作为生态功能区，虽耕地体量大，但耕地资源本底条件偏低，加之生态退耕工程建设和灾害毁坏等因素，对落实“数量 - 质量 - 生态”三位一体的耕地占补平衡战略形成了较大挑战。

表 17.6　2009—2019 年长江经济带各省（市）耕地面积变化情况　　单位：10^4 hm^2

省（市）	净变化合计	水田	水浇地	旱地
上海	−2.78	−0.80	−1.39	−0.58
江苏	−52.32	9.10	27.68	−89.11
浙江	−69.62	−46.92	0.00	−22.70
安徽	−36.01	−22.06	−1.95	−12.00

续表

省（市）	净变化合计	水田	水浇地	旱地
江西	−36.75	−24.01	−1.39	−11.35
湖北	−55.45	−17.11	−13.09	−25.24
湖南	−50.58	−27.76	−0.17	−22.65
重庆	−56.82	−27.25	0.03	−29.60
四川	−149.28	−52.31	−6.27	−90.70
贵州	−108.99	−40.14	−0.75	−68.10
云南	−84.83	−45.67	12.20	−51.36
长江经济带	−703.44	−294.94	14.90	−423.40

17.1.2.2 建设用地持续扩张，城乡间失调与区域间失衡并存

2009—2019 年，长江经济带建设用地净增加 362.13 万公顷，占全国建设用地净增加面积的 40.75%，建设用地净增加幅度 29.76%，高于全国平均水平（27.77%）。

从类型结构看，长江经济带建设用地各二级地类变化均呈增长态势，但增长数量和幅度差异显著。2009—2019 年城镇村及工矿用地净增加 290.90 万公顷。其中，城市用地净增加 85.51 万公顷，增长幅度 69.49%，占 23.61%；建制镇用地净增加 55.34 万公顷，增长幅度 35.77%，占 15.28%；村庄用地净增加 165.01 万公顷，增幅 22.67%，占 45.57%。同期，交通基础设施用地净增加 71.01 万公顷，增幅 70.46%，占 19.61%；水工建筑用地净增加 0.22 万公顷，增长幅度 0.56%，占 0.06%；采矿用地净减少 10.80 万公顷，减幅 18.50%；风景名胜及特殊用地净减少 4.16 万公顷，减少幅度 32.39%。

从空间分布看，长江经济带建设用地净增加面积从上游到下游依次变小。但分类来看差异较大，其中，城市用地和建制镇用地净增加面积从上游到下游依次变大，且将近 1/2 的净增加都集中在下游；村庄用地和交通基础设施用地净增加主要在上游；采矿用地仅上游增加，中游和下游都在减少；风景名胜及特殊用地上中下游地区都在减少，尤以下游减少更多；水利基础设施用地呈上游增加、中游基本稳定、下游减少的态势（表 17.7、表 17.8 和表 17.9）。

总体来看，长江经济带建设用地增长较快，但增长数量和幅度存在显著差异，并且具有一定的区域性。一是，长江经济带建设用地在空间上总体上呈现东高西低的空间分布格局，区域结构差异明显，建设用地持续扩张，城乡结构不协调。二是，长江经济带上、中、下游社会经济发展水平差距较大，同时各区域土地利用政策供给差别较大，资源、技术等要素在不同行政区域之间流动不通畅，影响了长江经济带土地利用效率的总体水平，需要采取措施加强和优化建设用地管理。

表 17.7　2009—2019 年长江经济带各省（市）城镇村及工矿变化情况　　单位：10^4 hm^2

省（市）	净变化合计	城市用地	建制镇用地	村庄用地	采矿用地	风景名胜及特殊用地
上海	3.38	6.60	−1.75	−1.38	−0.03	−0.06
江苏	33.98	21.58	12.27	7.61	−6.75	−0.73

续表

省（市）	净变化合计	城市用地	建制镇用地	村庄用地	采矿用地	风景名胜及特殊用地
浙江	25.77	9.05	7.9	10.41	−1.24	−0.35
安徽	20.42	5.62	6.91	10.88	−2.14	−0.85
江西	24.99	5.02	6.11	15.04	−0.90	−0.28
湖北	24.80	8.58	4.42	11.91	0.04	−0.15
湖南	39.57	8.70	7.54	25.38	−1.00	−1.05
重庆	13.03	5.68	0.34	7.05	0.03	−0.07
四川	41.77	6.66	2.57	33.58	−0.46	−0.58
贵州	31.87	3.57	5.57	20.71	1.95	0.07
云南	31.32	4.45	3.46	23.82	−0.30	−0.11
长江经济带	290.90	85.51	55.34	165.01	−10.80	−4.16

表 17.8　2009—2019 年长江经济带各省（市）交通及水利基础设施用地变化情况　　单位：10^4 hm^2

省（市）	净变化合计	铁路用地	轨道交通用地	公路用地	机场用地	港口码头用地	管道运输用地	水工建筑用地
上海	−0.15	−0.05	0.12	−0.31	0.07	−0.06	0.00	0.08
江苏	2.65	0.71	0.22	2.62	0.08	0.34	0.03	−1.35
浙江	4.84	0.43	0.18	3.03	0.16	0.21	0.01	0.82
安徽	3.66	0.49	0.02	3.90	0.04	0.08	0.00	−0.87
江西	8.83	0.89	0.01	7.67	0.05	0.04	0.01	0.16
湖北	8.10	0.68	0.09	7.09	0.25	0.16	0.01	−0.18
湖南	3.97	0.52	0.03	3.17	0.14	0.03	0.01	0.07
重庆	2.86	0.33	0.08	1.90	0.22	0.13	0.01	0.19
四川	13.31	0.67	0.09	11.6	0.42	0.03	0.01	0.49
贵州	10.15	0.51	0.03	9.12	0.16	0.01	0.02	0.30
云南	13.01	0.63	0.04	11.87	−0.06	0.00	0.02	0.51
长江经济带	71.23	5.81	0.91	61.66	1.53	0.97	0.13	0.22

表 17.9　2009—2019 年长江经济带各省（市）建设用地变化情况

省（市）	净变化合计（10^4 hm^2）	建设用地净增加幅度（10^4 hm^2）	占全国建设用地净增加面积的比例（%）	占长江经济带建设用地净增加面积比例（%）
上海	3.23	11.47	0.36	0.89
江苏	36.63	17.86	4.12	10.12

续表

省（市）	净变化合计（10^4 hm^2）	建设用地净增加幅度（10^4 hm^2）	占全国建设用地净增加面积的比例（%）	占长江经济带建设用地净增加面积比例（%）
浙江	30.61	30.14	3.44	8.45
安徽	24.08	13.83	2.71	6.65
江西	33.82	35.44	3.81	9.34
湖北	32.90	24.96	3.70	9.09
湖南	43.54	32.10	4.90	12.02
重庆	15.89	28.78	1.79	4.39
四川	55.08	36.01	6.20	15.21
贵州	42.02	81.92	4.73	11.60
云南	44.33	51.87	4.99	12.24
长江经济带	362.13	29.76	40.75	100.00

17.1.2.3 生态用地总量增加结构失衡，区域绿色转型面临挑战

2009—2019 年，长江经济带生态用地净增加 199.47 万公顷，占全国生态用地净增加面积的 6.41%。

从类型结构看，林地、公园与绿地和水域表现为净增加，林地净增加最多。草地和其他生态用地表现为净减少，其中草地净减少最多。

从空间分布看，长江经济带上中下游都有所增加，但净增加面积主要分布在下游，占长江经济带生态用地净增加面积的 61.53%；中游生态用地增长较为缓慢，2009—2019 年仅增加了 13.85 万公顷；上游生态用地净增加为 62.88 万公顷，占长江经济带生态用地净增加面积的 31.52%。具体来讲，78.16% 的林地净增加面积分布于上游；公园与绿地面积净增加面积有一多半分布于下游，中游与上游大致相当；水域仅下游减少，中游和上游都有所增加；上游草地退化严重，净减少面积占长江经济带草地净减少面积的 87.44%；同样，其他生态用地减少量也主要集中分布在上游，占 87.38%（表 17.10）。

总体来看，受益于长江流域防护林体系建设工程的积极影响，以及云贵川地区退耕还林的显著成效，长江经济带林地面积呈净增加态势。但与此同时，随着城市化进程不断推进，区域资源环境压力仍不容忽视。一是，地区生态系统相对脆弱，过度放牧、水土流失和土壤侵蚀等因素干扰，草地等生态用地出现退化趋势，不合理的土地开发利用造成草地退化沙化问题持续增长，水土流失日益加剧。二是，围湖造田等行为导致湖泊面积减少，水生态系统平衡遭到破坏。农业、工业、城镇化等沿江生态环境保护的重点领域面临突出资源环境问题，区域绿色转型发展面临挑战。

表 17.10　2009—2019 年长江经济带各省（市）生态用地变化情况　　单位：10^4 hm^2

省（市）	净变化合计	林地	草地	公园与绿地	水域	其他生态用地
上海	0.11	3.12	1.15	0.37	−4.40	−0.13
江苏	56.03	52.30	4.93	2.65	−2.57	−1.28

续表

省（市）	净变化合计	林地	草地	公园与绿地	水域	其他生态用地
浙江	40.83	40.62	−4.24	1.15	6.27	−2.97
安徽	25.77	31.07	−3.29	1.16	0.62	−3.79
江西	−11.53	−0.89	−21.47	0.75	12.72	−2.64
湖北	37.82	61.52	−20.46	0.88	3.67	−7.79
湖南	−12.44	42.43	−34.98	0.72	−6.45	−14.16
重庆	56.94	89.73	−31.08	0.45	1.07	−3.23
四川	28.60	323.81	−199.91	0.90	8.67	−104.87
贵州	31.23	220.14	−144.30	0.40	1.90	−46.91
云南	−53.89	189.91	−170.39	0.49	−2.12	−71.78
长江经济带	199.47	1053.76	−624.04	9.92	19.38	−259.55

注：由于“二调”与“三调”湿地口径不同，不具有可比性，此处生态用地变化合计不包含湿地。

17.1.3　国土资源利用建议

《中华人民共和国国民经济和社会发展第十四个五年规划和 2035 年远景目标纲要》提出了全面推动长江经济带发展。长江经济带要坚持生态优先、绿色发展和共抓大保护、不搞大开发，协同推动生态环境保护和经济发展，打造人与自然和谐共生的美丽中国样板。持续推进生态环境突出问题整改，推动长江全流域按单元精细化分区管控，实施城镇污水垃圾处理、工业污染治理、农业面源污染治理、船舶污染治理、尾矿库污染治理等工程。深入开展绿色发展示范，推进赤水河流域生态环境保护。实施长江十年禁渔。围绕建设长江大动脉，整体设计综合交通运输体系，疏解三峡枢纽瓶颈制约，加快沿江高铁和货运铁路建设。发挥产业协同联动整体优势，构建绿色产业体系。保护好长江经济带的文物和文化遗产。

推动长江经济带发展，是党中央、国务院立足新发展阶段、贯彻新发展理念，科学谋划中国经济新棋局，作出的既利当前又惠长远的重大决策部署。长江经济带是生态文明建设的先行示范带、引领全国转型发展的创新驱动带、具有全球影响力的内河经济带、东中西互动合作的协调发展带。针对长江经济带国土资源利用的挑战，主要有以下建议。

17.1.3.1　严守耕地保护红线，推进“数量—质量—生态”三位一体保护

一是，统筹规划，加强区域间联动合作治理。长江经济带作为一个有机整体，各省（市）之间应加强上下联动和平行互动，突破行政区划固有思维，整合资源形成区域优势互补和分工合作意识。经济发达的下游地区可以利用发展优势为中上游耕地生态优越区提供技术支持和生态补偿，以提高耕地生态系统服务供给能力和质量，而上中游地区可以依靠优越的耕地生态优势为下游地区降低耕地生态成本，达到平衡各方利益目的，贯彻落实新发展理念，形成区域互助共赢的局面。

二是，结合流域资源环境与经济社会发展条件，通过差异化耕地保护措施牢牢守住耕地保护红线。为推动耕地“数量 - 质量 - 生态”三位一体保护，一方面要因地制宜发展农业，充分发挥各地比较优势。另一方面应结合耕地利用的区域特征探索上中下游差异化耕地保护措施：上游应以生态保护机制和

生态产业扶持政策为主，减少人类扰动，有序开展退耕还林还草；中游应重点优化农业产业结构和完善生产布局，对标高标准基本农田建设，形成规模化经济，挖掘耕地资源潜力；下游应管控城乡建设耕地流转，推进新型农业发展，延伸耕地产业链。

17.1.3.2 优化土地要素配置，探索流域建设用地差别化利用

一是，打破行政壁垒，推动区域土地要素有序流动和合理配置。应以长江经济带为整体，统筹东中西部城市土地利用布局，避免重复建设，同时可以突破行政区域界限，发挥下游区域的土地、劳动力、资本、技术、数据等资源优势，形成下游带中游、中游带上游的土地利用效率提升格局，促进劳动力的自由流动与高效配置，为区域可持续发展奠定坚实基础。

二是，多措并举，探索流域建设用地差别化利用管理策略。在长江经济带下游沿海区域，重点发展区城市应注重经济发展与生态环境相协调，以建设用地减量化促进经济高质量发展为目标，严格控制建设用地总量，优化城市建设用地结构，进一步加大地下空间综合开发，支持环境友好型产业和创新技术产业发展，打造高质量发展示范区；中游在控制建设用地扩张的同时，应合理增加建设用地，大力挖掘存量建设用地潜力，实现建设用地集约利用优化管理；上游区域应结合当地经济发展现状，适当增加建设用地指标，推动农村存量建设用地盘活利用，提高单位建设用地产出。

17.1.3.3 上中下游统筹联动，推动流域生态大保护

一是，加强上游生态带动。进一步推进退耕还林还草和天然林资源保护二期工程，治理水土流失，合理载畜放牧，全面停止天然林商业性采伐。开展具有针对性的草地整治保护，保障长江上游草地的数量和质量都有所提升。继续实施围栏封育、补播改良等退牧还草措施，加强“三化”草原治理，强化草原火灾、生物灾害和寒潮冰雪灾害防控。在上游重庆、四川、贵州、云南四省市开展公益林建设，加强国家级公益林和地方级公益林管护，全面实行国有天然林管护补助政策，对自愿停止商业性采伐的集体和个人给予停伐奖励补助资金。加强新造林地管理和中幼龄林抚育，优化森林结构，提高森林覆盖率和质量。

二是，加强中游生态支撑。加强草地保护和合理利用，推进草地禁牧休牧轮牧，实现草畜平衡，促进草地休养生息；整体推进森林生态系统保护，建设防护林体系工程；加大河湖、湿地生态保护与修复，改善草地退化，湿地减少带来的影响，且进一步延续林地良好保护趋势。

三是，推动下游生态崛起。加强河湖、湿地保护，严禁围垦湖泊。组织开展长江下游河湖生态调查、健康评估，加强重点湖库生态安全体系建设。继续实施退田还湖还湿，采取水量调度、湖滨带生态修复、生态补水、河湖水系连通、重要生境修复等措施，修复湖泊、湿地生态系统。通过退耕还湿、河岸带水生态保护与修复、湿地植被恢复、有害生物防控等措施，实施湿地综合治理，提高湿地生态功能。

17.1.3.4 优化流域国土空间格局，全面推动长江经济带协同发展

按照长江经济带功能定位和生态优先、流域互动、集约发展的总体思路，调整优化城乡生态、生活、生产空间格局。统筹“一轴、两翼、三极、多点”开发，即以长江黄金水道为依托，发挥上海、武汉、重庆的核心作用和沿江主要城镇的节点功能，构建沿江绿色发展轴；沿长江主轴线向南北两侧腹地延伸拓展，提升南北两翼支撑力；以长三角城市群、长江中游城市群、成渝城市群为主体，发挥辐射带动作用，打造长江经济带三大增长极；对三大城市群以外地级城市，以资源环境承载力为基础，完善城市功能，促进优势产业发展。把保护和修复长江生态环境摆在首要位置，划定生态保护红线和水资源开发利用红线，加快建成上中下游相协调、人与自然相和谐的绿色生态廊道，全面推动长江经济带发展。

17.2　黄河流域

黄河发源于青藏高原巴颜喀拉山北麓，呈“几”字形流经青海、四川、甘肃、宁夏、内蒙古、山西、陕西、河南、山东 9 省（区），全长 5464 千米，是我国第二长河。

参考《黄河流域生态保护和高质量发展规划纲要》相关部署，本研究的黄河流域范围包括黄河干支流流经青海、四川、甘肃、宁夏、内蒙古、山西、陕西、河南、山东 9 省（区）的相关地级行政区，具体涵盖四川省阿坝藏族羌族自治州、甘孜藏族自治州和内蒙古自治区呼和浩特市、包头市、乌海市、鄂尔多斯市、巴彦淖尔市、乌兰察布市、阿拉善盟以及其余 7 省（区）的所有地级行政区，共计 90 个地级行政单元。

黄河流域横跨我国三大地理阶梯，既是中国重要的生态屏障，也是人口活动和经济发展的重要区域，是中国经济社会发展和生态环境保护问题比较突出的典型区域，在国家发展大局和社会主义现代化建设全局中具有举足轻重的战略地位。近年来，黄河流域凭借农牧业基础、能源资源禀赋等优势取得了一定发展，经济建设取得较大成就。生态环境持续明显向好，国土绿化水平和水源涵养能力持续提升，山水林田湖草沙保护修复加快推进，水土流失治理成效显著。但黄河流域生态本底差，水资源短缺，水土流失严重，资源环境承载能力弱，发展不平衡不充分问题尤为突出，巩固脱贫攻坚任务依然艰巨，协调水沙关系，缓解水资源供需矛盾，保障黄河安澜，防范和化解生态安全风险任务依然繁重。黄河流域国土资源利用现状及其构成见表 17.11。

表 17.11　2019 年黄河流域国土资源利用现状及其构成

类型	面积（10^4 hm^2）	比例（%）	类型	面积（10^4 hm^2）	比例（%）
主要地类面积①	21154.87	100.00	乔木林地	2755.98	13.03
1. 耕地	3138.89	14.84	竹林地	1.72	0.01
水田	106.91	0.51	灌木林地	2150.4	10.17
水浇地	1550.52	7.33	其他林地	661.08	3.12
旱地	1481.46	7.00	4. 草地	9405.27	44.46
2. 种植园地	417.65	1.97	天然牧草地	7362.43	34.8
果园	331.08	1.57	人工牧草地	18.22	0.09
茶园	7.92	0.04	其他草地	2024.61	9.57
橡胶园	0.00	0.00	5. 湿地	812.51	3.84
其他园地	78.65	0.37	红树林地	0.00	0.00
3. 林地	5569.18	26.33	森林沼泽	0.18	0.00

① 该面积为耕地、种植园用地、林地、草地、城镇村及工矿用地、交通运输用地、水域与水利设施用地和湿地的总面积。

续表

类型	面积（10^4 hm^2）	比例（%）	类型	面积（10^4 hm^2）	比例（%）
灌丛沼泽	16.4	0.08	公路用地	99.06	0.46
沼泽草地	563.27	2.66	农村道路	117.71	0.56
沿海滩涂	20.04	0.09	机场用地	2.12	0.01
内陆滩涂	170.77	0.81	港口码头用地	1.18	0.01
沼泽地	41.85	0.20	管道运输用地	0.12	0.00
6. 城镇村及工矿用地	946.96	4.48	8. 水域及水利设施用地	629.20	2.97
城市	121.82	0.58	河流水面	170.14	0.80
建制镇	123.38	0.58	湖泊水面	178.58	0.84
村庄	585.88	2.77	水库水面	52.20	0.25
采矿用地	100.08	0.47	坑塘水面	69.33	0.33
风景名胜及特殊用地	15.77	0.07	沟渠	85.16	0.40
7. 交通运输用地	235.21	1.11	水工建筑用地	17.72	0.08
铁路用地	16.95	0.08	冰川及永久积雪	56.06	0.27
轨道交通用地	0.22	0.00			

黄河流域主要地类面积 21154.87 万公顷。其中，耕地 3138.89 万公顷，占全国耕地总面积的 24.55%；农作物播种面积占全国农作物总播种面积的25.14%；粮食播种面积占全国粮食总播种面积的26.27%；粮食产量 17200.71 万吨，占全国粮食总产量的 25.91%。水资源量 3694.01 亿立方米，占全国水资源总量的 12.72%；人均水资源量 1127.07 立方米，约为全国平均水平的 1/2。

该区域人口 32705.99 万，占全国总人口的 23.41%；城镇化率为 57.60%，低于全国平均水平；人口密度 153.67 人 / 平方千米，是全国平均水平的 1.05 倍。GDP（按不变价计）为 152357.06 亿元，占全国总量的 18.90%；经济密度 720.20 万元 / 平方千米，仅为全国平均水平的 86.12%；人均 GDP 为 46583.84 元，约为全国人均水平的 81.48%。其中第一产业增加值 12709.16 亿元，第二产业增加值 63757.19 亿元，第三产业增加值 75890.71 亿元，分别占全国总值的 21.87%、20.36% 和 17.46%，呈现第一产业比例高，第二、三产业比例低的特征。农林牧副渔总产值 27595.30 亿元，其中农、林、牧、渔总产值依次占比 58.39%、2.31%、27.00%、5.75%，呈现以农牧业为主的结构特征。

总体而言，黄河流域承载规模不高，仅承载了全国 23.41% 的人口；资源相对丰富，但产出水平低下，以全国 24.55% 的耕地面积和 12.72% 的水资源量，仅生产了占全国 25.91% 的粮食，产出了全国 18.90% 的 GDP。

17.2.1 国土资源利用基本状况

17.2.1.1 气候过渡特征显著，光温水空间差异明显

黄河流域地处中纬度地带，横跨我国三大地势阶梯，地理范围跨度大。该流域东临海洋，西居内

陆，受大气环流、下垫面地形地貌等因素的影响，气候差异显著，流域内气候类型包括温带季风气候、温带大陆性气候和高原山地气候。黄河流域中下游地区主要属于温带季风气候，冬冷夏热，四季分明；河源地区属高原山地气候，冬长夏短；其余河段属温带大陆性气候，风大沙多，干旱少雨。流域气候要素的年、季变化大，且过渡性特征明显，主要表现为气候、土壤、水文、植被、地形等自然条件具有自东向西、由南向北的过渡性特征。太阳辐射作为自然地理环境重要的能量基础，在地球表面呈现东西延伸、南北更替的地域分异，致使黄河流域自暖温带到中温带的纬度地带性分异，海陆位置差异导致黄河流域自沿海向内陆的干湿度地带性分异。流域内气候分区界线处往往表现为具有一定宽度的过渡地带，气候差异具有渐变性。

黄河流域幅员辽阔，山脉众多，东西海拔高低悬殊，地貌类型差异显著。流域内不同地区的光、温、水等地理要素空间组合差异明显。黄河流域日照条件充足，全年日照时数一般达 2000～3300 小时；全年日照百分率大多为 50%～75%，仅次于日照最充足的柴达木盆地。黄河流域太阳辐射较为充足，太阳总辐射量为 110～160 千卡 / 平方厘米 · 年，仅次于西南地区。黄河流域≥10℃积温空间差异显著，流域多数地区日平均气温≥10℃持续期为 130～220 天，年积温达 3000～4000℃；金堤河、大汶河流域日平均气温≥10℃持续期为 210～220 天，年积温约 4500℃。黄河流域降水集中、分布不均、年际变化大。流域多年平均降水量为 446 毫米，降水主要集中于夏秋季节。流域大部分地区年降水量为 200～650 毫米，中上游南部和下游地区降水量多于 650 毫米。受地形影响较大的秦岭北麓，降水量一般可达 700～1000 毫米；深居内陆的宁夏、内蒙古部分地区，降水量不足 150 毫米。

17.2.1.2 林地和草地相对丰富，但生态环境脆弱

黄河流域林地和草地资源相对丰富，但生态脆弱。流域内林地 5569.18 万公顷，占全国林地总面积的 26.05%；草地 9405.27 万公顷，占全国草地总面积的 44.32%。总体来看，黄河流域林地和草地比例较高。整个流域生态脆弱区分布广、类型多，上游的高原冰川、草原草甸和三江源、祁连山，中游的黄土高原，下游的黄河三角洲等极易发生退化，恢复难度极大且过程缓慢。流域内水土匹配错位严重，水资源短缺，水土流失严重。黄河上中游大部分地区位于 400 毫米等降水量线以西，气候干旱少雨，多年平均降水量 446 毫米，仅为长江流域的 40%；水资源总量仅为全国平均水平的 12.72%；水资源开发利用率高达 80%，远超 40% 的生态警戒线。流域内民生发展不足，对土地的依赖程度较高，人地矛盾突出。

黄河流域林地、草地、湿地、湖泊等生态用地分布广泛，但总体较为脆弱，水土流失严重，资源环境承载力弱，人类生活与经济发展带来的生态保护压力依然较大。2019 年黄河流域生态用地 18425.08 万公顷，占全国生态用地总面积的 27.57%。

从生态用地结构看，呈现以草地和林地为主，其他生态用地次之，湿地和水域较少，公园与绿地最少的格局，依次占黄河流域生态用地面积的58.13%、34.16%、10.94%、4.41%、3.32%、0.06%。其中，草地、林地分别占全国草地、林地面积的 44.32%、26.05%。

从生态用地分布看，黄河流域生态用地主要分布于青海、内蒙古、甘肃等地（表 17.12）。草地集中分布于青海、内蒙古；林地主要分布于陕西、四川；湿地主要分布于青海、四川、甘肃；水域主要分布于青海、山东；其他生态用地主要分布于青海、内蒙古；公园与绿地主要分布于河南、山东、内蒙古等。

表 17.12 2019 年黄河流域各省（区）生态用地面积 单位：10^4 hm²

省（区）	湿地	林地	草地	公园与绿地	水域	其他生态用地
青海	510.12	460.37	3947.07	0.34	244.42	989.92
四川	119.58	1126.45	873.95	0.04	25.86	11.37
甘肃	116.25	783.84	1421.5	0.87	39.85	205.7
宁夏	2.50	95.26	203.09	0.75	16.53	21.18
内蒙古	25.21	556.76	2378.98	1.58	38.84	783.42
山西	5.43	609.57	310.52	1.06	16.68	2.00
陕西	4.87	1247.61	221.05	1.01	25.94	1.50
河南	3.90	428.83	25.60	2.90	79.73	0.24
山东	24.65	260.49	23.51	2.22	123.63	0.53
黄河流域	812.51	5569.18	9405.27	10.77	611.48	2015.86

17.2.1.3 耕地和牧草地绝对量大、质量较差，结构和区域差异显著

黄河流域耕地和牧草地绝对量大，但质量较差，土地垦殖率 14.84%，占全国平均水平的 93.00%。区域内耕地 3138.89 万公顷，占全国耕地总面积的 25.37%；种植园地 417.65 万公顷，占全国种植园地总面积的 2.00%；林地 5569.18 万公顷，占全国林地总面积的 26.05%；草地 9405.27 万公顷，占全国草地总面积的 44.32%，以天然牧草地为主。总体来看，黄河流域呈现以耕地、林地、草地为主的土地利用格局。

从耕地结构和分布看，黄河流域呈现以水浇地为主、旱地次之、水田最少的格局，依次占黄河流域耕地面积的 49.40%、47.20%、3.40%，分别占全国水浇地、旱地、水田面积的 48.28%、23.02%、3.40%。耕地主要分布于河南、山东、甘肃、山西、内蒙古等地（表 17.13），水浇地集中分布于山东、河南、内蒙古、甘肃等省（区），水田主要分布于河南、宁夏、陕西等省（区），旱地分布较为广泛，主要集聚于甘肃、山西、河南、陕西、山东等地。

从牧草地结构和分布看，黄河流域以天然牧草地为主，人工牧草地较少，依次占黄河流域牧草地面积的 99.75%、0.25%，分别占全国天然牧草地、人工牧草地面积的 34.54%、31.38%。牧草地主要分布于青海、内蒙古、四川、甘肃等省（区）（表 17.14）。天然牧草地集中分布于青海、内蒙古、四川、青海等省（区），人工牧草地主要分布于青海、内蒙古、甘肃等省（区）。

表 17.13 2019 年黄河流域各省（区）耕地面积及其构成

省（区）	耕地（10^4 hm²）				占全国耕地比例（%）	占黄河流域耕地面积比例（%）
	合计	水田	水浇地	旱地		
青海	56.42	0.00	17.71	38.71	0.45	1.80
四川	15.29	0.03	0.73	14.53	0.12	0.49
甘肃	516.52	0.42	144.44	371.66	4.04	16.45

续表

省（区）	耕地（10^4 hm^2）				占全国耕地比例（%）	占黄河流域耕地面积比例（%）
	合计	水田	水浇地	旱地		
宁夏	119.53	15.40	38.15	65.98	0.94	3.81
内蒙古	356.40	0.26	235.21	120.93	2.79	11.35
山西	386.93	0.50	104.78	281.65	3.03	12.33
陕西	293.46	12.63	84.40	196.43	2.30	9.35
河南	748.16	68.18	457.68	222.30	5.85	23.84
山东	646.18	9.49	467.42	169.27	5.05	20.59
黄河流域	3138.89	106.91	1550.52	1481.46	24.57	100.00

表 17.14　2019 年黄河流域各省（区）牧草地面积及其构成

省（区）	牧草地（10^4 hm^2）			占全国牧草地比例（%）	占黄河流域总面积比例（%）
	合计	天然牧草地	人工牧草地		
青海	3675.3	3666.4	8.92	17.20	17.27
四川	867.04	866.81	0.24	4.06	4.07
甘肃	651.04	648.60	2.46	3.03	2.83
宁夏	146.04	144.94	1.09	0.68	0.68
内蒙古	1889.35	1885.80	3.55	8.84	8.86
山西	1.13	0.67	0.46	0.00	0.00
陕西	150.72	149.21	1.50	0.71	0.71
河南	0.00	0.00	0.00	0.00	0.00
山东	0.00	0.00	0.00	0.00	0.00
黄河流域	7380.62	7362.43	18.22	34.52	34.42

17.2.1.4　城镇化发展水平相对较低，建设用地结构空间差异明显

随着黄河流域生态保护和高质量发展的深入实施以及生态文明建设的全面推进，黄河治理和流域经济社会发展加快，加之能源矿产资源富集的先天优势，黄河流域扩大内需潜力巨大，是我国高质量发展的重要实验区。黄河流域建设用地 1084.33 万公顷，占全国建设用地总面积的 26.51%，城镇化率为 56.08%。受地理条件制约，建设用地结构和比例差异显著。

从建设用地结构看（表 17.15 和表 17.16），黄河流域城市用地 121.82 万公顷，占建设用地总面积的 11.23%；建制镇用地 123.38 万公顷，占建设用地总面积的 11.38%；村庄用地 585.88 万公顷，占建设用地总面积的 54.03%；由于黄河流域能源资源富集，随着国家能源中心向西部转移，黄河流域采矿用地

100.08 万公顷，占全国采矿用地总面积的 40.98%，占黄河流域建设用地总面积的 9.23%；交通及水利基础设施用地 137.37 万公顷，占建设用地总面积的 12.67%；风景名胜及特殊用地 15.77 万公顷，占建设用地总面积的 1.45%。总体来看，村庄用地、采矿用地、交通与水利设施用地比重较高，城镇用地比重较低，尤其是黄河上游地区城镇用地比重极低。

从建设用地分布看，黄河流域建设用地主要分布沿黄平原和河谷盆地等地势平坦地区，总体呈现城市用地高度集聚、建制镇环城分布、村庄用地广泛分散的特点。城市规模方面，大多数建设用地高度集中在省会城市和重要资源城市，尤其是城市用地集聚分布于中下游地区的中心城市和城市群。

从建设用地人口承载规模看，黄河流域城镇用地人口承载规模为 8012 人 / 平方千米，比全国城镇用地人口承载规模低 672 人 / 平方千米。村庄用地人口承载规模为 2226 人 / 平方千米，比全国村庄用地人口承载规模低 56 人 / 平方千米。总体来看，黄河流域城镇用地和村庄用地的人口承载规模均低于全部平均水平，上中下游人口承载规模差异显著。

表 17.15　2019 年黄河流域各省（区）城镇村及工矿用地面积　单位：10^4 hm^2

省（区）	城镇村及工矿合计	城市用地	建制镇用地	村庄用地	采矿用地	风景名胜及特殊用地
青海	36.78	2.14	3.81	11.51	18.51	0.80
四川	6.62	0.05	1.00	4.77	0.53	0.27
甘肃	85.22	7.43	9.08	60.71	6.13	1.85
宁夏	29.72	4.53	4.54	17.40	2.17	1.09
内蒙古	71.67	6.85	10.65	32.85	19.71	1.61
山西	101.76	10.83	10.69	65.33	13.25	1.67
陕西	91.78	13.67	11.85	58.63	5.76	1.86
河南	242.78	25.82	32.57	175.29	6.67	2.44
山东	280.63	50.50	39.19	159.39	27.35	4.18
黄河流域	946.96	121.82	123.38	585.88	100.08	15.77

表 17.16　2019 年黄河流域各省（区）交通及水利基础设施用地面积　单位：10^4 hm^2

省（区）	交通及水利基础设施用地合计	铁路用地	轨道交通用地	公路用地	机场用地	港口码头用地	管道运输用地	水工建筑用地
青海	8.07	1.11	0.00	6.51	0.19	0.00	0.01	0.25
四川	3.14	0.04	0.00	2.79	0.15	0.00	0.00	0.15
甘肃	14.93	2.46	0.01	11.15	0.33	0.00	0.04	0.95
宁夏	5.01	0.88	0.00	3.70	0.10	0.00	0.00	0.34
内蒙古	15.23	2.58	0.01	11.50	0.19	0.00	0.02	0.93
山西	16.23	2.58	0.00	12.80	0.19	0.00	0.01	0.63

续表

省（区）	交通及水利基础设施用地合计	铁路用地	轨道交通用地	公路用地	机场用地	港口码头用地	管道运输用地	水工建筑用地
陕西	14.77	1.91	0.06	11.08	0.26	0.00	0.03	1.38
河南	24.26	2.37	0.07	17.43	0.21	0.02	0.01	4.22
山东	35.73	3.02	0.07	22.10	0.50	1.16	0.00	8.87
黄河流域	137.37	16.95	0.22	99.06	2.12	1.18	0.12	17.72

17.2.2　国土资源变化特征与挑战

17.2.2.1　生态用地总量略有减少，水土空间错配明显，生态保护修复压力较大

2009—2019 年，黄河流域生态用地净减少 352.78 万公顷，两极分化趋势明显，土地荒漠化与水土流失问题依然严峻，生态环境脆弱。

从类型结构看，林地净增加 1125.91 万公顷，水域增加 37.61 万公顷，公园与绿地净增加 4.98 万公顷。同时，其他生态用地净减少最多（1191.26 万公顷），且草地减少数量较大（330.02 万公顷）。整体而言，黄河流域生态用地总量略有减少，且呈现两极分化的趋势，林地普遍增加，草地和其他生态用地锐减。

从空间分布看，黄河流域生态用变化空间差异显著，整体呈现上中游地区普遍净减少，如内蒙古、甘肃、青海、四川；下游地区普遍净增加，如山东、河南（表 17.17）。此外，不同地区的主要变化类型差异显著。受益于防护林工程等政策影响，林地净增加较多省（区）较为普遍，黄河上、中、下游地区均有分布；除青海、甘肃外，其余省（区）草地均发生不同程度的净减少；水域净增加主要分布于青海、内蒙古、四川等省（区）；公园与绿地净增加在各省（区）均有分布。

总体来看，黄河流域生态本底脆弱，水资源短缺，土地荒漠化与水土流失严重，生态用地面临严重挑战与威胁。一是，随着人口增加、旱作农业与经济发展，水土匹配空间错位严重，水资源短缺已成为黄河流域经济社会发展及生态保护修复的最大约束。黄河上中游大部分地区气候干旱少雨，水资源短缺，生态退化严重，但超载放牧、过度资源开发、过度旅游等人为活动对生态系统的影响和破坏不断增强，草地退化严重，生产生活用水量持续增加，大量挤占生态用水，地下水位持续下降。中游黄土高原地区受自然因素和人类活动干扰，水土流失严重。二是，黄河下游属地上悬河，防洪安全与但生态环境综合整治难度较大。黄河下游人口密集，农业生产与经济发展水平较高，围垦养殖、港口航运等开发活动导致水环境污染，破坏了生态平衡，影响湿地生态保护修复与生物多样性保护。生态保护与人口经济发展的不协调成为下游地区生态问题频发的主要原因。

表 17.17　2009—2019 年黄河流域各省（区）生态用地变化情况　　单位：10^4 hm^2

省（区）	生态用地	林地	草地	公园与绿地	水域	其他生态用地
青海	−65.39	105.89	79.35	0.19	33.54	−284.36
四川	−58.09	165.38	−133.9	0.03	3.77	−93.37

续表

省（区）	生态用地	林地	草地	公园与绿地	水域	其他生态用地
甘肃	-186.06	186.89	57.66	0.48	-14.85	-416.24
宁夏	-3.06	17.9	-9.34	0.33	2.54	-14.49
内蒙古	-191.16	209.02	-88.86	0.59	6.06	-317.97
山西	-4.73	122.30	-101.36	0.40	2.05	-28.12
陕西	51.90	124.43	-67.8	0.54	1.86	-7.13
河南	30.63	87.08	-41.86	1.44	2.92	-18.95
山东	73.18	107.02	-23.91	0.98	-0.28	-10.63
黄河流域	-352.78	1125.91	-330.02	4.98	37.61	-1191.26

注：由于“二调”与“三调”湿地口径不同，不具有可比性，此处生态用地合计变化不包含湿地。

17.2.2.2 耕地减少较快，后备耕地资源不足，占补平衡压力凸显

2009—2019 年，黄河流域耕地净减少 327.03 万公顷，占全国耕地净减少面积的 38.67%。

从耕地结构来看，由于撂荒、生态退耕以及旱地开垦水浇地等原因，黄河流域旱地净减少最多，占全国旱地净减少面积的 26.14%；水田净减少 15.33 万公顷，占全国水田净减少面积的 0.10%；水浇地净增加 9.35 万公顷。

从空间分布来看，黄河中下游耕地净减少较多，如山东、陕西、河南等地，耕地净增加集中发生于内蒙古境内（表 17.18）。旱地净减少主要分布于陕西、山东、河南、山西、甘肃等地。水浇地净减少主要分布于中下游地区，如山东、陕西等地；其中水净增加集中分布于上游内蒙古、甘肃、宁夏等省（区）。除山西、内蒙古外，其余省（区）水田均发生不同程度的减少。

总体来看，黄河流域耕地流出以旱地为主，中下游地区耕地净减少大于上游地区。黄河流域是我国重要的农产品主产区和畜牧业生产基地，在粮食、肉类、蔬果等重要农牧产品供给方面发挥了重要作用。受地形地貌、气候条件、水文特征等自然因素的制约，加之生态文明建设战略实施过程中的生态工程建设，导致耕地供需矛盾突出，耕地占补平衡压力日益凸显。耕地利用与保护仍面临较大压力和挑战：一是，随着生态文明建设战略的实施以及退耕还林还草政策的推行，大量坡耕地实施生态退耕，加之农业结构调整，耕地净减少趋势加快，尤其是黄河中上游地区。二是，黄河流域横跨青藏高原、内蒙古高原、黄土高原、华北平原等四大地貌单元，耕地后备资源质量较低且供给紧张，耕地占补平衡压力大。

表 17.18 2009—2019 年黄河流域各省（区）耕地面积变化情况 单位：10^4 hm^2

省（区）	耕地净变化合计	水田	水浇地	旱地
青海	-38.52	0.00	-14.37	-24.15
四川	-2.60	-0.04	-0.43	-2.13
甘肃	-20.11	-0.25	10.36	-30.22
宁夏	-9.25	-4.00	7.51	-12.76

续表

省（区）	耕地净变化合计	水田	水浇地	旱地
内蒙古	49.31	0.27	82.31	−33.27
山西	−19.89	0.37	−3.03	−17.23
陕西	−106.29	−3.89	−22.81	−79.59
河南	−66.30	−7.70	−1.81	−56.79
山东	−113.38	−0.09	−48.38	−64.91
黄河流域	−327.03	−15.33	9.35	−321.05

17.2.2.3　建设用地稳步增长，村庄用地扩张明显，空间发展不平衡

2009—2019 年，黄河流域建设用地净增加 301.92 万公顷，占全国建设用地净增加面积的 35.24%，建设用地增幅 37.95%，是全国平均水平 1.43 倍。

从类型结构来看，建设用地增加以村庄用地为主，占流域建设用地净增加面积的 38.60%；交通及水利基础设施用地次之，净增面积占全国交通及水利基础设施用地净增加面积的 14.12%，占流域建设用地净增加面积的 17.21%。此外，建制镇用地、城市用地、采矿用地净增加数量也较大。

从空间分布来看，城镇村及工矿用地净增加主要分布于山东、甘肃、河南（表 17.19）；交通及水利基础设施用地净增加主要分布于中下游，如山东、山西、河南、陕西等地，上游地区的内蒙古、甘肃等省（区）净增加面积较多（表 17.20）。此外，随着人口增长和乡村振兴战略的实施，村庄用地扩张普遍，净增加面积主要分布于山东、甘肃、河南等地。在全国采矿用地普遍下降的背景下，黄河流域除河南外，其余省（区）采矿用地均呈现不同程度的增长，且以内蒙古、青海、山东净增加最多，分别为 11.64 万公顷、9.82 万公顷、5.19 万公顷。

总体来看，黄河流域建设用地增长空间不均衡，村庄用地、交通与水利设施用地、城镇用地、采矿用地等建设用地大幅扩张，存在较大挑战：一是，黄河流域能源资源富集，矿产资源开发进一步加重生态环境脆弱和水资源短缺的约束。资源过度开发利用导致草地退化、荒漠化、水土流失持续恶化，流域土地退化防治与生态保护修复面临严重挑战。二是，黄河流域建设用地及国土资源要素配置空间不均衡，优质资源普遍向中心城市或城市群高度集聚，极易导致资源开发活动突破区域资源环境承载力，使生态保护修复面临严重的威胁。三是，区域间经济社会发展不均衡，城乡公共服务均等化水平差异显著，村庄内部粗放低效、闲置现象比较普遍。重复建设、资源浪费、过度利用等问题对脆弱的生态环境产生较大威胁，制约流域社会经济高质量发展。

表 17.19　2009—2019 年黄河流域各省（区）城镇村及工矿变化情况　　单位：10^4 hm^2

省（区）	城镇村及工矿用地净变化合计	城市用地	建制镇用地	村庄用地	采矿用地	风景名胜及特殊用地
青海	17.13	0.88	1.26	4.37	9.82	0.80
四川	2.16	0.05	0.20	1.45	0.19	0.27
甘肃	48.07	6.64	7.80	26.83	3.91	2.89

续表

省（区）	城镇村及工矿用地净变化合计	城市用地	建制镇用地	村庄用地	采矿用地	风景名胜及特殊用地
宁夏	8.03	1.47	1.67	3.46	0.34	1.09
内蒙古	22.39	−0.81	2.53	7.42	11.64	1.61
山西	20.85	2.10	1.27	11.32	4.49	1.67
陕西	22.04	5.87	2.14	12.10	0.07	1.86
河南	42.40	8.55	12.31	22.29	−3.19	2.44
山东	66.89	17.17	13.02	27.33	5.19	4.18
黄河流域	249.96	41.92	42.20	116.57	32.46	16.81

表 17.20　2009—2019 年黄河流域各省（区）交通及水利基础设施用地变化情况　　单位：10^4 hm^2

省（区）	交通及水利基础设施用地净变化合计	铁路用地	轨道交通用地	公路用地	机场用地	港口码头用地	管道运输用地	水工建筑用地
青海	4.70	0.55	0.00	3.91	0.13	0.00	−0.06	0.17
四川	1.75	0.04	0.00	1.56	0.07	0.00	0.00	0.08
甘肃	6.57	0.87	0.01	4.94	0.12	0.00	0.00	0.63
宁夏	1.91	0.27	0.00	1.56	0.03	0.00	0.00	0.05
内蒙古	7.81	1.26	0.01	6.08	0.11	0.00	−0.06	0.41
山西	7.95	1.02	0.00	6.68	0.10	0.00	0.01	0.14
陕西	5.89	0.74	0.06	4.28	0.09	0.00	−0.03	0.75
河南	7.05	0.56	0.07	5.17	0.11	0.02	0.00	1.12
山东	8.33	1.21	0.07	6.18	0.31	0.57	0.00	−0.01
黄河流域	51.96	6.52	0.22	40.36	1.07	0.59	−0.14	3.34

17.2.3　国土资源利用建议

2019 年，黄河流域生态保护和高质量发展战略上升为国家重大战略，《黄河流域生态保护和高质量发展规划纲要》明确了黄河流域的战略定位。《中华人民共和国国民经济和社会发展第十四个五年规划和 2035 年远景目标纲要》也进一步明确了扎实推进黄河流域生态保护和高质量发展的总体构想：加大上游重点生态系统保护和修复力度，筑牢三江源“中华水塔”，提升甘南、若尔盖等区域水源涵养能力；创新中游黄土高原水土流失治理模式，积极开展小流域综合治理、旱作梯田和淤地坝建设；推动下游二级悬河治理和滩区综合治理，加强黄河三角洲湿地保护和修复；开展汾渭平原、河套灌区等农业面源污染治理，清理整顿黄河岸线内工业企业；合理控制煤炭开发强度，推进能源资源一体化开发利用，加强矿山生态修复；优化中心城市和城市群发展格局，统筹沿黄河县城和乡村建设；实施黄河文化遗产系统保护工程，打造具有国际影响力的黄河文化旅游带，建设黄河流域生态保护和高质量发展先行区。

17.2.3.1　多措并举开展流域山水林田湖草沙一体化保护与系统治理

一是，加强重点区域荒漠化治理，提升上游水源涵养能力。从系统论角度，多措并举全面保护黄河上游地区山水林田湖沙生态要素，筑牢三江源“中华水塔”，严格保护四川阿坝、甘孜和甘肃甘南等地区重要湿地生态空间，加大甘南、若尔盖等主要湿地治理和修复力度，提升其水源涵养能力。持续推进沙漠防护林体系建设，深入实施退耕还林、退牧还草、“三北”防护林、盐碱地治理等重大生态工程，充分发挥黄河干流生态屏障和祁连山、六盘山、贺兰山、阴山等山系阻沙作用，实施锁边防风固沙工程，强化主要沙地边缘地区生态屏障建设，大力治理流动沙丘；将具有重要生态功能的高山草甸、草原、湿地、森林生态系统纳入生态保护红线管控范围，强化保护和用途管制措施，科学治理玛曲、碌曲、红原、若尔盖等地区退化草原；加强人工饲草地建设，控制散养放牧规模，降低过度放牧、过度资源开发利用、过度旅游等人为活动对生态系统的影响和破坏，遏制土地荒漠化与草场退化。

二是，大力实施林草保护，增强中游水土保持能力。创新中游黄土高原水土流失治理模式，积极开展小流域综合治理、旱作梯田和淤地坝建设，加强中游水土保持。依托“三北”防护林建设工程、退耕还林还草工程、山川秀美工程等一系列生态工程，因地制宜采取封山育林、人工造林、飞播造林等多种措施推进森林植被建设。在河套平原区、汾渭平原区、黄土高原土地沙化区、内蒙古高原湖泊退化区等重点区域实施山水林田湖草生态保护修复工程。加大对水源涵养林建设区的封山禁牧、轮封轮牧和封育保护力度，促进自然恢复。

三是，推进下游湿地保护和生态治理，建设黄河下游绿色生态廊道。保障河口湿地生态流量，连通河口水系，扩大自然湿地面积。加强沿海防潮体系建设，防止土壤盐渍化和咸潮入侵，恢复黄河三角洲岸线自然延伸趋势。统筹河道水域、岸线和滩区生态建设，保护河道自然岸线，完善河道两岸湿地生态系统，建设集防洪护岸、水源涵养、生物栖息等功能为一体的黄河下游绿色生态走廊。统筹生态保护、自然景观和城市风貌建设，塑造以绿色为本底的沿黄城市风貌，建设人河城和谐统一的沿黄生态廊道。适度调整下游滩区与永久基本农田、重大基础设施和重要生态空间等相冲突的用地空间，加强黄河故道与滩区湿地生态保护修复，构建滩河林田草综合生态空间，加强滩区水生态空间管控，筑牢下游滩区生态屏障。

17.2.3.2　切实加强耕地与牧草地保护，保障粮食安全与农副产品供给

一是，坚持加强耕地保护，确保划足划好永久基本农田，坚持耕地“数量—质量—生态”三位一体保护，牢牢守住耕地红线，筑牢粮食安全根基。要根据黄河流域的气候、地形特征，加强耕地保护和用途管控。坚持耕地用养结合，推进耕地轮作休耕制度，合理轮作倒茬；积极开展耕地田间整治和土壤有机培肥改良，加强田间集雨设施建设；在中游黄土高原地区实施坡耕地整治、老旧梯田改造和新建旱作梯田；正视农业生产用水粗放问题，严格农业用水总量控制，以大中型灌区为重点推进灌溉体系现代化改造，推进高标准农田建设，打造高效节水灌溉示范区，稳步提升灌溉水利用效率；扩大低耗水、高耐旱作物种植比例，选育推广耐旱农作物新品种，加大政策、技术扶持力度，引导适水种植、量水生产；加大推广水肥一体化和高效节水灌溉技术力度，促进农业节水和农田水利工程良性运行；强化农业面源污染综合治理，因地制宜推进多种形式的适度规模经营，提高化肥、农药等物质的利用效率。在黄河干支流中下游引黄灌区实施农田退水污染综合治理，加强农田退水循环利用，切实保障耕地生态环境安全。在华北平原、汾渭平原、河套灌区等粮食主产区，积极推广优质粮食品种种植，大力建设高标准农田，实施保护性耕作，开展绿色循环高效农业试点示范，支持粮食主产区建设粮食生产核心区，巩固黄

河流域对保障国家粮食安全的重要作用，稳定种植面积，提升粮食产量和品质。

二是，实行以草定蓄，适度放牧，构建“保护—修复—管理”三位一体牧草资源管护新格局，夯实优质畜产品供应根基。优化发展草食畜牧业、草产业和高附加值种植业，积极推广应用旱作农业新技术新模式；鼓励舍饲半舍饲养殖，合理开展人工种草，在条件适宜地区建设人工饲草料基地；加强内蒙古、宁夏、青海等省（区）优质奶源基地、现代牧业基地、优质饲草料基地、牦牛藏羊繁育基地建设，布局建设特色农产品优势区，打造一批黄河地理标志产品；因地制宜发展现代农牧业服务业，构建“田间—餐桌”“牧场—餐桌”型农产品产销新模式，打造实时高效农牧业产业供应链；促进黄河流域农牧业科技创新，推动杨凌、黄河三角洲等农业高新技术产业示范区建设，在生物工程、育种、旱作农业、盐碱地农业等方面取得技术突破。

17.2.3.3 构建城乡发展新格局，推动高质量发展

一是，优化中心城市和城市群发展格局，高质量高标准建设沿黄城市群，打造区域经济发展增长极，构建“一轴一区多极”的城乡发展格局。充分发挥黄河流域比较优势，依托亚欧大陆桥国际大通道，以先进制造业为主导，以创新为主要动能的现代化经济廊道，串联上中下游和新型城市群，破除资源要素跨地区跨领域流动障碍，促进土地、资金等生产要素高效流动，增强沿黄城市群经济和人口承载能力；基于以山西、鄂尔多斯盆地为主的能源富集区，加快能源现代化发展，打造以山东半岛城市群、中原城市群、关中平原城市群、黄河“几”字弯都市圈、兰州—西宁城市群等为主体的沿黄地区高质量发展的增长极；强化生态环境、水资源等约束和城镇开发边界管控，防止城市“摊大饼”式无序扩张，增强城市群之间发展的协调性，避免同质化建设和低水平竞争。

二是，统筹沿黄河县城和乡村建设，优化城镇村用地结构，提高公共服务设施用地比重，降低采矿用地比重。大力发展县域经济，分类建设特色产业园区、农民工返乡创业园、农产品仓储保鲜冷链物流设施等产业平台，带动农村创新创业，促进城乡融合与多元产业协同发展；合理有序引导县域农产品主产区、重点生态功能区发展，推进县城公共服务设施地标改造，并与所属地级市城区公共服务和基础设施布局相衔接；立足黄河流域乡土特色和地域特点，深入实施乡村振兴战略，积极开展农村建设用地综合整治，盘活存量建设用地，科学推进乡村规划布局，鼓励有条件地区建设集中连片、生态宜居的美丽乡村。充分发挥黄河流域能源资源禀赋优势，促进资源型城镇发展，以区域资源环境承载力确定资源开发规模与强度。积极开展矿区生态环境综合整治，统筹推进采煤沉陷区、历史遗留矿山综合治理，开展黄河流域矿区污染治理和生态修复试点示范，加快生产矿山改造升级。

17.2.3.4 保护与发展兼顾，实施流域差异化国土空间管控政策

一是，以资源环境承载力评价和开发适宜性评价为依托，加大生态系统保护与修复力度，坚决遏制黄河上游生态面积减少。黄河流域上游地区生态环境脆弱，受气候、地形条件限制，资源环境承载能力较弱，经济发展水平较低，农业生产以戈壁农业、寒旱农业及畜牧业为主，国土空间开发以生态空间保护与修复为主，实施山水林地湖草沙一体化保护和系统治理。开展黄河上游地区草原资源环境承载力综合评价，加强三江源地区山水林田湖草沙生态要素保护修复，禁止河湖周边采矿、采砂、渔猎等活动；推动以草定畜、定牧、定耕，加大退耕还林还草、退牧还草、草原有害生物防控等工程实施力度，积极开展草种改良；实施渭河等重点支流河源区生态修复工程，在湟水河、洮河等流域开展轮作休耕和草田轮作，在超载过牧地区开展减畜行动，制定高原牧区减畜补助政策。

二是，创新中游黄土高原水土流失治理模式，强化国土空间规划管控，优化城镇空间、农业空间、生

态空间格局及资源配置。黄河中游涵盖北方农牧交错带、黄土高原丘陵沟壑区、汾渭平原区、秦岭山地区，地形复杂，林草资源耕地，适宜推行小流域综合治理、淤地坝建设、坡耕地综合整治等水土保持工程和退耕还林还草政策，适度发展经济林和林下经济，有助于提高生态效益和农民收益。推动杨凌农业高新技术产业示范区建设，带动现代农业、节水农业、生态农业发展，在汾渭平原区、黄土高原丘陵沟壑区等人地矛盾突出的重点区域实施山水林田湖草生态保护修复；依托陕西、山西、内蒙古等省（区）交界地带的能源富集区，推进能源资源一体化开发利用，加强矿山生态修复；以陕西省会城市西安市、关中平原城市群、黄河“几”字弯都市圈为主要载体融入“一带一路”建设，优化国土空间开发格局。

三是，推动下游地上悬河和滩区综合治理，加强黄河三角洲湿地保护和修复，推动济南、青岛等中心城市和山东半岛城市群联动发展格局。在生态文明建设、新型城镇化、乡村振兴战略驱动下，实施下游国土空间差别化用途管制，提高区域建设用地利用效率，深化农村宅基地制度改革试点，盘活农村闲置宅基地资源，引导和规范盘活利用行为；适度调整永久基本农田、重大基础设施和重要生态空间等相冲突的用地空间，促进城镇空间、农业空间和生态空间合理布局。

17.3　京津冀城市群

京津冀城市群位于我国华北平原北部，漳河以北，背靠燕山，东临渤海，西倚太行山与山西省为邻，东南部、南部衔山东、河南两省，西北部、北部与内蒙古自治区交界，东北部与辽宁省接壤，包括北京、天津两个直辖市和河北省 11 个地级市。该区域地处东北亚经济圈的中心地带，是连接欧亚大陆桥的战略要地，连接西北、东北和华北的重要节点地带，也是连接“海洋经济”和“大陆经济”的枢纽地区。

作为我国的“首都经济圈”，京津冀城市群不仅是中国的经济中心，还承载着国际交往、文化传播与创新等重要战略功能。近年来，该区域以其优越的地理位置、丰富的资源要素和雄厚的产业基础，在促进我国经济转型和经济崛起中发挥了重要作用。京津冀城市群国土资源利用现状及其构成见表 17.21。

表 17.21　2019 年京津冀城市群土地利用现状及其构成

类型	面积（10^4 hm^2）	比例（%）	类型	面积（10^4 hm^2）	比例（%）
主要地类面积①	2144.36	100.00	橡胶园	0.00	0.00
1. 耕地	645.73	30.11	其他园地	3.38	0.16
水田	16.72	0.78	3. 林地	754.13	35.17
水浇地	420.61	19.61	乔木林地	327.76	15.28
旱地	208.40	9.72	竹林地	0.00	0.00
2. 园地	116.90	5.45	灌木林地	237.12	11.06
果园	113.52	5.29	其他林地	189.25	8.83
茶园	0.00	0.00	4. 草地	197.68	9.22

① 该面积为耕地、种植园用地、林地、草地、城镇村及工矿用地、交通运输用地、水域与水利设施用地和湿地的总面积。

续表

类型	面积（10^4 hm^2）	比例（%）	类型	面积（10^4 hm^2）	比例（%）
天然牧草地	42.00	1.96	7. 交通运输用地	50.16	2.34
人工牧草地	1.10	0.05	铁路用地	4.28	0.20
其他草地	154.58	7.21	轨道交通用地	0.21	0.01
5. 湿地	17.86	0.83	公路用地	23.71	1.11
红树林地	0.00	0.00	农村道路	20.35	0.95
森林沼泽	0.02	0.00	机场用地	0.81	0.04
灌丛沼泽	0.11	0.01	港口码头用地	0.78	0.04
沼泽草地	1.77	0.08	管道运输用地	0.02	0.00
沿海滩涂	7.98	0.37	8. 水域及水利设施用地	87.01	4.06
内陆滩涂	6.61	0.31	河流水面	22.30	1.04
沼泽地	1.37	0.06	湖泊水面	2.49	0.12
6. 城镇村及工矿用地	274.89	12.82	水库水面	12.69	0.59
城市	43.89	2.05	坑塘水面	22.34	1.04
建制镇	41.49	1.93	沟渠	21.82	1.02
村庄	161.19	7.52	水工建筑用地	5.37	0.25
采矿用地	22.80	1.06	冰川及永久积雪	0.00	0.00
风景名胜及特殊用地	5.52	0.26			

京津冀城市群主要地类面积2144.36万公顷，该区域耕地645.73万公顷，占全国耕地总面积的5.05%；农作物播种面积占全国农作物总播种面积的5.20%，粮食播种面积占全国粮食总播种面积的5.91%，粮食产量3391.25万吨，占全国粮食总产量的6.01%；水资源量146.20亿立方米，占全国水资源总量的0.50%，人均水资源量167.98立方米，约为全国平均水平的7.67%。

该区域人口11036.93万，占全国总人口的7.83%，人口密度为503.97人/平方千米，是全国平均水平的3.45倍。2019年该区域的GDP为86393.23亿元，占全国总量的8.50%，经济密度为4028.86万元/平方千米，是全国平均水平的3.18倍；人均GDP为78276.48元，是全国人均水平的1.09倍。其中，第一产业增加值4197.88亿元，第二产业增加值24117.68亿元，第三产业增加值58077.67亿元，分别占全国总值的5.40%、6.28%、10.48%，呈现第一、第二、第三产业所占比例递次增加的状态。

总体而言，该区域以全国5.05%的耕地面积和0.50%的水资源量，生产了全国6.01%的粮食，产出了全国8.50%的GDP，生活着全国7.83%的人口。

17.3.1 国土资源利用基本状况

17.3.1.1 光、热资源丰富，农业发展优势明显，水资源较为短缺

京津冀城市群位于暖温带半湿润大陆性季风气候区，夏季高温多雨，光热丰富且雨热同期，适宜农

业发展。但由于季风性显著，该区域降水主要集中在夏季，降水季节分配不均，加之旱涝灾害的交替出现，给农作物生长带来一定负面影响。全区年平均气温 -4～15℃，≥10℃积温 1800～4200℃，年日照时数 2400～2800 小时，无霜期 120～200 天。依托丰富的光热资源，京津冀城市群风电、光伏及光热项目发展迅速，为构建区域清洁低碳安全高效能源体系提供了有力支撑。该区域雨热同期的气候条件有利于农业生产，由北向南农作物可由一年一熟到一年两熟。

该区域年平均降水量 530 毫米，降水较少且季节和地区分布不均，年降水量一般为 300～800 毫米，由北向南降水量逐渐递增。河北低平原区为少雨中心，年降水量低于 500 毫米，南部边缘和沿海年降水量可达近 800 毫米。从降水季节分布来看，春季雨少（约占全年的 1%），夏季特别集中，为年降水量的 70%～80%，且多暴雨。平原低洼地区易发生洪涝灾害，春旱夏涝在一年之内交替出现。各地洪涝干旱危害程度和出现频率不一样，一般来说，洪涝南部大于北部，而干旱北部重于南部。由于地理位置和气候、水文、地形特征的综合影响，历史上旱、涝、盐碱和风沙等自然灾害频繁，土地利用系统较为脆弱，且京津冀城市群水资源量仅占全国的 0.50%，却承载着全国 5.05% 的耕地、7.83% 的人口和 8.60% 的经济总量，农业需水量与可供水资源量的供需矛盾日趋加剧，其中尤以河北低平原区南部等地缺水问题更为突出。

京津冀城市群拥有丰富的耕地资源，且该区域多平原和高原，土质较肥沃且地形较为平坦，适宜农业发展。该区域自北而南分布着冀北山地、坝上高原、黄海平原、太行山麓平原等，地形以高原、山地、平原为主，土壤以褐土、潮土、棕壤等为主。该区域优质农田成片分布，农业发展优势明显，对保障国家粮食安全有重要意义。京津冀城市群耕地资源总量较大，但耕地资源面积空间差异也较大。2019 年耕地 645.73 万公顷，占全国耕地总面积的 5.05%。

从耕地结构看，呈现水浇地、旱地较多，水田相对较少的格局。各地耕地面积差异较大，其中，北京耕地较少，为 9.35 万公顷，占京津冀耕地总面积的 1.45%，占北京市行政区面积的 5.50%；河北耕地 603.42 万公顷较多，占河北省行政区面积的 31.76%，占京津冀耕地总面积的 93.45%（表 17.22）。

从耕地利用条件看，区内耕地平坦，可耕作面积较大，其中 2° 以下的平坦耕地占耕地总面积的 85.61%，6° 以下的耕地合计占 92.43%。现有耕地的主要利用方式为水浇地和旱地，占耕地总面积的 94.62%，水田比例相对较低。

从分布特征看，该区域耕地资源集中分布于东南部平原地带，水田和水浇地一般分布在地表水和地下水源较丰富的山麓平原地区及其他冲积平原、洪积冲积平原，水田集中分布在天津和唐山两市，水浇地主要分布在河北省西部和南部平原地区；旱地则主要集中分布在河北低平原地带。

表 17.22　2019 年京津冀城市群耕地面积

行政辖区	耕地面积（10^4 hm^2）				占全国耕地比例（%）	占行政区面积比例（%）
	合计	水田	水浇地	旱地		
北京	9.35	0.06	7.66	1.64	0.07	5.50
天津	32.96	6.95	25.77	0.23	0.26	27.47
河北	603.42	9.71	387.17	206.53	4.72	31.74
京津冀	645.73	16.72	420.61	208.40	5.05	29.49

17.3.1.2　国土空间开发强度较大，城乡用地结构两极化明显

京津冀城市群作为我国三大城市群之一，是我国北方最大的城市群和国家核心增长极。2015 年 4 月 30 日中央政治局会议审议通过的《京津冀协同发展规划纲要》指出，推动京津冀协同发展是一个重大国家战略，核心是有序疏解北京非首都功能。自京津冀协同发展战略提出以来，京津冀城市群建设用地面积不断增加，城市群协同发展成效显著，北京非首都核心功能持续疏解，基本公共服务共建共享取得实质进展。近年来京津冀城市群在人口承载力、交通等基础设施建设等方面实现了大幅提升和完善，国土空间开发格局持续优化。

总体来看，京津冀城市群建设用地规模大，国土开发强度和城镇用地人口承载水平均较高，村庄用地人口承载水平相对较低。“三调”成果显示，2019 年京津冀区域建设用地总面积 310.07 万公顷，占全国建设用地总面积的 7.58%，城镇村及工矿用地 274.88 万公顷，交通及水利基础设施用地 35.18 万公顷，国土空间开发强度为 14.16%。

从建设用地利用结构看，2019 年城市用地 43.89 万公顷，占该区域全部建设用地的 14.15%；建制镇用地 41.49 万公顷，占 13.38%；村庄用地 161.19 万公顷，占 51.99%；采矿用地 22.80 万公顷，占 7.35%；风景名胜及特殊用地 5.51 万公顷，占 1.78%；交通基础设施用地 29.82 万公顷，占 9.62%；水利设施用地 5.36 万公顷，占 1.73%（表 17.23 和表 17.24）。

从城乡用地结构看，京津冀城市群土地利用呈现较为明显的“两极化”特征，较发达城市与相对落后的农村共存，空间结构不够均衡，并且越靠近北京、天津的地市，建设用地规模越大；同时，该区域内部各市建设用地利用情况差异也较大。

从建设用地人口承载规模看，京津冀区域城镇用地人口承载水平为 8870 人 / 平方千米，比全国平均水平高 156 人 / 平方千米；村庄用地人口承载水平 2149 人 / 平方千米，比全国平均水平低 175 人 / 平方千米。

表 17.23　2019 年京津冀城市群城镇村及工矿用地面积　单位：10^4 hm^2

行政辖区	合计	城市用地	建制镇用地	村庄用地	采矿用地	风景名胜及特殊用地
北京	31.37	13.49	3.84	12.45	0.21	1.38
天津	33.22	12.25	7.99	8.95	3.40	0.63
河北	210.29	18.15	29.66	139.79	19.19	3.50
京津冀	274.88	43.89	41.49	161.19	22.80	5.51

表 17.24　2019 年京津冀城市群交通及水利基础设施用地面积　单位：10^4 hm^2

行政辖区	合计	铁路用地	轨道交通用地	公路用地	机场用地	港口码头用地	管道运输用地	水工建筑用地
北京	4.43	0.54	0.12	2.88	0.38	0.00	0.00	0.51
天津	4.90	0.53	0.08	2.52	0.12	0.26	0.01	1.38
河北	25.85	3.21	0.01	18.31	0.31	0.52	0.01	3.48
京津冀	35.18	4.28	0.21	23.71	0.81	0.78	0.02	5.37

17.3.1.3　生态用地总量较少，林地占比高

京津冀城市群生态用地利用呈现总面积较小、林地为主、草地和水域次之、公园绿地和其他生态用地面积较小的利用格局。2019 年，该区域生态用地 1059.04 万公顷，占该区域行政区面积的 48.36%。其中，北京生态用地 105.41 万公顷，天津生态用地 45.11 万公顷，河北生态用地 908.51 万公顷。

从生态用地结构看，该区域林地 754.12 万公顷，占生态用地总面积比例最高，达到 71.21%；其次为草地，占地 197.67 万公顷；随后为水域，共 81.64 万公顷；再者为公园与绿地，共 4.41 万公顷，主要位于河北省；其他生态用地面积最少，共计 3.34 万公顷，仅占生态用地总面积的 0.32%（表 17.25）。

从地形和分布看，该区域内部地形呈西北高东南低，西北部为内蒙古草原生态区和燕山—太行山山地林生态区，中南部为京津唐城市生态区和华北坪区生态区。该区域属少林区，森林类型以落叶阔叶林为主。林地和草地主要集中于西部和北部的承德市、张家口市等地，水域主要分布在中部华北平原一带。从各市生态用地利用情况来看，京津冀城市群各市生态用地分布情况差异较大。

表 17.25　2019 年京津冀城市群生态用地现状　　单位：$10^4\,hm^2$

行政辖区	湿地	林地	草地	公园与绿地	水域	其他生态用地	总计
北京	0.31	96.76	1.45	1.21	5.66	0.02	105.41
天津	3.27	14.83	1.50	1.38	22.35	1.79	45.11
河北	14.27	642.53	194.73	1.82	53.63	1.54	908.51
京津冀	17.85	754.12	197.67	4.41	81.64	3.34	1059.04

17.3.2　国土资源变化特征与挑战

17.3.2.1　耕地面积减少较多，旱地、水浇地下降明显，占补平衡压力大

2009—2019 年，京津冀城市群耕地呈减少趋势。耕地净减少 77.83 万公顷，降幅 10.76%，占全国耕地净减少面积的 10.34%。

从耕地结构来看，旱地和水浇地减少，水田增加。具体来看，旱地减少最多，共减少 60.35 万公顷，降幅 22.45%，占辖区耕地净减少面积的 77.53%；水浇地减少 23.57 万公顷，降幅 5.31%；水田增加 6.08 万公顷，增幅 57.17%（表 17.26）。

从耕地流入流出情况看，流出耕地面积大于流入耕地面积。京津冀城市群流入耕地 88.26 万公顷，园地是流入耕地最大的来源，共流入 19.32 万公顷，占比 23.49%；林地和草地是流入耕地的次要来源，占比 21.26% 和 19.42%。流出耕地 160.10 万公顷，林地是流出耕地最大的去向，共流出 87.27 万公顷，占比 54.51%；园地和建设用地为流出耕地的次要去向，占比分别为 18.44% 和 18.87%。

从空间分布看，北京、天津和河北的耕地均减少了 10 万公顷以上，主要是退耕还林还湿和城市造林绿化等工程和城镇建设共同导致的耕地减少，其中天津还有 10% 的流出耕地转变为水域。

总体来看，京津冀城市群是我国城市发展最为迅速区域之一，如何在保障社会经济快速发展的前提下，处理好区域经济发展与耕地保护的关系，是未来发展中亟待解决的关键问题。2009—2019 年，京津冀城市群耕地面积下降明显，由于生态退耕、造林绿化、建设占用和农业种植结构调整的影响，导致

大量耕地转为林地、建设用地和园地，耕地流出较多且进出不平衡，给耕地保护与粮食生产带来较大挑战。具体来看，一是，随着城市化的加速，城市发展对建设用地刚性需求不断增加，土地供需矛盾日益突出，未来京津冀区域可能面临耕地资源进一步减少等问题，从而给耕地保护带来挑战；二是，耕地资源不断减少对京津冀区域耕地可持续生产能力产生较大威胁；此外，由于耕地后备资源不足，耕地占补平衡压力大，部分地区补充耕地已经由丘陵区、浅山区转向了深山区，对生态保护造成了潜在的威胁。

表 17.26　2009—2019 年京津冀城市群耕地面积变化情况　单位：10^4 hm^2

行政辖区	净变化合计	水田	水浇地	旱地
北京	−13.35	−0.17	−9.52	−3.66
天津	−11.76	5.52	−8.83	−8.45
河北	−52.72	0.73	−5.22	−48.24
京津冀	−77.83	6.08	−23.57	−60.35

17.3.2.2　建设用地增幅较小，空间发展不平衡，用地结构和利用效率有待提升

2009—2019 年，京津冀城市群建设用地呈现小幅增长态势。京津冀城市群作为我国的“首都经济圈”，侧重以“中心带动四周，周边疏解核心”的发展模式来实现区域高质量协同发展。其中，建设用地利用和管理在保障京津冀协同发展中发挥了基础性作用，净增加 50.09 万公顷，占全国建设用地净增加面积的 5.85%；净增加幅度为 19.27%，低于全国平均水平。总体而言，各省（市）建设用地增加面积和幅度存在一定空间差异，且与全国平均水平相比，区域建设用地增幅相对较小。

从类型结构看，村庄用地增加最多，建制镇用地和城市用地次之，公路用地增加也较多，而风景名胜及特殊用地和采矿用地则出现负增长（表 17.27 和表 17.28）。建制镇用地增量远超城市用地，反映出京津冀协同发展特别是北京非首都功能疏解取得了一定实效。同时，增幅较大的还有交通用地，尤其是，由于环渤海区域唐山港、秦皇岛港、天津港、黄骅港等港口的飞速发展对建设用地需求量不断增加，2009—2019 年港口码头用地面积增长了近 25 倍。

从空间分布看，建设用地增幅总体呈现从北京向周边不断增加的特点，表现为离北京越近的区县，城镇用地增长幅度越大，并且多数都是朝北京方向扩张，反映出京津冀协同发展最先带动了周边区县建设用地的增长，并且离北京越近的地级市，新增住宅用地的比重越大。其中，河北建设用地净增加 41.98 万公顷，占区域建设用地净增加面积 83.81%，反映出河北在承接北京非首都功能疏解方面取得一定成效。

总体来看，京津冀建设用地不断扩张，土地要素支撑社会经济发展的功能不断强化，但在建设用地增幅和区域高质量协同发展方面仍存在增幅较低、内部发展不平衡等问题和挑战。一是，京津冀城市群建设用地增幅呈现从北京向周边不断增加的趋势，建设用地增加面积和幅度空间差异较大，城市群发展中存在城市空间过度开发与利用不足并存、较发达城市与相对落后的农村共存等问题，不利于区域高质量协同发展；二是，区域内仍然存在建设用地利用结构不够合理、整体利用效率偏低等问题，2009—2019 年该区域村庄用地增长量超过建设用地总增长量的 40%，反映建设用地的分散化尚未根本逆转，不利于土地节约集约利用。

表 17.27　2009—2019 年京津冀城市群城镇村及工矿用地面积变化情况　　单位：$10^4 hm^2$

行政辖区	净变化合计	城市用地	建制镇用地	村庄用地	采矿用地	风景名胜及特殊用地
北京	2.89	2.91	−0.86	1.30	−0.64	0.18
天津	2.65	1.59	4.70	−2.61	−1.08	0.05
河北	35.04	4.89	11.02	22.39	−2.46	−0.80
京津冀	40.58	9.39	14.86	21.08	−4.18	−0.57

表 17.28　2009—2019 年京津冀城市群交通及水利基础设施用地面积变化情况　　单位：$10^4 hm^2$

行政辖区	净变化合计	铁路用地	轨道交通用地	公路用地	机场用地	港口码头用地	管道运输用地	水工建筑用地
北京	0.79	−0.04	0.12	0.78	0.15	0.00	0.00	−0.22
天津	1.78	0.20	0.08	0.76	0.02	0.26	0.00	0.46
河北	6.94	0.69	0.01	5.58	0.21	0.49	0.00	−0.04
京津冀	9.51	0.85	0.21	7.12	0.38	0.75	0.00	0.20

17.3.2.3　生态用地小幅增加，水土资源不匹配，资源环境承载压力较大

2009—2019 年，京津冀城市群生态用地总体呈现小幅增加态势，生态环境整体向好，但除林地、公园与绿地外，其他类型生态用地面积均有所减少，其中草地和其他生态用地减少较多，大量草地向林地转移，给区域生态保护和可持续发展带来威胁（表 17.29）。

从变化数量和幅度看，2009—2019 年京津冀城市群生态用地净增加 52.50 万公顷。林地净增加最多，为 210.95 万公顷；而草地净减少最多，共减少 92.57 万公顷。这主要是由于“三北”防护林、平原绿化等造林工程活动成效显著。

从空间上看，生态用地变化面积和幅度均有较大差异。天津生态用地总面积净增加最多，为 19.35 万公顷；北京生态用地净增加 14.59 万公顷。

随着京津冀城市群工业化、城镇化快速发展对资源消耗需求的快速提升，城市建设用地面积不断增大，城市扩张侵占了原有的生态用地，导致人口、经济发展与土地、水资源和生态环境之间的矛盾加剧。从人地关系看，京津冀城市群西北部的燕山—太行山山地林生态区和内蒙古草原生态区生态用地面积大且人口较少，东南部的京津唐城市生态区生态用地面积小却承载京津冀城市群的主要城镇人口，生态用地空间分布不均，人地矛盾较为突出。

总体来看，河北人均公园与绿地面积远小于京津二地，绿色生态建设与京津二地相比较为滞后。京津冀城市群还存在景观连通性有待提高等问题，阻碍了生态空间布局的优化与提升。从水资源承载力上看，京津冀区域还存在水土资源匹配不协调、水资源供需矛盾突出等问题：一是，水供给能力与经济社会发展不匹配，水资源供需矛盾突出。京津冀城市群水资源量仅占全国的 0.50%，却承载着全国 7.83% 的人口和 8.50% 的经济总量，供用水受到水资源承载能力的严重制约，水安全长期处于紧平衡态势。二是，经济社会长期挤占生态环境用水，水生态环境损害严重。随着协同发展和生态文明建设的推进，北

京城市副中心、雄安新区等的建设在疏解北京非首都功能的同时会产生集聚效应，对区域发展用水和生态用水的刚性需求将持续攀升，京津冀地区水安全现状不乐观。

表 17.29　2009—2019 年京津冀城市群生态用地变化情况　　单位：10^4 hm^2

行政辖区	生态用地合计	林地	草地	公园与绿地	水域及水利设施用地	其他生态用地
北京	14.59	22.45	-7.03	0.29	0.15	-1.27
天津	19.35	9.17	8.96	0.35	-0.89	1.76
河北	27.44	179.34	-85.63	0.92	-5.36	-61.83
京津冀	52.50	210.95	-92.57	1.56	-6.10	-61.34

注：由于“二调”与“三调”湿地口径不同，不具有可比性，此处生态用地合计变化不包含湿地。

17.3.3　国土资源利用建议

《中华人民共和国国民经济和社会发展第十四个五年规划和 2035 年远景目标纲要》进一步提出要加快推动京津冀协同发展。打造产业发展协同联动、生态环境共保联治、交通网络互联互通，实现区域高质量协同发展已成为京津冀城市群的发展方向与重点任务。随着京津冀三地协作发展进程的推进，该区域实现了从政府管制向利益主体协调治理、从自上而下的竞争合作向上下结合的协同合作的转变，一系列有效措施正推动着区域协同发展不断迈上新台阶。京津冀协同发展是区域发展总体战略的重要一环，对于优化生产力布局、加快构建国土空间开发保护新格局意义重大。未来，京津冀地区需要关注区域国土空间开发保护的协调与提升，贯彻“绿水青山就是金山银山”与可持续发展理念，切实加强耕地资源保护，协同促进建设用地利用结构合理、布局优化与效率提升，同时强化湿地、草地保护与修复工作，促进生态环境优化提升，通过充分发挥国土空间管控政策的引导作用，持续推进北京非首都功能疏解，形成区域协同发展的新格局。

17.3.3.1　强化耕地保护管控，严控城镇无序蔓延

一是，进一步加强耕地保护与管控。在保障合理的工业化、城镇化发展需求以及必要生态工程建设的基础上，科学划定耕地保护规模和永久基本农田红线，进一步完善耕地占补平衡相关政策落实举措，加快京津冀区域高标准农田建设，促进耕地资源有效保护。积极落实“大食物观”，在保证耕地和基本农田数量不减少、质量不下降以及不破坏耕作层的前提下，有计划地引导农业生产调整。健全“良田粮用”利益补偿机制，加快形成耕地地力补贴、基本农田补贴等耕地保护经济补偿的合力，发挥补贴对粮食生产激励效应。基于大数据驱动，借助无人机航拍、卫星遥感等手段，联动配合数据库和监管信息平台综合开展耕地全域动态监测，实现耕地治理体系与治理能力现代化。

二是，严控城市扩张的规模和速度，减少优质耕地流失。根据城市群协同发展目标、区域土地供给能力和各项建设等对土地的客观需求，统筹编制京津冀国土空间规划，贯彻“十分珍惜和合理利用每寸土地，切实保护耕地”的基本国策，坚持控制建设占地规模，加强耕地尤其是对基本农田的保护。通过挖掘存量建设空间利用潜力、严格控制各类建设用地规模、完善建设用地指标控制体系、提高开发区及产业用地开发利用强度等措施，防止建设用地盲目扩张、土地利用粗放等行为对耕地资源的过度侵占。

17.3.3.2 调整优化建设用地结构，持续推动北京非首都功能疏解和区域协同发展

一是，以疏解北京非首都功能和推动京津冀协同发展为出发点，着力解决北京“大城市病”，破解长期发展中积累的深层次矛盾和问题，优化调整空间布局和经济结构。立足京津冀城市群协同发展目标和内部特征差异，有针对性地调整优化区域土地利用空间结构，推进建设用地集约高效利用。继续实施中心城区减量提质，优先改造提升中心城区土地利用水平，重点疏解四类非首都功能，提升建设用地空间利用效率。针对北京“大城市病”问题，重点从推进高精尖产业在“三城一区”的协同发展和优化布局、完善产业禁限目录、优化交通布局、实行人口规模和建设规模双控等方面推动城市降密提质和减量发展；天津作为我国先进制造研发基地、北方国际航运核心区、金融创新运营示范区以及改革开放先行区，应保障研究开发、航运物流等产业建设用地供给，统筹老城区改造和滨海新区的建设用地开发利用，严格控制新增建设用地；而河北地域广阔，人口基数大，近年来各城市发展较快，在明确作为京津两地产业转移承接地的基本定位外，还需采取前瞻性开发规划，进行低效用地清理、集中布局与适当改造利用，破解河北城镇化发展与建设用地之间协调发展的瓶颈制约，并与京津两地加强生态空间对接。

二是，着力推进建设用地利用结构合理、布局优化与效率提升，实现区域协同发展。按照《京津冀协同发展规划纲要》提出的“一核、双城、三轴、四区、多节点”空间布局和结构，严控京津新增建设用地，加快老城区、老厂房、废弃工业园区、低效用地等城市更新改造，促进建设用地布局优化与效率提升。针对城市空间过度开发与利用不足并存、较发达城市与相对落后的农村共存等问题，应着力推进向促进区域协同发展的新增建设用地优先提供配套和保障措施，大力提升农村建设用地集约化利用水平。首先，瞄准交通、产业等重点协同领域，完善新增建设用地优先提供配套和保障措施，重点保障北京市高端服务业、高新技术产业的建设用地需求，加大天津市先进制造业、金融业等重点产业用地保障，强化河北省承接京津两地的科技转化等产业的用地供给，促进京津冀城市群的产业关联配套与分工协作；其次，根据城乡统筹发展和新农村建设需要，开展农村建设用地整治工作，引导农村集体建设用地合理布局和高效利用；最后，应加快推进重点区域建设，基于京津冀协同发展的总体布局以及京津冀区域规划建设的卫星城、城市副中心以及重点功能区等，合理有序供给新增建设用地，优化建设用地利用结构，探索区域土地集约高效利用的新模式。

17.3.3.3 加强林草资源监管保护，持续开展河湖生态补水，提升生态承载能力

一是，加强林草资源监管保护，推进京津冀风沙源治理工程，构筑京津冀生态安全屏障。应不断完善京津冀生态协同圈防护林建设，以京津保核心区过渡带为重点建设成片森林，在燕山、太行山水源涵养区、海河流域、坝上高原建设水源涵养林和防风固沙林，提升区域抗风沙能力。同时完善草原保护工程，对重点草原区“三化（退化、沙化、盐渍化）”开展专项治理，持续推进首都水源涵养功能区和生态环境支撑区建设。以维护草原生态质量为核心，开展季节性畜牧业，落实草原休养生息，同时建立稳产、高产的人工草地，解决草畜之间的季节不平衡矛盾。以张家口、承德两市为重点积极推进“空心村”治理后复垦种草、乡村集体建设用地拆旧复垦种草、低产田退耕还草、发展草原生态旅游等重点任务落实，逐步增加草原面积，提高草地生态质量。加强对河北沽源草地生态系统、滦河源草地生态系统等省级自然保护区的监测和保护，推进草地分区、分类、分级治理。

二是，持续开展河湖生态补水行动，强化京津冀区域水资源供给侧保障和需求侧管控，响应打造“造福人民的幸福河”的号召，实现水资源、水安全、水生态、水环境、水文化以及经济社会的多维度治理与发展。尤其应接续实施永定河等重要河湖的生态补水工作，不断提升京津冀区域水资源承载能力。

三是，加强生态保护和生态用地供给，打造协调绿色一体化发展布局，促进国土空间优化与联动治理。落实主体功能区战略及生态环境保护政策，加强生态环境保护相关专项规划的协调衔接，确保原有生态用地不减少、新增生态用地能落地；围绕京津核心功能区、沿海带头发展区、冀中南功能拓展区、冀西北生态涵养区及特殊类型地区功能定位，以园林绿化为突破口打造首都国家公园环；对永定河、北运河等重要水系进行重点绿化建设，持续推进北京平原地区森林湿地与天津、廊坊、保定三市森林湿地连接，形成大范围森林、湿地生态过渡带，实现京津冀绿色生态廊道互联互通、提高景观连通性；制定京津冀城市群统一的环境质量标准并定期开展生态环境监测工作，制定严格的生态环境评价体系并落实责任制度。探索多元化的横向长效生态补偿机制，如设立京津冀生态建设基金和生态税收，引入市场机制进行产业化管理。

17.3.3.4 加强国土空间管控引导，构建京津冀区域协同发展新格局

京津冀协同发展作为当前我国重大发展战略之一，须以打造新型首都经济圈、推进区域发展体制机制创新等为目标，以科学高效的国土空间管控政策推动区域协同发展。一方面，要以疏解北京非首都功能为“牛鼻子”推动京津冀协同发展，调整区域经济结构和空间结构，推动河北雄安新区和北京城市副中心建设，探索超大城市、特大城市等人口经济密集地区有序疏解功能、有效治理“大城市病”的优化开发模式。为此，应高标准高质量建设雄安新区，加快启动区和起步区建设，推动管理体制创新。高质量建设北京城市副中心，促进与河北省三河、香河、大厂三县市一体化发展。推动天津滨海新区高质量发展，支持张家口首都水源涵养功能区和生态环境支撑区建设。根据社会经济发展需求调整供地策略，优化城市布局和空间结构，构建现代化交通网络系统，扩大环境容量生态空间，推进产业升级转移，推动公共服务共建共享，努力形成京津冀目标同向、措施一体、优势互补、互利共赢的协同发展新格局。另一方面，要着力加强顶层设计与优化国土空间管控政策，编制首都经济圈一体化发展的相关规划，在明确划定不同地区功能定位、产业分工、城市布局、设施配套、综合交通体系等重大问题的基础上，着力推动区域协同发展。应着力扩大环境容量生态空间，完善防护林建设、水资源保护、水环境治理、清洁能源使用等领域合作机制。此外，还要加强交通等基础设施建设，着力构建现代化交通网络系统，构建高效便捷的互联互通综合交通网络。

17.4 粤港澳大湾区

粤港澳大湾区位于中国东南部，珠江下游，濒临南海，与东南亚隔海相望，是中国对外联系的重要门户，被称为中国的“南大门”，具有显著的地缘优势。粤港澳大湾区地势平坦、河网密集、气候宜人，珠江水道宽广，水系发达，岛屿众多，辖区内有 1/5 的面积为星罗棋布的丘陵、台地，形成了相对闭合的“三面环山、一面临海、三江汇聚、八口分流”的独特地形地貌，具有优越的山水格局和生态禀赋。粤港澳大湾区包括香港特别行政区、澳门特别行政区和广东省广州市、深圳市、珠海市、佛山市、惠州市、东莞市、中山市、江门市、肇庆市（“珠三角”九市），即两个特别行政区、一个国家中心城市、两个经济特区、六个地级市，总面积 5.6 万平方千米，是我国开放程度最高、经济活力最强的区域之一，在国家发展大局中具有重要战略地位。

将粤港澳大湾区建设成为充满活力的世界级城市群、具有全球影响力的国际科技创新中心、“一带一

路”建设的重要支撑、内地与港澳深度合作示范区、宜居宜业宜游的优质生活圈，既是新时代推动形成全面开放新格局的新尝试，也是推动“一国两制”事业发展的新实践。由于第三次国土调查数据不包含香港特别行政区、澳门特别行政区、台湾省，以及福建省的金门、马祖等岛屿，因此，根据《粤港澳大湾区发展规划纲要》提出的若干战略要求，对“珠三角”九市的国土资源现状、变化及利用情况进行分析，并提出对策建议。2019 年粤港澳大湾区国土资源利用现状及其构成见表 17.30。

表 17.30　2019 年粤港澳大湾区国土资源利用现状及其构成

类型	面积（10^4 hm^2）	比例（%）	类型	面积（10^4 hm^2）	比例（%）
主要地类面积①	542.77	100%	风景名胜及特殊用地	0.63	0.06%
1. 耕地	40.79	3.77%	6. 交通基础设施用地	12.14	1.12%
水田	30.60	2.82%	铁路用地	0.64	0.06%
水浇地	7.13	0.66%	轨道交通用地	0.21	0.02%
旱地	3.05	0.28%	公路用地	8.65	0.80%
2. 园地	41.22	3.80%	机场用地	0.41	0.04%
果园	33.44	3.09%	港口码头用地	0.51	0.05%
茶园	0.20	0.02%	管道运输用地	0.01	0.00%
橡胶园	0.01	0.00%	7. 水域与水利设施用地	65.38	6.03%
其他园地	7.57	0.70%	河流水面	16.52	1.52%
3. 林地	281.69	26.00%	湖泊水面	0.09	0.01%
乔木林地	252.05	23.27%	水库水面	6.11	0.56%
竹林地	19.13	1.77%	坑塘水面	36.74	3.39%
灌木林地	2.74	0.25%	沟渠	4.21	0.39%
其他林地	7.89	0.73%	水工建筑用地	1.68	0.16%
4. 草地	8.65	0.80%	冰川及永久积雪	0	0.00%
天然牧草地	1.31	0.12%	8. 湿地	4.10	0.38%
人工牧草地	0	0.00%	红树林地	0.26	0.02%
其他草地	7.34	0.68%	森林沼泽	0.02	0.00%
5. 城镇村及工矿用地	88.80	8.20%	灌丛沼泽	0.01	0.00%
城市	32.97	3.04%	沼泽草地	0.00	0.00%
建制镇	29.11	2.69%	沿海滩涂	3.06	0.28%
村庄	24.94	2.30%	内陆滩涂	0.73	0.07%
采矿用地	1.13	0.10%	沼泽地	0.00	0.00%

① 该面积为耕地、种植园用地、林地、草地、城镇村及工矿用地、交通运输用地、水域与水利设施用地和湿地的总面积。

粤港澳大湾区主要地类面积542.77万公顷。其中，耕地40.79万公顷，占全国耕地总面积的0.32%。粮食播种面积53.37万公顷，占全国粮食总播种面积的0.46%；粮食产量为61.318万吨，占全国粮食总产量的0.09%。建设用地100.94万公顷，占全国建设用地总面积的2.47%，人均建设用地面积129.39平方米，约为全国平均水平37.65%。其中，城镇村及工矿用地88.80万公顷，交通及水利基础设施用地12.13万公顷，湿地4.10万公顷。粤港澳大湾区国土开发强度18.06%，是全国的2.18倍。生态用地360.57万公顷，占全国生态用地总面积的0.53%。其中，园地41.22万公顷，占区域土地总面积的3.80%；林地281.69万公顷，占区域土地总面积的26%；草地8.65万公顷，占区域土地总面积的0.80%。

该区域人口7801.43万，占全国总人口的5.55%；人口密度为719.78人/平方千米，是全国平均水平的4.11倍。该区域2019年的GDP为86899.05亿元，占全国总量的8.82%；人均GDP为111388.62元，约为全国人均水平的1.57倍；经济密度2159.71万元/平方千米，是全国平均水平的6.46倍。

总体而言，该区域以全国2.47%的建设用地，产出了全国15.83%的GDP，生活着全国5.55%的人口。粤港澳大湾区正处于由工业经济迈向服务经济的阶段，经济增长由工业拉动向服务业拉动为主转变。广州、深圳两个核心城市第三产业占比均超过60%，并逐渐向创新经济阶段过渡，在城市产业升级中处于领跑地位。依托"珠三角"雄厚的制造业基础，加之港澳地区发达的金融与高端服务，双轮驱动可实现产业优化升级。

17.4.1 国土资源利用基本状况

17.4.1.1 光热水资源协同高效，粮食生产基础稳固

粤港澳大湾区属南亚热带—热带季风气候，具有终年高温、光照充足，夏季长、霜期短，降水丰沛，水热季节配合协调等气候特征。年日照时数1900～2000小时，年均气温21～23℃，全年实际有霜期在3天以下；年均降水量1300～2500毫米，降水以夏季最多，春季次之，秋冬季最少。粤港澳大湾区东、西、北部三面山地丘陵台地围绕，中部平原广阔、地势低平，南部濒临南海，有较为丰富的滩涂和浅海区等后备土地资源。主要土地覆盖类型为林地、耕地与居住及建设用地，林地主要分布于东、西、北部山地丘陵地带，居住及建设用地主要分布于中部平原城市集群区。较为典型地带性植被以南亚热带季风常绿阔叶林、中亚热带典型常绿阔叶林和海岸红树林为主。土壤类型主要包括赤红壤、水稻土和红壤3种土壤类型，面积占比分别为49.31%、32.31%和10.62%。其中，富硒土壤资源丰富，分布面积为35830平方千米，占全区面积的64%，优质富硒土壤主要分布在江门、肇庆、佛山、惠州等市。粤港澳大湾区拥有丰富充足的气候资源、光照资源、热量资源、降水资源、土壤资源、生物资源等，为农作物种植和农产品生产提供了较为适宜的生长环境。

粤港澳大湾区土地垦殖率为3.76%，区域内各地市土地垦殖率均低于全国平均水平。区域内耕地40.79万公顷，占全国耕地面积的0.32%；种植园地41.22万公顷，占土地总面积的3.80%；林地281.69万公顷，占土地总面积的26.00%；草地8.65万公顷，占土地总面积的0.80%。粤港澳大湾区河网密布，水量充沛，水热条件良好，以亚热带和热带季风气候为主，地形西北高，东南低，山地集中在北部，平原地区主要分布于中部和沿海地区。森林类型主要为南亚热带季风常绿阔叶林、中亚热带典型常绿阔叶林和海岸红树林，植被覆盖度较高。

从耕地结构看，水田30.60万公顷、水浇地7.13万公顷、旱地3.05万公顷，三者分别占大湾区面积的5.47%、1.28%、0.55%；水田占全国水田面积比例为0.98%，水浇地占全国水浇地面积比例为0.22%，旱地占全国旱地面积比例为0.05%。三者呈现以水田为主、水浇地与旱地为辅的"一体两翼"资源格局

（表 17.31）。

从分布特征看，耕地主要分布在广州、江门、肇庆、惠州，呈现“四足鼎立”局面。水田面积最大的是江门（9.89 万公顷），水浇地面积最大的是广州（1.76 万公顷），旱地面积最大的是肇庆（1.16 万公顷）。总体而言，粤港澳大湾区长期坚持最严格耕地保护制度，有序落实耕地占补平衡、进出平衡，并推行垦造水田、拆旧复垦、耕地集中连片整治等多元措施，有效地推动了粤港澳大湾区耕地资源质量和产能提升。

表 17.31　2019 年粤港澳大湾区各市耕地面积

市	耕地面积（10^4 hm^2）				占全国耕地（%）	占大湾区面积比例（%）
	合计	水田	水浇地	旱地		
广州	5.17	3.37	1.76	0.04	2.29%	0.92%
深圳	0.28	0.00	0.28	0.00	0.12%	5.01%
珠海	0.66	0.42	0.16	0.07	0.29%	11.81%
佛山	2.12	1.22	0.79	0.11	0.94%	37.92%
江门	11.10	9.89	0.55	0.66	4.92%	198.57%
肇庆	10.66	8.77	0.73	1.16	4.72%	190.70%
惠州	9.14	6.61	1.54	0.98	4.05%	163.51%
东莞	0.92	0.07	0.84	0.02	0.41%	16.46%
中山	0.74	0.25	0.48	0.01	0.33%	13.24%
粤港澳	40.79	30.60	7.13	3.05	18.06%	729.70%

17.4.1.2　国土开发强度较高，建设用地承载规模较大

粤港澳大湾区地处我国沿海开放前沿，以泛“珠三角”区域为广阔发展腹地，在“一带一路”建设中具有重要地位，具备建成国际一流湾区和世界级城市群的基础条件，交通便利，拥有国际航运中心和吞吐量位居世界前列的重要港口，便捷高效的现代综合交通运输体系正在加速形成。总体来看，粤港澳大湾区虽然人口密集、城镇化水平较高，国土开发强度也较高，但建设用地规模却不大。

从建设用地结构看，城市用地 32.97 万公顷，占辖区建设用地面积的 32.67%；建制镇用地 29.12 万公顷，占比 28.85%；村庄用地 24.95 万公顷，占比 24.72%；采矿用地 1.14 万公顷，占比 1.13%；风景名胜及特殊用地 0.62 万公顷，占比 0.01%；交通基础设施用地 10.45 万公顷，占比 10.35%；水利设施用地 1.68 万公顷，占比 1.66%（表 17.32 和表 17.33）。粤港澳大湾区城市用地、建制镇用地和村庄用地规模相当，采矿用地与风景名胜及特殊用地占比较小，城乡融合发展空间相对均衡。

从建设用地分布特征看，建设用地最大的是广州（16.20 万公顷），占辖区建设用地面积 16.05%；面积最小的是珠海（3.75 万公顷），占比 3.72%。城市用地方面，城市用地基本集中在经济较为发达城市，例如广州、深圳城市用地占辖区城市用地面积比例均超过 25%。城市用地在辖区内各城市间分布不均衡，除广、深两市之外，其他 7 个地市的城市用地面积差异较小，两极分化趋势显著。

从人口、经济承载规模看，2019 年粤港澳大湾区城镇用地人口承载规模 10962 人 / 平方千米，比全国平均水平高出 2248 人 / 平方千米；村庄用地人口承载规模为 3991 人 / 平方千米，比全国平均水平低 1667 人 / 平方千米。建设用地地均二三产业增加值 846.86 万元 / 公顷，比全国平均水平高 622.87 万元 / 公顷；建设用地地均固定资产投资 312.27 万元 / 公顷，比全国平均水平高出 137.26 万元 / 公顷；建设用地地均财政收入为 82.01 万元 / 公顷，比全国平均水平高出 57.29 万元 / 公顷。总体上看，粤港澳大湾区城镇人口承载力和村庄人口承载力均较高，建设用地投资高、产值高、收益高，土地集约利用程度较高，土地利用结构呈现高度城市化和后工业化的特征，城镇和交通体系比较完整。

表 17.32 2019 年粤港澳大湾区各市城镇村及工矿用地面积 单位：10^4 hm^2

市	城镇村及工矿合计	城市用地	建制镇用地	村庄用地	采矿用地	风景名胜及特殊用地
广州	16.20	9.21	2.90	3.93	0.07	0.10
深圳	9.24	9.19	0.00	0.00	0.01	0.04
珠海	3.75	1.49	1.97	0.20	0.05	0.03
佛山	13.48	4.08	6.63	2.62	0.06	0.08
江门	9.23	2.77	2.36	3.82	0.22	0.06
肇庆	8.18	1.15	1.96	4.68	0.35	0.04
惠州	10.29	1.75	4.23	3.82	0.33	0.16
东莞	12.08	1.65	5.24	5.08	0.00	0.10
中山	6.35	1.68	3.82	0.79	0.04	0.02
粤港澳	88.80	32.97	29.12	24.95	1.14	0.62

表 17.33 2019 年粤港澳大湾区各市交通及水利基础设施用地面积 单位：10^4 hm^2

市	交通及水利基础设施用地合计	铁路用地	轨道交通用地	公路用地	机场用地	港口码头用地	管道运输用地	水工建筑用地
广州	2.62	0.17	0.11	1.71	0.18	0.14	0.00	0.30
深圳	0.99	0.07	0.06	0.49	0.15	0.13	0.00	0.10
珠海	0.59	0.02	0.00	0.39	0.05	0.05	0.00	0.08
佛山	1.66	0.08	0.02	1.10	0.00	0.04	0.00	0.41
江门	1.36	0.07	0.00	1.04	0.00	0.03	0.00	0.21
肇庆	1.54	0.07	0.00	1.23	0.00	0.01	0.01	0.21
惠州	1.85	0.09	0.00	1.51	0.03	0.03	0.00	0.18
东莞	1.09	0.06	0.02	0.83	0.00	0.07	0.00	0.12
中山	0.44	0.01	0.00	0.35	0.00	0.01	0.00	0.07
粤港澳	12.13	0.64	0.21	8.67	0.41	0.50	0.02	1.68

17.4.1.3　林地比例较高，生态用地分布相对均衡

粤港澳大湾区牢固树立和践行绿水青山就是金山银山的理念，像对待生命一样对待生态环境，实行最严格的生态环境保护制度。坚持节约优先、保护优先、自然恢复为主的方针，以建设美丽湾区为引领，着力提升生态环境质量，形成节约资源和保护环境的空间格局、产业结构、生产方式、生活方式，实现绿色低碳循环发展，使大湾区天更蓝、山更绿、水更清、环境更优美。粤港澳大湾区生态用地360.57 万公顷，占全国生态用地面积的 0.53%（表 17.34）。

从生态用地结构看，林地 281.81 万公顷，占辖区生态用地总面积比例最高，达到 78.16%；水域63.70 万公顷，占辖区生态用地总面积的 17.67%；草地 8.65 万公顷，占辖区生态用地总面积的 2.40%；公园与绿地 1.94 万公顷，占辖区生态用地总面积的 0.54%；其他生态用地面积则较少，仅 0.40 万公顷。

从分布特征看，生态用地主要分布于广州、江门、肇庆、惠州。其中，广州生态用地面积最大（36.41 万公顷），东莞最小（7.96 万公顷）。林地主要分布于肇庆、惠州；草地主要分布于江门、惠州；公园与绿地主要分布于深圳；水域主要分布于江门；其他生态用地主要分布于惠州。

可见，林地是粤港澳大湾区的主要生态用地类型，辖区内各地市的林地面积所占生态用地比重均在36% 以上，高于 70% 的有广州、深圳、江门、肇庆、惠州。地理边界的连接、生态系统的整体性和环境影响的关联性决定了粤港澳大湾区不仅属于城际的地域共同体，也属于生态环境共同体。

表 17.34　2019 年粤港澳大湾区各市生态用地面积　　单位：10^4 hm^2

市	林地	草地	公园与绿地	水域	其他生态用地	总计
广州	26.59	1.20	0.33	8.17	0.02	36.41
深圳	6.43	0.40	0.56	0.84	0.02	8.66
珠海	4.59	0.55	0.14	4.95	0.04	11.20
佛山	7.80	1.12	0.33	9.25	0.02	18.65
江门	48.11	1.31	0.08	15.49	0.08	66.83
肇庆	110.23	1.16	0.08	9.52	0.05	121.15
惠州	71.27	1.63	0.10	7.55	0.15	81.25
东莞	3.73	0.75	0.23	3.22	0.01	7.96
中山	3.07	0.53	0.09	4.72	0.01	8.45
粤港澳	281.81	8.65	1.94	63.70	0.40	360.57

17.4.2　国土资源变化特征与挑战

17.4.2.1　水田和旱地降幅明显，资源约束趋紧

2009—2019 年，粤港澳大湾区耕地面积均呈现不同程度的降低趋势，耕地净减少 19.94 万公顷，占全国耕地净减少面积的 2.65%。

从耕地结构来看，水田净减少最多（10.61 万公顷），占辖区耕地净减少面积的 53.22%，占全国水田

净减少面积的 6.62%；其次为旱地，净减少 8.13 万公顷，占辖区耕地净减少面积的 40.80%；水浇地净减少最少（1.21 万公顷），占辖区耕地净减少面积的 6.04%。

从空间分布来看，2009—2019 年惠州耕地净减少量最多（4.945 万公顷），占粤港澳大湾区耕地净减少面积的 24.81%（表 17.35）。就不同耕地类型而言，粤港澳大湾区人均水田面积净减少量 48.67 平方米，比全国平均水平多 22.00 平方米；人均水浇地面积减少 5.33 平方米，比全国平均水平多 25.33 平方米；人均旱地面积净减少量 37.33 平方米，比全国平均水平少 62.67 平方米。

2009—2019 年，粤港澳大湾区综合实力显著增强，粤港澳合作更加深入广泛，区域内生发展动力进一步提升，发展活力充沛、创新能力突出、产业结构优化、要素流动顺畅、生态环境优美的国际一流湾区和世界级城市群的框架基本形成。但区域发展空间面临瓶颈制约，资源约束趋紧，生态环境压力日益增大，进而导致耕地供需矛盾突出、种植结构失衡等问题，容易在一定程度上将粮食安全与食物安全问题转化为农业现代化格局风险。因此，在建设国际一流湾区和世界级城市群的进程中也应重点关注耕地资源安全问题。

表 17.35　2009—2019 年粤港澳大湾区各市耕地面积变化情况　　单位：10^4 hm^2

市	耕地	水田	水浇地	旱地
广州	−3.51	−2.06	−1.35	−0.11
深圳	−0.04	0.00	−0.02	−0.02
珠海	−1.15	−0.78	−0.05	−0.34
佛山	−1.67	−1.11	−0.23	−0.34
江门	−4.20	−2.79	0.16	−1.57
肇庆	−3.55	−1.66	0.44	−2.33
惠州	−4.95	−1.78	0.25	−3.42
东莞	−0.34	−0.04	−0.31	0.02
中山	−0.53	−0.41	−0.10	−0.02
粤港澳	−19.94	−10.63	−1.21	−8.13

17.4.2.2　建设用地结构变化显著，城镇村及交通用地增幅较大

2009—2019 年，粤港澳大湾区建设用地净增加 19.77 万公顷，占全国建设用地净增加面积（856.86 万公顷）的 2.31%（表 17.36）；建设用地面积净增加幅度 24.36%，略低于全国平均水平（26.51%）；国土开发强度由 14.82% 增至 18.06%。

从类型结构看，粤港澳大湾区城镇村及工矿用地净增加 16.70 万公顷，占辖区建设用地净增加面积的 84.47%，占辖区建设用地面积的比例由 86.04% 增至 87.97%。其中，建制镇用地净增加最大（12.11 万公顷），增幅 71.11%，占辖区建设用地的比例由 17.90% 增至 28.37%。城市用地增幅 51.39%，占辖区建设用地的比例由 26.63% 增长至 32.66%；村庄用地净减少 5.10 万公顷，降幅 17.00%，占辖区建设用地的比例由 36.74% 降低至 24.71%。采矿用地和风景名胜及特殊用地均呈现降低趋势，采矿用地净减少

0.39 万公顷，降幅 25.79%；风景名胜及特殊用地净减少 1.12 万公顷，降幅 64.10%。同期，粤港澳大湾区交通及水利基础设施用地净增加 3.07 万公顷，增幅 44.43%，占辖区建设用地净增加面积的 15.53%，占辖区建设用地面积的比例由 13.96% 下降至 12.03%。

从空间分布来看，粤港澳大湾区各地市建设用地增加面积和增长幅度存在一定空间差异，见表 17.37 和表 17.38。惠州建设用地净增加面积占比最高（4.47 万公顷），珠海建设用地净增加比例最低（0.61%）。整体而言，粤港澳大湾区核心区域的建设用地利用效率均处于较高水平，但边缘部分地市建设用地经济承载水平却提升缓慢，即一方面产业向乡村区域转移，村庄用地人口承载水平日益提升，另一方面产业结构转型升级的成效滞后于核心区，导致区域内部分地市的用地效率差距日益扩大。

2009—2019 年，粤港澳大湾区的区域发展更加协调，分工合理、功能互补、错位发展的城市群发展格局基本确立；供给侧结构性改革进一步深化，传统产业加快转型升级，新兴产业和制造业核心竞争力不断提升，各类资源要素流动更加便捷高效。然而，粤港澳大湾区已不再是单纯的新增建设用地的传统开发模式，更多面对的是存量更新地区资源盘活和一体化复合开发的复杂局面，经济运行仍存在产能过剩、供给与需求结构不平衡不匹配等突出矛盾和问题，生产要素高效便捷流动的良好局面尚未形成，亟须探索存量用地下的精细化综合开发的新路径。尤为明显的是，建设用地增长有所放缓，但土地利用结构发生剧烈变化，城镇用地及交通用地占比显著提高，产业用地增势更加明显，村庄用地、采矿用地、风景名胜及特殊用地等出现规模净减少，建设用地供求矛盾日益尖锐，倒逼建设用地空间结构加速调整。

表 17.36　2009—2019 年粤港澳大湾区各市建设用地变化情况

市	建设用地净增加面积（10^4 hm^2）	建设用地净增加幅度（%）	占粤港澳建设用地净增加面积的比例（%）
广州	3.48	20.39%	17.60%
深圳	1.66	22.00%	8.40%
珠海	0.12	14.59%	0.61%
佛山	2.35	22.12%	11.89%
江门	1.96	18.12%	9.91%
肇庆	2.09	23.38%	10.57%
惠州	4.47	46.83%	22.61%
东莞	2.93	25.82%	14.82%
中山	0.71	13.23%	3.59%
粤港澳	19.77	23.36%	100%

表 17.37　2009—2019 年粤港澳大湾区各市城镇村及工矿用地变化情况　　单位：10^4 hm^2

市	城镇村及工矿用地合计	城市用地	建制镇用地	村庄用地	采矿用地	风景名胜及特殊用地
广州	3.11	2.76	0.76	−0.03	−0.18	−0.21
深圳	1.61	1.82	0.00	0.00	−0.11	−0.09
珠海	0.00	0.48	−0.05	0.00	−0.06	−0.38

续表

市	城镇村及工矿用地合计	城市用地	建制镇用地	村庄用地	采矿用地	风景名胜及特殊用地
佛山	2.11	1.72	4.13	−3.49	−0.08	−0.17
江门	1.67	1.17	0.63	0.01	−0.04	−0.10
肇庆	1.45	0.41	0.45	0.64	0.00	−0.07
惠州	3.57	1.13	1.24	1.07	0.20	−0.07
东莞	2.55	0.68	4.32	−2.40	−0.05	0.00
中山	0.64	1.02	0.62	−0.90	−0.06	−0.03
粤港澳	16.70	11.19	12.11	−5.10	−0.39	−1.12

表 17.38　2009—2019 年粤港澳大湾区各市交通及水利基础设施用地变化情况　　单位：10^4 hm^2

市	交通及水利基础设施用地合计	铁路用地	轨道交通用地	公路用地	机场用地	港口码头用地	管道运输用地	水工建筑用地
广州	0.37	0.03	0.11	0.23	0.01	0.01	0.00	−0.02
深圳	0.05	0.00	0.06	−0.08	0.11	0.01	0.00	−0.05
珠海	0.12	0.01	0.00	0.09	0.00	0.01	0.00	0.01
佛山	0.24	0.05	0.02	0.16	0.00	0.02	0.00	−0.01
江门	0.29	0.06	0.00	0.24	0.00	0.01	0.00	−0.03
肇庆	0.64	0.05	0.00	0.60	0.00	0.01	0.01	−0.02
惠州	0.90	0.03	0.00	0.85	0.03	0.01	0.00	−0.02
东莞	0.38	0.00	0.02	0.30	0.00	0.05	0.00	0.01
中山	0.07	0.01	0.00	0.07	0.00	0.01	0.00	−0.02
粤港澳	3.07	0.25	0.21	2.45	0.15	0.14	0.02	−0.15

17.4.2.3　生态用地增幅较小，林地与公园绿地增长相对较快

2009—2019 年，粤港澳大湾区生态用地呈增加趋势，净增加 6.53 万公顷。其中，林地净增加最大（13.00 万公顷），其他生态用地净减少最大（6.01 万公顷）；其他二级地类中，草地、公园与绿地面积增加，水域及水利设施用地面积减少，其他土地面积减少。林地面积的净增加幅度最大，具体为 69.27%，草地面积的增加幅度最小，具体为 0.72%；其他生态用地面积的净减少幅度最大，具体为 51.04%，水域及水利设施用地面积的净减少幅度最小，具体为 27.17%（表 17.39）。

从变化数量与空间分布上看，林地增加最多，共增加 13.00 万公顷，增加区域主要位于肇庆；其次为公园与绿地，增加 1.02 万公顷，增加区域主要位于深圳；草地增加相对较少，共增加 0.31 万公顷，增加区域主要位于广州。其他生态用地减少最多，共减少 6.04 万公顷，减少区域主要位于惠州；其次为

水域及水利设施用地，共减少 1.79 万公顷，减少区域主要位于佛山。

粤港澳大湾区大力推进生态文明建设，树立绿色发展理念，坚持节约资源和保护环境的基本国策，实行最严格的生态环境保护制度，不断推进沿海防护林建设、国土绿化工程，推动形成绿色低碳的生产生活方式和城市建设运营模式，实现了生态和经济的高水平协调发展。生态用地总面积显著增加，生态空间管控成效整体良好，但仍存在保护效率低、协同性不足等风险与问题。水域保护效率亟须提高，城市间要素管控协同性不足；生态建设与经济发展耦合仍存短板，补偿机制尚需优化提升。珠三角周边山地、丘陵及森林生态系统保护还需加强，北部连绵山体森林生态屏障建设还要进一步推进。

表 17.39 2009—2019 年粤港澳大湾区各市生态用地变化情况 单位：10^4 hm^2

市	生态用地合计	林地	草地	公园与绿地	水域及水利设施用地	其他生态用地
广州	0.66	0.90	0.71	0.13	–0.80	–0.28
深圳	0.13	0.59	0.07	0.39	–0.21	–0.71
珠海	1.25	0.74	0.35	0.07	0.70	–0.61
佛山	–1.12	0.39	0.39	0.11	–1.51	–0.50
江门	1.62	1.54	0.28	0.04	0.59	–0.83
肇庆	3.78	5.17	–0.93	0.05	0.02	–0.53
惠州	1.30	3.34	–0.11	0.06	–0.07	–1.92
东莞	–1.26	0.27	–0.70	0.14	–0.49	–0.48
中山	0.17	0.05	0.25	0.03	–0.01	–0.15
粤港澳	6.53	13.00	0.31	1.02	–1.79	–6.01

注：由于“二调”与“三调”湿地口径不同，不具有可比性，此处生态用地合计变化不包含湿地。

17.4.3 国土资源利用建议

《中华人民共和国国民经济和社会发展第十四个五年规划和 2035 年远景目标纲要》提出要稳妥推进粤港澳大湾区建设。加强粤港澳产学研协同发展，完善广深港、广珠澳科技创新走廊和深港河套、粤澳横琴科技创新极点“两廊两点”架构体系，推进综合性国家科学中心建设，便利创新要素跨境流动。加快城际铁路建设，统筹港口和机场功能布局，优化航运和航空资源配置。深化通关模式改革，促进人员、货物、车辆便捷高效流动。深入推进重点领域规则衔接、机制对接。

面向国家中长期经济社会发展战略，深入贯彻习近平新时代中国特色社会主义思想和党的二十大精神，结合《粤港澳大湾区发展规划纲要》提出的具体要求，充分认识和利用“一国两制”制度优势、港澳独特优势和广东改革开放先行先试优势，针对粤港澳大湾区国土资源利用基本状况、变化特征与挑战以及总体趋势，提出具备全局性、战略性、前瞻性的对策建议。

17.4.3.1 因地制宜践行“大食物观”，优化农业生产结构和区域布局

一是，树立“大食物观”，发展设施农业，构建多元化食物供给体系。用好、用活耕地保护占补平

衡与进出平衡“双平衡”，以适应粤港澳大湾区居民对农产品的消费需求为调整方向。其中，种植结构与区域农产品供给保障能力密切相关，因此，关注粮食的稳生产和重要农产品供给，是提升粤港澳大湾区现代农业发展基础支撑能力的重要方向。事实上，随着城市化发展，粤港澳大湾区对生态观光农业产生了巨大需求，同时因为物流技术的发展，对全国乃至世界各地优质农产品需求也飞速增加。由此，在资源环境约束日益增强的背景下，如何守住耕地红线，适应大湾区居民对农产品多样化的消费需求，将是粤港澳大湾区农业生产布局优化的关键环节。

二是，引导粤港澳大湾区的专业生产区域充分发挥农业多功能特性。为减少高强度施肥施药对生态环境的影响，应合理利用城市科技要素和人才要素集中的优势，发展低碳农业、有机农业、设施农业等，减轻农业生产对环境的压力、降低农业生产对能源的消耗、减少环境污染、提高农产品质量。与此同时，对这些专业化生产的区域进行农业功能拓展，优化都市近郊、远郊农业景观，开发农业除了提供农副产品以外的功能，如科技创新、教育科普、调节自然生态、传承历史文化等，促使各功能相互促进，提高都市区农业的综合服务水平，全域全方位地践行“大食物观”，为粮食安全“国之大者”保驾护航。

17.4.3.2 深化建设用地节约集约利用模式创新，促进以“存量更新”为主导的高质量发展

一是，根据《粤港澳大湾区发展规划纲要》第四节“发展目标”，结合各地区国土空间规划体系的编制实施情况，合理确定各市新增建设用地规模，严格规划管控。例如，城镇建设须严格限定在城镇开发边界之内，农村一、二、三产业融合发展应当在县域内统筹等。科学编制实用性村庄规划，推动全域土地综合整治，盘活农村存量土地。同时，强化土地使用标准和节约集约用地评价，调整完善产业、基础设施、公共服务领域建设用地使用标准；大力推广节地技术，培育出一批新型节地模式和节约用地典型，发挥粤港澳大湾区的示范引领作用。

二是，构建土地储备统筹管理新机制，规范土地储备入库管理。探索多元化土地储备资金保障方式，推动土地储备盘活存量用地，推广片区收储和综合开发，推动粤港澳大湾区土地储备转型发展。首先，加强国有土地资产统筹管理，履行政府储备土地的所有者职责，对依法纳入土地储备的全民所有土地资产，实施统一管护、开发、利用和监管，确保国有土地资产“所有权人到位、所有者权益落实”。其次，落实各级各类国土空间规划体系，优化城市土地利用结构和空间布局。例如，结合各地区国土空间规划编制和实施，专门编制大湾区土地储备专项规划、三至五年滚动计划、年度利用计划等，重点推进片区收储和综合开发，通过统一性的规划、收储、开发、配套及供应，实现大湾区城市空间整体性、系统性改造。最后，落实节约优先战略，促进城市更新。发挥市场配置资源的决定性作用，健全和完善土地储备制度体系，逐步实现土地储备由重供地管理向综合性资产管理转型、由重实现土地资产经济价值向实现生态文明建设目标转型。

三是，从增量扩张转向存量更新，实施城市更新行动，加强城市基础设施建设，打造宜居、韧性、智慧城市。从理念上，注重在更新中延续历史文化名城的传统格局和风貌，强化和塑造地方特色，加强历史文化保护；从规划上，开展精细化的城市设计，全面杜绝大拆大建，重视保护修复、活化利用历史文化街区及各类历史文化遗产类建筑，促进建筑风格与历史文化的古今融合；从技术上，重视以“绣花”功夫对城市空间“微更新”，对更新片区采用“小切口、深层次、渐进式”的思路进行局部升级改造，通过合理的功能置换、特色文化场所塑造，增强城市空间文化品质，改善人居环境，做到引人、聚人、留人。推动 TOD 开发与“三旧”改造相融合，实现城市 TOD 与存量用地一体化开发，实施村级工业园改造，贯彻新发展理念，推动高质量发展。不断拓展优化高品质、低成本的产业发展空间，优化新

兴产业布局，引入高水准产业运营主体，集聚产业创新资源，促进新兴产业加快集聚发展，加快提升产业承载力和城市功能品质。

17.4.3.3 统筹“山水林田湖草”一体化保护修复，强化生态环境区域协同治理

一是，通过加强跨行政区域协同联动，强化山水林田湖草等各种生态要素的协同治理，赋能粤港澳大湾区的互动协作，增强各项举措的关联性和耦合性，注重整体推进。按照粤港澳大湾区自身生态系统的规律，分区域、分类别统筹自然生态各要素、山上山下、地上地下、陆地海洋以及流域上下游，进行整体保护、系统修复、综合治理，增强生态系统循环能力，维护生态平衡。强化珠江下游的流域综合治理工作，把治水与治山、治林、治田、治湖有机结合起来，通过对自然生态进行系统的保护、治理和修复，切实保障区域高质量发展。同时，也应当健全公园管理机构，加强对生态资源的保护，牢固树立“绿水青山就是金山银山”的发展理念，遵循“严格保护、统筹规划、合理开发、永续利用”的基本方针，建设可持续发展的绿色城市。须知，粤港澳大湾区内部分城市仍存在生态用地总量降低的趋势。随着粤港澳大湾区一体化和网络化进程的加快，应当严格管控城市建成区扩张，完善城市内部生态用地占补机制，实现有占必补以保证生态用地数量不减少且质量不下降。

二是，优化资源分级管理空间模式，建立控引结合的生态环境弹性指标体系，打造绿色低碳的“生态湾区”。转变粤港澳大湾区各市目前基于单一城市尺度的水资源生态空间格局，注重多维尺度的空间分类衔接和细化。例如，从整体层面明确水资源等生态用地边界约束，可以在广州及佛山等水域显著减少区域，探索建立“广佛中”与“深惠莞”组团，由联合体对水环境进行直接综合管理，强化大湾区内部的湿地资源及江岸线保护，提升区域生态系统完整性。在此基础上，市县层面应设立禁止建设项目清单，预留建设用地弹性增长空间，划分水域与湿地生态功能区块，规划用地类型与比例，确保生态文明建设与社会经济发展并重，提出刚性和弹性相结合的整体性控制引导指标体系，因地制宜细化和调整管理要求，以改善粤港澳大湾区内的水环境退化问题，达到设定的生态环境质量目标。此外，还应推动区域内部生态用地建设协同联动，提升湾区整体生态服务功能。比如，协调“深港”和“江肇广惠”跨区域山林屏障带建设，严格管控城市交界区域的建成区扩张，加快粤港澳大湾区生态用地一体化建设，提升区域整体生态系统连通性。

三是，精准识别与有效统筹自然生态要素，建立粤港澳大湾区全域全要素的生态系统管理方案，因地制宜确定环境管理政策和标准。各地市应探索将生态类空间规划作为用途管制的基础，强化生态用地开发的集约利用和生态要素的保护性要求，扎实推进城市间生态用地保护协调发展。积极引导城镇集约高效发展，完善城市内部的生态用地占补机制。在建设用地扩张时应注重以连续扩张为主，减少城市飞地带来的生态用地破碎化，充分利用建设用地间夹杂的未利用地，做好生态用地存量挖掘。此外，重视以珠海、江门、惠州、广州为代表的自然保育城市，开展林地、草地及滩涂等生态用地建设和恢复保育工作；港澳地区注重设置市内公园、郊野公园等自然保育区域，全面促进生态用地总量提升，满足区域生态服务公共产品的供给。并明确其主导功能、量控、线控及项目准入等规划管控要求，可以通过法定规划落实指导各生态用地单元的建设实施方案，实现生态用地管控的法定化，维护区域生态系统服务能力。

17.4.3.4 调整优化国土空间布局，积极推进粤港澳大湾区建设

依托国土空间开发保护新格局，建设宜居宜业宜游的国际一流湾区和世界级城市群，是推进粤港澳大湾区生态文明建设、促进社会经济可持续发展的重要支撑。换言之，聚焦粤港澳大湾区国土资源利用特

征、趋势与挑战，以及“专精特新”产业体系的重要特点，建设与国家重大战略相向而行的先行示范区。

一是，以党的二十大精神为引领，解放思想、大胆探索，不断深化粤港澳大湾区互利合作，进一步建立互利共赢的区域合作关系，推动区域经济协同发展，为港澳发展注入新动能，为全国推进供给侧结构性改革、实施创新驱动发展战略、构建开放型经济新体制提供支撑，建设富有活力和国际竞争力的一流湾区和世界级城市群，打造高质量发展的典范。一方面，把改革创新作为根本推动力，形成新的制度创新，激发市场活力。在定位、产业发展、体制设计等方面要强调高标准、设立门槛，不仅从生态环境考虑，同时考虑到高技术高水平的加工业，包括高端产业园区、康养文旅、交通枢纽及其他项目都要体现高起点。另一方面，符合发展规律、战略要求、地缘经济、双方利益，突出合作区的性质、政策界限、管理模式、重点工程、共享机制等内容。解决实际问题，发挥地缘经济优势，以制造业为主形成“专精特新”的产业链供应链配套。

二是，深入挖掘国土开发利用空间潜力，实现由要素空间单维突进向功能空间融合提效的转变。首先，在严格控制广州、深圳等大湾区核心城市建设用地规模的同时，加强城市群和都市圈统筹开发，适度扩大城市组团、外围城市建设用地面积，保持发展后劲。其次，加强分类指导，合理划定功能分区，优化空间布局，促进城乡集约发展，提高城乡基础设施一体化水平，充分挖掘存量土地开发潜力，推进地下空间开发利用。再次，实行分区分类供地政策，优先保障现代服务产业、战略性新兴产业和基础设施产业等建设用地需求，最大限度减少低效能、高污染、高耗能的产业用地。最后，发挥粤港澳大湾区辐射引领作用，统筹域内九市与粤东西北地区生产力布局，带动周边地区加快发展。完善大湾区至泛珠三角区域其他省（区）的交通网络，有序发展“飞地经济”。

三是，着力拓展蓝色经济空间，科学统筹海岸带、海岛、近海及深海海域利用，提升海洋资源开发利用水平。在此背景下，完善沿海城市群和城镇发展体系。一方面，坚持极点带动、轴带支撑、辐射周边，推动大中小城市合理分工、功能互补，构建结构科学、集约高效的大湾区发展格局。优化提升中心城市，以广州、深圳等区域中心城市作为核心引擎，发挥比较优势进一步做优做强，增强对周边区域发展的辐射带动作用。另一方面，转化蓝色经济优势，赋能重要节点城市建设，支持珠海、佛山、惠州、东莞、中山、江门、肇庆等城市充分发挥自身优势，增强城市综合实力，强化与中心城市互动合作，共同提升城市群发展质量。

17.5 长三角城市群

长三角洲城市群位于长江入海口之前的冲积平原，濒临黄海与东海，拥有众多沿江沿海港口。根据国务院批准的《长江三角洲城市群发展规划》，长三角城市群包括：上海，江苏省的南京、无锡、常州、苏州、南通、盐城、扬州、镇江、泰州，浙江省的杭州、宁波、嘉兴、湖州、绍兴、金华、舟山、台州，安徽省的合肥、芜湖、马鞍山、铜陵、安庆、滁州、池州、宣城等 26 市。长三角城市群是“一带一路”与长江经济带的重要地带，其综合经济实力呈持续发展的态势，是我国最具活力和最具发展潜力的地区之一。2019 年长三角城市群国土资源利用现状及其构成见表 17.40。

表 17.40 2019 年长三角城市群国土资源利用现状及其构成

类型	面积（10^4 hm^2）	比例（%）	类型	面积（10^4 hm^2）	比例（%）
主要地类面积[①]	2155.50	100.00%	内陆滩涂	9.26	0.43%
1. 耕地	563.17	26.13%	沼泽地	0.08	0.00%
水田	424.28	19.68%	5. 城镇村及工矿用地	349.54	16.22%
水浇地	70.18	3.26%	城市	83.41	3.87%
旱地	68.70	3.19%	建制镇	77.34	3.59%
2. 园地	85.84	3.98%	村庄	174.87	8.11%
果园	38.24	1.77%	采矿用地	9.05	0.42%
茶园	20.81	0.97%	风景名胜及特殊用地	4.87	0.23%
橡胶园	0.00	0.00%	6. 交通基础设施用地	61.85	2.87%
其他园地	26.79	1.24%	铁路用地	3.05	0.14%
3. 林地	660.95	30.66%	轨道交通用地	0.50	0.02%
乔木林地	453.88	21.06%	公路用地	32.61	1.51%
竹林地	82.19	3.81%	农村道路	23.25	1.08%
灌木林地	19.80	0.92%	机场用地	0.94	0.04%
其他林地	105.08	4.87%	港口码头用地	1.44	0.07%
4. 草地	16.13	0.75%	管道运输用地	0.06	0.00%
天然牧草地	0.00	0.00%	7. 水域与水利设施用地	362.57	16.82%
人工牧草地	0.01	0.00%	河流水面	105.96	4.92%
其他草地	16.11	0.75%	湖泊水面	66.23	3.07%
8. 湿地	55.45	2.57%	水库水面	20.61	0.96%
红树林地	0.00	0.00%	坑塘水面	120.06	5.57%
森林沼泽	0.04	0.00%	沟渠	36.76	1.71%
灌丛沼泽	0.01	0.00%	水工建筑用地	12.97	0.60%
沼泽草地	0.00	0.00%	冰川及永久积雪	0.00	0.00%
沿海滩涂	46.06	2.14%			

长三角城市群主要地类面积为 2155.50 万公顷。2019 年，该区域耕地总面积 563.17 万公顷，占全国耕地总面积的4.40%；粮食产量为4014.95万吨，占全国粮食总产量的6.05%，是全国地均粮食产量的1.37倍，属于粮食生产水平较高的地区之一。

该区域人口16508.55万人，占全国总人口的11.71%，人口密度为7.74万人/公顷，是全国的4.35倍，属于全国人口聚集度较高的地区。该区域 GDP 总量为 197349.53 亿元，占全国总 GDP 的 19.91%，地均

① 该面积为耕地、园地、林地、草地、城镇村及工矿用地、交通运输用地、水域与水利设施用地和湿地的总面积。

生产总值为 91.56 万元 / 公顷，是全国平均水平的 7.40 倍，一、二、三产业增加值分别为 5612.15 亿元、80728.37 亿元、111009.02 亿元，分别占全国三个产业增加值的 7.96%、20.91%、20.80%，二、三产业产值处于全国领先地位，工业化程度高。

综上所述，长三角城市群国土空间以超高的地均经济承载水平和产业发展程度吸引劳动力、技术、资金等众多要素集聚，成为引领全国社会经济发展的重点区域之一。

17.5.1 国土资源利用基本状况

17.5.1.1 地势平坦开阔，光热水资源丰沛，水田占比高

长三角城市群位于我国东部沿海地区，地理位置优越，水光热等自然资源禀赋较优。地形多以平原、低丘为主，地势低平，起伏较小，其内有里下河平原、太湖平原、长江三角洲平原，海拔在 10 米以下；间有惠山、天平山、虞山、狼山等丘陵散布，海拔为 200～300 米。优越的地形条件为长三角城市群营造了良好的水环境，以太湖、长江干流、钱塘江水系为主要枢纽的江河湖海构成了其水网纵横、湖泊棋布的水资源分布格局。长三角城市群属亚热带季风气候，年均温 15～16℃，降水量为 1000～1400 毫米，且季节分配均匀，各城市年日照时数均在 2000 小时以上，水光热同期，作物拥有良好的生长气候环境，熟制可达一年两熟或三熟。该地区多为长江及其支流携带的泥沙淤积而成的冲积平原，土质疏松并含有各种有机物质，大部分被培育为肥沃的水稻土和耕作土进行种植。

从耕园用地总量看，长三角城市群耕地总量相对较小、占全国比例较少，但其土地垦殖率较高（表 17.41）。2019 年长三角城市群耕地面积为 563.17 万公顷，占区域国土资源调查总面积的 25.95%，占全国耕地总面积的 4.41%，但其土地垦殖率接近全国水平的两倍。另外，该区域还有园地 85.84 万公顷，占区域国土资源调查总面积的 3.95%，占全国园地总面积的 4.26%（表 17.42）。

从耕园用地结构看，长三角城市群水田占比最高，旱地占比最少，而园地主要以果园为主。因自然资源禀赋的不同，长三角城市群耕园用地结构存在较大差异。各城市水田面积占比均在 55% 以上，位于江苏的城市以及上海的水浇地占比较旱地高，而位于浙江、安徽的城市旱地占比较水浇地高。位于上海、无锡、苏州、扬州、泰州、宁波、金华、舟山、台州、合肥、滁州的园地以果园为主，占比约 50%，依据自然条件不同，茶园和其他园地占比也不相同；位于南京、常州、镇江、杭州、绍兴、芜湖、马鞍山、宣城的园地呈现果园与茶园并重；位于南通、盐城、嘉兴、湖州的园地以其他园地为主；位于铜陵、安庆、池州的园地以茶园为主，占比约为 70%。

表 17.41 2019 年长三角城市群各省（市）耕地面积

省（市）	耕地面积（10^4 hm^2）				占全国耕地比例（%）	占行政辖区面积比例（%）
	合计	水田	水浇地	旱地		
上海	16.20	12.16	4.04	0.00	0.13	25.55%
江苏	226.55	161.66	59.73	5.17	1.77	34.64%
浙江	90.76	74.52	0.00	16.24	0.71	13.46%
安徽	229.66	175.93	6.43	47.30	1.80	31.01%
长三角城市群	563.17	424.28	70.18	68.7	4.40	26.41%

表 17.42　2019 年长三角城市群各省（市）园地面积

省（市）	种植园地面积（10^4 hm²）					占全国种植园地比例（%）	占行政辖区面积比例（%）
	合计	果园	茶园	橡胶园	其他园地		
上海	1.51	1.39	0.00	0.00	0.12	0.07	2.38%
江苏	13.67	5.21	1.92	0.00	6.53	0.68	2.09%
浙江	54.91	25.40	12.21	0.00	17.30	2.72	8.14%
安徽	15.77	6.23	6.69	0.00	2.81	0.78	2.13%
长三角城市群	85.84	38.24	20.81	0.00	26.79	4.26	4.03%

17.5.1.2　国土开发强度高，建设用地结构和集约化水平的地域差异明显

长三角城市群凭借优渥的自然资源条件，在国土空间利用与产业经济发展中取得较大优势，成为我国城市化发展较快、城镇分布较密集、区域一体化水平较高的地区之一。长三角城市群以全国 2.69% 的国土面积创造了全国 1/4 以上的二、三产业产值，其以超高的土地经济产出成为国民经济发展的重要引擎。同时，长三角城市群也是我国对外开放的前沿阵地，雄厚的工业基础、发达的商品经济、便利的水利交通使其成为我国最大的外贸出口基地。超高的国土开发强度催生了良好的社会经济条件，也吸引了大量人口流入与聚集，但也出现了核心城市和边缘城市间建设用地利用结构和集约化水平差异明显等问题。

从建设用地总量看，长三角城市群建设用地占区域土地总面积的比重较大，国土开发强度总体偏高。2019 年建设用地 401.09 万公顷，占全国建设用地总面积的 9.81%，占该区域国土调查总面积的 18.50%，国土开发强度是全国平均水平（5.11%）的 3.62 倍。

从建设用地空间布局看，国土开发强度呈现上海最高、苏南次之、安徽较低的格局（表 17.43 和表 17.44）。其中，上海的国土开发强度达 49.70%；无锡、苏州、南通分别为 33.82%、33.72%、32.26%；最低为安徽池州，仅 7.04%。

从建设用地结构看，长三角城市群建设用地结构以村庄、建制镇和城市用地为主，且城市间建设用地开发和利用结构差异明显。2019 年长三角城市群的城市用地、建制镇用地、村庄用地占比较其他建设用地类型高，可见该区域建设用地用途多以产业发展和居住为主。

从建设用地空间布局看，上海、南京、苏州、杭州、宁波、合肥等省会或经济发展水平较高的地区城市、建制镇用地较多，而其他城市建设用地多以村庄用地为主，建设用地开发和利用结构差距明显。

从建设用地集约利用水平看，长三角城市群建设用地集约利用水平整体较高，但城市间差异较大，外围城市建设用地的投入产出效益有待提高。以土地财政收入和二、三产业发展情况为依据，2019 年建设用地地均财政收入和地均二、三产业增加值分别为 55.67 万元 / 公顷、478.04 万元 / 公顷，分别比全国平均水平高 30.95 万元 / 公顷、254.05 万元 / 公顷，表明该区域地均经济发展水平遥遥领先于全国其他地区。以建设用地投入为依据，2019 年建设用地地均固定资产投资 255.60 万元 / 公顷，比全国平均水平高 80.59 万元 / 公顷，表明该区域建设用地投入强度较高，国土空间经济竞争力较大。

表 17.43　2019 年长三角城市群各省（市）城镇村及工矿用地面积　　单位：10^4 hm^2

省（市）	合计	城市用地	建制镇用地	村庄用地	采矿用地	风景名胜及特殊用地
上海	28.95	11.94	10.05	6.74	0.00	0.22
江苏	145.46	37.40	33.15	68.94	4.15	1.82
浙江	92.99	22.46	21.32	45.65	2.10	1.46
安徽	82.14	11.61	12.82	53.54	2.81	1.37
长三角城市群	349.54	83.41	77.34	174.87	9.05	4.87

表 17.44　2019 年长三角城市群各省（市）交通及水利基础设施用地面积　　单位：10^4 hm^2

省（市）	合计	铁路用地	轨道交通用地	公路用地	机场用地	港口码头用地	管道运输用地	水工建筑用地
上海	2.56	0.19	0.12	1.49	0.35	0.12	0.00	0.29
江苏	22.30	1.04	0.19	13.87	0.23	0.63	0.03	6.31
浙江	14.25	0.78	0.16	10.55	0.22	0.56	0.01	1.97
安徽	12.44	1.04	0.02	6.70	0.14	0.13	0.01	4.39
长三角城市群	51.55	3.05	0.50	32.61	0.94	1.44	0.06	12.97

17.5.1.3　生态用地类型丰富，但空间分布不均衡

长三角城市群既是我国经济发达和人口密集的地区之一，也是我国生态保护的重点地区。2019 年，长三角城市群生态用地 1090.53 万公顷，占区域总面积的 52.6%，是长三角城市群占比最高的用地种类，且生态用地组成结构丰富多样，以林地、水域为主，能在一定程度上满足城市发展的生态安全需求，但其空间布局存在不均衡的问题（表 17.45）。

从生态用地空间布局看，长三角城市群生态用地空间分布不均衡，呈北低南高的特点。浙江杭州、金华，安徽宣城、安庆以及江苏盐城 5 个城市的生态用地占比较大，共占区域总生态用地面积的 38.71%，而其余 21 个城市的生态用地面积综合占比仅为 61.29%，生态用地在空间布局上出现北低南高的分化态势。长三角城市群北部生态面积较少的地区主要以坑塘、河流等水域及水利设施用地为主，南部生态面积较多的地区主要以林地为主，而生态功能较强、占比较少的森林沼泽、内陆滩涂、沿海滩涂等湿地主要分布在盐城、南通和上海连贯形成的海岸带地区。由此可知，长三角城市群生态用地空间结构呈分异态势，林地、水域、湿地、草地均集聚分布在不同空间位置，生态功能的空间布局不均衡。

表 17.45　2019 年长三角城市群各省（市）生态用地面积　　单位：10^4 hm^2

省（市）	合计	湿地	林地	草地	公园与绿地	水域及水利设施用地	其他生态用地
上海	36.83	7.27	8.18	1.31	1.23	18.85	0.00
江苏	270.88	34.40	57.49	7.17	3.11	167.68	1.03
浙江	412.93	11.06	340.23	4.61	1.67	55.22	0.14

续表

省（市）	合计	湿地	林地	草地	公园与绿地	水域及水利设施用地	其他生态用地
安徽	369.86	2.72	255.06	3.03	1.09	107.85	0.11
长三角城市群	1090.53	55.45	660.95	16.13	7.11	349.61	1.29

17.5.2　国土资源变化特征与挑战

17.5.2.1　耕地面积呈减少态势，“三位一体”保护面临压力

2009—2019 年，长三角城市群耕地净减少 86.31 万公顷，占全国耕地净减少面积的 2.65%。而园地呈增加趋势（表 17.46 和表 17.47）。

从耕地结构来看，长三角城市群各市 2009—2019 年耕地均出现持续下降情况，内部以水田和旱地下降为主，部分城市水浇地增加，该结果的出现，是由于为满足日益增长的粮食需求和认真贯彻落实“占优补优、占水田补水田”的新政策要求，许多地方开展了大范围的旱改水型农田整治工程。

从空间分布来看，园地变化较为显著的城市为苏州、宁波、绍兴和台州。苏州由于城市建设加快，其他园地大量减少；而宁波、绍兴和台州三市的园地大量增加。

总体来看，长三角城市群受建设占用和农业种植结构调整等影响，耕园数量、质量和生态方面存在较多挑战：一方面，随着城镇化、工业化的快速发展，土地供需矛盾日益尖锐，耕地后备资源不足，耕地保护压力较大。另一方面，受居民膳食结构变化、比较经济效益等方面的影响，耕地非粮化现象较为普遍，对耕地用途管制带来了较大挑战。

表 17.46　2009—2019 年长三角城市群各省（市）耕地面积变化情况　　单位：10^4 hm^2

省（市）	耕地净变化合计	水田	水浇地	旱地
上海	−2.78	−0.80	−1.39	−0.58
江苏	−44.91	−13.78	17.61	−48.73
浙江	−53.55	−38.03	0.00	−15.51
安徽	−29.78	−19.20	−0.48	−10.09
长三角城市群	−86.31	−37.14	16.64	−65.80

表 17.47　2009—2019 年长三角城市群各省（市）园地面积变化情况　　单位：10^4 hm^2

省（市）	园地净变化合计	果园	茶园	其他园地
上海	−0.29	−0.36	0.00	0.07
江苏	−5.39	1.56	−0.15	−6.81
浙江	10.00	4.38	−1.22	6.85
安徽	1.99	0.57	0.97	0.44
长三角城市群	6.78	6.30	−0.06	0.54

17.5.2.2　建设用地增速放缓，空间一体化发展存在阻碍

伴随城镇化、工业化快速发展，长三角城市群建设用地规模和利用强度发生显著变化。2009—2019年，长三角城市群建设用地净增加67.42万公顷，增幅20.21%，较全国平均水平低6.29%。可见，长三角城市群建设用地增幅已出现放缓，但整体仍处于增长阶段，区域内所有城市建设用地均呈增加态势。此外，国土空间开发强度也在加大，由2009年的15.39%提高至2019年的18.50%，是全国平均水平的4.34倍，也是五个重大战略区中最高的。其中，城市用地规模扩张最快，村庄用地和采矿用地占比显著减少，反映建设用地结构向资源节约和环境友好方向演变（表17.48和表17.49）。同时，长三角城市群城镇和村庄用地人口承载呈下降趋势，核心区和外围城市建设用地呈相反的方向扩张。从建设用地类型来看，城市用地净增长最多，增幅最大，土地城市化发展迅速。

从类型结构来看，2009—2019年，长三角城市群村庄和采矿用地占比减少，城市和建制镇用地占比显著增加，建设用地结构向资源节约和环境友好方向演变。其中，城市用地占比由14.29%增加至20.79%；建制镇用地占比由18.57%增加至19.28%；交通基础设施用地占比由9.15%增加至9.62%。而村庄用地占比由48.09%减少到43.60%；采矿用地占比由4.11%减少到2.26%；风景名胜及特殊用地占比由1.96%减少到1.21%；水利基础设施用地占比由3.84%减少到3.23%。

从空间分布来看，长三角城市群外围城市建设用地向核心区方向扩张，增速相比核心区城市较慢，而核心区城市建设用地向外围方向扩张。此外，位于安徽的外围城市建设用地仅增加7.99万公顷，相比位于江苏、浙江两省的核心区城市较慢，且在朝核心区方向扩张，典型的如滁州，新增城市用地都分布在东面，朝向南京一侧；而核心区城市的建设用地在向四周扩张，如嘉兴、常州等新增城市用地分布在城市的四周，这反映了中心城市、大城市的辐射和带动功能在扩大。

总体来看，长三角区域是我国经济发展最活跃、开放程度最高、创新能力最强的区域之一，在全国经济发展中具有举足轻重的地位。而建设用地是长三角一体化发展、高质量发展的重要支撑要素。尽管建设用地增速有所放缓，但在利用层面仍存在一系列不容忽视的挑战，尤其是区域内发展不平衡，城市间、城乡间发展不协调，空间开发格局不均衡等问题十分突出，存在较多挑战：其一，在城市用地快速扩张的背景下，核心区城市与外围城市间愈加明显的建设用地开发集约利用水平差距，以及阻碍经济社会高质量发展的行政壁垒，是长三角城市群区域一体化发展主要阻碍。其二，面对城镇土地增加、村庄土地减少的建设用地结构变化，如何满足城镇发展空间需求的同时，保留乡村发展的空间权利，实现城乡融合发展，促进城乡基础设施、生态环境、公共服务一体化发展水平有待提高，这亦是长三角城市群面临的主要挑战之一。其三，由于外围城市国土开发强度较低，新增建设用地向核心区扩张，造成城市群内部空间结构、功能与发展不协调等问题，制约了土地利用综合效率的提升。

表17.48　2009—2019年长三角城市群各省（市）城镇村及工矿用地面积变化情况　单位：10^4 hm^2

省（市）	城镇村及工矿用地合计	城市用地	建制镇用地	村庄用地	采矿用地	风景名胜及特殊用地
上海	3.37	6.60	−1.75	−1.38	−0.03	−0.07
江苏	27.12	18.67	7.44	4.34	−2.77	−0.54
浙江	20.70	7.69	6.66	8.03	−1.21	−0.47
安徽	7.99	2.79	3.02	3.41	−0.66	−0.57
长三角城市群	59.18	35.74	15.37	14.40	−4.67	−1.65

表 17.49　2009—2019 年长三角城市群各省（市）交通及水利基础设施用地面积变化情况　单位：10^4 hm^2

省（市）	交通及水利基础设施用地	铁路用地	轨道交通用地	公路用地	机场用地	港口码头用地	管道运输用地	水工建筑用地
上海	–0.12	–0.02	0.12	–0.31	0.08	–0.06	0.00	0.08
江苏	1.59	0.41	0.19	1.50	0.05	0.22	0.02	–0.80
浙江	3.41	0.30	0.16	2.13	0.07	0.19	0.01	0.55
安徽	3.36	0.36	0.02	2.53	0.04	0.06	0.00	0.34
长三角城市群	8.24	1.05	0.50	5.85	0.23	0.41	0.03	0.16

17.5.2.3　城市型生态用地呈扩张态势，水域和湿地空间修复成为重点

2009—2019 年，长三角城市群生态用地净增加 96.97 万公顷，各城市生态用地面积均呈现增加趋势，表明生态文明建设总体向好发展。但各地类变化差异较大，并以林地、公园与绿地大幅扩张为主（表 17.50）。

从类型结构来看，面积增加的包括林地、草地、公园与绿地和水域及水利设施用地，其中，面积增加最多的为林地，增幅最快的是公园与绿地。面积减少主要为其他生态用地。

从空间分布来看，长三角城市群中所有城市生态用地均有所增加，但区域差异较大。2009—2019 年，生态用地总量增加较多的分别为盐城、南京、杭州、合肥，林地和水域是这些城市主要增加的生态用地类型；生态用地总量增加最少的城市为铜陵、泰州、舟山、安庆，与“三调”生态用地相比增幅为 0.65%，增加比例不足 1%。从增加幅度来看，南京、常州、镇江生态用地增幅较大，而安庆和铜陵增幅不足 1%。

总体来看，尽管长三角城市群生态用地变化趋势总体向好，但在新时代实现绿色一体化发展、维持生态系统多样性等方面也面临一些问题和挑战。其一，不同城市间生态用地变化总量差异悬殊，导致生态空间分布格局不协调的态势进一步扩大，如生态用地面积最多的杭州市与生态用地面积最少的嘉兴市两者间的差异超过 100 万公顷，城市群生态建设的协同发展还有待提升。其二，相较于其他重大战略区，长三角城市群由于河流湖泊较多且近海，使得其水域占比相对较大，逐渐减少的湿地必将威胁区域生态功能，如何维持生态系统多样性成为其面临的主要挑战。其三，长三角城市群多城市水域面积减少，水空间受损。2009—2019 年，舟山、镇江、扬州、无锡、泰州、苏州、上海、南通、合肥、滁州、池州和常州水域减少，接近区域水域面积的 50%，总面积减少 12.71 万公顷。水空间减少类型主要为湖泊河流水面，周边人类活动强度大，水域面积缩减，生态系统服务功能下降。

表 17.50　2009—2019 年长三角城市群各省（市）生态用地面积变化情况　单位：10^4 hm^2

省（市）	生态用地合计	林地	草地	公园与绿地	水域及水利设施用地	其他土地
上海	0.51	3.13	1.15	0.22	–3.84	–0.15
江苏	42.11	39.09	4.47	1.56	–3.84	0.83
浙江	30.93	27.69	–1.73	0.80	6.24	–2.07
安徽	23.42	25.30	–3.27	0.62	2.31	–1.54
长三角城市群	96.97	95.21	0.62	3.20	0.87	–2.93

注：由于“二调”与“三调”湿地口径不同，不具有可比性，此处生态用地合计变化不包含湿地。

17.5.3 国土资源利用建议

《中华人民共和国国民经济和社会发展第十四个五年规划和2035年远影目标纲要》提出，提升长三角一体化发展水平。同年,《长三角一体化发展规划“十四五”实施方案》对该区域如何进一步提升区域协同发展水平进行详细规划，其中表明，到2025年，长三角一体化发展取得实质性进展，一体化发展的体制机制全面建立，跨界区域、城市乡村等重点区域板块一体化发展达到较高水平，科创产业、协同开放、基础设施、生态环境、公共服务等领域基本实现一体化。

17.5.3.1 严控建设占用耕园草用地，促进农业和人居环境绿色发展

一是，严格保护耕地，持续提升耕地生产能力，认真践行“藏粮于地、藏粮于技”战略。要推进该区域村镇统一规划和建设，合理布局城市建设与农业生产的空间关系，大力推进全域土地综合整治，多措并举节约用地，严控建设用地占用耕地，确保耕地数量不减少、质量有提高，并严格保护水田等优质耕地。此外，还要发挥该区域水资源充裕的优势，提高水资源开发水平，增加水利设施的可供水量，在平原地区继续发展粮食生产，扩大优质稻米生产规模，提高农田排涝能力，挖掘增产潜力。

二是，推进农业现代化建设，促进绿色农业发展。加强该区域内集中连片、高标准基本农田的保护和建设，促进农业向生态化、精细化、产业化、现代化发展。加强耕地重金属污染治理及土壤酸化和盐碱化改良，防止水土流失和耕地退化，并根据长三角城市群资源环境承载力确定合理的农业开发强度，实现农业绿色发展。

三是，保护城市绿地面积，加强绿化设施一体化建设。对长三角城市群各城市建设项目占用种植园地、草地等行为进行严格审批和把控，推进城市受损弃置地生态与景观恢复工程，在数量和质量上保护该区域种植园地和草地。加快实施区域道路绿化、居住区绿化、棚户区改造和市政绿化基础设施建设统一提升等项目，实现该区域城乡间、城市间绿化环境一体化发展。

17.5.3.2 严控增量、挖掘存量，构建国土空间集约利用和均衡发展格局

一是，增强长三角城市群国土空间规划的统一性。进一步明确26市的主体功能，合理规划功能布局，统一规划建设都市圈内路、水、电、气、邮、信息等基础设施。以创新规划编制审批模式，探索建立统一编制、联合报批、共同实施的规划管理体制手段，为26市统一划定生态保护红线、永久基本农田保护线、城镇开发边界和文化保护控制线，建立覆盖全域、协调衔接的“四线”管控体系。

二是，推进长三角城市群存量建设用地挖潜。加强26市建设用地利用管理，在控制城市建设用地开发规模的同时，引导存量土地再开发，建立健全城镇低效用地再开发激励约束机制和存量建设用地退出机制，促进土地利用路径多样化发展，全面提升长三角城市群土地利用效率。建立长三角城市群城乡统一的土地市场，提升乡村地区国土开发强度。加快长三角城市群集体经营性建设用地入市、宅基地改革等试点推进工作，加速有效经验的推广宣传，促进长三角城市群乡村地区国土空间的开发建设，推动26市土地要素市场化配置综合改革，提高城乡资源要素配置效能和建设用地节约集约利用水平。

三是，建立健全长三角城市群土地利益分配格局，刺激外围城市土地产出效能。在厘清外围城市建设用地投入产出效益低下原因的基础上，通过人才、技术、信息等多要素流入和核心城市带动等方式激活外围城市的建设用地产出效能。同时，以跨区域指标交易、入股等形式联通核心区和外围城市间的建设用地利用格局，建立均衡的建设用地收益分配机制，提高区域一体化的建设用地利用效能。

17.5.3.3　修复水域和湿地屏障，以生态协同促进城市群生态安全格局优化

一是，保护重要水面，修复受损水空间。按照生态文明建设和绿色发展要求，探索健康湖泊的发展新方向，实施“一湖一策、一湖一景”的综合保护与利用策略。以长江沿线为主轴，环太湖区域为核心，东部河口水域和沿海岸线为保护带，淮河、钱塘江、大运河等河道为骨干廊道，巢湖、千岛湖等湖泊为重要节点，形成“一轴一核、一带三廊”水安全保障总体布局。通过清淤疏浚、生态修复、水岸联治等手段，强化湖体生态保护，开展适度利用，践行“生态 + 新经济”模式。实施退渔还湖，强化水空间修复。结合流域、区域已有专项规划要求，实施水系贯通、退渔还湖工程，增加自然调蓄空间。

二是，打造以生态湿地为主的工程建设。对长三角城市群内部的“三区四带”生态功能严重退化的湿地开展综合整治和系统修复，优先在重点区域实施湿地保护修复项目。在空间规划上构建“两带三轴多点”的协同保护格局。“两带”即沿海、沿长江“T”字型湿地保护带，“三轴”即淮河、钱塘江、京杭大运河湿地保护轴，“多点”即各级湖泊湿地、湿地公园、湿地自然保护区，以保持长三角湿地生态系统的完整性为指引，建立长三角湿地协同保护一体化的空间规划体系。湿地周边推广生态农业，限制人为活动，建立湿地保护区，减少人为活动对区域湿地的保护。

三是，促进长三角城市群生态协同发展，打造生态安全格局。长三角城市群经济一体化过程中要打造生态一体化。构建以皖西大别山、皖南—浙西—浙南山区为重点的绿色生态屏障区，构建以长江水道、淮河—洪泽湖水道为重点的生态廊道，形成“两屏两廊”生态安全格局。构建生态用地保护体系，保护重点生态功能区，完善自然保护地体系，加强生态红线管控，实现区域城市群共建共享。

17.5.3.4　打造优势互补的区域联动模式，促进长三角高质量一体化发展

一是，建立统一开放、竞争有序的区域共同市场，发挥政府统筹协调作用。在推进长三角地区一体化发展进程中，政府作用和定位应由经济建设型的战略主导者，逐渐向公共服务型的统筹协调者转变。要最大限度地放权给市场，特别是土地市场，充分发挥市场在资源配置中的决定性作用，更好发挥政府作用。通过建立城乡建设用地“同权同价，同等入市”的市场交易机制，搭建区域联动的建设用地指标交易体系，形成劳动力、资金、技术、信息等各类生产要素的跨市优化配置渠道等方式，推动和引导长三角城市群经济全方位、多层次的合作。

二是，加快实现城市间公共服务和基础设施的联动一体化建设。加快跨城市不同等级公路衔接、城际轨道交通网建设，构建高效便捷的综合立体交通网络，有效支撑都市圈有序联动发展。进一步提升多式联运的集疏运体系能级，促进各地港口与货物主要生产地、主要消费市场的衔接，加强重要交通基础设施与主要港口的对接。在公共服务上，优化人力资源、金融服务、社会保障、劳动保障、食品安全、旅游文化、养老服务、政务服务等的跨城市协作供给，推进城市间公共服务水准的同质化。

三是，全力释放都市圈的空间带动优势。以提升上海服务功能、发挥苏浙皖比较优势为抓手，切实加强长三角中心区与苏北、浙西南、皖北等地区的深层合作，高水平打造长三角世界级城市群。要持续推动长三角城市群上海都市圈、南京都市圈、杭州都市圈、合肥都市圈、苏锡常都市圈以及宁波都市圈六个重点都市圈的建设，提升都市圈同城化水平；要协调都市圈内城市之间的发展定位、加强都市圈间合作互动，整体推进科技和产业创新的一体化，实现都市圈内城市的优势互补、横向错位发展、纵向分工协作和特色化发展，并加强都市圈城市的生态环境保护与资源节约合作，建立污染联防联控机制，结合城市经济发展水平与环境污染状况进行层级布局，以此促进长三角城市群一体化发展新格局的构建。

第五篇

专题篇

自2009年以来，随着我国经济社会高速发展，城市化和工业化进程不断加快，国土资源利用面临着新的形势。在这一过程中，北方农牧交错带和重点生态功能区的国土资源利用、粮食安全与耕地保护、城乡建设用地高效利用、乡村振兴与农村建设用地利用、文物资源保护利用等问题都受到了广泛关注，需要采取有效的调控和管理措施。

北方农牧交错带是半湿润地区与半干旱地区的交汇地带，是草地农业和耕地农业的契合发展带，是我国中东部地区重要的生态安全屏障和京津冀地区重要的水源涵养带，具有不同于农区和牧区的独特经济形态，在我国经济社会发展和生态环境保护中发挥着重要作用。

重点生态功能区承担着水源涵养、水土保持、防风固沙和生物多样性维护等重要生态功能，关系全国或较大范围区域的生态安全，在维持生态平衡、保障国土生态安全、促进人与自然和谐、建设美丽中国、应对全球气候变化等方面具有极其特殊的地位。

粮食安全是“国之大者”，耕地是国家粮食安全和百姓“米袋子”的基础。党的十八大以来，党中央始终把解决粮食安全问题作为治国理政的头等大事，坚持并实行最严格的耕地保护制度，牢牢守住了18亿亩耕地红线，稳定了粮食产量，实现了谷物基本自给、口粮绝对安全。进入新时代，面对新形势，耕地保护工作也面临着新的挑战，需要我们居安思危，切实保护耕地资源，不断提升耕地质量，全方位夯实粮食安全根基。

我国经济已由高速增长阶段转向高质量发展阶段。在土地利用方式上，要坚定不移转变资源利用方式，充分发挥国土空间规划的统筹布局作用，优化城乡建设用地结构和空间布局。一方面要推进节约集约利用水平，为新型城镇化与城市群的高质量发展提供用地保障；另一方面要盘活利用村庄用地，为全面推进乡村振兴做好土地资源保障与挖潜。

针对我国经济社会高质量发展过程中在国土资源利用方面面临的新矛盾和新问题，本篇进行了专题分析，共分为 8 章。其中，第 18 章解析北方农牧交错带国土资源利用与生态保护，第 19 章关注重点生态功能区生态用地变化与保护，第 20 章探讨粮食安全与耕地资源需求，第 21 章剖析未耕种耕地问题，第 22 章评价耕地资源的质量，第 23 章重点探讨城市群社会经济发展与城市群建设用地的节约集约利用，第 24 章关注乡村振兴与农村建设用地，第 25 章研究国土空间规划体系下文物资源的保护与利用。第 25 章是“专题篇”增加的特色内容，主要原因是中央高度重视在国土空间规划编制与实施过程中文物资源的保护利用，这不仅是我国当前自然资源领域关注的关键问题，也是社会焦点议题之一。

全篇主要基于 2019 年第三次全国国土调查的汇总数据，分析了北方农牧交错带和重点生态功能区的国土资源利用及其保护，研究了我国耕地资源和建设用地的变化情况及其对社会经济的影响，并提出了国土资源利用中存在的主要问题以及相关的对策和建议。本篇旨在为新时代统一管理自然资源、保障国家粮食安全、推动城乡高质量发展、促进经济社会发展转型提供科学的参考依据。

第 18 章　北方农牧交错带国土资源利用与生态保护

北方农牧交错带是我国传统农业区域与畜牧业区域相交会合的过渡地带。作为连接我国种植业和畜牧业两大食物生产系统的地带，北方农牧交错带自古就是农区和牧区进行物资交换的经济纽带（史德宽，1999），在我国经济社会发展、国家粮食安全保障和生态环境保护中发挥着重要战略作用（张建春 等，2008）。但北方农牧交错带也是典型的生态脆弱区和人地矛盾区，面临着水资源短缺、土地退化等生态环境问题（李文龙 等，2018；刘珺 等，2021），以及稳定粮食安全、巩固拓展脱贫成果与乡村振兴有效衔接等经济社会发展问题（璩路路 等，2019）。开展该区域国土资源利用与生态保护研究对于科学认知区域人地关系、促进农牧业可持续发展、提升地域功能具有重要意义。

本研究参考原农业部 2017 年发布的《农业部关于北方农牧交错带农业结构调整的指导意见》（以下简称《指导意见》），选择内蒙古、辽宁、河北、山西、陕西、甘肃、宁夏等 7 个省（区）的 146 个县（市、区、旗）作为研究区域，地处东经 102°55′～123°28′、北纬 34°35′～45°30′，总面积为 4601 万公顷，海拔高程为 160～4973 米。研究区域属于温带大陆性气候区，年平均降水量为 300～450 毫米，是我国中东部地区重要的水源涵养带和生态安全屏障（刘欣 等，2023）。研究区域内地貌单元以高原、丘陵镶嵌分布为主，部分区域地貌为平原、山地。按照《指导意见》，农牧交错带可划分为长城沿线沙化退化地区、黄土丘陵沟壑地区和京津冀水源涵养地区三大区域（图 18.1）。

18.1　国土资源利用基本状况

北方农牧交错带整体呈“四林三草二分田”的空间格局，城镇用地比重较低；耕地草地镶嵌分布，空间异质性较强；林地面积最大，内部结构整体稳定。

18.1.1　以林地草地耕地为主，城镇用地比重较低

2019 年，我国北方农牧交错带总面积为 4601.00 万公顷，土地利用以耕地、草地和林地三大地类为主，三者面积之和为 4072.14 万公顷，占北方农牧交错带总面积的 88.51%。林地占比最高，为 1743.68 万公顷，占北方农牧交错带总面积的 37.90%；其次为草地和耕地，分别为 1246.28 万公顷和 1082.18 万公顷，分别占北方农牧交错带总面积的 27.09% 和 23.52%。林地和草地主要分布于内蒙古、陕西、山西；耕地主要分布于内蒙古、山西、河北。

北方农牧交错带整体城镇化水平偏低，城镇村及工矿用地为 171.60 万公顷，仅占所有土地的 3.73%。交通运输用地为 64.78 万公顷。从区域内部差异看，辽宁、山西城镇化水平较高，内蒙古、宁夏城镇化水平较低，内部城镇化发展水平不均衡（图 18.2）。

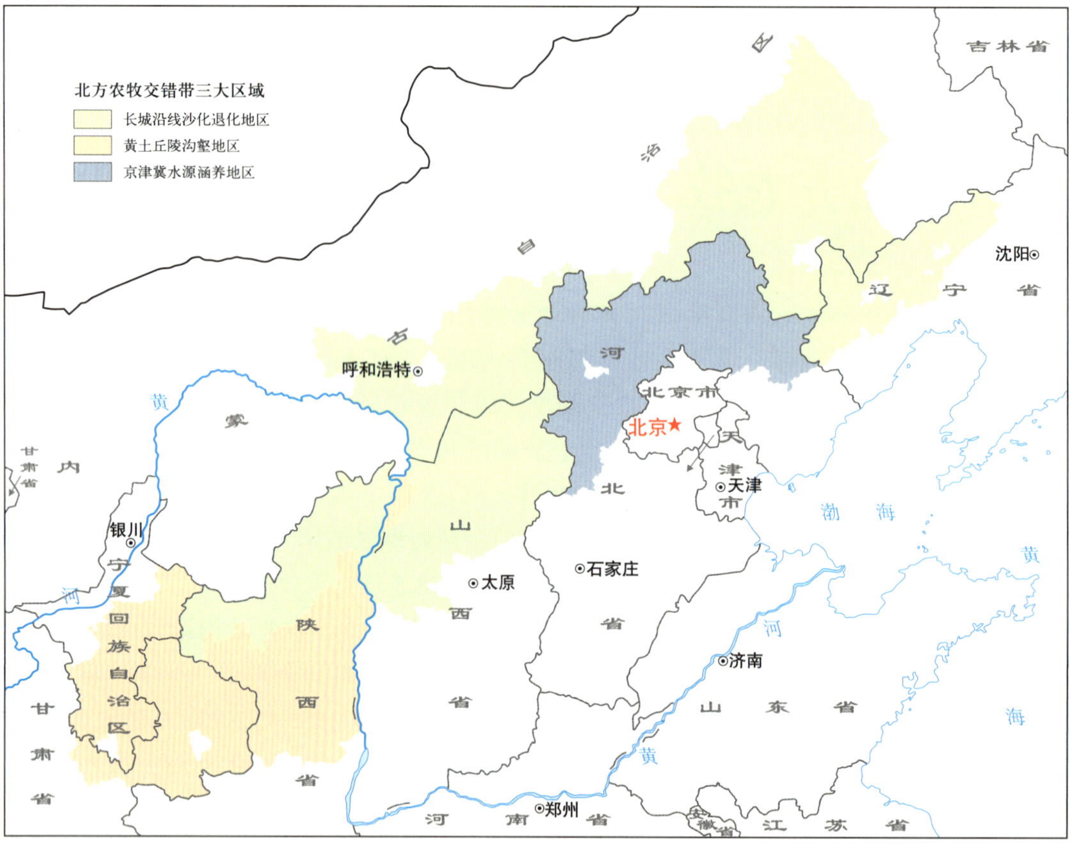

图 18.1　北方农牧交错带空间区位

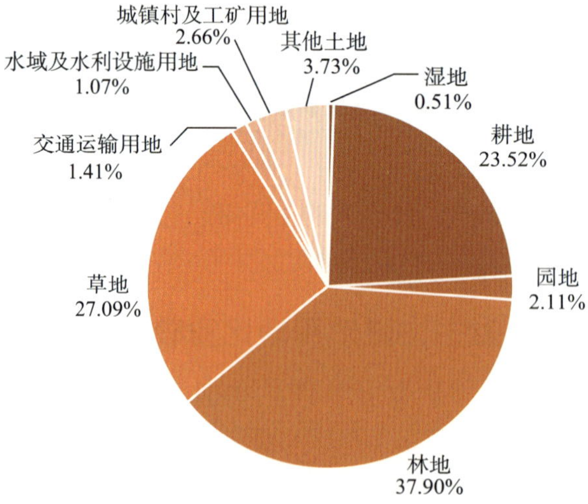

图 18.2　北方农牧交错带土地利用结构

长城沿线沙化退化地区总面积为 2710.25 万公顷。林地占比最高，为 876.51 万公顷，占长城沿线沙化退化地区总面积的 32.34%。其中，灌木林地占比最高，为 387.54 万公顷，占林地面积的 44.21%。湿地占比最低，为 16.67 万公顷，占长城沿线沙化退化地区总面积的 0.62%。

黄土丘陵沟壑地区总面积为 1142.46 万公顷。林地占比最高，为 477.87 万公顷，占黄土丘陵沟壑地区总面积的 41.83%。其中，乔木林地占比最高，为 284.82 万公顷，占林地面积的 59.60%。湿地占比最低，为 2.42 万公顷，占黄土丘陵沟壑地区总面积的 0.21%。

京津冀水源涵养地区总面积为 748.29 万公顷。林地占比最高，为 389.30 万公顷，占京津冀水源涵养地区总面积的 52.03%。其中，乔木林地占比最高，为 175.11 万公顷，占林地面积的 44.98%。湿地占比最低，为 4.41 万公顷，占京津冀水源涵养地区总面积的 0.59%（表 18.1）。

表 18.1　2019 年北方农牧交错带及各区域不同地类统计表　　单位：10^4 hm^2

编码	地类	长城沿线沙化退化地区	黄土丘陵沟壑地区	京津冀水源涵养地区	北方农牧交错带合计
00	湿地	16.67	2.42	4.41	23.49
01	耕地	723.11	219.42	139.64	1082.18
02	园地	24.96	50.57	21.75	97.28
03	林地	876.51	477.87	389.30	1743.68
04	草地	814.90	288.16	143.22	1246.28
20	城镇村及工矿用地	105.74	41.53	24.32	171.60
10	交通运输用地	40.27	16.09	8.42	64.78
11	水域及水利设施用地	32.03	8.23	9.07	49.33
12	其他土地	76.06	38.17	8.16	122.39
总计		2710.25	1142.46	748.29	4601.00

18.1.2　耕地草地交错分布，区域差异显著

北方农牧交错带作为草地与耕地、种植业与畜牧业之间的过渡带，不同土地利用类型呈现带状集聚、点状分散的空间分布特征。耕地空间分布差异显著，整体呈现东多西少、北多南少的空间格局；草地则呈现西北多、东南少的空间格局。从三大分区看，长城沿线沙化退化地区、黄土丘陵沟壑地区和京津冀水源涵养地区耕地占比分别为区域耕地总面积的 66.82%、20.28% 和 12.90%。总体看耕地主要分布区域地形较为平坦，农业发达，如辽宁阜新县，内蒙古翁牛特旗、敖汉旗，陕西定边县，甘肃环县（图 18.3）。

研究区域内草地为 1246.28 万公顷，其中 59.24% 为天然牧草地、40.04% 为其他草地，人工牧草地仅占 0.72%。从空间分布看，与耕地交错特征明显，长城沿线沙化退化地区、黄土丘陵沟壑地区和京津冀水源涵养地区草地占比分别为研究区内草地总面积的 65.39%、23.12% 和 11.49%。草地分布较多的区县包括内蒙古克什克腾旗、阿鲁科尔沁旗、巴林右旗，甘肃环县，宁夏盐池县。

18.1.3　林地占比较高，内部结构稳定

随着近年来天然林保护、“三北”防护林、退耕还林还草、京津风沙源治理等多项重要生态建设工程建设的不断推进，北方农牧交错带内林地数量快速增加。2019 年，研究区域内林地达到 1743.68 万公顷，其中乔木林地、灌木林地和其他林地分别占林地总面积的 45.06%、35.00% 和 19.94%。从不同区域林地分布看，京津冀水源涵养地区林地占比最高，区域范围内 52.03% 为林地；其次是黄土丘陵沟壑地区，林地占比为 41.83%；长城沿线沙化退化地区林地占比相对较少，区域面积的 32.34% 为林地（图 18.4）。

受不同区域生态区位及主体功能影响，黄土高原水土流失重点治理区域的部分区县林地占比较高，如

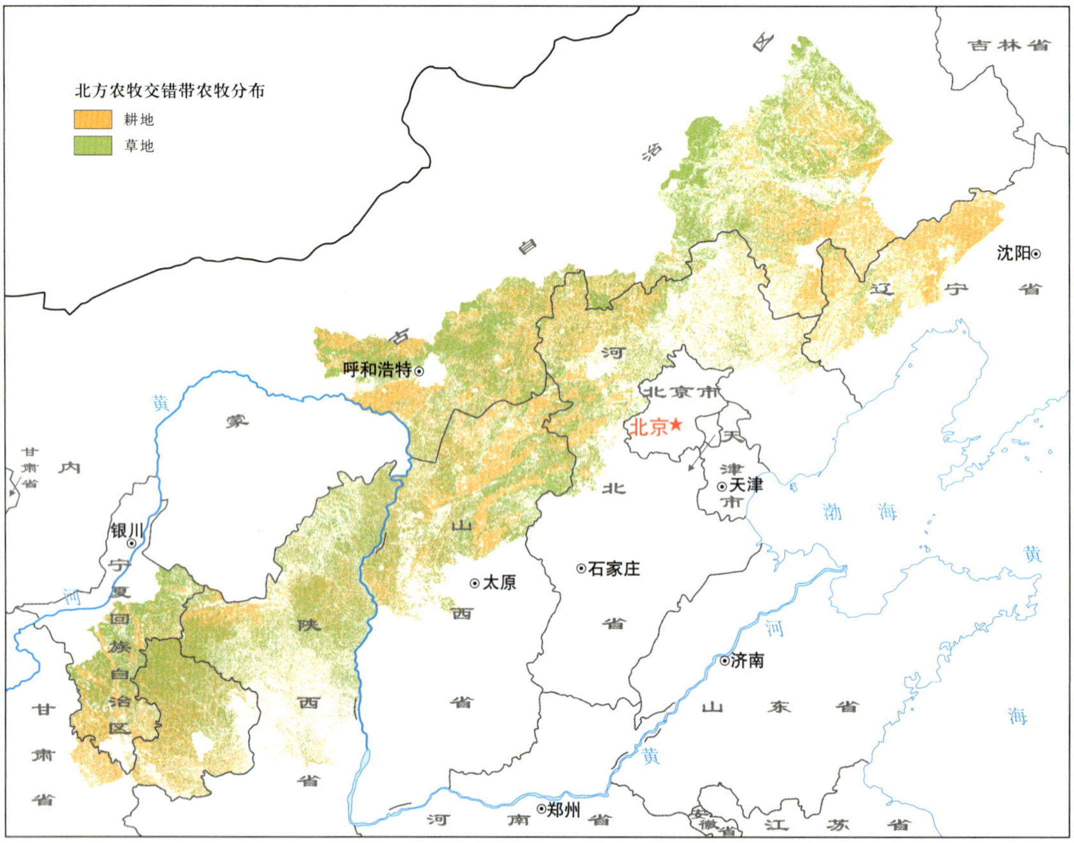

图 18.3 北方农牧交错带耕地与草地分布

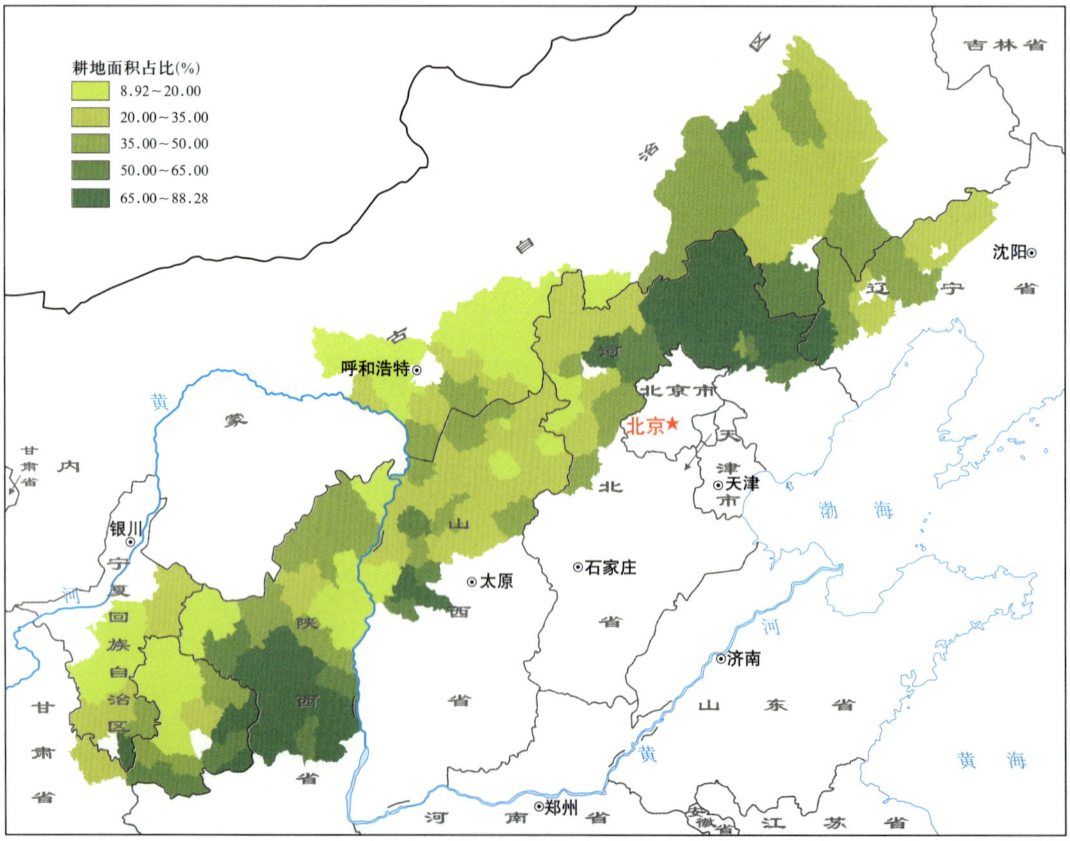

图 18.4 北方农牧交错带林地面积占比

陕西黄龙县、富县、黄陵县、甘泉县、宝塔区、宜川县，宁夏泾源县等地，林地占比超过 80%。河北崇礼区、承德县、隆化县等重要防护林基地建设和水源涵养功能区林地数量也相对较高，均达到了 70% 以上。

18.2　国土资源时空变化

北方农牧交错带农业生产潜力逐渐增强，耕地数量明显增加，水浇地面积增加较多。草地数量显著减少，主要转化为林地，使得林地数量呈上升趋势，推进生态环境质量显著提高。城乡建设空间不断扩大，交通路网通达性增强，粮食安全、生态安全与经济发展协同推进。

18.2.1　耕地总量明显增加，草地和林地为主要来源

2009—2019 年，北方农牧交错带耕地由 1050.82 万公顷增至 1082.17 万公顷，共增加 31.35 万公顷，增幅为 2.98%，耕地占区域总面积比例由 22.84% 提升至 23.52%。耕地面积增加较多的区域主要分布在内蒙古翁牛特旗、阿鲁科尔沁旗及敖汉旗等北方农牧交错带的东北部地区。而位于西部黄土丘陵沟壑地区的宁夏、陕西部分区县耕地数量显著减少。三大分区中，长城沿线沙化退化地区和京津冀水源涵养地区耕地分别增加了 64.77 万公顷和 7.60 万公顷，而黄土丘陵沟壑区耕地减少了 41.02 万公顷（表 18.2）。

表 18.2　2009—2019 年北方农牧交错带耕地面积变化情况　　单位：10^4 hm^2

区域	耕地合计	水田	水浇地	旱地
长城沿线沙化退化地区	64.77	−0.34	86.93	−21.82
黄土丘陵沟壑地区	−41.02	−0.06	0.91	−41.88
京津冀水源涵养地区	7.60	−1.09	17.12	−8.42
北方农牧交错带	31.35	−1.49	104.97	−72.12

从耕地内部结构看，水田减少 1.49 万公顷，减少幅度为 27.15%；水浇地增加 104.97 万公顷，增幅为 59.24%；旱地减少 72.12 万公顷，减少幅度为 8.31%。从空间分布看，水田减少最为显著的区域集中在河北隆化县、宣化区，内蒙古敖汉旗，辽宁彰武县；水浇地增加区域主要是阿鲁科尔沁旗、巴林右旗、敖汉旗；旱地减少区域主要为宁夏同心县、内蒙古武川县、陕西绥德县（图 18.5）。

从流入流出情况看，北方农牧交错带耕地流入 209.38 万公顷，其中近 50% 来源于草地，来源于林地的面积占总流入面积的 30.45%。随着人口数量的增加，粮食安全压力增加，占用林（草）地开荒现象不断出现。与此同时，耕地流出 178.03 万公顷，主要转向为林地和草地，分别为 83.72 万公顷和 23.75 万公顷，占流出总面积的 47.03% 和 13.34%；转为城镇村及建设用地和交通运输用地分别为 13.6 万公顷和 7.56 万公顷，占流出总面积的 7.64% 和 4.25%。

18.2.2　草地面积显著减少，生态系统改善和草地开垦现象并存

2009—2019 年，北方农牧交错带草地由 1563.66 万公顷减少至 1246.28 万公顷，共减少 317.38 万公顷，减少幅度为 20.30%。草地占区域总面积比例由 33.99% 下降至 27.09%，减少较多的区域主要分布在内蒙古克什克腾旗、翁牛特旗及阿鲁科尔沁旗等北方农牧交错带东北部地区。三大区域草地数量均有

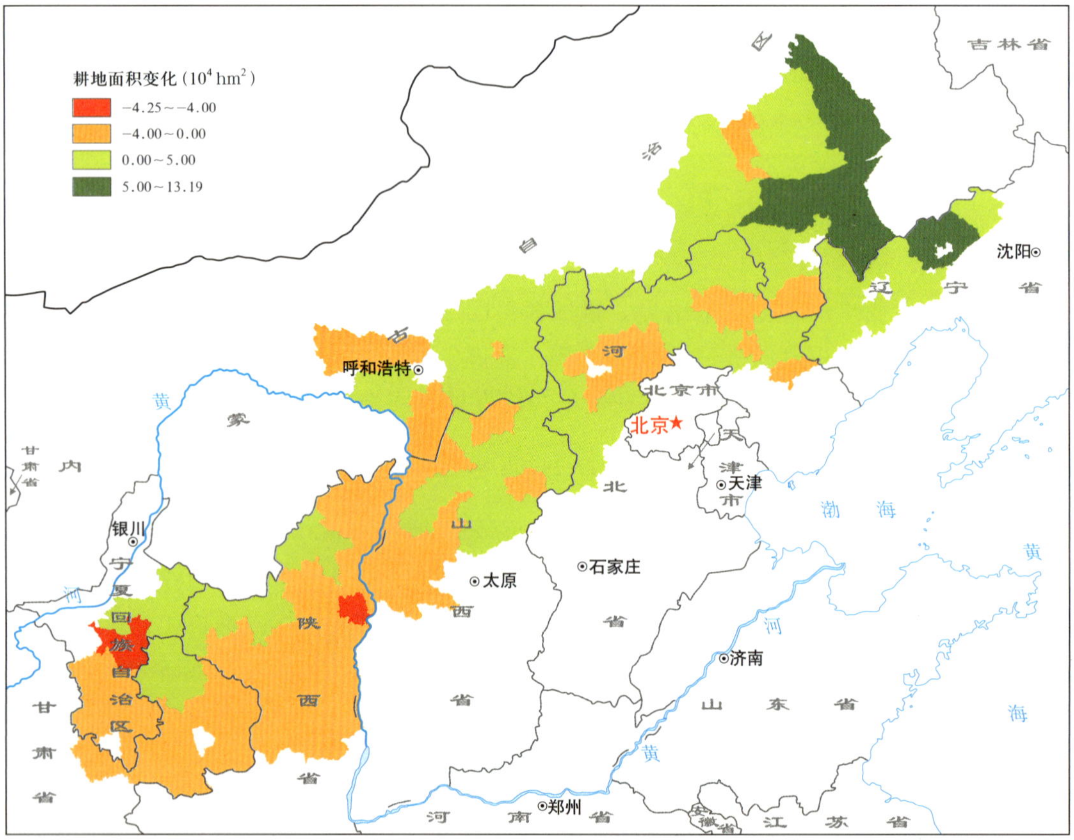

图 18.5　2009—2019 年北方农牧交错带耕地变化分布

所减少，长城沿线沙化退化地区、黄土丘陵沟壑地区、京津冀水源涵养地区分别减少了 210.15 万公顷、57.63 万公顷和 49.60 万公顷（表 18.3）。

表 18.3　2009—2019 年北方农牧交错带草地面积变化情况　　单位：10^4 hm^2

区域	草地合计	天然牧草地	人工牧草地	其他草地
长城沿线沙化退化地区	−210.15	−51.60	−32.52	−126.03
黄土丘陵沟壑地区	−57.63	−42.51	−6.70	−8.42
京津冀水源涵养地区	−49.60	8.59	−5.06	−53.13
北方农牧交错带	−317.38	−85.52	−44.27	−187.59

从草地内部结构看，三种草地类型均呈减少趋势，其中天然牧草地共减少 85.52 万公顷，减少幅度为 10.38%，减少区域集中在长城沿线沙化退化地区，如内蒙古的克什克腾旗、阿鲁科尔沁旗、翁牛特旗；人工牧草地减少 44.27 万公顷，减少幅度最大，达 83.14%，典型区域包括内蒙古翁牛特旗、巴林左旗，河北康保县，甘肃环县；其他草地减少最多，为 187.59 万公顷，减少幅度为 27.32%，减少较多的区县为内蒙古巴林右旗、察哈尔右翼前旗，辽宁北票市、凌源市（图 18.6）。

从流入流出情况看，北方农牧交错带草地流入 133.68 万公顷，其中 39% 来源于林地、25.87% 来源于其他土地、17.76% 来源于耕地。草地流出 451.07 万公顷，其中 62.47% 转为林地、22.46% 转为耕地。一方面，草地向林地的转化一定程度上反映了生态系统的改善；另一方面，大面积草地转为耕地则说明了该区域草地和耕地之间仍然存在着激烈竞争，草地开垦现象仍较为明显（图 18.7）。

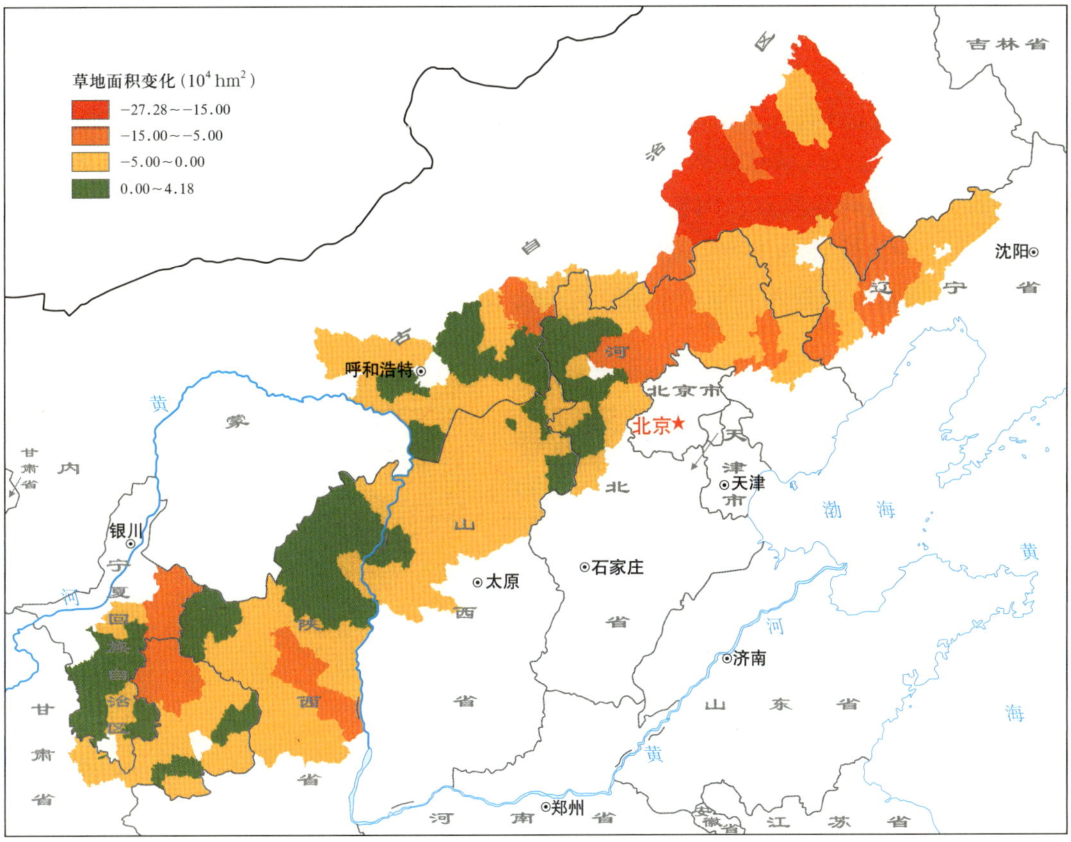

图 18.6　2009—2019 年北方农牧交错带草地变化分布

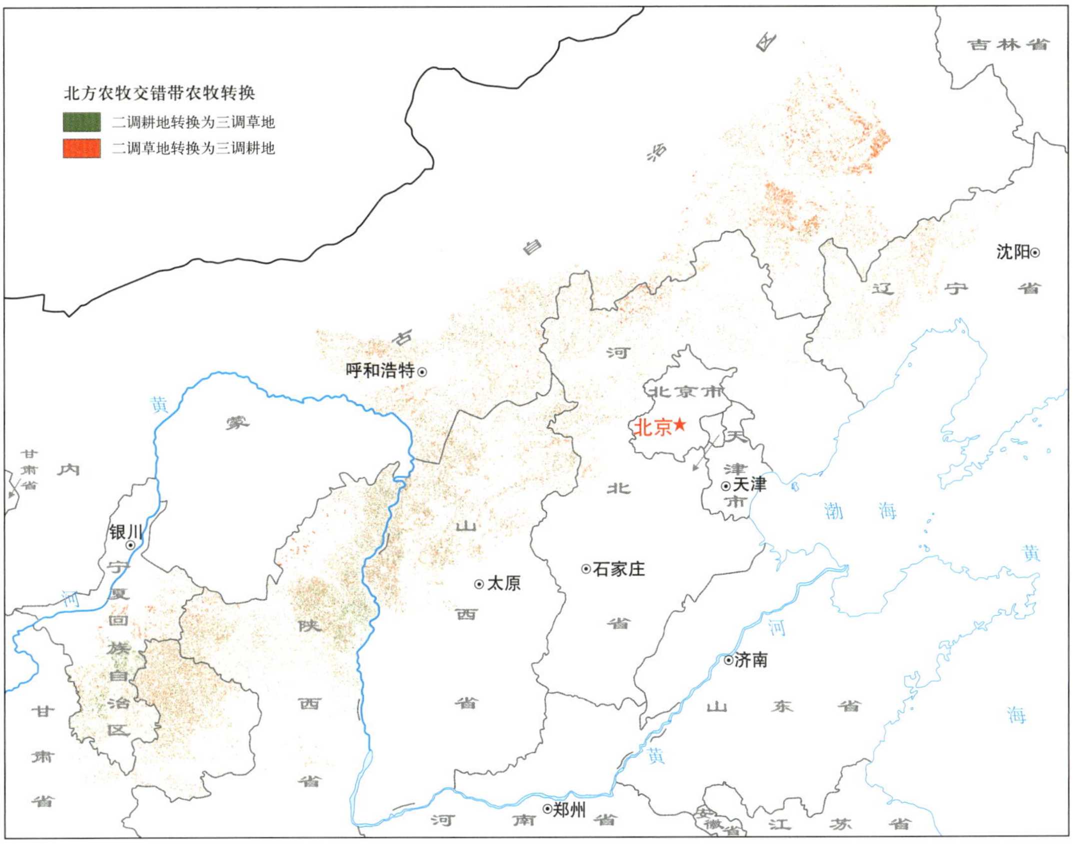

图 18.7　2009—2019 年北方农牧交错带耕地与草地转化

18.2.3 林地数量快速增加，生态状况整体趋好

2009—2019 年间，北方农牧交错带林地由 1479.29 万公顷增至 1743.68 万公顷，共增加 264.39 万公顷，增幅为 17.87%。林地占区域总面积比例由 32.15% 提升至 37.90%，主要来源为草地及耕地，增加较多的区域主要为内蒙古克什克腾旗、阿鲁科尔沁旗及巴林右旗等东北部地区，陕西宝塔区及宜川县等西南部地区。三大分区中，长城沿线沙化退化地区、黄土丘陵沟壑地区、京津冀水源涵养地区林地分别增加了 136.43 万公顷、71.26 万公顷和 56.70 万公顷（表 18.4）。

表 18.4 2009—2019 年北方农牧交错带林地面积变化情况 单位：10^4 hm^2

区域	林地合计	乔木林地	竹林地	灌木林地	其他林地
长城沿线沙化退化地区	136.43	12.06	0.00	98.88	25.50
黄土丘陵沟壑地	71.26	39.39	0.00	29.33	2.54
京津冀水源涵养地区	56.70	17.91	0.00	42.60	-3.81
北方农牧交错带	264.39	69.36	0.00	170.81	24.23

从林地内部结构看，不同地类均呈现增加趋势，其中乔木林地增加 69.36 万公顷，增幅为 9.68%，增加较多的区域包括内蒙古阿鲁科尔沁旗、克什克腾旗，陕西安塞区、宝塔区、子长市。灌木林地变化最为显著，增加了 170.81 万公顷，增幅达 38.87%，集中于内蒙古克什克腾旗、林西县、翁牛特旗、巴林右旗。其他林地共增加 24.23 万公顷，增幅为 7.49%，增加较多的区域有辽宁朝阳市下辖部分区县、陕西宜川县、内蒙古多伦县（图 18.8）。

从流入流出情况看，北方农牧交错带林地流入 417.72 万公顷，其中 67.46% 来源于草地、20.04% 来源于耕地，其余少量来源于其他土地、种植园用地等。北方农牧交错带林地流出 153.33 万公顷，流出最多的地类为耕地，占流出总面积的 41.59%；其次为草地，占流出总面积的 34.00%。

18.2.4 建设用地面积显著提升，空间差异性明显

2009—2019 年间，北方农牧交错带建设用地由 155.05 万公顷增加至 199.70 万公顷，共增长加 44.65 万公顷，增幅为 28.80%。建设用地占区域总面积比例由 3.37% 提升至 4.34%，主要来自于耕地及草地，增加较多区域主要分布于陕西榆阳区、神木市及内蒙古固阳县等北方农牧交错带西南部，减少区域主要位于山西左云县。三大分区中，长城沿线沙化退化地区建设用地增加 28.42 万公顷，增幅为 29.75%；黄土丘陵沟壑地区建设用地增加 10.29 万公顷，增幅为 27.93%；京津冀水源涵养地区建设用地增加 5.94 万公顷，增幅为 26.19%（表 18.5）。

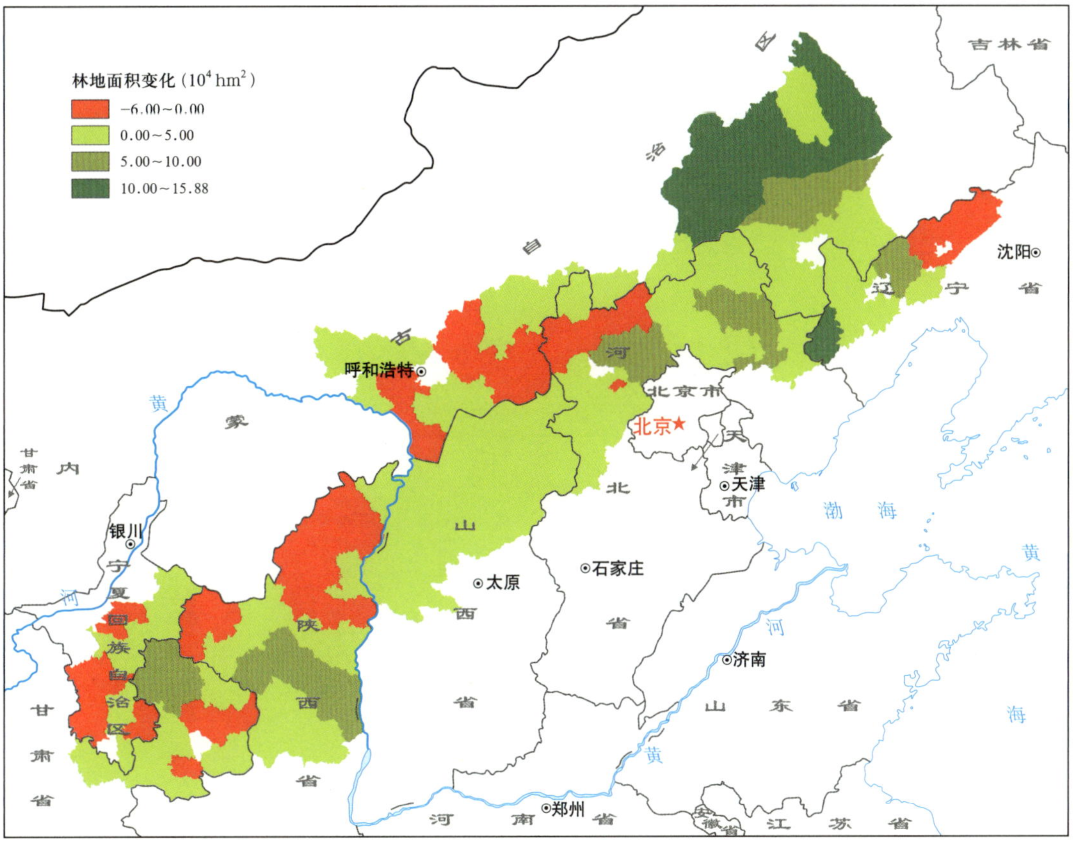

图 18.8　2009—2019 年北方农牧交错带林地变化分布

表 18.5　2009—2019 年北方农牧交错带建设用地面积变化情况　　单位：10^4 hm^2

区域	建设用地总计	城镇村及工矿用地	铁路用地	轨道交通用地	公路用地	城镇村道路用地	交通服务场站用地	农村道路	机场用地	港口码头用地	管道运输用地	水工建筑用地
长城沿线沙化退化地区	28.42	21.20	0.86	0.00	6.06	0.00	0.00	1.29	0.09	0.00	−0.03	0.25
黄土丘陵沟壑地区	10.29	8.01	0.21	0.00	1.81	0.00	0.00	3.18	0.02	0.00	0.00	0.23
京津冀水源涵养地区	5.94	4.50	0.08	0.00	1.39	0.00	0.00	−0.75	0.03	0.00	0.00	−0.05
总计	44.65	33.71	1.15	0.00	9.25	0.00	0.00	3.73	0.14	0.00	−0.04	0.43

从建设用地内部结构看，城镇村及工矿用地增加了 33.71 万公顷，公路用地增加了 9.25 万公顷，铁路用地、农村道路、水工建筑用地等均有一定增加。建设用地增加的主要来源是耕地、草地、林地三大地类。由于人口数量的增加，工业化与城镇化进程快速推进，非农建设占用耕地、草地和林地现象仍较为普遍（图 18.9）。

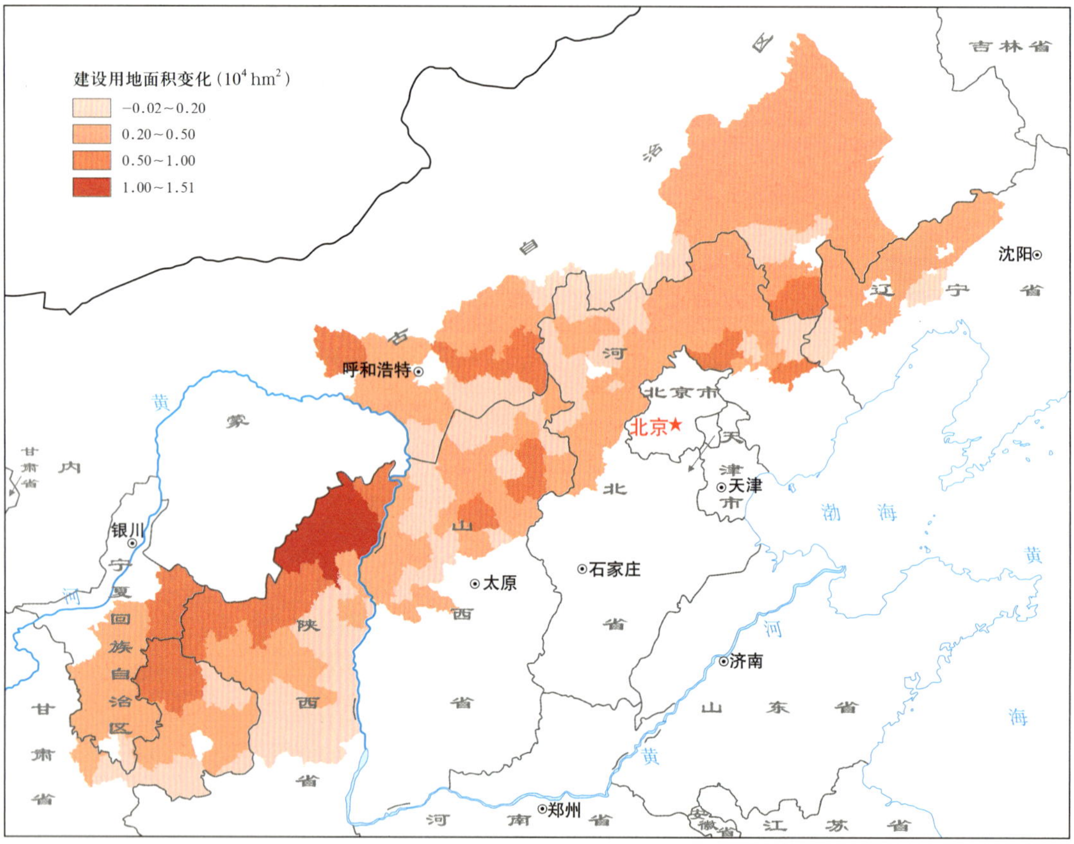

图 18.9　2009—2019 年北方农牧交错带建设用地变化分布

18.3　国土资源时空变化驱动因素

北方农牧交错带国土资源时空变化主要驱动因素包括两个方面：一是自然因素，尤其是以气温上升和降水增加为代表的气候变化，其影响扩大了耕地与林地面积；二是社会经济驱动因素，如耕地保护政策、重大生态建设工程以及城镇化快速发展等，是该区域国土资源格局变化的重要原因。

18.3.1　气候条件改善和粮食安全保障压力是耕地增加的主要原因

（1）自然因素方面。甘肃、宁夏以及内蒙古等地区降水量近年来有所增加。2009—2019 年间年降水量分别增加了 1387.51 毫米、972.31 毫米和 907.34 毫米。此外，该地区具有光照多、热量条件较好、昼夜温差较大等优点，使得农作物可实现一年两熟、两年三熟或一年一熟，为北方农牧交错带大规模粮食种植提供了相对有利的气候条件，促进了林草地向耕地转化。

（2）社会经济驱动因素方面。粮食刚性消费的增长和粮食安全认知的深化同样显著促进了北方农牧交错带耕地数量的增加。一方面，该地区人口数量的持续增加和居民生活水平提高加大了对粮食的消费需求，在有利政策和经济利益驱动下，该地区开垦利用后备耕地资源，以保障土地资源的人口承载能力和区域粮食安全。另一方面，伴随耕地数量、质量和生态“三位一体”保护要求的提出，在严格的耕地保护政策和占补平衡制度下，各级政府坚守耕地红线，积极利用未利用地垦荒等方式实现了耕地占补平衡。

18.3.2　水热条件改善和生态保护工程是林地增加的主要原因

2009—2019 年，北方农牧交错带林地数量显著增加，表明该区域生态状况整体持续向好。究其原因主要包括气候变化和近年来实施的重大生态保护工程两方面。

（1）自然因素方面。随着平均气温上升，有效积温有所增加，降水量也有所提高，水热条件改善有助于植被的生长和快速更新，促进生态系统的恢复和稳定，使草地向林地的转化加快，部分地区减少了近 80% 的草地转化为了林地。

（2）政策因素方面。北方农牧交错带作为我国中东部地区重要的生态安全屏障和京津冀地区重要的水源涵养带，也是我国重大生态建设工程和生态保护修复工作的主要区域之一。第一，随着北方防沙带生态保护和修复等生态保护工程的实施，禁牧休牧轮牧等保护措施进一步落实，一定程度上降低了北方农牧交错带部分地区草地的人类活动扰动，伴随上述有利气候因素影响，草地逐步向林地正向演替。第二，退耕还林还草工程通过减少耕种易水土流失坡耕地和易沙化耕地，并因地制宜地进行植树造林，使得林地数量有所增加。第三，天然林保护工程、“三北”防护林工程、京津风沙源治理工程、太行山绿化工程等大型生态建设工程的实施，加大了森林资源的保护与培育，使得大量坡耕地、沙地、裸地等逐步转为林地、草地，区域生态环境快速改善。

18.3.3　城镇化进程和化石能源开采是建设用地增加的主要原因

2009—2019 年，北方农牧交错带所涉及的省份城镇人口由 11386 万人增加至 15172 万人，共增加了 3786 万人，增幅为 33.25%。随着工业发展和城镇化进程的加速，处在北方农牧交错带地区的内蒙古、山西和甘肃部分地区经济较为发达、人口相对稠密，农业人口大量向城市转移，城市人口规模增加。为满足城镇化和工业化进程中生产、生活和生态用地的需求，城市内部建设和对外扩张步伐加快，对住宅用地、公共管理与公共服务用地以及交通运输用地的引致性需求急剧上升，导致建设用地占用耕地和草地的现象普遍存在。北方农牧交错带内 60% 的新增建设用地来源于耕地和草地。此外，内蒙古、甘肃、山西等地作为全国矿产资源较为丰富的省份，一方面其煤炭及石油等资源的开采和利用促使耕地或草地转为工矿建设用地；另一方面露天矿山的开采及煤矸石的堆积也压覆部分耕地和草地，成为耕地和草地转化为工矿用地的重要原因之一。

18.4　国土资源利用问题及对策

北方农牧交错带作为我国东部农耕区与西部草原牧区间的过渡地带，受气候变化及城镇化快速发展等自然及社会经济因素影响，区域内出现耕地耕种不稳定、草地开垦面积大及建设用地粗放扩张等问题。对此，北方农牧交错带应当强化耕地三位一体保护，兼顾草地生态与生产功能，提升城镇空间集约节约水平，塑造绿色复合的国土空间。

18.4.1　国土资源利用问题

（1）耕地耕种不稳定，影响粮食稳产。北方农牧交错带包含我国北方重要的粮食生产基地，关系国家粮食安全，为稳定经济社会发展大局提供了坚实支撑。2009—2019 年，耕地虽然净增加 31.35 万公顷，但总体变化 387.41 万公顷，其中流入 209.38 万公顷，流出 178.03 万公顷，耕地流出主要分布于陕西、宁夏、甘肃的黄土丘陵沟壑地区。黄土丘陵沟壑地区处在黄土高原，水土流失严重、植被覆盖度低。耕地频繁开垦、抛荒不利于土壤耕作层发育，易导致土壤中氮、磷元素流失，影响区域粮食生产能力和稳定性，使得农业生产结构存在失衡风险。同时，大面积耕地流入流出对动植物的生态稳定性造成了扰动。

（2）草地开垦面积大，垦殖强度高，草地面积不断减少。北方农牧交错带生态状况整体持续向好，但草地数量呈下降趋势。草地转为耕地 101.31 万公顷，占 2019 年草地总面积的 6.48%，主要分布于甘肃、陕西、内蒙古的干旱半干旱地区。首先，该地区生态环境依然脆弱。该地区降水量波动较大，多大风，极易遭受风蚀和沙化。2009—2019 年，共计 17.69 万公顷草地转化为沙地等其他非生态用地，草地沙化问题不容忽视，在该区域内大规模垦殖将加剧这一问题。其次，草地过度开垦最终会反伤本地区农牧业发展。草地开垦面积中一半以上为牧草地，放牧空间萎缩导致草地载畜压力上升，超载过牧风险显著增加，畜牧生产能力下降，牧业发展受限。

（3）建设用地粗放扩张，破坏生态景观格局。首先，北方农牧交错带建设用地增加 44.65 万公顷，增幅达 28.80%。建设用地的快速扩张主要受经济利益驱动，容易忽略对土地的有效利用和合理规划，易导致土地低效利用、土地错配等问题。其次，建设用地侵占生态空间，城市化和生态保护存在矛盾。城镇村及工矿用地扩张占用耕地和草地分别为 13.60 万公顷和 13.92 万公顷。建设用地扩张破坏生态景观格局，如景观连通度降低、景观斑块破碎化等，对动植物生态系统（如植被保护及动物迁徙）造成一定损害。

18.4.2 国土资源利用对策

18.4.2.1 强化耕地三位一体保护，保障粮食安全

第一，强化对永久基本农田的保护措施。粮食主产区内河北、内蒙古等地应加强耕地和永久基本农田向建设用地和其他农用地转化的管制，严格落实国务院《关于全面实行永久基本农田特殊保护的通知》中“划、建、管、护、补、考”的特殊保护流程规则要求，制止耕地“非农化”，防止耕地“非粮化”。鼓励甘肃、山西、陕西等省探索建立耕地种植用途管控机制，明确利用优先序，耕地主要用于粮食和棉、油、糖、蔬菜等农产品及饲草饲料生产，永久基本农田重点用于粮食生产，高标准农田原则上全部用于粮食生产，加强耕地的动态监测管理。同时，要衔接整合有关涉农补贴政策，完善粮食主产区利益补偿机制，与生态补偿机制联动，建立完善永久基本农田保护激励机制。

第二，针对北方农牧交错带的粮食单产空间分异格局，因地制宜促生产。在宜农区，针对东部科尔沁、西南部等粮食产量较高地区进一步开展高标准农田建设，巩固提升粮食主产区粮食供给能力；在山西、甘肃等农牧交错区开展种养结合，依据作物需水和土壤肥力状况，调整种植结构，稳定小麦、玉米、水稻等主要粮食生产；在其他生态脆弱、粮食单产低的县域，优先保障生态功能，推进保护性耕作，推广深耕、深松、轮作等耕作技术，降低水土流失和土壤沙化的风险。

第三，加强陕西、甘肃等地耕地占补平衡管理，扩大耕地补充途径。建立以数量为基础、产能为核心的新机制，落实“占一补一、占优补优”；实行部门联合开展补充耕地验收评定和“市县审核、省级复核、社会监督”机制，建立补充耕地立项、实施、验收、管护全程监管机制，促进耕地数量、质量和生态三位一体保护，稳定粮食生产。

18.4.2.2　加强草地保护和利用，兼顾生态和生产功能

第一，重视草地生态保护，推进重点保护工程。实施草原生态保护重大工程，全面加强内蒙古呼伦贝尔、科尔沁、锡林郭勒、阴山北麓等重要地区草原保护修复；开展退化草原和已垦草原治理，实施退牧还草和种草补播，落实草原禁牧休牧轮牧和草畜平衡机制。

第二，优化草原管理，提升草地治理技术，防治草地退化。针对陕西、辽宁以及山西等地区引进先进草地治理技术，全面推广荒漠退化草地快速治理恢复和稳定维持、生物防控、草地资源与畜群结构时空优化配置等新型草原管治技术，并加强农牧业从业人员培训，做到草原退化及时发现、及时治理。

第三，发展生态草牧业，生态生产功能两者兼顾。推进农牧交错区草畜一体化发展，推行种养结合、农牧循环，继续实施“粮改饲”试点，推广人工种草、草田轮作、草畜配套等实用技术和机械装备，发展生态家庭牧场和农牧民合作社，加强优质牧草基地建设。

18.4.2.3　促进国土空间集约利用，优化城镇空间格局

第一，以国土空间总体规划为龙头，优化中北部偏远、零散城镇和村庄空间结构与布局，统筹“山水林田湖草沙”一体化保护和系统治理，合理确定地区发展定位。引导人口和产业集聚，促进国土空间集聚开发与均衡发展，同时强化城镇开发边界刚性约束与战略留白，努力打造一个功能复合、集约利用的北方农牧交错带。

第二，清理整治闲置、低效利用土地，盘活存量用地。优化资源要素配置，重点保障与当地资源环境相适应的主导产业，助力低效用地转型升级，防止工业用地低效扩张。

第三，开展内蒙古高原东部等矿山生态保护修复与治理。进一步规范矿产资源开发利用和矿山环境保护，加强露天煤矿监督管理长效机制，严格责任追究制度，保障北方农牧交错带矿山生态修复工作落到实处。

18.4.2.4　立足区域特色，塑造绿色复合国土空间

第一，立足北方农牧交错带地广人稀、生产要素分散的实际，依靠农田与草地群落交错优势，推进生态耕地与草原公园等开敞空间体系建设，构建生态优先发展、一二三产融合的农业产业综合体系。

第二，继续深化“三北”防护林工程科学绿化试点县建设，立足北方农牧交错带生态脆弱、治理难度大的实际，科学评价各生态因子，确定县域宜造林绿化空间，探索科学推进“三北”防护林工程的新路径，遏制土地荒漠化，改善北方生态环境。

第三，加快构建城市绿道网络和城市蓝道系统，结合城市发展和自然环境特点，打造具有地域特色和功能复合的绿色空间，促进生态环境共建共保，构建以人为核心的新型城镇化格局。

参考文献

李文龙，石育中，鲁大铭，等，2018. 北方农牧交错带干旱脆弱性时空格局演变 [J]. 自然资源学报，33（9）：1599-1612.
刘珺，郭中领，常春平，等，2021. 基于 RWEQ 和 WEPS 模型的中国北方农牧交错带潜在风蚀模拟 [J]. 中国沙漠，41（2）：27-37.
刘欣，查妮依，王欣言，等，2023. 退耕还林（草）工程对中国北方农牧交错带生态系统健康的影响研究 [J]. 生态学报（15）：1-14.
璩路路，李裕瑞，李琳娜，等，2019. 农牧交错带乡村空间发展类型及影响因素研究 [J]. 经济地理，39（10）：153-161.
史德宽，1999. 农牧交错带在持续发展战略中的特殊地位 [J]. 草地学报（1）：17-21.
张建春，储少林，陈全功，2008. 中国农牧交错带界定的现状及进展 [J]. 草业科学（3）：780-784.

第 19 章　重点生态功能区生态用地变化与保护

重点生态功能区是全国主体功能区分类中的一种，是指在涵养水源、保持水土、调蓄洪水、防风固沙、维系生物多样性等方面具有重要生态功能，划定一定面积的重点保护和限制开发建设区域。

重点生态功能区包括国家重点生态功能区和省级重点生态功能区。国家重点生态功能区的功能定位是保障国家生态安全的重要区域、人与自然和谐相处的示范区。根据《全国主体功能区规划》，国家重点生态功能区包括大小兴安岭森林生态功能区等 25 个区域，分为水源涵养型、水土保持型、防风固沙型和生物多样性维护型四种类型，见表 19.1。

生态用地是指生产性用地和承载性用地以外，以提供生态产品、环境调节和生物保育等生态服务功能为主要用途，对维持区域生态平衡和可持续发展具有重要作用的土地利用类型。本章中生态用地主要包括湿地、林地、草地、公园与绿地、水域及水利设施用地和其他生态用地。生态用地二级地类见表 19.2。

林地、草地、湿地等生态用地在改善环境、维持生物多样性和区域生态平衡方面发挥着不可替代的重要作用，具有较高生态系统服务价值，属于基础性生态用地；沙地、裸岩及裸土地、冰川及永久积雪等生态用地，应以生态修复和保护为主，人类过度干预和开发会给生态安全带来严重负面影响，属于保全性生态用地（喻锋 等，2015）。

表 19.1　国家重点生态功能区名录

区域	类型	涉及范围
大小兴安岭森林生态功能区	水源涵养	内蒙古、黑龙江
长白山森林生态功能区	水源涵养	吉林、黑龙江
阿尔泰山地森林草原生态功能区	水源涵养	新疆
三江源草原草甸湿地生态功能区	水源涵养	青海
若尔盖草原湿地生态功能区	水源涵养	四川
甘南黄河重要水源补给生态功能区	水源涵养	甘肃
祁连山冰川与水源涵养生态功能区	水源涵养	甘肃、青海
南岭山地森林及生物多样性生态功能区	水源涵养	江西、湖南、广东、广西
黄土高原丘陵沟壑水土保持生态功能区	水土保持	山西、陕西、甘肃、宁夏
大别山水土保持生态功能区	水土保持	安徽、河南、湖北
桂黔滇喀斯特石漠化防治生态功能区	水土保持	广西、贵州、云南
三峡库区水土保持生态功能区	水土保持	湖北、重庆
塔里木河荒漠化防治生态功能区	防风固沙	新疆
阿尔金草原荒漠化防治生态功能区	防风固沙	新疆

续表

区域	类型	涉及范围
呼伦贝尔草原草甸生态功能区	防风固沙	内蒙古
科尔沁草原生态功能区	防风固沙	内蒙古、吉林
浑善达克沙漠化防治生态功能区	防风固沙	河北、内蒙古
阴山北麓草原生态功能区	防风固沙	内蒙古
川滇森林及生物多样性生态功能区	生物多样性维护	四川、云南
秦巴生物多样性生态功能区	生物多样性维护	湖北、重庆、四川、陕西、甘肃
藏东南高原边缘森林生态功能区	生物多样性维护	西藏
藏西北羌塘高原荒漠生态功能区	生物多样性维护	西藏
三江平原湿地生态功能区	生物多样性维护	黑龙江
武陵山区生物多样性与水土保持生态功能区	生物多样性维护	湖北、湖南、重庆
海南岛中部山区热带雨林生态功能区	生物多样性维护	海南

表 19.2　2019 年重点生态功能区生态用地二级地类结构表

一级类	二级类	面积（10^4 hm^2）	占比（%）
湿地	红树林地	0.00	0.00
	森林沼泽	171.04	10.17
	灌丛沼泽	54.21	3.22
	沼泽草地	916.48	54.51
	沿海滩涂	8.79	0.52
	内陆滩涂	389.37	23.16
	沼泽地	141.54	8.42
	小计	1681.44	100.00
林地	乔木林地	10822.50	71.11
	竹林地	250.83	1.65
	灌木林地	3276.45	21.53
	其他林地	869.45	5.71
	小计	15219.23	100.00
草地	天然牧草地	16209.03	82.43
	人工牧草地	34.99	0.18
	其他草地	3418.92	17.39
	小计	19662.95	100.00

续表

一级类	二级类	面积（10^4 hm^2）	占比（%）
公共管理与公共服务用地	公园与绿地	3.82	100.00
水域及水利设施用地	河流水面	370.21	24.73
	湖泊水面	508.38	33.96
	水库水面	110.81	7.40
	坑塘水面	69.12	4.62
	沟渠	64.84	4.33
	冰川及永久积雪	373.80	24.97
	小计	1497.16	100.00
其他生态用地	沙地	3559.97	73.58
	裸土地	1278.55	26.42
	小计	4838.52	100.00
总计		42903.12	/

19.1 重点生态功能区生态用地现状

重点生态功能区内生态用地 42903.12 万公顷，主要分布于新疆、西藏、内蒙古和青海等地。其中，国家级重点生态功能区内生态用地 38742.58 万公顷，占重点生态功能区生态用地面积的 90.30%，主要分布于西藏、新疆和内蒙古等地；省级重点生态功能区内生态用地 4160.53 万公顷，占比 9.70%，主要分布于青海和新疆等地，详见图 19.1、图 19.2、图 19.3，以及表 19.3。

具体来看，重点生态功能区内草地 19662.95 万公顷，占生态用地面积比例最高（45.83%），其中 82.43% 的草地为天然牧草地、17.39% 为其他草地；林地 15219.23 万公顷，占重点生态功能区生态用地面积的 35.47%，其中 71.11% 为乔木林地、21.53% 为灌木林地；其他生态用地 4838.52 万公顷，占重点生态功能区生态用地面积的 11.28%，其中 73.58% 为沙地、26.42% 为裸土地；湿地 1681.44 万公顷，占重点生态功能区生态用地面积的 3.92%，其中 54.51% 为沼泽土地、23.16% 为内陆滩涂；水域及水利设施用地 1497.16 万公顷，占重点生态功能区生态用地面积的 3.49%，其中 33.96% 为湖泊水面、24.97% 为冰川及永久积雪、24.73% 为河流水面；公园与绿地 3.82 万公顷，占重点生态功能区生态用地面积的 0.01%。此外，国家级重点生态功能区与省级重点生态功能区生态用地结构相似，均以草地、林地和其他生态用地为主。具体见表 19.2、表 19.4。

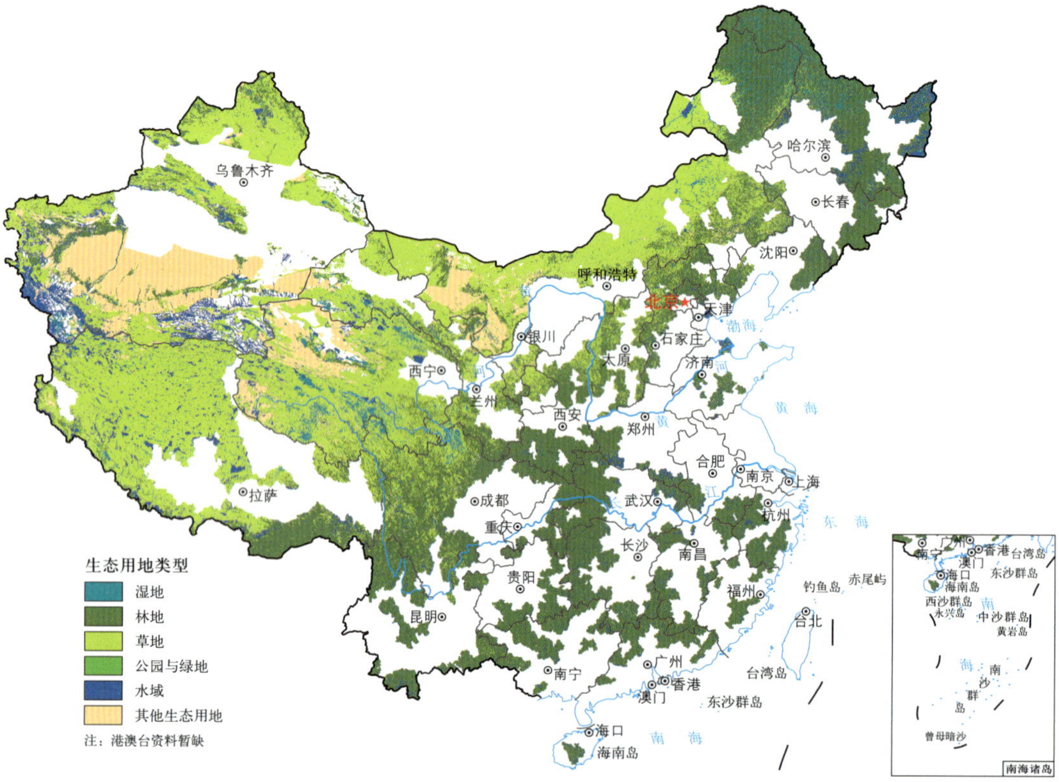

图 19.1　全国重点生态功能区生态用地分布

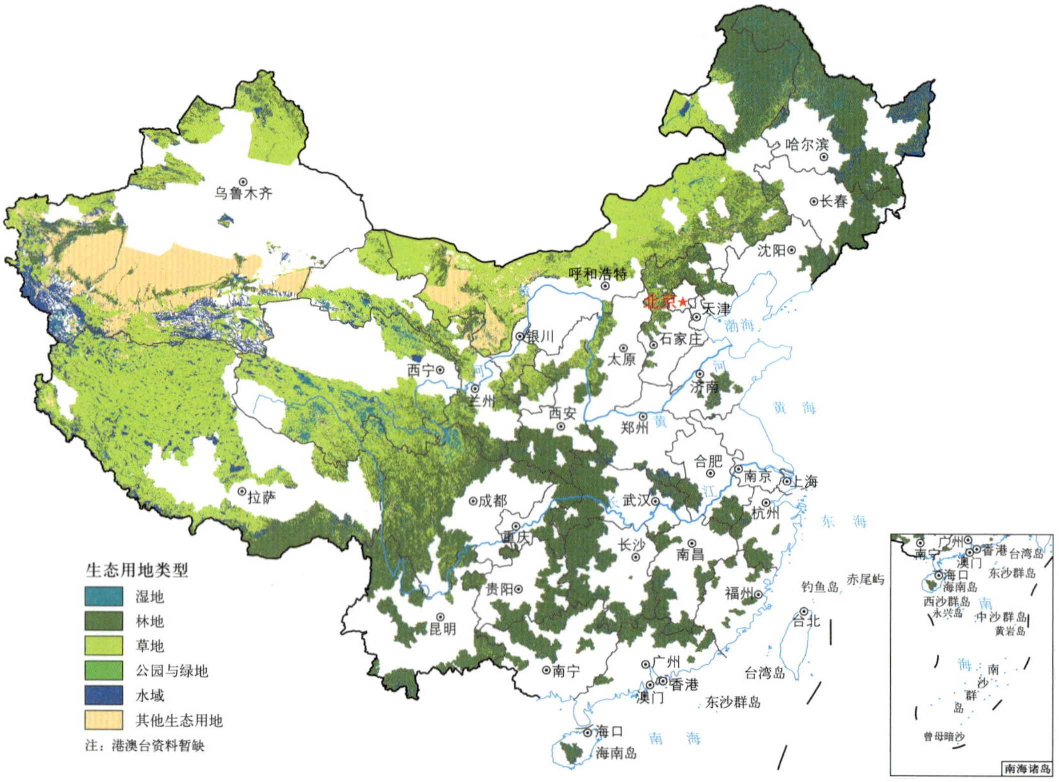

图 19.2　国家级重点生态功能区生态用地分布

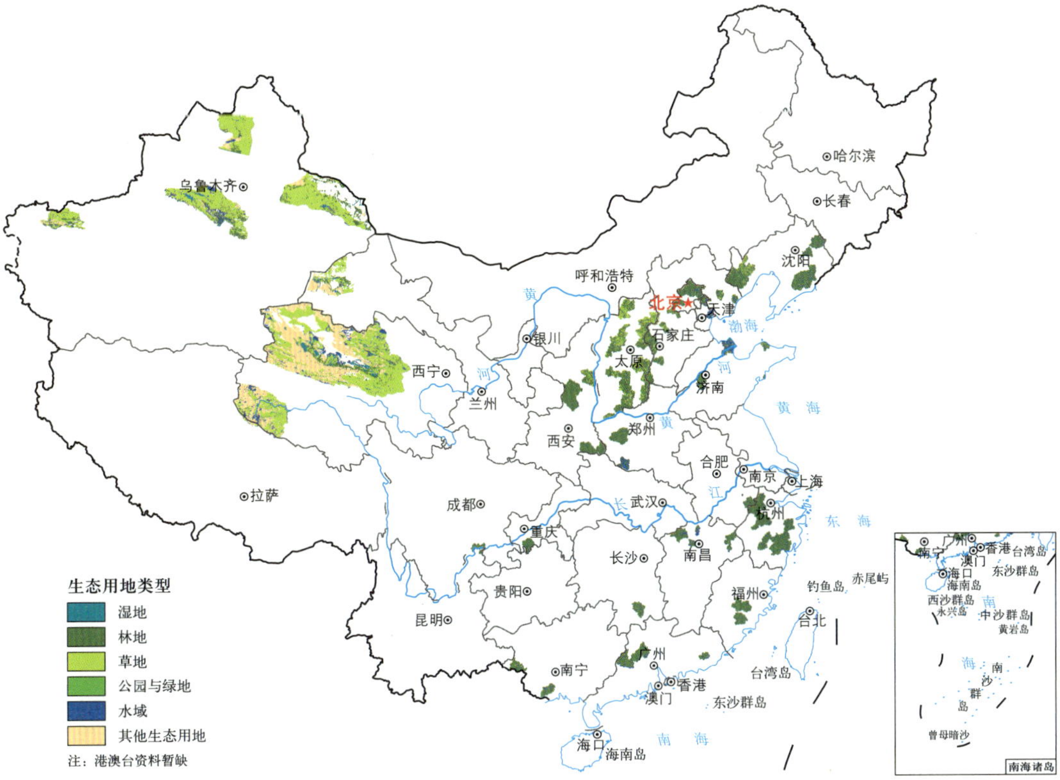

图 19.3　省级重点生态功能区生态用地分布

表 19.3　2019 年各省（区、市）重点生态功能区生态用地面积表　　单位：10^4 hm^2

省（区、市）	重点生态功能区生态用地面积	国家级重点生态功能区生态用地面积	省级重点生态功能区生态用地面积
北京	36.08	0.00	36.08
河北	626.26	551.45	74.81
山西	566.01	190.23	375.78
内蒙古	7119.38	7119.38	0.00
辽宁	348.49	145.4	203.09
吉林	515.23	515.23	0.00
黑龙江	1797.61	1797.61	0.00
上海	2.76	0.00	2.76
浙江	347.98	187.15	160.83
安徽	224.42	205.34	19.08
福建	164.26	108.75	55.51
江西	469.84	412.44	57.4
山东	88.06	54.51	33.55
河南	204.14	156.48	47.66

续表

省（区、市）	重点生态功能区生态用地面积	国家级重点生态功能区生态用地面积	省级重点生态功能区生态用地面积
湖北	619.15	619.15	0.00
湖南	782.33	761.87	20.45
广东	463.64	375.6	88.04
广西	560.48	538.74	21.74
海南	38.53	38.53	0.00
重庆	258.37	246.69	11.68
四川	2731.06	2720.75	10.32
贵州	392.5	392.5	0.00
云南	983.45	983.45	0.00
西藏	7509.22	7509.22	0.00
陕西	857.52	683.48	174.04
甘肃	1775.1	1682.65	92.45
青海	5264.3	3494.25	1770.05
宁夏	176.04	176.04	0.00
新疆	7980.9	7075.69	905.21
总计	42903.12	38742.58	4160.53

表 19.4　2019 年重点生态功能区生态用地一级地类结构表

地区	湿地	林地	草地	公园与绿地	水域及水利设施用地	其他生态用地	总计
国家级重点生态功能区（10^4 hm^2）	1556.61	13914.27	17869.47	3.03	1348.79	4050.41	38742.58
省级重点生态功能区（10^4 hm^2）	124.83	1304.95	1793.48	0.79	148.37	788.11	4160.53
总计（10^4 hm^2）	1681.44	15219.23	19662.95	3.82	1497.16	4838.52	42903.12
占比（%）	3.92	35.47	45.83	0.01	3.49	11.28	100

19.2　重点生态功能区生态用地时空变化

2009—2019 年，全国重点生态功能区生态用地总体减少 913.36 万公顷。其中，林地增加 1612.69 万公顷，灌木林地增幅最大；草地减少 823.15 万公顷，人工牧草地减幅最大；水域与水利设施用地、公园与绿地分别增加 114.58 万公顷、1.95 万公顷；其他生态用地减少 2116.04 万公顷，裸土地减幅最大。

19.2.1 林地面积显著增加，灌木林地增幅最大

2009—2019年，林地增加1612.69万公顷，增幅11.85%。从不同林地类型来看，灌木林地增加最多，为993.07万公顷，增幅43.49%；其次为乔木林地，增加747.70万公顷，增幅7.42%；竹林地增加最少，为34.66万公顷，增幅16.03%；其他林地呈下降趋势，减少162.74万公顷，减幅15.77%。各省份中，除黑龙江和海南林地减少，其余省份林地皆呈增加趋势，其中，四川林地增加最多，为227.99万公顷，增幅15.93%；其次为内蒙古，增加227.23万公顷，增幅14.12%。黑龙江和海南林地分别减少34.66万公顷和3.47万公顷，减幅分别为2.29%和8.72%。详见表19.5。

表 19.5 2009—2019 年各省（区、市）重点生态功能区林地面积变化情况表

各省（区、市）	林地		乔木林地		竹林地		灌木林地		其他林地	
	面积变化（10^4 hm^2）	变化幅度（%）	面积变化（10^4 hm^2）	变化幅度（%）	面积变化（10^4 hm^2）	变化幅度（%）	面积变化（10^4 hm^2）	变化幅度（%）	面积变化（10^4 hm^2）	变化幅度（%）
北京	4.95	16.58	4.06	35.07	0.00	0.00	2.82	20.12	−1.93	−45.11
河北	93.36	26.53	23.80	14.55	0.00	0.00	66.26	70.30	3.31	3.52
山西	70.32	23.51	27.73	16.51	0.01	67.16	20.98	27.86	21.60	38.73
内蒙古	227.23	14.12	110.12	9.80	0.00	0.00	180.15	56.92	−63.04	−37.25
辽宁	23.59	8.03	18.79	7.40	0.00	0.00	13.87	120.93	−9.07	−32.21
吉林	0.39	0.08	10.84	2.39	0.00	0.00	−4.25	−70.50	−6.21	−36.94
黑龙江	−34.66	−2.29	−25.74	−1.75	0.00	0.00	−0.16	−1.40	−8.77	−31.96
上海	0.00	0.00	0.00	0.00	0.00	0.00	0.00	0.00	0.00	0.00
浙江	13.53	4.28	10.87	4.28	4.23	12.52	1.75	16.33	−3.32	−18.54
安徽	4.91	2.35	6.50	3.77	2.59	13.23	−2.49	−38.11	−1.68	−16.15
福建	7.62	5.04	4.35	3.63	2.14	15.59	−0.62	−38.95	1.75	10.80
江西	1.53	0.34	1.35	0.39	3.84	7.50	2.07	34.20	−5.73	−13.83
山东	20.74	55.60	10.52	38.55	0.01	287.95	0.70	72.67	9.51	105.10
河南	14.88	8.97	9.26	6.60	0.27	64.35	−2.12	−16.98	7.47	59.15
湖北	33.45	6.02	48.98	10.73	0.40	21.73	−11.16	−16.41	−4.77	−16.24
湖南	26.39	3.67	38.21	6.94	5.56	11.92	−7.84	−16.86	−9.54	−12.78
广东	25.08	5.99	42.25	12.03	4.74	23.68	−5.81	−44.77	−16.09	−46.50
广西	102.78	23.71	72.30	28.38	2.79	32.54	50.24	44.71	−22.55	−39.01
海南	−3.47	−8.72	−0.73	−2.09	0.17	237.99	−0.26	−15.88	−2.66	−78.52
重庆	39.60	18.82	51.38	36.82	1.06	81.07	−0.92	−1.65	−11.92	−88.23
四川	227.99	15.93	27.89	2.84	2.27	31.51	223.20	59.04	−25.37	−39.53

续表

各省（区、市）	林地		乔木林地		竹林地		灌木林地		其他林地	
	面积变化（10^4 hm^2）	变化幅度（%）	面积变化（10^4 hm^2）	变化幅度（%）	面积变化（10^4 hm^2）	变化幅度（%）	面积变化（10^4 hm^2）	变化幅度（%）	面积变化（10^4 hm^2）	变化幅度（%）
贵州	69.34	22.34	45.66	20.45	2.41	25.25	20.60	34.89	0.68	3.68
云南	84.30	10.28	87.18	12.86	1.94	102.05	9.52	9.61	−14.33	−34.52
西藏	79.81	8.30	11.23	1.64	0.01	72.10	85.72	33.47	−17.16	−86.32
陕西	62.59	8.77	77.13	13.46	0.23	60.67	−21.17	−23.29	6.40	12.84
甘肃	126.42	34.97	28.93	13.96	0.00	0.00	98.11	83.46	−0.63	−1.71
青海	90.16	36.14	1.72	3.99	0.00	0.00	94.21	48.79	−5.76	−43.14
宁夏	5.67	9.81	4.57	39.90	0.00	0.00	10.81	47.10	−9.71	−41.46
新疆	194.17	45.92	−1.44	−0.83	0.00	0.00	168.86	83.74	26.75	55.40
总计	1612.69	11.85	747.70	7.42	34.66	16.03	993.07	43.49	−162.74	−15.77

19.2.2 草地面积呈下降态势，人工牧草地减幅较为明显

2009—2019 年，草地减少 823.15 万公顷，减幅 4.02%。从不同草地类型来看，其他草地减少最多，为 1003.83 万公顷，减幅 22.70%；其次为人工牧草地，减少 70.05 万公顷，减幅 66.69%；而天然牧草地呈上升趋势，面积增加 250.73 万公顷，增幅 1.57%。各省份中，内蒙古草地减少最多，为 279.74 万公顷，减幅 6.30%；其次是四川、西藏，分别为 187.89 万公顷、149.02 万公顷，减幅分别为 17.29%、2.56%。仅新疆、吉林草地呈上升态势，分别增加 301.80 万公顷、1.24 万公顷。详见表 19.6。

表 19.6　2009—2019 年各省（区、市）重点生态功能区草地面积变化情况表

各省（区、市）	草地		天然牧草地		人工牧草地		其他草地	
	面积变化（10^4 hm^2）	变化幅度（%）	面积变化（10^4 hm^2）	变化幅度（%）	面积变化（10^4 hm^2）	变化幅度（%）	面积变化（10^4 hm^2）	变化幅度（%）
北京	−2.77	−91.05	0.00	0.00	0.00	0.00	−2.77	−91.05
河北	−59.92	−27.21	8.52	25.53	−5.06	−82.71	−63.38	−35.07
山西	−56.57	−23.32	−0.88	−61.44	−0.16	−45.25	−55.54	−23.06
内蒙古	−279.74	−6.30	53.83	1.48	−44.63	−86.33	−288.93	−38.52
辽宁	−26.85	−59.49	3.37	649897.68	0.00	0.00	−30.21	−66.95
吉林	1.24	7.07	−0.01	−0.58	0.01	252.91	1.25	8.23
黑龙江	−44.84	−60.32	−11.35	−66.06	−0.11	−31.76	−33.38	−58.75
上海	0.00	0.00	0.00	0.00	0.00	0.00	0.00	0.00

续表

各省（区、市）	草地		天然牧草地		人工牧草地		其他草地	
	面积变化（10^4 hm^2）	变化幅度（%）	面积变化（10^4 hm^2）	变化幅度（%）	面积变化（10^4 hm^2）	变化幅度（%）	面积变化（10^4 hm^2）	变化幅度（%）
浙江	−3.20	−71.33	−0.03	−100.00	0.00	0.00	−3.17	−71.13
安徽	−0.57	−51.68	0.00	0.00	0.00	0.00	−0.57	−51.67
福建	−4.98	−76.19	0.00	0.00	0.00	0.00	−4.98	−76.19
江西	−6.63	−72.02	0.00	0.00	−0.01	−94.59	−6.62	−72.00
山东	−7.67	−54.41	−0.02	−100.00	0.00	0.00	−7.65	−54.34
河南	−11.17	−75.58	0.00	0.00	0.00	0.00	−11.17	−75.57
湖北	−10.59	−75.41	−0.14	−91.92	−0.02	−49.96	−10.43	−75.29
湖南	−16.14	−65.90	0.64	80.95	−0.22	−36.62	−16.56	−71.65
广东	−12.43	−72.64	−0.06	−98.50	0.00	0.00	−12.37	−72.55
广西	−29.72	−76.09	−0.05	−11.99	0.01	13475.00	−29.68	−76.77
海南	−0.66	−87.23	0.00	0.00	−0.01	−85.55	−0.66	−87.25
重庆	−20.87	−94.52	−3.77	−93.29	0.03	1126.33	−17.13	−94.97
四川	−187.89	−17.29	−109.08	−11.01	−4.18	−42.88	−74.63	−86.91
贵州	−44.56	−90.81	−1.10	−82.82	−0.10	−83.26	−43.36	−91.06
云南	−66.42	−53.43	−0.65	−10.87	0.32	287.59	−66.09	−55.90
西藏	−149.02	−2.56	−47.41	−1.00	1.56	112.88	−103.17	−9.63
陕西	−30.13	−30.50	−30.93	−38.61	−1.36	−95.95	2.16	12.48
甘肃	−20.92	−1.98	78.47	15.15	−4.00	−76.42	−95.40	−17.93
青海	−31.35	−0.89	−45.11	−1.33	0.19	4.50	13.58	10.90
宁夏	−0.59	−0.60	3.99	6.00	−1.97	−71.25	−2.61	−8.71
新疆	301.80	8.78	352.51	14.26	−10.35	−49.44	−40.36	−4.28
总计	−823.15	−4.02	250.73	1.57	−70.05	−66.69	−1003.83	−22.70

19.2.3 水域、公园与绿地面积小幅增长

2009—2019 年，水域和公园与绿地总体呈增长趋势。其中，水域增加 114.58 万公顷，增幅 8.29%。从用地类型来看，河流水面增加最多，为 94.36 万公顷，增幅 34.21%；湖泊水面增加 64.45 万公顷，增幅 14.52%；其次为水库水面和坑塘水面，分别增加 32.75 万公顷和 6.26 万公顷，增幅分别为 41.95% 和 9.96%。沟渠总量呈下降趋势，减少 18.39 万公顷，减幅 22.10%。各省份中，新疆水域与水利设施用地增加最多，为 65.88 万公顷，增幅 19.54%；其次为青海，增加 31.56 万公顷，增幅 18.72%。此外，甘肃、云南水域与

水利设施用地减少较多，分别减少 15.70 万公顷和 5.51 万公顷，减幅分别为 37.80% 和 22.68%。

公园与绿地总体增加 1.95 万公顷，增幅 104.00%。各省份公园与绿地皆有所增加，其中内蒙古增加最多，为 0.24 万公顷，增幅 90.92%，其次是河北、甘肃，分别为 0.14 万公顷、0.12 万公顷，增幅分别为 172.59%、143.87%。详见表 19.7。

表 19.7　2009—2019 年各省（区、市）重点生态功能区水域及水利设施用地以及公园与绿地面积变化情况表

各省（区、市）	水域及水利设施用地		公园与绿地	
	面积变化（10^4 hm^2）	变化幅度（%）	面积变化（10^4 hm^2）	变化幅度（%）
北京	0.01	0.83	0.01	38.76
河北	–1.06	–6.61	0.14	172.59
山西	2.55	56.39	0.06	63.96
内蒙古	–1.09	–1.71	0.24	90.92
辽宁	–0.41	–3.68	0.03	118.71
吉林	0.08	0.87	0.01	39.96
黑龙江	3.35	4.50	0.10	51.73
上海	0.00	0.00	0.00	0.00
浙江	0.22	1.39	0.09	130.47
安徽	–0.33	–3.25	0.07	180.98
福建	–0.08	–2.08	0.04	212.77
江西	1.92	11.43	0.10	113.28
山东	0.88	5.26	0.08	71.87
河南	2.77	17.08	0.07	98.19
湖北	0.47	1.84	0.09	133.61
湖南	–0.04	–0.16	0.10	215.22
广东	–0.03	–0.23	0.04	103.26
广西	–0.14	–1.00	0.02	89.50
海南	0.30	18.22	0.00	0.00
重庆	–0.43	–6.18	0.04	81.65
四川	4.96	14.98	0.04	92.02
贵州	0.34	4.67	0.05	225.66
云南	–5.51	–22.68	0.07	127.07
西藏	22.29	5.44	0.01	150.04
陕西	0.74	7.53	0.03	82.28
甘肃	–15.70	–37.80	0.12	143.87

续表

各省（区、市）	水域及水利设施用地		公园与绿地	
	面积变化（10^4 hm^2）	变化幅度（%）	面积变化（10^4 hm^2）	变化幅度（%）
青海	31.56	18.72	0.09	168.40
宁夏	1.08	71.55	0.06	121.23
新疆	65.88	19.54	0.13	81.14
总计	114.58	8.29	1.95	104.00

19.2.4　其他生态用地面积显著下降，裸土地减幅较大

2009—2019 年，其他生态用地呈现显著下降趋势，裸土地减幅较为明显。其他生态用地总体减少 2767.00 万公顷，减幅 36.38%。从用地类型来看，裸土地总量减少最多，为 1559.34 万公顷，减幅 54.95%；沙地减少 556.70 万公顷，减幅 13.52%。各省份中，新疆其他生态用地减少最多，为 1222.10 万公顷，减幅 28.19%；其次为内蒙古和青海，面积分别减少 385.52 万公顷和 384.42 万公顷，减幅分别为 34.12% 和 33.95%。详见表 19.8。

表 19.8　2009—2019 年各省（区、市）重点生态功能区其他生态用地面积变化情况表

各省（区、市）	其他生态用地		沙地		裸土地	
	面积变化（10^4 hm^2）	变化幅度（%）	面积变化（10^4 hm^2）	变化幅度（%）	面积变化（10^4 hm^2）	变化幅度（%）
北京	−0.42	−99.00	0.00	0.00	−0.42	−99.00
河北	−52.19	−98.50	−0.21	−69.98	−49.09	−98.58
山西	−18.42	−95.40	−0.02	−97.40	−18.38	−95.39
内蒙古	−385.52	−34.12	−119.11	−14.76	−196.41	−77.61
辽宁	−0.24	−79.77	0.00	0.00	−0.24	−79.57
吉林	−14.33	−99.09	0.00	0.00	−0.43	−77.37
黑龙江	−3.94	−74.87	−0.02	−98.86	−3.86	−74.49
上海	0.00	0.00	0.00	0.00	0.00	0.00
浙江	−0.83	−90.93	0.00	0.00	−0.83	−90.95
安徽	−0.31	−91.64	−0.02	−90.12	−0.29	−91.76
福建	−0.54	−99.20	0.00	0.00	−0.54	−99.20
江西	−0.48	−92.82	−0.01	−78.01	−0.47	−93.24
山东	−9.46	−99.03	0.00	0.00	−2.47	−96.39
河南	−1.01	−97.95	0.00	0.00	−1.01	−98.03
湖北	−2.92	−96.24	−0.08	−89.58	−2.84	−96.44
湖南	−7.24	−98.17	0.00	0.00	−7.23	−98.17

续表

省（区、市）	其他生态用地		沙地		裸土地	
	面积变化（10^4 hm^2）	变化幅度（%）	面积变化（10^4 hm^2）	变化幅度（%）	面积变化（10^4 hm^2）	变化幅度（%）
广东	-2.51	-91.49	-0.01	-86.28	-2.50	-91.51
广西	-71.66	-99.91	0.00	0.00	-71.66	-99.91
海南	0.00	0.00	0.00	0.00	0.00	0.00
重庆	-1.13	-95.26	0.00	0.00	-1.13	-95.26
四川	-88.90	-85.47	-0.37	-42.27	-88.53	-85.84
贵州	-11.81	-99.85	0.00	0.00	-11.81	-99.85
云南	-28.43	-97.94	0.00	0.00	-28.43	-97.95
西藏	-185.95	-70.92	-0.19	-5.19	-130.22	-64.15
陕西	-0.66	-71.29	-0.21	-98.03	-0.37	-58.63
甘肃	-267.79	-68.03	-42.61	-26.62	-205.20	-96.06
青海	-384.42	-33.95	-35.24	-16.42	-205.57	-26.56
宁夏	-3.78	-26.12	-0.30	-31.70	-3.04	-23.22
新疆	-1222.10	-28.19	-358.30	-12.23	-526.36	-49.23
总计	-2767.00	-36.38	-556.70	-13.52	-1559.34	-54.95

19.3 重点生态功能区生态用地转化及影响因素

2009—2019年，重点生态功能区内生态用地内部相互转化面积较大，主要表现为其他生态用地大量向林地、草地和湿地等类型转化。同时，生态用地与非生态用地之间转化面积较小，主要表现为林地和草地转化为耕地和园地。生态用地转化是多因素共同作用的结果，根据前文数据分析及现有研究结果，结合不同区域的实际情况，总结生态用地转化的主要因素包括气候变化、耕地占补、建设用地占用以及重大生态工程四个方面。各因素对生态用地转化的影响程度和效果具有明显地域性。一方面，自然环境要素，如气候变化，对干旱半干旱地区的生态用地影响比较显著，如林地和草地向沙地和裸地转化。另一方面，人类活动对生态环境的影响日渐增强。其中，东北地区耕地占补平衡需求较强，部分林地、湿地被开垦为耕地；西部地区承接产业迁移导致建设用地占用部分生态用地，同时重大生态工程如退耕还林还草等的实施，扩大了西北和青藏地区林地、草地等生态用地面积。

19.3.1 重点生态功能区生态用地流入流出情况分析

（1）林地增加面积较大，退耕还林成效显著。2009—2019年，全国重点生态功能区内林地增加1653.11万公顷，其中流入4204.97万公顷，流出2551.86万公顷。流入林地的主要为草地、其他用地和耕地，面积分别为1288.73万公顷、474.49万公顷和416.15万公顷，其中灌木林地和乔木林地增加明显。

林地主要流向耕地、园地和草地，面积分别为 245.46 万公顷、132.50 万公顷和 116.74 万公顷。详见图 19.4 和表 19.9。

（2）草地总面积小幅下降，主要向林地转化。全国重点生态功能区内草地减少 293.78 万公顷，其中流入 2656.27 万公顷，流出 2950.05 万公顷。流入草地的主要为其他土地、林地和湿地，流入总面积分别为 1616.61 万公顷、116.74 万公顷和 108.35 万公顷，流入总面积中其他土地占比超 50%。草地主要流向林地、耕地和湿地，面积分别为 1288.73 万公顷、310.15 万公顷和 276.80 万公顷。详见图 19.4 和表 19.9。

（3）水域及水利设施用地呈增加趋势，河流和湖泊水面增加明显。全国重点生态功能区内水域及水利设施用地增加 208.40 万公顷，其中流入 499.22 万公顷，流出 290.82 万公顷。流入水域及水利设施用地的主要为其他土地、草地和湿地，面积分别为 161.69 万公顷、157.80 万公顷和 55.09 万公顷，其中河流水面和湖泊水面面积增加明显。水域及水利设施用地主要流向草地、湿地和耕地，面积分别为 81.91 万公顷、59.97 万公顷和 47.52 万公顷。详见图 19.4 和表 19.9。

（4）其他土地面积减少，向林地草地湿地转化。全国重点生态功能区内其他土地减少 2297.55 万公顷，其中流入 489.82 万公顷，流出 2787.37 万公顷。流入其他土地的主要为草地、林地、湿地，面积分别为 134.58 万公顷、57.40 万公顷和 20.70 万公顷。其他土地主要流向草地、林地和水域及水利设施用地等生态用地，面积分别为 1616.61 万公顷、474.49 万公顷和 161.69 万公顷，其中草地占比超过 50%，详见图 19.4 和表 19.9。

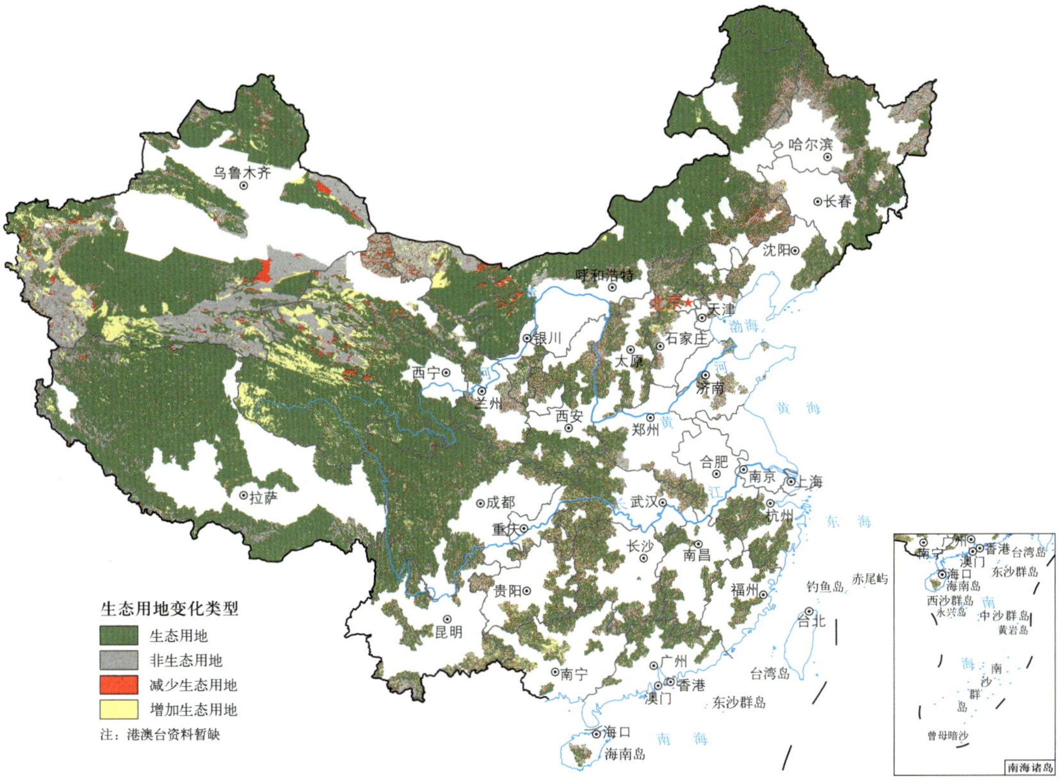

图 19.4　重点生态功能区生态用地变化分布

表 19.9　重点生态功能区土地利用转移矩阵表　　单位：10^4 hm^2

2019 年 / 2009 年	湿地	耕地	园地	林地	草地	商业服务业用地	工矿用地	住宅用地	公共管理与公共服务用地	交通运输用地	水域及水利设施用地	其他土地	总计
湿地	159.83	31.85	0.81	27.54	108.35	0.11	1.08	0.28	0.15	1.79	55.09	20.70	407.58
耕地	4.39	0.00	0.00	416.15	38.56	0.00	0.00	0.00	0.69	0.00	29.24	1.89	490.92
园地	0.23	0.00	0.00	115.28	10.51	0.00	0.00	0.00	0.11	0.00	3.07	0.16	129.36
林地	77.64	245.46	132.50	1812.27	116.74	1.44	14.03	17.5	1.96	26.06	48.86	57.40	2551.86
草地	276.80	310.15	38.37	1288.73	671.13	1.56	21.03	8.82	2.02	39.06	157.80	134.58	2950.05
城镇村及工矿用地	0.75	0.00	0.00	14.25	10.97	0.00	0.00	0.00	0.00	0.00	2.83	2.92	31.72
交通运输用地	1.85	0.00	0.00	8.74	1.49	0.00	0.00	0.00	0.08	0.00	1.77	0.23	14.16
水域及水利设施用地	59.97	29.35	4.79	47.52	81.91	0.35	2.09	2.70	0.60	3.48	38.87	19.19	290.82
其他土地	139.41	80.30	30.45	474.49	1616.61	0.87	10.96	5.78	0.89	13.17	161.69	252.75	2787.37
总计	720.87	697.11	206.92	4204.97	2656.27	4.33	49.19	35.08	6.50	83.56	499.22	489.82	9653.85

19.3.2　生态用地变化影响因素

（1）受气候变化影响，西北和青藏地区生态用地增加较多。2009—2019 年，重点生态功能区内非生态用地转为生态用地较多的地区主要分布在青藏高原、新疆和甘肃部分地区。近年来，气候变化导致西部干旱半干旱地区和青藏高原降水量增加，土壤水分条件改善，森林和草原等植被生长环境趋好，扩大了林草植被生长范围，使得部分裸地、荒地向草地、林地转化，区域整体生态用地面积增加。

（2）耕地资源需求不断增加，农业开垦导致生态用地减少。重点生态功能区耕地面积增加，侵蚀生态空间。2009—2019 年，生态用地转变为耕地面积较大，主要表现为东北地区林地和湿地、内蒙古和新疆草地以及青藏高原草地和湿地向耕地转化。此外，过度放牧和开垦、不可持续农业耕种和农业基础设施建设等农业生产活动，破坏土壤结构和肥力，增加土壤侵蚀风险，加速基础性生态用地向裸地和沙地转化。

（3）经济发展与城市化进程加速，建设用地挤占生态用地。随着社会经济发展迅速，人口规模不断扩大，基础设施不断完善，工业、住宅和交通用地的需求日益增加。2009—2019 年，重点生态功能区内的建设用地主要来自草地（72.49 万公顷）、林地（60.99 万公顷）和湿地（3.41 万公顷），其中，工矿用地和交通运输用地占比较多，分别占流入草地、林地和湿地的 84.16%、65.73%和 82.89%，主要集中在西部地区。近年来随着产业转移和西部大开发战略的不断推进，西部地区以工业产业园的形式承接了大量从东部地区转出的产业，导致工矿用地和交通建设用地快速扩张，侵占了生态用地。

（4）重大生态工程建设成效突出，生态用地结构不断优化。退耕还林还草、防护林体系建设和山水林田湖草沙冰生态修复等重要工程的实施明显改善了生态用地结构，显著提高了生态服务功能。2009—2019 年，国家级重点生态功能区内林地面积增加 1483.60 万公顷，省级重点生态功能区内林地面积增加 169.52 万公顷，总体湿地面积增加了 296.61 万公顷。重大生态工程的落地实施，扩大了生态用地面积，改善了生态用地结构，恢复了局部生态系统功能。

19.4　重点生态功能区生态用地保护问题与对策

19.4.1　存在问题

2009—2019 年，部分地区生态用地存在数量减少、质量降低等问题。主要包括局部草地面积与功能下降，林地与草地间的相互转化造成森林生态系统稳定性下降，以及部分湿地被耕地、建设用地占用等问题。

（1）生态用地内部结构局部稳定性不高，外部占用压力依然存在。全国重点生态功能区内生态用地面积不断扩大，整体结构不断优化，林地、湿地面积增加，但仍存在两大问题。第一，生态用地局部稳定性不高，生态用地内部仍存在部分较高生态价值地类向较低生态价值地类转化的问题。主要表现为林地、湿地和水域及水利设施用地转为草地，面积分别为 116.74 万公顷、108.35 万公顷和 81.91 万公顷，主要分布于内蒙古、四川和新疆等地。第二，人类活动不断影响生态空间，部分生态用地向农用地甚至建设用地转化，经济发展与生态保护矛盾冲突未能完全解决。主要表现为草地转为耕地 310.15 万公顷、林地转为园地 132.50 万公顷、林地和草地转为交通运输用地为 26.06 万公顷和 39.06 万公顷，主要分布于内蒙古、新疆和黑龙江等地。

（2）草地面积减少，局部生态功能退化。全国重点生态功能区草地面积减少，其中绝大部分向林地转化，一定程度上缓解了草地退化、水土流失等生态问题，改善了生态环境，但草地利用与保护存在两大问题。第一，城市快速扩张背景下，新增建设用地占用草地、耕地面积较多，部分地区通过开垦草地以落实占补平衡，导致草地直接流向耕地、间接流向建设用地面积较大。第二，全国重点生态功能区草地面积减少 823.15 万公顷，其中内蒙古和西藏重点生态功能区减少趋势较为明显，减少面积分别为 279.74 万公顷和 149.02 万公顷；西部地区生态环境脆弱，生态本底较差，在过度放牧、农业开垦等高强度人类开发活动干扰下，草地生态系统逐渐成为高产出、低收入的耗散系统，整体稳定性、生产力下降，生态系统整体仍较脆弱。

（3）部分地区林地面积趋减，生态系统遭受扰动。重点生态功能区中林地面积总体呈增加趋势，林地保护态势向好，但部分重点生态功能区林地面积有所减少。第一，东北及热带地区林地资源总量减少。受耕地开垦、过量采伐、森林自然灾害等社会经济以及自然因素干扰，2009—2019 年，黑龙江及海南林地净减少量分别为 34.66 万公顷和 3.47 万公顷，主要分布于大小兴安岭森林生态功能区、长白山森林生态功能区、海南岛中部山区热带雨林生态功能区。第二，部分地区林地生态系统结构遭受扰动。因林木生长缓慢，易破坏难恢复，且林地流入流出总变化量大于净变化量，林地与草地、耕地频繁相互转化，进一步破坏森林系统的原真性和完整性，生物多样性降低，制约了生态系统功能发挥。

（4）湿地面积增加，局部萎缩问题仍然存在。重点生态功能区湿地面积总体增加，主要集中于新疆、内蒙和甘肃，但部分地区湿地向耕地、建设用地以及草地的转化，可能导致生态质量退化。第一，

2009—2019年，湿地向建设用地和耕地的转化面积分别为3.41万公顷和31.85万公顷，主要分布于东北地区。该地区为我国早期重工业基地，城市化进程起步较早，同时也是我国重要粮食主产区，因此，城市扩张和耕地开垦占用湿地情况比较明显。第二，2009—2019年，湿地向草地转化了108.35万公顷，主要分布于青藏地区。这些地区气候敏感性较高，湿地萎缩导致其生物多样性降低、珍稀动物栖息地被侵占、生态系统固碳能力降低等问题。

（5）水域面积总体增加，局部水域生态功能降低。重点生态功能区水域面积整体增加，但部分地区水域向其他非生态地类转化。2009—2019年，水域向建设用地转化面积为9.22万公顷，部分区域水域萎缩情况明显。以甘肃、云南和内蒙古最为突出，水域面积分别下降了15.70万公顷、5.51万公顷和1.09万公顷。这些地区处于河流中上游，是水源涵养、水资源蓄积和水土保持的重要区域，水域面积下降会降低流域水源涵养能力和水土保持及调蓄能力。尤其是在干旱半干旱地区，蒸发量较大，水域面积萎缩会进一步加剧周边湿地、草地、林地等需水生态用地向裸地和沙地转化的风险。

19.4.2 保护对策

因自然条件与经济社会发展水平的空间差异，重点生态功能区的生态用地保护政策与措施需要遵循因地制宜原则，遵循自然生态规律，适度人工干预，加强规划管控。同时，加强交通不便、基础设施落后重点生态功能区监测网络构建，结合地理信息、大数据、人工智能等前沿手段，打造生态用地监测、评价、分析、预警等的一体化平台，提高重点生态功能区管理信息化水平。

19.4.2.1 加强草地资源用途管制，推进生态治理与修复

深入落实各项草原保护制度以及各类草原保护修复政策，重点治理西北地区草原生态环境，稳定草地面积，提高草地生态质量。

第一，严格草地资源用途管制，加强草原征占用审核审批管理。严禁不符合重点生态功能区定位的项目占用草原，加强草原执法责任追究，落实草原生态环境损害赔偿制度；实施草畜平衡制度和禁牧休牧轮牧制度，提高草地生态质量；实行林（草）长制，充分发挥农牧民的主体作用，积极引导全社会参与草原保护修复（黄美华 等，2021）。

第二，统筹推进退化草地分区治理，加快退化草原植被和土壤恢复，提升草原生态功能和生产功能。在纯草地区，实施松土施肥、鼠虫害防治等措施，提升草地生态功能和生产功能；在林草交错地带，采取人工干预与自然修复结合的措施，营造林草复合植被；在森林区，适当保留林间和林缘草地，形成林地、草地镶嵌分布的复合生态系统；在高海拔山区及坡度较大地区，对天然草地采取禁牧封育等措施，保护好天然草地原生态。在草原区，对生态系统脆弱、生态区位重要的退化草原，加强生态修复和保护管理，巩固生态治理成果。

第三，推广应用草地全覆盖网络监测成果，以内蒙古、西藏等地为重点，建立草原数字化监管新机制。利用地理信息和高分遥感技术，构建空天地一体化草原生态数字监管平台，健全草地资源调查监测评价数据信息共享机制，为重点生态功能区草地网格化监管和科学利用赋能；大力推进内蒙古、西藏、青海和新疆等地区生态畜牧业试验区建设，全面建立草地保护与生态建设、畜牧发展相协调的草地保护利用机制，提升草原生态功能和生产功能。

19.4.2.2 加强林地资源修复，协调生态保护与发展

贯彻落实主体功能区战略，以“绿水青山就是金山银山”理念为先导，以国家生态安全战略格局为

基础，以国家重点生态功能区、生态保护红线、自然保护地等为重点，深入实施重点生态工程。

第一，加强林地资源保护与修复。以恢复退化林生态系统、增强林地生态系统稳定性和提升其生态系统质量为目标，持续开展多项林业重大生态保护、修复工程。西北、华北以及东北等地区，持续推进区域水源涵养林、防风固沙林建设和乔灌草结合的复层水源涵养林建设，加强中幼林抚育和低质低效林改造，增强林地生态系统稳定性；针对风沙等灾害严重的东北黑土区和华北黄河故道区等重点农耕区域，合理规划建设农田防护林，完善农田林网；针对青藏高原地区，以河滩谷地为核心开展水源涵养林和水土保持林等防护林体系建设，加强森林资源管护；针对长江流域重点生态保护区，积极开展上游天然林公益林建设，加强长江两岸造林绿化，提高水土保持能力，完成宜林荒山造林任务，精准提升森林生态系统质量；针对海岸带、岛屿和近岸海域地区，着力推进沿海防护林建设，选育抗盐渍化适宜植被，提高海岸滩涂湿地植被盖度。

第二，兼顾重点生态功能区林地利用与发展。针对黑龙江、海南等林地资源趋减地区，保护重点林地资源，稳步提升森林生态系统稳定性，恢复和增强涵养水源、调节气候、物种保护等生态功能，优化生态安全格局，提高林地生态效益。在此基础上，以林长制制度供给建设为核心，进一步建立健全森林资源保护、林地与林木采伐管理等政策和制度体系；探索生态价值转化实现途径和机制，依法推进林地生态保护补偿工作，强化生态系统生产总值核算机制。

19.4.2.3 整体规划保护重要湿地，降低人类活动干扰

严格落实湿地保护政策，遵循自然恢复原则，加强对集中连片、功能退化严重和生态功能重要的湿地进行整体保护和协同治理，重点关注耕地占用与湿地保护矛盾冲突，明确湿地重点保护边界。

第一，针对青藏高原生态屏障、西北防沙带等重要功能区域，要以遏制湿地面积萎缩、提高湿地生物多样性为目标（李家好 等，2021），重点加强青藏、新疆和内蒙古地区湿地生态系统综合整治和自然恢复。重点立足三江源草原草甸湿地保护和河流上游湿地净化能力稳定，以自然恢复为主、人为干预辅助的基本原则，重点提升草地沼泽湿地的固碳能力和生物多样性水平，提高野生动植物栖息地生境质量，形成稳定的高寒生态系统；合理规划湿地周边建设用地、耕地和高寒草原放牧活动的有序撤出，最大程度降低人类活动对湿地自然环境的影响（张倚浩 等，2023）。

第二，针对西北地区重点关注干旱地区湿地水源占用、过度放牧（刘爽 等，2023）、耕地占用和地下水过度开采对湿地影响，对于规模较大的湿地和自然保护区进行高精度、实时动态监测，根据湿地类型、分布、重要性、典型性和多样性原则，建立湿地资源监测网络；构建湿地监测预警体系，逐年评估重要湿地的规模、布局等相关指标变化。

第三，针对东北地区湿地，重点关注耕地与湿地冲突问题（史晓辰 等，2022），强化重要沼泽湿地保护与珍稀鸟类栖息地生境质量提升。提高三江平原水系连片度，增强湿地水体净化能力，对泡沼连片、内陆滩涂较广的地区要重点提升其碳汇潜力；将三江平原、扎龙自然保护区等自然湿地占比较高且集中分布的地区，划定为核心湿地保护区，在该区域内坚决执行退耕还湿（董文涛 等，2022），严禁大规模开发建设。

19.4.2.4 开展河流湖泊生态保护修复，强化水域空间管控

深入落实各项河湖水域保护政策，针对不同区域实施河湖水域生态修复工程，加强水域空间用途管制。

第一，加强水域保护力度，坚持生态优先、统一规划、量水而行、协同推进的原则，分区开展重要河流和湖泊生态保护修复，开展山水林田湖草沙冰一体化保护和系统治理。在长江流域加强河湖水域生

态系统保护，继续实施退田（圩）还湖还湿，促进水域面积恢复，提升河湖水生态系统稳定性。在黄河流域，上游提升水源涵养能力、中游抓好水土保持、下游保护河湖生态系统和生物多样性，以流域为单元综合治理水土流失，开展河湖水域的土地整治。

第二，实施水域空间管控，针对甘肃、云南、内蒙等地区建设活动侵占河湖水域的情况，推进河湖水域资源确权登记，科学开展河湖水域岸线保护区、保留区、控制利用区划分工作；明确责任主体和分区管理保护要求，强化岸线用途管制和节约集约利用，严格控制开发利用强度，实行更加严格的产业准入标准，禁止不符合重点生态功能区定位的项目侵占河湖水域。

参考文献

董文涛，侯文久，于洪贤，等，2022. 黑龙江挠力河国家级自然保护区退耕的恢复湿地浮游植物群落结构特征 [J]. 湿地科学，20（5）：655-665.

黄美华，高泽兵，杨海镇，2021. 青海省天峻县高寒草地用途管制研究 [J]. 青海科技，28（3）：47-50.

李家好，王聪珍，方正坤，等，2021. 青藏高原纳木错和羊卓雍错湿地微生物群落组成及其影响因子初探 [J]. 干旱区资源与环境，35（12）：171-176.

刘爽，范峰华，张昆，等，2023. 围栏禁牧对滇西北高寒湿地土壤活性有机碳的影响 [J]. 生态学报，43（4）：1506-1514.

史晓辰，张超，郧文聚，2022. 有效缓解耕地开垦与湿地保护矛盾的对策——以吉林西部为例 [J]. 中国土地（10）：32-33.

喻锋，李晓波，张丽君，等，2015. 中国生态用地研究：内涵、分类与时空格局 [J]. 生态学报，35（14）：4931-4943.

张倚浩，阎建忠，程先，2023. 气候变化与人类活动对青藏高原湿地的影响研究进展 [J]. 生态学报，43（6）：2180-2193.

第 20 章　粮食安全与耕地资源需求

耕地保护事关粮食安全这个“国之大者”。在严格的耕地红线保护制度下，耕地资源对保障粮食安全、社会经济发展和生态环境可持续都起着不可替代的作用。进入新时代，面对美好生活对食物供给的高要求，粮食供给和需求的重心偏离、国际农产品市场的不确定性增加等新形势，耕地保护工作也面临着新挑战。在“大食物观”背景下，更需要在严格落实耕地保护政策的同时，统筹协调好耕地和其他食物生产用地的关系，以保障“中国人要把饭碗端在自己手里，而且要装自己的粮食”。

20.1　耕地数量、质量的时空变化

利用耕地资源质量调查数据，对粮食主产区耕地数量和省级平均耕地资源质量及潜在产能进行分析，以了解我国耕地资源变化情况。2019 年，全国耕地面积为 12786.19 万公顷（19.1793 亿亩），整体呈现“西部偏多，东部、中部、东北部相当”的格局，分布最密集的地区为东北平原和华北平原（黄淮海平原）；旱地比例最大，水田、水浇地相当，旱地、水田和水浇地在东、中、西、东北地区分布差异明显。

20.1.1　耕地资源数量变化

全国耕地总量有所减少。其中，水浇地有所增加，水田、旱地减少。2009—2019 年，全国耕地面积减少 752.27 万公顷，其中水浇地增加 403.14 万公顷，水田、旱地分别减少 160.05 万公顷、995.36 万公顷（见图 20.1）。水田面积减少将导致粮食产量下降，进而影响粮食供应，但同时减少了灌溉用水需求，可能缓解水资源紧张和农业用水方面的可持续性挑战。

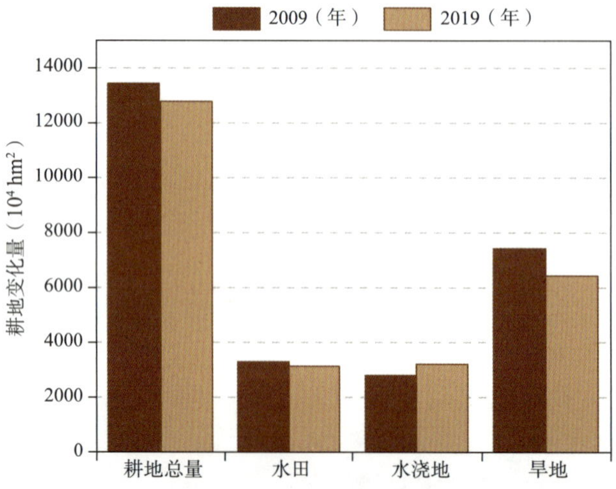

图 20.1　2009—2019 年全国耕地数量变化

从省级层面来看，29 个省份耕地面积均有减少，仅少数省份耕地面积有所增加。具体来看，2009—2019 年，内蒙古、辽宁、吉林、黑龙江和新疆的耕地面积呈增加趋势，共增加 616.05 万公顷，其中内蒙古、新疆和黑龙江的耕地面积增加显著，占耕地面积增加总量的 90.13%。其他省份耕地面积均呈减少趋势（见图 20.2）。

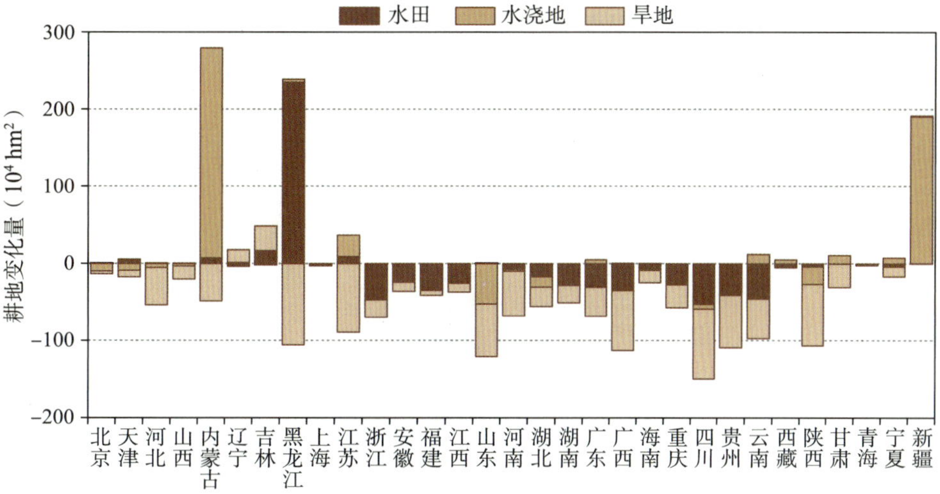

图 20.2　2009—2019 年各省（区、市）耕地数量变化

从粮食主产区层面看，13 个粮食主产区[①] 耕地面积均减少。2009—2019 年，13 个粮食主产区耕地减少 211.06 万公顷，较 2009 年减少约 2.50%，其中山东和四川减少较多，分别减少了 120.64 万公顷和 149.28 万公顷，内蒙古和黑龙江增加较多，分别增加了 230.72 万公顷和 132.95 万公顷。粮食主产区的水田和水浇地分别增加了 117.64 万公顷（主要是黑龙江）和 219.06 万公顷（主要是内蒙古），而旱地净减少了 547.79 万公顷（粮食主产区所有省份均减少）（见图 20.3）。

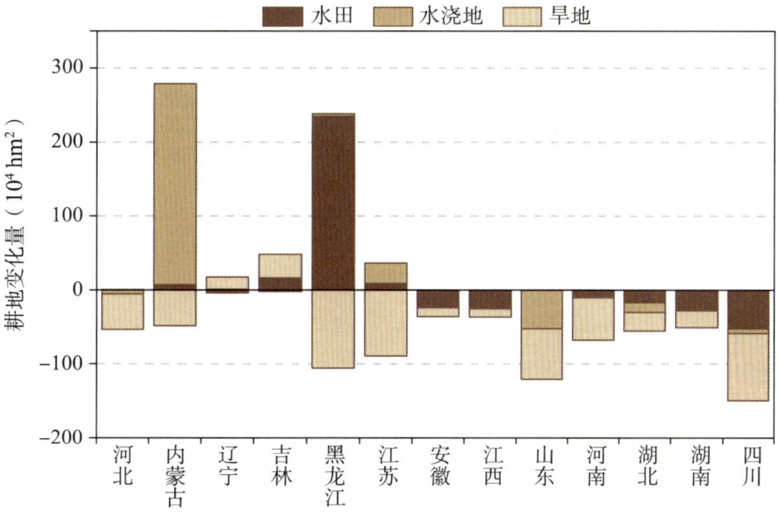

图 20.3　2009—2019 年粮食主产区耕地数量变化

① 13 个粮食主产区包括：河北、内蒙古、辽宁、吉林、黑龙江、江苏、安徽、江西、山东、河南、湖北、湖南和四川。

20.1.2 耕地资源质量变化

根据2013年《中国耕地质量等级调查与评定（全国卷）》，我国耕地质量可划分为15个等级，并可归并为优等地（1～4等）、良等地（5～8等）、中等地（9～12等）和差等地（13～15等）四个质量等级。据此可以看出，我国耕地质量的空间分布具有以下特点。

从全国层面来看，我国耕地资源质量整体不高。2019年，全国耕地优等地、良等地、中等地、差等地面积分别为1083.13万公顷、3456.67万公顷、7326.06万公顷、920.33万公顷，占全国耕地面积比例分别为8.47%、27.03%、57.30%、7.20%。其中，中等地比例最高，其次是良等地，优等地和差等地比例较少，耕地质量较好的优等地和良等地累计占比为35.50%。（见图20.4）。

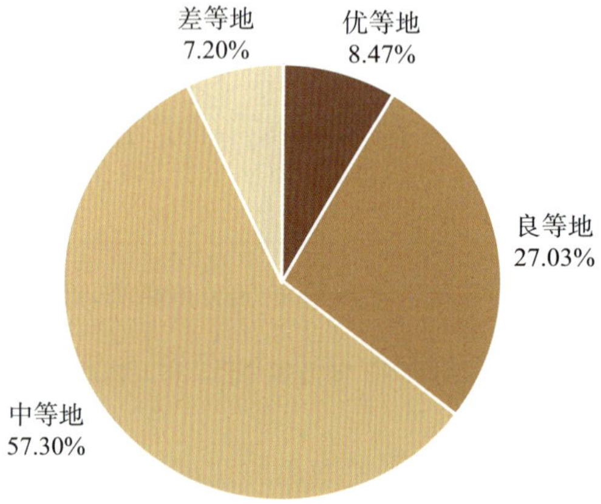

图20.4　2019年全国耕地质量等级分布与比例

从省级层面来看，我国耕地资源质量呈现东高西低的趋势，空间差异显著。我国耕地资源分布受气候、地形影响，耕地质量较好的优等地、良等地集中分布在东北、华北、长江中下游等区域，这些区域地势平坦、雨热同期、耕作条件便利，是我国主要粮食生产功能区。耕地质量较差的中等地、差等地全国均有分布。（见图20.5）。

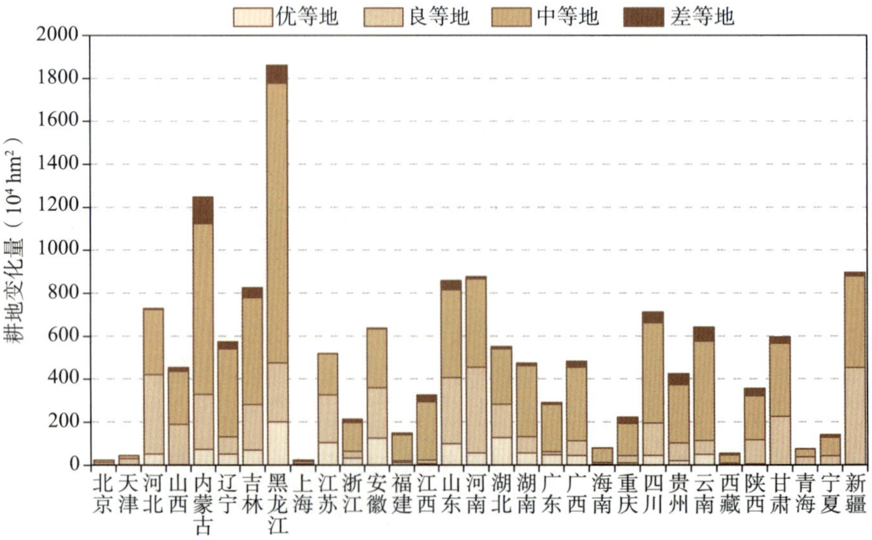

图20.5　2019年各省（区、市）耕地质量等级分布

从粮食主产区层面来看，我国 13 个粮食主产区耕地质量等级较高。中等地和良等地面积约为 8670.24 万公顷，占粮食主产区耕地总面积的 85.12%，耕地生产潜力较高。其中黑龙江、内蒙古耕地面积分别为 1247 万公顷和 1861 万公顷，耕地资源较为集中且耕地质量较好。我国粮食主产区主要以平原、盆地、丘陵为主，整体地形平坦、雨热同期、土壤肥沃、生产力高，也是优质耕地相对集中的区域（见图 20.6）。

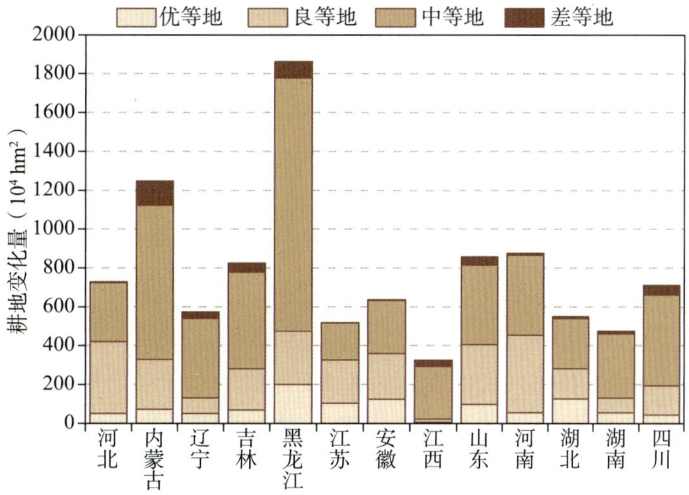

图 20.6　2019 年粮食主产区耕地质量等级分布

从耕地资源的农业区划层面来看，我国耕地资源质量呈现出平原地区高、山地和丘陵地区低的特点。我国耕地主要集中在东北平原区、北方干旱半干旱区、长江中下游地区和华北平原地区，占我国耕地总面积的 74.35%，分别为 21.24%、18.75%、17.86% 和 16.49%。从耕地资源质量调查结果来看，优等地主要分布于东北平原区、华北平原区以及长江中下游地区；良等地除在上述区域广泛分布外，在北方干旱半干旱区、黄土高原区、云贵高原区等区域也占比较高；耕地质量较差的中等地、差等地全国均有分布，云贵高原区、黄土高原区、青藏高原区等地区分布相对集中，这类区域地形条件复杂，不利于耕作，工程性缺水现象较为严重，农业生产稳定性相对较差（见图 20.7）。

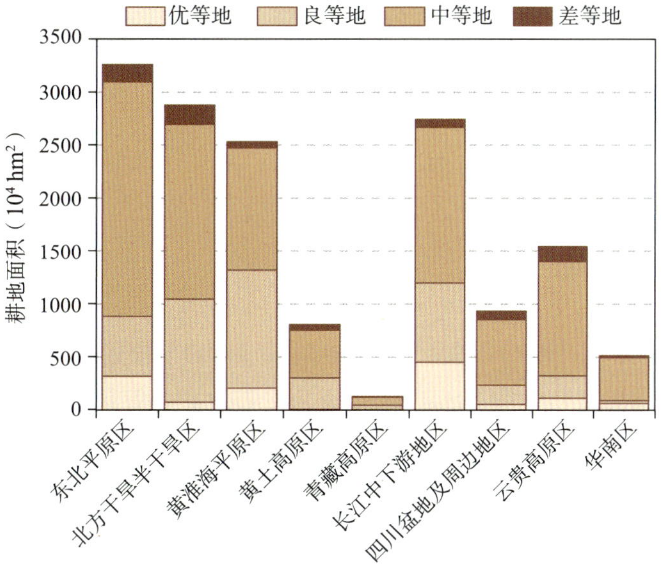

图 20.7　2019 年各农业区耕地质量等级分布

20.2 耕地变化对耕地产能的影响

本节以耕地资源质量调查数据为基础，根据2009—2019年耕地流入流出变化数据，分析我国耕地资源变化及其对耕地粮食产能的影响。结果显示，耕地总量的减少引起了全国总耕地产能的减少，但我国平均耕地产能有所增加。虽然我国耕地面积有所减少，限制了耕地的粮食总产量，但受国家大力推行农业技术的改进和创新、农药化肥的使用增加、灌溉设施的改善以及有效种植面积的扩大等因素的影响，各个地区的平均耕地产能有所增加，并由此促进了粮食总产量的增加。

为了应对耕地总体产能下降所带来的粮食供给风险，需要采取一系列的措施，包括高标准农田建设、可持续土地管理、提高农业技术水平、促进农业创新、合理利用水资源、推动可持续农业发展等。这些措施可以提高耕地的产能和效率，确保粮食供应的稳定性，并减少农药化肥等对农田生态系统的负面影响。本节耕地产能指的是耕地可实现产能，即耕地在生产条件得到基本保证，光、热、水、土等环境因素均处于正常状态，技术条件可以满足，由政策、投入等因素决定的正常年景下粮食能够获得的最高产量。其中，平均耕地产能代表单位面积耕地可实现的最高产量，总耕地产能代表一个区域内所有耕地产能总和。值得注意的是，实际上有较多耕地无法达到该产量，但可以通过采用高标准农田建设在耕地面积减少和预期产能下降的情况下增加实际粮食产量。

本节运用因耕地质量变化而产生的地区耕地粮食产能总量变化和耕地平均粮食产能变化因素，以此分析耕地变化对耕地粮食产能的影响。耕地粮食产能总量是由地区各质量等级耕地面积与其所对应的粮食生产能力的乘积加总计算得到的。耕地平均粮食产能是由粮食产能总量除以总耕地面积计算得到的。

其计算公式为

$$S_{ij}=\sum_k S_{ijk} \tag{20-1}$$

$$Y_i=\sum_j S_{ij}\cdot y_i \tag{20-2}$$

$$\bar{Y}_i=Y_i/\sum_j S_{ij} \tag{20-3}$$

式中，

S_{ijk}——地区 i 所下辖的 k 地区[①]第 j 等地的耕地面积；

Y_i——地区 i 耕地粮食产能总量；

$\bar{Y}_i$——地区 i 所有耕地的耕地平均粮食产能；

S_{ij}——地区 i 第 j 等地的耕地面积；

y_j——第 j 等地的平均耕地粮食产能。

上式中耕地等级划分与对应产能参考2013年《中国耕地质量等级调查与评定（全国卷）》所统计的全国农用地自然质量等划分结果，其中优等地、良等地、中等地和差等地分别对应1～4等地、5～8等地、9～12等地和13～15等地，平均耕地产能分别为1350千克/亩、950千克/亩、400千克/亩、150千克/亩（取对应细分质量等级的平均值）。需要注意的是，第三次全国国土调查的新增耕地大部分在耕地质量

① 对于省份求和，下辖区域以县级为统计单位；对于区域求和，下辖区域以省级为统计单位。

调查范围之外，其产能无法被纳入总产能范围内，需要衡量占补平衡耕地的实际情况和质量等级。

20.2.1　全国耕地变化对粮食产能的影响

从全国层面来看，全国总耕地产能呈下降趋势。2009—2019 年，全国耕地流出 2895.80 万公顷，流入 2143.30 万公顷，通过计算耕地流入流出的产能变化，结果显示，我国耕地流出引起的耕地产能减少量为 6.04 亿吨，耕地流入引起的耕地产能增加量为 2.49 亿吨，从 2009—2019 年我国耕地利用变化引起了 3.55 亿吨总耕地产能的损失，约占原有耕地粮食产能的 22.80%。2019 年平均耕地产能为 616.63 千克 / 亩，较 2009 年增加了 8 千克 / 亩（见图 20.8）。

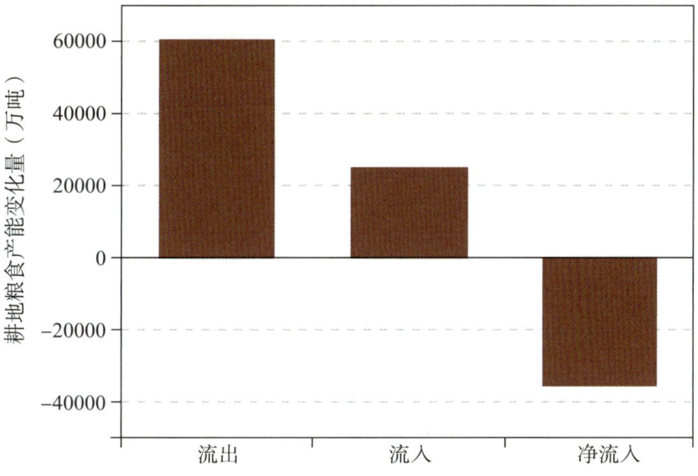

图 20.8　2009—2019 年全国耕地产能变化

20.2.2　省级耕地变化对耕地粮食产能的影响

从省级层面来看，我国各省耕地产能总体呈减少趋势。四川、云南、贵州等 10 个省份流出耕地面积超过 200 万公顷，通过计算省级耕地流入流出的产能变化，结果显示，山东、四川和江苏减少较多，分别减少了 2471.58 万吨、2302.02 万吨和 2064.82 万吨。由于耕地流出数量高于耕地流入数量，我国所有省份的总耕地产能均减少（见表 20.1）。

表 20.1　2019 年各省（区、市）耕地产能变化统计情况　　单位：万吨

省（区、市）	流出耕地粮食产能	流入耕地粮食产能	耕地粮食产能净减少量
北京	181.78	29.32	152.47
天津	247.16	79.59	167.56
河北	2911.10	1076.93	1834.18
山西	1899.80	750.10	1149.71
内蒙古	4229.40	2722.75	1506.64
辽宁	1672.58	744.67	927.91

续表

省（区、市）	流出耕地粮食产能	流入耕地粮食产能	耕地粮食产能净减少量
吉林	1975.68	1081.42	894.26
黑龙江	3632.28	1988.59	1643.70
上海	201.65	75.05	126.60
江苏	3312.04	1247.22	2064.82
浙江	1215.37	293.50	921.87
安徽	2790.12	1146.88	1643.24
福建	743.05	207.57	535.47
江西	1092.31	392.90	699.41
山东	3411.11	939.53	2471.58
河南	2974.96	1139.86	1835.09
湖北	2847.73	1127.68	1720.05
湖南	2507.09	952.69	1554.41
广东	1627.23	438.80	1188.43
广西	2413.83	629.47	1784.36
海南	367.18	89.96	277.22
重庆	928.27	315.53	612.74
四川	3392.58	1090.56	2302.02
贵州	1959.71	716.74	1242.97
云南	2547.44	984.78	1562.67
西藏	182.29	94.64	87.65
陕西	1725.10	492.57	1232.54
甘肃	2136.13	929.67	1206.46
青海	304.72	125.62	179.11
宁夏	476.86	203.62	273.25
新疆	4490.56	2806.84	1683.72

我国大部分省份的平均耕地产能均呈增加趋势。其中浙江、山东、湖北等省份的平均耕地产能增加量均超过 20 千克 / 亩，分别增加了 27.74 千克 / 亩、20.59 千克 / 亩、21.61 千克 / 亩；陕西、宁夏和广东等省份的耕地平均粮食产能减少，分别减少了 10.78 千克 / 亩、4.38 千克 / 亩和 1.21 千克 / 亩（见图 20.9）。

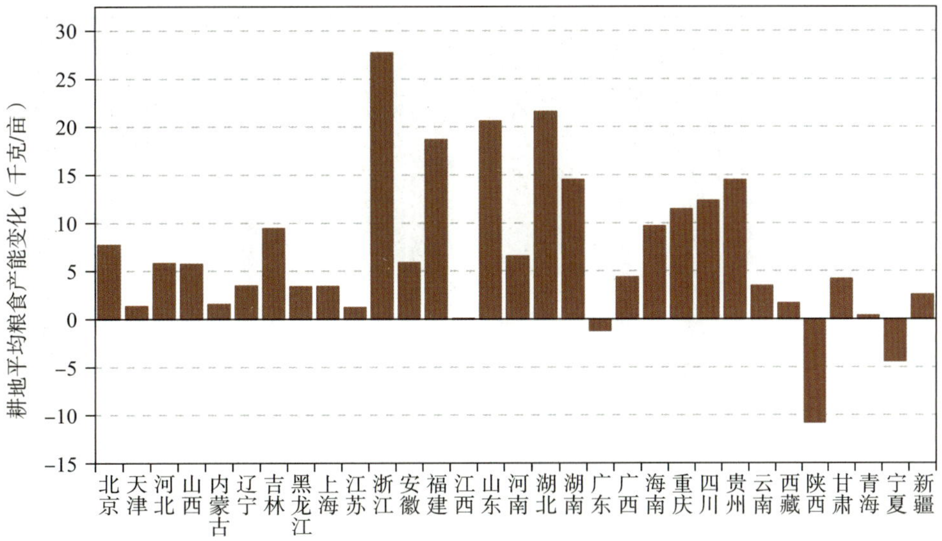

图 20.9　2009—2019 年各省（区、市）耕地平均粮食产能变化

耕地流入补充的耕地产能有限。对于耕地流出较多的内蒙古和新疆等省份，尽管也存在 1000 万～2000 万吨耕地产能流入并提升了其耕地产能，但在总量上仍无法弥补耕地流出的耕地粮食产能损失。北京、天津、上海、浙江、福建等省份的耕地粮食产能提升普遍低于 1000 万吨（见图 20.10）。

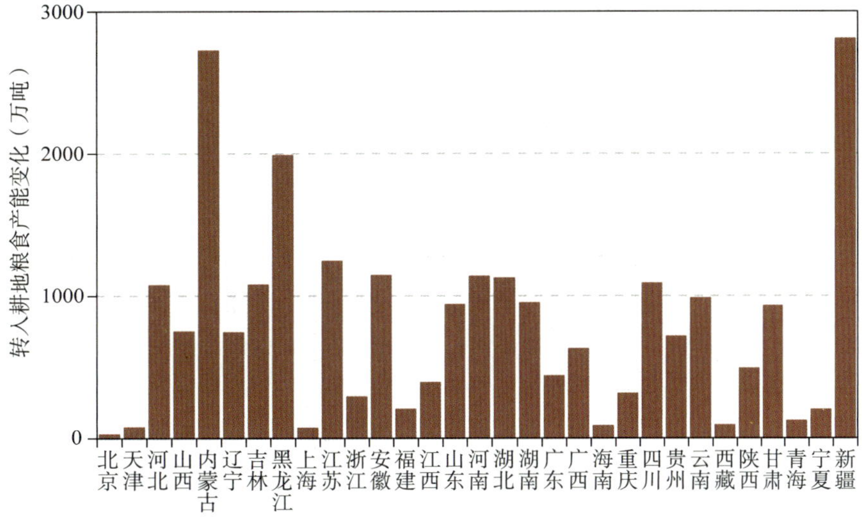

图 20.10　各省（区、市）耕地流入所引致的耕地粮食产能提升

耕地流出导致部分西部及东部地区部分省份耕地产能损失较大。各省由于耕地流出所导致的耕地粮食产能损失普遍达到 1000 万～4000 万吨，其中新疆、内蒙古存在较多耕地粮食损失，分别达 4229 万吨、4490 万吨（见图 20.11）。

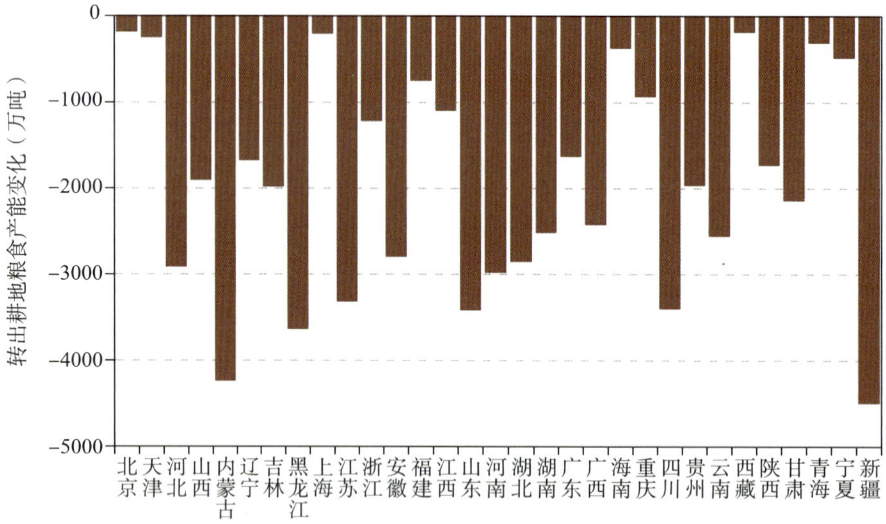

图 20.11 各省（区、市）耕地流出所引致的耕地粮食产能下降

20.2.3 农业区耕地变化对耕地粮食产能的影响

从农业区划层面来看，耕地产能较高的地区集中分布于华北平原及长江中下游平原等传统农业区。2009—2019 年，华北平原区及长江中下游平原地区的耕地产能减少量最多，分别减少 6460.88 万吨和 8730.41 万吨。东北平原区、云贵高原区以及青藏高原区受到光热或地形限制，耕地产能普遍偏低，但由于这些地区耕地流入流出数量较少，耕地产能变化量相对较小（见图 20.12）。

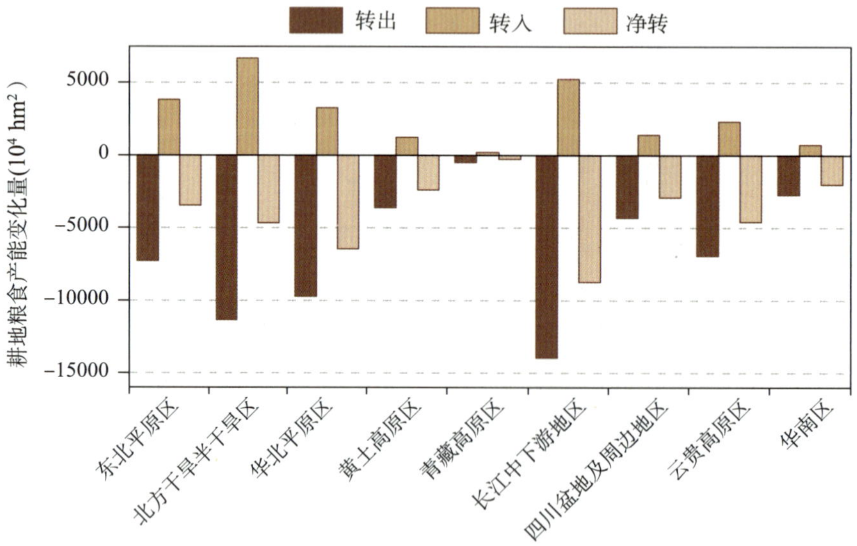

图 20.12 2009—2019 年各农业区耕地产能变化

各农业区中等耕地和高等耕地比例的增加以及差等地的减少，使平均耕地产能普遍提高。结果显示，长江中下游地区、四川盆地及周边地区、华北平原区的平均耕地产能普遍提高了 10 千克 / 亩以上。华南区存在因城市化导致平均耕地产能下降的情况，东北平原区、北方干旱半干旱区、黄土高原区、青藏高原区以及云贵高原区等大部分地区平均耕地产能保持相对稳定（见图 20.13）。

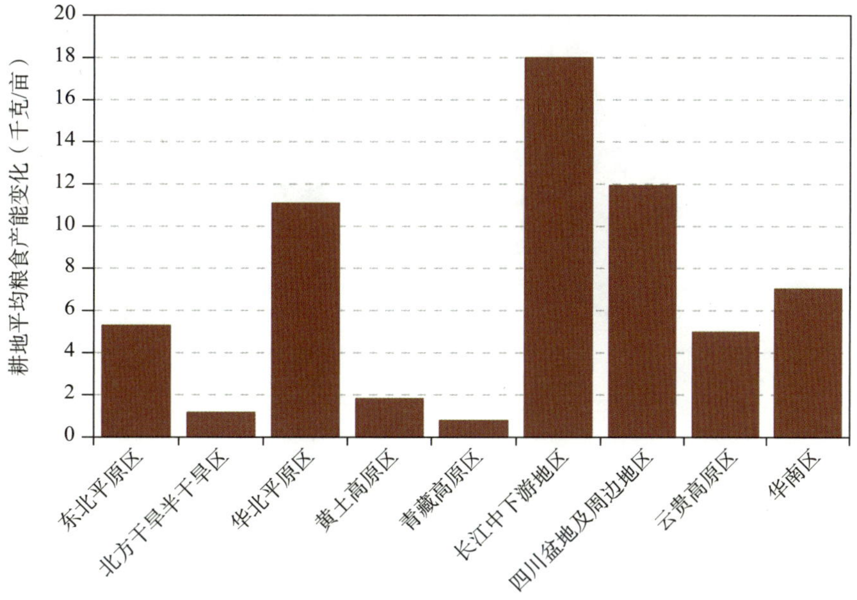

图 20.13　2009—2019 年各农业区耕地平均粮食产能变化

耕地流入较多的地区主要集中于北方干旱半干旱区和长江中下游地区，耕地流入导致的耕地产能提升分别为 6662.88 万吨和 5235.92 万吨。而位于西部地区的黄土高原区、青藏高原区四川、盆地及周边地区等农业区由于地理位置和自然条件不适宜耕种活动，耕地流入相对较少，耕地产能提升有限（见图 20.14）。

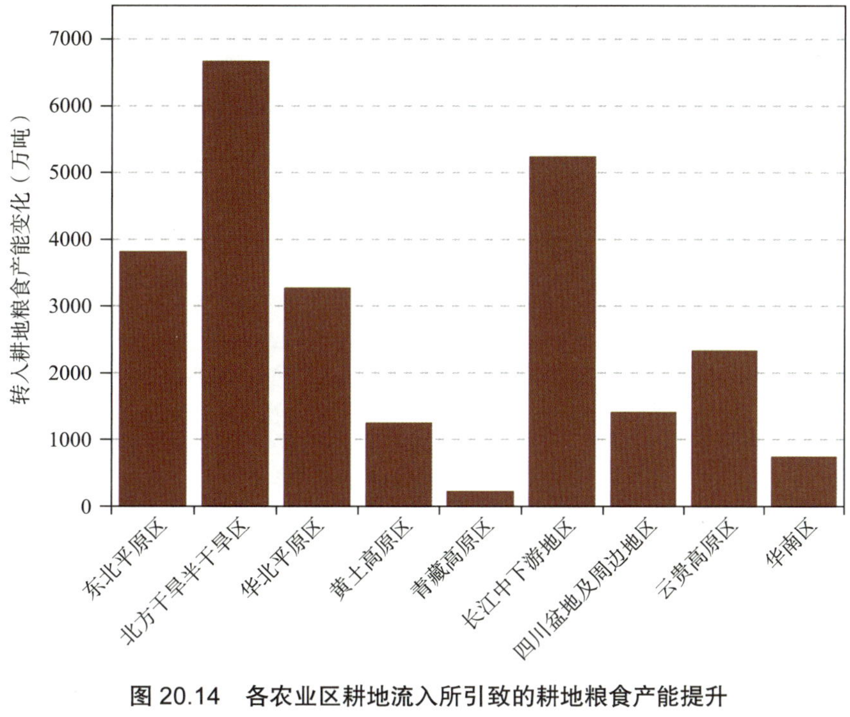

图 20.14　各农业区耕地流入所引致的耕地粮食产能提升

耕地流出导致长江中下游地区、北方干旱半干旱区以及华北平原区耕地粮食产能损失较大，分别损失 13966.33 万吨、11332.94 万吨以及 9726.12 万吨。除青藏高原区和华南区外，所有农业区由于耕地流出导致的耕地产能损失总计达 3000 万吨以上（见图 20.15）。

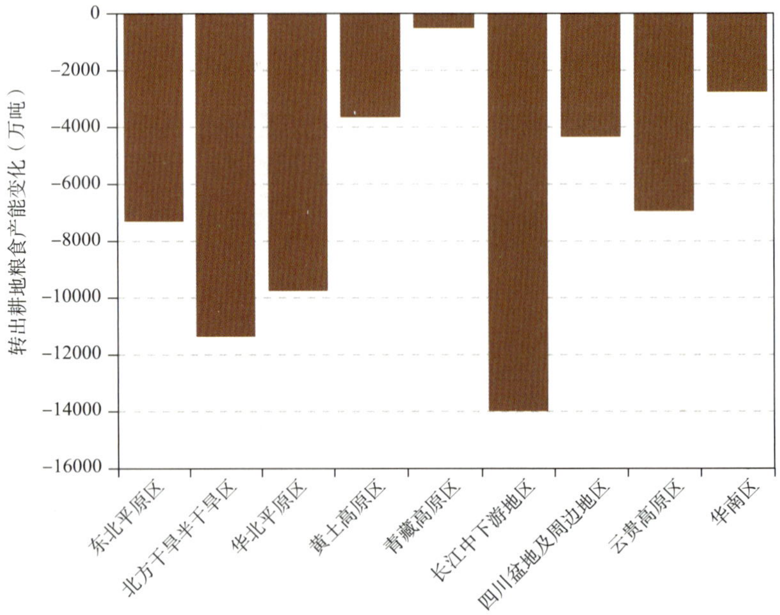

图 20.15　各农业区耕地流出所引致的耕地粮食产能下降

20.2.4　粮食主产区耕地变化对耕地粮食产能的影响

全国粮食主产区耕地产能总体呈减少趋势。2009—2019 年，13 个粮食主产区耕地粮食产能减少 20169.40 万吨（约减少 14.22%），占全国耕地粮食产能减少量的 56.84%，其中山东、四川和江苏减少较多，分别减少了 2471.58 万吨、2302.02 万吨和 2064.82 万吨，大部分粮食主产区耕地粮食产能减少量均超过 1500 万吨。由于耕地流出数量普遍高于耕地流入数量，粮食主产区所有省份的耕地产能均减少（见图 20.16 和图 20.17）。

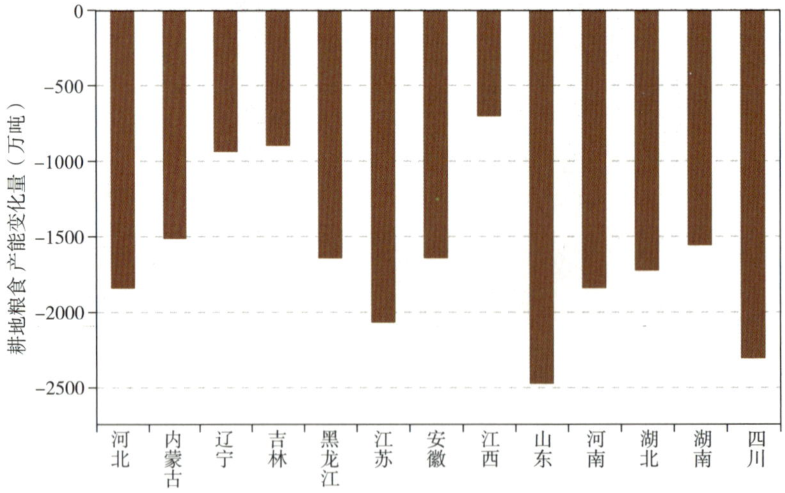

图 20.16　2009—2019 年粮食主产区耕地粮食产能变化

耕地流入较多的地区主要集中在内蒙古和黑龙江。耕地流入导致内蒙古和黑龙江的耕地粮食产能提升了 2722.75 万吨和 1643.24 万吨。除江西外，河北、辽宁、吉林等 12 个粮食主产区流入耕地粮食产能均提升 500 万吨以上（见图 20.18）。

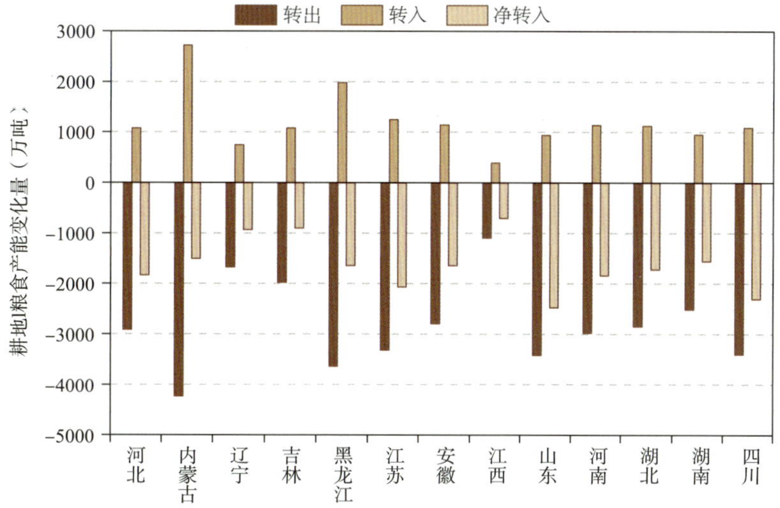

图 20.17　2009—2019 年粮食主产区耕地粮食产能变化

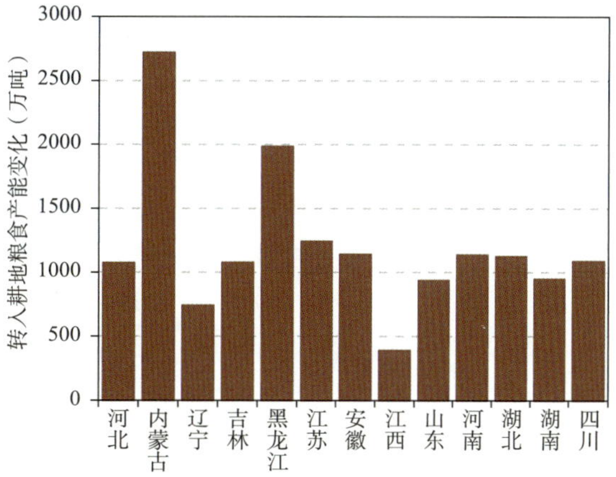

图 20.18　各粮食主产区耕地流入所引致的耕地粮食产能提升

耕地流出同样导致内蒙古、黑龙江、江苏、山东、四川等粮食主产区的耕地产能损失较大，分别损失耕地产能 4229.40 万吨、3632.28 万吨、3312.04 万吨、3411.11 万吨、3392.58 万吨。除辽宁、吉林和江西外，所有粮食主产区由于耕地流出导致的耕地粮食产能损失达 2000 万吨以上（见图 20.19）。

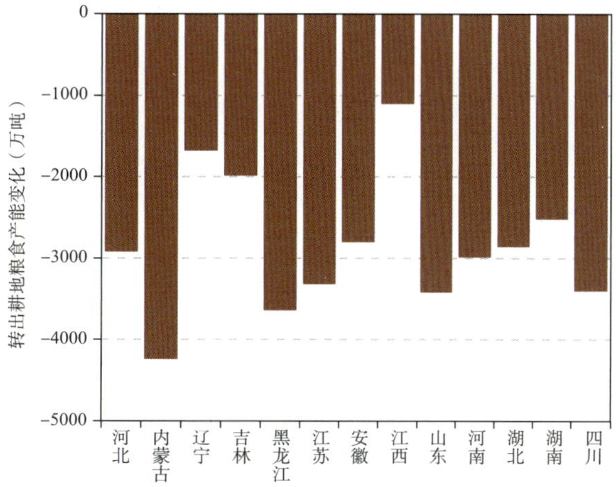

图 20.19　各粮食主产区耕地流出所引致的耕地粮食产能下降

20.3 粮食与耕地的空间偏移

长期以来，我国始终坚持实行最严格的耕地保护制度，在取得高速工业化和城镇化发展成就的同时，有效守住了耕地保护红线，为国家粮食安全提供了保障。与此同时，近年来我国粮食生产重心和耕地分布重心之间存在空间偏移，这种空间偏移带来的粮食供需空间格局的变化值得关注。

20.3.1 耕地与人口的重心偏移

耕地是粮食生产和供给的重要载体，人口是社会发展的基本要素，也是粮食需求的来源，耕地与人口的重心偏移情况在一定程度上会影响粮食供应链的保障程度和风险大小。同时，耕地的空间偏移还可能引致耕地质量和粮食产能的变化，以及水土资源匹配关系的变化，从而影响国家粮食安全。

从第七次全国人口普查数据可以看出，我国人口分布依旧保持东密西疏的基本格局，“胡焕庸线”以东地区以 43% 的陆域国土面积承载了 94% 的人口。其中，“长三角”“珠三角”“京津冀”“长江中游”以及“成渝”等主要城市群呈现出明显的人口集聚特征。在西部地区，以中心城市为主要人口集聚点。东北地区虽然处于“胡焕庸线”东侧，但人口分布相对较为稀疏（见图 20.20）。

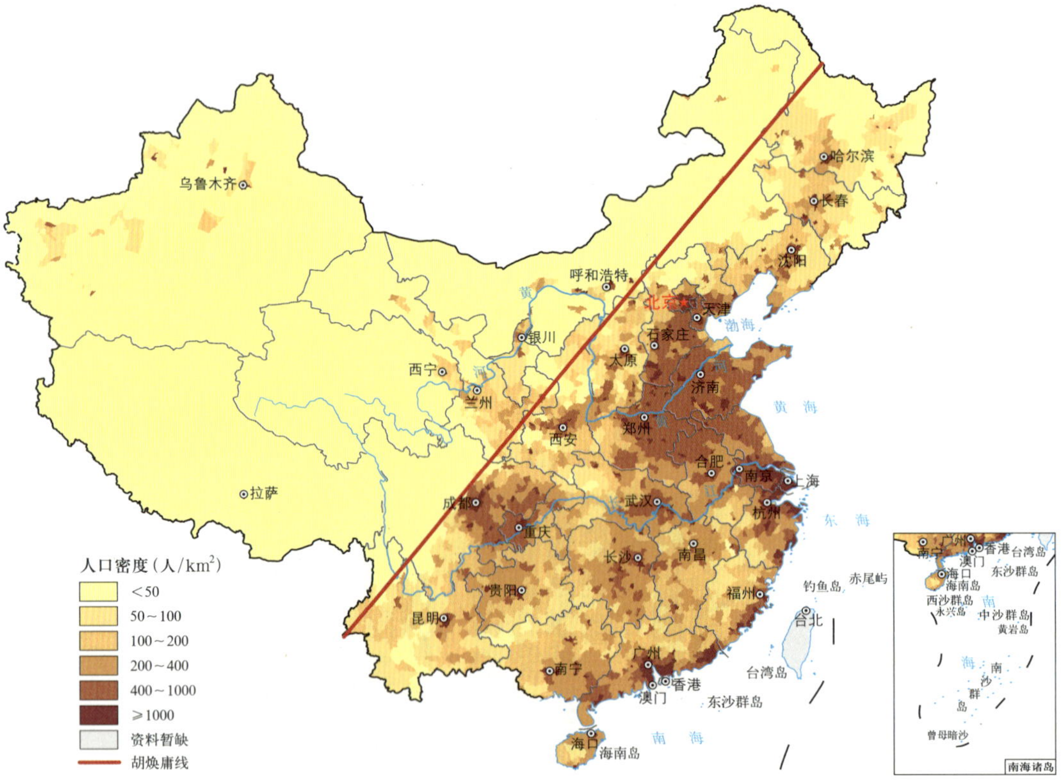

图 20.20 2020 年我国人口密度分布

重心—标准差椭圆模型是一种地学统计方法，可通过长短轴、方位角、扁率等椭圆参数表征地理要素之间的分布特征、离散趋势、方向偏移以及重心转移等特征。通过绘制中国人口分布及耕地利用的标准差椭圆，可定量揭示中国人口及耕地分布的方向以及二者之间的位置偏移，其中重心表示地理要素在空间上的相对位置，长半轴反映数据离散程度较大方向，短半轴反映聚集程度较高方向。长短半轴的值差距越大，表示数据的方向性越明显。反之，如果长短半轴越接近，表示方向性越不明显。

结果显示，中国的耕地利用与人口分布在空间趋势上较为一致，但重心偏差较大。依据具体参数结果，耕地利用的重心位于山西省内（37.21°N，113.60°E），短半轴为 1004.99 千米，长半轴为 1412.66 千米，方位角为 41.04°。而人口分布重心位于河南省内（31.98°N，114.36°E），短半轴为 854.96 千米，长半轴为 1054.49 千米，方位角为 25.83°。从重心偏移程度来看，耕地重心位于人口重心西北方向 584.65 千米，二者相距较远。从空间分布趋势来看，耕地与人口的集聚区域均大致呈东北—西南分布，较为一致。但结合方位角以及长短轴差距来看，耕地利用相比于人口分布而言方向性更强，空间集聚趋势也更为明显（详见图 20.21 和表 20.2）。

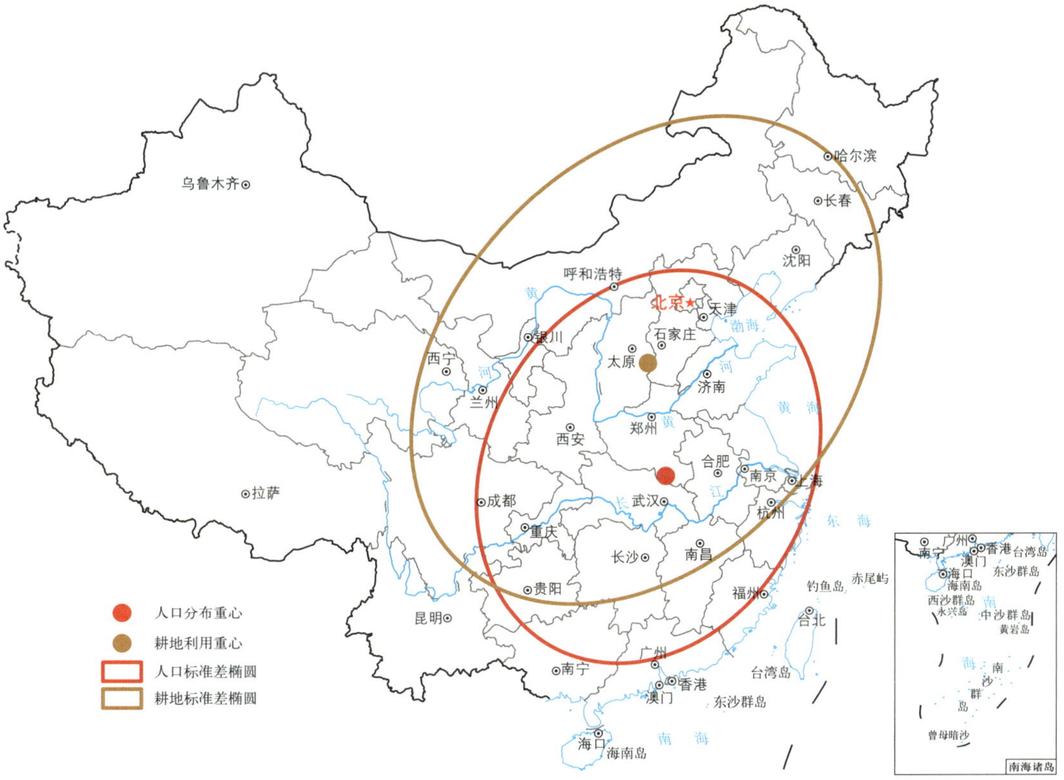

图 20.21　我国耕地利用与人口分布空间偏移

表 20.2　我国耕地利用与人口分布标准差椭圆参数

类型	重心坐标	短半轴（km）	长半轴（km）	方位角（°）
耕地利用	37.21°N，113.60°E	1004.99	1412.66	41.04
人口分布	31.98°N，114.36°E	854.96	1054.49	25.83

耕地与人口是影响粮食安全的两大关键变量，二者在空间上的分离无疑扩大了粮食生产与消费之间的距离，这不仅给交通基础设施及粮食物流体系带来了极大压力，同时也给区域粮食安全带来了极大的不确定性。与此同时，耕地与人口重心偏离背后隐匿的粮食供应效率损失及资源环境问题也不可

忽视。未来可通过进一步完善跨省域耕地占补平衡政策，以及建立基于布局优化的耕地保护区际补偿机制来减缓其影响。

20.3.2 粮食需求与供给的时空偏移

近年来，我国出现了粮食生产空间北移和需求空间南移的趋势，引致了粮食需求与供给的时空偏移。本文以占全国粮食产量91.20%的三类谷物（水稻、小麦和玉米）为例，运用地理重心模型分析谷物需求重心与供给重心的时空偏移态势。本文中供给方面主要是粮食生产，需求方面主要包括居民消费口粮和饲料用粮。

地理重心模型是研究区域发展过程中要素空间分布和变动的重要分析工具。由于粮食供给和需求的重心位置处于不断变动之中，要素重心的距离反映了粮食供需空间的偏移程度，粮食供求失衡主要体现在谷物供给和需求重心偏移距离的加大。运用ArcGIS软件空间统计工具中的度量地理分布计算全国粮食需求量和粮食供给量的平均中心，并运用ArcGIS软件分析工具的点距离计算粮食需求平均中心点和粮食供给平均中心点的距离。

结果显示，1990—2018年，我国粮食需求重心的纬度保持在32°96′～33°34′，而粮食供给的重心向西北方向迁移纬度近2°。粮食供给重心北移和需求重心南移的趋势，导致粮食需求和供给的重心的距离由75.89千米增长到319.64千米，增长了3.2倍，体现了粮食供给和需求的空间偏移（见图20.22）。需要关注的是，粮食供需空间的偏移不仅会加大跨区域粮食供给的难度和风险，还会因各地区自然资源禀赋的空间差异性而产生相应的资源环境问题。

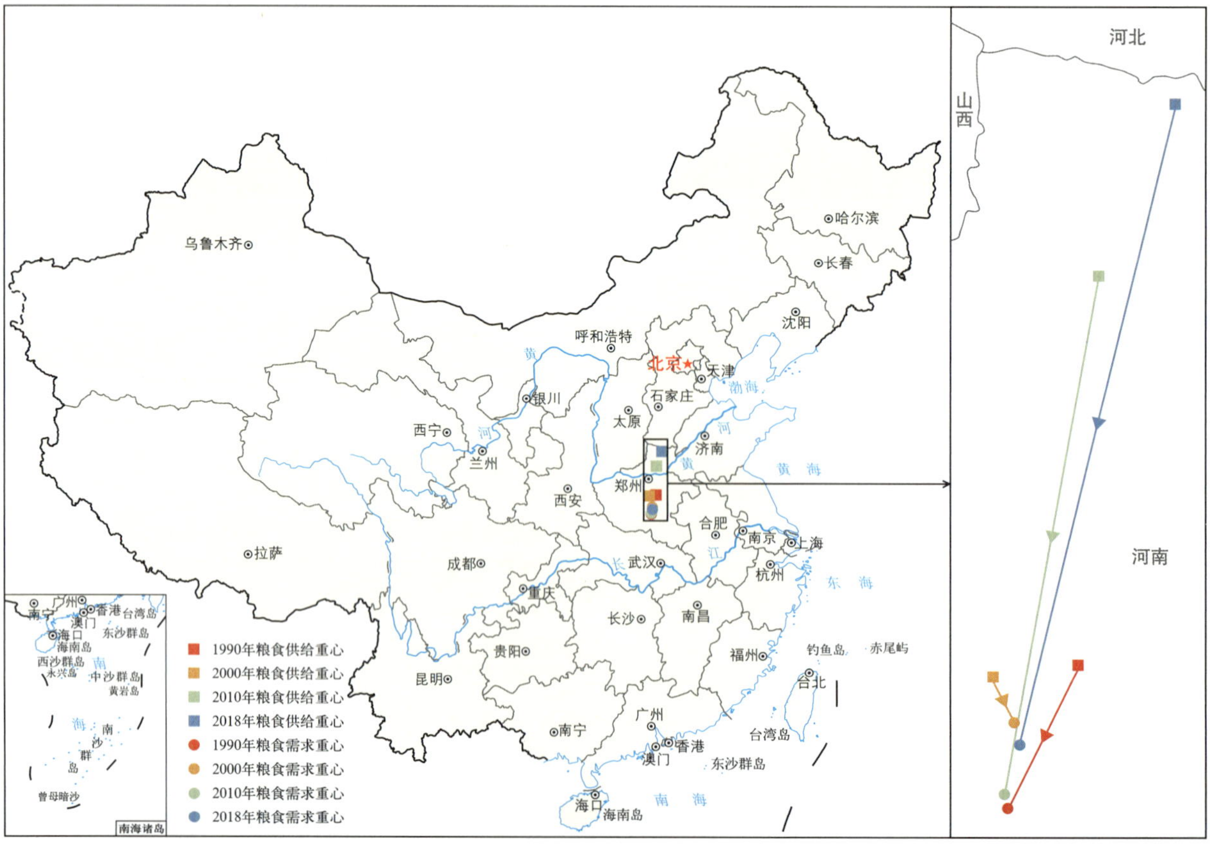

图20.22 1990—2018年谷物供需重心迁移分析

20.4 食物需求变化对耕地的需求

随着人民物质生活水平的提高，我国的食物消费总量增长且消费结构不断升级，对水果、蛋类、水产品和奶类等营养食物消费量逐渐增加。可以预期，未来人们对畜产品和水产品的需求还将增长。

20.4.1 人均热量需求及其耕地资源需求

热量是人类从食物中获取营养元素（蛋白质、脂肪和碳水化合物等）的标准度量。随着物质生活水平的提高，人们从食物中获取的热量逐渐升高并趋于稳定。在2020年全面建成小康社会的基础上，我国提出了到2035年基本实现社会主义现代化的目标。由于人均收入增长及物质生活水平提高，人们对营养元素的获取需求也会日益提高，因此将对耕地保护提出更高的要求。

纵观世界发达国家实现全面小康（人均 GDP 约 1 万美元）和基本现代化同等发展水平（人均 GDP 约 3 万美元）的人均热量需求及其平均水平（表 20.3）可知，在实现全面小康时的人均热量需求约为 3110 千卡 / 天，达到基本现代化同等发展水平的人均热量需求约为 3361 千卡 / 天。基于《中国食物成分表（2021）》中不同食物的热量值，核算在不同发展阶段的食物需求量，并根据《全国农产品成本收益年鉴》中畜产品和水产品的饲料粮消耗系数，以发达国家在不同发展阶段的最高值和最低值作为上限和下限，可估算我国在全面小康和基本现代化阶段的粮食需求总量。在此基础上，根据耕地需求量 = 粮食需求总量 / 粮食作物单产 / 耕地复种指数 / 粮食作物比，可估算相应的耕地需求量。

表 20.3 对标发达国家同等发展水平所需热量

水平	全面小康	基本现代化
国家	人均 GDP 约 10000 美元	人均 GDP 约 30000 美元
日本	2826 千卡 / 天	2943 千卡 / 天
韩国	2980 千卡 / 天	3333 千卡 / 天
法国	3379 千卡 / 天	3548 千卡 / 天
英国	3209 千卡 / 天	3400 千卡 / 天
美国	3157 千卡 / 天	3583 千卡 / 天
平均	3110 千卡 / 天	3361 千卡 / 天

注：数据来源：http：//www.fao.org/faostat/en/#data/FBS。

结果显示，在 2035 年基本实现社会主义现代化目标下，我国人均 GDP 将达到 3 万美元，对标世界发达国家同等发展水平的人均食物需求量，较低的日本人均食物消费量为 2943 千卡 / 天，较高的美国人均食物消费量为 3583 千卡 / 天，根据《国家人口发展规划（2016—2030 年）》，2030 年人口将达到 14.5 亿。此时粮食需求量为 4.84 亿～6.09 亿吨，所需要的耕地面积为 14.32 亿～18.03 亿亩。

20.4.2 消费结构变化及其耕地资源需求

随着农业生产力水平和居民收入水平的提高，我国在消除饥饿和克服营养不足等方面取得了显著成效，居民膳食质量明显提高，对水果、蛋类、水产品和奶类等营养食物消费量逐渐增加，由传统的以植物性食物为主的膳食模式逐步向动物性食物为主的膳食模式转变。据《中国统计年鉴》数据显示，2018 年我国居民水产品类、蛋类、奶类以及肉禽及制品的消费量分别为 1980 年的 7.2、8.4、15.6 和 4.6 倍。此外，随着城镇化的快速推进，城镇居民对于肉类及蛋白制品的食物需求增速明显高于农村（见图 20.23）。

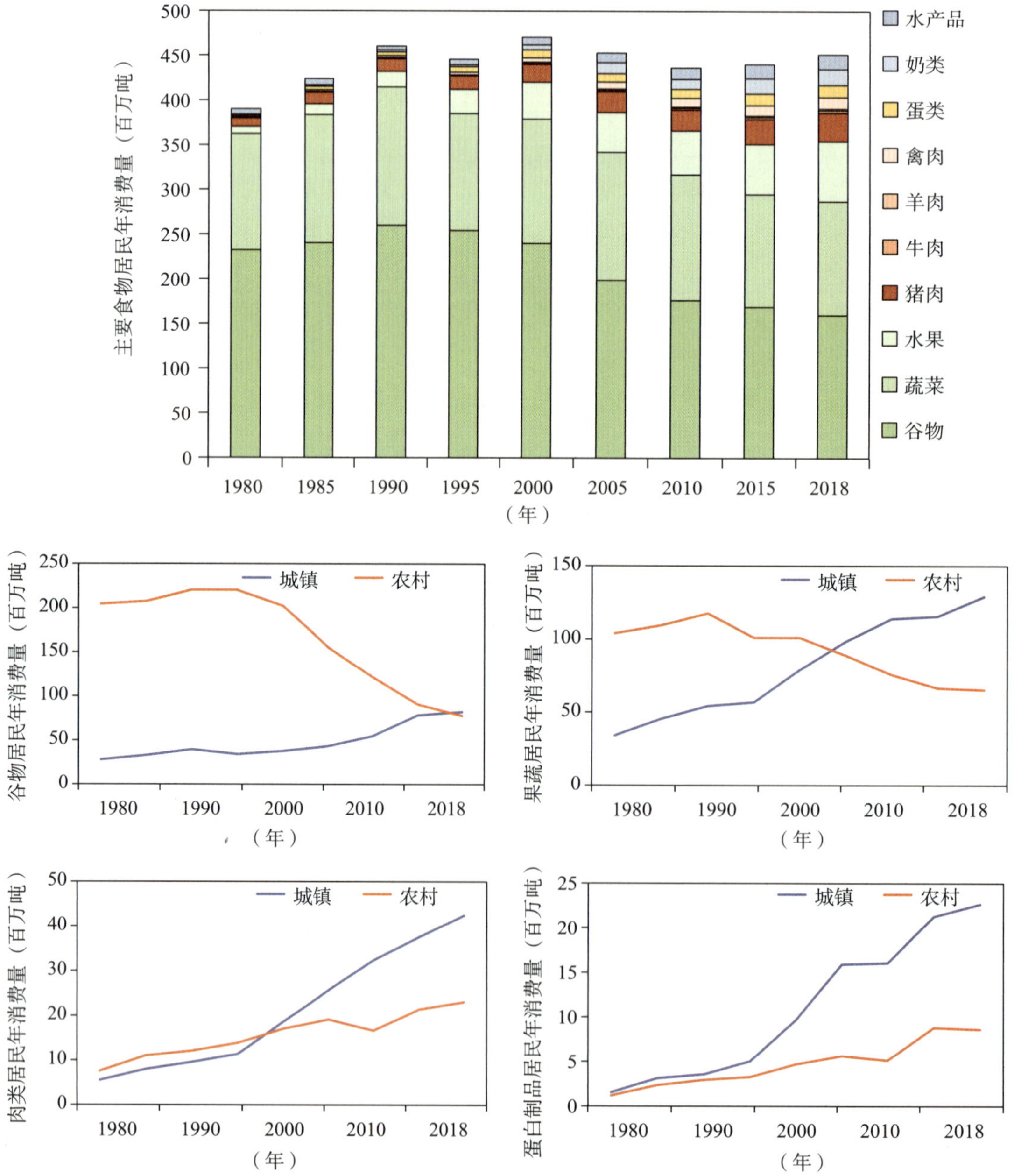

图 20.23　近 40 年城乡居民主要食物消费量变化趋势

人口和城镇化率是测算食物消费结构变化下耕地资源需求的重要参数。第七次全国人口普查数据显示，我国城镇人口约为 9.00 亿人，农村人口约为 5.10 亿人，城镇化率达 63.83%。预计中国未来人口规模增长变缓，城镇化率持续推进，不同机构及学者对我国人口和城镇化率预测如表 20.4 所示。由此估计到 2030 年，城镇化率为 68.70%～70.00%，城镇人口约为 9.96 亿～10.15 亿人，农村人口约为 4.35 亿～4.54 亿人；到 2035 年，城镇化率为 70.00%～71.80%，城镇人口约为 10.13 亿～10.38 亿人，农村人口约为 4.09 亿～4.34 亿人。

表 20.4 未来我国人口、城镇化率和城市农村人口估算

项目	2020 年	2030 年（预测）	2035 年（预测）
人口（亿人）	14.10	14.50	14.47
城镇化率（%）	63.83	68.70～70.00	70.00～71.80
城镇人口（亿人）	9.00	9.96～10.15	10.13～10.38
农村人口（亿人）	5.10	4.35～4.54	4.09～4.34

注：2030 年的人口预测来源于《国家人口发展规划（2016—2030）》，其余年份的人口预测数据来源于国家卫生和计划生育委员会 2003 年和 2016 年的预测结果（http://news.10jqka.com.cn/20160308/c588399904.shtml）。2030 年及以前的城镇化率采用《国家人口发展规划 2016—2030》，2035 年及以后的城镇化率采用联合国、中国现代化战略课题研究组以及中国科学院中国现代化研究中心等机构的预测数据。

20.4.2.1 口粮需求将趋于稳定

我国粮食需求结构由口粮、饲料用粮、工业用粮、种子用粮、库存用粮和粮食损耗这六种用途构成，其中食物用粮包括口粮和饲料用粮。口粮是指居民日常消费的粮食，包括谷物（水稻、小麦、玉米）、豆类和薯类。由于豆类单产与谷物、薯类相差较大，因此在计算城乡居民口粮消费时，本文将单独计算其中的豆类需求量。结合《中国统计年鉴》中的相关数据，城镇居民每人每年消耗粮食（除豆类外）102.8 千克、消耗豆类 9.1 千克，农村居民每人每年消耗粮食（除豆类）150 千克、消耗豆类 7.3 千克。若城乡居民人均消耗粮食保持现状水平不变，根据前文估算的未来城乡人口数量（由于城镇化率不同导致城镇、农村人口不同，因此计算粮食需求时是一个区间范围），可以测算未来城乡居民的口粮消费量，如表 20.5 所示。

表 20.5 城乡居民口粮消费估计 单位：万吨

年份	区间	粮食（扣除豆类）	豆类	粮食消耗总计
2030 年	下限	16959	1238	18197
	上限	17049	1241	18290
2035 年	下限	16806	1239	18044
	上限	16924	1243	18167

综上所述，受城乡人口数量变化和居民食物消费结构变化等因素影响，2030 年，我国城乡居民口粮消费总量将保持在 1.82 亿～1.83 亿吨的水平，其中豆类消费量约为 0.12 亿吨；2035 年，我国城乡居民

口粮消费总量将稳定在 1.80 亿～1.82 亿吨的水平，其中豆类消费量约为 0.12 亿吨（见表 20.5）。

20.4.2.2 饲料用粮需求将持续增长

随着居民生活水平的不断提升，肉蛋奶水产品等消费所需要的饲料粮消耗成为我国粮食消耗的主要构成。本文采用《全国农产品成本收益资料汇编（2021）》中收录的 2020 年畜产品和水产品生产的饲料粮消耗量估算出主产品饲料粮消耗系数，并结合全国畜产品和水产品产量数据，对饲料粮消耗量进行估计。养殖规模猪肉、鸡肉单位产品耗粮数量分别为 1.96、1.79；牛、羊散养单位产品耗粮数量分别为 1.17、1.09，参考中国工程院重大咨询项目《中国养殖业可持续发展战略研究》，牛、羊规模化养殖单位产品耗粮数量均为 4.51，牛羊规模化养殖比重按 33% 计，牛、羊综合单位单产品耗粮分别为 2.27、2.22；水产品、蛋类、奶类中等规模单位产品耗粮分别为 1.10、1.65、0.34。

计算饲料用粮中的豆类含量方法如下：饲料用粮中的豆类以豆粕形式出现，豆粕是大豆提取豆油后得到的一种副产品，豆粕广泛使用于饲料加工，85% 以上的豆粕用于家禽和猪的饲养；在混合饲料中，猪饲料一般含有大约 15% 的豆粕，家禽饲料一般含有 20% 的豆粕（见表 20.6）。本文按照国内大豆出油系数 15% 将饲料粮中的豆粕消费量转化为豆类消费量[①]。

表 20.6 肉蛋奶水产品消耗饲料粮估计　　单位：万吨

年份	限值	猪肉	牛肉	羊肉	禽肉	禽蛋	牛奶	养殖水产品	豆类	饲料用粮总量
2030	下限	10485	1990	1318	4407	6177	1495	3994	2455	29866
	上限		2142	1525	5101	6647	2006	4290	2593	32196
2035	下限	10485	1990	1318	4407	6177	1571	4977	2455	30925
	上限		2142	1525	5101	6647	2326	5475	2593	33701

预计 2030 年，我国肉蛋奶水产品生产需要消耗的饲料粮总量约为 3.0 亿～3.2 亿吨，其中豆类消费量约为 0.25 亿～0.26 亿吨；2035 年，肉蛋奶水产品生产需要消耗的饲料粮总量约为 3.1 亿～3.4 亿吨，其中豆类消费量约为 0.25 亿～0.26 亿吨。

20.4.2.3 满足基本食物需求耕地需求情景预测

表 20.7 满足基本食物用粮需求目标下的中国粮食需求量　　单位：亿吨

年份	限值	口粮 a	饲料用粮 b	食物用粮 a+b
2030	下限	1.82	2.99	4.81
	上限	1.83	3.22	5.05
2035	下限	1.80	3.10	4.90
	上限	1.82	3.37	5.19

① 国产大豆出油率较低，一般为 13%～17%，本文以 15% 作为出油系数平均水平。

在满足基本食物用粮需求目标下，通过设置粮食作物比和复种指数的情景，从而估算食物消费结构变化及其耕地资源需求。

①粮食作物比保持现状稳定不变，复种指数稳定在 1.2，则 2030 年我国耕地面积应为 16.12 亿～16.93 亿亩，2035 年我国耕地面积应为 15.73 亿～16.65 亿亩。

②粮食作物比保持现状稳定不变，复种指数下降到 1.1，则 2030 年我国耕地面积应为 17.59 亿～18.47 亿亩，2035 年我国耕地面积应为 17.16 亿～18.16 亿亩。

③粮食作物比年均下降 0.06%，复种指数稳定在 1.2，2030 年我国耕地面积应为 16.24 亿～17.05 亿亩，2035 年我国耕地面积应为 15.90 亿～16.83 亿亩。

④粮食作物比年均下降 0.06%，复种指数下降到 1.1，则 2030 年我国耕地面积应为 17.71 亿～18.61 亿亩，2035 年我国耕地面积应为 17.35 亿～18.36 亿亩。

表 20.8 满足基本食物用粮需求目标下的耕地资源需求量 单位：亿亩

年份	情景	粮食作物比保持不变		粮食作物比年均下降 0.06%	
		复种指数 1.2	复种指数 1.1	复种指数 1.2	复种指数 1.1
2030	下限	16.12	17.59	16.24	17.71
	上限	16.93	18.47	17.05	18.61
2035	下限	15.73	17.16	15.90	17.35
	上限	16.65	18.16	16.83	18.36

综上所述，为了充分保障“中国人要把饭碗端在自己手里，而且要装自己的粮食”，依据“口粮绝对安全、谷物基本自给”的基本要求，本文测算，在 100% 食物用粮（口粮 + 饲料用粮）自给率下，2030 年我国保证满足食物用粮需求的耕地面积的上限为 18.61 亿亩，2035 年为 18.36 亿亩。

20.5 耕地保护面临的挑战

2009—2019 年，我国耕地数量有所减少，并且人均耕地少、耕地质量总体偏低、耕地后备资源紧张的基本国情没有改变，维护国家粮食安全的任务依然艰巨。在今后一个时期内，国际大宗粮油市场的波动或将加剧，利用国际市场调剂消费需求的不确定性增加。总体上看，耕地保护形势仍然严峻，严守耕地红线任务仍然艰巨。

20.5.1 国际农产品市场的不确定性增加

加入世贸组织以来，我国粮食进出口贸易的数量和结构均发生了较大变化，粮食进口量自 2014 年以来连年超过亿吨，目前已成为全球最大的粮食进口国。在已实现口粮绝对安全目标的基础上，我国进口粮食主要用于调剂国内的需求结构，补充国内饲料粮的缺口和更好地满足人们个性化、营养化、多样化的食物消费需求。近年来，受各种不可预见事件的影响，如全球经济通胀危机、地缘政治局势紧张、气候变化挑战突出等情况，国际农业贸易局势的不确定性增加，对国内粮食产业发展产生了消极的影响。

一是加剧了国内的市场波动和投机行为。国际市场发生的价格或供给波动更易随着产业链传导至国内。伴随市场波动产生的投机行为，如本土粮食走私和出口、囤积现货炒作期货等，扭曲了粮食的实际供求关系，加剧了粮食供应压力，进而增加了耕地产能压力和粮食安全风险。

二是冲击了粮食生产加工贸易流通消费全链条。在国际市场中，我国农民在粮食生产的成本、质量、技术、价格等方面并不占优势，无论是分散的种粮农民还是以国产粮为原料的粮食加工企业在国际贸易中的竞争力都较低。尽管政府提供了较多补贴，种粮的收益仍受到成本上涨和粮价下跌的挤压，农民难以抵御风险，进而影响了种粮积极性。

20.5.2 “大食物观”下食物生产用地统筹保护难度增加

一是食物消费结构转变引起耕地利用结构转变。“大食物观”理念下的营养模式强调要谷物、肉蛋奶及蔬果并重。随着居民食物消费营养化转型，对谷物、豆类和薯类等口粮消费减少，对肉蛋奶、蔬果油糖茶等非主粮食物消费的快速增长，造成了口粮需求下降和饲料粮需求上涨的局面。这并不代表对于口粮生产用地的减少，反而加大了对高产稳产耕地资源的需求。需要在满足 18 亿亩耕地红线的基础上，通过调整现有粮食生产结构来统筹“粮—饲”需求，平衡居民多种营养需要，并兼顾口粮安全、谷物安全和饲料粮安全。

二是从耕地保护拓展到“食物用地”的统筹保护。“大食物观”背景下，为了响应市场需求并满足居民食物消费多样化的迫切需要，需要推动全方位、多途径开发食物资源，实现食物的多元、可持续供给。据此，要统筹好耕、园、林、河、湖等多种国土资源的开发利用，向森林、草原和海洋要食物，要协调耕地利用过程中的退耕休耕关系，把动物蛋白生产从耕地资源向整个国土资源的食物生产用地拓展，形成同市场需求相适应、同资源环境承载力相匹配的养殖业生产格局。

三是食物生产设施化增加了耕地保护与管理的挑战。在“大食物观”倡导下，随着科学技术水平的提高，食物生产设施化日趋广泛，给耕地保护与监管带来新的要求和挑战。需要建立健全设施农业用地管理制度政策，以充分发挥设施农业在食物生产方面信息化、智能化、规模化、集约化、生态化的优势。

20.5.3 统筹协调生态建设与耕地保护的矛盾加大

党的二十大报告明确提出：我国新时代的生态文明建设要推动绿色发展，促进人与自然和谐共生。2023 年的党中央一号文件提出，要进一步推进农业绿色发展、健全耕地休耕轮作制度、加大草原保护修复力度、巩固退耕还林还草成果等要求。这些都对耕地的生态化保护提出了更高的要求。

生态建设、国土绿化与耕地保护需进一步统筹协调。在底线思维和保护优先的原则下，生态建设与耕地保护在一定的时间和空间上仍然存在矛盾，有的甚至协调困难较大。部分地区在生态建设时占用了耕地资源。耕地保护和国土绿化事关国家粮食和生态安全，在自然资源管理中同样处于重要位置。部分地区尤其是平原地区普遍存在占用耕地开展国土绿化、将永久基本农田划入自然保护地范围、擅自扩大退耕还林还草还湿还湖规模等问题，而 2009—2019 年耕地净流向林地和园地 1.75 亿亩，这些给耕地保护带来了压力。

更好地发挥耕地在城市生态系统中的绿心作用。耕地保护对于构建城市生态安全体系和环境保护具有重要意义，耕地是城市生态用地的重要组成部分，同时也是城市景观生态功能网络、生态安全格局的基本单元之一，它为城市提供了调节城市气候、净化空气、调节降雨和径流、土壤肥力更新、废水处理等方面的生态服务功能。在这一背景下，要加强高度城市化背景下耕地保护模式和耕地保护经济补偿机制研究。要充分发挥耕地的生态功能，与城市生态环境建设有机结合，将耕地作为城市“绿心”和重要生态廊道进行保护。

20.5.4 “非粮化”趋势加大了保障粮食安全的难度

维持农民的种粮积极性是保障粮食安全的基础。受农资、工业品和劳动力价格以及土地租金上涨的影响，农民种粮成本持续提高，这在很大程度上影响了农民的种粮积极性。各地政府在发展新型农村集体经济、新型农业经营主体和社会化服务，以及深化农村土地制度改革等方面做了大量工作，取得了一定的成效。但在一些地方，耕地撂荒、“非粮化”种植等现象仍然存在。未来需要进一步探索通过耕地质量建设、生态管护等措施，提高耕地种植的效益，助力农业现代化，从根本上解决耕地“非粮化”问题，确保良田“粮”用。

20.6 耕地保护政策建议

耕地保护是“国之大者”，站在历史的新起点再出发，应始终坚持用最严格的制度、最严密的法治保护耕地，贯彻耕地保护基本国策，坚决守牢 18 亿亩耕地红线，把中国人的饭碗牢牢端在自己手中。针对耕地保护面临的新形势和新要求，应从完善耕地管控性保护、强化耕地建设性保护、健全耕地激励性保护和加强耕地保护的国情教育入手，坚持目标和问题导向，以构建耕地数量、质量、生态“三位一体”保护新格局为引领，以遏制耕地“非农化”、严格管控“非粮化”为着力点，以“多规合一”“智慧耕地”为支撑，采取“长牙齿”的硬措施来保护耕地。

20.6.1 完善耕地管控性保护措施

（1）压实耕地保护领导责任。重点做好“定线、定位、定责”，由中央和地方签订耕地保护目标责任书，作为刚性指标，实行严格考核、一票否决、终身追责。对建设用地占用耕地、流转土地破坏耕地层、侵占永久基本农田等行为决不姑息、严肃查处、严厉问责。

（2）实行最严格的耕地用途管制制度。严格落实《全国国土空间规划纲要（2021—2035 年）》确定的耕地保护目标和各项措施，强化耕地和永久基本农田红线对各项建设布局的约束作用，严格管控建设项目或农业结构调整占用耕地。非农建设项目确实需要占用耕地的，必须落实“占补平衡”政策。严格耕地占补平衡管理，实行部门联合开展补充耕地验收评定和“市县审核、省级复核、社会监督”机制，确保补充的耕地数量相等、质量相当、产能不降。严格控制耕地转为其他农用地，农业结构调整占用耕地的，要落实年度“进出平衡”。探索建立耕地种植用途管控机制，明确利用优先序，加强动态监测。

（3）探索不同区域的差别化耕地保护政策。我国各地耕地资源禀赋、耕地资源利用的条件、存在的问题和主要矛盾等存在较大的差异，需因地制宜落实好耕地保护的具体措施。要以实际需求为导向，结合耕地所处的自然地理格局、耕地本底条件、生态环境状况等，构建完善的评价体系和监管措施。要统筹使用增量、流量、存量指标的管理政策，探索建立补充耕地的指标调剂机制。

20.6.2 强化耕地建设性保护

（1）推进耕地精细化管理。推进落实“田长制”，细化“田长制”配套制度机制，建设“田长制”信息系统。在全国总量上平衡好“粮与非粮”，在区域尺度上保护好资源禀赋特点和特色优势农业品种。对粮食生产功能区、永久基本农田及一般耕地按规定落实种植管护，有序规范引导农业生产活动。

（2）推进土地综合整治与生态修复，确保农田生态系统的稳定。按照安全功能、生产功能、生态功能、景观功能的次序，在全域空间中保护耕地，及时对灾害或建设损毁耕地、退化耕地、污染耕地等进行治理，以确保农田生态系统的稳定。强化农田生态系统保护，坚持山水林田湖草沙生命共同体理念，将耕地放到更大的自然地理格局、农田生态系统层面予以保护，因地制宜、高标准实施全域土地综合整治与生态修复工程项目，实现整体保护、系统修复、综合治理。同时，注意采用生态型土地整治工程技术，建设并完善田间基础设施，优化农业空间布局，提升耕地的生物多样性和农田生态系统稳定性，持续发挥其生产和生态功能。

（3）实行耕地全生命周期管理。按照耕地开发生成、保有维护、改造修复、利用转换、调整补充等全生命周期过程中不同节点的管理需要，构建系统性、综合性的管护体系。明确耕地保护的政治责任、法律责任、经济责任和管理责任，立足中国特色的价值伦理、制度体系、管理手段，结合当前的经济条件、科技水平，采取“政治（考核、督察）+ 行政（审批、监管）+ 法律（执法）+ 经济（补偿）+ 工程（建设、修复）+ 技术（监测）”等综合措施，对耕地和基本农田实行动态监管。

20.6.3 健全耕地激励性保护

（1）健全耕地保护补偿制度。整合现行的种粮补贴、地力补贴、农机补贴、最低粮食收购价等与耕地保护相关的各种补贴，直接对承担耕地和永久基本农田保护任务的农民落实耕地保护补偿，以充分调动农民的耕地保护积极性。探索建立耕地保护区域补偿制度，对承担耕地和永久基本农田保护任务多、耕地保护责任目标完成情况好的地区，由国家给予奖励和补偿。通过区域统筹、区域合作、区际利益补偿等机制，适当补偿农产品主产区因耕地保护在发展权上的损失。建立耕地保护生态补偿机制，鼓励各地统筹安排财政资金，对承担耕地生态保护任务，实施轮作休耕、保护性耕作，发展生态农业、循环农业、绿色低碳农业，拓展耕地生态产品价值，有效保护农田生态系统稳定性和生物多样性的农村集体经营组织和农民给予奖补。

（2）增强应对国际贸易风险的抵补能力。针对国际粮食贸易脆弱性风险，进一步完善生产环节的直接补贴政策，配套流通环节的最低收购价政策。通过价格支持和收入直补双重激励，调动农民种粮积极性。针对国际粮食贸易中不对等竞争问题，在遵循国际补贴规则前提下，充分挖潜补贴政策空间，加强对粮食领域的财政支持力度，通过补贴上下游关联产业，如种子、化肥、农机以及饲料等行业，增强本土粮食产业链综合竞争力和抗风险能力。

20.6.4 加强耕地全民性保护

（1）耕地保护需要全民参与。耕地国情是一个国家最基本的国情，会直接影响国民在多方面的决策。要多层次、多方向、多形式开展耕地基本国情国策教育，帮助公众了解耕地资源保护的极端重要性，促使公众对未来发展树立忧患意识。要通过加强对耕地及基本农田保护法规政策的宣传力度，让遏制耕地“非农化”、防止耕地“非粮化”、耕地占补平衡和进出平衡、基本农田八不准等耕地保护相关政策及法律法规深入人心、家喻户晓，努力营造人人关心土地、人人保护耕地的良好氛围。

（2）落实耕地保护国情教育措施。借助世界地球日、全国土地日、世界环境日、世界粮食日等涉及土地保护的节日，大力开展耕地保护宣传；利用各类科普教育基地，如自然博物馆、地质博物馆、科技馆和地质公园、矿山公园、湿地公园等，加强耕地“三位一体”保护宣传；鼓励在各类书籍、报刊中增加耕地数量、质量、生态保护内容。定期组织开展保护耕地和永久基本农田方面的培训，提高全社会保护耕地责任意识，调动基层干部和农民珍惜土地和爱护耕地资源的积极性，树立“大食物观”，持续抓好食物的节约和减损。

参考文献

国家发展和改革委员会价格司，2021. 全国农产品成本收益资料汇编（2021）[M]. 北京：中国统计出版社 .
柯新利，杨柏寒，盛思雨，2023. 耕地位移的影响与对策建议 [J]. 中国土地（2）：4-7.
漆信贤，张志宏，黄贤金，2023. 面向新时代的耕地保护矛盾与创新应对 [J]. 中国土地科学，32（8）：9-15.
吴乐，2011. 中国粮食需求中长期趋势研究 [D]. 华中农业大学 .
谢高地，成升魁，肖玉，等，2017. 新时期中国粮食供需平衡态势及粮食安全观的重构 [J]. 自然资源学报，32（6）：895-903.
钟太洋，王柏源，戴劲，2022. "大食物观"与耕地"进出平衡"政策实施 [J]. 土地科学动态（5）：35-39.

第 21 章　未耕种耕地

耕地是保障国家粮食安全的基石。我国人多地少的基本国情，决定了我们必须把关系十几亿人吃饭大事的耕地保护好，合理利用耕地，稳定粮食生产。然而，目前我国部分耕地出现了未耕种现象，对粮食生产造成了一定影响。本章主要揭示全国未耕种耕地的规模与分布情况，探究其对粮食生产的影响，并剖析未耕种现象发生的原因，从而为未耕种耕地的恢复利用提供政策建议。

21.1　未耕种耕地的规模与分布

第三次全国国土调查对耕地种植属性进行了详细调查，具体包括种植粮食作物、种植非粮作物、粮与非粮轮作、休耕、林粮间作、未耕种等信息。其中，未耕种耕地是指不在休耕范围内，可直接恢复耕种的无种植行为的耕地（包括轮歇地）。本节主要基于 2019 年“三调”的耕地种植属性，分析未耕种耕地的规模与结构，并概述未耕种耕地的空间分布情况。

21.1.1　规模与结构

“三调”中全国未耕种耕地共 518.83 万公顷。全国耕地未耕种率，也即未耕种耕地占“三调”耕地总面积的比例为 4.06%。

根据耕地二级地类统计（表 21.1），未耕种旱地的面积为 344.12 万公顷，未耕种水田和未耕种水浇地的面积相对较小，分别为 92.26 万公顷和 82.46 万公顷。二级地类耕地的未耕种率，也即二级地类未耕种耕地面积占“三调”该地类总面积的比例，呈现旱地（5.35%）> 水田（2.94%）> 水浇地（2.57%）的格局。

表 21.1　不同类型耕地的未耕种情况

二级地类	面积（10^4 hm^2）	未耕种率（%）	地形	面积（10^4 hm^2）	未耕种率（%）
水田	92.26	2.94	平地	182.08	2.30
水浇地	82.46	2.57	梯田	94.42	6.79
旱地	344.12	5.35	坡耕地	242.33	6.97

不同地形耕地的未耕种情况中（表 21.1），未耕种坡耕地的面积为 242.33 万公顷，高于未耕种平地的面积（182.08 万公顷），未耕种梯田的面积最少，为 94.42 万公顷。不同地形耕地的未耕种率，也即不同地形未耕种耕地面积占“三调”该地形耕地总面积的比例，呈现坡耕地和梯田高、平地低的格局。坡耕地和梯田的未耕种率分别为 6.97% 和 6.79%，平地未耕种率仅为 2.30%。

不同坡度耕地中，未耕种耕地面积随坡度增加呈大致减少趋势，而未耕种耕地占相应坡度耕地总面积的比例，也即未耕种率，呈逐渐增加趋势（图 21.1）。具体来说，2° 以内（含 2°）的未耕种耕地面积为 182.08 万公顷，2°～6° 坡度（含 6°）的未耕种耕地面积为 76.48 万公顷，6°～15° 坡度（含 15°）的未耕种耕地面积为 114.43 万公顷，15°～25° 坡度（含 25°）的未耕种耕地面积为 83.34 万公顷，25° 以上坡度的未耕种耕地面积为 62.51 万公顷；未耕种率分别为 2.30%、3.90%、6.68%、10.79% 和 14.79%。

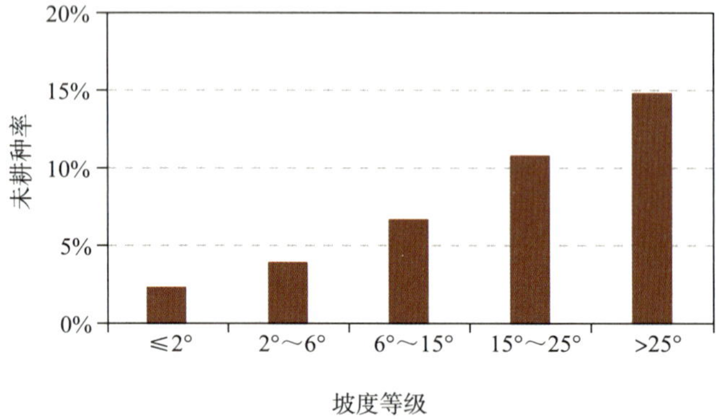

图 21.1　不同坡度耕地未耕种率对比

21.1.2　空间分布

全国范围内，粮食主产区[①]的耕地未耕种率[②]最低，产销平衡区次之，粮食主销区最高（图21.2左）。具体来说，粮食主产区的未耕种率为 2.43%，产销平衡区为 6.96%，粮食主销区为 11.73%。

根据 2021 年版的《中国县（市）社会经济统计年鉴》，全国县级行政单元可划分为平原县、丘陵县和山区县三个类别，其耕地未耕种率呈上升趋势，也即平原县的未耕种率最低，其次是丘陵县，山区县最高（图 21.2 右）。三个类别县级行政单元的未耕种率依次分别为 2.05%、4.51% 和 6.17%。

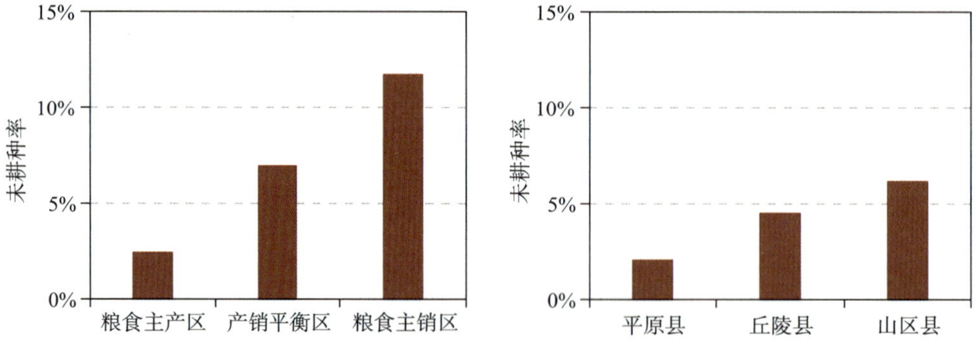

图 21.2　不同区域耕地未耕种率对比

（左图：不同粮食产区；右图：不同类别县级行政单元）

全国范围内，耕地未耕种率的高值区主要集中在东南沿海以及西北农牧交错带和青藏地区，其余地区相对较低（图 21.3）。从省级行政单元来看，耕地未耕种率超过 10% 的有北京、陕西、青海、广东、福建、宁夏、甘肃和西藏，未耕种率在 5%～10% 的有山西、海南、上海、内蒙古、浙江、广西和重庆，

① 粮食主产区包含黑龙江、河南、山东、四川、江苏、河北、吉林、安徽、湖南、湖北、内蒙古、江西、辽宁共 13 个省级行政区；产销平衡区包含甘肃、陕西、广西、山西、宁夏、新疆、青海、重庆、云南、贵州、西藏共 11 个省级行政区；粮食主销区包含北京、天津、上海、浙江、福建、广东、海南共 7 个省级行政区。

② 此处及之后的未耕种率均为未耕种耕地占该类型耕地总面积的比例。

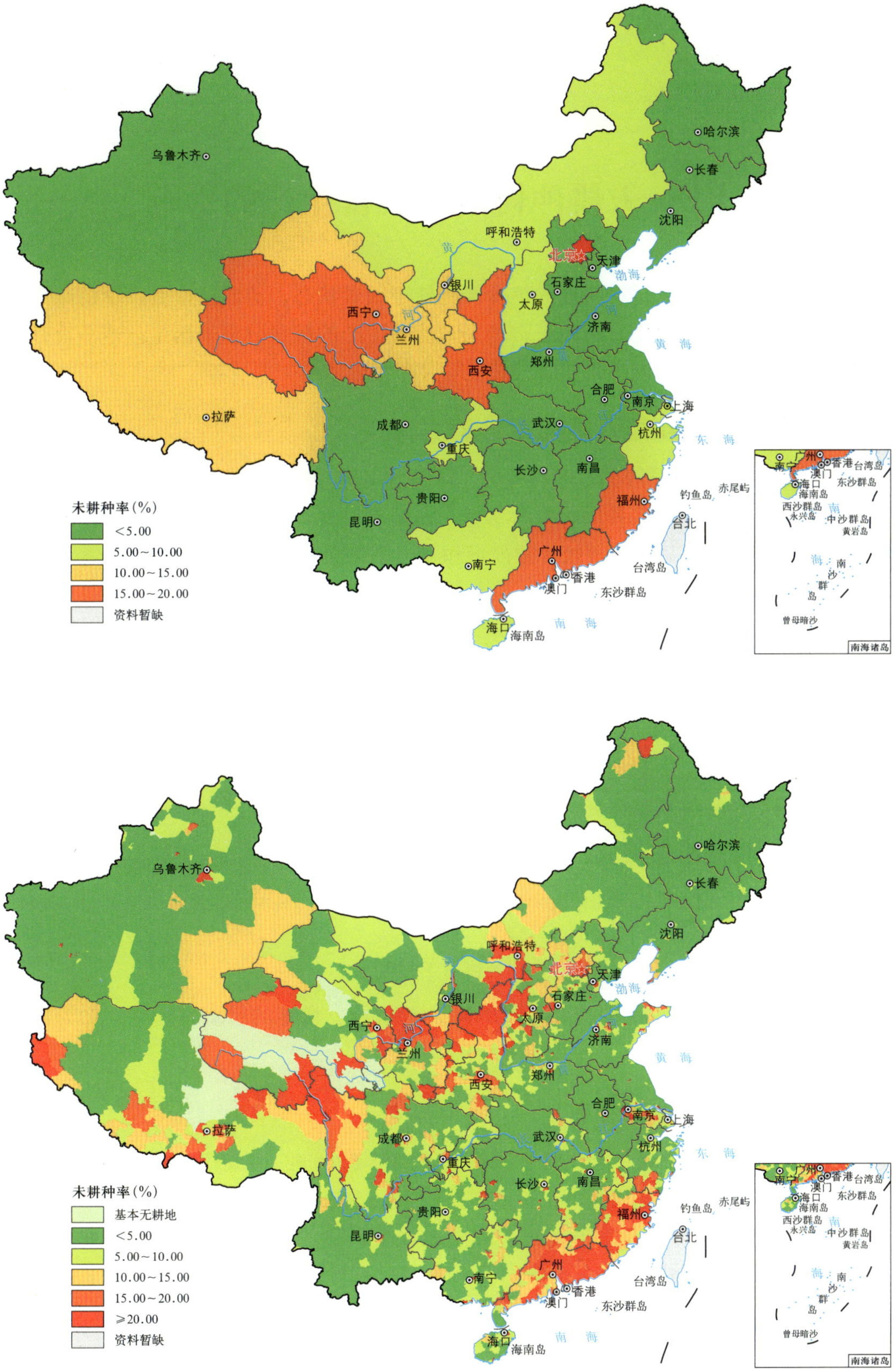

图 21.3　耕地未耕种率空间差异

（上图：省际差异；下图：县际差异）

其余各省级行政单元的耕地未耕种率在5%以内，以安徽的未耕种率最低（0.87%）。从县级行政单元看，东南沿海、西北农牧交错带和青藏高原区的县级行政单元耕地未耕种率较高（>10%），除此之外的县级行政单元耕地未耕种率相对较低。

21.2 未耕种耕地对粮食生产的影响

与正在耕种的耕地相比，未耕种耕地的粮食产能处于闲置状态，造成了粮食产量的减损。未耕种耕地造成的粮食减损量可以通过该部分耕地正常利用时能够生产的粮食数量来衡量。本节旨在定量评估未耕种耕地造成的粮食减损量和减损率，并揭示其空间分布特征。

21.2.1 粮食减损量和粮食减损率计算方法

未耕种耕地造成的粮食减损情况，以省（区、市）为基本单元进行计算，基本思路是将各省（区、市）正在耕种耕地的粮食单产和复种情况作为参考，根据未耕种耕地与正在耕种耕地的潜在粮食单产差异计算单产折算系数，在此基础上计算粮食减损量和减损率（李升发，2017）。

具体来说，粮食减损量的计算公式如下：

$$Q_p = Sa_p \times a \times C_p \times \text{Yield}_p \tag{21-1}$$

式中，Q_p为省份p未耕种耕地引起的粮食减损量；Sa_p为省份p未耕种耕地面积；a为单产折算系数；C_p为省份p耕地的复种指数，根据中国科学院空天信息创新研究院发布的全球30米耕地复种指数数据产品统计得到；Yield_p为省份p耕地在两次全国土地资源调查期间的主要粮食作物平均亩产，相关数据获取自历年的《全国农产品成本收益资料汇编》和《中国农业统计年鉴》。

粮食减损率的计算公式如下：

$$R_p = \frac{Q_p}{O_p} \tag{21-2}$$

$$O_p = S_p \times C_p \times \text{Yield}_p \tag{21-3}$$

式中：R_p为省份p未耕种耕地引起的粮食减损率；O_p为省份p耕地的粮食总产量；S_p为省份p耕地总面积。

21.2.2 粮食减损总量与分布

从全国尺度上看，未耕种耕地引起的粮食减损量为2388.85万吨，总粮食减损率为3.58%。按照中国人均粮食需求量计算，未耕种耕地引起的粮食减损量能满足5972万人的基本粮食需求。

从省级层面看（表21.2），未耕种耕地的总粮食减损量最高的省份为内蒙古，粮食减损量为216.52万吨，其次为甘肃（209.07万吨）、广东（155.14万吨）、陕西（145.59万吨）、新疆（116.95万吨）和四川（111.23万吨）。上海、天津和北京粮食减损量最低，分别为7.21万吨、9.30万吨和9.99万吨。

表 21.2　各省（区、市）未耕种耕地的粮食减损量　　单位：万吨

省（区、市）	总计	省（区、市）	总计	省（区、市）	总计
北京	9.99	安徽	37.78	四川	111.23
天津	9.30	福建	78.39	贵州	71.06
河北	104.34	江西	74.67	云南	78.92
山西	103.21	山东	106.22	西藏	27.85
内蒙古	216.52	河南	76.90	陕西	145.59
辽宁	42.37	湖北	46.86	甘肃	209.07
吉林	64.45	湖南	52.65	青海	31.91
黑龙江	109.95	广东	155.14	宁夏	60.02
上海	7.21	广西	73.90	新疆	116.95
江苏	65.63	海南	10.92	全国	2388.85
浙江	37.65	重庆	52.22		

从各省（区、市）未耕种耕地的粮食减损率上看（表 21.3），北京最高，为 26.47%，其次为广东（21.29%）、福建（18.82%）、青海（16.74%）、陕西（15.95%）和宁夏（12.42%）。安徽、吉林和黑龙江的粮食减损率最低，分别为 1.22%、1.25% 和 1.27%。

表 21.3 各省（区、市）未耕种耕地的粮食减损率　　单位：%

省（区、市）	总计	省（区、市）	总计	省（区、市）	总计
北京	26.47	安徽	1.22	四川	4.28
天津	5.17	福建	18.82	贵州	4.48
河北	3.58	江西	4.97	云南	3.01
山西	6.60	山东	2.71	西藏	10.62
内蒙古	4.14	河南	1.85	陕西	15.95
辽宁	1.36	湖北	1.69	甘肃	11.61
吉林	1.25	湖南	2.47	青海	16.74
黑龙江	1.27	广东	21.29	宁夏	12.42
上海	7.99	广西	5.03	新疆	2.57
江苏	2.51	海南	6.05	全国	3.59
浙江	5.53	重庆	5.81		

21.2.3　不同粮食产区差异

从不同粮食产区看（表 21.4），未耕种耕地的总粮食减损量最高的区域为粮食主产区（1109.56 万

吨），其次为产销平衡区（942.85 万吨）和粮食主销区（336.45 万吨）。而不同粮食产区未耕种耕地的粮食减损率最高的区域则为粮食主销区（13.06%），其次为产销平衡区（5.87%），最低的则为粮食主产区（2.32%）。

表 21.4　分粮食产区未耕种耕地的粮食减损情况

区域	粮食减损量（万吨）	粮食减损率（%）
粮食主产区	1109.56	2.32
产销平衡区	942.85	5.87
粮食主销区	336.45	13.06

总体来看，尽管粮食主产区的未耕种耕地粮食减损率最小，因该地区耕地面积基数大，承担着粮食生产的重任，该区域却是粮食减损量最大的区域。相比之下，虽然粮食主销区未耕种耕地的粮食减损率较高，但该区域未耕种耕地导致的粮食减损量较少。

21.3　未耕种原因分析

2019 年，全国未耕种耕地总面积为 518.83 万公顷，其发生原因包括耕地经济生产能力下降，劳动力成本上升和非农转移，以及多层次多因素的共同影响。

21.3.1　耕地经济生产能力下降

新古典经济学认为在完全竞争的条件下土地使用者倾向将土地安排收益最高的用途，土地利用的变化源于土地可供选择用途收益的变化。当某一地块只能用作耕地时，由于投入要素和产出的价格变化而导致净收益减少为零甚至负值，亦即耕地不再具有经济生产能力，理性农户会选择放弃种植土地。理论上，随着耕地经济生产能力降低程度的加剧，未耕种耕地规模逐步增加。现实中，耕地是非均质的，不同空间范围内耕地农业生产收益有高有低，相应的经济生产能力和受市场价格波动影响程度存在差异，而经济生产能力低和易受市场波动影响的地区耕地更容易不被耕种。因此，不同空间范围内耕地未耕种程度的差异受到其经济生产能力影响。

耕地作为农户的重要生计资产，其经济生产能力的高低主要体现在可带来经营净收益的多少，根据《农用地分等定级规程》，耕地经营收益包含生产经营收益和租赁经营收益。从耕地生产经营收益量算，根据《全国农产品成本收益资料汇编（2020）》统计的亩均投入的物质费用、用工数量和雇工工价计算耕地生产经营净收益。2009—2019 年，全国三种主粮平均净收益由 302.06 元 / 亩下降到 66.8 元 / 亩，降幅为 77.89%。其中，粮食主产区耕地净收益由 354.94 元 / 亩降下降 134.13 元 / 亩，降幅为 62.21%；粮食产销平衡区耕地净收益由 323.73 元 / 亩下降到 48.39 元 / 亩，降幅为 85.05%；粮食主销区耕地净收益由 227.5 元 / 亩下降到 17.89 元 / 亩，降幅为 92.14%（图 21.4）。通过对比发现，耕地净收益减幅粮食主销区 > 产销平衡区 > 粮食主产区，与耕地未耕种率的趋势特征相一致。

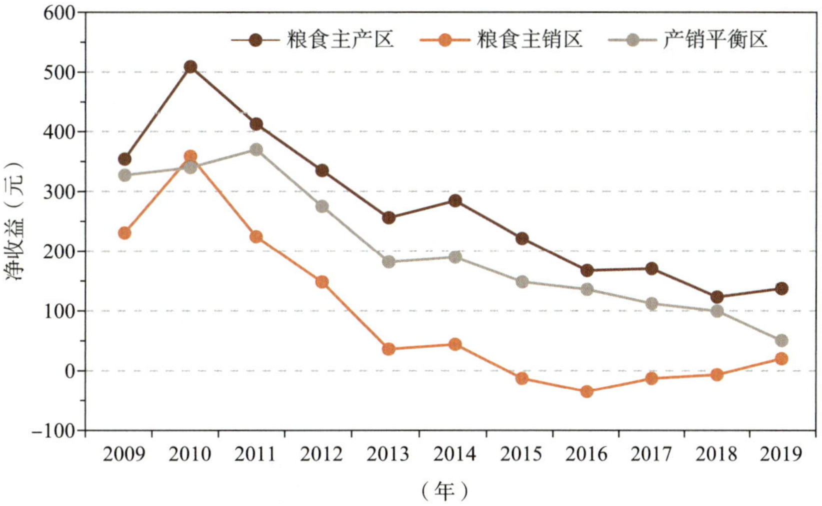

图 21.4　2009—2019 年全国不同区域三种主粮亩均净收益

（注：净收益已通过价格平减指数进行平减）

从耕地租赁经营收益量算，根据《农村固定观察点数据库》统计的转出耕地租金表征耕地租赁净收益，2009—2017 年，全国耕地亩均租金由 287.81 元 / 亩降低到 276.1 元 / 亩，降幅为 4.07%。其中，平原地区耕地亩均租金由 310.17 元 / 亩增加到 365.16 元 / 亩，增幅为 17.73%；丘陵地区耕地亩均租金由 279.22 元 / 亩下降到 265.47 元 / 亩，降幅为 4.9%；山区地区耕地亩均租金由 274.04 元 / 亩下降到 197.68 元 / 亩，降幅为 27.86%（图 21.5）。显而易见，山区和丘陵地区耕地租赁净收益减少，山区地尤甚，而平原地区耕地租赁净收益还有所上升，这与平原、丘陵和山区耕地未耕种率的情况也相一致：山区 > 丘陵 > 平原。因此，耕地经济生产能力从亩均生产经营收益和租赁经营收益的角度均呈显著下降趋势，不同区域耕地经济生产能力降低多寡是耕地未耕种率不同的根本原因。

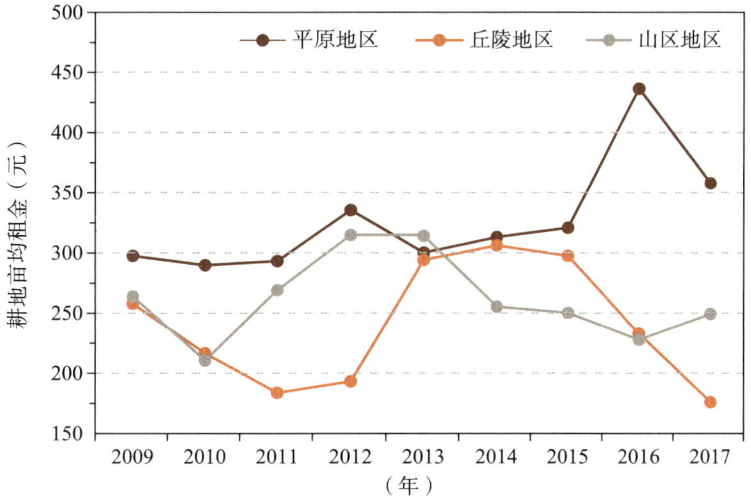

图 21.5　2009—2017 年全国不同区域耕地转出获得的租金

（注：租金已通过价格平减指数进行平减）

21.3.2 劳动力成本上升和非农转移

快速城镇化背景下，我国农业劳动力成本不断上升。根据《全国农产品成本收益资料汇编（2018）》，2003—2017 年，我国农业生产中的劳动力成本高于其他生产资料的成本（图 21.6），在农业生产总成本中的比重已达到 50%（图 21.7），成为农业经营最主要的约束条件，导致耕地利用收益减损。为应对劳动投入成本增加带来的收益减损，农民会采取规模化、集约化耕地经营方式，利用省工性机械替代农业劳动力，或增加种植劳动生产率较高的作物，以达到劳动生产率最大化目的，从而减低由于农业劳动力价格上升带来的成本增加。然而，部分耕地受制于地形等条件无法快速提高劳动生产率以减少劳动投入成本，这些地区的耕地便不会被耕种。

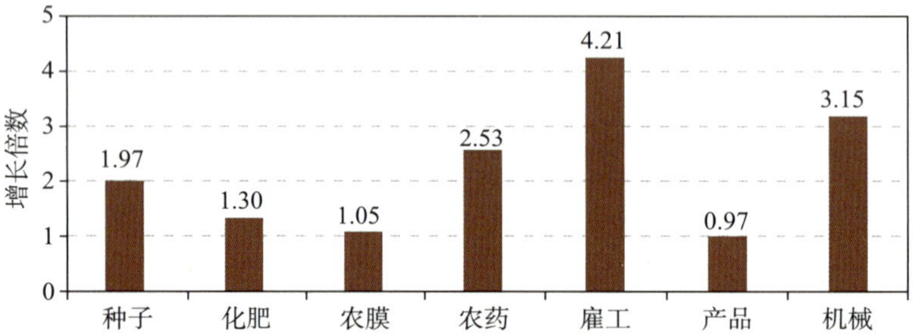

图 21.6 2003—2017 年农业生产要素和产品价格增长倍数

（注：三种主粮平均，按 2003 年不变价）

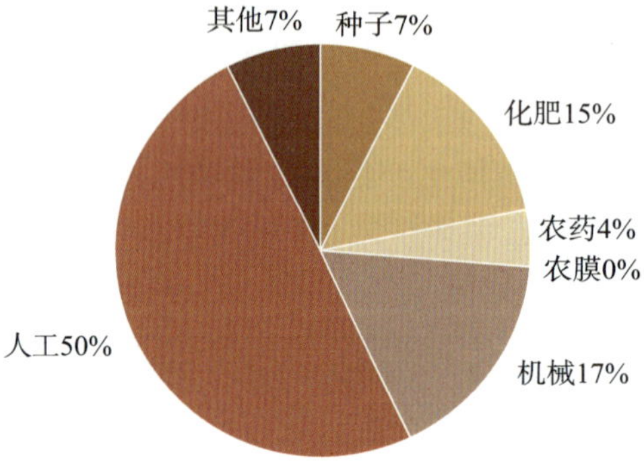

图 21.7 各要素在农业生产总成本中的占比

与此同时，大量的农业劳动力向非农部门转移，农村人口和农业劳动力大量减少，导致土地质量差、产出低的耕地不被耕种。根据第六次全国人口普查数据，统计县级乡村人口外出占比（乡村外出人口与乡村户籍人口的比值），分组并计算各组别的耕地未耕种率，发现乡村人口外出占比与耕地未耕种率存在明显的正向关系，即乡村人口外出占比越高的地区耕地未耕种率也越高（图 21.8）。

21.3.3 多层次多因素共同影响

我国不同地区、同一地区的不同农户或不同地块，耕地未耕种率的程度不尽相同。这是耕地资源禀赋和区位特征、家庭劳动力特征、区域社会经济条件、政策等多层次多因素共同影响的结果。具体来说，耕地资源禀赋和区位特征涵盖了影响农业投入成本和产出收益的因素，包括与生产成本相关的坡度、通勤距离（或地块到最近居民点距离）等因子，以及与产出效益相关的土地质量、农田水利条件等因子。坡度大、通勤距离长的耕地以及土地质量和农田水利条件差的旱地因产出低、劳动投入高，不被

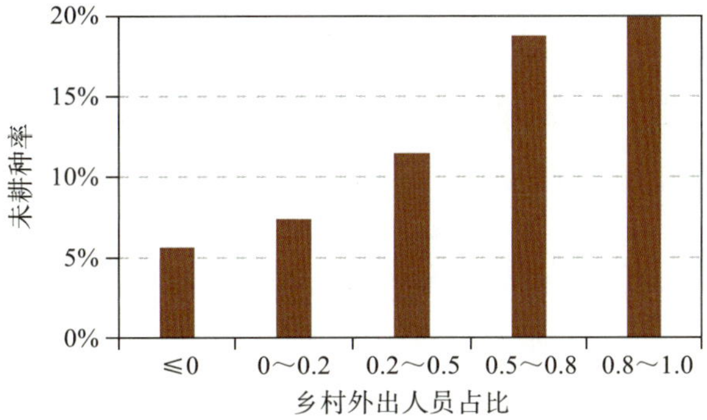

图 21.8　耕地未耕种率随乡村人口外出占比的变化

耕种的可能性更大。乡村外出人口占比越高的地区，劳动力相对而言更为稀缺，耕地未耕种率也越高。区域社会经济条件越好的地区，特别是人均农业产值越高的地区，农民耕作意愿往往越高，耕地未耕种率相对较低。土地流转、农业补贴等政策因素往往有助于提高农业经营者的耕作意愿，降低耕地未耕种率。其中，土地流转率既反映土地市场完善程度，也在一定程度上反映土地的价值，因此土地流转率高有利于降低未耕种程度。

21.4　恢复利用对策

促进未耕种耕地的恢复利用应找准症结，精准施策，广拓思路，顺势而为。应对策略包括延伸农产品产业链、发展适合不同地区机械设备、适度开展土地开发整治项目以及完善土地租赁市场等。

21.4.1　延伸农产品产业链，提升农产品价值

耕地收益多寡与进入市场之中农产品价值的高低有关，目前农户生产进入市场的往往只是初级产品，农产品附加值低。在农业现代化的背景下，通过专业化分工拉长农业产业链，由提供初级产品转向终极产品，在农产品的产前、产中和产后形成专业化的分工环节。产前主要突出有关农产品品质和品种的培育与研发；产中主要突出各种社会化服务，如机械租赁、代耕和代管等服务；产后主要是农产品深加工和市场保障服务，如农产品加工厂、金融保险和品牌宣传服务等。依靠市场化分工拉长农产品产业链不只在各个环节增加了农产品价值，还可吸引更多农业劳动力就近就业，从而降低耕地利用过程的劳动力约束。同时，推进“高效、高值、绿色和多功能”的发展战略，加大各地区优势、特色和绿色可持续农业发展产业链，贴合社会对优质生态农产品需求，提升耕地收益以及农民恢复耕种的积极性。

21.4.2　因地制宜发展机械设备，提高农业机械化水平

劳动力非农转移作为未耕种耕地的关键驱动因素，对农业生产劳动力供给产生了较强的约束。平原地区通过产中的社会化服务和机械化作业来缓解劳动力迁移造成的负面影响，如机耕服务、喷洒农药服务和施肥服务。而丘陵和山地地区由于地形条件的限制，大型机械规模化作业难度大，社会化服务发展缓慢，机械对于非农就业减少劳动力替代作用有限。一方面，重视发展微型、便携式和易操作的农机装备，便于山区耕地机械化作业，尤其是针对适合留守老年人和妇女使用的机械，减轻留守家庭成员劳动力负担，如可由单人操作的“爬坡”和“过坎”的山区适用性机械。另一方面，利用互联网、自媒体以

及全国农村商品分销系统去宣传和推广新型机械，便于留守人员更好地了解和使用。

21.4.3 适度开展土地开发整治项目，改善重点区域耕作条件

针对农业产生设施薄弱、道路水利等农业基础不完善的耕作区域，利用全域综合整治、乡村振兴的时机，积极开展耕地改造工程，降低耕作成本，提高种植收益。为保证耕地占补平衡而开垦新增耕地时，应根据当地条件谨慎开发，将重点放在复耕未耕种耕地以及这些耕地耕作条件的改善上。再有，土地经过整理改造后，耕地资本价值有所提升，以土地资本价值为媒介在市场上选择效率更高的农业经营主体，以便于新要素的引入，促进农业生产效率的提升。

21.4.4 完善土地租赁市场，提升资源配置效率

充分发挥村集体组织和中介作用，降低土地流转交易成本。构建不同等级土地流转网络信息服务平台，提供土地租赁政策咨询、信息发布、合同签订等服务，为已参与流转主体提供登记、纠纷调解等援助性服务。培育新型农业经营主体，提升耕地市场活跃度。其中新型农业经营主体包括直接获得土地经营权的经营主体，农业产业链中有专业化、社会化服务的经营主体，不同主体之间相配合共同经营现代农业，优化资源配置，以此提升土地利用效率。

第 22 章　耕地资源质量分析

耕地资源质量是耕地资源的重要属性特征，直接影响耕地资源生产能力和农产品的品质，查清耕地资源质量状况，是落实耕地数量、质量、生态“三位一体”保护、保障国家粮食安全和实施“藏粮于地”国家战略的重要基础。为更好地适应生态文明建设需要，满足自然资源管理新要求，2018 年自然资源部组建后，研究改进原耕地分等体系，构建了新的耕地资源质量分类体系，并将其作为“三调”的一项专项调查，于 2020 年首次在全国部署开展了耕地资源质量分类工作。本章以“三调”耕地资源质量分类成果数据为基础，分析了我国耕地资源质量总体状况及其各要素状况，以及两者之间的关系，并结合“二调”耕地资源数据，对比分析耕地资源质量有关要素的变化及其影响，最后提出了耕地资源质量分类成果在相关管理工作中的应用建议，为切实加强耕地资源质量管理、进一步提升耕地资源质量状况提供重要支撑。

22.1　耕地资源质量分类基本情况

本节重点介绍耕地资源质量分类体系构建、全国耕地资源质量分类工作开展情况，以及基于全国耕地资源质量分类成果数据进行综合评价的技术方法。

22.1.1　耕地资源质量分类体系构建

耕地资源质量分类方法体系的构建，立足自然资源管理职责定位，适应生态文明建设要求，着力客观、准确掌握耕地资源的真实状况，主要从自然地理格局、耕地自然本底条件、人与自然和谐共生三个角度来衡量耕地资源质量并进行分类。总体思路如下：

（1）把耕地资源放在自然地理格局中分析，摸清耕地资源宏观地域分布规律。耕地资源质量分类首先是要准确分析、客观描述耕地的自然地理特征。宏观层面上，把耕地资源放在自然地理格局中考虑，借鉴了《中国生态地理区域》结果作为自然地理格局分类指标，将全国分为 49 个自然区，体现温度、降水、地貌、海拔等自然环境要素的生态地理关系，揭示中国耕地资源的地域分异特征，摸清耕地资源宏观地域分布规律。

（2）突出耕地资源自然本底条件，摸清耕地资源最为重要的基本特征。耕地资源质量分类抓住影响耕地资源质量最关键的自然本底条件，选取最典型的、最具代表性的指标作为质量分类指标。地形条件方面，选取坡度作为分类指标；土壤条件方面，选取土层厚度、土壤质地、土壤有机质含量、土壤 pH 值作为分类指标；生态环境方面，选取生物多样性、土壤重金属污染状况作为分类指标；气候条件方面，选取熟制作为分类指标；水分条件方面，选取耕地二级地类作为分类指标。

（3）关注人与自然和谐共生，摸清耕地资源生态环境状况。为适应生态文明建设需要，贯彻落实习近平生态文明思想，实现人与自然和谐共生，将生物多样性和土壤重金属污染状况作为生态环境条件指标纳入分类体系，以体现人地关系，反映快速工业化、城镇化背景下人类对耕地资源质量的影响。

按照耕地资源质量分类体系构建的总体思路，构建了包含六个层级十个指标的耕地资源质量分类体系（表 22.1）。

表 22.1　耕地资源质量分类体系

层级		指标	内涵	分级 / 分类
第一层级	自然地理格局	自然区	自然地理特征（包括温度、降水、地貌、海拔等）相对一致的区域	49 个
第二层级	地形条件	坡度	耕地所属地表单元陡缓程度	≤2°、2°～6°、6°～15°、15°～25°、＞25°
第三层级	土壤条件	土层厚度	作物能够利用的母质层以上的土体总厚度	≥100 cm、60～100 cm、＜60 cm
		土壤质地	耕层土壤中不同大小直径的矿物颗粒的组合状况	壤质、黏质、砂质
		土壤有机质含量	单位体积土壤中所含有机物质的数量	≥20 g/kg、10～20 g/kg、＜10 g/kg
		土壤 pH 值	土壤的酸性或碱性程度	6.5～7.5，5.5～6.5 或 7.5～8.5，＜5.5 或≥8.5
第四层级	生态环境条件	生物多样性	耕地生物种类的丰富程度	丰富、一般、不丰富
		土壤重金属污染状况	重金属元素（汞、铜、铅、镍、砷、镉、铬等）在土壤中含量超标的程度	绿色、黄色、红色
第五层级	气候条件	熟制	根据主要作物生长所需积温条件确定的同一地块上一年内能种植作物的种类数	一年三熟、一年两熟、一年一熟
第六层级	水分条件	耕地二级地类	耕地利用现状类型	水田、水浇地、旱地

耕地资源质量分类体系与耕地分等体系相比，重点更突出、指标更简洁、内容更全面，初步形成了符合生态文明要求的耕地资源质量调查评价技术体系，具有以下特点：一是技术体系上，采取分类分级的思路，客观描述耕地资源条件，技术体系更简便，分类结果更直观；二是分类指标上，突出了自然地理特征、耕地资源自然本底条件和生态环境条件，选取十个指标构建分类指标体系，全面反映耕地资源重要的基本特征；三是指标分级上，按照科学和管理双重需要，做到了简明、科学、可操作。耕地资源质量分类体系构建是耕地质量调查评价工作的一次重大创新，对于进一步认识耕地资源的自然属性和耕地在整个自然生态系统中的作用，更好地履行自然资源管理职责，完善耕地保护措施、强化耕地质量管理具有重要意义。

22.1.2　耕地资源质量分类工作情况

耕地资源质量分类工作按照充分利用现有基础数据、实现基础数据共享、减少重复工作的原则，在工作过程中充分利用农业农村部门的土壤数据和生态环境部门的土壤污染状况详查数据，以及自然资源部门“三调”数据和耕地分等数据等，由国家和地方密切配合、共同完成。主要工作程序与方法如下：

（1）国家划分全国自然区和熟制区。国家以中国科学院地理所郑度先生牵头完成的《中国生态地理区域》中 49 个自然区为基础，综合考虑原耕地分等划分的全国标准耕作制度二级区，以不分割县城为原则，调整确定了耕地资源质量分类的自然区，并确定了各县所在的自然区；在中国农业大学刘巽浩、韩湘玲教授牵头完成的《中国耕作制度区划》的基础上，根据 1981—2017 年全国气象台站逐日平均气温资料，按照主要作物生长发育所需积温及热量条件，将全国划为三个熟制区，并确定了各县所在的熟制区。

（2）分县收集整理资料。一是国家下发的资料，用于确定各县所在的自然区和熟制区两个分类指标值。二是相关部门资料，包括：农业农村部门的耕地质量等级调查评价成果中样点数据和评价单元主要性状数据，作为土层厚度、土壤质地、土壤有机质含量、土壤 pH 值四个指标值确定的主要来源；生态环境部门的农用地土壤污染状况详查成果中全国农用地土壤重金属污染综合评价结果，作为土壤重金属污染状况分类指标值确定的来源；自然资源部门现有耕地分等成果和地质调查部门的土地质量地球化学调查成果，作为补充确定土壤条件指标值的其他来源。三是“三调”有关资料，包括耕地现状数据库、耕地坡度分布图等，作为耕地坡度和耕地二级地类指标值确定的来源。

（3）开展外业补充调查。一是调查生物多样性指标。此次生物多样性以土壤微生物（细菌）多样性来反映，如各省份统一组织各县实地采集不少于五个样点的土壤样品送至指定检测机构，采用 16S rDNA 高通量测序技术检测土壤微生物（细菌）多样性，全国共掌握了 1.6 万个样点的土壤微生物（细菌）多样性检测结果数据。二是补充调查土壤条件状况。在收集农业农村部门或其他相关部门数据的基础上，根据实际情况，重点就土壤条件指标数据缺失或异常、新增耕地开展土壤条件状况补充调查。

（4）耕地资源质量分类指标赋值。自然区和熟制区两个指标，由各县根据国家下发的资料查找确定所属自然区和熟制区，并赋予县域内所有分类单元；坡度和地类两个指标，直接采用“三调”耕地图斑的坡度和二级地类结果；土壤重金属污染状况指标，由各省份依据生态环境部门的土壤污染状况详查成果，给每个分类单元赋值，无污染值的统一赋绿色值；土壤条件四个指标，由各县根据收集到的土壤数据资料与耕地资源质量分类单元图进行叠加，结合实地补充调查数据，通过专家经验辅助、空间插值、数据关联等方法，为每一个分类单元的土层厚度、土壤质地、土壤有机质含量、土壤 pH 值赋具体数值；生物多样性指标，由各省份根据各县样点检测结果数据，以县为单位进行空间插值，并确定分级标准，给所有分类单元赋上生物多样性结果。

（5）耕地资源质量分类数据库建立与成果汇总。各县按照国家下发的数据库标准建立耕地资源质量分类数据库，并按照分类指标逐项进行分级分类统计与汇总分析，形成县级耕地资源质量分类成果。经地市级、省级、国家级逐级进行内外业检查，分别汇总形成各级耕地资源质量分类成果。

22.1.3 耕地资源质量综合评价

为便于耕地资源质量分类成果应用，由国家层面统一组织，在全国耕地资源质量分类成果数据的基础上开展耕地资源质量综合评价，将全国耕地划分为优等地、良等地、中等地、差等地四等。此次评价借鉴了美国土地资源生产潜力分类和联合国粮农组织土地评价纲要的土地限制性评价思想（限制性即对土地利用产生不利影响的条件，越好的土地限制条件越少），根据各级别指标数量尤其是最低级别指标的数量来确定耕地质量等。具体方法如下：

以耕地资源质量分类单元为评价单元，从十个分类指标中选取坡度、土层厚度、土壤质地、土壤有机质含量、土壤 pH 值、生物多样性、土壤重金属污染状况七个指标为评价指标。为统一评价标准，将坡度由五级（≤2°、2°～6°、6°～15°、15°～25°、＞25°）调整为三级（≤6°、6°～15°、15°～25°，所有梯田坡度按≤6°计）。根据各级别指标数量确定耕地质量等，具体评价标准见表 22.2。

表 22.2 耕地资源质量综合评价标准

质量等	三级指标数量 n_3	二级指标数量 n_2	一级指标数量 n_1	特殊限制要求
优等地	0	$0 \leq n_2 \leq 2$		n_2 不含土壤重金属污染和土壤 pH 值（2 b 级）
良等地	0	$3 \leq n_2 \leq 5$		n_2 不含土壤重金属污染
中等地	0	$6 \leq n_2 \leq 7$		
	$1 \leq n_3 \leq 2$			n_3 不含土壤重金属污染
差等地	$3 \leq n_3 \leq 7$			含坡度＞25° 耕地

总体上，从优等地到差等地限制性指标数量逐渐增加，限制性程度逐渐增强。优等地和良等地没有污染，没有三级指标，各指标条件都相对较好；中等地二级指标较多或者有极少三级指标；差等地各指标条件相对较差，三级指标较多，或者有污染，或者坡度＞25°。

22.2 耕地资源质量总体状况

本节根据耕地资源质量综合评价结果，分析全国耕地资源质量比例结构和空间分布状况。总体来看，全国中等地占比最高，优等地占比较低，耕地资源质量整体不高。全国耕地质量呈现东高西低、平原高山地丘陵低，不同区域内部耕地质量组成结构复杂，优质耕地与城市群分布高度重合等特征。

22.2.1 耕地资源质量比例结构

2019 年，全国耕地优等地、良等地、中等地、差等地面积分别为 1083.13 万公顷、3456.67 万公顷、7326.06 万公顷、920.33 万公顷，占比分别为 8.47%、27.03%、57.30%、7.20%（图 22.1）。其中，中等地比例最高，其次是良等地，优等地和差等地占比较低，耕地质量较好的优等地和良等地累积占比为 35.50%。整体来看，全国耕地资源质量整体不高。

从耕地质量等的二级地类比例相成来看（图 22.2）：优等地中水田、水浇地、旱地面积所占比例分别为 40.35%、14.93%、44.72%，旱地占比最大，水田次之；良等地中水田、水浇地、旱地面积所占比例分别为 18.97%、39.78%、41.25%，旱地占比最大，水浇地次之；中等地中水田、水浇地、旱地面积所占比例分别为 26.66%、21.24%、52.10%，旱地占比最大，水田、水浇地所占比例相近；差等地中水田、水浇地、旱地面积所占比例分别为 10.13%、12.85%、77.02%，旱地占比最大，水田、水浇地占比相对较小。

从二级地类的耕地质量等比例构成看（图 22.3）：水田中优等地、良等地、中等地、差等地的面积分别为 13.92%、20.89%、62.22%、2.97%，以中等地为主；水浇地中优等地、良等地、中等地、差等地的面积分别为 5.03%、42.82%、48.46%、3.68%，良等地、中等地占比较大；旱地中优等地、良等地、中等地、差等地的面积分别为 7.53%、22.15%、59.30%、11.01%，中等地占比最大。

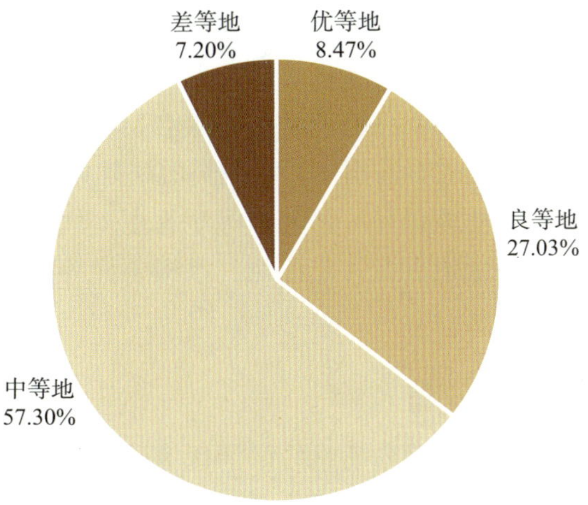

图 22.1 全国耕地质量面积比例结构

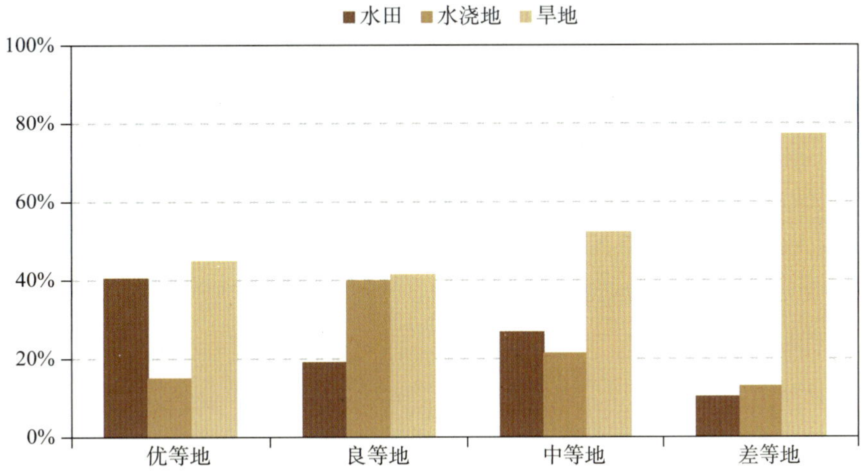

图 22.2 耕地质量等的二级地类比例构成

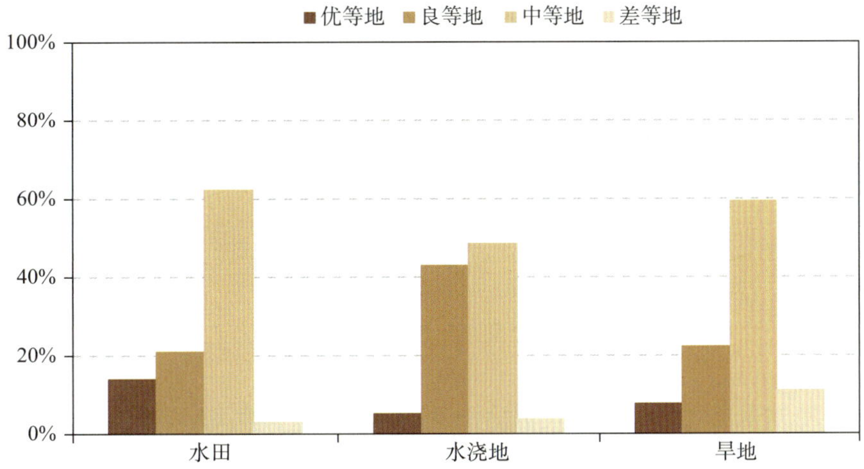

图 22.3 二级地类的耕地质量等比例构成

整体来看，我国耕地以中等地为主，旱地比例最高。从不同耕地质量等的二级地类来看：质量较好的优等地、良等地在不同地类上各有分布，水田、水浇地、旱地的优等地、良等地面积之和基本相当；面积最多的中等地以旱地为主，水田面积略多于水浇地；差等地整体面积较小，以旱地为主，水田、水浇地面积较少；优等地中水田比例明显高于其他等地，中等地、差等地中旱地比例明显高于优等地、良等地。从不同二级地类的耕地质量等构成看：不同二级地类的耕地均是中等地占比最大，其次为良等地；水田主要为中等地，差等地极少；水浇地以良等地和中等地为主，优等地和差等地较少；旱地以中等地为主，其次是良等地，优等地和差等地也占有一定比例；水田中优等地比例明显高于水浇地和旱地，旱地中差等地比例明显高于水田和水浇地。

22.2.2 耕地资源质量空间分布

我国耕地资源质量的空间差异显著，耕地质量较好的优等地、良等地集中分布在东北、华北、长江中下游等区域，这些区域地势平坦、雨热同期、耕作条件便利，是我国主要的粮食生产功能区。耕地质量较差的中等地、差等地在全国均有分布，在云贵高原、江南丘陵、两广丘陵、浙闽丘陵等山地丘陵地区分布相对集中，这些区域地形条件复杂，不利于耕作，工程性缺水现象较为严重，农业生产稳定性相对较差。全国耕地资源质量的空间分布情况见图 22.4。

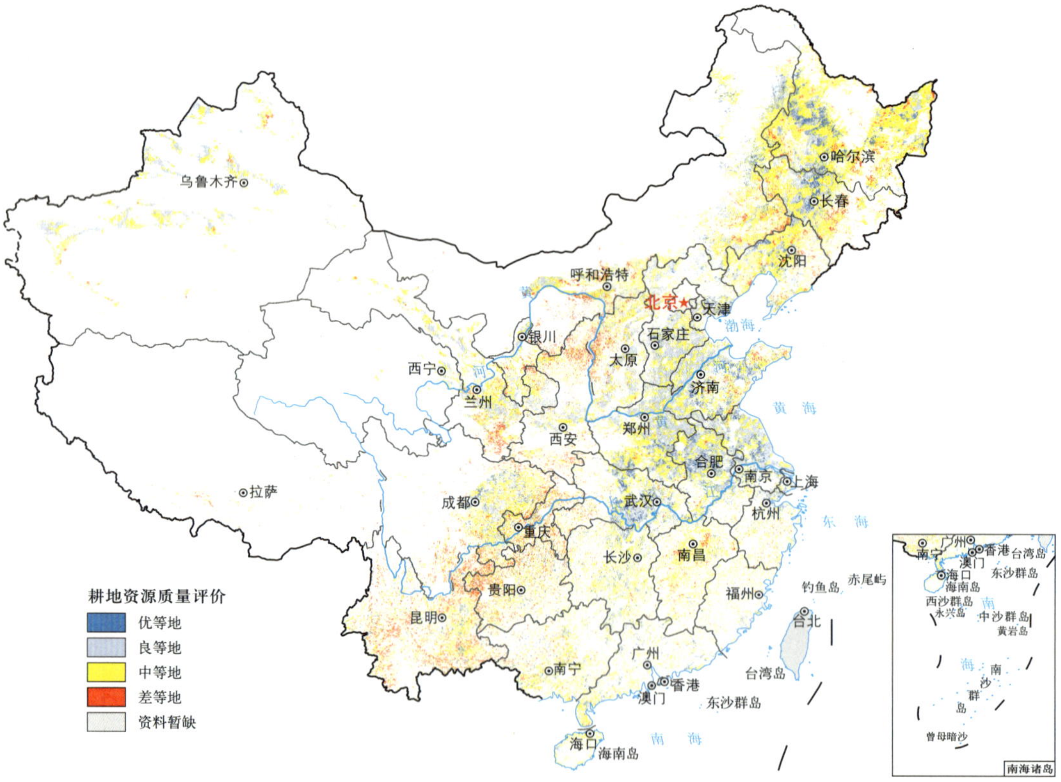

图 22.4 全国耕地资源质量空间分布

我国地域辽阔，自然条件差异显著，种植结构多样，耕地资源质量主要呈现以下特征：

（1）耕地质量东高西低、平原高山地丘陵低。从全国来看，我国耕地资源受气候、地形影响，集中分布在东部平原及南部丘陵区域，西部及山地地区的耕地较少且分布零散。东部季风区以平原、盆地、丘陵为主，整体地形平坦，雨热同期，土壤肥沃，生产力高，也是优质耕地相对集中的区域；西部干旱半干旱区水热条件不足，耕地资源质量整体较低，利用障碍和质量限制性较多。耕地质量“东高西低、平原高山地丘陵低”的地域性特征较为明显。

（2）不同区域内部耕地质量组成结构复杂。从区域来看，由于我国平原面积仅占国土面积的 12%，大部分耕地分布在山地丘陵地区，同一区域内的自然地理环境复杂多变，光、温、水资源分布不均，土壤类型多样，耕地的立地条件复杂、种植方式多样性高，区域内耕地资源质量呈现较为复杂的结构性特征。

（3）优质耕地与城市群分布高度重合。除立地条件影响耕地资源数量、质量分布外，社会经济发展也会对耕地分布产生一定影响，进而影响耕地资源质量。优质耕地是我国稀缺资源，我国大部分大中城市分布在耕地集中分布区，人口与经济集聚区与最需要保护的优质耕地在空间上高度复合。近年来，经济建设、城镇扩张等人类活动加剧了对优质耕地的侵占，导致耕地整体质量下降。

22.3 耕地资源质量要素状况

耕地资源质量分类体系包括自然区、坡度、土层厚度、土壤质地、土壤有机质含量、土壤 pH 值、生物多样性、土壤重金属污染状况、熟制和耕地二级地类十个分类指标。本节重点分析我国耕地资源各指标分布状况，通过分析各指标值的差异来反映耕地资源质量的不同。其中，土壤重金属污染状况属于不公开数据，本节不对该指标进行分析；耕地二级地类在本书其他章节已涉及，本节也不对该指标进行单独分析。

22.3.1 自然区

我国耕地主要分布在华北平原区、淮南与长江中下游区、东北东部山地区、东北东部山前平原区、松辽平原中部区 5 个自然区，各区耕地面积均超过 700 万公顷，占比均在 5% 以上，耕地面积之和占全国耕地的 43.01%。其中，华北平原区耕地面积最大，为 1568.17 万公顷，占比为 12.26%；其次是淮南与长江中下游区，耕地面积为 1451.39 万公顷，占比为 11.35%。四川盆地区、贵州高原区、华北山地丘陵区等 8 个自然区耕地占比均在 3% 以上，累计占全国耕地的 29.06%。琼雷山地丘陵区、辽东胶东山地丘陵区、阿拉善及河西走廊区等 21 个自然区耕地占比均不足 1%，仅占全国耕地面积的 5.64%。各自然区耕地分布见图 22.5。

22.3.2 熟制

全国位于一年三熟区的耕地为 1882.91 万公顷，占全国耕地的 14.73%；一年两熟区的耕地为 4782.66 万公顷，占 37.40%；一年一熟区的耕地为 6120.62 万公顷，占 47.87%。耕地在各熟制区的空间分布见图 22.6。从二级地类看，全国 78.27% 的水田分布在一年两熟区和一年三熟区，两区水田面积相当，均在 1200 万公顷以上。除 1.94% 的水浇地位于一年三熟区外，绝大部分水浇地位于其他两个熟制区，且水浇地在两区面积相当。62.31% 的旱地位于一年一熟区，31.78% 的旱地位于一年两熟区。

22.3.3 坡度

2019 年，全国坡度≤2° 的耕地面积为 7919.03 万公顷，占全国耕地面积的 61.93%；坡度 2°～6° 的耕地面积为 1959.32 万公顷，占全国耕地面积的 15.32%；坡度 6°～15° 的耕地面积为 1712.64 万公顷，

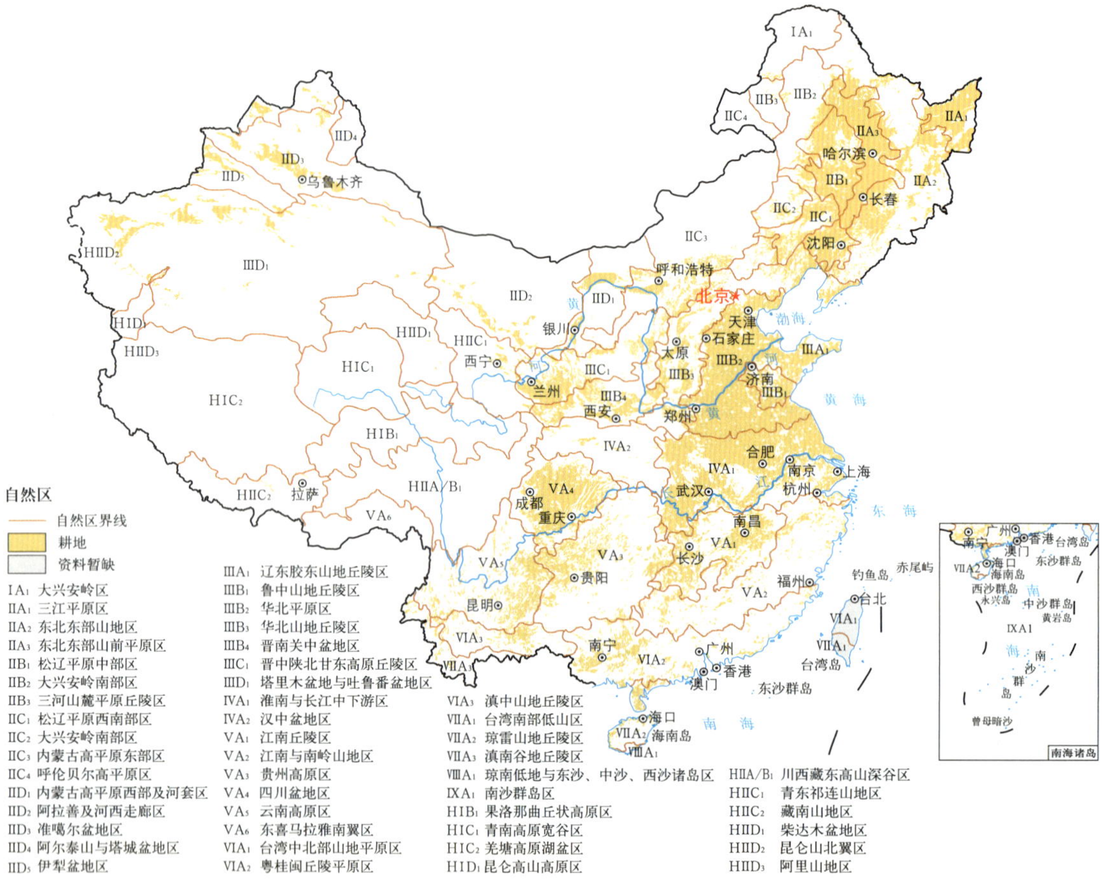

图 22.5　全国各自然区耕地分布

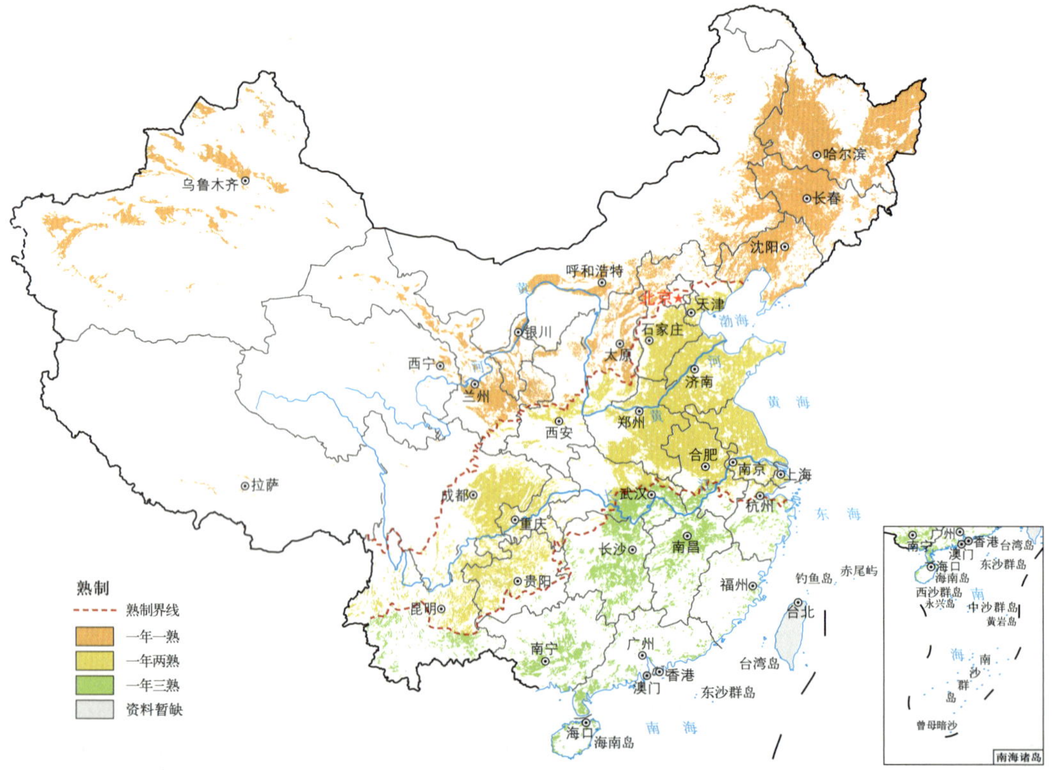

图 22.6　全国各熟制区耕地分布

占全国耕地面积的 13.40%；坡度 15°～25° 的耕地面积为 772.68 万公顷，占全国耕地面积的 6.04%；坡度＞25° 的耕地面积为 422.52 万公顷，占全国耕地面积的 3.31%。全国耕地坡度比例结构见图 22.7。

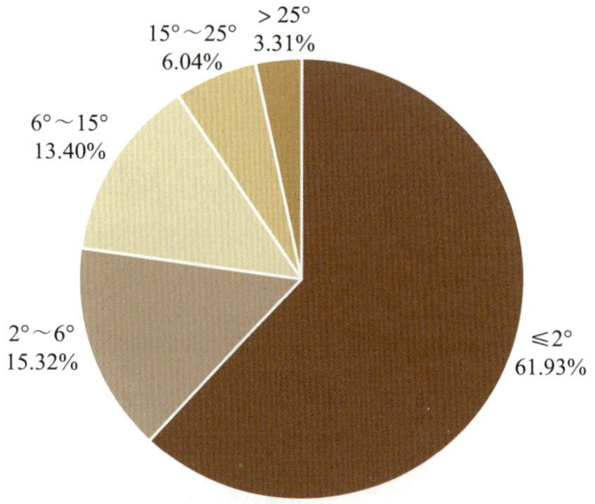

图 22.7　全国耕地坡度比例结构

从各省份耕地分布情况看（图 22.8），坡度≤2° 的耕地主要分布在黑龙江、内蒙古、新疆、河南、吉林等省（区），这些省份坡度≤2° 的耕地占坡度≤2° 的耕地总面积比例为 48.87%。坡度 2°～6° 的耕地主要分布在黑龙江、内蒙古、辽宁、吉林、湖南等省（区），这些省份坡度 2°～6° 的耕地占坡度 2°～6° 的耕地总面积比例为 50.19%。坡度 6°～15° 的耕地主要分布在四川、云南、贵州、甘肃、内蒙古等省

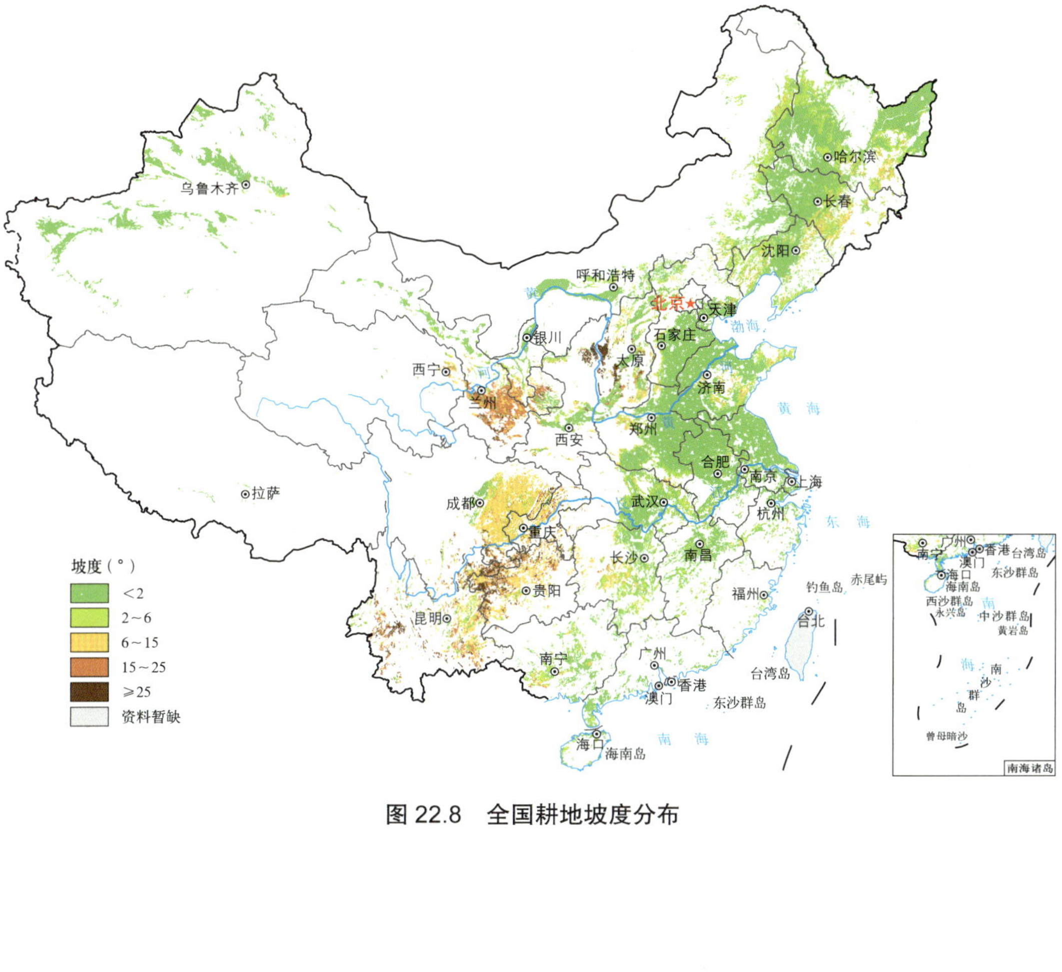

图 22.8　全国耕地坡度分布

（区），这些省份坡度 6°～15° 的耕地面积占坡度 6°～15° 的耕地总面积比例为 44.35%。坡度 15°～25° 的耕地主要分布在甘肃、云南、贵州、四川、陕西等省份，这些省份坡度 15°～25° 的耕地面积占坡度 15°～25° 耕地总面积比例为 67.79%。坡度＞25° 的耕地面积主要分布在云南、贵州、陕西、四川、山西等省，这些省份坡度＞25° 的耕地面积占坡度＞25° 的耕地总面积比例为 69.72%。

22.3.4 土层厚度

2019 年，全国土层厚度≥100 厘米的耕地面积为 5768.82 万公顷，占全国耕地面积的 45.12%；土层厚度为 60～100 厘米的耕地面积为 3913.44 万公顷，占全国耕地面积的 30.60%；土层厚度＜60 厘米的耕地面积为 3103.93 万公顷，占全国耕地面积的 24.28%。总体上，我国耕地资源土层较为深厚，近一半的耕地土层厚度超过 100 厘米，不到四分之一的耕地土层厚度小于 60 厘米。全国耕地土层厚度比例结构见图 22.9。

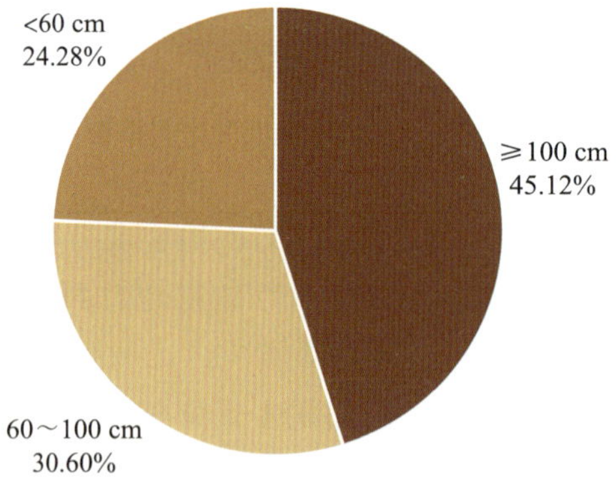

图 22.9　全国耕地土层厚度比例结构

从各省（区、市）耕地分布情况看（图 22.10），土层厚度≥100 厘米的耕地主要分布在河南、山东、河北、江苏、黑龙江等省，耕地面积占全国土层厚度≥100 厘米的耕地总面积的 39.53%。土层厚度 60～100 厘米的耕地主要分布在内蒙古、吉林、新疆、黑龙江等省（区），耕地面积占全国土层厚度 60～100 厘米的耕地总面积的 36.80%。土层厚度＜60 厘米的耕地主要分布在黑龙江、内蒙古、四川等省（区），耕地面积占全国土层厚度＜60 厘米的耕地总面积的 55.91%。土壤数据从相关部门获取，由于统计口径的问题，东北三省部分区域的土层厚度实际是耕层厚度。

22.3.5 土壤质地

2019 年，全国壤质耕地面积为 8458.29 万公顷，占全国耕地面积的 66.15%；黏质耕地面积为 3710.18 万公顷，占全国耕地面积的 29.02%；砂质耕地面积为 617.71 万公顷，占全国耕地面积的 4.83%。总体上，我国耕地资源土壤质地以壤质为主，黏质和砂质耕地共同占比仅 33.85%。全国耕地土壤质地比例结构见图 22.11。

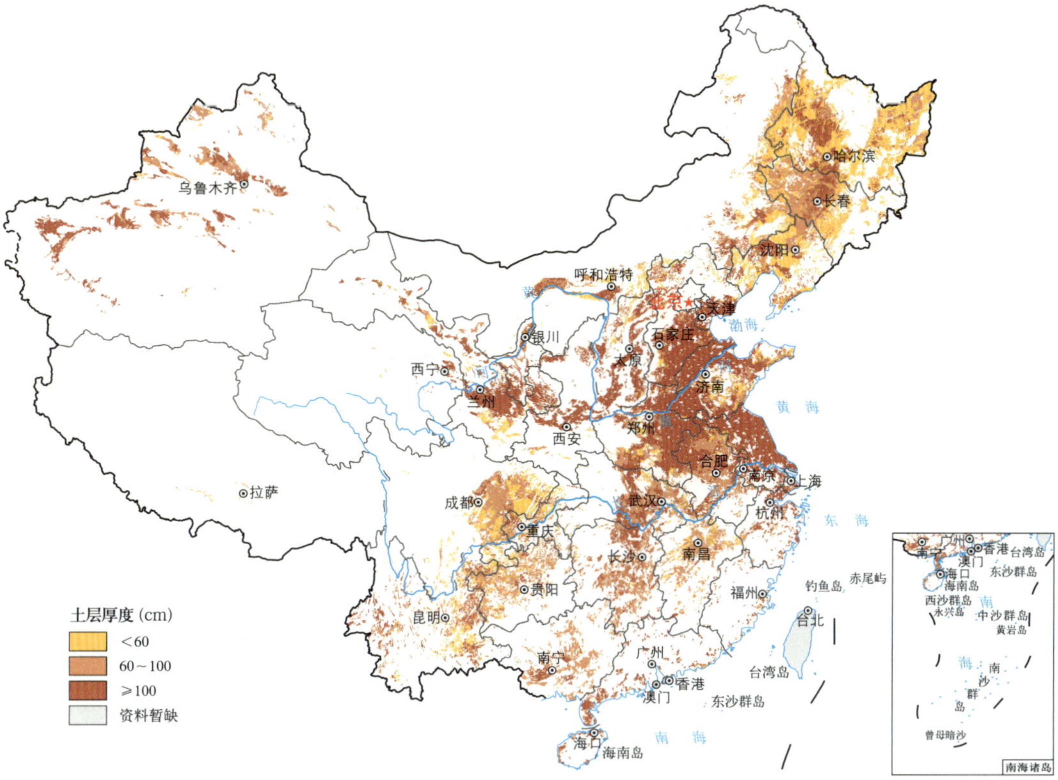

图 22.10　全国耕地土层厚度分布

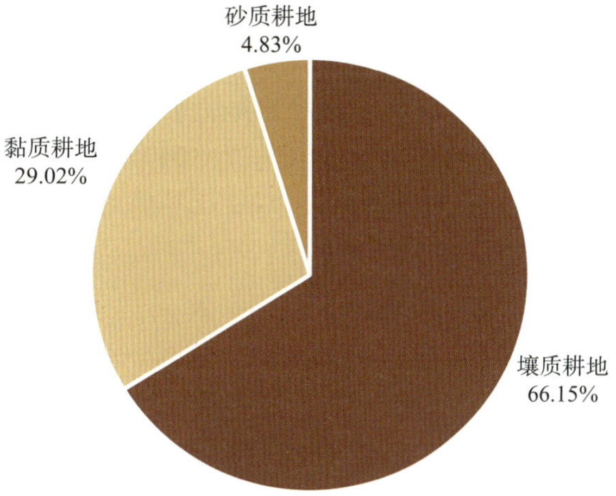

图 22.11　全国耕地土壤质地比例结构

从各省（区、市）耕地分布情况看（图 22.12），壤质耕地主要分布在内蒙古、黑龙江、河北、山东、河南五省（区），壤质耕地面积占全国壤质耕地面积的 38.33%；黏质耕地主要分布在黑龙江、吉林、安徽、河南四省，黏质耕地面积占全国黏质耕地面积的 48.96%；砂质耕地主要分布在内蒙古、吉林、新疆三省（区），砂质耕地面积占全国砂质耕地面积的 48.09%。

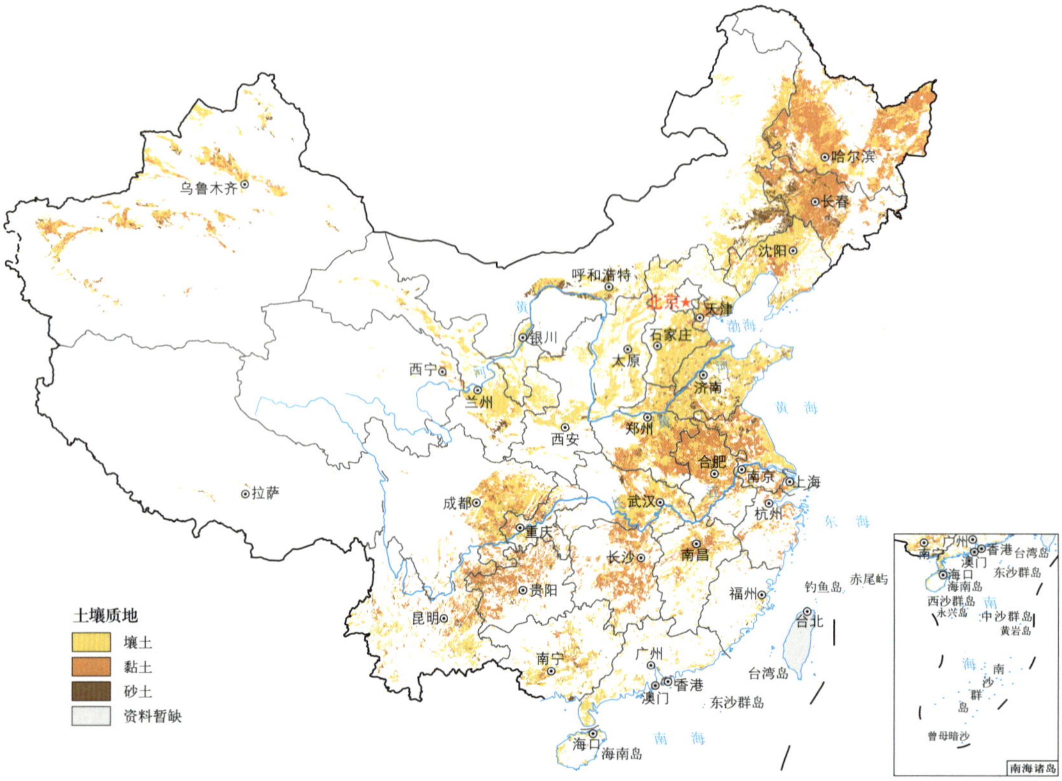

图 22.12　全国耕地土壤质地分布

22.3.6　土壤有机质含量

2019 年，全国土壤有机质含量≥20 克 / 千克的耕地面积为 7092.01 万公顷，占全国耕地面积的 55.46%；土壤有机质含量在 10～20 克 / 千克的耕地面积为 5099.86 万公顷，占全国耕地面积的 39.89%；土壤有机质含量 <10 克 / 千克的耕地面积为 594.32 万公顷，占全国耕地面积的 4.65%。全国耕地土壤有机质含量比例结构见图 22.13。

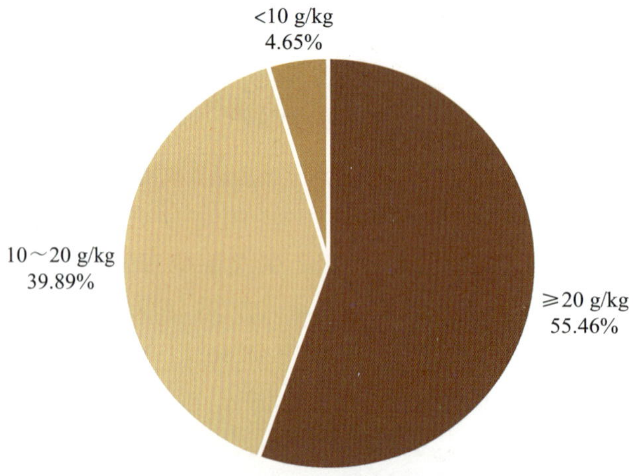

图 22.13　全国耕地土壤有机质含量比例结构

从各省（区、市）耕地分布情况看（图 22.14）：土壤有机质含量≥20 克 / 千克的耕地主要分布在黑龙江、吉林、云南三省，面积占全国有机质含量≥20 克 / 千克的耕地面积的 38.49%；土壤有机质含量在 10～20 克 / 千克的耕地土要分布在河南、内蒙古、山东、新疆四省（区），面积占全国有机质含量 10～20 克 / 千克耕地面积的 40.97%；土壤有机质含量 <10 克 / 千克的耕地主要分布在内蒙古、新疆、陕西三省（区），面积占全国有机质含量 <10 克 / 千克的耕地面积的 52.65%。

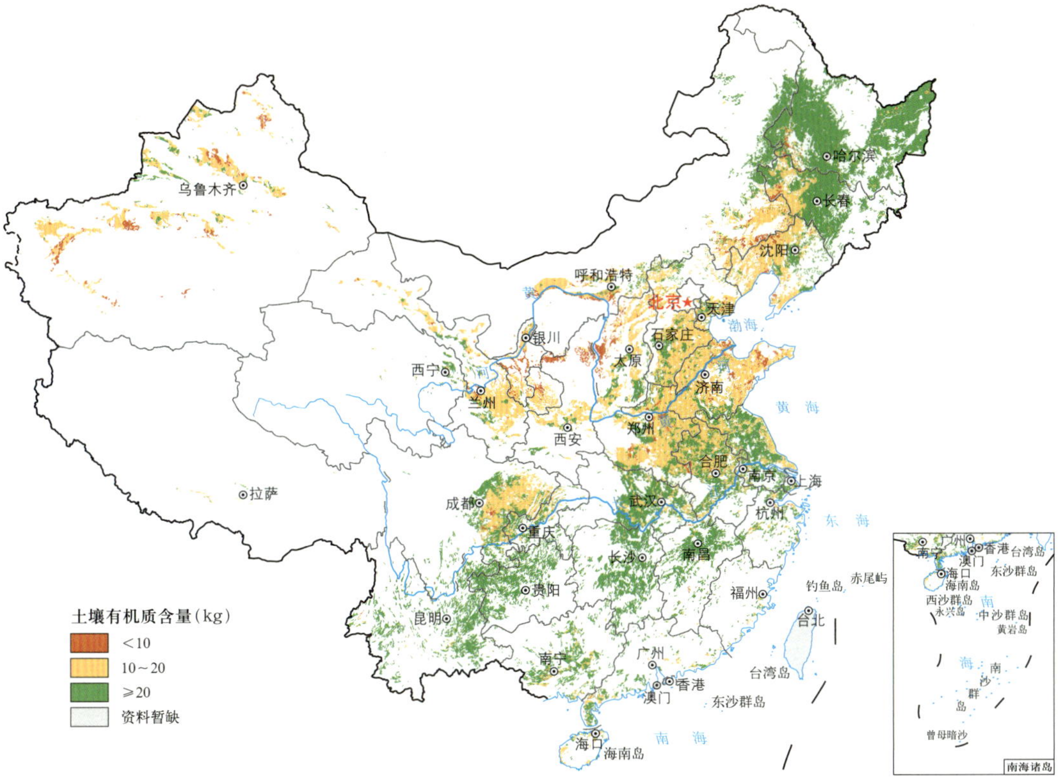

图 22.14　全国耕地土壤有机质含量分布

22.3.7　土壤 pH 值

2019 年，全国耕地中性土壤（pH 值 6.5～7.5）耕地面积为 1887.94 万公顷，占全国耕地面积的 14.77%；酸性土壤（pH 值 5.5～6.5）耕地面积为 3634.68 万公顷，占全国耕地面积的 28.43%；碱性土壤（pH 值 7.5～8.5）耕地面积为 4621.07 万公顷，占全国耕地面积的 36.14%；强酸性土壤（pH 值 <5.5）耕地面积为 1847.07 万公顷，占全国耕地面积的 14.45%；强碱性土壤（pH 值≥8.5）耕地面积为 795.43 万公顷，占全国耕地面积比例为 6.22%。全国耕地土壤 pH 值比例结构见图 22.15。

从各省（区、市）耕地分布情况看（图 22.16）：中性土壤（pH 值 6.5～7.5）耕地主要分布在黑龙江、四川、内蒙古、云南、湖北五省（区），面积占全国中性土壤耕地面积的 43.65%；酸性土壤（pH 值 5.5～6.5）耕地主要分布在黑龙江、云南、安徽三省，面积占全国酸性土壤耕地面积的 41.35%；碱性土壤（pH 值 7.5～8.5）耕地主要分布在新疆、内蒙古、河北、河南四省（区），面积占全国碱性土壤耕地面积的 42.62%；强酸性土壤（pH 值 <5.5）耕地主要分布在黑龙江、江西、吉林、广西四省（区），面积占全国强酸性土壤耕地面积的 44.87%；强碱性土壤（pH 值≥8.5）耕地主要分布在内蒙古、甘肃、新疆三省（区），面积占全国强碱性土壤耕地面积的 55.63%。

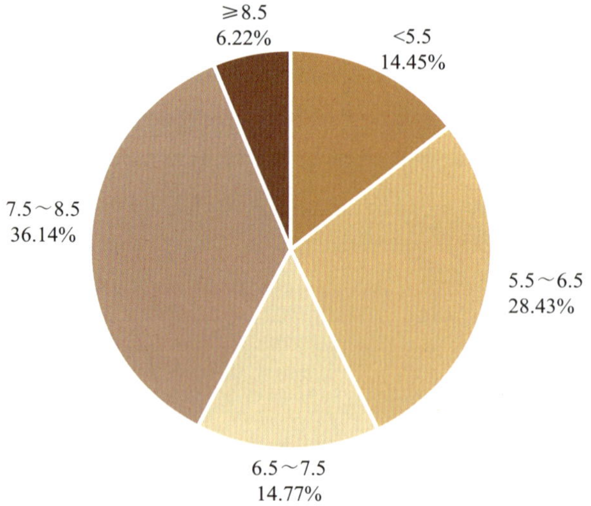

图 22.15　全国耕地土壤 pH 值比例结构

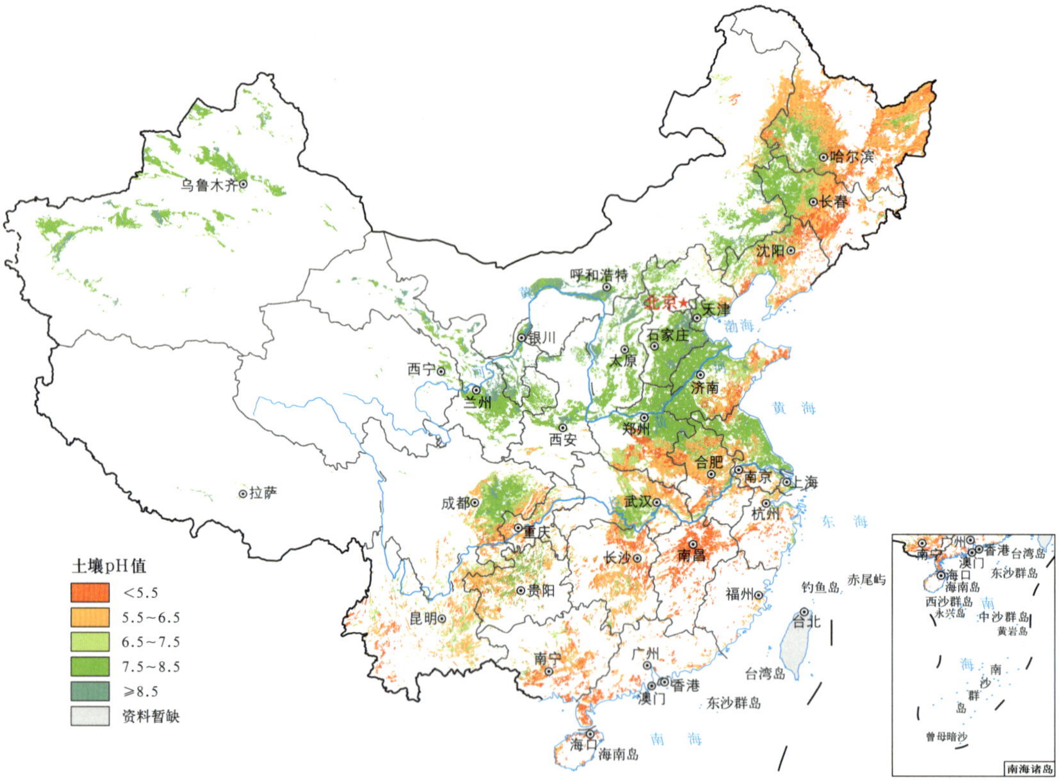

图 22.16　全国耕地土壤 pH 值分布

22.3.8　生物多样性

2019年全国耕地生物多样性水平丰富、一般、不丰富的耕地面积分别为3815.51万公顷、5049.89万公顷、3920.78万公顷，占比分别为29.84%、39.49%、30.66%（图 22.17）。全国耕地生物多样性整体呈中等水平，生物多样性一般的耕地占比最大，丰富和不丰富的耕地比例接近。

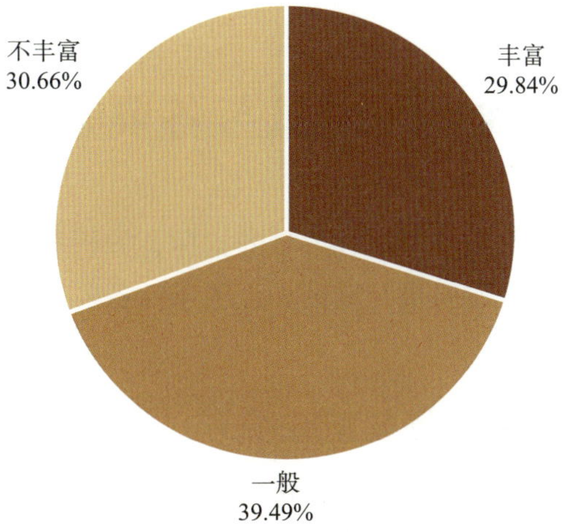

图 22.17　全国耕地土壤生物多样性比例结构

从各省（区、市）耕地土壤生物多样性分布情况看（图 22.18）：生物多样性丰富的耕地主要分布在黑龙江、内蒙古、河南三省（区），面积占全国生物多样性丰富级别耕地的 29.97%；生物多样性一般的耕地主要分布在黑龙江、内蒙古、新疆三省（区），面积占全国生物多样性一般级别耕地的 28.06%；生物多样性不丰富的耕地主要分布在黑龙江、内蒙古、吉林三省（区），面积占全国生物多样性不丰富级别耕地的 27.97%。不同区域耕地土壤生物多样性分级结果差异明显。

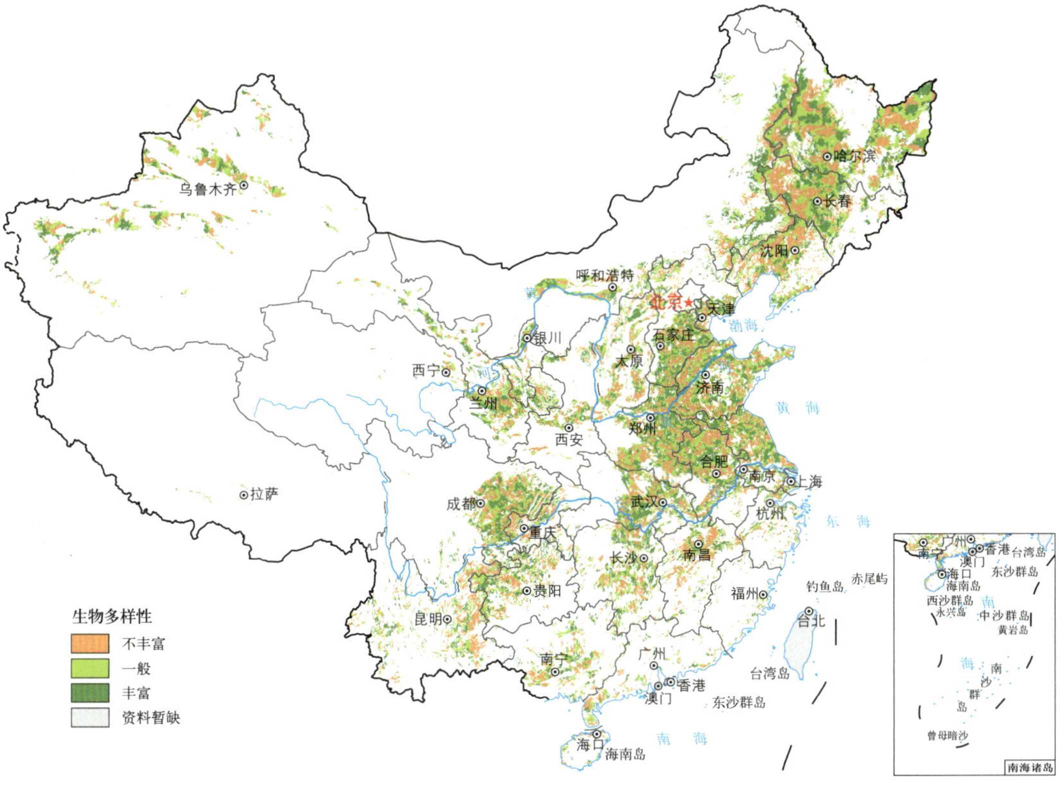

图 22.18　全国耕地土壤生物多样性分布

22.4　耕地资源质量与各要素关系分析

本节通过确定反映各自然区和气候条件综合质量的指标，分析与耕地资源质量的关系，揭示自然区和气候条件的匹配程度；通过耕地资源质量与坡度、土壤条件各要素的关系，了解各要素对耕地资源质量的影响程度。

22.4.1　自然区与耕地资源质量匹配分析

以各自然区耕地面积占自然区总面积比例为目标，以各自然区高程、积温、降水、熟制四个自然地理条件的综合指标值为匹配指标，对比耕地占比与自然地理条件的适配程度及各区之间匹配度差异。匹配结果见图 22.19。

耕地分布与耕地自然条件匹配度具有较为明显的相关性。从自然区看，黄土高原区、东北区的东北东部山地和辽东胶东山地丘陵、内蒙古高原区的大兴安岭南部、黄淮海区的鲁中山地丘陵，综合指标值和耕地占比均较高，两者匹配度较高。在西北区、内蒙古高原区、青藏高原区这三个大区，各自然区自然地理条件综合指标数值低，耕地占比低，耕地资源分布与自然地理条件匹配程度较高。青藏高原区因其高寒的气候条件导致耕地资源分布较少。

东北区及内蒙古高原区的松辽平原西南部耕地占比略高于自然地理条件综合指标，尤其三江平原、东北东部山前平原、松辽平原中部，自然地理条件不足但耕地占比较高，自然地理条件与耕地资源分布匹配程度较低。华南区、长江中下游区、云贵高原区、四川盆地区自然地理条件优越但耕地占比较低，自然地理条件与耕地资源分布匹配程度低，耕地资源未能充分利用自然地理条件。

22.4.2　气候条件与耕地资源质量匹配分析

对各熟制区的耕地气候生产潜力由高到低排列，将每个熟制区耕地均划分为高潜力耕地、中等潜力耕地和低潜力耕地。将高潜力和中等潜力耕地确定为耕地与气候资源匹配度高的区域，低潜力耕地确定为耕地与气候资源匹配度低的区域。

总体来讲，耕地资源与气候资源匹配度高的地区分布在东北地区、华北地区以及西南地区（图 22.20）。一熟区匹配度高的耕地主要分布在东三省中部，占一熟区耕地的 78.09%；耕地资源与气候资源匹配度较低的耕地主要分布在甘肃南部，占一熟区耕地的 21.91%。两熟区耕地资源与气候资源匹配度高耕地主要集中在华北平原，特别是河南、安徽、河北和江苏北部，其总面积占两熟区耕地面积的 76.61%，耕地资源与气候资源匹配度较低的地区主要集中在四川、重庆等地，占两熟区耕地的 23.39%。三熟区耕地资源与气候资源匹配度高的耕地集中在云南和广西南部、广东东部以及福建等地，其面积占三熟区耕地面积的 66.55%，耕地资源与气候资源匹配度较低的地区位于湖南、江西和贵州等地，其面积占三熟区面积的 33.45%。

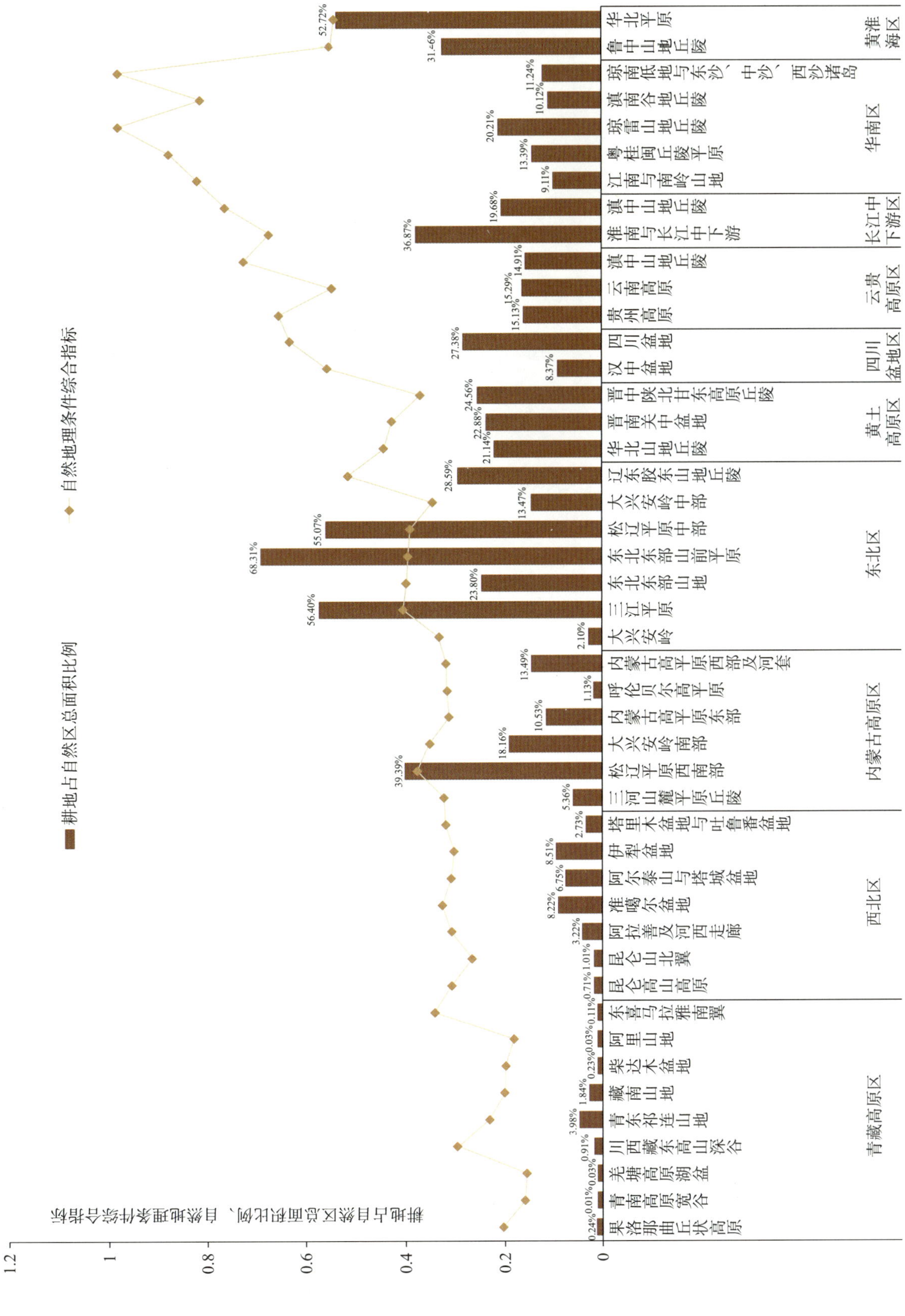

图 22.19　各自然区自然地理条件综合指标与耕地分布状况匹配度

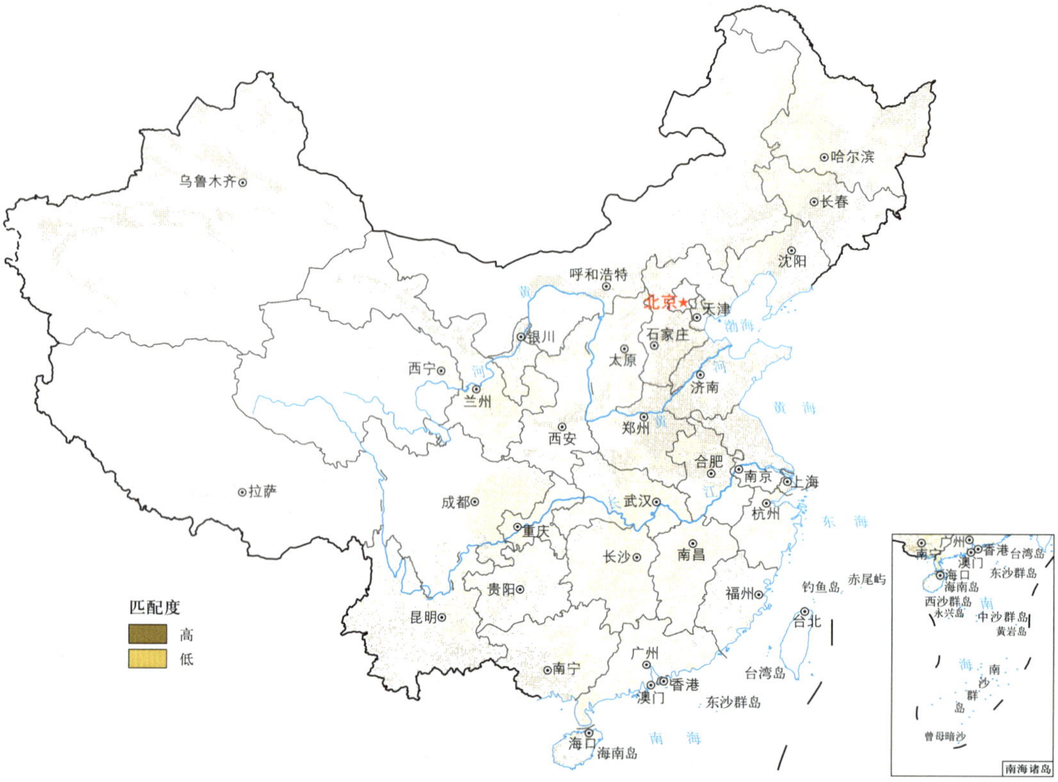

图 22.20　耕地资源与气候资源的匹配度分析

22.4.3　坡度与耕地资源质量关系分析

从不同坡度的耕地资源质量状况看（图 22.21）：坡度≤2° 的耕地中，优等地、良等地、中等地、差等地的面积比例分别为 10.05%、31.71%、54.87%、3.37%，优等地、良等地占比接近一半；坡度 2°～6° 的耕地中，优等地、良等地、中等地、差等地的面积比例分别为 10.07%、20.51%、64.57%、4.84%，优等地占比基本不变，良等地占比下降；坡度 6°～15° 的耕地中，优等地、良等地、中等地、差等地的面

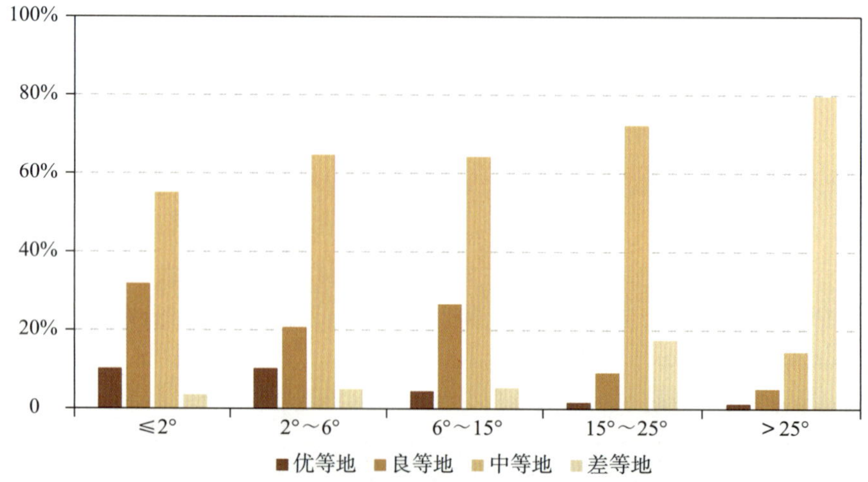

图 22.21　不同坡度级别耕地资源质量状况

积比例分别为 4.30%、26.46%、64.12%、5.12%，优等地占比下降，良等地占比升高；坡度 15°～25° 的耕地中，优等地、良等地、中等地、差等地的面积比例为 1.50%、9.03%、72.11%、17.35%，中等地、差等地占比升高；坡度＞25° 的耕地中，优等地、良等地、中等地、差等地耕地的面积比例为 1.16%、4.91%、14.35%、79.57%，主要为差等地。可见，随着坡度的增加，耕地质量整体上逐渐下降，优等地、良等地占比不断降低，而中等地、差等地占比不断升高。

从不同耕地质量等的坡度分级情况看（图 22.22）：优等地中坡度≤2°、2°～6°、6°～15°、15°～25°、＞25° 的耕地面积比例分别为 73.41%、18.26%、6.80%、1.07%、0.46%，以坡度≤2° 的耕地为主；良等地中坡度≤2°、2°～6°、6°～15°、15°～25°、＞25° 的耕地面积比例分别为 72.62%、11.65%、13.11%、2.02%、0.60%，坡度≤2° 的耕地占比略有下降，各坡度分级占比与优等地接近；中等地中坡度≤2°、2°～6°、6°～15°、15°～25°、＞25° 的耕地面积比例分别为 59.28%、17.30%、14.99%、7.59%、0.83%，坡度≤2° 的耕地占比大幅降低，其他坡度分级耕地占比升高；在差等地中，坡度≤2°、2°～6°、6°～15°、15°～25°、＞25° 的耕地面积比例分别为 28.98%、10.33%、9.53%、14.54%、36.62%，各个坡度级别的耕地均有分布。可见，随着耕地质量由优等变为差等，耕地的坡度越来越大，优等地、良等地中低坡度耕地占比明显高于中等地和差等地。

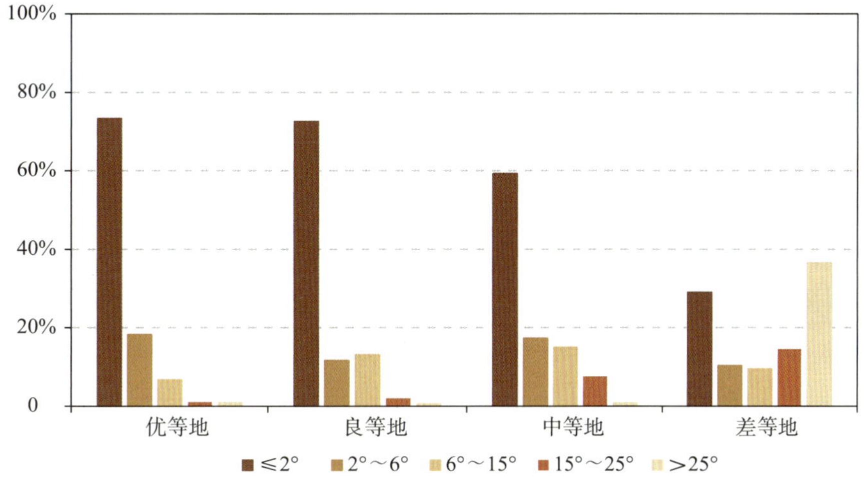

图 22.22　不同耕地质量等坡度状况

结果表明，坡度对耕地质量的影响显著。一般而言，坡度越大，优等地、良等地占比越低；耕地质量越好，坡度往往越低。这与坡度导致耕地发生的重力侵蚀、水力侵蚀以及养分运移等过程具有密切关系，坡度越大耕地土层往往越薄，土壤肥力也越低。25° 可看作耕地利用和耕地质量的分界线：坡度 <25° 的耕地质量总体差异不大，耕地质量普遍在中等及以上，可进行常规的耕作；坡度＞25° 的坡耕地则整体质量较差，不利于耕作，应有序退耕或用作生态用地。

22.4.4　土层厚度与耕地资源质量关系分析

从不同土层厚度的耕地资源质量状况看（图 22.23），土层厚度≥100 厘米的耕地中，优等地、良等地、中等地、差等地的面积比例分别为 13.69%、35.53%、47.21%、3.57%；土层厚度为 60～100 厘米的耕地中，优等地、良等地、中等地、差等地的面积比例分别为 7.49%、35.96%、51.81%、4.74%；土层厚度＜60 厘米的耕地中，中等地、差等地的面积比例分别为 82.96%、17.04%。可见，随着土层厚度由厚变薄，耕地质量也在逐渐降低，土层厚度＜60 厘米的耕地中差等地占比最高，数倍于土层厚度≥100 厘米的耕地中差等地占比。

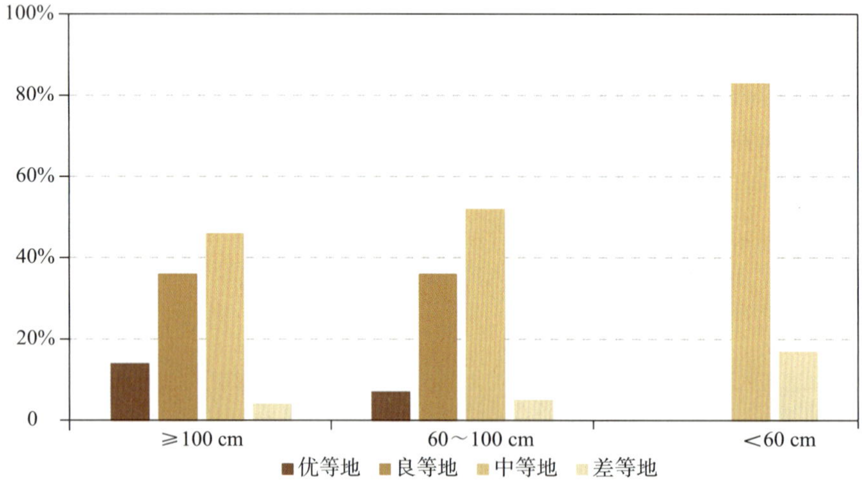

图 22.23　不同土层厚度耕地资源质量状况

从不同耕地质量等的土层厚度看（图 22.24）：优等地中土层厚度≥100 厘米的耕地面积占比过半，土层厚度≥100 厘米、在 60～100 厘米的耕地面积占比分别为 72.94%、27.06%；良等地中土层厚度≥100 厘米、在 60～100 厘米的耕地面积占比分别为 59.29%、41.71%；中等地中土层厚度≥100 厘米、在 60～100 厘米、<60 厘米的耕地面积占比分别为 37.18%、27.67%、35.15%；差等地中土层厚度≥100 厘米、在 60～100 厘米、<60 厘米的耕地面积占比分别为 22.35%、20.17%、57.48%。可见，随着耕地质量由优转差，土层厚度在不断变薄，优等地中土层厚度≥100 厘米的耕地占比显著大于差等地。

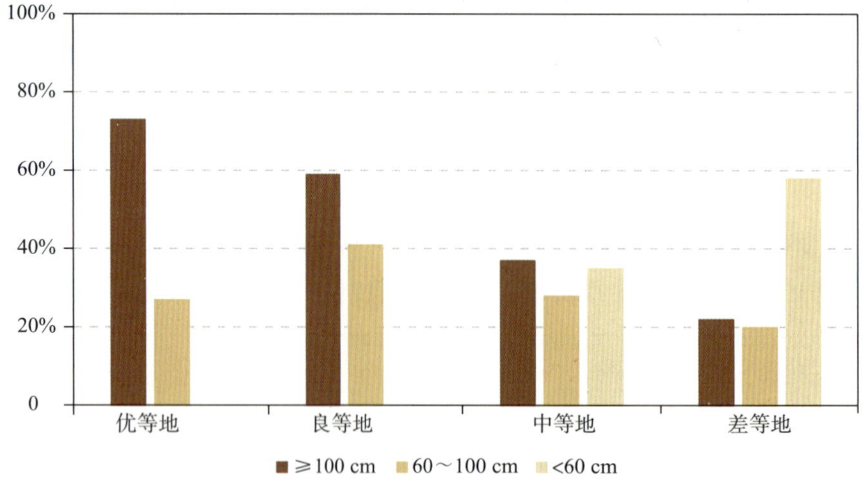

图 22.24　不同耕地质量等土层厚度状况

结果表明，土层厚度对耕地质量的影响明显。一般而言，耕地的土层越厚，优等地占比越大；耕地质量越好，土层厚度较深的耕地占比也越大。这与土层厚度影响植物扎根、影响养分和水分的保蓄能力等有关，深厚的土层为植物扎根提供了良好的立地条件，对养分和水分的保蓄能力也很强。因此，应推广能够增加土层厚度的耕地保护与利用措施，提高耕地质量。

22.4.5　土壤质地与耕地资源质量关系分析

土壤质地方面，从差异化土壤条件下耕地资源质量状况来看（图 22.25）：壤质耕地中，优等地、良等地、中等地、差等地的面积比例分别为 9.57%、28.39%、56.18%、5.86%；黏质耕地中，优等地、良等地、中等地、差等地的面积比例分别为 7.38%、28.45%、58.75%、5.42%；砂质耕地中，中等地、差等地的面积比例分别为 63.86%、36.14%。可见，壤质耕地整体质量更优，砂质耕地质量最差，黏质耕地适中，砂质耕地中差等地占比数倍于壤质耕地。

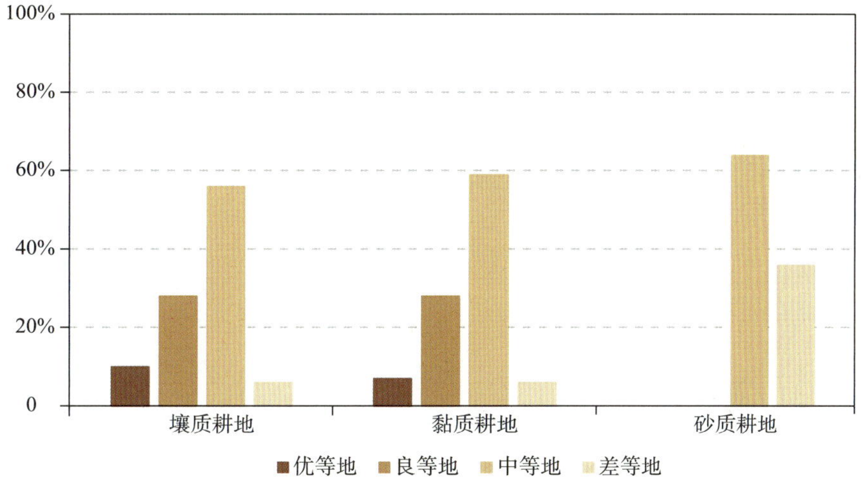

图 22.25　不同土壤质地耕地资源质量状况

从不同耕地质量等的土壤质地看（图 22.26）：优等地中壤质、黏质耕地面积占比分别为 74.72%、25.28%；良等地中壤质、黏质耕地面积占比分别为 69.47%、30.53%；中等地中壤质、黏质、砂质的耕地面积占比分别为 64.86%、29.75%、5.38%；差等地中壤质、黏质、砂质的耕地面积占比分别为 53.88%、21.86%、24.26%。可见，随着耕地质量由优转差，砂质耕地占比在不断增大，差等地中砂质耕地占比显著大于优等地。

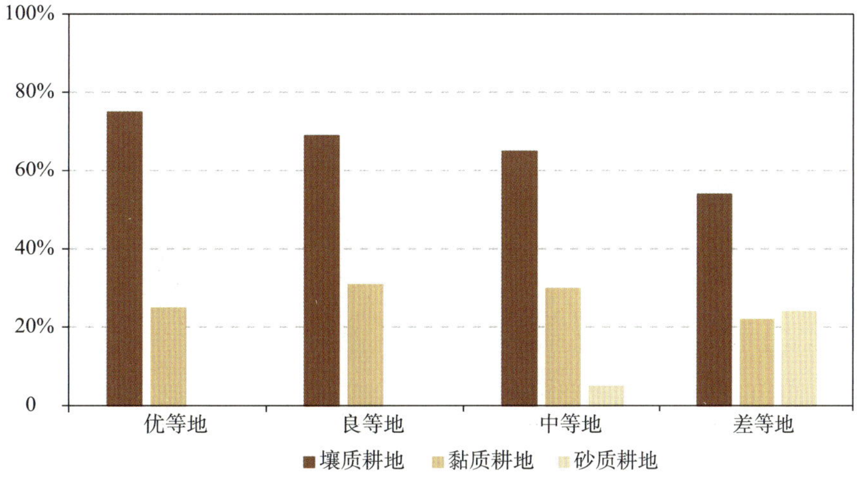

图 22.26　不同耕地质量等土壤质地状况

结果表明，土壤质地对耕地质量有明显影响，一般而言，壤质耕地中优等地占比越大；耕地质量越好，壤质耕地占比也越大。这与土壤质地直接影响土壤通气、保肥、保水状况及耕作的难易程度有关，壤质土砂黏适中，大小孔隙比例分配较合理，土壤中水肥气热以及扎根条件协调，适宜作物生长。

22.4.6 土壤有机质含量与耕地资源质量关系分析

土壤有机质含量方面，从差异化土壤条件下耕地资源质量状况来看（图 22.27）：有机质含量≥20 克 / 千克的耕地中，优等地、良等地、中等地、差等地的面积比例分别为 11.95%、20.18%、60.45%、7.42%；有机质含量 10～20 克 / 千克的耕地中，优等地、良等地、中等地、差等地的面积比例分别为 4.62%、39.71%、51.62%、4.05%；有机质含量 <10 克 / 千克的耕地中，中等地、差等地的面积比例分别为 68.36%、31.64%。

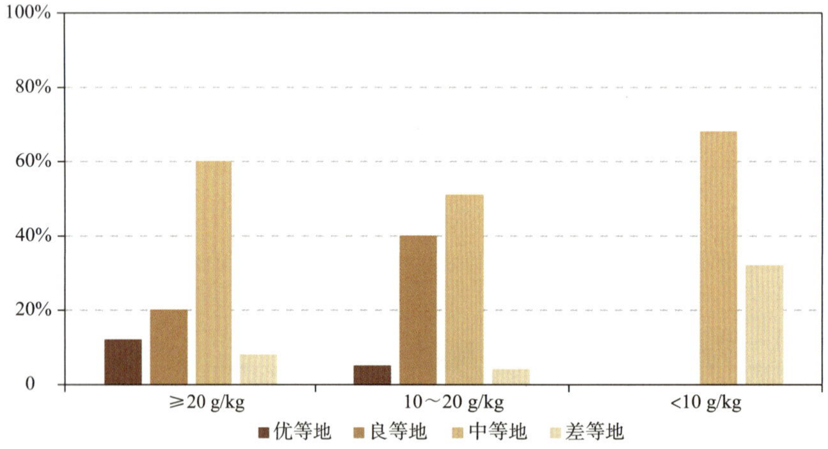

图 22.27　不同土壤有机质含量耕地资源质量状况

从不同耕地质量等的土壤有机质含量看（图 22.28）：优等地中有机质含量≥20 克 / 千克、10～20 克 / 千克的耕地面积占比分别为 78.26%、21.74%；良等地中有机质含量≥20 克 / 千克、10～20 克 / 千克的耕地面积占比分别为 41.41%、58.59%；中等地中有机质含量≥20 克 / 千克、10～20 克 / 千克、<10 克 / 千克的耕地面积占比分别为 58.52%、35.94%、5.55%；差等地中有机质含量≥20 克 / 千克、10～20 克 / 千克、<10 克 / 千克的耕地面积占比分别为 57.15%、22.42%、20.43%。可见，随着耕地质量由优转差，有机质含量不断下降，有机质含量 <10 克 / 千克的耕地占比不断增大，差等地中有机质含量 <10 克 / 千克的耕地占比显著大于优等地。

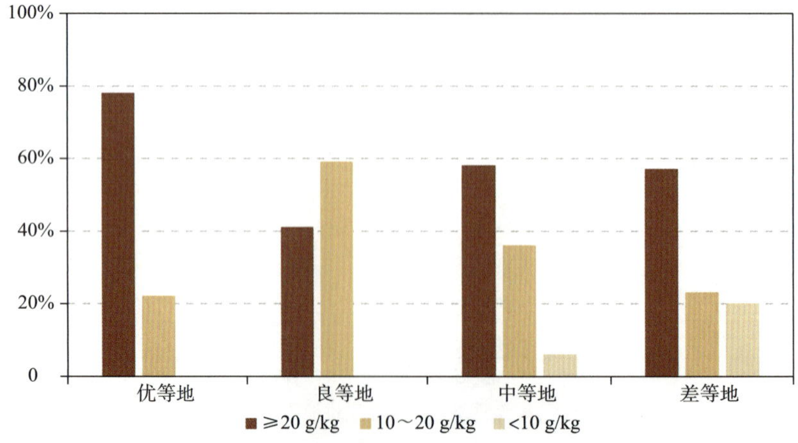

图 22.28　不同耕地质量等土壤有机质含量状况

结果表明，土壤有机质对耕地质量的影响显著。一般而言，土壤有机质含量越高，优等地占比越大；耕地质量越好，土壤有机质含量高的耕地占比也越大。土壤有机质是土壤的重要组成部分，是衡量土壤肥力高低的重要指标，具有提供土壤养分、改善土壤物理性质、提高土壤保水保肥能力等作用。因此，应注重提高耕地的有机质含量，从而提高耕地产能。

22.4.7 土壤 pH 值与耕地资源质量关系分析

土壤 pH 值方面，从差异化土壤条件下耕地资源质量状况来看（图 22.29）：pH 值 <5.5 的耕地中，中等地、差等地的面积比例分别为 84.81%、15.19%；pH 值为 5.5～6.5 的耕地中，优等地、良等地、中等地、差等地的面积比例分别为 13.92%、24.99%、55.79%、5.30%；pH 值为 6.5～7.5 的耕地中，优等地、良等地、中等地、差等地的面积比例分别为 30.58%、10.61%、52.55%、6.26%；pH 值为 7.5～8.5 的耕地中，良等地、中等地、差等地的面积比例分别为 50.81%、45.84%、3.35%；pH 值≥8.5 的耕地中，中等地、差等地的面积比例分别为 78.12%、21.88%。

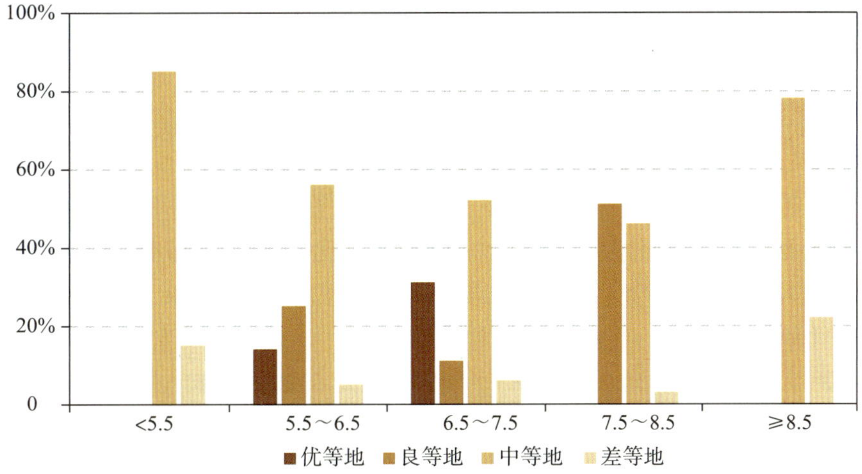

图 22.29 不同土壤 pH 值耕地资源质量状况

从不同耕地质量等的土壤 pH 看（图 22.30）：优等地中 pH 值 6.5～7.5、5.5～6.5 的耕地面积比例分别为 53.30%、46.70%；良等地中 pH 值 6.5～7.5、5.5～6.5、7.5～8.5 的耕地面积比例分别为 5.79%、26.28%、67.93%；中等地中 pH 值 6.5～7.5、5.5～6.5、7.5～8.5、<5.5、>8.5 的耕地面积比例分别为 13.54%、27.68%、28.91%、21.38%、8.48%；差等地中 pH 值 6.5～7.5、5.5～6.5、7.5～8.5、<5.5、>8.5 的耕地面积比例分别为 12.84%、20.95%、16.82%、30.48%、18.91%。可见，随着耕地质量由优转差，土壤酸化和碱化程度均不断加深，pH 值在 6.5～7.5 的耕地面积比例大幅下降，而 pH 值 <5.5 和 pH 值≥8.5 的耕地面积比例不断增加。

结果表明，土壤 pH 值对耕地质量的影响显著。一般而言，土壤越偏向中性和弱酸性，优等地占比越大；耕地质量越好，土壤 pH 值接近中性的耕地占比也越大。这与土壤 pH 值影响土壤肥力和植物生长有关，土壤酸碱度影响养分的有效性，不同植物对土壤酸碱度的适应能力也不同。因此，在耕地利用过程中应关注土壤 pH 值，针对不同性质的土壤采用不同的农艺措施，加强耕地保护。

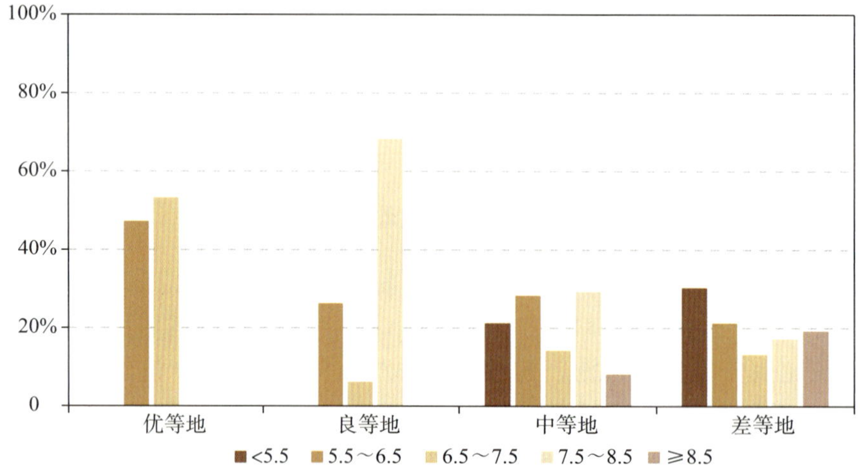

图 22.30　不同耕地质量等土壤 pH 值状况

22.4.8　生物多样性与耕地资源质量关系分析

从不同生物多样性水平的耕地资源质量状况看（图 22.31）：丰富水平的耕地中，优等地、良等地、中等地、差等地的面积比例分别为 17.80%、33.36%、44.45%、4.40%，有一半以上耕地为优等地、良等地；一般水平的耕地中，优等地、良等地、中等地、差等地的面积比例分别为 8.00%、43.25%、44.49%、4.27%，优等地、良等地也占一半以上，但优等地比例低于丰富水平的耕地；不丰富水平的耕地中，没有优等地和良等地，中等地、差等地的面积比例分别为 86.30%、13.70%，以中等地为主，中等地、差等地比例明显高于丰富、一般水平的耕地。可见，随着生物多样性水平由丰富到不丰富，耕地质量也在逐步下降，丰富水平的耕地中优等地占比最高，不丰富水平的耕地中，中等地、差等地占比最高。

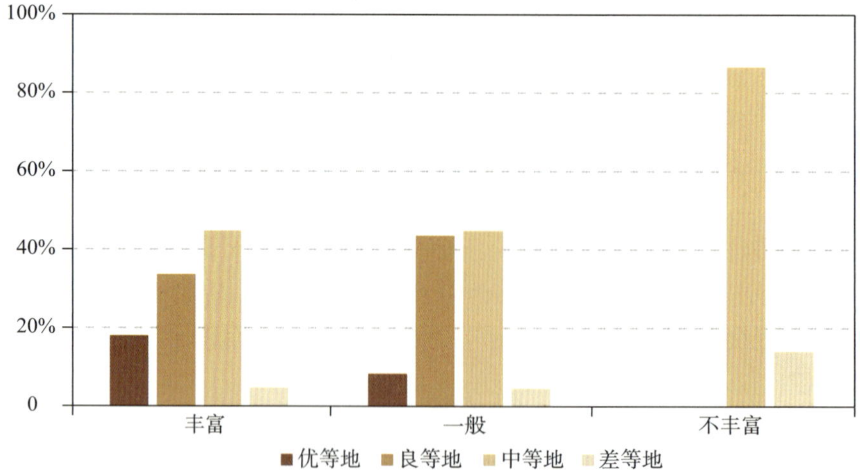

图 22.31　不同生物多样性水平耕地资源质量状况

从不同耕地质量等的生物多样性水平看（图 22.32）：优等地和良等地中没有生物多样性不丰富的耕地；优等地中生物多样性丰富、一般水平的耕地面积比例分别为 62.69%、37.31%，以丰富水平为主；良等地中生物多样性丰富、一般水平的耕地面积比例分别为 36.82%、63.18%，以一般水平为主；中等地中生物多样性丰富、一般、不丰富水平的耕地面积比例分别为 23.15%、30.66%、46.19%，各水平均有分布，不丰富水平比例相对较高；差等地中生物多样性丰富、一般、不丰富水平的耕地面积比例分别为 18.22%、23.41%、58.36%，以不丰富水平为主。可见，随着耕地质量由优等变为差等，生物多样性丰富水平也随之降低，优等地中生物多样性丰富的耕地比例明显高于其他耕地质量等。

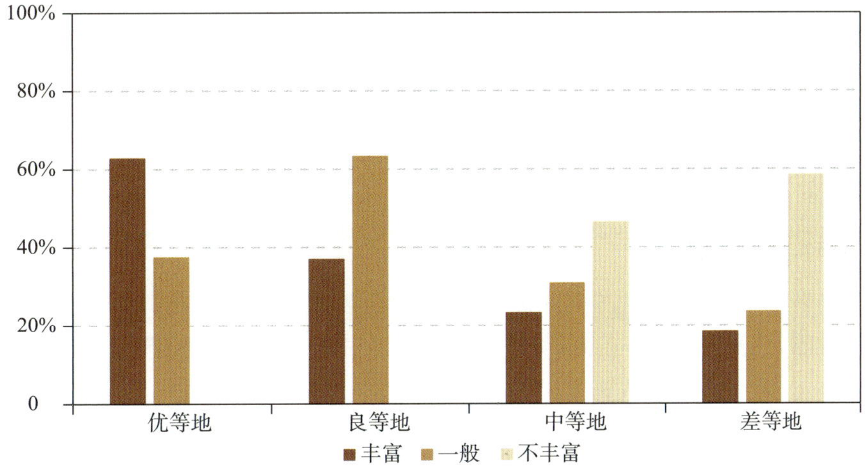

图 22.32　不同耕地质量等生物多样性状况

结果表明，生物多样性水平对耕地质量的影响明显。一般而言，耕地的生物多样性水平越高，优等地占比越大；耕地质量越好，生物多样性丰富水平耕地占比也越大。这与生物具有调控和驱动养分循环、促进土壤发育、调节气候和维持初级生产力等功能有密切关系，耕地资源的生物多样性对于维持耕地生态系统功能、提高耕地质量具有重要作用。因此，应科学、合理利用耕地资源，保护耕地生物多样性，提高耕地生物多样性水平促进耕地资源的可持续利用。

22.5　耕地资源质量分类成果在自然资源管理中的应用

耕地资源质量分类以耕地现状图斑为分类单元，客观反映了每块耕地的自然地理特征和耕地自然本底条件，形成了不同耕地资源条件及其组合的耕地面积与分布成果，更简洁清楚地揭示耕地资源质量特征、分布及其时空特征，可以为国土空间规划、永久基本农田划定与保护、耕地占补平衡等自然资源管理工作提供有效数据支撑。

22.5.1　国土空间规划

耕地资源质量分类成果简洁清楚地描述耕地资源质量特征及其分布，揭示国土调查监测成果表示的耕地资源质量时空变化，以国土调查图斑为基本单元，为国土空间规划提供了属性特征明显的不同耕地资源质量分布数据，可应用于资源环境承载能力和国土空间开发适宜性评价以及国土空间优化布局方案中。同时，分类成果多角度呈现耕地质量指标状况，可规划制定根据不同耕地资源特点实施差别化管理的政策。

22.5.2 永久基本农田划定与保护

耕地资源质量分类成果基于自然地理格局分析形成，宏观层面上为自然资源的合理利用、土地管理政策分析和区域可持续发展等提供必要科学依据，如自然地理分区和作物熟制分区，可在国家、区域层面上用于耕地保护与永久基本农田划定。中微观层面，耕地资源质量分类成果以国土调查图斑作为基本分类单元，准确、清楚、全面地反映了各耕地图斑的自然属性信息，可将各类耕地资源属性条件进行排序比较，得出其优劣关系，也可基于耕地资源质量分类结果对耕地质量进行综合评价，根据质量优劣情况来划定或补划永久基本农田。耕地资源质量分类成果可满足永久基本农田保护中摸清耕地质量条件、优先保护自然质量条件较好耕地的需求。

22.5.3 耕地占补平衡

以规范耕地占补平衡、实现耕地占优补优为重点，依据自然区综合划分耕地占补平衡管控区，在管控区内基于耕地资源质量分类数据评价耕地资源质量差异，确定不同管控区之间以及各管控区内耕地质量比较转换关系，为实现耕地占补平衡提供依据。在省内可统筹落实耕地占一补一、占水田补水田、占优补优目标；对于受资源环境条件严重约束而无法满足省内占补平衡目标造成补充耕地缺口的省份，或因实施国家重大建设项目占用的耕地，统一由国家统筹跨省域补充耕地，确保全国耕地总量不减少、质量水平不降低、生态状况基本稳定。同时，充分运用经济手段约束耕地占用，发挥经济发达地区和资源丰富地区资金资源互补优势，建立收益调节分配机制，助推乡村振兴。

22.5.4 耕地进出平衡

耕地进出平衡应依据耕地资源质量分类成果，按照补足同等数量、质量的可以长期稳定利用的耕地，实现区域范围内耕地长期稳定利用的基本要求，通过耕地分类核心指标制定符合地方特点的耕地标准，实现补充耕地质量统一标准、确保补足同等质量且可以长期稳定利用的耕地。

22.5.5 土地综合整治与生态修复

为确保全域土地综合整治达到提高耕地质量、改善农田生态的基本目标，在落实各项整治任务、指标和布局要求，尤其是整治区域识别、整治任务和内容设置、空间布局规划设计、整治区域内永久基本农田调整和新增耕地质量评定、整治效果评价等方面均应充分应用耕地资源质量分类成果，全面、准确识别区域内每个耕地图斑及其周围地块的地形条件、土壤条件和利用条件等，确保区域土地空间按照宜农则农、宜建则建、宜留则留、宜整则整的原则进行科学综合重构，为提升土地节约集约利用水平和生态服务功能，构建全域生态宜居与集约高效的土地保护和利用新格局提供重要基础数据保障。

第 23 章 城市群社会经济发展与建设用地节约集约利用

城市群的崛起是中国当前和未来数十年最重要的经济地理现象，随着我国新型城镇化已进入高质量发展阶段，城市群的作用不断凸显。习近平总书记强调：城市群和都市圈要集约高效发展，不能盲目扩张。国家“十四五”规划纲要也提出，要发展壮大城市群和都市圈，增强城市群和都市圈综合承载能力，率先把城市群和都市圈打造成为高质量发展的增长极和动力源。我国城市群发展仍处于培育成长阶段，未来在挖掘潜力、提升综合承载能力上仍有很大空间。为进一步掌握城市群建设用地现状，切实提高城市群集约节约利用水平，为推动经济高质量发展提供用地保障，本章结合新型城镇化发展促进经济高质量发展背景，以国家“十四五”规划纲要确定的 19 个城市群为研究对象，基于城市群社会经济发展和建设用地扩展机制，研究城市群建设用地节约集约利用程度水平，针对建设用地节约集约利用存在的问题提出对策建议。

土地利用数据来源于 2009 年第二次全国土地调查数据和 2019 年第三次国土变更调查数据，研究所涉及的现状建设用地，是第三次国土变更调查数据中城镇村及工矿用地，交通运输用地中的铁路用地、轨道交通用地、公路用地、机场用地、港口码头用地、管道运输用地，以及水域及水利设施用地中水工建筑用地。相关经济社会数据来源于《中国统计年鉴》《中国城市统计年鉴》等，对应年份人口相关数据根据“六普”和“七普”推导得出。

23.1 城市群社会经济发展

经济发展和人口是城市群发展的主要驱动力。本节基于城市群发展定位，从城市群经济发展水平、人口结构和城镇化等方面研究城市群经济发展和人口变化主要特征，对提高城市群建设用地节约集约利用水平具有重要意义。

23.1.1 城市群发展历程

2006 年“城市群”第一次出现在中央文件，珠江三角洲、长江三角洲、环渤海地区迅速发展，成为带动和辐射内地经济发展的有力支撑。2011 年国家颁布《全国主体功能区规划》以来，中央对城市群发展作出一系列重大部署，要求把城市群作为推进城镇化的主体形态，提出了“以城市群为主体，构建‘两横三纵’城市化战略格局”的基本战略方针。2021 年国家“十四五”规划纲要提出，推动城市群一体化发展，以促进城市群发展为抓手，分类推动城市群发展，全面形成“两横三纵”城镇化战略格局，明确提出以京津冀、长三角、珠三角等 19 大城市群为核心推动我国城镇化空间格局不断完善。十年间，中央和地方积极探索，出台了一批重要的组合性政策，如京津冀协同发展、长三角一体化发展、粤港澳大湾区建设、黄河流域生态保护和高质量发展等，有效地推进了城市群快速发展，城市群的中心辐射带动能力明显增强，城市群的布局体系基本形成。在新征程下，新型城镇化依然是我国经济发展的一大动力，高质量发展是我国经济社会发展的主题。建设有中国特色的城市群，对于推进新型城镇化进程、建设强大国内市场、推动高质量发展、构建新发展格局具有关键作用。

本次研究对象为国家“十四五”规划纲要提出的19个城市群，研究范围为国家发布和各城市群规划界定的行政区范围，具体行政区范围、发展定位和空间分布如表23.1和图23.1所示。

表23.1　全国19个城市群行政区范围及发展定位

序号	城市群	范围	发展定位
1	京津冀	北京，天津，河北省石家庄、唐山、秦皇岛、邯郸、邢台、保定、张家口、承德、沧州、廊坊、衡水等11个地级市和辛集、定州2个省直管县级市	建成以首都为核心的世界级城市群；区域整体协同发展改革引领区；全国创新驱动经济增长新引擎；生态修复环境改善示范区
2	长三角	上海市，江苏省的南京、无锡、常州、苏州、南通、盐城、扬州、镇江、泰州，浙江省的杭州、宁波、嘉兴、湖州、绍兴、金华、舟山、台州，安徽省的合肥、芜湖、马鞍山、铜陵、安庆、滁州、池州、宣城	全球重要的现代服务业和先进制造业中心；亚太地区重要国际门户；全国新一轮改革开放排头兵；美丽中国建设示范区
3	珠三角	香港，澳门，广东省的广州、深圳、珠海、佛山、江门、肇庆、惠州、东莞市、中山	建设成为世界级城市群；具有全球影响力的国际科技创新中心；内地与港澳深度合作示范区；全国宜居宜业宜游的优质生活圈
4	成渝	重庆市的渝中、万州、涪陵、大渡口、江北、沙坪坝、九龙坡、南岸、北碚、綦江、大足、渝北、巴南、黔江、长寿、江津、合川、永川、南川、璧山、铜梁、潼南、荣昌、梁平、丰都、垫江、忠县等27个区（县）以及开州、云阳的部分地区，四川省的成都、自贡、泸州、德阳、绵阳（除北川县和平武县）、遂宁、内江、乐山、南充、眉山、宜宾、广安、达州（除万源市）、雅安（除天全县和宝兴县）、资阳等15个地级市	全国重要的现代产业基地；西部创新驱动先导区；统筹城乡发展示范区；美丽中国的先行区
5	长江中游	湖北省的武汉、黄石、宜昌、襄阳、鄂州、荆门、孝感、荆州、黄冈、咸宁等10个地级市和仙桃、潜江、天门3个省直辖县级市，湖南省的长沙、株洲、湘潭、衡阳、岳阳、常德、益阳、娄底，江西省的南昌、景德镇、萍乡、九江、新余、鹰潭、宜春、抚州、上饶及吉安新干县	中国经济新增长极；中西部新型城市化先行区；内陆开放合作示范区；“两型”社会建设引领区
6	山东半岛	济南、青岛、淄博、枣庄、东营、烟台、潍坊、济宁、泰安、威海、日照、临沂、德州、聊城、滨州、菏泽	京津冀和长三角重要联动区；国家蓝色经济示范区和高效生态经济区；环渤海地区重要增长极
7	粤闽浙沿海	浙江省的温州，福建省的福州、厦门、莆田、泉州、漳州、宁德，广东省的汕头、汕尾、潮州、揭阳等	两岸人民交流合作的先行区；我国重要的旅游中心；对接“两洲”（长江三角洲、珠江三角洲）、辐射中西部的沿海增长极
8	中原	河南省的郑州、开封、洛阳、平顶山、安阳、鹤壁、新乡、焦作、濮阳、许昌、漯河、三门峡、南阳、商丘、信阳、周口、驻马店、济源，山西省的长治、晋城、运城，安徽省的蚌埠、淮北、阜阳、宿州、亳州，河北省的邯郸、邢台，山东省的聊城、菏泽	全国重要的先进制造业和现代服务业基地；中西部地区创新创业先行区；绿色生态发展示范区

续表

序号	城市群	范围	发展定位
9	关中平原	陕西省的西安、铜川、宝鸡、咸阳、渭南、杨凌农业高新技术产业示范区及商洛（商州、洛南、丹凤、柞水），山西省的运城（盐湖、永济、河津、临猗、万荣、闻喜、稷山、新绛、绛县、夏县、芮城）和临汾（尧都、侯马、霍州、曲沃、翼城、襄汾、洪洞、浮山），甘肃省的天水、平凉（崆峒、华亭、泾川、灵台、崇信）和庆阳（西峰）	引领西北地区发展的重要增长极；以军民融合为特色的国家创新高地；传承中华文化的世界级旅游目的地；内陆生态文明建设先行区
10	北部湾	广西壮族自治区的南宁、北海、防城港、钦州、玉林、崇左，广东省的湛江、茂名、阳江，海南省的海口、儋州和东方、澄迈、临高、昌江	面向东盟国际大通道的重要枢纽；21世纪海上丝绸之路与丝绸之路经济带有机衔接的重要门户；全国重要绿色产业基地；陆海统筹发展示范区
11	哈长	黑龙江省的哈尔滨、齐齐哈尔、大庆、牡丹江、绥化，吉林省的长春、吉林、四平、辽源、松原、延边	东北老工业基地振兴发展重要增长极；北方开放重要门户、老工业基地体制机制创新先行区；绿色生态城市群
12	辽中南	沈阳、大连、鞍山、抚顺、本溪、营口、辽阳、盘锦、铁岭	面对东北亚陆海双向开放的重要门户；引领东北振兴发展的重要增长极；具有国际竞争力的先进装备制造业基地；全面深化改革的示范区
13	山西中部	太原、阳泉、晋中、忻州、吕梁	全国生态绿色宜居区、转型综改样板区；能源革命先行区、对外开放先导区、先进制造引领区、文化旅游特色区
14	黔中	贵阳市全域，遵义市汇川、红花岗、播州、仁怀、绥阳，安顺市西秀、平坝、普定、镇宁，毕节市七星关区、大方、黔西、金沙、织金，黔东南苗族侗族自治州凯里、麻江，黔南布依族苗族自治州都匀、福泉、贵定、瓮安、长顺、龙里、惠水，共计 33 个县（区、市）	西部地区新的经济增长极；山地特色新型城市化先行示范区；内陆开放型经济新高地；绿色生态宜居城市群
15	滇中	昆明、曲靖、玉溪和楚雄彝族自治州及红河哈尼族彝族自治州北部的蒙自、个旧、开远、弥勒、建水、石屏、泸西	面向南亚东南亚辐射中心的核心区；中国西南经济增长极；区域性国际综合枢纽；生态宜居的山水城市群
16	呼包鄂榆	内蒙古自治区的呼和浩特、包头、鄂尔多斯和陕西省的榆林	全国高端能源化工基地；向北向西开放战略支点、西北地区生态文明合作共建区；民族地区城乡融合发展先行区
17	兰州—西宁	甘肃省的兰州，白银市白银区、平川、靖远、景泰，定西市安定、陇西、渭源、临洮，临夏回族自治州的临夏、永靖、东乡族自治县、积石山保安族东乡族撒拉族自治县；青海省的西宁，海东，海北藏族自治州的海晏，黄南藏族自治州的同仁、尖扎，海南藏族自治州的共和、贵德、贵南	维护国家生态安全的战略支撑、支撑西北地区发展的重要增长极；沟通西北西南、连接欧亚大陆的重要枢纽
18	宁夏沿黄	银川、石嘴山、吴忠、中卫	全国重要的能源化工和新材料基地；中国面向伊斯兰国家和地区的经济文化交流中心；西北地区人与自然和谐发展示范区；宁夏经济社会发展的辐射源
19	天山北坡	乌鲁木齐 1 个地级市和昌吉、米泉、阜康、呼图壁、玛纳斯、石河子、沙湾、乌苏、奎屯、克拉玛依等县（市）	丝绸之路经济带核心区的重要支撑；全国重要的战略资源加工储运基地；新疆城市化与经济发展的核心引擎；边疆民族团结和兵地融合发展示范区

表格由作者根据发布的相关规划、批复文件、参考文件和文章整理绘制。

图 23.1 全国 19 个城市群空间分布

23.1.2 城市群经济发展及增长

23.1.2.1 经济规模增长及变化

2019 年，全国城市群国内生产总值（按可比价计算，下同，简称“城市群 GDP”）为 85.41 万亿元，占全国国内生产总值的 86.58%，反映出城市群的经济主导地位。长三角城市群 GDP 达到 19.73 万亿元，占城市群 GDP 的 23.10%，群位居首位；长江中游城市群比长三角城市群低 10.51 万亿元，位居第二位，GDP 为 9.16 万亿元，占城市群 GDP 的 10.73%。其他城市群 GDP 超过 6 万亿元的分别是珠三角、京津冀、中原、山东半岛、成渝等城市群，城市群 GDP 小于 1 万亿元的分别是山西中部、天山北坡、兰州—西宁、宁夏沿黄等城市群。

2019 年城市群 GDP 比 2010 年增加 53.66 万亿元，年均增长 16.55%，比同期全国年均增长水平高 8.71 个百分点。从增长总量看，长三角城市群增加最高，达到 12.72 万亿元，占城市群 GDP 增长总量的 23.11%。珠三角、长江中游、中原等城市群增长均超过 5 万亿元，占城市群 GDP 增长总量的 30.81%。兰州—西宁、宁夏沿黄、天山北坡等城市群增长不足 0.4 万亿元。从动态变化看，黔中城市群增幅超过 3 倍，滇中、成渝等 15 个城市群增幅超过 1 倍，其中滇中、成渝等 4 个城市群增幅超过 2 倍。呼包鄂榆、哈长和辽中南等 3 个城市群增幅较低，低于 80%。按照各城市群 2019 年 GDP 从大到小排序，对应的 2009 年 GDP 和 GDP 变化率如图 23.2 所示。

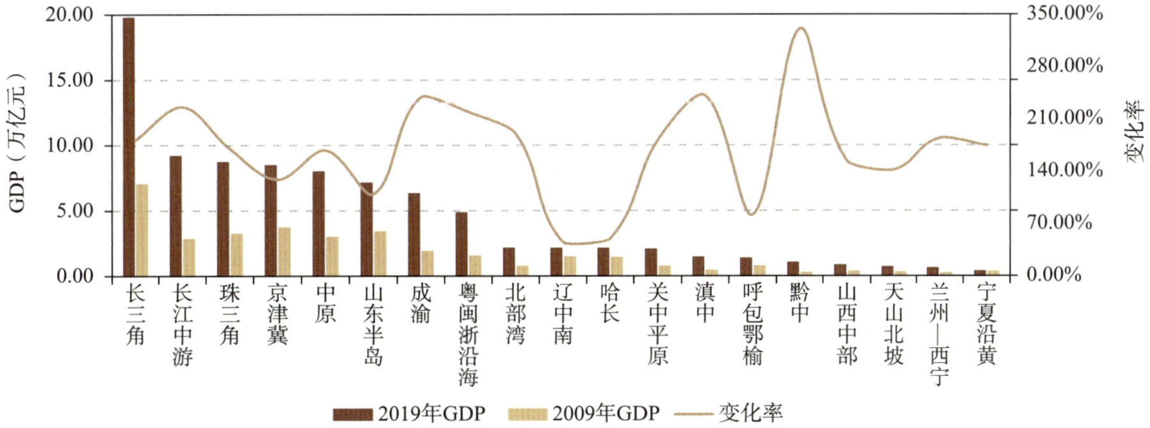

图 23.2 2009 年与 2019 年 19 个城市群 GDP 及变化率

23.1.2.2 人均 GDP 及增长

2019 年，城市群人均 GDP 达到 7.68 万元，比全国人均 GDP 高出 0.67 万元。长三角、珠三角和呼包鄂榆等 3 个城市群位居前三位，分别达到 11.95 万元、11.14 万元和 11.10 万元。天山北坡、粤闽浙沿海等 4 个城市群人均 GDP 在 7.58 万～8.96 万元，高于同期全国人均 GDP 水平。其他 12 个城市群中，中原、哈长等 4 个城市群低于 5 万元。

2009—2019 年，我国城市群人均 GDP 从 3.14 万元增加到 7.68 万元，增加 4.54 万元，年均增长 14.45%，比全国平均水平低 2.3 个百分点。从增长总量看，长三角城市群增加最多，达到 7.19 万元，占城市群增长总量的 9.59%。粤闽浙沿海、珠三角和长江中游等 3 个城市群增长超过 5 万元，占城市群增长总量的 21.38%。其他 15 个城市群中，中原、北部湾等 5 个城市群增长量较低，不超过 3 万元。从动态变化看，黔中、长江中游等 14 个城市群增幅超过 1 倍，其中黔中、长江中游、滇中和成渝等 4 个城市群增幅超过 2 倍，黔中高达 2.6 倍。山东半岛、珠三角等 5 个城市群增幅低于 1 倍，其中辽中南城市群不足 0.5 倍。按照各城市群 2019 年人均 GDP 从高到低排序，对应的 2009 年人均 GDP 和变化情况如图 23.3 所示。

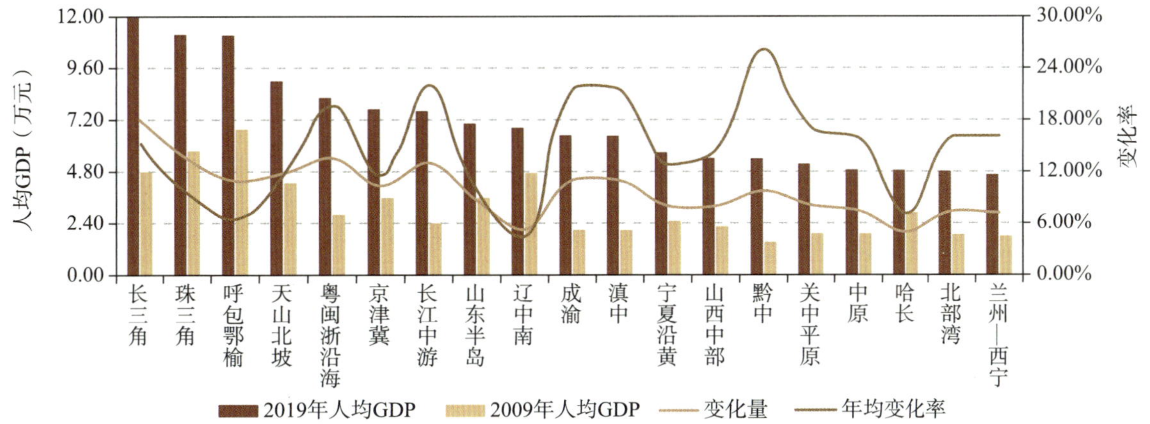

图 23.3 2009 年与 2019 年 19 个城市群人均 GDP 及变化

23.1.3 城市群人口与城镇化水平

23.1.3.1 人口规模及城镇化发展

根据“七普”人口数据，全国19个城市群常住人口为11.12亿，占全国总人口的比例为78.75%；城镇人口为7.44亿，占全国城镇总人口的比例为82.53%。全国城市群的城镇化率为66.96%，比全国城镇化率高出3.07个百分点。不同城市群的人口规模、结构和城镇化水平存在显著差异。

（1）常住人口。长三角城市群和中原城市群的常住人口数量位居全国城市群首位，分别达到1.65亿和1.64亿，约占全国城市群常住人口的三分之一，明显高于其他城市群。长江中游、京津冀和山东半岛城市群分列第三位到第五位，常住人口均超过1亿，占全国城市群常住人口的比例为29.93%。宁夏沿黄城市群和天山北坡城市群的常住人口相对较少，不足1千万。

（2）城镇人口。长三角城市群和中原城市群城镇人口最多，分别达到1.26亿和0.88亿，占全国城市群城镇人口的28.85%。长江中游、京津冀、珠三角、山东半岛等4个城市群的城镇人口均超过0.6亿，约占全国城市群城镇人口的46.57%。呼包鄂榆、兰州—西宁、宁夏沿黄、天山北坡4个城市群城镇人口相对较少，不足1千万。

（3）城镇化水平。珠三角城市群和天山北坡城市群的城镇化水平最高，城镇化率分别达到87.23%和86.22%。辽中南、长三角等7个城市群的城镇化率高出全国平均水平。北部湾城市群和中原城市群的城镇化水平最低，分别为54.51%和53.79%。按照各城市群城镇化率从高到低排序，对应的“七普”常住人口和城镇人口情况如图23.4所示。

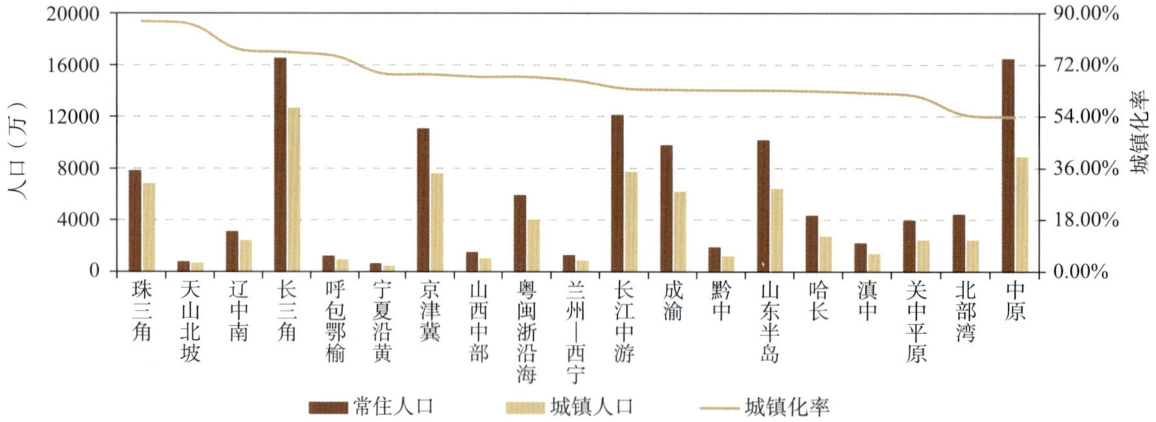

图23.4 19个城市群“七普”常住人口、城镇人口及城镇化率

23.1.3.2 人口及城镇化变化

对比“六普”和“七普”人口数据，全国城市群常住人口增加8043万，增幅为7.86%，比同期全国平均增幅高出2.48个百分点；城镇人口增加19141万，增幅为34.53%，略低于同期全国平均增幅；城镇化率提高13.34%，接近同期全国城镇化率平均增长水平（14.20%）。

（1）常住人口变化。18个城市群常住人口呈增长趋势，其中珠三角城市群和长三角城市群增加最多，分别达到2188万和1771万，其他城市群增加均低于720万，辽中南城市群增加最少，为6万。哈长城市群常住人口呈减少趋势，减少575万。

（2）城镇人口变化。19 个城市群的城镇人口呈增长趋势。长三角、中原和珠三角 3 个城市群城镇人口增加最多，分别达到 3061 万、2804 万和 2163 万。成渝、长江中游、京津冀、山东半岛 4 个城市群增加均超过 1600 万，北部湾、关中平原等 12 个城市群增加均低于 800 万。从动态变化看，黔中城市群增长幅度最高，达到 68.20%，宁夏沿黄城市群次之，增幅为 52.44%，其他 17 个城市群增幅均在 50% 以下，特别是哈长城市群最低，仅为 5.92%。

城镇化水平变化。19 个城市群的城镇化率均呈增长趋势。黔中城市群增长幅度最高，为 18.38%，成渝城市群和关中平原城市群次之，分别为 16.96% 和 16.67%。中原、山西中部等 7 个城市群增长幅度均高于全国城市群平均水平，京津冀、北部湾等 9 个城市群增长幅度均低于全国城市群平均水平，其中辽中南、粤闽浙沿海和珠三角城市群最低，分别为 9.01%、7.87% 和 4.51%。按照各城市群城镇化率变化从高到低排序，对应的常住人口和城镇人口的变化及"六普""七普"城镇化率情况如图 23.5 所示。

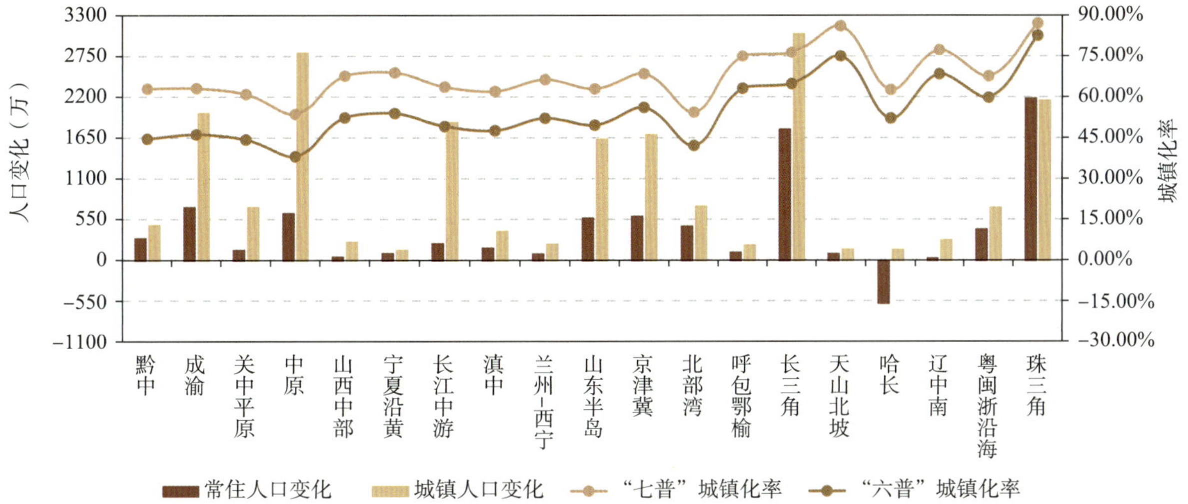

图 23.5　19 个城市群"六普""七普"常住人口和城镇人口变化及城镇化率

23.1.4　城市群经济发展主要特征

23.1.4.1　经济集聚能力

总体上，19 个城市群的经济实力不断提升。长三角、珠三角、京津冀 3 个城市群经济实力领先，长三角城市群经济总量尤为突出，十年间一直位居首位。珠三角城市群和京津冀城市群占城市群 GDP 的比例一直保持在 20% 左右，反映出其在全国经济发展格局中的战略性地位。长江中游城市群经济总量占城市群 GDP 的份额，从 2009 年的第 6 位上升至 2019 年的第 2 位，表现出中部地区以武汉为代表的城市群经济发展的强劲势头。中原、成渝和粤闽浙沿海等城市群的经济总量占比也均在 6% 以上。

不同城市群经济增速的明显差异改变了区域经济格局，经济重心进一步南移。中西部地区经济增长较快，如粤闽浙沿海城市群人均 GDP 排名从 2009 年的第 9 位上升至 2019 年的第 5 位，黔中、滇中城市群人均 GDP 排名也从 2009 年的末尾分别上升至第 14 位和第 11 位。但是，山东半岛城市群从 2009 年的第 6 位下降至第 8 位，可能与城市群内核心城市的辐射能力不足、优势产业不强有关。哈长城市群和辽中南城市群从 2009 年的第 8 位和第 4 位分别下降至第 17 位和第 9 位，与东北地区人口流失、经济协同发展水平不高有直接关系。

23.1.4.2 人口集聚能力

19 个城市群的人口集聚趋势仍在继续。城市群常住人口占全国常住人口的比例从 2010 年的 76.99% 上升至 2020 年的 78.75%，人口稳步向城市群集聚，年均增长率为 0.78%，表明人口集聚趋势符合国家新型城镇化引导的相关要求。

不同城市群的人口集聚速度有所差别。珠三角城市群、宁夏沿黄城市群等 10 个城市群高于全国年均增长水平，特别是中原城市群、成渝城市群和珠三角城市群，区域经济活力明显增强。长江中游城市群年均增长仅为 0.19%，与城市群内经济发展不均衡有关，尤其是武汉“一城独大”经济带动和辐射能力有限。哈长城市群常住人口呈减少趋势，可能与东北地区城市先进制造业和生产服务性等产业竞争力不强、经济吸引力下降有关。

19 个城市群的城镇化水平显著提升。城市群城镇人口增加占全国城镇人口增加的比例为 80.97%，城镇化率提升近 14 个百分点。2010 年城镇化水平较低的城市群，十年间变化较快，如黔中、成渝、关中平原等城市群。城镇化水平较高的城市群，如珠三角、辽中南、天山北坡等城市群，十年间变化相对较小。

23.2 城市群建设用地现状与变化

本节围绕城市群建设用地、城镇用地、基础设施用地面积，以及人均城镇建设用地等指标，分析城市群建设用地现状、变化及其与地区 GDP、城镇人口之间的联系，为城市群建设用地节约集约利用评价提供数据基础。

23.2.1 建设用地规模和结构

23.2.1.1 建设用地规模

2019 年底，全国城市群建设用地面积 2934.69 万公顷，占全国建设用地面积的比例为 71.76%。分城市群看：中原城市群和长三角城市群位居前两位，面积分别达到 465.56 万公顷和 401.09 万公顷，占全国建设用地面积的比例分别为 11.38% 和 9.81%；哈长、成渝等 10 个城市群建设用地面积在 97.26 万～342.77 万公顷，占全国建设用地面积的比例在 2%～9%；宁夏沿黄、兰州—西宁等 7 个城市群建设用地面积在 28.49 万～64.95 万公顷，占全国建设用地面积的比例均低于 2%，其中宁夏沿黄城市群最低，仅为 0.97%。2019 年 19 个城市群的建设用地面积、占全国建设用地比例及占全国城市群建设用地比例如表 23.2 所示。

23.2.1.2 国土开发强度

2019 年底，全国城市群国土开发强度为 10.61%，高出同期全国平均水平 4.26 个百分点。山东半岛城市群最高，达到 20.01%，比全国城市群高出近 10 个百分点。长三角、珠三角等 8 个城市群在 10.90%～18.48%，超出全国城市群国土开发强度。其余 10 个城市群中，呼包鄂榆、兰州—西宁、天山北坡等城市群国土开发强度较低，不足 4%。按照各城市群 2019 年建设用地面积从大到小排序，对应的国土开发强度如图 23.6 所示。

表 23.2　2019 年 19 个城市群建设用地面积、占全国建设用地和全国城市群建设用地比例

序号	城市群名称	建设用地面积（10^4 hm²）	占全国建设用地比例（%）	占全国城市群建设用地比例（%）
1	中原	465.56	11.38	15.86
2	长三角	401.09	9.81	13.67
3	长江中游	342.77	8.38	11.68
4	山东半岛	316.38	7.74	10.78
5	京津冀	310.07	7.58	10.57
6	成渝	221.49	5.42	7.55
7	哈长	168.76	4.13	5.75
8	珠三角	100.93	2.47	3.44
9	关中平原	100.27	2.45	3.42
10	辽中南	98.16	2.40	3.34
11	北部湾	98.01	2.40	3.34
12	粤闽浙沿海	97.26	2.38	3.31
13	呼包鄂榆	64.95	1.59	2.21
14	滇中	57.06	1.40	1.94
15	山西中部	46.93	1.15	1.60
16	天山北坡	43.41	1.06	1.48
17	黔中	39.97	0.98	1.36
18	兰州—西宁	37.34	0.91	1.27
19	宁夏沿黄	28.49	0.70	0.97
合　计		2934.69	71.76	100.00

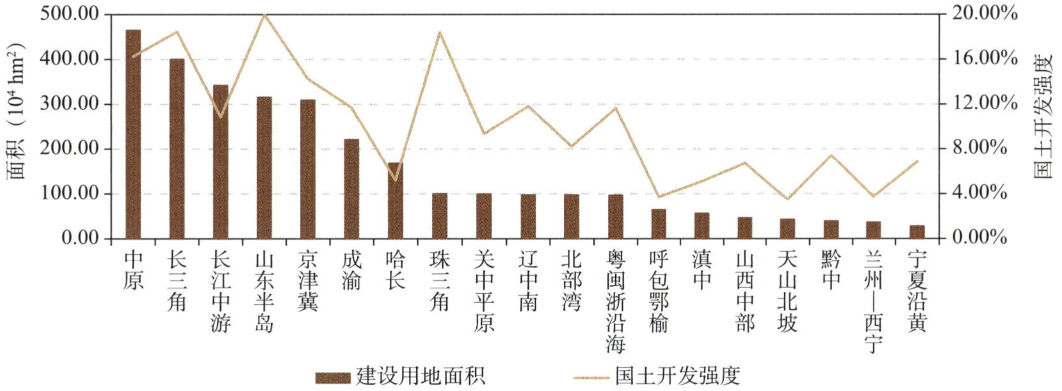

图 23.6　2019 年 19 个城市群建设用地面积和国土开发强度

23.2.2 城镇用地规模及变化

23.2.2.1 城镇用地现状

（1）城镇用地。全国城市群城镇用地面积为 833.35 万公顷，占全国城市群建设用地面积的比例为 28.40%。长三角城市群位居首位，面积高达 160.75 万公顷，占全国城市群城镇用地面积的比例为 19.29%。中原、山东半岛等 6 个城市群城镇用地面积在 53.94 万～95.22 万公顷，占全国城市群城镇用地面积的比例在 6%～11%。12 个城市群城镇用地面积在 8.26 万～34.47 万公顷，占全国城市群城镇用地面积的比例在 1%～5%，特别是山西中部、黔中等 4 个城市群城镇用地较少，面积均不超过 10 万公顷。

（2）人均城镇用地。全国城市群人均城镇用地面积为 111.95 平方米，略低于同期全国人均城镇用地水平（114.76 平方米）。宁夏沿黄城市群和天山北坡城市群最高，人均城镇用地面积分别达到 197.58 平方米和 190.83 平方米；山东半岛、呼包鄂榆等 5 个城市群的人均城镇用地面积大于 115 平方米，高出全国城市群平均水平；京津冀、长江中游等 12 个城市群的人均城镇用地面积小于 115 平方米，其中黔中城市群最低，为 82.14 平方米。按照各城市群 2019 年城镇用地面积从大到小排序，对应的人均城镇用地如图 23.7 所示。

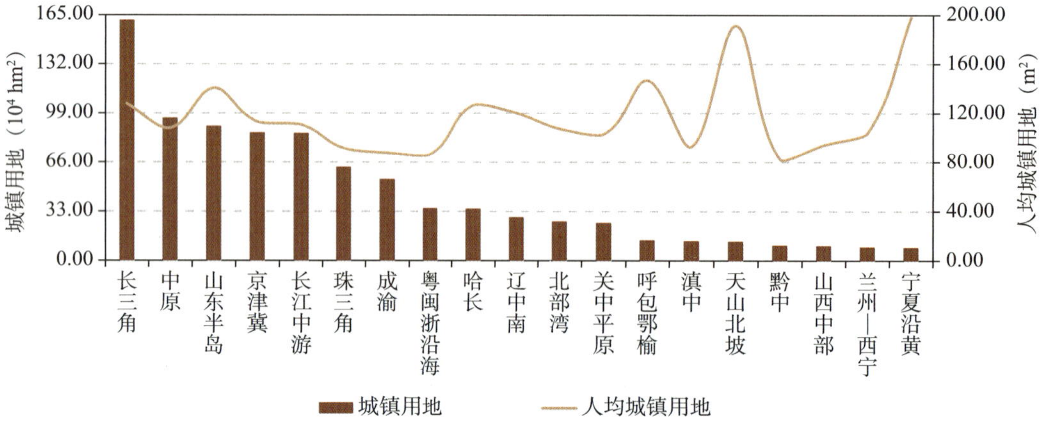

图 23.7 2019 年 19 个城市群城镇用地和人均城镇用地

（3）城镇用地与地区 GDP。按照 19 个城市群 GDP 由大到小进行排序，对应的城镇建设用地面积见图 23.8。总体来看，地区 GDP 较高的城市群，对应的城镇用地面积较大，长三角、长江中游、珠三角、京津冀、中原和山东半岛 6 个城市群地区 GDP 占全国城市群 GDP 的 70.51%，其城镇用地面积占全国城市群城镇用地面积的 69.37%。

按照 19 个城市群 GDP 由大到小进行排序，对应的人均城镇用地面积见图 23.9。地区 GDP 较高的城市群，人均城镇用地与全国平均水平基本持平，如长三角、长江中游、珠三角、京津冀、中原 5 个城市群的 GDP 总量占全国城市群 GDP 的 62.32%，人均城镇用地面积在 91.22～127.32 平方米。部分地区 GDP 较低的城市群，人均城镇用地面积相对较高，如宁夏沿黄城市群的 GDP 总量不到 4000 亿元，人均城镇用地面积高达 197.58 平方米。

23.2.2.2 城镇用地变化

2009—2019 年，全国城市群城镇用地面积从 581.36 万公顷增长到 833.35 万公顷，增加 251.99 万公顷，增幅为 43.34%，略高于同期全国城镇用地增幅 0.58 个百分点。从增加总量看，长三角城市群最

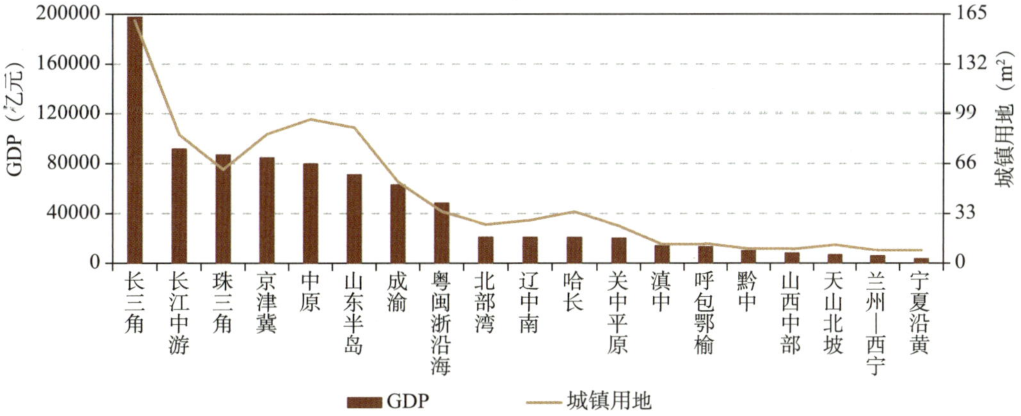

图 23.8　2019 年 19 个城市群地区 GDP 与城镇用地

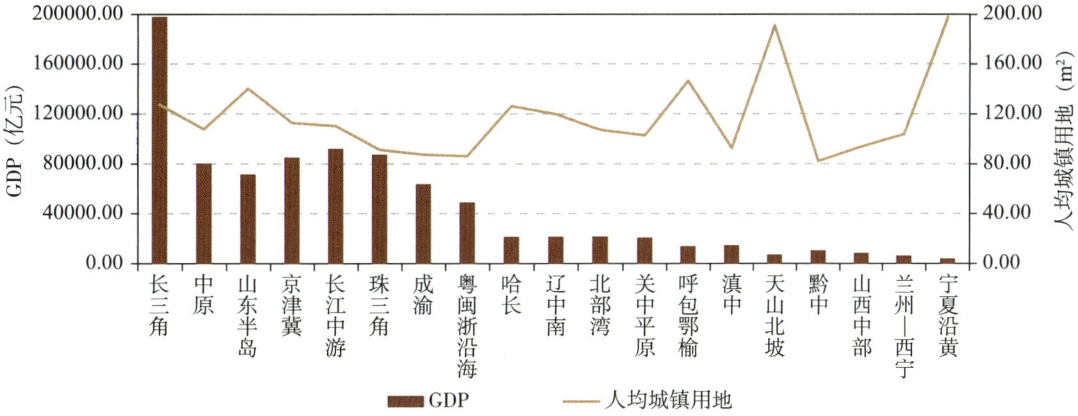

图 23.9　2019 年 19 个城市群地区 GDP 与人均城镇用地

多，由 109.64 万公顷增长到 160.75 万公顷，增加 51.11 万公顷，占全国城市群城镇用地增加面积的比例为 20.28%。中原、长江中游、山东半岛、京津冀、珠三角 5 个城市群增加面积在 23.30 万～33.35 万公顷，占比在 9.25%～13.23%。成渝、粤闽浙沿海等 13 个城市群增加面积均在 15 万公顷以下，其中北部湾、黔中等 9 个城市群在 5 万公顷以下，宁夏沿黄城市群仅为 2.82 万公顷。从增长幅度看，黔中城市群变化最快，增幅高达 96.04%，珠三角、天山北坡等 6 个城市群，增幅大于 50%，哈长城市群变化最小，仅为 7.31%。2009—2019 年 19 个城市群城镇用地空间分布及变化情况如表 23.3、图 23.10 所示。

表 23.3　2019 年 19 个城市群城镇用地面积和城镇用地变化

城市群名称	城镇用地（10^4 hm²）	占城市群城镇用地的比例（%）	城镇用地变化量（10^4 hm²）	增长幅度（%）
长三角	160.75	19.29	51.11	46.61
中原	95.22	11.43	33.35	53.90
长江中游	84.99	10.20	31.04	57.53
山东半岛	89.72	10.77	29.19	48.23
京津冀	85.38	10.24	24.26	39.70
珠三角	62.08	7.45	23.30	60.08

续表

城市群名称	城镇用地（10^4 hm^2）	占城市群城镇用地的比例（%）	城镇用地变化量（10^4 hm^2）	增长幅度（%）
成渝	53.94	6.47	13.66	33.92
粤闽浙沿海	34.47	4.14	11.48	49.92
关中平原	24.70	2.96	6.74	37.53
辽中南	28.53	3.42	5.49	23.84
北部湾	25.70	3.08	4.90	23.57
黔中	9.68	1.16	4.74	96.04
天山北坡	12.26	1.47	4.53	58.69
滇中	12.64	1.52	4.51	55.45
宁夏沿黄	8.26	0.99	2.82	51.79
兰州—西宁	8.59	1.03	2.45	40.00
哈长	34.17	4.10	2.33	7.31
山西中部	9.38	1.13	1.89	25.23
呼包鄂榆	13.11	1.57	1.46	12.55
合计	833.35	100.00	251.99	43.34

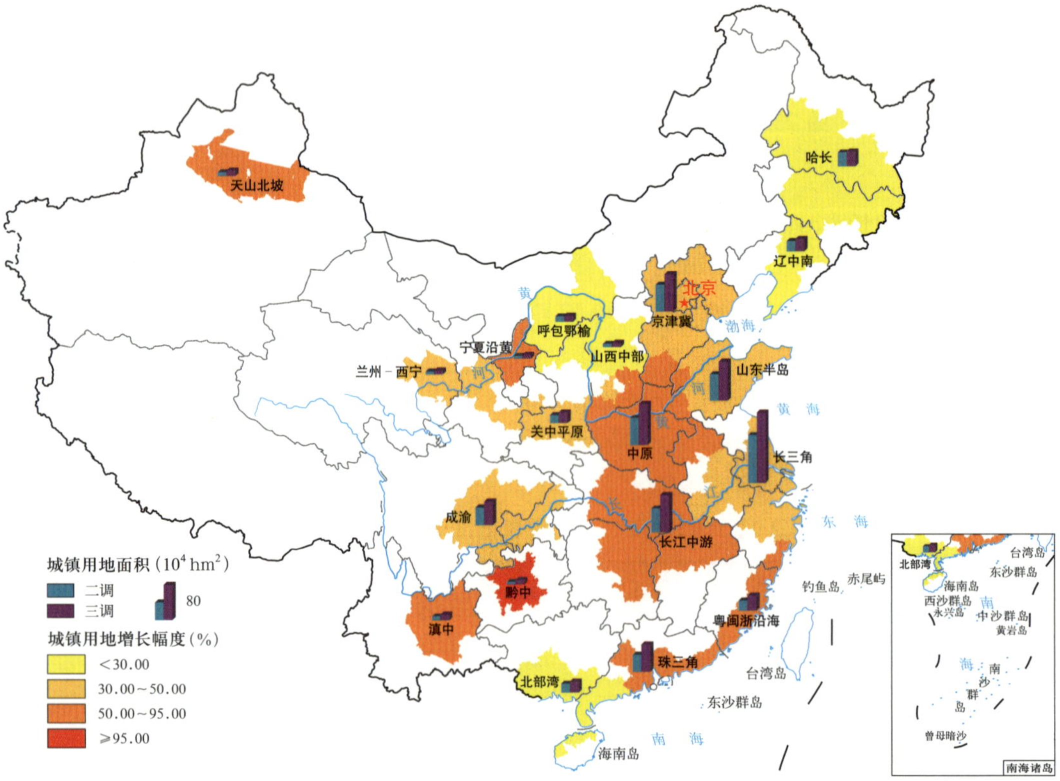

图 23.10　2009—2019 年 19 个城市群城镇用地空间分布及变化

2009—2019 年，全国城市群人均城镇用地面积从 105.13 平方米增长到 111.95 平方米，增加 6.82 平方米，增幅为 6.49%，比同期全国人均城镇用地增幅高出 1.14 个百分点。从增加总量看，天山北坡、长江中游等 13 个城市群呈增长趋势，其中天山北坡增长最多，从 158.44 平方米增长到 190.83 平方米，增加 32.39 平方米；长江中游、闽粤浙沿海等 6 个城市群增加超过 10 平方米；其余 6 个城市群中，哈长城市群基本未发生变化。从变化幅度看，闽粤浙沿海城市群和天山北坡城市群增长变化最快，增幅超过 20%，分别达到 23.03% 和 20.45%；长江中游、黔中等 5 个城市群增幅大于 10%；哈长城市群变化最小，仅为 1.31%。

宁夏沿黄、关中平原等 6 个城市群人均城镇用地面积呈减少趋势，其中，北部湾城市群和呼包鄂榆城市群减少最多，分别降低了 24.15 平方米和 17.91 平方米，减少幅度最大，分别为 14.32% 和 14.16%。2019 年 19 个城市群城镇用地及城镇用地变化量如表 23.3 所示。按照各城市群 2009—2019 年城镇用地变化量从大到小排序，对应的 2009 年和 2019 年人均城镇用地面积情况如图 23.11 所示。

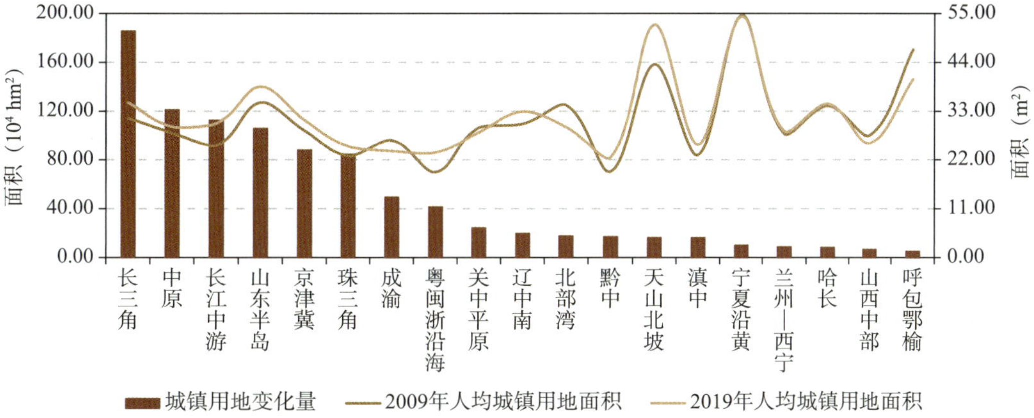

图 23.11　2009 年与 2019 年 19 个城市群人均城镇用地面积及城镇用地变化量

23.2.3　基础设施用地规模及分布

23.2.3.1　基础设施用地现状

2019 年，全国城市群基础设施用地面积为 361.74 万公顷，占全国城市群建设用地面积的比例为 12.33%。长三角、中原和长江中游 3 个城市群位居前三位，分别达到 51.55 万公顷、46.57 万公顷和 45.18 万公顷，占全国城市群基础设施用地面积的比例均超过 12%。山东半岛、京津冀等 10 个城市群，基础设施用地面积在 10.91 万～35.74 万公顷，占比在 3%～10%。其余 6 个城市群，基础设施用地面积在 10 万公顷以下，其中宁夏沿黄城市群最低，为 4.28 万公顷。

23.2.3.2　基础设施用地变化

2009—2019 年，全国城市群基础设施用地面积从 250.26 万公顷增长到 361.74 万公顷，增加 111.48 万公顷，增幅为 44.55%，比同期全国基础设施用地增幅水平低 11.24 个百分点。从增加总量看，长江中游、中原和成渝 3 个城市群面积增加最大，分别为 14.38 万公顷、11.84 万公顷和 11.64 万公顷，占全国城市群基础设施用地增加面积的比例为 34.01%。京津冀、长三角等 11 个城市群，增加面积在 4.16 万～9.58 万公顷，占比例在 3%～8%。其余 5 个城市群增加面积均在 3.5 万公顷以下，其中宁夏沿黄城市群增加面积最少，为 1.59 万公顷。从增长幅度看，黔中、天山北坡、滇中、成渝、山西中部 5 个城市群变化较快，增幅超出 100%，其中黔中城市群增幅高达 228.16%。呼包鄂榆、兰州—西宁等 6 个城市群增长幅度大于 50%。长江中游、京津冀等 7 个城市群增长幅度大于 20%。长三角城市群增幅最小，为 19.02%。2019 年 19 个城市群基础设施用地及变化如表 23.4、图 23.12 所示。

表 23.4　2019 年 19 个城市群基础设施用地分布及基础设施用地变化

城市群名称	2019 年基础设施用地（10^4 hm^2）	占城市群基础设施用地的比例（%）	2009 年基础设施用地（10^4 hm^2）	基础设施用地增长幅度（%）
长三角	51.55	14.25	43.32	19.02
中原	46.57	12.87	34.73	34.09
长江中游	45.18	12.49	30.80	46.69
山东半岛	35.74	9.88	27.64	29.29
京津冀	35.19	9.73	25.61	37.40
哈长	23.33	6.45	18.53	25.87
成渝	22.92	6.34	11.24	103.99
粤闽浙沿海	14.19	3.92	8.52	66.50
辽中南	12.70	3.51	10.24	24.08
北部湾	12.31	3.40	8.01	53.61
珠三角	12.13	3.35	9.06	33.83
关中平原	11.27	3.11	6.73	67.38
呼包鄂榆	10.91	3.02	5.69	91.73
滇中	9.40	2.60	4.23	122.31
黔中	6.92	1.91	2.11	228.16
天山北坡	6.82	1.89	2.66	156.04
山西中部	6.66	1.84	3.31	101.11
兰州—西宁	4.90	1.36	2.62	87.07
宁夏沿黄	4.28	1.18	2.69	58.93
合计	361.74	100.00	250.26	44.55

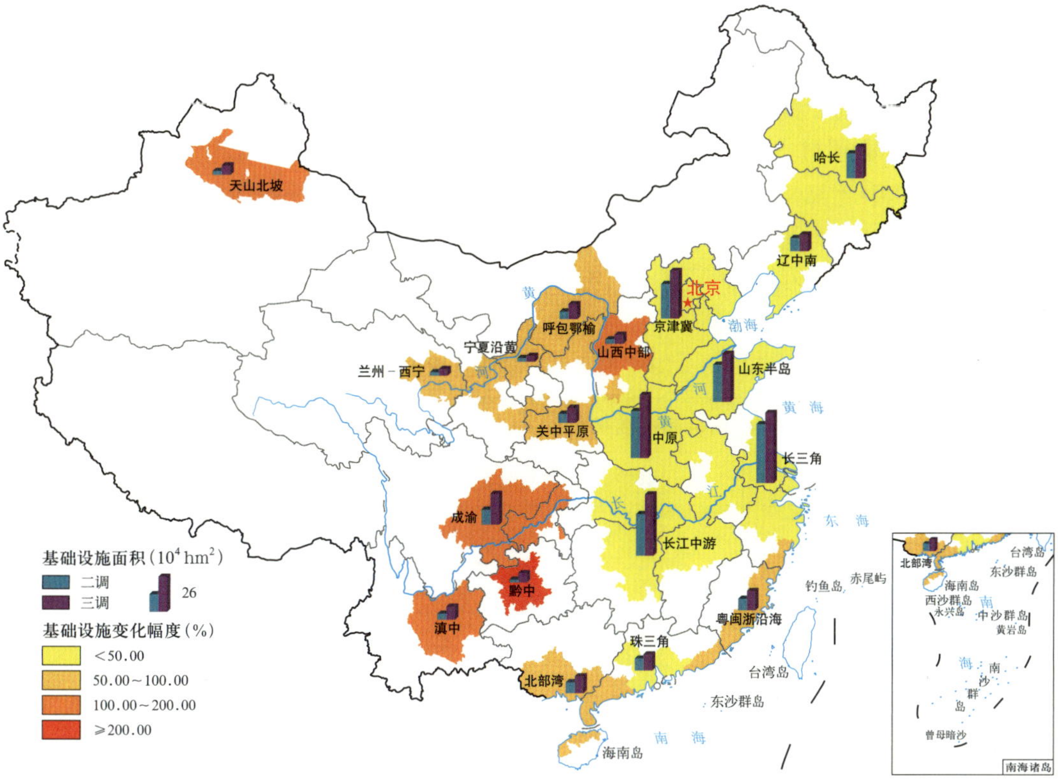

图 23.12　2009—2019 年 19 个城市群基础设施用地空间分布及变化

23.2.4　建设用地空间变化主要特征

23.2.4.1　建设用地空间变化分析

（1）定义。采用扩展速度指数与扩展强度指数两个指标进行定量分析，用于揭示城市群建设用地扩张态势。

建设用地扩展速度指数为建设用地扩展的年均增长率，表示单位时间内建设用地面积变化的快慢，计算公式为

$$V_i=\Delta U_{ij}/(\Delta t_j)\times 100\%$$

式中，V_i 为城市 i 的扩展速度；ΔU_{ij} 为 j 时段城市 i 的扩张面积；Δt_j 为 j 时段以年为单位的时间跨度。

建设用地扩展强度指数为某一时间段内建设用地面积相对于最初面积的年均扩展比例，表示单位时间内建设用地扩展的程度，即

$$N_i=\Delta U_{ij}/(\Delta t_j\times M_i)\times 100\%$$

式中，N_i 为建设用地扩展强度；ΔU_{ij} 为 j 时段内城市 i 的建设用地的扩展面积；Δt_j 为 j 时段的时间跨度；M_i 为 j 时段初期城市 i 的建设用地总面积。

（2）结果。根据上述方法，计算得出 19 个城市群的扩展速度指数和扩展强度指数，结果显示：①建设用地扩展强度指数，宁夏沿黄城市群最高，达到 53.12%；山西中部城市群和兰州—西宁城市群次之，

分别为 31.15%、26.05%；呼包鄂榆城市群和天山北坡城市群分别为 9.95%、6.46%；其余 14 个城市群均在 5% 以下，较低的是京津冀、哈长和长江中游 3 个城市群，分别为 0.66%、0.29% 和 0.23%。②建设用地扩展速度指数，兰州—西宁城市群和宁夏沿黄城市群最高，分别达到 822.94 和 795.91，呼包鄂榆、山西中部和长三角等城市群超过 500；中原、粤闽浙沿海、山东半岛和成渝 4 个城市群超过 200；其余 10 个城市群低于 200，其中北部湾、长江中游、哈长和黔中 4 个城市群低于 100。总体上，宁夏沿黄、兰州—西宁、呼包鄂榆和山西中部 4 个城市群的建设用地扩展趋势明显，其他 15 个城市群基本呈现扩张速度较快但扩张程度不高的变化特征。具体如表 23.5 所示。

表 23.5　19 个城市群扩展速度指数和强度指数

城市群名称	扩展强度指数	扩展速度指数	城市群名称	扩展强度指数	扩展速度指数
京津冀	0.66%	140.91	哈长	0.29%	47.83
长三角	1.52%	507.04	辽中南	1.64%	193.40
珠三角	1.84%	149.71	山西中部	31.15%	584.36
成渝	1.21%	200.16	黔中	2.15%	44.36
长江中游	0.23%	63.54	滇中	3.54%	118.31
山东半岛	1.09%	231.95	呼包鄂榆	9.95%	674.21
粤闽浙沿海	4.14%	306.54	兰州—西宁	26.05%	822.94
中原	1.02%	393.11	宁夏沿黄	53.12%	795.91
关中平原	1.42%	114.69	天山北坡	6.46%	197.70
北部湾	1.10%	92.28			

23.2.4.2　建设用地变化主要特征

城市群建设用地扩张趋势有所减缓，但个别城市群扩张趋势依然显著。长三角、珠三角、京津冀等经济实力较强的城市群扩张程度低于 2%，表明建设用地增长得到有效控制，已经转向集约内涵式发展。中原、成渝、关中平原等城市群，由于产业向内陆转移提供了经济快速发展的契机，建设用地增长与经济社会发展相适宜。辽中南、哈长等城市群建设用地扩张不明显，主要受东北地区人口流失过多、经济发展乏力的影响。宁夏沿黄、兰州—西宁、呼包鄂榆和山西中部 4 个城市群建设用地扩张趋势依然明显，与实施区域协调发展战略特别是深入推进西部大开发、西部城市群建设用地需求明显增加有密切关系。

城市群城镇用地总体上增长幅度较大，个别城市群增势放缓。全国主要的城市化地区，如长江中游、中原、珠三角、长三角、山东半岛、黔中等城市群城镇用地增长幅度依然显著。京津冀城市群受承担北京疏解非首都功能和控制人口规模的影响，城镇用地变化速度明显下降。成渝城市群由于"双核独大"导致城市群内部发展不均衡，经济发展缺乏腹地支撑，城镇用地变化速度也呈现下降趋势。

城市群基础设施用地极化态势明显。交通强国战略的实施，使基础设施用地总体呈快速增长趋势。对于区域内交通运输体系相对完善、区域连通性较高的城市群，基础设施用地面积最大但变化相对较小，如长三角、中原、京津冀、珠三角等城市群。对于经济发展势头强劲，区域连通性明显提升的城市群，基础设施用地面积相对较少但用地需求持续增加，如黔中、天山北坡、滇中、成渝等城市群。

23.3 城市群建设用地节约集约利用状况

从经济发展和建设用地变化角度，选取建设用地人口密度、建设用地地均 GDP、单位 GDP 地耗等指标，从建设用地人口承载水平、建设用地经济承载水平、经济增长耗地水平、人地关系协调匹配状况等四个方面研究城市群建设用地节约集约利用状况。

23.3.1 建设用地人口承载水平

23.3.1.1 建设用地人口密度

2019 年，全国城市群建设用地人口密度为 3789 人 / 平方千米。珠三角城市群最高，为 7730 人 / 平方千米，粤闽浙沿海城市群次之，为 6074 人 / 平方千米。其余 17 个城市群人口密度低于 5000 人 / 平方千米，其中宁夏沿黄、呼包鄂榆、天山北坡 3 个城市群人口密度最低，分别为 2464 人 / 平方千米、2410 人 / 平方千米和 2083 人 / 平方千米。

2009—2019 年，全国城市群建设用地人口承载水平从 4348 人 / 平方千米下降到 3789 人 / 平方千米，下降了 559 人 / 平方千米，降幅为 14.75%。粤闽浙沿海、黔中等 18 个城市群呈现下降趋势，珠三角城市群呈上升态势，提高了 814 人 / 平方千米。从动态变化看，黔中城市群下降最多，降幅为 38.48%；呼包鄂榆、滇中等 5 个城市群降幅均超过 20%；粤闽浙沿海、天山北坡等 9 个城市群降幅也在 11% 以上；辽中南、长三角和北部湾 3 个城市群降幅小于 8%，其中北部湾城市群最低，降幅为 4.28%。

23.3.1.2 城镇用地人口密度

2019 年，全国城市群城镇用地人口密度为 8933 人 / 平方千米。黔中城市群最高，为 12175 人 / 平方千米；粤闽浙沿海、成渝等 5 个城市群超过 10500 人 / 平方千米。其余 13 个城市群低于 9800 人 / 平方千米，其中宁夏沿黄城市群和天山北坡城市群人口密度最低，分别为 5061 人 / 平方千米和 5240 人 / 平方千米。

2009—2019 年，全国城市群城镇用地人口承载水平从 9515 人 / 平方千米下降到 8933 人 / 平方千米，下降了 579 人 / 平方千米，降幅为 6.09%。13 个城市群呈现下降趋势，粤闽浙沿海城市群和黔中城市群降幅最大，分别达到 27.83% 和 23.09%；长江中游、滇中、珠三角 3 个城市群降幅比例为 10% 以上；天山北坡、山东半岛等 8 个城市群中，兰州—西宁城市群和哈长城市群降幅最低，分别为 2.12% 和 1.04%。6 个城市群呈上升态势，北部湾城市群和成渝城市群增长幅度均超过 20%，达到 21.18% 和 20.90%；山西中部城市群和呼包鄂榆城市群增长幅度在 10% 左右；宁夏沿黄城市群和关中平原城市群增长幅度最低，分别为 0.15% 和 2.95%。19 个城市群建设用地和城镇用地人口密度空间分布及变化情况如图 23.13 所示。

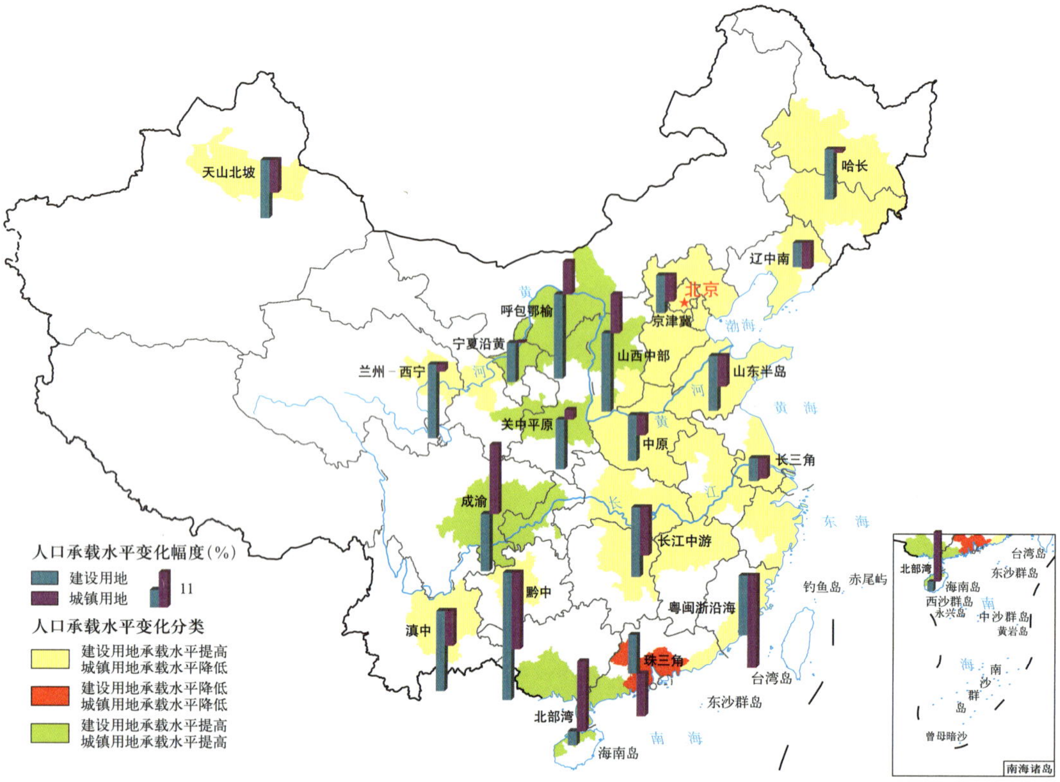

图 23.13　2009—2019 年 19 个城市群建设用地和城镇用地人口密度空间分布及变化

23.3.2　建设用地经济承载水平

23.3.2.1　建设用地地均 GDP

2019 年，全国城市群建设用地地均 GDP 为 291.03 万元 / 公顷，比全国平均水平高出 49.81 万元 / 公顷。珠三角城市群最高，为 861.01 万元 / 公顷，是全国城市群平均水平的近 4 倍。粤闽浙沿海城市群和长三角城市群次之，分别为 497.49 万元 / 公顷和 492.03 万元 / 公顷，是全国城市群平均水平的 2.06 倍和 2.04 倍。其余 16 个城市群低于全国城市群平均水平，其中成渝、京津冀等 10 个城市群在 201.30～284.45 万元 / 公顷，中原、山西中部等 6 个城市群低于 200 万元 / 公顷，在 120.25～171.33 万元 / 公顷。

2009—2019 年，全国城市群建设用地地均 GDP 由 2009 年的 136.66 万元 / 公顷提高至 291.03 万元 / 公顷，增加了 154.37 万元 / 公顷，年均增幅 11.30%。成渝城市群和长江中游城市群年均增幅最大，分别为 15.98% 和 15.20%。北部湾、粤闽浙沿海等 10 个城市群的年均增幅达到 10% 以上，其中兰州—西宁城市群和宁夏沿黄城市群增幅略低于全国城市群平均水平。其余 7 个城市群中，哈长、辽中南和呼包鄂榆 3 个城市群的年均增幅较低，分别为 4.42%、3.41% 和 2.29%。19 个城市群建设用地地均 GDP 空间分布及变化情况如图 23.14 所示。

23.3.2.2　建设用地地均固定资产投资

2019 年，全国城市群建设用地地均固定资产投资为 205.18 万元 / 公顷，比全国平均水平高出 79.59 万元 / 公顷。粤闽浙沿海、黔中和珠三角 3 个城市群位居前三位，分别达到 350.96 万元 / 公顷、317.87 万元 / 公顷和 312.27 万元 / 公顷，约是全国城市群平均水平的 2.5 倍。长三角、长江中游等 5 个城市群超过

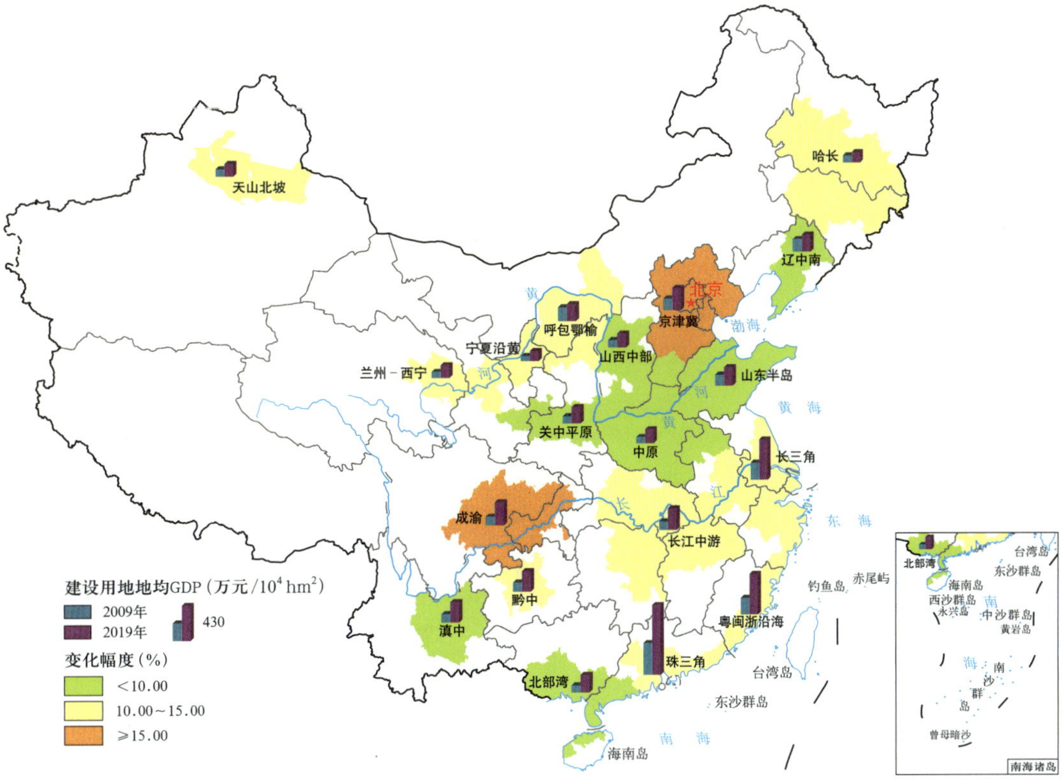

图 23.14　2009—2019 年 19 个城市群建设用地地均 GDP 空间分布及变化

全国城市群平均水平，在 226.86～255.60 万元 / 公顷。其余 11 个城市群低于全国城市群平均水平，其中京津冀、北部湾等 8 个城市群大于 100 万元 / 公顷，宁夏沿黄、山西中部和辽中南等 3 个城市群最低，分别为 75.38 万元 / 公顷、67.34 万元 / 公顷和 54.88 万元 / 公顷。

2009—2019 年，全国城市群建设用地地均固定资产投资由 2009 年的 77.11 万元 / 公顷提高至 205.18 万元 / 公顷，增加了 128.07 万元 / 公顷，年均增幅为 16.61%。滇中城市群年均增幅最大，达到 65.72%，远高于其他城市群。黔中、粤闽浙沿海等 7 个城市群年均增幅超过 20%，兰州—西宁、长三角等 7 个城市群年均增幅超过 10%。宁夏沿黄城市群和山西中部城市群年均增幅较低，分别为 8.38% 和 3.11%。呼包鄂榆城市群和辽中南城市群呈下降趋势，年均降幅分别为 2.09% 和 53.27%。19 个城市群建设用地地均固投空间分布及变化如图 23.15 所示。

23.3.3　经济增长耗地水平

23.3.3.1　单位 GDP 地耗

2009—2019 年，全国城市群单位 GDP 增长消耗新增建设用地量平均为 10.61 公顷 / 亿元，比同期全国平均水平低 3.82 公顷 / 亿元。呼包鄂榆、宁夏沿黄和天山北坡 3 个城市群耗地水平最高，分别达到 35.32 公顷 / 亿元、34.17 公顷 / 亿元和 31.24 公顷 / 亿元。兰州—西宁城市群、山西中部城市群等 10 个城市群耗地水平高于全国城市群平均水平，在 11.45～28.02 公顷 / 亿元。京津冀、北部湾等 4 个城市群耗地水平在 3.61～10.52 公顷 / 亿元。长三角城市群和珠三角城市群耗地水平最低，仅为 5.29 公顷 / 亿元和 3.61 公顷 / 亿元。

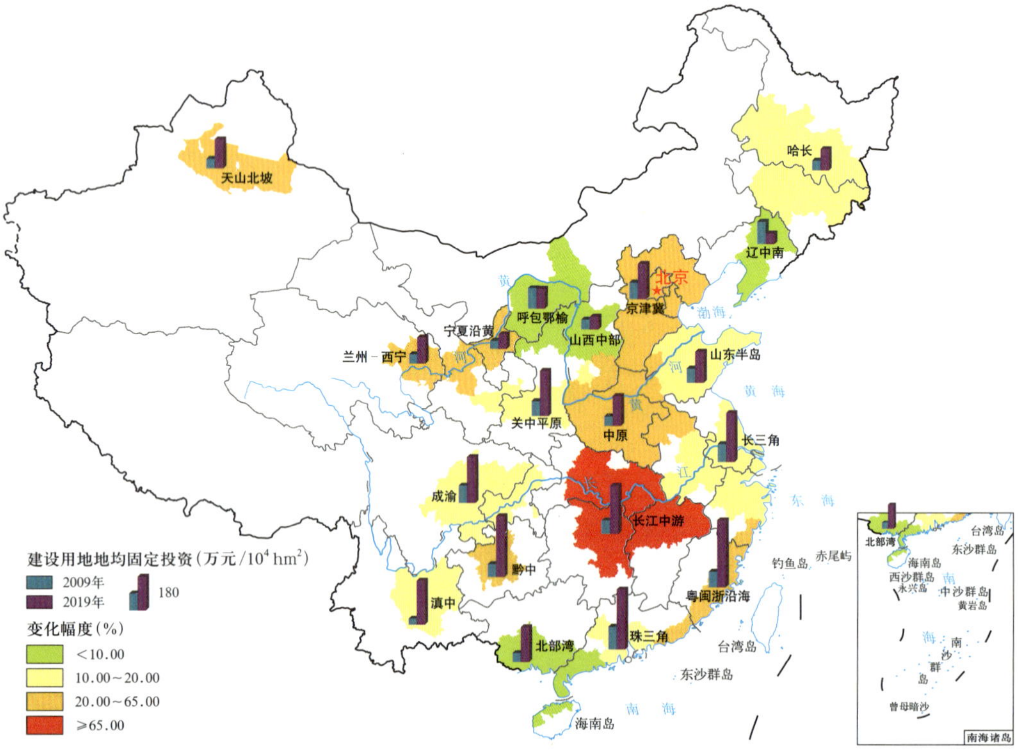

图 23.15　2009—2019 年 19 个城市群建设用地地均固投空间分布及变化

23.3.3.2　单位固定资产投资地耗

2009—2019 年，全国城市群单位固定资产投资增长消耗新增建设用地量平均为 13.42 公顷 / 亿元，比同期全国平均水平低 12.80 公顷 / 亿元。呼包鄂榆城市群耗地水平最高，高达 100.81 公顷 / 亿元；山西中部城市群和宁夏沿黄城市群次之，分别为 89.52 公顷 / 亿元和 57.93 公顷 / 亿元。宁夏沿黄、兰州—西宁等 15 个城市群耗地水平低于 30 公顷 / 亿元，其中长江中游、关中平原等 7 个城市群耗地水平低于全国城市群平均水平，哈长城市群最低，为 5.98 公顷 / 亿元。辽中南城市群固定资产投资呈下降趋势，因此不作分析。

按照各城市群 2009—2019 年建设用地增加面积从大到小排序，对应的单位 GDP 地耗和单位固定资产投资地耗如图 23.16 所示。

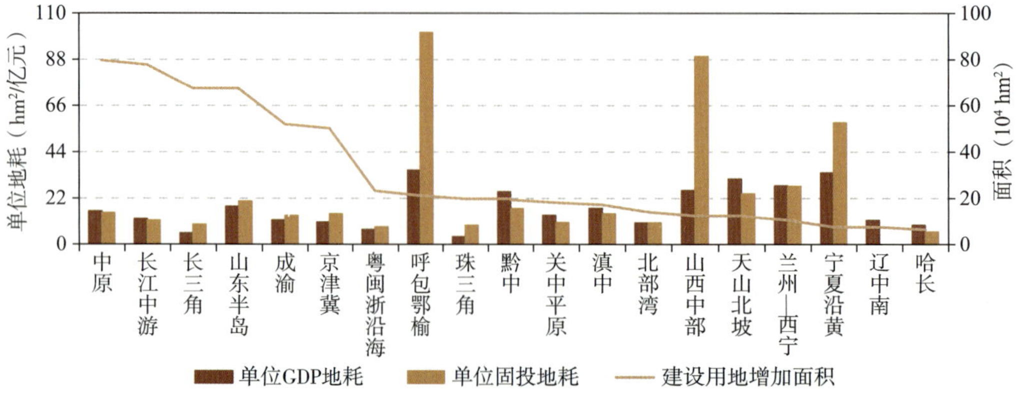

图 23.16　2009—2019 年 19 个城市群单位 GDP 地耗和单位固投地耗变化

23.3.4　人地关系协调匹配状况

2010—2020 年，全国城市群城镇人口从 55301.08 万增长到 74442.63 万，增幅为 34.61%，2009—2019 年，全国城市群城镇用地面积从 581.36 万公顷增长到 833.35 万公顷，增幅为 43.35%，全国城市群城镇人口与城镇用地增长弹性系数（即城镇人口增长与城镇用地增长的比值，以下简称“增长弹性系数”）为 0.80，表明城市群总体上依然处于土地城镇化快于人口城镇化的态势。分城市群看，呼包鄂榆、北部湾等 6 个城市群的增长弹性系数大于 1.0，表明新型城镇化进程中人口和用地增长的协调关系明显改善。兰州—西宁城市群、中原城市群等 13 个城市群的增长弹性系数小于 1.0，表明土地城镇化快于人口城镇化的趋势尚未得到根本扭转。2009—2019 年 19 个城市群城镇人口与城镇用地增长弹性系数如图 23.17 所示。

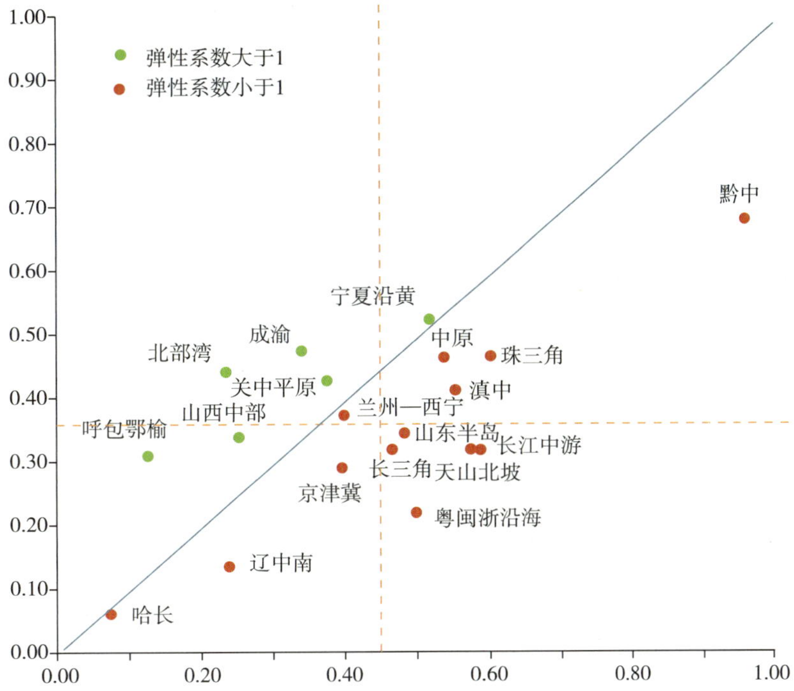

图 23.17　2009—2019 年 19 个城市群城镇人口与城镇用地增长弹性系数

23.3.5　节约集约利用水平状况评价总体特征与存在问题

（1）国土开发强度整体较高、提升明显，城镇用地规模增长处于较高水平，建设用地内部结构持续优化。城市群国土开发强度整体较高，比同期全国平均水平高出 4.26 个百分点。与 2010 年相比提升 2.03 个百分点，明显高于同期全国平均增长水平（0.89%）。城镇用地增长幅度接近 50%，占城市群建设用地的比例从 24.51% 提高到 28.40%，建设用地内部结构趋于优化。

（2）建设用地人口承载水平整体呈下降趋势，部分城市群城镇用地人口承载水平持续提升。19 个城市群人口吸引力明显增强，但是建设用地仍然维持着快速扩张趋势，人口增长新增消耗建设用地偏高，建设用地人口密度有所下降。对比城镇用地人口密度，北部湾、成渝等 6 个城市群的城镇用地扩张速度明显减缓，与土地利用方式转变、城市转向内涵式发展有关。

（3）建设用地经济承载能力大幅提升，建设用地增长与经济投入产出增长的协调性逐渐提升。着力推进全面节约战略下，“以增促减、以减定增、控增逼存、提质增效”的集约利用模式转变取得明显成效，推动了经济高质量发展，土地利用效益显著提高。另一方面，新增建设用地与新增 GDP、新增固定资产投资的比值均低于全国平均水平，在经济稳增长的同时，建设用地增加规模整体与经济发展基本适宜，消耗的建设用地数量逐渐减少，土地节约集约利用水平稳步提升。

（4）城镇人口与城镇用地增长的协调匹配状况尚未根本扭转。呼包鄂榆、北部湾等 6 个城市群的弹性系数大于 1.0，表明这些城市群的土地和人口增长的匹配程度趋于协调。兰州—西宁、中原和哈长等城市群弹性系数略低于 1.0，表明人口和土地增长的协调程度向好发展。珠三角、长三角、京津冀等 13 个城市群，人口和经济集聚能力提升的同时，用地需求更加强烈。对于辽中南、天山北坡、粤闽浙沿海等城市群，城镇用地增长趋势依然较快。

总体看，19 个城市群建设用地节约利用水平稳步提升，国土集约开发新格局逐渐形成；城市群中的城市规模等级越高，内涵集约化发展态势越明显。但是部分城市群也存在建设用地规模特别是城镇用地扩张过快、单位城镇人口消耗新增城镇土地偏高等问题，暴露出经济发展内部不均衡、一体化水平分化明显等情况。随着要素向城市群不断集聚，城市规模越来越大，极易出现“大城市病”，引起人口拥挤、交通堵塞、环境污染及资源分配不均等问题。

23.4 城市群建设用地节约集约利用对策建议

针对城市群建设用地节约集约利用状况和存在的主要问题，结合区域重大战略、区域协调发展战略、新型城镇化战略及节约集约用地管理新要求，从规划管控、规划编制、破解“大城市病”及差别化用地政策等方面提出提高城市群节约集约利用水平的对策建议。

23.4.1 强化国土空间规划管控

以规划引领经济社会发展，是党治国理政的重要方式。把强化国土空间规划作为重要抓手，将主体功能区战略细化落实到高质量发展的区域经济布局层面，统筹推进城市群区域协调发展，构建优势互补、高质量发展的区域经济布局。发挥好国土空间规划的统筹布局作用，对城市群的土地开发、保护、建设活动进行科学安排，提高土地利用效率，形成集约高效的国土空间开发保护格局。顺应人口变化趋势，基于资源环境承载力优化城镇体系，合理确定并严格管控城镇用地总量，提高集约节约利用水平。

23.4.2 加快推进城市群国土空间规划编制

加快推进城市群国土空间规划编制，加强空间发展统筹协调，优化城乡空间结构和功能布局，完善基础设施和公共服务设施，提升城市群一体化发展水平。严格落实“三区三线”等空间管控要求，科学有序推进城镇开发建设和国土空间保护，形成分工协作、功能完善的城镇化空间格局，为城市群高质量发展提供用地保障。

23.4.3 以新发展理念破解“大城市病”问题

坚持协调发展战略，推动超大特大城市转变发展方式，积极破解“大城市病”。一是推动超大特大城市“瘦身健体”，将非核心功能、产业以及过度集中的公共服务资源有序从中心向外疏解，控制人口和就业盲目增长，适度控制建设用地增长速度和规模。二是坚持发展以人为核心的新型城镇化，促进大中小城市和小城镇协调发展，促进城乡融合发展。三是加强节约用地引导和管控，严格控制新增建设用地，积极盘活存量，统筹使用流量，促进城市群内涵式高质量发展，提高土地利用节约集约水平。

23.4.4 制定差别化用地管理政策

在我国未来国土空间开发和保护格局中，不同城市群担负的任务不同，分类引导具有重要意义。对于优化提升发展的城市群，要注重城市功能品质提升，多措并举盘活存量建设用地，提高建设用地投入产出效益。对于发展壮大的城市群，要兼顾经济、生活、生产、安全等多元需求，统筹安排新增建设用地和流量指标，优化城乡建设用地结构和空间布局，提升人口承载和经济承载能力。对于培育提升的城市群，要增强小城市发展活力，推动资源要素向产业基础扎实、发展潜力较大的城市倾斜，因地制宜补齐短板弱项，推进人口和土地增长的协调发展。

第 24 章　村庄用地与乡村振兴

乡村是具有自然、社会、经济、历史文化属性的地域综合体，是人居环境的重要组成，与城镇交错融合、共生共存，共同构成人类生存和发展的空间。我国是一个历史悠久的农业大国，广袤的乡村不仅承载着农业生产和农民的生活，更是中华传统文化的沃土，如今面临着实现城乡融合发展、共同富裕和乡村振兴的挑战。

党和国家历来非常重视“三农”问题，党的十九大报告提出实施乡村振兴战略的重大历史任务，党的二十大报告要求全面推进乡村振兴、巩固拓展脱贫攻坚成果。2023 年中央一号文件提出，要举全党全社会之力全面推进乡村振兴。村庄用地作为农民生活、生产的主要载体，是发展农村经济、建设美丽乡村、保障农民生活的核心要素，更是实现乡村振兴战略的关键一环。

本章基于第三次全国国土调查、第二次全国土地调查、2020 年度全国国土变更调查、2010 年度全国土地变更调查、第七次全国人口普查（以下简称“七普”）、第六次全国人口普查（以下简称“六普”）等数据，以全面落实乡村振兴战略任务为导向，结合全国和各区域乡村人口、产业发展、社会民生等情况，深入分析村庄用地的现状与变化，揭示大的地理空间格局下人口演变、民生改善、脱贫攻坚等对村庄用地利用的影响，结合生态文明建设要求，提出基于乡村振兴的村庄用地合理配置对策。

24.1　村庄用地利用现状

2019 年全国村庄用地面积为 2193.56 万公顷，占全国建设用地总面积的 53.64%，整体呈现“东多西少”的分布格局。

24.1.1　村庄用地总量

全国村庄用地面积大于 150 万公顷的省有河南（176.54 万公顷）、山东（159.40 万公顷）2 个；村庄用地面积在 100 万～150 万公顷的省有河北（139.79 万公顷）、四川（136.55 万公顷）、安徽（125.72 万公顷）、湖南（118.56 万公顷）、江苏（110.38 万公顷）5 个；村庄用地面积在 50 万～100 万公顷的省（区、市）有 15 个；小于 50 万公顷的省（区、市）有 9 个，其中以西藏（9.50 万公顷）、天津（8.95 万公顷）、上海（6.74 万公顷）较少。村庄用地面积集中分布在河南、山东、河北、四川等传统农业大省（图 24.1），与人口分布密集区重叠。

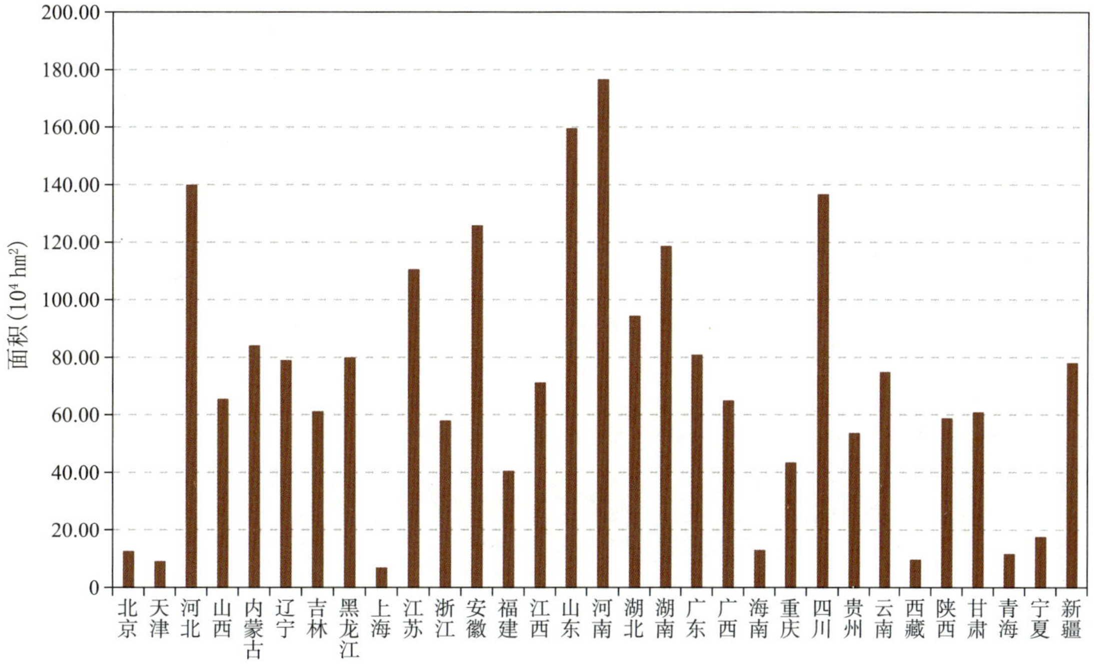

图 24.1　2019 年各省（区、市）村庄用地面积

24.1.2　村庄用地分布特征

总体上，全国村庄用地分布“东多西少”，与人口的空间分布特征一致。“胡焕庸线”东南侧区域村庄用地占全国村庄用地总量的 89.66%，西北侧区域仅占 10.34%。村庄用地集中分布在华北平原、淮南与长江中下游、四川盆地、粤桂闽丘陵平原、华北山地丘陵、江南丘陵、江南与南岭山地、贵州高原、云南高原、晋南关中盆地等地势较为平坦、适宜耕作的农耕集聚地区，这些地区村庄用地合计占到全国村庄用地的 71.38%。其中，华北平原 371.63 万公顷，占全国村庄用地的 16.94%；淮南与长江中下游地区 341.05 万公顷，占 15.55%；四川盆地 145.98 万公顷，占 6.65%；粤桂闽丘陵平原 125.18 万公顷，占 5.71%；华北山地丘陵 125.17 万公顷，占 5.71%；江南丘陵 114.23 万公顷，占 5.21%；江南与南岭山地 105.52 万公顷，占 4.81%；贵州高原 103.05 万公顷，占 4.70%；云南高原 67.27 万公顷，占 3.07%；晋南关中盆地 66.72 万公顷，占 3.04%。

从地形地貌看，村庄用地受人居环境条件的制约，全国村庄用地总量占比按平原、盆地、丘陵、山地、高原次序依次减少。平原地区村庄用地占全国总量的 46.32%，盆地占全国总量的 16.19%，丘陵占全国总量的 14.71%，山地占全国总量的 14.13%，高原占全国总量的 8.66%。

24.1.3　村庄用地占比情况

从全国村庄用地占比情况[①]（图 24.2）看，较高的地区分别是黄淮海平原、四川盆地、长三角，湘江中游和洞庭湖平原，以及广东、福建的沿海地带。其中黄淮海平原区出现连片的大范围村庄用地密度高值区，涉及冀鲁豫皖苏五省。总的来说平原地区村庄用地占比较高，一般在 10% 以上，但东北地区偏低；丘陵和山地农业区受地形地貌影响较大，村庄分布呈大区域零散、小范围集中的特点，村庄用地占比介

① 村庄用地占比是指村庄用地面积占辖区面积的比例。

于 2%～10%，离散度较高；牧区、林区、深山区和高海拔地区一般在 2% 以下（图 24.2）。

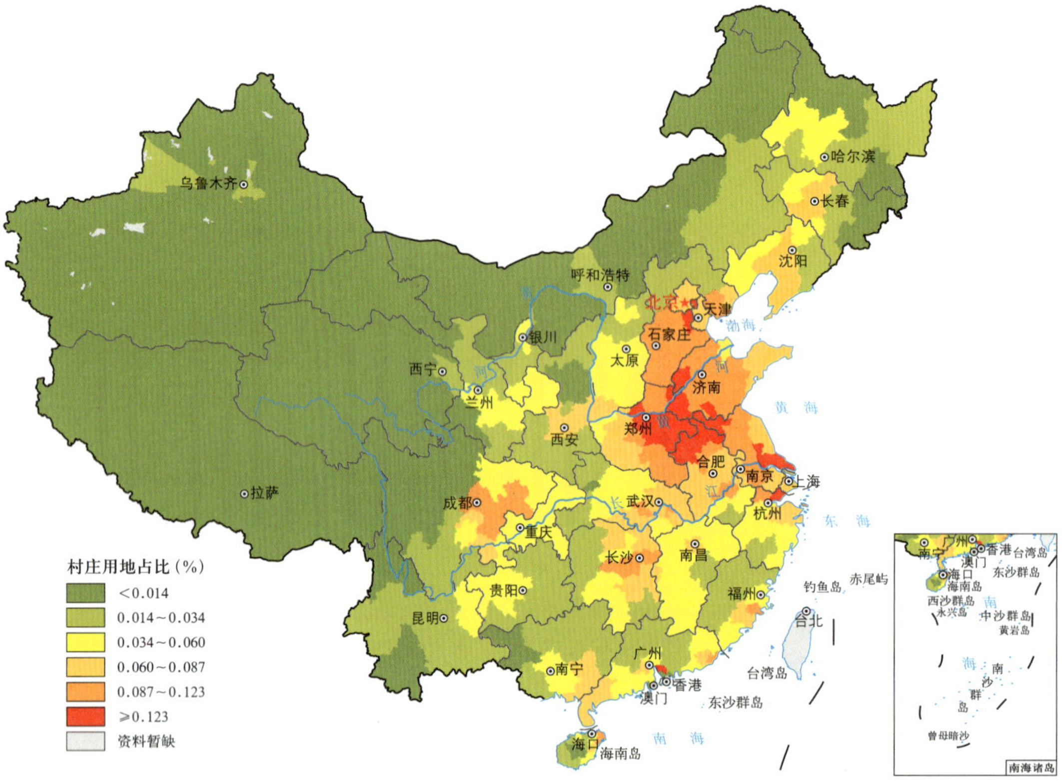

图 24.2　2019 年全国村庄用地占比

24.2　村庄用地利用变化

2009—2019 年，村庄用地 10 年间增加了 346.28 万公顷，增加比例为 18.75%。其中西部地区村庄用地面积增长幅度明显高于东部地区；上海、天津村庄用地面积呈负增长。

24.2.1　村庄用地变化状况

村庄用地净增量正值的前三名为四川、山东和湖南，最后一名为海南；净增量负值的为上海和天津。其中四川增加了 33.58 万公顷，增长幅度为 32.61%；在 20 万～30 万公顷的，按净增量大小依次有山东、湖南、云南、河南、河北、新疆、贵州；在 10 万～20 万公顷的，按净增量大小依次为江西、陕西、湖北、山西、安徽、甘肃、浙江；小于 10 万公顷的，按净增量大小依次为内蒙古、广西、福建、江苏、重庆、辽宁、黑龙江、青海、吉林、西藏、宁夏、广东、北京、海南（图 24.3）。

从增长幅度看，西部地区村庄用地规模增长幅度明显高于东部地区。除村庄用地减少的上海（–17.00%）、天津（–22.58%）外，东北三省及内蒙古东部是全国增长幅度最低的区域。村庄用地规模增长幅度排名前三名的省（区）是贵州（63.14%）、青海（61.20%）、西藏（59.40%），正增长排名最后的为广东（2.49%）（图 24.4）。

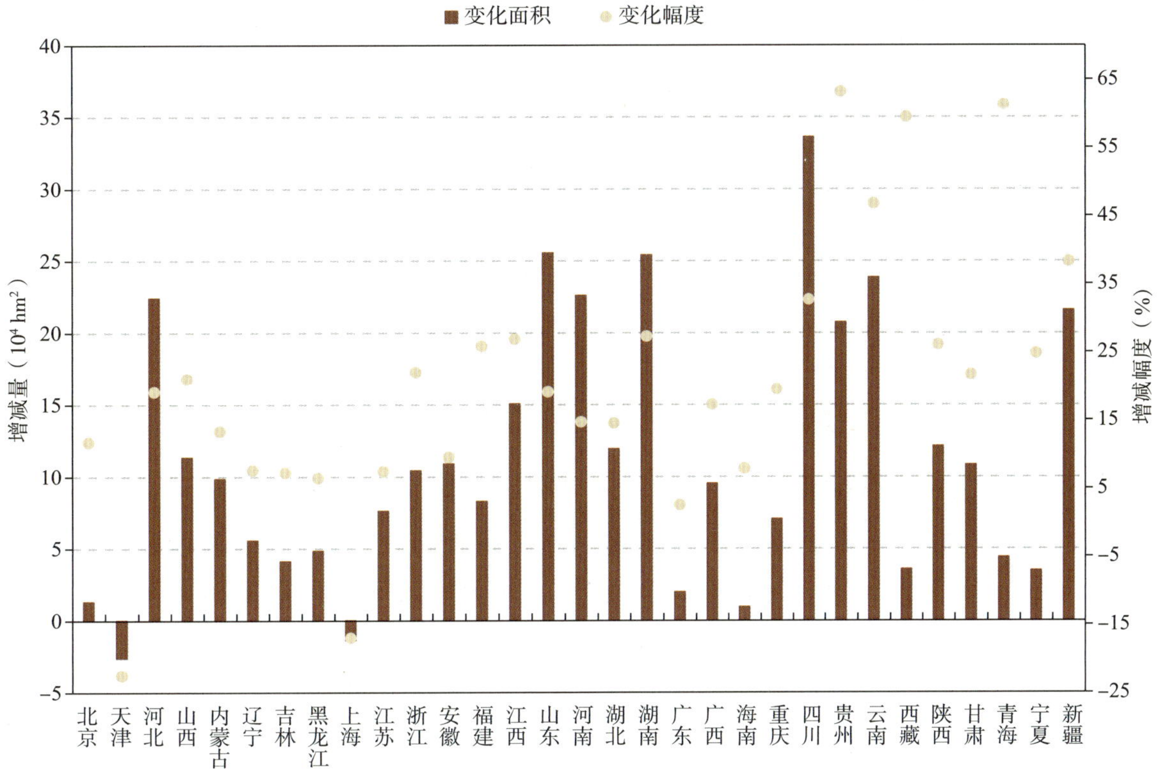

图 24.3　2009—2019 年各省（区、市）村庄用地增减变化

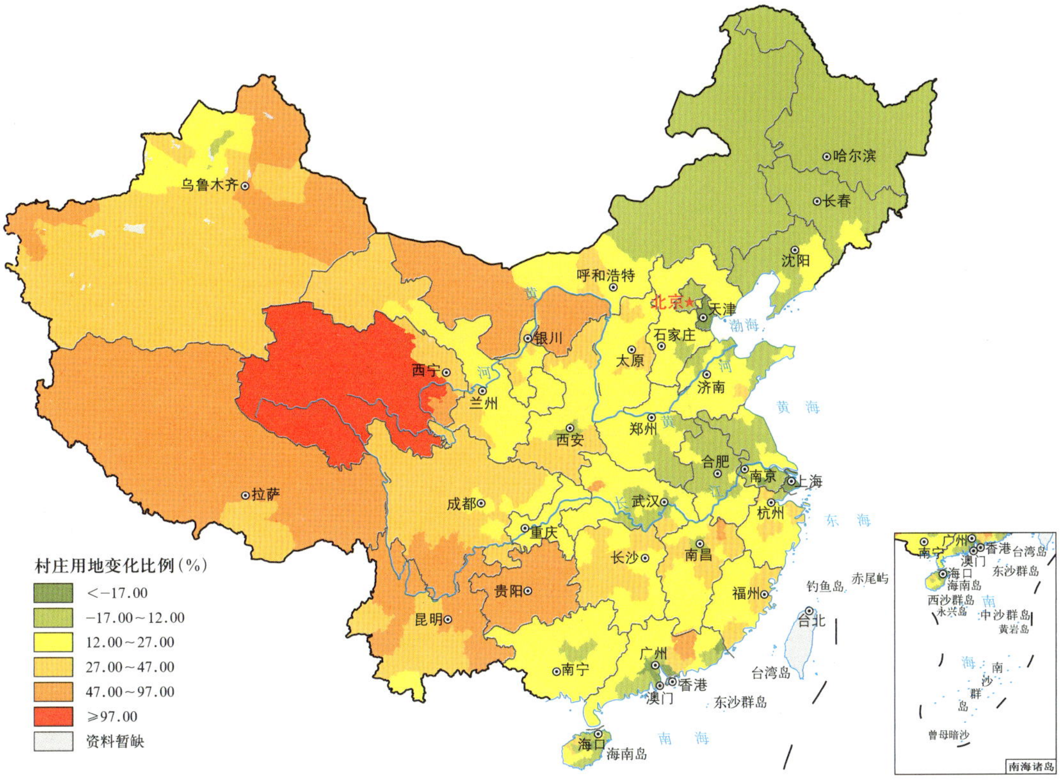

图 24.4　2009—2019 年全国村庄用地变化

24.2.2　村庄用地变化特征分析

2009—2019 年，“胡焕庸线”东南侧村庄用地增加 292.18 万公顷，增长幅度为 17.47%，西北侧村庄用地增加 54.10 万公顷，增长幅度为 31.37%。

从地形地貌看，2009—2019 年，高原的村庄用地增加 42.55 万公顷，增长幅度为 52.52%；盆地增加 73.07万公顷，增长幅度为27.20%；山地增加52.80万公顷，增长幅度为21.37%；平原增加104.37万公顷，增长幅度为 12.51%；丘陵增加 27.99 万公顷，增长幅度为 26.64%

从四大经济区看，西部地区村庄用地规模增加量最大，净增 160.32 万公顷，增长幅度为 30.11%；其次为中部地区，净增 97.10 万公顷，增长幅度为 17.51%；再次为东部地区，净增 74.42 万公顷，增长幅度为 13.41%；东北地区最少，净增 14.46 万公顷，增长幅度为 7.04%

24.2.3　村庄用地占比变化

从村庄用地占比变化看，占比减小的地区主要分布在珠三角、长三角和环渤海的局部地区，其余绝大部分地区村庄用地占比均有不同程度的增加。其中，村庄用地占比增加较大的地区主要分布在黄淮海平原、四川盆地、湖南、浙闽沿海等区域，提高 2% 以上（图 24.5）。

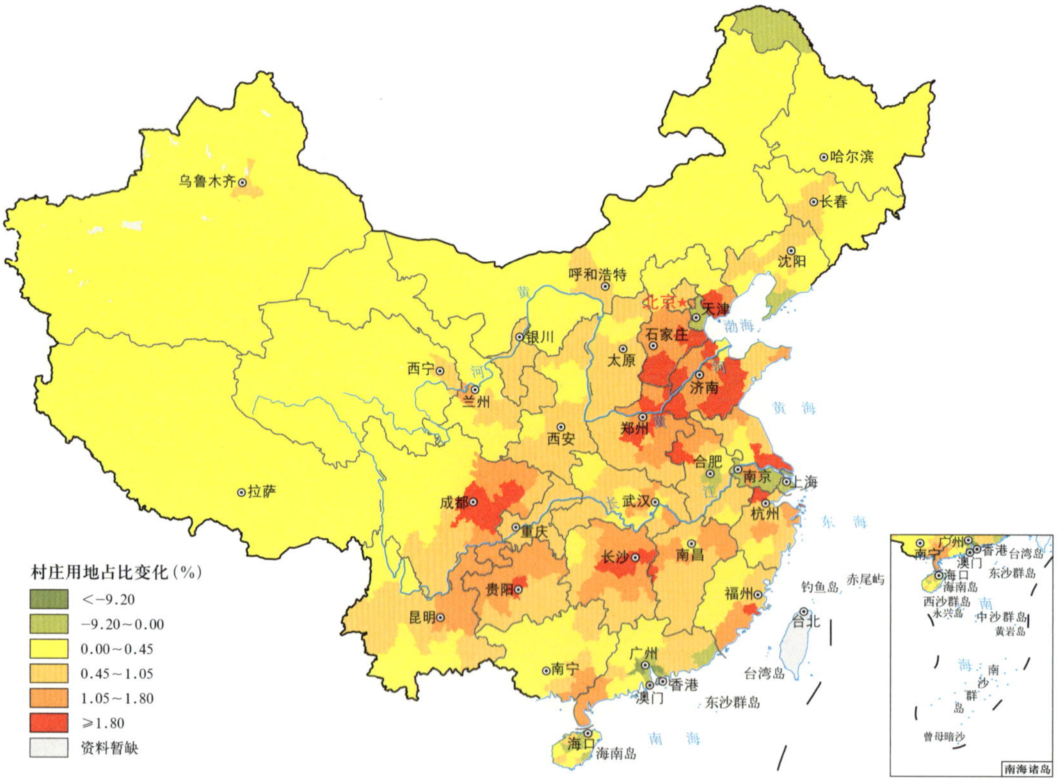

图 24.5　2009—2019 年全国村庄用地占比变化

24.3　乡村人口与村庄用地

本节基于"六普""七普"的乡村常住人口、乡村户籍人口和 2010 年度全国土地变更调查、2020 年度全国国土变更调查等数据，对乡村人口数量与变化、人均村庄用地面积状况、人口流动对人均村庄用地变动影响等进行分析。数据显示，2020 年中、西部地区乡村人均村庄用地面积明显大于东部地区；2010—2020 年乡村人口大量流出的地区，乡村常住人口人均村庄用地面积大幅上升。

24.3.1　乡村人口数量及其变化

24.3.1.1　乡村户籍人口数量及其演变

据户籍资料显示，2020 年底全国乡村户籍人口为 7.72 亿人，较 2010 年底减少 1.14 亿人。从乡村户籍人口数据[①]看，户籍人口超过 5000 万人的省有河南（7366.15 万人）、四川（5606.06 万人）、山东（5047.58 万人）3 个；户籍人口在 4000 万～5000 万人的省有湖南（4664.76 万人）、安徽（4476.55 万人）、河北（4210.51 万人）3 个；在 3000 万～4000 万人的省（区、市）有 2 个；在 2000 万～3000 万人的省（区、市）有 7 个；在 1000 万～2000 万人的省（区、市）有 6 个；小于 1000 万人的省（区、市）有 5 个。

相较于 2010 年乡村户籍人口数量，乡村户籍人口减少超过 1000 万人的省为江苏（减少 1100.13 万人）、河南（减少 1062.38 万人）、四川（减少 1040.03 万人）3 个；减少 500 万～1000 万人的省（区、市）有 7 个；减少 100 万～500 万人的省（区、市）有 11 个；减少 100 万人以下的省（区、市）有 5 个，包括天津（减少 65.44 万人）、北京（减少 53.54 万人）、青海（减少 36.18 万人）、宁夏（减少 34.59 万人）、海南（减少 24.33 万人）。

24.3.1.2　乡村常住人口数量及其演变

2020 年，全国乡村常住人口为 5.10 亿人，较 2010 年减少 1.64 亿人。常住人口超过 3000 万人的省有河南（4428.70 万人）、山东（3751.32 万人）、四川（3620.90 万人）、广东（3257.64 万人）4 个；常住人口在 2000 万～3000 万人的省（区）有河北（2979.37 万人）、湖南（2739.87 万人）、安徽（2543.21 万人）、云南（2358.07 万人）、广西（2285.24 万人）、江苏（2250.56 万人）、湖北（2143.22 万人）7 个；在 1000 万～2000 万人的省（区、市）有 10 个；在 500 万～1000 万人的省（区、市）有 3 个；小于 500 万人的省（区、市）有 7 个。

2010—2020 年，大部分省（区、市）乡村常住人口都出现了不同程度的减少。其中，减少人数在 1000 万以上的省有河南（1352.32 万人）、四川（1186.41 万人）、山东（1065.88 万人）、河北（1048.51 万人）4 个；减少人数在 500 万～1000 万人的有 9 个；减少人数在 100 万～500 万人的有 11 个；减少人数在 100 万以下的省（区、市）有宁夏（75.53 万人）、青海（74.59 万人）、天津（53.92 万人）、海南（35.77 万人）、北京（2.70 万人）5 个。但两个省（区、市）乡村常住人口出现了增长，分别是上海（19.74 万人）、西藏（2.31 万人）。

① 因广东、福建、新疆、西藏、上海未公布乡村户籍人口数据，这些省份未参与本章涉及户籍人口数据的分析。

24.3.1.3 乡村人口流动

人口普查中，流动人口按照流入地进行调查统计，并包含在流入地的常住人口数量中，不能反映流出地的人口流出状况。考虑到乡村人口的基本流向是流出到城市，本节以常住人口与户籍人口的差异表征乡村人口的流动状况。

2020 年，全国乡村户籍人口比常住人口多出 2.62 亿人，占当年全国流动人口总数 3.76 亿人的 69.7%，意味着全国流动人口中有近七成源自乡村地区。各省（区、市）中，乡村户籍人口较常住人口超出 1500 万人的有河南（2937.46 万人）、四川（1985.17 万人）、安徽（1933.34 万人）、湖南（1924.89 万人）、广西（1530.01 万人）5 个；在 1000 万～1500 万人的有湖北（1306.41 万人）、山东（1296.26 万人）、河北（1231.14 万人）、江西（1174.93 万人）4 个；在 500 万～1000 万人的有 9 个；在 100 万～500 万人的有 7 个；低于 100 万人的有 1 个。作为人口第一大省的河南，也是最大的乡村人口流出地，贡献了 7.8% 全国流动人口数量（图 24.6）。

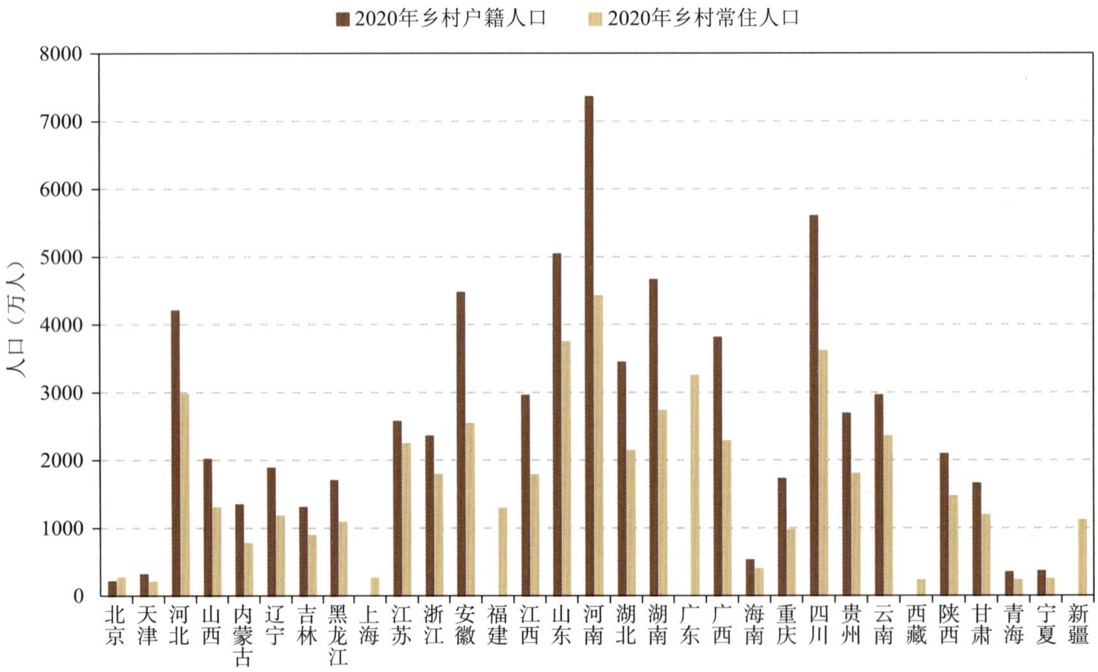

图 24.6 2020 年各省（区、市）乡村户籍人口与常住人口数量

24.3.2 人均村庄用地面积、变化及特征

24.3.2.1 乡村常住人口人均村庄用地面积和变化

2020 年，全国乡村常住人口人均村庄用地面积为 428.89 平方米 / 人，最高的是内蒙古（1078.03 平方米 / 人），最低的是广东（249.94 平方米 / 人），位于中位数的是湖南（431.92 平方米 / 人）。按照四大经济区统计，东部地区常住人口人均村庄用地面积为 376.11 平方米 / 人，中部地区为 435.52 平方米 / 人，西部地区为 425.49 平方米 / 人，东北地区为 690.17 平方米 / 人。

乡村常住人口人均村庄用地面积整体上呈现北高南低的特点，其中东南沿海是乡村常住人口人均村庄用地面积的低值区。新疆天山以北、青海柴达木盆地、西藏山南、内蒙古牧区、东北非平原地区，乡村人均村庄用地面积普遍较高，这与规划人均用地标准相关，如新疆宅基地标准最高为 800 平方米 / 户①、内蒙古牧区最高为600平方米/户②、西藏最高为500平方米/户③。此外，特殊的地理环境和生产生活方式也会对乡村人均村庄用地面积产生明显影响，如云南东部的乌蒙山区和青海果洛地区也有较高的乡村常住人口人均村庄用地面积（图 24.7）。

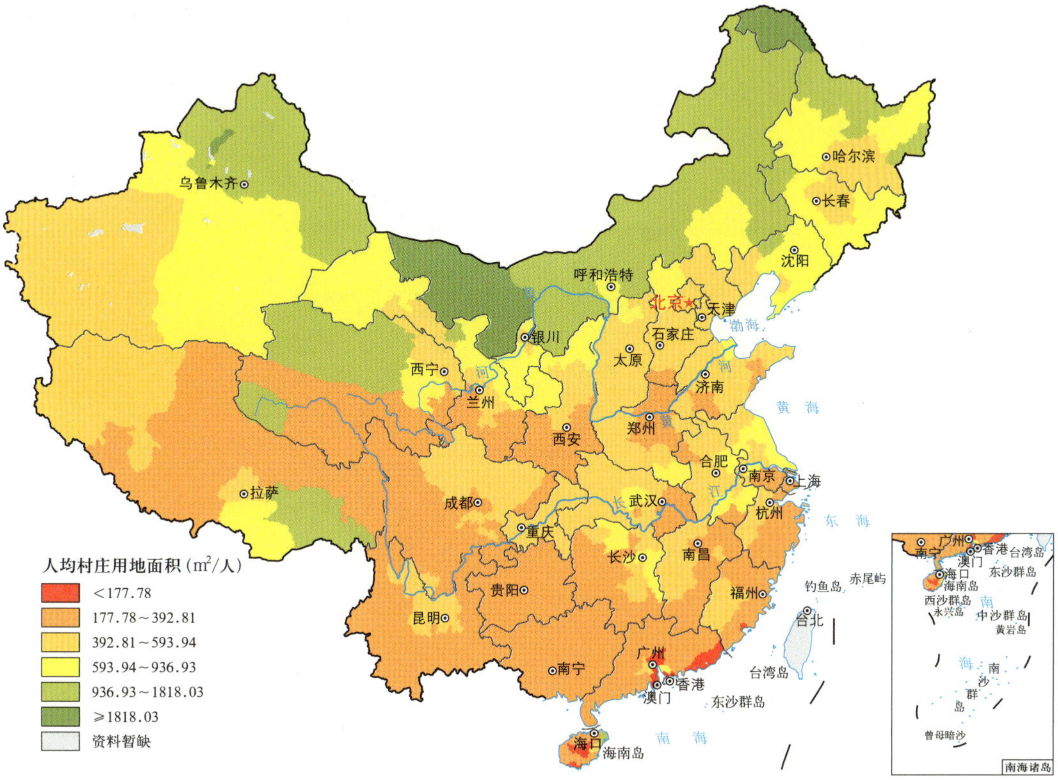

图 24.7　2020 年全国乡村常住人口人均村庄用地面积

与 2010 年相比，全国乡村常住人口人均村庄用地面积普遍上升，平均上升 153.10 平方米 / 人，升幅达 55.51%。2020 年较 2010 年乡村常住人口人均村庄用地面积减少的省（市）仅有天津（减少 32.78 平方米/人）和上海（减少 71.44 平方米/人），其余 29 个省（区、市）均上升。上升最大的是内蒙古（上升 397.50 平方米 / 人），最少的是广东（上升 25.46 平方米 / 人），位于中位数的是陕西（上升 161.03 平方米 / 人）。东北地区上升 246.53 平方米 / 人，西部地区上升 171.95 平方米 / 人，中部地区上升 159.12 平方米 / 人，东部地区上升 100.71 平方米 / 人。

从上升比例来看，最高的贵州升幅达 108.11%，除天津、上海两个乡村常住人口人均占地面积减少的直辖市外，上升幅度最小的北京升幅为 9.71%。黑龙江的大兴安岭、内蒙古西部、云贵高原、新疆天山以北和西藏阿里等区域，乡村常住人口人均村庄用地面积上升幅度较为突出（图 24.8）。

24.3.2.2　乡村常住人口人均村庄用地及变化特征

（1）乡村常住人口人均村庄用地面积不仅受气候、地形等自然条件影响，也与乡村生产方式、人口

---

① 标准见《关于印发＜新疆维吾尔自治区农村宅基地管理办法＞的通知》(新政办发〔2007〕21 号)。
② 标准见内蒙古自治区地方标准《村庄规划编制规程》(DB15/T 2131—2021)。
③ 标准见《西藏自治区农村村民住宅用地管理规定（暂行）》(藏政发〔2001〕118 号文)。

密度有关，整体上具有北方高于南方、山区高于平原、牧区高于农区的特征。

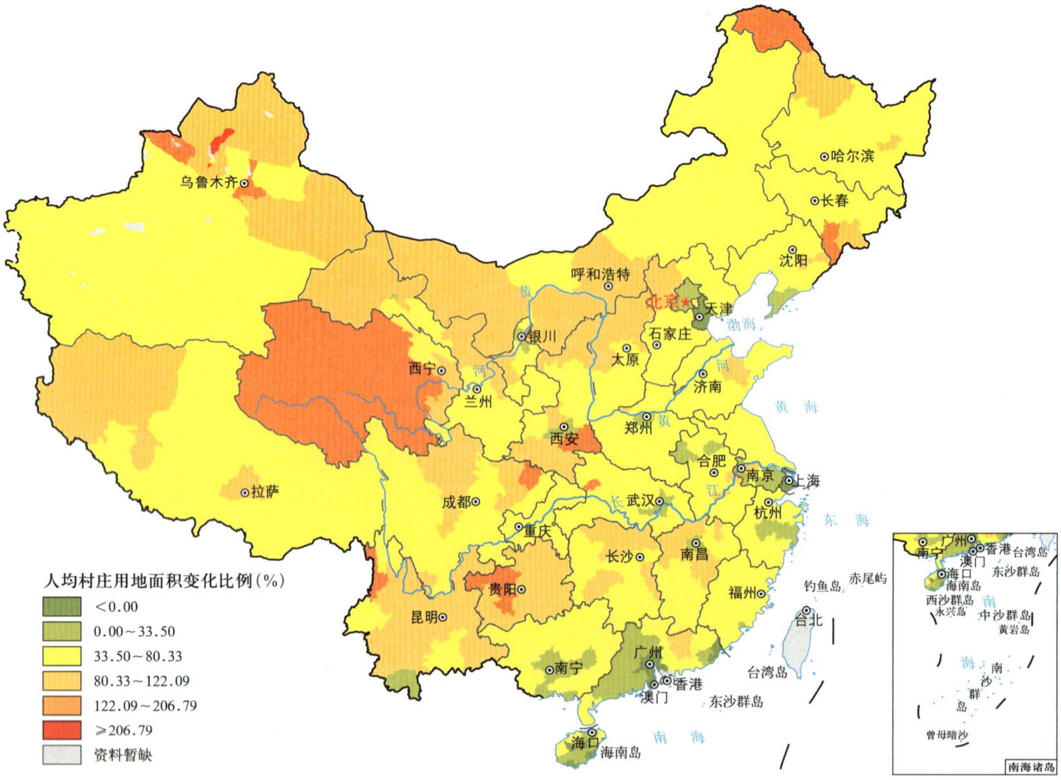

图 24.8　2020 年与 2010 年全国乡村常住人口人均村庄用地面积变化比例

（2）快速城镇化大背景下，乡村人口快速流出，抬升了乡村常住人口人均村庄用地面积。根据“七普”数据，2020 年我国常住人口城镇化率达到 63.89%，而 2010 年“六普”数据显示全国城镇化率不到 50%（49.68%），十年增长了 14.21 个百分点。这意味着大量的乡村人口流出乡村，流入城市，并在城市工作和生活。十年间乡村常住人口呈持续流出趋势，减少了 24.30%，然而同期村庄用地面积增长了 18.75%，形成明显的“人减地增”现象，造成乡村常住人口人均村庄用地面积显著升高，“空心村”现象较为常见。

（3）近年来，乡村建设力度的加大，农村基础设施、公共服务用地的快速“补短板”，以及产业用地需求的增加，助推了乡村常住人口人均村庄用地面积的升高。

（4）人口向东南沿海经济发达区域的流动，降低了该区域乡村常住人口人均村庄用地面积。由于我国东南沿海地区城镇化程度较高、民营经济发达且劳动密集型企业较多，吸纳了大量来自中西部地区的劳动力，故形成乡村常住人口人均村庄用地面积较低的现象，以珠三角地区最为典型。2010—2020 年，乡村常住人口人均村庄用地面积减少的地市除三亚市外，均位于珠三角地区，包括深圳市、广州市、东莞市、佛山市、中山市、惠州市。

（5）东北地区是人口外流的典型区域，也是 2010 年乡村常住人口人均村庄用地面积最高的地区之一。十年间乡村人口外流趋势并未停滞，乡村人均村庄用地面积持续上升，实际乡村常住人口人均村庄用地面积升幅达 38.08%，导致与其他地区的差距越来越大。

24.3.3　乡村人口流动与人均村庄用地面积

24.3.3.1　乡村常住人口与户籍人口人均村庄用地面积比较

分别以“七普”的乡村户籍人口和乡村常住人口两种口径，计算 2020 年乡村人均村庄用地面积，以乡村常住人口人均村庄用地面积与乡村户籍人口人均村庄用地面积的差值体现乡村人口流动对人均村庄用地面积变动的影响。

除北京外，其余省（区、市）乡村常住人口人均村庄用地面积均不同程度高于户籍人口人均村庄用地面积（图 24.9）。其中内蒙古差异最大，乡村常住人口人均村庄用地面积高于户籍人口人均村庄用地面积 453.49 平方米 / 人。其次为黑龙江和辽宁，分别高出 260.19 平方米 / 人和 247.04 平方米 / 人。其余省（区、市）按照高出数量依次排列为宁夏、安徽、吉林、重庆、湖南、山西、湖北、河南、江西、青海、甘肃、天津、河北、四川、陕西、广西、山东、贵州、海南、浙江、云南、江苏。江苏差异最小，乡村常住人口人均村庄用地面积高于户籍人口人均村庄用地面积 62.22 平方米 / 人。北京乡村常住人口人均村庄用地面积低于户籍人口人均村庄用地面积，二者差值为 121.07 平方米 / 人。

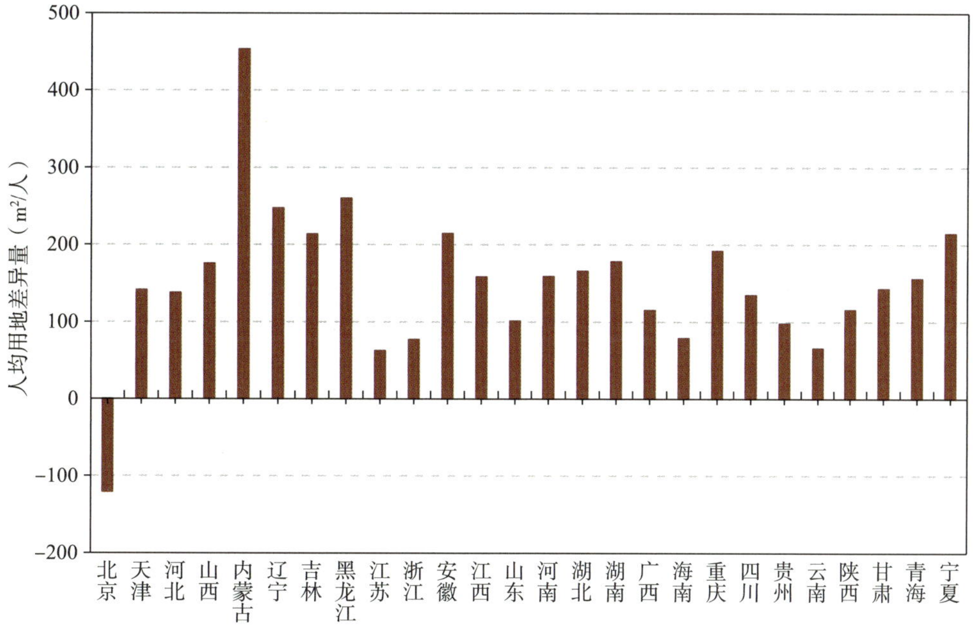

图 24.9　2020 年乡村常住人口、户籍人口人均村庄用地面积差异

24.3.3.2　乡村人口流动对人均村庄用地面积变动的影响

（1）全国普遍呈现乡村人口大量流出、乡村常住人口大幅减少的状况，乡村人口流出越多，乡村人均村庄用地面积上升幅度越大。工业化、人口城镇化引起的乡村人口流出是推升乡村常住人口人均村庄用地面积的主导因素。

（2）乡村常住人口大幅减少的情况下，多数地区户籍人口和居民户数并未同步大幅减少，导致全国乡村普遍出现“人减地不减”甚至“人减地增”的状况，乡村常住人口人均村庄用地面积不同程度高于户籍人口人均村庄用地面积，尤以北方经济欠发达地区表现得更为突出。

（3）受城市居住成本高、技能素质较弱、就业不够稳定等因素影响，绝大多数进城务工人员普遍选择保留农村的宅基地作为“退路”，大量农民工成为城镇和农村“两栖人口”。2010 年全国乡村常住人口比户籍人口少了 2.12 亿，到 2020 年这一数字变成 2.62 亿，人户分离的情况更加严重，相应“两栖占地”的情况也更加普遍。

24.4 脱贫攻坚与村庄用地

党中央、国务院高度重视脱贫攻坚、乡村振兴工作，先后发布了《中国农村扶贫开发纲要（2011—2020 年）》、《中共中央 国务院关于打赢脱贫攻坚战的决定》（2015 年）、《“十三五”脱贫攻坚规划》（国发〔2016〕64 号）、《乡村振兴战略规划（2018—2022 年）》、《中共中央 国务院关于实现巩固拓展脱贫攻坚成果同乡村振兴有效衔接的意见》等重要政策文件。为贯彻落实中央精神，自然资源部采取了一系列重要政策举措，用以支持扶贫开发和乡村振兴。其中备受关注的一项措施是城乡建设用地增减挂钩政策。

24.4.1 城乡建设用地增减挂钩政策与脱贫攻坚

2016 年，原国土资源部出台《关于用好用活增减挂钩政策积极支持扶贫开发及易地扶贫搬迁工作的通知》（国土资规〔2016〕2 号），明确城乡建设用地增减挂钩指标向贫困地区倾斜，城乡建设用地增减挂钩节余指标可在省域范围内流转使用。该文件颁布一年多之后，河北、山西、吉林、江苏、安徽、江西、河南、广西、重庆、四川、贵州、陕西、青海等省份推进措施得力，进行了城乡建设用地增减挂钩节余指标流转交易。2017 年，原国土资源部发布《关于进一步运用增减挂钩政策支持脱贫攻坚的通知》（国土资发〔2017〕41 号），再次要求没有开展城乡建设用地增减挂钩节余指标流转交易的地方，要强化政策落地意识，推进相关工作，有力支撑脱贫攻坚工作。

2018 年，国务院办公厅印发了《跨省域补充耕地国家统筹管理办法和城乡建设用地增减挂钩节余指标跨省域调剂管理办法的通知》，规定“三区三州”[①]及其他深度贫困县城乡建设用地增减挂钩节余指标由国家统筹跨省域调剂使用。同年，19 个深度贫困地区所在省份调出节余指标 19.43 万亩，获得调剂资金 607.28 亿元[②]。2021 年 2 月，习近平总书记指出我国脱贫攻坚战取得了全面胜利。2021 年 12 月，自然资源部、财政部、国家乡村振兴局制定《巩固拓展脱贫攻坚成果同乡村振兴有效衔接过渡期内城乡建设用地增减挂钩节余指标跨省域调剂管理办法》，明确脱贫攻坚目标任务完成后，5 年过渡期内继续开展城乡建设用地增减挂钩节余指标跨省域调剂。

2009—2019 年，全国约有 213.09 万公顷村庄用地复垦为耕地，城乡建设用地增减挂钩政策的实施是促进这一变化的主要原因。截至 2018 年 10 月，全国城乡建设用地增减挂钩节余指标在省域范围内流转，覆盖了 26 个省（区、市）、1250 多个县，17 个省（区、市）累计流转了 28 万余亩，收益有 800 亿元，支持“三州三区”以及深度贫困地区的脱贫攻坚工作[③]。“十三五”期间，全国有 960 多万人通过易地扶贫实现了脱贫[④]。实践表明，城乡增减挂钩政策是脱贫攻坚的重要抓手之一，在扶贫开发及易地扶贫

① “三区三州”的“三区”是指西藏自治区和青海、四川、甘肃、云南四省藏区及新疆南疆的和田地区、阿克苏地区、喀什地区、克孜勒苏柯尔克孜自治州四地区；“三州”是指四川凉山州、云南怒江州、甘肃临夏州。

② 数据来源于《国土资源》杂志 2019 年第 11 期的文章《尽锐出战，逐梦小康——自然资源部助力脱贫攻坚成果综述》。

③ 数据来源于 2018 年自然资源部承办的扶贫用地政策论坛上自然资源部党组成员张德霖的主旨演讲。

④ 数据来源于 2021 年 4 月 6 日，国家乡村振兴局副局长洪天云在国新办就《人类减贫的中国实践》白皮书有关情况举行的新闻发布会上的介绍。

搬迁、脱贫攻坚以及乡村振兴等工作中发挥了重要作用，既筹集了主要资金，保障了搬迁和脱贫建设顺利开展，又优化了城乡建设用地布局，保护了耕地资源。

24.4.2　连片特困地区村庄用地变化

连片特困地区[①]包括六盘山区、秦巴山区、武陵山区、乌蒙山区、滇桂黔石漠化区、滇西边境山区、大兴安岭南麓山区、燕山—太行山区、吕梁山区、大别山区、罗霄山区等区域的连片特困地区和已明确实施特殊政策的西藏区、四省藏区、新疆南疆三地州，共 14 个区域，是脱贫攻坚主战场。城乡建设用地增减挂钩政策在 14 个连片特困地区脱贫攻坚中发挥了重要作用，其规模和效果可以通过村庄用地的变化体现出来。

24.4.2.1　流出规模

村庄用地转为其他用地，称之为村庄用地“流出”。2009—2019 年，14 个连片特困地区村庄用地流出 11.94 万公顷，占 2009 年村庄用地面积的 3.30%。其中，5 个区域村庄用地流出面积超 1 万公顷，分别是大别山区（2.57 万公顷）、武陵山区（2.24 万公顷）、滇桂黔石漠化区（1.93 万公顷）、秦巴山区（1.36 万公顷）、乌蒙山区（1.19 万公顷）；位于 0.25 万～0.5 万公顷的区域有六盘山区（0.47 万公顷）、四省藏区（0.43 万公顷）、滇西边境山区（0.38 万公顷）、大兴安岭南麓山区（0.31 万公顷）、西藏区（0.29 万公顷）、罗霄山区（0.26 万公顷）6 个；小于 0.25 万公顷的区域分别是新疆南疆三地州（0.23 万公顷）、燕山—太行山区（0.21 万公顷）、吕梁山区（0.07 万公顷）3 个。

从流出幅度看，2009—2019 年，14 个连片特困地区整体上流出幅度均较大，其中最大的是滇桂黔石漠化区，流出幅度达 6.86%；流出幅度大于 3% 的还有乌蒙山区（6.10%）、武陵山区（5.29%）、四省藏区（4.98%）、西藏区（4.89%）、大别山区（4.28%）、秦巴山区（3.08%）；流出幅度位于 1%～2% 的有滇西边境山区（1.88%）、罗霄山区（1.7%）、新疆南疆三地州（1.32%）、大兴安岭南麓山区（1.18%）、六盘山区（1.05%）、吕梁山区（1.01%）；流出幅度小于 1% 的只有燕山—太行山区（0.97%）。

24.4.2.2　流出方向

2009—2019 年，14 个连片特困地区村庄用地流向耕地 6.03 万公顷，占流出面积的 50.47%；流向园地 0.57 万公顷，占 4.81%；流向林地 3.54 万公顷，占 29.68%；流向草地 0.69 万公顷，占 5.80%；流向湿地 0.02 万公顷，占 0.13%；流向水域水面 0.22 万公顷，占 1.84%；流向其他地类 0.87 万公顷，占 7.27%（图 24.10）。

从区域看，2009—2019 年，村庄用地复垦为耕地超过 1 万公顷的有大别山区（1.72 万公顷）、武陵山区（1.06 万公顷）；0.5 万～1 万公顷的有滇桂黔石漠化区（0.78 万公顷）、秦巴山区（0.63 万公顷）、乌蒙山区（0.6 万公顷）；0.1 万～0.5 万公顷的有六盘山区（0.29 万公顷）（图 24.11）、大兴安岭南麓山区（0.21 万公顷）、四省藏区（0.15 万公顷）、新疆南疆三地州（0.15 万公顷）、罗霄山区（0.13 万公顷）、滇西边境山区（0.12 万公顷）；小于 0.1 万公顷的有燕山—太行山区（0.08 万公顷）、西藏区（0.07 万公顷）、吕梁山区（0.02 万公顷）。

① 连片特困地区定义来源于《中国农村扶贫开发纲要（2011-2020 年）》。

图 24.10　2009—2019 年各连片特困地区村庄用地流向

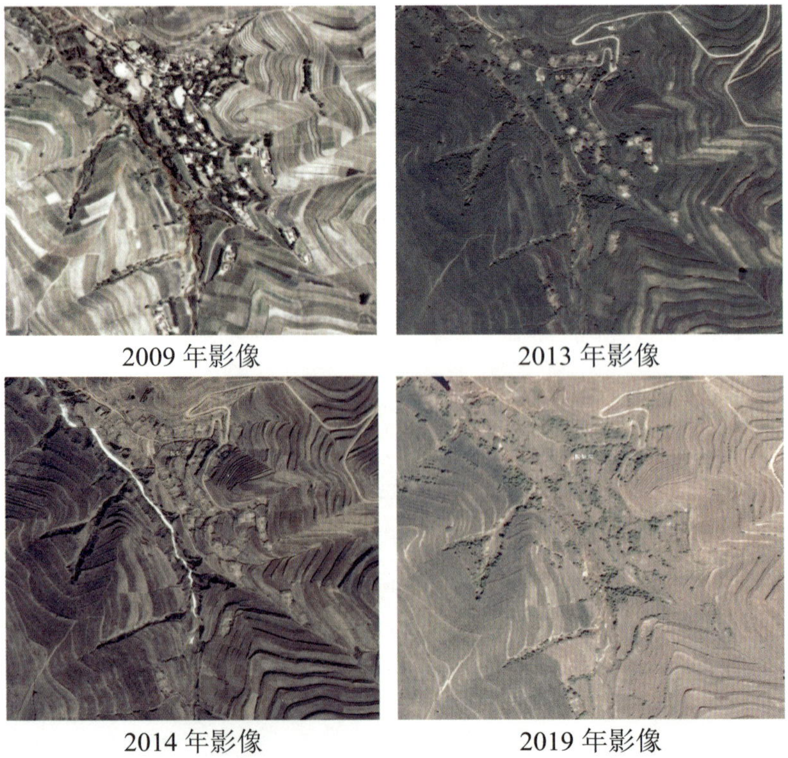

图 24.11　2009—2019 年六盘山区某村庄用地流向耕地的卫星影像对比

从比例看，2009—2019 年，复垦为耕地超 40% 的有大兴安岭南麓山区（66.29%）、新疆南疆三地州（49.31%）、乌蒙山区（43.09%）、大别山区（41.62%）；位于 30%～40% 的有武陵山区（37.81%）、秦巴山区（37.24%）、六盘山区（36.3%）、滇桂黔石漠化区（34.27%）、滇西边境山区（31.68%）；小于 30% 的有罗霄山区（27.22%）、四省藏区（25.33%）、燕山—太行山区（24.25%）、西藏区（16.07%）、吕梁山区（15.34%）。

24.5　村庄用地利用中存在的问题

本节重点从村庄用地分布特征、村庄用地与人口的关系，以及发展趋势等方面，结合乡村振兴用地需求和政策导向，剖析村庄用地存在的问题及挑战。

24.5.1　村庄用地利用粗放

人多地少、人均资源短缺是我国的基本国情，也是分析我国村庄土地利用问题的大前提。近年来，随着我国工业化、人口城镇化持续推进，大量农村人口迁移至城市，人口分布发生空间变化，乡村聚落“空废化”和“空心化”问题突出，农村建设用地大量处于闲置、低效状态。农村产业发展滞后，农民拥有的土地、房屋等资产普遍“沉睡”，农民财产性收入难以实现，一定程度上制约了乡村振兴战略实施。

（1）农村“空心化”问题日益显化。2010—2020 年，全国 1.64 亿乡村常住人口流出，农村人口非农化现象突出。农民进城后竞争力处于弱势，加之由城向乡再次流动的难度极大，农民更加倾向于选择“城乡双栖”的方式，不愿放弃农民身份和在农村的土地和房产，而将之作为一种“退路”或“保险”。同时，由于不断分户、立户新建住宅，以及宅基地退出机制的不健全，使得村庄用地规模持续扩大，其是与宅基地闲置并存的一种“外扩内空”的利用状况，这种状况形成了空间形态上的空心分布格局。“七普”数据显示，2020 年全国乡村户籍人口比常住人口多出 2.62 亿人，一定程度上反映了农村人口流出、两栖占地的规模，也间接反映出农村宅基地闲置水平。

（2）农村产业用地布局散乱、利用低效。长期以来，由于大多数村庄缺少规划引导，村庄内部产业用地存在零碎分散、块小简陋等特点，在空间上难以集聚，产出上难以高效，经营周期难以持久。一段时间以来，城镇用地成本上升较快，低附加值的产业或加工环节向周边用地成本更为低廉的乡村地区转移，但向村庄扩散的过程中，普遍存在无序蔓延、布局散乱、低效利用、环境污染等情况。2009—2019 年，新增村庄产业用地较多的地区，建设用地地均二三产业增加值均普遍较低，增速也远低于沿海发达地区，有的地方地均二三产业增加值甚至还低于地均固定资产投资。2021 年全国农业及相关产业增加值为 184419 亿元，其中，第二、第三产业增加值总和为 101203 亿元，折合村庄用地地均产值为 46.14 万元 / 公顷，远远低于城乡建设用地地均 222.2 万元 / 公顷[①] 的水平。总之，村庄产业用地的产出效率偏低，有待进一步提高产出效率和集约利用水平，实现乡村产业振兴。

（3）农民宅基地资产价值实现程度低。宅基地是农民最宝贵的财富之一。2020 年全国村庄用地面积为 2186.45 万公顷，占全国建设用地总面积的 52.87%，乡村户籍人口平均拥有村庄用地量为 283.36 平方

① 数据来源于 2018 年《全国城市区域建设用地节约集约利用评价情况通报》。

米/人，以宅基地占比约6成计算，人均约170平方米。我国绝大多数乡村已经完成不动产登记发证工作，农民依法拥有了宅基地财产权。但没有交易就没有市场，没有市场就体现不出宅基地的资产价值，宅基地退出机制的缺乏，交易市场的不规范，使得由于乡村人口进城形成的宅基地闲置成为常态，一座座闲置的农宅成了“沉睡”中的资源，无法显化其资产价值。进城农民难以通过放弃宅基地获得资产收益，闲置的空间资源也难以流转和盘活。

24.5.2 村庄用地内部结构不合理

2019年，全国村庄用地内部产业类用地占10.61%，住宅类用地占58.05%，公共服务类用地占3.41%，交通类用地占4.29%，生态类用地占23.63%，结构失衡、不甚合理，住宅类用地占比较高，产业类用地与公共服务类用地占比较低，乡村产业发展滞后，公共设施配套不足。

（1）村庄用地结构失衡，住宅类用地比重偏大。全国村庄内部住宅类用地平均占到近6成，但经济欠发达地区比例更高，多数中、西部地区超过7成，远高于城市居住用地规划标准，即25%～40%[①]。2009年—2019年，全国新增村庄用地中住宅类用地占比为60.91%，其他公共服务类用地占比为7.30%，产业类用地占比为27.71%，交通类用地占比为4.03%，生态类用地占比为0.04%。与2009年相比，住宅类用地比重呈增大趋势。基于充分发挥村庄的综合功能，对照乡村振兴的战略要求，村庄用地结构，特别是集镇、中心村用地结构有进一步优化的需求。

（2）产业用地分布不均衡，利用效率较低。乡村振兴，产业是关键。2020年中央一号文件提出，新编县乡级国土空间规划应安排不少于10%的建设用地指标，重点保障乡村产业发展用地，破解乡村发展用地难题。2019年，全国平均产业用地占全部村庄用地面积的比重为10.61%，东北和中、西部多数地区甚至在半成以下。但乡村产业用地在空间上分布不够均衡，产业用地比重最小的省份仅为3.12%。产业用地占比偏小，势必影响农村产业融合和农民收入增长。此外，乡村产业用地利用效率较低，中、西部地区产业用地闲置废弃现象较为常见。

（3）公共服务类用地配置不足，乡村生活质量提升需求迫切。全国村庄内部与社会民生相关的科教文卫、公园与绿地、公用设施等用地，占全部村庄用地面积的比重为3.41%，比重最小的省份仅为1.29%，远低于规划最低占比标准5%[②]，与城市内部公共服务类用地16.07%的比重相距甚远。与之印证，现阶段我国农村乡村文化建设、民生建设明显滞后，城乡公共服务差距明显，需要在全面推进乡村振兴的过程中加以重点关注。

24.5.3 村庄规划滞后，用地管理不到位

村庄规划是村庄建设的依据，更是村庄用地管理的龙头。目前由于多数村庄尚未编制规划、村庄建设缺乏引导、村庄用地管理不到位，故村庄布局杂乱无章，建设用地无序扩张，严重影响美丽乡村建设和村庄用地集约利用。

（1）村庄规划亟待编制和实施。村庄规划是国土空间规划体系的重要组成部分，是落实村庄国土空间用途管制，规范用地管理的依据。自然资源部办公厅先后下发了《关于加强村庄规划促进乡村振兴的通知》（自然资办发〔2019〕35号）、《关于进一步做好村庄规划工作的意见》（自然资办发〔2020〕57号）等文件，积极推动全国各地在国土空间规划框架下开展村庄规划的编制。但由于存在基础薄弱、资金紧

① 见《城市居住区规划设计标准》。
② 规划要求最低标准见《村庄规划技术规范》(DB13/T 5557—2022)。

张等因素，只有少数城市完成了辖区村庄规划，多数城市村庄规划尚未编制或正处于编制状态，用地管理无“规”可循。规划编制完成后，还需要建立有效的机制保障规划落实，通过全域综合整治、农用地和建设用地整理、乡村生态保护修复、乡村历史文化保护和风貌提升等工程，一张蓝图干到底，为乡村振兴提供规划保障。

（2）村庄用地管理体制亟待加强完善。要实现乡村振兴总目标，保障村庄规划稳步实施，必须要优化乡村治理模式、建立完善的农村用地管理制度体制。长期以来，随着农村经济的发展和农民生活水平的提升，村庄用地需求越来越大，但村庄用地管理远远落后于村庄建设的需求。村庄建设一定程度上处于放任自流状态，建房选址和用地规模没有得到有效管理，农村房屋数量呈盲目无序、快速增长态势，一户多宅、超面积建房、占而不用、未批先建等现象突出，产业用地长期空置比比皆是，占用耕地违规建造“大棚房”屡见不鲜。形成的结果是村庄用地的持续扩张，人均用地面积居高不下。

24.5.4　村庄风貌特色亟待保护

我国是一个传统农业国，全国村庄用地占建设用地总量的一半以上，数量巨大，形成了无数具有地域特色、民族特色和历史文化底蕴的传统村落，聚集了丰富的文化遗产，成为绿色产业及生态文明建设的重要支撑，更是乡村振兴的重要资源。但随着经济的发展和城市的扩张，村庄建设千篇一律，传统村落受到威胁，大量村庄凋敝消失，需引起足够重视。

（1）传统村落保护意识薄弱。据《中国城乡建设统计年鉴》，1990 年全国自然村数量 377.3 万个，到了 2021 年剩下 263.3 万个，31 年时间减少了 114 万个。消失的村落，一是因扶贫移民和搬迁，二是因自然灾害损毁而搬迁、消亡，三是因村庄调整合并，四是因城市扩展和建设需要而拆迁，五是因人口大量流失而自然消亡。其中许多具有历史文化价值的传统村落由于保护意识薄弱而消亡。传统村落是中华传统文化的原生性生态系统，随村落消失的不仅仅是物质上的民居和历史建筑，还包括依附于村落和居民存在的乡风民俗、非遗传承、农业景观等文化要素。因此在村庄建设和整治时，不仅要改善乡村人居环境，更要增强保护意识，保护好传统村落，传承乡村文化，延续中华传统。

（2）综合整治推进中历史文化保护传承力度不够。当前村庄综合整治中，新村建设盲目建牌楼亭廊“堆盆景”、大拆大建、建“兵营”式建筑，村庄建设千篇一律现象较为普遍，忽视了历史文化保护与传承。村庄综合整治作为乡村振兴、生态文明建设的重要抓手，要因地制宜、突出特色，立足地域文化，建立乡村文化保护利用机制，深入挖掘乡村历史文化资源，划定乡村历史文化保护线，提出历史文化景观整体保护措施；防止大拆大建，加强村庄各类建设的风貌规划和引导，保护好村庄的特色风貌。让居民“望得见山、看得见水、记得住乡愁”。

24.6　基于乡村振兴的村庄用地合理配置对策

全面建设社会主义现代化国家，最艰巨、最繁重的任务仍然在农村。党的二十大报告提出全面推进乡村振兴，这是继党的十九大提出实施乡村振兴战略并写入党章后，党中央再次以“乡村振兴”为主题系统全面部署“三农”工作。实施乡村振兴战略，农业农村现代化是总目标，产业兴旺、生态宜居、乡风文明、治理有效、生活富裕是总要求。土地是农业农村发展的重要资源，土地政策是乡村振兴的重要制度支撑，全面推进乡村振兴必须用好、管好土地资源。

本节针对村庄用地存在的问题，全面推进乡村振兴的背景，坚持深化农村土地制度改革、完善政策机制、充分发挥规划引领、优化村庄用地格局的原则，提出合理配置村庄用地、促进乡村振兴的对策与建议。

24.6.1 积极推进村庄规划，发挥规划引领作用

实施乡村振兴战略要坚持规划先行、有序推进，做到注重质量、从容建设，要通盘考虑土地利用、产业发展、居民点布局、人居环境整治、生态保护和历史文化传承，编制“多规合一”的实用性村庄规划。2019 年 5 月，中共中央、国务院印发《关于建立国土空间规划体系并监督实施的若干意见》，确立了“五级三类”的国土空间规划体系。村庄规划属于城镇开发边界外乡村地区的详细规划范畴，是乡村地区开展国土空间开发保护活动、实施国土空间用途管制、核发城乡建设项目规划许可、进行各项建设等的法定依据。坚持村庄规划引领，才能做到村庄发展有遵循、村庄建设有依据。我国绝大多数地区的国土空间规划已完成编制，在划定的“三线”成果管控下，结合乡村人口流动状况、经济发展水平、产业结构等方面的特征，突出区域特色和城乡统筹，科学编制了村庄规划，从而能合理确定村庄布局和建设边界，为村庄建设和发展提供了基本遵循。

编制村庄规划要根据村庄定位，理清村庄发展思路，明确村庄发展目标和重点任务。要坚持县域城乡统筹，优化功能布局，保障农民居住、乡村基础设施、公共服务空间和乡村产业需求，合理安排宅基地、乡村产业、基础设施与公共服务等各项用地。工业布局要围绕县域经济发展，原则上安排在县、乡镇的产业园区；对利用本地资源、不侵占永久基本农田、不破坏自然环境和历史风貌的乡村旅游、农村电商、农产品分拣、冷链、初加工等农村产业业态可根据实际条件就近布局；实行“一户一宅”，保障“户有所居”，引导农村宅基地集中布局；强化县城综合服务能力，把乡镇建成服务农民的区域中心，统筹布局村基础设施、公益事业设施和公共设施，引导城镇基础设施和公共服务设施向农村延伸，促进设施共建共享，提高资源利用节约集约水平，提升村庄公共服务能力。同时，编制村庄规划还要尊重自然地理格局，彰显乡村特色优势。不挖山、不填湖、不毁林，因地制宜划定历史文化保护线、地质灾害和洪涝灾害风险控制线等管控边界。划好村庄建设边界，明确建筑高度等空间形态管控要求，保护历史文化和乡村风貌。

我国现阶段村庄根据不同的人口状况、地理位置、资源禀赋和城乡统筹定位，可分为集聚提升类、城郊融合类和搬迁撤并类。集聚提升类等建设需求量大的村庄可加快编制，城郊融合类的村庄可纳入城镇控制性详细规划统筹编制，搬迁撤并类的村庄原则上不单独编制。编制村庄规划要针对村庄特点，综合考虑县、乡级国土空间规划工作节奏有序推进。

24.6.2 优化村庄用地结构，提升公共服务水平

现阶段绝大多数村庄的公共服务与城镇相比存在很大的差距。而公共服务的短板使得农村居民的生活质量得不到保障，促使更多的农村居民离开村庄进入城市生活。反过来，随着人口的外流，村庄经济和社会发展面临着更大的压力，也更难有足够的财力和资源来提供和改善公共服务设施，引发村庄公共服务质量的进一步下降和更多的人口流失，最终导致村庄的衰落。从村庄用地结构上看，总体上宅基地比例偏高，公共设施和公共服务用地比例偏低，而且人口流出幅度越大的乡村，公共服务设施建设越弱，越是难以支撑农村公共服务需求的提升。

因此，要优化村庄用地结构，合理配置村庄公共设施和公共服务用地。需要以村庄规划为引领，综

合考虑区域公共服务资源的配置，发挥区域统筹作用。公共设施要分级分类，以县城和乡镇为中心，全面规划教育、医疗卫生、文化娱乐、交通出行等公共服务设施用地，根据服务范围进行合理的空间配置，发挥其最大效用。

此外，对村庄公共服务用地配置起决定性的因素是公共财政支出。需要根据经济增长和地方财力，多渠道筹集资金，适当增加财政支出，并向乡村地区倾斜，适度提高乡村科教文卫、公用设施用地、养老用地等比重。同时也要通过出台政策鼓励社会资本投入，加强对农村公共服务设施的建设和完善，提高村民的获得感和幸福感。

在优化用地结构、加大公共服务投入的过程中，村庄也要发挥自身优势和潜力，如因地制宜鼓励农民发展村庄集体经济，引导农村发展农产品深加工、旅游、文化等多元化经济形态，提高村庄自身造血功能，加大村庄公共服务投入。

24.6.3　合理配置产业用地，提高乡村产业效能

乡村振兴战略的总要求中，第一条就是“产业兴旺”。乡村要振兴，产业必振兴，发展乡村产业，土地要素的空间保障必不可少。

不同乡村自然禀赋存在差异，对产业用地的需求各有特点。经济发展滞后的地区，村庄用地功能比较单一，以居住为主。随着经济发展和城乡一体化程度加深，产业用地的需求逐步增加。在珠三角、长三角等城乡高度一体化地区，甚至会出现产业从城镇向乡村迁移的现象，形成以第二产业为主导的三产融合。而在第一产业占比较高的中西部农业区，则多是以第一产业为主导的三产融合。因此，各地区可根据所处的发展阶段、产业结构演进趋势，制定乡村产业发展名录，结合村庄规划的编制，合理配置产业用地，发展乡村特色产业，引导乡村地区一二三产业融合发展，促进乡村居民原地就业，拓宽农民增收致富渠道，保障乡村振兴的原动力不断提升。

保障乡村发展用地，并不意味着要在农村实行建设用地规模化扩张。解决乡村产业用地紧缺问题，首先要靠村庄内部挖潜。要大力盘活农村存量建设用地，用于支持农村产业融合发展和乡村振兴。在符合国土空间规划前提下，鼓励对依法登记的宅基地等农村建设用地进行复合利用；对整治验收后腾退的建设用地，在保障试点乡镇农民安置、农村基础设施建设、公益事业等用地的前提下，可重点用于农村一二三产业融合发展。此外，探索更加灵活的用地方式，并优化乡村建设规划许可制度，为挖掘村庄用地潜力，加强节约集约，支撑乡村产业发展提供政策支持。积极稳妥推进农村集体经营性建设用地入市，盘活农村资源要素，努力为乡村产业发展、返乡创业创新提供用地支撑。

24.6.4　完善政策机制，加强村庄治理能力

巩固拓展脱贫攻坚成果，全面推进乡村振兴，是全面建设社会主义现代化国家的全局性、历史性任务。根据“产业兴旺、生态宜居、乡风文明、治理有效、生活富裕”总要求，建立健全城乡融合发展体制机制和政策体系，实施有效的乡村治理，是实施乡村振兴战略必要保障。

加强村庄用地治理，重点是要防止村庄用地无序扩张，提高村庄用地效率与资产价值。农村“空心化”是城镇化过程中特有现象之一，数据显示，村庄新增宅基地的增长与乡村常住人口的减少呈现负相关，直接影响到农村宅基地的利用效率。因此，须严格规范农村建房的许可制度，同时研究探索适当扩大宅基地流转的范围，创新宅基地流转利用方式，以提高闲置宅基地的利用率，增加农民的财产性收入。

农村土地制度改革关乎城镇化、农业现代化进程，要始终把维护好、实现好、发展好农民权益作为出发点和落脚点，坚持土地公有制性质不改变、耕地红线不突破、农民利益不受损三条底线。为了贯彻落实“乡村振兴”战略，自然资源部在优化乡村空间布局、保障乡村发展用地需求、赋予农民更加充分的财产权益等方面出台了系列政策，开展了农村土地征收、集体经营性建设用地入市、宅基地制度改革的重大农村土地制度的研究和创新。后续要持续深化农村土地制度改革，完善管理体制，为保障粮食安全、建设生态文明、实现乡村振兴奠定政策基础。

第 25 章　国土空间规划体系下文物和文化遗产资源保护利用研究

国土空间规划是落实自然遗产和文化遗产保护的重要途径。习近平总书记在十九届中央政治局第二十三次集体学习时的讲话中指出，"要健全不可移动文物保护机制，把文物保护管理纳入国土空间规划编制和实施"。《中共中央 国务院关于建立国土空间规划体系并监督实施的若干意见》要求相关主管部门组织编制文物保护专项规划。中共中央办公厅和国务院办公厅印发的《关于加强文物保护利用改革的若干意见》要求建立健全不可移动文物保护机制，明确指出"国土空间规划编制和实施应充分考虑不可移动文物保护管理需要"，为深化不可移动文物资源保护利用工作指明了方向。《自然资源部 国家文物局关于在国土空间规划编制和实施中加强历史文化遗产保护管理的指导意见》要求"各级文物主管部门要做好文物保护单位保护规划等文物保护类专项规划编制工作"。

2019 年 6 月，《自然资源部关于全面开展国土空间规划工作的通知》将"体现地方特色的自然保护体系和历史文化保护体系"列为国土空间规划审查要点；自然资源部公布的《省级国土空间规划编制指南（试行）》要求在开发保护格局方面，以重要自然资源、历史文化资源为基础，促进形成省域国土空间网络化；在要素保护与利用方面，深入挖掘历史文化资源，全面评价自然景观资源，构建历史文化与自然景观网络，同时梳理各种涉及保护和利用的空间管控要求，制定区域整体保护措施，延续历史文脉、突出地方特色，做好保护、传承、利用。《市级国土空间总体规划编制指南（试行）》则要求"发掘本地自然和人文资源，系统保护自然景观资源和历史文化遗存，划定自然和人文资源的整体保护区域"。

2021 年公布的《自然资源部 国家文物局关于在国土空间规划编制和实施中加强历史文化遗产保护管理的指导意见》明确了国土空间规划与历史文化遗产保护管理对接的具体安排，要求在第三次全国国土调查和第三次全国文物普查的基础上，进一步做好文物资源专题调查和专项调查，按照国土空间基础信息平台数据标准，结合建立历史文化遗产资源数据库，及时将文物资源的空间信息纳入同级平台，建立数据共享与动态维护机制；同时要求在市、县、乡镇国土空间总体规划中统筹划定包括文物保护单位保护范围和建设控制地带、水下文物保护区、地下文物埋藏区、城市紫线等在内的历史文化保护线，并纳入国土空间规划"一张图"，实施严格保护。

25.1　我国国土空间中的文化遗产资源基础

25.1.1　国土空间中的文化遗产资源体系

我国文化遗产量大面广、构成情况复杂，总体可按照"不可移动文物""世界遗产""城乡文化遗产”“文化公园”“文化景观”“烈士纪念地”“非物质文化遗产”“潜在文化遗产”八种体系类型[①]（图25.1）系统梳理各类文化遗产资源。

在全国文化遗产资源名录中，不可移动文物（包括各级文物保护单位和未核定公布为文物保护单位的不可移动文物）的名录依据国家文物局提供的第三次全国文物普查数据库得到；世界遗产以联合国教科文组织（UNESCO）公布的名单为准；城乡文化遗产、文化公园、文化景观、烈士纪念地、非物质文化遗产，按照表25.1中罗列的具体内容，系统整理了国家和有关国际组织公布的各类遗产名录；中国20世纪建筑遗产名录等非法定的潜在文化遗产，以相关组织公布的名录为准。对于历史文化街区、历史建筑、省级以下非物质文化遗产代表性项目等名录尚未统一公布的文化遗产，暂时无法纳入中国文化遗产资源一览表。

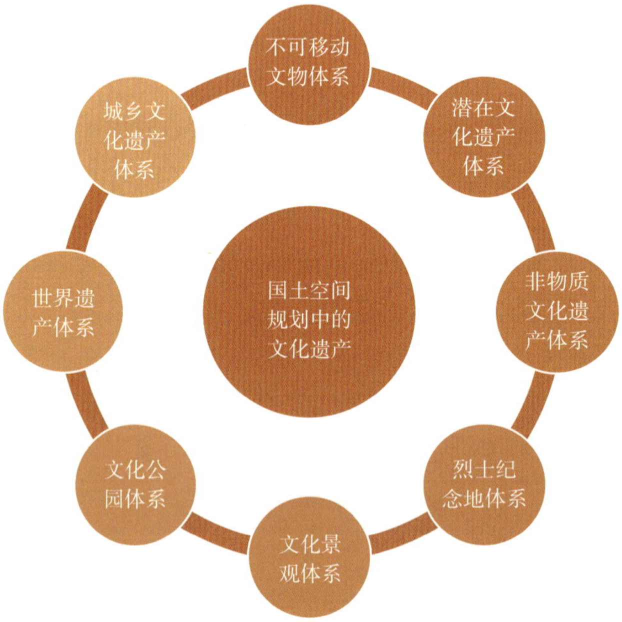

图25.1 国土空间规划中的文化遗产保护体系

表25.1 国土空间规划中的文化遗产保护体系与内容

保护体系	保护内容
不可移动文物	大遗址、各级文物保护单位、未列级不可移动文物
世界遗产	世界遗产项目及世界遗产预备名录中的项目
城乡文化遗产	历史文化名城、名镇、名村、历史街区和历史建筑、传统村落等
文化公园	国家公园、国家考古遗址公园等
文化景观	重要农业文化遗产、工业遗产、灌溉工程遗产、风景名胜区、水利风景区等
烈士纪念地	烈士纪念设施、抗战纪念设施和遗址等
非物质文化遗产	非物质文化遗产代表性项目、文化生态保护区等
潜在文化遗产	潜在的文化遗产、文化景观、文化线路等

① 文物和文化遗产内容丰富，类型多样，其保护以分类保护为主，文化遗产保护政策政出多门，管理主体复杂。目前尚不存在国土空间历史文化资源的统一分类标准。这里提出的八类文化遗产是在对全国文化遗产进行系统梳理后提出的建议。

25.1.2　全国文化遗产资源的数量

截至 2022 年，我国纳入各类名录的文化遗产资源总量逾 93 万处，数量最多的文化遗产类型依次为非物质文化遗产代表性项目（10 万余项）、第三次文物普查不可移动文物（766722 处）、历史建筑（5.75 万个）、中国传统村落（6819 处）。我国文化遗产资源的总体构成情况见表 25.2。

表 25.2　全国文化遗产资源总体构成（2022 年）①

类型			数量
不可移动文物	全国重点文物保护单位		5058 处
不可移动文物	省级文物单位		2.1 万处
不可移动文物	市县级文物单位		11.9 万处
不可移动文物	第三次全国文物普查不可移动文物		766722 处
文化公园	国家文化公园		5 个
文化公园	国家考古遗址公园		36 个
世界遗产	文化遗产		38 处
世界遗产	自然遗产		14 处
世界遗产	自然与文化双遗产		4 处
世界遗产	世界遗产预备名单		61 处
城乡文化遗产	历史文化名城	国家历史文化名城	140 座
城乡文化遗产	历史文化名城	省级历史文化名城	182 座
城乡文化遗产	中国历史文化名镇		312 个
城乡文化遗产	中国历史文化名村		487 个
城乡文化遗产	历史文化街区		1200 余片
城乡文化遗产	历史建筑		5.75 万个
城乡文化遗产	中国传统村落		6819 处
文化景观	中国重要农业文化遗产		135 个
文化景观	国家工业遗产		195 个
文化景观	中央企业工业文化遗产		96 个
文化景观	世界灌溉工程遗产		30 个
文化景观	国家级风景名胜区		244 处
文化景观	国家水利风景区		902 处

① 表中数据不含港澳台地区。

续表

类型			数量
烈士纪念地	国家级烈士纪念设施		270 处
	国家级抗战纪念设施、遗址		254 处
非物质文化遗产	非物质文化遗产代表性项目	人类非物质文化遗产代表作名录中国项目	42 项
		国家级非物质文化遗产代表性项目	1557 项
		其他各级非物质文化遗产代表性项目	10 万余项

25.1.3 主要历史文化遗产的情况

25.1.3.1 不可移动文物

不可移动文物是我国历史文化资源的主体。根据《中华人民共和国文物保护法》及《第三次全国文物普查不可移动文物分类标准》，不可移动文物按照保护级可分为全国重点文物保护单位、省级文物保护单位、市县级文物保护单位、尚未核定公布为文物保护单位的不可移动文物，按照类型分为“古文化遗址”“古墓葬”“古建筑”“石窟寺及石刻”“近代现代重要史迹”和“其他”。

按照保护级别，目前我国共核定公布全国重点文物保护单位 5058 处，省级文物保护单位约 2.1 万余处，市县级文物保护单位 11.9 万余处。根据国家文物局提供的全国第三次全国文物普查结果统计，全国登记不可移动文物 766722 处，其中古遗址类有 193282 处，古墓葬类有 139458 处，古建筑类有 263885 处，石窟寺及石类有 24422 处，近现代重要史迹及代表性建筑类有 141449 处，其他类有 4226 处。详情见表 25.3。

表 25.3 全国不可移动文物状况（2022 年）

类型		数量
第三次全国文物普查（2011 年）	全国重点文物保护单位	9586 处
	省级文物单位	14333 处
	市县级文物单位	60526 处
	未列级的不可移动文物	682277 处
国家公布文物保护单位（2022 年）	全国重点文物保护单位	5058 处
	省级文物单位	2.1 万余处
	市县级文物单位	11.9 万余处

25.1.3.2 世界遗产

根据 UNESCO 公布的名单，截至 2022 年，中国纳入世界遗产名录的项目共 56 项（表 25.4 和图 25.2）。不计“澳门历史城区”项目，则中国内地的世界遗产数量为 55 项。56 项世界遗产含文化遗产 38

项、自然遗产 14 项、自然与文化双遗产 4 项。

除了正式列入世界遗产名录中的项目外，UNESCO 鼓励《保护世界文化和自然遗产公约》缔约国提交预备名录（tentative lists），作为世界遗产名录的后备补充遗产。根据 UNESCO 在 2022 年 1 月更新的预备名录，中国项目在世界遗产预备名录中有 61 项。

表 25.4 全国世界遗产及预备名录统计（2022 年）

类型		数量
世界遗产	文化遗产	38 处
	自然遗产	14 处
	自然与文化双遗产	4 处
世界遗产预备名录	文化遗产	25 处
	自然遗产	16 处
	自然与文化双遗产	20 处

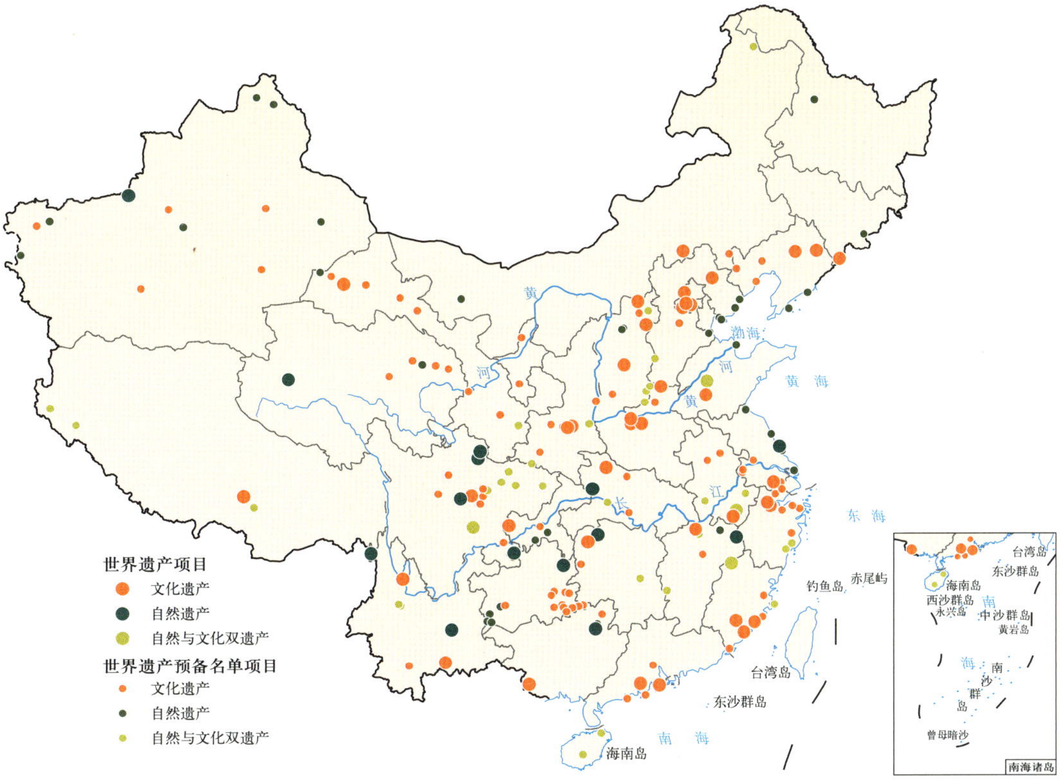

图 25.2 我国世界遗产及预备名单项目分布①

① 图中，2017 年以前的世界遗产项目位置坐标获取自 http：//ihp-wins.unesco.org/layers/worldheritagesites：geonode：worldheritagesites，其他项目及位置坐标以 UNESCO 公布的位置为准，如没有公布具体位置坐标的，则通过查询百度地图得到。

25.1.3.3 城乡文化遗产

城乡文化遗产是指由住房和城乡建设部门负责管理的、以历史文化名城为主体的城镇和乡村聚落遗产与建筑遗产，主要包括历史文化名城、名镇、名村，历史街区和历史建筑、传统村落等。根据国家公布的各类名录及披露的信息（表 25.5、图 25.3 和图 25.4），截至 2022 年，全国共有国家历史文化名城 140 座，中国历史文化名镇、名村 799 个（含历史文化名镇 312 个、历史文化名村 487 个），中国传统村落 6819 个，全国划定历史文化街区 1200 余片，保护历史建筑 5.75 万处。

表 25.5 全国城乡文化遗产统计（2022 年）

类型		数量
历史文化名城、名镇、名村	国家历史文化名城	140 座
	省级历史文化名城	182 个
	中国历史文化名镇	312 个
	中国历史文化名村	487 个
历史文化街区和历史建筑	历史文化街区	1200 余片
	历史建筑	5.75 万处
中国传统村落		6819 个

图 25.3 我国历史文化名城分布①

① 图中的历史文化名城，通过整理国家和地方公布的名录，进而在百度地图中查询各个名城的所在位置而成。

图 25.4　我国历史文化名镇名村和传统村落分布①

25.1.3.4　非物质文化遗产

自我国 2004 年加入《保护非物质文化遗产公约》以来，制定非物质文化遗产代表性项目名录已经成为国家和地方传承传统文化的重要手段。截至 2021 年，国家公布的国家级非物质文化遗产代表性项目共 1557 项，而国家、省、市、县四级名录认定的非物质文化遗产代表性项目多达 10 万余项（表 25.6 和图 25.5）。在量大面广的非物质文化遗产之中，已有 42 项纳入 UNESCO 的人类非物质文化遗产代表作名录（Representative List of the Intangible Cultural Heritage of Humanity）②，堪称我国非物质文化遗产中的精华部分。

表 25.6　全国非物质文化遗产统计（2021 年）

类型		数量（项）
人类非物质文化遗产代表作名录		42
国家级非物质文化遗产代表性项目	民间文学	167
	传统音乐	189
	传统舞蹈	144
	传统戏剧	171

① 图中的历史文化名镇、名村、传统村落，通过系统整理国家公布的各类、各批名录，进而在百度地图中查询位置而成。
② 见：https：//ich.unesco.org/en/lists。

续表

类型		数量（项）
国家级非物质文化遗产代表性项目	曲艺	145
	传统体育、游艺与杂技	109
	传统美术	139
	传统技艺	287
	传统医药	23
	民俗	183
各级非物质文化遗产代表性项目		10 万余

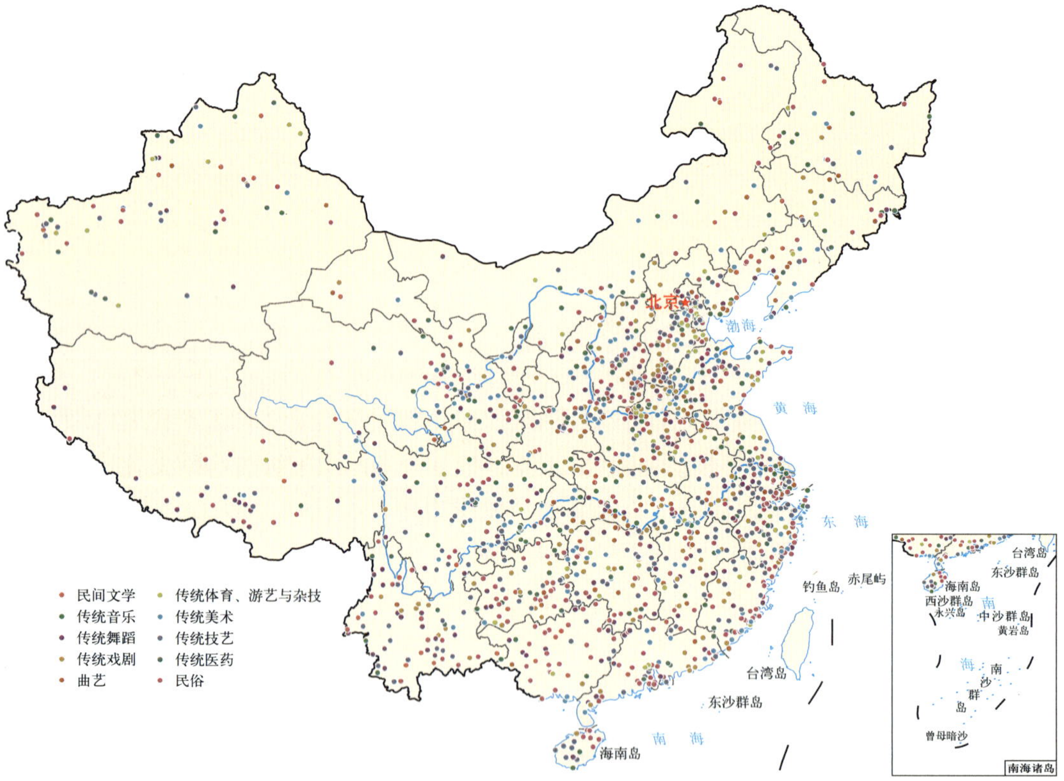

图 25.5　国家级非物质文化遗产代表性项目分布[①]

① 图中的各类项目，在整理各批次名录基础上，通过在百度地图中查询得到位置坐标，将坐标精确到县级行政单元。

25.2　我国文化遗产资源的国土空间分布特征

25.2.1　我国国土空间中的文化遗产资源禀赋

不可移动文物在我国文化遗产资源中占绝大多数，可以将我国的不可移动文物资源状况与世界上其他历史文化较悠久的国家情况相比较，从而客观评价我国国土空间中的文化遗产资源禀赋。根据第三次全国文物普查，我国登录的不可移动文物资源总量约为 76.7 万处，结合我国国土面积、人口总数计算，可知我国国土空间中的文物资源平均密度约为 0.08 个 / 万平方千米，文物资源的万人资源占有量约为 0.54 个 / 万人。与其他国家相比较，可以发现，我国国土空间中文物资源的平均密度仅为日本的 1/6、英国的 1/20、德国的 1/45；人均文物资源占有量仅为德国和日本的 1/3、英国的 1/10（表 25.7）。

由此可见，我国国土空间中的文物和文化遗产资源禀赋特点表现为：文物和文化遗产资源总量较多，但由于国土面积广阔、人口众多，资源平均密度相对较低，人均资源占有量相对较少，文物和文化遗产资源“稀缺性”特点突出，需要在国土空间中严格加以保护。

表 25.7　各国文物资源禀赋比较

国家	登录的文物资源（10^4 个）	世界遗产（个）	国土面积（10^4km^2）	平均密度（个 /10^4km^2）	人口数量（10^4 人）	人均占有量（个 /10^4 人）
中国	76.7	56	960.0	0.08	14123.6	0.54
英国	40.1	33	24.4	1.64	673.3	5.96
法国	4.6	49	54.9	0.08	675	0.68
德国	130.0	51	35.8	3.63	8324	1.56
日本	18.6	25	37.8	0.49	1256.8	1.48

25.2.2　我国国土空间中的文化遗产资源分布格局

25.2.2.1　文化遗产资源空间分布为大疏大密格局

基于核密度估计，可以按照历史文化资源密度高于或低于全国平均水平，将我国国土空间分为“文物密集地区”与“文物稀疏地区”两个部分。根据测算，我国的文物密集地区面积约占全部国土面积的 26.7%（约 1/4），这与我国国土中适宜人居的空间约占 1/4 的自然基础条件高度吻合。

从空间分布来看，我国不同地区的文化资源禀赋和文化安全风险差异很大。全国 90% 以上的文化遗产资源集中分布在“胡焕庸线”以东地区，重要的历史文化空间与人口密集、经济发达的城镇空间高度重合。整体看来，文化遗产资源空间分布总体呈现“大疏大密”的分布特征。

25.2.2.2　文化遗产资源空间分布为区域集聚格局

按照“标准偏差法”，以全国平均密度的 1/2 标准偏差（Sta. Dev）为梯度，对国土进行分级分类，分级结果用以识别我国文化遗产资源集聚区分布的重点区域（图 25.6）。

分析结果表明，我国文化遗产资源主要密集分布在东部地区，在中、小尺度上，呈现多中心分布态势；在大尺度上，则明显呈现以黄河中下游（中原）、长江下游（江浙）、长江上游（巴蜀）三大地区为核心的分布格局。为了更加准确地发现集聚的重点区域，研究基于100千米搜索半径下核密度估计结果，将资源密度高于全国密度均值的2.5个标准差以上的高密度连续集聚区域称为“文化集聚区”。基于上述标准，全国共识别出13个大型文化集聚区。这13个文化集聚区，是中国历史上人类的文化活动在大地上不断沉积从而形成的历史文化密集区域，是文化遗产资源所反映的中国古代人居住的核心地区，是承载着中华文明、中国文化的关键地带。

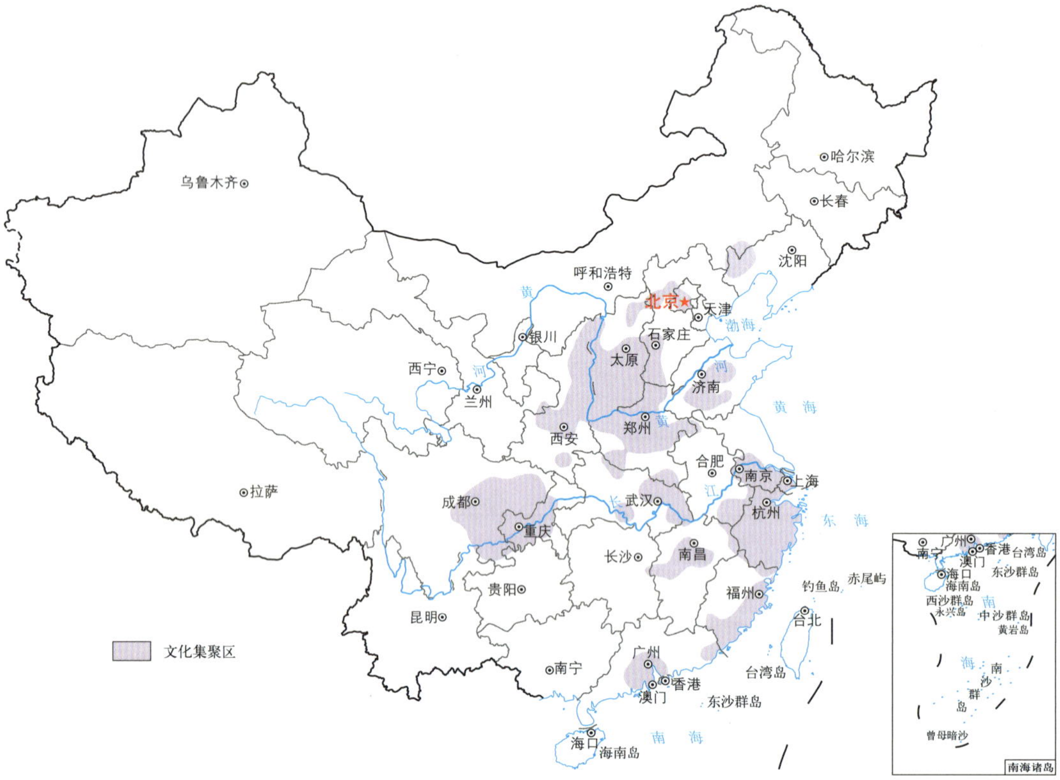

图 25.6　我国 13 个文化集聚区分布

25.2.3　文物资源的国土空间分布特征

25.2.3.1　第三次全国文物普查与第三次全国国土调查叠合分析

将第三次全国文物普查（简称“三普”）与第三次全国国土调查（简称“三调”）进行叠合，分析文物资源在不同用地类型中的分布情况（图25.7和图25.8）。分析结果表明，“三调”的13个一级类之中均有文物资源分布，其中，住宅用地、耕地、林地是文物资源分布的主要用地类型。住宅用地是文物分布最多的用地类型，分布于住宅用地中的文物资源达22.3万个，占文物资源总量的29.12%；全国耕地中存有文物资源14.43万个，占文物资源总量约1/5（19.82%）；全国林地中存有文物资源15.07万个，占全国文物资源总量约1/5（19.65%）。此外，文物资源也较多地分布于交通运输用地、特殊用地、水域及水利设施用地、草地、种植园用地、公共管理与公共服务用地等用地之中。

单独分析全国重点文物保护单位（简称“国保单位”）在“三调”不同地类中的分布情况（图

25.9），可以发现，国保单位在城镇、农业和生态空间中广泛分布。超过 3/4（77%）的国保单位分布于建设用地之中，其中，公共管理与公共服务用地、特殊用地、住宅用地是国保单位分布的主要空间。

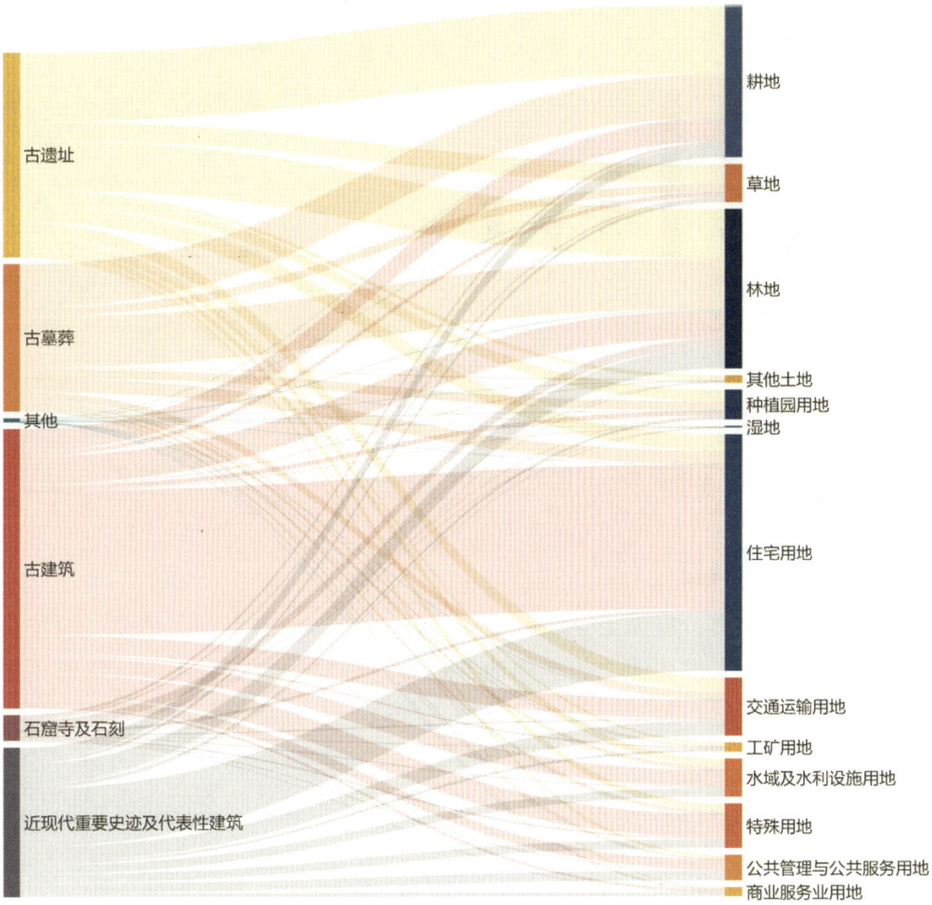

图 25.7　6 类文物资源与 13 个地类的叠合关系示意

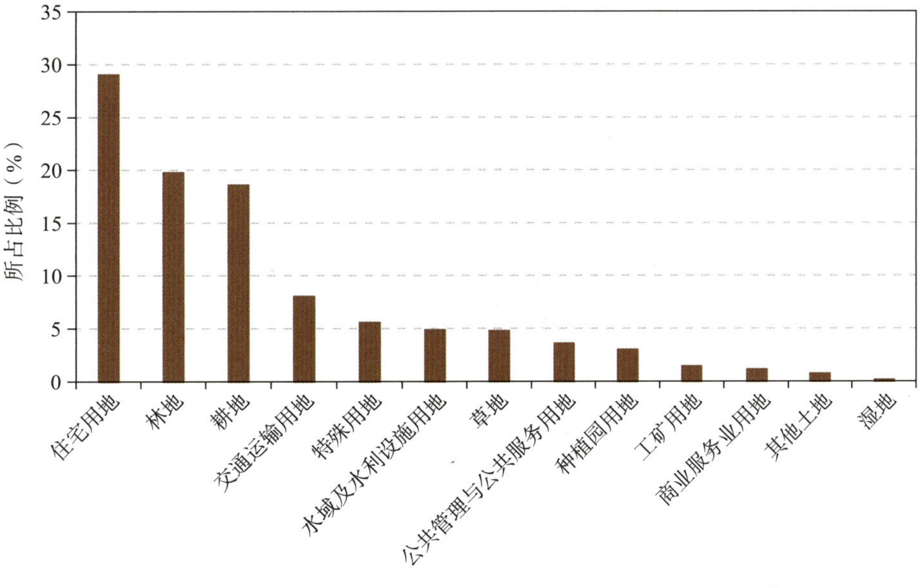

图 25.8　“三普”文物资源在“三调”不同类型用地中的分布情况

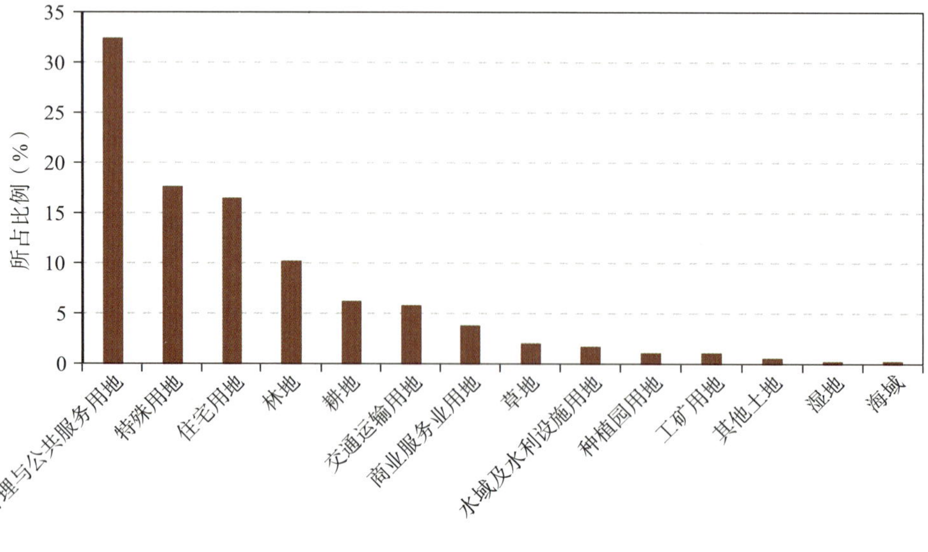

图 25.9　全国重点文物保护单位在“三调”不同地类中的分布情况

25.2.3.2　用地类型差异特征

根据“三调”一级用地分类，将国土空间分为“建设用地”与“非建设用地”两种类型。其中，建设用地包括商业服务业用地、工矿用地、住宅用地、公共管理与公共服务用地、特殊用地、交通运输用地，非建设用地包括湿地、耕地、种植园用地、林地、草地、水域及水利设施用地、其他土地。在“三普”与“三调”叠合分析基础上统计可知，建设用地中的文物资源总量为 36.2 万处，占 47.3%；非建设用地中的文物资源总量为 40.4 万处，占 52.7%（图 25.10）。由此可见，全国建设用地与非建设用地中分布的文物资源数量大致相当。

虽然数量大致相当，但进一步分析可知，建设用地与非建设用地中分布的文物资源类型有着明显的差异（图 25.11）。建设用地中的文物资源以古建筑、近现代重要史迹与代表性建筑为主，72.2% 的古建筑和 66.6% 的近现代重要史迹与代表性建筑位于建设用地之中。

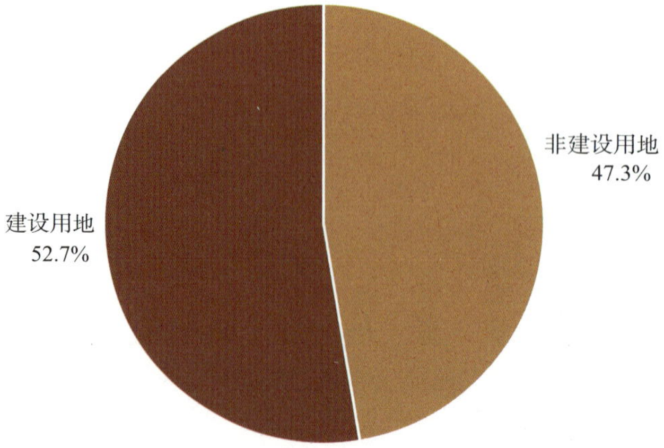

图 25.10　全国建设用地与非建设用地中的文物资源比例

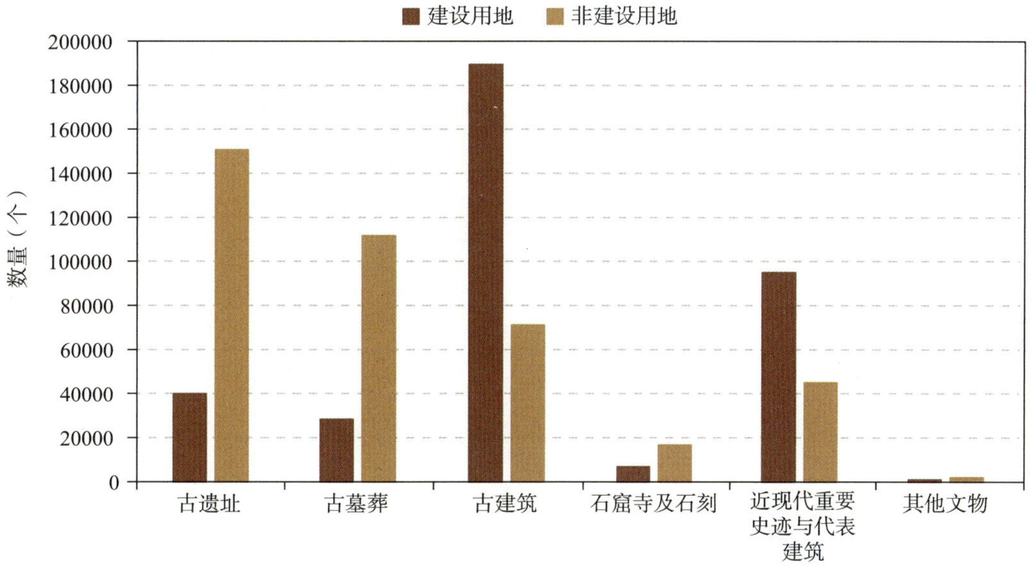

图 25.11 不同类型文物资源在建设用地与非建设用地中分布情况比较

非建设用地中的文物资源以古遗址、古墓葬为主，78.8% 的古遗址和 80.2% 的古墓葬位于非建设用地之中，同时，67.2% 的石窟寺及石刻和 70.7% 的其他文物也位于非建设用地中。具体而言，全国的耕地、林地中分布的大量文物资源，其类型均以古墓葬、古遗址为主，其中分布于耕地中的古遗址、古墓葬多达 10.7 万处，而林地中的古遗址、古墓葬则多达 9.4 万处（图 25.12 和图 25.13）。

上述数据表明，城乡建成空间与生态、农业等非建成空间都是文物资源的承载空间，对文物资源保护具有同等的重要性。具体看来，城乡建成空间是古建筑、近现代重要史迹与代表性建筑等建筑类文物资源的主要承载空间，而非建成空间则是古遗址、古墓葬、石窟寺及石刻等重要文物的重要赋存空间。

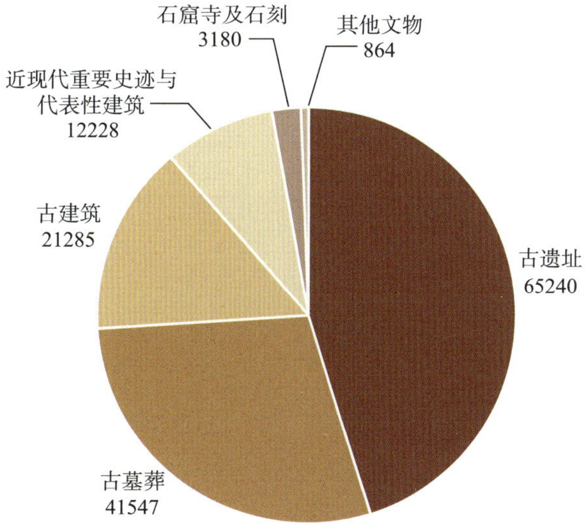

图 25.12 我国耕地中的文物资源分布情况（单位：个）

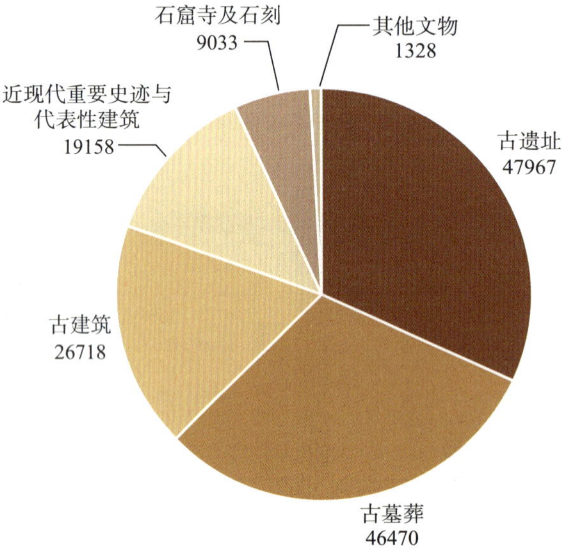

图 25.13 我国林地中的文物资源分布情况（单位：个）

25.2.3.3 区域差异特征

分区域来看，不同地区文物资源在国土空间中的分布存在明显差异（表 25.8 和图 25.14）。东部地区 41.3% 的文物分布于住宅用地之中，耕地、林地中的文物资源比例为 11.6% 和 14.6%；中部地区 35.1% 的文物分布于住宅用地之中，耕地、林地中的文物资源比例为 18.5% 和 16.7%。总体看来，东部地区和中部地区文物较多地集中分布在建成空间之中。相对的，西部地区耕地、林地中的文物资源比例达到 22.2% 和 27.1%，住宅用地中的文物资源仅占 14.8%；东北地区耕地、林地中的文物资源比例达到 42.3% 和 22.6%，而住宅用地中的文物资源仅占 8.1%。由此可见，在西部地区和东北地区，文物较多地分布在农业空间和生态空间之中。

表 25.8 不同地区不同地类中分布的文物资源比例　　单位：%

一级类	东部地区	中部地区	西部地区	东北地区
耕地	11.6	18.5	22.2	42.3
种植园用地	3.9	2.4	4.7	3.1
林地	14.6	16.7	27.1	22.6
草地	1.7	2.1	10.5	3.6
商业服务业用地	1.8	0.8	0.7	1.1
工矿用地	1.4	1.1	0.8	1.9
住宅用地	41.3	35.1	14.8	8.1
公共管理与公共服务用地	4.0	3.2	2.4	2.5
特殊用地	6.1	6.1	4.8	3.0
交通运输用地	7.6	7.9	5.9	8.3

续表

一级类	东部地区	中部地区	西部地区	东北地区
水域及水利设施用地	5.4	5.5	3.7	2.2
其他土地	0.5	0.4	2.0	0.7
湿地	0.2	0.2	0.3	0.5

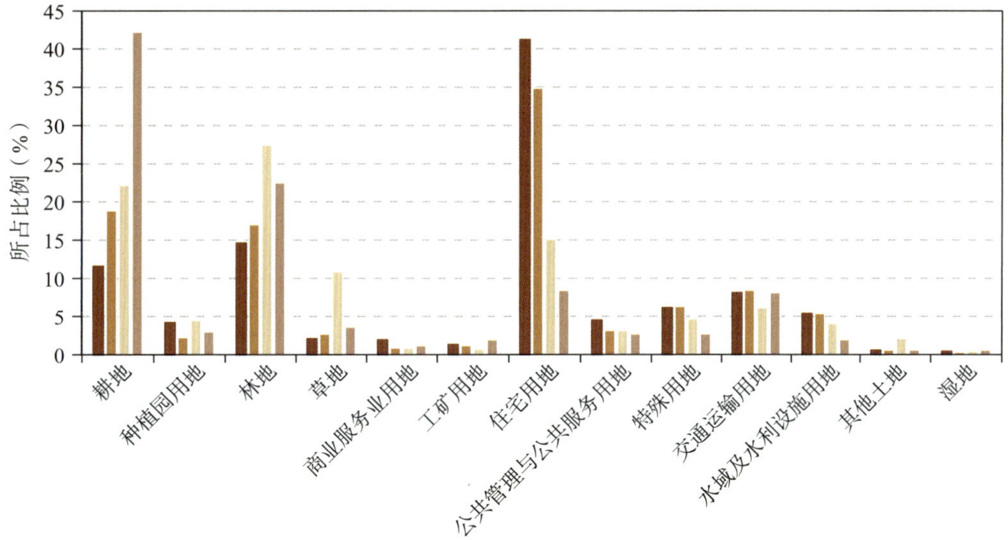

图 25.14　不同地区文物资源在不同地类中的分布情况比较

将“三调”的 13 个一级类归并为建设用地与非建设用地，能够更加明显地看出不同地区的差异（图 25.15）。东部地区超过 60% 的文物分布在建设用地之中，中部地区建设用地中的文物资源占比略高于非建设用地，西部地区和东北地区则 70% 以上的文物资源分布在非建设用地。

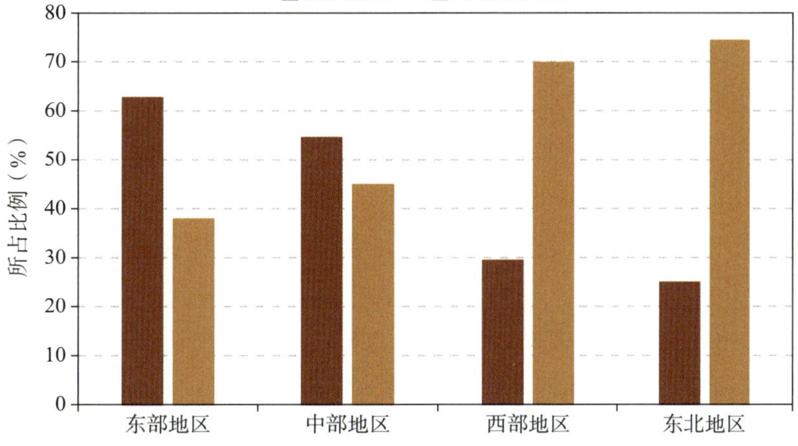

图 25.15　文物资源在建设用地与非建设用地中的分布情况比较

25.2.3.4 城乡差异特征

从较为精细的尺度看来，城市是全国文化遗产集中分布的重要地区，是国家历史文化遗产保护和利用的重中之重。研究基于中国文化遗产空间信息平台，将文化遗产资源空间分布与根据遥感影像识别的城镇建成区进行叠合，测算发现，我国城市建成区以占国土面积约 1.9% 的空间体量，承载了 28.9% 的各级文物保护单位。就城市群和都市圈地区[①]而言，全国 29 个重要的城市群和都市圈以 11% 的国土面积承载了 35.7% 的各级文物保护单位，是区域型历史文化资源整体保护利用的重点区域。

相比之下，内陆边疆地区地广人稀、资源分散，且保护利用难度大。据测算，我国内陆边疆区县的国土面积约占全国的 20%，但文化遗产资源数量仅占 2%。然而，边疆地区的文化保护对国家认同、国土安全和领土权益等至关重要。欠发达地区经济和科技水平有限，文化遗产难以发挥应有的作用，不利于国土安全与文化安全保护。

25.3 结论与建议

25.3.1 主要结论

总体看来，我国文化遗产资源类型多样、数量众多，但资源平均密度和人均占有量相对较低，资源空间分布高度不均，资源富集区与城市地区高度重叠，文化安全形势比较严峻，亟待依托国土空间规划体系开展整体系统的保护。

文化遗产资源广泛分布于生态保护、农业开发与城镇建设等不同的国土空间之中，因此，生态、农业、城镇三类国土空间，都有潜力成为复合型的“历史文化空间”。同时，不当的城镇建设、农业开发与生态保护活动，都会对我国文化安全造成严重的破坏性影响。避免城乡发展建设中的“建设性破坏”以及不当利用，对于保护古建筑和近现代建筑遗产至关重要。而能否在农业开发和生态保护的同时做好文物保护，则关系到古遗址、古墓葬、石窟寺及石刻等多种重要文物的安全存续。亟待针对城镇、农业、生态等不同类型空间，开展专门性的文化遗产保护专题性研究并制定相应的政策。

我国不同区域文物资源的国土空间分布差异显著，东部地区城镇村居民点中存在大量文物，防止城乡建设对文物资源造成“建设性破坏”是当务之急；西部地区和东北地区要把协调农业、生态与文化遗产保护的关系作为重中之重，积极探索在农业开发和生态保护中保护文化遗产资源的道路；中部地区则要将防止文物“建设性破坏”与防止农业、生态对文物造成破坏放到同等的重视程度。

25.3.2 重点建议

25.3.2.1 建立全国文物资源“一张图”，实现全要素整体系统保护

国土空间文化遗产保护是“全域”“全类型”保护。在面向全域的文物保护类专项规划或文化遗产专题中，应做到全面保护物质文化遗产与非物质文化遗产、全面保护法定遗产与潜在遗产。全面保护物质文化遗产与非物质文化遗产，重点在于系统落实国家在文物保护、城乡文化遗产保护和国土空间规划等方面的要求，全面保护文物保护单位和不可移动文物，世界遗产，历史文化名城、名镇、名村等城乡

① 城市群、都市圈范围依据《中国都市圈发展报告》。

文化遗产，工业遗产和农业文化遗产，文化景观，文化线路，灌溉工程等物质文化遗产。同时保护各类非物质文化遗产，在科学分类基础上建立完整的规划范围内的完整保护清单。全面保护法定遗产与潜在遗产，需要在各级法定文化遗产保护名录的基础上进行补充，对尚未列入保护名录，但文化价值突出、文化功能明显的文化遗产进行挖掘并纳入保护体系。

建议在全域全类型整体系统保护基础上，积极建设全国文物资源“一张图”，推动文物调查与文物管理空间化、信息化、平台化转型。面向将历史文化遗产空间信息纳入国土空间基础信息平台，建议在国土空间规划中摸清文物资源底数。自然资源部门与文物部门协同合作做好文物资源调查，合理划定历史文化保护线。一是加强中国文物资源空间信息平台建设及其应用，构建“资源信息—时空信息—价值信息—环境信息”四位一体的信息平台，为全国和区域文物资源规划管理提供基础支撑。二是推动国土调查技术和标准向文物保护领域的推广，系统改善文物调查、文物普查、文物管理等信息化环节，建立符合文物保护管理与国土空间管理双向需求的文物信息基础设施与标准规范体系。三是在国土空间规划中落实历史文化空间管控，加快推进各级各类历史文化空间（线）范围的科学划定与数字化建设。四是加强空间信息技术对于文物保护利用的支撑性作用，推动信息平台的文物资源风险评价、国土开发文物影响评价、文物体检评估、文物资源开发潜力评估等新技术纳入国土空间规划管理与文物保护管理过程，注重发挥地理信息系统、大数据、人工智能在文物价值挖掘和系统保护利用中的优势。

25.3.2.2 统筹划定历史文化保护空间，建立空间管控和监测预警机制

在文化遗产保护纳入国土空间规划的新局面下，形成与“三区三线”相叠加的历史文化保护空间体系，以历史文化保护空间为基础，在国土空间开发保护过程中严守历史文化安全底线，是国土空间规划的应有之义。强化历史文化底线管控，明确提出历史文化空间管控范围、管控要求，将其作为强制性内容纳入国土空间规划。设立历史文化保护线，目的在于以实施国土空间用途管制为主要手段保护特定文化遗产本体及其环境，通过强化刚性控制防止各类国土空间开发对文化遗产造成破坏。

在市级、县级国土空间规划中落实各类文化遗产保护范围，统筹划定历史文化保护空间（线），并纳入国土空间规划“一张图”，是国家对于在国土空间规划中落实文物保护管理提出的基本要求。在规划编制过程中，需要对规划范围内文物保护单位保护范围和建设控制地带、水下文物保护区、地下文物埋藏区、城市紫线划定情况进行梳理，并绘制矢量图，形成市（县）域保护区划的综合落地方案。对尚未划定保护区划的文物保护单位，应敦促文物管理部门与国土空间规划制定部门同步开展保护线划定工作，并将划定成果纳入国土空间规划“一张图”。在统筹划定保护区划的基础上，市级和县级国土空间规划应明确各类历史文化保护空间的管控规定，形成与“一张图”相配套的管控导则。对于区划发生叠压的情况，应以“从严管控”为基本原则对叠压区域提出管控要求。

25.3.2.3 将文化遗产保护纳入国土空间规划编制、实施、监督全过程

在规划编制环节，将保护传承利用中华优秀传统文化作为规划原则和目标，加强国土空间规划与不可移动文物保护利用专项规划、其他各类文化遗产保护专项规划的对接，系统纳入专项规划提出的空间性、战略性要求。加强国家规划对于省级、市级、县级规划的纵向指导作用，明确重点地区承担的历史文化保护传承利用责任与要求。

在规划实施环节，针对文化遗产面临的“建设性破坏”威胁，以及农业开发、生态保护活动可能对文物资源造成的潜在影响，重点建立“文物和文化遗产影响评价”机制。生态、农业和城乡开发建设等各类国土空间保护开发活动，应预先考察区域内是否存在历史文化遗产；在存有历史文化资源的地区进

行规划建设，应预先评估项目对于历史文化资源和历史文化环境的影响，并提出保护利用举措。

在规划监督环节，应在国土空间规划实施监测评估、国土空间规划城市体检评估中，纳入文物与文化遗产资源空间监测评估，依托空间信息平台和信息技术手段，定期对文化遗产保护利用情况进行评价，赋能文化遗产保护管理。

25.3.2.4 实施“全国一省一市（县）”文物保护专项规划，系统对接国土空间规划

《关于建立国土空间规划体系并监督实施的若干意见》明确指出，专项规划是指在特定区域、特定领域，为体现特定功能，对空间开发保护利用作出的专门安排，由相关主管部门组织编制。文物保护专项规划实际上就是以保护不可移动文物为主体、以实现文化遗产特殊保护为目标的国土空间专项规划，需要形成“全国—省—市（县）”专项规划体系（表 25.9）：①全国文物保护空间专项规划由国务院文物行政主管部门组织编制，是全国文物保护利用的总纲，侧重战略性；②省级文物保护空间专项规划由各省文物行政主管部门组织编制，是对全国规划的落实，并指导市（县）级专项规划，侧重协调性；③市（县）级文物保护空间专项规划由市（县）级文物行政主管部门组织编制，细化落实上位规划要求，并对本行政区域内的各级文化保护空间保护发展作出具体的安排，侧重实施性。建议在新时期将探索建立和实施文物保护空间专项规划体系作为重点领域，在政策和资金方面加以倾斜，以国家重点历史文化功能区为试点开展文物保护专项规划，先行先试，并逐步向全国推广。

表 25.9 “国家—省—市（县）”文物保护专项规划目标与内容

空间层次	侧重点	规划目标	主要规划内容
全国	战略性	传承中华文明 保障文化安全	构建中华文明标识体系；设立国家重点历史文化功能区；建立国家历史文化空间格局
省域	协调性	彰显区域特色 构筑魅力国土	明确省域特色标识和重点空间；协调省域文化遗产保护利用空间布局；建立省域历史文化资源保护体系
市县	实施性	实施系统保护 落实管控责任	彰显地方文化特色；推进文化遗产全类型系统保护；统筹规划和管理全域历史文化空间

参考文献

清华大学中国新型城镇化研究院，2019. 中国都市圈发展报告 [EB/OL]. https://tucsu.tsinghua.edu.cn/info/research_yjbg/3108, 2019-03-01.

张能，2022. 文化遗产保护纳入空间规划的资源基础与实践策略研究 [D]. 北京：清华大学 .

后　记

本书以第三次全国国土调查数据为基础编撰而成。2017 年 10 月，国务院启动第三次全国土地调查，2018 年机构改革后，经国务院同意，从全面支撑自然资源管理的新视角，以推动生态文明建设的新站位，为逐步向全面开展自然资源调查过渡，将“第三次全国土地调查”调整为“第三次全国国土调查”。2021 年 8 月 25 日，第三次全国国土调查主要数据成果向社会公布。为了充分利用数据成果，更好地服务自然资源管理需求，2021 年底，国务院第三次全国国土调查领导小组办公室（“三调办”）正式启动了第三次国土调查数据分析和成果编撰工作。按照自然资源部党组的要求，“三调办”组建了研究团队，明晰了研究思路，确定了撰写框架和时间安排。整个研究和书稿编撰历时近一年半，期间，报告提纲和书稿经过多次研讨论证、反复修改完善，最终形成了《中国国土资源利用》一书。本书包括背景篇、基础篇、战略篇、区域篇和专题篇，共 5 篇 25 章。在分析我国自然地理基础和社会经济条件基础上，系统分析了我国国土资源利用现状、2009 年（二调）至 2019 年（三调）期间主要国土资源地类的变化情况，研究提出了未来国土资源利用的战略思路和对策建议；在此基础上，围绕区域协调发展战略和区域重大战略，研究分析了国土资源利用的区域特点；针对经济社会发展中国土资源利用存在的突出矛盾和问题，对相关主题进行了专题研究。本书为读者全面系统地展示我国国土资源利用现状和最新变化情况，对全国自然资源系统及相关部门工作人员、高等院校及科研院所相关专业人士具有重要的基础性、工具性参考价值。

本书是集体智慧的结晶。各篇研究、统筹和组织撰写分工如下：

总负责人张晓玲。具体撰写执笔人如下：第 1 章，王学、张富尧、刘云溪；第 2 章，辛良杰、桑一铭；第 3 章，谈明洪、闫紫艳；第 4 章，李琪、周连芳、曾巍、田立瑛、杨巍、韦军、徐明；第 5、6 章，田志强、陈宇琛、顾鹏程、贾克敬、祁帆、张辉、周灵霞、陈莹、吴田、葛倩倩、邵思宇、刘茗、赵成双苹、王永峰、王勇、黄志勤、余向克、肖鹏飞、谢奇材、湛浩宇、景世通、赵希翼、郑晓莉、刘世贵、屈亚、刘思聪、马雯秋、汤怀志、高秉博、杨晓光、姜广辉、辛丽璇、吴海平；第 7 章，白晓飞、张定祥、张嘉、张小桐、李亚南、尚梦佳、彭晋福、周连芳、高莉、曾巍、蒋科、王怡、杨莹莹、余慧倩、梁宵、郑欣雨、赵正嫄、王聪、吕一河、吕楠、伍星；第 8 章，田志强、陈宇琛、顾鹏程、贾克敬、祁帆、张辉、周灵霞、陈莹、吴田、葛倩倩、邵思宇、刘茗、赵成双苹、王永峰、王勇、黄志勤、余向克、肖鹏飞、谢奇材、湛浩宇、景世通、赵希翼、郑晓莉、刘世贵、屈亚、刘思聪、马雯秋、汤怀志、高秉博、杨晓光、姜广辉、辛丽璇、吴海平；第 9 章，张衍毓、王静、戴建旺、孟超、尚梦佳、史良树、李琪、吕春艳、张源、吕烨、杨巍、赵翔、王学为、方大利、刘晶晶；第 10 章，王晓莉、董祚继、郭艳、贾克敬、江明、李琪、战鹰、戴双华、田立瑛；第 11 章，王晓莉、郭艳、黄大全、高大山、杨冀红、李琪、战鹰、戴双华、田立瑛；第 12 章，张衍毓、王静、戴建旺、孟超、尚梦佳、史良树、李琪、吕春艳、张源、吕烨、杨巍、赵翔、王学为、方大利、刘晶晶；第 13、14、15 章，赵雲泰、漆信贤、郝佳琦、边天夏；第 16 章，吕晓、彭文龙、高佳、于昊辰、刘蜀涵；第 17 章，杨俊、孙丕苓、牛善栋、谷国政、吕晓、王亚男、薛萍、于昊辰、白羽萍；第 18 章，戴建旺、郭旭东、陈瑜琦、张小桐、吕春艳、汪晓帆、张荣慧、王亚琴、王锦、沈佳萍、龚健、刘成、赵翔、李靖业、李帅呈、李潇飞、付子浩、呼斯乐、钟翔宇；第 19 章，戴建旺、郭旭东、陈瑜琦、张小桐、吕春艳、汪晓帆、张荣慧、王亚琴、王锦、沈佳萍、龚健、刘成、赵翔、张重、杨艺波、叶腾、官泽宇、杨明星、张琪、张亦清；第 20 章，王柏源、王庆宾、戴劲、漆信贤、刘敏、刘泽淼、钟苏娟、王梦成、钟太洋；第 21 章，李秀彬、王学、宋恒飞、卢亚晗、刘晓宇；第 22 章，程锋、张蕾娜、汤怀志、牛紫冰、李超、陈桂珅、苗利梅、高秉博、杨晓光；第 23 章，郭艳、王晓莉、欧阳安蛟、陈立定、左玉强、赖巧萍；第 24 章，杨冀红、柴志春、付梅臣、杜韦强；第 25 章，武廷海、孟鹏、张能、王晓莉、王庆日、赵松。全书由张晓玲、李琪、袁承程、白羽萍、韩文静、邱孟龙、于昊辰、赵雲泰、李龙、漆信贤、闫紫艳、田立瑛、沈佳萍、胡其玉、陈姜全负责统稿；张晓玲、姚丽、汪秀莲、梁耘、刘顺喜、王庆日、徐飞负责审稿。

本书在编写过程中得到了自然资源部、国务院第三次全国国土调查领导小组办公室领导的大力支持和帮助。自然资源部吴海洋总规划师、调查监测司朱留华巡视员、中国国土勘测规划院高延利院长和冯文利院长、自然资源部国土空间规划研究中心周建春主任等领导和专家在数据分析与书稿撰写过程中给予了全程指导，提出了重要的建议。本书还得到了中国科学院地理科学与资源研究所、中国科学院生态环境研究中心、四川省国土科学技术研究院、中国农业大学、北京师范大学、中国地质大学（武汉）、南京大学、清华大学、浙江大学、东北大学、青岛科技大学、中国矿业大学、曲阜师范大学、北京新兴科遥信息技术有限公司、杭州智拓房地产土地评估咨询有限公司等单位的大力支持，在此对他们的辛勤付出表示最真诚的感谢！

本书编写过程中，我们引用和参阅了大量国内外学者的相关研究成果，衷心感谢书中被引用参考文献的作者们！由于时间仓促，加之水平有限，书中恐有疏漏和不足之处，敬请各位同行和读者批评指正。

编著者

二〇二三年五月三十一日